LIBRO HOMENAJE A
CECILIA SOSA GÓMEZ

Academia de Ciencias Políticas y Sociales

LIBRO HOMENAJE A CECILIA SOSA GÓMEZ

TOMO I

Comisión Coordinadora:
Rafael Badell Madrid
Henrique Iribarren Monteverde
Juan Cristóbal Carmona Borjas
José Antonio Muci Borjas

Editorial Jurídica Venezolana International
2021

A12

Academia de Ciencias Políticas y Sociales
Libro Homenaje a Cecilia Sosa Gómez / Academia de Ciencias Políticas y Sociales. -- Rafael Badell Madrid; Henrique Iribarren Monteverde; Juan Cristóbal Carmona Borjas; José Antonio Muci Borjas (Coordinadores); presentación Allan R. Brewer-Carías. -- Caracas: Academia de Ciencias Políticas y Sociales, 2021.
2 tomos

Depósito Legal: DC2021001581
ISBN de la obra completa: 978-980-416-038-7
Tomo I: 978-980-416-039-4
Tomo II: 978-980-416-040-0

1. DERECHO CONSTITUCIONAL 2. DERECHOS FUNDAMENTALES 3. DERECHO INTERNACIONAL PÚBLICO 4. DERECHO ADMINISTRATIVO 5. DERECHO PROCESAL Y ADMINISTRACIÓN DE JUSTICIA I. Título II. Brewer-Carías, Allan R.

Depósito legal: DC2021001581
ISBN obra completa: 978-980-416-038-7
ISBN Tomo I: 978-980-416-039-4

Avenida Universidad, Bolsa a San Francisco,
Palacio de las Academias. Caracas 1121-A
Teléfonos: (0212) 482.88.45 - 482.86.34
Fax: (0212) 483.26.74
e-mail: academiadecienciaspoliticas@gmail.com
Página Web: www.acienpol.org.ve
Biblioteca "Andrés Aguilar Mawdsley"
Telefax: (0212) 481.60.35
Servicio on line: Sistema de Cooperación Jurídica: www.scjuridica.org.ve
Centro de Investigaciones Jurídicas
Teléfono: (0212) 377.33.58
Servicio on line: Proyecto Ulpiano: www.ulpiano.org.ve

Diseño de portada: Evelyn Barboza V.
Diagramación: Oralia Hernández

Impreso por: Lightning Source, an INGRAM Content company
para: Editorial Jurídica Venezolana International Inc.
Panamá, República de Panamá.
Email: ejvinternational@gmail.com

LIBRO HOMENAJE A CECILIA SOSA GÓMEZ

TOMO I

Autores

Alejandro González Valenzuela
Allan R. Brewer-Carías
Ángel Manuel Moreno Molina
Carlos Ayala Corao
César Augusto Carballo Mena
Fernando M. Fernández
Fortunato González Cruz
Gabriel Ruan Santos
Héctor Faúndez Ledesma
Jesús Ollarves Irazábal
Juan Carlos Cassagne
Juan Cristóbal Carmona Borjas
Juan Manuel Raffalli
Luis Alberto Petit Guerra
Milagros Betancourt C.
Moisés Troconis Villarreal
Rafael Badell Madrid
Ramsis Ghazzaoui
Raúl Arrieta Cortés
Raúl Arrieta Cuevas

Comisión Coordinadora:

Rafael Badell Madrid
Henrique Iribarren Monteverde
Juan Cristóbal Carmona Borjas
José Antonio Muci Borjas

CECILIA SOSA GÓMEZ

CONTENIDO

TOMO I

DERECHOS FUNDAMENTALES

DERECHO INTERNACIONAL PÚBLICO

TOMO II

DERECHO ADMINISTRATIVO

DERECHO PROCESAL
Y ADMINISTRACIÓN DE JUSTICIA

TEMAS VARIOS

TOMO I

- PRESENTACIÓN
- DERECHO CONSTITUCIONAL
- DERECHOS FUNDAMENTALES
- DERECHO INTERNACIONAL PÚBLICO

PRESENTACIÓN AL LIBRO HOMENAJE A LA DOCTORA CECILIA SOSA GÓMEZ

EL FALSEAMIENTO DEL ESTADO CONSTITUCIONAL

ALLAN R. BREWER-CARÍAS*

SUMARIO

I. MERECIDO HOMENAJE A LA DOCTORA CECILIA SOSA GÓMEZ

Si alguien merece sentido homenaje expresado en un *Libro Homenaje* como este que ha organizado y editado la Academia de Ciencias Políticas y Sociales, es sin duda la Dra. Cecilia Sosa Gómez, Individuo de Número de esta Corporación, para la cual fue electa en 2017 en el Sillón No 24, sustituyendo el Académico Jesús Ramón Quintero.

* Individuo de Número de la Academia de Ciencias Políticas y Sociales.

Su trabajo de incorporación fue sobre "*La ética como fundamento de la Justicia*" tema considerado con razón por el Dr. Rafael Badell Madrid, quien tuvo a su cargo el discurso de su recepción en la Academia, como "*de importancia fundamental y de particular pertinencia en estos momentos de oscuridad que vive el país*" que han sido tiempos de falseamiento del Estado Constitucional democrático de derecho por cuya consolidación tanto abogó la Dra. Sosa. Y lo hizo como profesora, investigadora funcionaria pública, juez contencioso administrativa y magistrada de la Corte Suprema de Justicia, cuerpo del cual fue su Presidente por cuatro cruciales años (1996-1999) hasta que en tal carácter se enfrentó con arrojo al poder autoritario que había asaltado el poder valiéndose de un instrumento democrático, como era una consulta popular, y con una asamblea constituyente comenzaba a arrollar las instituciones democráticas.

Cecilia Sosa Gómez, graduada de abogado en 1967 en la Universidad Central de Venezuela, en efecto, comenzó su actividad académica en 1968 en la Sección de Derecho Administrativo a mi cargo, en el Instituto de Derecho Público que entonces dirigía el profesor Antonio Moles Caubet. Allí trabajó en el programa de investigación sobre el régimen jurídico del aprovechamiento de los recursos hidráulicos y de la ordenación del territorio, que entonces conformamos en el Instituto en el marco del convenio que suscribimos con la Comisión Nacional de Aprovechamiento de los Recursos Hidráulicos del Ministerio de Obras Públicas, programa en el cual permaneció hasta 1971.

En ese año Cecilia pasó a incorporarse al extraordinario grupo de profesionales que yo había venido conformando, desde 1969, en la Comisión de Administración Pública de la Presidencia de la República de la cual fui Presidente hasta 1972; habiendo Cecilia desempeñado muy exitosamente hasta 1973 el cargo de Coordinadora del Programa de Empresas del Estado en la Dirección de Planificación Administrativa de la Comisión.

Dados los vínculos que desde la Comisión de Administración Pública habíamos establecido con los servicios franceses de Cooperación, particularmente en el área de Administración Pública, ello que nos permitió alentar a muchos jóvenes profesionales para que siguieran cursos de postgrado en Francia, en cuyo marco Cecilia Sosa viajó a París en

1974 a estudiar su postgrado, habiendo seguido los cursos de Planificación Prospectiva en la *École des hautes études en sciences sociales* de París, donde obtuvo el Diploma de Altos Estudios (DEA) en 1974.

De allí pasó a la Universidad de París I, Sorbonne, donde cursó y obtuvo el título de Doctor en Ciencias Administrativas en 1977. Su Tesis de doctorado sobre *Las consecuencias del intervencionismo económico y las libertades públicas en el derecho venezolano*, que en algún momento tuve la oportunidad de hojear, es un excelente libro cuya publicación la Dra. Sosa aún nos la debe a los juristas venezolanos.

No contenta con tan extraordinaria formación adquirida en Francia, la Dra. Sosa pasó a Inglaterra, donde siguió sus trabajos de investigación entre 1977 y 1978 como titular del Andrés Bello *Fellowship*, en el *Saint Anthony College* de la Universidad de Oxford.

Regresó en 1978 a Venezuela, habiendo sido designada Directora del Centro de Investigaciones Jurídicas de la Facultad de Derecho, Universidad Católica Andrés Bello, posición que ocupó hasta 1984, habiendo desarrollado una importante carrera académica, como Profesora de Derecho Administrativo y en la Maestría de Derecho Constitucional de la Facultad de Ciencias Jurídicas y Políticas de la Universidad Católica Andrés Bello; Profesora de Maestría de Derecho Administrativo, Universidad Arturo Michelena; Profesora de Doctorado, Universidad Central de Venezuela; Profesora de Maestría de Derecho Constitucional, Universidad Monteávila; Profesora Invitada en el Programa Avanzado de Gerencia dictado en el Instituto de Estudios Superiores de Administración (IESA); y Profesora del Curso de Urbanismo y Administración Local de la Facultad de Arquitectura en la Universidad de Los Andes. Fue, además, Vicerrectora Académica de la Universidad José María Vargas (2000-2001). En 1997 le fue otorgado el Doctorado Honoris Causa de la Universidad Santa María.

En los años en los cuales dirigió el Instituto de Investigaciones Jurídicas de la Universidad Católica Andrés Bello, además, se desempeñó como Asesora de la Comisión Nacional de Aprovechamiento de los Recursos Hidráulicos del Ministerio de Obras Públicas (1977) y del Ministerio del Ambiente y de los Recursos Naturales Renovables (1978), en el cual también se desempeñó como Directora de Planificación de Recursos Hidráulicos del Ministerio del Ambiente y de los

Recursos Renovables (1979), y Directora de Ordenación del Territorio (1979-1980). Luego fue Directora General Sectorial de Desarrollo Administrativo de la Oficina Central de Coordinación y Planificación de la Presidencia de la República (1984).

De sus años de asesoramiento y trabajo en el Administración ambiental, y especialmente en el Ministerio del Ambiente y de los Recursos Naturales Renovables recién creado en 1977, quedó su obra escrita fundamental contenida en sus libros: *Los estudios legales sobre las aguas, Derecho Ambiental Venezolano* (en coautoría con Oswaldo Mantero) (1983), y *Hacia una Ley de Aguas* (en coautoría con Pedro Pablo Azpurua) (1984). Conocí de cerca el trabajo de la Dra. Sosa, por mis vínculos primero con la Comisión Nacional de Aprovechamiento de los Recursos Hidráulicos y luego con el Ministerio del Ambiente el cual se había creado conforme a los lineamientos que en 1975 le formulé y presenté al Dr. Arnoldo Gabaldón y que provenían de nuestro trabajo en la Comisión de Administración Pública; habiendo tenido ocasión de trabajar con ella y nuestro recordado amigo Ingeniero Pedro Pablo Azpurua en la redacción de las bases para la Ley de Aguas.

A partir de 1985, Cecilia Sosa se separó de las tareas de investigación universitaria y de las actividades en la Administración Pública, habiendo entonces ingresado a la carrera judicial, desempeñándose hasta 1989 como V Conjuez de la Corte Primera de lo Contencioso Administrativo (junio 1985) y Magistrada de la Corte Primera en lo Contencioso Administrativo (junio 1986), de la cual fue Presidente (mayo de 1989).

En junio de 1989 fue designada por el Congreso como Magistrada de la Corte Suprema de Justicia, en su Sala Político Administrativa. En la Corte Suprema, en abril de 1994, fue designada Primer Vicepresidente de la Junta Directiva; y posteriormente, desde abril de 1996 y por cuatro períodos consecutivos (1996-1997; 1997-1998; 1999-2000) fue Presidente de la Corte Suprema de Justicia electa por los magistrados integrantes del Pleno del Tribunal, además de ser simultáneamente por esos mismos períodos la Presidente de 1a Sala Político-Administrativa de la Corte, donde permaneció hasta el momento de su renuncia el 24 de agosto de 1999.

Durante el ejercicio de su cargo de presidente de la Corte Suprema fue Presidente de la Organización de Cortes Supremas de las Américas,

(OCSA) entre 1998 y 1999, firmando como tal un Convenio con la Organización de Estados Americanos. OEA para la eficiencia y transparencia del Poder Judicial; fue Miembro de la Comisión Andina de Juristas, con Sede en Lima, desde 1998; dirigió del Proyecto de Modernización por dos años que, financiado en parte por el Banco Mundial, tuvo por finalidad la reforma estructural del máximo tribunal en las áreas de Apoyo Administrativo y Gerencial, Actividad Judicial, Política Institucional y Divulgación de Sentencias; y presidió y organizó la I y la II Cumbres Iberoamericanas de Presidentes de Cortes y Tribunales Supremos en 1988 y 1999.

Todo lo antes reseñado explica por qué un *Libro Homenaje a la Dra. Cecilia Sosa* era una deuda pendiente de la Academia con quien entre sus credenciales está la de haber sido la primera mujer en presidir, no sólo el más Alto Tribunal de Venezuela, sino una Corte Suprema en todo el Continente Americano. Cargo en el cual tuvo un impecable desempeño, como jurista y juez, particularmente de carácter constitucional, teniendo como norte en su actuación tanto la concepción ética del juez como la concepción democrática de la justicia, como bien lo argumentó en su Trabajo de Incorporación a la Academia sobre *La ética como fundamento de la justicia*, que muy detenidamente comentó el Dr. Badell Madrid en su discurso de recepción.

En cuanto a lo primero, la Dra. Sosa se ajustó siempre a la figura del juez "*como operador e impartidor de la justicia, como sujeto soberano, autónomo, independiente, responsable y libre, al cual se le exige una conducta ética que permita a la sociedad identificarse con sus justas actuaciones*" valores que son los que le permiten "*asegurar la ética en el cumplimiento de sus funciones y el logro de la justicia verdadera.*".

En cuanto a lo segundo, la Dra. Sosa consideró siempre que "*los jueces son los máximos garantes de la democracia*", teniendo su actuación como propósito ordenar bien la democracia constitucional, lo que implica para el juez constitucional en definitiva "*materializar la justicia judicial*", teniendo para ello "*la prohibición de desplazar el poder político; la prohibición de apropiarse del poder del legislador; y por supuesto, la prohibición de interpretar el texto constitucional para modificar o mutar indebidamente normas constitucionales.*".

De ello tengo apreciación personal, pues precisamente durante sus años de desempeño en la Corte Suprema tuve un intenso ejercicio profesional como abogado litigante, en juicios muy importantes, algunos sonados y publicitados, que llegaron a la Corte Suprema de Justicia, habiendo la Corte, en muchos de ellos, sentado jurisprudencia. Discrepé en algunos casos de las decisiones, pero respetando y reconociendo siempre en la Corte y su Presidente su esfuerzo por administrar justicia conforme los criterios jurídicos, de ética y la justicia.

II. CECILIA SOSA, ENFRENTÁNDOSE AL PODER COMO PRESIDENTE DE LA CORTE SUPREMA DE JUSTICIA

Pero en el desempeño como Presidente del más Alto Tribunal de la República, la Dra. Cecilia Sosa tuvo también que asumir coyunturalmente posiciones político-institucionales de grandísima importancia en el país y para la Justicia, en situaciones extraordinarias que supo enfrentar como una de las más destacadas luchadoras por la preservación del Estado Constitucional de derecho y de la democracia, lo que de por sí exigía que los académicos le rindiéramos un homenaje como éste.

Desde 1998, Hugo Chávez Frías anunció su propósito de convocar una Asamblea Constituyente no regulada en la Constitución de 1961 – lo que en definitiva fue su única bandera electoral – , no precisamente para recomponer el sistema político del país que sin duda estaba en crisis y requería una democrática revisión, sino como instrumento para asaltar el poder – lo que no había logrado con su fracasado intento de golpe de Estado militar de 1992 –, e imponer un régimen autoritario. A ello nos opusimos públicamente muchas personas, y yo particularmente desde la presidencia de la Academia de Ciencias Políticas y Sociales, pues veíamos el peligro que significaba para la democracia que se convocara dicha Asamblea sin su regulación previa en la Constitución mediante una reforma puntual, lo que propusimos repetidamente se iniciara a iniciativa fuera del Congreso o del Presidente de la República.

Al haber logrado los partidos que apoyaron a Chávez solo una minoría en la elección parlamentaria de noviembre de 1999, perdiendo así toda esperanza de poder utilizar la vía constitucional para hacer realidad su promesa electoral sin tener que llegar a acuerdos con la mayoría representada en el Congreso, una vez electo Presidente en diciembre de 1998 comenzó a presionar y a amenazar a la Corte Suprema de Justicia, a los efectos de que resolviera sendos recursos de interpretación de una norma de la Ley Orgánica del Sufragio y Participación Política que el Congreso venía de sancionar en 1998, y que aceptara su tesis de que dicha Asamblea se podía convocar sin reformar previamente la Constitución. La Sala Político Administrativa en sus sentencias del 19 de enero de 1999 solo dijo que efectivamente si se podía convocar un referendo consultivo para que el pueblo diera su opinión sobre convocar una Asamblea Constituyente, pero no resolvió que con ese referendo consultivo bastaba para que la misma se convocara y eligiera sin su regulación previa en la Constitución, la cual seguía vigente, correspondiéndole a los poderes constituidos tomar la iniciativa para reformarla.

Chávez interpretó a su manera las sentencias de la Corte, y procedió a convocar la Asamblea Constituyente que él quería, como él quería a su manera, no sin antes declarar ante el Congreso dos semanas después que la Constitución de 1961 era un texto moribundo, el cual por tanto no podía oponerse a su proyecto, procediendo a convocar el mismo día la Asamblea Constituyente que él quería hacer elegir, a su manera, que era una Asamblea plenipotenciaria, "*soberanísima*," que gozaría de "*poder constituyente originario*" – el cual sin embargo solo el pueblo puede tener y ejercer –, con la cual, en esa forma, actuaría sin sujeción a la Constitución de 1961 sino por encima de los poderes constituidos los cuales quedarían sometidos a la misma. La propia Dra. Sosa, personalmente se había enfrentado a dicha tesis y en declaraciones públicas que había dado a la prensa en enero de 1999, habían sostenido su criterio de que la Asamblea Constituyente que se pudiera elegir, al contrario debería actuar con sujeción a la Constitución de 1961 hasta que la nueva Constitución se aprobara.

No es de extrañar, por tanto, que los embates del ya Presidente Chávez los haya sufrido personalmente la Dra. Sosa, como Presidente de la Corte Suprema, igual que los demás magistrados, a quienes Chávez tuvo incluso el atrevimiento de enviarles una bizarra y sorpresiva carta, en abril de 1999, donde abusivamente les "*confirmó*" lo que entonces él denominó como "*el principio de la exclusividad presidencial en la conducción del Estado*", con lo cual en definitiva les estaba indicando que como supuesto "*conductor exclusivo del Estado*" todos los poderes debían seguir sus orientaciones.

En particular, les estaba advirtiendo que la Asamblea Constituyente que ya él había convocado funcionaría como él lo había dispuesto, sin que tuvieran importancia alguna las sentencias que la Corte Suprema había dictado, en alguna de las cuales ya había resuelto expresamente, en marzo de 1999, que la Asamblea debía estar sujeta a la Constitución de 1961 y que no podía por tanto tener carácter originario.

Chávez, sin embargo, en un lenguaje críptico y enrevesado, en definitiva les dijo a los magistrados que él había prometido en su campaña presidencial una "*Asamblea Constituyente originaria que permitiera transformar el Estado y crear el ordenamiento jurídico necesario a la democracia social y participativa*", que con los votos que recibió la "*nación*" había asumido "*su decisión política constituyente*", y que, por tanto - les dijo –, "*la Asamblea Nacional Constituyente debe ser originaria*".

Pero más claro aún fue Chávez con la Corte Suprema en su discurso en el acto de instalación de la Asamblea Constituyente el día 3 de agosto de 1999, después de la elección de sus miembros en julio de 1999, donde denunció que sus "*enemigos*" – entre los cuales no solo estábamos quienes nos opusimos públicamente a sus designios sino estaba ya la propia Corte – pretendían:

> "*quitarle poder a la Asamblea Nacional Constituyente; pretenden ahora refugiarse en una rebuscada hermenéutica jurídica para quitar le poder a la Asamblea Nacional Constituyente; pretenden que la Asamblea Nacional Constituyente sea un simple instrumento cualquiera para elaborar una Constitución [...]. Nosotros declaramos [...] el carácter originario [...] y nadie podrá disminuir el carácter soberano de esta Asamblea, y así será consagrada ante la historia de nuestra patria.*"[1]

Más claro no pudo haber sido Chávez con la Corte Suprema, razón por la cual luego de instalarse la Asamblea Constituyente, la primera decisión política que adoptó y que se reflejó en su Estatuto de funcionamiento aprobado días después, fue la de asumir en contra de lo resuelto

1 Véase *Gaceta Constituyente*, Asamblea Nacional Constituyente, 3 de agosto de 1999, p. 4.

expresamente por la Sala Político Administrativa de la Corte Suprema de Justicia, el "*poder constituyente originario.*"

Y como tal, la Asamblea Nacional Constituyente a partir de agosto decretó la reorganización de todos los poderes públicos, sometió a sus designios a todos los poderes constituidos, a los que consideró como subalternos, quitándole supremacía a la Constitución de 1961, indicando que la misma solo estaría vigente en aquello que no contrariase las decisiones que adoptase la propia Asamblea, a todo lo cual me opuse ante la Asamblea, argumentando en los debates mi posición y salvando mi voto; estando todo ello, además, en contra de lo que ya había resuelto la Corte Suprema e incluso, como antes dije, de la opinión de la propia Dra. Cecilia Sosa, expresada en la prensa, en el sentido de que la Asamblea solo podía actuar ajustada a la Constitución y no tenía poder originario alguno.

En todo caso, con tal carácter de "*poder constituyente originario usurpado*", la Asamblea Constituyente intervino el Poder Judicial, disparando al corazón de la Corte Suprema de Justicia mediante un Decreto de Emergencia Judicial que afectaba directamente las atribuciones de la propia Corte Suprema de Justicia y del Consejo de la Judicatura, atribuyéndoselas a una Comisión de Reorganización Judicial. Lo lamentable fue que la Corte Suprema de Justicia en pleno, bajo la Ponencia de la magistrada Hildegard Rondón de Sansó, al final, aprobó un desafortunado Acuerdo el 23 de agosto de 1999, avalando el Decreto constituyente de intervención del Poder Judicial, llegando a nombrar a uno de sus Magistrados para formar parte de la infame Comisión de Emergencia Judicial.

Ante ello, la magistrada Presidente de la Corte, Cecilia Sosa Gómez salvó su voto respecto de dicho Acuerdo, denunció su incoherencia, estimando que con el mismo la propia Corte pretendía "*convalidar*" una acto "*dirigido directamente a desconocer el Estado de Derecho en el cual ha nacido*", pues estimó que lo decidido por la Asamblea violentaba la Constitución, "*Y, sin una Constitución – dijo - simplemente no hay Democracia... con ese Decreto la Asamblea Nacional Constituyente rompió el equilibrio de esa Democracia.*"

Por ello denunció que lo resuelto por la Corte desconocía:

"rotundamente no sólo el contenido de sus sentencias sino los límites demarcados en las bases comiciales que gobiernan el funcionamiento de la Asamblea y el ordenamiento constitucional y legal, enteramente vigente y cuya garantía ha sido confiada a este Alto Tribunal."

Consideró, además, que la Corte, con el Acuerdo adoptado que avalaba lo resuelto por la Asamblea Constituyente:

"Reniega su propia jurisprudencia, que fijó la competencia de la Asamblea Nacional Constituyente, y, consecuentemente, ha mostrado su fragilidad y debilidad ante el Poder Político y, deberá su precaria permanencia al Presidente de la República, que magnánimamente no ha ordenado su disolución."

La magistrada Sosa, sin duda, tenía claro el panorama futuro de la Corte, cuyos magistrados fueron removidos tres meses después por la propia Asamblea Nacional Constituyente. Por ello, denunció, además, que con el Acuerdo, la Corte había permitido que la Asamblea enervara las facultades que el pueblo soberano, negando y rechazando que la Asamblea tuviera poder alguno para "*intervenir o sustituir los poderes constituidos, erigiéndose en una suerte de "superpoder" donde se concentran todas las potestades públicas.*".

Advirtió la magistrada Sosa que la Corte, "*mediante un artilugio jurídico*", se había sometido "*a los designios de la Asamblea, aceptando que ella pueda sustituirse a la Corte Suprema de Justicia y al Poder Judicial, a través de una falsa colaboración*". La Asamblea "*no está por encima de la Constitución que le permitió existir*" -dijo-, denunciando que se había erigido "*en una suerte de 'superpoder' donde se concentran todas las potestades públicas, como así lo ha pretendido y desde luego, logrado, con el respaldo del Acuerdo suscrito por la mayoría del seno de esta Corte, cuyo contenido deploro.*".

Con dicho Acuerdo, agregó la Magistrada Sosa, la Corte Suprema, más que "*sumisión al Estado de Derecho*", había declarado su "*sumisión a la Asamblea Nacional Constituyente*"; y con ello, en definitiva.

Estimó que "*al acatar el Decreto de la Asamblea Nacional Constituyente, la Corte Suprema de Justicia se autodisuelve*;" agregando que:

> *"El miedo a desaparecer como Magistrados y el ansia de colaborar con una mayoría que se ha arrogado todos los poderes fue más grande que la dignidad y la defensa de los valores fundamentales que el Derecho y la Democracia imponen a la Corte Suprema de Justicia."*

Al final, la magistrada Sosa, el mismo día del Acuerdo, renunció a su condición de Magistrado; y poco tiempo después, como se dijo, la mayoría de los otros Magistrados fueron sacados inmisericordemente de sus cargos por el nuevo poder que ellos contribuyeron a entronizar, y del cual fueron sus primeras víctimas.

Basta glosar este extraordinario voto salvado, tremendamente crítico, para entender la naturaleza del acto de sumisión de la Corte Suprema de Justicia a la Asamblea Nacional Constituyente que lo provocó; y entender por qué los venezolanos y, particularmente los académicos, teníamos una deuda inconmensurable para con la Dra. Sosa, por su firmeza y coraje judicial en defensa de la democracia y del Estado de derecho, debíamos pagarle así sea en parte con un homenaje como este.

Fue un acto de rebelión personal e institucional en defensa del Estado Constitucional y de la democracia porque, sin duda, sabía lo que con esa sumisión ocurriría en el país, que no era otra cosa que un proceso de demolición de la democracia, mediante un falseamiento del Estado de derecho, tal como efectivamente ha ocurrido en los últimos veinte años; proceso al cual, también en su homenaje, me quiero referir en esta Presentación, analizando los principios fundamentales en los que entonces creíamos y hoy seguimos creyendo, en defensa de los cuales – sin necesidad de habernos puesto de acuerdo – nos enfrentamos a Chávez; ella como Presidente de la Corte Suprema de Justicia, y yo como Presidente de la Academia de Ciencias Políticas y Sociales y litigante ante la Corte, y que son, en particular, los principios del constitucionalismo, de la democratización, de la separación de poderes, de la juridificación y de la legalidad, de la humanización, de la descentralización política en la organización del Estado y del gobierno civil; y de cómo fueron demolidos durante estos últimos veinte años.

Para la satisfacción de Cecilia, además, los temas tratados por los diversos autores en este *Libro Homenaje* tocan en una forma u otra los tópicos medulares de dicho Estado Constitucional y sus principios, es decir, del Estado regulado formalmente en la Constitución que antes de 1999 contribuimos a consolidar en democracia y que tanto añoramos, como Estado de derecho; y el cual, aun cuando se conservó formalmente en el texto fundamental de 1999, en la práctica política ha sido falseado por la fuerza avasallante del autoritarismo, ignorando dichas previsiones, y sobre todo ignorando el carácter que debe tener una Constitución como pacto político que contiene una promesa general para la Nación, para ser cumplida por los gobernantes y gobernados. Por eso, incluso aprendimos y defendimos a la Constitución, como ley suprema.

III. ALGO SOBRE EL ESTADO CONSTITUCIONAL Y LA CONSTITUCIÓN

De ese principio del constitucionalismo deriva el que puede considerarse como más importante y fundamental de los derechos de los ciudadanos en un Estado Constitucional que es el derecho a la Constitución, a su supremacía, a su rigidez, a su imperatividad; y a la vez, la más importante obligación del Estado Constitucional que es la de respetar la Constitución, de asegurar su vigencia, y de controlar las violaciones a la misma. Es decir, al regular las Constituciones en los Estados democráticos contemporáneos lo que universalmente se ha calificado como un *Estado democrático y social de derecho*, desglosándose en la misma lo que son sus tres componentes fundamentales, es decir, la Constitución Política, la Constitución Social y la Constitución Económica; quienes controlan el poder en los mismos tienen que ser los principales obligados de garantizar y proteger la implementación efectiva de tal Estado, y evitar que sus principios se tornen en declaraciones vacías.

Adicionalmente, en el Estado Constitucional, aun siendo la Constitución emanación de la voluntad del pueblo, el pueblo mismo también debe respetarla y, por tanto, modificarla sólo conforme a lo dispuesto por el mismo pueblo, en su texto, cuando la aprobó. Por ello, una vez que una Constitución es aprobada por el pueblo en ejercicio de su soberanía, el principio de la propia soberanía popular queda sujeto al principio de la supremacía constitucional conforme a lo que el pueblo reguló. Y por ello es que debe rechazarse todo intento de subvertir este último principio de la supremacía constitucional por el primero de la soberanía popular, pretendiendo que el pueblo pueda siempre y en cualquier forma cambiar la Constitución apartándose de las regulaciones en ella establecidas para las reformas constitucionales. Ello no es otra cosa que simple populismo constitucional que tanto daño ha causado al constitucionalismo contemporáneo[2], y que fue la causa directa del colapso del Estado constitucional en nuestro país a partir de 1999.

Pero insistiendo en la necesidad de que la Constitución sea ante todo una ley suprema y permanente en cuanto a los derechos y obligaciones que implica, en el Estado Constitucional es necesario que se cumplan al menos, las siguientes condiciones:

Primero, es necesario que la Constitución, como ley suprema, sea efectivamente la consecuencia o resultado de un pacto político de la sociedad en un momento dado. No puede ser un texto impuesto por una fracción o facción del pueblo, sobre otra, como sucedió con la Asamblea Constituyente de 1999, donde una minoría convertida en mayoría impuso una Constitución a la mayoría que no votó por ella. Estas Constituciones, que han sido muchas en la historia, no tienen garantía de aplicabilidad; y

Segundo, es necesario que exista un sistema de Justicia Constitucional que asegure su vigencia con independencia y autonomía; es decir, un sistema de control de las actuaciones inconstitucionales de los órganos del Estado, que realmente esté configurado como el sustituto al derecho del pueblo de rebelión o resistencia frente a los gobernantes que violen su derecho a la Constitución.[3] Quienes controlan el poder del Estado están obligados a asegurar que esos completos mecanismos

2 Véase Allan R. Brewer-Carías, "Nota del Editor sobre Democracia, Populismo y Constitución" al libro: *Elecciones y democracia en América Latina: El desafío autoritario – populista (Coloquio Iberoamericano, Heidelberg, septiembre 2019, homenaje a Dieter Nohlen),* (Editor: Allan R. Brewer-Carías), Colección Biblioteca Allan R. Brewer-Carías, Instituto de Investigaciones Jurídicas de la Universidad Católica Andrés bello, Editorial Jurídica Venezolana International, Caracas 2020, pp. 13-25.

3 Véase sobre la Justicia constitucional como sustituto a la revolución y de la rebelión popular, Sylva Snowiss, *Judicial Review and the Law of the Constitution,* Yale University, 1990, p. 113.

de justicia constitucional que se consagren no sean degradados, y no sean convertidos en meros instrumentos para asegurar que las violaciones a la Constitución por los gobernantes nunca sean controladas, como precisamente ocurrió en Venezuela a partir del asalto al Poder Judicial en 1999.

Y ha sido precisamente en esta perspectiva que en el mundo contemporáneo y, en particular, en nuestros países iberoamericanos, se ha venido observando lo que bien puede denominarse el *Falseamiento del Estado de Derecho*, que comienza por ser un falseamiento de la Constitución derivado del incumplimiento de la promesa que en la misma quedó plasmada por el pueblo que la sancionó, reflejada en los mismos por el conjunto de principios que lo conforman.

Esos principios mínimos esenciales del Estado de derecho,[4] antes mencionados, en efecto, son los siguientes:

En *primer lugar*, el *principio de la constitucionalismo*, es decir, de la propia existencia de una Constitución como carta política escrita, emanación de la soberanía popular, de carácter rígida y permanente, contentiva de normas de rango superior, inmutable en ciertos aspectos y que no sólo organiza al Estado, es decir, no sólo tiene una parte orgánica, sino que también tiene una parte dogmática donde se declaran los valores fundamentales de la sociedad y los derechos y garantías de los ciudadanos.

El constitucionalismo implica, esencialmente, la supremacía del texto constitucional del cual deriva un sistema jerárquico de las normas que conforman el ordenamiento jurídico, ubicadas en diferentes niveles según su esfera de validez; y que origina las fuentes diversas subconstitucionales del derecho, comenzando por la legislación que regula con primacía todas las actividades del Estado, entendiéndose en este contexto por legislación, básicamente, la ley formal, es decir, las leyes sancionadas por los parlamentos.

En *segundo lugar*, el *principio de la democratización*, basado en el principio de la soberanía popular, que surgió en el constitucionalismo

---

4 Véase Allan R. Brewer-Carías, *Principios del Estado de derecho. Aproximación histórica*, Cuadernos de la Cátedra Mezerhane sobre democracia, Estado de derecho y derechos humanos, Miami Dade College, Programa Goberna Las Americas, Editorial Jurídica Venezolana International. Miami-Caracas, 2016. P. 360.

moderno cuando la soberanía se trasladó de un Monarca al pueblo y a la Nación, siendo en consecuencia las Constituciones producto del ejercicio de dicha soberanía popular. De ello deriva el principio de la representación, de la esencia de la democracia, cuyo ejercicio por el pueblo se realiza básicamente en forma indirecta, mediante representantes electos por sufragio universal, directo y secreto, independientemente de los mecanismos de ejercicio directo de la democracia que puedan establecerse.

En *tercer lugar, el principio de la separación de poderes, es decir, de su desconcentración en la organización del Estado* con el objeto de limitar y controlar su ejercicio para garantizar la libertad de los ciudadanos. Del mismo deriva la necesidad de que los diversos poderes estén en mano de órganos independientes y autónomos que se deben controlar entre sí, en particular, por parte del poder judicial. Este principio de la desconcentración está, por tanto, esencialmente unido al principio de la separación de poderes que es de la propia esencia del Estado de derecho, para evitar los posibles abusos de una rama del poder en relación con los otros.

En *cuarto lugar*, el *principio de la juridificación y de la legalidad,* que exige de todos los órganos del Estado y, en particular de aquellos que actúan en representación del pueblo, la obligación de sujetarse a la Constitución, a la ley y a las demás fuentes de ordenamiento jurídico, estando siempre todos los actos de los órganos del Estado sometidos a control, en particular, por parte de órganos judiciales autónomo e independiente dentro de la organización del propio Estado, con la potestad incluso para anular los actos de los órganos del Estado que sean inconstitucionalidad o ilegales.

En *quinto lugar, el principio de la humanización*, con reconocimiento y declaración formal de la existencia de derechos naturales del hombre y de los ciudadanos, con rango constitucional y de la primacía de la dignidad humana, por tanto, que deben ser garantizados y respetados por el Estado, constituyéndose la libertad y los derechos en el freno al Estado y sus poderes.

En *sexto lugar*, el *principio de la descentralización política en la organización del Estado, para asegurar la participación política* de los ciudadanos en el ejercicio del poder, al acercarlo a todos mediante la creación de entidades políticas territoriales regionales y locales, desparramadas en el territorio del Estado, gobernadas por representantes también electos mediante sufragio universal directo y secreto; principio que es el origen del federalismo, de los regionalismo políticos y, en todo caso, del municipalismo.

En *séptimo lugar,* como corolario de todos los principios anteriores, el *principio de gobierno civil*, que implica la subordinación de la autoridad militar a la autoridad civil, estando aquella encargada única y exclusivamente de la defensa de la Nación, del territorio y de los principios y valores establecidos y garantizados en la Constitución.

En el aseguramiento de todos estos principios que conforman la Constitución Política para el sustento de un Estado democrático de derecho, está la esencia del mismo, los cuales, lamentablemente, sin embargo, por la insurgencia progresiva de regímenes autoritarios, han venido siendo despreciados, ignorados, falseados o vaciados de contenido; tal como ha sucedido en las últimas dos décadas en muchos de nuestros países, a la vista del propio mundo democrático, como ha sido el trágico caso de lo ocurrido en Venezuela[5].

Y es precisamente por ello que con motivo de la Presentación de este Libro Homenaje a la Dra. Cecilia Sosa, voy a referirme a este proceso de falseamiento del Estado de derecho, en particular en cuanto al falseamiento de la Constitución Política, pero por supuesto teniendo en cuenta que también, en cuanto a la Constitución Económica y la Constitución Social, las mismas igualmente han sido totalmente incumplidas y falseadas, configurándose institucionalmente como una gran mentira pues en los últimos veinte años, el establecimiento de un Estado social no pasó de ser una vana ilusión propagandista, habiendo solo adquirido la deformada faz de un Estado populista para, en definitiva, empobrecer y hacer dependiente a toda la población de una burocracia gigante e

---

5 Véase Allan R. Brewer-Carías, *Dismantling Democracy. The Chávez Authoritarian Experiment*, Cambridge University Press, New York, 2010, 418 pp.; *Authoritarian Government v. The Rule of Law. Lectures and Essays (1999-2014) on the Venezuelan Authoritarian Regime Established in Contempt of the Constitution*, Fundación de Derecho Público, Editorial Jurídica Venezolana, Caracas, 2014, 986 pp.; *The Collapse of the Rule of Law and the Struggle for Democracy in Venezuela.* Lectures and Essays (2015-2020), Foreword: Asdrúbal Aguiar, Colección Anales, Cátedra Mezerhane sobre democracia, Estado de Derecho y Derechos Humanos, Miami Dade College, Miami, 2020, 618 pp.

ineficiente, que lo que ha asegurado es que hoy toda la población, y no solo las personas de menos recursos, sufran las mismas carestías[6].

Pero dejando de lado en particular esas violaciones y falseamientos, a lo que aquí quiero referirme es lo ocurrido respecto de la Constitución Política, pues después de veinte años, el resultado ha sido que el establecimiento de un régimen político democrático representativo y participativo, nunca tuvo lugar; la estructuración de un Estado democrático de derecho y de justicia fundamentado en el principio de la separación de poderes, nunca se concretó; la consolidación de un Estado federal descentralizado, se abandonó,[7] y los derechos y libertades públicas han sido despreciados.

Todo ello ha conducido al país al total colapso de sus instituciones, destrozándose las bases del Estado democrático de derecho y de justicia, con forma Federal y descentralizada que se regula en la Constitución, que nunca ha llegado a estructurarse, y que debía haberse montado sobre la base de los principios antes señalados de constitucionalismo, desconcentración del poder, democratización, legalización, humanización, descentralización y participación y de gobierno civil.

Al contrario, lo que hemos presenciado es un proceso sistemático de desconstitucionalización, de desdemocratización, de concentración del poder, de deslegalización, de deshumanización, de centralización y de ausencia de participación, y de militarización.

IV. EL FALSEAMIENTO DEL PRINCIPIO DE LA SOBERANÍA POPULAR; LA DESCONSTITUCIONALIZACIÓN Y LA USURPACIÓN DE LA SOBERANÍA POPULAR

El proceso de desconstitucionalización del Estado, es decir, el abandono del principio esencial del constitucionalismo que implica que la Constitución es ley suprema y el resultado del ejercicio de la so-

---

6 Véase Allan R. Brewer-Carías, *Estado totalitario y desprecio a la ley. La* desconstitucionalización, *desjuridificación, desjudicialización y desdemocratización de Venezuela,* Fundación de Derecho Público, Editorial Jurídica Venezolana, Caracas, 2014.

7 Véase el estudio de la Constitución en cuanto a la regulación de este modelo de Estado Constitucional en Allan R. Brewer-Carías, *La Constitución de 1999. Derecho Constitucional venezolano*, 2 tomos, Caracas 2004.

beranía por el pueblo, se inició en Venezuela en 1999 con el proceso de sanción de la propia Constitución de 1999, producto de una Asamblea Nacional Constituyente mal conformada y peor estructurada[8], para cuya convocatoria se violó la Constitución de 1961 que no establecía ni regulaba la figura de la Asamblea Nacional Constituyente, asaltándose el poder y avasallando a los poderes constituidos.

Con esa experiencia venezolana se inició en América Latina el llamado "*nuevo constitucionalismo*"[9], que luego se extendió hacia Ecuador y Bolivia, producto del populismo constitucional que pretende justificar que la supremacía constitucional debe ceder cuando supuestamente se convoque al pueblo soberano, así sea en forma no autorizada en la Constitución, para modificarla[10].

El resultado de esa deformación fue que en Venezuela una Asamblea Nacional Constituyente completamente controlada por los seguidores de Hugo Chávez, sancionó una Constitución Política que como lo expresé en diciembre de 1999, al abogar por su no aprobación en el referendo:

> *"cuando se analiza globalmente, [...] pone en evidencia un esquema institucional para el autoritarismo, que deriva de la combinación del centralismo de Estado, del presidencialismo exacerbado, de la partidocracia y del militarismo que constituyen los elementos centrales diseñados para la organización del Poder del Estado."*[11]

Eso fue hace veintiún años, en un mensaje al cual lamentablemente muy pocas personas hicieron caso, pues sin duda, era demasiado el anhelo de cambio político que entonces existía en el país.

---

8 Véase Allan R. Brewer-Carías, *Golpe de Estado y proceso constituyente en Venezuela*, Universidad nacional Autónoma de México, México 2002.

9 Véase Allan R. Brewer-Carías, *"El "nuevo constitucionalismo latinoamericano" y la destrucción del Estado democrático por el Juez Constitucional. El Caso de Venezuela,* Colección Biblioteca de Derecho Constitucional, Ediciones Olejnik, Madrid, Buenos Aires, 2018, 294 pp.

10 Véase Juan Carlos Cassagne y Allan R. Brewer-Carías, *Estado populista y populismo constitucional. Dos estudios,* Ediciones Olejnik, Santiago, Buenos Aires, Madrid 2020, 330 pp.

11 Véase Allan R. Brewer-Carías, "Razones del voto NO en el referendo aprobatorio de la Constitución," en Debate *Constituyente (Labor en la Asamblea Nacional Constituyente),* Tomo III, Fundación de Derecho Público, Editorial Jurídica Venezolana, Caracas 2000.

Pero lo cierto ha sido que aquello que vaticiné en 1999 se cumplió a cabalidad comenzando el proceso de la violación descarada de la Constitución, sin que muchos lo advirtieran, una semana después de aprobada la Constitución por el pueblo mediante referendo (el 15-12-1999). Ello ocurrió antes, incluso, de que se publicara su texto, al decretarse por la propia Asamblea Constituyente (sin aprobación popular y a pesar de que ya había concluido sus funciones, violándose el principio de la soberanía popular), un "*Régimen Transitorio*" (22-12-1999)[12] que en la práctica dio origen a otra "*constitución*" paralela, que no fue aprobada por el pueblo, cuya duración fue de varios lustros, contraria a lo que se prometía en el texto aprobado popularmente, y destinada a asegurar que la misma no se pudiera cumplir, en lo que entonces califiqué como un golpe de Estado constituyente.[13]

En esa forma, en 1999 lo que se produjo fue un asalto al poder que se materializó cuando la Asamblea Constituyente, al margen del pueblo, procedió a hacer lo que éste no hizo en el referendo aprobatorio de la Constitución, que fue sustituir todos los Poderes Públicos constituidos del Estado y sus autoridades, procediéndose a designar a dedo a sus sustitutos. La Asamblea, así, puso fin al mandato del anterior Congreso y creó transitoriamente una Comisión Legislativa Nacional; eliminó la anterior Corte Suprema de Justicia, creando las Salas del nuevo Tribunal Supremo fijándoles el número de magistrados, lo que no estaba establecido en la Constitución, procediendo a nombrarlos sin cumplir con las exigencias de la propia Constitución; creó una Comisión de Reorganización y Funcionamiento del Poder Judicial para seguir interviniéndolo, destituyendo jueces sin debido proceso; designó a todos los

---

12 Después de aprobada por el pueblo la Constitución (15 diciembre 1999), la Asamblea dictó el Régimen Constitucional Transitorio (22-diciembre 1999), habiéndose publicado ambos textos a la vez (30 diciembre 1999). Véase en *Gaceta Oficial* No. 36.859 de 29 de diciembre de 1999.

13 Véase Allan R. Brewer-Carías, *Golpe de Estado y proceso constituyente en Venezuela*, Universidad nacional Autónoma de México, México 2002. A ello se sumaron diversas "*modificaciones*" o "*reformas*" al texto introducidas con ocasión de "*correcciones de estilo*" para su publicación lo que ocurrió el 30 de diciembre de 1999. Véase Allan R. Brewer-Carías, "Comentarios sobre la ilegítima "Exposición de Motivos" de la Constitución de 1999 relativa al sistema de justicia constitucional", en la *Revista de Derecho Constitucional*, Nº 2, Enero-Junio 2000, Caracas 2000, pp. 47-59.

altos funcionarios de los diversos Poderes del Estado sin cumplir las condiciones constitucionales; y dictó un Estatuto Electoral sin potestad alguna para ello.[14]

Y todo ello, con el aval por el nuevo Tribunal Supremo de Justicia y su Sala Constitucional, que había sido nombrado por la propia Asamblea Constituyente, la cual, al decidir en su propia causa, mediante sentencia Nº 6 de fecha 27 de enero de 2000,[15] estableció, primero, que las normas constitucionales aprobadas no se aplicaban a los nombrados, y segundo, que todo lo que había resuelto la Asamblea Constituyente tenía rango "*supraconstitucional*", no estando la misma sujeta ni a la Constitución de 1999 ni a la Constitución de 1961.

Ello fue, en definitiva, el inicio del antes mencionado y llamado "*nuevo constitucionalismo*" en cuyo nombre específicamente se produjo en Venezuela la inmisericorde intervención y sometimiento del Poder Judicial, y con ello, la destrucción del Estado de derecho;[16] proceso en lo cual a partir de 2000 el Juez Constitucional jugó un rol estelar, configurándose con ello una contradicción inconcebible: que un Juez Constitucional pueda tener como misión la de demoler las instituciones del Estado de derecho y con ello, destruir las bases del sistema democrático.

---

14 Véase Allan R. Brewer-Carías, *Golpe de Estado y proceso constituyente en Venezuela*, Universidad Nacional Autónoma de México, México 2002, 405 pp.; y *Golpe de Estado Constituyente, Estado Constitucional y Democracia*, Colección Tratado de Derecho Constitucional, Tomo VIII, Fundación de Derecho Público, Editorial Jurídica Venezolana, Caracas , 2015, 1018 pp.

15 Véase en *Revista de Derecho Público*, Nº 81, (enero-marzo), Editorial Jurídica Venezolana, Caracas, 2000, pp. 81 ss.

16 Sobre la intervención del Poder Judicial véase Allan R. Brewer-Carías, "La progresiva y sistemática demolición institucional de la autonomía e independencia del Poder Judicial en Venezuela 1999-2004", en *XXX Jornadas J.M Domínguez Escovar, Estado de derecho, Administración de justicia y derechos humanos*, Instituto de Estudios Jurídicos del Estado Lara, Barquisimeto, 2005, pp. 33-174; "La Justicia sometida al poder y la interminable emergencia del Poder Judicial (1999-2006)", en *Derecho y democracia. Cuadernos Universitarios*, Órgano de Divulgación Académica, Vicerrectorado Académico, Universidad Metropolitana, Año II, Nº 11, Caracas, septiembre 2007, pp. 122-138; "Sobre la ausencia de carrera judicial en Venezuela: jueces provisorios y temporales y la irregular Jurisdicción Disciplinaria Judicial," en *Revista de Derecho Funcionarial,* Números 12-19, Mayo 2014 – Diciembre 2016, Edición especial, Centro para la Integración y el Derecho Público (CIDEP), Fundación de Estudios de Derecho Administrativo (FUNEDA), Caracas 2018, pp. 8-26.

Y todo ello, en contraste con lo que dispuso la Constitución al declarar que la soberanía reside "*intransferiblemente*" en el pueblo, es decir, que sólo y siempre reside en el pueblo y nadie puede asumirla, ni siquiera una Asamblea Constituyente la cual, por supuesto, nunca podría ser "*soberana*" y menos aún "*soberanísima*" como, por ejemplo, tantas veces e impropiamente se la calificó en 1999[17], y 2017[18]. En la Constitución de 1999, incluso, al regularse la Asamblea Nacional Constituyente se señala que "*el pueblo de Venezuela es el depositario del poder constituyente originario*" (art. 347) el cual, por tanto, no puede jamás ser transferido a Asamblea alguna.

Sin embargo, de hecho, estas previsiones no se han cumplido, como se evidencia de las muestras constituyentes realizadas en desprecio de la Constitución al presentarse un proyecto de reforma de la misma en 2007 por el Presidente Chávez[19], la cual afortunadamente fue rechazada por el pueblo mediante referendo, pero cuyo contenido, que buscaba la creación de un Estado Comunal paralelo al Estado Constitucional, era más bien lo propio de una Asamblea Constituyente. Sin embargo, de nuevo el Juez Constitucional fue el que se negó a controlar el despropósito.[20]

---

17 Véase los comentarios críticos sobre esto en Allan R. Brewer-Carías, *Poder Constituyente Originario y Asamblea Nacional Constituyente,* Academia de Ciencias Políticas y Sociales, Caracas, 1999, pp. 67 ss.

18 Véase Allan R. Brewer-Carías, *Usurpación Constituyente 1999, 2017. La historia se repite: una vez como farsa y la otra como tragedia,* Colección Estudios Jurídicos, No. 121, Editorial Jurídica Venezolana International, 2018, 654 pp.

19 Véase Allan R. Brewer-Carías, *Hacia la consolidación de un Estado socialista, centralizado, policial y* militarista. *Comentarios sobre el sentido y alcance de las propuestas de reforma constitucional* 2007, Colección Textos Legislativos, No. 42, Editorial Jurídica Venezolana, Caracas, 2007; *La reforma constitucional de 2007 (Comentarios al proyecto inconstitucionalmente sancionado por la Asamblea Nacional el 2 de noviembre de 2007),* Colección Textos Legislativos, No. 43, Editorial Jurídica Venezolana, Caracas 2007.

20 Véase Allan R. Brewer-Carías, "El juez constitucional vs. la supremacía constitucional O de cómo la jurisdicción constitucional en Venezuela renunció a controlar la constitucionalidad del procedimiento seguido para la 'reforma constitucional' sancionada por la Asamblea Nacional el 2 de noviembre de 2007, antes de que fuera rechazada por el pueblo en el referendo del 2 de diciembre de 2007," en Eduardo Ferrer Mac Gregor y César de Jesús Molina Suárez (Coordinarores), *El juez constitucional en el Siglo XXI,* Universidad nacional Autónoma de México, Suprema Corte de Justicia de la Nación, México 2009, Tomo I, pp. 385-435

Diez años después, el 1° de mayo de 2017, se produjo la inconstitucional convocatoria por decreto Ejecutivo de otra Asamblea Nacional Constituyente[21] -usurpando el carácter del pueblo como depositario del poder constituyente originario- para supuestamente transformar el Estado, adoptar un nuevo ordenamiento jurídico y dictar una nueva Constitución buscando de nuevo constitucionalizar el Estado Comunal rechazado por el pueblo en 2007.[22] Esta vez, además, en fraude a la voluntad popular y sin consultar al pueblo como lo exigía la Constitución (art. 347),[23] estableciéndose medios para elegir la Asamblea por sectores y territorios, contrariando a la propia Constitución que proscribe cualquier forma de representación grupal, sectorial, de clase o territorial. Y de nuevo, el Juez Constitucional fue el que se negó a controlar tal violación y usurpación de la soberanía popular,[24] considerando en definitiva que aunque se requiera de un referendo popular para cambiar una simple "coma" en una frase de un artículo en la Constitución (mediante los procedimientos de Enmienda constitucional, o de Reforma constitucional), sin embargo, para reformar *toda la Constitución y sustituir el texto vigente por otro nuevo,* no se necesita consultar al pueblo.[25]

---

21 Véase *Gaceta* Oficial No. 6295 Extraordinario de 1 de mayo de 2017.

22 Véase Allan R. Brewer-Carías, "La proyectada reforma constitucional de 2007, rechazada por el poder constituyente originario", en *Anuario de Derecho Público 2007,* Año 1, Instituto de Estudios de Derecho Público de la Universidad Monteávila, Caracas 2008, pp. 17-65.

23 Véase sobre ello lo que hemos expuesto en Allan R. Brewer-Carías, *Reforma constitucional y fraude a la Constitución (1999-2009)*, Academia de Ciencias Políticas y Sociales, Caracas 2009, p. 64-66; y en *La Constitución de 1999 y la Enmienda constitucional No. 1 de 2009*, Editorial Jurídica Venezolana, Caracas 2011, pp. 299-300.

24 Véase sentencia No. 378 de 31 de mayo de 2017. Véase los comentarios en Allan R. Brewer-carías, "El Juez Constitucional vs. El pueblo como poder constituyente originario. De cómo la Sala Constitucional del Tribunal Supremo de Justicia avaló la inconstitucional convocatoria de una Asamblea Nacional Constituyente, arrebatándole al pueblo su derecho exclusivo a convocarla", en Allan R. Brewer-Carías y Carlos García Soto (Coordinadores), *Estudios sobre la Asamblea Nacional Constituyente y su inconstitucional convocatoria en 2017*, Colección Estudios Jurídicos No. 119, Editorial Jurídica Venezolana, Caracas 2017, pp. 481-494.

25 Ante las críticas generalizadas, mediante Decreto No. 2889 de 4 de junio de 2017 (*Gaceta Oficial* No. 6303 Extra de 4 de junio de 2017), el Presidente de la república "*complementó las bases comiciales*" exhortando a la Asamblea Nacional Constituyente que se elija para someter a referendo aprobatorio la Constitución que se sancione.

Dicha Asamblea Nacional Constituyente de 2017, en todo caso, cesó en diciembre de 2019 sin haber cumplido con su misión de supuestamente crear el Estado Comunal, el cual en verdad, en fraude y desprecio a la Constitución y a la voluntad popular que lo había rechazado en 2007, ya se había establecido inconstitucionalmente en la Ley los Consejos Comunales sancionada en 2006[26], y luego, en 2010, en las Leyes Orgánicas del Poder Popular y de las Comunas[27], y además, con la reforma de la Ley Orgánica del Poder Público Municipal[28], las cuales establecieron el marco normativo de ese nuevo Estado, *paralelo al Estado Constitucional*, desconstitucionalizándolo, denominado *"Estado Comunal"* o Estado del *"Poder Popular"*, como se explica más adelante.

En esta forma, la Constitución en Venezuela, desde su sanción, puede decirse que perdió todo valor de norma suprema producto de la soberanía popular, y se convirtió en un conjunto normativo maleable por absolutamente todos los poderes públicos, cuyas normas, una vez abandonada su rigidez, han tenido en la práctica la vigencia y el alcance que dichos órganos han dispuesto mediante inconstitucionales leyes ordinarias y decretos leyes, que el Juez Constitucional se ha negado a juzgar y controlar, e incluso, para mayor tragedia, con la participación

---

26 Véase en *Gaceta Oficial* N° 5.806 Extra. de 10-04-2006. Véase Allan R. Brewer-Carías, **"El inicio de la desmunicipalización en Venezuela: La organización del Poder Popular para eliminar la descentralización, la democracia representativa y la participación a nivel local", en** *AIDA, Opera Prima de Derecho Administrativo. Revista de la Asociación Internacional de Derecho Administrativo*, Universidad Nacional Autónoma de México, Facultad de Estudios Superiores de Acatlán, Coordinación de Postgrado, Instituto Internacional de Derecho Administrativo "Agustín Gordillo", Asociación Internacional de Derecho Administrativo, México, 2007, pp. 49 a 67.

27 Véase en Gaceta *Oficial* N° 6.011 Extra. de 21 de diciembre de 2010. La Sala Constitucional mediante sentencia N° 1330 de 17 de diciembre de 2010 declaró la constitucionalidad del carácter orgánico de esta Ley. Véase en http://www.tsj.gov.ve/decisiones/scon/Diciembre/1330-171210-2010-10-1436.html. Véase en general sobre estas leyes, Allan R. Brewer-Carías, Claudia Nikken, Luis A. Herrera Orellana, Jesús María Alvarado Andrade, José Ignacio Hernández y Adriana Vigilanza, *Leyes Orgánicas sobre el Poder Popular y el Estado Comunal (Los consejos comunales, las comunas, la sociedad socialista y el sistema económico comunal)*, Colección Textos Legislativos N° 50, Editorial Jurídica Venezolana, Caracas 2011; Allan R. Brewer-Carías, "La Ley Orgánica del Poder Popular y la desconstitucionalización del Estado de derecho en Venezuela," en *Revista de Derecho Público*, N° 124, Editorial Jurídica Venezolana, Caracas 2010, pp. 81-101.

28 Véase en Gaceta *Oficial* N° 6.015 Extra. de 28 de diciembre de 2010.

activa del mismo, mediante sentencias de interpretación constitucional todas hechas a la medida, o mediante mutaciones ilegítimas para *"garantizar"* que dichas actuaciones inconstitucionales no serán controladas.[29]

En esta forma, lo primero que se ha vaciado en la Constitución Política de Venezuela, ha sido el principio del constitucionalismo y de la soberanía popular.

V. EL VACIAMIENTO DEL PRINCIPIO DE DEMOCRATIZACIÓN: LA DESDEMOCRATIZACIÓN Y LA BÚSQUEDA DE ELIMINACIÓN DE LA DEMOCRACIA REPRESENTATIVA

La violación de la soberanía popular y la ausencia de separación de poderes y su concentración, por otra parte, ha sido el principal detonante, junto con otros, del proceso de desdemocratización del Estado, permitiendo no solo la usurpación de la soberanía popular y la desconstitucionalización, sino la definición y aplicación, como política de Estado, de un proceso de desprecio del principio de la democracia representativa, propendiendo su sustitución por una llamada democracia "*participativa*".

El principio democrático está definido en la Constitución de 1999 al expresar en cuyo artículo 5, que:

> *"La soberanía reside intransferiblemente en el pueblo, quien la ejerce directamente en la forma prevista en esta Constitución y en la Ley, e indirectamente, mediante el sufragio, por los órganos que ejercen el Poder Público."*

De esta norma resulta que la soberanía popular y la democracia representativa[30] son principios consustanciales e indisolubles, implicando

[29] Véase sobre la mutación constitucional por la sala Constitucional véase: Allan R. Brewer-Carías, "El juez constitucional al servicio del autoritarismo y la ilegítima mutación de la Constitución: el caso de la Sala Constitucional del Tribunal Supremo de Justicia de Venezuela (1999-2009)", en *IUSTEL, Revista General de Derecho Administrativo*, No. 21, junio 2009, Madrid, 2009. ISSN-1696-9650.

[30] Véase sobre la soberanía y la democracia representativa, Alla R. Brewer-Carías, "El principio de la soberanía popular, el republicanismo y el gobierno democrático representativo",

que sea imposible pensar en un régimen democrático, que pueda haber el principio de la soberanía popular sin el principio de la representatividad.[31] Éste, en sí mismo, es de la esencia de la democracia, y los vicios que la misma pueda tener lo que exigen es perfeccionarla, pero no eliminarla. Es decir, la crisis que pueda haber afectado en determinadas circunstancias la representatividad democrática, no puede conducir a su eliminación, sino a su perfeccionamiento.[32] Todo ello, para ampliar el radio de la representatividad, y permitir que el pueblo, sus lugares y comunidades encuentren representación directa en las Asambleas representativas.

Esta democracia representativa es la que se regula en dicho artículo 5 de la Constitución, cuando declara que la soberanía reside en el pueblo indicando que la ejerce "*indirectamente, mediante el sufragio, por los órganos que ejercen el Poder Público*", para lo cual se regula además el artículo 62, el derecho de los ciudadanos de participar

---

en Allan R. Brewer-Carías y José Araujo Juárez (Coordinadores), *Principios Fundamentales del Derecho Público. Desafíos actuales. Libro conmemorativo de los 20 años de la publicación de la Constitución de 1999*, Editorial Jurídica Venezolana International 2020, pp. 15-39; Pedro L. Bracho Grand y Miriam Álvarez de Bozo, "Democracia representativa en la Constitución Nacional de 1999", en *Estudios de Derecho Público: Libro Homenaje a Humberto J. La Roche Rincón,* Volumen I, Tribunal Supremo de Justicia, Caracas 2001, pp. 235-254; y Ricardo Combellas, "Representación vs. Participación en la Constitución Bolivariana. Análisis de un falso dilema", en *Bases y principios del sistema constitucional venezolano (Ponencias del VII Congreso Venezolano de Derecho Constitucional realizado en San Cristóbal del 21 al 23 de noviembre de 2001),* Volumen II, pp. 383-402.

31 Véase en Allan R. Brewer-Carías, *Debate Constituyente, Aportes a la Asamblea Nacional Constituyente, Fundación de Derecho Público,* Tomo I, Editorial Jurídica Venezolana, Caracas 1999, pp. 184 ss.

32 Las críticas a la democracia representativa deben ser para perfeccionarla, no para eliminarla y menos para sustituirla por la llamada "*democracia participativa.*" Véase por ejemplo, Allan R. Brewer-Carías, "Sobre los elementos de la democracia como régimen político: representación y control del poder," en *Revista Jurídica Digital IUREced,* Edición 01, Trimestre 1, 2010-2011, en http://www.megaupload.com/?d=ZN9Y2W1R; "La necesaria revalorización de la democracia representativa ante los peligros del discurso autoritario sobre una supuesta "democracia participativa" sin representación," en *Derecho Electoral de Latinoamérica. Memoria del II Congreso Iberoamericano de Derecho Electoral*, Bogotá, 31 agosto-1 septiembre 2011, Consejo Superior de la Judicatura, ISBN 978-958-8331-93-5, Bogotá 2013, pp. 457-482; "Participación y representatividad democrática en el gobierno municipal," en la Revista *Ita Ius Esto, Revista de Estudiantes* (http://www.itaiusesto.com/), *In Memoriam Adolfo Céspedes Zavaleta,* Lima 2011, pp. 11-36; en http://www.itaiusesto.com/participacion-y-representacion-democratica-en-el-gobierno-municipal/

libremente en los asuntos públicos "*por medio de sus representantes elegidos*".

De ello deriva, por tanto, que la representatividad democrática siempre tiene que tener su origen en elecciones populares (art. 70), y que éstas están destinadas a elegir los titulares de los órganos que ejercen el Poder Público (que son los que establece la Constitución conforme a los principios de distribución y separación del Poder Público, art. 136), mediante sufragio universal, directo y secreto (art. 63). De allí incluso que se hable de la democracia como derecho ciudadano,[33] que implica que en el funcionamiento del régimen político se tengan que garantizar sus *elementos esenciales,* tal como los enumeró la *Carta Democrática Interamericana* de la Organización de Estados Americanos en 2001, y que son, además del respeto al conjunto de los derechos humanos y de las libertades fundamentales: 1) el acceso al poder y su ejercicio con sujeción al Estado de derecho; 2) *la celebración de elecciones periódicas, libres, justas y basadas en el sufragio universal y secreto, como expresión de la soberanía del pueblo*; 3) el régimen plural de partidos y organizaciones políticas y 4) la separación e independencia de los poderes públicos (Art. 3).

No hay por tanto democracia sin representación política establecida mediante el sufragio, lo que impide que deba perfeccionarse haciendo más efectiva la participación del ciudadano en los procesos políticos, lo que se logra además de con el voto a través de procesos electorales libres, justos, competitivos y verificables organizados por un árbitro electoral (Poder Electoral) efectivamente autónomo e independiente; con un proceso de descentralización política a los efectos de acercar el poder al ciudadano, lo que solo puede lograrse mediante la estructuración de entidades políticas territoriales para hacer realidad el derecho a la participación.

Pero lo que no puede admitirse es que se pretenda sustituir la democracia representativa por una supuesta "*democracia participativa*"

---

33 Véase Allan R. Brewer-Carías, "Algo sobre las nuevas tendencias del derecho constitucional: el reconocimiento del derecho a la constitución y del derecho a la democracia", en Sergio J. Cuarezma Terán y Rafael Luciano Pichardo (Directores), *Nuevas tendencias del derecho constitucional y el derecho procesal constitucional*, Instituto de Estudios e Investigación Jurídica (INEJ), Managua, 2011, pp. 73-94.

que ha difundido el discurso autoritario del cual hemos sido testigos en Venezuela durante las dos primeras décadas del siglo XXI, confundiendo en general, indebidamente, la democracia participativa con elementos de democracia directa,[34] eliminando la descentralización del poder e impidiendo la propia participación política ciudadana.

La representación (democracia directa) no se contrapone a la participación sino a la democracia directa[35], y a lo que se opone la participación es a la "exclusión" política.

Por ello, no es sino un falseamiento de la democracia el pretender vender, en el discurso autoritario, a una supuesta "*democracia participativa*" para superar los vicios de la democracia representativa, mediante el establecimiento de mecanismos de democracia directa que lo que persiguen es eliminar la representatividad; y sobre todo, estableciéndolos en paralelo a los propios órganos electos del Estado Constitucional para hacerle creer al ciudadano que participa, cuando lo que

34 Véase Allan R. Brewer-Carías, "La democracia representativa y la falacia de la llamada "democracia participativa, sin representación" en Jorge Fernández Ruiz (Coordinador), *Estudios de Derecho Electoral. Memoria del Congreso Iberoamericano de Derecho Electoral*, Universidad Nacional Autónoma de México, Coordinación del Programa de Posgrado en Derecho, Facultad de Estudios Superiores Aragón, Facultad de Derecho y Criminología, Universidad Autónoma de Nuevo León, México 2011, pp. 25 a 36. Véase Allan R. Brewer-Carías, "La necesaria revalorización de la democracia representativa ante los peligros del discurso autoritario sobre una supuesta "democracia participativa" sin representación," en *Derecho Electoral de Latinoamérica. Memoria del II Congreso Iberoamericano de Derecho Electoral*, Bogotá, 31 agosto-1 septiembre 2011, Consejo Superior de la Judicatura, ISBN 978-958-8331-93-5, Bogotá, 2013, pp. 457-482. Véase además, el libro Allan R. Brewer-Carías, *sobre la democracia*, (con Prólogo de Mariela Morales Antoniazzi). Editorial Jurídica Venezolana, New York / Caracas 2919, 576 pp.

35 Como lo ha señalado la Corte Primera de lo Contencioso Administrativo en sentencia N° 1037 de 1 de agosto de 2000 (Caso: *Asociación de Propietarios y Residentes de la Urbanización Miranda (APRUM) vs. Alcaldía del Municipio Sucre del Estado Miranda*): "*La democracia participativa no choca necesariamente con la democracia representativa, ni se excluyen, y dentro de un sistema Republicano necesariamente deben haber autoridades, Poderes Públicos que representen a los demás, y esa es la esencia misma de la República como tal; son estos entes representativos quienes van a establecer las normas para poder permitir la participación, porque toda participación debe estar sujeta a unas normas o a un principio de legalidad que establezca cuáles son los poderes de la Administración Pública y en qué manera los ciudadanos pueden hacerse parte de la actividad administrativa y la participación legítima a los órganos de representación republicanos, razón por la cual ambos tipos de democracia se complementan.*" Véase en *Revista de Derecho Público*, N° 83 (julio-septiembre), Editorial Jurídica Venezolana, Caracas, 2000, p. 394.

se está es sometiéndolo al control del poder central, como ha ocurrido en Venezuela con todo el entramado del llamado Estado del Poder Popular y los Consejos Comunales.[36] Lo cierto sin embargo, es que no puede existir en el mundo contemporáneo una democracia que sea sólo refrendaria, plebiscitaria o de cabildos abiertos permanentes como los concejos comunales., y menos si sus "voceros" no son electos mediante sufragio universal, directo y secreto.

En todo caso, como producto del discurso autoritario de querer implantar una supuesta democracia participativa eliminando la democracia representativa, durante los últimos veinte años hemos sido testigos en Venezuela, de nuevo, de un proceso desarrollado en colusión entre el Poder Ejecutivo y el Juez Constitucional, siendo éste último el instrumento directo del proceso de demolición sistemática no sólo del principio democrático representativo, incluso del propio principio democrático participativo, además del principio del gobierno alternativo y electivo, del antes mencionado principio de la separación de poderes y el principio descentralizador del Estado federal.

En este campo, por tanto, la primera víctima del Juez Constitucional ha sido el principio democrático representativo[37] que ha sido sucesivamente lesionado, para cuyo efecto, el mismo Juez Constitucional afectó el derecho político de los ciudadanos a elegir representantes en fraude a la representación proporcional (2006); avaló las inconstitucionales inhabilitaciones políticas que afectaron el derecho de exfuncionarios públicos a ser electos (2008, 2011); arrebató a una diputada en ejercicio el poder continuar ejerciendo su mandato, revocándoselo inconstitucionalmente (2014); revocó ilegítima e inconstitucionalmente el mandato popular a varios Alcaldes, usurpando las competencias de la Jurisdicción Penal (2014); demolió el principio del gobierno democrático electivo y representativo, al imponerle a los venezolanos un go-

---

36 Véase Allan R. Brewer-Carías, "El populismo constitucional y el "nuevo constitucionalismo". O de cómo se destruye una democracia desde dentro" en e libro de Juan Carlos Cassagne y Allan R. Brewer-Carías, *Estado Populista y Populismo Constitucional*, Ediciones Olejnik, Editorial Jurídica Venezolana, 2020, pp. 121 ss.

37 En este punto seguimos lo expuesto en Allan R. Brewer-Carías, "El Juez Constitucional en Venezuela y la destrucción del principio democrático representativo", en *Revista de Derecho Público*, No. 155-156, julio-diciembre de 2018, Editorial Jurídica Venezolana, Caracas 2018, pp. 7-44.

bierno sin legitimidad democrática en 2013, sin determinar con certeza el estado de salud, del Presidente Hugo Chávez Frías, o si estaba vivo; eliminó la exigencia de sufragio para designación de autoridades municipales (2017), eliminó el sufragio universal, directo y secreto en la elección de diputados en representación de las comunidades indígenas (2020), y eliminó el carácter alternativo del gobierno (2009).[38]

Entre estas violaciones a la democracia representativa, debe mencionarse el esfuerzo que desde 2007 comenzó a hacer el Presidente Hugo Chávez para eliminar el sufragio y representación del país, plasmado en el proyecto de reforma constitucional que presentó a la Asamblea Nacional para la creación del Estado Comunal o del Poder Popular,[39] con la cual buscaba reformar el artículo 136 de la Constitución para establecer una "*democracia*" sin representación, es decir, según lo que fueron sus propias palabras, que "*no nace del sufragio ni de elección alguna, sino que nace de la condición de los grupos humanos organizados como base de la población.*" [40]

La propuesta de reforma constitucional que buscaba eliminar el sufragio y la democracia representativa y su sustitución por una supuesta "*democracia participativa*", como se dijo, fue rechazada por el pueblo, lo que no impidió a Chávez implementar inconstitucionalmente

---

38 Véase Allan R. Brewer-Carías, "La democracia y su desmantelamiento usando la justicia constitucional: Peligros del autoritarismo," O de cómo, en Venezuela, el Juez Constitucional demolió los principios de la democracia representativa, de la democracia participativa y del control del poder), preparado para la conferencia del autor sobre "Democracia y Justicia Constitucional: Peligros del Autoritarismo," en *Elecciones y democracia en América latina: El desafío autoritario – populista (Coloquio Iberoamericano, Heidelberg, septiembre 2019, homenaje a Dieter Nohlen),* (Editor: Allan R. Brewer-Carías), Colección Biblioteca Allan R. Brewer-carías, Instituto de Investigaciones Jurídicas de la Universidad católica Andrés bello, Editorial Jurídica Venezolana International, Caracas 2020, pp. 98-117.

39 Véase Allan R. Brewer-Carías, *Hacia la consolidación de un Estado Socialista, Centralizado, Policial y* Militarista, *Comentarios sobre el sentido y alcance de las propuestas de reforma constitucional 2007,* Colección Textos Legislativos, N° 42, Editorial Jurídica Venezolana, Caracas 2007, 157 pp.

40 Véase *Discurso de Orden pronunciado por el ciudadano Comandante Hugo Chávez Frías, Presidente Constitucional de la República Bolivariana de Venezuela en la conmemoración del Ducentésimo Segundo Aniversario del Juramento del Libertador Simón Bolívar en el Monte Sacro y el Tercer* Aniversario *del Referendo Aprobatorio de su mandato constitucional,* Sesión especial del día Miércoles 15 de agosto de 2007, Asamblea Nacional, División de Servicio y Atención legislativa, Sección de Edición, Caracas 2007, p. 35.

la reforma mediante un conjunto de Leyes Orgánicas, primero sobre los Consejos Comunales sancionada en 2006[41], y luego sobre el Poder Popular y las Comunas sancionada en 2010[42], junto con la reforma de la Ley Orgánica del Poder Público Municipal,[43] estableciendo el marco normativo de un nuevo Estado *paralelo al Estado Constitucional*, desconstitucionalizándolo,[44] denominado "Estado Comunal" o del "Poder Popular."

En ese nuevo esquema se configuró un sistema político estatal ignorándose la democracia representativa al establecerse que los "*voceros*" de los Consejos Comunales, sin autonomía política, no son electos por sufragio universal, directo y secreto, sino a mano alzada "*en nombre del pueblo*," por asambleas controladas por el partido oficial y por el Ejecutivo Nacional. Además, en dichas leyes, se le asignó a los "*voceros*" de los Consejos Comunales la función de designar a los miembros de las

---

41 Véase en *Gaceta Oficial* N° 39.335 de 28 de diciembre de 2009. Véase Allan R. Brewer-Carías, *Ley* Orgánica *de Consejos Comunales,* Colección Textos Legislativos, N° 46, Editorial Jurídica Venezolana, Caracas 2010.

42 Véase en *Gaceta Oficial* N° 6.011 Extra. de 21 de diciembre de 2010. La Sala Constitucional mediante sentencia N° 1330 de 17 de diciembre de 2010 declaró la constitucionalidad del carácter orgánico de esta Ley. Véase en http://www.tsj.gov.ve/decisiones/scon/Diciembre/1330-171210-2010-10-1436.html. Véase en general sobre estas leyes, Allan R. Brewer-Carías, Claudia Nikken, Luis A. Herrera Orellana, Jesús María Alvarado Andrade, José Ignacio Hernández y Adriana Vigilanza, *Leyes Orgánicas sobre el Poder Popular y el Estado Comunal (Los consejos comunales, las comunas, la sociedad socialista y el sistema económico comunal)*, Colección Textos Legislativos N° 50, Editorial Jurídica Venezolana, Caracas 2011; Allan R. Brewer-Carías, "La Ley Orgánica del Poder Popular y la desconstitucionalización del Estado de derecho en Venezuela," en *Revista de Derecho Público*, N° 124, Editorial Jurídica Venezolana, Caracas 2010, pp. 81-101.

43 Véase en Gaceta *Oficial* N° 6.015 Extra. de 28 de diciembre de 2010.

44 Véase en general sobre este proceso de desconstitucionalización del Estado, Allan R. Brewer-Carías, "La desconstitucionalización del Estado de derecho en Venezuela: del Estado Democrático y Social de derecho al Estado Comunal Socialista, sin reformar la Constitución," en *Libro Homenaje al profesor Alfredo Morles Hernández, Diversas Disciplinas Jurídicas,* (Coordinación y Compilación Astrid Uzcátegui Angulo y Julio Rodríguez Berrizbeitia), Universidad Católica Andrés Bello, Universidad de Los Andes, Universidad Monteávila, Universidad Central de Venezuela, Academia de Ciencias Políticas y Sociales, Vol. V, Caracas 2012, pp. 51-82; en Carlos Tablante y Mariela Morales Antonorzzi (Coord.), *Descentralización, autonomía e inclusión social. El desafío actual de la democracia*, Anuario 2010-2012, Observatorio Internacional para la democracia y descentralización, En Cambio, Caracas 2011, pp. 37-84; y en *Estado Constitucional,* Año 1, N° 2, Editorial Adrus, Lima, junio 2011, pp. 217-236.

Juntas Parroquiales, las cuales, en consecuencia, fueron "*degradadas*", dejando de ser las "*entidades locales*" que son conforme a la Constitución, con gobiernos electos por sufragio universal directo y secreto; pasando a ser simples órganos "*consultivos, de evaluación y articulación entre el Poder Popular y los órganos del Poder Público Municipal*" (art. 35), cuyos miembros, además, los deben designar los voceros de los consejos comunales de la parroquia respectiva (art. 35), y sólo de entre aquellos avalados por la Asamblea de Ciudadanos "*de su respectivo consejo comunal*" (at. 36).[45]

Por ser inconstitucionales, dichas Leyes Orgánicas del Poder Popular fueron impugnadas ante la Sala Constitucional, al igual que la Ley de reforma de la Ley Orgánica del Poder Municipal de 2010, caso éste último que la Sala Constitucional si conoció mediante sentencia No. 355 de 16 de mayo de 2017,[46] en la cual simplemente y desconociendo el pilar de la democracia en Venezuela, que es la democracia representativa, admitió la posibilidad de que los miembros de las Juntas Parroquiales fueran designados por los Consejos Comunales, en un proceso que ni siquiera es una elección de segundo grado, porque no hay elección de primer grado en la designación a mano alzada de los voceros de los consejos comunales; y ello lo hizo para pretender privilegiar la "*participación sin sufragio*" sobre la participación mediante el sufragio, siguiendo la misma retórica "*participativa*" vacía que ha utilizado en muchas de sus decisiones anteriores, afirmando que el "*derecho general a participar en los*

---

45 Adicionalmente, en forma evidentemente inconstitucional, la Ley de reforma del Poder Municipal de 2010, decretó la "cesación" en sus funciones de "*los miembros principales y suplentes, así como los secretarios o secretarias, de las actuales juntas parroquiales, quedando las alcaldías responsables del manejo y destino del personal, así como de los bienes correspondientes*" (Disposición Derogatoria Segunda).

46 Caso: *impugnación de la Ley de reforma de la Ley Orgánica del Poder Público Municipal*. Véase en http://historico.tsj.gob.ve/decisiones/scon/mayo/199013-355-16517-2017-11-0120.HTML. Véase los comentarios a esta sentencia en Emilio J. Urbina Mendoza, "Todas las asambleas son sufragios, y muchos sufragios también son asambleas. La confusión lógica de la sentencia 355/2017 de la Sala Constitucional del Tribunal Supremo de Justicia y la incompatibilidad entre los conceptos de sufragio y voto asambleario" y José Ignacio Hernández G., "Sala Constitucional convalida la desnaturalización del Municipio. Notas sobre la sentencia N° 355/2017 de 16 de mayo" en *Revista de Derecho Público*, N° 150-151 (enero-junio 2017), Editorial Jurídica Venezolana, Caracas 2017, pp. 107-116 y 349-352.

procesos de decisión en las distintas áreas" se ha establecido sin haber sido limitado a "*la designación de representantes a cargos públicos de representación popular, toda vez que lo que se plantea, en definitiva, es el protagonismo fundamental de ciudadanos, la participación como nuevo paradigma determinante del nuevo régimen constitucional.*"

En todo caso, no es que el derecho a la participación política previsto en el artículo 62 de la Constitución se limite a la participación mediante el sufragio conforme al artículo 63 del mismo texto constitucional; sino que tratándose de pretendidas entidades políticas territoriales como son los Consejos Comunales, la designación de sus autoridades no puede realizarse en otra forma que no sea mediante elección por sufragio universal, directo y secreto; por lo que, contrario a lo resuelto por la Sala en la sentencia, el artículo 35 de la Ley Orgánica impugnada si estaba viciado de inconstitucionalidad, en lo que respecta a la designación (mal llamada "*elección*") de los miembros de las Juntas Parroquiales Comunales, lo que efectivamente sí quebrantaba el derecho constitucional al sufragio.

VI. EL VACIAMIENTO DEL PRINCIPIO DE LA SEPARACIÓN DE PODERES: LA CONCENTRACIÓN DEL PODER

Luego de la demolición del principio del constitucionalismo, y el desprecio a la soberanía popular, en el caso venezolano lo siguió el vaciamiento del primer y fundamental pilar de la Constitución en un Estado democrático de derecho, que es el de la separación e independencia de los poderes públicos poderes y del control recíproco entre los mismos, es decir, el de la desconcentración del poder, sin el cual el mismo simplemente no existe; principio que está destinado a asegurar que el ejercicio del poder esté sometido a control, particularmente al que debe ejercer una Justicia autónoma e independiente.[47]

---

[47] Véase sobre el tema Gustavo Tarre Briceño, *Solo el poder detiene al poder, La teoría de la separación de los poderes y su aplicación en Venezuela*, Colección Estudios Jurídicos N° 102, Editorial Jurídica Venezolana, Caracas 2014; y Jesús María Alvarado Andrade, "División del Poder y Principio de Subsidiariedad. El Ideal Político del Estado de Derecho como base para la Libertad y prosperidad material" en Luis Alfonso herrera Orellana (Coord.), *Enfoques Actuales sobre Derecho y Libertad en Venezuela*, Academia de Ciencias Políticas y Sociales, Caracas, 2013, pp. 131-185.

Este principio, inserto en la Constitución, en los últimos veinte años en Venezuela no ha sido sino otra máscara para el establecimiento, en su lugar, de un Estado Totalitario, de concentración y centralización total del poder, donde por supuesto ninguno de los elementos esenciales y de los componentes fundamentales de la democracia que se definen en la Carta Democrática Interamericana de 2001, se ha asegurado,[48]

Se ha ignorado, en todo caso, que para que pueda existir un Estado democrático, por sobre todo, el mismo tiene que estar montado sobre el dicho principio de la separación e independencia de los poderes público,[49] pues sin control del poder, en definitiva no pueden realizarse verdaderas elecciones libres, justas y confiables; no puede haber pluralismo político, ni acceso al poder conforme a la Constitución; no puede haber efectiva participación en la gestión de los asuntos públicos, ni transparencia administrativa en el ejercicio del gobierno, ni rendición de cuentas por parte de los gobernantes; en fin, no puede haber sumisión efectiva del gobierno a la Constitución y las leyes, así como subordinación de los militares al gobierno civil; no puede haber efectivo acceso a la justicia; y real y efectiva garantía de respeto a los derechos humanos, incluyendo la libertad de expresión y los derechos sociales.[50]

Al contrario de todo ello, en Venezuela, las promesas de la Constitución fueron olvidadas y lo que se estableció fue un Estado donde todo

---

48 Véase Allan R. Brewer-Carías, *Estado totalitario y desprecio a la ley. La desconstitucionalización, desjuridificación, desjudicialización y desdemocratización de Venezuela,* Fundación de Derecho Público, Editorial Jurídica Venezolana, 2014.

49 Véase sobre el tema Gustavo Tarre Briceño, *Solo el poder detiene al poder, La teoría de la separación de los* poderes *y su aplicación en Venezuela,* Colección Estudios Jurídicos N° 102, Editorial Jurídica Venezolana, Caracas 2014; y Jesús María Alvarado Andrade, "División del Poder y Principio de Subsidiariedad. El Ideal Político del Estado de Derecho como base para la Libertad y prosperidad material" en Luis Alfonso Herrera Orellana (Coord.), *Enfoques Actuales sobre Derecho y Libertad en Venezuela,* Academia de Ciencias Políticas y Sociales, Caracas, 2013, pp. 131-185.

50 Véase Allan R. Brewer-Carías, "Prólogo" al libro de Gustavo Tarre Briceño, *Solo el poder detiene al poder, La teoría de la separación de los poderes y su aplicación en Venezuela,* Colección Estudios Jurídicos N° 102, Editorial Jurídica Venezolana, Caracas 2014, pp. 13-49; "El principio de la separación de poderes como elemento esencial de la democracia y de la libertad, y su demolición en Venezuela mediante la sujeción política del Tribunal Supremo de Justicia" en *Revista Iberoamericana de Derecho Administrativo, Homenaje a Luciano Parejo Alfonso,* Año 12, N° 12, Asociación e Instituto Iberoamericano de Derecho Administrativo Prof. Jesús González Pérez, San José, Costa Rica 2012, pp. 31-43.

el poder se ha concentrado en las manos del Poder Ejecutivo al cual todos los otros Poderes Públicos están sometidos, particularmente el Tribunal Supremo de Justicia y el órgano electoral, e incluso la propia Asamblea Nacional (excepto entre 2015 y 2020, cuando estuvo controlada por la oposición al gobierno).

En ese proceso de concentración del poder y demolición del principio de separación de poderes, lo más grave en Venezuela ha sido el efecto devastador que para todas las instituciones del Estado ha tenido el control político que el Poder Ejecutivo ha ejercido sobre el Poder Judicial; proceso que comenzó desde 1999 como consecuencia del régimen transitorio adoptado por la Asamblea Constituyente, interviniendo todo el Poder Judicial.[51] Con el mismo, en particular, se comenzó a integrar el Tribunal Supremo de Justicia con magistrados controlados para asegurar su sujeción al Poder Ejecutivo; todo lo cual condujo al secuestro total de la Judicatura, integrada toda por jueces provisorios o temporales[52] completamente sometidos a presiones políticas, quienes incluso, en la reforma de la Ley Orgánica del Tribunal Supremo de 2004, pudieron ser despedidos sin garantías algunas del debido proceso.[53]

---

51 Véase nuestro voto salvado a la intervención del Poder Judicial por la Asamblea Nacional Constituyente en Allan R. Brewer–Carías, *Debate Constituyente, (Aportes a la Asamblea Nacional Constituyente)*, Tomo I, (8 agosto–8 septiembre), Caracas 1999; y las críticas formuladas a ese proceso en Allan R. Brewer-Carías, *Golpe de Estado y proceso constituyente en Venezuela,* Universidad Nacional Autónoma de México, México, 2002

52 En el *Informe Especial* de la Comisión sobre Venezuela correspondiente al año 2003, la misma también expresó, que "*un aspecto vinculado a la autonomía e independencia del Poder Judicial es el relativo al carácter provisorio de los jueces en el sistema judicial de Venezuela. Actualmente, la información proporcionada por las distintas fuentes indica que más del 80% de los jueces venezolanos son "provisionales*". *Informe sobre la Situación de los Derechos Humanos en Venezuela 2003*, párr. 161. Véase en Allan R. Brewer-Carías y Asdrúbal Aguiar (Editores), *Venezuela. Informes sobre violaciones grave de derechos humanos,* Iniciativa Democrática España América, Editorial Jurídica Venezolana, Miami 2019, 160 pp.

53 Como lo destacó la misma Comisión Internacional de Juristas, en un *Informe* de marzo de 2014, que resume todo lo que en el país se ha venido denunciando en la materia, al dar "cuenta de la falta de independencia de la justicia en Venezuela,"*se destaca que "el Poder Judicial ha sido integrado desde el Tribunal Supremo de Justicia (TSJ) con criterios predominantemente políticos en su designación. La mayoría de los jueces son "provisionales" y vulnerables a presiones políticas externas, ya que son de libre nombramiento y de remoción discrecional por una Comisión Judicial del propio Tribunal Supremo, la cual, a su vez, tiene una marcada tendencia partidista.*". Véase en http://icj.wpengine.netdna-cdn.com/wp-content/uploads/2014/06/VENEZUELA-Informe-A4-elec.pdf

El resultado de todo ello ha sido la trágica dependencia del Poder Judicial sometido a los designios y político por parte del Poder Ejecutivo[54], funcionando como instrumento al servicio del gobierno del Estado y de su política autoritaria[55]; tal cual como aquellos jueces del horror del régimen nazi.

Por ello, no es de extrañar que, con toda vergüenza para Venezuela, en tiempos recientes se hayan dictado decisiones por los las Cortes Supremas de Costa Rica, de Brasil y de Chile negando solicitudes de extradición formuladas por el Estado venezolano, por considerar que los posibles extraditables de concretarse la extradición, no tendrían aseguradas las garantía de debido proceso en el país.[56]

---

[54] Véase Allan R. Brewer–Carías, "La progresiva y sistemática demolición de la autonomía en independencia del Poder Judicial en Venezuela (1999–2004)", en *XXX Jornadas J.M Domínguez Escovar, Estado de derecho, Administración de justicia y derechos humanos,* Instituto de Estudios Jurídicos del Estado Lara, Barquisimeto, 2005, pp. 33–174; y "La justicia sometida al poder [La ausencia de independencia y autonomía de los jueces en Venezuela por la interminable emergencia del Poder Judicial (1999–2006)]" en *Cuestiones Internacionales. Anuario Jurídico Villanueva 2007,* Centro Universitario Villanueva, Marcial Pons, Madrid, 2007, pp. 25–57; "La demolición de las instituciones judiciales y la destrucción de la democracia: La experiencia venezolana," en *Instituciones Judiciales y Democracia. Reflexiones con ocasión del Bicentenario de la Independencia y del Centenario del Acto Legislativo 3 de 1910,* Consejo de Estado, Sala de Consulta y Servicio Civil, Bogotá 2012, pp. 230-254.

[55] Por ello, la Comisión Internacional de Juristas de Ginebra, en 2014 concluyó considerando que: "*Un sistema de justicia que carece de independencia, como lo es el venezolano, es comprobadamente ineficiente para cumplir con sus funciones propias. En este sentido en Venezuela, [...] el poder judicial, precisamente por estar sujeto a presiones externas, no cumple su función de proteger a las personas frente a los abusos del poder sino que por el contrario, en no pocos casos es utilizado como mecanismo de persecución contra opositores y disidentes o simples críticos del proceso político, incluidos dirigentes de partidos, defensores de derechos humanos, dirigentes campesinos y sindicales, y estudiantes*". Véase en http://icj.wpengine.netdna-cdn.com/wp-content/uploads/2014/06/VENEZUELA-Informe-A4-elec.pdf

[56] Véase Allan R. Brewer-Carías, "*Las Cortes Supremas de Costa Rica, Brasil y Chile condenan la falta de garantías judiciales en Venezuela. De cómo, ante la ceguera de los gobiernos de la región y la abstención de la Corte Interamericana de Derechos Humanos, han sido las Cortes Supremas de estos países las que con base en la jurisdicción universal de protección de los derechos humanos, han comenzado a juzgar la falta de autonomía e independencia del Poder Judicial en Venezuela, dictando medidas de protección a favor de ciudadanos venezolanos contra el Estado venezolano*" en *Revista de Derecho Público,* No. 143-144, (julio- diciembre 2015), Editorial Jurídica Venezolana, Caracas 2015, pp. 495-500.

Controlado el Poder Judicial, el control político ejercido sobre el Tribunal Supremo y, en particular, sobre su Sala Constitucional, la ha convertido, en lugar del guardián de la Constitución, en el instrumento para demoler el Estado de derecho y con ello, destruir las bases del sistema del Estado democrático de derecho.

Así, después de más de cuarenta años de consolidación de un sistema de Justicia Constitucional autónoma e independiente como la que impartió la antigua Corte Suprema de Justicia (1958-1998),[57] la Sala Constitucional del Tribunal Supremo de Justicia creada en 1999, durante los últimos 20 años, lejos de haber actuado para garantizar el Estado social y democrático de derecho y de justicia que quedó plasmado en el texto de la Constitución de 1999, ha sido el más importante instrumento utilizado por el régimen autoritario, ya dictatorial, para demoler sus bases y principios;[58] y ello, además en nombre del antes mencionado y supuesto "*nuevo constitucionalismo*" latinoamericano, y de la suplantación de la democracia representativa por una supuesta democracia participativa.

Para ello, el Juez Constitucional en Venezuela ha utilizado todos los instrumentos de la justicia constitucional, tal como fueron regulados en la Constitución de 1999, y que conformaron un completísimo sistema de Justicia Constitucional de carácter mixto o integral, que combina el llamado método difuso con el método concentrado de control de constitucionalidad.[59] Todos ellos han sido utilizados, no para contro-

---

57 Véanse todos nuestros trabajos sobre el tema en: Allan R. Brewer-Carías, *Instituciones del Estado democrático de derecho. Constitución de 1961*, Colección Tratado de Derecho Constitucional, Tomo IV, Caracas 2015, 1180 pp.; *Derechos y garantías constitucionales en la Constitución de 1961 (La Justicia* Constitucional*)*, Colección Tratado de Derecho Constitucional, Tomo V, Caracas, 2015, 1022 pp.

58 Sobre el tema nos hemos ocupado desde hace unos años. Véase por ejemplo: Allan R. Brewer-Carías, "El juez constitucional al servicio del autoritarismo y la ilegítima mutación de la Constitución: el caso de la Sala Constitucional del Tribunal Supremo de Justicia de Venezuela (1999-2009)", en *Revista de Administración Pública*, N° 180, Madrid 2009, pp. 383-418; "La ilegítima mutación de la Constitución por el juez constitucional y la demolición del Estado de derecho en Venezuela," en *Revista de Derecho Político*, N° 75-76, Homenaje a Manuel García Pelayo, Universidad Nacional de Educación a Distancia, Madrid 2009, pp. 289-325.

59 Véase Allan R. Brewer-Carías, *El sistema de justicia constitucional en la Constitución de 1999 (Comentarios sobre su desarrollo jurisprudencial y su explicación, a veces errada,*

lar la actuación inconstitucional de los órganos del Estado, sino para afianzar el autoritarismo en el país.[60] Entre esos instrumentos, es de destacar un endémico "*proceso autónomo de interpretación abstracta de la Constitución*"[61] que le ha permitido al Juez Constitucional administrar una "*justicia constitucional a la carta*", a solicitud del gobierno y, en particular, del Procurador General de la República, mediante la cual ha modificado y mutado ilegítimamente el texto constitucional, legitimando y soportando la estructuración progresiva de un Estado autoritario; y ha desarrollado una carrera de destrucción de todos los principios del Estado democrático de derecho, falseado en más de una ocasión el contenido de la Constitución, "mutándola" ilegítima y

---

en la Exposición de Motivos), Editorial Jurídica Venezolana, Caracas, 2000. Véase en general, Allan R. Brewer-Carías, *El sistema mixto o integral de control de la constitucionalidad en Colombia y Venezuela*, Universidad Externado de Colombia (Temas de Derecho Público N° 39) y Pontificia Universidad Javeriana (*Quaestiones Juridicae* N° 5), Bogotá, 1995; Allan R. Brewer-Carías, "La justicia constitucional en la Constitución de 1999", en *Derecho Procesal Constitucional*, Colegio de Secretarios de la Suprema Corte de Justicia de la Nación, A.C., Editorial Porrúa, México, 2001, pp. 931-961.

60 Véase sobre esto Allan R. Brewer-Carías, "Los problemas del control del poder y el autoritarismo en Venezuela", en Peter Häberle y Diego García Belaúnde (Coordinadores), *El control del poder. Homenaje a Diego Valadés,* Instituto de Investigaciones Jurídicas, Universidad Nacional Autónoma de México, Tomo I, México 2011, pp. 159-188.

61 Véase Sentencia N° 1077 de la Sala Constitucional de 22 de septiembre de 2000, caso: *Servio Tulio León Briceño*. Véase en *Revista de Derecho Público,* N° 83, Caracas, 2000, pp. 247 y ss. Este criterio fue luego ratificado en sentencias de fecha 9 de noviembre de 2000 (N° 1347), 21 de noviembre de 2000 (N° 1387), y 5 de abril de 2001 (N° 457), entre otras. Así, por la vía de la interpretación abstracta, la Sala se ha auto-atribuido competencias no sólo en materia de interpretación constitucional; sino en relación con los poderes de revisión constitucional de cualquier sentencia dictada por cualquier tribunal, incluso por las otras Salas del Tribunal Supremo de Justicia; con los amplísimos poderes de avocamiento en cualquier causa; con los supuestos poderes de actuación de oficio no autorizados en la Constitución; con los poderes de solución de conflictos entre las Salas; con los poderes de control constitucional de las omisiones del Legislador; con la restricción del poder de los jueces de ejercer el control difuso de la constitucionalidad de las leyes; y con la asunción del monopolio de interpretar los casos de prevalencia en el orden interno de los tratados internacionales en materia de derechos humanos. Véase en general sobre ello, Allan R. Brewer-Carías, "*Quis Custodiet Ipsos Custodes*: De la interpretación constitucional a la inconstitucionalidad de la interpretación," en *VIII Congreso Nacional de derecho Constitucional, Perú,* Fondo Editorial 2005, Colegio de Abogados de Arequipa, Arequipa, septiembre 2005, pp. 463-489; y en *Revista de Derecho Público,* N° 105, Editorial Jurídica Venezolana, Caracas 2006, pp. 7-27.

fraudulentamente,[62] usurpando así las potestades del poder constituyente originario.[63]

---

62 Véase sobre la ilegítima mutación constitucional por el Juez: Néstor Pedro Sagües, *La interpretación judicial de la Constitución*, Buenos Aires 2006, pp. 56-59, 80-81, 165 ss.

63 Todos mis estudios sobre las sentencias dictadas por la Sala Constitucional en Venezuela, además de los publicados en la *Revista de Derecho Público*, Editorial Jurídica Venezolana, Caracas, pueden consultarse en los siguientes libros: Allan R. Brewer-Carías, *Golpe de Estado y proceso constituyente en Venezuela*, Universidad Nacional Autónoma de México, México 2002, 405 pp.; *La Sala Constitucional versus el Estado democrático de derecho. El secuestro del poder electoral y de la Sala Electoral del Tribunal Supremo y la confiscación del derecho a la participación política*, Los Libros de El Nacional, Colección Ares, Caracas 2004, 172 pp.; *Crónica sobre la "In" Justicia Constitucional. La Sala Constitucional y el autoritarismo en Venezuela*, Caracas 2007; *Práctica y distorsión de la Justicia Constitucional en Venezuela (2008-2012),* Colección Justicia N° 3, Acceso a la Justicia, Academia de Ciencias Políticas y Sociales, Universidad Metropolitana, Editorial Jurídica Venezolana, Caracas 2012, 520 pp.; *El golpe a la democracia dado por la Sala Constitucional (De cómo la Sala Constitucional del Tribunal Supremo de Justicia de Venezuela impuso un gobierno sin legitimidad democrática, revocó mandatos populares de diputada y alcaldes, impidió el derecho a ser electo, restringió el derecho a manifestar, y eliminó el derecho a la participación política, todo en contra de la Constitución),* Colección Estudios Políticos N° 8, Editorial Jurídica venezolana, Caracas 2014, 354 pp.; segunda edición, (Con prólogo de Francisco Fernández Segado), 2015, 426 pp.; *La patología de la Justicia Constitucional*, Tercera edición ampliada, Fundación de Derecho Público, Editorial Jurídica Venezolana, 2014, 666 **pp.;** *Estado totalitario y desprecio a la ley. La desconstitucionalización, desjuridificación, desjudicialización y desdemocratización de Venezuela,* Fundación de Derecho Público, Editorial Jurídica Venezolana, 2014, 532 pp.; segunda edición, (Con prólogo de José Ignacio Hernández), Caracas 2015, 542 pp.; *La ruina de la democracia. Algunas consecuencias. Venezuela 2015*, (Prólogo de Asdrúbal Aguiar), Colección Estudios Políticos, N° 12, Editorial Jurídica Venezolana, Caracas 2015, 694 pp.; 172. *La dictadura judicial y la perversión del Estado de derecho. El juez constitucional y la destrucción de la democracia en Venezuela* (Prólogo de Santiago Muñoz Machado), Ediciones El Cronista, Fundación Alfonso Martín Escudero, Editorial IUSTEL, Madrid 2017, 608 pp.; *La consolidación de la tiranía judicial. El Juez Constitucional controlado por el Poder Ejecutivo, asumiendo el poder absoluto*, Colección Estudios Políticos, N° 15, Editorial Jurídica Venezolana International. Caracas / New York, 2017, 238 pp. Véase, además, los estudios de: Carlos M. Ayala Corao y Rafael J. Chavero Gazdik, *El libro negro del TSJ de Venezuela: Del secuestro de la democracia y la usurpación de la soberanía popular a la ruptura del orden constitucional (2015-2017)*, Editorial Jurídica Venezolana, Caracas 2017, 394 pp.; *Memorial de agravios 2016 del Poder Judicial. Una recopilación de más de 100 sentencias del TSJ,* 155 pp., investigación preparada por las ONGs: Acceso a la Justicia, Transparencia Venezuela, Sinergia, espacio público, Provea, IPSS, Invesp, en https://www.scribd.com/-document/336888955/Memorial-de-Agravios-del-Poder-Judicial-una-recopi-lacion-de-mas-de-100-sentencias-del-TSJ; y José Vicente Haro, "Las 111 decisiones inconstitucionales del TSJ ilegítimo desde el 6D-2015 contra la Asamblea Nacional, los partidos políticos, la soberanía popular y los DDHH," en *Buscando el Norte*, 10 de julio de 2017, en http://josevicenteharo-garcia.blogspot.com/2016/10/las-33-decisiones-del-tsj.html

Ese rol del Juez constitucional que ha propiciado la concentración del poder se acrecentó a partir de enero de 2016, cuando una nueva Asamblea Nacional electa en diciembre de 2015 pasó a estar controlada por la oposición al gobierno, originando ello una política pública, gracias a la perversa colusión entre el Poder Ejecutivo y el Juez Constitucional, destinada a privar progresivamente a la representación popular de todas sus competencias y funciones. Todo comenzó en diciembre de 2015, cuando la Asamblea Nacional que había estado controlada por el Ejecutivo desde 2005 estaba terminando su período, mes en el cual la misma no sólo sancionó más de 30 leyes para despojar de competencias legales a la nueva Asamblea, sino que pasó a designar inconstitucionalmente a nuevos magistrados del Tribunal Supremo, todos militantes del partido de gobierno y asegurar así, aún más, el control total del Juez Constitucional.

Con esa nueva composición, el Tribunal Supremo de Justicia, a solicitud del propio Poder Ejecutivo o del partido de gobierno, se dedicó a la tarea de despojar a la Asamblea Nacional de todas sus potestades y funciones mediante una serie interminable de desafueros judiciales, que nadie puede controlar.[64] Todo ello, incluso, ha dado lugar a que muchos procesos constitucionales, abandonándose el principio dispositivo, hayan sido iniciados de oficio por el Juez Constitucional.[65]

A partir de 2016, por tanto, la degradación de la Justicia Constitucional,[66] se empeoró, habiendo dictado la Sala Constitucional más

---

64 Véase Allan R. Brewer-Carías, "*Quis Custodiet Ipsos Custodes*: De la interpretación constitucional a la inconstitucionalidad de la interpretación", en *Revista de Derecho Público*, No 105, Editorial Jurídica Venezolana, Caracas 2006, pp. 7-27.

65 Véase Allan R. Brewer-Carías, "The Unconstitutional *Ex Officio* Judicial Review Rulings Issued by the Constitutional Chamber of the Supreme Tribunal of Venezuela Annulling all the 2019 National Assembly Decisions Sanctioned within the framework of the 2019 Transition Regime Towards Democracy and for the Restoration of the enforcement of the Constitution" en el libro del *VII Congreso de Derecho Procesal Constitucional 2021*, Universidad Monteávila, Caracas febrero de 2021.

66 Véase sobre el proceso de degradación de la justicia constitucional durante los últimos 20 años: Allan R. Brewer-Carías, *La ruina de la democracia. Algunas consecuencias. Venezuela 2015*, (Prólogo de Asdrúbal Aguiar), Colección Estudios Políticos, No. 12, Editorial Jurídica Venezolana, Caracas 2015; *la mentira como política de Estado. Crónica de una crisis política permanente. Venezuela 1999-2015*, Colección Estudios Políticos, No. 10, Editorial Jurídica Venezolana, Caracas 2015; *Estado totalitario y desprecio a la ley. La*

de cien sentencias declarando la inconstitucionalidad de materialmente todas las leyes sancionadas por la Asamblea Nacional entre 2015 y 2019;[67] procediendo además a reformar el Reglamento Interior y de Debates de la Asamblea para someter la función de legislar de la Asamblea Nacional a la obtención de un Visto Bueno previo del Poder Ejecutivo;[68] a eliminar las funciones de control político de la Asamblea Nacional sobre el gobierno y la Administración Pública; a imponer el visto bueno previo del Vicepresidente ejecutivo para poder interpelar a un Ministro, con preguntas que solo pueden ser formuladas por escrito;[69] a eliminar además, tanto la posibilidad de que la Asamblea para improbar los estados de excepción que se decreten, como la posibili-

---

desconstitucionalización, desjuridificación, desjudicialización y desdemocratización de Venezuela, Fundación de Derecho Público, Editorial Jurídica Venezolana, 2014, segunda edición, Caracas 2015; *La patología de la justicia constitucional*, Tercera edición ampliada, Fundación de Derecho Público, Editorial Jurídica Venezolana, 2014; *El golpe a la democracia dado por la Sala Constitucional (De cómo la Sala* Constitucional *del Tribunal Supremo de Justicia de Venezuela impuso un gobierno sin legitimidad democrática, revocó mandatos populares de diputada y alcaldes, impidió el derecho a ser electo, restringió el derecho a manifestar, y eliminó el derecho a la participación política, todo en contra de la Constitución),* Colección Estudios Políticos No. 8, Editorial Jurídica venezolana, Caracas 2014, 354 pp.; segunda edición, (Con prólogo de Francisco Fernández Segado), 2015; *Práctica y distorsión de la justicia constitucional en Venezuela (2008-2012),* Colección Justicia No. 3, Acceso a la Justicia, Academia de Ciencias Políticas y Sociales, Universidad Metropolitana, Editorial Jurídica Venezolana, Caracas 2012; *Crónica sobre la "in" justicia constitucional. La Sala Constitucional y el autoritarismo en Venezuela*, Colección Instituto de Derecho Público, Universidad Central de Venezuela, No. 2, Caracas 2007.

67 Véase los comentarios en Allan R. Brewer-Carías, "La aniquilación definitiva de la potestad de legislar de la Asamblea Nacional: el caso de la declaratoria de inconstitucionalidad de la Ley de reforma de la Ley Orgánica del Tribunal Supremo de Justicia," 16 de mayo de 2016, disponible en http://www.allanbrewer-carias.com/Content/449725d9-f1cb-474b-8ab2-41efb849fea3/Content/ Brewer.%20Aniquilaci%C3%-B3n%20%20Asamblea%20 Nacional.%20Inconstituc.%20Ley% 20TSJ % 2015-5-2016.pdf.

68 Véase.los comentarios en Allan R. Brewer-Carías, "El fin del Poder Legislativo: La regulación por el Juez Constitucional del régimen interior y de debates de la Asamblea Nacional, y la sujeción de la función legislativa de la Asamblea a la aprobación previa por parte del Poder Ejecutivo," en *Revista de Derecho Público,* N° 145-146, (enero-junio 2015), Editorial Jurídica Venezolana, Caracas 2016, pp. 428-443.

69 Véase.los comentarios en Allan R. Brewer-Carías, "Comentarios al decreto N° 2.309 de 2 de mayo de 2016: La inconstitucional "restricción" impuesta por el Presidente de la República, respecto de su potestad de la Asamblea Nacional de aprobar votos de censura contra los Ministros," en *Revista de Derecho Público,* N° 145-146, (enero-junio 2016), Editorial Jurídica Venezolana, Caracas 2016, pp. 120-129.

dad de aprobar votos de censura a los Ministros;[70] a resolver que el Presidente de la República presentase su Memoria anual, no ante la Asamblea Nacional como constitucionalmente corresponde, sino ante a propia Sala Constitucional; y a eliminar la función legislativa en materia de presupuesto, convirtiendo la Ley de Presupuesto en un mero e inconstitucional decreto ejecutivo para ser presentado por el Presidente de la República ante la Sala Constitucional y no ante la Asamblea Nacional como corresponde constitucionalmente.

La Sala Constitucional eliminó además la potestad de la Asamblea Nacional incluso para que como órgano deliberante pudiera emitir opiniones políticas como resultado de sus debates, habiendo anulado todos los Acuerdos de importancia política que la misma adoptó; eliminó la potestad de la Asamblea Nacional de revisar sus propios actos y de poder revocarlos, como fue el caso respecto de la viciada elección de los magistrados al Tribunal Supremo efectuada en diciembre de 2015; y finalmente, eliminó la potestad de legislar de la Asamblea Nacional en el marco de un inconstitucional y permanente estado de emergencia que se ha prorrogado cada tres meses, sin control parlamentario alguno y con el solo visto bueno del Juez Constitucional.[71]

Es decir, el Poder Legislativo representado por la Asamblea Nacional fue totalmente neutralizado y vaciado de poderes y funciones, al punto de que mediante una sentencia de 2017, con base en un supues-

---

70 Véase los comentarios en Allan R. Brewer-Carías, "El ataque de la Sala Constitucional contra la Asamblea Nacional y su necesaria e ineludible reacción. De cómo la Sala Constitucional del Tribunal Supremo pretendió privar a la Asamblea Nacional de sus poderes constitucionales para controlar sus propios actos, y reducir inconstitucionalmente sus potestades de control político sobre el gobierno y la administración pública; y la reacción de la Asamblea Nacional contra a la sentencia N° 9 de 1-3-2016, disponible en http://www.allanbrewercarias.com/Content/449725d9-f1cb-474b-8ab2-41efb849fea3/Con-tent/Brewer.%20El%20ataque%20Sala%20Constitucional%20v.%20 Asam blea%20Nacional.%20Sent-No.%209%201-3-2016).pdf; y "Nuevo golpe contra la representación popular: la usurpación definitiva de la función de legislar por el Ejecutivo Nacional y la suspensión de los remanentes poderes de control de la Asamblea con motivo de la declaratoria del estado de excepción y emergencia económica," en *Revista de Derecho Público,* N° 145-146, (enero-junio 2016), Editorial Jurídica Venezolana, Caracas 2016, pp. 444-468.

71 Véase el estudio de todas esas sentencias en Allan R. Brewer-Carías, *Dictadura judicial y perversión del Estado de Derecho*, Segunda Edición, (Presentaciones de Asdrúbal Aguiar, José Ignacio Hernández y Jesús María Alvarado), N° 13, Editorial Jurídica Venezolana International, 2016; edición española: Editorial IUSTEL, Madrid 2017.

to desacato a una decisión de la Sala Electoral de diciembre de 2015 de suspender cautelarmente la proclamación de cuatro diputados del Estado Amazonas ya proclamados, la misma Sala Constitucional del Tribunal Supremo llegó al colmo de disponer la cesación definitiva, de hecho, de la Asamblea Nacional en el cumplimiento de sus funciones constitucionales como órgano que integra a los representes del pueblo. Para ello, en efecto, mediante sentencia Nº 2 de 11 de enero de 2017,[72] la Sala anuló el acto de instalación de la Asamblea para su segundo período anual, y resolvió declarar todas las:

> *"actuaciones de la Asamblea Nacional y de cualquier órgano o individuo en contra de lo decidido como nula y carente de toda validez y eficacia jurídica."*

Esa decisión fue ratificada mediante otras sentencias No 3 de 11 de enero de 2017,[73] y No 7 de 26 de enero de 2017, en este último caso, cercenándole definitivamente al pueblo su derecho más elemental, en un Estado de derecho, que es el ejercicio de la soberanía a través de sus representantes, declarando nulas de nulidad absoluta e inconstitucionales todas las actuaciones pasadas y futuras de la Asamblea Nacional, amenazando incluso con enjuiciar a los diputados de la Asamblea por desacato, revocarle su mandato popular y encarcelarlos.[74]

Todo este desaguisado constitucional que no ha sido más que un golpe de Estado continuado, puede decirse que culminó el mes de marzo de 2017 con la adopción por parte de la Sala Constitucional de dos sentencias vergonzantes desde el punto de vista constitucional, la No. 155 de 27 de marzo de 2017,[75] y la No.156 de fecha 29 de marzo de

---

[72] Véase en http://historico.tsj.gob.ve/decisiones/scon/enero/194891-02-11117-2017-17-0001.HTML

[73] http://historico.tsj.gob.ve/decisiones/scon/enero/194892-03-11117-2017-17-0002.HTML

[74] Véase en historico.tsj.gob.ve/decisiones/scon/enero/195578-07-26117-2017-17-0010.HTML

[75] Véase sentencia No. 155 de 27 de marzo de 2017, en http://historico.tsj.gob.ve/decisiones/scon/marzo/197285-155-28317-2017-17-0323.HTML. Véase los comentarios a dicha sentencia en Allan. Brewer-Carías: "La consolidación de la dictadura judicial: la Sala Constitucional, en un juicio sin proceso, usurpó todos los poderes del Estado, decretó inconstitucionalmente un estado de excepción y eliminó la inmunidad parlamentaria (sentencia no. 156 de la Sala Constitucional), 29 de Marzo de 2017, en http://diarioconstitucional.cl/

2017,[76] que fueron bien publicitadas, mediante las cuales el Juez Constitucional *usurpó la totalidad de los poderes del Estado*, ordenó al Presidente ejercer ciertas funciones en materia de relaciones internacionales, decretó inconstitucionalmente un estado de excepción, eliminó la inmunidad parlamentaria, asumió de pleno derecho todas las competencias parlamentarias de la Asamblea Nacional y delegó poderes legislativos que no tiene, sin límites, en el Presidente, ordenándole reformar leyes y Códigos a su arbitrio, y entre ellos el Código Penal y el Código Orgánico Procesal Penal.

Estas famosas sentencias que fueron celebradas por el Sr. Maduro, Presidente de la República como "*sentencias históricas*,"[77] fueron sin embargo, condenadas en forma generalizada tanto en el país como en el ámbito internacional. En el ámbito internacional, entre tantas manifestaciones importantísimas de solidaridad democrática, basta mencionar aquí la del Secretario General de la OEA, Dr. Luis Almagro, quien sobre las sentencias dijo que "*despojar de las inmunidades parlamentarias a los diputados de la Asamblea Nacional y al asumir el Poder Legislativo en forma completamente inconstitucional son los últimos golpes con los que el régimen subvierte el orden constitucional del país y termina con la democracia.*"[78]

---

noticias/actualidad-internacional/2017/03/31/opinion-acerca-de-la-usurpacion-de-funciones-por-el-tribunal-supremo-de-venezuela-y-la-consolidacion-de-una-dictadura-judicial/_

76 Véase la sentencia No. 156 de 29 de marzo de 2017 en http://historico.tsj.gob.ve/decisiones/scon/marzo/197364-156-29317-2017-17-0325.HTML. Véase los comentarios a dicha sentencia en Allan. Brewer-Carías: "El reparto de despojos: la usurpación definitiva de las funciones de la Asamblea Nacional por la Sala Constitucional del Tribunal Supremo de Justicia al asumir el poder absoluto del Estado (sentencia no. 156 de la Sala Constitucional), 30 de marzo de 2017, en http://diarioconstitucional.cl/noticias/actualidad-internacional/2017/03/31/opinion-acerca-de-la-usurpacion-de-funciones-por-el-tribunal-supremo-de-venezuela-y-la-consolidacion-de-una-dictadura-judicial/

77 Véase la reseña: "Nicolás Maduro: El TSJ ha dictado una sentencia histórica. Durante el Consejo de Ministros, el jefe de Estado señaló que además pedirá sugerencias a la Procuraduría General de la República para cumplir con las órdenes dictadas por el máximo órgano judicial," en *El Nacional*, 28 de marzo de 2017, en http://www.el-nacional.com/noticias/gobierno/nicolas-maduro-tsj-dictado-una-sentencia-historica_87784

78 Véase: "Almagro denuncia auto-golpe de Estado del gobierno contra Asamblea Nacional," *El Nacional*, 30 de marzo de 2017, en http://www.el-nacional.com/noticias/mundo/almagro-denuncia-auto-golpe-estado-del-gobierno-contra-asamblea-nacional_88094 . Véase la insólita declaración sobre el tema de la antigua Fiscal general de la república, responsable

Lo más grave en torno a estas sentencias fue que con ocasión de una extraña manifestación de disidencia de la Fiscal General en el interior del régimen, el Presidente de la República "*interpretó*" que lo que se había originado había sido un supuesto "*impase*" (¿entre la Fiscal General y la Sala Constitucional?) que había que "*dirimir*," convocando para ello a una reunión del Consejo para la Defensa de la Nación. Dicho un órgano consultivo, controlado por el Poder Ejecutivo, el mismo día decidió "*exhortar*" al Tribunal Supremo de Justicia para que cometiera abiertamente la ilegalidad de "*revisar las decisiones 155 y 156*"[79]; lo que un juez no puede nunca, en ninguna parte del mundo.

Pero el Juez Constitucional en Venezuela, que no respeta el derecho, ni tiene quien lo controle, así lo hizo, y al día siguiente, 1 de abril de 2017, atendiendo sumiso el exhorto del Poder Ejecutivo, procedió a reformar y revocar parcialmente las sentencias Nos. 156 y 157 mediante sentencias Nos. 157[80] y 158[81], todo en violación de los principios más elementales del debido proceso.

Hasta entonces de todas las persecuciones políticas en el país: "Fiscal General de Venezuela, Luisa Ortega Díaz, dice que sentencias del Tribunal Supremo sobre la Asamblea Nacional violan el orden constitucional," en RedacciónBBC Mundo, *BBC Mundo*, 31 de marzo de 2017, en http://www.bbc.com/mundo/noticias-america-latina-39459905 Véase el video del acto en https://www.youtube.com/watch?v=GohPIrveXFE

79 Véase su texto en "Consejo de Defensa Nacional exhorta al TSJ a revisar sentencias 155 y 156 // #MonitorProDaVinci,'1 de abril de 2017, en http://prodavinci.com/2017/04/01/actualidad/consejo-de-defensa-nacional-exhorta-al-tsj-a-revisar-sentencias-155-y-156-monitorprodavinci/

80 Véaseenhttp://historico.tsj.gob.ve/decisiones/scon/abril/197399-157-1417-2017-17-0323. HTML. Véase sobre esta sentencia los comentarios en Allan R. Brewer-Carías, "La nueva farsa del Juez Constitucional controlado: la inconstitucional y falsa "corrección" de la usurpación de funciones legislativas por parte de la Sala Constitucional del Tribunal Supremo (sentencias Nos. 157 y 158 de 1 de abril de 2017), New York 4 de abril, 2017, en http://allanbrewercarias.net/site/wp-content/uploads/2017/04/151.-doc.-Brewer-Nueva-farsa-del-Juez-Constitucional.-Falsa-correcci%C3%B3n.-Sentencias-Sala-Constit.-157-y-158-.-4-4-2017.pdf:

81 Véase en http://Historico.Tsj.Gob.Ve/Decisiones/Scon/Abril/197400-158-1417-2017-17-0325.Html Véase sobre esta sentencia los comentarios en Allan R. Brewer-Carías, "La nueva farsa del Juez Constitucional controlado: la inconstitucional y falsa "corrección" de la usurpación de funciones legislativas por parte de la Sala Constitucional del Tribunal Supremo (sentencias Nos. 157 y 158 de 1 de abril de 2017), New York 4 de abril, 2017, en http://allanbrewercarias.net/site/wp-content/uploads/2017/04/151.-doc.-Brewer-Nueva-farsa-del-Juez-Constitucional.-Falsa-correcci%C3%B3n.-Sentencias-Sala-Constit.-157-y-158-.-4-4-2017.pdf:

Todo este proceso lo que consolidó fue una dictadura judicial, resultando desde entonces que de los cinco poderes públicos que conforman la separación de poderes en Venezuela (Ejecutivo, Legislativo, Judicial, Ciudadano y Electoral), al neutralizar el Juez Constitucional a la Asamblea Nacional como consecuencia del golpe de Estado continuado que ha dado el Poder Ejecutivo en colusión con el Poder Judicial, el resto de los Poderes Públicos, también han quedado todos dependientes de Ejecutivo habiendo abandonado sus poderes de control.

Ello implica que, en Venezuela, durante 20 años, no ha habido Contraloría General de la República que ejerza control fiscal alguno, razón por la cual el país tiene en el primer lugar del índice de corrupción en el mundo.[82]

El Defensor del Pueblo, desde nunca ha protegido los derechos humanos,[83] habiéndose convertido en realidad en un órgano oficial dispuesto para avalar la violación de los mismos por parte de las autoridades del Estado,[84] lo que quedó evidenciado cuando se produjo la brutal

---

82 Véase el Informe de la ONG alemana, Transparencia Internacional de 2013, en el reportaje: "Aseguran que Venezuela es el país más corrupto de Latinoamérica,", en *El Universal*, Caracas 3 de diciembre de 2013, en http://www.eluniversal.com/nacional-y-politica/131203/aseguran-que-venezuela-es-el-pais-mas-corrupto-de-latinoamerica. Igualmente véase el reportaje en BBC Mundo, "Transparencia Internacional: Venezuela y Haití, los que se ven más corruptos de A. Latina," 3 de diciembre de 2013, en http://www.bbc.co.uk/mundo/ultimas_noti-cias/2013/12/131203_ultnot_transparencia_corrupcion_lp.shtml. Véase al respecto, Román José Duque Corredor, "Corrupción y democracia en América Latina. Casos emblemáticos de corrupción en Venezuela," en *Revista Electrónica de Derecho Administrativo*, Universidad Monteávila, 2014.

83 Véase los comentarios en Allan R. Brewer-Carías, "La participación ciudadana en la designación de los titulares de los órganos no electos de los Poderes Públicos en Venezuela y sus vicisitudes políticas", en *Revista Iberoamericana de Derecho Público y Administrativo*, Año 5, N° 5-2005, San José, Costa Rica 2005, pp. 76-95.

84 Por ejemplo, ante la crisis de la salud denunciada por la Academia Nacional de Medicina en agosto de 2014, reclamando la declaratoria de emergencia del sector, la respuesta de la Defensora del Pueblo fue simplemente que en Venezuela no había tal crisis. Véase el reportaje: "Defensora del Pueblo Gabriela Ramírez afirma que en Venezuela no existe ninguna crisis en el sector salud" en *Noticias Venezuela*, 20 agosto de 2014, en http://noticiasvenezuela.info/2014/08/defensora-del-pueblo-gabriela-ramirez-afirma-que-en-venezuela-no-existe-ninguna-crisis-en-el-sector-salud/ ; y el reportaje: "Gabriela Ramírez, Defensora del Pueblo: Es desproporcionada petición de emergencia humanitaria en el sector salud," en El Universal, Caracas 20 de agosto de 2014, en http://m.eluniversal.com/nacional-y-po-

represión al derecho a manifestar de la cual el mundo entero fue testigo hace unos años,[85] terminando en la comisión de todo tipo de violación de los derechos humanos como ha quedado evidenciado en los Informes de la Alta Comisionada de los Derecho Humanos de 2019 y 2020.

Y el Ministerio Público que ejerce la Fiscalía General de la República, en lugar de haber sido la parte de buena fe en los procesos penales para garantizar la Constitución, ha sido el principal instrumento para asegurar la impunidad en el país, y la persecución política.[86]

Además, está el Poder Electoral, a cargo del Consejo Nacional Electoral, que ha terminado siendo una especie de "*agencia electoral*" del propio gobierno, integrado por militantes del partido oficial o, como lo denunció el Secretario General de la Organización de Estados Americanos, por "*activistas político partidistas [que] ocuparon cargos dentro del gobierno nacional*,"[87] en violación abierta de la Constitución, habiendo dejado de ser el árbitro independiente en las elecciones. Este Poder, en todo caso, desde 2004 quedó totalmente secuestrado por el Poder Ejecutivo, al ser sus jerarcas nombrados por la Sala Constitucional del Tribunal Supremo de Justicia conforme a las instrucciones

litica/140820/es-desproporcionada-peticion-de-emergencia-humanitaria-en-el-sector-sa. Por ello, con razón, el Editorial del diario *El Nacional* del 22 de agosto de 2014, se tituló: "A quien defiende la defensora?" Véase en http://www.el-nacional.com/opinion/editorial/defiende-defensora_19_46874-3123.html.

85 Ello incluso le fue reclamado al Defensor por su propio hijo, estudiante de derecho, quién sufrió en carne propia la represión y vio fallecer a un compañero a manos de los represores, reclamándole a su padre, y exigiéndole que cumpliera con su deber. Véase la reseña "Ese, pude haber sido yo", dice el hijo del Defensor del Pueblo al condenar la "brutal represión," en *CNN en* español, 27 de abril de 2017, en http://cnnespanol.cnn.com/2017/04/27/hijo-del-defensor-del-pueblo-tarek-william-saab-condena-la-represion-en-venezuela/.

86 Como se destacó en el Informe de la Comisión Internacional de Juristas sobre *Fortalecimiento del Estado de Derecho en Venezuela*, publicado en Ginebra en marzo de 2014, el *"Ministerio Público sin garantías de independencia e imparcialidad de los demás poderes públicos y de los actores políticos,"* quedando los fiscales "*vulnerables a presiones externas y sujetos órdenes superiores*." Véase en http://icj.wpengine.netdna-cdn.com/wp-content/uploads/2014/06/VENEZUELA-Informe-A4-elec.pdf

87 Véase la comunicación del Secretario General de la OEA de 30 de mayo de 2016 con el Informe sobre la situación en Venezuela en relación con el cumplimiento de la Carta Democrática Interamericana, p. 88. Disponible en oas.org/documents/spa/press/OSG-243.es.pdf.

del primero, usurpando las funciones que corresponden a la Asamblea Nacional,[88] como ocurrió por última vez en 2020.[89]

Los efectos del control político por parte del Poder Ejecutivo del Poder Electoral han sido igualmente devastadores, particularmente en relación con el principio democrático representativo al provocar el falseamiento total de la voluntad popular resultado de elecciones manipuladas y controladas por el Ejecutivo a través del Consejo nacional Electoral, que en ningún caso han sido ni libres, ni justas, ni competitivas y menos aún auditables.[90]

Ante toda esta realidad de demolición del principio de la separación de poderes y de concentración total del poder, la Sala Constitucional del Tribunal Supremo mediante sentencia Nº 3098 del 13 de diciembre de 2004 (Caso: *Nulidad de artículos de la Ley Orgánica de la Justicia de Paz*), ya había considerado que dicho principio de la separación de poderes "*no era un principio ideológico, propio de la democracia liberal, sino un principio técnico del cual depende la vigencia de la seguridad jurídica como valor fundante del derecho.*"[91] Luego, en 2004, la Sala pasó a dar un viraje abiertamente anti democrático al referirse despectivamente en sentencia No. 1049 de 23 de julio de 2009,[92] a la "*la llamada división, distinción o separación de poderes,*"

88 Véase Allan R. Brewer–Carías, "El secuestro del Poder Electoral y la confiscación del derecho a la participación política mediante el referendo revocatorio presidencial: Venezuela 2000–2004,", en *Boletín Mexicano de Derecho Comparado*, Instituto de Investigaciones Jurídicas, Universidad Nacional Autónoma de México, Nº 112. México, enero–abril 2005 pp. 11–73; *La Sala Constitucional versus el Estado Democrático de Derecho. El secuestro del poder electoral y de la Sala Electoral del Tribunal Supremo y la confiscación del derecho a la participación política*, Los Libros de El Nacional, Colección Ares, Caracas, 2004, 172 pp.

89 Véase Allan R. Brewer-Carías, "El secuestro del Poder Electoral y la confiscación del derecho a la participación política mediante el referendo revocatorio presidencial: Venezuela 2000-2004", en Juan Pérez Royo, Joaquín Pablo Urías Martínez, Manuel Carrasco Durán, Editores), *Derecho Constitucional para el Siglo XXI. Actas del Congreso Iberoamericano de Derecho Constitucional*, Tomo I, Thomson-Aranzadi, Madrid 2006, pp. 1081-1126.

90 Por ejemplo, en Allan R. Brewer-Carías y José Ignacio Hernández, *Venezuela. La ilegítima e inconstitucional convocatoria de las elecciones parlamentarias en 2020*, (Iniciativa Democrática de España y las Américas, Editorial Jurídica Venezolana International, 2020, 274 pp.

91 Sentencia Nº 3098 de la Sala Constitucional (Caso: *nulidad artículos Ley Orgánica de la Justicia de Paz*) de 13-12-2004, en *Gaceta Oficial* Nº 38.120 de 02-02-2005

92 Véase en http://www.tsj.gov.ve/decisiones/scon/Julio/1049-23709-2009-04-2233.html.

considerándola "*al igual que la teoría de los derechos fundamentales de libertad, un instrumento de la doctrina liberal del Estado mínimo,*" con lo cual comenzó a cuestionar la validez misma de los principios del constitucionalismo democrático. Para ello señaló que dicho principio de la separación de poderes no fue concebido como;

> "*un mero instrumento de organización de los órganos del Poder Público, sino un modo mediante el cual se pretendía asegurar que el Estado se mantuviera limitado a la protección de los intereses individualistas de la clase dirigente.*"[93]

"*Descubrió,*" así, la Sala Constitucional, aun cuando distorsionándolo, el verdadero sentido de la separación de poderes, que no es un instrumento de organización del Estado, sino el principio esencial de la democracia, la propia del Estado de derecho, para garantizar los derechos y libertades fundamentales, aun cuando por supuesto no sólo de "*intereses individualistas de la clase dirigente*" como con sesgo ideológico distorsionante la confina el Tribunal Supremo.

VII. VACIAMIENTO DEL PRINCIPIO DEL ESTADO DE JUSTICIA, DE LEGALIDAD Y JURIDICIDAD: LA DESLEGALIZACIÓN O DESJUDICIALIZACIÓN GENERALIZADA

El sometimiento del Poder Judicial a control político del Ejecutivo Nacional, producto de la concentración del poder, provocó otra catastrófica consecuencia en el falseamiento del Estado de derecho, que ha sido la deslegalización o desjudicialización del Estado, al quedar eliminado de hecho el derecho ciudadano a controlar judicialmente las actuaciones de los funcionarios públicos.

Es decir, una vez controlado el Tribunal Supremo de Justicia por el Poder Ejecutivo, las promesas constitucionales sobre la independencia y autonomía del Poder Judicial, que es la garantía de los ciudadanos para exigir el cumplimiento del principio de la legalidad por los órga-

---

[93] Véase en http://www.tsj.gov.ve/decisiones/scon/Julio/1049-23709-2009-04-2233.html Véase, Allan R. Brewer-Carías, "Sobre la mutación del principio de la separación de poderes en la jurisprudencia constitucional," en *Revista de Derecho Público*, N° 132 (octubre-diciembre 2012), Editorial Jurídica Venezolana, Caracas 2012, pp. 201-213.

nos del Estado, y de poder exigir ante los tribunales la supremacía de la Constitución y la protección de sus derechos, fueron absolutamente violadas.

Para lograr este incumplimiento y la deslegalización y desjudicialización del Estado, como se ha dicho, durante 20 años se irrespetaron las condiciones para la elección de los Magistrados del Tribunal Supremo, así como la mayoría calificada de votos en la Asamblea requerida para ello y el derecho a la participación ciudadana requerida en la nominación de candidatos. Igualmente, se irrespetó la condición más esencial de los Magistrados de ser imparciales e independientes, designándose en forma progresiva desde 2000, a personas totalmente comprometidas con el partido oficial, que incluso habían expresado públicamente que su misión, antes que impartir justicia, era contribuir a la ejecución de la política socialista del gobierno.[94]

Además, como se dijo, en Venezuela, los jueces los designa el propio Tribunal Supremo de Justicia, sin que se cumpla la Constitución en cuanto a la exigencia de concurso público con participación ciudadana. El nombramiento ha sido libre, con el resultado de que la gran mayoría de los jueces son provisionales y temporales, y por tanto, totalmente dependientes y controlados políticamente.

Por ello, los jueces en Venezuela, en general, no son capaces ni pueden realmente impartir justicia justa, particularmente, si con ello afectan en alguna forma alguna política gubernamental o a algún funcionario público, sabiendo, como lo saben, que una decisión de ese tipo significa destitución inmediata, como tantas veces ha ocurrido en los últimos años. En algunos casos, incluso con encarcelamiento de los jueces que osaron dictar una sentencia que no complació al gobierno.

En consecuencia, en el país, jamás se celebraron los concursos públicos de oposición para la elección de los jueces como lo prevé la Constitución para que ingresen a la carrera judicial, que materialmente no existe.[95] Además, como desde 1999 la Asamblea Nacional Consti-

---

94 Véase el Discurso de Orden de la Magistrada Deyanira Nieves Bastidas, Apertura del Año Judicial 2014, en http://www.tsj.gov.ve/informacion/miscelaneas/DiscursodeOrdenApertura2014DeyaniraNieves.pdf.

95 Como lo destacó la misma Comisión Internacional de Juristas, en un *Informe* de marzo de 2014, que resume todo lo que en el país se ha venido denunciando en la materia, al dar

tuyente intervino el Poder Judicial,[96] la cual fue luego ratificada con el régimen transitorio establecido después de la aprobación popular de la Constitución, que no ha concluido del todo, como hemos dicho, los jueces fueron destituidos a mansalva y masivamente, sin garantías al debido proceso, con la consecuencia de que la Judicatura se llenó de jueces temporales y provisionales,[97] sin garantía de estabilidad; quedando la destitución de los mismos al arbitrio de una Comisión *ad hoc* del Tribunal Supremo de Justicia, todo ello con el aval del mismo.

En cuanto a la Jurisdicción Disciplinaria Judicial prevista en la Constitución, la misma no fue sino otra mentira, al punto de que la que se creó en 2011 se conformó inicialmente como dependiente de la Asamblea Nacional, es decir, sujeta al control político;[98] mientras que los jueces temporales y provisorios, que son casi todos, quedaron sometidos al arbitrio de la Comisión Judicial del Tribunal Supremo, pues la Sala Constitucional aseguró, de oficio, mediante sentencia No. 516 de 7 de mayo

"*cuenta de la falta de independencia de la justicia en Venezuela,*" se destaca que *"el Poder Judicial ha sido integrado desde el Tribunal Supremo de Justicia (TSJ) con criterios predominantemente políticos en su designación. La mayoría de los jueces son "provisionales" y vulnerables a presiones políticas externas, ya que son de libre nombramiento y de remoción discrecional por una Comisión Judicial del propio Tribunal Supremo, la cual, a su vez, tiene una marcada tendencia partidista.*" Véase en http://icj.wpengine.netdna-cdn.com/wp-content/uploads/2014/06/VENEZUELA-Informe-A4-elec.pdf

96 Véase nuestro voto salvado a la intervención del Poder Judicial por la Asamblea Nacional Constituyente en Allan R. Brewer-Carías, *Debate Constituyente, (Aportes a la Asamblea Nacional* Constituyente*)*, Tomo I, (8 agosto-8 septiembre), Caracas 1999; y las críticas formuladas a ese proceso en Allan R. Brewer-Carías, *Golpe de Estado y proceso constituyente en Venezuela,* Universidad Nacional Autónoma de México, México, 2002

97 En el *Informe Especial* de la Comisión sobre Venezuela correspondiente al año 2003, la misma también expresó, que "*un aspecto vinculado a la autonomía e independencia del Poder Judicial es el relativo al carácter provisorio de los jueces en el sistema judicial de Venezuela. Actualmente, la información proporcionada por las distintas fuentes indica que más del 80% de los jueces venezolanos son "provisionales". Informe sobre la Situación de los Derechos Humanos en Venezuela 2003,* párr. 161. Véase en Allan R. Brewer-Carías y Asdrúbal Aguiar (Editores), *Venezuela. Informes sobre violaciones grave de derechos humanos,* Iniciativa Democrática España América, Editorial Jurídica Venezolana, Miami 2019, 160 pp.

98 Solo fue, luego de que el gobierno perdió la mayoría en la Asamblea Nacional, que la saliente Asamblea en unas ilegítimas sesiones extraordinarias celebradas en diciembre de 2015, reformó la Ley del Código de Ética del Juez, pero para quitarle a la nueva Asamblea la competencia para nombrar dichos jueces (que por supuesto nunca debó tener), y pasarlos al Tribunal Supremo. Véase en *Gaceta Oficial* N° 6204 Extraordinaria de 30 de diciembre de 2015.

de 2013,[99] dictada con su participación, que esa Comisión continuaría con el "derecho" de destituirlos sin garantía alguna del debido proceso.

La verdad es que es ciertamente imposible conseguir en Constitución alguna en el mundo contemporáneo un conjunto de promesas constitucionales como las insertas en la Constitución venezolana de 1999 para asegurar la independencia judicial, y el derecho a la legalidad y a la justiciabilidad por parte de los ciudadanos. Lamentablemente, sin embargo, fueron todas declaraciones formuladas para no ser cumplidas, dando como resultado la trágica dependencia del Poder Judicial que quedó sometido en su conjunto a los designios y control político por parte del Poder Ejecutivo,[100] funcionando al servicio del gobierno del Estado y de su política autoritaria.

Como lo observó la Comisión Internacional de Juristas de Ginebra en 2014:

> *"Un sistema de justicia que carece de independencia, como lo es el venezolano, es comprobadamente ineficiente para cumplir con sus funciones propias. En este sentido en Venezuela, [...] el poder judicial, precisamente por estar sujeto a presiones externas, no cumple su función de proteger a las personas frente a los abusos del poder sino que por el contrario, en no pocos casos es utilizado como mecanismo de persecución contra opositores y disidentes o simples críticos del proceso político, incluidos dirigentes de partidos, defensores de derechos humanos, dirigentes campesinos y sindicales, y estudiantes."*[101]

---

[99] Véase en http://www.tsj.gov.ve/decisiones/scon/Mayo/516-7513-2013-09-1038.html.

[100] Véase Allan R. Brewer-Carías, "La progresiva y sistemática demolición de la autonomía en independencia del Poder Judicial en Venezuela (1999-2004)", en *XXX Jornadas J.M. Domínguez Escovar, Estado de derecho, Administración de justicia y derechos humanos,* Instituto de Estudios Jurídicos del Estado Lara, Barquisimeto, 2005, pp. 33-174; y "La justicia sometida al poder [La ausencia de independencia y autonomía de los jueces en Venezuela por la interminable emergencia del Poder Judicial (1999-2006)]" en *Cuestiones Internacionales. Anuario Jurídico Villanueva 2007,* Centro Universitario Villanueva, Marcial Pons, Madrid, 2007, pp. 25-57; "La demolición de las instituciones judiciales y la destrucción de la democracia: La experiencia venezolana," en *Instituciones Judiciales y Democracia. Reflexiones con ocasión del Bicentenario de la Independencia y del Centenario del Acto Legislativo 3 de 1910,* Consejo de Estado, Sala de Consulta y Servicio Civil, Bogotá 2012, pp. 230-254.

[101] Véase en http://icj.wpengine.netdna-cdn.com/wp-content/uploads/2014/06/VENEZUELA-Infor-me-A4-elec.pdf.

Por ello, como también lo observó el Secretario General de la Organización de Estados Americanos, Luis Almagro el 30 de mayo de 2016, "*en la situación actual que vive Venezuela, no se puede más que concluir que estamos ante alteraciones graves al orden democrático tal como se ha definido en numerosos instrumentos regionales y subregionales*"[102].

Con todo esto, la promesa constitucional de la separación de poderes y sobre todo de la autonomía e independencia del Poder Judicial, quedó incumplida, siendo por tanto las previsiones constitucionales una gran mentira, habiendo el Poder Judicial abandonado su función fundamental de servir de instrumento de control y de balance respecto de las actividades de los otros órganos del Estado para asegurar su sometimiento a la Constitución y a la ley; y a la vez, habiendo materialmente desaparecido el derecho ciudadano a la tutela judicial efectiva y a controlar el poder.

Todo ello ha conducido, en definitiva, a una desjusticiabilidad del Estado, siendo inconcebible que el Poder Judicial en Venezuela hoy pueda llegar a decidir y enjuiciar la conducta de la Administración y frente a ella, garantizar los derechos ciudadanos. A pesar de las excelente legislación existente sobre el control de constitucionalidad de los actos estatales; el control contencioso administrativo de los actos de la Administración Pública; y el control por la vía del amparo constitucional de las violaciones a los derechos humanos; todo ello, lamentablemente, no es sino letra muerta ante el Estado totalitario, que ha secuestrado la otora autonomía e independencia del poder judicial.

Ello ha traído como consecuencia que en Venezuela, contrariamente al llamado Estado de Justicia, el propio Estado, sus organizaciones y sus funcionarios se han escapado de la justicia, es decir, de hecho no están ni pueden ser sometidos a la Justicia. De ello ha resultado que en Venezuela tenemos un Estado totalmente incontrolado e irresponsable, al cual no se lo puede someter a juicio, pues los tribunales garantizan que no responda ante los mismos de sus acciones inconstitucionales o ilegales, o que causan daños a las personas.

---

102 Véase la comunicación del Secretario General de la OEA de 30 de mayo de 2016 con el Informe sobre la situación en Venezuela en relación con el cumplimiento de la Carta Democrática Interamericana, p. 125. Disponible en oas.org/documents/spa/press/OSG-243.es.pdf.

Basta analizar las sentencias del Tribunal Supremo de Justicia en los últimos cuatro lustros, para constar que en materia de control de constitucionalidad de las leyes y otros actos estatales, a pesar de que contamos con la acción popular y un completísimo sistema mixto de control de constitucionalidad de las leyes, las acciones intentadas por los particulares contra las leyes jamás son decididas, y por tanto, difícilmente se encuentra alguna sentencia anulatoria, salvo que haya sido intentada por los abogados del propio Estado, en interés del mismo. La justicia constitucional, así, se ha convertido por el propio Estado, en un instrumento utilizado por sus funcionarios "*a la carta*" para moldar la justicia de acuerdo con lo que sus órganos necesiten para la ejecución de las propias políticas estatales, así sean contrarias a la Constitución, y particularmente cuando se ha necesitado de una "*interpretación*" de la misma o de leyes, para torcerlas, no en forma acorde con la Constitución, sino con la decisión política del Ejecutivo de que se trate.

En esta forma, la Constitución, por vía interpretación constitucional vinculante, como antes se ha dicho, ha sido objeto de mutaciones decididas por la Sala Constitucional, por ejemplo, para centralizar competencias que eran exclusivas de los Estados de la Federación;[103] para eliminar el principio de la alternabilidad republicana dando paso a la reelección indefinida;[104] para asegurar el financiamiento de las actividades electorales del partido oficial;[105] para impedir la revocación popular del mandato del Presidente de la República;[106] para ampliar las compe-

---

103 Véase Allan R. Brewer-Carías, "La Ilegítima mutación de la Constitución y la Legitimidad de la Jurisdicción Constitucional: La "Reforma" de la forma federal del Estado en Venezuela mediante interpretación constitucional," en *Anuario No. 4, Diciembre 2010,* Instituto de Investigación Jurídicas, Facultad de Jurisprudencia y Ciencias Sociales, Universidad Dr. José Matías Delgado de El Salvador, El Salvador 2010, pp. 111-143

104 Véase Allan R. Brewer-Carías, "El Juez Constitucional vs. La alternabilidad republicana (La reelección continua e indefinida), en Revista *de Derecho Público*, No. 117, (enero-marzo 2009), Caracas 2009, pp. 205-211.

105 Véase Allan R. Brewer-Carías, "El juez constitucional como constituyente: el caso del financiamiento de las campañas electorales de los partidos políticos en Venezuela," en Revista *de Derecho Público*, No. 117, (enero-marzo 2009), Editorial Jurídica Venezolana, Caracas 2009, pp. 195-203.

106 Véase Allan R. Brewer-Carías, "El secuestro del Poder Electoral y la confiscación del derecho a la participación política mediante el referendo revocatorio presidencial: Venezuela 2000-2004", en Juan Pérez Royo, Joaquín Pablo Urías Martínez, Manuel Carrasco Durán,

tencias de la Jurisdicción Constitucional, como por ejemplo ocurrió en materia de interpretación abstracta de la Constitución[107] e incluso para asegurar el absurdo e improcedente "control de la constitucionalidad" de las sentencias de la Corte Interamericana de Derechos Humanos, que condujo a declararlas "inejecutables" en Venezuela.[108] La interpretación constitucional a la carta, además, ha servido para que por la vía de interpretación inconstitucional, la Sala Constitucional haya procedido a reformar leyes, como por ejemplo sucedió, en materia del procedimiento de amparo[109] o para establecer normas tributarias nuevas en materia de impuesto sobre la renta;[110] y todo ello, casi siempre a iniciativa de los propios abogados del Estado.

Con una Constitución maleable en esa forma, es difícil imaginar un Estado de justicia, salvo que sea de justicia sólo impartida a la medida del propio Estado.

Ello ha afectado también a la Jurisdicción Contencioso Administrativa, la cual en los últimos veinte años dejó de ser un efectivo sistema

---

Editores), *Derecho Constitucional para el Siglo XXI. Actas del Congreso Iberoamericano de Derecho Constitucional,* Tomo I, Thomson-Aranzadi, Madrid 2006, pp. 1081-1126.

107 Véase Luis A. Herrera Orellana, "El recurso de interpretación de la Constitución: reflexiones críticas desde la argumentación jurídica y la teoría del discurso," en *Revista de Derecho Público*, N° 113, Editorial Jurídica Venezolana, Caracas 2008, pp. 7-29.

108 Véase Allan R. Brewer-Carías, "la interrelación entre los Tribunales Constitucionales de América Latina y la Corte Interamericana de Derechos Humanos, y la cuestión de la inejecutabilidad de sus decisiones en Venezuela," en Armin von Bogdandy, Flavia Piovesan y Mariela Morales Antonorzi (Coodinadores), *Direitos Humanos, Democracia e Integracao Jurídica na América do Sul*, Lumen Juris Editora, Rio de Janeiro 2010, pp. 661-701.

109 Véase Allan R. Brewer-Carías, "El juez constitucional como legislador positivo y la inconstitucional reforma de la Ley Orgánica de Amparo mediante sentencias interpretativas," en Eduardo Ferrer Mac-Gregor y Arturo Zaldívar Lelo de Larrea (Coordinadores), *La ciencia del derecho procesal constitucional. Estudios en homenaje a Héctor Fix-Zamudio en sus cincuenta años como investigador del derecho*, Instituto de Investigaciones Jurídicas, Universidad Nacional Autónoma de México, México 2008, Tomo V, pp. 63-80. Publicado en *Crónica sobre la "In" Justicia Constitucional. La Sala Constitucional y el autoritarismo en Venezuela*, Colección Instituto de Derecho Público. Universidad Central de Venezuela, N° 2, Editorial Jurídica Venezolana, Caracas 2007, pp.545-563.

110 Véase Allan R. Brewer-Carías, "De cómo la Jurisdicción constitucional en Venezuela, no sólo legisla de oficio, sino subrepticiamente modifica las reformas legales que "sanciona", a espaldas de las partes en el proceso: el caso de la aclaratoria de la sentencia de Reforma de la Ley de Impuesto sobre la Renta de 2007", *Revista de Derecho Público*, N° 114, Editorial Jurídica Venezolana, Caracas 2008, pp. 267-276

para el control judicial de la legalidad y legitimidad de la actuación de la Administración Pública. No puede olvidarse, por la repercusión que tuvo, la experiencia del funcionamiento de la Jurisdicción Contencioso Administrativa en los últimos años, la intervención que se produjo en 2003, de la Corte Primera de lo Contencioso Administrativo, por el Ejecutivo utilizando al Tribunal Supremo de Justicia. Este, en efecto, por decisión de la sala Constitucional, secuestró competencia de la Corte Primera y destituyó a sus Magistrados, quedando la misma clausurada por más de diez meses;[111] y todo por haber sus jueces "*osado*" dictar una simple medida de cautelar de amparo constitucional en contra de autoridades nacionales y municipales en relación con la contratación ilegal de médicos extranjeros por parte de órganos del Estado para un programa de atención médica en los barrios de Caracas.[112]

El efecto demostración de lo que le podía ocurrir a los jueces cuando dictan medidas que afecten intereses políticos del Ejecutivo o de quienes controlan el Poder que derivó de ese caso,[113] fue ciertamente devastador, provocando la trágica situación en la que se encuentra actualmente la Jurisdicción Contencioso Administrativa, en la cual los tribunales que la conforman simplemente se han negado a aplicar el

---

111 Véase los comentarios a dicha sentencia en Allan R. Brewer-Carías, "La progresiva y sistemática demolición institucional de la autonomía e independencia del Poder Judicial en Venezuela 1999-2004", en *XXX Jornadas J.M Domínguez Escovar, Estado de derecho, Administración de justicia y derechos humanos*, Instituto de Estudios Jurídicos del Estado Lara, Barquisimeto, 2005, pp. 33-174.

112 Los Magistrados de la Corte Primera destituidos en violación de sus derechos y garantías, demandaron al Estado por violación de sus garantías judiciales previstas en la Convención Interamericana de Derechos Humanos, y la Corte Interamericana de Derechos Humanos condenó al Estado por dichas violaciones en sentencia de fecha 5 de agosto de 2008, (Caso *Apitz Barbera y otros ("Corte Primera de lo Contencioso Administrativo") vs. Venezuela*). Véase en http://www.corteidh.or.cr/ Excepción Preliminar, Fondo, Reparaciones y Costas, Serie C N° 182. Frente a ello, sin embargo, la Sala Constitucional del Tribunal Supremo de Justicia en sentencia N° 1.939 de 18 de diciembre de 2008 (Caso *Gustavo* Álvarez *Arias y otros*), declaró inejecutable dicha decisión de la Corte Interamericana. Véase en http://www.tsj.gov.ve/decisiones/scon/Diciembre/1939-181208-2008-08-1572.html

113 Véase sobre este caso los comentarios de Claudia Nikken, "El caso "Barrio Adentro": La Corte Primera de lo Contencioso Administrativo ante la Sala Constitucional del Tribunal Supremo de Justicia o el avocamiento como medio de amparo de derechos e intereses colectivos y difusos," en *Revista de Derecho Público*, N° 93-96, Editorial Jurídica Venezolana, Caracas, 2003, pp. 5 ss.

derecho administrativo, a controlar a la Administración Pública y a proteger a los ciudadanos frente a la misma.[114]

Esta situación, ha conducido a que antes de existir un Estado de Justicia, lo que en realidad existe en Venezuela es un Estado de injusticia, por el hecho de que simplemente la justicia no funciona para juzgar y castigar a quienes violan la ley. Así, la impunidad campea y es absoluta por ejemplo respecto de los depredadores del patrimonio público, es decir, de los funcionarios corruptos y de sus cómplices particulares, incluyendo a los que a la vista de todos incurren en peculado de uso, al tener a su servicio el uso bienes públicos, sin título alguno para ello, comenzando por el uso indebido de inmuebles oficiales. A esos, ni se los investiga y menos se los sanciona. Y los casos de investigaciones administrativas resueltos por la Contraloría General de la República por supuestos motivos de irregularidades administrativas, en general, sólo han concluido con medidas de inhabilitaciones políticas impuestas exclusivamente a funcionarios de oposición.[115]

La impunidad también es el signo de la injusticia en materia de delitos comunes, en un país como Venezuela, que tiene el récord mundial de violencia, secuestros y crímenes callejeros,[116] que en 2013 alcanzó

---

114 Véase Antonio Canova González, *La realidad del contencioso administrativo venezolano (Un llamado de atención frente a las desoladoras estadísticas de la Sala Político Administrativa en 2007 y primer semestre de 2008)*, Funeda, Caracas, 2009.

115 Véase por ejemplo, Allan R. Brewer-Carías, "La incompetencia de la Administración Contralora para dictar actos administrativos de inhabilitación política restrictiva del derecho a ser electo y ocupar cargos públicos (La protección del derecho a ser electo por la Corte Interamericana de Derechos Humanos en 2012, y su violación por la Sala Constitucional del Tribunal Supremo al declarar la sentencia de la Corte Interamericana como "inejecutable"), en Alejandro Canónico Sarabia (Coord.), *El Control y la responsabilidad en la Administración Pública, IV Congreso Internacional de Derecho Administrativo, Margarita 2012*, Centro de Adiestramiento Jurídico, Editorial Jurídica Venezolana, Caracas 2012, pp. 293-371

116 Por ello, con razón en un editorial del diario *Le Monde* de París, titulado "Los venezolanos en el callejón sin salida del chavismo", se afirmaba que "*Al derrumbamiento de la economía se agrega una inseguridad galopante: 25 mil homicidios por año, sin contar los robos, agresiones de todo tipo y secuestros. Caracas es la capital más peligrosa del planeta. Se necesita toda la atracción del "exotismo latino" para que ciertos intelectuales franceses le encuentren algún encanto al "chavismo". Sobre todo porque este, ya sea bajo Maduro o bajo Chávez, cercena las libertades públicas, silencia a una parte de la prensa y maltrata a toda la oposición. En la realidad, el chavismo se ha convertido en una pesadilla.*" *Véase* Editorial de *Le Monde*, 30- marzo 2014, en http://www.eluniversal.com/nacional-y-politica/140330/le-monde-dedico-un-editorial-a-venezuela.

la cifra de 24.773 personas asesinadas, [117] siendo considerado en 2014, como el país más inseguro del mundo,[118] y Caracas, la capital, como la segunda ciudad más peligrosa del Planeta;[119] pero donde dichos crímenes no se persiguen y quedan impunes.[120]

Tenemos lamentablemente un país lleno de asaltantes de caminos, como los había en la Venezuela del siglo XIX, pero no en el campo, sino ahora en las calles de nuestras ciudades, y más grave aún, en los barrios de las mismas, afectando a la población de menores recursos. Y frente a todo ello, lo que hay es una justicia totalmente ausente, siendo Venezuela el reino de la impunidad, donde al delincuente no se lo castiga, el que roba es protegido, al honrado se lo investiga, a la libertad no se la protege, a la propiedad se la depreda, y al trabajo honesto se desprecia, de lo cual resulta no sólo que no siempre tenemos leyes justas y seguras, sino que no siempre tenemos jueces justos y definitivamente, carecemos de un gobierno justo.

Por todo ello, el Estado venezolano no es un Estado de justicia, pues la práctica política del gobierno autoritario que se apoderó de la

---

117 Véase César Miguel Rondón, "Cada vez menos país," en *Confirmado*, 16-8-2014, en http://confirmado.com.ve/opinan/cada-vez-menos-pais/

118 Véase el reportaje de la Encuesta Gallup, "Venezuela fue considerado como el país más inseguro del mundo," en *Notitarde.com*, Caracas 21 de agosto de 2014, en http://www.noti-tarde.com/Pais/Venezuela-fue-seleccionado-como-el-pais-mas-inseguro-del-mundo/2014/08/21/347656.

119 Después de San Pedro Sula, Caracas es considerada la segunda ciudad más peligrosa del mundo. Véase la información en *Sala de Información, Agencia de Comunicaciones Integradas. Información, opinión y análisis,* 16-1-2914, en http://saladeinfo.wordpress.com/2014/01/16/ca-racas-es-la-segunda-ciudad-mas-peligrosa-del-planeta-2/. Véase igualmente la información en El País Internacional, 20 de agosto de 2014, en http://internacional.elpais.com/interna-cional/2014/08/20/actualidad/1408490113_417749.html

120 Sobre el tema de la "actividad hamponil" y la impunidad, Leandro Area ha observado que: "*se ha convertido en el pan y plan nuestro y maestro de cada día, sea por el éxito malandro que se ve apenas reflejado en muerte y desolación en la prensa que queda y que está en vías de extinción o bien por el semblante que se enseña en el rostro de todo aquel que sigue vivo y que debe enfrentar la penuria de existir secuestrado por una realidad impuesta. Pero el asunto va más allá. El concubinato legitimado entre poder político, hampa común, poder judicial, policía, fuerzas armadas y demás, no es misterio ni secreto a voces. Es un plan convertido en acción permanente.*" Véase Leandro Area, "El 'Estado Misional' en Venezuela," en *Analítica.com*, 14 de febrero de 2014, en http://analitica.com/opinion/opinion-nacional/el-estado-misional-en-venezuela/

República desde 1999,[121] lo que ha originado es un Estado totalitario que además de haber empobrecido aún más al país, realmente no está sometido al derecho, cuyas normas no siempre son justas y la mayor de las veces se ignoran y desprecian; o se mutan o amoldan a discreción por los gobernantes; y que además, no está sometido a control judicial alguno, por la sumisión del Poder Judicial al Poder Ejecutivo y legislativo.

VIII. EL VACIAMIENTO DEL PRINCIPIO DE LA PRIMACÍA DE LOS DERECHOS HUMANOS Y LA DESHUMANIZACIÓN DEL ESTADO

A todo lo anterior, se agrega el insólito proceso de deshumanización del Estado.

La Constitución venezolana de 1999, en efecto, contiene una de las declaraciones más completas sobre derechos humanos del constitucionalismo contemporáneo, cuya preeminencia se declara como uno de los principios del Estado (art. 2), el cual tiene entre sus razones de existencia y deberes más esenciales el garantizarlos (Preámbulo, art. 19), tanto los declarados en la Constitución como de los incluidos en los instrumentos internacionales, agregando a todos ellos, los inherentes a la persona humana (art. 22).

En esta materia, además, la Constitución de 1999 constitucionalizó el derecho internacional de los derechos humanos al declarar que los enumerados en dichos instrumentos, "*tienen jerarquía constitucional y prevalecen en el orden interno, en la medida en que contengan normas sobre su goce y ejercicio más favorable a las establecidas*" en el mismo (art. 23).[122]

---

121 Véase Allan R. Brewer-Carías, *Authoritarian Government vs. The Rule of Law, Lectures and Essays (1999-2014) on the Venezuelan Authoritarian Regime Established in Contempt of the Constitution*, Fundación de Derecho Público, Editorial Jurídica Venezolana, Caracas 2014.

122 Véase nuestra propuesta para la inclusión de la norma del artículo 23 en la Constitución de 1999 dándole jerarquía constitucional a los tratados sobre derechos humanos: "Constitucionalización de los tratados sobre derechos humanos," en Allan R. Brewer-Carías, *Debate Constituyente (Aportes a la Asamblea Nacional Constituyente), Tomo II (9 septiembre- 17 octubre 1999)*, Fundación de Derecho Público, Caracas 1999, pp.111-115. Véase igualmente *Idem*, pp. 88-91.

Para la protección de los derechos la Constitución reguló, además, el derecho de amparo, no solo en el ámbito interno (art. 27), sino en el ámbito de la jurisdicción internacional (art. 31).

Sin embargo, a pesar de estas normas tan claras, en Venezuela lo que hemos presenciado en los últimos lustros ha sido un lamentable proceso progresivo de violación y degradación de los derechos humanos de tal naturaleza que en el Informe de Michelle Bachelet, Alta Comisionada de las Naciones Unidas para los Derechos Humanos sobre la situación de los derechos humanos en el país, de 4 de julio de 2019,[123] destacó lo que denominó: "*patrones de violaciones que afectan directa e indirectamente a todos los derechos humanos: civiles, políticos, económicos, sociales y culturales*" (§ 2).

Todo ello, con el resultado, entre otras consecuencias, de que "*La mayoría de las víctimas de las violaciones de los derechos humanos señaladas [...] no han tenido un acceso efectivo a la justicia y a una reparación adecuada*" (§ 43); destacando que "*El Estado ha denegado sistemáticamente los derechos de las víctimas de violaciones de los derechos humanos a la verdad, la justicia y la reparación; y "La impunidad ha permitido que se repitan las violaciones de los derechos humanos, ha envalentonado a los autores, y ha dejado de lado a las víctimas*" (§ 80).

Ello ha afectado todos los derechos declarados en la Constitución, de manera que el Informe en cuanto a los derechos sociales, coincide que "*existen motivos razonables para creer que se han cometido graves violaciones de los derechos económicos y sociales, incluidos los derechos a la alimentación y la salud, en Venezuela*"(§ 75); agregando:

Sobre la libertad de información, expresa que "en los últimos años: "*el Gobierno ha tratado de imponer una hegemonía comunicacional*

123 Véase "Informe de la Alta Comisionada de las Naciones Unidas para los Derechos Humanos sobre la situación de los derechos humanos en la República Bolivariana de Venezuela," 4 de julio de 2019, en https://www.ohchr.org/EN/HRBodies/HRC/RegularSessions/Session41/Documents/A_HRC_41_18_SP.docx. Los "comentarios del Estado" ("Comentarios sobre errores de hecho del Informe de la Alta Comisionada de Naciones Unidas para los derechos humanos sobre la situación de derechos humanos de la República Bolivariana de Venezuela"), pueden consultarse en https://www.ohchr.org/EN/HRBodies/HRC/RegularSessions/Session41/Documents/A_HRC_41_18_Add.1.docx

imponiendo su propia versión de los hechos y creando un ambiente que *restringe los medios de comunicación independientes*" (§ 28);

Sobre las libertades políticas, el Informe destaca cómo a las numerosas instituciones de seguridad ciudadana, que han sido militarizadas, han "*permitido al* Gobierno *cometer numerosas violaciones de los derechos humanos*" refiriéndose en particular a que: "Las autoridades han *atacado especialmente a determinadas personas y grupos, entre ellos a miembros de la oposición política y a quienes se considera que constituyen amenazas para el Gobierno por su capacidad para articular posiciones críticas y movilizar a otras personas. Esta represión selectiva se manifiesta en una multitud de violaciones de los derechos humanos, que pueden constituir persecución por motivos políticos"* (§ 77);

Sobre el derecho a manifestar el *Informe*, constató que las fuerzas de seguridad, en los últimos anos, "*hicieron un uso excesivo de la fuerza de manera deliberada, con la finalidad de infundir miedo y desalentar* futuras manifestaciones" (§ 39);

Sobre el derecho a la libertad personal, el Informe hizo especial insistencia en las privaciones arbitrarias de libertad de centenas de personas, por razones políticas, destacando que: "*el Gobierno ha utilizado las detenciones arbitrarias como uno de los principales instrumentos para intimidar y reprimir a la oposición política y cualquier expresión de disensión, real o presunta, al menos desde 2014*" (§ 41); y

Sobre el derecho a la vida, al referirse a las operaciones de uno de los muchos cuerpos de seguridad del Estado, el Informe lo califica "*como un "escuadrón de la muerte" o un "grupo de exterminio"* (§47), siendo considerada por "*informes de ONGs*," como las "*responsables de centenares de muertes violentas*" (§ 47), constatando cómo "*manipularon la escena del crimen y las pruebas. Habrían plantado armas y drogas y habrían disparado sus armas contra las paredes o en el aire* para *insinuar un enfrentamiento y demostrar que la víctima se habría "resistido a la autoridad*" (§49).

Al *Informe Bachelet* de 2019, le siguió el *Informe y las Conclusiones de la misión internacional independiente de determinación de los hechos sobre la República Bolivariana de Venezuela*, presentado el 15 de septiembre de 2020 ante el Consejo de Derechos Humanos de las

Naciones Unidas, en cumplimiento de la resolución 42/25 del Consejo, de 27 de septiembre de 2019;[124] en los cuales se presentaron las conclusiones de dicha Misión "*respecto a las ejecuciones extrajudiciales, las desapariciones forzadas, las detenciones arbitrarias y la tortura y otros tratos crueles, inhumanos o degradantes, cometidos en el país desde 2014,*" mostrando un *cuadro de horror*, ciertamente inimaginable, no sólo pasado sino actual - que está ocurriendo -, compuesto por funcionarios del horror, policías del horror, fiscales del horror, jueces del horror y custodios del horror, que el *Informe* resume dando cuenta, que los actos y conductas descritos en el mismo:

> *"constituyen asesinatos arbitrarios, incluyendo ejecuciones extrajudiciales, torturas y otros tratos o penas crueles, inhumanas o degradantes -incluyendo violencia sexual y de género-, desapariciones forzadas (a menudo de corta duración) y detenciones arbitrarias, en violación de la legislación nacional y las obligaciones internacionales de Venezuela." (par. 151).*

A esos hechos y conductas se agregan en el *Informe*, los crímenes de:

> *"asesinato, encarcelamiento y otras privaciones graves de la libertad física, tortura, violación y otras formas de violencia sexual, desaparición forzada de personas [...] y otros actos inhumanos de carácter similar que causen intencionalmente grandes sufrimientos o graves daños al cuerpo o a la salud mental o física,"*

Dichos crímenes, la Misión consideró que constituyen "*crímenes de lesa humanidad,*" y algunas de ellas, específicamente el crimen de lesa humanidad de persecución, tal como se define en el Estatuto de Roma" (par 161).

En particular, en las *Conclusiones detalladas* se analizaron muchos de dichos crímenes, entre los que se destacar los relativos a la *represión política selectiva* (Capítulo III) y los cometidos en el contexto

---

[124] Informe de 15 de septiembre de 2020, disponible en: https:// www.ohchr.org/Documents/ HRBodies/HRCouncil/FFMV/A_HRC_45_CRP.11_SP.pdf El Informe se acompañó con unas "*Conclusiones detalladas de la Misión internacional independiente de determinación de los hechos sobre la República Bolivariana de Venezuela (443 pp.).*

de "*violaciones en un contexto de seguridad o control social (Capítulo IV), que la Misión igualmente consideró que algunos de ellos "pueden constituir también el crimen de lesa humanidad de la persecución*" (par. 2085), consistente:

> *"una privación intencional y grave de los siguientes derechos: el derecho a la vida, la libertad y la seguridad de la persona, el derecho a no ser sometido a tratos o penas crueles, inhumanos o degradantes, el derecho a no ser sometido a violación y otras formas de violencia sexual, y el derecho a no ser sometido a arresto o detención arbitrarios. En conjunto, estas violaciones pueden constituir actos de persecución, pero también pueden constituir distintos crímenes de lesa humanidad" (par. 2085).*

Lo más dramático del Informe fue que las violaciones y crímenes reseñados y analizados por la *Misión*, según la misma lo expresó, formaron parte de *una política de Estado* "*para silenciar, desalentar y sofocar la oposición al Gobierno del Presidente Maduro, incluso dirigiendo a las personas que, a través de diversos medios, demostraron su desacuerdo con el Gobierno o fueron percibidas como contrarias a él, y a sus familiares y amigos que blanco de ataques por estar asociados con ellos*" (par. 160).

Concluyó la Misión en su Informe, al referirse a las responsabilidades que la misma:

> *"tiene motivos razonables para creer que tanto el Presidente como los Ministros del Poder Popular para Relaciones Interiores, Justicia y Paz y de Defensa, ordenaron o contribuyeron a la comisión de los delitos documentados en el presente informe, y teniendo la capacidad efectiva para hacerlo, no adoptaron medidas preventivas y represivas" (par. 164).*

Lo anterior evidencia, de hecho, que en Venezuela desaparecieron los derechos humanos como valor esencial y primordial del Estado, habiéndose producido una deshumanización total del mismo.

A ello se suma el proceso de desconstitucionalización de los propios derechos humanos conducido por del Juez Constitucional, el cual comenzó en 2003 cuando la Sala Constitucional mediante sentencia

No. 1492 del 7 de julio de 2003,[125] borró de un golpe el sentido del artículo 23 de la Constitución que además de disponer la jerarquía constitucional de los derechos humanos declarados en los tratados internacionales, previó la garantía de su aplicación directa e inmediata por parte de todos los jueces. La Sala logró todo ello, al decidir una acción popular de inconstitucionalidad intentada contra varias normas del Código Penal contentivas de normas llamadas "*leyes de desacato*" por violación de relativas a la libertad de expresión; proclamando que ella era la única "*capaz de interpretar [las normas de los tratados], con miras al Derecho Venezolano*" ; negándole a los jueces ordinarios la potestad de aplicar directamente dichas normas de tratados en materia de derechos humanos y darles prevalencia en el orden interno cuando la tengan; y negándole a la Corte Interamericana capacidad de interpretarlas, y proclamando que sus decisiones solo podrían ser aplicados en Venezuela cuando estén conformes con lo que dispone la Constitución.[126]

Posteriormente, mediante sentencia Nº 1547 (Caso *Estado Venezolano vs. Corte Interamericana de Derechos Humanos*) (Caso Leopoldo López) de 17 de octubre de 2011,[127] la Sala Constitucional, de nuevo, sobre el artículo 23 de la Constitución antes citado, contrariando su expreso contenido según el cual las normas internacionales sobre derechos humanos "*prevalecen en el orden interno*" –incluyendo la Constitución–, "*en la medida en que contengan normas sobre su goce y ejercicio más favorables a las establecidas en esta Constitución,*" indicó que dicha norma:

> "*no otorga a los tratados internacionales sobre derechos humanos rango 'supraconstitucional,' por lo que, en caso de antinomia o*

---

125 Véase en *Revista de Derecho Público,* No 93-96, Editorial Jurídica Venezolana, Caracas 2003, pp. 136 y ss.

126 Véase Allan R. Brewer-carías, "La ilegítima mutación de la Constitución por el juez constitucional mediante la eliminación del rango supra constitucional de los tratados internacionales sobre derechos humanos, y el desconocimiento en Venezuela de las sentencias de la Corte Interamericana de Derechos Humanos," en *Libro Homenaje al Capítulo Venezolano de la Asociación Mundial de Jóvenes Juristas y Estudiantes de Derecho*: *Recopilación de artículos que desarrollan temas de actualidad jurídica relacionados con el derecho público y el derecho privado*, Asociación Mundial de Jóvenes Juristas y Estudiantes de Derecho, Caracas 2015, ISBN 978-980-6913-90-5.

127 Véase en http://www.tsj.gov.ve/decisiones/scon/Octubre/1547-171011-2011-11-1130.htmll

> *contradicción entre una disposición de la Carta Fundamental y una norma de un pacto internacional, correspondería al Poder Judicial determinar cuál sería la aplicable, tomando en consideración tanto lo dispuesto en la citada norma como en la jurisprudencia de esta Sala Constitucional del Tribunal Supremo de Justicia, atendiendo al contenido de los artículos 7, 266.6, 334, 335, 336.11 eiusdem y el fallo número 1077/2000 de esta Sala."*[128]

Adicionalmente la Sala, en su sentencia, negando valor a las sentencias de la Corte Interamericana, se refirió a otro fallo anterior, N° 1309/2001, en el cual había declarado que "*el derecho es una teoría normativa puesta al servicio de la política que subyace tras el proyecto axiológico de la Constitución,*" de manera que la interpretación constitucional debe comprometerse "*con la mejor teoría política que subyace tras el sistema que se interpreta o se integra y con la moralidad institucional que le sirve de base axiológica (interpretatio favor Constitutione).*"

Por supuesto, dicha "*política que subyace tras el proyecto axiológico de la Constitución*" o la "*teoría política que subyace*" tras el sistema que le sirve de "*base axiológica,*" que usa la Sala Constitucional no es la que resulta de la Constitución propia del "*Estado democrático social de derecho y de justicia,*" que está montado formalmente sobre un sistema político de separación de poderes, de control del poder, de pluralismo, de democracia representativa y de libertad económica, sino el que fue definiendo el gobierno contra la propia Constitución y que ha encontrado eco en las decisiones de la propia Sala, como propia de un Estado centralizado, socialista, militarista y represivo, que niega la representatividad, y que pretende estar montado sobre una supuesta democracia participativa controlada por el poder central.[129] Para ello, la

---

[128] Se refería de nuevo la Sala a la sentencia de 22 de septiembre de 2000 (Caso *Servio Tulio León Briceño*), en *Revista de Derecho Público*, N° 83, Editorial Jurídica Venezolana, Caracas 2000, pp. 247 ss.

[129] En los últimos años puede decirse que es la doctrina política socialista, la cual, por supuesto, no está en ninguna parte de la Constitución, y cuya inclusión en la Constitución fue rechazada por el pueblo en la rechazada reforma constitucional de 2007. Véase Allan R. Brewer-Carías, "La reforma constitucional en Venezuela de 2007 y su rechazo por el poder constituyente originario," en José Ma. Serna de la Garza (Coordinador), *Procesos Constituyentes contemporáneos en América latina. Tendencias y perspectivas*, Universi-

Sala declaró que los estándares que se adopten para tal interpretación constitucional "*deben ser compatibles con el proyecto político de la Constitución*"- que la Sala no deja de llamar como el del "*Estado Democrático y Social de Derecho y de Justicia*," precisando que:

> "*no deben afectar la vigencia de dicho proyecto con opciones interpretativas ideológicas que privilegien los derechos individuales a ultranza o que acojan la primacía del orden jurídico internacional sobre el derecho nacional en detrimento de la soberanía del Estado.*" *(subrayados de la Sala)*

Concluyó así, la sentencia, que "*no puede ponerse un sistema de principios supuestamente* absoluto *y suprahistórico por encima de la Constitución,*" siendo inaceptables –para la Sala– las teorías que pretenden limitar "*so pretexto de valideces universales, la soberanía y la autodeterminación nacional*" (Subrayados de la Sala).

O sea, que el derecho internacional de derechos humanos es una de esas "*valideces universales*" olímpicamente rechazadas por la Sala Constitucional ante el proyecto político autoritario desarrollado al margen de la Constitución y defendido por el órgano que se atribuye el carácter de máximo intérprete de la Constitución.[130]

---

dad Nacional Autónoma de México, México 2009, pp. 407-449). La Sala Constitucional, incluso, ha construido la tesis de que la Constitución de 1999 ahora "*privilegia los intereses colectivos sobre los particulares o individuales,*" habiendo supuestamente cambiado "*el modelo de Estado liberal por un Estado social de derecho y de justicia*" (sentencia de 5 de agosto de 2008, Nº 1265/2008, http://www.tsj.gov.ve:80/deci-siones/scon/Agosto/1265-050808-05-1853.htm) cuando ello no es cierto, pues el Estado social de derecho ya estaba plasmado en la Constitución de 1961. Véase Allan R. Brewer-Carías, *Cambio Político y Reforma del Estado (Contribución al Estad Social de Derecho)*, Ed. Tecnos Madrid 1975.

130 En el fallo de la Sala Constitucional, la misma también hizo referencia al antes indicado fallo anterior Nº 1309/2001, donde se había referido al mismo tema de la interpretación constitucional condicionada "*ideológicamente*" que debe realizarse conforme a "*mejor teoría política que subyace tras el proyecto axiológico de la Constitución,*" subordinándose el derecho internacional al orden nacional. De ello concluyó la Sala que "*la opción por la primacía del Derecho Internacional es un tributo a la interpretación globalizante y hegemónica del racionalismo individualista*" siendo "la nueva teoría" el "combate por la supremacía del orden social valorativo que sirve de fundamento a la Constitución;" afirmando que en todo caso, "*el carácter dominante de la Constitución en el proceso interpretativo no puede servir de pretexto para vulnerar los principios axiológicos en los cuales descansa el Estado Constitucional venezolano*" (Subrayados de la Sala). // En la sentencia

De allí concluyó la Sala reiterando lo que ya había decidido en la sentencia No. 1265 de 5 de agosto de 2008[131] en el sentido de que en caso de evidenciarse una contradicción entre la Constitución y una convención o tratado internacional,

> *"deben prevalecer las normas constitucionales que privilegien el interés general y el bien común, debiendo aplicarse las disposiciones que privilegien los intereses colectivos...(...) sobre los intereses particulares..."*

Después de este desconocimiento de la validez universal de los derechos humanos, la Sala Constitucional en la misma sentencia N° 1547 (Caso *Estado Venezolano vs. Corte Interamericana de Derechos Humanos*) de 17 de octubre de 2011,[132] continuó lo que había iniciado con la sentencia N° 1.939 de 18 de diciembre de 2008 en el Caso *Abogados Gustavo* Álvarez *Arias y otros*, que más bien debió denominarse *Estado de Venezuela vs. Corte Interamericana de Derechos Humanos*,[133] porque el Sr. Álvarez y los otros en realidad eran los abogados del Estado (Procuraduría General de la República), en la cual la Sala declaró inejecutable en el país la sentencia que había dictado la Corte Interamericana de Derechos Humanos Primera cuatro meses antes, el 5 de agosto de 2008 en el caso *Apitz Barbera y otros ("Corte Primera de lo Contencioso Administrativo") vs. Venezuela*, en la cual se había condenado

N° 1309/2001 la Sala también había afirmado que "*el ordenamiento jurídico conforme a la Constitución significa, en consecuencia, salvaguardar a la Constitución misma de toda desviación de principios y de todo apartamiento del proyecto que ella encarna por voluntad del pueblo.*" Por ello, la Sala reiteró la negación de la validez universal de los derechos humanos, es decir, negó "*cualquier teoría propia que postule derechos o fines absolutos,*" o cualquier *"vinculación ideológica con teorías que puedan limitar, so pretexto de valideces universales, la soberanía y la autodeterminación nacional*" (Subrayado de la Sala).

131 Véase en http://www.tsj.gov.ve:80/decisiones/scon/Agosto/1265-050808-05-1853.htm.

132 Véase en http://www.tsj.gov.ve/decisiones/scon/Octubre/1547-171011-2011-11-1130.htmll. Véase Allan R. Brewer-Carías, "El ilegítimo "control de constitucionalidad" de las sentencias de la Corte Interamericana de Derechos Humanos por parte la Sala Constitucional del Tribunal Supremo de Justicia de Venezuela: el caso de la sentencia *Leopoldo López vs. Venezuela, 2011*," en *Constitución y democracia: ayer y hoy. Libro homenaje a Antonio Torres del Moral*. Editorial Universitas, Vol. I, Madrid, 2013, pp. 1095-1124.

133 Véase en *Revista de Derecho Público,* N° 116, Editorial Jurídica venezolana, Caracas 2008, pp. 88 y ss.

al Estado Venezolano por violación de los derechos al debido proceso de los jueces de la Corte Primera de lo Contencioso Administrativo establecidas en la Convención Americana, al haber sido destituidos sin garantías judiciales algunas de sus cargos.[134]

En la misma línea en la mencionada sentencia de 2011, la Sala, en su proceso de desconstitucionalización de los derechos humanos, diría en forma contraria al artículo 31 de la Constitución, que las decisiones de la Corte Interamericana de Derechos Humanos no eran de aplicación inmediata en Venezuela, sino que a sus decisiones sólo "*se les dará cumplimiento en el país, conforme a lo que establezcan la Constitución y las leyes, siempre que ellas no contraríen lo establecido en el artículo 7 de la vigente Constitución*," arrogándose así la potestad de declarar inejecutables en el país los fallos de la Corte Interamericana, como sucedió en varias ocasiones, contrariando el carácter vinculante que los mismos tienen para los Estados.[135]

Para ello, la Sala Constitucional inventó aceptar, en el marco de sus funciones de Juez Constitucional, una especie de "*recurso de control de constitucionalidad*" de las sentencias de la Corte Interamericana, referido "*a la interpretación acerca de la conformidad constitucional del fallo de la Corte Interamericana de Derechos Humanos*," intentado por los abogados del propio Estado, que buscaban formalizar cómo el mismo incumplía la sentencia de la Corte Interamericana.

Por ello, la fundamentación básica de la "acción" fue que las decisiones de los "órganos internacionales de protección de los derechos humanos *no son de obligatorio cumplimiento y son inaplicables si violan la Constitución*," argumentando los abogados del Estado que lo contrario "*sería subvertir el orden constitucional y atentaría contra*

---

134 Véase Allan R. Brewer-Carías, "La interrelación entre los Tribunales Constitucionales de América Latina y la Corte Interamericana de Derechos Humanos, y la cuestión de la inejecutabilidad de sus decisiones en Venezuela," en Armin von Bogdandy, Flavia Piovesan y Mariela Morales Antonorzi (Coordinadores), *Direitos Humanos, Democracia e Integraçao Jurídica na América do Sul*, Lumen Juris Editora, Rio de Janeiro 2010, pp. 661-70; y en *Anuario Iberoamericano de Justicia Constitucional,* Centro de Estudios Políticos y Constitucionales, N° 13, Madrid 2009, pp. 99-136.

135 Como la propia CIDH lo resolvió en el caso *Castillo Petruzzi y otros vs. Perú* el 4 de septiembre de 1998 (Excepciones Preliminares). Véase en http://www.corteidh.or.cr/docs/casos/articulos/seriec_41_esp.pdf

la soberanía del Estado," denunciando que la Corte Interamericana de Derechos Humanos violaba:

> *"la supremacía de la Constitución y su obligatoria sujeción violentando el principio de autonomía del poder judicial, pues la misma llama al desconocimiento de los procedimientos legalmente establecidos para el establecimiento de medidas y sanciones contra aquellas actuaciones desplegadas por los jueces que contraríen el principio postulado esencial de su deber como jueces de la República."*

El Estado, para accionar, de acuerdo con la Sala Constitucional, tenía interés en que se dictase *"una sentencia mero declarativa en la cual se establezca el verdadero sentido y alcance de la señalada ejecución con relación al Poder Judicial venezolano en cuanto al funcionamiento, vigilancia y control de los tribunales*," terminando por declarar "*inejecutable*" la sentencia internacional "*con fundamento en los artículos 7, 23, 25, 138, 156.32, el Capítulo III del Título V de la Constitución de la República y la jurisprudencia parcialmente transcrita de las Salas Constitucional y Político Administrativa.*"

Con esta sentencia, el Estado venezolano comenzó el proceso de desligarse de la Convención Americana sobre Derechos Humanos, y de la jurisdicción de la Corte Interamericana de Derechos Humanos utilizando para ello a su propio Tribunal Supremo de Justicia, el cual lamentablemente ha resultado ser el principal instrumento para la consolidación del autoritarismo en el país.[136] La conclusión de todo este proceso de confrontación entre la Sala Constitucional y la Corte Interamericana de Derechos Humanos, la exhortación al Ejecutivo Nacional para desligar a Venezuela de la Convención Americana sobre Derechos Humanos. Y ello finalmente se produjo el día 6 de septiembre de 2012 cuando el entonces Ministro de Relaciones Exteriores de Venezuela,

---

[136] Véase Allan R. Brewer-Carias, *Crónica sobre la "In" Justicia Constitucional. La Sala Constitucional y el autoritarismo en Venezuela*, Colección Instituto de Derecho Público. Universidad Central de Venezuela, N° 2, Editorial Jurídica Venezolana, Caracas 2007; y "El juez constitucional al servicio del autoritarismo y la ilegítima mutación de la Constitución: el caso de la Sala Constitucional del Tribunal Supremo de Justicia de Venezuela (1999-2009)", en *Revista de Administración Pública*, N° 180, Madrid 2009, pp. 383-418.

Sr. Nicolás Maduro, quien ejerce actualmente la Presidencia de la República, luego de denunciar una supuesta campaña de desprestigio contra al país desarrollada por parte de la Comisión Interamericana de Derechos Humanos y de la Corte Interamericana de Derechos Humanos, manifestó formalmente al Secretario General de la OEA la

> *"decisión soberana de la República Bolivariana de Venezuela de denunciar la Convención. Americana sobre Derechos Humanos, cesando en esta forma respecto de Venezuela los efectos internacionales de la misma, y la competencia respecto del país tanto de la Comisión Interamericana de Derechos Humanos como de la Corte Interamericana de Derechos Humanos".*

Para fundamentar la decisión, el Ministro de Relaciones Exteriores hizo precisamente referencia, no sólo a varios casos decididos por la Corte Interamericana condenando a Venezuela, sino lo más grave, por la presión política que ello significo, a otros procesos entonces por decidir (como el caso *Allan R. Brewer-Carías vs. Venezuela*), presionando con absoluta violencia institucional a la Corte Interamericana para que no fuera a decidir en contra del Estado.[137]

IX. EL FALSEAMIENTO DEL PRINCIPIO DE LA DESCENTRALIZACIÓN POLÍTICA Y DE LA PARTICIPACIÓN CIUDADANA: LA CENTRALIZACIÓN, LA DESCONSTITUCIONA-LIZACIÓN Y LA DESMUNICIPALIZACIÓN DEL ESTADO

Además del principio de la limitación del poder mediante su separación horizontal, para que el poder controle al poder, en la Constitución venezolana de 1999, como otra de las bases del Estado democrático de derecho, se estableció un sistema de descentralización política del poder distribuyéndoselo el poder público entre entidades territoriales en

[137] Véase Allan R. Brewer-Carías, "Los efectos de las presiones políticas de los Estados en las decisiones de la Corte Interamericana de Derechos Humanos. Un caso de denegación de justicia internacional y de desprecio al derecho," en *Revista Ars Boni Et Aequi* (año 12 nº2), Universidad Bernardo O'Higgins, Santiago de Chile 2016, pp. 51-86.

dos niveles para posibilitar la participación ciudadana en la gestión de los asuntos públicos, lo que solo se puede lograr acercando el poder al ciudadano.

Por ello, la descentralización política es otro de los valores esenciales de la Constitución, que debió guiar su ejecución e implementación por parte de los Poderes públicos.

A tal efecto, en la misma, se propuso de establecer un "*Estado federal descentralizado*" (Preámbulo) definiéndose así mismo a la propia República (art. 4), previéndose además, que el gobierno de las "*entidades políticas que la componen es y será siempre democrático, participativo, electivo, descentralizado, alternativo, responsable, pluralista y de mandatos revocables*" (art. 6).

El sentido del principio de la descentralización política, por lo demás, se deja clara y expresamente delineado en la Constitución, cuando se declara que:

> *"la descentralización, como política nacional, debe profundizar la democracia, acercando el poder a la población y creando las mejores condiciones, tanto para el ejercicio de la democracia como para la prestación eficaz y eficiente de los cometidos estatales" (art. 158).*

Todo esto, sin embargo, en la práctica ha resultado ser otra promesa incumplida y otra gran mentira, falseándose totalmente el propósito del Constituyente, habiéndose desarrollado en el país durante los últimos veinte años un Estado altamente centralizado en el cual se ha impedido el desarrollo de la participación política – a pesar del discurso autoritario de la llamada "*democracia participativa*" – , quedando reducida la misma al ejercicio del sufrago cada vez más inocuo por el control del régimen sobre los procesos electorales.

La participación política como principio constitucional democrático solo es posible mediante la descentralización del poder. Es decir, aparte de mediante elecciones y votaciones libres, la participación política de los ciudadanos en los asuntos públicos solo es posible mediante la descentralización política del poder de manera de acercarlo al ciudadano, lo que conlleva la creación de entidades políticas territoriales autónomas, gobernadas conforme a los principios del gobierno democrático representativo.

Por ello, en el mundo y en la historia de la humanidad no hay ni ha habido democracias centralizadas. Todas las democracias desarrolladas son y han sido posibles gracias a una organización territorial descentralizada, sea con forma federal o de regiones autónomas, y en todo caso, con una amplísima municipalización. Es en estas entidades locales, con autogobierno representativo que la participación política es posible, en la práctica común, desarrollada muchas veces en forma imperceptible.

Por ello, la Constitución, al referirse al Estado Federal Descentralizado buscó que se configurarse un efectivo sistema de descentralización del poder con entidades locales con efectiva autonomía política, normativa y administrativa que pudieran desarrollar realmente su autogobierno. La regulación desarrollada en el texto constitucional, sin embargo, fue contradictoria,[138] pues al establecerse el régimen de los Estados y Municipios como componentes esenciales de dicho Estado, se redujo su autonomía política al remitir a la Ley nacional para su regulación, con lo que la garantía constitucional de la misma desapareció.

En efecto, la autonomía de los entes territoriales, es decir, de los Estados y de los Municipios para posibilitar la participación, ante todo, como sucede en toda federación o Estado descentralizado, exigía la previsión de su garantía constitucional en el sentido de que los límites a la misma sólo podían estar en la propia Constitución, y no podía ser remitida su regulación a una ley nacional posterior. Contrario a ello, sin embargo, la Constitución de 1999, al regular el funcionamiento y la organización de los Consejos Legislativos de los Estados, remitió su regulación a lo dispuesto en una *ley nacional* (art. 162) la cual se dictó en 2001, como Ley Orgánica de los Consejos Legislativos de los

138 Ello lo advertimos apenas se sancionó la Constitución en Allan R. Brewer-Carías, *Federalismo y municipalismo en la Constitución de 1999 (Alcance de una reforma insuficiente y regresiva)*, Cuadernos de la Cátedra Allan R. BrewerCarías de Derecho Público, N° 7, Universidad Católica del Táchira, Editorial Jurídica Venezolana, Caracas-San Cristóbal 2001; y "El Estado federal descentralizado y la centralización de la federación en Venezuela. Situación y perspectiva de una contradicción constitucional" en *Federalismo y regionalismo*, Coordinadores Diego Valadés y José María Serna de la Garza, Universidad Nacional Autónoma de México, Tribunal Superior de Justicia del Estado de Puebla, Instituto de Investigaciones Jurídicas, Serie Doctrina Jurídica N° 229, México 2005, pp. 717-750.

Estados.[139] La misma, además de contradecir la previsión constitucional que le atribuye a los Estados la competencia de dictarse su propia Constitución para organizar sus poderes públicos (art. 164.1), se configuró como una intromisión inaceptable del Poder Nacional en el régimen de aquellos.

En cuanto a los Municipios, la autonomía municipal tradicionalmente garantizada en la propia Constitución también fue interferida al señalarse que los Municipios gozan de la misma, no sólo "dentro de los límites" establecidos en la Constitución, sino de los establecidos en la *ley nacional* (art. 168), con lo cual el principio descentralizador básico, que es la autonomía, quedó minimizado.

A lo anterior se suma el centralismo que caracterizó el sistema constitucional de distribución de competencias del Poder Público entre los entes político-territoriales, que es lo que origina la descentralización política, al centralizar casi todas las competencias en el Poder Nacional. Los Estados, en la Constitución, materialmente carecen de materias sobre las cuales ejercer alguna competencia exclusiva, a pesar de que incluso en el artículo 164 se hable, precisamente, de "*competencias exclusivas*."[140] Las pocas indicadas en dicha norma, en realidad, son en su mayoría materias de competencia parcial de los Estados, en algunos casos concurrentes con el Poder Nacional o con el Poder Municipal, y en cuanto a las competencias que se habían descentralizado y convertido en "*exclusivas*" de los Estados, como la de la administración y manejo de los aeropuertos y puertos nacionales ubicados en cada Estado, la misma fue centralizada o nacionalizada por la Sala Constitucional del Tribunal Supremo de Justicia en 2008, mutando a tal efecto la Constitución.[141]

---

139 *Gaceta Oficial* N° 37.282 del 13 de septiembre de 2001.

140 Véase Allan R. Brewer-Carías, "La distribución territorial de competencias en la Federación venezolana" en *Revista de Estudios de Administración Local. Homenaje a Sebastián Martín Retortillo,* N° 291, enero-abril 2003, Instituto Nacional de Administración Pública, Madrid 2003, pp. 163-200.

141 Véase sentencia de la Sala Constitucional, N° 565 de 15 de abril de 2008 (*caso Procuradora General de la República, recurso de interpretación del artículo 164.10 de la Constitución de 1999*) en http://www.tsj.gov.ve/decisiones/scon/Abril/565-150408-07-1108.htm . Véase los comentarios sobre esta sentencia, en Allan R. Brewer-Carías, "La Sala Constitucional como poder constituyente: la modificación de la forma federal del estado y del sistema constitucional de división territorial del poder público", en *Revista de Derecho Público,* N° 114, (abril-junio 2008), Editorial Jurídica Venezolana, Caracas 2008, pp. 247-262.

Por lo demás, en materia de competencias concurrentes que los Estados hubieran podido haber asumido mediante ley estadal, las mismas, en la Constitución, quedaron sujetas a lo dispuesto en unas leyes nacionales denominadas "*leyes de base*," con las que pueden quedar condicionadas (art. 165), quedando en todo caso sujetas a lo dispuesto en la ley nacional. Pero lo cierto ha sido que las leyes nacionales dictadas en relación con materias de competencias concurrentes, lo que han producido es más bien una acentuada centralización, casi total, de las mismas, como ha ocurrido en materia de policía, respecto de la cual, los Estados y Municipios han sido vaciados casi completamente de competencias.[142]

Por otra parte, la Constitución, al concebir a la descentralización como desiderátum, estableció en su artículo 157 que la Asamblea Nacional, por mayoría de sus integrantes, podía atribuir a los Municipios o a los Estados "*determinadas materias de la competencia nacional, a fin de promover la descentralización*". Ello, sin embargo, en veinte años, nunca ha ocurrido.

Además, debe mencionarse que al vaciamiento del ámbito de competencias de los Estados por la política de centralización nacional, ha llevado al Poder Ejecutivo nacional a buscar neutralizar totalmente el precario rol de aquellos, mediante el establecimiento de *estructuras nacionales paralelas* a las de los Estados. Ello comenzó con la creación de "*Órganos Desconcentrados de las Regiones Estratégicas de Desarrollo Integral (REDI),*"[143] a cargo de funcionarios nacionales denominados "*Autoridades Regionales*," las cuales además, tienen "*Dependencias*" en cada Estado de la República, que están a cargo de Delegaciones Estadales, cuyos titulares, todos, son del libre nombramiento del Vicepre-

---

142 Lo que comenzó a realizarse con la Ley de Coordinación de Seguridad Ciudadana, en *Gaceta Oficial* N° 37.318 del 6 de noviembre de 2001. Véase además, la Ley Orgánica del Servicio de Policía y del Cuerpo de Policía Nacional, y la Ley Orgánica de la Función Policial en *Gaceta Oficial* N° 5940 de 7 de diciembre de 2009.

143 Véase Resolución N° 031 de la Vicepresidencia de la República, mediante la cual se establece la Estructura y Normas de Funcionamiento de los órganos Desconcentrados de las Regiones Estratégicas de Desarrollo Integral (REDI), en *Gaceta Oficial* N° 40.193 de 20-6-2013. Todo esto se ha regulado en noviembre de 2014 en la Ley de regionalización Integral para el desarrollo socioproductivo de la Patria, publicada en *Gaceta Oficial* No. 6.151 Extra. De 18-11-2014.

sidente de la República. Dichos funcionarios se regularon en la reforma de la Ley Orgánica de la Administración Pública de 2014 con el nombre de "*jefes [nacionales] de gobierno*" (arts. 34, 41, 44).

Estos Delegados o jefes de gobierno, que ejercen sus funciones "*dentro del territorio del Estado que se ha asignado*" (art. 19), se los ha concebido como los "*canales de comunicación*" de los Gobernadores de Estado con el Poder Nacional y viceversa, del Poder Nacional con los Estados, teniendo además como misión "*realizar las acciones tendentes a impulsar la integración y operación de las comunidades organizadas, instancias del poder popular, organizaciones del poder popular, los consejos de economía y contraloría comunal bajo su demarcación, en términos de la normatividad aplicable, cumpliendo con los criterios establecidos por la Autoridad Regional de las Regiones Estratégicas de Desarrollo Integral (REDI)*"(art. 20). En definitiva, estas Autoridades nacionales Regionales y los Delegados Estadales son los órganos administrativos del Poder Nacional montados en paralelo a las autoridades estadales, con el objeto de asegurar el vaciamiento de sus competencias y la neutralización del poder de los Gobernadores de Estado, particularmente si no son miembros del partido oficial. Dichas autoridades, en todo caso, también encontraron regulación en noviembre de 2014, en la Ley *de Regionalización Integral para el Desarrollo Socio-productivo de la Patria.* [144]

El proceso de ahogamiento y neutralización de las entidades territoriales de la República, además, fue particularmente agudo respecto de las entidades existentes en la Región Capital, donde en 2008, en el Distrito Capital en violación de la Constitución, se crearon autoridades totalmente dependientes del Poder Ejecutivo mediante la Ley Especial Sobre la Organización y Régimen del Distrito Capital.[145] En esta forma al territorio del Municipio Libertador y de parte del territorio del Distrito metropolitano que estaba a cargo de un Alcalde y un Consejo Metropolitanos de Caracas, se les superpuso una estructura nacional, como entidad dependiente funcionalmente del Ejecutivo nacional, sin gobier-

---

144 Véase **Decreto Ley N° 1.425,** en *Gaceta Oficial* N° 6.151 Extra. de 18 de noviembre de 2014.

145 Véase en *Gaceta Oficial* N° 39.156 de 13 de abril de 2009.

no democrático ni autonomía político territorial, ignorando además la existencia del régimen municipal metropolitano a dos niveles previsto en la Constitución, primero duplicando las funciones del mismo, dispuesto para ahogarlo y controlarlo; lo que concluyó con su eliminación fáctica, contra lo dispuesto en la Constitución.

Por otra parte, en la Constitución de 1999, siguiendo la tradición formal anterior, se reguló al Municipio como la unidad política primaria de la organización nacional, gozando de personalidad jurídica y de gobierno democrático representativo y, más importante, de autonomía (art. 169). Sin embargo, particularmente en cuanto a ésta última, como se dijo, se la previó en la Constitución no sólo dentro de los límites establecidos en la misma, como antes se disponía, y que era su garantía constitucional, sino también dentro de los límites establecidos por "*la ley nacional*," con lo que se abrió el camino definitivo para la propia destrucción del régimen municipal.

Para ello, la Sala Constitucional "*interpretó*" que la "*libre gestión de las materias de su competencia*" que garantiza la Constitución a los Municipios conforme a dicha autonomía no es más que "*una libertad condicionada, no sólo por las limitaciones que directamente impone el Constituyente sino por todas aquellas que pueda imponer el Legislador Nacional, y los legisladores estadales al ejercicio de la autonomía municipal, de acuerdo con las normas de la propia Constitución y dentro de los límites por ella indicados*"[146].

Ello, precisamente, es lo que ha permitido que se haya venido implementando mediante ley, en paralelo al régimen municipal, para destruirlo, el denominado Poder Popular, con el que se dio inicio más bien al proceso de desconstitucionalización[147] y desmunicipalización

---

[146] Véase sentencia N° 2257 de 13 de noviembre de 2001, en *Revista de Derecho Público*, N° 85-88, Editorial Jurídica Venezolana, Caracas, 2001, pp. 202 y ss.

[147] Véase en general sobre este proceso de desconstitucionalización del Estado, Allan R. Brewer-Carías, "La desconstitucionalización del Estado de derecho en Venezuela: del Estado Democrático y Social de derecho al Estado Comunal Socialista, sin reformar la Constitución," en *Libro Homenaje al* profesor *Alfredo Morles Hernández, Diversas Disciplinas Jurídicas,* (Coordinación y Compilación Astrid Uzcátegui Angulo y Julio Rodríguez Berrizbeitia), Universidad Católica Andrés Bello, Universidad de Los Andes, Universidad Monteávila, Universidad Central de Venezuela, Academia de Ciencias Políticas y Sociales, Vol. V, Caracas 2012, pp. 51-82; en Carlos Tablante y Mariela Morales

del país.[148] Cuando al contrario, lo que debió ocurrir fue que se hiciera efectiva la democracia participativa mediante la municipalización, descentralizándose efectivamente el Estado, para asegurar la participación política de los ciudadanos en la gestión de los asuntos públicos.[149]

Ello era particularmente importante ante la tradición municipal del país que le ha dado muy poco margen a la participación política. Basta recordar que en Venezuela, con caso un millón de kilómetros cuadrados hay 338 Municipios como autoridades locales, lo que resulta irrisorio si se compara por ejemplo, con Francia donde con la mitad de territorio hay más de 34.000 Comunas, o de España e Italia, que tienen alrededor de 8.000 municipios. En solo una Comunidad Autónoma española,

---

Antonorzzi (Coord.), *Descentralización, autonomía e inclusión social. El desafío actual de la democracia,* Anuario 2010-2012, Observatorio Internacional para la democracia y descentralización, En Cambio, Caracas 2011, pp. 37-84; y en *Estado Constitucional,* Año 1, N° 2, Editorial Adrus, Lima, junio 2011, pp. 217-236. Véase además, Allan R. Brewer-Carías, "Las leyes del Poder Popular dictadas en Venezuela en diciembre de 2010, para transformar el Estado Democrático y Social de Derecho en un Estado Comunal Socialista, sin reformar la Constitución," en *Cuadernos Manuel Giménez Abad,* Fundación Manuel Giménez Abad de Estudios Parlamentarios y del Estado Autonómico, No. 1, Madrid, Junio 2011, pp. 127-131; "La Ley Orgánica del Poder Popular y la desconstitucionalización del Estado de derecho en Venezuela" en *Revista de Derecho Público*, No. 124, (octubre-diciembre 2010), Editorial Jurídica Venezolana, Caracas 2010, pp. 81-101; y el estudio: *"Introducción General al Régimen del Poder Popular y del Estado Comunal (O de cómo en el siglo XXI, en Venezuela se decreta, al margen de la Constitución, un Estado de Comunas y de Consejos Comunales, y se establece una sociedad socialista y un sistema económico comunista, por los cuales nadie ha votado)," en Allan R. Brewer-Carías,* Claudia Nikken, Luis A. Herrera Orellana, Jesús María Alvarado Andrade, José Ignacio Hernández y Adriana Vigilanza, *Leyes Orgánicas sobre el Poder Popular y el Estado Comunal (Los consejos comunales, las comunas, la sociedad socialista y el sistema económico comunal*) Colección Textos Legislativos N° 50, Editorial Jurídica Venezolana, Caracas 2011, pp. 9-182. Véase más recientemente, Rafael Badell, *Del Estado Federal al Estado Comunal,* Academia de Ciencias Políticas y Sociales, Caracas, 2021.

148 Véase Allan R. Brewer-Carías, "El inicio de la desmunicipalización en Venezuela: La organización del Poder Popular para eliminar la descentralización, la democracia representativa y la participación a nivel local", en *AIDA, Opera Prima de Derecho Administrativo. Revista de la Asociación Internacional de Derecho Administrativo*, Universidad Nacional Autónoma de México, Facultad de Estudios Superiores de Acatlán, Coordinación de Postgrado, Instituto Internacional de Derecho Administrativo "Agustín Gordillo", Asociación Internacional de Derecho Administrativo, México, 2007, pp. 49 a 67.

149 Véase nuestras propuestas para la reforma hacia un Nuevo Municipalismo en Allan R. Brewer-Carías, *Debate Constituyente,* Tomo I, Fundación de Derecho Público, Editorial Jurídica Venezolana, Caracas 1999, pp. 164 a 169.

como es el caso de Catilla y león, hay más de 2.500 municipios, cifra similar a la que por ejemplo existe en Suiza.[150]

Para hacer efectiva la descentralización política, Venezuela debió por tanto municipalizarse, estableciendo en cada pueblo, caserío o lugar una entidad política local, para así permitir que el Municipio pudiera llegar a ser la unidad política primaria en la organización nacional. Es decir, para que el Municipio pudiera haber llegado a ser la unidad política primaria en la organización nacional, debió haberse regulado en la Constitución en una forma que estuviese bien descentralizado en el sentido de bien cerca del ciudadano, lo que debió haber implicado la efectiva municipalización del territorio, multiplicando el reducido número de Municipios que existían y existen, ubicando Municipios allí donde hubiera una comunidad con vínculos permanentes de vecindad. Pero lamentablemente ello no se logró prever en la Constitución, y el Municipio, tal como se lo había regulado en la ley nacional, se lo concibió bien lejos de los ciudadanos, y sin posibilidad real de que puedan llegar a ser centros para la participación política; lo que quedó avalado por la Sala Constitucional del Tribunal Supremo al interpretar los elementos esenciales para que pudiera existir un Municipio.[151]

Pero lo insólito del falseamiento de la participación política respecto del derecho a la participación del ciudadano, que ha impedido la efectiva municipalización del territorio que debió haber conducido a multiplicar todos los centros urbanos con entidades locales con gobiernos propios electos democráticamente por vía del sufragio; es que la política desarrollada por el régimen autoritario ha sido, al contrario, la de la desmunicipalización del territorio, mediante el proceso de creación de las Comunas y de los Consejos Comunales, como entidades con autoridades que no son electas mediante sufragio que forman el llamado Estado Comunal que se ha venido implementando al margen de la

---

[150] Véase Allan R. Brewer-Carías, *Reflexiones sobre el constitucionalismo en América,* Colección Cuadernos de la Cátedra Fundacional Doctor Charles Brewer Maucó "Historia del Derecho en Venezuela," Universidad Católica Andrés Bello, N° 2, Editorial Jurídica Venezolana, Caracas 2001, 436 pp.

[151] Véase sentencia N° 618 de 2 de mayo de 2001 (Caso: *Municipio Simón Bolívar, Estado Zulia*), en *Revista de Derecho Público*, N° 85-88, Editorial Jurídica Venezolana, Caracas, 2001, pp. 199 ss.

Constitución y en fraude a la voluntad popular que lo rechazó en 2007. Con todo ello, lo que se ha buscado, ha sido, en ligar de descentralizar el poder, concentrarlo, destruyendo el federalismo, la descentralización y el municipio, e imponer un nebuloso Estado comunal como expresión de tránsito hacia el socialismo.[152]

Y, además, ello, mediante entidades que no son democrático-representativas, sino integradas con "*voceros*" nombrados a mano alzada, y dependientes del Ejecutivo Nacional a través del partido oficial, mediante los cuales no sólo se ha buscado despojar a los Municipios de su carácter de unidad política primaria en la organización nacional, sino que se han regulado para vaciarlos de competencias mediante su transferencia a los mismos.[153]

Para lograrlo, además, en lugar de haberse multiplicado las Juntas Parroquiales representativas previstas en la Constitución que era lo que correspondía, con miembros electos mediante sufragio; al contrario, en la reforma de la Ley Orgánica del Poder Público Municipal de 2010,[154] las mismas fueron inconstitucionalmente eliminadas como entidades locales representativas con gobierno democráticamente electos, pasando a ser entes "*consultivos*" de los referidos Consejos Comunales a los cuales se asignó el carácter de representantes de las Comunas como entidades locales (art. 19), totalmente desligadas de los Municipios y sin que sus miembros sean electos mediante sufragio.

Las Comunas, que no existen en la Constitución, en efecto, y a pesar de que su creación fue una propuesta de la rechazada reforma constitucional de 2007, fueron creadas en fraude a la voluntad popular, y reguladas en la Ley Orgánica de las Comunas de 2010. Las mismas

---

[152] Véase lo expresado por José Luis Villegas M., "Hacia la instauración del Estado Comunal en Venezuela: Comentario al Decreto Ley Orgánica de la Gestión Comunitaria de Competencia, Servicios y otras Atribuciones, en el contexto del Primer Plan Socialista-Proyecto Nacional Simón Bolívar 2007-2013," en *Revista de Derecho Público*, N° 130, Editorial Jurídica Venezolana, Caracas 2012, pp. 127 ss.

[153] Véase *Ley Orgánica de los Consejos Comunales*, Editorial Jurídica Venezolana, Caracas 2010; y Armando Rodríguez García, "Participación ciudadana, institucionalidad local y consejos comunales en Venezuela," en *Revista de la Facultad de Ciencias Jurídicas y Políticas de la Universidad Central de Venezuela*, N° 129, Universidad Central de Venezuela, Caracas, 2007, pp. 125-164.

[154] Véase en *Gaceta Oficial* N° 6.015 Extraordinario del 28 de diciembre de 2010.

fueron además concebidas en la Ley Orgánica del Poder Popular, para suplantar al Municipio constitucional, como la "*célula fundamental*" del Estado Comunal.[155]

Para ese efecto, a la Comuna se la definió en el artículo 15.2 de esta Ley Orgánica del Poder Popular, como la "*entidad local*" que conforma un "*espacio socialista*" para la supuesta "*participación protagónica como expresión del Poder Popular*;" noción que implica que la misma está vedada a todo aquél que no sea "*socialista*" o que no crea en el socialismo, o que no comulgue con el socialismo como doctrina política, en forma totalmente discriminatoria y contraria al pluralismo democrático que garantiza la Constitución (art. 6).

Además, al declarárselas en la Ley Orgánica de las Comunas (art. 1) y en la reforma de la Ley Orgánica del Poder Municipal, como "*entidad local*" ello viola la Constitución (arts. 169, 173), pues de acuerdo a la misma tal denominación solo se aplica a las entidades políticas, cuyos representantes siempre tienen que ser electos mediante sufragio universal, directo y secreto (arts. 63, 169), para conformar gobiernos locales ceñidos a los principios establecidos en el artículo 6 de la Constitución, es decir, que deben ser "*siempre democrático, participativo, electivo, descentralizado, alternativo, responsable, pluralista y de mandatos revocables*." Sin embargo, en violación a la Constitución, dichas autoridades denominadas "*voceros*" de los Consejos Comunales son designados a mano alzada por asambleas de ciudadanos controladas por el partido de gobierno, porque los Concejos Comunales para poder existir necesitan registrarse en un Ministerio del propio Ejecutivo nacional.

En este esquema de establecimiento del Poder Popular y el Estado Comunal, a los efectos de ahogar y estrangular progresivamente el

---

155 Véase en *Gaceta Oficial* N° 6.011 Extraordinario de 21-12-2010. Véase sobre esta Ley el libro de Allan R. Brewer-Carías **(Coordinador),** Claudia Nikken, Luis A. Herrera Orellana, Jesús María Alvarado Andrade, José Ignacio Hernández y Adriana Vigilanza, *Leyes Orgánicas sobre el Poder Popular y el Estado Comunal (Los Consejos Comunales, las Comunas, la Sociedad Socialista y el Sistema Económico Comunal)*, Colección Textos Legislativos N° 50, Editorial Jurídica Venezolana, Caracas 2011. Véase además, Allan R. Brewer-Carías, "La Ley Orgánica del Poder Popular y la desconstitucionalización del Estado de derecho en Venezuela," en *Revista de Derecho Público*, N° 124, (octubre-diciembre 2010), Editorial Jurídica Venezolana, Caracas 2010, pp. 81-101.

Estado Constitucional, y con ello la propia democracia participativa, la primera de las instituciones territoriales afectadas por supuesto que fue el Municipio, el cual, siendo la unidad política primaria dentro la organización de la República, ha quedado desvinculado totalmente del proceso de desarrollo comunal y de la participación popular.

Ello ha dado pie a un proceso de desmunicipalización total del territorio, que se ha materializado incluso con la posibilidad de vaciamiento total de competencias de los Municipios, mediante la transferencia forzada de las mismas a órganos dependientes del Poder Central conforme a la Ley Orgánica para la Gestión Comunitaria de Competencias, Servicios y Otras Atribuciones (Decreto Ley N° 9.043);[156] y limitado el rol del Municipio como promotor de la participación del pueblo a actuar sólo "*a través de las comunidades organizadas,*" que son las que se regulan en las Leyes Orgánicas del Poder Popular identificadas con el socialismo, en contra de la previsión del artículo 62 de la Constitución que garantiza el carácter libre de la participación.

De todo lo anterior resulta que en absoluto desprecio y falseamiento de la Constitución se ha desarrollado un proceso de desconstitucionalización y centralización progresivo del Estado,[157] para estructurar en el país, sin que nadie haya votado por ello, y más bien contrariando la voluntad popular, un Estado paralelo al Estado Constitucional, denominado "Estado del Poder Popular" o "Estado Comunal" que como se dijo, Hugo Chávez pretendió imponer en 2007 con una reforma constitucional que sin embargo, sometida a referendo fue abrumadoramente rechazado por el pueblo.[158]

Pero a pesar de ello, el mismo fue inconstitucionalmente decretado mediante leyes orgánicas en 2010, ante la completa abstención y pasividad cómplice del Juez Constitucional, que se ha negado a decidir que

---

156 Véase en *Gaceta Oficial* N° 6.097 Extra. de 15 de junio de 2012.

157 Véase Allan R. Brewer-Carías, *Estado totalitario y desprecio a la Ley. La desconstitucionalización, desjuridificación, desjudicialización y desdemocratización de Venezuela*, Fundación de Derecho Público, Editorial Jurídica Venezolana, 2014, 532 pp.; segunda edición, (Con prólogo de José Ignacio Hernández), Caracas 2015, 542 pp

158 Véase Allan R. Brewer-Carías, *Hacia la consolidación de un Estado Socialista,* Centralizado, *Policial y Militarista, Comentarios sobre el sentido y alcance de las propuestas de reforma constitucional 2007,* Colección Textos Legislativos, N° 42, Editorial Jurídica Venezolana, Caracas 2007, 157 pp.

la Constitución no puede reformarse mediante leyes sino solo mediante los procedimientos establecidos en la Constitución, disponiéndose un régimen contrario al Estado democrático y social de derecho previsto en la Constitución, eliminado el sufragio y la forma federal del Estado, y con el mismo, además produciéndose la desmunicipalizando a la nación.[159]

Y lo más grave aún, pretendiéndose establecer una "*democracia*" sin representación, es decir, según lo que fueron las propias palabras de Chávez al proponer la reforma constitucional en 2007, que "*no nace del sufragio ni de elección alguna, sino que nace de la condición de los grupos humanos organizados como base de la población.*" [160]

X. EL PRINCIPIO DEL GOBIERNO CIVIL Y SU FALSEAMIENTO CON LA AVASALLANTE MLITARIZACIÓN DEL PAÍS AL MARGEN DE LA AUTORIDAD CIVIL

Por último, otra de las muestras de falseamiento del Estado democrático en Venezuela ha sido el proceso de descivilismo, es decir, de eliminación del régimen de gobierno civil que es de la esencia del Estado de derecho y de la democracia, mediante un avasallante proceso de militarización del Estado.

Dicho proceso comenzó en 1999, con el asalto al poder que se dio con ocasión de la elección a la Asamblea Nacional Constituyente la cual fue integrada por el grueso de los militares que habían intentado, junto con Hugo Chávez, dos fracasados golpes de Estado de 1992.

---

159 Véase Allan R. Brewer-Carías, "**El inicio de la desmunicipalización en Venezuela: La organización del Poder Popular para eliminar la descentralización, la democracia representativa y la participación a nivel local", en** *AIDA, Opera Prima de Derecho Administrativo. Revista de la Asociación Internacional de Derecho Administrativo*, Universidad Nacional Autónoma de México, Facultad de Estudios Superiores de Acatlán, Coordinación de Postgrado, Instituto Internacional de Derecho Administrativo "Agustín Gordillo", Asociación Internacional de Derecho Administrativo, México, 2007, pp. 49 a 67

160 Véase *Discurso de Orden pronunciado por el ciudadano Comandante Hugo Chávez Frías*, Presidente *Constitucional de la República Bolivariana de Venezuela en la conmemoración del Ducentésimo Segundo Aniversario del Juramento del Libertador Simón Bolívar en el Monte Sacro y el Tercer Aniversario del Referendo Aprobatorio de su mandato constitucional*, Sesión especial del día Miércoles 15 de agosto de 2007, Asamblea Nacional, División de Servicio y Atención legislativa, Sección de Edición, Caracas 2007, p. 35

Ese asalto a la Asamblea Constituyente originó el diseño en la Constitución de elementos militaristas, como lo advertimos en 1999[161], al eliminarse del texto constitucional la formulación expresa del principio de sujeción o subordinación de la autoridad militar a la autoridad civil, consagrándose, al contrario, una gran autonomía de la autoridad militar y de la Fuerza Armada, con la posibilidad de intervenir en funciones civiles.

El desarrollo del militarismo se efectuó, así, en los últimos lustros, por la eliminación de la tradicional prohibición de que la autoridad militar y la civil no podían ejercerse simultáneamente, como se estableció en las Constituciones anteriores; la eliminación del control por parte de la Asamblea Nacional respecto de los ascensos de los militares de alta graduación, como se había regulado en el constitucionalismo histórico, siendo ahora un asunto exclusivo de la Fuerza Armada (art. 331); la eliminación de la obligación de la Fuerza Armada de velar por la estabilidad de las instituciones democráticas que preveía el artículo 132 de la Constitución de 1961, con lo cual el respeto a la democracia dejó de ser obligación constitucional de la Fuerza Armada; la eliminación de la otra obligación de la Fuerza Armada de respetar la Constitución y las leyes, "*cuyo acatamiento - como lo decía el artículo 132 de la Constitución de 1961 - estará siempre por encima de cualquier otra obligación.*"

Todo ello fue la base para el desarrollo del militarismo en Venezuela, lo que se agravó entre otros factores, con la adopción en la Constitución de 1999 del concepto de la doctrina de la seguridad nacional, como globalizante, totalizante y omnicomprensiva, conforme a la cual todo lo que acaece en el Estado y la Nación, concierne a la seguridad del Estado, incluso el desarrollo económico y social (art. 326); y la eliminación del principio del carácter no deliberante y apolítico de la institución militar, como lo establecía el artículo 132 de la Constitución de 1961.[162]

---

161 Véase Allan R. Brewer-Carías, "Razones del voto NO en el referendo aprobatorio de la Constitución," en Debate *Constituyente (Labor en la Asamblea Nacional Constituyente)*, Tomo III, Fundación de Derecho Público, Editorial Jurídica Venezolana, Caracas, 2000.

162 Véase lo que expusimos sobre el marco militarista de la Constitución en 1999, en Allan R. Brewer-Carías, *Debate Constituyente (Aportes a la Asamblea Nacional Constituyente)*, Fundación de Derecho Público, Editorial Jurídica Venezolana, Caracas 1999; y en *Asamblea Constituyente y Poder Constituyente 1999*, Colección Tratado de Derecho Constitucional, Tomo VI, Fundación de Derecho Público, Editorial Jurídica Venezolana, Caracas 2014, pp. 1049-1050.

Todo ello abrió la vía para que la Fuerza Armada, como institución militar, y para que los militares, comenzar a deliberar políticamente, configurándose a la Fuerza Armada como un partido militar "*chavista*"[163] luego de un proceso sostenido y continuo de destrucción del profesionalismo militar.[164] El proselitismo político de los militares, además, ha sido formalmente regularizado por sentencia de la Sala Constitucional de 11 de junio de 2024, mutando la Constitución,[165] re-

---

163 El general Vladimir Padrino, Jefe del Comando Estratégico Operacional de la Fuerza Armada en el discurso de orden que pronunció en la Asamblea nacional el día de la Independencia, el 5 de julio de 2014, expresó: "Lo voy a decir con mucha responsabilidad atendiendo a la ética y a la gran política: esta FANB es chavista." Véase en http://www.diariolasamericas.com/america-latina/jefe-militar-venezolano-asegura-que-fuerzas-armadas-chavistas.html . Tres meses después, el 23 de octubre de 2014 apareció publicado el decreto mediante el cual se lo designó Ministro del Poder Popular para la defensa. Véase Decreto Nº 1346 en *Gaceta Oficial* Nº 40.526, de 25 de octubre de 2014.

164 Fernando Ochoa Antich ha resumido este proceso expresado que: "*Hugo Chávez, decidido a destruir el profesionalismo militar, aprobó casi de manera continua tres leyes orgánicas: la de los años 2005, 2008 y 2010. La ley orgánica del año 2005 tuvo un aspecto positivo al eliminar las funciones de mando del ministerio de la Defensa, pero al centralizar la conducción de la Fuerza Armada en el presidente de la República y crear inconstitucionalmente el Comando General de la Milicia comprometió la autonomía de las tradicionales Fuerzas y su capacidad de mando sobre las unidades operativas. No satisfecho con esta reforma aprobó la ley orgánica del año 2008. Esta ley mantuvo la tendencia centralizadora de la concepción militar chavista, fortaleció a la Milicia Bolivariana como respuesta a su objetivo de consolidar el régimen mediante una vanguardia revolucionaria y transformó a los suboficiales profesionales de carrera en oficiales técnicos sin considerar los grados militares y la antigüedad. De manera sorprendente, aprobó en el año 2010 una nueva ley orgánica, que tuvo por finalidad concederle al presidente de la República el grado militar de comandante en jefe y mando efectivo sobre las unidades operativas; crear al oficial de milicias, con posibilidad de optar a cualquier grado, permitiendo que ciudadanos sin formación militar pudieran formar parte de sus cuadros; y permitir a los suboficiales de tropa ascender a oficiales efectivos. Estas reformas legales tenían un solo objetivo: destruir los tradicionales valores militares y permitir ideologizar a la Fuerza Armada Nacional.*" Véase Fernando Ochoa Antich, "Destruir el profesionalismo militar," en *El Nacional*, Caracas 28 de septiembre de 2014, en http://www.el-nacional.com/fernando_ochoa_antich/Destruir-profesionalismo-militar_0_490151147.html

165 Véase la sentencia de la Sala Constitucional Nº 651 de 11 de junio de 2014 (Caso *Rafael Huizi Clavier y otros*) en http://www.tsj.gov.ve/decisiones/scon/junio/165491-651-11614-2014-14-0313.HTML. Véase el comentario en Allan R. Brewer-Carías, "Una nueva mutación constitucional: el fin de la prohibición de la militancia política de la Fuerza Armada Nacional, y el reconocimiento del derecho de los militares activos de participar en la actividad política, incluso en cumplimiento de las órdenes de la superioridad jerárquica," en *Revista de Derecho Público*, Nº 138, Editorial Jurídica Venezolana, Caracas 2014.

sultando de todo ello que los militares han pasado a formar parte de un grupo privilegiado en la sociedad, con seguro acceso a bienes y servicios a los cuales los ciudadanos comunes no llegan.[166]

Ese esquema militarista que se estableció en la Constitución de 1999, incluso se pretendió reforzar y reconstitucionalizar en la reforma constitucional presentada por Chávez en 2007,[167] afortunadamente rechazada por el pueblo, en la cual se propuso reformar el artículo 328, para eliminar la previsión constitucional de que la Fuerza Armada es "*institución esencialmente profesional, sin militancia política.*" En su lugar se proponía establecer que constituye "*un cuerpo esencialmente patriótico popular y antiimperialista.*"

Con ello, de haberse aprobado, hubiera desaparecido la institución militar como institución profesional, y la prohibición de que la misma no tuviera militancia política, lo que buscaba abrir el camino constitucional para la integración de la Fuerza Armada en el partido político de su Comandante en Jefe, quien ejerce la Suprema Autoridad Jerárquica en todos sus Cuerpos, Componentes y Unidades (como se propone en la reforma del artículo 236,6 de la Constitución).

Además, se buscaba establecer en el texto de la Constitución, con la reforma, entre los objetivos de las Fuerza Armada, la de "*la participación permanente en tareas de mantenimiento de la seguridad ciudadana, y conservación del orden interno, así como la participación activa en planes para el desarrollo económico, social, científico y tecnológico de la nación*" buscándose constitucionalizar la militarización del Estado y la Administración.

En la reforma, además, se proponía eliminar la previsión constitucional de que la Fuerza Armada "*está al servicio exclusivo de la Nación y en ningún caso al de persona o parcialidad política alguna,*" y sustituirla por otra para disponer que "*el cumplimiento de su función, estará siempre al servicio del pueblo venezolano en defensa de sus sagrados intereses y en ningún caso al de oligarquía alguna o poder imperial ex-*

---

166 Véase por ejemplo el reportaje publicado en *Bloomberg Newe*: "New Cars for the Army as Venezuelans Line Up for Food," 19 de septiembre de 2014, en http://www.bloom-berg.com/news/2014-09-29/venezuelan-army-enjoys-meat-to-cars-denied-most-citizens.html

167 Véase Allan R. Brewer-Carías, *Hacia la consolidación de un Estado socialista, centralizado, policial y militarista,* Allan R. Brewer-Carías, Caracas 2007, 160 pp.

tranjero." La consecuencia de este cambio hubiera sido la eliminación de la prohibición impuesta constitucionalmente a la Fuerza Armada de que pudiera estar al servicio de persona o parcialidad política alguna, lo que de nuevo buscaba abrir el camino constitucional para la integración de la Fuerza Armada en el partido político de su Comandante en Jefe, quien la puede poner a su servicio o al servicio del partido del gobierno.

Ese esquema militarista, sin embargo, si bien no se aprobó formalmente en la reforma constitucional de 2007 que fue rechazada por el pueblo, ha sido puesto en práctica de hecho durante los últimos veinte años, no solo con la creación al margen de la Constitución en 2008 de la Fuerza Armada "*Bolivariana*", mediante la Ley Orgánica de la misma, sino con el nombramiento, además, de militares y exmilitares para ocupar la mayoría de los altos cargos públicos, y su elección, también, para los gobiernos regionales y locales, lo que ha conducido al apoderamiento casi total de la Administración civil del Estado por parte de los militares y por la Fuerza Armada, a la cual, incluso se le atribuye en la Constitución "*la participación activa en el desarrollo nacional*" (art. 328).

En esa línea, en septiembre de 2014, quien ejerce la Presidencia de la República entregó a los militares el control total de la economía al designar a militares para dirigir todos los órganos de la Administración Pública del sector económico,[168] designando incluso para dirigir y

[168] Véase el comentario sobre los cambios ministeriales de septiembre de 2014 por Francisco Mayoirga, "Gustavo Azócar Alcalá, Los militares y la economía," en *ACN, Agencia Carabobeña de Noticias*, 10 de septiembre de 2014, en http://acn.com.ve/opinion/los-militares-y-la-economia/. Sin embargo, la entrega de la conducción de la economía a los militares no es nueva. Véase por ejemplo lo escrito meses antes por: Patricia Clarembоux, AFP, "Bajo el ala de Maduro, los militares toman control del poder económico de Venezuela. En sus primeros 9 meses de gobierno, el mandatario ya nombró a 368 uniformados en puestos políticos. Ahora, con la designación de un general del Ejército al frente del Ministerio de Finanzas, la militarización se extiende a la economía," 20 enero de 2014, en http://www.infobae.com/2014/01/20/1538269-bajo-el-ala-maduro-los-militares-toman-control-del-poder-economico-venezuela. Véase además el reportaje: "Maduro dejó en manos de un militar los problemas económicos de Venezuela. El presidente venezolano puso a Hebert García Plaza al frente del **Órgano** Superior de la Economía, creado para enfrentar la emergencia," 13 de septiembre de 2013, en http://elcomer-cio.pe/mundo/actualidad/maduro-dejo-manos-militar-problemas-economicos-venezuela-noticia-1630919; y el reportaje: "Militares comandan economía en Venezuela," en *Agencia France Press*, 20 de

terminar de destruir a PDVSA, a militares recién retirados, sin conocimiento alguno del negocio petrolero.[169]

Lo grave de este apoderamiento de la Administración Pública y del control militar de le economía, ha sido, además, en los últimos años, la creación de empresas públicas del Estado de carácter militar adscritas al Ministerio de la Defensa y manejadas exclusivamente por militares.

El caso más notorio, cuyo objeto sin embargo, nada tiene que ver con el elemento militar, fue la creación en 2016, en paralelo a PDVSA, de otra empresa pública petrolera, pero militar, adscrita al Ministerio para la Defensa y, por tanto, desvinculada, en el marco de la organización de la Administración Pública, del sector de energía y petróleo. Esa fue la Compañía Anónima Militar de Industrias Mineras, Petrolíferas y de Gas (CAMIMPEG), creada por decreto Nº 2.231 de 10 de febrero de 2016,[170] que respondería a un "*nuevo modelo de gestión*" de acuerdo con "*Revolución Bolivariana*," y a un "*modelo económico productivo ecosocialista*" para "*desarrollar tecnologías propias de nuestra industria militar*," quedando adscrita dicha empresa, por tanto, al Ministerio para la Defensa. (art. 1); y la cual, contrariando la Constitución, ha resultado ser el instrumento más depredador del ambiente que pueda imaginarse como ha quedado evidenciado en su participación como agente explotador en el ecocidio de la zona estratégica del llamado Arco Minero del Orinoco, creada dos semanas después de la creación de dicha empresa militar.[171] Por lo visto al régimen militar no le importa la incompatibilidad esencial que existe en que la Fuerza Armada sea la que

---

enero de 2014, en http://www.em.com.br/app/noticia/internacional/2014/01/20/in-terna_internacional,489796/militares-comandam-economia-na-venezuela-afirmam-analis-tas.shtml. Véase además, Peter Wilson, "A Revolution in Green. The Rise of Venezuela's Military," en *Foreign Affairs*, 2014, disponible en http://www.foreignaffairs.com/articles/142133/peter-wilson/a-revolution-in-green.

169 Véase Allan R. Brewer-carías, *Crónica de una destrucción. Concesión, Nacionalización, Apertura, Constitucionalización, Desnacionalización, Estatización, Entrega y Degradación de la Industria Petrolera*, Colección Centro de Estudios de Regulación Económica-Universidad Monteávila, Nº 3, Universidad Monteávila, Editorial Jurídica Venezolana, Caracas, 2018, 730 pp.

170 Véase en *Gaceta Oficial* Nº 40.845, de 10 de febrero de 2016.

171 Véase el Decreto No. 2248 de 24 de febrero de 2016 de creación de la zona de desarrollo estratégico nacional Arco Minero de Orinoco. Véase *Gaceta Oficial* No. 40855 del 24 de febrero de 2016

tiene a su cargo el resguardo de los recursos naturales renovables y no renovables, y sea a la vez la que mediante empresas propias los explote sin ningún control.

De acuerdo con el decreto, el objeto social de la empresa abarca absolutamente todos los aspectos imaginables tanto de la industria petrolera, como de la industria del gas y de la industria minera, siendo en materia petrolera aún más amplió que lo previsto como objeto social en los estatutos de la propia PDVSA. Esta empresa, por tanto, tiene todas las competencias no solo de PDVSA, sino de todas sus empresas filiales como Corpoven, S.A, PDVSA Petróleo, S.A., y Bariven, S.A, y con ello, el riesgo de que posiblemente se producirá el vaciamiento progresivo de todas estas empresas, las cuales es posible que queden como cascarones vacíos.

Y todo ello, además, con el agravante de que además, la nueva industria petrolera militar y minera ha quedado por obra de la dictadura judicial, fuera del marco de control fiscal que ejerce la contraloría General de la República. Para ello, la Sala Político Administrativa del Tribunal Supremo de Justicia, en sentencia de 14 de diciembre de 2016,[172] dictada con motivo de un recurso de interpretación formulado por los propios abogados del Estado, es decir, la Procuraduría General de la República, insólitamente excluyó a la empresa a propia Compañía Anónima Militar de Industrias Mineras, Petrolíferas y de Gas (CAMIMPEG), del ámbito de control fiscal por parte de la Contraloría General de la República, por ser una "*empresa militar*," aun cuando nada tiene que ver con el componente militar, quedando sometidas solo al supuesto control externo de la Contraloría General de la Fuerza Armada Nacional Bolivariana. Para ello, la Sala Político Administrativa consideró que

> *"la Fuerza Armada es la organización militar encargada de la defensa integral del Estado, el Ministerio del Poder Popular para la Defensa es el máximo órgano administrativo en dicha materia, y el Sector Defensa viene a ser una noción más amplia, pues comprende tanto a la Fuerza Armada como al Ministerio y sus órganos internos."*

---

[172] Véase http://historico.tsj.gob.ve/decisiones/spa/diciembre/194202-01421-151216-2016-2011-0044.HTML.

Pero el militarismo no sólo se ha manifestado en la organización de la Administración, sino en el extraordinario gasto militar en que ha ocurrido Venezuela en los últimos años, no superado por ningún país de la región;[173] así como por la militarización progresiva de funciones otrora administrativas, como las de policía, lo que se ha visto en particular, con extrema gravedad en 2014, en la militarización de la represión a las protestas y no sólo estudiantiles, sino vecinales y sindicales.[174]

Este hecho de la militarización de las fuerzas de seguridad y orden público, incluso, fue particularmente destacado en el Informe de la Alta Comisionada de las Naciones Unidas para los Derechos Humanos Michelle Bachelet sobre la situación de los derechos humanos en Venezuela, de 4 de julio de 2019, en el cual mostró una "*visión general de la situación de los derechos humanos*" de enero de 2018 a mayo de 2019,[175] constatando cómo la situación de estado de excepción que existe desde 2016 y que se ha ido renovando cada 60 días, ha implicado "*un aumento de la militarización de las instituciones del Estado*" (§ 31); y cómo

> "*Las medidas se han adoptado con la finalidad declarada de preservar el orden público y la seguridad nacional contra presuntas*

---

[173] Véase Carlos E. Hernández, "Venezuela tuvo el mayor crecimiento en gasto militar de Latinoamérica," en *Notitarde.com*, 6 de febrero de 2014, en http://www.notitarde.com/Pais/Vene-zuela-tuvo-el-mayor-crecimiento-en-gasto-militar-de-Latinoamerica/2014/02/06/303181.

[174] Como lo destacó recientemente la destacada dirigente política, Paulina Gamus: "*Con Chávez se inaugura no solo la militarización del gobierno, sino también la politización del mundo militar.*" "*La inspiración para ese modelo*" agregó, está en "*el culto a la personalidad, la transformación de los hombres de armas en la guardia pretoriana del gobernante y la presencia atropellante de militares en cargos públicos, con licencia para robar.*" Véase en el artículo "Mamá, yo quiero un cadete. El apoyo de partidos de izquierda a los gobiernos militarizados de Chávez y Maduro en Venezuela es oprobioso," en *El País, Internacional*, 14 de julio de 2014, en http://interna-cional.elpais.com/internacional/2014/07/14/actualidad/1405349965_980938.html

[175] Véase "Informe de la Alta Comisionada de las Naciones Unidas para los Derechos Humanos sobre la situación de los derechos humanos en la República Bolivariana de Venezuela," 4 de julio de 2019, en https://www.ohchr.org/EN/HRBodies/HRC/RegularSessions/Session41/Documents/A_HRC_41_18_SP.docx. Los "comentarios del Estado" ("Comentarios sobre errores de hecho del Informe de la Alta Comisionada de Naciones Unidas para los derechos humanos sobre la situación de derechos humanos de la República Bolivariana de Venezuela"), pueden consultarse en https://www.ohchr.org/EN/HRBodies/HRC/RegularSessions/Session41/Documents/A_HRC_41_18_Add.1.docx

amenazas internas y externas, han aumentado la militarización de las instituciones del Estado y el empleo de la población civil en tareas de inteligencia y defensa" (§76).

Por último hay que destacar cómo, en forma absolutamente contradictoria con el militarismo avasallante, de hecho, y como política de gobierno, la Fuerza Armada, durante estos últimos lustros, sin embargo perdió el monopolio de las armas y de la fuerza, no sólo por la creación de la llamada Milicia, fuera de los componentes tradicionales de la misma, sino por la proliferación de armas en manos de toda suerte de delincuentes y la dotación de armas a grupos civiles urbanos (los Colectivos) con vínculos criminales, fuera del control de los propios militares e incluso de las policías.[176]

Sobre ello, el mismo Informe Bachelet destacó en cuanto a los "*colectivos armados,*" a los cuales calificó como "*grupos armados civiles pro-gubernamentales*" (§ 24), cómo han contribuido a ejercer "*control social en las comunidades locales, apoyando a las fuerzas de seguridad en la represión de manifestaciones y de la disidencia*" (§ 32); y cómo los mismos, "*también recurrieron a la violencia contra manifestantes, a menudo en coordinación con las fuerzas de seguridad. En muchos casos, estas acciones produjeron muertes y heridas graves*" (§ 39); recomendando, en definitiva, que el Estado "*Desarme y desmantele a los grupos armados civiles progubernamentales* (los llamados "colectivos armados") *y garantice la investigación de sus delitos*" (§ 82).

---

176 Fernando Ochoa Antich ha comentado que la desconfianza de Chávez en la lealtad de la Fuerza Armada lo llevó a "*debilitar sus principales valores profesionales, buscando crear, al mismo tiempo, dos organizaciones armadas que sirvieran de equilibrio a una posible acción militar: la Milicia Bolivariana y los Colectivos Revolucionarios. Esta acción, no sólo fue inconstitucional sino totalmente irresponsable al repartir armamento de guerra sin ningún control. Esa ha sido la causa fundamental del incremento de la violencia. Para colmo, se ha perdido el control de los Colectivos representando un verdadero riesgo para la estabilidad nacional.*" Agregó Ochoa que contrariamente al "*principio fundamental de la seguridad del Estado [de que] el monopolio de las armas de guerra lo debe tener exclusivamente la Fuerza Armada Nacional y los organismos de seguridad, ha sido tal la falta de control y la irresponsabilidad del régimen chavista que permanentemente los delincuentes se encuentran mejor armados que los organismos policiales y de seguridad, equiparándose en muchas oportunidades con el equipamiento de las unidades militares*". Véase "Violencia y más violencia," en *El nacional*, 12 de octubre de 2014, en http://www.el-nacional.com/fernando_ochoa_antich/Violencia-violencia_0_499150202.html

XI. APRECIACIÓN FINAL

Todo lo antes expuesto, lo que pone en evidencia, como ejemplo y estudio de caso en el Continente Iberoamericano es cómo en un Estado como Venezuela, a pesar de todo lo que dice la Constitución sobre el *Estado democrático y social de derecho, descentralizado y de justicia*, en la práctica ello ha resultado ser una gran mentira, habiéndose falseado completamente su contenido, con las ejecutorias de un gobierno autoritario que se instaló en el país desde 1999 cuando un grupo de militares golpistas fracasados, utilizando los mecanismos propios del populismo constitucional,[177] asaltaron el poder, para controlarlo.

Por ello, las violaciones a la misma, como se ha dicho, comenzaron a producirse desde el mismo momento en el cual la Constitución entró en vigencia, comenzándose a producirse con ello el falseamiento de todos los elementos y principios esenciales del Estado de derecho, así como de todos los elementos y componentes esenciales de la democracia como régimen político tal como los definió casi coetáneamente la Carta Democrática Interamericana de 2001.

El resultado de todo ese proceso de falseamiento ha quedado evidenciado con la evaluación que hizo el Secretario General de la Organización de Estados Americanos, Dr. Luis Almagro, cuando en 2016, apartándose de la política abstencionista de los anteriores Secretarios Generales que no quisieron ver los desafueros del régimen autoritario, denunció la grave alteración del orden constitucional que se había producido en del país y que había afectado gravemente el orden democrático.[178]

---

177 Véase sobre el tema mi estudio en Juan Carlos Cassagne y Allan R. Brewer-Carías, *Estado populista y populismo constitucional. Dos estudios*, Ediciones Olejnik, Santiago, Buenos Aires, Madrid 2020, 330 pp.

178 Véase la comunicación del Secretario General de la OEA de 30 de mayo de 2016 con el *Informe sobre la situación en Venezuela en relación con el cumplimiento de la Carta Democrática Interamericana*, en oas.org/documents/spa/press/OSG-243.es.pdf.; y la comunicación del Secretario General de la OEA de 14 de marzo de 2017 con el *Informe de seguimiento sobre Venezuela* en http://www.oas.org/docu-ments/spa/press/informe-VZ-spanish-signed-final.pdf

Almagro, en efecto, asumiendo toda su responsabilidad ante el Continente constató cómo en Venezuela - dijo -:

> *"no existe en Venezuela una clara separación e independencia de los poderes públicos, donde se registra uno de los casos más claros de cooptación del Poder Judicial por el Poder Ejecutivo;"*[179]

agregando que "*El Gobierno se ha olvidado defender el bien mayor*, el bien colectivo" [y que] "El pueblo venezolano se enfrenta a un Gobierno que ya no le rinde cuentas. Un Gobierno que *ya no protege los derechos de los ciudadanos. Un Gobierno que ya no es democrático"* [...],

Dicho gobierno, entre otras ejecutorias -dijo-:

> "repetidamente ha empleado intervenciones inconstitucionales en contra de la legislatura, con la *connivencia de la Sala Constitucional* del Tribunal Supremo de Justicia;"

siendo ello un ejemplo, que demuestra:

> "claramente *la falta de independencia del poder judicial* [que], "e*l sistema tripartito de la democracia ha fracasado y* [que] *el poder judicial ha sido cooptado por el ejecutivo* [...][180]

En otra comunicación pública del mismo año 2016, el Secretario General Almagro destacó cómo una sentencia injusta de condena producto de persecución contra un dirigente político, marcaba un hito que era nada menos que "*el lamentable final de la democracia en Venezuela,"* indicando que "párrafo a párrafo," la mencionada sentencia era "la *terminación del Estado de Derecho,"* demostrando claramente que:

> *"en Venezuela hoy no rige ninguna libertad fundamental y ningún derecho civil o político y que estos han expresamente quedado sin efecto en la conducción de los asuntos de gobierno."*

---

179 *Idem*. p. 73. Disponible en oas.org/documents/spa/press/OSG-243.es.pdf.

180 Véase el texto de la exposición del Secretario General Luis Almagro ante el Consejo Permanente de la OEA, 23 de junio de 2016, en:http://www.el-nacional.com/poli-tica/PresentacindelSecretarioGeneraldelaOEAante_NACFIL20160623_0001.pdf. Véase igualmente el texto en los Apéndices a este libro.

En fin concluía su carta Pública el Secretario general Almagro, afirmando tajantemente que "*hoy en Venezuela no hay democracia ni Estado de Derecho.*"[181]

Unos meses después, en su *Informe de Seguimiento* del 14 de marzo de 2017, el propio Dr. Almagro, terminaría constatando cómo todos los intentos diplomáticos por tratar de cambiar la política del gobierno autoritario habían fracasado, indicando que los "*hechos no dejan lugar a dudas*" de que "*Venezuela viola todos los artículos de la Carta Democrática Interamericana*"; es decir, no uno o varios, *sino todos.*

Lo importante de estas apreciaciones que el Secretario General también expresó ante el Consejo Permanente de la OEA, y que resumen la trágica realidad política y constitucional que ha vivido Venezuela durante los últimos veinte años, que tanto y tantos denunciamos en los últimos años – por mi parte desde 2001 –,[182] es que fueron expresadas oficialmente por la más alta autoridad institucional de las Américas,[183] a pesar y en contra de la oposición que formuló el gobierno de Venezuela; oposición que afortunadamente fue rechazada por el propio Consejo

---

181 Véase el texto de la carta abierta del Secretario General Luis Almagro a Leopoldo López, de 22 de agosto de 2016, en *Lapatilla.com*, 23 de agosto de 2016, en http://www.lapatilla.com/site/2016/08/22/almagro-a-leopoldo-lopez-tu-injusta-sentencia-marca-un-hito-el-lamentable-final-de-la-democracia-carta/.

182 Véase Allan R. Brewer-Carías, *La democracia venezolana a la luz de la Carta Democrática Interamericana, Aide Memoire* (documento) Caracas, febrero 2002. Disponible en http://allanbrewercarias.com/wp-content/uploads/2007/09/Brewer-Car%C3%ADas.-La-democracia-venezolana-a-la-luz-de-la-Carta-Democratica-Interamericana-Dic-2001.-Feb.2002-SIN-PIE-DE-PAGINA.pdf. Vése igualmente: Allan R. Brewer-Carías, *La crisis de la democracia venezolana. la Carta Democrática Interamericana y los sucesos de abril de 2002,* Libros de El Nacional, Colección Ares, Caracas 2002, 263 pp.

183 Como lo expresó recientemente José Miguel Vivancos de Human Rights Watch: "*Tras la histórica sesión del Consejo Permanente de hoy, donde una mayoría de países rechazó el intento de Venezuela para cerrar la discusión internacional sobre la situación en el país, el Presidente Maduro quedó bajo la mira de la OEA. El secretario general sobresalió con una valiente y honesta intervención sobre la gravísima crisis que aqueja a Venezuela, legitimando a la OEA como foro para fiscalizar el cumplimiento de Venezuela con sus obligaciones jurídicas internacio-nales en materia de derechos humanos y democracia. Maduro deberá ahora corregir sus prácticas y mostrar resultados concretos en el marco del proceso de la Carta Democrática.*" Véase en @HRW_Venezuela; y en "Human Rights Watch celebró votación en la OEA sobre Venezuela," en *Diario de las Américas*, 24 de junio de 2016, en http://www.diariolasamericas.com/4848_venezuela/3896835_human-rights-watch-celebro-votacion-en-oea-sobre-venezuela.html

Permanente de la OEA con el voto de 20 Estados Miembros, poniendo fin a la nefasta política de compra de votos a cambio de la factura petrolera que había permitido a Venezuela controlar ese foro internacional, y que tanto daño causó en el continente.

Unas apreciaciones similares, sobre el falseamiento de la Constitución Política en Venezuela, las formuló Michelle Bachelet, Alta Comisionada de las Naciones Unidas para los Derechos Humanos en su Informe sobre la situación de los derechos humanos en el país, de 4 de julio de 2019,[184] cuyas violaciones afirmo han sido originados entre otros factores, porque:

> *"durante al menos una década, el Gobierno, así como las instituciones controladas por el Gobierno han aplicado leyes y políticas que han acelerado la erosión del Estado de derecho y el desmantelamiento de las instituciones democráticas, incluyendo la Asamblea Nacional (§ 30).*

Agregó la Alta Comisionada, además, que:

> *"durante más de un decenio, Venezuela ha adoptado e implementado una serie de leyes, políticas y prácticas que han restringido el espacio democrático, debilitado las instituciones públicas y menoscabado la independencia del poder judicial" (§ 76);*

agregando que:

> *"La falta de independencia y la corrupción en el poder judicial son también obstáculos importantes a los que se enfrentan las víctimas en su búsqueda de justicia y reparación" (§ 56).*

---

184 Véase "Informe de la Alta Comisionada de las Naciones Unidas para los Derechos Humanos sobre la situación de los derechos humanos en la República Bolivariana de Venezuela," 4 de julio de 2019, en https://www.ohchr.org/EN/HRBodies/HRC/RegularSessions/Session41/Documents/A_HRC_41_18_SP.docx. Los "comentarios del Estado" ("Comentarios sobre errores de hecho del Informe de la Alta Comisionada de Naciones Unidas para los derechos humanos sobre la situación de derechos humanos de la República Bolivariana de Venezuela"), pueden consultarse en https://www.ohchr.org/EN/HRBodies/HRC/RegularSessions/Session41/Documents/A_HRC_41_18_Add.1.docx. Igualmente en Allan R. Brewer-Carías y Asdrúbal Aguiar (Editores), *Venezuela. Informes sobre violaciones grave de derechos humanos,* Iniciativa Democrática España América, Editorial Jurídica Venezolana, Miami 2019, 160 pp.

Mayor falseamiento del Estado de derecho y de la democracia, ciertamente no podremos encontrar en el Continente; materia sobre la cual, con una ejemplo real como el de Venezuela, ya no es necesario teorizar.

La Dra. Sosa Gómez, junto con muchos otros juristas, entre los cuales me encuentro, resentimos este falseamiento que hemos visto desarrollar en estos veinte años, particularmente porque durante el tiempo en el cual nos formamos como profesionales y académicos, antes de 1999, en nuestra democracia –aún con sus defectos–, funcionaba un Estado de derecho, donde los principios del *constitucionalismo, de la democratización, de la separación de poderes, de la juridificación y de la legalidad, de la humanización, de la descentralización política en la organización del Estado y del gobierno civil.*

Ninguno de esos principios rige en la actualidad, pero ello no significa que dejaron de existir. Existen, y constituyen el arsenal del cual disponemos los venezolanos para reconstruir institucionalmente al país, como todos los que creemos en el Estado de derecho lo deseamos.

Y como muestra está precisamente el conjunto de valiosos estudios que conforman este volumen, redactados por los profesores Carlos Ayala Corao, Fortunato González Cruz, Juan Carlos Cassagne, Alejandro González Valenzuela, Juan Manuel Raffalli, Raúl Arrieta Cuevas, Ramsis Ghazzaoui, César A. Carballo Mena, Juan Cristóbal Carmona Borjas, Fernando M. Fernández, Luis Alberto Petit Guerra, Ángel Manuel Moreno Molina, Milagros Betancourt C., Raúl Arrieta Cortés, Jesús Ollarves Irazábal, José Antonio Muci Borjas, Henrique Iribarren Monteverde, Luis Miguez Macho, Luciano Parejo Alfonso, Jaime Rodríguez-Arana, Juan Antonio Hernández Corchete, Alfredo Parés Salas, Juan Manuel Alegre Ávila, Ana Sánchez Lamelas, José Ignacio Hernández, José Araujo-Juárez, Rafael Badell Madrid, Gabriel Ruan Santos, Moisés Troconis Villarreal, Román J. Duque Corredor, Ramón Escovar León, Salvador R. Yannuzzi Rodríguez, Rodrigo Rivera Morales, Xabier Arzoz Santisteban, María Amparo Grau, Gonzalo Pérez Salazar, Julio Rodríguez Berrizbeitia, Humberto Romero-Muci, Luis Cova Arria, Enrique Urdaneta Fontiveros, Jorge L. Lozada González, Franklin Hoet-Linares, Nelly Del Valle Mata y Héctor Faúndez Ledesma y que bajo la coordinación de los académicos Rafael Badell Madrid, Henrique Iribarren Monteverde, Juan Cristóbal Carmona Borjas y José Antonio Muci Borjas, la Academia ha decidido publicar en extraordinario *Libro Homenaje* a la Dra. Cecilia Sosa Gómez, esperando con ello, aun cuando sea en parte, saldar la deuda que el país democrático tiene con ella.

DERECHO CONSTITUCIONAL

DEL ESTADO DE DERECHO AL ESTADO *DE FACTO*: LA DESTRUCCIÓN DE LA DEMOCRACIA CONSTITUCIONAL EN VENEZUELA

CARLOS AYALA CORAO*

SUMARIO

INTRODUCCIÓN

El sistema de gobierno democrático consagrado en la Constitución de Venezuela de 1999, supone la organización del poder público bajo

---

* Profesor Titular y Jefe de Cátedra de Derecho Constitucional (UCAB); Presidente del Capítulo Venezolano y Directivo del Instituto Iberoamericano de Derecho Constitucional; Vicepresidente de la Comisión Internacional de Juristas.

principios fundamentales de representación, participación, pluralismo y alternabilidad; y, el reconocimiento de los derechos humanos, incluido el derecho a la participación política, en sus distintas modalidades (indirectamente, mediante el sufragio y, directamente, mediante los medios previstos constitucionalmente). Lógicamente, el modelo democrático consagrado en las normas constitucionales venezolanas, no guarda relación alguna al régimen existente en la realidad, el cual, luego de haber comenzado con varios enclaves autoritarios, pasó a ser marcadamente autoritario y terminó por ser dictatorial (vgr. sin elecciones libres, sin libertad de expresión, sin partidos políticos de oposición legales, y sin separación e independencia de poderes). No obstante, es importante analizar las regulaciones constitucionales y sus implicaciones, y en contraste con ellas, el proceso seguido para secuestrar las instituciones básicas del Estado de Derecho, la democracia y la Constitución misma.

Comenzaremos afirmando, que la participación política es un derecho que ha alcanzado incluso el rango de "*derecho humano*", aún antes de ser consagrado expresamente en muchas constituciones. La "*Declaración Americana de los Derechos y Deberes del Hombre*", aprobada por la IX Conferencia Internacional Americana celebrada en Bogotá en 1948, consagró como un derecho esencial del hombre, el derecho de toda persona, legalmente capacitada, a "*tomar parte en el gobierno de su país, directamente o por medio de sus representantes*"[1]. Por su parte, la "*Declaración Universal de los Derechos Humanos*", adoptada por la Asamblea General de las Naciones Unidas el 10 de diciembre de 1948, consagró el derecho de toda persona a "*participar en el gobierno de su país, directamente o por medio de representantes libremente escogidos*"[2].

Posteriormente, el "*Pacto Internacional de Derechos Civiles y Políticos*", adoptado por la Asamblea General de la ONU el 16 de diciembre de 1966, la cual es Ley de la República de Venezuela desde 1978[3],

---

1 *Documentos Básicos en Materia de Derechos Humanos en el Sistema Interamericanos*, Comisión Interamericana de Derechos Humanos, 2001. Disponible en www.cidh.org

2 Versión publicada en *Instrumentos Internacionales de Protección de los Derechos Humanos*, IIDH y Comisión de la Unión Europea, Costa Rica, 1999. Disponible en: www.cidh.org

3 En el caso de Venezuela, la Ley Aprobatoria en Gaceta Oficial No. 2.146, Extraordinario de fecha 28 de enero de 1978.

consagró como un derecho humano (que se deriva de la dignidad inherente a la persona humana), el derecho de todo ciudadano a "*participar en la dirección de los asuntos públicos, directamente o por medio de representantes libremente elegidos*"[4]. Por su lado, la "*Convención Americana sobre Derechos Humanos*" o (Pacto de San José), adoptada por la Conferencia Especializada Interamericana sobre Derechos Humanos el 22 de noviembre de 1969, la cual es Ley de la República de Venezuela desde 1977[5], consagró entre los derechos humanos políticos, el derecho de todo ciudadano a "*participar en la dirección de los asuntos públicos, directamente o por medio de representantes libremente elegidos*"[6].

Resulta por tanto interesante constatar, que el derecho a la participación política fue consagrado en el campo internacional, como un derecho humano de todos los ciudadanos.

Con posterioridad, varias constituciones han venido consagrando en su texto el derecho a la participación política (directa). Tal es el caso, entre otras, de la Constitución española de 1978, la cual, bajo la evidente influencia de los mencionados instrumentos internacionales, consagró el derecho de los ciudadanos a "*participar en los asuntos públicos, directamente o por medio de representantes libremente elegidos en elecciones periódicas por sufragio universal*"[7]. La Constitución de Brasil de 1988 consagró dentro del capítulo de los "*derechos políticos*", que la soberanía popular será ejercida por el sufragio universal y por el voto directo y secreto, con valor igual para todos, en los términos de la ley, mediante plebiscito, referendo, e iniciativa popular[8].

La Constitución de la República Bolivariana de Venezuela (CRBV) de 1999, diseña una forma de gobierno democrático de ***representación participativa***. En este sentido, la participación política se consagra como expresión de la soberanía popular. El propio Preámbulo de la Constitución hace mención al fin supremo de refundar la República para establecer una *sociedad democrática, participativa y protagónica,*

---

4 Artículo 25, Pacto Internacional de Derechos Civiles y Políticos.

5 En el caso de Venezuela, la Ley Aprobatoria en Gaceta Oficial No. 31.256, de fecha 14 de junio de 1977.

6 Artículo 23, Convención Americana sobre Derechos Humanos (CADH).

7 Artículo 23, Constitución española.

8 Artículo 8, Constitución de la República Federativa de Brasil.

multiétnica y pluricultural en un Estado Social de Derecho y de justicia, federal y descentralizado. Así, entre los fines esenciales del Estado, se consagran la defensa y el desarrollo de la persona y el respeto a su dignidad, y *el ejercicio democrático de la voluntad popular*[9].

En este sentido, el principio de la soberanía popular se articula en doble sentido para su ejercicio: (i) directamente en la forma prevista en la Constitución; y, (ii) a través de representantes electos mediante el sufragio:

> *"Artículo 5. La soberanía reside intransferiblemente en el pueblo, quien la ejerce directamente en la forma prevista en esta Constitución y en la ley, e indirectamente, mediante el sufragio, por los órganos que ejercen el Poder Público.*
> *Los órganos del Estado emanan de la soberanía popular y a ella están sometidos."*

De allí que, entre los principios del gobierno y de las entidades políticas que la componen, se consagran los de democrático, electivo, participativo y alternativo:

> *"Artículo 6. El gobierno de la República Bolivariana de Venezuela y de las entidades políticas que la componen es y será siempre* ***democrático, participativo, electivo,*** *descentralizado,* ***alternativo,*** *responsable, pluralista y de mandatos revocables".* (Cursivas y resaltados añadidos).

Nótese que la Constitución utiliza una fórmula de consagración permanente, al afirmar no solo que el gobierno se rige ("*es*") por estos principios, sino que se regirá por ellos para siempre ("*será siempre*"). Se trata de una modalidad de cláusula pétrea, que se ve reforzada por el hecho de que, dicha norma se encuentra dentro de los "Principios Fundamentales" de la Constitución en su Título I, los cuales no pueden ser objeto de modificación ni siquiera por vía de reforma constitucional[10].

---

9 Artículo 3, Constitución de la República Bolivariana de Venezuela (CRBV).

10 En este sentido, el artículo 342 constitucional no permite que la revisión de la Constitución pueda modificar los "principios fundamentales" de su Texto:
Artículo 342. La reforma constitucional tiene por objeto una revisión parcial de esta Constitución y la sustitución de una o varias de sus normas **que no modifiquen** la estructura y **principios fundamentales del texto Constitucional**. (Resaltados añadidos).

En este sentido, conforme al principio de gobierno democrático *electivo,* todos los integrantes del Poder Legislativo y las autoridades o jefes del Poder Ejecutivo, tanto a nivel nacional, como estadal y municipal, son electos popularmente.

Estos principios fundamentales democráticos del sistema de gobierno, tienen su contrapartida en el derecho ciudadano de participación y representación, conforme al cual, todos los ciudadanos tienen el derecho de participar libremente en los asuntos públicos, directamente o por medio de sus representantes elegidos o elegidas[11].

De esta forma, la Constitución de 1999 optó por una forma de gobierno democrático de *representación participativa*, mediante la participación política de los ciudadanos, a través de representantes electos mediante votaciones libres, universales, directas y secretas (*democracia representativa*); el cual se combina con la participación política directa de los ciudadanos, mediante mecanismos de democracia directa como iniciativas, referendos, consultas, asambleas de ciudadanos, entre otros (*democracia participativa*).

I. LAS TEORÍAS DEMOCRÁTICAS: DE LA TEORÍA *ELITISTA* DE LA REPRESENTACIÓN A LA TEORÍA *PARTICIPACIONISTA* DE LA DEMOCRACIA

Como lo ha sido expuesto, entre otros, por Humberto Nogueira[12], por Setälä[13] y por nosotros en trabajos elaborados desde finales de los años ochenta y comienzos de los años noventa[14], las teorías de la demo-

---

11 Artículo 62, CRBV.

12 Ver lo expuesto en Humberto Nogueira Alcalá, *Teoría y Práctica democrática para una sociedad participativa*, Santiago de Chile, 1986.

13 Maijá Setälä, *Referendums and Democratic Governments. Normative Theory and The Analysis of Institutions,* Great Britain, 1999.

14 Seguimos casi textualmente lo expuesto por nosotros en el capítulo sobre: Las dos teorías democráticas: La teoría elitista de la democracia y la participacionista de la democracia en, Carlos M. Ayala C., "La Democracia venezolana frente a la Participación Política", en *Encuentro y Alternativas, Venezuela, 1984,* Encuentro Nacional de la Sociedad Civil, UCAB, Caracas, 1994; publicado también en *Revista del Centro de Estudios Constitucionales*, Madrid, 1984; y en Venezuela crisis política y reforma constitucional, UCV, Caracas, 1993.

cracia han planteado la representatividad y la participación ciudadana desde distintos puntos de vista: desde los contrapuestos hasta los complementarios. Para la teoría elitista de la democracia representativa, la representación excluye la participación ciudadana directa; mientras que para la teoría participacionista, la participación ciudadana es el fundamento y fin último de la democracia, además de una norma de conducta diaria. Pero el hecho es que aún en los orígenes de la idea republicana de la democracia, la representación era equivalente a la noción de confianza del poder que los individuos otorgan en el derecho privado, para que alguien los represente. Así, este "*mandato imperativo*" de los otorgantes del poder al representante implicaba la capacidad de los individuos de darle instrucciones vinculantes y obligatorias a sus apoderados y, en consecuencia, de retirárselo en cualquier momento, cuando los individuos poderdantes consideraran que habían perdido su confianza en el mandatario o que éste había frustrado su mandato. Ello explica la aparición temprana de la revocatoria de los mandatos populares en algunas democracias y constituciones republicanas, como fue el caso de la Constitución venezolana de 1811. La teoría elitista de la democracia representativa se opuso a esta concepción de la representación, y planteó la necesidad de concebir a ésta como un acto de confianza ciudadana para la gestión de los asuntos públicos por representantes electos por períodos determinados y fijos. Más modernamente, las teorías democráticas si bien reiteraron la representación de los gobernados por gobernantes electos popularmente mediante sufragio universal, abierto, competitivo, secreto y directo, han afirmado la necesidad de complementar la representación con la participación directa de los ciudadanos mediante mecanismos de iniciativas, consultas, referendos de leyes y decisiones y en algunos casos hasta de revocatoria de mandatos populares.

1. La teoría *elitista* y la democracia representativa

Conforme a lo expuesto[15], algunos autores que conforman la corriente de la teoría elitista de la democracia la confundieron con un sis-

---

[15] Ver lo expuesto por Carlos Manuel Ayala C., "La Democracia venezolana frente a la Participación Política" en *Encuentro y Alternativas, loc. cit*; y Carlos M. Ayala C., "Los mecanismos de participación refrendaria en el ordenamiento jurídico venezolano" en *Participación Ciudadana y Democracia, loc. cit.*

tema estrictamente político, reducido al conjunto de reglas en virtud de las cuales el poder es conferido y ejercido. De esta forma la democracia es sólo un método de resolver el acceso y el ejercicio del poder, pero sin contenido ni fines propios. Así, como lo afirmaba Lord Brougham, la esencia de la representación consiste en que el pueblo debe renunciar a su poder y entregarlo, por un tiempo, a un diputado elegido popularmente. Es éste quién debe realizar aquellas tareas gubernativas, que, si no fuera por esa transferencia, debería realizarlo el pueblo mismo. Por ello no se da la representación donde los ciudadanos retienen el poder y el control para actuar por sí mismos, directamente y en cualquier momento. Si bien ellos pueden comunicarse con su delegado, es él quien debe actuar por ellos, no ellos mismos. En este mismo sentido es que Juan Jacobo Russeau, en el Contrato Social, criticaba al régimen representativo del sistema parlamentario inglés, cuando afirmaba que el pueblo inglés se considera libre, pero se engaña seriamente, ya que es libre sólo en el momento en que elige a los miembros del parlamento, pero tan pronto como son elegidos, revierte a su servidumbre y queda anulado.

En la teoría elitista, los ciudadanos participan en la selección de las élites que ocuparán el poder, pero ellos no deciden directamente ni controlan efectivamente la actividad de los gobernantes, el pueblo pierde los beneficios de la decisión directa y enajena su capacidad de autodeterminación.

La democracia representativa fue justificada racionalmente por Montesquieu, quien señaló que el pueblo no tiene la preparación suficiente para poder decidir en detalle los problemas que plantea el gobierno de un Estado, como asimismo no tendría el tiempo suficiente para poder hacerlo. Sin perjuicio de ello, el pueblo está capacitado para elegir por sí mismo a los ciudadanos que por su experiencia, conocimientos o cultura puedan decidir por ellos los asuntos públicos.

Los representantes actúan en nombre de la nación y sus actos tienen la misma fuerza que si hubiere actuado el pueblo. A su vez, el mandato que ellos reciben al ser elegidos, es un mandato dado por la nación, siendo el elegido un representante de la nación y no de los electores o ciudadanos que lo eligieron en una circunscripción determinada, *lo cual hace que dicho mandato sea irrevocable hasta el término del período por el cual el representante fue elegido.*

Los representantes una vez elegidos, disponen de libertad absoluta para decidir lo que ellos consideren conveniente en nombre de la nación, sin control alguno de parte de los ciudadanos durante el ejercicio de su mandato. Esta teoría es coherente con la idea de que el pueblo es incapaz de gobernarse a sí mismo. Los representados sólo pueden, al término del período cambiar a los representantes por otros, si consideran que su tarea no la han desarrollado bien, pero nada más.

Sin lugar a dudas, esta concepción del mandato representativo puro sufrió una profunda modificación en el siglo XX, por el refuerzo constante y el desempeño de los partidos políticos en las democracias. La elección de un hombre es reemplazada cada vez más por la opción en favor de un partido y su correspondiente programa de acción política, dando lugar a lo que se ha conocido como el "*Estado de Partidos*"[16]. Los representantes que son elegidos dentro de las listas presentadas por los partidos políticos ya no son absolutamente independientes en su actuar como lo sostiene la teoría del mandato representativo, sino que son dependientes en parte de su partido y su programa, sobre todo si quieren ser reelegidos, ya que, de lo contrario, el partido no los incluirá en su próxima lista electoral y no le otorgará su patrocinio material y financiero.

Así, la democracia representativa implica la participación de los ciudadanos en el proceso político para el solo efecto de elegir sus representantes a través del proceso electoral, sin tener ninguna injerencia directa en las decisiones de los representantes quienes actúan en nombre de la nación y sus decisiones se presumen que son el querer de toda la nación.

Ahora bien, si a la teoría elitista y de la democracia representativa le añadimos un sistema electoral por listas cerradas y bloqueadas y un sistema de partidos políticos encerrados, oligarquizados y con poca democracia interna, es fácil prever la deformación partidocrática, no representativa y en definitiva pseudo democrática que se genera.

[16] Ver, sobre el particular, Manuel García Pelayo, *El Estado de Partidos,* Madrid, 1986.

2. La teoría *participacionista* de la democracia

Como lo han expuesto, entre otros, igualmente Nogueira[17] y Setälä, la teoría participacionista de la democracia considera que deben acortarse las distancias entre gobernantes y gobernados, que más que un elector de élites gobernantes, el ciudadano debe ser un gestor de su vida y participante activo en las decisiones políticas. Se plantea el Estado como un promotor del bien común, que se preocupa por los derechos sociales y económicos, como complementarios de los derechos políticos. Se plantea así mismo el problema del paso de la igualdad jurídica y política también a una igualdad de oportunidades, el derecho de propiedad pierde el carácter individualista y pasa a tener una clara función social.

La necesidad de reducir las distancias entre la democracia política y la democracia social y económica llevó a plantear la necesidad de complementar los mecanismos representativos en el plano político con manifestaciones de democracia directa, como, asimismo, introducir la participación en el plano cultural, social y económico.

A su vez, la democracia participativa refuerza y no excluye a la democracia representativa en la medida que el acto de participación educa a la gente en la posibilidad y en el carácter deseable de la tolerancia y el respeto mutuo, como una disposición para el discernimiento crítico de las personas. La participación democrática tiene así importancia como modelo de autoeducación.

Cabe recordar que el objetivo fundamental de la vida política es en definitiva la participación y no la representación, ésta es sólo un mecanismo instrumental de suplencia, cuando la participación directa no es posible.

Sin embargo, la participación política no sólo consiste en las acciones de los ciudadanos mediante las cuales ellos buscan influenciar o apoyar a un gobierno, sino que es todo proceso desarrollado dentro de una organización mediante el cual los ciudadanos influyen, afectan,

---

17 De nuevo, ver lo expuesto por Humberto Nogueira Alcalá, *Teoría y Práctica democrática para una sociedad participativa, op. cit.;* M. Setälä, *Referendums and Democratic Goverments... op. cit.*; y en Carlos M. Ayala C., "La Democracia venezolana frente a la Participación Política", *loc. cit.*

modifican, imponen o suprimen las decisiones de los representantes y, bajo ciertas circunstancias, hasta revocan el mandato de éstos.

Así la democracia semi-directa o mixta, también llamada participativa o de representación-participativa, se caracteriza por una combinación equilibrada de técnicas de democracia representativa y de democracia directa, superando los problemas del mandato imperativo creados por esta última. Esta concepción de la democracia permite al pueblo tomar las decisiones políticas más importantes que afectan al Estado por medio de mecanismos de consulta popular como el referendo, siendo las otras decisiones adoptadas por las autoridades ejecutivas y legislativas elegidas por el pueblo (gobierno y parlamento), las cuales están sometidas al control permanente del pueblo a través de diferentes modalidades y mecanismos[18]. De esta manera, los representantes no están sometidos al mandato imperativo, pero tampoco pueden actuar libremente como ellos quisieran una vez elegidos, pues la ciudadanía controla permanentemente su actuar, pudiendo desautorizar algunas de sus actuaciones o decisiones, e incluso revocar su mandato.

En el caso venezolano, como ha sido expuesto, la Constitución de 1999 optó por una forma mixta de gobierno democrático de *representación participativa*, mediante la participación política de los ciudadanos, a través de representantes electos mediante votaciones libres, universales, directas y secretas (*democracia representativa*); el cual se combina con la participación política directa de los ciudadanos, mediante mecanismos de democracia directa como iniciativas, referendos, consultas, asambleas de ciudadanos, entre otros (*democracia participativa*).

No obstante, es importante señalar, que los mecanismos de democracia directa o participativa tienen sus límites precisamente en la Constitución y en los derechos humanos[19]. Así por ejemplo, conforme a la Constitución de Venezuela, no pueden ser sometidas a referendo abrogatorio, "[l]as leyes de presupuesto, las que establezcan o modifi-

---

18 Ver lo expuesto por David B. Magleby, *Legislación directa,* México, 1992.

19 Ver lo expuesto por nosotros al respecto, en los aportes de la jurisprudencia constitucional e internacional, en nuestro libro: Carlos M. Ayala C., *Del Diálogo Jurisprudencial al Control de la Convencionalidad.* Academia de Ciencias Políticas y Sociales, Editorial Arte y Editorial Jurídica Venezolana. Caracas, 2012; y, Biblioteca Porrúa de Derecho Procesal Constitucional, Editorial Porrúa, México, 2013.

quen impuestos, las de crédito público ni las de amnistía, *ni aquellas que protejan, garanticen o desarrollen los derechos humanos* y las que aprueben tratados internacionales" (cursivas añadidas)[20].

II. EL SISTEMA CONSTITUCIONAL DE DEMOCRACIA REPRESENTATIVA

El "*principio*" constitucional del ejercicio de la *soberanía popular representativa* mediante el *sufragio*, por los órganos que ejercen el Poder Público[21], tiene su contrapartida y se refuerza con el "*derecho*" constitucional al sufragio, mediante votaciones libres, universales, directas y secretas[22]. Este ejercicio de la soberanía popular representativa mediante el sufragio, comprende de manera fundamental a los órganos del Poder Legislativo y del Poder Ejecutivo. En efecto, conforme a la Constitución, todos los integrantes de los órganos del Poder Legislativo y las autoridades del Poder Ejecutivo, son electos por sufragio universal, directo y secreto.

1. Elección de los integrantes del Poder Legislativo (nacional, estadal y municipal)

Los integrantes de los órganos del Poder Legislativo, a nivel nacional, estadal y municipal son electos mediante sufragio.

A nivel nacional, el órgano del Poder Legislativo es la Asamblea Nacional, cuyos diputados deberán ser elegidos en cada entidad federal, por votación universal, directa, personalizada y secreta con representación proporcional, según una base poblacional del uno coma uno por ciento de la población total del país. Además, de esos representantes con base poblacional variable, cada entidad federal elegirá adicionalmente, tres diputados fijos. La representación en la Asamblea Nacional se complementa con tres diputados representantes de los pueblos indígenas de la República Bolivariana de Venezuela, electos de acuerdo

---

20 Artículo 74, tercer parágrafo, CRBV.

21 Artículo 5, CRBV.

22 Artículo 63, CRBV. Conforme a dicha norma constitucional, además la ley garantizará el principio de la personalización del sufragio y la representación proporcional.

con lo establecido en la ley electoral, respetando sus tradiciones y costumbres[23].

A nivel estadal, el órgano del Poder Legislativo de los estados son los Consejos Legislativos (conformados por un número no mayor de quince ni menor de siete integrantes), cuyos diputados ("*legisladores*") deberán ser igualmente elegidos por votación universal, directa, personalizada y secreta con representación proporcional de la población del estado correspondiente y de sus municipios[24].

Y a nivel municipal, el órgano del Poder Legislativo de los municipios son los Concejos Municipales, los integrantes ("*concejales*") deberán ser igualmente elegidos por votación universal, directa, personalizada y secreta con representación proporcional[25].

2. Elección de las autoridades o jefes del Poder Ejecutivo (nacional, estadal y municipal)

Las máximas autoridades o jefes del Poder Ejecutivo, a nivel nacional, estadal y municipal deben ser electos igualmente, mediante sufragio.

A nivel nacional, el Presidente de la República[26] como jefe de Estado y del Ejecutivo Nacional[27] debe ser electo por votación universal,

---

23 *Artículo 186.* La Asamblea Nacional estará integrada por diputados y diputadas elegidos o elegidas en cada entidad federal por votación universal, directa, personalizada y secreta con representación proporcional, según una base poblacional del uno coma uno por ciento de la población total del país.
Cada entidad federal elegirá, además, tres diputados o diputadas.
Los pueblos indígenas de la República Bolivariana de Venezuela elegirán tres diputados o diputadas de acuerdo con lo establecido en la ley electoral, respetando sus tradiciones y costumbres.
Cada diputado o diputada tendrá un suplente o una suplente, escogido o escogida en el mismo proceso.

24 *Artículo 162.* El Poder Legislativo se ejercerá en cada Estado por un Consejo Legislativo conformado por un número no mayor de quince ni menor de siete integrantes, quienes proporcionalmente representarán a la población del Estado y de los Municipios. El Consejo Legislativo tendrá las atribuciones siguientes: [...].

25 *Artículo 175.* La función legislativa del Municipio corresponde al Concejo, integrado por concejales elegidos o concejalas elegidas en la forma establecida en esta Constitución, en el número y condiciones de elegibilidad que determine la ley.

26 Artículo 225, CRBV.

27 Artículo 226, CRBV.

directa y secreta, y se proclamará electo el candidato que hubiere obtenido la mayoría de votos válidos[28].

A nivel estadal, el gobierno y administración de cada Estado corresponde al Gobernador, quienes deben ser elegidos por mayoría de las personas que voten[29].

Y a nivel municipal, el gobierno y la administración del Municipio corresponde al Alcalde, quien será también la primera autoridad civil, y debe ser elegido mayoría de las personas que votan[30].

De esta forma, el sistema constitucional democrático en la Constitución de Venezuela de 1999, es de carácter representativo, siendo que todos los órganos del Poder Legislativo y Ejecutivo son electos mediante sufragio por votación universal, directa y secreta; es decir, los integrantes de los órganos del Poder Legislativo Nacional (diputados de la Asamblea Nacional), del Poder Legislativo Estadal (legisladores de los Consejos Legislativos) y del Poder Legislativo Municipal (concejales de los Concejos Municipales). De igual manera, son electos las máximas autoridades de los órganos del Poder Ejecutivo Nacional (Presidente de la República), del Poder Ejecutivo Estadal (Gobernadores) y del Poder Ejecutivo Municipal (Alcaldes).

3. La salvaguarda del principio democrático de alternabilidad

El sistema democrático en la Constitución de 1999 fue diseñado con una concepción de mandatos limitados, para impedir la perpetua-

---

28 *Artículo 228.* La elección del Presidente o Presidenta de la República se hará por votación universal, directa y secreta, en conformidad con la ley. Se proclamará electo o electa el candidato o la candidata que hubiere obtenido la mayoría de votos válidos.

29 *Artículo 160.* El gobierno y administración de cada Estado corresponde a un Gobernador o Gobernadora. Para ser Gobernador o Gobernadora se requiere ser venezolano o venezolana, mayor de veinticinco años y de estado seglar. El Gobernador o Gobernadora será elegido o elegida por un período de cuatro años por mayoría de las personas que voten. El Gobernador o Gobernadora podrá ser reelegido o reelegida, de inmediato y por una sola vez, para un nuevo período.

30 *Artículo 174.* El gobierno y la administración del Municipio corresponderán al Alcalde o Alcaldesa, quien será también la primera autoridad civil. Para ser Alcalde o Alcaldesa se requiere ser venezolano o venezolana, mayor de veinticinco años y de estado seglar. El Alcalde o Alcaldesa será elegido o elegida por un período de cuatro años por mayoría de las personas que votan, y podrá ser reelegido o reelegida, de inmediato y por una sola vez, para un nuevo período.

ción de los gobernantes en el poder. Por ello, como consecuencia del principio fundamental de un gobierno democrático *alternativo,* consagrado en el artículo 5 de la constitucional, si bien se introdujo la reelección inmediata de los cargos ejecutivos, ésta se limitó a una sola reelección. Y en el caso de los cargos legislativos nacionales y estadales, su reelección se limitó a dos períodos.

Así, la Constitución de 1999 dispuso que los diputados de la Asamblea Nacional, cuyo período de su mandato es de cinco años, podrían ser reelegidos "*por dos periodos consecutivos como máximo*"[31]. De igual manera, los legisladores de los Consejos Legislativos de los estados, cuyo período es de cuatro años, sólo podrían ser reelegidos "*por dos períodos consecutivos como máximo*"[32]. Únicamente en el caso de los concejales de los Concejos Municipales, cuyo período es de cuatro años, la Constitución no dispuso límites a su reelección.

Respecto a los cargos ejecutivos, la Constitución de 1999 dispuso que, el Presidente de la República, cuyo período de su mandato es de seis años, podría ser reelegido "*de inmediato y por una sola vez, para un nuevo período*"[33]. De igual manera, los Gobernadores de los estados y de los Alcaldes municipales, cuyos períodos son de cuatro años, respectivamente, sólo podrían ser reelegidos, "*de inmediato y por una sola vez, para un nuevo período*"[34].

No obstante, como veremos más adelante, estas salvaguardas del gobierno democrático alternativo, como principio fundamental intangible de la Constitución, fue desmantelado por la inconstitucional enmienda del año 2009, levantándose todos los límites a la reelección de los cargos y, en consecuencia, estableciéndose la reelección ilimitadas de todos los cargos legislativos y ejecutivos, habilitándose con ello, la perpetuación de los mismos funcionarios en el poder. Ello, particularmente en el caso de los sistemas presidenciales, tiene como consecuencia el paso a regímenes autoritarios que se perpetúan en el poder, que, como veremos más adelante, sucedió en el caso de Venezuela.

---

31 Artículo 292, CRBV.

32 Artículo 162, CRBV.

33 Artículo 230, CRBV.

34 Artículos 160 y 174, CRBV.

En todo caso, como también veremos, al perder la mayoría popular, el régimen autocrático se volvió dictatorial, a través del control del Consejo Nacional Electoral y al resto de los poderes públicos y, muy especialmente, a través del Poder Judicial y su jurisdicción constitucional. En lo adelante, luego de las elecciones parlamentarias del año 2015, donde la oposición ganó las dos terceras partes de la Asamblea Nacional, más nunca se realizaron elecciones libres y justas; y sin ellas, el *chavismo* se pretendió perpetuar en el poder.

III. EL SISTEMA CONSTITUCIONAL DE DEMOCRACIA PARTICIPATIVA

El sistema democrático representativo, consagrado en la Constitución venezolana de 1999, se integra con mecanismos de participación ciudadana directa, como derecho ciudadano, como obligación del Estado y como esquema de gobierno y de gestión de los asuntos públicos. Ello da lugar a la configuración constitucional de un sistema de representación participativa, donde se combina el ejercicio de la soberanía popular mediante representantes electos con mecanismos ciudadanos directos de iniciativa, control y toma de decisiones.

Siguiendo el principio democrático moderno, el Texto Fundamental declara que la soberanía reside intransferiblemente en el pueblo, quien la ejerce *directamente* en la forma prevista en esta Constitución y en la ley, -e indirectamente, mediante el sufragio, por los órganos que ejercen el Poder Público. De allí que los órganos del Estado emanan de la soberanía popular y a ella están sometidos[35]. Con relación a los principios del gobierno, la Constitución declara que es y será siempre democrático, *participativo, electivo*, descentralizado, alternativo, responsable, pluralista y de mandatos revocables[36].

La Constitución reconoce la participación como un *derecho* que todos los ciudadanos tienen *de participar libremente en los asuntos públicos, directamente* o por medio de sus representantes elegidos o elegidas. Con tal propósito, se declara que la participación del pueblo en la formación, ejecución y control de la gestión pública es el medio

---

35 Artículo 5, CRBV.

36 Artículo 6, CRBV.

necesario para lograr el protagonismo que garantice su completo desarrollo, tanto individual como colectivo. Este derecho a la participación tiene su contrapartida en la obligación del Estado no sólo de asegurar su respeto y garantía, sino, además, el deber de la sociedad de facilitar la generación de las condiciones más favorables para su práctica[37].

La Constitución consagra una serie de mecanismos de participación política directa de los ciudadanos en los asuntos públicos, entre los cuales destacan los referendos: *consultivo* (materias de especial trascendencia)[38]; *revocatorio* (mandatos populares)[39]; *aprobatorio* (proyectos de ley, y tratados, convenios o acuerdos internacionales que pudieren comprometer la soberanía nacional o transferir competencias a órganos supranacionales)[40]; *abrogatorio* (leyes y decretos leyes)[41]; *aprobatorio de enmiendas constitucionales*[42]*; y aprobatorio de reformas constitucionales*[43]*; convocatoria a una Asamblea Nacional Constituyente*[44]. Además, la Constitución consagra la iniciativa popular o ciudadana en la activación de mecanismos directos e indirectos de participación, como son los casos de: las *iniciativas populares* de ley[45]; de enmienda[46]; de reforma constitucional[47]; de referendo consultivo[48]; de revocatorio[49]; de aprobatorio de tratados, convenios o acuerdos internacionales que pudieren comprometer la soberanía nacional o transferir competencias a órganos supranacionales[50]; de referendo abrogatorio de leyes y decretos leyes[51]; y la iniciativa para convocar (un referendo para) una Asamblea Nacional Constituyente[52].

---

37 Artículo 6, CRBV.
38 Artículo 71, CRBV.
39 Artículo 72, CRBV
40 Artículos 73 y 205, CRBV.
41 Artículo 74, CRBV.
42 Artículo 341, CRBV.
43 Artículos 344 y 345, CRBV.
44 Artículos 347 y 348, CRBV.
45 Artículo 204, numeral 7, CRBV.
46 Artículo 341, CRBV.
47 Artículos 342, CRBV.
48 Artículo 71, CRBV.
49 Artículo 72, CRBV.
50 Artículos 73 y 205, CRBV.
51 Artículo 74, CRBV.
52 Artículo 348, CRBV.

Además de ello, la Constitución consagra una serie de mecanismos de participación de los ciudadanos en instancias de nombramientos de autoridades como son: el Comité de Postulaciones Judiciales el cual estará integrado por representantes de los diferentes sectores de la sociedad[53], y la declaración de que la potestad de administrar justicia emana de los ciudadanos (y se imparte en nombre de la República, por autoridad de la ley)[54]; el Comité de Evaluación de Postulaciones del Poder Ciudadano, el cual estará integrado por representantes de diversos sectores de la sociedad[55]; el Comité de Postulaciones Electorales de candidatos a integrantes del Consejo Nacional Electoral, el cual estará integrado por representantes de los diferentes sectores de la sociedad[56] y la postulación por la sociedad civil de tres personas al Consejo Nacional Electoral[57]; y la participación de los pueblos indígenas[58].

De esta manera, los mecanismos de participación directa de los ciudadanos en los asuntos públicos se enmarcan en el cuadro constitucional de un esquema de democracia de representación y participación. Estos mecanismos de participación directa bien establecidos y ejercidos apropiadamente, fortalecen la gobernabilidad de la democracia y el sistema democrático.

En el caso de Venezuela, el desmantelamiento del Estado de Derecho, de la democracia y de la propia Constitución, llevó a que los mecanismos de democracia participativa directa fuesen manipulados y puestos al servicio del proyecto político autoritario.

Así, por ejemplo, si bien en el año 2004 se celebró un referendo revocatorio del mandato del entonces Presidente de la República, Hugo Chávez Frías, por iniciativa ciudadana, tanto el momento favorable a él en que finalmente se convocó como la campaña electoral como la transparencia de los resultados, fue fuertemente cuestionada[59]. Pero en

---

53 Artículo 270, CRBV.

54 Artículo 253, CRBV.

55 Artículo 279, CRBV.

56 Artículo 295, CRBV.

57 Artículo 296, CRBV.

58 Artículos 119 al 125, CRBV.

59 Carlos M. Ayala C., *El Referendo Revocatorio: "Una herramienta ciudadana de la democracia"*, en Los Libros de El Nacional, Editorial CEC, S.A., Colección Minerva, No. 21, Caracas, 2004.

contraste, en el año 2015, cuando de nuevo la ciudadanía convocó un nuevo referendo revocatorio del mandato del entonces Presidente de la República, Nicolás Maduro Moros, en virtud de que todas las encuestas y la opinión pública lo daban como perdedor, el mismo fue obstaculizado indebidamente y nunca se llevó a cabo.

De igual forma como veremos, se instrumentalizó políticamente la participación ciudadana como un mecanismo de control ciudadano por parte del gobierno, y se crearon instancias donde se "estatizaron" esos mecanismos, en nombre de un Estado Comunal Socialista, abiertamente inconstitucional.

IV. DEL DESMANTELAMIENTO DE LA DEMOCRACIA REPRESENTATIVA AL DESMANTELAMIENTO DE LA DEMOCRACIA, EL ESTADO DE DERECHO Y LA CONSTITUCIÓN

El modelo de democracia constitucional representativa y de participación consagrado normativamente en la Constitución de 1999, va a estar sujeto desde un comienzo al desconocimiento de su fuerza jurídica autónoma del proyecto político que se va a imponer. En efecto, tanto las normas sobre derechos como las normas sobre el poder, van a ser interpretadas libremente por el partido político en el poder, sin límites alguno más que aquello que sea conveniente al proyecto partidista de la revolución. Lo que es bueno para la revolución -a juicio de su líder- es constitucional; y viceversa.

1. El desmantelamiento inicial de la democracia representativa a través de la Asamblea Nacional Constituyente de 1999

El sistema democrático venezolano ha sido progresivamente desmantelado desde la llegada del *chavismo* al poder, incluso aun antes de entrar en vigor la Constitución de 1999. Ninguna persona ni proyecto político puede estar por encima de la Constitución. Pero para que ello no sea posible, se requiere organizar el poder conforme a los principios y exigencias de un Estado de Derecho y una democracia constitucional, entre ellos: separación de poderes con una independencia garantizada del poder judicial y de la jurisdicción constitucional; reconocimiento y protección de los derechos humanos; libertad para fundar y actuar los partidos políticos y las organizaciones políticas; pluralismo y tolerancia; la celebración de elecciones periódicas, libres, justas y basadas en el sufragio universal y secreto como expresión de la soberanía del pueblo; libertad de expresión y crítica a los gobernantes sin temor a sufrir consecuencias; medios de comunicación y redes sociales; un Estado plural no sometido a persona o partido alguno; y la subordinación constitucional de todas las instituciones del Estado a la autoridad civil legalmente constituida[60].

En 1999, el proyecto del nuevo Presidente de la República, el teniente coronel del ejército, Hugo Chávez Frías, consistió en convocar a una Asamblea Nacional Constituyente, no prevista en la Constitución de 1961, pero mediante un decreto presidencial con el cual convocó a un referendo consultivo. Originalmente el decreto presidencial ni siquiera establecía las bases comiciales ni de organización, duración y límites de la Constituyente, lo cual tuvo que ser sometido expresamente a la consulta popular por requerimiento judicial[61]. A pesar de que la entonces Corte Suprema de Justicia había establecido que, en caso de convocarse la Asamblea Nacional Constituyente, esta no tendría carácter absoluto u originario por encima de la Constitución de 1961 sino que esta estaría en vigencia hasta que entrara en vigor la nueva Constitución[62], apenas se instaló la Constituyente, la misma dispuso lo contrario en su Estatuto y dictó varios decretos de intervención de los poderes públicos, en abierta violación a la Constitución de 1961[63]. De esta forma, se inter-

---

60 Consultar: *Carta Democrática Interamericana*, Asamblea General de la Organización de Estados Americanos, 11 de septiembre de 2001. Disponible en: http://www.oas.org/OASpage/esp/Documentos/Carta_Democratica.htm

61 Sentencia de la Sala Político Administrativa de la entonces Corte Suprema de Justicia, 18 de marzo de 1999. Ver en *Revista de Derecho Público,* No 77-80 (enero diciembre 1999), Editorial Jurídica venezolana, Caracas 1999, págs. 73 a 83.

62 Sentencia de la Sala Político Administrativa de la entonces Corte Suprema de Justicia, 13 de abril de 1999. Ver en *Revista de Derecho Público,* No 77-80 (enero diciembre 1999), Editorial Jurídica venezolana, Caracas, 1999, págs. 85 a 90.

63 Consultar, Carlos M. Ayala C., *"Venezuela: de la Constituyente de 1999 a la reforma constitucional de 2007"*, en el libro *Procesos Constituyentes Contemporáneos en América Latina/Tendencias y Perspectivas*. Universidad Nacional Autónoma de México, 2009. Disponible en la Biblioteca virtual de la UNAM: http://www.google.com/url?sa=t&rct=j&q=&esrc=s&source=web&cd=8&ved=0CG0QFjAH&url=http%3A%2F%2Fbiblio.ju-

vinieron los órganos del poder público electos bajo la Constitución de 1961, pero no controlados por el *chavismo*, como fueron: el Congreso, las Asambleas Legislativas de los estados, las Gobernaciones y las Alcaldías; y además se intervino el Poder Judicial[64].

A finales de diciembre de 1999, tres días antes de entrar en vigor la nueva Constitución, la Asamblea Nacional Constituyente dictó un Decreto sobre el Régimen de Transición del Poder Público[65], haciendo cesar los demás poderes públicos excepto el Presidente de la República, nombrando transitoriamente a los nuevos titulares de los demás poderes públicos y creando un poder legislativo no electo ("Congresillo"), todo ello en abierta violación material y formal a la nueva Constitución.

El *chavismo* mostró poco respeto por el texto mismo de la Constitución, ya que después de ser sancionada por la Constituyente le introdujo unos cambios puntuales antes de ser aprobada por referendo; y posteriormente, también le introdujo varios cambios antes de su publicación oficial que tuvo lugar el 30 de diciembre 1999[66]. No contento con ello y habiendo cesado ya la Asamblea Nacional Constituyente, en marzo del año 2000, el Presidente Chávez dispuso la publicación de una nueva versión de la Constitución con otra serie de cambios incorporados a su texto[67].

---

ridicas.unam.mx%2Flibros%2F6%2F2728%2F13.pdf&ei=VWbMUOytAsfy0gHzqYGoDw&usg=AFQjCNFsowf9_ASCK89vR3MOhG02ctyclg&sig2=dERKwpQ9fY6X78KwrFPmhg&bvm=bv.1355325884,d.dmQ

64 Ver, *Estatuto de Funcionamiento de la Asamblea Nacional Constituyente*, Gaceta Oficial No. 36.786, de 14 de septiembre de 1999; *Decreto mediante el cual se declara la reorganización de todos los órganos del Poder Público*, Gaceta Oficial No. 36.764, de 13 de agosto de 1999; *Decreto mediante el cual se regulan las funciones del Poder Legislativo*, Gaceta Oficial No. 36.776, de 31 de agosto de 1999; *Decreto de reorganización del Poder Judicial*, Gaceta Oficial No. 36.782, de 8 de octubre de 1999 (reimpresión).

65 *Decreto mediante el cual se dicta el Régimen de Transición del Poder Público*, Gaceta Oficial No. 36.857, de 27 de diciembre de 1999.

66 *Gaceta Oficial* No. 36.860, de 30 de diciembre de 1999; y ver Allan R. Brewer-Carías, *Asamblea Constituyente y proceso constituyente 1999*, Colección Tratado de Derecho Constitucional, Tomo VI Fundación de Derecho Público, Editorial Jurídica Venezolana, Caracas, 2013. Disponible en: https://allanbrewercarias.com/wp-content/uploads/2014/07/BREWER-TRATADO-DE-DC-TOMO-VI-9789803652432-txt.pdf

67 Ver, Allan R. Brewer Carías, *La Constitución de 1999: Estado Democrático y Social de Derecho*. Fundación de Derecho Público Editorial Jurídica Venezolana, Caracas, 2014, pp. 168-172; y del mismo autor, ver la Introducción de *La Constitución de 1999*. Editorial Jurídica Venezolana, Caracas, 2000.

2. El primer intento de constitucionalización formal del modelo autoritario

En el año 2007, después de la reelección del Presidente Chávez, este tuvo un aparente deseo de "*sinceración constitucional*" y propuso demoler la Constitución de 1999, para sustituirla por un texto a su medida, mediante un conjunto de normas autoritarias que esencialmente sustituían el modelo de un Estado Social y Democrático de Derecho y de Justicia por un Estado Socialista y Comunal, una democracia socialista, y otras normas que, entre otras cosas, restringían los derechos políticos de referendo, creaban un sistema de propiedad comunal, colectiva y social dejando disminuida la propiedad privada, y -como si fuera poco- se establecía la reelección presidencial ilimitada. Esta reforma que configuraba en sí misma un fraude constitucional, fue sin más derrotada por el pueblo en el referendo de ese mismo año.

Pero para el *chavismo*, cuando el pueblo no le da la razón, esa decisión no vale y no hay que respetarla, por lo que, en esos casos, simplemente se burla la soberanía popular y se buscan la fórmula para darle la vuela e imponer su propia decisión.

3. El desmantelamiento de la democracia y el Estado Constitucional con la imposición del "Estado Comunal Socialista"

La Constitución de 1999 consagra un modelo de "*Estado democrático y social de Derecho y de Justicia*", que propugna entre sus valores superiores la democracia y el pluralismo político[68].

El proyecto autoritario de constitución del *chavismo* de 2007 de un Estado Comunal y Socialista que fue rechazado por el pueblo, fue igualmente implementado mediante un conjunto de leyes del poder comunal y comunas, en abierta violación a la Constitución de 1999: Ley Orgánica del Poder Comunal; Ley Orgánica de Planificación Pública y Popular; Ley Orgánica de las Comunas; Ley Orgánica del Sistema Económico Comunal; Ley Orgánica de Contraloría Social; y Ley Orgánica de los Consejos Comunales[69]. Con ello se avanzó en el desmante-

---

68 Artículo 2, CRBV.

69 *Ley Orgánica del Poder Comunal; Ley Orgánica de Planificación Pública y Popular*; *Ley Orgánica de las Comunas*; *Ley Orgánica del Sistema Económico Comunal*; y, *Ley Orgá-*

lamiento de la democracia representativa, participativa y pluralista, ya que en el inconstitucional Estado Comunal Socialista sus autoridades o "*voceros*" no son electas por los ciudadanos mediante sufragio universal, directo y secreto, sino mediante una designación comunitaria por asambleas y organismos comunales, con el registro legal y el financiamiento del Poder Ejecutivo Nacional.

Como hemos visto *supra*, conforme a la Constitución, el principio democrático consiste en que la soberanía "*reside intransferiblemente en el pueblo, quien la ejerce directamente en la forma prevista en esta Constitución y en la ley, e indirectamente, mediante el sufragio, por los órganos que ejercen el Poder Público*"; en consecuencia, "*los órganos del Estado emanan de la soberanía popular y a ella están sometidos*"[70]. De allí que el gobierno de la República Bolivariana de Venezuela y de las entidades políticas que la componen, están regidos por principios fundamentales (que "*son y serán siempre*"), entre ellos: democrático, participativo, electivo, alternativo y pluralista[71]. A los fines de materializar la soberanía popular y el carácter democrático, participativo, alternativo, electivo y pluralista del gobierno de Venezuela y de todas las entidades políticas que lo componen, la Constitución consagra expresamente el derecho político al sufragio, mediante "*votaciones libres, universales, directas y secretas*"[72].

Sin embargo, la Ley Orgánica de Comunas (LOC), establece la organización básica de la Comuna, con los siguientes órganos: el Parlamento Comunal, el Consejo Ejecutivo de la Comuna, el Consejo de Planificación Comunal, el Consejo de Economía Comunal, el Banco de la Comuna y el Consejo de Contraloría Social. Sin embargo, como dijimos arriba, ninguna de estas autoridades son electas mediante sufragio universal, directo y secreto. Se trata de un secuestro del derecho político al sufragio por directo y secreto, tutelado e impuesto por autoridades nacionales controladas por el *chavismo*, a fin de imponer de arriba hacia

nica de Contraloría Social; Gaceta Oficial No. 6.011 Extraordinario, de 21 de diciembre de 2010. *Ley Orgánica de los Consejos Comunales*, Gaceta Oficial No. 39.335, de 28 de diciembre de 2009.

70 Artículo 5, CRBV.

71 Artículo 6, CRBV.

72 Artículo 62, CRBV.

abajo esta forma de organización popular como forma de control social y político.

Como se ha señalado, los titulares de los diversos órganos de las Comunas (Parlamento Comunal, Consejo Ejecutivo, Consejo de Planificación, Consejo de Economía Comunal, Consejo de Contraloría Comunal y Banco de la Comuna), se denominan "*voceros*" y los mismos no tienen su origen en votación ciudadana alguna, sino que son designados por otros órganos del Poder Popular, quienes, a su vez, tampoco son electos por votación popular mediante sufragio universal, directo y secreto. Por tanto, ni siquiera se podría decir que los voceros de los órganos de las Comunas son electos en segundo o tercer grado, pues nunca en el origen en el primer grado son electos por votación popular mediante sufragio universal, directo y secreto.

Así, por ejemplo, conforme a la Ley Orgánica de los Consejos Comunales (LOCC), la Asamblea de ciudadanos -no los ciudadanos- debe aprobar la creación de comités de trabajo u otras formas de organización comunitaria, con carácter permanente temporal (art. 23,2); elegir y revocar a los voceros del Consejo Comunal "*a través de un proceso de elección popular comunitaria*" (art. 23,3); designar a los voceros del Consejo Comunal para las distintas instancias de participación popular y de gestión de políticas públicas (art. 23,10); elegir y revocar los integrantes de la comisión electoral (art. 23,4); evaluar la gestión de cada una de las unidades que conforman el Consejo Comunal (art. 23,8); y designar a los y las miembros de la comisión de contratación, conforme a la Ley de Contrataciones Públicas (art. 23,12).

Es importante resaltar, que conforme al artículo 17 de la Ley, los Consejos Comunales solo adquieren su personalidad jurídica mediante el registro ante el Ministerio del Poder Popular para las Comunas y Protección Social como "*órgano rector*" del proceso, con competencia en materia de participación ciudadana, al cual le asigna las funciones de dictar las políticas, estratégicas, planes generales, programas y proyectos para la participación comunitaria en los asuntos públicos (art. 56).

Con relación a las Comunas, la LOC dispone (art. 10) que para su constitución se debe notificar al "*Ministerio del Poder Popular con competencia en materia de participación ciudadana,*" es decir, actualmente, el "*Ministerio del Poder Popular para las Comunas y Protec-*

ción Social" al cual, conforme al artículo 63 de la LOC, se le atribuye competencia para dictar "*los lineamientos estratégicos y normas técnicas para el desarrollo y consolidación de las comunas, en una relación de acompañamiento en el cumplimiento de sus fines y propósitos, y facilitando su articulación y sus relaciones con los otros órganos y entes del Poder Público*". Finalmente, el registro de las comunas también debe realizarse ante el mismo Ministerio de las Comunas, que es la formalidad esencial con la cual la Comuna adquiere su personalidad jurídica (art. 17). Con todo lo cual, se confirma el estricto control político que el Ejecutivo Nacional ejerce sobre el llamado Estado Comunal.

Lo mismo ocurre con el Parlamento Comunal como máximo órgano de la Comuna, el cual está integrado, conforme se indica LOC (art. 23), por una serie de personas denominadas "*voceros*" designadas por otros órganos del Poder Popular, de la siguiente manera: un vocero y su respectivo suplente, electo por cada consejo comunal de la Comuna; tres voceros y sus respectivos suplentes, electos por las organizaciones socio-productivas; y un vocero y su respectivo suplente, en representación del Banco de la Comuna.

En fin, el verdadero proyecto constitucional chavista consiste en el desmantelamiento del Estado Constitucional y la democracia. Si ello no es posible hacerlo mediante una "*reforma*" constitucional porque el pueblo la rechaza, igualmente se impone por leyes que abiertamente violan el modelo de Estado y la democracia establecido en la Constitución. Con ello, se crea una llamado Estado Comunal Socialista cuyas estructuras dependen de la aprobación de su creación y de su presupuesto del propio Poder Ejecutivo a través de un Ministerio del ramo; y cuyas autoridades no son electas en sufragio por los ciudadanos mediante "*votaciones libres, universales, directas y secretas*".

En el mes de junio de 2021 una nueva Asamblea Nacional electa fraudulentamente en violación de los principios democráticos y controlada por el partido oficialista PSUV, aprobó la *Ley Orgánica de Ciudades Comunales* (LCC)[73]. Conforme al proyecto de ley publicado oficial-

---

[73] "*Las claves de lo que se ha aprobado de la Ley de Ciudades Comunales*" por Héctor Antolínez @hectorantolinez, Crónica-Uno, 23 junio, 2021: https://cronica.uno/las-claves-de-lo-que-se-ha-aprobado-de-la-ley-de-ciudades-comunales/

mente[74], el "*gobierno*" de la ciudad comunal consiste en una compleja estructura de integrada por los siguientes órganos: "*1. El Parlamento de la Ciudad Comunal. 2. El Consejo Ejecutivo de Gobierno de la Ciudad Comunal. 3. Consejo de Planificación de la Ciudad Comunal. 4. Consejo de Economía de la Ciudad Comunal. 5. Consejo de Contraloría de la Ciudad Comunal. 6. Consejo de Educación y Formación de la Ciudad Comunal. 7. Consejo de Justicia y Paz de la Ciudad Comunal. 8. Comisión Electoral de la Ciudad Comunal*" [75].

Es importante resaltar, que ninguno de los integrantes de estos órganos son electos mediante sufragio universal, directo y secreto como lo exige la Constitución respecto de todos quienes en representación del pueblo van a ejercer funciones de gobierno en entidades políticas[76], sino por "*voceros y voceras*" que entre "*no pueden desempeñar cargos públicos de elección popular*"[77]. En efecto, estos "*voceros o voceras*" son designados mediante en segundo grado por personas que a su vez tampoco han sido electas por sufragio universal, directo y secreto[78].

Esta exclusión de la representación democrática del gobierno de las ciudades comunales, como ha concluido Brewer Carías, "*se enmarca en toda la estructura antidemocrática del Estado del Poder Popular, que en este caso de las ciudades comunales busca eliminar al Municipio como entidad política descentralizada, regida por gobernantes electos mediante sufragio universal directo y secreto, por nuevas entidades controladas por el Poder central, 'gobernadas' por personas que*

---

74 Ver, Asamblea Nacional, Proyecto de Ley de las Ciudades Comunales (LCC), marzo 2021, disponible en: http://www.asambleanacional.gob.ve

75 Artículo 14, LCC.

76 Artículos 5, 6, 62, 63, CRBV.

77 Art. 9.f, LCC.

78 Así, los "*voceros y voceras*" del Consejo de Planificación de la Ciudad Comunal, se indica que son "*electos o electas entre los integrantes de los Consejos de Planificación de las Comunas de la Ciudad Comunal,*" por un período de "*cuatro años, pudiendo ser reelectos o reelectas*" (art. 21). Los "*voceros o voceras*" del Consejo de Economía de la Ciudad Comunal, son "*electos o electas entre los integrantes de los consejos de economía comunal de las Comunas de la Ciudad Comunal*" por un período de "*cuatro años, pudiendo ser reelectos o reelectas*" (art. 28); y los "*voceros y voceras*" del Consejo de Contraloría de la Ciudad Comunal son "*electos o electas entre los integrantes de consejos de contraloría comunal de las Comunas de la Ciudad Comunal*" por un período de "*cuatro años, pudiendo ser reelectos o reelectas*" (art. 30).

no son electas mediante sufragio sino designados por Asambleas de ciudadanos controladas por el propio Poder Ejecutivo Nacional como es el caso de los Consejos Comunales, y de los órganos de las Comunas que son designados de igual forma"[79].

4. La reelección ilimitada del Presidente de la República y las demás autoridades en fraude a la Constitución

No contento con ello, a los pocos meses del año siguiente, es decir en 2008, el Presidente Chávez propuso lo que evidentemente era la verdadera razón de ser de su reforma encallada: la reelección ilimitada del Presidente de la República, adornada ahora, con la propuesta de la reelección ilimitada de todos los funcionarios y autoridades de elección popular: diputados de la Asamblea Nacional, legisladores de los Concejos Legislativos, concejales de los Concejos Municipales, Gobernadores de Estado y Alcaldes municipales.

Esta reforma a pesar de la prohibición constitucional de someter de nuevo en el mismo período constitucional una reforma que haya sido rechazada en el referendo[80], fue revestida como una "*enmienda*", no obstante que en el fondo ya había sido propuesta y derrotada. Además de ello, esta enmienda violó uno de principios fundamentales o cláusulas pétreas de la Constitución, como es el carácter "*alternativo*" del sistema de gobierno[81]. En este caso, el Ejecutivo Nacional se aseguró que resultara aprobada en el referendo.

De esta manera, Venezuela pasó a ser en su momento el único país latinoamericano con un sistema presidencial de reelección ilimitada del

---

[79] Allan R. Brewer Carías, "*Comentarios Sobre el inconstitucional Proyecto de 'Ley de Las Ciudades Comunales', o un paso más en la Desconstitucionalización del Estado, mediante su Desmunicipalización*", pág. 9. Disponible en: https://allanbrewercarias.com/wp-content/uploads/2021/03/Brewer.-Sobre-PROYECTO-DE-LEY-DE-LAS-CIUDADES-COMUNALES-marzo-2021-1.pdf

[80] Artículo 345, CRBV:
[…] La iniciativa de reforma constitucional que no sea aprobada no podrá presentarse de nuevo en un mismo período constitucional a la Asamblea Nacional.

[81] Nótese que el Artículo 6 de la CRBV, dispone que el gobierno de Venezuela "es y será siempre" democrático y alternativo:
Artículo 6. El gobierno de la República Bolivariana de Venezuela y de las entidades políticas que la componen *es y será siempre* democrático, participativo, electivo, descentralizado, alternativo, responsable, pluralista y de mandatos revocables. (Cursivas nuestras).

Presidente de la República, lo cual se convirtió en un producto de exportación constitucional autoritaria, no por casualidad, para los regímenes de Nicaragua (Ortega), Bolivia (Morales) y Ecuador (Correa). Ello contrasta con el hecho de que cuando el presidente Álvaro Uribe de Colombia trató de hacer aprobar su reforma constitucional para una segunda reelección presidencial, la Corte Constitucional la haya declarado inconstitucional, entre otros motivos, por violar el principio democrático de alternabilidad[82].

5. La usurpación de la democracia representativa: *el asalto a la Asamblea Nacional*

Bajo la Constitución de 1999 con su enmienda autoritaria de 2008, en diciembre de 2015 se experimentó por primera vez, que la oposición ganara las elecciones parlamentarias, incluso con las dos terceras partes de los diputados de la Asamblea Nacional. De allí, que, por primera vez, al menos desde el año 1999, el Ejecutivo Nacional iba a tener un contrapeso institucional, a través de la legislación, los controles, las autorizaciones, las aprobaciones y las investigaciones parlamentarias.

Este acontecimiento ponía a prueba las verdaderas convicciones democráticas y republicanas del Presidente de la República y del Proyecto Revolucionario Socialista, pues la Constitución venezolana le atribuye a la Asamblea Nacional facultades importantes para legislar; ejercer funciones de control sobre el resto de los órganos del Estado; organizar internamente su funcionamiento; e incluso para modificar la Constitución.

No obstante, muy pronto se evidenció que el *chavismo* solo concibe una constitución que le permita estar en control total de todos los poderes públicos nacionales. Este es otro de los elementos esenciales del verdadero proyecto constitucional chavista: un modelo dictatorial que cuando el pueblo ya no apoye al *chavismo* y éste pierda la mayoría, se busquen vías alternas para mantenerse en el poder de manera ilegítima.

Para ello, en diciembre de 2015 se puso en práctica, en pocos días, el aparato judicial del Tribunal Supremo de Justicia controlado férrea-

[82] Sentencia C-141/10 de la Corte Constitucional de Colombia, 26 de febrero de 2009. Disponible en: http://www.corteconstitucional.gov.co/

mente por el *chavismo* y, en horas, se suspendieron a los tres diputados del Estado Amazonas y al diputado indígena de la región sur del país. En efecto, el 30 de diciembre de 2015, en pleno receso judicial, la Sala Electoral del TSJ (SE/TSJ) dictó una medida cautelar mediante la cual se ordenó la suspensión de los efectos de los actos de totalización, adjudicación y proclamación de los tres diputados electos por el estado Amazonas y el diputado de la representación indígena de la Región Indígena Sur (Amazonas y Apure) en las elecciones parlamentarias del 6 de diciembre del 2015. Con esta decisión "*cautelar*" (aún vigente tres años y medio después), se logró que la coalición parlamentaria de oposición (MUD) perdiera la mayoría calificada de 2/3 partes de sus integrantes, pretendiendo con ello impedir la designación de una serie de altos funcionarios de órganos constitucionales del Estado con períodos vencidos, entre ellos, los rectores del Consejo Nacional Electoral y el Contralor General de la República. De seguidas, el Tribunal Supremo de Justicia se inventó la tesis inexistente del "*desacato*" para vaciar todas y cada una de las competencias de la nueva Asamblea Nacional instalada en enero de 2016, anulando todas sus leyes y actos dictados, usurpando así la soberanía popular[83]. Así, a través de "*sentencias*" dictadas fundamentalmente por la Sala Constitucional del Tribunal Supremo de Justicia, se desconocieron todas las facultades parlamentarias de i) organizarse internamente; ii) dictar leyes; iii) controlar e investigar al resto de los órganos del poder público; y vi) modificar la *Constitución*.

La gota que rebasó el vaso de esta usurpación de la soberanía popular representativa fue cuando a finales del mes de marzo de 2017, la

---

[83] Informe sobre *El Tribunal Supremo de Justicia de Venezuela: un instrumento del Poder Ejecutivo,* 2017, Comisión Internacional de Juristas, págs. 6 a 9. Disponible en: https://www.icj.org/wp-content/uploads/2017/09/Venezuela-Tribunal-Supremo-Publications-Reports-Thematic-reports-2017-SPA.pdf_Iniciativa de Reparación y Responsabilidad Global *"Logrando justicia por graves violaciones a los derechos humanos en Venezuela"*, Estudio de Referencia de 2017, pp. 11-12, disponible en: http://www.icj.org/wp-content/uploads/2017/08/Venezuela-GRA-Baseline-Study-Publications-Reports-Thematic-reports-2017-ENG.pdf ; y ver Carlos Ayala Corao y Rafael Chavero Gazdik, *El Libro Negro del TSJ de Venezuela: Del Secuestro de la democracia y la usurpación de la soberanía popular a la ruptura del orden constitucional (2015-2017)*. Fundación de Derecho Público Editorial Jurídica Venezolana, Caracas, 2017.

Sala Constitucional dictó las sentencias No. 155[84] y No. 156[85], mediante las cuales desconoció la inmunidad parlamentaria y estableció que la Asamblea Nacional no podía ejercer ninguna de sus facultades constitucionales, las cuales, de ese momento en adelante, serían ejercidas por aquella entidad que en cada caso determinara dicho Tribunal.

Tanto la sociedad venezolana como la comunidad internacional cuestionó fuertemente ambas decisiones judiciales, señalándolas como un golpe de estado, en virtud de que configuraban una clara alteración del orden constitucional que impedía en funcionamiento democrático. Y aunque en una inusual decisión posterior, a recomendación del Consejo de Defensa de la Nación, el Tribunal Supremo de Justicia parcialmente dio marcha atrás a estas decisiones judiciales, ellas de inmediato prendieron el fuego de las protestas públicas en Venezuela, frente a lo que la gente consideró como un ataque a su derecho a elegir sus representantes y ante el grave deterioro de sus condiciones de vida. Estas protestas públicas del 2017 como las del 2014, fueron brutalmente reprimidas por un régimen que perdió el apoyo popular y al que solo le quedaba el abuso de la fuerza con las consecuentes violaciones graves a los derechos humanos.

Ahora bien, para adoptar todas esas sentencias inconstitucionales mediante las cuales se vaciaron todas las competencias constitucionales de la Asamblea Nacional, usurpando de esa manera la soberanía constitucional y violando masivamente la Constitución, se utilizó una inexistente figura del "*desacato*" de la Asamblea Nacional a la sentencia inicial de la Sala Electoral del Tribunal Supremo de Justicia sobre la desincorporación de los diputados del estado Amazonas y la región indígena.

Este insólito e inédito argumento del "*desacato*", como ha sido utilizado por el Tribunal Supremo de Justicia, no existe ni se encuen-

84 Sentencia N° 155 de fecha 28 de marzo del 2017, SC/TSJ, caso *diputado Héctor Rodríguez Castro vs Acuerdo AN sobre reactivación de la Carta Democrática Interamericana.* Expediente N° 17-0323. Disponible en: http://historico.tsj.gob.ve/decisiones/scon/ marzo/197285-155-28317-2017-17-0323.HTML

85 Sentencia N° 156 de fecha 29 de marzo del 2017, SC/TSJ, caso *Corporación Venezolana del Petróleo, S.A. (CVP) (Interpretación de la Ley Orgánica de Hidrocarburos vs AN).* Expediente N° 17-0325. Ponencia Conjunta. Disponible en: en http://historico.tsj.gob.ve/ decisiones/scon/marzo/197364-156-29317-2017-17-0325.HTML

tra regulado en el Derecho venezolano, sino que ha sido inventado y moldeado por dicho Tribunal, para impedir el funcionamiento de una Asamblea Nacional conformada en su mayoría por diputados de partidos de oposición al Gobierno. Como afirma Jesús María Casal, el llamado "*desacato*" que ha utilizado el TSJ para anular gran parte de los actos parlamentarios no es "*sino una construcción judicial artificial, perversa constitucionalmente y lesiva del principio democrático, pensada para derribar funcionalmente a la Asamblea Nacional…*". Y más adelante concluye el mismo autor señalando que la "*situación de inhabilitación funcional impuesta por el Tribunal Supremo de Justicia es, pues, de alguna manera, un desenlace previsible del ataque político-institucional contra la Asamblea Nacional ejecutado por un gobierno que no acepta el control ni la división de poderes, frente a una mayoría parlamentaria que no se ha rendido ante la arbitrariedad*"[86].

En efecto, los artículos 122 y 123 de la Ley Orgánica del Tribunal Supremo de Justicia lo único que señalan es que quien incumpla una decisión del Tribunal Supremo de Justicia podrá ser objeto de una multa de 200 unidades tributarias o de 300 unidades tributarias, en caso de reincidencia. Es decir, frente al incumplimiento de una decisión del Tribunal Supremo de Justicia, lo único que está previsto legalmente es la posibilidad de imponer *multas*, más no *anular* actos presentes y futuros de un órgano constitucional, pues en un Estado de Derecho no hay penas accesorias que permitan desconocer todas las actuaciones de un órgano del poder público, y mucho menos del órgano más representativo del sistema democrático. También, el incumplimiento de una decisión podría ser objeto de ciertas figuras penales con una sanción penal, pero es obvio que en este caso los responsables serían las personas naturales que se nieguen a acatar el fallo judicial, y nunca una institución o el órgano del poder público.

Pero como hemos visto, el Tribunal Supremo de Justicia ha considerado que al no darse cumplimiento a unos fallos cautelares que ordenaron desincorporar a unos diputados de la AN, deben entonces considerarse *todos* sus actos como nulos, sin que exista ni una sola dis-

---

[86] Jesús María Casal, *Discurso de Incorporación como Individuo de Número, en el Sillón Número 8 de la Academia de Ciencias Políticas y Sociales*, Caracas, 2017.

posición constitucional ni legal que consagre tan absurda y desproporcionada sanción.

En conclusión, mediante todas las sentencias írritas que han declarado la nulidad presente y futura de todos los actos de la Asamblea Nacional, se ha desconocido no solo la Constitución, sino la voluntad popular expresada por el pueblo venezolano en las elecciones parlamentarias de diciembre de 2015. Ello no habría sido posible sin el control político total por el chavismo del Poder Judicial y, en especial, la Sala Constitucional y el resto del Tribunal Supremo de Justicia.

6. El secuestro de la democracia representativa y participativa a través del sometimiento del órgano electoral

Otro poder público constitucional e independiente que ha sido secuestrado políticamente es, nada más y nada menos, que el Poder Electoral, en cabeza de su órgano: el Consejo Nacional Electoral. Éste está constitucionalmente encargado, entre otras facultades, de la organización, administración, dirección y vigilancia de todos los actos relativos a la elección de los cargos de representación popular de los poderes públicos, así como de los referendos; organizar la inscripción y registro de las organizaciones con fines políticos; controlar, regular e investigar los fondos de financiamiento de las organizaciones con fines políticos; y organizar las elecciones de sindicatos, gremios profesionales y organizaciones con fines políticos, así como organizar procesos electorales de otras organizaciones de la sociedad civil a solicitud de éstas, o por orden de la Sala Electoral del Tribunal Supremo de Justicia[87].

No podía la *revolución chavista*, permitir que el árbitro electoral fuese como lo exige la norma constitucional, es decir, organizado bajo los principios de independencia orgánica, autonomía funcional y presupuestaria, despartidización de los organismos electorales, imparcialidad y participación ciudadana; descentralización de la administración electoral, transparencia y celeridad del acto de votación y escrutinios[88]. Con ello se corría el grave riesgo de que una vez que el *chavismo* perdiera la mayoría del apoyo popular, ese "*otro*" pueblo y sus representantes, to-

---

87 Artículo 293, CRBV.

88 Artículo 294, CRBV.

maran el control de los órganos constitucionales y con ello el *chavismo* perdiera el poder.

Y aquí es importante hacer una parada para resaltar algo: *el chavismo solo se concibe en el Estado y desde el Estado, nunca fuera de él.* El *chavismo* creció y se desarrolló desde el Estado como un partido de Estado, confundiéndose con el Estado, con todas las graves consecuencias que ello conlleva. Por eso el *chavismo* no se ve fuera del Estado, como un partido de oposición, con opción de poder a futuro, con parlamentarios y algunos gobernadores y alcaldes. En realidad, el *chavismo* como movimiento político nacional (primero como Movimiento Quinta República -MVR- y luego como Partido Socialista Unido de Venezuela -PSUV-) si bien tuvo su etapa de gestación política pública desde los dos golpes de estado de 1992, la cárcel, el sobreseimiento, el abstencionismo y la campaña electoral de 1998, finalmente su desarrollo tuvo lugar desde el poder, a raíz del triunfo electoral de Hugo Chávez como Presidente de la República en 1998.

Por ello, parte del proyecto constitucional chavista ha sido controlar el órgano electoral, para controlar los procesos electorales y de referendos, especialmente los referendos revocatorios.

La Constitución dispuso un mecanismo abierto y de participación plural en la postulación de los rectores del Consejo Nacional Electoral y la competencia de la Asamblea Nacional para su designación por la *mayoría calificada* de sus diputados: con el voto de las dos terceras partes de sus integrantes[89].

---

[89] Artículos 294 y 295 de la CRBV en los siguientes términos:
Artículo 295. El Comité de Postulaciones Electorales de candidatos o candidatas a integrantes del Consejo Nacional Electoral estará *integrado por representantes de los diferentes sectores de la sociedad*, de conformidad con lo que establezca la ley. // Artículo 296. El Consejo Nacional Electoral estará integrado por cinco *personas no vinculadas a organizaciones con fines políticos; tres de ellos o ellas serán postulados o postuladas por la sociedad civil, uno o una por las facultades de ciencias jurídicas y políticas de las universidades nacionales y uno o una por el Poder Ciudadano.* // Los o las tres integrantes postulados o postuladas por la sociedad civil tendrán seis suplentes en secuencia ordinal y cada designado o designada por las universidades y el Poder Ciudadano tendrá dos suplentes, respectivamente. La Junta Nacional Electoral, la Comisión de Registro Civil y Electoral y la Comisión de Participación Política y Financiamiento, serán presididas cada una por un o una integrante postulado o postulada por la sociedad civil. Los o las integrantes del Consejo Nacional Electoral durarán siete años en sus funciones y serán elegidos o elegidas

Como lo ha resaltado Brewer Carías, ya desde 1999 el nombramiento del Consejo Nacional Electoral fue realizado por la Asamblea Nacional Constituyente, en violación a la propia Constitución naciente:

> *"En cuanto al Poder Electoral, por último, la Asamblea Nacional Constituyente, careciendo totalmente de competencia para ello y en forma ilegítima, en el Decreto del 22-12-99 se autoatribuyó competencias para designar a los integrantes del Consejo Nacional Electoral (artículo 40), designaciones que realizó días después, con carácter provisorio, al nombrar a personas todas vinculadas al nuevo poder y a los partidos que apoyaban al gobierno, lo que incluso no garantizaba la imparcialidad electoral necesaria, burlándose del artículo 296 de la Constitución"*[90].

Ese acto de la Asamblea Nacional Constituyente de diciembre de 1999, por el cual fueron nombrados los Directivos del Consejo Nacional Electoral -así como el Fiscal General de la República, Contralor General de la República, Magistrados del Tribunal Supremo de Justicia, Defensora del Pueblo y miembros del "Congresillo"-, denominado *Decreto sobre el Régimen de Transición del Poder Público,* fue objeto de un recurso de nulidad declarado improcedente por la Sala Constitucional del Tribunal Supremo de Justicia, mediante sentencia Nº 4 del 26 de enero del año 2000. Conforme a la narrativa de la sentencia, entre los fundamentos del recurso, se argumentó "*[q]ue a los fines de tales designaciones, el ciudadano Luis Miquilena, Presidente de la Asamblea Nacional Constituyente, recibió instrucciones directas del Presidente de la República Hugo Chávez Frías, en abierta violación al principio de separación de poderes*". Estos mismos argumentos, fueron esgrimidos

---

por separado: los tres postulados o postuladas por la sociedad civil al inicio de cada período de la Asamblea Nacional, y los otros dos a la mitad del mismo. // Los o las integrantes del Consejo Nacional Electoral serán *designados o designadas por la Asamblea Nacional con el voto de las dos terceras partes de sus integrantes.* Los o las integrantes del Consejo Nacional Electoral escogerán de su seno a su presidente o presidenta, de conformidad con la ley. // Los o las integrantes del Consejo Nacional Electoral serán removidos o removidas por la Asamblea Nacional, previo pronunciamiento del Tribunal Supremo de Justicia. (Cursivas nuestras).

90 Allan R. Brewer Carías, *Historia Constitucional de Venezuela,* Editorial Alfa, Tomo II, Caracas, 2008, pág. 267.

ante los Magistrados de la Sala Constitucional quienes habían sido designados por el mismo acto impugnado, a lo cual los jueces responden de manera casi burlesca aduciendo que, si se aplicara ese mismo criterio a ellos, no podrían entonces decidir el recurso presentado:

> *"Con carácter previo, debe esta Sala referirse insoslayablemente a la especial situación en la que se encuentran los Magistrados de esta Sala, en virtud de que su nombramiento ha sido igualmente cuestionado, lo cual, en principio podría colocarlos en una situación de interés particular frente a la decisión que habrá de dictarse, concretamente la prevista en el numeral 4 del artículo 82 del Código de Procedimiento Civil.*
> *No obstante, como ha sido cuestionado el nombramiento de todos los Magistrados del Tribunal Supremo de Justicia y en virtud de que no han sido designados los suplentes y conjueces respectivos –los cuales aun siendo designados estarían en la misma circunstancia de los titulares- no podría aplicarse la solución que otorga el artículo 72 de la Ley Orgánica de la Corte Suprema de Justicia, de manera que la consecuencia de lo antes dicho, sería la imposibilidad de decidir el recurso planteado"*[91].

Resulta claro entonces, que los mismos Magistrados como ya vimos, de una Sala y un Tribunal controlada políticamente desde el principio, que no ofrecían garantía alguna de imparcialidad y que habían sido designados por el mismo acto impugnado, desecharon el recurso, declarando su improcedencia.

Luego, en noviembre del año 2002, se publicó en Gaceta Oficial la *Ley Orgánica del Poder Electoral* en la cual se desarrollaron las disposiciones constitucionales relativas al Comité de Postulaciones Electorales. Esa regulación contempla la conformación de ese Comité con un número mayoritario de diputados para asegurar el control por parte del partido de gobierno[92]. En ese sentido, Brewer Carías ha afirmado:

---

[91] Consultar la sentencia de la Sala Constitucional del TSJ. Disponible en: http://historico.tsj.gob.ve/decisiones/scon/enero/04-260100-00-009.HTM

[92] El artículo 19 de la *Ley Orgánica del Poder Electoral*, publicada en la Gaceta Oficial N° 37.573 del 19-11-2002, dispone que el Comité de Postulaciones electorales estará conformado por 21 miembros de los cuales 11 son diputados.

> *"Esos Comités son órganos intermedios, algunos permanentes, que obligatoriamente deben estar integrados por representantes de los diferentes sectores de la sociedad. Son diferentes a la Asamblea Nacional y los representantes populares no pueden formar parte de los mismos. Sin embargo, lamentablemente este postulado constitucional ha sido violado al regularse la conformación del Comité de Postulaciones Electorales en la Ley Orgánica del Poder Electoral, y el Comité de Postulaciones Judiciales en la Ley Orgánica del Tribunal Supremo de Justicia, los cuales se han integrado con diputados a la Asamblea Nacional, como Comisiones Parlamentarias ampliadas"*[93] (Cursivas añadidas).

Así mismo, las organizaciones internacionales también advirtieron la contradicción entre las leyes dictadas y las disposiciones constitucionales relativas a los Comités de Postulaciones,

> *"[...] se contradice el espíritu y los principios constitucionales sobre este tema, se crean obstáculos, se usurpa, se confisca y se tutela la legítima participación ciudadana y el efectivo control de la sociedad organizada"*[94].

---

93 Allan R. Brewer Carías, *Ley Orgánica del Tribunal Supremo de Justicia, Procesos y procedimientos constitucionales y contencioso-administrativos*, EJV-CECLA, Caracas, 2004, pág. 15.

94 Documento *Comité de Postulaciones: Participación y control social en la preselección de candidatos a ocupar cargos de los poderes públicos nacionales Judicial, Ciudadano y Electoral,* elaborado en julio de 2003, por el Instituto Latinoamericano de Investigaciones Sociales (Raúl Pinto Peña): http://library.fes.de/pdf-files/bueros/caracas/03843.pdf. En ese informe se hace una relación de los mecanismos de designación de los rectores del Consejo Nacional Electoral, desde el año 2000, cuando se prescindió de la conformación del Comité de Postulaciones Electorales y luego en la inconstitucional regulación de ese Comité en la Ley Orgánica del Poder Electoral, desconociendo los objetivos de despartidización, dispone su conformación mayormente por diputados de la Asamblea Nacional. En ese mismo sentido se ha pronunciado reiteradamente la Comisión Interamericana de Derechos Humanos en sus informes desde el año 2003, en el 2017, se lee en los párrafos 127 al 129 lo siguiente: "la información al alcance de la CIDH indica que existe una falta de independencia del CNE. Esta situación se debería, entre otros factores, al incumplimiento reiterado del procedimiento establecido en la Constitución para la elección de sus integrantes. De acuerdo a la Constitución, los candidatos son propuestos por el Comité de Postulaciones Electorales, compuesto por sociedad civil y son elegidos con el voto de las dos terceras partes de la AN. Sin embargo, desde 1999, sus miembros habrían sido elegidos de manera distinta. 128. En efecto, los primeros integrantes del CNE fueron designados por la Asamblea Constituyente de 1999. En el 2000, fueron elegidos por la Comisión Le-

Estas disposiciones constitucionales han sido violadas sistemáticamente desde la entrada en vigencia de la Constitución de 1999, vicio que afecta de manera particular la designación de los cinco "*rectores*" que actualmente lo integran, lo cual ha derivado en la absoluta *politización partidista* del Consejo Nacional Electoral como un órgano parcializado y dependiente del Poder Ejecutivo Nacional y el partido de gobierno (PSUV).

En efecto, el artículo 296 de la Constitución establece que el Consejo Nacional Electoral estará integrado por cinco rectores, *no vinculados a organizaciones con fines políticos*, tres (3) de ellos postulados por la sociedad civil, uno por las facultades de ciencias jurídicas y políticas de la Universidades nacionales y uno por el Poder Ciudadano.

Como vimos antes, estos nombramientos de los rectores del Consejo Nacional Electoral están previstos como una atribución propia y exclusiva de la Asamblea Nacional mediante votación calificada, a partir de la lista de postulados que le presenten la sociedad civil, las facultades de ciencias jurídicas y políticas y el Poder Ciudadano, según corresponda (penúltimo aparte del artículo 296 constitucional). En efecto, conforme a lo previsto en el penúltimo aparte del artículo 296 de la Constitución, los rectores del Consejo Nacional Electoral son designados "*por la Asamblea Nacional con el voto de las dos terceras partes de sus integrantes*", duran siete (7) años en el ejercicio de sus funciones y sus designaciones se hacen por separado: los tres postulados por la

gislativa Nacional. En tres ocasiones (en los años 2003, 2005 y 2014) fueron designados por la Sala Constitucional del TSJ, quien se arrogó dicha función por la omisión legislativa en la que consideró había incurrido la AN por no nombrarlos a tiempo. En dos ocasiones (en los años 2006 y 2010), fueron elegidos por una AN oficialista que negó la participación de un Comité de Postulaciones electoral efectivamente compuesto por la sociedad civil. Más recientemente, en el 2016, la Sala Constitucional del TSJ volvió a designar a las y los rectores del CNE, pero esta vez afirmó que se debía al desacato de la AN. 129. Otro aspecto determinante para la falta de independencia de este órgano constitucional es que sus miembros no cumplirían con el requisito de no estar vinculados a organizaciones con fines políticos, exigido por la Constitución. En efecto, según ha sido advertido, muchos de los rectores del CNE serían o habrían sido operadores de confianza del Gobierno y su personal técnico sería militante en el partido oficialista". *Informe de País: Institucionalidad democrática, Estado de derecho y derechos humanos en Venezuela 2017,* CIDH (31 de diciembre de 2017), OEA/Ser.L/V/II. Doc. 209.párr. 117-119. Disponible en: http://www.oas.org/es/cidh/informes/pdfs/Venezuela2018-es.pdf_

sociedad civil, al inicio de cada período de la Asamblea Nacional; y los otros dos rectores, a la mitad del período de dicho órgano parlamentario.

Desde el año 2003, los rectores del Consejo Nacional Electoral incluyendo los actuales han sido designados inconstitucionalmente por el Tribunal Supremo de Justicia, mediante decisiones políticas adoptadas por la Sala Constitucional, usurpando las funciones constitucionales propias y exclusivas de la Asamblea Nacional.

Primero, la Sala Constitucional del Tribunal Supremo en la sentencia de 4 de agosto de 2003, al resolver sobre la supuesta omisión del órgano legislativo de proceder a nombrar los rectores del Consejo Nacional Electoral, le otorgó a la Asamblea Nacional, un plazo de 10 días para que cumpliera con su obligación y, si no lo hacía dentro de dicho término, anunció que corregiría en lo que fuese posible la situación que naciera de la omisión concreta, que no era otra que "*si transcurrido el lapso aquí señalado, la Asamblea Nacional no ha procedido a nombrarlos, la Sala lo hará dentro de un término de diez (10) días continuos*"[95]. Como la propia Sala Constitucional lo anunció en su sentencia, dicho nombramiento es político, por lo que "*trasciende lo jurídico*". Transcurridos los 10 días que le había otorgado a la Asamblea Nacional para cumplir su obligación, al no haber logrado la mayoría chavista de la Asamblea poder imponer su criterio y obtener el apoyo de las 2/3 partes de sus integrantes en el nombramiento de los miembros del Consejo Nacional Electoral, la Sala Constitucional procedió a suplir la supuesta "*omisión*" de la Asamblea Nacional y nombró a sus cinco integrantes (rectores) con una clara mayoría del *chavismo*, por lo que asumió así el control del Consejo Nacional Electoral.

La lección aprendida para el proyecto constitucional chavista era de suma importancia: *lo que no pudo lograr el chavismo con la mayoría calificada de la Asamblea Nacional en su propio seno, lo podía lograr a través del control de la Sala Constitucional del Tribunal Supremo: el control del Consejo Nacional Electoral.*

---

95 Sentencia N° 2073 de 4 de agosto de 2003, SC/TSJ, caso: *Hermann Escarrá Malavé y otros*. Ver en *Revista de Derecho Público*, No 93-96 (enero diciembre 2003), Editorial Jurídica venezolana, Caracas, 2003, págs. 73 a 83 y 520 a 525.

De esta forma, y bajo la errada figura de una "*omisión*" legislativa, el *chavismo* más nunca pretendió de buena fe nombrar con consenso a los rectores del Consejo Nacional Electoral por la mayoría calificada de las dos terceras partes de los diputados de la Asamblea Nacional, sino que en adelante aquéllos serían nombrados, sustituidos y ratificados por la Sala Constitucional del Tribunal Supremo de Justicia a su vez controlada por el *chavismo*, como ocurrió mediante sentencias del 21 de enero de 2005, 26 de diciembre de 2014 y del 5 de enero del 2017.

Así llegamos a la actualidad, donde los tres (3) rectores que debían ser designados por la Asamblea Nacional mediante voto calificado a partir de las postulaciones presentadas por la sociedad civil, fueron en su lugar indebidamente designados por la Sala Constitucional del Tribunal Supremo de Justicia mediante una sentencia del 26 de diciembre de 2014[96]. En esa "sentencia" la Sala Constitucional se auto-declaró competente para conocer de la solicitud planteada por quien para entonces se desempeñaba como diputado Presidente de la Asamblea Nacional, Diosdado Cabello Rondón, referente a la declaratoria de la supuesta omisión por parte de dicho órgano legislativo, y, en consecuencia, usurpando las competencias constitucionales de la Asamblea Nacional procedió al nombrar tres Rectores del Consejo Nacional Electoral,

> "*[...] en atención a la solicitud de declaratoria de omisión por parte de la Asamblea Nacional de designar los Rectores y Rectoras del Consejo Nacional Electoral, conforme a las postulaciones realizadas por la sociedad civil se procede a designar 3 rectores principales: Tibisay Lucena, Sandra Oblitas y Luis Emilio Rondón y como sus suplentes a Abdón Rodolfo Hernández, Alí Ernesto Padrón Paredes, Carlos Enrique Quintero Cuevas, Pablo José Durán, Marcos Octavio Méndez y Andrés Eloy Brito*". (Cursivas añadidas).

De la misma manera, posteriormente, cuando ya el partido de gobierno (PSUV) había perdido la mayoría parlamentaria -e incluso la oposición había ganado en diciembre de 2015 la mayoría calificada de

[96] Sentencia No. 1864 de fecha 22 de diciembre del 2014, SC/TSJ, caso *G/D Diosdado Cabello Presidente Asamblea Nacional, alcance artículo 279 de la Constitución Nacional.* Ponencia conjunta. Disponible en: http://historico.tsj.gob.ve/decisiones/scon/diciembre/173497-1865-261214-2014-14-1343.HTML

diputados de la Asamblea Nacional-, mediante sentencia del 13 de diciembre de 2016, la Sala Constitucional[97], nuevamente alegando una supuesta -pero inexistente- omisión legislativa, declaró la nulidad de las actuaciones adelantadas por la Asamblea Nacional y el Comité de Postulaciones Electorales y procedió a *designar* a las dos (2) Rectoras Principales del Consejo Nacional Electoral Socorro Elizabeth Hernández Hernández y Tania D' Amelio Cardiet, y los Rectores Suplentes Iván Zerpa Guerrero y Gustavo Guevara Sifontes. Para cometer esta usurpación de las funciones de la Asamblea Nacional, la Sala Constitucional invocó además del argumento de la inexistente omisión legislativa, el supuesto desacato parlamentario a una sentencia de la Sala Electoral del mismo Tribunal Supremo de Justicia, aduciendo que su consecuencia era el vaciamiento y nulidad de todas las competencias constitucionales de dicha Asamblea Nacional, por lo que debían permanecer en sus cargos, ahora con un nuevo nombramiento judicial, las rectoras Principales del Consejo Nacional Electoral Socorro Elizabeth Hernández Hernández y Tania D' Amelio Cardiet, y los Rectores Suplentes Iván Zerpa Guerrero y Gustavo Guevara Sifonte:

> *"[...] [E]videnciada la ocurrencia de una nueva omisión por parte de la Asamblea Nacional, al no designar dentro del marco de la Constitución y las leyes a dichos rectores del Consejo Nacional Electoral, en el entendido de que a estos se les venció el período de los siete años para el cual fueron designados, el día 4 de diciembre de 2009, fecha en la que fue instalado formalmente el Consejo Nacional Electoral, con la presencia de esos Rectores –ver Gaceta Oficial n.º 39.321 de esa misma fecha- (adviértase que el artículo 296 del Texto Fundamental establece un tiempo preciso de duración del ejercicio de las funciones del cargo de rector o rectora del CNE -"Los o las integrantes del Consejo Nacional Electoral durarán siete años en sus funciones..."-), derivándose de allí la urgencia y necesidad de tales nombramientos para preservar el normal funcionamiento del Poder Electoral, quien tiene bajo su*

97 Sentencia No. 1086 de fecha 13 de diciembre del 2016, SC/TSJ, caso *Héctor Rodríguez Castro vs. Asamblea Nacional, Omisión Legislativa Asamblea Nacional designación de Rectores CNE.* Ponencia conjunta. Disponible en: http://historico.tsj.gob.ve/decisiones/scon/diciembre/193866-1086-131216-2016-16-1191.HTML

responsabilidad mantener vivo en los ciudadanos y ciudadanas, el afecto por la democracia, en cuanto al sistema más adecuado para una pacífica convivencia en sociedad. Así se decide.
Establecido lo anterior, por cuanto se ha verificado la omisión de la designación de Rectores y Rectoras del Consejo Nacional Electoral, en atención al mandato estatuido en los artículos 296, 335 y 336.7 de la Constitución de la República Bolivariana de Venezuela, y 25.7 de la Ley Orgánica del Tribunal Supremo de Justicia, en correspondencia con la jurisprudencia reiterada (ver sentencia n.° 1865 del 26 de diciembre de 2014), ***esta Sala Constitucional decreta****: 1. La designación se efectúa como medida indispensable, atendiendo al mantenimiento de la supremacía constitucional, así como a la estabilidad y a la paz de la República, por haber expirado el período constitucional correspondiente y por falta de diligencia en el trámite de la designación respectiva, aunado a que el órgano parlamentario nacional se encuentra en desacato al Poder Judicial, situación que determina la nulidad de todas sus actuaciones mientras se mantenga tal situación lesiva al orden constitucional.*
2. ***La Sala designa, para el período que transcurre desde el 4 de diciembre de 2016 al 4 de diciembre de 2023, como primera Rectora principal a la ciudadana Socorro Elizabeth Hernández, titular de la cédula de identidad n.° 3.977.396, y como su suplente al ciudadano Iván Zerpa Guerrero, titular de la cédula identidad n.° 5.147.743; como segunda Rectora principal a la ciudadana Tania D'Amelio Cardiet, titular de la cédula de identidad n.° 11.691.429, y como su suplente al ciudadano Gustavo Guevara Sifontes, titular de la cédula identidad n.° 11.916.776****; quienes ya fueron postulados e, inclusive, designados* ***rectores del Consejo Nacional Electoral****, por cumplir todos los requisitos previstos en la Constitución y en el resto del ordenamiento jurídico para desempeñar esa función pública que deberán ejercer, ahora por un nuevo período, puesto que no existe obstáculo para ello, en virtud de la designación que se efectúa en la presente sentencia, ante la manifiesta y persistente omisión parlamentaria en la que se encuentra la Asamblea Nacional*". [98] (Resaltados añadidos).

---

[98] Las rectoras Socorro Elizabeth Hernández Hernández y Tania D' Amelio Cardiet habían sido designadas en diciembre del año 2009 por la Asamblea Nacional, para esa fecha con mayoría parlamentaria del PSUV, ello a pesar que *su postulación había sido impugnada con motivo de su militancia en el partido de gobierno.* En esa oportunidad SUMATE ex-

De esta forma, la Sala Constitucional usurpando nuevamente las atribuciones constitucionales de la Asamblea Nacional, procedió a designar, a los otros dos (2) miembros del Consejo Nacional Electoral, ratificando en sus cargos a las rectoras Socorro Hernández y Tania D'Amelio, quienes habían sido designadas para el anterior período de siete años en diciembre 2009 con vencimiento en diciembre de 2016.

Es importante advertir, que el fundamento invocado por la Sala Constitucional para hacer estos nombramientos por vía de una *omisión* inconstitucional del poder legislativo, no autorizan en modo alguno a usurpar las atribuciones constitucionales expresas, exclusivas y por tanto excluyentes de la Asamblea Nacional en cuanto a la designación de los rectores del Consejo Nacional Electoral. En todo caso, dichas normas únicamente facultarían a la Sala Constitucional para establecer el "*plazo*" y, de ser necesario, los "*lineamientos de su corrección*" por la omisión en que hubiere incurrido el cuerpo legislativo correspondiente, pero no para dictar los actos constitucionales propios de dicho órgano parlamentario. Estamos así, en presencia de un claro caso de *usurpación de las funciones constitucionales expresas de la Asamblea Nacional por parte de la Sala Constitucional del Tribunal Supremo de Justicia*, que determina la *ineficacia y nulidad de esas designaciones*, a tenor de lo dispuesto en el artículo 138 de la Constitución.

De manera que, con esa designación, se violó además el derecho político fundamental de acceso a las funciones públicas, en condicio-

---

presó que de procederse a la designación de esas ciudadanas como rectoras "*se estarían anulando potencialmente las actuaciones de los futuros rectores por provenir de una autoridad usurpada en fraude a las normas constitucionales y por ser personas inelegibles en su origen, con lo cual queda viciada su futura competencia en el dictamen de resoluciones para la convocatoria de elecciones, las variadas normativas electorales, la fijación de las circunscripciones electorales, la inscripción de nuevas organizaciones con fines políticos (partidos), la administración del registro electoral y civil, o la promulgación de autoridades electas por el sufragio de los ciudadanos, entre otras de las muchas competencias que le estarían asignadas. Con el fin de prevenir esta inseguridad jurídica, Súmate insta a la Sala Político-Administrativa del TSJ a actuar oportunamente con el fin de corregir las ilegalidades cometidas por el Comité de Postulaciones Electorales en la tramitación de las candidaturas para los dos rectores principales y los cuatro suplentes del CNE*". Súmate (Nota de Prensa) (30 de noviembre de 2009) *Súmate exhorta al TSJ a suspender designación de rectores del CNE*. (Cursivas agregadas). Disponible en http://www.sumate.org/noticias/2009/20091130-sumate-exhorta-al-tsj-a-suspender-designacion-de-rectores-del-cne.html

nes generales de igualdad, consagrado en los artículos 5, 62 y 70 de la Constitución, en el artículo 20 de la Declaración Americana sobre Derechos Humanos y en el artículo 25 del Pacto Internacional de Derechos Civiles y Políticos.

Esta usurpación de funciones y secuestro de la autoridad electoral en Venezuela, fue objeto de un fuerte rechazo por la comunidad internacional, como fue, en primer lugar, el *Parlamento Europeo:* en la sesión plenaria del 8 de febrero de 2018, se pronunció sobre el llamado a elecciones en nuestro país, advirtiendo que sólo reconocería elecciones basadas en un calendario electoral viable y que respeten condiciones de participación equitativas, justas y transparentes. El rechazo a la convocatoria a elecciones se fundamentó en el cuestionamiento de la decisión de la Asamblea Nacional Constituyente y en la ausencia de garantías electorales, señalando al respecto, la necesidad de que el Consejo Electoral Nacional sea *imparcial*[99].

---

[99] El texto de este acuerdo afirma: 1. Deplora la decisión unilateral de la ilegítima Asamblea Nacional Constituyente, carente de reconocimiento tanto internacional como de la Unión Europea, de convocar elecciones presidenciales anticipadas para finales de abril de 2018; lamenta profundamente la reciente sentencia del Tribunal Supremo de Justicia de Venezuela por la que se prohíbe la participación de los candidatos de la MUD en las próximas elecciones; señala que son muchos los posibles candidatos que no podrán presentarse a las elecciones por estar en el exilio, en situación de inhabilitación administrativa, en arresto domiciliario o presos; insiste en que no deben imponerse condiciones ni levantarse obstáculos en lo que respecta a la participación de partidos políticos y pide a las autoridades venezolanas que restablezcan plenamente sus derechos a ser elegidos. // 2. Insiste en que la Unión y sus instituciones, incluido el Parlamento Europeo, únicamente reconocerán unas elecciones que estén basadas en un calendario electoral viable y acordadas en el contexto del diálogo nacional con el conjunto de los actores pertinentes y partidos políticos en las que se cumplan unas condiciones de participación equitativas, justas y transparentes, lo que supone que se supriman las prohibiciones que pesan sobre políticos de la oposición, que no haya presos políticos, que se vele por que el Consejo Electoral Nacional tenga una composición equilibrada y sea imparcial, y que existan suficientes garantías, incluido el seguimiento por parte de observadores internacionales independientes; recuerda su disposición a enviar una misión de observación electoral en caso de cumplirse todos los requisitos. (Subrayados añadidos). En el numeral 5 del texto aprobado por el Parlamento Europeo, se insiste en el desconocimiento de la Asamblea Nacional Constituyente y en el apoyo a la Asamblea Nacional, afirmando que es el único órgano al que reconocen como Poder Legislativo válidamente constituido en Venezuela, expresando al respecto: Condena en los términos más enérgicos la continua violación del orden democrático en Venezuela; hace una vez más patente su pleno apoyo a la Asamblea Nacional en cuanto único parlamento legalmente constituido y reconocido de Venezuela y pide al Gobierno del país que se le restablezca en su plena autoridad constitucional; rechaza cualquier decisión adoptada por la Asamblea Nacional Constituyente por constituir una violación de todas las reglas y

Pocos días antes, el 23 de enero de 2018[100], los cancilleres que conforman la Alianza del llamado *Grupo de Lima* habían reaccionado ante decisión del Gobierno de Venezuela de convocar a elecciones presidenciales para el primer cuatrimestre de este año, rechazando la decisión por considerar que la misma *"imposibilita la realización de elecciones presidenciales democráticas, transparentes y creíbles, conforme a estándares internacionales y contradice los principios democráticos y de buena fe para el diálogo entre el gobierno y la oposición"*. En virtud de lo cual exigían que "*las elecciones presidenciales sean convocadas con una adecuada anticipación, con la participación de todos los actores políticos venezolanos y con todas las garantías que corresponda, incluida la participación de observadores internacionales independientes. Unas elecciones que no cumplan estas condiciones carecerán de legitimidad y credibilidad.*" Así mismo, reiteraron su respaldo a la Asamblea Nacional, democráticamente electa, al tiempo que insisten en desconocer la validez de los actos adoptados por la asamblea nacional constituyente, condenando todas sus actuaciones.

La *Comisión Interamericana de Derechos Humanos* (CIDH) en su informe sobre la Situación de los Derechos Humanos en Venezuela, divulgado el 12 de febrero de 2018, relaciona ampliamente las violaciones de todos los derechos humanos, incluidos los derechos políticos y censura la ausencia de garantías electorales, que hacen nugatorio el ejercicio y goce efectivo de los derechos a elegir y ser elegido, así como la Democracia y el Estado de Derecho, indicando en su recomendación Nº 13, lo siguiente:

> *"En relación con el Consejo Nacional Electoral, tomar las medidas necesarias para asegurar su independencia, a través de la aplicación del mecanismo de elección y requisitos establecidos constitucionalmente; así como el aseguramiento en sus decisiones de los*

normas democráticas; manifiesta su apoyo a una solución política en un contexto que incluya al conjunto de los actores pertinentes y partidos políticos; recuerda que la separación y la no interferencia entre los poderes del Estado es un principio esencial de los Estados democráticos que se rigen por el Estado de Derecho.

100 Declaración Cancilleres Grupo de Lima, en Santiago de Chile, de fecha 23 de enero de 2018. Disponible en: http://dossier33.com/nacional/pronunciamiento-del-grupo-de-lima-sobre-venezuela/

derechos políticos de la población venezolana, sin interferencias indebidas".[101] (Cursivas añadidas).

El *Consejo Permanente de la Organización de Estados Americanos* adoptó el 23 de febrero de 2018 la Resolución CP/RES. 1095 (2145/18), en cuyos considerandos se cuestiona la credibilidad del proceso electoral convocado, señalando lo siguiente:

> "*[...] el anuncio del Gobierno venezolano de adelantar las elecciones presidenciales al 22 de abril de 2018 imposibilita la realización de elecciones democráticas, transparentes y creíbles de conformidad con las normas internacionales, y contradice los principios democráticos y la buena fe*".

En virtud de lo cual, tomando en cuenta el contenido del informe de la Comisión Interamericana de Derechos Humanos y entendiendo "*que un proceso electoral libre y justo es fundamental para resolver de manera pacífica y democrática la actual crisis, y el único camino posible para la vigencia del Estado de Derecho en Venezuela*", exhorta:

> "*[...] a que reconsidere la convocatoria de las elecciones presidenciales y presente un nuevo calendario electoral que haga posible la realización de elecciones con todas las garantías necesarias para un proceso libre, justo, transparente, legítimo y creíble, que incluya la participación de todos los partidos y actores políticos venezolanos sin proscritos de ninguna clase, observadores internacionales independientes, acceso libre e igualitario a los medios de comunicación, y con un Consejo Nacional Electoral cuya composición garantice su independencia y autonomía y que goce de la confianza de todos los actores políticos*".[102] (Cursivas añadidas).

---

[101] Esa recomendación está fundamentada en constataciones que se leen a lo largo del Informe, de manera particular en los numerales 16 y 120 al 131, en los cuales se cuestiona la independencia del Poder Electoral por la forma de designación de los rectores que integran el Consejo Nacional Electoral y por las decisiones que ese órgano ha adoptado afectando el ejercicio de los derechos políticos de venezolanos. Ver, *Informe de País: Institucionalidad democrática, Estado de derecho y derechos humanos en Venezuela 2017,* CIDH, *OEA/*Ser.L/V/II. Doc. 209, 31 de diciembre de 2017. Disponible en: http://www.oas.org/es/cidh/informes/pdfs/Venezuela2018-es.pdf

[102] Resolución sobre los últimos acontecimientos en Venezuela. OEA/Ser.GCP/RES.1095(2145/18), 23 de enero de 2018. Disponible en: http://www.oas.org/documents/spa/press/CP-RES.1095(2145-18).pdf

Con el sometimiento político del Consejo Nacional Electoral, se terminó secuestrando la democracia representativa y participativa. Después del triunfo electoral de la oposición en las elecciones parlamentarias de diciembre de 2015, el *chavismo* se aseguró que en lo adelante no se celebrarían más elecciones libres que pudiera perderlas. De esta manera, el referendo revocatorio promovido por iniciativa ciudadana el año 2016, fue bloqueado en un concierto político gubernamental entre el Consejo Nacional Electoral y unos pocos tribunales penales de provincia; seguidamente, las elecciones de gobernadores y alcaldes se suspendieron y mientras tanto, se ilegalizaron varios de los principales partidos de oposición y se inhabilitaron políticamente mediante actos administrativos a los principales candidatos de la oposición. Así una vez culminada esta etapa de destrucción institucional y organizacional, el entonces Presidente de la República, Nicolás Maduro, convocó por decreto, de manera inconstitucional y sin referendo previo, a una Asamblea Nacional Constituyente cuyos integrantes fueron electos no por votación universal, directa, personalizada y secreta, sino por "*sectores*" creados arbitrariamente y votos municipales sin base poblacional. Una vez consumada esta nueva etapa, ilegalizados partidos e inhabilitados candidatos de oposición, la nueva Asamblea Nacional Constituyente, sin ser el órgano constitucionalmente competente, convocó a elecciones de gobernadores y alcaldes y, luego, de manera también inconstitucional, convocó adelantadamente las elecciones presidenciales para que tuvieran lugar con casi con 8 meses de anticipación en el mes de mayo de 2018. Elecciones éstas, que tanto la OEA como la Unión Europea y varios organismos internacionales desconocieron por fraudulentas[103].

---

[103] Ver entre otros, con 19 votos a favor, 4 en contra y 11 abstenciones OEA aprueba resolución sobre Venezuela. Disponible en: http://www.el-nacional.com/noticias/mundo/oea-aprobo-resolucion-que-declara-ilegitimo-maduro_265882 y http://efectococuyo.com/politica/con-19-votos-a-favor-4-en-contra-y-11-abstenciones-oea-aprueba-resolucion-sobre-venezuela/; Eurocámara aprueba resolución para rechazar las elecciones en Venezuela: http://efectococuyo.com/principales/eurocamara-aprueba-resolucion-para-rechazar-las-elecciones-en-venezuela/; http://efectococuyo.com/principales/eurocamara-aprueba-resolucion-para-rechazar-las-elecciones-en-venezuela/: https://www.elperiodico.com/es/internacional/20180528/el-union-europea-anuncia-sanciones-contra-venezuela-6843370; y Grupo de Lima rechaza elecciones presidenciales de Venezuela. Disponible en: https://www.telesurtv.net/news/Grupo-de-Lima-rechaza-elecciones-presidenciales-de-Venezuela-20180213-0062.html

De esta manera, con el sometimiento político del Consejo Nacional Electoral, se puso fin a la verdadera democracia representativa y participativa prevista en la Constitución de Venezuela.

7. El sometimiento de los demás órganos constitucionales autónomos

El gran proyecto constitucional del *chavismo* es controlar todos los poderes públicos para someterlos al proyecto político, sin límite ni control alguno. Para ello, además del Consejo Nacional Electoral, también se ha controlado de manera férrea la designación del Fiscal General de la República, el Defensor del Pueblo y el Contralor General de la República. Estos tres órganos integran el Consejo Moral Republicano como órgano a su vez del Poder Ciudadano, el cual por disposición constitucional "*es independiente y sus órganos gozan de autonomía funcional, financiera y administrativa*"[104].

De conformidad con la Constitución, la designación de estos tres altos funcionarios del Estado corresponde a *la Asamblea Nacional por votación de la mayoría calificada de las dos terceras (2/3) partes de sus integrantes.* Para ello, el Consejo Moral Republicano convocará un Comité de Evaluación de Postulaciones del Poder Ciudadano, el cual estará integrado por representantes de diversos sectores de la sociedad, a fin de adelantar un proceso público de cuyo resultado se obtendrá una terna por cada órgano del Poder Ciudadano, la cual será sometida a la consideración de la Asamblea Nacional[105]. El mismo artículo 279 constitucional prevé la situación en la cual en caso de no haber sido convocado el Comité de Evaluación de Postulaciones del Poder Ciudadano, la Asamblea Nacional procederá, dentro del plazo que determine la ley, a la designación del titular o la titular del órgano del Poder Ciudadano correspondiente. Evidentemente al estar esta disposición en la misma norma y no establecerse una mayoría parlamentaria diferente, no hay duda de que en este caso la designación de los titulares de estos cargos debe hacerse igualmente por *la Asamblea Nacional por votación de la mayoría calificada de las dos terceras (2/3) partes de sus integrantes.*

---

[104] Artículo 273, CRBV.

[105] Artículo 279, CRBV.

No obstante, en el año 2014, cuando correspondía la nueva designación de los cargos de Fiscal General de la República, Defensor del Pueblo y Contralor General de la República, el *chavismo* (PSUV) no contaba con la mayoría calificada de las dos terceras (2/3) partes de los integrantes de la Asamblea Nacional. En virtud de ello, igualmente buscaron imponer su nombramiento, violando la Constitución. Para ello, utilizaron de nuevo a la Sala Constitucional del Tribunal Supremo de Justicia para que le diera "*cobertura*" a esta violación material flagrante. Así, lo primero que se hizo fue hacer que el Consejo Moral Republicano no enviara las ternas a la Asamblea Nacional y, de seguidas, el entonces Presidente de la Asamblea Nacional, Diputado Diosdado Cabello, presentó ante la Sala Constitucional un recurso de interpretación del comentado artículo 279 de la Constitución, para que se determinara en ese caso -como si no estuviese meridianamente claro-, la mayoría parlamentaria que se requería para sus nombramientos. El recurso fue presentado el 19 de diciembre de 2014 y a los pocos días, el 22 de diciembre de ese mismo año, la Sala Constitucional, insólitamente interpretó que se solamente se requería la mayoría simple (que erradamente llamó "absoluta"), es decir, *la mitad más uno de los diputados presentes en la sesión parlamentaria* que corresponda al nombramiento de los titulares de los cargos de Fiscal General de la República, Defensor del Pueblo y Contralor General de la República:

> "*En consecuencia, esta Sala Constitucional determina, luego de la interpretación fundamentada en los razonamientos expuestos, que en la situación planteada por el ciudadano Presidente de la asamblea Nacional y que motivó el requerimiento interpretativo declarativo, ese Órgano Legislativo Nacional debe proceder, luego de los trámites correspondientes, a la escogencia por mayoría absoluta -mitad más uno de los diputados y diputadas presentes en la sesión parlamentaria que corresponda- de los titulares de las instituciones que componen el Consejo Moral Republicano, en un tiempo no mayor de treinta (30) días continuos*".[106] (Cursivas añadidas).

[106] Sentencia No. 1864 de fecha 22 de diciembre del 2014, SC/TSJ, caso *G/D Diosdado Cabello Presidente Asamblea Nacional, alcance artículo 279 de la Constitución Nacional.* Ponencia conjunta. Disponible en: https://vlexvenezuela.com/vid/diosdado-cabello-rondon-593332490

De esta forma, el *chavismo*, al no tener los votos de las dos terceras partes de los integrantes de la Asamblea Nacional, buscando la cobertura de una nueva decisión de su Sala Constitucional del Tribunal Supremo de Justicia, burló la mayoría parlamentaria calificada establecida expresamente por la Constitución para el nombramiento de los titulares de los cargos de Fiscal General de la República, Defensor del Pueblo y Contralor General de la República. Con ello no sólo se violó groseramente la Constitución, sino que se rompió una regla de mayorías parlamentarias esencial para la vida democrática. La lección para el proyecto constitucional chavista: *si el chavismo no tiene la mayoría parlamentaria constitucionalmente exigida para tomar una decisión, la inventa a su conveniencia y la impone con la cobertura de la propia jurisdicción constitucional a la que controla políticamente*.

8. Una nueva Constituyente usurpadora: sin referendo, ni sufragio por votación universal e igual y sin Constitución

En 2017, luego de casi dos años de intervención judicial inconstitucional de la Asamblea Nacional, se hacía impresentable que la Sala Constitucional del Tribunal Supremo de Justicia siguiera asumiendo todas las facultades de la Asamblea Nacional para la aprobación de presupuestos, créditos públicos, contratos de interés público y hasta de informe anual del presidente.

Frente a ello, en ese año 2017, el *chavismo* se inventó otra fase de su proyecto constitucional: *convocar a una suerte de asamblea paralela todo poderosa de corporaciones y soviets con el nombre de Asamblea Nacional Constituyente, de manera abiertamente arbitraria e inconstitucional, sin aprobación previa de la convocatoria y bases comiciales por referendo, y mediante un fraude electoral consistente en la elección de representantes por sectores y votos municipales*[107]. En todo caso, en medio de un fraude electoral que terminó con denuncias públicas y el

[107] Ver Carlos Ayala C., "*La Asamblea Nacional Constituyente de Maduro -2017: fraude constitucional y usurpación de la soberanía popular (inconstitucionalidad e inconvencionalidad de la Convocatoria y las Bases Comiciales)"* en Allan Brewer Carías y Carlos García Soto (comp), *Estudios Sobre la Asamblea Nacional Constituyente y su Inconstitucional Convocatoria en 2017*, Editorial Temis y Fundación de Derecho Público Editorial Jurídica Venezolana, 2017. Disponible en: http://allanbrewercarias.net/site/wp-content/uploads/2017/07/ESTUDIOS-SOBRE-LA-AN-CONSTITUYENTE-25-7-2017.pdf

retiro de la empresa que manejaba el software para el Consejo Nacional Electoral -que denunció discrepancia entre los votos anunciados en el resultado oficial y los emitidos por el sistema informático-, se impuso esta nueva Constituyente, sin límite de tiempo y declarándose por encima de la Constitución de 1999[108]. Así, con este nuevo proyecto constitucional del *chavismo,* también queda claro otro de sus componentes: *cuando se hace necesario para la sobrevivencia política del proyecto de poder absoluto, simplemente hay que dejar de lado la Constitución escrita y crear un órgano supra constitucional.* Es así que éste nuevo órgano todo poderoso y sin límites, al que se le bautizó como Asamblea Nacional Constituyente, se convierte en el nuevo *Leviatán* del Estado de Derecho, la democracia y los derechos humanos.

De hecho, luego de más de año y medio de instalada esta Asamblea Nacional Constituyente integrada por más de 500 miembros y cuyo quórum real se desconoce, ésta se ha arrogado sin límite las competencias constitucionales de los demás órganos del poder público (excepto del Ejecutivo Nacional) y en particular de la Asamblea Nacional: ha legislado, aprobado nombramientos, destituido a la Fiscal General de la República cuando descubrió su independencia y criticó los abusos de poder y la violación de la Constitución y ha nombrado su nuevo Fiscal General, nombrado a su nuevo Defensor del Pueblo y a su nuevo Contralor General, ratificado a los rectores del CNE, aprobado presupuestos, y cuanto otro acto le venga en gana[109]. A pesar de ello, luego de año

---

108 Ver *Normas para garantizar el pleno funcionamiento institucional de la Asamblea Nacional Constituyente en armonía con los Poderes Públicos constituido*, Gaceta Oficial No. 6.322 Extraordinaria, de 8 de agosto de 2017.

109 Ver, por ejemplo, *Decreto Constituyente sobre la Emergencia y Reestructuración del Ministerio Público; Decreto Constituyente de la Remoción de la ciudadana Luisa Marvelia Ortega Díaz como Fiscal General de la República*; *Decreto Constituyente de la designación provisional del cargo de Fiscal General de la República de Tarek Williams Saab*; Gaceta Oficial No. 6.322 Extraordinaria, de 5 agosto de 2017. *Decreto Constituyente sobre convocatoria a elecciones en la República Bolivariana de Venezuela,* Gaceta Oficial No. 41.351, de 1 de marzo de 2018. *Decreto Constituyente sobre Criptoactivos y la Criptomoneda Soberana Petro*, Gaceta Oficial No. 6.370 Extraordinaria, de 9 de abril de 2018. *Decreto Constituyente mediante el cual se ratifica al ciudadano Nicolás Maduro Moros, como Presidente Constitucional de la República Bolivariana de Venezuela, Jefe de Estado y de Gobierno, Comandante en Jefe de la Fuerza Armada Nacional Bolivariana, para el cual fue electo por decisión del soberano Pueblo de Venezuela*, Gaceta Oficial No. 6.325 Extraordinaria, de 10 de agosto de 2017. *Decreto Constituyente mediante el cual se ratifica*

y medio de funcionamiento de esta Asamblea Nacional Constituyente, no se conoce ni un artículo del nuevo texto constitucional, sencillamente porque ya no importa. De esta forma llegamos al verdadero proyecto constitucional chavista: *la inexistencia de la idea de Constitución y de la Constitución misma como fuente y límite del poder, principios y valores superiores, con el reino de la arbitrariedad sin control alguno; y la "neutralización" de todo foco de poder público que, aunque tenga su legitimidad en una elección popular, pueda hacer* oposición o simplemente no someterse a su voluntad política absoluta.

El único objetivo político de la nueva Asamblea Nacional Constituyente fue usurpar la representación popular y las funciones constitucionales de la Asamblea Nacional electa en el año 2015. Por ello, una vez que el régimen autoritario logró fraudulentamente retomar el control político de la Asamblea Nacional en diciembre el año 2020, hizo cesar a la toda poderosa Constituyente, sin que esta hubiese aprobado siquiera un solo artículo de la prometida nueva constitución. En efecto, luego de la retoma de control político de la Asamblea Nacional por parte del PSUV, Nicolás Maduro anunció que la Asamblea Nacional Constituyente cesaría el 31 de diciembre de ese año 2020, expresando al respecto: "*misión cumplida*"[110].

---

a las ciudadanas Tibisay Lucena Ramírez, Sandra Oblitas Ruzza, Socorro Elizabeth Hernández y Tania D'Amelio Cardiet, como Rectoras del Consejo Nacional Electoral, Gaceta Oficial No. 6.326 Extraordinaria, de 11 de agosto de 2017. *Decreto Constituyente mediante el cual se ratifica en el ejercicio de sus funciones constitucionales a los Magistrados y Magistradas Principales del Tribunal Supremo de Justicia; y, Decreto Constituyente mediante el cual se ratifica al ciudadano Luis Emilio Rondón González, como Rector Principal del Consejo Nacional Electoral*, Gaceta Oficial No. 41.214, de 15 de agosto de 2017. *Decreto Constituyente mediante el cual se designa al ciudadano Elvis Eduardo Hidrobo Amoroso, como Contralor General de la República; y se aprueba la solicitud de jubilación del ciudadano Manuel Galindo Ballesteros*, Gaceta Oficial No. 41.508, de 23 de octubre de 2018. *Decreto Constituyente mediante el cual se ratifica en el ejercicio de sus funciones al ciudadano Alfredo José Ruíz Ángelo como Defensor del Pueblo*, Gaceta Oficial No. 41.529, de 21 de noviembre de 2018. *Decreto Constituyente que aprueba la Ley de Presupuesto para el Ejercicio Económico Financiero 2019, la Ley Especial de Endeudamiento Anual para el Ejercicio Económico Financiero 2019 y el Plan Operativo Anual 2019*; y, *Decreto Constituyente que aprueba el Presupuesto de Ingresos y Gastos Operativos del Banco Central de Venezuela para el Ejercicio Fiscal 2019*, Gaceta Oficial No. 41.549, de 19 de diciembre de 2018.

110 "*Oficialistas de Venezuela cierran criticada asamblea constituyente*" by Reuters Staff, December 18, 2020, REUTERS. Disponible en: https://www.reuters.com/article/venezuela-politica-constituyente-idLTAKBN28S359

La lección ya había sido aprendida y aplicada: para poder imponer el proyecto autoritario total chavista en contra de la Constitución, se deben controlar todos los poderes nacionales y si es necesario, entonces imponer así sea transitoriamente un órgano "*supra constitucional*" sin límite alguno, que sustituya las funciones constitucionales del órgano fuera de control político. Ahora bien, para ello es esencial controlar el poder judicial y en especial la jurisdicción constitucional.

9. La "domesticación" de la Asamblea Nacional en el 2020

En el año 2020, ante el término del mandato constitucional de cinco años de la Asamblea Nacional electa en el 2015, el régimen comenzó a tramar una farsa electoral que le permitiera, sin tener el apoyo de la mayoría del pueblo, retomar el control político de dicho órgano del poder legislativo nacional y así "*domesticarlo*".

Para ello, el régimen orquestó y ejecutó una serie de insólitas medidas arbitrarias, entre otras, modificó el régimen electoral, nombró nuevas autoridades del Consejo Nacional Electoral, inhabilitó a partidos políticos de oposición, intervino partidos políticos de oposición y se los asignó a dirigentes afines al chavismo e inhabilitó a candidatos de la oposición. De esta manera, sin garantía alguna de las normas y estándares mínimos para tener unas elecciones libres y democráticas, el régimen de Nicolás Maduro convocó a nuevas elecciones parlamentarias básicamente con sólo con sus candidatos del gobierno y de la oposición.

Esta última fase de ataque del régimen contra la Asamblea Nacional electa democráticamente en el año 2015 -luego de la usurpación de sus funciones por el Tribunal Supremo de Justicia desde el 2016 y por la Asamblea Nacional Constituyente desde el 2017-, comenzó con un acto de sabotaje ejecutado a comienzos del 2020, para tratar de imponer una Junta Directiva paralela ilegítima, a la Junta Directiva legítimamente electa presidida por el diputado Juan Guaidó. Esta estrategia la llevó a cabo mediante la cooptación de un grupo de diputados de los principales partidos de oposición, a quienes se les ofreció como premio presidir la nueva Junta Directiva. Así, el día 5 de enero de 2020, con ocasión de la elección de la nueva Junta Directiva de la Asamblea Nacional para el periodo 2020-2021, al presidente de la Asamblea Nacional y a muchos otros diputados les fue negado el acceso a la sede en el Palacio Federal Legislativo por los organismos de seguridad del Estado, ocurriendo incluso agresiones con violencia contra algunos diputados. Ello no impidió que la mayoría de los diputados sesionaran en una sede alterna y se instalara legítimamente la Junta Directiva de la Asamblea Nacional presidida por el diputado Juan Guaidó. Sin embargo, violando las normas básicas sobre quórum y procedimientos parlamentarios, el chavismo pretendió imponer una Junta Directiva paralela presidida por el diputado Luis Parra, quien hasta momentos antes había sido diputado de oposición por el partido Primero Justicia. A estos diputados tránsfugas de sus partidos se les vino en llamar popularmente como "*los alacranes*".

La decisión fue rechazada por distintas entidades calificadas en Venezuela y por la comunidad internacional[111]. Al día siguiente, la oposición del parlamento de Venezuela ratificó a Juan Guaidó como su presidente[112]. Como era de esperarse, la Sala Constitucional del Tribunal Supremo de Justicia el 26 de mayo de 2020, avaló como jefe de la Asamblea Nacional a Luis Parra[113], lo cual a su vez generó una reacción dentro y fuera de Venezuela[114].

Siendo el 2020 el año en que debían tener lugar las elecciones parlamentarias nacionales en el mes de diciembre, el régimen comenzó además a ejecutar el fraude electoral. Para ello, se va a utilizar nuevamente a la Sala Constitucional del Tribunal Supremo de Justicia.

Un primer grupo de sentencias fueron dictadas, con motivo de un recurso interpuesto contra de la supuesta omisión legislativa por parte

---

111 Ver, "Pronunciamiento de las Academias Nacionales ante los graves atentados contra la soberanía e institucionalidad de la Asamblea Nacional", Caracas, 8 de enero de 2020. Disponible en: https://www.acienpol.org.ve/wp-content/uploads/2020/01/v.-3-Pronunciamento-interacademico-7E-juramentación-de-la-Asamblea-Nacional-.pdf

112 "*Mayoría opositora del Parlamento venezolano ratifica a Guaidó. La Asamblea Nacional calificó de 'ilegal' una sentencia del Tribunal Supremo de Justicia, que avaló como jefe del Congreso al chavista Luis Parra*", DW.COM América Latina. Disponible en: https://www.dw.com/es/mayor%C3%ADa-opositora-del-parlamento-venezolano-ratifica-a-guaidó/a-53608189

113 "Sala Constitucional del TSJ ratifica a Luis Parra como presidente de la Asamblea Nacional", 27 de mayo de 2020. Disponible en: www.tsj.gob.ve

114 "*Supremo de Venezuela anula presidencia parlamentaria de Guaidó. Máximo tribunal de línea chavista avaló al disidente opositor Luis Parra como único presidente del Parlamento*", DW.COM América Latina. Disponible en: https://www.dw.com/es/supremo-de-venezuela-anula-presidencia-parlamentaria-de-guaidó/a-53579491

de la Asamblea Nacional de designar a los funcionarios que sustituirían en sus cargos a los Rectores del Consejo Nacional Electoral. Por medio de estas sentencias la Sala Constitucional procedió directamente a designar a los integrantes del Consejo Nacional Electoral y de sus órganos electorales subalternos[115], siendo que esta es una facultad constitucional exclusiva y excluyente de la Asamblea Nacional por mayoría calificada de sus diputados[116]. Ello, a pesar de que la Asamblea Nacional había adelantado el proceso de nombramiento de los rectores del Consejo Nacional Electoral, mediante el nombramiento del Comité de Postulaciones, el proceso de postulaciones y revisión de credenciales y la preparación del informe final al pleno. Sin embargo, frente a ello el chavismo de nuevo tomó el atajo ilegítimo de acudir al Tribunal Supremo que controla políticamente, para obtener el nombramiento de los rectores bajo su control.

Como si fuera poco, la Sala Constitucional además en la sentencia número 68 pretendió absurdamente desaplicar con efectos *erga omnes,* doce normas legales de naturaleza electoral contenidos en la Ley Orgánica de Procesos Electorales, en los artículos 14, 15, 174, 175, 176, 177, 178, 179, 180, 181, 182 y 186, y más absurdamente asignar su regulación al Consejo Nacional Electoral, también en violación de las facultades constitucionales para legislar de la Asamblea Nacional. En aplicación de esta irregular asignación de competencias legislativas, el Consejo Nacional Electoral así designado, realizó varias modificaciones a la Ley sobre el método de elección general y el los diputados representantes de los pueblos indígenas. Con relación a éstos últimos, las nuevas normas dictadas eliminaron la elección universal, directa y secreta de los diputados indígenas, sustituyéndolas por elecciones de comisarios a mano alzada en asambleas, quienes a su vez se reunirían en una asamblea mayor para designar entre ellos a los diputados indígenas[117]. De esta manera, se desmontó también la democracia repre-

---

115 Sentencias números 68, 69 y 70, de fechas 05, 10 y 12 de junio de 2020, SC/TSJ. Disponibles en: www.tsj.gob.ve

116 Artículo 296, CRBV.

117 *Reglamento especial para regular la elección de la representación indígena en la Asamblea Nacional 2020*, Resolución N° 200630-0024, Consejo Nacional Electoral, Caracas, 30 de Junio de 2020. Disponibles en: www.cne.gob.ve

sentativa en la elección popular de los diputados que representan a los pueblos indígenas en la Asamblea Nacional. Y como lo afirmó Brewer Carías, estas normas configuraron "*el fin de la democracia representativa basada en el sufragio universal, directo y secreto regulado en la Constitución*"[118].

Con estas sentencias se ejecutó una grave distorsión del recurso por omisión legislativa por la Sala Constitucional, al usurpar las potestades constitucionales exclusivas y excluyentes de la Asamblea Nacional, en violación del principio de separación de poderes y el principio de legalidad, consagrados en los artículos 136 y 137 de la Constitución. En efecto, la Constitución no autoriza a la Sala Constitucional a designar altos funcionarios públicos cuyo nombramiento está atribuido expresamente a la Asamblea Nacional. El recurso por omisión legislativa solo atribuye la competencia judicial a dicho Tribunal para declarar la omisión legislativa, y de ser necesario, establecer "*los lineamientos de su corrección*"[119], pero no para dictar los actos constitucionales propios del órgano parlamentario. Esta sentencia inconstitucional además violó los requisitos constitucionalmente exigidos, a partir de la lista de postulados que le presenten a la Asamblea Nacional la sociedad civil, las facultades de ciencias jurídicas y políticas y el Poder Ciudadano, según corresponda (penúltimo aparte del artículo 296 constitucional).

Un segundo grupo de sentencias dictadas por la Sala Constitucional del Tribunal Supremo de Justicia, decidió intervenir mediante "*medidas cautelares*" a partidos políticos de oposición, mediante la suspensión de sus autoridades legítimas y el nombramiento judicial de autoridades con facultades de administrar los partidos, especialmente de disponer la inscripción de candidatos para las próximas elecciones parlamentarias y utilizar los símbolos de esos partidos[120].

---

118 Allan R. Brewer Carías, "El fin de la democracia representativa basada en el sufragio universal, directo y secreto regulado en la Constitución. El caso de la inconstitucional reglamentación por parte del Consejo Nacional Electoral de un sistema electoral 'indirecto' y 'a mano alzada' para los tres diputados de representación indígena a la Asamblea Nacional", New York, 29 de julio de 2020. Disponible en: http://allanbrewercarias.com/wp-content/uploads/2020/07/209.-Brewer.-INCONSTITUCIONAL-SIST.-ELECTORAL-DIPUTADOS-INDIGENAS.pdf

119 Artículo 336, numeral 7.

120 Entre otras, las sentencias números 71 y 72 de fechas 15 y 16 de junio de 2020, Sala Constitucional del Tribunal Supremo de Justicia, por medio de las cuales ordenó la suspensión

Este segundo grotesco grupo sentencias, violan gravemente el derecho a la democracia, los principios y valores superiores del ordenamiento jurídico venezolano como la libertad y el pluralismo político; el derecho constitucional de asociarse con fines políticos y, concretamente, en la libre determinación de los partidos políticos que implica la libre elección de su dirección y sus candidatos a cargos de elección popular a través de la selección en elecciones internas con la participación de sus integrantes[121].

Además, conforme a la Carta Democrática Interamericana, el régimen plural de partidos y organizaciones políticas es un *elemento esencial* de la democracia (artículo 3). En este sentido, la Constitución (artículo 67) y los instrumentos internacionales de derechos humanos consagran el derecho de los ciudadanos a formar partidos políticos libres. Ello prohíbe que el Estado y menos a través de su brazo político en el poder judicial, intervenir arbitrariamente los partidos políticos, para someterlos a su proyecto político. Por ello, la insólita ocupación y secuestro de los partidos políticos ejecutada por las sedicientes decisiones judiciales de la jurisdicción constitucional, representó una pluriviolación de la Constitución y la democracia misma.

En virtud de todo ello, de nuevo las Academias Nacionales se pronunciaron cuestionando abiertamente estas sentencias por violar la Constitución y los principios democráticos[122]. La Academia de Ciencias Políticas y Sociales de Venezuela además concluyó su propio pronunciamiento crítico al respecto, con la siguiente afirmación sobre la ilegitimidad de las próximas elecciones parlamentarias:

> "*La Academia debe advertir públicamente, que bajo las actuales condiciones consistentes, entre otras, en la falta de independencia*

---

de las directivas de las organizaciones con fines políticos (partidos políticos) *Acción Democrática* y *Movimiento Primero Justicia*. Disponibles en: www.tsj.gob.ve

121 Artículos 2, 5, 6, 62, 67 y 70, CRBV.

122 "Pronunciamiento Interacadémico. En vista de las Sentencias dictadas por la Sala Constitucional del Tribunal Supremo De Justicia designando los Rectores del Consejo Nacional Electoral y sus órganos subalternos, e interviniendo varios partidos políticos", Caracas 18 de junio de 2020. Disponible en: https://www.acienpol.org.ve/wp-content/uploads/2020/06/Pronunciamiento-interacademico-en-rechazo-de-las-sentencias-68-69-y-70-SC-c.docx-v-2-1-3.pdf

e imparcialidad del Consejo Nacional Electoral; la ilegalización e intervención de los principales partidos de oposición; la inhabilitación, detención arbitraria y persecución de actuales diputados y dirigentes políticos de oposición; y la ausencia en general de las garantías esenciales para la celebración de elecciones libres, justas y creíbles como expresión de la soberanía del pueblo, no es posible la realización de elecciones legítimas como las de diputados a la Asamblea Nacional".[123]

Más adelante, las Academias de Medicina y de Ciencias Políticas y Sociales, emitieron otro pronunciamiento sobre las elecciones parlamentarias convocadas para diciembre de ese año 2020, concluyendo que en virtud de todos los vicios que contenían serían nulas e incapaces de elegir y llamando al país a celebrar verdaderas elecciones democráticas, para superar la crisis nacional:

"Las votaciones no democráticas no eligen. Unas votaciones bajo este cúmulo de vicios y múltiples violaciones de la Constitución y de los instrumentos internacionales sobre derechos humanos, son incapaces de elegir. Todo acto que viola los derechos garantizados en la Constitución es nulo, y de su nulidad no puede derivarse consecuencia alguna, pues equivale a un acto inexistente. Por tanto, del evento convocado para el 6 de diciembre es imposible derivar una elección de los nuevos diputados que sustituirán a los actuales diputados electos legítimamente el diciembre de 2015.

Para superar la ruptura del orden constitucional y comenzar a superar la emergencia humanitaria compleja que sufre el país, es necesario restablecer la democracia, el Estado de Derecho y el respeto de los derechos humanos. Ello solo es posible a través de elecciones verdaderamente democráticas, bajo los estándares universales y con observación internacional. Por lo cual, la convocatoria del evento electoral del próximo 6 de diciembre en las condiciones antes denunciadas es además una irresponsabilidad frente al país y frente a la historia".

---

[123] "Pronunciamiento de la Academia De Ciencias Políticas Y Sociales con relación a las Sentencias de la Sala Constitucional del Tribunal Supremo De Justicia que designó a los integrantes del Consejo Nacional Electoral y los Órganos Electorales Subalternos, y que intervino varios partidos políticos", Academia de Ciencias Políticas y Sociales, Caracas, 18 de junio de 2020. Disponible en: https://www.acienpol.org.ve/wp-content/uploads/2020/06/Pronunciamiento-ACPS-contra-sentencias-68-69-70-71-72-SC.pdf

10. El instrumento clave: el sometimiento del Poder Judicial y en especial de la jurisdicción constitucional

En el caso venezolano, controlado políticamente el Poder Judicial en cabeza del Tribunal Supremo de Justicia y su Sala Constitucional, en especial ésta última fue la encargada de ejecutar el proyecto autoritario de poder. De allí en adelante, no se controlaron ni las leyes, ni los decretos presidenciales, ni los actos administrativos, ni ninguno de los actos de los demás poderes cooptados por el *chavismo*. Así la jurisdicción constitucional no sólo renunció a ejercer su función como guardián de la Constitución, sino que ella misma se convirtió en el ejecutor de violaciones flagrantes a la propia constitución, a la democracia y a los derechos humanos.

Ahora bien, ¿cómo lograr que la Constitución esté al servicio del proyecto político de la revolución chavista? La pregunta era y es pertinente, ya que, si el Estado previsto en la Constitución de 1999 se organizara conforme a los principios del Estado de Derecho, como son la separación de poderes y especialmente la independencia del poder judicial, se estaría gestando la destrucción de la propia Constitución real y el Estado chavistas. Por ello, con el triunfo electoral, primero al Presidente de la República, Hugo Chávez Frías, -de un liderazgo popular indiscutible y autoritario-; luego a la Asamblea Nacional Constituyente de 1999; y luego a la Asamblea Nacional (al menos desde 2000 hasta el 2015), se estructuró un *Estado de Partido Oficial o Hegemónico* (MVR, luego PSUV). Ello tuvo lugar, primero, a través de la elección por la Asamblea Nacional Constituyente -de manera abrupta sin ni siquiera seguir los trámites y procedimientos constitucionales- de los órganos constitucionales (Consejo Supremo Electoral, Fiscal General de la República y Contralor General de la República) y en especial a los magistrados del Tribunal Supremo de Justicia [124]; y segundo, a través de leyes

---

124 Recordemos que, en diciembre de 1999, mediante un *Decreto sobre el Régimen de Transición del Poder Público*, la Asamblea Nacional Constituyente designó a todos los magistrados del Tribunal Supremo de Justicia, Consejo Supremo Electoral, Fiscal General de la República, Contralor General de la República y Defensor del Pueblo: *Decreto mediante el cual se dicta el Régimen de Transición del Poder Público*, Gaceta Oficial No. 36.857, de 27 de diciembre de 1999.

u otros actos de aprobación y autorización constitucional a los actos del Presidente de la República, pero sobre todo, a través de sentencias que aprobaron todos sus actos incluyendo aquellos que violan la Constitución abiertamente.

El resultado de ello fue el inmediato asalto a todos los poderes públicos por miembros del partido oficial y sus acólitos, para secuestrarlos y ponerlos al servicio de la revolución *chavista*, es decir, del comandante supremo en el ejercicio de la presidencia de la República. En un primer momento, en el año 2000 se logró la mayoría calificada de la Asamblea Nacional con el cuoteo o reparto de algunos pocos cargos de magistrados en el Tribunal Supremo de Justicia (TSJ) a algunos partidos de oposición; luego, cuando se vio una peligrosa tendencia a dictar sentencias que no eran del agrado del comandante supremo de la revolución y Presidente de la República, se decidió en el año 2004 hacer una purga del TSJ y aumentar el número de sus integrantes de tres (3) a cinco (5), excepto en la Sala Constitucional que pasaron de cinco (5) a siete (7)[125]. Sin embargo, al no obtener la mayoría calificada de las dos terceras partes de los diputados de la Asamblea Nacional requerida para el nombramiento de los magistrados del Tribunal Supremo de Justicia y los demás órganos constitucionales, se buscaron diversas fórmulas creativas, todas inconstitucionales, para retener el control político: para la elección de los magistrados y magistradas del Tribunal Supremo de Justicia, se estableció en su ley orgánica, que si luego de tres votaciones no se logra la elección de los magistrados por las dos terceras partes (2/3) de los diputados, entonces la Asamblea Nacional procederá a su elección por "*mayoría simple*"[126]. En definitiva, el partido oficial proponía sus candidatos sin necesidad lograr la aprobación de la oposición parlamentaria, y se sentaba tranquila a esperar las tres votaciones, para a la cuarta imponer finalmente sus candidatos por mayoría simple.

En efecto, la ampliación en el año 2004 de la composición del TSJ de veinte (20) a treinta y dos (32) magistrados por medio de la aprobación de la reforma a la Ley Orgánica del TSJ sin la mayoría calificada

---

[125] *Ley Orgánica del Tribunal Supremo de Justicia*, Gaceta Oficial No. 37.942, de 20 de mayo de 2004.

[126] Artículo 8, *Ley Orgánica del Tribunal Supremo de Justicia.*

que se requería constitucionalmente, por tratarse de una ley orgánica, permitió a la coalición oficialista en la Asamblea Nacional nombrar doce (12) magistrados, obteniendo así una gran mayoría de magistrados en el Tribunal Supremo aliados o afectos al partido de gobierno, como lo señaló en su momento el Relator Especial sobre Independencia de Magistrados y Abogados de Naciones Unidas[127], quien concluyó que "*la adopción y aplicación de esta Ley, contraria a la Constitución venezolana y a los principios del derecho internacional, ha creado un poder judicial fuertemente politizado*".

Adicionalmente, la Comisión Interamericana de Derechos Humanos (CIDH) ha resaltado la gravedad de los procedimientos de designación de los magistrados desde 2004 hasta la actualidad, función que le corresponde a la Asamblea Nacional del país. En ese sentido, en su Informe de 2004[128] menciona:

> "*174. Sin embargo, debe señalarse que la Ley Orgánica del Tribunal de Justicia aprobada por la Asamblea Nacional no toma en consideración las preocupaciones expresadas por la CIDH en su informe en cuanto a posibles amenazas a la independencia del poder judicial. En efecto, las normas de designación, destitución y suspensión de los magistrados carecen de previsiones adecuadas para evitar que otros poderes del Estado puedan afectar la independencia del tribunal, o que escasas mayorías circunstanciales decidan la composición del éste sin previa consulta a la sociedad a través de un debate amplio y transparente*". (Cursivas añadidas).

Posteriormente en el año 2010, la Asamblea Nacional saliente de mayoría absoluta oficialista, modificó las condiciones y mecanismos para designar magistrados del Tribunal Supremo de Justicia en la Ley Orgánica del Tribunal Supremo de Justicia, meses antes de que se cele-

---

127 *Report of the Special Rapporteur on the independence of judges and lawyers, Leandro Despouy, submitted in accordance with Commission on Human Rights resolution 2004/33* - Relatoría Especial de las Naciones Unidas sobre Independencia de Magistrados y Abogados, *Addendum: Situations in specific countries or territories*, E/CN.4/2005/60/Add.1, 18 de marzo de 2005, párr. 167.

128 *Informe Anual 2004,* CIDH, Capítulo V: Venezuela. OEA/Ser.L/V/II.122 Doc. 5 rev. 1., 23 de febrero de 2005. Disponible en: https://www.cidh.oas.org/annualrep/2005sp/cap.4d.htm

braran las elecciones parlamentarias de ese año y la oposición política a Hugo Chávez conquistó un tercio (1/3) de los curules en la Asamblea Nacional. De forma similar, el ya cuestionado Tribunal Supremo de Justicia acordó la resolución No. 2010-0011 en su Sala Plena, permitiendo una particular jubilación adelantada de magistrados que habían mostrado un criterio jurisdiccional autónomo e inconveniente para el partido de gobierno y para el Poder Ejecutivo. El objetivo era que la Asamblea Nacional saliente procediera a hacer nuevos nombramientos, para cubrir la vacante de nueve (9) magistrados jubilados y treinta y dos (32) nuevos magistrados suplentes.

La politización y falta de independencia de la escogencia de nueve (9) magistrados principales y treinta y dos (32) suplentes del TSJ se hizo evidente cuando se designaron cinco (5) magistrados que, alejados de cumplir con los requisitos constitucionales y legales para poder optar por el cargo, eran diputados de la Asamblea Nacional vinculados al Partido Socialista Unido de Venezuela (PSUV) y a la entonces Procuradora General de la República (funcionaria del Ejecutivo Nacional)[129].

Durante el año 2015, fueron convocados comicios parlamentarios para elegir a los diputados de la Asamblea Nacional. Como se dijo, el 6 de diciembre, la oposición política venezolana conquistó electoralmente la mayoría calificada de los escaños[130]. Según lo establecido en la Constitución y en la Ley Orgánica del Tribunal Supremo de Justicia vigente[131], existía un grupo de magistrados del máximo tribunal que fueron escogidos en 2004 y culminarían su período constitucional en 2016, motivo por el que sería la Asamblea Nacional de 2016, cuya composición sería de mayoría opositora, la encargada de realizar el proceso de selección de esos Magistrados.

---

[129] Juan José Mendoza, Malaquías Gil, Roberto Quintero, Ninoska Queipo Briceño y Gladys Gutiérrez, todos diputados del partido de gobierno o agrupaciones afines electos en 2006, la última también Procuradora General de la República entre 2007 a 2010, hasta su designación como magistrada.

[130] "*Venezuela: la oposición consigue mayoría calificada de 3/5 en las elecciones parlamentarias, 8 de diciembre de 2015*", BBC Mundo. Disponible en: *https://www.bbc.com/mundo/noticias/2015/12/151207_venezuela_elecciones_mud_mayoria_calificada_n*

[131] *Ley Orgánica del Tribunal Supremo de Justicia*, Gaceta Oficial No. 39.522, de 1 de octubre de 2010.

No obstante, previo a la realización de las elecciones parlamentarias, trece (13) magistrados principales -elegidos en 2004- presuntamente firmaron una solicitud de jubilación adelantada (basados en el mismo procedimiento de 2010), lo cual los separaría del cargo antes de culminar su período constitucional[132]. De esta forma, se dejaron unas vacantes en esos cargos que serían convenientemente suplidas por magistrados escogidos por la Asamblea Nacional en funciones para el momento, de denotada mayoría oficialista.

En ese momento y, a pesar de no contar con la mayoría calificada de dos tercios (2/3) del parlamento, requerida para la elección de magistrados, el partido de gobierno procedió a elegir finalmente a los nuevos trece (13) magistrados principales y veintiún (21) magistrados suplentes del Tribunal Supremo de Justicia el 23 de diciembre de 2015[133], sin seguir ninguno de los procesos y lapsos constitucionales, legales y reglamentariamente dispuestos para tal fin; ni siquiera se ciñeron a la Ley Orgánica del Tribunal Supremo de Justicia de 2010 que permitía la elección de los magistrados del máximo tribunal mediante aprobación por mayoría simple de la Asamblea Nacional (1/2), una vez fuese inalcanzable el consenso de las dos terceras (2/3) partes de los integrantes del parlamento luego de haber intentado la elección durante tres (3) sesiones plenarias.

De los trece (13) magistrados principales, únicamente tres (3) cumplen con todos los requisitos constitucional y legalmente establecidos para poder ser nombrado en dicha posición; entre los elegidos se encuentran nuevamente personas directamente vinculadas al partido de gobierno, habiendo sido asesores o incluso habiendo ejercido cargos dentro del poder ejecutivo[134].

---

132 *"Con jubilaciones anticipadas suben a 18 las vacantes del TSJ que la AN sustituirá antes del 6D"*, Efecto Cocuyo (15 de octubre de 2015). Disponible en: http://efectococuyo.com/politica/con-jubilaciones-anticipadas-suben-a-18-las-vacantes-del-tsj-que-la-an-sustituira-antes-del-6d/

133 *"Conozca la lista de Magistrados del TSJ designados por la Asamblea Nacional"*, Diario Panorama (23 de diciembre de 2015). Disponible en: https://www.panorama.com.ve/politicayeconomia/Conozca-la-lista-de-Magistrados-del-TSJ-designados-%20por-la-Asamblea-Nacional-20151223-0046.html

134 Como ejemplo, tenemos al Presidente del TSJ Maikel José Moreno Pérez; la Presidenta de la Sala Político- Administrativa, María Carolina Ameliach Villarroel; el Presidente de

Como mencionábamos anteriormente, el 14 de octubre de 2015 la Sala Plena del Tribunal Supremo de Justicia había aprobado las peticiones de jubilación que hicieron trece (13) magistrados. Sin embargo, no se trató de jubilaciones enteramente voluntarias sino realizadas bajo fuerte presión gubernamental. A tal efecto, el 17 de febrero de 2016, dos (2) de estos magistrados jubilados -Carmen Elvigia Porras y Luis Ortíz Hernández- declararon ante la Comisión de Evaluación sobre la Designación de Magistrados del Tribunal Supremo de Justicia, órgano perteneciente a la Asamblea Nacional, que los trece (13) magistrados habían sido presionados para pedir sus jubilaciones un año antes del período previsto constitucionalmente, con el fin de crear vacantes anticipadas de los puestos y así dejar la posibilidad de asignación de esos nuevos magistrados a la Asamblea Nacional dominada por el oficialismo[135]. Por ello, la opinión pública conoció a estos nuevos jueces como los "*magistrados express*".

Sobre este respecto, el Instituto de Derechos Humanos de la *International Bar Association*, la Unión Internacional de Magistrados Grupo Ibero-Americano y la Comisión Internacional de Juristas[136] han expresado lo siguiente:

---

la Sala de Casación Civil Yván Darío Bastardo Flores; el Magistrado, Calixto Ortega Ríos diputado suplente del Parlamento Latinoamericano por el Partido Socialista Unido de Venezuela (PSUV) y diputado de la Asamblea Nacional en los períodos 2000-2005 y 2006-2011; la Magistrada de la Sala Electoral, Jhannett María Madriz Sotillo, miembro PSUV; los Magistrados Arcadio Delgado Rosales y Christian Zerpa, de la Sala Constitucional y Electoral, este último diputado de la Asamblea Nacional por e PSUV en el período 2011-2016.

135 *"Ex magistrados del TSJ denunciaron que fueron extorsionados y amenazados para dejar sus cargos"*, RunRun.es (17 de febrero de 2016). Disponible en: http://runrun.es/nacional/venezuela-2/248932/ex-magistrados-del-tsj-denunciaron-que-fueron-extorsionados-y-amenazados-para-dejar-sus-cargos.html; *"Ex magistrada: Maikel Moreno y presidenta del TSJ me presionaron para adelantar mi jubilación"*, RunRun.es (1 de marzo de 2016). Disponible en: https://runrun.es/investigacion/251041/audio-ex-magistrada-maikel-moreno-y-presidenta-del-tsj-me-presionaron-para-adelantar-mi-jubilacion/

136 *Informe alternativo conjunto. Examen del cuarto informe periódico de la República Bolivariana de Venezuela presentado al Comité de Derechos Humanos*, 114 Sesión de la Comité de Derechos Humanos de las Naciones Unidas, 29 de junio a 24 de julio de 2015; Venezuela (República Bolivariana de Venezuela), Instituto de Derechos Humanos de la International Bar Association, la Unión Internaciónal de MagisGrupo Ibero-Americano y la Comisión Internacional de Juristas. Disponible en: https://uprdoc.ohchr.org/uprweb/downloadfile.aspx?filename=2784&file=SpanishTranslation.

"*18. Nuevas designaciones controversiales de magistrados del TSJ tuvieron lugar también en diciembre de 2010 cuando, de los nueve magistrados principales designados, al menos cinco fueron diputados en la AN y miembros del partido de gobierno (PSUV). Actualmente, Gladys Gutiérrez, quien había sido previamente Procuradora General de la República por designación del Presidente, ocupa la presidencia del TSJ y, Exactamente lo mismo sucedió en diciembre 2015 , cuando el partido de gobierno en la AN procedió a elegir apresuradamente mediante mayoría simple de los diputados, a 13 (trece) magistrados principales y 3 (tres) magistrados suplentes del TSJ, consolidando nuevamente el control político de esa alta instancia judicial, lo que demuestra un patrón sistemático de actuación en contra de la independencia judicial. Entre los magistrados de la Sala Constitucional designados el 23 de diciembre de 2015, figura Calixto Ortega, quien participó como candidato a diputado por el PSUV en las elecciones parlamentarias del 6 de diciembre del mismo año y luego de perderlas fue electo magistrado.*
19. Los nombramientos del TSJ han sido seriamente criticados por organizaciones nacionales e internacionales, así como diversos académicos. Antes de la designación de los magistrados que tendría lugar en diciembre de 2015, tanto Human Rights Watch como el IBAHRI y la Academia de Ciencias Políticas y Sociales advirtieron sobre el inminente 'copamiento' político del TSJ y exhortaron a las autoridades venezolanas a garantizar la separación de poderes". (Cursivas añadidas).

También se han elaborado otros pronunciamientos y comunicados de organismos multilaterales; entre estos, podemos encontrar observaciones realizadas a Venezuela durante el Examen Periódico Universal en el año 2016, donde se recomienda: "*Adoptar las medidas necesarias para respetar la separación e independencia de los distintos poderes, entre ellos el Consejo Nacional Electoral, el Parlamento y el poder judicial, en particular el Tribunal Supremo de Justicia*"[137]. Nuevamente, la CIDH en su Informe País sobre Venezuela de 2017,[138] señaló:

137 *Examen Periódico Universal 2016,* Consejo de Derechos Humanos, A/HRC/34/6. Disponible en: https://daccess-ods.un.org/TMP/3006809.05580521.html

138 *Informe de País: Institucionalidad democrática, Estado de derecho y derechos humanos en Venezuela 2017,* CIDH, OEA/Ser.L/V/II. Doc. 209, 31 de diciembre de 2017. Disponible en: http://www.oas.org/es/cidh/informes/pdfs/Venezuela2018-es.pdf

"81. Los problemas en torno al nombramiento de los miembros del TSJ se volvieron a manifestar casi inmediatamente después de que la oposición ganara las elecciones legislativas del 6 de diciembre del 2015, cuando la entonces AN oficialista nombró, el 23 de diciembre de 2015, a trece nuevos magistrados del TSJ. Los principales cuestionamientos a estos nombramientos fueron que no se respetaron los plazos establecidos por ley para la elección, no se contestaron las impugnaciones presentadas a los candidatos y se objetaron los perfiles de varios de los magistrados elegidos. Precisamente con la composición elegida se han producido serias injerencias a la AN a las que se referirá la CIDH en la próxima sección (Capítulo II.A.2). Dicha composición también ha sido responsable de las preocupantes sentencias que destituyen o inhabilitan alcaldes y gobernadores, que también serán abordadas por la Comisión más adelante (Capítulo II.B.2).

82. La Comisión ha advertido anteriormente los riesgos para la independencia judicial que conlleva que un órgano político, como la AN, realice el nombramiento de los miembros de una alta corte, como el TSJ, sin mayores garantías. Para evitar tales riesgos, la CIDH reitera que es indispensable la difusión previa de convocatorias, plazos y procedimientos que deben estar claramente definidos en la Constitución y otras normas aplicables; la garantía de acceso igualitario e incluyente de las y los candidatos; la participación de la sociedad civil y la calificación con base en el mérito y capacidades profesionales. A tales efectos, también resulta importante la elaboración previa de un perfil claro de las cualidades personales y capacidades que debe tener la o él candidato; la investigación y evaluación de sus antecedentes; llevar a cabo un proceso de elección transparente, de carácter público; y que las entidades encargadas del nombramiento motiven su decisión. En esa medida, la CIDH condena que, a pesar de sus observaciones en informes anuales anteriores, los procesos de elección de los miembros del TSJ continúen sin respetar dichas garantías, incluso cuando algunas de ellas se encuentran previstas por su propio ordenamiento jurídico. En vista de ello, la Comisión urge al Estado a cumplir en los futuros procesos de elección estas garantías, establecer mecanismos que sancionen su incumplimiento y modificar su normativa a la luz de estos lineamientos, para garantizar en mejor medida la independencia de la más alta instancia judicial.

83. La independencia de los miembros del TSJ también se ha visto perjudicada por la falta de estabilidad en sus cargos. De acuerdo a información recibida por la Comisión, de los 84 magistrados del TSJ nombrados desde su creación, solo 7 habrían cumplido con el periodo de 12 años establecido por la Constitución. Aproximadamente, el 60% de los magistrados que no cumplió con ese periodo, se retiró por jubilación anticipada. Sin embargo, la información disponible indica que tal jubilación no sería voluntaria en todos los casos. Al respecto, destacan los 13 magistrados que se retiraron en el 2015 para que la AN designara ese mismo año a nuevos miembros. El 17 de febrero de 2016, dos de los jueces retirados, denunciaron ante la Comisión Especial que había creado la AN para investigar las rápidas elecciones del 2015, que fueron forzados a jubilarse de manera adelantada. La Comisión expresa su condena a estas denuncias, pues contravienen la garantía de inamovilidad en el cargo. Al respecto, la CIDH ha señalado en virtud de este principio, que las y los jueces solo podrán ser removidos cuando se venza su periodo o condición de nombramiento, se llegue a la edad de la jubilación forzosa o exista un control disciplinario. Ninguno de estos supuestos se estaría cumpliendo en el escenario reseñado". (Cursivas añadidas).

En ese mismo sentido, la falta de garantía de estabilidad se extiende a los fiscales del Ministerio Público, los cuales forman parte medular del proceso penal en Venezuela y son precisamente los receptores principales de denuncias sobre violaciones a derechos y comisión de delitos en Venezuela, así como los encargados de velar y tramitar solicitudes de protección.

Así las cosas, esa CIDH ha determinado que "*la capacidad de las y los fiscales o su disposición para iniciar procesos penales se encontraría limitada por la falta de transparencia en su selección, inestabilidad en sus puestos y ausencia de criterios técnicos para la asignación de investigaciones penales*"[139].

[139] Informe de País: *Institucionalidad democrática, Estado de derecho y derechos humanos en Venezuela 2017,* CIDH, OEA/Ser.L/V/II. Doc. 209, 31 de diciembre de 2017, párr. 134. Disponible en: http://www.oas.org/es/cidh/informes/pdfs/Venezuela2018-es.pdf

En ese sentido, otro hecho relacionado al contexto institucional de Venezuela se refiere a la arbitraria destitución y nombramiento de los Fiscales Generales de la República por la Asamblea Nacional Constituyente[140]. El mismo día de su inconstitucional instauración, el 5 de agosto de 2017, la ANC decidió destituir a la Fiscal General de la República, Luisa Ortega Díaz[141], quien desde febrero de 2017 había mostrado una posición crítica e independiente del gobierno. La Asamblea Constituyente nombró en su lugar al actual Fiscal General, Tarek Williams Saab, quien no cumple con los requisitos para ser Fiscal General de la República dada su pública vinculación con el partido de gobierno[142]. Es este el máximo representante del Ministerio Público en Venezuela, así como máximo jerarca de su administración, siendo la autoridad que nombra a los *fiscales provisorios*; similar a la situación del Poder Judicial, los Fiscales de la República tampoco pueden brindar garantías suficientes de independencia e imparcialidad en el ejercicio de sus funciones.

El Alto Comisionado para los Derechos Humanos de Naciones Unidas, ya ha manifestado su preocupación por "*la independencia del Poder Judicial en Venezuela, la imparcialidad de los jueces y fiscales y las presiones que enfrentan cuando se trata de casos políticamente sensibles. Los casos de la Jueza María Lourdes Afiuni y Leopoldo López son ilustraciones evidentes de estos problemas*"[143].

Previamente, en el Informe del Grupo de Trabajo sobre el Examen Periódico Universal del año 2011 sobre Venezuela figuran las recomendaciones que fueron rechazadas por el Estado, que en su mayoría tienen

---

140 La Asamblea Constituyente es un mecanismo de modificación de la Constitución, en el año 2017, fue convocado inconstitucionalmente por Nicolás Maduro, desde entonces ha fungido como poder supraconstitucional sobre el resto de los órganos del Poder Público (incluido la Asamblea Nacional, el Tribunal Supremo de Justicia y el Ministerio Público), con control absoluto de partidarios afines al partido de gobierno.

141 Medidas Cautelares número 449/17, *Luisa Ortega Díaz y familia respecto a Venezuela,* CIDH, 3 de agosto de 2017. Disponible en: http://www.oas.org/es/cidh/decisiones/pdf/2017/27-17MC449-17-VE.pdf

142 Gaceta Oficial No. 6.322 Extraordinario, de 8 de agosto de 2017.

143 *Declaración del Alto Comisionado en la Reunión Especial del Consejo de Derechos Humanos con ocasión de la visita del Presidente de la República Bolivariana de Venezuela,* ACNUDH, 12 de noviembre de 2015. Disponible en: http://www.ohchr.org/SP/NewsEvents/Pages/DisplayNews.aspx?NewsID=16744&LangID=S

que ver con la situación de falta de independencia del Poder Judicial y los fiscales del Ministerio Público[144].

Igualmente, en el Informe del Grupo de Trabajo sobre el Examen Periódico Universal del 2016, figuran veintiún (21) recomendaciones hechas por otros Estados al Estado venezolano vinculadas a la independencia del Poder Judicial[145]. Asimismo, el Comité de Derechos Humanos en agosto del 2015 indicó su preocupación respecto a la falta de independencia del Poder Judicial, a la provisionalidad de la mayoría de los jueces y a la falta de información sobre el porcentaje de fiscales provisorios[146].

De forma complementaria, la Relatoría Especial sobre Independencia de Magistrados y Abogados de Naciones Unidas se manifestó sobre la situación en Venezuela y, mediante un comunicado de prensa, urgió al Estado venezolano a adoptar todas las medidas necesarias para garantizar plenamente que jueces, magistrados y fiscales puedan realizar sus funciones con plena independencia y garantías en aras de garantizar los derechos humanos en el país.

El Relator Especial hizo un llamado a todas las instituciones estatales a "*respetar, promover y garantizar la independencia e imparcialidad de la judicatura, así como el derecho de todas las personas a que ésta pueda desempeñar sus funciones en un entorno seguro y resolver los asuntos que conozca sin restricción alguna, sin influencias, alicientes, presiones, amenazas o intromisiones indebidas, sean directas o indirectas, de cualesquiera sectores o por cualquier motivo*"; asimismo,

---

144 *Informe del Grupo de Trabajo sobre el Examen Periódico Universal,* Grupo de Trabajo sobre el Examen Periódico Universal, 7 de diciembre de 2011, A/HRC/19/12, párr. 96. Disponible en. http://acnudh.org/wp-content/uploads/2011/12/EPU-Venezuela-2011.pdf

145 *Informe del Grupo de Trabajo sobre el Examen Periódico Universal,* Grupo de Trabajo sobre el Examen Periódico Universal, 24 de diciembre de 2016, A/HRC/34/6. Disponible en: https://documents-dds-ny.un.org/doc/UNDOC/GEN/G16/441/45/PDF/G1644145.pdf?OpenElement

146 *Observaciones finales sobre el cuarto informe periódico de la República Bolivariana de Venezuela*, Comité de Derechos Humanos, 14 de agosto de 2015, CCPR/C/VEN/CO/4, párr. 15. Disponible en: http://docstore.ohchr.org/SelfServices/FilesHandler.ashx?enc=6QkG1d%2FPPRiCAqhKb7yhssbM7JCwZtFkfxb2j9CZsrncbCJTZg7FHMeF5ZKobh7v6BNh7YSs9wUKw7ySny41o4jZSXEoIhxUMwKGU%2Fl9kiGVg6CmC6URjwR3O1WdeqK5

señaló que "*En el actual periodo de inestabilidad, la falta de fiscales y magistrados de carrera, así como el hecho de que la mayoría de jueces tengan nombramientos provisionales y de corta duración, produce una severa merma en la independencia del sistema judicial*"[147].

De esta mera, resulta evidenciado el carácter parcializado y político que tiene el Poder Judicial en cabeza de todos los jueces de la República. La falta de independencia del poder judicial en Venezuela se extiende a la situación de precariedad en la estabilidad de jueces provisorios y permanentes que vulneran cualquier ápice de garantía al debido proceso necesaria a través de jueces independientes e imparciales. Por su parte, el Ministerio Público ha sido afectado por la misma situación, la falta de estabilidad de los Fiscales y la posibilidad de que sean removidos de sus cargos de forma arbitraria, sin que medie procedimiento alguno distinto a la voluntad de su máxima autoridad conlleva a un contexto de Fiscales carentes de independencia e imparcialidad.

Este desmantelamiento de la independencia judicial no se limitó al Tribunal Supremo de Justicia, sino que se llevó a todo el sistema judicial, terminando con la estabilidad de los jueces, mediante un sistema de jueces *provisorios* designados a dedo y que pueden ser removidos sin causal legal alguna, sin procedimientos y ni derecho a recurrir.

Este desmantelamiento de la justicia ocasionó un colapso de la inseguridad ciudadana ante cifras de más de un 90% de impunidad en los delitos comunes y de hasta un 99% en los delitos contra los derechos humanos. Pero al mismo tiempo, esos funcionarios (jueces y fiscales) al servicio del poder ejecutivo, son los encargados de ejercer la persecución y detención de la disidencia: estudiantes, líderes sindicales, políticos, campesinos, profesionales, etc.

Con relación al poder judicial venezolano, la Alta Comisionada de las Naciones Unidas para los Derechos Humanos, en su informe sobre Venezuela presentado al Consejo de Derechos Humanos en el mes de julio de 2020, ratificó su "*preocupación por la falta de independencia*

---

[147] *Venezuela: Relator Especial urge al Estado garantizar la independencia judicial mientras se acentúa la presión gubernamental*, Relatoría Especial sobre Independencia de Magistrados y Abogados, 8 de febrero de 2019. Disponible en: https://www.ohchr.org/SP/NewsEvents/Pages/DisplayNews.aspx?NewsID=24150&LangID=S

del sistema judicial en la República Bolivariana de Venezuela, expresada en informes anteriores por el propio ACNUDH[148]*, por los órganos creados en virtud de tratados y los procedimientos especiales de las Naciones Unidas*[149]*, durante el examen periódico universal del país*[150] *y por la Corte Interamericana de Derechos Humanos*[151] *y la Comisión Interamericana de Derechos Humanos*[152]*.*"[153] Así mismo, al manifestar su preocupación por la situación de inseguridad en el cargo de los jueces, ya que limita "*la independencia de los jueces*" y los expone a "*injerencias indebidas de sus superiores, así como de fuentes externas*" afirmó:

> ***"La información de que dispone el Acnudh refleja que los magistrados del TSJ tienen control sobre las decisiones de los tribunales inferiores en todo el país, sobre todo en el ámbito del derecho penal. Las personas entrevistadas indicaron que, especialmente en los casos de relevancia política, los jueces aguardan recibir***

---

148 Véase también *Violaciones de los derechos humanos en la República Bolivariana de Venezuela: una espiral descendente que no parece tener fin*, ACNUDH, documento A/HRC/41/18, junio de 2018, párr. 76.

149 Véanse, por ejemplo, CCPR/C/VEN/CO/4; *Osío Zamora c. la República Bolivariana de Venezuela* (CCPR/C/121/D/2203/2012), párr. 9.3; *Cedeño c. la República Bolivariana de Venezuela* (CCPR/C/106/D/1940/2010), párr. 7.2; CAT/C/VEN/CO/3-4; A/HRC/WGAD/2019/13; A/HRC/WGAD/2019/39; A/HRC/WGAD/2019/75; las comunicaciones AL VEN 4/2017, de fecha 28 de julio de 2017; UA VEN 6/2018, de fecha 13 de septiembre de 2018; AL VEN 4/2018, de fecha 13 de septiembre de 2018; y UA VEN 1/2020, de fecha 28 de enero de 2020.

150 Documento del Consejo de Derechos Humanos de las Naciones Unidas: A/HRC/34/6.

151 Corte Interamericana de Derechos Humanos, caso *Chocrón Chocrón vs. Venezuela*, sentencia de 1 de julio de 2011.

152 *Situación de los derechos humanos en Venezuela: Institucionalidad democrática, Estado de derecho y derechos humanos en Venezuela - Informe de país*, Comisión Interamericana de Derechos Humanos, 31 de diciembre de 2017. Disponible en: https://www.oas.org/es/cidh/informes/pdfs/Venezuela2018-es.pdf

153 *Independencia del sistema judicial y acceso a la justicia en la República Bolivariana de Venezuela, también respecto de las violaciones de los derechos económicos y sociales, y situación de los derechos humanos en la región del Arco Minero del Orinoco*, Informe de la Alta Comisionada de las Naciones Unidas para los Derechos Humanos, Consejo de Derechos Humanos de las Naciones Unidas, 44o período de sesiones, 15 de junio a 3 de julio de 2020, Tema 4 de la agenda, Situaciones de derechos humanos que requieren la atención del Consejo, documento A/HRC/44/54, párr. 6. Disponible en: https://documents-dds-ny.un.org/doc/UNDOC/GEN/G20/242/34/PDF/G2024234.pdf?OpenElement

instrucciones de los magistrados del TSJ antes de tomar una decisión por temor a ser despedidos o a sufrir otras represalias. *En 2009, la Jueza María Lourdes Afiuni Mora fue procesada tras pronunciar un fallo para dar cumplimiento a una decisión del Grupo de Trabajo sobre la Detención Arbitraria. Tras ser encarcelada, fue puesta en libertad en 2011 con medidas cautelares. Su caso tuvo un claro efecto disuasorio entre los jueces, inhibiéndolos de actuar de forma independiente por temor a un proceso penal".*[154] (Resaltados añadidos).

11. De la ruptura del Estado Constitucional de Derecho a la ruptura del Estado Internacional de Derecho

Otra lección aprendida de este proceso chavista es importante: *para poder imponer el proyecto constitucional autoritario chavista, es esencial incumplir sistemáticamente las sentencias de la Corte Interamericana de Derechos Humanos, denunciar la Convención Americana y la Carta de la OEA.*

Sueltas por completo las amarras de la Constitución y el Estado de Derecho en el orden interno, el paso siguiente fue romper las amarras de los límites y controles del Derecho Internacional y en especial de los derechos humanos. De esta forma, *de la ruptura del Estado Constitucional de Derecho se avanza a la ruptura del Estado Internacional de Derecho*, lo cual permite a su vez, la consolidación de la huida del Derecho.

A pesar de las normas avanzadas sobre derechos humanos que logramos incorporar en la Constitución de 1999 (*vgr*. jerarquía constitucional de los tratados sobre derechos humanos, obligación de dar cumplimiento a las decisiones de los órganos internacionales sobre derechos humanos, progresividad de los derechos, obligación del Estado de investigar y sancionar las violaciones a los derechos humanos y de reparar a las víctimas, prohibición de amnistías e indultos de graves

---

154 *Independencia del sistema judicial y acceso a la justicia en la República Bolivariana de Venezuela...*, Informe de la Alta Comisionada de las Naciones Unidas para los Derechos Humanos, Consejo de Derechos Humanos de las Naciones Unidas, 15 de junio a 3 de julio de 2020, *cit.*, párr. 9.

violaciones a los derechos humanos, etc.), el *chavismo* nunca se las tomó en serio.

Desde un comienzo, en el año 2000, comenzó el rechazo por las decisiones de los órganos de protección internacional de derechos humanos, que luego pasó a un incumplimiento sistemático de todas las sentencias de la Corte Interamericana de Derechos Humanos y de las decisiones de la Comisión Interamericana de Derechos Humanos y de los demás órganos del sistema de Naciones Unidas[155].

Este incumplimiento sistemático fue llevado en paralelo por un agravamiento de las violaciones a los derechos humanos imputables al Estado venezolano: detenciones arbitrarias, torturas, ejecuciones arbitrarias, persecución a defensores de derechos humanos, líderes sociales y partidos de la oposición, y luego a los derechos a la salud y alimentación, que han sido ampliamente documentadas en los informes de la Comisión Interamericana de Derechos Humanos desde 1999[156] y de las Naciones Unidas[157].

Luego de acumular condenas incumplidas y de optar por una política de insultos y ataques a los órganos del sistema interamericano de protección de derechos humanos, como había sido ya "*solicitado*" en 2008 por la Sala Constitucional, el entonces Ministro del Poder Popular para las Relaciones Exteriores de la República Bolivariana de Venezuela, Nicolás Maduro Moros, denunció de la Convención Americana de Derechos Humanos, mediante nota de fecha 6 de septiembre de 2012, adoptada por órdenes directas del Presidente de la República, Hugo Chávez Frías, presentada el 10 de septiembre de 2012, ante la Secretaría General de la Organización de Estados Americanos ("OEA"),

---

155 Ver lo expuesto en nuestro trabajo, Carlos M. Ayala Corao, *La "inejecución" de las sentencias internacionales en la jurisprudencia constitucional de Venezuela (1999-2009)*. Fundación Manuel García Pelayo. Caracas, 2009.

156 Se pueden consultar estos informes de la CIDH en: www.cidh.org

157 Informes de la Oficina del Alto Comisionado de las Naciones Unidas para los Derechos Humanos: *2017: Violaciones y abusos de los derechos humanos en el contexto de las protestas en la República Bolivariana de Venezuela del 1 de abril al 31 de julio de 2017*, en: http://www.ohchr.org/Documents/Countries/VE/HCReportVenezuela_1April-31July2017_SP.pdf, y 2018*: Violaciones de los derechos humanos en la República Bolivariana de Venezuela: una espiral descendente que no parece tener fin*, en: https://www.ohchr.org/Documents/Countries/VE/VenezuelaReport2018_SP.pdf

convirtiéndose en el primer -y único- país latinoamericano en denunciar este instrumento[158].

Esta decisión dejó a las víctimas de las violaciones a los derechos humanos, ocurridas a partir del año siguiente, sin la protección de dicho tribunal internacional.

No contento con ello, y como quiera que ante los atropellos a la democracia y los derechos humanos la OEA había activado la Carta Democrática Interamericana respecto a Venezuela, el Gobierno chavista de Venezuela decidió denunciar la Carta de la OEA, mediante nota de fecha 27 de abril de 2017, consignada en fecha 28 de abril de 2017 por la Embajadora Interina de Venezuela ante la OEA, Carmen Luisa Velásquez, por ante el Secretario General de la OEA, Luis Almagro, convirtiéndose en el primer -y único- país miembro de la OEA en denunciar este instrumento [159].

Tanto la denuncia de la Convención Americana como la denuncia de la Carta de la OEA configuran violaciones manifiestas a la Constitución de Venezuela, por lo cual no deben tener efecto en el Derecho internacional[160].

V. CONCLUSIÓN: LA CONSTITUCIÓN COMO IDEOLOGÍA PARTIDISTA AL SERVICIO DEL PROYECTO POLÍTICO. EL FIN DE LA DEMOCRACIA

Como hemos visto, con la destrucción de la Constitución y el Estado de Derecho, se terminó secuestrando la democracia representativa y participativa en Venezuela.

Con el sometimiento político de los poderes públicos, incluido el Consejo Nacional Electoral, y en especial el Poder Judicial y su juris-

---

[158] Ver lo expuesto por nosotros en: Ayala Corao, Carlos, *Inconstitucionalidad de la Denuncia de la Convención Americana sobre Derechos Humanos por Venezuela*, en: *Revista Europea de Derechos Fundamentales,* Instituto de Derecho Público, Valencia, España, No. 20/2° semestre 2012, disponible en: www.kas.de/uruguay/es/publications/20306/.

[159] Ver lo expuesto en: Carlos Ayala Corao, *Inconstitucionalidades de la Denuncia de la Carta de la OEA por Venezuela y sus consecuencias en el Derecho internacional*, Academia de Ciencias Políticas y Sociales, Serie Estudios No.113, Caracas, 2017.

[160] Ver lo expuesto en: Carlos Ayala Corao, *Inconstitucionalidades de la Denuncia de la Carta de la OEA por Venezuela y sus consecuencias en el Derecho internacional*, *op.cit.*

dicción constitucional, se terminó secuestrando la democracia representativa y participativa. Después del triunfo electoral de la oposición en las elecciones parlamentarias de diciembre de 2015, el *chavismo* se aseguró que en lo adelante no se celebrarían más elecciones libres que pudiera perderlas. De esta manera, el referendo revocatorio promovido por iniciativa ciudadana el año 2016, fue bloqueado en un concierto político gubernamental entre el Consejo Nacional Electoral y unos pocos tribunales penales de provincia; seguidamente, las elecciones de gobernadores y alcaldes se suspendieron y mientras tanto, se ilegalizaron varios de los principales partidos de oposición y se inhabilitaron políticamente a los principales candidatos de la oposición mediante actos administrativos y se detuvieron y persiguieron a dirigentes opositores, miembros de la sociedad civil, estudiantes, periodistas y empresarios disidentes del régimen. Así una vez culminada esta etapa de destrucción institucional y organizacional, el entonces Presidente de la República, Nicolás Maduro, convocó por decreto, de manera inconstitucional y sin referendo previo, a una Asamblea Nacional Constituyente cuyos integrantes fueron electos no por votación universal, directa, personalizada y secreta, sino por "*sectores*" creados arbitrariamente y votos municipales sin base poblacional. Una vez consumada esta nueva etapa, ilegalizados partidos y perseguidos e inhabilitados los principales candidatos de oposición, la nueva Asamblea Nacional Constituyente, sin ser el órgano constitucionalmente competente, convocó a elecciones de gobernadores y alcaldes y, luego, de manera también inconstitucional, convocó adelantadamente las elecciones presidenciales para que tuvieran lugar con casi con 8 meses de anticipación en el mes de mayo de 2018. Elecciones éstas, que tanto la OEA como la Unión Europea y varios organismos internacionales desconocieron por fraudulentas. Pero la arbitrariedad y el despotismo, no han tenido límites. En el año 2020 se intervinieron los principales partidos políticos de oposición y se convocó a elecciones parlamentarias que la comunidad internacional tampoco reconoció por no cumplir con las condiciones de libres y democráticas. La nueva Asamblea Nacional así electa, procedió en el año 2021 a designar de nuevo los rectores del Consejo Nacional Electoral con una mayoría evidente del *chavismo* y a convocar las elecciones regionales de gobernadores y alcaldes y órganos legislativos, sin que hasta el primer semestre de ese año -al cerrar este trabajo- estuviesen garantizadas las condiciones necesarias para unas elecciones libres y democráticas. Pero paralelamente, el *chavismo* desde el poder cívico-militar, sigue imponiendo un modelo de Estado Comunal Socialista, que no solamente es violatorio de la Constitución por ser opuesto a los principios y a los poderes públicos contenidos en el Texto Fundamental, sino que además termina con la democracia representativa como elemento esencial de la democracia constitucional.

Es evidente, por tanto, que el *chavismo* es contrario a la idea misma de Constitución, al Estado de Derecho y a la democracia. Para el *chavismo*, ellos mismos son el pueblo en el poder y el pueblo soberano no tiene límites, más que los que él mismo se autoimpone. La idea es que el poder ejercido por el chavismo es "*bueno*", porque emana del pueblo y lo ejercen ellos en beneficio del pueblo. El *chavismo* es el pueblo en el poder a través de su líder y con el *chavismo* el pueblo llegó para finalmente ejercer el poder y desplazar a las demás élites. Se trata de darle todo el poder al pueblo, lo que significa, *todo el poder para el chavismo en el poder* y especialmente para su líder. Esta es la verdadera "*revolución*" -mal llamada- "*bolivariana*" y luego "*socialista*" que ha ejecutado el *chavismo*.

Ahora bien, quien encarna ese poder del pueblo es un líder único, primero el comandante supremo de la revolución, Hugo Chávez Frías, teniente coronel (retirado) del Ejército; y luego de su muerte, su sucesor por él designado, Nicolás Maduro Moros. Estos líderes supremos reclaman personalizar el poder del pueblo y por tanto están por encima de la Constitución. La Constitución es lo que ellos digan. Por ello son "*líderes*" o "*comandantes supremos*", no Presidentes de la República. Si fuesen Presidentes, estarían limitados y encuadrados en la Constitución y sometidos a los controles y límites institucionales.

En consecuencia, todo límite al poder, todo control al poder ejercido por las instituciones del Estado sobre el comandante supremo de la revolución, es absurdo y debe ser desechado por antirrevolucionario. El solo intento de controlar al comandante supremo es, cuanto menos, un acto de insubordinación y traición a la patria, y es considerada una conspiración en contra de la revolución y del pueblo que aquél tutela.

La Constitución se convierte así, en un mero instrumento al servicio del poder (que ahora es figurativamente del "*pueblo*"); en una suerte de documento moldeable con principios porosos, meramente orientadores de la acción del Estado y del gobierno, pero que nunca será una norma jurídica obligatoria capaz de limitar el ejercicio del poder. Bajo este esquema, la Constitución debe ser así, útil al ejercicio del poder por el *chavismo* y no debe obstaculizarlo; debe adaptarse constantemente al proyecto político del *chavismo*. Por tanto, la Constitución debe interpretarse de manera que no obstaculice el ejercicio del poder, sino que lo justifique; pero cuando ello se torna imposible, -como vimos- la solución es obviar y luego terminar con el propio texto constitucional, por la vía del Tribunal Supremo de Justicia y especialmente de su jurisdicción constitucional.

Esta doctrina del sometimiento de la interpretación de la Constitución al proyecto político del *chavismo* ha sido incluso acogida por la propia jurisdicción constitucional chavista, al establecer:

> *"Sobre este tema, la sentencia de esta Sala Nº 1309/2001, entre otras, aclara que el derecho es una teoría normativa puesta al servicio de la política que subyace tras el proyecto axiológico de la Constitución y que la interpretación debe comprometerse, si se quiere mantener la supremacía de la Carta Fundamental cuando se ejerce la jurisdicción constitucional atribuida a los jueces, con la mejor teoría política que subyace tras el sistema que se interpreta o se integra y con la moralidad institucional que le sirve de base axiológica (interpretatio favor Constitutione)*"[161]. (Cursivas nuestras).

En fin, lo importante es que la Constitución no es un conjunto de principios, reglas y normas jurídicas generales y obligatorias a las cuales se somete la política y el poder del Estado; sino que es un instrumento manipulable y desechable, que se interpreta al servicio de la política y

[161] Sentencia No. 1.939, de fecha 18 de diciembre de 2008, SC/TSJ, relativa a la declaración de "*inejecución*" de la sentencia de la Corte Interamericana de Derechos Humanos de 5 de agosto de 2008 en el caso *Caso Apitz Barbera y otros Vs. Venezuela.* Disponible en: http://www.tsj.gov.ve/. Sobre la materia, ver nuestro trabajo: Ayala Corao, Carlos M., La "inejecución" de las sentencias internacionales en la jurisprudencia constitucional de Venezuela (1999-2009), *op. cit.*

el poder. Así, el proyecto político lo define el *chavismo* en el poder, bajo la dirección de un líder que personaliza al pueblo mismo (un líder, un pueblo). Ese proyecto se plasma en un *Plan de la Patria*, elaborado por el líder, que se convierte en la verdadera norma suprema, a cuyo servicio está el poder burocrático, la Constitución y todo el Derecho[162]. Ese *Plan de la Patria* es incluso usado por la Sala Constitucional del TSJ de Venezuela como parámetro para declarar la "*constitucionalidad*" de los actos del poder público nacional. Así, por ejemplo, con ocasión de pronunciarse sobre la constitucionalidad del Decreto No. 2.270 dictado por el entonces presidente Nicolás Maduro de 11 de marzo de 2016, el cual prorrogó la vigencia del Decreto No. 2.184 de fecha 4 de enero de 2016, mediante el cual declaró el *Estado de Emergencia Económica* en todo el territorio nacional, dicho Tribunal, fundamentó su constitucionalidad en argumentos basados en el *Plan de Patria*:

> *"Asimismo, el decreto sub examine se muestra compatible con la necesidad de alcanzar los fines esenciales del Estado previstos en el artículo 3 Constitucional, así como también con las metas macroeconómicas y macrosociales y con el cumplimiento de los objetivos generales y estratégicos que adopta el Plan de la Patria, Segundo Plan Socialista de Desarrollo Económico y Social de la Nación, 2013-2019, publicado en la Gaceta Oficial de la República Bolivariana de Venezuela n.° 6118 Extraordinario del 4 de diciembre de 2013, que han venido siendo desarrollados por el Estado venezolano, entre las cuales pueden mencionarse, a título de ejemplo, los siguientes:*
> *I. Convertir a Venezuela en un país potencia en lo social, lo económico y lo político dentro de la Gran Potencia Naciente de América Latina y el Caribe, que garanticen la conformación de una zona de paz en Nuestra América [...]*[163]. *(Cursivas nuestras).*

En conclusión, *el proyecto constitucional autoritario chavista que terminó con la destrucción de la Constitución, el Estado de Derecho y*

---

[162] *Plan de la Patria*, "Segundo Plan Socialista de Desarrollo Económico y Social de la Nación, 2013-2019", Gaceta Oficial No. 6118 Extraordinario, de 4 de diciembre de 2013.

[163] Sentencia No. 184 de fecha 12 de marzo de 2016, SC/TSJ, *Caso Decreto de Emergencia Económica*. Ponencia Conjunta. Disponible en: https://vlexvenezuela.com/vid/presidente-republica-bolivariana-venezuela-635056621

la democracia, comenzó por la convocatoria a una Asamblea Nacional Constituyente absoluta, con el objetivo de tomar el control total de todas las instituciones del Estado y luego de la sociedad, lo cual se fue consolidando arbitrariamente sin límite ni control alguno, poniendo la Constitución formal al servicio del poder y de su ideología política, y luego, abiertamente sin Constitución. Para ello, la herramienta fundamental para la ejecución de esa destrucción, fue el control político del poder judicial, y en especial, de la jurisdicción constitucional.

EL RÉGIMEN DE LOS ESTADOS FEDERALES EN LA CONSTITUCIÓN VENEZOLANA DE LA NUEVA DEMOCRACIA

FORTUNATO GONZÁLEZ CRUZ*

SUMARIO

I. INTRODUCCIÓN

El trabajo de incorporación de la Dra. Cecilia Sosa Gómez a la Academia de Ciencias Políticas y Sociales es una exposición sobre la ética y la justicia que tituló: "*La ética como fundamento de la justicia*", que leyó en el Paraninfo del Palacio de las Academias de Caracas el 21 de noviembre de 2017, transcurridos casi 17 años de vigencia de la Constitución de la República Bolivariana de Venezuela, tiempo suficiente para evaluar el desempeño de las instituciones políticas de cara al respeto o no de sus valores y principios. Con la entonces recién ingresada a la Academia compartíamos otro espacio menos solemne pero no menos riguroso en los análisis que denominamos Grupo Tovar, por haberse constituido en la hermosa colonia fundada por inmigrantes alemanes en un paraje montañoso de particular belleza, cerca de Caracas, con el auspicio de la Fundación "*Konrad Adenauer*".

Entre los muchos temas discutidos en ambas instituciones se encuentran los valores y principios constitucionales y el diseño del Estado en el texto constitucional. Con las lógicas diferencias en la metodo-

* Abogado. Maestría en Ciencias Políticas. Profesor Titular de Derecho Constitucional de la ULA. Director Fundador del Centro Iberoamericano de Estudios Provinciales y Locales CIEPROL-ULA. Fundador de la Especialidad en Derecho Administrativo ULA. Individuo Incorporado de la Academia de Ciencias Políticas y Sociales. Individuo de Número de la Academia de Mérida.

logía de los análisis, se coincidía en el pronóstico, aunque, confieso, con algún grado de optimismo que nos desviaba de la objetividad y nos permitía especular sobre escenarios posibles e incluso pronosticar horizontes no tan terribles como los sucedidos. Uno de estos asuntos fue y sigue siendo el federalismo y el municipalismo, muy ligados a los valores democráticos porque forman parte de la tesis de la distribución del poder, una ilusión que acompaña a los venezolanos desde su efímera Constitución de 1811. *"La Constitución es por tanto una herramienta de cultura que permite corporizar los valores"*, dijo nuestra homenajeada en su discurso en el Paraninfo Académico, y agregó: *"La Constitución es un conjunto coherente de preceptos y esta coherencia responde a que sus mandatos responden a unos principios comunes ordenadores. Si bien no es un programa político, sí responde a una concepción valorativa de la vida social y viene a instaurar un marco básico de principios que han de conformar la convivencia; va más allá de regulaciones y sienta unos principios que han de ser respetados por todo el ordenamiento jurídico, incluso en aquellos aspectos no tratados por las normas constitucionales. Así, las normas que recogen estos valores y principios son manifestaciones vinculantes para los ciudadanos y los poderes que integran el poder público nacional, estatal y municipal."* (Pág. 36). Coincido con la académica Cecilia Sosa en el papel educador que tienen la Constitución y las leyes, aun en medio de culturas con poca valoración por el orden como el nuestro.

La ilusión federal ha acompañado a los venezolanos desde los tiempos de la fundación de la República y nunca ha logrado satisfacerla. Jamás ha tenido el Estado Venezolano forma unitaria, siempre federal o centro federal, como en la Constitución de 1830, pero se ha limitado a declaraciones formales en los textos constitucionales sin expresión concreta en la asignación de competencias a los Estados, ni en la determinación de recursos fiscales propios suficientes, mucho menos en las posibilidades reales de liderar su propio desarrollo económico y social capaz de generar una sólida base de sustentación tributaria. Con los Municipios se ha sido más justo en cuanto a la asignación de competencias y tributos, pero entonces la pobreza generalizada en la provincia venezolana los ha convertido en instituciones pobres, y tanto los escasos recursos propios como los transferidos se han repartido en una burocracia inútil, en corrupción y queda algo para prestar en forma precaria los servicios más básicos.[1]

Cuando los Estados han realizado actuaciones exitosas ha sido como consecuencia de las relaciones políticas o personales de sus gobernadores con el Presidente de la República y sus ministros, no por aplicación de políticas federales o descentralizadoras. Los gobernadores han sido en nuestra historia meros caudillos sostenidos por su genuflexión al jefe nacional, el saqueo de los dineros públicos y por la ignorancia generalizada, la peonada.[2] La excepción, con muchos defectos, fue el breve lapso de tiempo entre 1989 y 1994, en el que se estableció una política de descentralización, se sancionaron leyes, se reconoció el derecho de los electores estadales de elegir sus gobernadores, y se implantaron mecanismos de transferencias de competencias del Estado Nacional a los Estados Federales. Dos problemas surgieron entonces: La sospecha en el gobierno nacional respecto de las capacidades regionales para gestionar las materias transferidas, que limitó gravemente los poderes administrativos y los recursos financieros otorgados a los Estados, lo que enervó el proceso; y la falta de interés de algunos gobernadores para asumir plenamente los desafíos que implicaba y las responsabilidades que demandaba el proceso descentralizador. No hay que soslayar el desencadenamiento de un nuevo caudillismo en algunos Estados, que amenazó con desnaturalizar en ellos el proceso descentralizador.

Si bien durante el mandato del presidente Carlos Andrés Pérez se le dio a la descentralización un significativo impulso, le faltó, a nuestro juicio, aparte de las observaciones ya hechas, un efectivo instrumento de coordinación. Luego hubo un impulso extraordinario durante el gobierno provisional del Dr. Ramón J. Velásquez, quien designó al experto jurista Dr. Allan Brewer Carías como Ministro para la Descentralización.[3]

---

1 Informe Transparencia Venezuela. Análisis del Presupuesto Nacional 2017. Disponible en: https://transparencia.org.ve/project/analisis-del-presupuesto-nacional-2017/

2 Un estudio de esta situación, respecto del Estado Trujillo, la hace el geógrafo Francisco González Cruz en su Discurso de Incorporación como Individuo de Número en el Centro de Historia de Trujillo en 8 de octubre del 2004. 2005. Fondo Editorial de la Universidad Valle del Momboy. Valera.

3 Informe sobre la descentralización en Venezuela. 1994. Memoria del Dr. Allan R. Brewer-Carias Ministro de Estado para la Descentralización (junio 1993 - febrero 1994). Editorial Arte C.A. Caracas.

Todo este esfuerzo fue despreciado por los gobiernos siguientes del Dr. Rafael Caldera, el teniente coronel Hugo Chávez y Nicolás Maduro. Es quizás Allan Brewer Carías el jurista que más ha estudiado el tema de la distribución del poder en Venezuela. De él destaco los trabajos desarrollados en el Tratado de Derecho Constitucional[4] y en el Tratado de Derecho Administrativo[5]. En el primero narra las particularidades de nuestro federalismo histórico, y en el segundo hace un análisis de cómo quedó este asunto en la Constitución de 1999 y califica de precaria la asignación de competencias a los Estados, además de sometidas a lo que dispongan las leyes nacionales. Cabe destacar que ni entre las competencias institucionales, referidas a la organización política del Poder Estadal, ni en las competencias materiales, se puede identificar una sola que, aunque hayan sido calificadas como exclusivas, no lo sean sino concurrentes y además sometidas al régimen que disponga el Poder Nacional. (Pág. 523).

Comparto la propuesta de un cambio en la distribución del Poder Público en Venezuela para la superación del centralismo y de las desigualdades territoriales, y evitar una nueva forma de caudillismo, mediante el estímulo de las potencialidades de todo el territorio nacional por su propia gente, reforzar las instituciones políticas territoriales para que estén en condiciones de asumir el liderazgo del desarrollo sostenible en cada región, Estado y Municipio. El centralismo se ha manifestado en lo político en la concentración del poder político y económico en Caracas, la hipertrofia del Poder Nacional, el escuálido desarrollo del Poder Público Estadal, la pobreza financiera de los Municipios, y la ausencia de políticas de desarrollo propio de los Estados y Municipios. No obstante, existe la exitosa experiencia de algunos programas creados por las extintas Corporaciones Regionales de Desarrollo. Cuando las Naciones Unidas aprobaron la Agenda Local 21 en el marco del Progra-

---

4 Instituciones del Estado Democrático de Derecho Constitución 1961. Colección Tratado de Derecho Constitucional. Tomo IV. Fundación de Derecho Público. Editorial Jurídica Venezolana. Caracas. 2015.

5 La Administración Pública. *Tratado de Derecho Administrativo. Derecho Público en Iberoamérica.* Volumen II. Civitas. Reuters. Fundación de Derecho Público. Editorial Jurídica Venezolana. Cizur Menor, Navarra, España. 2013

ma Global para el Desarrollo Sostenible Siglo XXI, y miles de gobiernos regionales y locales la desarrollaron y aplicaron en sus contextos en todo el mundo, Venezuela no hizo nada ni en el ámbito nacional mucho menos en los ámbitos provinciales y locales. En lo social y económico, la desigualdad en el desarrollo territorial del país se profundizó, porque se produjo una gran concentración de oportunidades en el Área Metropolitana de Caracas y la zona norte costera, que contrasta con el menor desarrollo relativo de la provincia venezolana. Las estadísticas muestran cómo unos pocos Municipios concentran las grandes empresas que pagan el impuesto a las actividades económicas, mientras que la mayoría de ellos carecen de una base económica siquiera suficiente para pagar la nómina de sus trabajadores. También queda la gigantesca pérdida de oportunidades y el gasto inútil en una burocracia superflua.

Se impone, en consecuencia, el titánico esfuerzo de generar una cultura política de compromisos de ciudadanía, y a la par la redistribución del Poder Político, la reordenación del Estado, una reasignación de competencias y recursos dirigida al fortalecimiento de los niveles estadales y locales, y la creación de efectivos mecanismos de asistencia técnica y financiera, así como eficaces mecanismos de control. La reforma debe alcanzar al sistema político, de modo que se fortalezcan los partidos políticos en las regiones y en los Municipios, con el objeto de mejorar la calidad del liderazgo político regional y local, lo que implica una reforma del sistema electoral para asegurar una mayor autonomía respecto de los mandos de los partidos y organizaciones políticas nacionales y la formación de expresiones políticas locales y limite la reelección a dos períodos.

II. EL ARREGLO INSTITUCIONAL DEL PODER PÚBLICO EN LA CONSTITUCIÓN DE 1999

El primer análisis de la Constitución de la República Bolivariana de Venezuela, ya vigente, se realizó en la Academia de Ciencias Políticas y Sociales en mayo del año 2000 y publicó las conferencias en el mes de septiembre de dicho año. Entonces afirmamos lo siguiente. (Pág. 263 y sig.):

"Sobre los principios del modelo de Estado Federal de Estado, la doctrina reconoce los siguientes:

a) El Estado Federal se expresa en una Constitución Federal de contenido político y jurídico, no en un pacto, como lo señala acertadamente el maestro Manuel García Pelayo.(Pág. 416) Es decir, se parte de un Estado preexistente que se desea redefinir mediante el ejercicio pleno de su soberanía originaria. No se trata por tanto de un pacto entre Estados soberanos e independientes, sino de la adopción de un diseño particular, la manera cómo se integra un Estado que reconoce la diversidad y la consagra mediante el establecimiento de tres niveles territoriales de gobierno, cada uno con un Estatuto Político y Jurídico propios;

b) El Estado Federal es la expresión de un pluralismo político que reconoce la existencia de unidades político-territoriales con un alto nivel de integración entre sí y con un alto grado de autonomía de cada una de ellas. En cada unidad coexisten diversas formas de expresión política;

c) La interdependencia institucional de los tres niveles territoriales de gobierno por ejercer cada uno de ellos competencias exclusivas, competencias concurrentes y responsabilidades compartidas;

d) El reconocimiento de los valores históricos y socioculturales que definen los niveles territoriales de gobierno, y de los procesos de lugarización de los asentamientos humanos;

e) El establecimiento de relaciones intergubernamentales entre los tres niveles territoriales de gobierno para el ejercicio de las competencias exclusivas y el logro del principio de solidaridad.

f) La colocación de competencias exclusivas en cada uno de los tres niveles territoriales de gobierno supone la existencia de materias cuya legislación y ejecución le son atribuidas en régimen de exclusividad a la República, a los Estados y a los Municipios;

g) Unas relaciones de coordinación para el cumplimiento de los cometidos estadales comprendidos en las competencias concurrentes, lo cual supone una normativa que determine:

g.1. A qué nivel corresponde legislar sobre dicha competencia;

g.2. A qué nivel le corresponde el ejercicio de dicha competencia;

g.3. Si la competencia se ejerce en forma compartida entre varios niveles territoriales de gobierno, a qué nivel le corresponde ejercer determinadas funciones o prestar determinados servicios;

g.4. Los mecanismos de financiamiento con incorporación del principio de la autonomía tributaria;

g.5. Los mecanismos de control, y en qué circunstancias el nivel superior puede intervenir la función o el servicio que cumple el inferior.

h) El resultado debe ser una síntesis dialéctica entre poderes y no una mera relación de equilibrio, lo cual supone conflictos y mecanismos institucionalizados de solución de los mismos; además, los principios de integración y solidaridad."

Más adelante afirmé: *"Como conclusión, La Constitución de 1999 no consagra ni un sistema federal ni un sistema descentralizado. A lo sumo lo que establece es una posibilidad para que mediante leyes de base y orgánicas tal proceso se pueda dar en el futuro. Las declaraciones iniciales contenidas en el Preámbulo y en las Disposiciones Fundamentales son engañosas porque el sistema federal descentralizado no se desarrolló institucionalmente en el texto constitucional."* (Pág. 279). No obstante, en principio, la distribución del Poder Público en la Constitución venezolana de 1999 es adecuada a un Estado Federal tal como lo define el Artículo 16:

"Artículo 16. Con el fin de organizar políticamente la República, el territorio nacional se divide en el de los Estados, el del Distrito Capital, el de las dependencias federales y el de los territorios federales. El territorio se organiza en Municipios.
La división político territorial será regulada por ley orgánica, que garantice la autonomía municipal y la descentralización político administrativa. Dicha ley podrá disponer la creación de territorios federales en determinadas áreas de los Estados, cuya vigencia queda supeditada a la realización de un referendo aprobatorio en la entidad respectiva. Por ley especial podrá darse a un territorio federal la categoría de Estado, asignándosele la totalidad o una parte de la superficie del territorio respectivo."

Luego señala: *"Artículo 136. El Poder Público se distribuye entre el Poder Municipal, el Poder Estadal y el Poder Nacional. El Poder Público Nacional se divide en Legislativo, Ejecutivo, Judicial, Ciudadano y Electoral."* El Poder Público se distribuyó en tres niveles territoriales: La República, los Estados y los Municipios. Sólo el Poder Público Nacional se dividió, de modo que el principio de la división y separación de los poderes de conformidad con este artículo sólo es necesariamente aplicable al Poder Nacional. Conviene que los Estados dividan el poder en sus tres ramas; no obstante, los Municipios tienen otra naturaleza y la división del Poder no tiene razón suficiente, al menos como principio general.

Más adelante, la Constitución establece el principio de la descentralización en su Artículo 157 que dice: *"La Asamblea Nacional, por mayoría de sus integrantes, podrá atribuir a los Municipios o a los Estados determinadas materias de la competencia nacional, a fin de promover la descentralización.* Y el artículo siguiente dispone: "Artículo 158. *La descentralización, como política nacional, debe profundizar la democracia, acercando el poder a la población y creando las mejores condiciones, tanto para el ejercicio de la democracia como para la prestación eficaz y eficiente de los cometidos estatales."*

La Constitución define al Poder Público Estadal así: "Artículo 159. *Los Estados son entidades autónomas e iguales en lo político, con personalidad jurídica plena, y quedan obligados a mantener la independencia, soberanía e integridad nacional, y a cumplir y hacer cumplir esta Constitución y las leyes de la República".* Los artículos 160 y 161 señalan que el gobierno y la administración de los Estados les corresponden al Gobernador, y el Poder Legislativo, que comprende legislación y control político, al denominado Consejo Legislativo.

Respecto del Poder Público Municipal señala lo siguiente: "Artículo 168. *Los Municipios constituyen la unidad política primaria de la organización nacional, gozan de personalidad jurídica y autonomía dentro de los límites de esta Constitución y de la ley. La autonomía municipal comprende: 1. La elección de sus autoridades. 2. La gestión de las materias de su competencia. 3. La creación, recaudación e inversión de sus ingresos."* Los artículos 174 y 175 establecen que el gobierno y la administración del Municipio le corresponde al Alcalde, y la función legislativa (no dice el Poder Legislativo) al Concejo.

La historia demuestra que Venezuela ha sido un país con un alto grado de concentración y centralización del poder, y no sólo del Poder Público. Dentro de este campo está el centralismo de los partidos políticos que imponen desde las cúpulas la voluntad de sus líderes con poca o nula capacidad de las instancias estadales y municipales para decidir sobre política ni sobre candidaturas. La reversión de esta tendencia histórica altamente antidemocrática e ineficiente requiere de la atención de tres aspectos claves:

a) La libertad como principio, que supone responsabilidades. La libertad en las instituciones políticas territoriales se denomina autonomía.
b) Descentralización de los partidos políticos para que las instancias regionales y locales asuman sus responsabilidades frente a sus partidarios y votantes.
c) Mayor libertad supone más responsabilidades, y de allí mejores mecanismos de apoyo técnico y financiero, mejor y más eficaces controles político, administrativo y fiscal, y por lo tanto de fiscalización, vigilancia e incluso poderes de intervención.

La propuesta debe comprender la asignación de materias sustantivas a los Estados, que deben asumir competencias específicas para alcanzar los Objetivos de Desarrollo Sostenible. Al tener competencias, deben contar con tributos propios, así como mecanismos de financiamiento por transferencias como el situado y otras condicionadas. Esto supone capacidad para dictar normas, es decir, un Poder Legislativo representativo, eficaz y con funciones de control político. Hay que implantar un Poder Judicial estadal autónomo y la justicia de paz en los Municipios.

Respecto de los Municipios, la idea es el fortalecimiento del Municipio, que se logra si se le reconoce a las ciudades y centros poblados su gobierno propio. Un Municipio autónomo, con poder político y administrativo capaz de liderar el desarrollo local sostenible, y asegurarle a la población un buen grado de bienestar y de prosperidad. Como los Municipios son distintos unos de otros, cada ciudad debe tener, dentro de un modelo estándar, la organización municipal apropiada a sus características. Esto se logra mediante un diseño que respete las particularidades del lugar, si se parte de una cierta representatividad de los concejales, eligiendo el número óptimo de acuerdo con las técnicas conocidas, se dota de suficientes recursos tributarios, se auxilia mediante transferencias, y se le apoya en lo técnico y en lo financiero, lo que supone una estructura administrativa nacional y estadal de apoyo. Es posible que Venezuela requiera elevar el número de Municipios de 335 al año 2020 a unos 2000. Un salto de esta naturaleza le daría la posibilidad a los centros poblados de autogobernarse, asumir responsabilidades políticas y administrativas y gestionar su propio desarrollo. Pero supone también establecer formas de apoyo y de control. El fortalecimiento de los Municipios obliga al fortalecimiento de los Estados en un régimen federal, para que asuman competencias propias, descarguen a los Municipios de materias que les resulta difícil de atender, y les sirvan de apoyo administrativo, técnico y financiero en especial a los pequeños y medianos.

Las discusiones en la Asamblea Nacional Constituyente de 1999 y los principios consagrados en la Constitución sancionada son claras sobre la intención descentralizadora, pero ya en el texto constitucional, en su versión definitiva, pues bastante se había avanzado en la primera discusión, de aquellas intenciones no quedó nada al establecerse la organización de un Estado Federal Descentralizado más centralizado que el definido en la Constitución de 1961, con una asignación de competencias a los Estados prácticamente inocua y desprovistos de ingresos propios. Por si fuera poco, el desarrollo constitucional ha sido francamente negativo y los gobiernos "*bolivarianos*" le menoscabaron las pocas competencias y les anularon las posibilidades de generar recursos propios.

Conviene recordar en estos tiempos absurdos los esfuerzos realizados en 1999 para lograr una buena Constitución y un adecuado reparto del Poder Público. En el CIEPROL dimos nuestro aporte en dos documentos: Uno sobre políticas y propuestas en materia de descentralización que fue consignado en la Asamblea Nacional Constituyente, y otro titulado "*Un nuevo Municipio para Venezuela*" repartido a cada uno de sus miembros.[6] Destaco, entre otros sobre esta materia, los aportes de Allan Brewer Carías, Carlos Tablante, Ricardo Combellas, Rafael de La Cruz, FUDECO, FUNDACOMÚN, FIDES, PNUD, Asociación

6 Fortunato González Cruz. *Un nuevo Municipio para Venezuela.* Centro Iberoamericano de Estudios Provinciales y Locales CIEPROL-ULA. Litorama. Mérida, 1999.

de Gobernadores, Asociación de Alcaldes, y el documento "*Propuesta del Zulia a la Asamblea Nacional Constituyente*" elaborado entre otros por el Dr. Jorge Sánchez Melean. Se trató de definir un federalismo cooperativo y de descentralización participativa, donde la distribución de competencias entre los tres niveles de gobierno combinara competencias exclusivas de cada uno, que generan relaciones intergubernamentales, y otras concurrentes y que exigen la creación de instancias de concertación y negociación, así como mecanismos de coordinación. Cada uno de los niveles territoriales sería autónomo, con potestades legislativas, de gobierno y administración, y judiciales.

El Derecho Constitucional Comparado ofrece unos escenarios interesantes para ilustrar sobre el modelo que puede resultar más conveniente en Venezuela y lograr un buen sistema federal: La buena gestión del desarrollo de cada Estado, la correcta prestación de los servicios estadales, la modernización de la política y de la Administración Pública Estadal, la creación del fisco estadal, el desarrollo de la conciencia contributiva y la formación de ciudadanía. A estos fines contribuyen los Objetivos del Desarrollo Sostenible aprobados por la ONU, que deben servir de guía en este trabajo de reingeniería constitucional. Por último, es conforme a la naturaleza de un Estado Federal la existencia de un Senado, una cámara de representación territorial en el Congreso de la República que garantice el principio de la igualdad de los Estados mediante una representación de igual número de senadores, y, además, mejore el proceso de discusión y aprobación de las leyes.

Nuestro criterio es que se puede avanzar en la descentralización mediante una reforma de la Constitución, puesto que en ella están los Principios Fundamentales, que no se desarrollaron al definir el régimen de los Poderes Nacional ni Estadal en el Título IV "*Del Poder Público*", en particular en el Capítulo II "*De las Competencias del Poder Público Nacional*", y en el Capítulo III "*Del Poder Público Estadal*". Los constituyentes de 1999 habían aprobado en primera discusión una distribución de competencias y asignación de recursos de contenido federal, que luego se desechó en la segunda discusión.

III DISTRIBUCIÓN DE COMPETENCIAS Y RECURSOS.

El modelo federal de Estado es complejo y para aprovechar sus ventajas es indispensable el establecimiento de un concepto sistémico, integral, interrelacionado que permita que cada Estado Federado opere con sus particularidades en armonía con el Estado Nacional y con los Municipios, con efectivos mecanismos políticos, administrativos y judiciales, que aseguren el correcto engranaje de sus componentes.

Existen materias de competencia estatal que evidentemente corresponde su atención al Poder Nacional, como también existen asuntos de clara responsabilidad local. Dos ejemplos bastan para ilustrar esta afirmación: La defensa nacional, evidentemente de competencia nacional; y el aseo urbano y la recolección de residuos, típicamente locales. En ambas debe haber cooperación entre los poderes públicos pero su responsabilidad corresponde en el primer caso al Poder Nacional y en el segundo al Municipio. Los Estados unitarios no tienen poderes intermedios, pero recurren a la organización de formas administrativas de gestión en regiones o provincias con el objeto de descentralizar y desconcentrar, y a la vez coordinar la gestión de los asuntos públicos con los Municipios. Pero en un Estado Federal tienen que existir, por su propia naturaleza, instancias de poder político subnacionales que deben tener poder efectivo; de allí que el diseño de la asignación y gestión de competencias demanda mucha más atención y cuidado para asegurar la eficiencia y evitar la anarquía. En defensa nacional, por ejemplo, las reglas las define el Poder Nacional, sin duda, además, desarrolla las políticas y ejecuta los programas. Es muy reducido el campo de actuación de los Estados y Municipios en materia de defensa nacional, que no sean meros actos de apoyo o colaboración. En salubridad, aseo y desechos las reglas son municipales, y los otros poderes pueden cooperar y su intervención en estas materias debe ser excepcional. Cuando existen poderes estadales con poder efectivo, como sucede en Canadá, Estados Unidos, México, Brasil y Argentina, para referirnos sólo a los modelos federales de América, las exigencias de la arquitectura del poder son mayores y delicadas.

De estos modelos y del texto resultante de la primera discusión de la Constitución de Venezuela, se puede establecer un sistema de distribución del Poder Público equilibrado y funcional a tres niveles territoriales. Para ello es de primera importancia tratar con sumo cuidado tres asuntos claves:

a) La correcta asignación de las materias que corresponden a cada nivel;
b) La justa asignación de recursos propios, en particular tributarios, y la definición de los principios que rigen las transferencias financieras nacionales a los Estados, unas libres y otras condicionadas; y
c) La acertada definición de los mecanismos de coordinación, cooperación y control, que sin menoscabo de la autonomía, aseguren el funcionamiento del conjunto del Estado y el complimiento de objetivos concretos y responsabilidades específicas, y las sanciones efectivas, de modo que se garantice el fin fundamental de lograr el bienestar y la prosperidad de la población.

Una vez definidas las competencias nacionales y municipales, bien por residuales o bien por una determinación expresa del constituyente, resulta menos complicado definir las materias estadales, a fin de cuentas un poder intermedio. En el Poder Nacional quedan las que se refieren a materias de Estado, como la política internacional, las fuerzas armadas, moneda y bancos; legislación sobre materias como nacionalidad, civil, mercantil, penal. También los Municipios tienen bastante claro su ámbito competencial de acuerdo con la frase universalmente aceptada de "*asuntos propios de la vida local*", entre los que están los servicios domiciliarios y comunitarios, el urbanismo, la movilidad, entre otros. Luego existen materias que evidentemente son concurrentes, como el cuidado del ambiente, en las que se impone una delimitación cuidadosa de tareas, responsabilidades y mecanismos de coordinación. El ámbito estadal, provincial o departamental, como se denomine el intermedio en cada Estado, quedará definido por el modelo de Estado bien sea unitario, federal, autonómico o una mixtura. Ejemplos los hay de todos los tipos; solo en Latinoamérica existen las formas federales de México, Brasil y Argentina, aparte de Venezuela, que de federal tiene sólo la forma pero sin contenidos; unitarios Chile o Uruguay y unitario con alguno detalle federal como Colombia.

El ámbito estadal puede tener algunas competencias exclusivas. Aun así, para Venezuela nos parece más conveniente sus funciones de apoyo, coordinación y colaboración con el ámbito nacional en lo que corresponda, y especialmente con los Municipios, estos últimos en particular los medianos y pequeños con debilidades institucionales y financieras. Sería un modelo semejante al colombiano pero con mayor poder estadal, por respeto a la tradición federalista venezolana. Como se dijo antes, hay que considerar como referentes principales en la asignación de competencias públicas los Objetivos de Desarrollo Sostenible. Por el alto grado de generalidad del texto constitucional y su vocación de permanencia, es recomendable asumirlos en términos lo más abstracto posible sin que pierda su sentido y que puedan ser plenamente desarrollados cada uno en el nivel territorial al que corresponde su atención. Con estas orientaciones, es posible avanzar en una propuesta de asignación de materias como competencias de los Estados. Estas serían las siguientes:

1. Dictar su Constitución, legislar sobre las materias de su competencia y crear Municipios.
2. Crear tributos y administrar sus recursos.
3. Promover el desarrollo económico y social sostenible y el bienestar y la prosperidad de su población.
4. Proteger el ambiente, aprovechar los recursos hídricos y minerales no metálicos, y la gestión final de desechos.
5. Ordenación del territorio.
4. Educación básica, media, diversificada y técnica.
5. La promoción de la cultura, la ciencia, la tecnología y el deporte.
6. Salubridad y servicios de atención primaria de la salud.
7. Policía, seguridad ciudadana y defensa civil.
8. Infraestructura, vivienda y hábitat.
9. La administración de autopistas, puertos y aeropuertos nacionales.
10. Tierras baldías.
11. Las que le sean transferidas por el Poder Nacional.

Como se puede observar, algunas de estas competencias son concurrentes y requieren desarrollo legislativo para establecer los mecanismos de coordinación. Para atender estas competencias, los Estados requieren recursos propios, tributarios o no y transferidos. Entre los recursos que deben disponer los Estados están los siguientes:

1. Impuesto a las transacciones inmobiliarias.
2. Impuesto a las sucesiones, legados y donaciones.
3. Impuesto ambiental.
4. Impuesto al consumo de derivados del petróleo.
5. Impuesto a la actividad minera.
6. Tasas por uso de autopistas, puertos y aeropuertos.
7. Contribución de vialidad estadal.
8. Los ingresos por Situado Constitucional.
9. Otras transferencias condicionadas.

Los Estados tienen que tener un parlamento, un cuerpo colectivo que ejerza el Poder Legislativo integrado por un número de diputados que representen la población y cuente con legitimidad. Este debe, como es conforme con su naturaleza, dictar leyes y ejercer las funciones de control político, más necesarias cuantas más competencias recaigan sobre el gobierno regional. Podría ser conveniente la elección de los legisladores por circunscripciones electorales coincidentes con los Municipios, en proporción a la población. Estos asuntos deben ser desarrollados en una Ley Orgánica del Poder Público Estadal.

IV SISTEMA DE COORDINACIÓN Y APOYO POLÍTICO, ADMINISTRATIVO, TÉCNICO, FINANCIERO Y DE CONTROL DE GESTIÓN.

La coherencia de la gestión pública, mucho más compleja en un modelo federal, requiere de un buen sistema de planificación, coordinación y control que, con respeto a las autonomías, cuente con estructuras que aseguren acuerdos políticos, coordinación administrativa, apoyo técnico, asistencia financiera y un eficaz control de gestión. Todo ello debe tener una clara orientación sobre las siguientes bases:

1) Cumplimiento de los Objetivos del Desarrollo Sostenible.
2) Planes, programas y proyectos concertados.
3) Apoyo financiero, técnico y administrativo.
4) Suficiencia financiera.

5) Eficaces mecanismos de control de gestión en el cumplimiento de los objetivos y metas, con elementos correctivos y sancionatorios.

Estimamos que el Consejo Federal de Gobierno creado por la Constitución de 1999 puede ser ese organismo con alguna modificación constitucional y un nuevo desarrollo legislativo. En el nivel político se debe colocar la representación máxima del modelo político, por ello la presidencia del Consejo Federal de Gobierno debe corresponderle al Presidente de la República, y estar integrado por los gobernadores de los Estados y al menos tres alcaldes por cada uno de ellos. Los ministros deben asistir a sus reuniones con voz pero sin voto, como también los representantes de las universidades, de las academias, de organizaciones calificadas de la sociedad civil y del sector privado de la economía. La opinión de los ministros y representantes de la sociedad civil son importantes, pero las decisiones les corresponden a los electos, que tienen la investidura popular. La Secretaría Ejecutiva debe tener un comité directivo integrado por un ministro, tres gobernadores, tres alcaldes, un director ejecutivo, un director técnico, un director financiero y un director de control designados por el Consejo Federal de Gobierno. La organización puede ser estructurada con arreglo a los ODS agrupados de acuerdo a una integración lógica que permita planificar y cuantificar resultados concretos para una acción gubernamental eficaz.

V CALIDAD DE LA POLÍTICA Y DE LA GESTIÓN PÚBLICA

Entre los asuntos claves a considerar en una reforma constitucional están algunos problemas graves como la falta de transparencia, la corrupción, el despilfarro y la mala gestión que afectan el desempeño de la Administración Pública. Es necesario generar una cultura del buen gobierno, de transparencia y de la sana administración, así como excelente calidad de los servicios a la población, del cuidado de los bienes públicos. Estimamos que el Consejo Federal de Gobierno en coordinación con el sistema educativo y otras instituciones públicas y privadas puede ocuparse de ello.

Otro aspecto importante tiene que ver con la calidad de la política que toca básicamente a los partidos políticos y al sistema electoral. Estos temas no son ajenos a este trabajo pero requieren de un análisis separado. El fortalecimiento de las capacidades regionales y locales pasa por la modernización, descentralización y el fortalecimiento de los partidos políticos y todas las organizaciones intermedias de la sociedad civil, como los sindicatos y los gremios.

Dicho lo anterior, el Capítulo III del Título IV quedaría redactado así:

Artículo...Se reforma el artículo 162 de la siguiente manera:
Artículo 162. El Poder Legislativo se ejercerá en cada Estado por un Consejo Legislativo, que tendrá las atribuciones siguientes: 1. Legislar sobre las materias de la competencia estadal. 2. Sancionar la Ley de Presupuesto del Estado. 3. Ejercer el control político y de gestión del Gobernador. 4. Las demás que establezcan esta Constitución y la ley.

Para ser diputado del Consejo Legislativo, se requiere ser venezolano, residir en el territorio del Estado desde al menos 4 años anteriores a su elección, y ser mayor de 21 años de edad. Los legisladores estadales serán elegidos por un período de cuatro años. Podrán ser reelegidos, de inmediato y por una sola vez, para un nuevo período.

Artículo...Se reforma el artículo 164 de la siguiente manera:
Artículo 164. Es de la competencia de los Estados:

1. Dictar su Constitución y organizar sus poderes públicos.
2. La organización de sus Municipios.
3. La libre administración de sus bienes y la inversión y administración de sus recursos; y la organización, recaudación, control y administración de sus tributos.
4. El desarrollo económico y social sostenible.
5. La ordenación del territorio, vivienda y hábitat.
6. La protección del ambiente.
7. El régimen y aprovechamiento de los recursos hídricos, los minerales no metálicos y las salinas.
8. La gestión y disposición final de residuos.
9. Educación primaria, básica, media, diversificada y técnica.
10. La promoción de la cultura, el deporte, la ciencia y la tecnología.

11. Salubridad, saneamiento y servicios de atención primaria de la salud.
12. La organización de la policía urbana y rural y la determinación de las ramas de este servicio que corresponden a los Municipios, y la defensa civil.
13. La gestión de sus tierras baldías.
14. Infraestructura y la gestión de carreteras, autopistas, puertos y aeropuertos nacionales.
15. Las transferidas por el Poder Nacional.
16. Todo lo que no corresponda, de conformidad con esta Constitución, a la competencia nacional o municipal.

El cumplimiento de las competencias estará orientado por los principios de interdependencia, coordinación, cooperación, solidaridad, corresponsabilidad y subsidiaridad. Las competencias de naturaleza concurrente son de obligatoria coordinación con los Poderes Nacional y Municipal.

Artículo...Se agrega el artículo...:
Artículo. Los Estados tienen la obligación de prestar apoyo a los Municipios en el cumplimiento de sus competencias y en la prestación de los servicios públicos. Para ello crearán con estos las instancias de coordinación, cooperación y asistencia técnica que sean necesarias con el fin de alcanzar los objetivos de los planes de desarrollo sostenible.

Artículo...Se reforma el artículo 167 de la siguiente manera:
Artículo 167. Son ingresos de los Estados:

1. Los procedentes de su patrimonio y de la administración de sus bienes.
2. Los impuestos a las sucesiones, legados y donaciones; ambiental; al consumo de derivados de los hidrocarburos; y a la actividad minera.
3. Las tasas por el uso de sus bienes y servicios; autopistas, puertos y aeropuertos nacionales; papel sellado, timbres y estampillas.
4. Contribución de vialidad estadal.
5. Situado Constitucional.
6. Otras transferencias.
7. Los demás recursos, impuestos, tasas y contribuciones que les asigne la ley.
8. Los provenientes de multas y sanciones.

El situado es una partida equivalente a un máximo del veinte por ciento del total de los ingresos ordinarios estimados anualmente por el Fisco Nacional, el cual se distribuirá entre los Estados en la forma siguiente: un treinta por ciento de dicho porcentaje por partes iguales, y el setenta por ciento restante en proporción a la población de cada una de dichas entidades y a su extensión territorial. En cada ejercicio fiscal, los Estados destinarán a la inversión un mínimo del cincuenta por ciento del monto que les corresponda por concepto de Situado. A los Municipios de cada Estado les corresponderá, en cada ejercicio fiscal, una participación no menor del veinte por ciento del Situado y de los demás ingresos ordinarios del respectivo Estado.

Artículo...Se reforma el artículo 185 de la siguiente manera:
Artículo 185. El Consejo Federal de Gobierno es un órgano de planificación y coordinación de políticas y acciones para el desarrollo nacional sostenible y del proceso de descentralización y transferencia de competencias del Poder Nacional a los Estados y Municipios. Estará presidido por el Presidente de la República e integrado por los gobernadores de los Estados y tres alcaldes por cada Estado. Los ministros asistirán a sus reuniones con voz pero sin voto, como también los representantes de las universidades, de las academias nacionales, del sector privado de la economía y otros sectores sociales. Tendrá una Secretaría Ejecutiva integrada por un ministro, tres gobernadores y tres alcaldes; con un Director Ejecutivo, un Director Técnico, un Director Financiero y un Director de Control designados por el Consejo Federal de Gobierno.
Del Consejo Federal de Gobierno dependerá el Fondo de Compensación Interterritorial, destinado al financiamiento de inversiones dirigidas a promover el desarrollo equilibrado de las regiones, la cooperación y complementación de las políticas e iniciativas de desarrollo de las distintas entidades públicas territoriales, y a apoyar la dotación de obras y servicios esenciales en las regiones y comunidades de menor desarrollo relativo. El Consejo Federal de Gobierno, con base en los desequilibrios regionales, discutirá y aprobará anualmente los recursos que se destinarán al Fondo de Compensación Interterritorial y las áreas de inversión prioritaria a las cuales se aplicarán dichos recursos.

BIBLIOGRAFÍA CONSULTADA

ASAMBLEA NACIONAL CONSTITUYENTE. Actas. Volumen II y III. Imprenta Nacional. Caracas, 1999.

BREWER-CARÍAS, Allan. *Instituciones del Estado Democrático de Derecho Constitución 1961*. Colección Tratado de Derecho Constitucional. Tomo IV. Fundación de Derecho Público. Editorial Jurídica Venezolana. Caracas, 2015.

BREWER-CARÍAS, Allan. *La Administración Pública. Tratado de Derecho Administrativo. Derecho Público en Iberoamérica.* Volumen II. Civitas. Reuters. Fundación de Derecho Público. Editorial Jurídica Venezolana. Cizur Menor, Navarra, España. 2013.

CONSTITUCIÓN DE LA REPÚBLICA BOLIVARIANA DE VENEZUELA. Gaceta Oficial Extraordinaria N° 5.453 de la República Bolivariana de Venezuela. Caracas, viernes 24 de marzo de 2000.

GARCÍA PELAYO, Manuel. *Obras Completas.* Tomo III. Centro de Estudios Constitucionales. Madrid, 1991.

GONZÁLEZ CRUZ, Fortunato. "El Régimen Federal en la Constitución Venezolana de 1999". En *La Constitución de 1999*. Biblioteca de la Academia de Ciencias Políticas y Sociales. Anauco Ediciones. Caracas, 2000.

GONZÁLEZ CRUZ, Francisco. Discurso de Incorporación como Individuo de Número en el Centro de Historia de Trujillo en 8 de octubre del 2004. Fondo Editorial de la Universidad Valle del Momboy. Valera, 2005.

MINISTRO DE ESTADO PARA LA DESCENTRALIZACIÓN. Informe sobre la descentralización en Venezuela. 1994. Memoria del Dr. Allan R. Ministro de Estado para la Descentralización (junio 1993 - febrero 1994). Editorial Arte C.A. Caracas, 1994.

SOSA GÓMEZ, Cecilia. *Le ética como fundamento de la Justicia.* Discurso de incorporación a la Academia de Ciencias Políticas y Sociales de Venezuela, 2017. Disponible en: https://www.acienpol.org.ve/denumero/dra-cecilia-sosa-gomez/

TRANSPARENCIA VENEZUELA. Informe. Análisis del Presupuesto Nacional 2017. Disponible en: https://transparencia.org.ve/project/analisis-del-presupuesto-nacional-2017/

REFLEXIONES SOBRE EL PAPEL DEL ESTADO Y DEL DERECHO EN LAS SITUACIONES DE NECESIDAD Y EMERGENCIA

JUAN CARLOS CASSAGNE*

SUMARIO

1. EXCURSO ACERCA DEL DINAMISMO DEL DERECHO PÚBLICO Y SU PROYECCIÓN EN LAS CONCEPCIONES SOBRE LA ACTIVIDAD ADMINISTRATIVA

En el desarrollo dinámico que ha caracterizado nuestro Derecho Administrativo no suele ser común el análisis de las teorías prevalecientes con el objetivo de comparar las nociones, que han ido asentándose a través de los años sobre las funciones del Estado y la actividad administrativa, con la realidad que exhibe actualmente el derecho.

En América, sobre todo, hay quienes siguen utilizando antiguas categorías jurídicas como la del Poder de Policía, calificada de arcaizante[1], para aplicarlas a los problemas que se presentan en el mundo

* Profesor emérito de la UCA y profesor consulto de la UBA.Miembro de Número de la Academia Nacional Derecho y Ciencias Sociales de Buenos Aires, Académico honorario de la Real Academia de Jurisprudencia y Legislación y miembro correspondiente de la Real Academia de Ciencias Morales y Políticas, ambas de Madrid y de las Academias Colombiana y Peruana de Jurisprudencia.

1 Eduardo García de Enterría y Tomás Ramón Fernández, *Curso de Derecho Administrativo,* T° II, 15ª ed., Thomson-Reuters, Madrid, 2017, p. 131.

jurídico contemporáneo, sin tener en cuenta las diferencias de régimen jurídico, particularmente provenientes de los principios y de las nuevas técnicas que han surgido como consecuencia de los profundos cambios que se han operado en las relaciones entre la sociedad y el Estado.

Se trata, en efecto, de un cambio radical. De custodio del orden público y guardián de la seguridad, pasando por la posición de titular y gestor de la casi totalidad de los servicios que satisfacen necesidades públicas, el Estado, sin abdicar las funciones que tradicionalmente venía cumpliendo se ha convertido, esencialmente, en un Estado Regulador y Garante, que establece reglas y controla, en forma permanente y prolongada, la colaboración de los particulares en esas funciones, promoviendo, en el plano económico, la competencia en los mercados e impidiendo los excesos de los monopolios naturales[2], sin perjuicio de su intervención en el campo social.

En la evolución de las teorías que dominaron el derecho administrativo del siglo XIX sobresalen dos concepciones vinculadas estrechamente al concepto de poder público: la teoría francesa de la soberanía (desarrollada por Carré de Malberg) y la alemana del poder público (consolidada en la obra de Otto Mayer).

La similitud de ambas concepciones radicaba en la posición neutral que asumía el Estado en sus relaciones con la sociedad y sus componentes, principalmente en materia económica, así como en la finalidad de su objeto, focalizado en el mantenimiento del orden y de la seguridad pública. En esa etapa histórica, la actuación del Estado, en materia de policía, estaba gobernada por las ideas del absolutismo y los derechos públicos de las personas no surgían de las leyes ni del derecho natural sino de la autolimitación del propio poder estatal al que los ciudadanos estaban vinculados por un estricto deber de obediencia. La situación de los derechos privados era diferente ya que, en ese escenario, regían las reglas de los Códigos Civiles y las consecuentes garantías que protegían esos derechos ante los jueces.

---

2 Ver el artículo de Santiago Muñoz Machado, *Fundamentos e Instrumentos Jurídicos de la Regulación Económica,* en Santiago Muñoz Machado y José Esteve Pardo (directores), *El Derecho de la Regulación Económica,* T° I, Iustel-Fundación Instituto Universitario de Investigación Ortega y Gasset, Madrid, 2009, p. 17 y ss., en la que hace una completa descripción de las diferentes concepciones hasta llegar al Estado Regulador y Garante.

Desde luego que la tónica apuntada fue la línea general seguida por las concepciones europeas del poder público ya que, por diferentes razones, no se puede desconocer que el Estado intervino en el campo económico, aun cuando esas intervenciones eran excepcionales y muchas veces transitorias o esporádicas.

Pero ambas teorías sucumbieron, total o parcialmente, debido a distintas causas. La crisis de la concepción de la policía administrativa tuvo mucho que ver con la ampliación de la actividad estatal pues, al extenderse la intervención del Estado al ámbito de la economía privada, surgieron las policías especiales cuya regulación no podía llevarse a cabo solo con las técnicas de las medidas restrictivas de los derechos y conductas propias de la policía administrativa.

Las categorías clásicas abstractas que componen la estructura de las instituciones administrativas a través de las cuales se manifiesta la voluntad de la Administración (reglamentos, actos administrativos, contratos de la Administración etc.) Al igual que las formas de acción que utilizaba la antigua policía (órdenes, autorizaciones, coacciones y sanciones) integran actualmente el conjunto de los poderes de regulación[3], que actúan en LA PROSECUCIÓN de otros fines como son la promoción de la competencia, o la apertura de nuevos mercados, o el ingreso de nuevos operadores a los sistemas de red y la prestación de servicios de interés general para la comunidad[4]. De ese modo, por ejemplo, la autorización ha pasado a ser una figura clave en la regulación ya que, lejos de limitarse a levantar una condición puesta para el ejercicio de un derecho existente, se convirtió en una figura constitutiva de derechos que antes no existían ni estaban prohibidos, asumiendo un papel protagónico en la valoración de los riesgos, razonablemente permitidos (vgr. El riesgo ambiental)[5], que no son los llamados riesgos cero.

---

3 En Francia, si bien las reediciones de las obras clásicas siguen manteniendo el concepto de policía, alguna parte de la doctrina no lo utiliza; véase, por ejemplo, Guy Braibant y Bernard Stirn, *Le droit administratif français*, 7ª ed., Dalloz, Paris, 2005, p. 157 y ss., ver también: Vincent Tchen, *L'impacte du Droit Communautaire sur la police administrative*, en *Droit Administratif Européen* (dir. Jean Bernard Auby y Dutheil de la Rochère, Jacqueline), ed. Bruylant, Bruselas, 2007, p. 997 y ss., en el lenguaje del derecho comunitario europeo no suele utilizarse el término policía.

4 Eduardo García de Enterría y Tomás Ramón Fernández, *Curso…*, cit., Tº II, ps. 162-164.

5 José Esteve Pardo, *El encuadre de la regulación…*, cit., p. 392 y ss.

Con todo, al ser incorporada a la teoría de las formas de la actividad administrativa por Jordana de Pozas la noción de policía en España subsistió por algún tiempo hasta ser reemplazada por la teoría elaborada por Santi Romano de los actos de gravamen que, como es sabido, fue uno de los grandes cambios que, en su momento, introdujeron García de Enterría y Fernández, seguidos por buena parte de la doctrina española.

Paralelamente, en Francia, la teoría de la soberanía fue desplazada por la concepción del servicio público que, originada en Hauriou, alcanzó su máxima teorización bajo el signo socialista que le imprimieron Duguit y la escuela de Burdeos, que aun cuando tuvo el mérito de haber diseñado el régimen jurídico del servicio público, dio base para justificar las posteriores nacionalizaciones de dichos servicios, clausurando el ciclo caracterizado por su gestión privada.

El poder público constituía -junto con el servicio público- uno de los elementos de un derecho administrativo, integrado por una serie de poderes que primero fueron calificados de exorbitantes y, más tarde, como parte de un régimen administrativo integrado, conjuntamente, por prerrogativas y garantías que vinieron a compensar el ejercicio del poder público, originándose un sistema bastante equilibrado de protección de los derechos de las personas y empresas, cuya construcción ha sido obra fundamental de la jurisprudencia del Consejo de Estado francés.

Al fracasar el Estado, como gestor y empresario en toda Europa y en Iberoamérica, se abrió el cauce para el desarrollo de un nuevo derecho administrativo. Sin llegar al extremo de la tesis sostenida por la doctrina alemana, en el sentido de que el derecho administrativo se resume en la idea de regulación, es evidente que esta categoría, junto a la del servicio público, ha venido a constituir uno de los paradigmas centrales de la actividad administrativa, siendo una noción que define la función del Estado, a raíz de los procesos de privatización o liberalización de la mayoría de los servicios públicos y actividades de interés general ocurridas en el mundo, al menos en los países que practican los principios de una economía libre o social de mercado y mantienen los postulados de un Estado de Derecho, regido por normas y principios objetivos fundados en las leyes y no en la voluntad de los gobernantes.

Entramos, así, en el Estado Regulador y Garante[6], cuyos cimientos actualmente se conmueven a raíz de la pandemia, producida por una variedad de coronavirus (Covid-19), que afecta a la salud y a la economía de todos los habitantes del mundo.

2. UN NUEVO MODELO DE ESTADO: EL ESTADO REGULADOR Y GARANTE

Es sabido que, tanto en América como en Europa, el Estado de Derecho decimonónico, basado en las ideas del liberalismo político y económico, fue parcialmente solapado por otro sistema, que puso el acento en lo social a través de una Administración de carácter prestacional, que culminó con el reconocimiento de los llamados derechos de tercera y cuarta generación.

Mientras ese modelo de Estado Social de Derecho (basado en la concepción de Heller) acentuó el papel del Estado en la configuración y protección de los derechos sociales y en las prestaciones debidas a los ciudadanos, en estos últimos años ha surgido un nuevo arquetipo en el que la Administración, en definitiva el Estado, sin abandonar los objetivos antes señalados, se repliega del plano de la gestión de aquellos derechos, concentrándose en la función de garantizar y regular las prestaciones que satisfacen las necesidades colectivas, cuya actividad se adjudica de modo preferente a los sectores privados, lo que trasluce la aplicación del principio de subsidiariedad, aun cuando los ordenamientos no suelen atribuirle positividad a dicho principio, que no por ello deja de ser tal.

Así, de un modo escasamente percibido por el constitucionalismo social, se ha operado un cambio en los protagonistas del derecho público, potenciándose el rol de la sociedad que, de mera espectadora de la realidad, pasa a gestionar a través del sector privado servicios y

---

6 En Alemania, la amplitud de la regulación, al incluir la función social del Estado (procura asistencial) es la que explica uno de los fundamentos del Estado Garante, véase: Darnaculleta y Gardella M. Merce, *La recepción y desarrollo de los conceptos y fórmulas de la regulación. El debate en la República Federal Alemana*, en *El Derecho de la Regulación Económica...*, cit, T° I, p. 349 y ss.

actividades de interés público relevantes, en colaboración estrecha con la Administración Pública[7].

Este proceso que, a pesar de las crisis económicas se ha llevado a cabo en la mayoría de los países pertenecientes a la cultura política occidental, responde a varias causas. En primer término, exhibe una doble faz axiológica, al implicar la defensa de los postulados clásicos en los que se fundaba el Estado de Derecho liberal (principalmente el principio de separación de poderes, el de legalidad y la consagración de las libertades y derechos fundamentales) así como también de los derechos y principios consolidados por el constitucionalismo social, reconocidos en la mayoría de las Constituciones sancionadas tras la segunda guerra mundial que adoptaron el Estado Social de Derecho.

¿Cuáles fueron los motivos que dieron nacimiento al Estado Regulador y Garante[8]? Su origen obedeció a una serie de razones que iban desde las conocidas ineficiencias del sector público, los altos costos que generaban las prestaciones estatales y la política redistributiva que las orientaba, en un escenario caracterizado por el crecimiento demográfico, hasta la proyección de los efectos de la globalización de la economía[9].

Ese conjunto de factores condujo a una fuerte competencia entre los actores económicos de los distintos países generando un mayor protagonismo de los sectores privados de la sociedad, que llevó a las respectivas Administraciones Públicas a suprimir o aminorar las trabas burocráticas que afectaban el libre comercio e industria y las iniciativas privadas.

---

7 Resulta notable que el contenido de ese cambio en el modelo de Estado haya sido anticipado unos cuantos años antes por Germán J. Bidart Campos, en un libro prácticamente olvidado: *Marxismo y Derecho Constitucional,* Ediar, Buenos Aires, 1979, especialmente p. 90 y ss.

8 Véase: José Esteve Pardo, *Estado Garante. Idea y Realidad*, INAP, Madrid, 2015, pp. 16 y ss.

9 Ver al respecto: Mariano Gagliardo, *Transformaciones sociales y ¿Crisis del derecho?,* Separata de la Academia Nacional de Derecho y Ciencias Sociales de Buenos Aires (en prensa). Comunicación del 24/4/2020, Cap. I punto 4 y ss., realiza un agudo análisis sobre las causas de la crisis que trasciende a la pandemia concluyendo que a pesar de los aspectos negativos que exhibe el mundo en la actualidad, sobrevive el derecho fundado en la justicia.

De esa manera, debido a la retirada del Estado en la gestión económica se reafirmó el dualismo Sociedad-Estado que, según Messner[10], constituye uno de los principios jurídico-sociales de máxima relevancia en la medida que potencia los derechos preexistentes derivados del orden natural (sobre todo la propiedad y las libertades), ampliándose el grado de participación en la economía de los individuos, empresas y demás cuerpos intermedios de la sociedad[11].

Resulta paradojal que el nuevo Estado Regulador y Garante, lejos de abandonar su función social, procure alcanzar los mejores niveles de calidad y eficiencia de los servicios públicos, mediante la colaboración privada. Con todo, no es un repliegue absoluto, sino más bien, una retirada instrumental[12] ya que el Estado garantiza las prestaciones y servicios sociales mediante la función de control y vigilancia sobre los operadores privados a los que se les han transferido actividades antes atribuidas a la Administración. En ese contexto, comenzó a imponerse, asimismo, el principio de buena administración, al que cabe asignarle operatividad pues se configura como un deber del Estado[13].

En la filosofía que anida en este proceso hay un retorno a la clásica concepción del bien común[14] que, aun cuando sea un producto medieval, luce ahora nuevamente en muchos de los Estados que han basado sus esquemas regulatorios y garantísticos en el principio de subsidiariedad. Hasta en el campo de la literatura se advirtió, la necesidad del

---

10 Johannes Messner , *Ética social, política y económica a la luz del derecho natural,* rialp, trad. del alemán, ps. 346-347.

11 Vid. Jaime Rodríguez-Arana Muñoz, *Estudios sobre la Constitución*, ed. La Ley, Madrid, 2002, pp. 295-297.

12 José Esteve Pardo, *Estado Garante*..., cit., p. 3 y ss.

13 Ver: Jaime Rodriguez-Arana, *El ciudadano y el poder: el principio y el derecho al buen gobierno y a la buena administración,* Reus, Madrid, 2012, p. 11 y ss., Martin Galli Basualdo, *La buena administración en las organizaciones públicas nacionales y en la gobernanza global,* Marcial Pons, Buenos Aires, 2019, p. 39 y ss.; y también Loic Azoulai, *Le principe de bonne administration*, en Droit Administratif Européen..., cit. p. 493 y ss.

14 La conexión entre el bien común y el principio de subsidiaridad es por demás evidente en la concepción tomista, véase nuestro *Curso de Derecho Administrativo*, T° I, La Ley, Buenos Aires, 2016, pp. 25 y ss. La doctrina española ha advertido su influencia en la concepción del Estado Regulador y Garante, véase: José Esteve Pardo, *La nueva relación entre Estado y sociedad. Aproximación al trasfundo de la crisis,* Marcial Pons, Madrid, 2013, pp. 172-175.

"*desarme del Estado*", pues la prioridad no es la exaltación de éste sino la integración de las diferencias y el equilibrio de las relaciones sociales mediante el fortalecimiento de la sociedad[15].

La principal dificultad que debe superar la concepción del Estado Regulador y Garante se encuentra en el carácter fragmentario y pluricéntrico de la sociedad actual que refleja el desorden generado por las ideologías que han pretendido suplantar la realidad por conjeturas dogmáticas. Al propio tiempo, se ha producido la aparición de líderes populistas que basan su acción en el conocido esquema schmittiano fundado en la oposición que resulta del axioma amigo-enemigo y en el decisionismo del poder ejecutivo.

En un sentido opuesto transita el nuevo modelo de Estado que se apoya en la concepción del bien común en cuanto proporciona el fundamento real del fin que persigue el nuevo modelo y de las transformaciones que han ocurrido en el seno de la sociedad y del Estado.

Esas transformaciones han sido tan grandes que han llegado a trastocar el sistema de las fuentes del derecho, a raíz de la caída de los dogmas de la centralidad y primacía de la ley y la consecuente prevalencia de los principios generales, potenciándose el papel de los jueces en la interpretación del derecho. De esa manera, el juez ha dejado de ser un mero aplicador de normas positivas, mediante la técnica de la subsunción, para convertirse en un protagonista creativo que fundamenta sus decisiones en la justicia del caso y en los principios generales del derecho.

3. LA SEPARACIÓN DE PODERES: SUBSISTENCIA DE UN PRINCIPIO FUNDAMENTAL DE LOS SISTEMAS CONSTITUCIONALES EN EL ESTADO MODERNO

La situación de extremo peligro que enfrentan los Estados, para remediar los males sociales que provoca la pandemia del coronavirus, ha despertado muchas dudas e interrogantes y no pocas confusiones

---

15 Cfr. Salas, Denis, Camus, Albert, *La rebelión justa*, trad. del francés, publicación del Consejo de la Magistratura del Poder Judicial de la Ciudad de Buenos Aires, ed. Jusbaires, Buenos Aires, 2016, pp. 98-99.

acerca de la legitimidad de las medidas que imponen restricciones a los derechos de los ciudadanos y entidades colectivas.

Naturalmente, por sus características globales, si bien el tema no se circunscribe solo a los ordenamientos de los países que practican la cultura jurídica y los valores políticos de occidente, no es menos cierto que, no obstante el hecho de que las soluciones a los problemas que se presentan deben encararse y resolverse con arreglo a los principios y normas que rigen en cada país o región, existe una relativa unidad de criterios con respecto a la naturaleza y alcance de las medidas que se van adoptando para superar una crisis epidemiológica inédita en todos los continentes del mundo.

En la Edad Moderna apareció, en Francia, un libro que lleva por título *El espíritu de las leyes*, publicado en 1748 por Charles-Louis de Secondat, barón de la Brède y de Montesquieu, que sigue gravitando aún sobre los actuales Estados, con las adaptaciones que va imponiendo la realidad política y social. En rigor, la proyección de la teoría de la separación de poderes no se ciñe al derecho constitucional, sino que al abordar la cuestión de las funciones estatales y las relaciones entre la Administración (o el gobierno, según la terminología europea) y los otros poderes, se configura como uno de los principios fundamentales del derecho administrativo contemporáneo.

La teoría ha sido objeto de múltiples desarrollos volcados en medulosos estudios e investigaciones, tanto en el derecho comparado como en nuestro país[16], y la mayor parte de los doctrinarios han coincidido en afirmar que su paternidad corresponde a Montesquieu[17], sin negar las influencias de otros que abordaron el tema como Locke. Lo cierto es que la originalidad de su concepción (sobre todo en lo concerniente al equilibrio entre los órganos que ejercen las funciones administrativas y legislativas con el órgano judicial) no puede ponerse en duda.

---

16 Se destacan, por su rigor jurídico y profundidad intelectual, la obras de: Jorge Tristán Bosch, *Ensayo de interpretación de la doctrina de la separación de los poderes*, Universidad de Buenos Aires, Facultad de Derecho y Ciencias Sociales, Buenos Aires, 1944, p. 35 y ss., y Alberto B. Bianchi, *La separación de los poderes,* ed. Cathedra Jurídica, Buenos Aires, 2019.

17 Rafael Bielsa, en el "Prólogo" a la obra de Bosch, Jorge Tristán, *Ensayo...*, cit., p. 9. Algunos han atribuido la paternidad de la teoría de la separación de poderes a Locke pero éste no concibió al poder judicial como un órgano separado e independiente.

Para desentrañar la teoría de la separación de los poderes cabe advertir que el escaso desarrollo de los conceptos utilizados por la ciencia política de la época provocó una serie de confusiones, muchas de las cuales han llegado hasta las actuales generaciones de juristas, acerca de los conceptos de poder, órgano y función. En realidad, más que la confusión conceptual que suele atribuirse a la doctrina expuesta en *El espíritu de las leyes*, parece más lógico sostener que se trata de polisemias propias de la época pues, si se reemplaza en cada lugar de la obra el término, según el sentido técnico actual, es posible descubrir la trama de la verdadera teoría que expone, aunque muchas veces los conceptos aparecen entrelazados (vgr. Poder y función) y, de alguna manera, continúan utilizándose, aún hoy, por comodidad del lenguaje, los distintos conceptos que emplea Montesquieu sobre el poder[18].

¿Cuáles fueron las dos ideas que guiaron al constructor de la teoría de la separación de los poderes? Bielsa, en el "*Prólogo*" a la obra de su discípulo Bosch, lo explica con claridad meridiana al recordar que las ideas dominantes de la concepción eran, básicamente, la prevención y defensa de la libertad natural del hombre para protegerlo "*contra el despotismo de la autoridad*"[19].

Si todo hombre que detenta el poder está tentado a abusar de él (como pensaba con sentido realista su autor siguiendo a David Hume)[20] es necesario que el poder encuentre sus límites y la receta más adecuada para ello es *le pouvoir arrête le pouvoir*. Esta fórmula significa que "*la solución del problema que plantea el posible abuso de poder se encuentra…*" en separar el poder y lograr que las partes separadas "*de ese poder se detengan entre sí, recíprocamente*"[21].

Resulta indudable que ese freno recíproco conduce al equilibrio entre los distintos poderes del Estado[22], el cual se logra "*distribuyendo las funciones estatales entre diferentes órganos, constituidos por personas en principio distintas, de manera que ninguno de ellos pueda impo-*

---

[18] Véase: Jorge Tristán Bosch, *Ensayo…*, cit., p. 45 y ss.

[19] Rafael Bielsa, en el "Prólogo" a la obra de Jorge Tristán Bosch, *Ensayo…*, cit., p. 10.

[20] Jorge Tristán Bosch, *Ensayo…*, cit., p. 50.

[21] Jorge Tristán Bosch, *Ensayo…*, cit., p. 42. Para una mejor comprensión del pensamiento de Bosch utilizamos el término "*separación o separar*" en vez de "*división o dividir*".

[22] Germán J. Bidart Campos, *Derecho constitucional*, T° I, Ediar, Buenos Aires, 1968, pp. 698 y 703, nota 31.

ner su voluntad a los otros ni quede sometido a una voluntad ajena a la propia. No se trata de que los órganos estén aislados, por el contrario, es preciso que puedan detenerse entre sí y nada obsta a que entre ellos se entablen relaciones de recíproca colaboración"[23].

En prieta síntesis, la doctrina de la separación de los poderes constituye uno de los pilares centrales del edificio constitucional que implica varios elementos que deben funcionar en forma armónica y equilibrada para que se realice el Estado de Derecho. Aparte de consagrar el sometimiento de la Administración a la ley y al derecho supone una partición de funciones en órganos, separados e independientes, con especialización funcional relativa y poderes limitados. La separación es tanto orgánica como de las personas[24] y, en nuestro sistema, no es absoluta[25] siendo, en suma, una separación relativa de poderes coordinados entre sí[26].

El resultado de la teoría comprende, en consecuencia, la partición del poder del Estado en funciones especializadas adjudicadas, en forma predominante a cada órgano, conforme a un criterio material[27].

Aun cuando el principio de la separación de poderes ha sido recogido en la Constitución (escrita o no, rígida o flexible) de todos los Estados democráticos[28], sus dos consecuencias primordiales, que, como se ha visto, son la independencia orgánica y la especialización, nunca se han interpretado y aplicado en forma absoluta[29]. La interpretación contraria se ha considerado demasiado simplista y elemental y no tiene en cuenta la complejidad de la estructura y funciones existentes en el Estado moderno, en el que aparecen, además, nuevos órganos y entes

---

23 Jorge Tristán Bosch, *¿Tribunales judiciales o tribunales administrativos para juzgar a la Administración Pública?,* Zavalía, Buenos Aires, 1951, p. 37.

24 Maurice J. C. Vile, *Constitucionalismo y separación de los poderes*, trad. del inglés, Centro de Estudios Políticos y Constitucionales, Madrid, 2007, pp. 17/18.

25 Roberto Enrique Luqui, *Revisión judicial de la actividad administrativa*, T° I, Astrea, Buenos Aires, 2005, p. 49.

26 José Manuel Estrada, *Curso de derecho constitucional*, T° II, Sudamericana de Billetes de Banco, Buenos Aires, 1902, p. 37 y ss., especialmente p. 52.

27 Juan Carlos Cassagne, *Curso de Derecho administrativo*, T° I, 12a ed., La Ley, Buenos Aires, 2018, pp. 14 y ss.

28 Paolo Biscaretti di Ruffia, *Derecho constitucional comparado*, Tecnos, Madrid, 1987, p. 208.

29 Jorge Tristán Bosch, *Ensayo…*, cit., pp. 68 y ss.

estatales dotados de independencia funcional (como las llamadas autoridades o agencias reguladoras independientes)[30].

4. EL ESTADO DE NECESIDAD Y LA EMERGENCIA

Hasta qué punto, con motivo de la pandemia, comienza a tambalear la concepción del Estado Regulador y Garante es un aspecto crucial en las actuales circunstancias históricas, que pujan por un mayor intervencionismo estatal en el campo económico, lo que puede conducir a establecer un modelo de signo inverso basado en la aplicación de la función activa del principio de subsidiariedad, al menos hasta que se reconstruya el sector privado de la economía.

Así, en forma súbita y sin estar en los planes de los gobernantes, la tendencia predominante que ese modelo de Estado atribuía a la faz pasiva y no intervencionista del principio de subsidiariedad se invierte, reafirmándose su papel activo para recomponer la situación en que se encuentran los ciudadanos y empresas de cara a la parálisis de la economía, a raíz de las medidas de aislamiento o confinamiento social obligatorio[31]. Estas medidas han impuesto, consecutivamente, restricciones al derecho de trabajar y de ejercer industria o comercio, al derecho de circular por los espacios públicos y las restricciones que afectan la libertad de circulación y de reunión de los habitantes, así como de enseñar, de aprender y de profesar libremente su culto[32].

La necesidad de dictar las primeras medidas no puede cuestionarse por hallarse fundadas en el objetivo de defender la vida y la salud de todos los habitantes, habida cuenta que el derecho a la vida es un derecho absoluto[33], enraizado en el principio general de la dignidad humana,

---

30 Tomás Ramón Fernández, *Reflexiones sobre las autoridades administrativas independientes* en *Administración Instrumental.* Libro homenaje a Manuel Calvero Arévalo, ed. Civitas, Madrid, 1994, pp. 427 y ss., advertía, entonces, que a raíz de la estructura cuasi-federal del Estado y la introducción de un sistema de justicia constitucional que había asumido el Estado español, tras la Constitución de 1978, se produjo la apertura de la ciencia jurídica, hasta ese momento europea, al derecho norteamericano, fenómeno en el que se inscribía la aparición de las autoridades administrativas independientes (op. cit. p. 428, nota 2).

31 Decreto 297/2020.

32 Derechos garantizados por el art. 14 de la Constitución Argentina

33 John Finnis, *Ley Natural y Derechos Naturales,* trad. de Cristóbal Orrego S., Abeledo Perrot, Buenos Aires, 2000, p. 131 y ss.

que constituye la base y el centro de todos los principios generales y sectoriales del derecho público reconocido por tratados internacionales, que posee jerarquía constitucional[34], al igual que al derecho a la salud.

En consecuencia, el nuevo modelo deberá admitir, en su esquema regulatorio y garantístico, un intervencionismo estatal subsidiario, ya que el Estado en una situación extrema, quizás mayor que la gran depresión de la década del treinta del siglo pasado, resulta ser el único o principal sujeto capaz de recomponer el motor y de mover las ruedas que impulsan el desarrollo y el crecimiento económico, con el riesgo de que, si sus medidas fracasan y no alcanzan para la recuperación de los sectores privados, se pueda caer en una suerte de comunismo o socialismo de Estado, donde la mayor parte de los factores de producción y propiedad privada queden en manos de la burocracia y de los gobernantes de turno.

La difícil situación que atraviesa el mundo, obliga a los Estados a coordinar las medidas apropiadas para enfrentar la pandemia y también hace necesario clarificar los conceptos jurídicos indeterminados y los principios que regirán la relación entre el Estado y la sociedad en las circunstancias extraordinarias que se han presentado.

Por de pronto, existen dos conceptos análogos que juegan, en forma paralela y distinta a la vez, según sea la rama jurídica en las que se proyectan: el estado de necesidad y la emergencia. En ambos casos, se trata de una situación fáctica caracterizada por un hecho o conjunto de hechos que ocasionan una situación de grave peligro[35], pero no siempre el derecho protege intereses jurídicos de análoga naturaleza de la misma manera.

Con referencia al estado de necesidad, hay que distinguir su regulación por el derecho penal o el civil, donde se tutelan intereses privados, del estado de necesidad en el derecho constitucional y administrativo[36].

---

34 Art. 75 inc. 22 C. N.

35 Las acepciones en el sentido señalado en el texto que trae el DRAE definen al estado de necesidad como una situación de grave peligro y a la emergencia como una situación de peligro o desastre que requiere una acción inmediata (3ª acepción).

36 Entre los autores que han profundizado el tema en el derecho argentino, véase Rafael Bielsa, *El estado de necesidad en el derecho constitucional y administrativo*, 2ª ed., Roque Depalma, Buenos Aires, 1957.

Mientras en el derecho penal, el estado de necesidad permite exculpar a quien, para evitar un mal propio o ajeno, lesiona a otra persona o infringe un deber, y, en el derecho civil, constituye una causal de exclusión de responsabilidad, siempre que el mal que se evita, sea de mayor entidad que el que se provoca con la acción, en los derechos constitucional y administrativo la Administración no protege el interés correspondiente al que causa el daño, sino el interés de la sociedad o de un grupo social determinado (por ejemplo, en base a criterios geográficos), mediante medidas que excepcionan el ordenamiento público ordinario el cual, sin embargo, puede no derogarse y subsistir, total o parcialmente. Cuando el nuevo derecho no deroga al derecho vigente se superpone en forma transitoria, pero su ejercicio debe efectuarse en el marco del Estado de Derecho y de los principios generales del derecho.

Sin embargo, contrariamente, a lo que la doctrina clásica del derecho administrativo (Bielsa) había considerado al sostener que el estado de necesidad era una fuente del derecho pensamos, en cambio, a pesar de la fuerza de la tradición romana del axioma "*necessitas ius constituit*", que el paradigma es diferente, en cuanto corresponde interpretar la íntima relación entre la situación de hecho y el derecho de una manera inversa. En efecto, más allá de suponer que el hecho es fuente generadora del derecho, lo que ocurre con el estado de necesidad es que, en ciertas circunstancias y condiciones, la situación fáctica resulta captada por el derecho.

En resumidas cuentas, el hecho necesitado debe ser contemplado por la regla jurídica aplicable al caso y su ejercicio precisa ser legitimado por el derecho pues, sino fuera así, bastaría con la ocurrencia de una situación de extrema pobreza (común en los países latinoamericanos) para justificar la violencia, el robo o el asesinato a fin de apoderarse de bienes ajenos.

Ante la necesidad de establecer un cauce constitucional, la mayoría de las Constituciones de Europa e Iberoamérica han canalizado la regulación de las situaciones de peligro social, a través de figuras, con contornos tan definidos como indeterminados, incorporadas a las respectivas constituciones o leyes fundamentales (Disposiciones Legislativas o Decretos Leyes, Decretos de Necesidad y Urgencia, Estados de Urgencia, de Alarma, de Excepción y Leyes de Emergencia, hasta el Estado de Sitio, cuando la situación de peligro es de naturaleza política).

Al respecto, la doctrina y la literatura oficial deberían tener presente la similitud existente entre estado de necesidad y emergencia, así como la circunstancia de que ésta última resulta utilizable por el derecho en tres sentidos distintos que no son necesariamente opuestos, a saber: a) la emergencia como situación fáctica y de hecho, que evoca la idea de desastre o peligro social; b) el conjunto de reglas aplicables a la situación fáctica antes señalada, o sea, el estado de emergencia o de urgencia, alarma o excepción, y, c) las medidas generales y de efectos individuales que se dictan durante la situación de grave peligro social.

El mayor riesgo político-constitucional de la emergencia que ha generado esta pandemia universal consiste en la instauración de un régimen permanente, susceptible de consagrar el predominio de un derecho de excepción, extraño a la concepción personalista del derecho que procura el bien del ser humano individual con sentido social, pero sin convertirlo en un ser colectivo (una suerte de nihilismo jurídico[37]), ejercido por gobernantes que practiquen la teoría decisionista del poder (Carl Schmitt), según la cual la voluntad de dominio del líder se impone sobre la voluntad de los representantes del pueblo, montada sobre la recreación de la lógica amigo-enemigo.

5. LA REGULACIÓN DE LA EMERGENCIA SANITARIA: EL DICTADO DE LOS DNU Y SU LEGITIMIDAD CONSTITUCIONAL

Lamentablemente, Argentina es uno de los países cuyos habitantes han vivido más tiempo bajo legislaciones de emergencia, sobre todo, a partir de 1989, tras la sanción de las leyes 23.696 y 23.697 y todas las dictadas a posteriori, al punto que la doctrina ha considerado que hay un estado de emergencia permanente.

---

[37] Albert Camus, *El hombre rebelde,* trad. del francés, *L'homme révolté,* ed. Losada, 8ª ed., Buenos Aires, 1953, p. 65 y ss., hace una profunda crítica filosófica y política del nihilismo, cuya influencia ha estudiado en el fascismo Heller tras su estadía en la Italia de Mussolini, véase: Hermann Heller, *Europa y el fascismo,* traducción de Francisco Javier Conde, en *Escritos políticos,* Alianza Editorial, Madrid, 1985.

El principal efecto que producen estas regulaciones, en materia económica, estriba en la compresión o suspensión transitoria de los derechos de las personas y en la atribución de amplios poderes al Ejecutivo de turno, a través de la técnica de la delegación legislativa. La última ley de emergencia, dictada por el Congreso Nacional, declaró "l*a emergencia pública en materia económica, financiera, fiscal, administrativa, previsional, tarifaria, energética, sanitaria y social…*"[38], delegando en el Poder Ejecutivo una serie amplísima de facultades, con arreglo a lo dispuesto en el art. 76 de la CN y a las bases establecidas en dicha ley[39], fijando el plazo de su vigencia hasta el 31 de diciembre de 2020[40].

5.1 Leyes de emergencia y reglamentos de necesidad y urgencia

Pero, en cierto sentido, puede confundirse la categoría de la emergencia con los reglamentos de necesidad y urgencia razón por la cual, a pesar de las similitudes existentes con el estado de necesidad y las variadas acepciones que suelen atribuirse al concepto de emergencia, resulta necesario distinguir ambas situaciones jurídicas[41].

La emergencia constitucional requiere de la delegación de funciones propias del Poder Legislativo en el Ejecutivo para solucionar una situación grave de crisis, generalmente, económica y social, que torna imprescindible atribuir la potestad legislativa a quien preside el gobierno, para dar efectividad e inmediatez al dictado de la legislación necesaria para superar la crisis. Al ser la delegación un encargo o comisión[42] del Legislativo al Ejecutivo se comprende que los ordenamientos constitucionales prevean que la ley que delega atribuciones tenga una

---

38 Ley 27.541, art. 1°.

39 Idem, art. 2°.

40 Ley 27.541, art. 1°, in fine.

41 Véase, nuestro *Derecho Administrativo y Público General*, ed. BdeF, Buenos Aires, 2020, pp. 331-332, ver también: sobre la fundamentación y los límites de la potestad reglamentaria de necesidad y urgencia en el derecho argentino, *Revista Española de Derecho Administrativo*, N° 73, Civitas, Madrid, 1992, p. 26 y Julio R. Comadira, *Los decretos de necesidad y urgencia en la reforma constitucional,* La Ley, 1995-B-825.

42 Rafael Bielsa, *Estudio de Derecho Público,* T° III, Depalma, Buenos Aires, 1952, pp. 255-256 y el mismo autor, *Derecho Administrativo,* T° II, 7ª ed., actualizada por Roberto E. Luqui, La Ley, Buenos Aires, 2017, pp. 801 y ss.; ver, además, Eduardo García de Enterría, *Legislación Delegada, Potestad Reglamentaria y Control Judicial,* 3ª ed., reimpresión, Thomson-Civitas, Madrid, 2006, pp. 120 y ss.

duración temporal y establezca, además, las bases de la delegación[43], a fin de mantener, en forma residual, la vigencia del principio de la separación de los poderes.

En cambio, en el caso de los Decretos de Necesidad y Urgencia (DNU), no hay, en principio, delegación de la potestad legislativa, la cual es asumida directamente por el Poder Ejecutivo al emitir reglamentos o disposiciones de carácter legislativo, siempre que exista la necesidad de conjurar un peligro extremo y grave, en forma urgente, en situaciones en que no pueda aguardarse el transcurso de los trámites ordinarios para la sanción de las leyes[44].

Es decir, como lo venía sosteniendo la doctrina administrativa clásica, anterior a la reforma constitucional de 1994, el dictado de los DNU requiere, la concurrencia de ambos requisitos: la necesidad y la urgencia[45] y, además, el sometimiento a la ratificación legislativa posterior[46], sin perjuicio de mantener su vigencia hasta tanto no sea derogado expresamente por ambas Cámaras del Congreso.

La configuración de los presupuestos fácticos exigidos por el texto constitucional (necesidad y urgencia) que se produce cuando en circunstancias excepcionales[47] fuera imposible seguir los trámites ordinarios para la sanción de las leyes[48], ha sido exigida en varios precedentes de nuestra Corte Suprema, al calificar determinados DNU de inconstitucionales. Así, en el caso "*Video Club Dreams*"[49], el Alto Tribunal aplicó la tacha de inconstitucionalidad a un impuesto sobre los videos, al considerar que no existía una situación de necesidad que lo justificara. A su vez, en el precedente "*Verrochi*"[50], declaró la inconstitucio-

---

43 Art. 76 CN.

44 Art. 99, inc. 3° de la CN, aun cuando, en la práctica, las potestades delegadas puedan ser reguladas, parcialmente, en un DNU, en forma conjunta con las provenientes del estado de necesidad y urgencia.

45 Benjamín Villegas Basavilbaso, *Derecho Administrativo*, T° I, ed. Tea, Buenos Aires, 1944, p. 293.

46 Ibidem p. 293 y art. 99, inc. 3° de la CN.

47 Véase Pedro J.J. Coviello, *Los límites de la potestad reglamentaria* en el libro *Fuentes y procedimientos administrativos. Cuestiones actuales y perspectivas,* Jornadas de la Universidad Austral, ed. Rap, Buenos Aires, 2019, p. 70, destaca el carácter excepcional de los DNU.

48 Art. 99 inc. 3° CN.

49 Fallos: 318:1154.

nalidad de dos decretos (770/96 y 771/96), con fundamento en que no se había configurado la imposibilidad de cumplir con el trámite común para la sanción de las leyes ni que la situación requiriera una solución legislativa de tal urgencia que debiera resolverse en forma inmediata en un plazo incompatible con el propio del trámite normal de las leyes. En otro fallo, la Corte Suprema resolvió que los DNU cumplimentan los requisitos constitucionales "*únicamente en situaciones de grave trastorno que amenacen la existencia, la seguridad o el orden público o económico que deben ser...*" resueltas sin demora, en la medida que exista "*...un estado de excepción y de impedimento a recurrir al sistema normal de formación y sanción de las leyes...*"[51].

5.2 Límites materiales de los DNU

En el derecho argentino, la potestad para dictar los DNU se encuentra reglada por la Constitución y su ejercicio, cuando se dan las condiciones requeridas, no es "*contra legem*" sino conforme al principio de legalidad constitucional. Por su parte, en España, aparte de los Decretos-Leyes, la doctrina habla de los reglamentos de necesidad como una suerte de reserva de poder último en la Administración, que no solo permite, sino que la obliga a actuar ante "*circunstancias excepcionales*", para salvar los valores sociales supremos[52].

Por otra parte, hay límites que obstan al ejercicio de la potestad reglamentaria de necesidad y urgencia circunscriptos a las materias propias de la reserva legal prevista en la Constitución, que prohíbe dictar esa clase de reglamentos cuando su contenido comprenda "*normas que regulan la materia penal, tributaria, electoral o el régimen de los partidos políticos...*"[53]. Al respecto, la Corte Suprema, aunque algunas veces ha tenido una intervención deferente hacia los poderes ejecutivos

---

50 Fallos: 322:1726.

51 In re "Leguizamón". Fallos: 327:559.

52 Eduardo García de Enterría y Tomás Ramón Fernández, *Curso...*, cit. T° I, 18a ed. pp. 248-249; no obstante, los reglamentos de necesidad a que alude la doctrina española difieren de los Decretos-Leyes que, con fundamento en circunstancias extraordinarias de urgente necesidad puede emitir el Poder Ejecutivo con valor de ley y que requieren ratificación legislativa (art. 86 CE). El Decreto-Ley español es una figura similar a nuestro DNU previsto en el art. 99, inc. 3° de la CN y su fórmula se inspira en el art. 77 de la Constitución Italiana.

53 Art. 99, inc, 3°, párrafo tercero.

de turno, en otras ocasiones ha juzgado que los beneficios que otorgaba un DNU (Decreto 285/99), implicaban el ejercicio de potestades tributarias que pertenecían privativamente al Poder Legislativo[54].

En algunos ordenamientos constitucionales, como el español, la norma fundamental ha previsto dos situaciones semejantes (Estado de Alarma y de Excepción), cuya delimitación material en punto a la competencia y limitaciones ha deferido a una Ley Orgánica[55]. Frente a la pandemia, el gobierno optó por la declaración del Estado de Alarma, probablemente por la mayor facilidad prevista en la Constitución para sortear su aprobación legislativa previa, habiendo dispuesto el confinamiento de los ciudadanos, con invocación de facultades que no le atribuye la referida Ley Orgánica. En efecto, como bien ha señalado la doctrina[56], no se puede utilizar el Estado de Alarma para dictar medidas que cercenen el derecho de los españoles a elegir libremente su residencia y a circular libremente[57], cuya suspensión solo puede disponer el gobierno en el marco del Estado de Excepción[58].

Interesa puntualizar que, en España, la regulación del estado de necesidad[59], por parte del gobierno, reviste cierta complejidad ante la configuración de dos mecanismos constitucionales diferentes. El primero, se halla representado por la figura del Decreto Ley, prevista en el art. 86 de la CE para casos de "*extraordinaria y urgente necesidad*" y, el segundo, se encuentra prescripto en el art. 116 de la CE, que permite declarar los estados de alarma, de excepción y de sitio con arreglo a una Ley Orgánica que debe definir "*las competencias y limitaciones correspondientes*".

Dicha Ley Orgánica (Ley 4/81) prescribe como requisito para la declaración de los estados de alarma, de excepción y de sitio, la ocurrencia de circunstancias extraordinarias, que bien podrían ser las mismas

54 In re "*Zofracor*". Fallos: 325:2394.

55 Art. 116 de la Constitución de 1978 y Ley Orgánica 4/1981 de 1 de junio de 1981.

56 Manuel Aragón Reyes, *Hay que tomarse la Constitución en serio,* diario El País, del 10/04/2020, afirma que "*se ha producido una exorbitante utilización del estado de alarma*", juicio que compartimos y que "l*a suspensión generalizada de la libertad de circulación y residencia no caben en un estado de alarma sino solo en el estado de excepción*".

57 Art. 19 CE.

58 Arts. 2 y 5 de la Ley Orgánica 4/81.

59 Vicente Álvarez García, *El concepto de necesidad en el Derecho Público,* Civitas, Madrid, 1996.

que justifican el dictado de los Decretos-Leyes mencionados, mediante conceptos jurídicos indeterminados, cuyo carácter abstracto dificulta su encuadre en los casos concretos. Precisamente, de cara a la pandemia, el gobierno español utilizó la herramienta del Decreto Ley contemplada en el art. 86 de la CE para declarar el estado de alarma consagrado en el art. 116 de la CE y en la Ley Orgánica 4/81, siendo pasible de la crítica antes señalada.

En Argentina, la categoría del Decreto-Ley no goza de recepción constitucional y si bien en la doctrina clásica[60] se la admitía -al igual que en Europa- su utilización por parte de los sucesivos gobiernos de facto en los que la ley no era producto de los representantes del pueblo sino del Ejecutivo gobernante, provocó el descrédito de la figura, y, consecuentemente, la reforma constitucional de 1994, intituló a los depreciados Decretos-Leyes con el nombre de "*decretos de necesidad y urgencia*", más conocidos como DNU, reconociéndoles sustancia materialmente legislativa.

Por último, el principal límite material que debe superar el escrutinio de constitucionalidad, lo configuran los principios generales del derecho[61], obviamente aquellos que pertenecen al derecho administrativo, como el principio de la competencia que ha sido reconocido y regulado por el derecho positivo[62].

Los principios generales del derecho son mandatos que integran la base del ordenamiento jurídico, teniendo primacía sobre las normas legales y reglamentarias, con independencia de que hayan sido positivizados o reconocidos por la jurisprudencia, cuya violación, según recordaba Rivero, en uno de sus trabajos pioneros[63], corresponde sancionar con la misma fuerza jurídica que la ley escrita. En definitiva, la definición de principio que aporta la doctrina alemana, al considerarlo un mandato jurídico vinculante, carente de supuesto de hecho[64], nos parece una explicación superadora de las nociones que lo vinculan al

---

60 Rafael Bielsa, *Derecho Constitucional,* ed. Depalma, Buenos Aires, 1954, pp. 533 y ss.

61 Marienhoff, Miguel S., *Tratado de Derecho Administrativo,* T° I, cit, 270.

62 Art. 3° LNPA.

63 Vid: Jean Rivero, *Los principios generales del Derecho en el derecho administrativo*, RAP N° 22, p. 46.

64 Postura que adoptamos en: *Los grandes principios del Derecho Público (Constitucional y Administrativo),* La Ley, Buenos Aires, 2015, ps. 34-39.

valor, ya que, si bien todo principio encierra un valor, en la medida en que no se aparte de la justicia o del derecho (el ius romano), no siempre el valor se convierte en principio jurídico (vgr. La amistad).

5.3 Requisitos formales

Todo DNU debe emitirse en acuerdo general de ministros, los que deben refrendarlo, conjuntamente con el Jefe de Gabinete. La Constitución ha prescripto, además, la obligación de someter el DNU por parte del Jefe de Gabinete dentro de los 10 (diez) días a la Comisión Bicameral Permanente del Congreso para su consideración por ambas Cámaras y que "*una ley especial regulará el trámite y los alcances de la intervención del Congreso*"[65].

La Ley 26.122, norma especial a que hace referencia la Constitución, prevé, entre otras cosas, que: a) la Comisión Bicameral Permanente se expida, en forma expresa, sobre la adecuación del DNU a los requisitos formales y sustanciales establecidos para su emisión y elevar su dictamen al plenario de cada Cámara para su expreso tratamiento; b) la vigencia del DNU rige a partir de su publicación oficial, a partir de la fecha que determine el respectivo Decreto y sino establece algún plazo, 8 (ocho) días después de su publicación oficial; y, c) tanto la Comisión Bicameral Permanente como ambas Cámaras podrán abocarse de oficio a su tratamiento[66].

De la exigencia legislativa, que dispone el expreso tratamiento por parte de ambas Cámaras, se ha deducido que no puede haber aprobación ficta[67]. Sin embargo, dado que la vigencia de los DNU subsiste a partir de su publicación oficial en los plazos indicados y si, legalmente, ellos continúan en vigencia hasta tanto sean derogados, tal como lo sostenía la doctrina clásica que postulaba la admisión constitucional de los DNU, antes de la reforma constitucional de 1994[68], carece de sentido y efectividad la hipótesis de una aprobación ficta.

---

[65] Art. 99, inc, 3°, párrafo 4° CN.

[66] Ley 26.122, art. 17 y ss.

[67] Néstor Pedro Sagües, *Manual de Derecho Constitucional,* Astrea, Buenos Aires, 2007, p. 389.

[68] Benjamín Villegas Basavilbaso, *Derecho Administrativo,* T° I, cit, p. 284 y ss; Miguel S. Marienhoff, *Tratado de Derecho Administrativo*, T° I, cit., pp. 263 y ss.

Ahora bien, una cuestión diferente es la de si un acto complejo, que requiere la aprobación de ambas Cámaras, debe o no observar el trámite constitucional previsto para la sanción de las leyes. Pensamos que se trata de un acto complejo singular pues, aparte de la incompatibilidad de la procedencia del veto (ya que el Poder Ejecutivo estaría decidiendo sobre la constitucionalidad de su propio acto), el texto constitucional no permite una interpretación semejante, al aludir a su aprobación por ambas Cámaras del Congreso[69].

Por lo demás, la doctrina constitucional también ha debatido acerca de si basta el rechazo por alguna de las Cámaras del Congreso para que caduque un DNU[70], ante el silencio de la Constitución al respecto. En nuestra opinión, no bastaría con el rechazo de una sola de las Cámaras, dado que no puede haber prevalencia de una Cámara sobre otra y la Constitución prevé expresamente que los DNU se sometan a la consideración de ambas Cámaras para el análisis de los requisitos exigidos para su procedencia constitucional y, por si fuera poco, defiere a la ley especial la determinación de la competencia y alcance de su aprobación por parte del Congreso, cuya respectiva norma prescribe que el decreto continua en vigencia, hasta tanto sea derogado por ambas Cámaras[71]. En tal sentido, la solución legislativa de la ley 26.122, aunque se ha considerado discutible, no permite argumentar que el DNU pierda su vigencia por el rechazo de una de las Cámaras[72] y, es evidente, que esta interpretación es la más favorable a la seguridad jurídica y a la protección de los derechos constitucionales de los ciudadanos.

5.4 Los DNU dictados para reglamentar la emergencia sanitaria (DNU 260/20, 457/20 y 297/20)

La mera observación sumaria habla por sí misma ("*res ipsa loquitur*"), ya que basta con la gravedad extrema que amenazaba la pande-

---

69 Cfr. Néstor Pedro Sagües, *Manual...*, cit., p. 218.

70 En contra: María Angélica Gelli, *Constitución de la Nación Argentina. Comentada y Concordadas,* 4ª edición, La Ley, Buenos Aires, 2008, p. 369, sostiene que basta con el rechazo de una de las Cámaras implica la caducidad del respectivo Decreto, opinión valiosa que, sin embargo, creemos se aparta de lo que expresa el texto constitucional y la ley 26.122 que lo reglamenta.

71 Art. 24, Ley 26.122.

72 Cfr. Néstor Pedro Sagües, *Manual...*, cit. p. 390.

mia del Covid-19 para justificar que la medida de aislamiento social preventivo y obligatorio dispuesta por el DNU 260/20, se ajustó a los recaudos prescriptos por la Constitución.

Por otra parte, en el marco del contexto mundial y del informe de la OMS que declaró la pandemia, el Decreto 260/20 exhibe un contenido material más basto que la mera ampliación de la emergencia ya que, ante la amenaza inmediata de la propagación de contagios en el país y el silencio del Congreso, el Poder Ejecutivo alegó que necesitaba, en forma urgente, disponer de suficientes potestades para dictar las medidas preventivas tendientes a conjurar un peligro social inminente, como realmente quedó demostrado al tener que dictar, pocos días después, el DNU 297/20, que declaró la llamada cuarentena y otras restricciones complementarias, como las que afectan la libertad de circulación de los habitantes[73].

En efecto, no parece posible poner en duda la necesidad y premura que revestían la atribución de competencia al Ministro de Salud Pública para dictar las medidas contempladas en el art. 2° del Decreto 260/20, a saber: a) efectuar contrataciones directas de bienes, servicios o equipamientos, sin sujeción al régimen de contrataciones de la administración pública (inc. 6); b) autorizar a contratar a ex funcionarios, personal jubilado o retirado, exceptuándolos temporariamente del régimen de incompatibilidades (inc. 7); c) coordinar la distribución de productos farmacéuticos y elementos de uso médico, destinados a cubrir las necesidades de la emergencia sanitaria (inc. 8); d) entregar medicamentos gratuitos (inc. 9); e) coordinar las medidas de salud pública, aplicables al desembarco de pasajeros de naves y aeronaves, circulación en trenes y subterráneos (inc. 12); y, f) establecer la declaración jurada obligatoria y autorizar hospitales de campaña (incisos 13 y 14).

A su vez, por los arts. 4°, 7°, 9° y 18°, se declararon las zonas afectadas por la pandemia estableciéndose medidas preventivas para el aislamiento obligatorio y la suspensión temporaria de vuelos, así como el cierre de museos, centros deportivos, salas de juego, restaurantes, etc.

El problema que puede suscitarse en cuanto a la extensión temporal o prórroga de la medida en forma sucesiva va a depender del creci-

---

[73] Una opinión contraria ha expuesto Alfonso Buteler, véase: *La potestad reglamentaria de urgencia en la emergencia sanitaria,* La Ley del 25/05/2020, p. 6 y ss.

miento de la curva de contagios y de un juicio que pondere (con arreglo al principio de proporcionalidad) una ecuación basada en el equilibrio entre los peligros sanitarios y los perjuicios económicos que producen las restricciones impuestas a la población. En nuestra opinión, hallándose en funciones el Congreso, resulta cuestionable justificar las razones de urgencia que permiten prescindir de la ley formal y material[74].

Finalmente, en forma concatenada, el Poder Ejecutivo dictó el 19 de marzo el DNU 297/20, que dispuso el aislamiento social preventivo y obligatorio hasta el 31 de marzo, plazo que después fue prorrogado, varias veces, debido al crecimiento de la curva de contagios[75].

En cuanto al DNU 457/20 que atribuye al Jefe de Gabinete competencia para redistribuir partidas presupuestarias (los llamados "*super poderes*") -lo que le permite saltar el límite establecido por la ley vigente y poder redistribuir la totalidad del presupuesto-, el mismo no parece ajustarse, estrictamente, a los requisitos de necesidad y urgencia (pues el Congreso ya sesiona virtualmente)[76], ni tampoco al umbral de razonabilidad requerido por la doctrina y jurisprudencia para fundar la constitucionalidad del DNU[77], dado que se trata de una competencia privativa del Congreso y al hecho de que si se configurara la necesidad y urgencia en una situación concreta, nada hubiera obstado a que se emitiera otro DNU.

Porque, no obstante que pueda resultar comprensible que el Ejecutivo precise contar con las atribuciones necesarias para enfrentar la pandemia, no hay que olvidar que su actuación debe respetar los límites constitucionales, máxime cuando la facultad que se le atribuye, lejos de ser contingente, traduce cierta extensión temporal y nada impide que el Congreso debata y sancione cualquier proyecto de Ley que promueva el Poder Ejecutivo.

En resumidas cuentas, tanto los DNU que emita el Poder Ejecutivo como cualquier medida administrativa o reglamentaria que se dicte durante la declarada emergencia, no deben conculcar los principios que

---

74 Ampliar en Pedro J.J. Coviello, *Los límites...*, cit. p. 68.

75 DNU 325/20; 355/20; 408/20; y, 459/20.

76 Ver Ezequiel Cassagne, *El rol del Estado en la emergencia ocasionada por el Covid-19,* La Ley 2020-C, Buenos Aires, Diario del 02/06/2020, p. 5.

77 María Angélica Gelli, *La pandemia del Covid-19. Desafíos democráticos y límites constitucionales. En una emergencia indiscutible,* La Ley del 18/05/2020.

integran el bloque federal de legitimidad constitucional, particularmente los principios generales del derecho, desde la dignidad de la persona humana, que constituye el centro de todos los derechos y del cual se derivan la mayor parte de los principios generales, hasta los demás principios que encuentran su fundamento en la justicia material, como los principios de tutela administrativa y judicial efectiva, irretroactividad y razonabilidad, buena fe, pro homine, confianza legítima y solidaridad[78], la mayoría de los cuales, con independencia de su fundamento en la Constitución Nacional, están reconocidos en tratados internacionales que poseen jerarquía constitucional[79], conforme a lo prescripto en el art. 75, inc. 22 de la CN.

En cuanto al principio de solidaridad, si bien abrigábamos alguna duda acerca de su carácter vinculante, hemos llegado a la conclusión de que constituye un principio general del derecho, en virtud de que genera el deber jurídico de no transgredirlo mediante actos o conductas contrarios o que obstaculicen su realización. En consecuencia, a pesar de las dificultades que presenta la legitimación para fundamentar pretensiones procesales exigibles ante la justicia, su violación puede configurar una causal de nulidad o inconstitucionalidad de la ley, acto administrativo o reglamento que conculque dicho principio, dado que el mismo integra el bloque federal de constitucionalidad antes referido.

Y es evidente que, en una situación de emergencia, en la que están en juego la vida y la salud de las personas, cobra relieve la versión europea del principio de razonabilidad, que sigue la huella iniciada por el Tribunal Supremo Alemán, que lo caracteriza como principio de proporcionalidad, integrado por tres subprincipios: a) de adecuación o idoneidad; b) de necesidad; y, c) de proporcionalidad en sentido estricto[80], cuya doctrina, sin mayor advertencia por parte de los publicistas[81],

---

78 Cfr.: Marcos M. Córdoba, *La solidaridad es un principio general aun no positivizado en el derecho argentino,* SJA 01/06/2016, 1; J.A. 2016-II y Alejandro Laje, *El principio de solidaridad jurídica en época del Covid-19,* La Ley, 27/04/2020.

79 Ampliar en Juan Carlos Cassagne, *Los grandes principios...,* cit., p. 41 y ss.

80 Ibidem, p. 174 y ss.

81 Patricio García Moritán, *Covid-19: análisis sobre la razonabilidad de la cuarentena,* Abogados.com de fecha 19/05/2020, advierte la aplicación de los tres subprincipios de proporcionalidad en la jurisprudencia de la Corte.

ha sido adoptada en los últimos años por la jurisprudencia de la Corte Suprema[82] que ha ido consolidando el bloque federal de legitimidad constitucional.

Ese bloque constitucional proviene tanto del propio texto de la Constitución como del derecho emanado de los tratados internacionales que, aun cuando poseen jerarquía constitucional no han sido incorporados como cláusulas de la Carta Magna[83], configurando un conjunto de principios y normas que poseen supremacía[84] sobre las leyes y demás actos públicos (por ejemplo: actos administrativos y reglamentos), en virtud del art. 31 CN, sin que pueda interpretarse que derogar un artículo alguno de la primera parte de la Constitución, en la inteligencia de que son complementarios de los derechos y garantías constitucionales[85]. En ese escenario cobran relieve para proteger los derechos fundamentales de la CN y los derechos humanos de origen supranacional, las pretensiones declarativas de inconstitucionalidad, cuyo reconocimiento se ha consolidado en los últimos años en la jurisprudencia de la Corte Suprema, incluso para cuestionar la constitucionalidad de un acto en ciernes, siempre que se demuestre la actualidad del planteo a raíz de un peligro real y concreto[86].

6. EL FUTURO DE LA CONTRATACIÓN PÚBLICA

A raíz de la emergencia y de la consecuente parálisis de la economía se han generado innumerables incumplimientos generalizados en las relaciones contractuales. Entre esas relaciones ocupan un lugar tras-

---

82 In re "*Silva*" (Causa N° 58) de fecha 3/11/2015 al analizar la razonabilidad o proporcionalidad de las intervenciones telefónicas, se remitió al dictamen del Procurador General de la Nación (Cap. V) que recoge dicho principio de la jurisprudencia de la Corte Interamericana de Derechos Humanos (Caso "E*scher vs. Brasil*"). Con posterioridad, la Corte adoptó en forma directa los tres "subprincipios" en la Acordada 17/2019 de 19/6/2019 (Considerando V).

83 Raúl Gustavo Ferreyra, *Notas sobre Derecho Constitucional y Garantías*, 2ª. ed., Ediar, Buenos Aires, 2016, ps. 93-99.

84 Vid: Germán J. Bidart Campos, *Manual de la Constitución Reformada*, Ediar, Buenos Aires, 1996, T° I, ps. 276 y 342 y ss.

85 Art. 75, inc. 22, párrafo segundo.

86 Cfr. Carlos José Laplacette, *Acciones declarativas de inconstitucionalidad*, La Ley, Buenos Aires, 2020, p. 209 y ss.

cendente los contratos que celebran la Administración y sus entidades o sociedades cuyo capital pertenece total o mayoritariamente al Estado, ya sea que se rijan por el derecho público o por el privado.

Las respuestas que brinda la legislación ordinaria, si bien pueden ser útiles para resolver algunos problemas puntuales y de menor envergadura que ocasionan esos incumplimientos contractuales generalizados, resultan, sin embargo, ineficaces para superar los diferentes grados de incumplimiento contractual en una situación en la que, si las partes del acuerdo alegan haber incumplido sus obligaciones, no hay otro recurso que demandar el cumplimiento del contrato o promover su resolución por culpa de alguna de las partes (arts. 1085 y 1088 CCCN) o por frustración definitiva de la finalidad contractual (art. 1090 CCCN) o bien, por circunstancias extraordinarias sobrevivientes e imprevistas que tornen excesivamente onerosa la prestación, sin perjuicio de pedir su adecuación (art. 1091 CCCN), o de acordar la denominada rescisión bilateral (art. 1076 CCCN). Desde luego que la regulación administrativa prevalece sobre las normas del Código Civil Comercial en el contrato administrativo (no así en los de objeto privado o regidos por leyes especiales) y aun cuando exhibe algunas peculiaridades estas no alteran la esencia de los criterios establecidos en el ordenamiento civil, los que serán aplicables por analogía.

En el campo del derecho público contractual hay que procurar, en estos momentos, recomponer los contratos celebrados entre el Estado y los contratistas que cumplen el papel de colaboradores privados de los fines públicos, aunque persigan un beneficio particular.

La subsistencia de los contratos públicos es vital para el Estado moderno, no solo en lo que respecta a la eficacia, calidad y eficiencia de sus prestaciones sino en todo lo que representan para la realización de las infraestructuras sobre las que se apoyan la industria, el comercio, los profesionales y trabajadores independientes, entre otros. Si eso no ocurriera, pronto se verán los déficits en las autopistas y rutas, transporte ferroviario, construcción de centrales y represas energéticas, puertos y vías navegables, así como en los servicios y suministros vinculados a la satisfacción de las necesidades públicas. Por otro lado, se resentirán las prestaciones y los bienes públicos de naturaleza social (hospitales, organismos y empresas de salud) y las actividades propias de la enseñanza en sus distintos niveles. Porque, como la economía funciona a través de un sistema de vasos comunicantes, todas las actividades están interconectadas la parálisis de un sector repercute sobre otros.

Lo que hay que tener claro es que la emergencia no implica que el gobierno disponga de una carta blanca que le permita violar las bases del Estado de Derecho, particularmente sus bases democráticas que reclaman la representación del pueblo para la deliberación y sanción de las leyes.

Dado que las medidas de emergencia adoptadas por el Estado con motivo de la pandemia constituyen la principal causa de los incumplimientos contractuales generalizados veamos cuál su encuadre en el derecho, a fin de determinar sus efectos jurídicos, cuestión que en estos momentos de profunda crisis económica resulta esencial en lo que concierne a la posibilidad de readecuar o recomponer los contratos y al derecho de los contratistas a reclamar el restablecimiento del equilibrio contractual alterado por actos de los poderes públicos

Al respecto, existen tres posibilidades básicas para encuadrar la situación: la fuerza mayor, la imprevisión y el hecho del príncipe.

En términos generales y teniendo en cuenta que la adecuación del contrato en cada caso será un acto bilateral, si tanto la fuerza mayor como la imprevisión se aplican cuando la causa que las genera es ajena a las partes, la figura más adecuada para regir la situación es la del hecho del príncipe[87].

Adelantamos que esas peculiaridades giran en torno al principio de la preservación de la finalidad y del derecho al mantenimiento de la ecuación económica-financiera del contrato, así como de las posibilidades de recomponer la relación contractual.

La circunstancia de que el incumplimiento contractual se origina en el hecho del príncipe (fundamentalmente en los DNU 260/20 y 297/20) determina distintas consecuencias en los derechos del contratista afectados por esos actos de los poderes públicos.

El primero de ellos consiste en el derecho al mantenimiento de la ecuación económica-financiera del contrato de la Administración (administrativo, público, estatal o como se lo llame). Se trata de un prin-

---

87 Vid: Ezequiel Cassagne, *El rol del Estado en la emergencia...*, cit. p. 8.

cipio propio del derecho administrativo que tiende a preservar, además del "*pacta sunt servanda*", el cumplimiento de la finalidad de interés público que constituye la causa relevante del negocio jurídico.

Dicho principio, es un principio general del derecho administrativo, consagrado por autorizada doctrina[88] y por la jurisprudencia de la Corte Suprema de Justicia de la Nación[89]. Consiste en el equilibrio contractual que trasunta una relación de igualdad y equivalencia entre el conjunto de los derechos y obligaciones de las partes o -como se ha dicho- una relación de igualdad y equivalencia entre las obligaciones del contratista y su compensación económica y, comparativamente, los beneficios y ventajas que obtiene el Estado[90].

Su fundamento se encuentra en los artículos 16 y 17 de la C.N. (igualdad ante las cargas públicas y garantía de la propiedad), así como en la preservación del fin público tenido en cuenta al celebrar el contrato el cual, salvo la posibilidad de revocación por razones de oportunidad o conveniencia de la misma naturaleza, se mantiene durante toda la vida del acuerdo contractual.

El principio del mantenimiento de la ecuación económica financiera del contrato confiere al contratista el derecho a reclamar en sede administrativa y, en su caso, a los jueces, la recomposición o adecuación del contrato y lo exime de su cumplimiento cuando los actos de las "*autoridades públicas nacionales ...sean de tal gravedad que tornen imposible la ejecución del contrato*"[91].

En estos supuestos del "*factum principis*" el contratista tiene también el derecho a la resolución del contrato o la opción de demandar su cumplimiento, por aplicación analógica del Código Civil y Comercial de la Nación (arts.1083, 1088 y 1090 CCCN), o bien, en el caso del contrato de obra pública, invocar la fuerza mayor para resolver el contrato, cuando el cumplimiento de éste se torne imposible[92].

---

88 Miguel S.Marienhoff, *Tratado de Derecho Administrativo*, Tomo III-A, Abeledo- Perrot, 4ta. ed. actualizada, Buenos Aires 1994, pp. 469 y ss.

89 Fallos: 319-1681.

90 Celso Antonio Bandeira de Mello, *Las cláusulas de reajuste de precios en los contratos administrativos*, en la obra colectiva en homenaje al Profesor Miguel S. Marienhoff, Buenos Aires, 1998, ps. 903-904.

91 Art. 13 inc. c) del Decreto 1023/2001.

92 Art. 53 inc. D) Ley 13.064.

En cualquier caso, habida cuenta que la legislación de emergencia, salvo para la renegociación de las tarifas de los servicios públicos, no ha regulado, con normas de fondo ni procedimentales, la recomposición o adecuación de los contratos, el derecho al mantenimiento del equilibrio financiero del contrato adquiere primacía pues constituye un principio general del derecho operativo y vinculante que resguarda la justicia conmutativa.

Si ello no ocurre y no se compensa al contratista todos los perjuicios (daño emergente y lucro cesante) se viola el principio de justa indemnización incorporado a nuestro ordenamiento con jerarquía constitucional (art.75 inc. 22 C.N.) conforme lo prevé la Convención Americana Derechos Humanos[93] que obliga a la reparación integral de los perjuicios. Al respecto, no obsta al alcance de la reparación el precepto del art. 5 de la Ley 26.944, en cuanto, al limitar la compensación al daño emergente, colisiona con el principio de justa indemnización por lo que su aplicación al supuesto bajo análisis debe reputarse inconstitucional.

Pero, más que pensar en las normas vigentes, hay que proyectar nuevas fórmulas que canalicen el ordenamiento de excepción dentro de los postulados del Estado de Derecho, estableciendo las bases y pautas generales que permitan arribar a renegociaciones justas y equilibradas en cada contrato, basadas en la buena fe contractual[94].

En tal sentido, de no poderse mantener la ecuación económica-financiera pactada, esas bases deberían permitir la compatibilización entre el principio del mantenimiento de dicha ecuación y el principio del sacrificio compartido. Con relación a como juega este último criterio, el sacrificio compartido no puede conducir a que el contratista esté obligado a cumplir las obligaciones contractuales a raja tabla cuando se ha producido el quiebre de la ecuación económica-financiera del contrato y la ejecución del contrato arroje pérdidas. Para concertar una renegociación justa hay que analizar cada uno de los sectores, la necesidad pública de continuar la contratación y todas las medidas que permitan alcanzar el equilibrio contractual (vgr. Rebajas impositivas por determinados períodos) y, sobre todo renegociar de buena fe.

---

93 CADH, arts.21 ap.2 y 63 ap.1.

94 Ezequiel Cassagne, *El rol del Estado en emergencia...*, cit. p. 8, apunta que la buena fe constituye un principio cardinal de la recomposición de los contratos públicos.

Porque para los Estados resulta crucial en esta emergencia que las empresas continúen con la ejecución de sus contratos, evitando que vayan a la quiebra por la imposibilidad de cumplir las obligaciones convenidas o bien, por la excesiva onerosidad de las prestaciones contractuales.

Algunos suponen que la crítica situación en que se encuentran las contrataciones públicas se soluciona a través de medidas macroeconómicas, dado el fracaso que tuvieron los procesos de renegociación en anteriores emergencias. Sin embargo, si bien las decisiones macroeconómicas pueden brindar auxilio a las empresas cada contrato es una institución con vida propia y cada situación contractual posee rasgos diferenciales.

Por esas razones, para evitar la generalización de las quiebras cabe analizar la posibilidad de que los mecanismos tendientes a favorecer los acuerdos amplíen los márgenes de las modificaciones contractuales, lo que no implica que la Administración deje de controlar y de ejercer su poder de vigilancia para prevenir y sancionar los posibles actos de corrupción que se cometan.

Siempre será mejor para el Estado y el bien común lograr la continuidad de los contratos y la estabilidad de las empresas ya que en el entramado de los proyectos que están en curso de ejecución se han invertido importantes recursos y experiencia, así como empleado profesionales y trabajadores que, de cesar en la actividad, agravarán la tasa de desocupación y harán cada vez más difícil la recuperación económica en el futuro.

REFLEXIONES FINALES

Al generalizarse la epidemia provocada por el Covid-19, el miedo y la incertidumbre paralizaron por un tiempo los conflictos geopolíticos y las luchas religiosas en varios puntos del mundo. Ahora se ve claro que ello no era más que una ilusión basada en un optimismo exagerado e ignorante de la condición humana cuando ésta se proyecta en el fenómeno de las masas, tempranamente advertido por Ortega y Gasset.

Uno de los mayores peligros que amenaza la vida y la seguridad jurídica en medio de la pandemia y en el futuro será la manera en que los países vayan a controlar la violencia de las masas que, por diversas razones agravadas por la parálisis actual de la economía, vienen acumulando grandes dosis de resentimiento social. Estos movimientos resultan fogoneados por el pensamiento inmanente de la izquierda más radicalizada que busca, a las claras, la destrucción de los símbolos e instituciones que representan los valores occidentales de libertad y auténtico progreso del hombre.

Así, encubriéndose en un falso progresismo de tipo jacobino llegan a justificar hasta el asesinato (Foucault) y el robo, sin distinguir entre el bien y el mal[95], han desatado un ataque frontal a todas las instituciones de la sociedad, particularmente a la familia, de un modo que ni los más fanáticos socialistas y liberales del siglo pasado hubieran concebido, muchos de los cuales jamás pisaron las baldosas de una Iglesia o templo religioso.

En este escenario de derrumbe de la sociedad, la dirigencia de los Estados no atina a reaccionar, cuando debería orientarse, a través del ejemplo y de la enseñanza, al rescate de los valores propios de la persona humana como ser individual y social, y de la democracia como la mejor forma de gobierno hasta ahora probada en el sentido de favorecer las libertades y, al mismo tiempo, evitar el despotismo bajo las garantías, principios y valores del Estado de Derecho.

Entre esos valores, destacan la observancia de la separación de poderes, el respeto a la ley y a las diversas autoridades de la sociedad (desde los padres hasta los maestros), un sistema de premios y castigos que impidan la impunidad de los gobernantes y particulares que delinquen, la promoción de la igualdad de la diversidad democrática y de la justicia social, todo ello, conforme a la capacidad financiera de cada país y a la práctica de una economía sana que estimule el desarrollo de los sectores privados de la sociedad[96].

Contrariamente a lo que puedan suponer algunos sectores radicalizados pensamos que, aun imponiendo razonables restricciones sobre las libertades para enfrentar la pandemia, resulta necesario salir cuanto

---

95 Camus, Albert, *El hombre rebelde...*, cit., p. 27 y ss., aun siendo agnóstico, vio claro las proyecciones de la rebelión (metafísica, histórica y filosófica) del hombre.

96 Cfr. Mariano Gagliardo, *Transformaciones...*, cit., Cap. III, punto 23 y ss., postula objetivos semejantes.

antes del derecho de excepción[97] o de emergencia. Su naturaleza, en cualquier democracia, ha de ser temporaria, pues su permanencia en el tiempo es incompatible con el Estado de Derecho y exige que los respectivos poderes sean ejercidos sin violar las garantías de la Constitución, a fin de no caer en el más puro decisionismo[98], preconizado por Carl Schmitt, que tantos males ocasionó a nuestra civilización, al ser adoptado por las dictaduras nazi y fascista.

---

97 Giorgio Agamben, *Estado de excepción,* Adriana Hidalgo, 4ª ed., Buenos Aires, 2010, lo concibe como un instrumento normal de gobierno, diario El País de 23/4/2016. Esta opinión, vertida en un reportaje periodístico, asociada a la noción de inmanentismo, ha sido objeto de la crítica de Vanossi, Jorge Reinaldo en *Las situaciones de las "excepciones" en los regímenes constitucionales* en un trabajo publicado en *Estudios de Derecho Constitucional* por el Instituto de Derecho Constitucional, Segundo V. Linares Quintana de la Academia Nacional de Derecho y Ciencias Sociales de Buenos Aires (dir. Alfonso Santiago), Buenos Aires, 2019, p. 5.

98 Véase la crítica de Jorge Reinaldo Vanossi, *Las situaciones de las excepciones...*, cit., p. 66 y ss., y Pedro J.J. Coviello, *Los límites...*, cit. ps. 37 y 71.

UNA PROPUESTA CONTRAMAYORITARIA COMO REGLA DE PODER PARA LA CONSOLIDACIÓN DE UN NUEVO PARADIGMA CONSTITUCIONAL Y DEMOCRÁTICO EN VENEZUELA

ALEJANDRO GONZÁLEZ VALENZUELA*

SUMARIO

INTRODUCCIÓN

Una mirada retrospectiva a las vicisitudes políticas de los últimos 22 años, permite afirmar que la refundación de la República para establecer una sociedad democrática en un Estado social de Derecho, nunca ha sido un propósito sincero para los detentadores del poder. Hoy, tras correr el velo de la opacidad, podemos afirmar con absoluta certeza que dicho proceso fue instrumentado por los impulsores de la entonces "*revolución bolivariana*", como una maniobra meramente táctica para (i) crear una Constitución, desde su perspectiva, provisional y fachada[1], y; (ii) colonizar el Poder Público y la FAN (art. 236.6 Constitución

---

* Estudios de Post Grado: Derecho Administrativo (UCV); Derecho Constitucional (UCAB); Derecho Procesal Constitucional (UCAB); doctorando en el Doctorado en Derecho (UCAB); Profesor, Post Grado, Derecho Procesal Constitucional, Universidad Monteávila; Miembro del Bloque Constitucional; Miembro Fundador de la Asociación Mundial de Justicia Constitucional.

1 Constitución Fachada es aquella cuyos postulados son engañosos, además, sistemáticamente violados. Bajo un disfraz normativo, se oculta la verdadera identidad del proceso político que se pretende desarrollar. Giovanni Sartori, *Elementos de Teoría Política*, Alianza, Madrid, 1.992, p. 21.

de1999)[2], a efectos de impulsar (desde esta posición) la sustitución (gradual) del Estado Constitucional por el Estado Comunal Socialista.

En el año 2006, la "*revolución*" se declara socialista y se deslinda abiertamente de los objetivos programáticos y del proyecto político subyacente en la Constitución (Estado Democrático y social de Derecho); ese año, se aprueba la Ley de los Consejos Comunales[3], primer paso en la senda hacia el Estado Comunal; luego, en el 2007, la "*revolución*" intenta institucionalizar su proyecto político: el Estado Comunal; de ahí inicia una deriva fáctica y autoritaria que terminaría generando la crisis sistémica que padecemos. En esta fase, la revolución se erige en un régimen de vocación totalitaria, que no va a reconocer límite alguno a su poder ni legitimidad a ninguna opción para sucederla en el mando.

Sin lugar a dudas, de haber contado Venezuela con una sólida democracia constitucional, y con mecanismos e instituciones contramayoritarias, se hubiese podido contener, en su momento, la vocación hegemónica y antidemocrática, de la mayoría transitoria que tomó control del Poder Público a partir de 1999.

En este contexto, en el primer capítulo de este trabajo (I), argumentaré y demostraré, que durante el proceso democrático iniciado en 1958, nunca se pudo consolidar la democracia constitucional, y que debido a esto y a la progresiva pérdida de confianza en los políticos y la Política, debido al deslinde entre las élites políticas y la ciudadanía, la democracia popular, también, resultó menoscabada; circunstancias éstas que permitieron en 1998, la llegada al poder de un liderazgo populista, cuyo talante autoritario veríamos inmediatamente al inaugurarse su gobierno.

En el capítulo II, argumentaré que el cambio político en Venezuela tendrá posibilidades de consolidarse, sólo si somos capaces de replantearnos la visión que tenemos del Estado y de la Democracia. En lo tocante al Estado, se propone una nueva concepción de Estado (el Estado Constitucional Democrático), cimentado en tres principios liberales

---

2 Artículo 236. Son atribuciones y obligaciones del Presidente o Presidenta de la República: (…) 6. Ejercer el mando supremo de las Fuerza Armada Nacional, promover sus oficiales a partir del grado de coronel o coronela o capitán o capitana de navío, y nombrarlos para los cargos que les son privativos.

3 Publicada en Gaceta Oficial N°. 5.806 Extraordinaria del 10 de abril de 2006.

fundamentales: el principio político democrático (soberanía popular), el principio jurídico (supremacía constitucional), y el principio de garantía jurisdiccional (control de la constitucionalidad); respecto de la Democracia, se propone una acepción "unitaria" y renovada de ésta (la Democracia Normativa o Integral), en la que resalte la imbricación de sus dos componentes: democracia popular (*por el pueblo*), y democracia constitucional (*para el pueblo*).

Luego, en el siguiente capítulo (III), argumentaré que en el nuevo Estado Constitucional Democrático, y bajo la Democracia Normativa o Integral, va a cumplir un rol determinante la propuesta contramayoritaria, en tanto regla o fórmula de poder que tiene por finalidad esencial (i) preservar la hegemonía e intangibilidad del orden supraconstitucional y constitucional; (ii) asegurar la idoneidad y eficiencia del funcionamiento del estado de derecho; (iii) proteger a las minorías, y; (iv) garantizar el marco adecuado para la dinámica siempre cambiante de mayorías y minorías. En este capítulo se hará referencia a sus bases conceptuales, lo cual, nos permitirá tener una mejor comprensión sobre la necesidad de una renovada propuesta contramayoritaria, conformada por un entramado de mecanismos e instituciones (técnicas y regulatorias) no mayoritarios.

Finalmente, haré especial referencia a la anatomía de los mecanismos e instituciones contramayoritarios (capítulo IV); hablaré sobre sus déficits y sobre los correctivos a adoptarse, también, sobre la necesidad de implementar nuevos mecanismos que aseguren el funcionamiento más eficiente del sistema de *checks and balances* y del estado de derecho. En lo relativo a la institucionalidad contramayoritaria, sostengo que ésta va a operar en dos ámbitos: uno esencialmente técnico, y el otro, esencialmente regulatorio. En este punto, mi posición es de absoluta fe en los mecanismos e instituciones no mayoritarios, pues, estoy absolutamente convencido de que los expertos están más capacitados que los políticos para lidiar con las complejidades de las actividades técnicas (de interés público) y las regulaciones modernas, lo que ha quedado plenamente evidenciado con la crisis generada por el *Covid19*, cuyos efectos han sido un verdadero cisne negro.

I LA CRISIS ESTRUCTURAL DEL MODELO DEMOCRÁTICO VENEZOLANO Y SU TRÁNSITO HACIA UN RÉGIMEN DE VOCACIÓN TOTALITARIA

1. Contexto

En el ensayo *¿Gobernando al Vacío?* [4], Mair nos refiere que en los años 60 del s. XX, Schattschneider[5] había acuñado el concepto de *pueblo semisoberano*, para indicar que el control sobre la toma de las decisiones políticas había salido del alcance de los ciudadanos; asimismo, nos refiere que en la década de los 90, había surgido una idea de democracia "*carente de su componente popular: democracia sin el pueblo*"[6]; ello, como consecuencia del proceso de abierto deslinde entre elites políticas y la ciudadanía, y de la deformación de los partidos políticos. Este deslinde, no implicaba su extensión hacia la Democracia como tal (Mair)[7], la cual, debía ser sometida a un cambio. El arquetipo democrático que propone Mair, comprende tanto la democracia popular (*por el pueblo*): la de las elecciones, la de la representación política, la de la responsabilidad popular, y la del gobierno representativo; como la democracia constitucional (*para el pueblo*): la de los frenos y contrapesos institucionales, del estado de derecho, y de los controles.

Como quiera que sea, la pérdida de fe en los políticos, se ha proyectado hasta hoy, propiciando en la actualidad (i) la emergencia de regímenes populistas[8] y neoautoritarios por doquier, como el de Orbán en Hungría, Bukele en El Salvador, y Duterte en Filipinas; (ii) renovadas amenazas a la democracia como el ultraliberalismo y el mesianismo[9]; (iii) la emergencia de una modernidad líquida[10]; (iv) la horizontaliza-

---

4 Peter Mair, *¿Gobernar al Vacío?, https://politikon.es› 2014/10/01 › gobernar-en-el-vacio.*

5 Citado por Peter Mair, *¿Gobernar al Vacío?...*, p. 22.

6 *Ibíd*, p. 22.

7 *Ibíd*, p. 24.

8 Norris P. e Inglehart R. *Trump Brexit, and The Rise of Populism: Economic Have-Nots and Cultural Backlash.* Faculty Research Working Paper Series. Harvard Kennedy School. 2016.

9 Tzvetan Todorov. *Los Enemigos Íntimos de la Democracia.* Galaxia Gutenberg, Círculo de Lectores. Barcelona, 2012. p.13.

10 Zygmunt Bauman, *La Modernidad Líquida*, Fondo de Cultura Económica, Buenos Aires, 2004, p. 13.

ción de la praxis política[11]; (v) procesos de agitación social con rasgos sediciosos, en países respecto de los cuales pensábamos que la democracia estaba consolidada (Chile), y; (vi) finalmente, en el marco de la pandemia, se está produciendo un proceso de desvalorización constitucional, con el "*derecho de emergencia*" y la "*concesión de plenos poderes*" al Ejecutivo, en detrimento de otras ramas del Poder Público, del estado de derecho, y de los derechos humanos[12].

Las circunstancias precitadas, ha dejado en evidencia la incapacidad de la institucionalidad liberal, para dar respuesta oportuna y eficiente a nuevos problemas de nuevas épocas.

2. El fallido proceso de consolidación de la democracia venezolana

Con la caída de Pérez Jiménez (1958), se iniciaría un proceso político que debía cimentarse en dos pilares centrales: el cambio político y el cambio constitucional. Este proceso, auguraba condiciones favorables para la consolidación de un sistema integrado de democracia constitucional y de democracia popular (Democracia Normativa o Integral). Lamentablemente, este desiderátum nunca llegó concretarse debido a que el proceso político se centró básicamente en afianzar la democracia popular, bajo un espíritu consocional o de consenso (Lijphart)[13], a cuyo efecto, se privilegió, por una parte, la participación electoral y la firma de un acuerdo (Pacto de Punto Fijo) para instaurar un gobierno de unidad nacional. En la dimensión constitucional, bajo el gobierno del presidente Betancourt, se impulsó un cambio constitucional con la aprobación de la Constitución de 1961, cuya ilegitimidad de origen[14]

---

[11] Igualmente, basta ver como un *tweet* de cualquier líder político de occidente (en funciones de gobierno u oposición), genera, en tiempo real, gran cantidad de *tweets* de respuesta, ya sea de apoyo o de rechazo, lo cual, ha venido generando, en muchos casos, la inhibición o diferimiento en la toma de decisiones políticas.

[12] Nestor Sagüés, "El concepto de desconstitucionalización", *Revista de Derecho*, N° 2, Universidad Católica de Uruguay. 2007. p. 187.

[13] Arend Lijphart. *Modelos de democracia Formas de gobierno y resultados en treinta y seis países*, Ariel, Barcelona, 2000, p.17.

[14] Ha habido Constituciones que a pesar de haber tenido un origen ilegítimo han sido legitimadas por las generaciones futuras, es el caso de la Constitución de Japón, que la impuso el general vencedor Douglas Mc Arthur, redactada por una Comisión constituyente inte-

fue subsanada con su legitimidad de ejercicio, la cual, se orientó fundamentalmente a garantizar la estabilidad democrática y un equilibrio "*básico*" entre los poderes del Estado.

El afán por privilegiar la democracia popular, se reflejó en el mismo momento de la entrada en vigencia de la Constitución de 1961, que asumiría *ab initio* una impronta nominal (Loewenstein)[15], al dictarse inmediatamente un decreto de suspensión de varias garantías individuales, al restringirse las garantías económicas (hasta 1991), al no haber ejecución de la norma que consagraba el amparo (Casal)[16], entre otros déficits. Una vez lograda la estabilización democrática durante la presidencia de Raúl Leoni, y, especialmente, durante el gobierno de Caldera, se esperaban avances sustanciales en el despliegue de la fuerza normativa de la Constitución (Loewenstein, García de Enterría), lo que lamentablemente nunca ocurrió.

En la década de los 70, se logró afianzar el impulso democrático (orientado básicamente a la democracia popular) al derrotarse todas las intentonas golpistas, y pacificar a los grupos subversivos de izquierda que actuaban bajo rectoría cubana. Se desarrollaron notables esfuerzos en materia educativa a todo nivel, la salud era un bien accesible para toda la población, se impulsaron grandes obras de infraestructura que terminaron de integrar al país, y se dotó a la población de bienes públicos (hospitales, escuelas, electricidad, agua potable, gas doméstico, etc.).

Sin embargo, un déficit importante en todo este proceso, fue que la democracia constitucional nunca pudo ser afianzada del todo, al no poder consolidarse una sólida institucionalidad democrática ni las reglas de poder contramayoritarias, que caracterizarían al Estado Constitucional Democrático y la Democracia Normativa, lo que quedó en evidencia

---

grada por sus subordinados. Otro caso de Constitución de origen ilegítimo que ha sido legitimada por las generaciones futuras, ha sido la Constitución alemana, promulgada el 23/05/1949, que igualmente fue impuesta por las fuerzas aliadas.

15 Karl Loewenstein, *Teoría de la Constitución*, Barcelona, Ariel, 1976, p. 217.

16 Jesús M. Casal, *De la Constitución Nominal a la Constitución Fachada*, en *Anuario de Derecho Constitucional Latinoamericano,* Año XVII, Montevideo, 2011. p. 377. ISSN 1510-4974. https://revistas-colaboracion.juridicas.unam.mx/index.php/anuario-derecho-constitucional/article/download/3972/3488.

con el funcionamiento deficitario del sistema de frenos y contrapesos, el cual, dependió fundamentalmente de una circunstancia subjetiva: la voluntad de "*los padres fundadores de la democracia*"; quienes pronto demostrarían su incapacidad para contener los demonios que el manejo de la ingente renta petrolera desató, especialmente, tras la nacionalización de la industria petrolera.

A finales de la década de los 70, se gesta la primera crisis financiera tras el endeudamiento contraído por el gobierno del presidente Pérez, lo que llevó al presidente Herrera a señalar que "*recibía un país hipotecado*". En estas circunstancias, sin embargo, este nuevo gobierno incurrió en nuevos endeudamientos, para financiar deudas vencidas y disponer de dinero fresco con destino a las obras del período. En este marco, el tema de la corrupción administrativa adquirió una gran importancia y se convirtió en importante factor político (Rachadell)[17]. Por su parte, la merma en los ingresos petroleros y su desviación hacia factores corruptos, comienza a generar un deterioro sostenido en las condiciones sociales de la mayoría de la población.

En noviembre de 1984 el Ministro de Cordiplán, Luis Raúl Matos Azócar, dio a conocer el VII Plan de la Nación, cuyo diagnóstico era: la necesidad de superar la sociedad rentista y establecer una sociedad productiva, sin la dependencia de los recursos petroleros; promover la agricultura; la industria; el turismo, y; modernizar el Estado. La estrategia fundamental para alcanzar los precitados objetivos, fue, en primer lugar, promover (i) un Pacto Social, que luego dio origen a la Comisión Nacional de Costos, Precios y Salarios (Conacopresa), en la que participaban representantes del Ejecutivo Nacional, de los empresarios y de los trabajadores, y; (ii) una reforma del Estado, para "*redimensionarlo y restituir su jerarquía*", de donde se originó la designación de la Comisión Presidencial para la Reforma del Estado (COPRE), en diciembre de 1984 (Rachadell)[18], ello en la idea de fortalecer el Estado Constitucional y la Democracia constitucional.

---

[17] Manuel Rachadell. *Evolución del Estado Venezolano 1958-2015: De La Conciliación de Intereses al Populismo Autoritario*; Colección Estudios Políticos N°. 11, Fundación de Estudios de Derechos Administrativo (FUNEDA), Editorial Jurídica Venezolana Caracas, 2015, p. 55.

[18] *Ibíd*, p. 56.

La COPRE realizó un proceso de consultas con diferentes sectores y grupos de opinión, con profesionales y técnicos nacionales y extranjeros, organizó subcomisiones internas, realizó foros, reflexionó sobre los problemas de la democracia y de la gobernabilidad y sobre las aspiraciones de la sociedad, y produjo un cuerpo de propuestas contenidas en un veintena de libros, que se resumieron en un solo volumen: *La Reforma del Estado, Proyecto de Reforma Integral del Estado* (1988). Estas propuestas apuntaron al cambio político e institucional, a la descentralización, al fortalecimiento del estado de derecho, a la profesionalización de la Administración Pública, al nuevo papel del Estado en la formulación de políticas públicas, a un nuevo rol del Estado en la economía, a la formulación de políticas en el sector social, a la política educativa del Estado y a las reformas institucionales requeridas, entre otros aspectos; asimismo, le dio un impulso definitivo a la iniciativa de crear la figura del Alcalde, a ser electo por sufragio universal, directo y secreto, lo que significaba la separación de la función ejecutiva en el Municipio, que correspondía hasta entonces al Presidente del Concejo Municipal, conforme se dispuso en la reforma de la Ley Orgánica de Régimen Municipal de 1989.

La falta de voluntad política para implementar las reformas propuestas por la COPRE, cimentaron el camino para el llamado Caracazo, las cruentas intentonas golpistas de 1992, la defenestración del presidente Pérez en su segundo período, y la llegada del chavismo al poder en 1998.

3. El proceso de desmantelamiento de la democracia y del Estado Constitucional

Con la llegada del chavismo al poder, se iniciaría un proceso "*revolucionario*", de cambio político y cambio constitucional, que surge en un contexto político definitivamente *sui generis*, en el que, si bien, hubo (importantes) sectores proclives a un cambio constitucional cuyo *telos* se correspondiera con los principios del constitucionalismo democrático, Constitución Normativa (Loewenstein)[19]; hubo otro sector, el

[19] Aquella que se cumple y tiene vigencia efectiva, siempre que se corresponda con los principios del constitucionalismo democrático. Karl Loewenstein, *Teoría de la Constitución*, Ariel, Barcelona, 1976, p. 217.

"*revolucionario*", que hizo del proceso constituyente de 1999, una maniobra meramente táctica para crear una Constitución fachada (Sartori), y colonizar el Poder Público.

Ciertamente, en 1999, se inicia un proceso de cambio constitucional, que dio origen a un régimen político sin precedentes, encarnado en una "*revolución*" que se ha desarrollado en dos fases: la bolivariana, y la socialista. La primera se inicia con el "*proceso constituyente de 1999*" y termina el 2005, cuando la "*revolución*" se declara socialista. En esta fase, coloniza el poder público y la FAN, a la vez, exhibe una "*retórica conciliatoria*", no obstante su incursión sistemática en abusos, menoscabo de derechos fundamentales, e irregularidades electorales; circunstancias estas que permitieron caracterizarla como un populismo autoritario. En el año 2006, la "*revolución*" muta a socialista y se deslinda de los objetivos programáticos y del proyecto político subyacente en la Constitución (Estado Democrático y social de Derecho); luego, en el 2007, intenta institucionalizar (mediante una fraudulenta Reforma Constitucional) su proyecto político: el Estado Comunal Socialista. De ahí, inicia una deriva fáctica y autoritaria que acarreó la crisis sistémica que padecemos. En esta fase, la revolución se erige en un régimen de vocación totalitaria, que no va a reconocer límite alguno a su poder ni legitimidad a ninguna opción para sucederla en el mando.

Desde otra perspectiva, la "*revolución*" instaura una cultura de fraude electoral, en virtud de la cual, en casi todas las fases de los procesos electorales, y en casi todos los comicios celebrados desde 1999 hasta ahora, ha habido, al menos, abusos, ventajismos o irregularidades, que han terminado incidiendo en los resultados electorales; asimismo, instaura una nueva praxis política: el clientelismo; el cual, a medida en que se profundiza el descalabro económico y la emergencia humanitaria compleja, ha venido mutando en férreo control social ejercido sobre los sectores más vulnerables del país, que han pasado a padecer, según ha señalado PROVEA, el llamado "*daño antropológico*". Todo lo anterior, ha terminado socavando la confianza ciudadana en la democracia popular o electoral.

En paralelo al proceso de pérdida de confianza en la democracia electoral o popular, comenzó a gestarse un proceso sostenido de (i) degradación de la institucionalidad democrática, que se exacerba a partir de 1999, con la colonización de los órganos del Poder Público (por parte del chavismo) y la desarticulación del sistema de *checks and balances* (al menoscabarse la independencia del Poder Judicial, del Ministerio Público, de la Defensoría del Pueblo, del CNE, y neutralizarse las competencias de la Asamblea Nacional); (ii) desactivación de los dispositivos contramayoritarios (se vulnera el principio de rigidez constitucional al introducirse cambios constitucionales por la vía de los hechos, se neutraliza la independencia de la Sala Constitucional, se menoscaba la autonomía del BCV, se quebranta en la Asamblea Nacional el sistema de decisiones por quórums calificados o súper-mayorías, entre otros); y, (iii) grotesca utilización de esta institucionalidad como herramienta para forjar el Estado Comunal Socialista.

En virtud de estos antecedentes, resulta explicable que el proceso democrático iniciado en 1958, no haya podido consolidarse. El sistemático proceso de degradación a que se sometió el Estado Constitucional, llevó a la erosión definitiva de la Democracia (tanto la constitucional como la popular). Una de las razones fundamentales del proceso de desvalorización del Estado Constitucional y de la Democracia, ha sido la falta de mecanismos e instituciones contramayoritarias capaces de contener la corrupción (entre 1958 y 1998) y luego, la vocación hegemónica de una mayoría circunstancial (chavismo) que decidió desconocer la voluntad constituyente y deslindarse del proyecto político que subyace en la Constitución.

En consecuencia, un eventual proceso de restauración democrática en Venezuela, debe evitar incurrir nuevamente en las deficiencias ya señaladas, en tal sentido, resulta razonable preguntarse: ¿Qué se requiere para construir nuevos paradigmas constitucionales y democráticos en Venezuela?

II HACIA UN NUEVO PARADIGMA DE ESTADO (EL ESTADO CONSTITUCIONAL DEMOCRÁTICO) Y DE DEMOCRACIA (LA DEMOCRACIA NORMATIVA O INTEGRAL)

1. Hacia una nueva concepción del Estado Constitucional Democrático

En nuestro país, cada vez más, ha venido alcanzando gran aceptación la idea de que el restablecimiento y consolidación de un nuevo orden republicano, va a requerir la instauración de un nuevo Estado Constitucional[20], al que yo agregaría la condición de "*Democrático*"[21], cimentado en tres pilares: (i) el principio político democrático, conforme al cual, la soberanía reside en el pueblo en su conjunto, y se ejerce directamente a través del poder constituyente, e indirectamente, a través del sufragio; (ii) el principio jurídico de supremacía de la Constitución, conforme al cual, la Constitución en tanto *lex superior*, limita al poder y obliga por igual a gobernantes y gobernados, y; (iii) la garantía jurisdiccional de control de la constitucionalidad en defensa de la Constitución, para limitar al poder y garantizar la preeminencia e intangibilidad del orden supraconstitucional, del orden constitucional y de los derechos fundamentales. Bajo este nuevo esquema de organización estatal, podemos distinguir claramente las tres líneas fundamentales del pensamiento liberal contemporáneo, sobre el Estado Constitucional Democrático.

1.1. El principio político democrático

La línea del principio político democrático, arrancó, como sostiene De Vega, de las "*formulaciones de la doctrina pactista (Nicolás de Cusa, Marsilio de Pádua, etc.), para terminar en la formidable construcción del iusnaturalismo contractualista en nombres como Althusius, Grocio, Puffendorf, Wolf, Burlamaqui, Vattel, Locke, Rousseau, etc.*"[22], y derivar en la visión normativa (actual) de la democracia (en las sociedades desarrolladas), en plena correspondencia con la idea de Constitución normativa, cuya función principal, consiste en fijar los

---

20 Pedro De Vega, *La Reforma Constitucional. Y la problemática del poder constituyente*. Tecnos. Madrid, 2007. p.15.

21 Se descarta la nomenclatura de Estado Constitucional de Derecho, sostenida por Prieto Sanchís y otros, por cuanto, en mi opinión, no aporta una definición precisa de la moderna organización estatal, que tiene como centralidad los DDHH y la libertad. La idea de Estado Constitucional de Derecho, sugiere no otra cosa que una estructura estatal cimentada en dos pilares aparentemente diferenciados: la Constitución y el Derecho, pero, en realidad, ambas categorías representan ideas equivalentes, esto es, reconducen a una misma concepción de Estado signado por un orden jurídico rector. Por otra parte, de acuerdo a esta concepción, países como Cuba y China, serían Estados Constitucionales de Derecho, pues, ambos se rigen por una Constitución (iliberal, en este caso), conforme a la cual se organiza el Estado, y ambos se rigen por el Derecho (antidemocrático).

22 Pedro De Vega, ob. cit., p. 16.

principios de la vida común, o reglas del ejercicio del poder público aceptados por todos, que están más allá de la batalla política, porque ya han sido decididos por la voluntad constituyente.

En este contexto, la idea del poder constituyente residente en el pueblo se traduce en el mayor límite al poder político, en especial, al que emana del más amenazador de los poderes, el legislativo (Prieto Sanchís)[23], mediante la mineralización constitucional de su forma de proceder, y el establecimiento de barreras constitucionales que no puede traspasar en ningún caso; por tanto, la noción contemporánea de poder constituyente viene a ser más liberal que democrática, al traducirse en el más importante límite (contramayoritario) a las decisiones de las mayorías transitorias o circunstanciales, y en garantía, para que siempre quede abierto el ejercicio indirecto de la soberanía popular a través del legislador, en el marco de la cambiante dinámica de mayorías y minorías.

1.2. El principio jurídico de supremacía de la Constitución

Por su parte, en relación al principio jurídico de supremacía de la Constitución, cabe señalar que este no se va a ocupar tanto en justificar el poder como en propiciar su limitación, la cual, tal como afirma De Vega[24], tiene como antecedente la teoría medieval de la supeditación del gobernante a la ley (Bracton, Fortescue, entre otros). La construcción de la teoría constitucional comenzaría con el surgimiento de la democracia representativa, en tanto imperativo impuesto por la realidad y la historia, que va a dar por superado el racionalismo contractualista que postulaba la democracia de la identidad (De Vega)[25]. Por su carácter profundamente ilustrativo, seguiré en este punto a De Vega[26]. En su criterio, al producirse en el marco de la democracia representativa, la escisión entre gobernantes y gobernados, no ofrecerá ya mayores dificultades concebir a la Constitución como ley suprema, a través de la

23 Prieto Sanchís, L. (2001), *Neoconstitucionalismo y Ponderación Judicial.* http://afduam.es/wp-content/uploads/pdf/5/6900111(201-228).pdf.

24 Pedro De Vega, ob. cit. (n.12) p. 16.

25 *Ibíd,* p. 18.

26 *Ibíd,* p. 18.

cual, se pretende controlar y limitar, en nombre de la voluntad soberana del pueblo, la voluntad no soberana del gobernante. De Vega[27] nota que la democracia representativa, implica diferenciación y organización de los diferentes poderes del Estado. Cuando el gobernante es soberano, bien se trate del monarca absoluto o de la *volonté générale* rousseauniana, la organización del Estado depende única y exclusivamente de su voluntad; cuando, por el contrario, se considera al gobernante no soberano, sus competencias tendrán que estar previamente establecidas en la Constitución, lo que equivale a decir que la Constitución se entiende como mecanismo de control del poder y como ley suprema, en la medida en que es, a su vez, el mecanismo de organización de las competencias de los diferentes órganos estatales.

Gracias a la dimensión organizacional y garantista del orden constitucional, y a la fuerza hegemónica del principio de supremacía de la Constitución, el nudo poder deviene en poder jurídico legítimo, lo que permite situar a este principio como el fundamento del moderno Estado Constitucional Democrático, y como una de las grandes conquistas civilizatorias del liberalismo.

1.3. La garantía jurisdiccional de control de constitucionalidad

Finalmente, la garantía jurisdiccional de control de constitucionalidad viene a erigirse en la más importante de las garantías constitucionales adjetivas, en el instrumento institucional a través de la cual se limita al poder, y se asegura el marco adecuado para el pleno goce de los derechos fundamentales. La garantía jurisdiccional de control de constitucionalidad no sólo va a propiciar el control de la constitucionalidad, sino, también, la democracia deliberativa en tanto modelo de toma de decisiones políticas y de su legitimación. En la jurisdicción constitucional la deliberación pública no sólo es necesaria para delimitar la concepción del bien común y de los valores fundamentales del orden supraconstitucional y constitucional, sino, también, para asegurar una mayor calidad de la deliberación en la toma de decisiones y en el control de las mismas.

---

[27] *Ibíd,* pp. 18-19.

La jurisdicción constitucional actúa en un contexto institucional en el que sólo puede decidir después de haber valorado los mecanismos de control argumentativo y racional, y después de haberlos sometido a reglas procesales y a principios constitucionales, lo que le obliga a justificar su decisión "*racional y razonablemente*" (nunca ideológicamente), con lo cual se garantiza la objetividad y aceptabilidad de sus decisiones, respecto de aquellas emitidas por los parlamentos que no actúan en ese contexto institucional, lo que se ha identificado como la "*representación argumentativa*" de los tribunales frente a la tradicional representación parlamentaria. La democracia no es exclusivamente decisionista sino, también, argumentativa, es decir, deliberativa: "*la relación entre el pueblo y el parlamento no debe estar únicamente determinada por las decisiones expresadas a través de las elecciones y los votos sino, también, mediante argumentos*". A diferencia de la representación parlamentaria, que es al mismo tiempo decisionista y discursiva, la representación del pueblo en el tribunal constitucional es puramente argumentativa (Alexy)[28].

Importa precisar que los jueces constitucionales, en una democracia constitucional, son garantes no sólo de los derechos fundamentales, sino, también, de la intangibilidad de la voluntad del constituyente, en la medida en que permite la expresión de voces que no se han podido escuchar durante la deliberación parlamentaria, por ello, el proceso judicial tiene una ventaja deliberativa respecto del proceso político democrático, permitiendo así mantener viva la cultura pública constitucional y los valores que la sustentan.

En el Estado Constitucional Democrático, las decisiones de las mayorías circunstanciales o transitorias van a ser condicionadas de modo importante, pero, el protagonismo fundamental no va a corresponder al legislador, sino a la jurisdicción constitucional.

Tanto el Estado Constitucional Democrático como la Democracia Normativa o Integral, deben promover reglas de poder contramayoritarias para asegurar la hegemonía de la voluntad constituyente, con el

---

28 Robert Alexy, *Ponderación, control de constitucionalidad y representación*, en Teoría del discurso y derechos constitucionales, Cátedra Ernesto Garzón Valdés 2004, Fontamara, México, 2005, pp. 89 ss.

propósito de impedir que mayorías transitorias ejerzan el poder de una manera incompatible con el proyecto constitucional.

2. Hacia la Democracia Normativa o Integral

De acuerdo con Mair, existe una reafirmación significativa del interés por la Democracia que no por la Política; y que ensamblar ambos fenómenos es una tarea compleja, que puede ser abordada desde dos dimensiones[29].

La primera enfatiza en que el crecimiento del interés intelectual e institucional por la democracia, es en parte, una respuesta dirigida a combatir la indiferencia popular. Lejos de fomentar una mayor participación, o tratar de potenciar el significado de la democracia para el ciudadano corriente, muchas de las contribuciones sobre las reformas institucionales parecen favorecer opciones que desaniman el compromiso de las masas, esto es, en ningún caso se busca amparar modalidades clásicas de democracia de masas.

La segunda dimensión, no persigue la renovación del interés intelectual e institucional por la democracia ni extender o revitalizar su práctica, sino, más bien redefinirla de manera que no necesite ningún énfasis sobre la soberanía del pueblo para afrontar mejor el declive de la participación de las masas. En última instancia, es un intento de redefinir la democracia en ausencia del pueblo. Una parte de este proceso de redefinición descansa en resaltar la distinción entre la Democracia constitucional, y la Democracia popular (electoral o representativa); una división que se solapa y recuerda la primitiva distinción que realizaba Dahl, entre "*democracia madisoniana*" y "*democracia populista*"[30]. El componente constitucional enfatiza la necesidad de controles y equilibrios entre las instituciones, el llamado sistema de *checks and balances*, e implica el gobierno para el pueblo[31]; el componente popular hace énfasis en el rol de los ciudadanos, las elecciones, y la participación popular, e implica el gobierno por el pueblo.

---

29 Peter Mair, ob. cit., p. 25.
30 *Ibid*, p. 26.
31 *Ídem*, p. 26.

Ambos componentes coexisten y se complementan mutuamente en una acepción "*unitaria*" de la democracia (Mair)[32]; la integración de ambos componentes, junto al desarrollo sistemático de reglas de poder contramayoritarias, dan origen a una nueva concepción de la Democracia: la Democracia normativa o integral. Esta nueva dimensión de la Democracia es fundamental, pues, desde hace un tiempo asistimos al deslinde entre ambos componentes, tanto en la teoría como en la práctica; de ahí los intentos de distinguir las democracias que combinan elecciones libres (democracia popular), con la "*asunción de mayores poderes*" en el Poder Ejecutivo, en detrimento de otras ramas del Poder Público, del estado de derecho, y de los derechos humanos, lo que explica la aparición de nuevas categorías como democracia iliberal, semi-democracia, democracia virtual, democracia electoral, pseudodemocracia, semi-autoritarismo, autoritarismo blando, autoritarismo electoral[33].

Finalmente, se debe precisar que la necesidad de salvaguardar los principios de mayoría y minoría, se van trasladando de los parlamentos a los tribunales constitucionales y a mecanismos contramayoritarios, consolidando el concepto de Democracia Normativa o Integral, pues, en el actual estadio del desarrollo democrático, todo apunta a que corresponde el protagonismo a éstos porque tras los logros del Estado liberal, ha llegado un momento en la evolución del constitucionalismo en el que lo que está en cuestión es la salvaguarda de esos logros a través de un nuevo sistema de garantías que haga posible la normatividad de la Constitución y de la Democracia

III LA PROPUESTA CONTRAMAYORITARIA COMO REGLA DE PODER PARA EL NUEVO ESTADO CONSTITUCIONAL DEMOCRÁTICO EN VENEZUELA

1. Exordio

La Democracia Normativa o Integral que adquiere concreción a través de la fórmula: el *gobierno para el pueblo*, no se limita a esta-

---

[32] *Ídem*, p. 26.

[33] Steven Levitsky Lucan A. Way. *Elections Without Democracy: The Rise of Competitive Authoritarianism*. Journal of Democracy, Vol. 13 (2), National Endowment for Democracy and The John Hopkins University Press, 2002, pp. 51-65.

blecer controles y equilibrios entre órganos e instituciones del Poder Público; también, impulsa una serie de reglas de poder para limitar el Poder Público con el propósito de impedir que mayorías transitorias o circunstanciales, lo ejerzan de una manera incompatible con el orden constitucional, y, por supuesto, con el orden supraconstitucional.

Estas reglas de poder tienen expresión a través de un entramado de mecanismos e instituciones contramayoritarios, que no constituyen una novedad jurídica, pues, desde el siglo XVII pensadores como John Locke, ya se ocupaban de ellos; en el siglo XVIII, lo hicieron Montesquieu y los redactores de El Federalista; también, se les tuvo presente en la creación de dos de las democracias constitucionales más paradigmáticas (EEUU y Francia). Al efecto, las pedagógicas reflexiones de Jon Elster, respecto de algunos mecanismos e instituciones contramayoritarias, expresadas en conferencia dictada en Oxford[34], permiten ilustrar con claridad la necesidad y conveniencia de estas reglas de poder. Elster, señala como motivación de éstas, impedir la tentación de las mayorías de "*aumentar sus posibilidades de reelección*", de cambiar las fechas de las elecciones de acuerdo a coyunturas más favorables, o de rediseñar de los distritos electorales[35]; asimismo, advierte que este peligro no está relacionado con una amenaza de la mayoría de la población respecto de las minorías, sino, de la mayoría parlamentaria circunstancial, pues, los parlamentarios pertenecen a partidos o movimientos políticos con intereses de poder que no deberían ser ignorados en un diseño institucional, ya que la mayoría de ellos tienen incentivos para mantenerse como tal[36].

Estas agudas observaciones, a las que podemos agregar otras, como el hecho innegable de que (i) los políticos, cada vez más, tienden a adoptar decisiones basadas en criterios de corto plazo, o, en criterios político clientelares (populistas) más que en criterios debidamente sustentados (técnicos); (ii) "*la segmentación del proceso democrático en*

---

34 Jon Elster, *Régimen de mayorías y derechos individuales*, en *De los derechos humanos, las conferencias de Oxford Amnesty*, 1993, pp. 165-199.

35 *Ibíd*, p. 170. Otro tipo de razones se asocian con pasiones o intereses momentáneos (como una mayoría que no respeta la propiedad de una minoría) o con la influencia de una pasión permanente (como la visión religiosa o clasista de la sociedad).

36 *Ibíd*, p. 172.

periodos relativamente cortos tiene consecuencias negativas importantes cuando los problemas a los que se enfrenta la sociedad requieren soluciones a largo plazo"[37]; (iii) las mayorías circunstanciales pueden verse inclinadas a desconocer la voluntad constituyente y el orden supraconstitucional, etc..

En el contexto venezolano, la propuesta contramayoritaria, sin duda, va a tener un significado especial, tras las aleccionadoras enseñanzas que ha dejado el socialismo del s. XXI, movimiento político que prevalido de mayorías electorales transitorias o circunstanciales, propició mutaciones ilegítimas a la Constitución, vulneraciones sistemáticas al estado de derecho, rupturas en el sistema institucional de pesos y contrapesos, y el deslinde definitivo con el proyecto político que subyace en la Constitución (Estado social de Derecho); todo lo cual, nos convoca a meditar profundamente en los dispositivos contramayoritarios que deberán ser implementados en los diseños constitucionales en la futura Venezuela democrática, a efectos de asegurar la hegemonía e intangibilidad de la voluntad constituyente y del orden supraconstitucional.

2. ¿En qué consiste la propuesta contramayoritaria para una Venezuela democrática?

La tesis o propuesta contramayoritaria, es una regla de poder, con base supraconstitucioal, constitucional o legal, que se manifiesta a través de mecanismos contramayoritarios, y, de una institucionalidad contramayoritaria, que tienen como propósito preservar la hegemonía e intangibilidad de la voluntad constituyente y por consiguiente, del orden jurídico que de ellas dimana, para, de esa manera, asegurar el funcionamiento del sistema de frenos y contrapesos institucionales, y la vigencia plena de los derechos fundamentales a todos los ciudadanos, incluidas, las minorías.

En nuestro caso, se postula para la Venezuela post tiranía, la tesis o propuesta contramayoritaria, fundamentalmente, como un cambio de paradigma constitucional, que coadyuve, esta vez, a la consolidación

[37] Giandomenico Majone, G., *Temporal Consistency and Policy Credibility*, European University Institute, Working Paper, 1996. p. 57.

definitiva del Estado Constitucional Democrático, y; de la Democracia Normativa o Integral, con sus componentes de democracia constitucional y de democracia popular, cuya articulación en una nueva (y única) concepción y expresión de la democracia, puedan posibilitar, también, un cambio de paradigma democrático.

Finalmente, debe advertirse que una Constitución que se pretenda democrática debe procurar limitar al máximo los mecanismos e instituciones contramayoritarias, pero, debe permitirlos lo suficiente como para garantizar que las normas constitucionales-democráticas esenciales puedan ser ejecutadas.

3. Supuestos en los que funda la tesis o propuesta contramayoritaria

Una premisa fundamental en todo régimen democrático, es que el sector político que ha alcanzado una mayoría electoral, está habilitado para ejecutar su programa político y hacer valer su mayoría durante el correspondiente período constitucional con la menor cantidad de obstáculos posibles (entre éstos, la voluntad constituyente, el orden supraconstitucional, el orden constitucional, y la voluntad de las minorías), precisamente, para evitar que esa voluntad política mayoritaria se pueda traducir en simple hegemonía política, se le debe someter a los límites establecidos en el orden convencional y en la Constitución por la voluntad constituyente, esto es, a los *checks and balances* institucionales, a las restricciones que les impongan los mecanismos e instituciones contramayoritarias, en aras de preservar la hegemonía e intangibilidad del orden supraconstitucional interno y externo[38].

Lo que justifica la necesidad de dispositivos contramayoritarios, es que el papel de los expertos en la toma de decisiones en temas complejos es más importante que el de los propios políticos, porque pueden valorar mejor los intereses a largo plazo. Los políticos, por definición, trabajan a corto plazo (ciclos electorales), para ellos, aceptar que las decisiones se vean sometidas a las circunstancias que suponen los tiempos

[38] Louis Favoreu, Souveraineté et supraconstitutionnalité, en *Pouvoirs* N°. 67 - novembre 1993 - La souveraineté - p.76. https://revue-pouvoirs.fr/Debat-Souverainete-et.html.

electorales es arriesgarse a obtener peores resultados (Mair)[39]. Majone dice que: "*la segmentación del proceso democrático en periodos relativamente cortos tiene consecuencias negativas importantes cuando los problemas a los que se enfrenta la sociedad requieren soluciones a largo plazo*"[40].

La propuesta contramayoritaria en tanto regla de poder, presupone la existencia de un marco político-institucional, por cuanto, la fuerza de lo contramayoritario deriva de su uso en contextos políticos-institucionales y no de contextos informales, fácticos o arbitrarios (como el actual, en Venezuela); se trata, concretamente, de actos jurídicos que emanando del Poder Público, en ejercicio del *check and balance*, inhiben, restringen o dejan sin efecto una pretensión o una decisión no mayoritaria, por tal razón, no tiene ningún sentido utilizar esta categoría sin hacer referencia a un orden político-institucional específico.

IV ANATOMÍA DE LA PROPUESTA CONTRAMAYORITARIA

Para entender cómo opera la tesis o propuesta contramayoritaria, resulta fundamental que precisemos la naturaleza y alcance de los mecanismos y de la institucionalidad que la integran, en tanto, reglas o fórmulas de poder. Ciertamente, la delegación de competencias en mecanismos e instituciones no mayoritarias, tiene como virtud que (i) quienes adopten decisiones en determinados ámbitos, no van a ser directamente responsables ante los votantes o ante sus representantes; (ii) asimismo, los expertos van a estar más capacitados que los políticos electos para enfrentarse con las complejidades técnicas de la legislación y gestión administrativa moderna; (iii) de igual manera, a medida que las formas tradicionales de control del Estado se sustituyen por esquemas técnicos y reguladores más complejos, el conocimiento especializado deviene en más efectivo que el juicio político.

Al efecto, Weber, en su obra *La Política como Vocación*, ya advertía que entre los funcionarios púbicos debía distinguirse entre los

---

39 *Ídem*, p. 24.

40 Giandomenico Majone, *Temporal Consistency and Policy Credibility*, European University Institute, Working Paper, 1996, p. 57.

"*funcionarios profesionales*" y los "*funcionarios políticos*", y que entre éstos últimos se incluye a los que se encargan de la "*administración interna*" general, cuyo ingrediente político consiste principalmente en la tarea de mantener "*la ley y el orden*", esto es, las relaciones de dominio existentes:

En consecuencia, quienes tenían el poder real ante las contingencias cotidianas eran estos funcionarios, lo que no es un absurdo. El ministro era simplemente el representante de la constelación del poder político. Debía defender la política de estos poderes, evaluar en función de ésta las sugestiones técnicas de sus subordinados e impartir a éstos las directivas políticas emanadas del poder. Es lo mismo que sucede con una empresa económica privada: el verdadero "*soberano*", la asamblea de accionistas, carece de influencia sobre la administración de la empresa, tanto como un "*pueblo*" gobernado por funcionarios profesionales[41].

En el ámbito internacional en general, y en el caso venezolano en particular, algunos de los mecanismos e instituciones contramayoritarios exhiben ostensibles déficits de diseño y operativos, razón por la cual, deberán ser sometidos a un *aggiornamiento* en el futuro contexto constitucional democrático, en el que deberán incorporarse otros mecanismos.

1. Mecanismos contramayoritarios

1.1. La voluntad supraconstitucional

Por supraconstitucionalidad (externa), debemos entender el sistema constitucional trasnacional (supraconstitucional), que vincula a los Estados que forman parte de él. Este sistema, como todo orden jurídico, reconoce a sus miembros derechos, pero, también, les impone compromisos que se obligan a cumplir; en tal sentido, el orden supraconstitucional, se erige en un sistema superior a los sujetos que lo integran, ante quienes los Pactos, Tratados, Convenciones, y demás actos y decisiones supraconstitucionales tendrán, inequívocamente, carácter vinculante.

---

41 Max Weber, *El Político y el Científico. La Política como Vocación.* https://www.memoriapoliticademexico.org/Textos/6Revolucion/IM/Weber-Politica-Vocacion.pdf. p. 11.

Sobre el carácter contramayoritario de las normas que emanan del sistema supraconstitucional, la Corte IDH (caso Gelman)[42], ha precisado:

> *"239. (...). **La legitimación democrática de determinados hechos o actos en una sociedad está limitada por las normas y obligaciones internacionales de protección de los derechos humanos reconocidos en tratados como la Convención Americana**, de modo que la existencia de un verdadero régimen democrático está determinada por sus características tanto formales como sustanciales, **por lo que, particularmente en casos de graves violaciones a las normas del Derecho Internacional de los Derechos, la protección de los derechos humanos constituye un límite infranqueable a la regla de mayorías** (...)".* (resaltado añadido).

En este mismo orden de ideas, la Corte IDH, en una reciente Opinión Consultiva (N°. OC-28/21), de fecha 7 de junio de 2021, solicitada por la República de Colombia, sobre la convencionalidad de la Reelección Presidencial Indefinida, señaló:

> *"70. (...) En este sentido, la única forma como **los derechos humanos** pueden tener una eficacia normativa verdadera es reconociendo que **ellos no pueden estar sometidos al criterio de las mayorías**, ya que precisamente esos derechos han sido concebidos como limitaciones al principio mayoritario. Esta Corte ha resaltado que la protección de los derechos humanos constituye un límite infranqueable a la regla de mayorías, es decir, **a la esfera de lo "susceptible de ser decidido" por parte de las mayorías en instancias democráticas**[73]. En efecto, **no puede condicionarse la validez de un derecho humano reconocido por la Convención a los criterios de las mayorías y a su compatibilidad con los objetivos de interés general**, por cuanto eso implicaría quitarle toda eficacia a la Convención y a los tratados internacionales de derechos humanos".*
>
> *"79. (...) En este sentido, **el respeto pleno al Estado de Derecho implica que las modificaciones de las normas relativas al acceso***

---

[42] Corte IDH, sentencia del 24 de febrero de 2011. Caso Gelman Vs Uruguay. Disponible en: https://www.corteidh.or.cr› docs › seriec_221_esp1. Consultada en fecha 30 de marzo de 2021.

al poder *de forma que beneficien a la persona que se encuentra en el poder, y pongan en una situación desventajosa a las minorías políticas,* ***no son susceptibles de ser decididas por mayorías ni sus representantes***" (supra párr. 70).

1.2. La voluntad constituyente

La voluntad constituyente es el mecanismo contramayoritario que contiene la voluntad fundante de un Estado o de un proceso político. Al efecto, importa reiterar que aun cuando esa voluntad pudo haber sido expresada a través de un medio ilegítimo (ilegitimidad de origen), tal vicio es subsanable en la medida en que esa voluntad sea compatible con el orden supraconstitucional, y en la medida en que esa nueva decisión política fundamental sea asumida por la soberanía popular en su conjunto (legitimidad de ejercicio), verdadera depositaria del poder constituyente, lo que ocurrió en los casos de las Constituciones de EEUU, Alemania y Japón, entre otras.

En todo caso, lo relevante es que lo expresado por la voluntad constituyente o fundante no puede ser alterado por mayorías circunstanciales que representen sólo a una parte de la soberanía popular. Mientras el poder constituyente, reside en la soberanía popular (Jay)[43], y se justifica por sí mismo, debido a su fundamento histórico y ontológico existencial (De Vega)[44]; los poderes constituidos tienen su fundamento en la Constitución, que define sus límites, posibilidades, y modo de actuación, por tanto, el primero se traduce en el mayor límite al poder político, en especial, al que emana del más amenazador de los poderes, el legislativo (Prieto Sanchís)[45], mediante la mineralización constitucional de su proceder, y el establecimiento de barreras que no puede traspasar en ningún caso.

Por otra parte, cabe reiterar que nunca se ha puesto en duda por nadie, que la titularidad de la soberanía popular recae en el pueblo (De

43 John Jay, *El Federalista* [trad. Gustavo R. Velasco], LIBROdot.com, http://www.librodot.com, México 1943, pp. 22, 23, 26 y 27.

44 Pedro De Vega, ob. cit. p.15.

45 L. Prieto Sanchís, *Neoconstitucionalismo y Ponderación Judicial.* 2001. http://afduam.es/wp-content/uploads/pdf/5/6900111(201-228).pdf.

Vega)[46], en su conjunto, y no en una parte de él; así se reconoció, además, en la primera Constitución revolucionaria francesa ("*ninguna parte del pueblo puede atribuirse el ejercicio de la soberanía, que sólo corresponde a la nación*", art. 1, del Título III).

1.3. El control jurisdiccional de la constitucionalidad

El control jurisdiccional de la constitucionalidad es otro mecanismo contramayoritario por antonomasia, y puede ser definido como el poder de la jurisdicción constitucional para controlar la legitimidad constitucional de actos del Parlamento, y demás actos de rango legal y sublegal.

Debido a su carácter contramayoritario ha sido considerado por cierta doctrina, especialmente en EEUU, como un mecanismo ilegítimo, pues, se le imputa carencia de legitimidad democrática para realizar esa función. Las objeciones se reducen a tres, básicamente: (i) el nombramiento de los jueces en la mayoría de los ordenamientos está reservado a la discrecionalidad de los otros poderes; (ii) la duración en los cargos judiciales no parece avenirse con los ideales democráticos; (iii) como controlador de los actos de los restantes poderes a la luz de la Constitución, parece convertirse en un contrapeso excesivo, y, a la vez, no controlable por los otros poderes que sí encarnan la voluntad popular. En tal sentido, la función de los jueces no garantizaría el proceso democrático que instaura la Constitución, pues, al no representar al pueblo no están obligados a decidir en favor de los intereses de aquél.

La garantía jurisdiccional de control de constitucionalidad va a permitir el control no sólo de la Constitución, sino, también, de la democracia deliberativa en tanto modelo de toma de decisiones políticas y de legitimación de las mismas. En la jurisdicción constitucional la deliberación pública no sólo es necesaria para delimitar la concepción del bien común y de los valores fundamentales del ordenamiento jurídico, sino, también, para asegurar una mayor calidad de la deliberación en la toma de decisiones y en el control de las mismas.

Importa precisar que los jueces constitucionales, en una democracia constitucional, son garantes no sólo de los derechos fundamentales,

---

[46] Pedro De Vega, ob. cit., p.29.

sino, también, de la intangibilidad de la voluntad del constituyente, en la medida en que permite la expresión de voces que no se han podido escuchar durante la deliberación parlamentaria, por ello, el proceso judicial tiene una ventaja deliberativa respecto del proceso político democrático, permitiendo así mantener viva la cultura pública constitucional y los valores que la sustentan. La tarea de la jurisdicción constitucional consistiría en hacer cumplir las decisiones de la voluntad popular plasmadas en las cartas de derechos. Cuando un tribunal ejerce el control de constitucionalidad, protegería los derechos de los individuos y de las minorías frente a los derechos de las mayorías, constituyéndose así en guardián de la constitución.

1.4. Súper-mayorías o mayorías calificadas

Otro mecanismo contramayoritario es la súper-mayoría o mayoría calificada; aquí cabe hacer, previamente, unas consideraciones sobre la mayoría simple y las súper mayorías. Se denomina mayoría simple o mayoría relativa a la situación jurídica en la que un candidato, en una votación obtiene más votos que cualesquiera otros.

La mayoría simple, de acuerdo con Dahl[47], sería la única regla de decisión que respeta la igualdad política y la democracia. Sus defensores consideran que representa de mejor manera, en términos de igualdad política, la opinión de cada uno de los ciudadanos; en otras palabras, responde de manera cabal al principio político: un ciudadano un voto. La mayoría simple da a cada ciudadano la posibilidad de tomar parte en una decisión colectiva, en la misma medida que todos los demás. La regla de la mayoría, es neutral entre resultados controvertidos, trata a los participantes igualitariamente, y concede a cada opinión que se formule el mayor peso posible que sea compatible con otorgar igual peso a todas las opiniones[48].

En principio, es correcto el razonamiento de que la mayoría simple representa de mejor manera, la opinión de cada uno de los ciudadanos,

---

47 Robert Dahl, *Democracy and its Critics,* Yale University Press, 1989, pp. 139-141. *Vid.*, R. Dahl, *On Political Equality*, Yale University Press, 2006. p. 15.

48 Jeremy Waldron, *The Core Case Against Judicial Review*, en Yale Law Journal, 115 (2006), pp. 1.347, 1.387 ss.; Richard Bellamy, *Citizenship. A Very Short Introduction*, Oxford University Press, 2008, p. 110.

sin embargo, llevada esta tesis hasta sus últimas consecuencias, traería efectos anómalos difíciles de aceptar si se comparten los principios del constitucionalismo democrático, y si se cree que las Constituciones tienen por objeto limitar el poder, incluso, el de las mayorías. Ciertamente, no son pocos los que cuestionan en lo conceptual, me incluyo, la idea de que consensos de las mayorías (aún válidos) puedan legitimar cualquier decisión, incluso, aquellas que desconozcan el orden supraconstitucional o convencional (*Vid.* Sentencia caso Gelman Corte IDH y Opinión Consultiva Nº. OC-28/21, de fecha 7 de junio de 2021) o irrespetan a las minorías; desconozcan garantías y derechos fundamentales (como ha ocurrido con la propiedad y la libertad en Venezuela); o impliquen un deslinde con los objetivos programáticos de la Constitución o con sus bases institucionales.

Por su parte, la regla súper-mayoritaria opera a nivel parlamentario y en casi todas las instancias colegiadas. Es una herramienta constitucional que persigue preservar la estabilidad político-institucional, ante los cambios continuos en las políticas públicas, impulsados por las mayorías. Si bien el criterio de mayoría simple debe ser la regla general, hay situaciones en las que se justifica la utilización de las súper-mayorías. De acuerdo con Buchanan[49], fue un economista sueco (Wicksell) el primero en proponer una teoría de decisión pública, al plantear que en un proceso de votación, la regla de la mayoría no constituye una solución para el dilema de la votación. Sólo la unanimidad, que implica cien por ciento de acuerdo en la opción a escoger, garantiza una solución consistente con las preferencias individuales de todos los miembros de la colectividad, la cual, constituye una solución óptima en términos paretianos[50], que gozará de una aceptación generalizada[51].

Dado que este mecanismo es de imposible adopción, particularmente en lo que se refiere a las actividades gubernamentales, debido a que es susceptible de ser bloqueado por un solo voto negativo, se propuso una solución de *second-best o subóptimo*, o "*regla de unanimidad*

49 James Buchanan, *Los límites de la libertad. Entre la anarquía y el Leviatán.* Katz Editores, Madrid, 2009, p. 68.
50 Un cambio que representa una mejora para varios individuos, sin perjudicar al resto.
51 *Ídem,* p. 68.

relativa", caracterizada por la exigencia de una mayoría calificada o reforzada[52], la cual, supone una aproximación máxima a las preferencias individuales.

Importantes sectores de la doctrina comparada[53], se manifiestan contrarios a esta regla súper-mayoritaria, a la que acusan de institucionalizar un poder de veto (contramayoritario) a las minorías políticas, que terminaría menoscabando la situación jurídica de las mayorías, lo que implica la afectación del sistema de igualdad en el valor del voto parlamentario. Enfatizan que una súper-mayoría, dificulta la ejecución de la agenda legislativa de un Gobierno mayoritario, favoreciendo el *statu quo*, sin embargo, ésta objeción lejos de representar un déficit democrático, se erige en la principal virtud de este mecanismo contramayoritario, al procurar la estabilidad política-institucional del órgano que regulan, pues, una regla alta de quórum legislativo tiende a producir mayor estabilidad político-normativa, especialmente, para proteger a las minorías frente al poder de las mayorías, pero, además, resguardando el desarrollo complementario del diseño constitucional.

Precisado lo anterior, en la nueva Constitución que habrá de regir a la Venezuela post dictadura, va a ser importante establecer una distinción entre las súper-mayorías para modificar la Constitución (rigidez constitucional), y las súper-mayorías para tratar temas legislativos o designaciones o destituciones de funcionarios. En lo tocante a la rigidez

---

52 En el derecho comparado, la Constitución de los EE.UU. requiere de 2/3 de senadores para aprobar un tratado internacional; las "*leyes constitucionales federales*" austríacas requieren de un quórum legislativo de 2/3 con la presencia obligatoria mínima de la mitad de los miembros; la Constitución danesa requiere de un quórum de 5/6 para entregar poder político a autoridades internacionales; la Constitución uruguaya requiere de 2/3 para la regulación del sufragio y las elecciones (artículo 77, N°. 7) y para "*conceder monopolios*" (artículo 85, N°. 17); la Constitución de Costa Rica requiere de 2/3 para aprobar proyectos de ley sobre el Poder Judicial apartándose de la opinión de la Corte Suprema (artículo 167), para el financiamiento previo de las actividades electorales de los partidos políticos (artículo 96, letra e) y para establecer limitaciones al derecho de propiedad (artículo 45); y la Constitución belga dispone de un sistema de súper- las atribuciones de los municipios (artículo 24) y para el sistema electoral (artículo 68 mayoría para proteger los intereses de las diversas comunidades existentes (artículos 4, 5, 35, 39), para delegar materias de las comunidades a las autoridades locales autónomas, establecer).

53 Dahl, Waldron, y otros. En realidad, Dahl defiende una visión especial y parcial de la democracia (mayoritaria), que es hostil a los dispositivos contra-mayoritarios en general, pero, acepta sus excepciones. Robert Dahl, ob. cit. p. 154.

constitucional, el quórum debe ser alto, tal vez, más alto que el quórum consagrado en la actual Constitución, y además, asociado a procedimientos agravados, para evitar la tentación de cambios permanentes; respecto a las súper-mayorías en materia legislativa, se debe distinguir entre los quórums exigidos en materia de leyes orgánicas (Constitución material), que deben ser altos, por ejemplo, 2/3 como prevé la actual Constitución[54]; sin embargo, en otras materias que no constituyen Constitución material no requieren ser tan altos, perfectamente puede ser de 3/5[55], 2/5 o 4/7 como se establece en otros sistemas, como el chileno. Finalmente, en materia de designación y destitución de altos funcionarios, los quórums deben ser más bajos que 2/3 para propiciar mayores grados de consenso.

En síntesis, si bien la idea de que la mayoría simple debe ser la regla general, hay razones fundadas para sus excepciones, debido justamente a que las ideas contra-mayoritarias que fundamentan la rigidez de la Constitución, se transmiten a las súper-mayorías legislativas cuando en las materias específicas se advierte una justificación especial que permita excepcionar la regla general de la mayoría simple.

1.5. La delegación constitucional en organismos supranacionales

En el marco de los procesos de integración comunitaria, en Europa principalmente y en menor medida en nuestra región, los Estados han impulsado un creciente número de instituciones contramayoritarias para desarrollar políticas públicas, a las que han decidido ceder ámbitos de sus competencias, con la finalidad de homogeneizar políticas públicas en lo económico, financiero, social, las cuales, son implementadas mediante normas comunes de aplicación directa y preferente en los ordenamientos nacionales, a las que están sujetos no sólo los referidos Estados, sino, también, los ciudadanos de cada país miembro de la organización supranacional[56].

---

54 Art. 203 de la Constitución.

55 Art. 203 de la Constitución, en materia de leyes habilitantes.

56 Al efecto, valga referir al profesor *Rubio Llorente*, para quién, la noción de supranacionalidad "implica la existencia de una estructura integrada por Estados distintos que mantienen la titularidad de sus soberanías, pero, dotada, también, de órganos propios, cuyas decisio-

En el caso concreto de los países que integran la Unión Europea, han cedido parte de sus competencias, en primer lugar, en la Comisión Europea, órgano ejecutivo nombrado por el Consejo de Ministros[57], que encarna al interés común, en tanto órgano instituido como expresión autónoma de los intereses de la Unión, y gestor, en concreto, de su política económica; en segundo lugar, en el Tribunal de Justicia de la Comunidad Europea con sede en Luxemburgo, encargado de la interpretación y aplicación del o los Tratados de la Unión[58]; y en tercer lugar, en el Tribunal Europeo de los Derechos Humanos, y; en otros órganos políticos y técnicos.

Ciertamente, la homogeneización se da en materia regulatoria de servicios públicos, telecomunicaciones, antimonopolio y pluralismo mediático, e incluso en la provisión de salud y beneficios sociales; se han creado innumerables organismos reguladores independientes, y se han convertido en el *loci* para hacer nuevas reglas, o aplicar las existentes a nuevas situaciones, a nivel nacional.

A nivel supranacional, los bancos centrales han sido aislados del control político directo, para establecer las políticas monetarias. En Bruselas, los funcionarios de la Comisión Europea proponen legislación y hacen cumplir cada vez más el Reglamento de la Unión Europea. En Luxemburgo, el Tribunal de Justicia controla el cumplimiento de la legislación europea por parte de los Estados miembros, revisando la legalidad de actividades de parlamentos nacionales, gobiernos, y administradores. El ejercicio continuo de autoridad por parte de organismos no mayoritarios, es hoy central para la gestión en un número creciente de ámbitos de interés público (Thatcher y Stone)[59].

---

nes se imponen a los Estados miembros; más precisamente, que tiene efecto directo en el territorio de los Estados, y que, en caso de colisión prevalece éste último sobre las normas dictadas por lo Estados". Francisco Rubio Llorente, *La Integración Supranacional, El Derecho Público de Finales de Siglo: Una Perspectiva Iberoamericana,* Cívitas, Madrid, 1.997.

57 El Consejo de Ministros, es el órgano de representación y de defensa de los intereses de los Estados miembros, tiene naturaleza confederal y su funcionamiento es de carácter eminentemente diplomático.

58 Razón por la cual, algunos autores sostienen que su función cuasiconferederal es análoga a la de la Corte Suprema Norteamericana en sus inicios.

59 M.Thatcher, y A.Stone, *Theory and Practice of Delegation to Non-Majoritarian Institutions*, West European Politics, Vol. 25, No. 1 (January 2002), pp.1-22.

1.6. Arreglos Institucionales para la transición a la democracia

Alberts, Mittal y Weingast[60], desde la perspectiva de los arreglos institucionales, han señalado que éstos consisten en reglas o fórmulas de poder que coadyuvan a garantizar y consolidar procesos de transición desde regímenes autoritarios a la Democracia, en virtud de lo cual, muchos casos exitosos de democratización implican específicos tipos de medidas contramayoritarias que restringen el poder de mayorías electas; asimismo, han señalado que los procesos de democratización implican, con frecuencia, negociaciones y acuerdos que reducen los intereses de la democracia, al proteger los intereses de los incumbentes (miembros del régimen que dejó el poder, o miembros del gobierno de transición) que persiguen arreglos constitucionales (enclaves autoritarios o atrincheramientos constitucionales) con elementos contramayoritarios, diseñados para restringir a las mayorías *ex post*.

Dependiendo de la manera como se produzca el retorno a la democracia y la transición, no es descartable, tal como ha ocurrido con experiencias comparadas, la figura de los arreglos institucionales de carácter eminentemente contramayoritario. Los procesos de democratización implican con frecuencia negociaciones y acuerdos que reducen los intereses de la democracia, al proteger los intereses de los incumbentes (miembros del régimen que dejó el poder, o miembros del gobierno de transición) que persiguen arreglos constitucionales (enclaves autoritarios o atrincheramientos constitucionales) con elementos contramayoritarios, diseñados para restringir a las mayorías *ex post*.

En el caso de Chile, el proceso de la transición a la democracia implicó aceptar los llamados "*enclaves autoritarios*", que impusiera Pinochet en la Constitución de 1980, los cuales, eliminaron áreas de autoridad y de toma de decisiones de funcionarios electos, concretamente, un Consejo de Seguridad Nacional dominado por militares dotados de amplios poderes que restringían la potestad presidencial para

---

60 S. Alberts, C. Warshaw, y B. Weingast, *Democratization and Countermajoritarian Institutions* (*Power and Constitutional Desing in Self-Enforcing Democracy*). Working Paper, Hoover Institution, Stanford University.

designar y destituir a los comandantes en jefe de las FFAA; asimismo, se incorporaron nueve senadores oficialistas **designados** (de un total de veintiséis).

En el marco de los acuerdos de paz entre el Estado colombiano y las FARC, se garantizó a ese movimiento un cupo mínimo en el Parlamento colombiano, de cinco senadores y cinco diputados, quienes comenzaron sus labores en julio de 2017. Esta medida, virtualmente equivalente a los senadores designados de Pinochet, es un arreglo institucional, que permitió garantizar la paz en Colombia, e ir doblemente contra la voluntad mayoritaria de los colombianos, primero, contra quienes dijeron no (opción ganadora) en el referendo convocado para aprobar los acuerdos de paz, y luego, contra quienes de manera mayoritaria rechazaron la oferta electoral de la FARC, lo cual, le impidió obtener parlamentarios adicionales a los garantizados en los acuerdos de paz.

1.7. La democracia consocional

Desde la perspectiva de la concepción democrática, tenemos las fórmulas consocionales (o de consenso) de gobierno, conforme a las cuales, los gobiernos pueden instituirse sin apego estricto al juego de mayorías, como dice Lijphart "*en la ciencia política existe una tendencia sorprendentemente fuerte y persistente a equiparar la democracia únicamente con la democracia mayoritaria y a no reconocer la democracia consensual como una forma de democracia alternativa e igualmente válida*"[61].

2. Institucionalidad contramayoritaria

En el futuro Estado Constitucional Democrático, junto a los mecanismos contramayoritarios, luce indispensable la creación de una institucionalidad contramayoritaria, a la que se deben atribuir competencias técnicas y regulatorias. En materia de institucionalidad contramayoritaria, podemos distinguir entre: la institucionalidad contramayoritaria técnica, creada especialmente para gestionar de manera "*autónoma*"

---

61 Arend Lijphart, *Modelos de democracia Formas de gobierno y resultados en treinta y seis países*, Ariel, Barcelona, 2000, p.17.

ámbitos de interés público determinados, y; la institucionalidad contramayoritaria regulatoria, creada para controlar el comportamiento de los agentes en ámbitos socioeconómicos determinados.

Giandomenico Majone, desde la perspectiva del criterio técnico ha sostenido que el papel de los expertos en la toma de decisiones es más importante que el de los propios políticos, porque podían valorar mejor los intereses a largo plazo: "*El pensamiento no mayoritario (...) afirma enérgicamente que la separación entre las prácticas de gobierno y las fuerzas políticas es útil para el objetivo de la democracia, al defender los logros democráticamente alcanzados de las tendencias depredadoras de una elite política coyuntural*".

Asimismo, Peter Mair, desde la perspectiva del conocimiento especializado, ha afirmado que a medida en que las formas tradicionales de control del Estado se sustituyen por esquemas reguladores más complejos, el conocimiento especializado parece ser más efectivo que el juicio político. Los políticos, por definición, trabajan a corto plazo y permitir que las decisiones se vean sometidas a las consideraciones que suponen los ciclos electorales, es arriesgarse a obtener peores resultados.

2.1. Institucionalidad contramayoritaria técnica

En relación a la institucionalidad contramayoritaria técnica que visualizamos para una Venezuela democrática, pueden mencionarse a título enunciativo, las siguientes instituciones: (i) Banco Central, como instancia técnica encargada de la política monetaria y de coordinación macroeconómica, cuya autonomía debe ser reforzada; (ii) SENIAT, a la que se debe atribuir (si no se crea un órgano especial) competencias en materia de coordinación tributaria con los estados y municipios; (iii) CNE, el cual, debe ser sometido a una profunda reestructuración, que comprenda la especialización técnica, y procedimientos agravados de designación y destitución de sus directivos, a través de un Comité de Postulaciones en el que no tengan ninguna injerencia los partidos políticos ni representantes del Parlamento; (iv) Comité de Postulaciones Judiciales Permanente (institución contramayoritaria), con una duración de cinco a diez años, que preseleccione a los candidatos a magistrados, como ocurre con la Comisión de Nombramientos Judiciales de Inglaterra (*Judicial Appointments Commission*)[62], candidatos éstos que deberían ser confirmados por un Senado, luego de diversas audiencias públicas (como ocurre en el sistema norteamericano); (v) Gobierno de la Judicatura, que goce de absoluta autonomía, y que sus directivos sean funcionarios designados a diez años, y mediante procedimientos agravados no coincidentes con los periodos electorales; (vi) Comisión Nacional de Salud, como nuevo ente a cargo de las políticas públicas en caso de pandemias, independiente del Ministerio de Salud y el de Relaciones Interiores, conformado por especialistas (médicos, economistas, juristas, planificadores, trabajadores sociales) que diseñen la políticas públicas que deban aprobar y ejecutar los órganos del Poder Público; (vii) Bolsa de Valores, que deberá tener una conformación y atribuciones análogas a la de la SEC de EEUU; entre otras.

2.2. Institucionalidad contramayoritaria regulatoria

En lo tocante a la institucionalidad contramayoritaria regulatoria, debe darse plena autonomía y competencia técnica a: (i) SUDEBAN para que regule de manera eficiente el mercado financiero; (ii) Pro Competencia para que regule de manera eficiente la libre competencia, y vele por la no instauración del abuso de posición de dominio como práctica comercial; (iii) CONATEL para que regule de manera eficiente la prestación de los medios de comunicación electrónicos, velando por la observancia de los valores republicanos, democráticos y familiares,

---

62 La Ley de Reforma Constitucional de 2.005, creó una Comisión de Nombramientos Judiciales (CNJ), una institución independiente de carácter no gubernamental. La CNJ debe ser "*independiente de cualquier tipo de padrinazgo político*". Se ocupa de la selección de magistrados del Tribunal Supremo y aproximadamente novecientos puestos judiciales, incluidos cargos de tiempo completo y parcial en la justicia de primera instancia. La CNJ está integrada por un presidente y 14 comisionados. El presidente debe ser un lego. De los 14 comisionados, cinco deben ser miembros del poder judicial, pero la mayoría también deben ser legos. Estos cinco miembros judiciales deben provenir de los distintos niveles del sistema de justicia. Los comisionados tienen un mandato inicial de hasta cinco años, y pueden desempeñarse durante un máximo de 10 años. El nombramiento para integrar la CNJ lo realiza formalmente el Soberano según la recomendación del Lord Chancellor, pero se aplican estrictas limitaciones con respecto a quiénes pueden ser elegidos. "*Todos los miembros son seleccionados y nombrados mediante un concurso abierto, excepto tres miembros judiciales a quienes los designa el Consejo de Jueces (Judges Council)*"*About the Judicial Appointments Commission*, http://jac.judiciary.gov.uk/about-jac/about-jac.htm.

sin afectar el derecho a la información; (iv) una nueva institución de protección al consumidor, que regule de manera eficiente el acceso de las personas a bienes y servicios, sin perturbar el funcionamiento del libre mercado; (v) una Superintendencia de telefonía celular, que regule y supervise de manera eficiente a este sector que debe ser privatizado en su totalidad; (vi) Superintendencia de servicios eléctricos, en caso de su total privatización, que regule de manera eficiente este sector, que debe ser privatizado en su totalidad; entre otras.

Una precisión es importante hacer, los ámbitos técnicos y regulatorios, no deben ser valorados en términos binarios o absolutos, dado que el criterio delimitador es su esencia, pues, todos estos entes, si bien técnicos van a tener alguna competencia regulatoria; y todos los entes regulatorios, van a requerir de conocimientos técnicos.

Lo determinante va a ser el mecanismo de designación y destitución de sus autoridades, que debe ser agravado, y en períodos no coincidentes con procesos electorales, de manera tal que estos no dependan de mayorías circunstanciales. Tal vez, el sistema de designación y remoción de los directivos de las llamadas Agencias Federales Independientes de EEUU, pueda ser un buen parámetro para las instituciones contramayoritarias, las cuales, casi siempre están fuera de control presidencial, pues, las dirige una comisión o junta, compuesta por cinco a siete miembros, que comparten el poder sobre el organismo.

Estas razones se suelen vincular con ciertas regulaciones destinadas a impedir que las mayorías circunstanciales limiten la promoción de valores importantes para nuestra democracia, como la posibilidad de la alternancia en el poder, la imparcialidad del diseño electoral y del proceso legislativo, la autonomía de los órganos de control, e impedir la eventual colonización de instituciones que cumplen un rol sensible para la colectividad, como en el caso de la autonomía del Banco Central.

Bueno es enfatizar que, como efecto de la pandemia del *Covid19*, cuyas consecuencias van a cambiar, tal vez para siempre, el funcionamiento institucional, las relaciones económicas, sociales e interpersonales en cada uno de nuestros países, existe cada vez más consenso de que la gestión sobre los efectos de este fenómeno, y el riesgo de otros desastres, debe ser considerada en ámbitos mucho más amplios que la simple emergencia, como se hace ahora, incluyendo, la planificación de la infraestructura y logística crítica.

CONCLUSIONES

1. Durante el período democrático (1958-1998), no fue posible consolidar la democracia constitucional, y, por consiguiente, una nueva concepción del Estado (el Estado constitucional), debido a una falta de tradición y de formación constitucional en la clase política emergente, lo que impulsó a los "*padres fundadores*" de la democracia, a privilegiar la democracia popular o electoral (en base a pactos políticos) por sobre el necesario desarrollo institucional-constitucional; seguramente las sistemáticas amenazas al sistema, en la década de los 60, determinaron que se optara por privilegiar a uno de los pilares democráticos, en detrimento del otro.
2. Los déficits en el desarrollo de la democracia constitucional, a su vez, determinaron, por una parte, la desvalorización de la Constitución, de la democracia y del estado de derecho; y por la otra, la emergencia de una corrupción galopante que estrujó la renta petrolera, cuyo crecimiento incesante y grotesco, encuentra explicación en la impunidad que emanaba de una justicia indebidamente politizada.
3. La degradación constitucional y democrática, la corrupción, y la comprobada falta de voluntad política para implementar la reforma del Estado, propuesta por la COPRE, crearon el caldo de cultivo para el Caracazo, las intentonas golpistas de 1992, la ilegítima defenestración del presidente Pérez, y el advenimiento al poder del chavismo. La llegada del chavismo al poder no supuso un giro hacia la estabilización democrática, por el contrario, se tradujo en mayores niveles de degradación constitucional y democrática, como consecuencia del porfiado empeño de este sector político en imponer a como dé lugar su proyecto político hegemónico, encarnado en el Estado Comunal Socialista, lo que ha terminado detonando la actual crisis sistémica, en la que destacan la emergencia humanitaria compleja, el éxodo de 5 millones de compatriotas, la pérdida del aparato productivo público y privado.

4. Este estado de cosas sólo podrá ser revertido al restaurarse el sistema democrático, pero, a partir de una nueva concepción del Estado (Constitucional Democrático), y de la Democracia (Democracia Normativa o Integral) que comprenda, en una nueva acepción, a la democracia constitucional y la democracia popular.
5. En esta nueva dimensión del Estado y de la Democracia, deberán desempeñar un rol determinante la propuesta contramayoritaria, en tanto regla de poder conformada por un sólido entramado de mecanismos e instituciones contramayoritarias, que debido a su carácter esencialmente técnico (aunque no desprovista de criterios políticos), están en mejor posición para tomar decisiones a mediano y largo plazo, por cuanto, los expertos están más capacitados que los políticos electos para enfrentarse con las complejidades técnicas de la legislación y gestión administrativa moderna, quienes, además, por su esencia, no son directamente responsables ante los votantes o ante sus representantes.
6. Como efecto de la pandemia del *Covid19*, cuyas consecuencias van a cambiar, tal vez para siempre, el funcionamiento institucional, las relaciones económicas, sociales e interpersonales en cada uno de nuestros países, existe cada vez más consenso de que la gestión sobre los efectos de este fenómeno, y el riesgo de otros desastres, debe ser considerada en ámbitos mucho más amplios que la simple emergencia, como se hace ahora, incluyendo, la planificación de la infraestructura y logística crítica.
7. En síntesis, a medida que las formas tradicionales de control del Estado se sustituyen por esquemas técnicos y reguladores más complejos, el conocimiento especializado (que va a regir a los mecanismos e instituciones contramayoritarios) devendrá en más efectivo que el juicio político.

LA INCONSTITUCIONAL MUTACIÓN DEL CONSEJO FEDERAL DE GOBIERNO COMO INSTRUMENTO CONTRA LA DESCENTRALIZACIÓN

JUAN MANUEL RAFFALLI*

INTRODUCCIÓN

Este artículo al merecido homenaje a la apreciada Dra. Cecilia Sosa Gómez es el producto de las discusiones y análisis compartidos con ella como nuestra profesora, en el Seminario Doctoral de la Universidad Católica Andrés Bello denominado Federalismo y Descentralización.

Empecemos por destacar que la Constitución de 1999 en su artículo 4 consagra un nuevo Estado al establecer expresamente que, bajo su vigencia, Venezuela no solamente es un Estado Federal, sino que también es Descentralizado, constitucionalizándose así el proceso de

* Abogado. Profesor de Derecho Constitucional y Derecho Procesal Administrativo. Especialista en Derecho Procesal y Doctorando en Derecho por la UCAB bajo la línea de investigación constitucional.

descentralización que venía ocurriendo por vía legislativa. Sin embargo, muchas de las normas de la Constitución en materia de descentralización no son totalmente claras en el tratamiento de las competencias concurrentes y exclusivas de los estados y municipios frente al Poder Público Nacional; pero, además, el Poder Ejecutivo Nacional e incluso el Legislativo, no han asumido esta nueva concepción del ejercicio del poder público dentro del Estado descentralizado previsto en la Constitución. Podríamos decir que incluso los propios Gobernadores y Alcaldes beneficiarios de este cambio constitucional, no han tomado posiciones activas para reclamar su papel en una federación descentralizada, lo que nos hace dudar del conocimiento que tienen de este tema.

A lo anterior, hay que añadir la arrolladora e inconstitucional política pública desarrollada desde del Poder Central que busca socavar deliberadamente las competencias funcionales y recursos de gobernaciones y alcaldías, mediante la creación del llamado Estado Comunal el cual, sin ninguna base constitucional, pretende estar conformado por auténticos poderes públicos representados por autogobiernos de ciudades comunales; Comités para la resolución de conflictos comunales y nada menos que un Parlamento Comunal Nacional, a lo cual nos referiremos posteriormente con más detalles.

Esta sistemática política de desconocimiento y hasta fraude del mandato constitucional de descentralización federal, ha encontrado una efectiva herramienta en la Ley que Regula el Consejo Federal de Gobierno y su Reglamento, pues estos instrumentos normativos han permitido al Poder Nacional desnaturalizar ese ese Consejo cuyo objeto es precisamente coordinar y dar vida al Estado Federal Descentralizado. Pretendemos entonces aquí evidenciar y documentar resumidamente, cómo desde los instrumentos normativos que rigen el Consejo Federal de Gobierno, se ha pretendido impulsar inconstitucionalmente el referido Estado Comunal en detrimento de los Alcaldes y Gobernadores, además bajo un control directo y fuerte del Poder Ejecutivo sobre los estados y municipios, principalmente por vía presupuestaria.

Veamos entonces cómo ha sido desnaturalizado el Consejo Federal de Gobierno para evitar el desarrollo vigoroso de la descentralización ordenada por la Constitución, con el deliberado propósito de configurar por vía legislativa un Estado Comunal y centralizado no previsto en la

Constitución, lo que supone el debilitamiento funcional y presupuestario de los gobiernos estadales y municipales.

1. EL ESTADO FEDERAL DESCENTRALIZADO EN LA CONSTITUCIÓN DE 1999

1.1. Del Estado Centralizado al Estado Federal Descentralizado

La mayor parte de nuestra historia republicana desde 1811 ha estado signada por la presencia de gobiernos militares de vocación centralista, muchas veces más conservadora y autoritaria, y otras algo más democráticas, como fue caso de Isaías Medina Angarita. Este militarismo propio de toda América Latina proviene de las luchas independentistas de la península ibérica[1] y en el caso de Venezuela, después de doscientos años ha dejado una larga tradición de autoritarismo centralista y presidencialismo exacerbado, bajo la presunción de que este tipo de gobiernos garantiza tranquilidad y bienestar. Con los gobiernos democráticamente electos que entre 1961 y 1999, consolidaron el llamado Estado Central de partidos finaliza la concepción militar y autoritaria del poder central aunque se mantuvo una parte de esa raíz centralista en el presidencialismo democrático. Sin embargo se produjo una clara involución cuando retorna al poder esa visión militar centralizada y autoritaria en la persona de Hugo Chávez.

Precisamente por lo anterior, no fue sino hasta la Constitución de 1961 que se incluye por primera vez una referencia constitucional que confería al Poder Legislativo Central (Congreso de la República), la potestad -no la obligación- de transferir con aprobación de las dos terceras de sus integrantes, "*determinadas materias de la competencia nacional*" a los estados o a los municipios. Así lo disponía el artículo 137 de dicha Constitución de 1961 el cual, además señalaba clara y expresa-

---

1 André Hauriou. *Derecho Constitucional e Instituciones Políticas*. Ariel, Demos. Ed 4, Barcelona, España, 1971. p 840: "*En el momento de acceder a la independencia, las antiguas colonias españolas o portuguesas del Nuevo Mundo, se inspiraron en la Constitución Americana de 1787.pero las tradiciones autoritarias de la Península Ibérica, reforzadas por un Clero conservador y un mal desarrollo de la economía, favorecieron, a través de golpes de Estado, un desequilibrio de las instituciones que desemboca en un considerable reforzamiento del Ejecutivo y en la correlativa pérdida por parte del Parlamento.*"

mente que esa transferencia tenía por objeto "*promover la descentralización administrativa*", abriendo así la puerta al cambio de un Estado centralizado a un Estado Federal administrativamente descentralizado.

Sin embargo, el reparto del poder político y su manejo desde la capital con base en un Presidencialismo bastante marcado y consolidado por un bipartidismo estable implicó que el gran paso en el camino hacia la ejecución de ese artículo 137 de la Constitución de 1961, no ocurriera sino 28 años más tarde cuando en el año 1989 se promulgó la Ley Orgánica de Descentralización, Delimitación y Transferencia de Competencias del Sector Público[2].

Esa Ley Orgánica fue el producto de una presión política de la sociedad civil regionalizada, en su lucha por el perfeccionamiento del sistema democrático. Acercar el poder a la gente confiriendo competencias de peso a las alcaldías y gobernaciones, era una premisa de gran poder para alcanzar una verdadera reforma del Estado. Así, luego de un arduo trabajo de la Comisión Presidencial para la Reforma del Estado (COPRE), se logró la promulgación de tres leyes cruciales e indispensables para la trasformación del Estado administrativa y políticamente centralizado, en un Estado federal descentralizado, nos referimos a: *(i)* la Ley sobre Elección y Remoción de Gobernadores de Estado sancionada en abril de 1989; *(ii)* la Ley Orgánica de Régimen Municipal de junio de 1989; y *(iii)* la referida Ley Orgánica de Descentralización, Delimitación y Transferencia de Competencias del Sector Público de diciembre de 1989. De esta forma se concretaba el piso legislativo que permitiría concretar la descentralización política y administrativa del Estado[3].

---

2 Venezuela, Ley Orgánica de Descentralización, Delimitación y Transferencia de Competencias del Sector Público. Gaceta Oficial núm 34.208 de fecha 28 de abril de 1989. Posteriormente reformada según Gaceta Oficial de la República Bolivariana de Venezuela N° 37.753 de fecha 14 de agosto de 2003 y finalmente reformada de nuevo según Gaceta Oficial de la República Bolivariana de Venezuela N° 39.140 de fecha 17 de marzo de 2009.

3 Armando Rodríguez Zerpa, "La reciente modificación a la Ley Orgánica de Descentralización, Delimitación y Transferencia de Competencias del Sector Público: Efectos sobre el proceso descentralizador y el desarrollo local venezolano". *Revista Venezolana de Estudios Territoriales Provincia* N°22. Universidad de los Andes Mérida, julio-diciembre 2009. pp. 11-40: "*Estas aspiraciones nacionales se concretaron en el año 1985, con la creación de la Comisión Presidencial para la Reforma del Estado (COPRE), dando ori-*

Posteriormente y luego de una década de vigencia de estos instrumentos legislativos y en buena medida gracias a ellos, ocurrió el gran cambio constitucional en esta materia, posiblemente sin que el constituyente, que realmente fue Hugo Chávez prácticamente a título personal, tuviera plena consciencia del paso dado, su impacto y sus consecuencias futuras. Sencillamente en la Constitución de 1999 se cambió totalmente la organización política y administrativa del Estado Venezolano el cual, como ya mencionamos, conforme al artículo 4 de la Constitución vigente pasó a ser un *"Estado Federal Descentralizado"* en los términos consagrados en la Constitución, y regido *"por los principios de integridad territorial, cooperación, solidaridad, concurrencia y corresponsabilidad."*

Esta definición conceptual de la organización política y administrativa del Estado venezolano no es una simple mención en una norma constitucional aislada, por el contrario, a lo largo de varios Títulos y Capítulos del texto constitucional, se han establecido normas muy concretas que desarrollan ese modelo organizacional, confiriendo competencias funcionales a los municipios y las gobernaciones, que exceden en mucho las competencias a ellos atribuidas en Ley Orgánica de Descentralización, Delimitación y Transferencia de Competencias del Sector Público de 1989 y en la jurisprudencia que le dio desarrollo a loa misma bajo el imperio de la Constitución de 1961. Esta vigorización de los poderes regionales sin dudas es lo que ha despertado la necesidad de menguarlos por parte de un poder centralista y totalitario.

Ciertamente, debemos también destacar que varias normas de la Constitución han sido algo contradictorias en cuanto al empoderamiento de alcaldías y gobernaciones lo que pareciera denotar que propio

---

gen al famoso Proyecto de Reforma Integral del Estado expresado en cuatro líneas de acción básicas: la reforma electoral, la reforma de los partidos políticos, la reforma de la estructura organizativa del Estado (descentralización política) y la reforma municipal. Al trazar esta comisión los lineamientos para la reforma del Estado, el eje fundamental de sus propuestas fue la descentralización, la cual estuvo acompañada de la necesaria modernización y reforma del gobierno central. De esta manera se dispuso a proceder a la elección directa de los gobernadores de estado, así como a la elaboración de los instrumentos legales para iniciar la transferencia de competencias a los estados y municipios, con fundamento en el artículo 137 de la Constitución Nacional de 1961, vigente en aquel entonces.".

constituyente y en especial Hugo Chávez, experimentaban dudas y ciertos temores ante la verdadera autonomía funcional de estas entidades territoriales en cuanto a las materias no reservadas al poder público nacional.

Seguidamente veremos cómo ha sido este cambio que, al menos desde del texto constitucional, supone una ampliación de las competencias atribuidas a Municipios y Gobernaciones, al punto de contemplarse materias enteramente reservadas a esas entidades territoriales.

1.2. Competencias Funcionales de los Estados y Municipios

Considerando los límites asignados a esta contribución, nos referiremos a las competencias de los estados y municipios de manera general, tratando principalmente de dejar clara la evolución de los títulos competenciales de estos poderes en la Constitución de 1961 que originó la Ley de Descentralización de 1989; y la Constitución de 1999 que generó la reforma de la misma Ley en 2003 y en 2009.

a) Ley Orgánica de Descentralización, Delimitación y Transferencia de Competencias del Sector Público de 1989

Bajo el imperio de la Constitución de 1961 cuya concepción del Poder Público seguía siendo básicamente centralizada, la Ley Orgánica de Descentralización, Delimitación y Transferencia de Competencias del Sector Público de 1989, evolucionó hacia un visión mucho más descentralizada del poder, como ya señalamos, al amparo del artículo 137 de esa Constitución, al reconocer y contemplar una distribución de competencias bajo el siguiente esquema que claramente da preponderancia a las Gobernaciones sobre los Municipios:

(i) Artículo 3, competencias exclusivas de los estados reconocidas por la Constitución;

(ii) Artículo 4, acogiendo la tesis del profesor Brewer Carías, competencias concurrentes entre el Poder Nacional y los Estados que lo son no por imperio de la ley sino por mandato de la Constitución de 1961[4];

---

4 Allan Brewer Carías, *Bases Legislativas para la Descentralización Política de la Federación Centralizada. El inicio de una reforma en Leyes y Reglamentos para la Descentralización Política de la Federación.* Ed.Jurídica Venezolana, ed 1. Caracas, 1994, pp.18 a 21.

(iii) Artículos 5, 6 y 7, mediante convenios expresos, la transferencia a los estados de los servicios públicos que, hasta ese momento, aun siendo concurrentes, eran prestados exclusivamente por el Poder Nacional, esta transferencia podía operar en favor de empresas mixtas estadales, municipales o regionales. Sin embargo, debe destacarse que el Poder Público Nacional se cubrió las espaldas al disponer en el Artículo 8 de dicha Ley, la posibilidad la potestad del Ejecutivo Nacional de reasumir los servicios públicos transferidos según los artículos 5 y 6.

(iv) Artículo 11, la transferencia progresiva de ciertas competencias exclusivas reservadas al Poder Nacional a los Estados.

b) El Contenido Descentralizador de la Constitución de 1999

El esquema distributivo de competencias contenido en la Ley de 1989, señalado muy resumidamente en el punto anterior, sufrió cambios sustanciales con la vigencia de la Constitución de 1999 según reseñamos al inicio de esta contribución.

Lo primero que salta de bulto es que la evolución hacia un Estado Federal Descentralizado implicó abandonar la visión central y vertical de un poder público que vía desconcentración o delegación de funciones mantenía un control absoluto sobre los entes territoriales regionales[5]. La autonomía funcional de Municipios y Gobernaciones reconocida ahora de manera clara, contundente, expresa y concreta en el texto constitucional, implica que, aún y cuando en la práctica aún hay resistencias políticas y hasta socioculturales, el control regional del Estado Nacional, debería menguar sustancialmente a la luz de la Constitución de 1999, lo que implica una política nacional de distribución del poder completamente distinta, como bien lo señaló el profesor Brewer Carías en los debates de la Constituyente[6]. Nótese en este sentido que el

---

5 José Peña Solís: *Lecciones de Derecho Constitucional General*. V I Tomo II. UCV, ed 1, Caracas, 2008. p 260.

6 Allan Brewer Carías, *Debate Constituyente*. Tomo I. Ed Jurídica Venezolana. Ed 1. Caracas 1999. p 161: "*Además de las competencias exclusivas de cada nivel territorial, deben precisarse las competencias concurrentes entre los diversos niveles territoriales, y dado*

artículo 136 de la Constitución no deja lugar a dudas al respecto. Dicha norma claramente dispone que el mismo ahora "*se distribuye entre el Poder Municipal, el Poder Estadal y el Poder Nacional*". Esta redacción deja al descubierto la indubitable intención del constituyente en el sentido de establecer una distribución mucho más horizontal del poder público lo que debe inspirar en consecuencia la organización y funcionamiento de los entes políticos territoriales del Estado.

En este sentido debe resaltarse que incluso la Constitución vigente contiene además una norma imperativa que debe signar el tratamiento legislativo y administrativo de la descentralización, cuando en su artículo 158 señala: "*La descentralización, como política nacional, debe profundizar la democracia, acercando el poder a la población y creando las mejores condiciones, tanto para el ejercicio de la democracia como para la prestación eficaz y eficiente de los cometidos estatales.*" Es decir, además de contemplar una distribución horizontal del Poder, el texto constitucional califica a la descentralización como una "*política nacional*" y ello es así por cuanto de lo contrario sería imposible asumir y concretar en y desde el ejercicio del Poder Público el modelo de Estado Federal Descentralizado consagrado en el artículo 4 de la Constitución y refrendado en el artículo 6 del mismo texto fundamental que dispone: "*El gobierno de la República Bolivariana de Venezuela y de las entidades políticas que la componen es y será siempre democrático, participativo, electivo, descentralizado, alternativo, responsable, pluralista y de mandatos revocables*".

Bajo estas premisas constitucionales, observamos entonces como la asignación de competencias entre el Poder Público Municipal, Estadal y Nacional, ha variado generando incluso una reforma la Ley de Descentralización preconstitucional del año 1989. Este reparto de competencias básicamente se encuentra estructurado constitucionalmente así:

Por primera vez se encuentran determinadas de manera expresa en las competencias privativas o exclusivas del Poder Público Estadal y

---

que las mismas, en las últimas décadas, han sido progresivamente nacionalizadas (asumidas por el Poder Nacional), debe definirse la política de descentralización territorial de las mismas, en forma progresiva, afirmándose dicha política como una política nacional. En este aspecto, debe tenerse en cuenta que es el Poder Nacional el que se descentraliza, por lo que la misma debe ser una política nacional."

Municipal al señalar el artículo 164 cuáles son las materias reservadas a los Estado y el artículo 178 las materias reservadas a los Municipios, debiendo destacarse que en el último numeral de ambos artículos se incluye una asignación de competencia residual sobre las materias no reservadas a los otros poderes públicos.

En cuanto a la trasferencia de competencias exclusivas del poder público nacional a los Estados y Municipios, el artículo 157 de la Constitución dispone que: "*La Asamblea Nacional, por mayoría de sus integrantes, podrá atribuir a los Municipios o a los Estados determinadas materias de la competencia nacional, a fin de promover la descentralización*". Este artículo casi replica el 137 de la Constitución de 1961, pero contiene una diferencia que no es poca cosa, nos referimos a la mayoría parlamentaria requerida para aprobar la trasferencia de competencias exclusivas del Poder Nacional a los Municipios y los Estados. En la Constitución del 61 se requería una mayoría calificada de dos terceras partes de los Diputados y actualmente se requiere mayoría simple lo que supone una mayor flexibilidad en el régimen aprobatorio que favorece el proceso de transferencias en favor de las Gobernaciones y Municipios en pro de la descentralización como "*Política Nacional*".

Ahora bien, es realmente trascendente el tratamiento de la Constitución vigente en materia de *(i)* transferencia de materias concurrentes y *(ii)* transferencia de servicios públicos. En el primer caso el artículo 165 de la Constitución dispone expresamente que: "*Las materias objeto de competencias concurrentes serán reguladas mediante Leyes de Bases dictadas por el Poder Nacional, y Leyes de Desarrollo aprobadas por los Estados. Esta legislación estará orientada por los principios de interdependencia, coordinación, cooperación, corresponsabilidad y subsidiariedad*".

Las *Leyes de Base y de Desarrollo* constituyen potestades legislativas distintas, las primeras representan las definiciones orientadoras, mas no uniformes, de las políticas nacionales de interés general sobre el sector objeto de trasferencia[7], las cuales se encuentran reservadas al Po-

---

7 Tribunal Supremo de Justicia, Sala Constitucional. Sentencia 5651 del 15 de abril de 2008. Disponible en https://vlexvenezuela.com/vid/procuradora-general-rep-blica-283324951. Consulta en 9 de junio de 2021: "*Esa regulación, en el caso de las materias regidas por el artículo 164.10 de la Constitución, no sólo se refiere a principios o pautas generales*

der Nacional por mandato del artículo 156.2 de la Constitución según el cual comprenden: "*La defensa y suprema vigilancia de los intereses generales de la República, la conservación de la paz pública y la recta aplicación de la ley en todo el territorio nacional*"; mientras que las segundas desarrollan desde las perspectivas, peculiaridades e intereses de los Estados sin desvirtuar dichas políticas generales que vienen a representar una suerte de denominador común.[8] La remisión a dichas *Leyes de Desarrollo* supondrá entonces la actividad propia -no delegada- del Poder Legislativo Estadal ejercido por los Consejos Legislativos. El contrasentido que vemos con relación a este sistema legislativo a dos niveles es que de alguna manera se requerirá siempre la actividad legislativa previa de la Asamblea Nacional para poder concretar el sistema de determinación de competencias objeto de transferencia de competencias concurrentes lo cual es similar al sistema de "*convenios*" previsto en la normativa preconstitucional de la Ley de Descentralización de 1989, aun y cuando debemos reconocer que ello obligará siempre a una acuerdo mínimo entre el Poder Legislativo Nacional y el Estadal el cual, como bien señala el profesor Peña Solís, por imperio del artículo 206 de la Constitución debe concretarse en la consulta previa que la Asamblea Nacional deba realizar a los Consejos Legislativos estadales

---

en cuanto al funcionamiento o a la prestación igualitaria de los servicios, sino que puede incidir en la planificación de las actividades, en la organización interna del ente ejecutor, en la creación de órganos mixtos y en otros aspectos similares".

8 Gustavo Linares Benzo, "El Sistema Venezolano de Repartición de Competencias". En *El derecho público a comienzos del siglo XXI*, estudios en homenaje al profesor Allan R. Brewer Carías / coord. Alfredo Arismendi A., Jesús Caballero Ortiz; Allan Randolph Brewer-Carías t. I. Civitas, ed 1. España, 2003. p. 711: "*Siguiendo a García de Enterría, la esencia de la concurrencia normativa en lo básico y en el desarrollo se articula sobre cinco nociones básicas: 1º Corresponde a la normativa básica el establecimiento de la política nacional del sector, en tutela del interés general que corresponde al Poder Nacional de acuerdo con el artículo 156.2° de la Constitución, logrando un régimen unitario. Esa unidad, sin embargo, debe permitir la actuación de las potestades estadales en procura de políticas propias, incluso divergentes de estado a estado. El juego característico de bases- desarrollo es, pues, el establecimiento por las primeras de la política global del sector y de las políticas propias de los Estados por las segundas. 2° La técnica de las bases pretende construir un común denominador normativo del sector de que se trate en todo el territorio nacional, sobre el cual los Estados podrán desarrollar las peculiaridades que les convengan. Es la unidad de regulación el fin de la técnica en estudio, unidad que no sea uniformidad, sino que permita la estructuración de políticas propias por los Estados.*"

para determinar las competencias concurrentes objeto de la transferencia[9]. En nuestro parecer, si tales *Leyes de Base* no se concretan podría ocurrir una Omisión Legislativa inconstitucional que podrá ser declarada por la Sala Constitucional del Tribunal Supremo de Justicia conforme al artículo 336.7 de la Constitución.

Pero además, es imperioso destacar que en materia de competencias concurrentes, el propio texto constitucional en su artículo 165 no se limita a disponer la determinación de las mismas sobre el sistema de *Leyes de Base y de Desarrollo* en los Consejos Legislativos estadales, sino que el mismo artículo ordena también la transferencia administrativa de la prestación de servicios públicos y competencias que éstos puedan gestionar incluyendo la administración de los respectivos recursos, de los Estados a sus respectivos Municipios. Precisamente por esta razón estimamos que en la consulta a que se refiere al citado artículo 206 de la Constitución cuando se trate de *Leyes de Base*, también deberían incluirse los Municipios, y ello es tal a punto así que el artículo 166 de la Constitución crea un Consejo de Planificación y Coordinación de Políticas Públicas en el cual deben intervenir las Gobernaciones, las Alcaldías y los Directores estadales de los Ministerios así como los Diputados de la Asamblea Nacional que representen el respectivo estado.

Este nuevo tratamiento constitucional de la Descentralización como "*Política Nacional*", obligó en el año 2003 a una reforma de la Ley de Descentralización de 1989 y posteriormente a una segunda reforma en 2009, y en ninguna de ellas se consumó el proceso de consulta obligatoria a las entidades regionales ordenado en el artículo 206 de la Constitución. En estas reformas, sin embargo, lejos de asumirse plenamente el contenido del mandato descentralizador de la Constitución de 1999, se han incluido elementos que sin dudas suponen un retroceso inconstitucional que afecta la descentralización como Política Nacional

[9] José Peña Solís, Ob. Cit. p 289: "*Por lo tanto, ante la falta de identificación de esas materias, sólo queda que el Parlamento, previa consulta con los Consejos Legislativos de los Estados, como lo ordena el artículo 206 constitucional, apruebe una ley de identificación o quizás de delimitación de las competencias concurrentes, ya que cualquiera opción que parta de la calificación unilateral de la Asamblea Nacional, caso por caso, seguramente originará controversias constitucionales que deberán ser dilucidadas por la Sala Constitucional del Tribunal Supremo*".

que debe concretar un Estado Federal Descentralizado. Así lo veremos en el siguiente punto de esta contribución.

2. EL ATROFIADO DESARROLLO DE LA DESCENTRALIZACIÓN

Bajo la visión centralista y casi absolutista del poder fraguada durante las últimas décadas en Venezuela, hay una serie de factores que han impedido el pleno desarrollo del Estado Federal Descentralizado. Muchos de estos factores obedecen a una deliberada política del poder nacional centralista en su afán de concentrar el poder y evitar distribuirlo con liderazgos regionales como lo ordena el artículo 136 de la Constitución. Veamos cuáles son esos factores y su impacto sobre la descentralización.

2.1. Factores que Obstaculizan la Descentralización

Indudablemente la vigorosa descentralización prevista a lo largo de varias normas del texto constitucional de 1999 a las cuales nos hemos referido ha topado hasta el momento con lo que podemos llamar una "cultura política y social centralista" que, junto a normas contradictorias incluidas en el propio texto constitucional y en especial en la Ley de Descentralización de 2009, ha impedido el cambio estructural que implica una federación funcionalmente descentralizada. En este sentido, el Profesor Peña Solís ha listado una serie de factores que han generado esta obstaculización, entre ellos la eliminación del Senado federal; la falta de desarrollo de la autonomía organizativa de los estados; el desarrollo legislativo nacional de las funciones de los Consejos Legislativo de los Estados mediante una Ley Orgánica *ad-hoc*; el tratamiento nacional de la administración pública en la Ley Orgánica de la Administración Pública y en el Estatuto de la Función Pública; y la atribución de competencias tributarias residuales a los estados impidiendo su autonomía económica[10].

---

10 Peña Solís: *Ibid.* pp 272 a 275.

2.2. El Desconocimiento Legislativo del Estado Federal Descentralizado

A la anterior lista de factores que atentan contra la plena concreción de un Estado Federal Descentralizado, debemos añadir, como ya mencionamos, la propia reforma de Ley de Descentralización de 2009 la cual, si bien pareciera ceñirse al texto constitucional en materia de reconocimiento y transferencias de competencias y servicios, mantiene una visión centralista y de control sobre activos y actividades de Gobernaciones y Alcaldías, que en efecto, termina en la práctica por aniquilar la autonomía funcional de Estados y Municipios. Lo anterior queda en evidencia cuando observamos las siguientes figuras centralizadoras contenidas en dicha Reforma de 2009:

a) *Reversión*: El artículo 8 de la reforma, bajo la excusa de preservar el "*interés general de la sociedad*" y "*salvaguardar el Patrimonio Público de la República*" ha incluido nada menos que la potestad de reversión de competencias trasferidas a los Estados y Municipios de la siguiente manera: "*el Poder Público Nacional por órgano del Ejecutivo Nacional, podrá revertir por razones estratégicas, de mérito, oportunidad o conveniencia, la transferencia de las competencias concedidas a los estados, para la conservación, administración y aprovechamiento de los bienes o servicios considerados de interés público general, conforme con lo previsto en el ordenamiento jurídico y al instrumento que dio origen a la transferencia*". Lo anterior simplemente niega la Política Pública Descentralizadora y mantiene al Estado bajo la naturaleza de Estado Federal Descentralizado, pero solo en tanto y en cuanto lo crea conveniente el Ejecutivo Nacional. Esta posibilidad de *reversión* es totalmente inconstitucional pues además obvia que las trasferencias de competencias a los Estados deviene del texto constitucional mismo y concretamente de los artículos 157, 158, 164 y 178, según hemos explicado, por lo que el Ejecutivo no podría en ningún caso revertir esas transferencias de competencias y servicios, activos y recursos materiales y humanos para su prestación pues incluso así o reconoce el artículo 13 de la propia reforma al admitir que la transferencia supone el traspaso de propiedad de los bienes a los estados.

b) *Rectoría*: Aún y cuando la propia reforma de 2009 reconoce la transferencia de la administración y mantenimiento de carreteras y autopistas nacionales a los Estados, en su artículo 14 se establece una *Rectoría* del Poder Ejecutivo Nacional sobre los Estados bajo la excusa de la "*coordinación*", cuando la *Rectoría* implica justamente lo contrario a la coordinación pues supone una conducción mediante lineamientos y órdenes. Dicho artículo dispone lo siguiente: "*Es de la competencia de los estados en coordinación con el Ejecutivo Nacional, la conservación, administración y aprovechamiento de carreteras y autopistas nacionales, así como de puertos y aeropuertos de uso comercial...omissis... "El Ejecutivo Nacional ejercerá la rectoría y establecerá los lineamientos para el desarrollo de la coordinación señalada en el presente artículo.*"

c) *Intervención*: El artículo 9 de la Reforma señala que el Ejecutivo Nacional podrá intervenir "*bienes y prestaciones de servicios públicos transferidos para su conservación, administración y aprovechamiento*". Se trata de una figura genérica que quita toda autonomía a los Estados y Municipios. Esta potestad igualmente desconoce la autonomía funcional del Poder Estadal y Municipal y pretende de manera inconstitucional mantener un control directo del Ejecutivo Nacional sobre bienes y actividades de servicios público que pueden ser objeto de competencias exclusivas o concurrentes pero que al fin de cuentas al haber sido asumidos por los Estados y los Municipios, obviamente dejan de ser competencia del Poder Público Nacional.

2.3. La Jurisprudencia Centralizadora

Dentro de estos elementos perturbadores del Estado Federal Descentralizado, encontramos varias sentencias dictadas por el Tribunal Supremo de Justicia, de las cuales dos merecen especial mención dentro de los límites de este trabajo:

a) Sentencia de la Sala Constitucional n° 2495 del 19 de diciembre de 2016: Esta sentencia trata de mitigar la dimensión del Estado

Federal Descentralizado prevista en los artículos 4, 6, y 136 de la Constitución, resolviendo que no se trata de un estado totalmente descentralizado sino de un "*Federalismo Cooperativo*" no dual, en el cual la autonomía de Estados y Municipios está matizada por el interés que atañe al Poder Público en su verticalidad. Bajo esta justificación la sentencia dispone que, en materia de competencias concurrentes, el Poder Público Nacional detenta una supremacía sobre el Poder Estadal y Municipal Sala Constitucional 5651 del 15 de abril de 2008, que ejerce sobre la figura de la "*coordinación*".[11]

b) Sentencia de la Sala Constitucional n° 5651 del 15 de abril de 2008: Esta sentencia citada *supra* al tratar las *Leyes de Base y Desarrollo* sobre competencias concurrentes con el Ejecutivo Nacional, al interpretar el artículo 164.10 de la Constitución ha señalado indebidamente que competencias asignadas con carácter exclusivo a los Estados por la Constitución, como es el caso de la conservación, mantenimiento y aprovechamiento de carreteras y autopistas nacionales, puertos y aeropuertos de uso comercial, no son exclusivas de los estados, sino que son "*concurrentes*", cuando es el caso que no solo la propia norma interpretada dice expresamente que se trata de competencias estadales exclusivas, sino que además la necesaria coordinación con

---

[11] Tribunal Supremo de Justicia. Sala Constitucional, sentencia número 2495, del 19 de diciembre de 2016. Disponible en https://vlexvenezuela.com/vid/carabobo-283353203. Consulta en 5 de junio de 2021: "*Según resulta de lo que se lee en los textos citados, la decisión constituyente contenida en el artículo 4° de texto fundamental de 1999, en el sentido de que la estructura de nuestro Estado fuese federal descentralizada, no puede leerse, sin más, como lo pretenderían implícitamente los solicitantes, como el resultado de la opción constituyente por un Estado perfectamente (o absolutamente) descentralizado (lo que es lo mismo: por el modelo de federalismo dual), pero tampoco, lo cual es más obvio, por uno perfectamente (o absolutamente) centralizado. Omissis... Visto, como quedó demostrado, que resulta connatural a la estructura descentralizada de la organización vertical del Poder Público, el que se den mecanismos de coordinación entre los diversos niveles que la integran, resulta necesario definir ahora lo que se entiende por coordinación. Omissis... En resumen, y a los solos efectos de esta decisión, la tarea de coordinar supone una potestad superior atribuida a los órganos centrales de un Estado determinado, que tiene como propósito integrar las tareas que sobre una misma materia les ha sido encomendadas a diversos entes, con el fin de que las mismas confluyan en un objetivo común, cuál sería la prestación homogénea de un servicio o bien público*".

el Ejecutivo Nacional derivada del carácter nacional de tales infraestructuras, en ningún caso puede implicar una "jefatura" por parte del poder nacional y por ello no deberían ser susceptibles de tratamiento vía *Leyes de Base* que impliquen no solo dictar pautas y principios generales sobre la prestación de los servicios, sino que como señala la sentencia, permitiría al Ejecutivo Nacional "*incidir en la planificación de las actividades, en la organización interna del ente ejecutor, en la creación de órganos mixtos y en otros aspectos similares*".[12] Esta interpretación sesgada del artículo 164.10 de la Ley por parte de la Sala Constitucional afecta seriamente las competencias exclusivas en tales materias por cuanto la coordinación que se genera a raíz de las competencias concurrentes por parte del Ejecutivo Nacional, no aplica en el caso de competencias que por mandato expreso de la propia norma interpretada son "*exclusivas*" de los Estados.[13]

---

[12] Tribunal Supremo de Justicia. Sala Constitucional, Sentencia núm 565 del 15 de abril de 2008. Disponible en https://vlexvenezuela.com/vid/procuradora-general-rep-blica-283324951. Consulta 1° de junio 2021: "*Esa regulación, en el caso de las materias regidas por el artículo 164.10 de la Constitución, no sólo se refiere a principios o pautas generales en cuanto al funcionamiento o a la prestación igualitaria de los servicios, sino que puede incidir en la planificación de las actividades, en la organización interna del ente ejecutor, en la creación de órganos mixtos y en otros aspectos similares; ello en virtud de que el artículo 164.10 de la Constitución somete la conservación, la administración y el aprovechamiento que hagan de las carreteras y autopistas nacionales, así como de puertos y aeropuertos de uso comercial a los estados a la 'coordinación con el Ejecutivo Nacional'.*
Es decir, el régimen básico a ser dictado por el nivel nacional de ejercicio del Poder Público, conforme a la atribución que le fue conferida por el artículo 156.26 constitucional en concordancia con el artículo 164.10 eiusdem, permite que el legislador nacional intervenga en un mayor grado con su regulación sobre la ejecución, conservación y administración que de las carreteras y autopistas nacionales, así como de puertos y aeropuertos de uso comercial hicieren los Estados en coordinación con el Ejecutivo Nacional"

[13] Jorge Kiriakidis, "Comentarios a la Sentencia de la Sala Constitucional del Tribunal Supremo de Justicia N° 565 del 15 de abril de 2008. Críticas a la Decisión que Sienta las Bases para Desarticular la Descentralización en Venezuela". *Revista de Derecho Público*, núm. 151-52. Julio-dic 2017, Ed. Jurídica Venezolana. Caracas, 2017. P. 401: "*Ya se dijo antes que las competencias a las que se refiere el ordinal 10 del artículo 164 son competencias exclusivas de los Estados, y por esa razón las mismas no pueden hacer objeto de regulación por Leyes nacionales de Bases, toda vez que el ámbito material de tales instrumentos está limitado, por mandato de la propia Constitución (artículo 165), a materias de competencia concurrente. Es cierto que la categoría legislativa de las Leyes de Bases no es clara en su definición constitucional y es más o menos extraña a nuestra tradición cons-*

Pero más aún, en esta sentencia vinculante la Sala exhortó a la revisión de la Ley de Descentralización de 2003, lo cual derivó en la reforma de 2009 que como vimos ha concretado un inconstitucional control de las actividades Estado y Municipios en materia de servicios públicos e incluso de ciertas competencias exclusivas, bajo la excusa de la necesaria intervención o coordinación en favor de la prestación de servicios públicos por razones de interés general. Nótese que esta sentencia reitera el criterio de la sentencia de la misma Sala número 2495, del 19 de diciembre de 2016 que se refiere a Federalismo Cooperativo y la necesaria supremacía del Poder Nacional en funciones de Coordinación e incluso de intervención. La cooperación federal es un mandato constitucional innegable y necesario, pero de allí a exacerbar un control directo sobre competencias funcionales de las Gobernaciones y Alcaldías, constituye una clara defraudación a la descentralización como Política nacional contenida en el artículo 158 de la Constitución.

3. EL CONSEJO FEDERAL DE GOBIERNO, INSTRUMENTO ORGÁNICO DE LA DEFRAUDACIÓN AL ESTADO FEDERAL DESCENTRALIZADO

Sin lugar a duda el Órgano que concreta todas estas visiones centralistas y verticales del Poder Público a contrapelo de lo ordenando por los artículos 4, 136, 157 y 158 de la Constitución es contradictoriamente el propio Consejo Federal de Gobierno encargado de darle vida armónica por mandato de la propia Constitución. Lo anterior se sustenta claramente al analizar las competencias que inconstitucionalmente le

titucional, y por eso hay mucho que construir sobre s u contenido y alcance, sin embargo, lo que no es objeto de lo discutible es lo que si dice y lo que sí está claro en la Constitución. Y justamente lo que sí está claro y perfectamente definido en la Constitución es que el ámbito de las Leyes de Base se circunscribe la le regulación de las materias de competencia concurrente. Así es constitucionalmente errado sostener –y más aún pretender– que el ejercicio de las competencias exclusivas a las que se refiere el ordinal 10 del artículo 164 están condicionadas en su ejercicio a la regulación de Leyes nacionales de Base. Tal pretensión comporta una doble inconstitucionalidad, pues subvierte lo que establece el artículo 165 y contradice lo que establece el 164 ordinal 10."

han sido conferidas a dicho Consejo por la Ley que lo rige y su Reglamento. A este punto que es la médula de esta contribución, dedicaremos los próximos puntos.

3.1. Conceptualización Constitucional del Consejo Federal de Gobierno

La pregunta obligada para iniciar este tema es justamente ¿Qué es el Consejo Federal de Gobierno? Si nos atenemos a lo previsto en el artículo 185 de la Constitución podremos con facilidad concluir que se trata de órgano cuya misión es coordinar y planificar "*políticas y acciones para el desarrollo del proceso descentralización y trasferencias de competencias del Poder Nacional a Estados y Municipios*". Es decir, la razón del Consejo Federal de Gobierno es la descentralización en el marco conceptual del Estado Federal Descentralizado al que claramente refieren los artículos 4, 6 y 136 de la Constitución, bajo un modelo de Federalismo Cooperativo entre los entes territoriales. En consecuencia, cualquier norma, decisión, integración, o actividad que desnaturalice esta función del Consejo Federal de Gobierno sería inconstitucional.

Lo anterior es a tal punto así, que incluso la naturaleza jurídica del Consejo Federal de Gobierno puede superar la calificación meramente orgánica prevista expresamente en el texto constitucional para adentrarse en el nivel de un verdadero Poder Público. Nótese en este sentido que dicho artículo 185, notablemente extenso, se encuentra ubicado en el Título IV de la Constitución que Regula precisamente el Poder Público, e incluso ese solo artículo conforma el Capítulo V de dicho Título, precedido del Capítulo II que regula el Poder Público Nacional, el Capítulo III que regula el Poder Público Estadal y el Capítulo IV que regula Poder Público Municipal.

En todo caso, se trata de la pieza orgánica clave para dar concreción a la descentralización de manera coordinada y armónica. Sin embargo, como veremos seguidamente, desde la Ley original del Consejo Federal de Gobierno del año 2010, se han incluido disposiciones de rango legal que contravienen la Política Social e descentralización prevista en el texto constitucional. Veamos cuáles son sobre la base de dos ejes principales, las funciones y asignación de recursos, y la composición orgánica del Consejo Federal de Gobierno.

3.2. Funciones y Recursos Financieros

La Ley Orgánica del Consejo Federal de Gobierno (LOCFG) del 22 de enero de 2010 (G.O. Extraordinaria nº 5.963), se dictó bajo el imperio de la Constitución de 1999 y justo después de la reforma de la Ley de Descentralización de 2009. Desde su primer artículo la LOCFG entraña una contradicción clara con el texto constitucional, al señalar que además organizar el funcionamiento del Consejo Federal de Gobierno, "*atiende al establecimiento del régimen para la transferencia de las competencias entre los entes territoriales, y a las organizaciones detentadoras de la soberanía originaria del Estado*"; y peor aún, en su artículo 7 dispone que la transferencia de competencias tendrá por finalidad "*lograr el fortalecimiento de las organizaciones de base del Poder Popular y el desarrollo armónico de los Distritos Motores de Desarrollo y regiones del país, en el marco del Plan de Desarrollo Económico y Social de la Nación.* Obvia así el legislador en este artículo que la Constitución en ningún momento se refiere a transferencias de competencias a "*organizaciones detonadoras de la soberanía originaria*", y que solo se refiere a la transferencia de competencias a los Estados y Municipios que son la base de organización político territorial de la República prevista en el artículo 16 de la Constitución.

Además, conforme al artículo 5 de la LOCFG, la función de planificación que debe ejecutar el Consejo Federal de Gobierno tiene por finalidad: "*establecer los lineamientos de los entes descentralizados territorialmente y a las organizaciones populares de base, así como el estudio y la planificación de los Distritos Motores de Desarrollo que se creen para apoyar especialmente la dotación de obras y servicios esenciales en las regiones y comunidades de menor desarrollo relativo.*" En ese sentido se crea el Fondo de Compensación Interterritorial para canalizar los fondos dirigidos a estos Distritos Motores. Pero insólitamente es al Presidente de la República a quien corresponde determinar los Distritos Motores de Desarrollo conforme el artículo 6 de la LOCFG, con lo cual se concreta un tutelaje directo del Poder Ejecutivo Nacional sobre las Gobernaciones y Alcaldías que no se corresponde con un Federalismo Cooperativo sino con un Estado Política y Administrativamente centralizado.

Nótese que si bien el artículo 185 de la Constitución da cabida en el Consejo Federal de Gobierno a "*representantes de la sociedad organizada*", en ningún momento la propia Constitución se refiere al ejercicio directo de competencias por parte de esa "*sociedad organizada*", la cual pareciera tener un rol más participativo que ejecutivo, pero que muy convenientemente a los fines ideológicos y políticos de la "*revolución*" está constituida según la propia Ley de 2010 por *"consejos comunales, comunas y cualquier otra organización de base del Poder"*. A no dudarlo el objetivo de esta primera LOCFG era inocular en la organización político territorial de la República a estas entidades del Poder Popular para transferirles competencias y recursos financieros en detrimento de los Estados y Municipios lo cual resulta totalmente contrario a lo previsto en los artículos 136, 157, 164 y 178 de la Constitución. Para confirmar esta premisa, basta con mencionar que le artículo 23 de la LOCFG de 2010, dispone que: "*Anualmente, el Consejo Federal de Gobierno discutirá y aprobará los montos que asignará a través de los estados, los municipios, las organizaciones de base del Poder Popular y la estructura de los Distritos Motores de Desarrollo*", todo ello con cargo al Fondo de Compensación Interterritorial.

Podemos afirmar en este sentido, que el desconocimiento de la política nacional de descentralización establecida en el artículo 158 de la Constitución y la trasgresión a las normas constitucionales que disponen las competencias exclusivas y las transferencias a los Estados y Municipios, se exacerba en el Reglamento de la LOCFG (G.O. nº 40.002 del 6 de septiembre de 2012). Ese Reglamento en su primer artículo dispone como parte de su objeto, regular *"las formas de coordinación de políticas y acciones entre las entidades político- territoriales y las organizaciones de base del Poder Popular en él representadas, con la finalidad de alcanzar un equilibrado desarrollo regional del país mediante una justa distribución de los recursos nacionales, la creación de los Distritos Motores de Desarrollo y un régimen de transferencia de competencias entre dichas entidades y de éstas hacia las comunidades organizadas y otras organizaciones de base del poder popular."*. Es decir, se profundiza acá la intención de menguar el rol fundamental de Estados y Municipios en el proceso de Descentralización, vía control de proyectos y transferencia de competencias, y obviamente control de los recursos económicos.

El Reglamento de la LOCFG contiene además unas definiciones que traslucen perfectamente su intención de privilegiar a las organizaciones del poder popular afectando a los Estados y Municipios. Por ejemplo, contiene una definición de los que se entiende por Federalismo, en la cual se expresa que el mismo pretende "*la construcción de la sociedad socialista y del Estado Democrático y Social de Derecho y de Justicia, mediante la participación protagónica del pueblo organizado en las funciones de gobierno y en la administración de los factores y medios de producción de bienes y servicios de propiedad social, como garantía del ejercicio pleno de la soberanía popular*". Igualmente define la descentralización como "*Política estratégica para la restitución plena del poder al Pueblo Soberano, mediante la transferencia paulatina de competencias y servicios desde las instituciones nacionales, regionales y locales hacia las comunidades organizadas y otras organizaciones de base del Poder Popular*". Y define la trasferencia de competencias, como el "*Proceso mediante el cual las entidades político-territoriales restituyen al Pueblo Soberano, a través de las comunidades organizadas y las organizaciones de base del poder popular, las competencias en las materias que, de acuerdo con lo establecido en el artículo 14 de la Ley Orgánica del Consejo Federal de Gobierno, en concordancia con el artículo 184 de la Constitución de la República Bolivariana de Venezuela, decrete el Presidente o Presidenta de la República en Consejo de Ministros, sin que ello obste para que, por cuenta propia, cualquier entidad político-territorial restituya al Pueblo Soberano otras competencias, de acuerdo a lo establecido en el correspondiente Plan Regional de Desarrollo y previa autorización de la Secretaría del Consejo Federal de Gobierno*".

Ciertamente el artículo 184 de la Constitución consagra la creación de mecanismos abiertos para que las comunidades organizadas y grupos vecinales realicen actividades de gestión en ciertas áreas específicas y previa comprobación de sus capacidades, pero nótese que se trata de mecanismos sujetos a la Reserva Legal del Poder Legislativo Nacional y no a Decretos dictados por el Presidente en Consejo de Ministros. Además esa norma se refiere a comunidades y grupos vecinales lo cual implica que esas trasferencias de gestión no deben limitarse a las organizaciones del Poder Popular; y en este sentido debe también destacarse que el citado artículo 3 de Reglamento de la LOCFG incluso define el proceso de planificación como una función del Consejo Federal de Gobierno *"para establecer los Lineamientos en materia de descentralización entre las entidades político territoriales y hacia las organizaciones de base del Poder Popular, así como para el estudio, planificación y creación de los Distritos Motores de Desarrollo, a los fines de impulsar la organización popular"*. Finalmente dispone que los Distritos Motores de Desarrollo deben tienen por objeto *"la creación, consolidación y fortalecimiento de la organización del Poder Popular"* e incluso introduce definiciones de Comunas y Socialismo.

Lo anterior deriva en una serie de previsiones reglamentarias que se corresponden con estas definiciones y conceptos que marginan y menguan a los Estados y Municipios como epicentro de la descentralización previstas en la Constitución. Solo a título de ejemplo podemos mencionar los siguientes artículos del Reglamento de la LOCFG de 2012 que contienen elementos centralizadores conjugados con la participación protagónica de las Organizaciones del Poder Popular, en franco detrimento del papel de los Estados y Municipios como Entidades Territoriales:

a) *Lineamientos del Plan de Desarrollo Económico y Social*: El Artículo 5 del Reglamento, remite la actuación del Consejo Federal de Gobierno al cumplimiento del Plan de Desarrollo Económico y Social de la Nación, sobre cinco Ejes Estratégicos de Desarrollo que son creados, modificados o suprimidos por el presidente de la República en Consejo de Ministros, lo cual representa un mecanismo de control e influencia directa del Poder Ejecutivo Nacional que excede la simple cooperación funcional entre los Poderes Públicos.

b) *Transferencia de Competencias:* Este mismo artículo ordena a las Entidades político-territoriales, informar a la Secretaría del Consejo Federal de Gobierno sobre la transferencia de competencias hacia las comunas, comunidades organizadas y demás organizaciones de base del Poder Popular, que se encuentren en consonancia con el Plan Nacional de Ordenación del Territorio y en Plan de Desarrollo Económico y Social de la Nación.

c) *Preeminencia de los Ejes de Desarrollo Territorial:* El artículo 18 del Reglamento, dispone que los Ejes Estratégicos de Desarrollo Territorial y los Distritos Motores de Desarrollo y su desagregación en ejes comunales, comunas, zonas de desarrollo, ejes de desarrollo y corredores productivos podrá o no coincidir con los límites político-administrativos de los estados, municipios o dependencias federales. Lo anterior claramente desconoce el rol fundamental de los Estados y Municipios en el proceso de descentralización y más aún, como base de la organización político-territorial de la República, conforme lo ordena el artículo 16 de la Constitución. En este mismo sentido, el artículo 19 del Reglamento, calificas estos ejes estratégicos de desarrollo territorial, como la unidad territorial de carácter estructural Supralocal y articuladora de la organización del poder popular; en consecuencia, se reitera el desconocimiento de los municipios y los estados como base de la división político territorial dela república, imponiendo el Poder Popular que no está previsto en la Constitución, sobre la descentralización municipal y estadal.
d) *Los Distritos Motores y la Autoridad Única Designada por el Presidente de la República:* El artículo 21 del Reglamento, confiere al presidente de la República en Consejo de Ministros la potestad de decretar la creación, supresión o modificación de uno o varios Distritos Motores de Desarrollo, los cuales podrán coincidir o no con los límites político-territoriales de los estados, municipios o dependencias federales, estableciendo la delimitación territorial y productiva que les corresponda. En estos Distritos participan permanentemente las organizaciones del poder popular las cuales, sin tener base constitucional, ejercen un rol preponderante pero controlado desde el poder central. Así se concreta una nueva potestad de control central sobre el proceso de descentralización que se conjuga con la facultad conferida al Presidente de la República para crear Autoridades Únicas de Áreas sobre las cuales el Presidente de la República asume una Rectoría sobre las competencias asignadas a dichas Autoridades conforme al artículo 25 del Reglamento.

e) *Manipulación del Fondo de Compensación Interterritorial:* Desde el punto de vista económico, el artículo 36 del Reglamento concreta otra lesión sobre la descentralización del poder, al establecer "*Apartados Especiales*" del Fondo de Compensación Interterritorial para dar impulso de los Distritos Motores de Desarrollo determinados por el Presidente; para el fortalecimiento del Poder Popular, destinado a la consolidación de la base económica comunitaria y para el funcionamiento y asistencia técnica a los consejos comunales, comunas y en general a las organizaciones de base del Poder Popular. Los recursos de estos apartados podrán ejecutados a través de las Entidades Políticos Territoriales, y también directamente vía Organizaciones de Base del Poder Popular, las Comunas, los Distritos Motores de Desarrollo y las instituciones y/o empresas del Estado competentes en el desarrollo territorial y/o productivo de la Nación. Claramente se trata de trasegar fondos del Gobernaciones a estas entidades del Poder Popular que no forman parte del poder público consagrado en la Constitución.
f) *Desembolsos para el Plan Comunal:* En el mismo sentido, es decir desde la perspectiva de los recursos financieros, el artículo 42 concreta la forma que se debe producir la transferencia de recursos a los Distritos Motores de Desarrollo y a las organizaciones de base del Poder Popular, que conformarán el plan comunal, disponiendo dicho artículo que la forma y oportunidad de los desembolsos de los recursos financieros se hará desde un fideicomiso constituido por el Consejo Federal de Gobierno a las cuentas bancarias abiertas por éstas en la banca pública. Como se aprecia, las entidades territoriales no están incluidas en esta norma que concreta la asignación y pago de recursos.
g) *Reversión de Transferencia de Competencias:* En su artículo 44, el Reglamento desarrolla y reitera la Reversión de transferencias de competencias decretada por el Presidente de la república previa solicitud del Consejo Federal de Gobierno, cuando se estime (discrecionalmente) que no se han cumplido los objetivos que motivaron dicha transferencia o existan razones estra-

tégicas de interés nacional que así lo ameriten. En el artículo 44 se prevé incluso que esas competencias podrán ser reasignadas a las Organizaciones del Poder Popular. Nuevamente se hace presente el control directo del Poder Ejecutivo Nacional sobre el proceso de descentralización y la preponderancia de las Organizaciones del Poder Popular.

h) *El Ensamblaje Vertical de la Planificación Centralizada:* Determina que el Sistema de Planificación Participativa Territorial debe ir "*ensamblando*" planes comunitarios y comunales con planes locales; éstos con los planes municipales, éstos con los planes estadales, éstos con los planes regionales y finalmente éstos últimos con los planes nacionales, teniendo presente que todos estos planes atienden a la visión de país y al rumbo estratégico contenido en el Plan de Desarrollo Económico y Social de la Nación. Es decir, la coordinación es absolutamente vertical y definida desde el Poder Central con miras al cumplimiento de los Planes de Desarrollo establecidos por el Presidente dela República.

3.3. Composición Orgánica

Desde el punto de vista orgánico, la LOCFG dispone en su artículo 11 que "*La Plenaria es el órgano que reúne a todos los miembros del Consejo Federal de Gobierno integrado por el Vicepresidente Ejecutivo o Vicepresidenta Ejecutiva, por los Ministros o Ministras, los Gobernadores o Gobernadoras, un Alcalde o Alcaldesa por cada estado y por la sociedad organizada, los voceros o Voceras de las organizaciones de base del Poder Popular, cuya selección y número determine el reglamento de esta Ley.*" Esta Plenaria es un órgano distinto a la Secretaría del Consejo Federal de Gobierno prevista en el artículo 185 de la Constitución la cual, por su naturaleza, debe atender funciones más bien propositivas, de seguimiento y control administrativo. La presencia de la sociedad civil organizada en cabeza de las organizaciones del Poder Popular (Artículo 4 dela LOCFG) en la *Plenaria*, en nuestro parecer no puede ser calificada contraria a lo dispuesto en el artículo 185 de la Constitución pues allí se contempla expresamente la participación de la sociedad civil, como sí lo es la determinación de la transferencia de competencias e incluso de fondos a estos vehículos sociales del Poder Popular en detrimento del rol de los Estados y Municipios cuyo Poder Ejecutivo es electo por votación popular.

En cuanto la Secretaría, el artículo 19 de la LOCFG dispone que la misma está integrada por: " *por el Vicepresidente Ejecutivo o Vicepresidenta Ejecutiva de la República, quien la coordinará, dos Ministros o Ministras del Gabinete Ejecutivo, uno de los cuales será el Vicepresidente o Vicepresidenta del Consejo de Ministros y Ministras encargado o encargada del desarrollo territorial, tres Gobernadores o Gobernadoras y tres Alcaldes o Alcaldesas elegidos o elegidas de los Gobernadores y Gobernadoras y Alcaldes y Alcaldesas que participen en la Plenaria, respectivamente"*. Los representantes de Alcaldes y Gobernadores duran un año en sus funciones pretendiendo así una deseable rotación. Nótese que acertadamente no forma parte de esta Secretaría ningún representante de la "*Sociedad Civil Organizada*" integrada según el artículo 4 de la LOCFG por los consejos comunales y entidades del poder popular.

En relación a los aspectos orgánicos del Consejo Federal de Gobierno y la administración de los recursos destinados a la descentralización, aún y cuando el Reglamento de la LOCFG de mayo de 2012 contiene un considerable desarrollo de aspectos orgánicos y relativos a la asignación y administración de recursos, se dictó además el Reglamento Orgánico de la Secretaría del Consejo Federal de Gobierno y del Fondo de Compensación Interterritorial, cuya última reforma fue publicada en la Gaceta Oficial de la República Bolivariana de Venezuela n° 40.826 de fecha 12 de enero de 2016. Sobre este Reglamento debemos destacar que el mismo, en conjunción con el Reglamento de la LOCFG de 2012, realmente contiene y desarrolla un estatuto orgánico y de funcionamiento con asignación directa de competencias, sobre la base de un compleja burocracia interna que comprende entre muchas otras dependencias, Comités de Evaluación de Proyectos, Comités y Oficinas Técnicas, Coordinaciones de Panificación y Presupuestos, Coordinación de Sistemas y Tecnologías dela Información, Coordinación de Seguridad, Coordinación Política y Planificación Integral, y obviamente una Coordinación de los Distritos Motores de Desarrollo.

Este complejo entramado burocrático, atributivo de competencias funcionales y administración de Recursos que rige el funcionamiento del Fondo de Compensación Interterritorial, deja muy de relieve que se trata de instrumento que cuyo objeto, a pesar de lo reiterado del vocablo "*Coordinación*", lo que realmente pretende es tutelar el destino y administrar los recursos de dicho Fondo, bajo la tutela del Vicepresidente de la República y del Presidente de la República por vía de los Lineamientos que definen los Distritos Motores de Desarrollo y los Planes Comunales con la finalidad de dar un papel preponderante a las Organizaciones del Poder Popular en detrimento del rol protagónico que la Constitución confiere expresamente a los Estados y los Municipios como entidades político-territoriales. Se trata entonces de un instrumento que lejos de promover la descentralización como política nacional, centraliza la distribución de recursos y con ello controla la actividad de Estados y Municipio y principalmente logra una situación clientelar con las "*organizaciones de la sociedad organizada*" que no es otra que la integrada por las entidades de base del Poder Popular, todo lo cual, de nuevo, desconoce el contenido de los artículos 136, 157, 164 y 178 de la Constitución.

3.4. Adecuación Constitucional de la Ley del Orgánica del Consejo Federal de Gobierno

La conclusión obligada después del análisis precedente es que se requiere una reforma integral de la Ley que rige al Consejo Federal de Gobierno, para adaptarla a la función que en efecto, y de mana clara, le confiere el artículo 185 de la Constitución. No basta en nuestro parecer una reforma parcial dado que el sistema íntegro que esa legislación desarrolla se basa inconstitucionalmente en el fomento y preponderancia del denominado Poder Comunal y la subyugación de las entidades político-territoriales que deben ser beneficiarias y protagonistas de la consolidación del Estado Federal Descentralizado que son los estados y municipios.

Debido al tema seleccionado para esta contribución y por la extensión asignada al mismo, no es posible desarrollar aquí con detalles una propuesta de reforma de la Ley del Consejo Federal de Gobierno, sin embargo, seguidamente dejamos a título de aporte lo que estimamos deberían ser los ejes centrales a ser considerados esa reforma para adaptar la Ley al mandato descentralizador consagrando en la Constitución:

a) Limitación de la Asistencia a la Secretaría -no a la Plenaria- del Consejo Federal de Gobierno de toda organización del Poder Popular a un rol simplemente consultivo y paritario con las Asociaciones de Vecinos y otras organizaciones sociales con influencia en la vida local de cada estado o municipio.
b) Eliminación de cualquier potestad decisoria y más aún de disposición de las organizaciones del Poder Popular sobre el Fondo de Compensación Interterritorial.
c) Preservar la competencia natural de los estados y municipios la interacción permanente con las organizaciones vecinales para la determinación de los proyectos que reciban recursos del Fondo de Compensación Interterritorial y su seguimiento.
d) Eliminación definitiva de todas las competencias que le permitan al Poder Ejecutivo Nacional tomar decisiones directas o indirectas, sobre materias propias de la vida local de estados y municipios, muy especialmente la influencias sobre el destino de Recursos bajo las vías imperativas y discrecionales de los Planes, Distritos y Motores de Desarrollo, sin desmedro de la coordinación que debe ejecutar precisamente el Consejo Federal de Gobierno.
e) Derogatoria de la Rectoría, Intervención y Reversión de Competencias de estados y municipios, previstas en los artículos 8, 9 y 14 de la Ley, pues son las figuras jurídicas que permiten el mayor control del Poder Ejecutivo Nacional sobre estas entidades territoriales.

Al abordarse estos ejes generales en una reforma integral de la Ley se hará indispensable la revisión de su Reglamento y toda la normativa sublegal que de ella deriva pues quedará infectada de ilegalidad sobrevenida. En todo caso somos conscientes de que la reforma de toda la legislación que construye y concreta el Estado Federal Descentralizado, supone no solo de un cambio político en la conducción del país, sino incluso en la actitud de los propios Diputados Gobernadores y Alcaldes.

4. EL INCONSTITUCIONAL ESTADO COMUNAL ESTOCADA FINAL A LA DESCENTRALIZACIÓN

Lo expuesto a lo largo de esta contribución deja al descubierto la clara intención y el proyecto político que se ejecuta desde el régimen revolucionario ahora que es una minoría política, que consiste en defraudar la Constitución vigente en todos los aspectos que puedan suponer compartir o controlar el poder central, ello bajo la clara visión absolutista del poder que caracteriza el populismo de nuevo cuño que se desarrolla en América Latina a partir del modelo la Revolución Bolivariana y el Socialismo del Siglo XXI inspirado en la tesis de Norberto Ceresole del líder militar transformado en caudillo popular nacionalista[14]. De esta forma la erosión deliberada del mandato descentralizador contenido en los artículos 4, 6, 158 y 165 de la Constitución de 1999 ha tenido por objeto desplazar la distribución del poder de las Alcaldías y Gobernaciones a los llamados vehículos u organizaciones del poder popular, las cuales, como hemos visto, han sido empoderadas inconstitucionalmente por vía legislativa y reglamentaria.

Además de las llamadas Leyes del Poder Popular promulgadas por Hugo Chávez bajo Ley Habilitante en 2010 y la LOCFG y su Reglamento ampliamente referidos en esta contribución, la destrucción progresiva de la descentralización ha alcanzado una nueva dimensión con las llamadas leyes del Estado Comunal[15]. Al redactar esta contribución

---

14 Guillermo Boscán Carrasquero, "Ceresole y la Revolución de Hugo Chávez: La Relación Caudillo, Ejército y Pueblo". *Revista de Ciencias Sociales.* núm. 25. Universidad Arturo Prat Tarapacá. Chile. 2010, p 62. Chile: "*Según señala el proceso venezolano no se parece a nada de lo conocido, aunque puede ver en el recuerdo a una historia propia que hemos negado producto de nuestra anterior adscripción y subordinación ante los tabúes del pensamiento occidental-racionalista (marxismo incluido)*". Así logra caracterizarlo de la siguiente manera (Ceresole, 1999: 1-2): "*Se diferencia del modelo democrático, tanto liberal como neo-liberal, porque dentro de la orden popular (mandato) está implícita la idea de que el poder debe permanecer concentrado, unificado y centralizado: el pueblo elige a una persona (que es automáticamente proyectada al plano de la metapolítica) y no a una idea o institución. No es un modelo anti-democrático, sino pos-democrático*".

15 José Ignacio Hernández. "El Estado Comunal". Disponible en: http://www.ulpiano.org.ve/revistas/bases/artic/texto/ADPUB-MONTEAVILA/4/ADPUB_2011_4_99133.pdf. Consultado en 23 de junio de 2021: "*El Estado Comunal, como decíamos, es una forma distinta al Estado Constitucional, pues no se basa en la existencia de Poderes Públicos*

ya han sido aprobados en segunda discusión diez artículos de la Ley de Ciudades Comunales y se encuentra en fase de consulta pública la Ley del Parlamento Comunal. En ambos instrumentos y sus respectivas exposiciones de motivos, se deja expresamente establecido que se trata de leyes para el desarrollo de "*espacios socialistas*" lo que atenta claramente contra derechos constitucionales expresamente consagrados como el pluralismo, la libertad de ideología, el derecho a la participación política y el derecho a la no discriminación.

En definitiva, se trata de la consolidación de un Estado para constitucional y exclusivamente socialista en el cual predomina el poder central bajo un presidencialismo exacerbado y que por lo tanto excluye toda posibilidad de distribución del poder público por ello es un objetivo primordial de instrumentos normativos inconstitucionales, la mengua funcional y administrativa de estado y municipios.

BIBLIOGRAFÍA

BOSCÁN CARRASQUERO, Guillermo: "Ceresole y la Revolución de Hugo Chávez: La Relación Caudillo, Ejército y Pueblo". *Revista de Ciencias Sociales.* núm. 25. Universidad Arturo Prat Tarapacá. Chile.

BREWER-CARÍAS, Allan. "*Debate Constituyente*". Tomo I. Editorial Jurídica Venezolana, Caracas, 1999.

BREWER-CARÍAS, Allan, *Bases Legislativas para la Descentralización Política de la Federación Centralizada. El inicio de una reforma en Leyes y Reglamentos para la Descentralización Política de la Federación.* Editorial Jurídica Venezolana. Caracas, 1994.

---

constituidos derivados de la elección de representantes. Tampoco se basa en la división político-territorial básica del Estado venezolano (República, Estados y Municipios), pues esa división se sostiene en el sistema representativo. El Estado Comunal, como fue perfilado en las Leyes de 2010, parte de la clara oposición del sistema democrático representativo, en referencia al "sistema democrático participativo", entendiendo por tal, el ejercicio directo de la soberanía por el pueblo organizado de acuerdo con las Leyes del Poder Popular. Por lo tanto, la división del Estado Comunal no es político-territorial, es político-social, en tanto no reconoce la existencia de la República, Estados y Municipios. Esa división, se insiste, se fundamenta en la existencia de ciertos representantes populares que ejercen competencias en el marco de la descentralización política, es decir, la transferencia de competencias desde la República hacia los Estados y Municipios".

HERNÁNDEZ, José Ignacio. *El Estado Comunal*. 2012. Disponible en http://www.ulpiano.org.ve/revistas/bases/artic/texto/ADPUBMONTEAVILA/4/ADPUB_2011_4_99133.pdf. Consultado en 23 de junio de 2021

HAURIOU, André. *Derecho Constitucional e Instituciones Políticas*. Ariel, Barcelona, España, 1971.

KIRIAKIDIS, Jorge. "Comentarios a la Sentencia de la Sala Constitucional del Tribunal Supremo de Justicia N° 565 del 15 de abril de 2008. Críticas a la Decisión que Sienta las Bases para Desarticular la Descentralización en Venezuela". *Revista de Derecho Público*, núm. 151-52, Julio-dic 2017, Editorial Jurídica Venezolana. Caracas, 2008.

LINARES BENZO, Gustavo. *El Sistema Venezolano de Repartición de Competencias.* En ARISMENDI A., Alfredo; CABALLERO ORTIZ, Jesús; BREWER-CARÍAS, Allan Randolph (coords.), *El derecho público a comienzos del siglo XXI,* t. I. Civitas, ed. 1. España, 2003.

PEÑA SOLÍS, José. *Lecciones de Derecho Constitucional General*. vI, t II. Facultad de Ciencias Jurídicas Universidad Central de Venezuela. Caracas 2008.

RODRÍGUEZ ZERPA, Armando. "La reciente modificación a la Ley Orgánica de Descentralización, Delimitación y Transferencia de Competencias del Sector Público: Efectos sobre el proceso descentralizador y el desarrollo local venezolano". *Revista Venezolana de Estudios Territoriales Provincia* N° 22, julio-diciembre 2009. Universidad de los Andes Mérida. Mérida, 2009.

EL PRÉSTAMO CONSTITUCIONAL

RAÚL ARRIETA CUEVAS*

Me complace mucho unirme al homenaje que hace la Academia de Ciencias Políticas y Sociales a la doctora Cecilia Sosa Gómez a través de esta obra colectiva. Más de 40 años de nuestras vidas compartidas me permite testimoniar su profundo sentido de respeto por los valores republicanos y democráticos, su vocación académica, la dedicación al desempeño judicial y consecución de la justicia, y, a la vez, su entrega a la tarea de formar esta familia, junto con nuestros hijos, que tantas satisfacciones nos ha prodigado. A su merecido homenaje me uno con este trabajo sobre el préstamo constitucional como testimonio de admiración por esta valiosa mujer venezolana que ha marcado su paso en la historia de este grandioso país.

I. RESUMEN

A partir del estudio de los criterios contenidos en sentencias de diferentes tribunales constitucionales se comprueba cómo éstos traspasan las fronteras nacionales, se define cuando se produce un préstamo constitucional o cuando no se produce, o cuando se rechaza el préstamo constitucional en materia jurisdiccional. Este artículo pretende, igualmente, ser una llamada de alerta al uso indebido de esta institución, inclusive cuando adopta la forma de un trasplante legal hacia una conversión jurídica. La eficacia del préstamo constitucional depende, adicionalmente, de los elementos históricos, culturales, sociales e ideológicos de cada sociedad incorporados en la argumentación jurídica.

---

* D. Phil University of Oxford. Profesor Jubilado la Facultad de Ciencias Jurídicas y Políticas de la Universidad Central de Venezuela. Fue miembro principal del Consejo de Facultad, Director Adjunto del Centro de Estudios de Postgrado, y Coordinador de la Especialización de Derecho Internacional Económico y de la Integración.

La vigencia del tema se asienta en la cada vez más frecuente utilización de precedentes extranjeros por tribunales constitucionales nacionales cuando resuelven un caso sometido a su consideración, y por ello se insiste en resaltar cómo los jueces están obligados a analizar qué provisiones tomaron en consideración los constituyentes de esas sociedades para diseñar la correspondiente institución. Tal como dijera Justice Johann Kriegler en *"Bernstein v. Bester: El estudio comparado siempre es útil, particularmente cuando las cortes en jurisdicción ejemplarizadora batallan con temas universales con que nos confrontan ... Pero esto es un grito lejano en relación a la adopción despreocupada de conceptos alienígenos o de precedentes inapropiados".*[1]

Ciertamente, el préstamo constitucional configura un ejercicio jurídico complejo, ya que cuando una corte constitucional decide o no hacer uso de él y establecer un diálogo con otros tribunales, se articula con otros sistemas para diseñar instituciones que van a regir la sociedad a la que pertenece. Indudablemente aplicar este método interpretativo del préstamo constitucional exige un dominio jurídico muy fino del derecho constitucional comparado, ya que de lo contrario la sentencia modifica inexcusablemente los criterios de cortes constitucionales extranjeras, para hacerlas decir lo que nunca han dicho, en sustento de una posición predeterminada.

II. INTRODUCCIÓN

Tradicionalmente se había entendido al derecho constitucional comparado como el estudio en profundidad de los ordenamientos constitucionales de los Estados, en contraposición al estudio del derecho constitucional particular, entendido como el relativo al ordenamiento de un Estado, y del derecho constitucional general, destinado, en tanto cuanto, a un aspecto particular de la teoría general del derecho, a entender una serie amplísima de instituciones de los diversos ordenamientos positivos.

---

1 Decisión de la Corte Suprema de Sudáfrica 1996 (2) SALR 751 (133) (CC). La traducción de la cita es de la exclusiva responsabilidad del autor.

Hoy, más allá de la satisfacción de exigencias culturales, de la mejor interpretación y valoración de las instituciones jurídicas del ordenamiento nacional o de la nomotética[2] e incluso de la integración del derecho y la unificación legislativa que busca la Unión Europea[3], ha surgido el término *"borrowing"* (préstamo)[4] para significar de manera sucinta un fenómeno abierto y de gran complejidad que, en toda su extensión, abarca influencias constitucionales de variadas formas que cruzan las jurisdicciones nacionales, ya sea mediante el trasplante o la adaptación, conocimiento o no, en la elaboración e interpretación de un sistema constitucional, así como en su desarrollo o uso subsecuente, a través de la jurisprudencia de sus tribunales constitucionales.

También puede darse el caso que el préstamo constitucional incluya el rechazo de la influencia constitucional extranjera, generando, incluso, la aversión a un modelo constitucional en particular.[5] El "*préstamo*" constitucional es un fenómeno mucho más complejo que excede el tomar o no previsiones de otras constituciones, o si las cortes escogen o no "*dialogar*" con otras cortes a los efectos de usar o no precedentes extranjeros[6]. Este es un fenómeno de diseño institucional con efectos

---

2 Paolo Biscaretti Di Ruffia, *"Introduzione al dirito constituzionale comparato"* Dott. A. Giuffrè Editore, S.p.a., Milano, 1988.

3 Louis Favoreau, "La Constitutlisation du Droit",en *"L'Unité du Droit"* Mélange en hommage à Roland Drago. Economica, Paris, 1996.

4 Symposium: Constitutional Borrowing. *International Journal of Constitutional Law.* Oxford University Press, Volume 1, Number 2, April 2003.

5 Uno de los temas más debatidos en los últimos años en la Corte Suprema de Estados Unidos de Norteamérica ha sido la conveniencia o no de utilizar decisiones o material de cortes extranjeras para decidir cuestiones propias del constitucionalismo estadounidense, casos como si la penalización del homosexualismo es coherente con la Constitución, o si la Constitución autoriza "afirmative action" en asuntos raciales, para asegurar la igualdad a diferentes grupos de estudiantes o la utilización, en sus opiniones, de precedentes extranjeros para prohibir la aplicación de la pena de muerte a menores de dieciocho (18) años. En este sentido el diálogo entre dos opiniones tan encontradas como la de los jueces de la Corte Suprema, Antonin Scalia y Stephen Breyer, que tuvo lugar en American University, el 13 de enero de 2005. *"A Conversation between U.S. Supreme Court justices. The relevance of foreing legal materials in U.S. constitutional cases: A conversation between Justice Antonin Scalia and Justice Stephen Breyer"* en International Journal of Constitutional Law, Volume 3, Number 4, ,. Oxford University Press, October 2005, pp. 519-541

6 Consultar *"Constitutional court judges' roundtable. Comparative constitutionalism in practice"*. Sixth World Congress of International Association of Constitutional Law, Santiago, Chile, January 12-16, 2004, en International Journal of Constitutional Law. Volume 3, Number 4. October 2005, ,Oxford University Press, pp. 543-571.

mucho más profundos que los que recoge la literatura académica especializada en general.[7]

En realidad, no es nueva la concepción del préstamo constitucional, de hecho, antes de las constituciones escritas, era una consecuencia del intercambio intelectual. A partir de los siglos XIX y XX fue más estricta esta costumbre y más acentuada en el desarrollo institucional de las democracias, pero siempre continuó desarrollándose. Sin embargo, lo que llama la atención y, quizás, lo que despierta la mayor polémica en el préstamo constitucional, es como se hizo extensivo a las decisiones de cortes y tribunales constitucionales europeos, asiáticos, africanos y de norte y sur américa, e incluso como la influencia del derecho internacional está presente en sus decisiones.[8]

Una primera hipótesis es que la proliferación de los instrumentos de protección de los derechos fundamentales, a partir de fines de la Segunda Guerra Mundial, coloca al ser humano en el centro del núcleo duro de las constituciones y, a partir de allí, el uso del comparativismo constitucional se acentúa[9], de manera que la argumentación legal de un tribunal constitucional será utilizada como fuente de argumentación por otros, como en casos cada vez más frecuentes en materia de revisión constitucional de sentencias de las cortes.

Una segunda hipótesis surge, en la existencia de un mundo cada vez más globalizado, ya se trate del préstamo constitucional[10], de un trasplante legal o de translación de normas y principios de un ordena-

---

7 Es interesante contrastar, entre otros, a Bruce Ackerman "*The Rise of World Constitutionalism*, 83 Va. L.Rev 771, 1997. Choudhry Sujit, "*Globalization in Searcho of Justitification: Towards a Theory of Comparative Cosntitutional Interpretation*", 74 IND. L.J. 819, 1999. Vicki C. Jackson,"*Ambivalent Resistance and Comparative Constitutionalism: Opening UP the Conversation on Proporcionality'Rights and Federalism,* 1 U.Pa. Jconst. L 583, 1999. Seth F. Kreimer, "*Invidious Comparisons: Some Coutionary Remarks on the Process of Constitutional Borrowing*", 1 U. PA J. Const. L, 640, 1999. Mark Tushnet, "*The Possibilities of Comparative Constitutional Law*", 108 Yale L.J. 1225, 1999. David Fontana, "*Refined Comparativism in Constitutional Law*", 49 UCLA L. Rev.539, 2001. Jan Klabbers,"*The Constitutionalization of International Law*" Oxford University Press 2009.

8 Gerald L. Neuman, "The Uses of International Law in Constitutional Interpretation", en, *The American Journal of International Law,* Volume 98.82., USA, 2004.

9 Roger P. ALFORD, "In Search of a Theory for Constitutional Comparativism", en *52 UCLA Law Review*, USA, 2005, pp. 639-714.

10 Infra 4.

miento legal a otro[11], o bien de la utilización de lo que se conoce como *"cross-fecundation"* (polinización cruzada), originada en una sentencia de un tribunal constitucional cuando ordena la desaplicación de una norma nacional y la sustituye por la aplicación de la jurisprudencia de un tribunal de derechos humanos[12]. Es así como asistimos a lo dicho por Kant, cuando se refería a los valores fundamentales de la persona humana: *"Desde que la comunidad (más pequeña o más amplia) de naciones de la tierra ha ido tan lejos, que la violación de un derecho en un lugar de la tierra, es sentido en toda ella, la idea del derecho cosmopolita no es algo fantástico o una exageración de la forma de presentar al derecho; es por el contrario, un suplemento del código no escrito del derecho de un Estado y el derecho de las naciones, necesario por el bien de cualquiera de los derechos del ser humano y, por ende de la paz perpetua; solo bajo esta condición nos podemos enorgullecer que constantemente nos aproximamos a la paz perpetua".*[13]

Quizás esta situación llevó al expresidente de la Corte Suprema de los Estados Unidos de Norteamérica a afirmar, a propósito de la revisión constitucional, que *"...La Corte de Justicia de la Unión Europea, que funciona en la ciudad de Luxemburgo, tiene el poder de revisar las decisiones de aquellos países que se adhirieron al Tratado de Roma. Puede que no sea en la misma forma que lo hacemos nosotros, pero tiene el poder para hacerlo. La Corte Europea de Derechos Humanos, ubicada en Estrasburgo, también provee una forma de revisión inter-*

---

11 Máximo Langer, "From Legal Transplants to Legal Translation: The Globalization of Plea Bargaining and the Americanization Thesis in Criminal Procedure", en Volume 45, Number 1, en Harvard International Law Journal, Winter 2004, pp. 1-623.

12 Los Tribunales italianos han desaplicado las disposiciones de su Código Penal en materia de violación, para aplicar los criterios y disposiciones contenidas en sentencias del Tribunal Europeo de Derechos Humanos, mientras Argentina hizo otro tanto, al desaplicar las normas y leyes sobre desacato para ajustarse a los criterios de la Corte Interamericana de Derechos Humanos, así como respecto de lo que se conoció como las "*Leyes del Perdón*", hasta que la Corte Suprema de la Nación Argentina las declaró inconstitucionales. Chile enmendó su constitución y reformó sus leyes en materia de libertad de expresión, a los efectos de ajustarse a las obligaciones internacionales contraídas al ser parte de la Convención Americana sobre Derechos Humanos y demás instrumentos internacionales.

13 Immanuel Kant, "Toward Perpetual Peace", en Immanuel Kant; "*Practical Philosophy 317, 330-331* Mary Gregor and Allen Wood eds., 1996. La traducción es responsabilidad del autor.

nacional". Para agregar más adelante *"... ha llegado el tiempo que las cortes de U.S., empiecen a mirar las decisiones de otras cortes constitucionales para ayudarse en su propio proceso deliberativo....*[14]

La jurisprudencia constante, tanto del Tribunal Europeo de Derechos Humanos como de la Corte Interamericana de Derechos Humanos, es reiterativa en esta materia, a lo largo de múltiples decisiones sobre el contenido y alcance del proceso debido. Es interesante verificar, como José Manuel Bandrés Sánchez-Cruzat, sostiene en su obra que *"España, en las dos invitaciones recibidas para comparecer ante el Tribunal Europeo de Derechos Humanos ha obtenido dos sentencias de condena, imputables ambas a las actuaciones de sus tribunales de justicia; y curiosamente en ambas se ha revelado el sistema de justicia constitucional insuficiente para corregir esas desviaciones al derecho fundamental de los ciudadanos a una correcta Administración de Justicia.*[15]

*Venezuela, por su parte, ha llegado a afirmar en la sentencia recaída en el Expediente No. 08-1572 que es 1) "**INEJECUTABLE"** el fallo de la Corte Interamericana de Derechos Humanos, de fecha 5 de agosto de 2008, en el que se ordenó la reincorporación en el cargo de los ex-magistrados de la Corte Primera de lo Contencioso Administrativo..., se condenó a la República Bolivariana de Venezuela al pago de cantidades de dinero y a las publicaciones referidas al sistema disciplinario de los jueces. 2) Con fundamento en el principio de colaboración de poderes (artículo 136 de la Constitución de la República Bolivariana de Venezuela) y de conformidad con lo dispuesto en el artículo 78 de la Convención Americana sobre Derechos Humanos, se solicita al Ejecutivo Nacional proceda a denunciar este Tratado o Convención, ante la evidente usurpación de funciones en que ha incurrido la Corte*

---

14 William H. Rehnquist, Chief Justice. *"Foreword".* Discurso dado en"Comparative Constitutional Law: Defining de Field", que tuvo lugar en Georgetown University Law Center, el 17 de septiembre de 1999. La traducción es responsabilidad del autor. Estas mismas palabras aparecen textualmente por primera vez en un texto de Rehnquist: "*Constitutional Courts--Comparative Remark",* 1989.

15 José Manuel Bandrés Sánchez-Cruzat. "*Derecho Fundamental al Proceso Debido y el Tribunal Constitucional".* Aranzadi Editorial, Navarra, 1992, pp.625-626.

Interamericana de los Derechos Humanos, con el fallo objeto de la presente decisión".[16]

Esta interpretación que hace el Tribunal Supremo de Justicia de la República Bolivariana de Venezuela contrasta visiblemente, por ejemplo, con la utilizada por la Corte Suprema de los Estados Unidos de Norteamérica para anular la sentencia recaída en el caso *"Lawrence Et Al. v. Texas"*[17].En este caso sostuvo que el Estado no puede considerar un delito el que dos adultos consientan libremente en tener una relación sodomita (oral o anal*)* en la privacidad del hogar.

En *Lawrence*, es la primera vez que la Corte Suprema estadounidense utiliza formalmente el préstamo constitucional, al citar una decisión de un tribunal extranjero para anular un precedente de la propia Corte[18]. Justice Kennedy pronunció la decisión de la Corte en términos que no deja dudas del uso del préstamo constitucional al señalar que *"... Bowers ha sido rechazado en todas partes*[19]*. El Tribunal Europeo de Derechos Humanos no ha considerado Bowers sino ha seguido sus propias decisiones en Dudgeon v. United Kingdom. Ver P. G. & J. H. v. United Kingdom, App. No. 00044787/98, 56 (Eur. Ct. H. R., Sept. 25, 2001); Modinos v. Cyprus, 259 Eur. Ct. H. R. (1993); Norris v. Ireland, 142 Eur. H. R. (1988). Otras Naciones, también, han tomado acciones consistentes para afirmar el derecho protegido de homosexuales adultos comprometidos en conductas íntimas y consensuadas (Ver Brief para Mary Rinson et al. en Amici Curiae 11-12). El derecho que los pe-*

16 Sentencia Dada, firmada y sellada en el Salón de Despacho de la Sala Constitucional del Tribunal Supremo de Justicia, a los 18 días del mes de diciembre de dos mil ocho. Años: 198° de la Independencia y 149° de la Federación.

17 589 U.S (2003) N° 02-102.

18 Sin embargo, antes de la decisión recaída en *Lawrence*, los jueces de la Corte habían reconocido que en sus deliberaciones habían considerado precedentes constitucionales relevantes de tribunales extranjeros; por ejemplo, en el caso "*Thompson v. Oklahoma"* 487 U.S. (1988) 815, los jueces de la Corte se refirieron a legislaciones y prácticas de otros países para fundamentar su decisión de anular el precedente y prohibir la ejecución de menores. Igual sucedió en el caso "*Atkins v. Virginia*" 122 U.S . (2003) Ct 2242, en que los jueces sustentaron en legislaciones y prácticas de otros países, su decisión de anular el precedente y prohibir así la ejecución de enfermos mentales sometidos a proceso.

19 *Bowers v. Hardwick.* 478 U.S. (1986) 186. Este precedente se refiere a la condena que sufrió Hardwick por violar la Ley del estado de Georgia que tipificaba como delito la sodomía. Acto que realizó en su hogar con otro hombre adulto.

ticionarios pretenden hacer valer en este caso ha sido aceptado como parte integrante de la libertad humana en muchos otros países. No hay muestras en este país que el interés gubernamental de circunscribir decisiones personales sea algo más legítimo o urgente"[20]*."*

El juez Kennedy, en su argumentación, utilizando el famoso *Wolfenden Report*[21] del Reino Unido, tomó en consideración igualmente el "*reconocimiento emergente*" que los países occidentales industrializados han hecho del derecho que tienen las personas homosexuales para que se les extienda la misma libertad para gozar de las intimidades consensuales que tienen las parejas heterosexuales casadas.[22]

El contraste de ambas posiciones me permite hacer un comentario válido para cualquier tribunal constitucional, y es que no son totalmente libres para determinar la substancia de sus interpretaciones, ya que ellas deben incluir o por lo menos tomar en consideración análisis jurídicos competentes. Su legitimidad como intérprete depende de esta capacidad, porque más allá de su reconocimiento constitucional, su legitimidad se basa, además, en el reconocimiento que haga la comunidad política y jurídica de los precedentes que va estableciendo. En una sociedad democrática se asume que se ha establecido una relación del tribunal constitucional -en el caso de Venezuela, Sala Constitucional, en el de USA, Corte Suprema- con los otros tribunales, por lo cual, aunque haya una segunda opinión divergente, y a pesar de la posición que asuma el tribunal constitucional, su legitimidad la encontramos, entonces, en todo o en parte, en el razonamiento existente detrás de sus decisiones. Si este no fuere el caso, el tribunal concitará la hostilidad y rechazo de las instituciones que necesita, en orden de garantizar su propia legitimidad.

En esta perspectiva, el Derecho procesal adquiere una nueva dimensión, por una parte, camina hacia una unificación que pone de lado las formalidades procedimentales para enrumbarse hacia una efectiva tutela judicial, y por la otra, no basta con que se incorpore en las cons-

---

20 589 U.S (2003) N° 02-102. La traducción de la cita es responsabilidad del autor.

21 Report of the Departmental Committee on Homosexual Offences and Prostituhetion. London: Her Majesty's Stationery Office. 1957.

22 *Lawrence*, 123 S. Ct 2480-2481.

tituciones el derecho fundamental al proceso debido en el marco de la recuperación de las libertades públicas. Es de la esencia misma de los derechos humanos que la tutela sea efectiva, el proceso nos debe asegurar que más allá de los derechos y garantías procesales derivados de determinadas disposiciones constitucionales, el garantismo en sí mismo nada significaría si no va acompañado de un derecho procesal que le dé plena vigencia. La efectividad de la tutela se prueba en la medida que permita al ser humano ser eso: humano. No es concebible un ser humano sin el pleno ejercicio y goce de sus derechos fundamentales.[23]

III. PRÉSTAMO CONSTITUCIONAL

El préstamo constitucional viene en distintas formas, dependiendo de los elementos históricos, culturales, sociales e ideológicos de cada sociedad. En el caso que nos ocupa, centrado en la utilización de precedentes extranjeros por tribunales constitucionales nacionales, los jueces suelen utilizar decisiones de otros tribunales extranjeros cuando resuelven un caso sometido a su consideración, para lo cual deben apreciar qué provisiones tomaron en consideración los constituyentes de esas sociedades, para diseñar la correspondiente institución.[24]

Un punto crucial en este aspecto, con el que concuerdo plenamente, es la posición planteada por Epstein y Knight[25] cuando critican las posturas de algunos académicos e incluso jueces que centran el problema del "préstamo" como si fuera parte del diseño constitucional, o bien cuando otros lo focalizan en la importación o exportación de las

---

23 Ver, entre otras obras de interés general en esta materia: Alex Carocca Pérez, *"Garantía Constitucional de la Defensa Procesal*", J.M Bosh Editor. Barcelona, 1998. Francisco Chamorro Bernal, *"La tutela judicial efectiva"*,Bosh Casa Editora, S.A. Barcelona, 1994. Eduardo M. Jauchen,*"Derechos del Imputado"*. Rubinzal-Culzoni Editores, Buenos Aires, 2005. Luigi Ferrajoli, "*Derecho y Razón"*,Trotta, Madrid, 1995. Luigi*Ferrajoli, "Democracia y garantismo"*,Trotta, Madrid, 2008. Luigi Ferrajoli, "*Derechos y garantías. La ley del más débil"*. Trotta, Madrid, 2009. Luigi Ferrajoli y otros, debate sobre *"Los fundamentos de los derechos fundamentales"*,Trotta. Madrid, 2009.

24 Matthew Adler, "*Can Constitutional Borrowing be Justified: A comment on Tushnet.* 1 U. Pa. Journal of Constitutional Law,1998, pp. 350-351

25 LeeEsptein, and Jack Knight, "Constitutional borrowing and nonborrowing" en *international Journal of Constitutional Law,* Oxford University Press and New York University School of Law, pp. 196-223.

decisiones judiciales, o de la racionalidad que subyace en las decisiones de las cortes, o bien, cuando otros pocos, lo tratan como si fuera un problema empírico o, cuando se cae en la naturaleza del normativismo, preguntándose cuándo las cortes deben sondear si se aplica derecho internacional y derecho comparado al interpretar la Carta Fundamental de una sociedad o, cómo debería un juez hacer la importación o tomar el préstamo constitucional en su decisión para ser exitoso o, incluso, cuándo la "*democracia Americana*" debe o puede ser exportada a otros países.[26]

Todas estas distinciones sobre el préstamo constitucional no consideran el aspecto fundamental, ya que el préstamo constitucional constituye un fenómeno mucho más complejo: el diseño institucional. Cuando una corte constitucional decide o no hacer uso del préstamo constitucional, o establece un diálogo con otros tribunales, se está, en gran medida, articulando con otros sistemas para diseñar instituciones que van a regir la sociedad a la que pertenece[27]. Los ejemplos son innumerables, veamos algunos que permitirán iluminar este punto de vista.

Tomaré en primer lugar el caso de Sudáfrica. Después de lograr su independencia, una de sus tareas más difíciles fue la adopción de su Constitución. El *African National Congress* (ANC) y sus aliados políticos se unieron con el gobernante *National Party* (NP) y sus cofrades en la *Convention for a Democratic South Africa* (CODESA). Finalmente, después de destrancarse el juego político, el Parlamento adoptó la *Constitution of the Republic of South Africa Act 1993* que incluía un título comprensivo de los derechos humanos.[28]

Las limitaciones de los abogados sudafricanos eran reales y justificadas, no tenían una efectiva y previa experiencia en el diseño de una constitución, en especial en la elaboración de un estatuto soberano en materia de derechos humanos, esta situación llevó a los constituyentes

---

26 Este último caso ha sido una de las aberraciones más grave en política internacional de varias administraciones estadounidenses. Quizás la más grave ha sido la intervención en Irán durante el gobierno del presidente George W. Bush.

27 Infra 16, p. 197.

28 Una historia comprensiva de la historia reciente de Sudáfrica la encontramos en Richard Spitz, y Matthew Chaskalson, *"The Politics of Transition: A Hidden History of Soth Africa's Negotiated Settlement.* "Witwatersrand University Press, London, 2000.

a utilizar el préstamo constitucional tanto en el diseño de algunas de las nuevas instituciones, como más tarde a sus cortes para interpretarlas.[29]

Las dos influencias más importantes en la interpretación constitucional de los tribunales de Sudáfrica se encuentran en el texto y en la historia. La Sección 35 (1) de la Constitución de Transición dispone que *"Al interpretar las provisiones de este capítulo, una corte de derecho... deberá, cuando sea procedente, considerar la aplicación del Derecho internacional público para la protección de los derechos humanos contenidos en este capítulo y, deberá afianzarse en el precedente comparable de tribunales extranjeros"*[30]. Es decir, el propio texto constitucional remite a un derecho existente más allá de sus fronteras: Derecho Internacional Público y al *Case Law,* al precedente extranjero.

En el primer caso que conoció la Corte Constitucional, *"S v. Makwanyane"*[31], el magistrado Arthur Chaskalson señaló *"No habrá dudas que la jurisprudencia comparada en materia de derechos humanos será importante, particularmente en las primeras etapas de la transición cuando no se ha desarrollado aún una jurisprudencia autóctona en esta rama del derecho, en la cual podamos asentarnos. Aunque la sección 35 (1) señala que "debemos" considerar los precedentes extranjeros. Es importante apreciar que esto necesariamente no ofrece una guía segura para la interpretación del capítulo 3 de nuestra Constitución... Nosotros podemos utilizar asistencia del Derecho internacional público y del precedente extranjero, pero de ninguna manera estamos obligados a hacerlo".*

Esta decisión, desde mi punto de vista, tiene una importancia que excede a lo señalado por el magistrado Chaskalson cuando la contraponemos con las opiniones de los otros jueces que participaron en la decisión. Así, un número importante de ellos analizó en profundidad los precedentes de otras cortes. Como primera experiencia es interesante notar los errores que cometieron, que serían corregidos en sucesivas decisiones hasta llegar a utilizar correctamente el préstamo constitucional,

---

[29] Ibid. y D.M. Davis, "Constitutional borrwing: South African Experience", en *International Journal of Constitutional Law,* p.187.

[30] South African Interim Constitution. Traducción responsabilidad exclusiva del autor.

[31] 1995 (3) SALR 391 (CC), ampliamente analizado por D.M. Davis, ob.cit., p. 189.

de manera que pudieron desarrollar una importante serie de precedentes en materia de discriminación racial[32].

Retomando el caso "*Makwanyane*" se aprecia en el texto de la decisión, en particular en la argumentación de algunos jueces, que había una amalgama de citas de precedentes de otras jurisdicciones sin ningún tipo de análisis de las diferencias entre los diferentes textos constitucionales utilizados; tampoco se discernía o había un reconocimiento que la cita provenía de un voto de minoría. Simplemente se tomaba el texto importado y se agregaba a la posición del magistrado. Por ejemplo, muchos jueces citaron en esta sentencia, en sus respectivos votos, pasajes de la decisión recaída en "*Furman v. Georgia*"[33], particularmente las opiniones del Magistrado William Brennan, sin ninguna consideración con las opiniones de los otros jueces y consecuentemente, fuera del contexto de la decisión mayoritaria de la- Corte Suprema de los Estados Unidos de Norteamérica.

A partir de esta decisión, la Corte Constitucional de Sudáfrica continuó con la utilización del préstamo constitucional, pero cada vez en un rango más cuidadoso y analítico, así, en la decisión *Berstein*, el magistrado L.W.H. Ackermann buscó *inter alia* y examinó la naturaleza y alcance del derecho constitucional a la privacidad. Su decisión contiene un resumen de la posición adoptada por la Corte Europea de Derechos Humanos, los criterios empleados por la Corte Suprema de Canadá, la Corte Constitucional de Alemania y nuevas referencias a un número importante de casos decididos por la Corte Suprema de los Estados Unidos de Norteamérica[34].

Hechas estas consideraciones, me resulta necesario contrastarlas con las sentencias cada vez más frecuentes del Tribunal Supremo de Justicia de Venezuela, en particular en su Sala Constitucional, cuando asistimos a citas de autores y sentencias extranjeras, tomadas generalmente fuera de contexto, en apoyo a una determinada afirmación relacionada con la Constitución de 1999, sin el mínimo intento de explicar o argumentar el porqué de esa cita, a veces en idioma extranjero o de

32 *President of the República of South Africa v Hugo. Prinsloo v Van der Linde*. Citado porD.M. Davis, ob.cit.

33 408 U.S 238 (1972).

34 D.M. Davis, ob.cit., p. 190-191.

obras inéditas, sin conocimiento jurídico valedero y sin ninguna deliberación, haciendo aún más confusa la decisión. El estudio comparado de decisiones siempre es útil, en especial cuando se trata de la interpretación de normas y principios que se encuentran en forma similar o muy parecida contenidas en otras constituciones.

Uno de los casos más aberrantes decididos por la Sala Constitucional del Tribunal Supremo de Justicia, de Venezuela. Me refiero a la sentencia 1013, del 12 junio de 2001, de la Sala Constitucional, recaída en un recurso de amparo solicitado para garantizar el derecho a réplica a los planteamientos hechos por el conductor del programa radial (en ese momento) 'Aló, Presidente', en sus emisiones del domingo 27 de agosto y del domingo 3 de septiembre de 2000, respectivamente. La Sala utilizó en su argumentación citas como estas: "*El Tribunal Constitucional Federal Alemán, al respecto ha señalado: "una información inexacta no constituye un objeto digno de protección, porque no puede servir a la correcta formación de la opinión postulada por el Derecho Constitucional" "(Tomado de la obra "Tribunales Constitucionales Europeos y Derechos Fundamentales." Centro Estudios Constitucionales. Madrid. 1984)*".

O este otro párrafo de la sentencia que se comenta: "*En este plano como lo señalara el Tribunal Constitucional Español en fallo del 19 de abril de 1993, "el requisito de la veracidad condiciona el ejercicio de la libertad de información, imponiendo al comunicador un específico deber de diligencia en la comprobación razonable de la veracidad, aunque su total exactitud sea controvertible o se incurra en errores circunstanciales, que no se cumple con la simple afirmación de que lo comunicado es cierto o con alusiones indeterminadas a fuentes anónimas o genéricas, como las policiales, y sin que ello suponga que el informador venga obligado a revelar sus fuentes de conocimiento, sino tan sólo acreditar que ha hecho algo más que menospreciar la veracidad o falsedad de su información, dejándola reducida a un conjunto de rumores deshonrosos e insinuaciones vejatorias o meras opiniones gratuitas que no merecen protección constitucional"*. La doctrina transcrita, que hace suya esta Sala, ha sido tomada de la obra Jurisprudencia Constitucional 1981-1995, de Tomás Gui Mori (Edit. Civitas S.A Madrid 1957 p. 1976), y es clave para el manejo del alcance de la libertad de información y las responsabilidades que el abuso de la misma puede generar, así como para delinear los derechos y acciones que tienen las personas.

En ambas citas, la Sala Constitucional ignora el diseño constitucional de los países de los que pretende asumir su doctrina. Sin tener a la vista y sin conocer las sentencias sobre las cuales basa su argumentación, sin analizarlas ni considerar los textos constitucionales, sin hacer un estudio comparado de ellos, desconociendo los hechos y precedentes de las argumentaciones del sentenciador extranjero, asume algunos párrafos de las decisiones citadas y tiene la osadía de afirmar como suya la "*transcrita*". En esta sentencia, como en muchas otras, es frecuente asistir a un "*corta y pega*" de citas de libros y decisiones, que es lo más alejado de la idea de un préstamo constitucional, ni siquiera una importación o trasplante legal o interpretativo. Con este tipo de sentencias, el Tribunal Supremo de Justicia muestra su carencia de conocimiento de una teoría acorde con el comparativismo constitucional.[35]

Retomando el caso de Sudáfrica, vemos su evolución hacia el préstamo constitucional en forma clara y transparente, asumiendo la institucionalidad en toda su extensión, en particular cuando leemos la opinión del magistrado Kriegler en el caso "*S v. Mamabolo*", quien al manejar la evidente tensión entre la libertad de expresión y la protección y reputación del proceso en general, señaló en su argumentación que debía ser extremadamente prudente antes de adoptar los precedentes de la Corte Suprema de los Estados Unidos de Norteamérica, respecto a la libertad de expresión.[36]

---

35 Hay varios estudios que dan luces sobre el tema, ver Roger P. Alford, "In Search of a Theory for Constitutional Comparativism", en 52 UCLA Law Review 639, 2005. Giovanni Sartory, "*Ingeniería Constitucional comparada*", Fondo de Cultura Económica, México, 2005. Germán J. Bidart Campos y Walter F. Carnota, "*Derecho Constitucional Comparado*". EDIAR, Buenos Aires, 1998. MarkTushnet "*The New Constitutional Order*", Princeton University Press and Oxford, 2003. James T. McHgh, "*Comparative Constitutional Traditions*", Peter lang Publishing. Inc. New York, 2002. Vicki C. Jackson, and Mark Tushnet, Editors, '*Defining the Field of Comparative Constitutional Law*", Praeger, Wesport, Connecticut, London, 2002. Vicki C. Jackson and Mark Tushnet, "*Comparative Constitutional Law*". Foundation Press, New York, 2006.

36 2001 (3) SALR 409 (CC).

Afirmó, en su argumentación, que ambos sistemas eran inherentemente incompatibles ya que derivaban en su origen de dos sistemas del *common law* originalmente distintos y estaban ubicados materialmente en dos regímenes constitucionales diferentes. Para agregar: *"La Constitución de los Estados Unidos se yergue como un monumento a la visión y de las aspiraciones libertarias de los Padres Fundadores; y la Primera Enmienda en particular a los valores refrendados por todos los que valoran la libertad. Pero ellos expresan el interior de la revolución del siglo XVII con pinceladas amplias y simples. El lenguaje es sencillo, terso y directo, las ordenes sin calificación y el estilo perentorio. Nuestra Constitución es un instrumento totalmente diferente. Para los propósitos presentes es suficiente resaltar que es infinitamente más explícita, más detallada, más ecuánime, más cuidadosamente parafraseada y equilibrada, representa un esfuerzo multidisciplinario de parte de cientos de asesores expertos y negociadores políticos para producir un proyecto para la gobernabilidad futura del país"*.[37]

La Constitución de Sudáfrica está impregnada de un claro préstamo constitucional proveniente, en particular, del texto *Canadian Charter of Rights and Freedom,* en materia de derechos fundamentales, y de principios del liberalismo político propios de las constituciones de la República Federal Alemana y de los Estados Unidos de Norteamérica, de manera que no es de extrañar que sus primeras decisiones estuvieran influidas por el *case law* de estos países, particularmente en materia de interpretación y alcance de derechos humanos, que era una materia mucho más fundamental que, por ejemplo, la adjudicación de competencias. De la propia historia de Sudáfrica deriva la evolución de su jurisprudencia, de allí que el tema de los derechos fuera un tópico fundamental.

En el caso citado, "*President of the Republic of South Africa v. Hugo*", queda de manifiesto esta evolución al tratar sobre la prohibición de una injusta discriminación, al señalar que el propósito de la nueva Constitución y orden democrático es establecer una sociedad en la cual a todos los seres humanos les será acordada igual dignidad y respeto, más allá de su pertenencia a grupos en particular. La sentencia

[37] Ibíd., la traducción de la cita es de la exclusiva responsabilidad del autor.

reconoce que esto no será fácil, habida consideración de su profundo pasado desigualitario, pero que esa es la meta de la Constitución y no debe ser olvidado o perdido de vista.

En términos similares se pronuncia la Corte Constitucional en el caso "*Prinsloo v. Van der Linde*"[38], cuando sin olvidar su pasado, los magistrados echan mano del préstamo constitucional para señalar que *"Dada la historia de este país tenemos la visión que la "discriminación" ha adquirido un sentido peyorativo particular, relacionado al tratamiento desigual de las personas basado en atributos y características atadas a ellas. Estamos emergiendo de un período de nuestra historia durante la cual a la mayoría de los habitantes de este país su humanidad les fue negada. Fueron tratados como si no tuvieran valores propios: como objetos cuya identidad les sería arbitrariamente definida por quienes detentaban el poder, en vez de ser considerados seres humanos de infinito valor... Aunque uno piensa en un primer momento que, la discriminación está basada en la raza y en los orígenes étnicos, uno no debe perder de vista, en cualquiera evaluación histórica de otras formas de discriminación como la que tiene lugar sobre la base de sexo y género."*[39]

Estas sentencias nos muestran claramente como la interpretación constitucional, en un caso determinado, sometido al conocimiento del Tribunal Constitucional, toma en consideración dos elementos fundamentales, por una parte, referencias judiciales a la historia del país en el cual la interpretación tiene lugar, y por la otra, indica la determinación del uso del derecho comparado y del préstamo constitucional, tanto de otros tribunales constitucionales como de la Corte Europea de Derechos Humanos, mediatizados por la historia autóctona. La consecuencia de ello es que la Corte Constitucional de Sudáfrica ha empezado a desarrollar su propia jurisprudencia, busca cada vez más descansar en su propia jurisprudencia y menos en el uso del derecho comparado para determinar el sentido y alcance de las disposiciones constitucionales.

Este uso del préstamo constitucional, desde mi punto de vista, tiene una relevancia significativa; si bien es cierto que muchas decisiones

---

38 1997 (3) SALR 1012 (CC).

39 La traducción de la cita es responsabilidad exclusiva del autor.

están influidas por el derecho y la jurisprudencia de otras cortes, la interpretación constitucional asume cada vez más un sesgo autóctono, sin abandonar los principios humanos y jurídicos que subyacen en ella. Si bien, el parafraseo de las sentencias está influido por la terminología jurídica de las constituciones de donde las normas constitucionales fueron tomadas, cada vez es más frecuente asistir a los esfuerzos de la Corte para definir un grupo de criterios que de un sentido fijo a las provisiones constitucionales de abierta textura gramatical. Al desarrollar esta metodología, la Corte Constitucional de Sudáfrica ha reconocido la contestataria historia en el contexto de la sociedad sudafricana. Es así como pudo decidir el caso *"National Coalition for Gay and Lesbian Equality v. Minister of Justice"*. La Corte examinó la historia de los hombres homosexuales, lesbianas, y bisexuales, a los efectos de incluir estos grupos entre aquellos que habían sido marginados durante el *apartheid*. Enfatizar en la historia de exclusión fue importante para justificar la decisión de la Corte de dejar sin efecto la tipificación del delito de sodomía, como una limitación excluyente injustificada al derecho a la igualdad, más allá de las consideraciones valorativas del derecho en sí mismo que encontramos en sentencias de otros tribunales constitucionales y en las decisiones del Tribunal Europeo de Derechos Humanos, que indudablemente influyeron en la decisión del Tribunal Constitucional de Sudáfrica.[40]

Las limitaciones de las cuartillas me impiden analizar otros casos donde se da el préstamo constitucional y otros donde es resistido, pero no puedo dejar de mencionar el caso de Egipto y el impacto que produce en el mundo árabe. En los últimos años hemos asistido a varias enmiendas constitucionales en especial en Egipto, donde se incorporó el recurso de revisión, el que ha jugado un rol fundamental al restringir los poderes del gobierno, otorgando una gran protección a los derechos humanos mediante la implementación de los derechos establecidos en la Constitución.

Después de una prolongada lucha entre el poder ejecutivo y la supresión violenta de la voluntad popular para que se protegieran los

40 1999 (1) SA 6 (CC) *Crimininalization of sodomy constituted discrimination in violation of Constitution.*

derechos individuales y las exigencias de mayor libertad, la revisión constitucional emergió en Egipto para servir de equilibrio entre los intereses del gobierno y los derechos de los ciudadanos. El préstamo constitucional, en este caso, ha servido para desarrollar gradualmente un movimiento permanente hacia una política de liberalización paulatina. La adopción de nuevos códigos para extranjeros y egipcios seguidos de una interpretación legal esencialmente basada en el derecho civil, abrió las puertas a nuevas interpretaciones constitucionales tomadas desde un comienzo de la Corte Suprema de los Estados Unidos de Norteamérica. Los estándares de interpretación, basados en valores y principios universales y el uso de la jurisprudencia estadounidense, han dado origen a una fuerte cultura jurídica fundada en tradiciones legales que vienen de una trilogía civil-Anglo-Americana e Islámica, que constituye un sistema único en Egipto.[41]

IV. CONCLUSIONES

El préstamo constitucional, a pesar de sus detractores sigue evolucionando e influyendo en la conformación de instituciones cada vez más fuertes y universales. En efecto, en primer lugar, tanto los casos de Sudáfrica y Egipto (lo mismo sucede con Venezuela, donde la redacción de los derechos fundamentales en la Constitución de 1999 es muy similar a la de la Constitución española y por ende a la alemana), muestran que entre más cercano es la estructura de un texto nacional a uno extranjero, mayor es la tendencia -correcta o incorrecta- de usar la jurisprudencia de ese país como una guía.

Una segunda conclusión, íntimamente relacionada a la primera, deriva de la compatibilidad de los valores fundacionales. Mientras más identificables son las similitudes en un texto constitucional, es más segura la recurrencia al uso del préstamo constitucional. Por ejemplo, la preeminencia que tiene la dignidad humana en las previsiones funda-

---

41 Adel Omar Sherif, "Modern Constitutional Development in the Arab World: The Case of Judicial Review in Egipt and its Impact on Oyher Arab Countries", en *Defining The Field Of Comparative Constitutional Law*, Edited by Vicki C. Jackson and Mark Tushnet. Preager, Westport, Connecticut, London, 2002, pp.71-84.

cionales de las constituciones de Alemania y Sudáfrica es indicativo del alto nivel de compatibilidad con otras constituciones que enfatizan dichos derechos. El mismo fenómeno se da entre constituciones fundadas en la concepción del Estado democrático social de derecho y justicia, como las constituciones de España y Venezuela.

Estas similitudes se traducen en estructuras similares. Sin embargo, cuando alguna de las constituciones no contiene una cláusula limitativa detallada, como en el caso de la Constitución estadounidense, la interpretación de un derecho constitucional es bastante diferente al compararse con un texto que separa por mandato expreso la interpretación de un derecho constitucional y sus posibles limitaciones, como en el caso de las constituciones de España, Alemania y Venezuela. Indudablemente que la interpretación que debe hacerse en el primer caso es mucho más trabajosa y difícil, en especial al tratar las limitaciones del derecho, de allí la aclaratoria del Juez Kriegler en el caso *"S v. Mamabolo"*, al advertir la inaplicabilidad de la interpretación de la Corte Suprema de los Estados Unidos de Norteamérica por considerar que no contenía una cláusula similar a la de su país.

Otra conclusión a la que podemos llegar, y considero importante, es que en el caso del préstamo constitucional referido a la jurisprudencia constitucional, se le reconoce como mérito que la jurisprudencia de los tribunales nacionales se ha enriquecido -al margen de reservas respecto de uno que otro fallo- ha reforzado la eficacia y fuerza configuradora de las respectivas constituciones, e incluso mejorado la calidad de vida y la convivencia en un orden que tiene como referencia última la dignidad del ser humano. Además, debemos convenir el importantísimo rol que vienen jugando desde su creación el Tribunal Europeo de Derechos Humanos y la Corte Interamericana de Derechos Humanos.

Finalmente, debemos entender que el préstamo constitucional y la utilización del derecho constitucional comparado, juegan un rol único en el aseguramiento de que un sistema legal es congruente con el derecho internacional de los derechos humanos y con los estándares democráticos de su estructura e institucionalidad.

V. BIBLIOGRAFÍA

ADLER, Matthew, "*Can Constitutional Borrowing be Justified: A comment on Tushnet.* 1 U. Pa. Journal of Constitutional Law, 1998.

ALFORD, Roger P., "In Search of a Theory for Constitutional Comparativism", en *52 UCLA Law Review*, USA, 2005.

BANDRÉS SÁNCHEZ-CRUZAT, José Manuel, "*Derecho Fundamental al Proceso Debido y el Tribunal Constitucional"*, Aranzadi Editorial, Navarra, 1992.

BISCARETTI DI RUFFIA, Paolo *"Introduzione al dirito constituzionale comparato."* Dott. A. Giuffrè Editore, S.p.a., Milano, 1988.

DAVIS, D.M., "Constitutional borrowing: South African Experience" en *International Journal of Constitutional Law*.

ESPTEIN Lee, KNIGHT Jack, "Constitutional borrowing and nonborrowing" en *International Journal of Constitutional Law.* Oxford University Press and New York University School of Law.

FAVOREAU, Louis, "La Constitutlisation du Droit", en *"L'Unité du Droit."* Mélange en hommage à Roland Drago. Economica, Paris, 1996.

KANT, Immanuel, "*Toward Perpetual Peace*", en Immanuel Kant; "*Practical Philosophy 317, 330-331* Mary Gregor and Allen Wood eds, 1996.

LANGER, Máximo, "*From Legal Transplants to Legal Translation: The Globalization of Plea Bargaining and the Americanization Thesis in Criminal Procedure",* en Volume 45, Number 1, en Harvard International Law Journal, Winter 2004.

NEUMAN, Gerald L., "The Uses of International Law in Constitutional Interpretation" en *The American Journal of International Law.* Volume 98.82. USA, 2004.

OMAR SHERIF, Adel, "Modern Constitutional Development in the Arab World: The Case of Judicial Review in Egipt and its Impact on Oyher Arab Countries", en *"Defining The Field Of Comparative Constitutional Law"*. Edited by Vicki C. Jackson and Mark Tushnet. Preager, Wstport, Connecticut, London, 2002.

REHNQUIST, William H., *"Foreword"*. Discurso dado en "Comparative Constitutional Law: Defining de Field", que tuvo lugar en Georgetown University Law Center, el 17 de septiembre de 1999. Estas mismas palabras aparecen textualmente por primera vez en un texto de Rehnquist: "*Constitutional Courts--Comparative Remark",* 1989.

POPULISMO, DEMOCRACIA Y JUSTICIA CONSTITUCIONAL: VARIACIONES EN TORNO AL CONSTITUCIONALISMO AUTORITARIO*

RAMSIS GHAZZAOUI**

SUMARIO

ARIA INICIAL (INTROITO). DEMOCRACIA Y CONSTITUCIONALISMO AUTORITARIO

La democracia constitucional está comprometida con los valores democráticos y con el ideal del liberalismo político, que prescribe la limitación del poder para evitar la arbitrariedad. Alrededor del siglo XVIII, Locke, Rousseau y Montesquieu plantearon propuestas para abolir los regímenes autoritarios, las cuales se convertirían en las bases de construcción del Estado democrático. Entre sus principales contribuciones destacan la protección de la libertad y especialmente la división del poder público en diversas funciones, siendo la que ha sido reconocida hasta nuestros días como la teoría de la tripartición de poderes en ejecutivo, legislativo y judicial. Sin embargo, esta unión entre

---

* En la música, una variación consiste en alterar de forma consistente el tempo, la altura de las notas, su disposición, añadirle contrapuntos y cánones a un tema. En este opúsculo se pretende mostrar como interviene y qué papel desempeña el populismo en el constitucionalismo autoritario como modelo tergiversado de filosofía constitucional, socavando la democracia y secuestrando las instituciones, entre ellas la justicia constitucional.

** Doctor en Derecho (Universidad Carlos III de Madrid, España). Máster oficial en Derecho Constitucional (Universidad de Valencia, España). Magíster en Derecho Administrativo (Universidad Católica Andrés Bello, Venezuela). Especialista en Derecho Administrativo (Universidad Central de Venezuela). Profesor de Derecho Administrativo y Derecho Constitucional en la Universidad Católica Andrés Bello (UCAB). Profesor invitado de la Universidad de Buenos Aires (UBA), Argentina. Miembro de la *International Society of Public Law* (ICON·S) rghazzao@ucab.edu.ve

democracia y los mecanismos del constitucionalismo no es ni ha sido del todo pacífica, pues cuando estos se robustecen traen consigo un debilitamiento del autogobierno y, viceversa, fortalecer el ideal popular conduce a un ablandamiento del sistema de pesos y contrapesos propio del constitucionalismo moderno.[1]

Esta tensión, sumada a las crisis actuales de las democracias constitucionales, que se enfrentan a variados y múltiples peligros: populismos, nacionalismos, partidocracia, crisis de representación, entre otros, ha traído como consecuencia una degradación y retroceso incluso de las democracias consideradas más estables. Es el fenómeno ya conocido como la erosión de la democracia, proceso de deterioro progresivo y sustancial de tres principios básicos: el pluralismo, los derechos fundamentales (principalmente los de libertad) y toda la estructura del Estado de Derecho (legalidad, institucionalidad, división de poder y la noción de control). Ginsburg y Huq señalan que este proceso de erosión democrática suele culminar en regímenes autoritarios, donde producen una forma de autoritarismo competitivo en el que se siguen celebrando elecciones de algún tipo, no se suprimen por completo los derechos de expresión y asociación y se preserva una cierta apariencia de Estado de Derecho. Estos autores demuestran que este proceso se da en países como Hungría, Turquía o Venezuela.[2]

Dentro de la clasificación de modelos de constitucionalismo contemporáneo que hace el profesor de Harvard Mark Tushnet, incluye dos nociones (fenómenos patológicos en nuestra opinión): el constitucionalismo abusivo y el constitucionalismo autoritario, ambos, en nuestro criterio, especialmente semejantes, materialmente inescindibles. En ambos casos, se vale del uso de mecanismos de cambio constitucional para debilitar la democracia. Tushnet señala que en ambos existen las siguientes características:

- Concentración del poder.
- Los partidos o personas procuran asegurar su permanencia ilimitada en el poder.

1 Leopoldo Gama. *Derechos, democracia y jueces. Modelos de filosofía constitucional.* Marcial Pons. Madrid. 2019, p. 22.

2 *Vid.* Tom Ginsburg y Aziz Huq. *How to save a Constitutional Democracy.* University of Chicago Press, Chicago, 2018, p. 45.

- Reducción del control político y el control judicial.
- Se resta eficacia a los procedimientos democráticos, al pluralismo político y a los derechos fundamentales.
- Se persiguen a sectores de la oposición política.
- Se concentran en un monopolio estatal los medios de comunicación e información.
- Existen dudas en cuanto a la transparencia de los procesos electorales, procurándose el fraude.
- Hay una cooptación de los parlamentos y limitación de sus competencias y funciones.
- Los tribunales constitucionales existen como instrumentos para objetivos del régimen.
- La justicia penal es utilizada para controlar, amedrentar y perseguir a las fuerzas de oposición.

Se trata, en fin, de regímenes donde el poder ejecutivo desarrolla un proyecto antidemocrático utilizando las propias instituciones del Estado de Derecho y al mismo tiempo socavando las mismas en provecho propio.[3]

Como señale, los orígenes de los desafíos que enfrentan las democracias liberales actuales (y que se traducen en la materialización de los constitucionalismos abusivos y autoritarios) están en los peligros que las amenazan, principalmente, la partidocracia como desafío a la división de poderes, el populismo como desafío al pluralismo y a la de-

---

3 Mark V. Tushnet. "Varieties of constitutionalism" en *International journal of Constitutional Law*. Vol. 14, num. 1. Oxford University Press, 2016, pp. 2-5. Del mismo autor, "Authoritarian constitutionalism" en Tom Ginsburg y Alberto Simpser. *Constitutions in Authoritarian Regimes*. Cambridge University Press. Cambridge, 2014, pp. 36-49. Tambien David Landau. "Abusive constitutionalism" en *University of California Davis Law Review*, Vol. 47, 2013, p. 191. En igual sentido, Jorge Ernesto Roa Roa. *Control de Constitucionalidad deliberativo. El ciudadano ante la justicia constitucional, la acción pública de inconstitucionalidad y la legitimidad democrática del control judicial al legislador.* Universidad Externado de Colombia. Bogotá, 2019, pp. 296, 297. En Venezuela: Román José Duque Corredor. *Constitucionalismo autoritario. La destrucción del Estado Social y Democratico de Derecho con Constituciones democraticas. El canibalismo constitucional.* Folletos de la Fundación Alberto Adriani. Bloque Constitucional. Caracas, 2017, pp. 4-23. Gustavo Alberto Manzo-Ugas. "Constitucionalismo autoritario. El incumplimiento de las obligaciones estatales y ciudadanas como hipotesis de la fractura del contrato social" en *Dikaion*, Vol. 28, num. 2. Universidad de La Sabana. Chía, Colombia, 2019, pp. 444-461.

mocracia representativa y el nacionalismo como desafío al pluralismo y a la idea de libertad. Me referiré someramente a la partidocracia y al nacionalismo, dejando el populismo para un punto aparte del presente escrito.

Con relación a la partidocracia, esta desvirtúa la división de poderes por dos razones primordiales. En primer lugar, porque los partidos, al designar a los titulares de órganos públicos de naturaleza independiente, desbordan sus funciones constitucionales porque actúan como un poder transversal que vulnera la división de poderes al pretender controlar decisiones que no son de su competencia. En segundo lugar, porque anulan las funciones de control entre los distintos poderes en virtud de los efectos que sobre este control produce su poder transversal. En consecuencia, en una partidocracia tienden a ocupar y repartirse todos los órganos no representativos del Estado e, incluso, intentan dominar a la sociedad misma[4].

En el sistema de división de poderes los órganos constitucionales no solo están separados entre sí, sino que se eligen y controlan mutuamente mediante un sistema de pesos y contrapesos para que ninguno invada la esfera del otro y cada uno sea responsable de los actos en que es competente. Montesquieu se refirió a "*que un poder frene a otro poder*", en una partidocracia, así como en un régimen de constitucionalismo autoritario, este principio cambia radicalmente: pretende un poder sin frenos, sin contrapesos, sin límites.

En sentido jurídico, la nación es aquel conjunto de personas que residen de forma estable en un territorio y están sometidos al mismo ordenamiento jurídico. Por tanto, el vínculo que une a estas personas es la ley, la cual les otorga los mismos derechos.[5] En la nación en sentido identitario el vínculo que une a la nación no es la ley igual para todos sino el sentimiento de pertenencia a una misma comunidad experimentado por un conjunto de personas que creen compartir ciertos rasgos

---

4 Vid. Alejandro Nieto. *El desgobierno de lo público*. Editorial Ariel. Barcelona, 2012, pp. 110 y ss.

5 Enmanuel Sieyes. *¿Que es el Tercer Estado? Ensayos obre los privilegios*. Traducción, introducción y notas de Marta Lorente y Lidia Vazquez. Alianza Editorial. Madrid, 1989, *passim*.

comunes que afectan de forma determinante a su personalidad. Estos rasgos comunes, más o menos objetivos, pueden ser de diverso tipo: lengua, religión, raza, derecho, tradición, costumbres, pasado histórico, entre otros. Tales rasgos comunes son los que propician sentimientos subjetivos de pertenencia, los cuales dan lugar a una corriente de solidaridad y afecto mutuo que les impulsa a pensar que forman parte de una sociedad diferenciada respecto a las de su entorno.

La idea de nación identitaria, la voluntad de los ciudadanos de vivir juntos dentro de un mismo Estado en virtud de un especial sentimiento de pertenencia no es forzosamente incompatible con un Estado democrático de Derecho. Sin embargo, el nacionalismo como ideología llevada a ciertos extremos da lugar a consecuencias que vulneran principios democráticos: primero, considerar que toda nación identitaria es titular del derecho a la autodeterminación, es decir, a constituirse en Estado independiente; y segundo, considerar que la identidad nacional determina o condiciona la identidad individual.

La primera consecuencia no se ajusta a los principios de un Estado de Derecho porque el territorio de un Estado debe estar delimitado por las correspondientes leyes y tratados y no por supuestas fronteras derivadas de una aceptación tan subjetiva, imprecisa y discutible como es la de nación identitaria. La segunda consecuencia tampoco se ajusta a los principios de un Estado de Derecho porque presupone que la identidad nacional (una manera de ser, de pensar y de comportarse) es un límite implícito a la libertad individual. En un Estado democrático de Derecho, la libertad de las personas solo puede estar limitada por las leyes vigentes. Lo que asegura una Constitución democrática son los derechos y libertades de los ciudadanos, como la libertad de pensamiento y la libertad de expresión. En ningún caso la Constitución puede limitar estos derechos mediante un deber de fidelidad a una identidad nacional, a una construcción ideológica, que es legítima como opinión que puede expresarse al amparo del derecho a la libertad de expresión, pero inaceptable como límite jurídico al contenido de los derechos fundamentales. Por tanto, la ideología nacionalista, en cuanto pretende establecer límites no reconocidos en la Constitución a determinadas libertades y trata de imponerse como ideología para todos los ciudadanos, no respeta ni las leyes que garantizan derechos ni el pluralismo que es un valor fundamental de todo estado democrático.[6]

1. VARIACIÓN I. POPULISMO Y DEMOCRACIA

Weyland define el populismo como una estrategia política a través de la cual un líder personalista busca conquistar o ejercer el poder público basado sobre el apoyo directo y no distinguible de una gran cantidad de seguidores no organizados. Bajo esta premisa, el pueblo es un agregado amplio y amorfo, correspondiéndole a un líder extraordinario el organizarlo y dirigirlo para cumplir las metas que aquel reconoce como "*la voluntad popular*". Así, el líder teje un vínculo unificador con la masa y en una relación que se presenta como directa. La falta de organización del llamado "*pueblo*" se compensa por una comunicación y una movilización intensa y polarizante, cuyo objetivo es crear enemigos a quienes vencer a través de hitos "*heroicos*". El objetivo: mantener una base de apoyo electoral que le permita al régimen populista mantenerse en el poder.[7]

Al asumir el populismo como una estrategia que define el método para ganar y ejercer el poder, se entienden mejor los discursos, dinámicas y métodos de gobierno. Por ejemplo, al usarse una definición de "*pueblo*" excluyente, quedan fuera lo que llaman, entre otros calificativos, las "*élites*", la "*burguesía apátrida*", "*los intereses económicos*", "*la clase política*". Al reiterar el carácter igualitario que debería tener el "*pueblo*", se critica el "*privilegio*" que gozan los contrarios.[8] Si existe

---

6 Francesc De Carreras Serra. "El término nación española en su contexto constitucional" en *Anales de la Cátedra Francisco Suarez*, número 40. Editorial Universidad de Granada, Granada, 2006, pp. 10 y ss. Con mayor profundidad, entre muchas obras destaca: Luis Rodríguez Abascal. *Las fronteras del nacionalismo*. Centro de Estudios Políticos y Constitucionales. Madrid, 2000, *passim*.

7 Kurt Weyland. "Populism. A political-strategic approach" en *The Oxford Handbook of Populism*. Cristobal Rovira Kaltwasser, Paul Taggart, Paulina Ochoa Espejo y Pierre Ostiguy (editores). Oxford University Press. Oxford, 2017, p. 50.

8 *Ibídem*, pp. 56-57. También, con mayor profundidad Cas Mudde y Cristobal Rovira Kaltwasser "Populism and (liberal) democracy: a framework for análisis" en *Populism in Europe and the Americas. Threat of corrective for democracy?* Cass Mude y Cristobal Rovira Kaltwasser (editores). Cambridge University Press. Cambridge, 2021, p. 8 y ss.

una diferencia entre el "*pueblo*" y las "*élites*", la democracia liberal, sus instituciones y contrapesos son un obstáculo a la voluntad transformadora del líder. Ahí inicia el desmantelamiento de las democracias, la colonización de órganos de gobierno que puedan ser contrapeso, la desaparición de la prensa libre, la cooptación de medios de información y otras muchas tácticas que se hacen a nombre del "*pueblo*", de la voluntad general, de la utilidad pública o del interés general. Esta concepción de pueblo es contraria al principio pluralista y, en consecuencia, también establece límites a las libertades políticas: expresión, reunión, asociación. La élite entonces es el enemigo del pueblo, en una sociedad desprovista de adversarios.[9]

Y es que la actividad política populista se basa en la dialéctica schmittiana amigo/enemigo: no hay posibilidades de acuerdo con los enemigos, el único objetivo debe ser vencerles, derrotarles, y así alcanzar el poder, todo el poder. Vencer no implica pactar sino sustituir a las élites gobernantes que representan a los grupos económicos y sociales más poderosos, los causantes de la crisis económica.

Formalmente, para muchos, el populismo surge, en la mayoría de los casos, por un mal funcionamiento de la democracia, especialmente porque ha degenerado en partidocracia[10]. Se trata de un problema, o más bien de una desviación de nuestras democracias[11], es una patología de la democracia. Para otros, por el contrario, lo ven como una solución, como una llamada de atención para corregir las desviaciones de

---

9 Bugaric advierte que el populismo es una estrategia camaleónica de hacer política que puede ser utilizada por alguien para conectar con la gente. Alguien, desde luego, se refiere a un líder, que basa su discurso en la explotación de una situación de crisis o de afectación que sufre un sector popular mayoritario (la gente) de manera que lo convence de que esta de su lado (conexión). Una pieza clave del discurso es elegir un elemento de la situación de crisis al cual atribuirle la responsabilidad de ocasionar la afectación a la gente, es decir, declarar un enemigo. Vid. Bojan Bugaric. "The two faces of populism: between authoritarian and democratic populism" en *German Law Journal*, núm. 20, 2019, pp. 390-400.

10 Sin equiparar el populismo al constitucionalismo abusivo o al constitucionalismo autoritario Tushnet ha señalado que el constitucionalismo abusivo es una manifestación de la "*paradoja de la tolerancia liberal*" porque implica la utilización de mecanismos del constitucionalismo liberal para eliminar las propias bases del liberalismo. Jorge Ernesto Roa Roa. *Control de constitucionalidad*...ob. cit., p. 297.

11 José María Lasalle. *Contra el populismo: cartografía de un totalitarismo posmoderno*. Editorial Debate. Madrid, 2017, *in totum*.

las democracias liberales (que en muchos casos las consideran como desviaciones en sí mismas). Por ejemplo, la teoría de Ernesto Laclau, para quien el populismo encarna la democracia en su mejor versión, sería un instrumento de diagnóstico o una terapia para una democracia enferma.[12]

"*Crisis*" es la palabra que explica el ascenso del populismo, entre varias, la crisis de la representación[13], definida como una crisis de adaptación del sistema de partidos a una nueva realidad económica y social, en donde los políticos no han acertado a responder a las demandas sociales bajo unos nuevos escenarios, como por ejemplo el de la globalización. Así, los actores políticos no encuentran estrategias adecuadas para mantener identidades con las que los electores se pueden identificar, quienes se sienten frustrados con las consecuencias de su voto[14]. En América Latina, el resultado del avance del populismo tiene origen en una brecha entre las reglas escritas en las Constituciones y la forma en que la política funcionaba en la práctica. Por ello, la tensión entre la promesa de igualdad política y las realidades de la desigualdad económica y social fue una fuente constante de inestabilidad del régimen. La democracia ha prometido que el pueblo gobierne, pero, en la práctica, ignora la voluntad popular con frecuencia.[15]

Sobre el estado actual de la desconfianza política, se ha señalado que la mayoría de las personas consideran que los políticos no los repre-

---

12 Ernesto Laclau. *La razón populista*. Soledad Laclau (traducción). Fondo de cultura económica. México, 2016, passim. Esta visión positiva u optimista del populismo la explica muy bien Benjamín Arditi. "El populismo como periferia interna de la política democrática" en: *El populismo como espejo de la democracia*. Francisco Panizza y Benjamín Arditi (Coordinadores). Fondo de cultura económica, México, 2009, pp. 99 y ss.

13 Juan Carlos Cassagne. *El Estado populista*. BdeF Editorial. Buenos Aires, 2017, p. 31. Sobre el ascenso del populismo es importante la obra de Carlos de la Torre. *Populismos. Una inmersión rápida*. Tibidabo ediciones. Barcelona, 2017, p. 18 y ss. Una visión histórica de ese ascenso en Loris Zanatta. *El populismo*. Katz editores. Buenos Aires, 2014, *in totum*.

14 Ludolfio Paramio. "La izquierda y el populismo" en *La "izquierda" en América Latina*. Pedro Pérez Herrero (compilador). Fundación Pablo Iglesias, Madrid, 2006, p. 26 y ss.

15 *Vid.* con provecho: Daniel Brinks, Steven Levitsky y María Victoria Murillo. *Understanding Institutional Weakness. Power and design in Latin American Institutions*. Cambridge University Press, Cambridge, 2019, p. 1 y ss. También, Yascha Mounk. *The People vs. Democracy. Why our freedom is in danger and how to save it*. Harvard University Press, Cambridge, Massachusetts, 2018, p. 254.

sentan, que los partidos políticos priorizan sus propios intereses, que la composición de los parlamentos no es representativa y que los gobiernos son corruptos, injustos, burocráticos y opresivos.[16] Esta situación produjo el auge del populismo por todo el mundo, así como ha sido un factor clave en el renacimiento actual del mismo y en el sentimiento general de que el sistema político no responde y es insensible e indiferente.[17] Esta crisis de representación está unida también a la falta de respuesta por parte de los gobiernos a las crisis económicas. Por ejemplo, se ha dicho que después de la crisis económica de la década de los años 90 y principios de 2000, Latinoamérica se convirtió en un terreno fértil para los políticos populistas.[18]

Entre otras crisis causantes del ascenso del populismo, se ha planteado también el clima de corrupción, generando una desconfianza política absoluta, pues si el proceso de asignación de poder a las instituciones del Estado y la gestión de las instituciones puede modificarse mediante acciones ajenas al procedimiento a favor de grupos de interés o personas concretas, no habría motivo para que los ciudadanos respeten la delegación de poder que hacen a favor de sus gobernantes, lo que deriva en una crisis de legitimidad. La corrupción sistémica supone que los miembros del gobierno se comportan de manera deshonesta y genera una mayor tendencia al surgimiento de una visión populista.[19]

Otros autores hacen alusión a la crisis de la democracia y el ascenso del populismo a las "*cuatro D*" (*"Distrust", "Destruction", "Deprivation" y "De-alignment"*). La primera se refiere a la desconfianza hacia los políticos e instituciones. La segunda, hace referencia a la inmigración y a los cambios étnicos, por los cuales se han cultivado fuertes temores sobre la posible destrucción de la identidad histórica y las formas de vida establecidas en una Nación. La tercera, privación, se refiere a las crecientes desigualdades de ingresos y riqueza. Final-

---

16 Manuel Castells. *Rupture: the crisis of liberal democracy*. Polity Press. Cambridge, 2018, *passim*.

17 Cas Mudde y Cristobal Rovira Kaltwasser. *Populism. A very short introduction*. Oxford University Press. Oxford, 2017, p. 100.

18 Se pone como ejemplo de esta "*tormenta perfecta*" la situación socioeconómica y sociopolítica que facilito el ascenso de Hugo Chávez Frías en Venezuela. *Ibídem*, p. 102.

19 *Ibídem*, p. 100.

mente, la cuarta, el desajuste o desalineación, hace alusión al fin de la existencia de una política relativamente estable, lo que en la actualidad no es así, ya que los sistemas políticos son más volátiles, fragmentados e impredecibles.[20]

El fenómeno populista no se limita a un populismo de izquierda, pudiendo encontrarse populismos de derecha también. De modo general se ha dicho que el populismo está arraigado en países desarrollados, en donde adapta un derechismo extremista, y en países atrasados, con características más de izquierda.[21] Puede destacarse el arribo a la presidencia de Donald Trump en Estados Unidos; el triunfo de la campaña para que el Reino Unido abandone la Unión Europea apoyado por el partido de la Independencia del Reino Unido, encabezado por Nigel Farage; Jair Bolsonaro en Brasil; Nayib Bukele en El Salvador; Víctor Orban en Hungría; Erdogan en Turquía. Otros populismos de derecha han obtenido gran aceptación, como el partido de la libertad en Austria, Jaroslaw Kaczynski y el partido Ley y Justicia en Polonia, Marine Le Pen en Francia, Matteo Salvini y el partido político Liga, o Vox en España. También existen populismos de izquierda: Pablo Iglesias y Podemos en España, Beppe Grillo con el Movimiento de 5 Estrellas (M5S) en Italia. En Latinoamérica, las experiencias históricas populistas inician con los gobiernos de Perón, en Argentina, y de Getulio Vargas, en Brasil, luego Alberto Fujimori, en Perú. Después, surge la llamada "*tercera ola*" del populismo, que inicia con los gobiernos de Hugo Chávez en Venezuela, Rafael Correa en Ecuador, Evo Morales en Bolivia, Néstor Kirchner y, luego su esposa, Cristina Fernández de Kirchner en Argentina.[22]

Anteriormente señale que diversas situaciones de crisis son las que posibilitan el ascenso del populismo, lo cierto es que la experiencia

---

20 Roger Eatwell y Matthew Goodwin. *National populism. The revolt against liberal democracy*. Pelican books. Londres, 2018, *passim*.

21 Mario Vargas Llosa. "El populismo, el nuevo enemigo" en Álvaro Vargas Llosa (coordinador). *El estallido del populismo*. Editorial Planeta. Buenos Aires, 2017, pp. 9-21.

22 En relación con las diversas olas populistas *Vid.* con provecho: Timo Lochocki. *The rise of populism in Western Europe. A media analysis on failed political messaging*. Springer. Cham, Suiza, 2018, *in totum*. Tambien, Cas Mudde y Cristobal Rovira Kaltwasser. *Populism*...ob. cit., p. 9, 28-32. Juan Santiago Ylarri. "Populismo, crisis de representación y democracia" en *Foro. Revista de Ciencias Jurídicas y Sociales*. Vol. 18, núm. 1. Universidad Complutense de Madrid. Madrid, 2015, pp. 179-199.

enseña que en la generalidad de los casos son los propios populistas, quienes, una vez llegan al poder, generan una gigantesca involución en las instituciones democráticas y crean los escenarios de crisis, cuando no, las han generado justamente para llegar al poder. Así, se ha señalado que las crisis muchas veces no son eventos "*neutrales*", sino que a menudo los populistas "*preparan el escenario*" de la crisis para dividir al pueblo contra la élite, se presentan como la voz soberana del pueblo, y simplifican radicalmente los procedimientos y las instituciones.[23]

La naturaleza del liderazgo populista es reemplazar las instituciones y las normas con la voluntad del líder carismático. Así, desde el punto de vista institucional, el populismo supone una pérdida de relevancia del Poder Legislativo, dentro de un contexto general de cuestionamiento de la representación política en aras de transferir poder a "*asambleas de base*", lo cual muchas veces, paradójicamente conduce a un decisionismo radical.[24] En este sentido, el profesor Alberto Bianchi señala que una de las causas principales del híper presidencialismo es el populismo. Acertada y contundentemente describe de manera patológica el fenómeno:

> *"El populismo no es una forma de gobierno, es una forma de gobernar, una metodología signada por patrones más o menos usuales que, agitando las pasiones más básicas de la población personaliza el poder, deformando y corrompiendo la democracia, convirtiéndola en demagogia (...) Mediante el populismo, el pueblo - cuyos sentimientos y emociones son exaltados, concienzuda, metódica y permanentemente - cree que gobierna - de forma casi directa – cuando, en realidad, no hace más que transferir todo el poder a un líder y a la camarilla – verdadera oligarquía – que lo rodea y obedece con disciplina castrense. Un líder de rasgos paternalistas y mesiánicos, cuya personalidad exuberante y voluntad personal sustituyen a todo el sistema político, a sus instituciones y reglas jurídicas preestablecidas, las que serán cambiadas, en cualquier momento, cada vez que la consolidación y perpetuación del gobernante (hombre o mujer) en el poder lo hagan necesario (...) Linares*

---

23 Benjamin Moffitt. *The global rise of Populism. Performance, political style, and representation.* Stanford University Press. Stanford, 2016, capítulo 7.

24 Juan Cianciardo. "Populismo y Rule of Law" en *Revista RYD. República y Derecho.* Vol. IV, núm. 4. Facultad de Derecho. Universidad Nacional de Cuyo. Mendoza, 2019, p. 8.

Quintana decía: "quizás el rasgo más típico de la política hispanoamericana sea el caudillismo, sistema que comporta el gobierno de los hombres y no el gobierno de las leyes. El personalismo signa a gobiernos y partidos, y son las personas en lugar de las ideas el eje de la turbulencia dinámica política de estos países. Aunque no sean sinónimos, no hay populismo sin caudillismo y viceversa. Son la cara y ceca de una misma moneda. Todo movimiento populista necesita de su caudillo, para quien gobernar es predominar... (Linares Quintana, Segundo V., Derecho constitucional e instituciones políticas. 2ª ed., Plus Ultra, Buenos Aires, 1976, t. III, p. 548)"[25]

Termina afirmando categóricamente el catedrático argentino:

"En el mejor de los casos, el líder populista mantiene la separación de poderes como decorado formal de su gobierno, para dar apariencia del respeto que profesa a las instituciones democráticas. Pero hará todo lo posible por manipular las elecciones de los legisladores para garantizarse que la oposición, reducida a una mínima expresión, solo tenga una minoría incapaz de influir en las decisiones fundamentales. Tampoco durará en rearmar la Corte Suprema, designando en ella y en los tribunales políticamente relevantes, a personas de su más absoluta confianza. Para el líder populista, en síntesis, la democracia y sus instituciones no son más que un medio para llegar al poder, consolidarse y, en lo posible, eternizarse en él."[26]

En la misma línea, se ha expresado que en tanto sólo el líder populista es el canal que manifiesta la voluntad del pueblo, no hay necesidad

---

25 Alberto B. Bianchi. *La separación de poderes. Un estudio desde el Derecho comparado.* Ediciones Cathedra Jurídica. Buenos Aires, 2019, pp. 375-379.

26 *Ibídem*, p. 380. "*El líder populista siempre comienza por elegir un "enemigo del pueblo", al cual hay que combatir por todos los medios. Ese fin supremo da fuerza y sustento a todo su gobierno y a la revolución (en estado permanente) que pretende llevar a cabo. Luego se emplean los métodos habituales para obtenerlo: la manipulación de la información, la propaganda política, la supresión de la libertad de expresión, la persecución de los opositores, el fraude electoral, la estatización (total o parcial) de los medios de producción y el acrecentamiento del aparato estatal, por mencionar solo algunos. Todo ello produce, por supuesto, un elevado incremento del gasto público, necesario para simular el "bienestar" que derrama el líder, el cual se traduce – tarde o temprano – en inflación y en un fuerte desinterés por la inversión genuina. Obviamente, todo ello también favorece la corrupción.*" *Ibídem*, p. 376.

de la intermediación de las instituciones tradicionales de la democracia representativa. Es que no hay ningún modelo de populismo que propugne la democracia basada en el principio de legalidad y en el respeto de los derechos individuales, la limitación del poder y su control por parte de los jueces, la posibilidad de alternancia del gobierno de fuerzas opuestas, y la protección de las minorías.[27]

En relación con los parlamentos, el líder populista intenta tener aliados en el Poder Legislativo, puesto que es preferible tener el apoyo y no generar la ruptura de la rama legislativa. Así, se ha dicho que mientras mantengan la mayoría en el Parlamento, el Estado populista relega la primacía de la justicia sobre el derecho legislado. Sin embargo, cuando el movimiento populista radicalizado pierde el control sobre el Parlamento, el gobierno populista abandona el positivismo legalista, desobedece al Parlamento con la complicidad de un Poder Judicial adicto, y comienza a adoptar medidas de excepción[28]. Así, las instituciones del Estado terminan viéndose supeditadas a la voluntad del presidente populista.[29] Para Vallespín y Bascuñán, las características de los populismos triunfantes son: 1) apropiación del Estado, 2) clientelismo, 3) descrédito de toda la oposición y 4) aplicación de medidas iliberales. Por tanto, señalan que todos los populismos son antiparlamentarios o

---

27 *Vid.* Juan Carlos Cassagne. *El Estado*…ob. cit., p. 66. "*el proceso (del populismo) implic(a) una abierta ruptura con el principio de separación de poderes, que constituye uno de los presupuestos basales de cualquier democracia auténtica. Esta última concepción – como es sabido – articula un sistema de frenos y contrapesos que impide que el poder sea ejercido en forma abusiva, a diferencia de los regímenes populistas en los que un líder omnipotente e infalible basa su poder en una legitimación de origen popular a partir del triunfo obtenido en una primera elección democrática*". *Ibídem*, p. 67.

28 Es el caso de los últimos años (en la aun vigente legislatura) en Venezuela, país que, con el advenimiento del chavismo, del llamado "*socialismo del siglo XXI*" y de la "*revolución bolivariana*" ha caído en un ruin autoritarismo. El profesor Brewer-Carías ha sido el autor que mejor ha puesto de manifiesto y descrito el autoritarismo actual venezolano, así como el desmontaje del Estado de Derecho y lo que el denomina la desconstitucionalización y desinstitucionalización que sufre el país. Entre todas sus obras al respecto, destacan especialmente: Allan R. Brewer-Carías. *El "nuevo constitucionalismo latinoamericano" y la destrucción del Estado democrático por el juez constitucional. El caso Venezuela*. Ediciones Olejnik. Editorial Jurídica Venezolana. Santiago de Chile, 2018, *in totum*, y *Crónica constitucional sobre una Venezuela en tinieblas*. Ediciones Olejnik. Santiago de Chile, 2019, *in totum*.

29 Juan Carlos Cassagne. *El Estado*…ob. cit., pp. 55, 237-238.

desconfían del sistema representativo porque ignoran y detestan la pluralidad y buscan someter los poderes al ejecutivo.[30]

Otra cuestión relevante generada por el populismo en el quiebre de las instituciones es la búsqueda de reformas constitucionales. Se ha acuñado el término "*populismo constitucional*"[31], que se originó a partir de un análisis de aquellos populismos que, una vez en el gobierno, habían llevado a cabo una reforma constitucional en una dirección marcadamente populista, como en el caso de Chávez en Venezuela, Morales en Bolivia[32] y Orbán en Hungría, debilitando las instituciones, cercenando el principio de alternabilidad en el ejercicio de los poderes públicos y facilitando la concentración de poder en manos del presidente.[33]

---

30 Fernando Vallespín y Máriam M. Bascuñán. *Populismos.* Alianza Editorial. Madrid, 2019, cap. 5, p. 22-23. También en semejante sentido, Mark Tushnet. "Varieties of populism". *German Law Journal,* Vol., 20, núm. 3. Cambridge University Press, 2019, pp. 382-389.

31 Vid. con provecho Ana Micaela Alterio. "El constitucionalismo popular y el populismo constitucional como categorías constitucionales" en *Constitucionalismo progresista: retos y perspectivas.* Un homenaje a Mark *Tushnet.* Roberto Gargarella y Roberto Niembro Ortega (coordinadores). Universidad Nacional Autónoma de México. Instituto de Investigaciones Jurídicas. Instituto de Estudios Constitucionales del Estado de Querétaro. México, 2016, pp. 63-94.

32 El Tribunal Constitucional boliviano, utilizando de manera injustificada el control de constitucionalidad, ha terminado modificando explícitamente la configuración de los poderes del Estado y sus límites, siendo absolutamente grave e inconstitucional su proceder por cuanto el pueblo boliviano, en uso de su soberanía, ya había sido llamado a referéndum para decidir sobre la reelección presidencial y había manifestado, inequívocamente, su rechazo. Roberto Viciano Pastor y Gabriel Moreno González. "Cuando los jueces declaran inconstitucional la Constitución: la reelección presidencial en América Latina a la luz de las ultimas decisiones de las cortes constitucionales" en *Anuario Iberoamericano de Justicia Constitucional,* núm. 22. Centro de Estudios Políticos y Constitucionales. Madrid, 2018, pp. 165-198.

33 Sobre los cambios formales e informales de las constituciones, el tema de las reformas constitucionales abusivas o llamadas por la doctrina "reformas constitucionales inconstitucionales" actualmente es capital la lectura de la excelente obra de Yaniv Roznai. *Reformas constitucionales inconstitucionales: los límites al poder de reforma.* Vicente F. Benítez R., Santiago García Jaramillo, Julián González Escallón, Marcelo Lozada Gómez (traductores). Universidad Externado de Colombia. Bogotá, 2020, *in totum.* También, Joel I. Colón-Ríos. *La constitución de la democracia.* Graciela Rivera Muñoz (traductora). Universidad Externado de Colombia. Bogotá, 2013, *passim.* Javier Ruipérez Alamillo. *Reforma versus Revolución. Consideraciones desde la teoría del Estado y de la Constitución. Sobre los límites materiales a la revisión constitucional.* Editorial Porrúa. México, 2014, *passim.* Del mismo autor, más recientemente: *En torno a la reforma constitucional y la fuerza normativa de la Constitución.* Editorial Tirant Lo Blanch, Valencia, 2018, pp. 97 y ss.

En otras ocasiones, cuando no es posible la reforma constitucional formal, se acude a una reforma constitucional (informal) no ya a través de un proceso constituyente, sino acudiendo a la interpretación[34] de la Constitución por parte de la jurisdicción constitucional. Esto ha ocurrido en Venezuela y en Bolivia. En este contexto se ha señalado que "*la destrucción de la independencia del Poder Judicial constituye uno de los objetivos del populismo radicalizado que permea fuertemente en el Estado Populista que no admite sino jueces obsecuentes*"[35].

2. VARIACIÓN II. JUSTICIA CONSTITUCIONAL, DEMOCRACIA Y POPULISMO

No pocas veces se invoca tergiversadamente el principio de separación de poderes para oponerse a toda forma de justicia constitucional. El argumento resulta sencillo: es criticable que el poder judicial pueda dejar sin efecto la obra del legislativo. Del modo más sofisticado que le caracteriza, pero con la misma errónea idea de base, trataba de distinguir Carl Schmitt entre la función "*política*" del legislador, y la mera aplicación jurisdiccional de la ley. En su célebre réplica, se encargaría Kelsen de afirmar que tanto el legislador como los jueces cumplen una función política puesto que "*cuando el legislador autoriza al juez, den-*

Así mismo, las obras clásicas de obligada consulta sobre el tema: Otto Bachof. *¿Normas constitucionales inconstitucionales?* Leonardo Álvarez Álvarez (traductor). Palestra Editores, Lima, 2010 y Pedro De Vega. *La reforma constitucional y la problemática del Poder Constituyent*e. Editorial Tecnos, Madrid, 1985.

34 Sobre la tergiversación de la interpretación constitucional por parte de la Sala Constitucional del Tribunal Supremo de Justicia y los límites de la misma, en Venezuela: Emilio J. Urbina Mendoza. "¿Que son las sentencias de gobierno? La nueva geografía de actos en la jurisprudencia de la Sala Constitucional del Tribunal Supremo de Justicia" en *Revista de Derecho Público* N° 147-148. Editorial Jurídica Venezolana, Caracas, 2016, pp. 33-65. Del mismo autor "Las funciones de gobierno ejercidas por la jurisdicción constitucional. ¿es aceptable una modificación de la teoría de separación de poderes por un tribunal constitucional? El caso de la sala constitucional del tribunal supremo de justicia de venezuela 2016-2018" en Est*udios de Deusto*, Vol. 66, num. 2. Universidad de Deusto, 2018, pp. 461-497. En semejante sentido, de forma más axiologica, Ramsis Ghazzaoui. "Interpretación constitucional y discrecionalidad judicial. Una aproximación desde el neoconstitucionalismo" en *Libro Homenaje al Profesor Eugenio Hernández-Bretón*. Tomo II. Academia de Ciencias Politicas y Sociales. Editorial Juridica Venezolana. Caracas, 2019, pp. 1745-1770.

35 Juan Carlos Cassagne. *El Estado*…ob. cit., p. 155.

tro de determinados límites, a sopesar los intereses que se oponen y a resolver el conflicto a favor de uno u otro, le otorga una capacidad creadora del derecho, y con ello, un poder que da a la función judicial el carácter "político que en una medida mayor tiene la legislación".[36]

Lo cierto es que, considerado en abstracto, al margen no solo de la realidad de los actuales Estados constitucionales, sino, incluso, de los propios presupuestos político-jurídicos dentro de los cuales surge la moderna doctrina de la separación de poderes, el argumento consistente en que la jurisdicción constitucional es contraria a esta doctrina resulta aparentemente correcto. Pero cuando se recuerda que la misma surge como uno de los pilares fundamentales de la filosofía política liberal, a la que por ello se haya indisociablemente unida, se comprende, en toda su magnitud, lo erróneo de tales planteamientos. Para el Profesor Pedro de Vega "*invocar la teoría de la división de poderes y condenar con ella la posible incidencia del Poder Judicial en la vida del Estado no pasa de ser un recurso ideológico que, por estar parcial e interesadamente empleado, le priva de todo fundamento*".[37]

Y es que el generalizado asentamiento de la justicia constitucional en los sistemas democráticos responde a la voluntad de garantizar la fuerza normativa de la Constitución. Siendo el legislador el destinatario inmediato de las disposiciones constitucionales, el establecimiento de la jurisdicción constitucional significa el sometimiento al Derecho del creador mismo del Derecho, en tanto que su poder es un poder delegado y, por ende, nunca se verá suficientemente limitado. La función primigenia de la jurisdicción constitucional es, por tanto, la de garantizar que el poder constituido se mantenga en los límites de la delegación conferida por el poder constituyente. Cualquier intento de desconocer esos límites y rebasarlos, representa por sí mismo una clara infracción constitucional, pues pretende modificar la norma suprema desconociendo el procedimiento de reforma o enmienda y tratando de hacerlo a través de un instrumento normativo no idóneo para este fin.

---

36 Carl Schmitt, Hans Kelsen. *La polémica Schmitt/Kelsen sobre la justicia constitucional: El defensor de la Constitución versus ¿Quién debe ser el defensor de la Constitución?* Editorial Tecnos, Madrid, 2009, pp. 67 y ss., 306.

37 Pedro De Vega García. *Escritos político-constitucionales*. Instituto de Investigaciones Jurídicas. Universidad Autónoma de México. México, 2004, p. 304.

La justicia constitucional es consecuencia de la supremacía de la Constitución. Ningún jurista debería poner en duda, en el siglo XXI, que la Constitución es norma jurídica superior, ni tampoco debiera resultarle a nadie difícil de comprender que la defensa de la voluntad del poder constituyente como límite a la acción de los poderes constituidos es, también, la defensa de la democracia. Dado que la Constitución es la principal fuente de derechos y obligaciones del ordenamiento jurídico, y no un mero catálogo de principios de no inmediata vinculación y de no inmediato cumplimiento hasta que sean objeto de desarrollo por vía legal, su cumplimiento debe ser exigible en vía jurisdiccional, constituyendo esta la principal (aunque no la única) garantía o medio de defensa de la norma fundamental. Cuando se trata de evitar que los jueces tengan la última palabra respecto de la constitucionalidad de las leyes, lo que se aboga es por sustituir el control jurisdiccional por un control de tipo político. Al alterar la naturaleza del control, el Derecho deja no ya de limitar, sino, si quiera, de enmarcar la acción del gobernante, que de este modo pasa a ejercer un poder tiránico.

Si al legislador, dotado de legitimidad democrática directa, no le corresponde sustituir al poder constituyente, mucho menos podrá hacerlo el juez constitucional. Es cierto que la textura especialmente abierta de los preceptos y disposiciones constitucionales (norma de apertura de opciones diversas) propicia su adecuación a las circunstancias cambiantes de la realidad en la que deben ser actualizados; pero esta "*actualización*" debe hacerse conforme a los límites del poder de interpretación que debe acompañar al poder de enmienda o reforma, poder constituyente constituido que no ostenta el juez constitucional. Y es que el juez constitucional no está llamado a "*descubrir*" nuevos derechos fundamentales, cambiar el contenido y alcance de los existentes, diseñar políticas públicas, ser portavoz de instancias supranacionales, ni mucho menos, ser un apéndice de la presidencia de la Republica o brazo ejecutor de los deseos del líder carismático popular o caudillo de turno. El rol de un juez en una corte suprema o en una corte constitucional de una democracia es la protección de la democracia y de la Constitución.

Una jurisdicción constitucional eficaz precisa que la "*actualización*" de los mandatos constitucionales ha de detenerse allí donde es obligada la intervención del poder de enmienda o reforma, hecho solo por quienes ostentan la legitimidad democrática de primer grado y a través del procedimiento específicamente establecido por la Constitución al efecto.[38]

En relación con los derechos fundamentales, si bien son esencialmente contramayoritarios, esta característica no debe confundirse con la pretendida función del juez constitucional como protector y garante de las minorías. Los derechos fundamentales son contramayoritarios porque su contenido esencial[39] define el margen absoluto de la libertad de configuración del legislador ordinario, delimita aquello sobre lo que no puede decidir la mayoría[40] sin que el poder constituyente, esto

---

38 El profesor Jiménez Campo en un extraordinario y sugerente ensayo señalaba "*Veamos la Constitución como forma abierta, pero no le adjuntemos ni le opongamos una supranormatividad que la desborda (refiriéndose a una de las características de la noción de constitución material) y cuya única virtualidad sea, acaso, la de insinuar el dudoso consuelo de que aun los incumplimientos del Derecho tienen su legitimidad jurídica propia*". Javier Jiménez Campo. "Contra la Constitución material" en *Estudios de Derecho Público. Homenaje a Juan José Ruiz-Rico.* Volumen I. Editorial Tecnos, Madrid, 1997, p. 54. (paréntesis mío). Jiménez, al referirse a las características de la constitución material, siguiendo las ideas contenidas en la monografía de Mortati, se acerca a Kelsen en sus críticas al concepto y tilda de "*conclusión radicalmente inadmisible la idea de la constitución material como "un poder constituyente permanente de la clase política*" (y por la experiencia ya de larga data, también de los jueces constitucionales). *Vid.* Costantino Mortati. *La Constitución en sentido material.* Almudena Bergareche Gros (traductora). Centro de Estudios Políticos y Constitucionales. Madrid, 2000, *passim.*

39 Sobre el contenido esencial de los derechos fundamentales, por todos, Juan Carlos Gavara de Cara. *Derechos fundamentales y desarrollo legislativo. La garantía del contenido esencial de los derechos fundamentales en la Ley Fundamental de Bonn.* Centro de Estudios Constitucionales, Madrid, 1994, *in totum*; Peter Häberle. *La garantía del contenido esencial de los derechos fundamentales en la Ley fundamental de Bonn. Una contribución a la concepción constitucional de los derechos fundamentales y a la teoría de la reserva de ley.* Joaquín Brague Camazano (traductor). Editorial Dykinson. Madrid, 2003, *in totum.* En Venezuela, Jesús María Casal H. *Los derechos fundamentales y sus restricciones. Constitucionalismo comparado y jurisprudencia interamericana.* Editorial Temis. Konrad Adenauer Stiftung. Bogotá, 2020, pp. 266 y ss.

40 Llamado "coto vedado" (Ernesto Garzón Valdés), "la esfera de lo indecidible" (Luigi Ferrajoli), "territorio inviolable" (Norberto Bobbio). *Vid.* Luigi Ferrajoli. "La esfera de lo indecidible y la división de poderes" en *Estudios constitucionales.* Universidad de Talca, Centro de Estudios Constitucionales de Chile, año 6, núm. 1, 2008. Norberto Bobbio. *El tiempo de los derechos.* Rafael de Asís Roig (traductor). Editorial Sistema. Madrid, 1991. Ferrajoli (de quien se critica el excesivo "*judicialismo*" de su teoría garantista) trata de diferenciar en ámbitos bien marcados, la jurisdicción de la política, esta solo puede llegar hasta donde le señala la Constitución, la jurisdicción, por su parte, debe actuar de tal ma-

es, la totalidad del pueblo, acuerde modificar las reglas del juego democrático. En palabras más llanas, podemos decir que son elementos contramayoritarios del sistema porque algunos de ellos protegen los discursos y acciones que van contra la opinión y sentir de la mayoría, permitiendo a las minorías manifestarse como tales. Para muchos esta idea podría generar cierto activismo, que desde luego nada tiene que ver con la arbitrariedad, ni con el aventurerismo, ni mucho menos con el "*creacionismo judicial*", lógicamente vetados y execrados.[41]

Tampoco le corresponde al juez constitucional ser el cauce a través del cual penetren en el sistema judicial nacional todas las líneas jurisprudenciales sentadas por las instancias supranacionales sirviendo de lluvia que impregne toda la práctica judicial doméstica. El juez constitucional no actúa como una tercera instancia de la jurisdicción ordinaria, sino que lo hace, con un poder de cognición mucho más limitado y menos incisivo, como garante de la supremacía del texto constitucional. El adecuado desempeño de esta función le convierte en un interlocutor imprescindible del dialogo entre tribunales porque él se mueve en el terreno de las garantías constitucionales y de las determinaciones básicas de orden de los poderes públicos. Los tribunales constitucionales deben ser participantes de ese dialogo entre cortes y tribunales extranjeros y supranacionales y de distintas jurisdicciones[42], prestos a poner de relie-

---

nera que no asfixie a la democracia por exceso, ni por defecto, lo cual se puede dar casi por descontado si los jueces se ajustan, aunque sea mínimamente, a las normas que los rigen.

41 *Vid.* Luigi Ferrajoli. *Las fuentes de legitimidad de la jurisdicción.* Instituto Nacional de Ciencias Penales. México, 2010, *in totum*. Un análisis profundo del concepto de "*activismo judicial*" se encuentra en una magnífica obra realizada además por quien ha vivido el ejercicio judicial durante décadas, Aharon Barak. *The Judge in a Democracy.* Princeton University Press, Princeton, 2006, *in totum.* En castellano, el reciente libro recopilatorio de ensayos del autor: *La aplicación judicial de los derechos fundamentales. Escritos sobre derechos y teoría constitucional.* Amaya Álvarez Marín y Joel I. Colón-Ríos (editores). Universidad Externado de Colombia. Bogotá, 2020, pp. El activismo que es propio del modelo del Estado Constitucional ("*activismo progresivo*") no es el "*activismo cuantitativo*" que Zagrebelsky ha denunciado en una de sus reflexiones sobre el papel de los tribunales constitucionales, el que sirve para sacar el mayor numero de asuntos y fallos. Sobre este tema Gustavo Zagrebelsky. *Principios y votos. El Tribunal Constitucional y la política.* Editorial Trotta, Madrid, 2008, p. 43.

42 Sobre el dialogo jurisprudencial es de obligada consulta la obra del profesor Carlos Manuel Ayala Corao. *Del diálogo jurisprudencial al control de convencionalidad.* Editorial Jurídica Venezolana. Caracas, 2012, *in totum*.

ve las limitaciones del poder y vigilantes de los derechos y garantías de los ciudadanos.[43]

La mayoría (sino todos) de los problemas relativos a la legitimación y legitimidad de la justicia constitucional están relacionados con la interpretación de la Constitución. Si la Constitución pudiera ser una norma jurídica de preceptos meridianamente precisos, claros y concisos, seguramente la justicia constitucional no habría sido nunca cuestionada. Con preceptos de esa naturaleza, evidentemente, nadie hubiera podido hablar seriamente de "aristocracia de la toga" sino de técnicos jurídicos aplicando la ley suprema, y nadie podría decir, que un Parlamento que hubiese contravenido normas tan específicas había deliberado de acuerdo con las reglas de la razón. Pero está claro que esto no es así, y tampoco es deseable. En primer lugar, para que los ciudadanos puedan tener un conocimiento, al menos aproximado, de su Constitución. En segundo lugar, para que la misma pueda albergar un pluralismo razonable. En tercer y último lugar, porque en el Derecho Comparado podemos encontrar Constituciones de corte más liberal, y otras de mayor inspiración social, con un contenido de carácter más programático. Incluso siendo las Constituciones tal como son, en lo que respecta a los preceptos que contengan reglas claras, ningún jurista cuestionaría (al menos mientras la jurisdicción constitucional tenga legitimación constitucional para actuar) el control de constitucionalidad.

Pero lo que, sin duda, preocupa más a los críticos de la justicia constitucional de esta cierta flexibilidad o libertad que tiene el juez para interpretar los preceptos constitucionales cuyo contenido es relativamente abierto, es que, respecto de la interpretación de la Constitución –y solo respecto a ella– se puede afirmar, en los países que tienen instaurada una justicia constitucional, que existe una supremacía judicial. La razón es que "*la interpretación del tribunal constitucional (...) no puede ser revertida por nadie. Una reforma constitucional, desde luego, puede revertir su decisión sobre la ilegitimidad constitucional, pero no su interpretación del texto constitucional: la reforma constitucional*

[43] Manuel Aragón Reyes. "El futuro de la justicia constitucional" en *Anuario Iberoamericano de Justicia Constitucional,* núm. 23. Centro de Estudios Políticos y Constitucionales. Madrid, 2019, pp. 11 y ss.

no consiste en cambiar la interpretación de la constitución, sino su texto"[44]. El Tribunal Constitucional es el último y supremo intérprete de la Constitución, aunque, lógicamente, no es el único: el legislativo, los jueces y tribunales inferiores, los funcionarios y, en fin, todos los operadores jurídicos son intérpretes constitucionales. El legislador tiene, entre todos los intérpretes, una posición privilegiada,[45] pues es el primer intérprete constitucional. Con su acción, concreta y desarrolla los preceptos constitucionales, completando el significado de estos, y la interpretación que haga de la Constitución vinculará a todos los demás, en virtud del principio de sometimiento a la ley.

La interpretación constitucional comparte muchas características de la interpretación jurídica general. Los métodos tradicionales de interpretación de normas jurídicas (gramatical, sistemático, histórico, teleológico, evolutivo) son a menudo usados por jueces y tribunales para interpretar la Constitución. Hesse[46] estableció, además, unos principios específicos de la interpretación constitucional, a saber: a) principio de unidad de la Constitución, según el cual todas las normas constitucionales han de ser interpretadas de manera que se eviten contradicciones con otras normas constitucionales; b) principio de concordancia práctica, muy relacionado con el anterior, implica que los bienes jurídicos protegidos deben ser coordinados de tal modo en la solución que todos ellos conserven su entidad, evitando, a través de una ponderación apresurada realizar uno a costa del otro; c) principio de corrección funcional, por el cual, si la Constitución regula de una determinada manera el cometido respectivo de los agentes de las funciones estatales, el órgano de interpretación debe mantenerse en el marco de las funciones a él encomendadas sin modificar la distribución de funciones a través de la interpretación; d) principio de eficacia integradora, por el que si la Constitución se propone la creación y mantenimiento de la unidad política ello exige otorgar preferencia en la solución de los problemas

---

44 Riccardo Guastini. *Teoría e ideología de la interpretación constitucional*. Editorial Trotta. Madrid, 2010, p. 47.

45 Francisco Javier Díaz Revorio. *Interpretación de la Constitución y justicia constitucional*. Editorial Porrúa. México, 2009, pp. 18, 19.

46 Konrad Hesse. *Escritos de Derecho Constitucional*. Fundación Coloquio Europeo. Centro de Estudios Políticos y Constitucionales. Madrid, 2012, p. 67 y ss.

jurídico-constitucionales a aquellos puntos de vista que promuevan y mantengan dicha unidad; e) por último, el principio de la fuerza normativa de la Constitución por el cual, es preciso dar preferencia en la solución de los problemas jurídico-constitucionales a aquellos puntos de vista que ayuden a las normas de la Constitución a obtener la máxima eficacia.

A menudo se ha dicho que la interpretación constitucional debe ser "*interna*"[47] en el sentido de que, mientras las leyes deben ser interpretadas de acuerdo con la Constitución, esta, sin embargo, debe interpretarse desde ella misma, y no en relación con la ley u otro tipo de normas. Si no fuese así no podría, en puridad, afirmarse el carácter de *lex superior* de la Constitución. Pero esta tesis requiere una serie de precisiones: en primer lugar, porque, tal y como se ha visto, al menos en los Estados adheridos a los sistemas americano y europeo de protección de derechos, las Constituciones deben interpretarse en relación con los Tratados de Derechos Humanos. Ello no quiere decir que estos se sitúen por encima de la Constitución (como está por encima de las leyes) ya que la razón de la primacía de estos es la propia voluntad del poder constituyente expresada en el texto constitucional y la adhesión a un sistema internacional de protección de Derechos Humanos, o la ratificación de cualquier Tratado, es siempre un acto voluntario para el Estado. Sin embargo, es innegable que, los derechos de la Constitución, lo diga esta o no, deberán interpretarse teniendo en cuenta los textos internacionales. Justo a la inversa ocurre, en segundo lugar, con las leyes. Es obvio que estas se interpretan conforme a la Constitución, pudiendo el Tribunal, cuando la ley admita varios significados, imponer uno acorde con la Constitución desechando los que no lo son[48]. Cuando el Tribunal desgrana los posibles significados de una ley, e impone aquel que es conforme a la Constitución frente a otras posibles interpretaciones de esta, el significado de la Constitución no cambia. Ni debe hacerlo, pues de lo contrario podría ocurrir que el sentido de la Constitución debiese ajustarse a diferentes leyes o que aquella cambie con la misma frecuen-

---

47 Domingo García Belaunde. *Como estudiar Derecho Constitucional.* Asociación Peruana de Derecho Constitucional. Lima, 2020, p. 85.

48 Konrad Hesse. Escritos…ob. cit., p. 71 y ss.

cia que estas. En tercer y último lugar, dado que, como indicara en su día Lucas, "*no cabe duda que, frecuentemente, el Alto Tribunal tendrá que interpretar la Constitución considerando también la realidad constitucional que le circunda, y eso supone una estimación que excede al cotejo técnico-jurídico, porque los elementos que integran esa realidad son, en su mayor parte, también extrajurídicos*"[49], el supremo intérprete constitucional debe identificar la "*fórmula política*", y declarar la inconstitucionalidad de la ley no ya solo cuando transgreda el tenor literal de los preceptos constitucionales sino, también, los principios esenciales que forman parte de aquella.[50] La fórmula política, conformada por el techo ideológico, los principios inspiradores, el espíritu y programa político de la Constitución, está contenida en la Constitución, pero siendo lo que la legitima, hace también alusión a acuerdos que son preconstitucionales. Además, aunque sus elementos están incorporados a la Constitución, su concreción requiere, efectivamente, acudir a fuentes externas: así, por ejemplo, principios como el de soberanía popular o Estado social no solo están enunciados en la Constitución, sino que se plasman en varios preceptos, pero para su completa comprensión requiere acudir, también, a fuentes externas.

Hace años que en los Estados Unidos se aprecian, tanto entre la doctrina como en el propio seno del Tribunal Supremo, dos posturas enfrentadas respecto de la interpretación de la Constitución. La dominante desde hace aproximadamente cincuenta años es la concepción evolutiva de la Constitución, según la cual, *grosso modo*, el significado de los preceptos constitucionales varía con el paso del tiempo, pudiendo dar lugar a diferentes derechos y obligaciones. La tesis más elaborada al respecto probablemente sea la del constitucionalista norteamericano Ackerman. La tesis dualista que este autor ha popularizado se basa en la distinción entre dos decisiones diferentes que pueden tomarse en una Democracia: la primera es la decisión que toma el pueblo, la segunda, la que toma su gobierno. Las primeras se producen raramente, y en circunstancias especiales; las segundas tanto a diario como en este tipo

---

49 Pablo Lucas Verdú. *Curso de Derecho Político*. Vol. 4. Editorial Tecnos. Madrid, 1984, p. 824.

50 Raúl Canosa Usera. *Interpretación constitucional y fórmula política*. Centro de Estudios Constitucionales. Madrid, 1988, p. 298.

de circunstancias[51]. Esta tesis enfrenta otras corrientes de pensamiento constitucional: a) la por él llamada "*democracia monista*", cuya idea principal es que el vencedor en unas elecciones debe gozar de autoridad legislativa plena, con el único límite de no tratar de impedir una nueva y justa cita electoral en el momento establecido, razón por la cual trata cualquier acto de revisión judicial como presuntamente antidemocrático; b) la escuela fundacionalista, que con notables diferencias dependiendo de los autores (que pueden centrar su atención en los derechos de propiedad como Epstein, en la igual consideración y respeto, como Dworkin, o los derechos de los grupos desfavorecidos como Fiss), entienden que el primer y fundamental objetivo de la Constitución americana es protegerlos; c) el historicismo burkeano, para los que, insertos en la tradición del *common law*, lo que cuentan son los patrones de decisión de los tribunales y otras instancias decisorias, y que son muy recelosos respecto de las revoluciones populares.[52]

Desde estas premisas dualistas Ackerman ofrece una idea renovada de la tesis de la "*Constitución viviente*". Defiende que, en el siglo XXI, los grandes compromisos constitucionales no se plasman, como antaño, en enmiendas constitucionales, sino que se aprecian en lo que él denomina "*revoluciones judiciales*" (por ejemplo, *Brown v. Board of Education*) y las "*leyes estandarte*" (por ejemplo, la *Social Security Act*). Por ello, "*el propósito de la interpretación es entender los compromisos constitucionales que se han hecho por el pueblo norteamericano a lo largo de la historia, no los compromisos que uno u otro pensador crea que deberían hacerse*".[53] Esto último es una crítica expresa a Dworkin, afirmando que, en este punto, está más próximo a las concepciones del Juez Scalia. Su idea de la "*Constitución viviente*" se aleja de la que manejaban los primeros autores que adoptaron este término, especialmente la de Michael J. Perry, quien abiertamente propone prescindir completamente de la interpretación del texto constitucional, siendo la función de los jueces simplemente la de aplicar los valores

---

51 Bruce Ackerman. *We the people I. Fundamentos de la historia constitucional estadounidense*. Traficantes de sueños. Madrid, 2015, p. 24.

52 Ibídem, pp. 25 y ss.

53 Bruce Ackerman. *La Constitución viviente*. Marcial Pons. Madrid, 2011, p. 36.

consensuados por la sociedad.[54] Ackerman, por el contrario, rechaza renunciar a la interpretación, pues afirma que "*mi finalidad última (...) es negar que el derecho sea la política por otros medios y que la interpretación constitucional sea pura pose (...) Sin embargo, jamás constituiremos una base sólida para la interpretación jurídica pretendiendo que el pueblo americano no ha logrado nada importante en los últimos setenta y cinco años*"[55]. Su propuesta consiste en crear nuevos cánones de interpretación, basados en esos logros del pueblo americano, que se sobrepondrían a algunos particularismos estatales.

El originalismo, o textualismo, defiende que la interpretación de un texto, sea una ley o la Constitución, debe hacerse conforme al sentido original del texto. Este sentido original del texto, como el propio Scalia se esfuerza por aclarar, se diferencia tanto de la intención del legislador que era característica del primer originalismo americano (representado, entre otros, por Raoul Berger o el Juez Sutherland) como del "*constructivismo estricto*" que implicaría una interpretación literal al margen de todo contexto. Aplicando esta metodología interpretativa a la Constitución, el autor es consciente que no cabe esperar de ella detalles precisos y hay que dar a sus preceptos una interpretación expansiva, pero no una que el lenguaje no pueda soportar ya que "*las palabras sí tienen una gama de significados limitada y ninguna interpretación que vaya más allá de esa gama es permitida*". Lo que el originalismo critica de la teoría de la Constitución viviente es que quienes determinan aquellas necesidades y "*encuentran*" aquella ley cambiante, consiguen como jueces un poder incluso más poderoso que en el *common law*, pues se sitúan incluso sobre las leyes de las legislaturas democráticas. Scalia afirma que los jueces no solo deben buscar el sentido original del texto sino aplicarlo a los nuevos contextos.[56]

Pero este originalismo, por mucho que el juez intente dotarlo de "*razonabilidad*", no resulta, sin embargo, ni siquiera coherente en su

---

[54] Enrique Alonso García. *La interpretación de la Constitución.* Centro de Estudios Constitucionales. Madrid, 1984, p. 326.

[55] Bruce Ackerman. *La Constitución viviente*...ob. cit., p. 39.

[56] Antonin Scalia. *Una cuestión de interpretación. Los tribunales federales y el derecho.* Amy Gutmann (edición). Palestra Editores. Lima, 2015, p. 80 y ss.

lógica interna. De esta teoría se ha criticado, con razón, y entre otras cosas, que no es tan objetiva como aparenta, puesto que interpretar el sentido original de un texto (no digamos ya la intención del constituyente originario) deja al juez un margen nada mínimo de discrecionalidad. Si el juez debe –como ingenuamente pretenden los originalistas– "*descubrir*" el significado de los términos constitucionales en contextos tan distantes en el tiempo como lo es el momento de la aprobación de la Constitución americana respecto del momento actual, esta discrecionalidad aumenta muy considerablemente. Por eso el Profesor Tribe, en el comentario a la ponencia del Juez Scalia que figura en la obra citada, afirma que: "*con el objeto de evitar que la tarea interpretativa degenere en la imposición de preferencias o valores personales bajo el disfraz de la exégesis constitucional, se debe (...) evitar toda pretensión que pueda ser reducida a un proceso de descubrimiento en lugar de un proceso de construcción de una interpretación y reemplazar tal pretensión por una constancia manifiesta, aunque incompleta e inconclusa, acerca de las razones por las cuales se considera que tal o cual propuesta de construcción del texto merece más aceptación a la luz de la Constitución como un todo y la historia de su interpretación*"[57]. Muchos textualistas parecen desconocer que incluso los autores más formalistas, pero de mejor criterio, han admitido que la interpretación es siempre una actividad creativa del Derecho. Así lo establecía, desde luego, el mismo Kelsen, quien afirmaba que la interpretación "*constituye un procedimiento intelectual vinculado al proceso creativo del derecho en el tránsito progresivo desde un nivel superior a otro inferior previsto por el primero*". Este autor entendía que "*es imposible que la norma superior concrete absolutamente todos los aspectos del acto que la aplica*" y, por eso, la interpretación "*no es una cuestión de teoría del derecho sino de política jurídica*" ya que el juez "*también crea derecho y así mismo es relativamente libre en el desempeño de su función*". Kelsen supo ver, ya en 1934, algo que todavía se les resiste a algunos autores que defienden el originalismo en pro de la seguridad jurídica: afirmará que se trata de una ilusión, basada en la idea del ordenamiento jurídico como algo

---

[57] Ibídem, p. 143.

consolidado[58]. También Jellinek había dejado escrito, ya en 1906, que "*no es preciso explicar, a quien conoce el poder creador de los jueces que la interpretación judicial de un precepto constitucional puede desarrollarse de modo progresista o retrógrado*"[59]. Cuando se desenmascara este engaño originalista se pone de manifiesto lo que constituye en realidad: un planteamiento jurídico-político de carácter claramente conservador[60]. Una ideología, en este caso de política judicial, que no ve, o no quiere ver, que, aunque la Constitución, ciertamente, no es como un pedazo moldeable de barro en manos de los jueces, que puedan hacerle decir lo que a ellos se les antoje, es un texto dinámico, que necesita adaptarse permanentemente a la cambiante realidad política y social.

Es menester indicar, en primer lugar, que los elementos de la teoría de la "*Constitución viviente*" de Ackerman no son tan excepcionales ni exclusivos de los Estados Unidos como nos intenta hacer ver y, en segundo lugar, que sería deseable un mayor nivel de precisión acerca de las distintas naturalezas de esos logros de la sociedad norteamericana del último siglo.

Respecto de la primera cuestión, es evidente que no solo en Norteamérica, sino en muchas democracias del mundo, se producen cambios en la Constitución como consecuencia de aprobación de leyes "*estandarte*" –si así se las quiere llamar– y por vía de la interpretación. El matrimonio homosexual en España, por ejemplo: parece claro que el sentido original del art. 32.1 de la Constitución lo excluía, pero cuando, veintisiete años después de la aprobación de la norma fundamental, el legislador lo aprueba, el significado de este precepto cambió[61] y el Tri-

---

58 Hans Kelsen. "La garantía jurisdiccional de la Constitución (La Justicia constitucional)" Rolando Tamayo y Salmorán (traducción). Domingo García Belaunde (Revisión) en Hans Kelsen. *Sobre la jurisdicción constitucional.* Cuadernos del Rectorado. Universidad Inca Garcilaso de la Vega. Lima, 2017, pp. 45-106.

59 Georg Jellinek. *Reforma y mutación de la Constitución.* Editorial Leyer. Bogotá, 2006, pp. 29, 30.

60 Néstor Pedro Sagües. "Reflexiones sobre la constitución viviente (Living Constitution)" en *Díkaion*, Vol. 12. Facultad de Derecho. Universidad de la Sabana. Chía, Colombia, 2003, p. 5.

61 El Tribunal Constitucional Federal alemán lleva desde los años ´50 recordando que "*una disposición constitucional puede experimentar un cambio de significado cuando en un ámbito surjan hechos nuevos, no previstos, o bien cuando hechos conocidos, como consecuencia de su inserción en el curso general de un proceso evolutivo, se muestran con un nuevo significado o en una nueva relación*" (BVerfGE 2, 380; BVerfGE 7, 198).

bunal Constitucional no podía ya, razonablemente, invalidarlo, puesto que, tras analizar que se ha dado una "*evolución*" de este concepto en el Derecho Comparado, "*el Tribunal no puede permanecer ajeno a la realidad social y hoy existen datos cuantitativos contenidos en estadísticas oficiales, que confirman que en España existe una amplia aceptación social del matrimonio entre parejas del mismo sexo*" (Sentencia del Tribunal Constitucional 198/2012).[62]

Respecto de la segunda cuestión, una cosa es verificar que a través de la legislación y la jurisprudencia se producen cambios en el significado de ciertos preceptos constitucionales, y afirmar que esto es, efectivamente, un logro social, y otra muy distinta darles el mismo valor que una reforma constitucional. Como señala Wheare, quien afirma que las Constituciones cambian por la interpretación judicial de las mismas, "*los Tribunales no pueden (...) enmendar la Constitución*"[63]. En otras palabras, quizás en un intento exagerado de valorizar esos logros de la sociedad americana, Ackerman difumina conceptos que requerirían un tratamiento diferenciado. Merece la pena detenerse, aunque sea brevemente, en las diferencias entre mutación y reforma. Lo importante no es tanto el hecho, obvio por lo demás, de que esta es un cambio formal del texto constitucional y aquella una modificación que no altera su texto[64],

---

62 Una interpretación evolutiva similar ha mantenido la Corte Interamericana de Derechos Humanos (CIDH) en la Opinión Consultiva número 24, de 24 de noviembre 2017 sobre igualdad de género, no discriminación y derechos del colectivo LGBTIQ+ y parejas del mismo sexo. Así, expresó: "*188. Al respecto, la Corte Internacional de Justicia ha señalado que, en determinados tratados internacionales, la intención de los Estados parte es precisamente utilizar un lenguaje cuyo significado no sea fijo, sino que sea capaz de evolucionar para permitir el desarrollo en el Derecho Internacional. En tales circunstancias, justamente para respetar la intención inicial de los Estados, es necesario realizar una interpretación evolutiva. Todo ello se encuentra fundado en la premisa que, cuando los Estados han utilizado términos genéricos en un tratado, indefectiblemente tendrían que haber sido conscientes que el significado de éstos cambiaría con el tiempo. En dichos casos, la Corte Internacional de Justicia ha establecido que, como regla general, se debe presumir que la intención de los Estados contratantes es que los referidos términos genéricos tienen y tendrán un significado que evolucionará. 189. En efecto, una interpretación restrictiva del concepto de "familia" que excluya de la protección interamericana el vínculo afectivo entre parejas del mismo sexo, frustraría el objeto y fin de la Convención. La Corte recuerda que el objeto y fin de la Convención Americana es "la protección de los derechos fundamentales de los seres humanos", sin distinción alguna*".

63 Kenneth C. Wheare. *Las constituciones modernas*. Ediciones Olejnik. Santiago de Chile, 2019, p. 84.

64 Georg Jellinek. *Reforma y…*ob. cit., p. 13.

como todo lo relacionado con los límites de la primera. La mutación es, como la reforma, una facultad de la Constitución para adaptarse a la realidad política y social[65], pero además de todos los límites materiales (expresos, en forma de cláusulas de intangibilidad, si las hay, e implícitos, en todo caso) que afectan a la reforma, la mutación tampoco puede contradecir abiertamente el texto constitucional[66], porque si los jueces o el legislador pudieran hacer decir a la Constitución lo que esta, claramente, no dice, habría, aquí sí, una alevosa usurpación del lugar que solo corresponde al poder constituyente o al de reforma que sería preludio de una dictadura más o menos encubierta, además de, una considerable afectación al principio de seguridad jurídica. Por lo tanto, en nuestro criterio, las mutaciones constitucionales, planteadas como cambios materiales (informales) en la Constitución es una categoría inadmisible y proscrita en la teoría de la Constitución.

Como bien señala el profesor Badell:

> "la interpretación de una norma constitucional no es un medio para cambiar la Constitución, tampoco para darle sentido aislado al del resto del sistema o bloque de la constitucionalidad; es útil ajustar y determinar su sentido en un caso concreto, de acuerdo con el contenido, los principios, valores y normas de todo el bloque de la constitucionalidad (…) La interpretación que hace el juez constitucional no podría conducir a la reforma o cambio de las normas y principios contenidos en la Constitución. Esta interpretación mutativista o manipulativa lleva a la desconstitucionalización. Es una forma de interpretar la Constitución dirigida a desvirtuar, pervertir, bloquear o desnaturalizar, una regla constitucional (…) *"otra amenaza cierta es la manipulación de la Constitución que pueda realizar el "juez constitucional" haciéndole decir a ella lo que no expresa, o callando lo que en verdad establece: todo eso mediante contrabandos normativos o ideológicos que de hecho implican interpretaciones fraudulentas o evasoras de la Constitución".*[67] (Cursivas en original)

---

65 Hsü Dau-Lin. *Mutación de la Constitución*. Pablo Lucas Verdú, Christian Förster (traductores). Instituto Vasco de Administración Pública. Oñati, 1998, p. 75 y ss.

66 Konrad Hesse. *Escritos*…ob. cit., pp. 113, 114.

67 Rafael Badell Madrid. *Derecho Procesal Constitucional*. Editorial Jurídica Venezolana Internacional. Academia de Ciencias Políticas y Sociales. Caracas, 2020, pp. 379, 380. Badell pone como ejemplos de desconstitucionalización por vía de interpretación cons-

Los jueces, no solo los constitucionales, tienen encomendadas hoy importantísimas funciones de garantía del buen funcionamiento de la sociedad que van desde el control de las elecciones hasta enjuiciar casos de rebelión e, incluso, terrorismo. Sus decisiones van a tener inevitablemente efectos en el ámbito político, y por eso, se ha dicho que, dado que el juez constitucional debe relacionar la norma con la realidad política, cuando trata de aplicar rectamente las normas que necesitan su interpretación, debe incluir entre sus consideraciones las consecuencias políticas de su eventual decisión[68].

Para nosotros una tesis correcta es la del expresidente de la Corte Suprema israelí, Aharon Barak, quien defiende que los conceptos de activismo y *self-restraint* deben ser puestos en relación con las funciones que los Tribunales Constitucionales tienen encomendadas. Tal y como él mismo se encarga de aclarar, ello no significa que el activismo deba ser defendido por ser una actitud más agresiva en la realización de las tareas judiciales y, por tanto, la autocontención algo condenable, sino que, definido activismo como la tendencia a crear Derecho nuevo y el *self-restraint* como la tendencia a la preservación del Derecho existente, lo que los jueces deberán hacer es usar parcialmente uno u otro modo de proceder según las circunstancias.[69]

---

titucional dos emblemáticas decisiones (por manipulativas o abusivas) de la Sala Constitucional del Tribunal Supremo de Justicia de Venezuela, la número 565 del 15 de abril de 2008, por medio de la cual la Sala Constitucional eliminó las competencias propias de los estados federados para centralizarlas en el poder público nacional, en una ilegitima e inconstitucional mutación de la Constitución; y la sentencia número 378 del 31 de mayo de 2017, por medio de la cual la Sala Constitucional decidió una demanda de interpretación constitucional sobre la procedencia de la convocatoria de la inconstitucional Asamblea Nacional Constituyente por el Presidente de la República a través de un Decreto presidencial, sin la debida consulta previa al pueblo de Venezuela mediante referendo consultivo. La Sala Constitucional, interpretando de forma distorsionada los artículos 347 y 348 de la Constitución, determinó que no era necesario ni constitucionalmente obligante un referéndum previo para la convocatoria, aun cuando el artículo 347 constitucional lo establece expresamente. *Ibídem*, p. 381.

68 Gerhard Leibholz. *Problemas fundamentales de la democracia moderna*. Ediciones Olejnik. Santiago de Chile, 2019, p. 51. Ejemplo claro lo encontramos en la Corte Constitucional colombiana y su "*doctrina de la sustitución*" adoptada para superar las limitaciones formalistas al control de la reforma, o su doctrina jurisprudencial sobre "*el estado de cosas inconstitucional*".

69 Aharon Barak. *The Judge*…ob. cit., pp. 270 y ss. Sobre el papel del juez constitucional en la sociedad Faller sostiene que "*los límites de la jurisdicción constitucional están allí*

Los aspectos hasta aquí considerados son un pálido reflejo de las razones que explican la radical incompatibilidad de la justicia constitucional (garante de un poder limitado, respetuoso con el pluralismo, que defiende la separación de las esferas pública y privada en la vida de los individuos) con el populismo (que reivindica la voz de la totalidad del "*pueblo*" o de "*la gente*", concepto que en su definición excluye a una parte de la sociedad, que ve con recelo y reniega del imprescindible Derecho supranacional de los derechos humanos, y es por definición iliberal y antipluralista).

Roa[70], citando a Dixon y Landau, describe claramente como es el ataque que sufren los tribunales constitucionales:

> "*sufren los efectos directos de la existencia de fenómenos de constitucionalismo abusivo. En concreto, la existencia y consolidación del constitucionalismo abusivo está relacionada con la capacidad*

---

donde comienza el libre ámbito de decisión política del legislador o del gobierno. Va de suyo que estos límites resultan fluidos y a veces difíciles de reconocer. De ahí que corresponda al Tribunal Constitucional la responsabilidad de sopesar cuidadosamente y actuar con restrictiva prudencia, pues el principio de eficacia estatal requiere que no se pongan trabas a la libre actuación de legisladores y gobernantes dentro del espacio político discrecional que les pertenece". Todo ello a pesar de reconocer, citando a Wintrich, que "*la interpretación de la Constitución y la fijación de su sentido son las tareas específicas de todo Tribunal Constitucional. Ello incluye también, necesariamente, un elemento creador de derecho, que por lo demás es propio de la esencia de toda actividad jurisdiccional. También la Constitución se encuentra sometida al cambio. El Tribunal Constitucional está llamado, en el más alto grado, a participar, con sus decisiones jurisdiccionales, en la evolución de la Constitución. Ese componente de creación jurídica posee un significado muy especial para la jurisprudencia de los tribunales constitucionales, ya que numerosas cláusulas constitucionales poseen solamente un carácter programático o direccional que debe ser concretizado a través de la doctrina jurisprudencial de los tribunales constitucionales*" Hans Joachim Faller. "Defensa constitucional por medio de la jurisdicción constitucional en la República Federal de Alemania" en *Revista de Estudios Políticos*, núm. 7. Centro de Estudios Constitucionales. Madrid, 1979, pp. 47-68. También, y quizás más contundente es Hesse para quien "*puesto que el Derecho no escrito no puede hallarse en contradicción con la constitutio scripta (...) esta última se convierte en límite infranqueable de la interpretación constitucional (...) Allí donde el intérprete se impone a la Constitución deja de interpretarla para cambiarla o quebrantarla (...) Incluso cuando un problema no puede resolverse adecuadamente por medio de la concretización, el juez que se haya sometido a la Constitución no puede elegir libremente los topoi*". Konrad Hesse. *Escritos*...ob. cit., p. 70. Sobre los *topoi* y la tópica como metodología jurídica, por todos, Juan Antonio García Amado. *Teorías de la tópica jurídica*. Editorial Civitas. Madrid, 1988, *passim*.

70 Jorge Ernesto Roa Roa. *Control de constitucionalidad*...ob. cit., pp. 297, 298.

del poder ejecutivo para disminuir las competencias del tribunal constitucional, reducir la fuerza vinculante de las decisiones constitucionales, incluir dentro del tribunal a miembros afectos al programa político del gobernante o anular la independencia del tribunal mediante la cooptación de sus miembros o la amenaza de sanciones, la destrucción de estos o el cierre definitivo del tribunal como reacción a decisiones judiciales contrarias al proyecto de Gobierno."

Francisco Tomás y Valiente expresó con indudable acierto el alcance y sentido de la responsabilidad individual de los jueces constitucionales:

"*Aquí nadie representa a nadie ni a la Cámara donde fue elegido, ni a la fuerza parlamentaria que tomara la iniciativa de proponer su nombre como candidato. Ello significa que en el Tribunal Constitucional cada magistrado está a solas con su formación técnica y con su conciencia personal: de ellas y sólo de ellas depende. En eso consiste su independencia. En el Tribunal no se debaten opciones políticas, se delibera sobre pretensiones jurídicas de las partes enfrentadas en un proceso constitucional, y aunque en el fondo de cada contienda planteada ante nosotros lata siempre un problema político (la constitucionalidad de una norma legal, la titularidad de una competencia, el amparo de un derecho fundamental) nuestro único instrumento es la razón jurídica, como vehículo para interpretar la Constitución y para custodiar la permanente distinción entre la objetivación del poder constituyente, plasmada en la Constitución, y la actuación de los poderes constituidos.*"[71]

3. VARIACIÓN III (FINAL)

En vista de lo planteado, nos preguntamos, ¿Qué hacer?, la respuesta está en evitar la erosión de la democracia a toda costa, salvándola de las garras del monstruo del populismo. Ante la desigualdad y ante políticos, muchas veces corruptos, que no representan los intereses de

---

71 Francisco Tomás y Valiente. "Discurso de despedida pronunciado en el Tribunal Constitucional, el 8 de julio de 1992", en *Escritos sobre y desde el Tribunal Constitucional.* Centro de Estudios Constitucionales. Madrid, 1993, p. 228.

la ciudadanía sino los intereses propios y de ciertos sectores, debemos de actuar, trabajar en convertir nuestra actual democracia erosionada, en una viable y atractiva para el bien común. Pensamos que algunas áreas donde es primordial "*poner la lupa*" en los cambios para evitar el populismo son:

a) Fortalecer las instituciones y el control recíproco de las ramas del Poder Público: recuperar la vigencia de la constitucionalidad, de la legalidad y construir con ello instituciones fuertes, estables y confiables. Cassagne plantea lograr consensos comunes, evitar la confrontación a fin de buscar la paz y la unión del pueblo, poniendo de relieve la necesidad de fortalecer la representación en los parlamentos, formar cuadros políticos idóneos y representativos de todos los sectores sociales. Sugiere la importancia de establecer un conjunto de mecanismos institucionales efectivos para traducir las opiniones populares en políticas públicas.[72]

En este sentido, una de las cuestiones fundamentales para el fortalecimiento de las instituciones es el control recíproco entre los poderes, frente a un ejecutivo que tiene cada vez más preponderancia a la hora de resolver los distintos asuntos, centralizando su acción y relegando a un segundo plano a los demás poderes del Estado.

En este sentido un papel crucial en evitar que el líder populista secuestre las instituciones lo tiene las fuerzas opositoras. La permanencia en el cargo durante un largo periodo de los líderes populistas puede darse si son capaces de construir una coalición de apoyo tanto a nivel de masas como de la "*élite*". Esto significa que, si sectores de la oposición son captados por la administración populista, esta última tiene muchas más posibilidades de sobrevivir. Al contrario, la eternización en el poder de los líderes populistas puede evitarse si la oposición puede permanecer unida en sus intereses y no caer en la tentación de la espiral de corrupción, clientelismo y prebendas del aparato populista que forma el gobierno.

Por último, hay que fortalecer las instituciones de control y las que velan por la defensa de los derechos humanos, y que no se conviertan en elefantes blancos o en barcos de papel que puedan ser consumidos

72 Juan Carlos Cassagne. *El Estado*…ob. cit., pp. 98, 99; 238-240.

por la vorágine populista, por ejemplo, las contralorías, las unidades de auditoria de los organismos públicos y la Defensoría del Pueblo.

b) Poder judicial independiente: muy unido al control recíproco de los poderes, se encuentra el rol del Poder Judicial y la necesidad de que sea un órgano independiente de los poderes políticos. Badell lo vincula con el principio de separación de poderes, al señalar que:

> "*no solo implica la actuación independiente y autónoma del juez constitucional, sino también el límite de la decisión fundada, basada en derecho, y sin invadir las competencias propias de otro órgano, ni siquiera aquél sujeto al control de la constitucionalidad de sus actos*".[73] El control judicial de constitucionalidad de los actos del poder público es fundamental para controlar la transparencia y participación en el proceso democrático. Y es que la independencia del juez se predica, precisamente, respecto de los otros poderes del Estado y, en este sentido, "*la garantía primera de la independencia judicial radica en la exclusividad, en la reserva de la función al cuerpo de jueces, en la eliminación de cualquier residuo de poder jurisdiccional en manos de los otros poderes*"[74].

Para hacer efectiva la independencia judicial se añaden unos soportes para asegurarla, la inamovilidad (estabilidad), la regla de las incompatibilidades, la imparcialidad (sumisión a la ley, que para que sea plena debe excluir cualquier dependencia jerárquica en el ejercicio de la función de juzgar y hacer ejecutar lo juzgado), la neutralidad (efectiva mediante el sistema de inhibiciones y recusaciones). Añadiría, como complemento de lograr una independencia judicial plena, la flexibilización de la vinculación del juez a la jurisprudencia o al sistema de precedentes constitucionales, donde sean de obligado seguimiento. A lo sumo, apuesto por una vinculación disuasoria (en el sentido de que al no seguir la doctrina jurisprudencial puede acarrear la revocación de las sentencias contrarias a la misma), pero nunca una vinculación formal, rigurosa, por la cual el juez que se aparte del precedente constitucional

---

[73] Rafael Badell Madrid. *Derecho Procesal Constitucional*…ob. cit., p. 210.

[74] Santiago Muñoz Machado. *La reserva de jurisdicción.* 2da. Edición. Editorial Temis. Bogotá, 2020, p. 18.

vinculante sea objeto de sanciones disciplinarias en el ejercicio de su arbitrio (falta o error grave no excusable).

c) Acceso a la información pública: debe garantizarse el efectivo ejercicio del derecho de acceso a la información pública, promover la participación ciudadana y la transparencia de la gestión pública. Toda la información en poder del Estado debe presumirse pública y de máxima divulgación, salvo contadas excepciones (seguridad nacional). Esto posibilita un mayor control ciudadano y límite las actuaciones arbitrarias del gobierno.

d) Combatir la corrupción: es necesario prevenir y sancionar la corrupción. La corrupción sistémica destroza los pueblos, degenera la democracia, genera desconfianza ciudadana, crea un caldo de cultivo para el populismo y su continuismo. Hay que promover la autonomía de las instituciones, la obligación de rendir cuentas a las autoridades y acabar con la impunidad.

e) Educación cívica: radica en conculcar a la ciudadanía los principales valores de la democracia liberal e, incluso, advertir sobre los peligros de las posiciones populistas. Esa difusión debe hacerse no solo en las escuelas y colegios, desde edad temprana a niños y adolescentes, sino también debe permanecer en el tiempo en el discurso democrático, en los partidos, en las asociaciones civiles, en las organizaciones públicas. Valores como la paz, la seguridad, el orden, la justicia, el pluralismo, la moralidad pública, el respeto a la dignidad humana y a los derechos fundamentales.

f) Libertad de expresión, opinión, el papel de los medios de comunicación y redes sociales: se ha mencionado que uno de los obstáculos fundamentales que encuentra el Estado populista para imponer su construcción colectiva en cabeza de un líder hegemónico es la libertad de expresión. Resulta fundamental asegurar la vigencia de este derecho para favorecer la discusión pública. Por otro lado, son diversas las razones por las cuales los medios de comunicación libres y la libertad de prensa tienen un rol fundamental en las sociedades democráticas. No solo contribuyen directamente a la calidad de vida de todas las personas, en tanto permiten comunicar entre sí y comprender mejor el mundo en que viven, sino que también tienen un papel informativo clave en la difusión del conocimiento y en el fomento del escrutinio público[75]. Sin embargo, no debe dejar de mencionarse que los medios juegan un papel importante en el fracaso de las fuerzas populistas, sino que también pueden ayudar a su éxito. Igualmente, las redes sociales influyen en el debate público. Si bien han servido para amplificar los discursos de odio y la difusión de *fake news*, al mismo tiempo son una herramienta para defender y difundir los valores democráticos e incluso para mostrar y dar voz a grupos y colectivos tradicionalmente desventajados.

g) El rol de las instituciones supranacionales: por ejemplo, la Organización de Estados Americanos (OEA), la Unión Europea, grupos de países de apoyo (Grupo de Lima, Grupo de contacto), están llamados a promover, proteger y defender las democracias y reaccionar con vehemencia contra la llegada al poder de fuerzas populistas y autoritarias.

BIBLIOGRAFÍA

ACKERMAN, Bruce. *La Constitución viviente*. Marcial Pons. Madrid, 2011.

______________. *We the people I. Fundamentos de la historia constitucional estadounidense*. Traficantes de sueños. Madrid, 2015.

ALONSO GARCÍA, Enrique. *La interpretación de la Constitución*. Centro de Estudios Constitucionales. Madrid, 1984.

ALTERIO, Ana Micaela. "El constitucionalismo popular y el populismo constitucional como categorías constitucionales" en *Constitucionalismo progresista: retos y perspectivas*. Un homenaje a Mark *Tushnet*. Roberto Gargarella y Roberto Niembro Ortega (coordinadores). Universidad Nacional Autónoma de México. Instituto de Investigaciones Jurídicas. Instituto de Estudios Constitucionales del Estado de Querétaro. México, 2016.

ARAGÓN REYES, Manuel. "El futuro de la justicia constitucional" en *Anuario Iberoamericano de Justicia Constitucional*, núm. 23. Centro de Estudios Políticos y Constitucionales. Madrid, 2019.

ARDITI, Benjamín. "El populismo como periferia interna de la política democrática" en: *El populismo como espejo de la democracia*. Francisco Panizza y Benjamín Arditi (Coordinadores). Fondo de cultura económica, México, 2009.

---

75 Amartya Sen. *La idea de la justicia*. Editorial Taurus, Buenos Aires, 2011, pp. 366, 367.

AYALA CORAO, Carlos M. *Del diálogo jurisprudencial al control de convencionalidad.* Editorial Jurídica Venezolana. Caracas, 2012.

BACHOF, Otto. *¿Normas constitucionales inconstitucionales?* Leonardo Álvarez Álvarez (traductor). Palestra Editores, Lima, 2010.

BADELL MADRID, Rafael. *Derecho Procesal Constitucional.* Editorial Jurídica Venezolana Internacional. Academia de Ciencias Políticas y Sociales. Caracas, 2020.

BARAK, Aharon. *The Judge in a Democracy.* Princeton University Press, Princeton, 2006.

____________. *La aplicación judicial de los derechos fundamentales. Escritos sobre derechos y teoría constitucional.* Amaya Álvarez Marín y Joel I. Colón-Ríos (editores). Universidad Externado de Colombia. Bogotá, 2020.

BIANCHI B., Alberto. *La separación de poderes. Un estudio desde el Derecho comparado.* Ediciones Cathedra Jurídica. Buenos Aires, 2019.

BOBBIO, Norberto. *El tiempo de los derechos.* Rafael de Asís Roig (traductor). Editorial Sistema. Madrid, 1991.

BREWER-CARÍAS, Allan R. *Crónica constitucional sobre una Venezuela en tinieblas.* Ediciones Olejnik. Santiago de Chile, 2019.

____________. *El "nuevo constitucionalismo latinoamericano" y la destrucción del Estado democrático por el juez constitucional. El caso Venezuela.* Ediciones Olejnik. Editorial Jurídica Venezolana. Santiago de Chile, 2018.

BRINKS, Daniel, LEVITSKY, Steven y MURILLO, María V. *Understanding Institutional Weakness. Power and design in Latin American Institutions.* Cambridge University Press, Cambridge, 2019.

BUGARIC, Bojan. "The two faces of populism: between authoritarian and democratic populism" en *German Law Journal*, núm. 20, 2019.

CANOSA USERA, Raúl. *Interpretación constitucional y fórmula política.* Centro de Estudios Constitucionales. Madrid, 1988.

CASAL H., Jesús M. *Los derechos fundamentales y sus restricciones. Constitucionalismo comparado y jurisprudencia interamericana.* Editorial Temis. Konrad Adenauer Stiftung. Bogotá, 2020.

CASSAGNE, Juan C. *El Estado populista.* BdeF Editorial. Buenos Aires, 2017.

CASTELLS, Manuel. *Rupture: the crisis of liberal democracy.* Polity Press. Cambridge, 2018.

CIANCIARDO, Juan. "Populismo y Rule of Law" en *Revista RYD. República y Derecho.* Vol. IV, núm. 4. Facultad de Derecho. Universidad Nacional de Cuyo. Mendoza, 2019.

COLÓN-RÍOS, Joel I. *La constitución de la democracia*. Graciela Rivera Muñoz (traductora). Universidad Externado de Colombia. Bogotá, 2013.

DAU-LIN, Hsü. *Mutación de la Constitución*. Pablo Lucas Verdú, Christian Förster (traductores). Instituto Vasco de Administración Pública. Oñati, 1998.

DE CARRERAS SERRA, Francesc. "El término nación española en su contexto constitucional" en *Anales de la Cátedra Francisco Suárez*, numero 40. Editorial Universidad de Granada, Granada, 2006.

DE LA TORRE, Carlos. *Populismos. Una inmersión rápida*. Tibidabo ediciones. Barcelona, 2017.

DE VEGA GARCÍA, Pedro. *Escritos político-constitucionales*. Instituto de Investigaciones Jurídicas. Universidad Autónoma de México. México, 2004.

______________. *La reforma constitucional y la problemática del Poder Constituyent*e. Editorial Tecnos, Madrid, 1985.

DÍAZ REVORIO, Francisco J. *Interpretación de la Constitución y justicia constitucional*. Editorial Porrúa. México, 2009.

DUQUE CORREDOR, Román J. *Constitucionalismo autoritario. La destrucción del Estado Social y Democrático de Derecho con Constituciones democráticas. El canibalismo constitucional*. Folletos de la Fundación Alberto Adriani. Bloque Constitucional. Caracas, 2017.

EATWELL, Roger y GOODWIN, Matthew. *National populism. The revolt against liberal democracy*. Pelican books. Londres, 2018.

FALLER, Hans J. "Defensa constitucional por medio de la jurisdicción constitucional en la República Federal de Alemania" en *Revista de Estudios Políticos*, núm. 7. Centro de Estudios Constitucionales. Madrid, 1979.

FERRAJOLI, Luigi. "La esfera de lo indecidible y la división de poderes" en *Estudios constitucionales*. Universidad de Talca, Centro de Estudios Constitucionales de Chile, año 6, núm. 1, 2008.

______________. *Las fuentes de legitimidad de la jurisdicción*. Instituto Nacional de Ciencias Penales. México, 2010.

GAMA, Leopoldo. *Derechos, democracia y jueces. Modelos de filosofía constitucional*. Marcial Pons. Madrid, 2019.

GARCÍA AMADO, Juan A. *Teorías de la tópica jurídica*. Editorial Civitas. Madrid, 1988.

GARCÍA BELAUNDE, Domingo. *Cómo estudiar Derecho Constitucional*. Asociación Peruana de Derecho Constitucional. Lima, 2020.

GAVARA DE CARA, Juan C. *Derechos fundamentales y desarrollo legislativo. La garantía del contenido esencial de los derechos fundamentales en la Ley Fundamental de Bonn*. Centro de Estudios Constitucionales, Madrid, 1994.

GHAZZAOUI, Ramsis. "Interpretación constitucional y discrecionalidad judicial. Una aproximación desde el neoconstitucionalismo" en *Libro Homenaje al Profesor Eugenio Hernández-Bretón.* Tomo II. Academia de Ciencias Políticas y Sociales. Editorial Jurídica Venezolana. Caracas, 2019.

GINSBURG, Tom y HUQ, Aziz. *How to save a Constitutional Democracy.* University of Chicago Press, Chicago, 2018.

GUASTINI, Riccardo. *Teoría e ideología de la interpretación constitucional.* Editorial Trotta. Madrid, 2010.

HÄBERLE, Peter. *La garantía del contenido esencial de los derechos fundamentales en la Ley fundamental de Bonn. Una contribución a la concepción constitucional de los derechos fundamentales y a la teoría de la reserva de ley.* Joaquín Brague Camazano (traductor). Editorial Dykinson. Madrid, 2003.

HESSE, Konrad. *Escritos de Derecho Constitucional.* Fundación Coloquio Europeo. Centro de Estudios Políticos y Constitucionales. Madrid, 2012.

JELLINEK, Georg. *Reforma y mutación de la Constitución.* Editorial Leyer. Bogotá, 2006.

JIMÉNEZ CAMPO, Javier. "Contra la Constitución material" en *Estudios de Derecho Público. Homenaje a Juan José Ruiz-Rico.* Volumen I. Editorial Tecnos, Madrid, 1997.

KELSEN, Hans. "La garantía jurisdiccional de la Constitución (La Justicia constitucional)" Rolando Tamayo y Salmorán (traducción). Domingo García Belaunde (Revisión) en Hans Kelsen. *Sobre la jurisdicción constitucional.* Cuadernos del Rectorado. Universidad Inca Garcilaso de la Vega. Lima, 2017.

LACLAU, Ernesto. *La razón populista.* Soledad Laclau (traducción). Fondo de cultura económica. México, 2016.

LANDAU, David. "Abusive constitutionalism" en *University of California Davis Law Review*, Vol. 47, 2013.

LASALLE, José M. *Contra el populismo: cartografía de un totalitarismo posmoderno.* Editorial Debate. Madrid, 2017.

LEIBHOLZ, Gerhard. *Problemas fundamentales de la democracia moderna.* Ediciones Olejnik. Santiago de Chile, 2019.

LOCHOCKI, Timo. *The rise of populism in Western Europe. A media analysis on failed political messaging.* Springer. Cham, Suiza, 2018.

MANZO-UGAS, Gustavo A. "Constitucionalismo autoritario. El incumplimiento de las obligaciones estatales y ciudadanas como hipótesis de la fractura del contrato social" en *Dikaion*, Vol. 28, num. 2. Universidad de La Sabana. Chía, Colombia, 2019.

MOFFITT, Benjamín. *The global rise of Populism. Performance, political style, and representation.* Stanford University Press. Stanford, 2016.

MORTATI, Costantino. *La Constitución en sentido material.* Almudena Bergareche Gros (traductora). Centro de Estudios Políticos y Constitucionales. Madrid, 2000.

MOUNK, Yascha. *The People vs. Democracy. Why our freedom is in danger and how to save it.* Harvard University Press, Cambridge, Massachusetts, 2018.

MUDDE, Cas y ROVIRA KALTWASSER, Cristóbal. "Populism and (liberal) democracy: a framework for análisis" en *Populism in Europe and the Americas. Threat of corrective for democracy?* Cass Mude y Cristóbal Rovira Kaltwasser (editores). Cambridge University Press. Cambridge, 2021.

_____________. *Populism. A very short introduction.* Oxford University Press. Oxford, 2017.

MUÑOZ MACHADO, Santiago. *La reserva de jurisdicción.* 2da. Edición. Editorial Temis. Bogotá, 2020.

NIETO, Alejandro. *El desgobierno de lo público.* Editorial Ariel. Barcelona, 2012.

PARAMIO, Ludolfio. "La izquierda y el populismo" en *La "izquierda" en América Latina.* Pedro Pérez Herrero (compilador). Fundación Pablo Iglesias, Madrid, 2006.

ROA ROA, Jorge E. *Control de Constitucionalidad deliberativo. El ciudadano ante la justicia constitucional, la acción pública de inconstitucionalidad y la legitimidad democrática del control judicial al legislador.* Universidad Externado de Colombia. Bogotá, 2019.

RODRÍGUEZ ABASCAL, Luis. *Las fronteras del nacionalismo.* Centro de Estudios Políticos y Constitucionales. Madrid, 2000.

ROZNAI, Yaniv. *Reformas constitucionales inconstitucionales: los límites al poder de reforma.* Vicente F. Benítez R., Santiago García Jaramillo, Julián González Escallón, Marcelo Lozada Gómez (traductores). Universidad Externado de Colombia. Bogotá, 2020.

RUIPÉREZ ALAMILLO, Javier. *En torno a la reforma constitucional y la fuerza normativa de la Constitución.* Editorial Tirant Lo Blanch, Valencia, 2018.

_____________. *Reforma versus Revolución. Consideraciones desde la teoría del Estado y de la Constitución. Sobre los límites materiales a la revisión constitucional*. Editorial Porrúa. México, 2014.

SAGÜES, Néstor Pedro. "Reflexiones sobre la constitución viviente (*Living Constitution*)" en *Díkaion*, Vol. 12. Facultad de Derecho. Universidad de la Sabana. Chía, Colombia, 2003.

SCALIA, Antonin. *Una cuestión de interpretación. Los tribunales federales y el derecho*. Amy Gutmann (edición). Palestra Editores. Lima, 2015.

SCHMITT, Carl, KELSEN, Hans. *La polémica Schmitt/Kelsen sobre la justicia constitucional: El defensor de la Constitución versus ¿Quién debe ser el defensor de la Constitución?* Editorial Tecnos, Madrid, 2009.

SEN, Amartya. *La idea de la justicia*. Editorial Taurus, Buenos Aires, 2011.

SIEYES, Enmanuel. *¿Qué es el Tercer Estado?. Ensayos obre los privilegios*. Traducción, introducción y notas de Marta Lorente y Lidia Vázquez. Alianza Editorial. Madrid, 1989.

TOMÁS Y VALIENTE, Francisco. "Discurso de despedida pronunciado en el Tribunal Constitucional, el 8 de julio de 1992", en *Escritos sobre y desde el Tribunal Constitucional*. Centro de Estudios Constitucionales. Madrid, 1993.

TUSHNET Mark. "Varieties of constitutionalism" en *International journal of Constitutional Law*. Vol. 14, núm. 1. Oxford University Press, 2016.

_____________. "Authoritarian constitutionalism" en Tom Ginsburg y Alberto Simpser. *Constitutions in Authoritarian Regimes*. Cambridge University Press. Cambridge, 2014.

_____________. "Varieties of populism". *German Law Journal*, Vol., 20, núm. 3. Cambridge University Press, 2019.

URBINA MENDOZA, Emilio J. "¿Que son las sentencias de gobierno? La nueva geografía de actos en la jurisprudencia de la Sala Constitucional del Tribunal Supremo de Justicia" en *Revista de Derecho Público* N° 147-148. Editorial Jurídica Venezolana, Caracas, 2016.

_____________. "Las funciones de gobierno ejercidas por la jurisdicción constitucional. ¿es aceptable una modificación de la teoría de separación de poderes por un tribunal constitucional? El caso de la sala constitucional del tribunal supremo de justicia de Venezuela 2016-2018" en *Estudios de Deusto*, Vol. 66, núm. 2. Universidad de Deusto, 2018.

VALLESPÍN, Fernando y BASCUÑÁN, Máriam M. *Populismos*. Alianza Editorial. Madrid, 2019.

VARGAS LLOSA, Mario. "El populismo, el nuevo enemigo" en Álvaro Vargas Llosa (coordinador). *El estallido del populismo*. Editorial Planeta. Buenos Aires, 2017.

VERDÚ, Pablo Lucas. *Curso de Derecho Político*. Vol. 4. Editorial Tecnos. Madrid, 1984.

VICIANO PASTOR, Roberto y MORENO GONZÁLEZ, Gabriel. "Cuando los jueces declaran inconstitucional la Constitución: la reelección presidencial en América Latina a la luz de las últimas decisiones de las cortes constitucionales" en *Anuario Iberoamericano de Justicia Constitucional*, núm. 22. Centro de Estudios Políticos y Constitucionales. Madrid, 2018.

WEYLAND, Kurt. "Populism. A political-strategic approach" en *The Oxford Handbook of Populism*. Cristóbal Rovira Kaltwasser, Paul Taggart, Paulina Ochoa Espejo y Pierre Osteiguy (editores). Oxford University Press. Oxford, 2017.

WHEARE, Kenneth C. *Las constituciones modernas*. Ediciones Olejnik. Santiago de Chile, 2019.

YLARRI; Juan Santiago. "Populismo, crisis de representación y democracia" en *Foro. Revista de Ciencias Jurídicas y Sociales*. Vol. 18, núm. 1. Universidad Complutense de Madrid. Madrid, 2015.

ZAGREBELSKY, Gustavo. *Principios y votos. El Tribunal Constitucional y la política*. Editorial Trotta, Madrid, 2008.

ZANATTA, Loris. *El populismo*. Katz editores. Buenos Aires, 2014.

DERECHOS FUNDAMENTALES

Algunos aspectos sobre unos Derechos Humanos más olvidados
y preteridos en Venezuela: El derecho a vivir en paz.
Allan R. Brewer-Carías

Diálogo social: Perspectiva latinoamericana.
César Augusto Carballo Mena

El ejercicio del derecho al sufragio por parte de la mujer venezolana.
Juan Cristóbal Carmona Borjas

Situación de los Derechos Civiles y Políticos en Venezuela durante
la Pandemia 2020-2021 a la luz del Derecho Internacional
de los Derechos Humanos y el Derecho Penal Internacional.
Fernando M. Fernández

Respuestas de los Estados en el contexto del Covid-19
¿Existen derechos existenciales a nivel Global que deben ser protegidos
o solo son potestades de los gobiernos?
Luis Alberto Petit Guerra

La protección del ambiente frente al riesgo de accidentes industriales,
en Europa y España.
Ángel Manuel Moreno Molina

Las normas del Derecho Internacional aplicables a la situación
de los desplazados venezolanos.
Milagros Betancourt C.

Democracia, Constitución y protección de datos personales.
Raúl Arrieta Cortés

Sobre la conveniencia de consensuar un concepto de terrorismo.
Jesús Ollarves Irazábal

ALGUNOS ASPECTOS SOBRE UNOS DERECHOS HUMANOS MÁS OLVIDADOS Y PRETERIDOS EN VENEZUELA: EL DERECHO A VIVIR EN PAZ*

ALLAN R. BREWER-CARÍAS**

SUMARIO

---

* Trabajo elaborado para el *Libro Homenaje a la Dra. Cecilia Sosa Gómez*, Academia de Ciencias políticas y Sociales.

** Profesor emérito, Universidad Central de Venezuela.

la vida. E. El encubrimiento como política de Estado. 2. El Informe de la Misión Internacional Independiente sobre violaciones a los derechos humanos en Venezuela (2020). A. El cuadro general de horror por la masiva violación de los derechos humanos. B. La determinación de las violaciones a los derechos humanos como parte de una política de Estado. C. La calificación de los crímenes como de lesa humanidad y la responsabilidad de los altos funcionarios del Estado. VIII. Derecho a la paz y derecho a la justicia. 1. La desaparición de la separación de poderes. 2. La ausencia de Justicia: la desaparición de un Poder Judicial confiable y de su autonomía e independencia. A. Falta de autonomía e independencia. B. Violación de las garantías judiciales y desaparición del derecho de acceso a la justicia y a la protección judicial. C. La situación global de impunidad. 3. La desaparición de las otras funciones de control y de la autonomía e independencia de los órganos del Poder Ciudadano. Apreciación general.

I. EL DERECHO A LA PAZ Y EL DERECHO DE TODAS LAS PERSONAS A VIVIR EN PAZ COMO FUNDAMENTO DEL ESTADO EN LA CONSTITUCIÓN

Si hay un derecho ciudadano cuya vigencia efectiva es de las más deseadas en el mundo contemporáneo, ese es el derecho a la paz, es decir, el derecho que toda persona tiene a la convivencia pacífica, no sólo entre las naciones y los pueblos, sino en el seno de un Estado, entre sus ciudadanos. Se trata, en definitiva, del derecho de todos a poder vivir en paz.

Ese derecho a la paz ha tenido pocos enunciados expresos en los textos constitucionales, destacándose en América Latina el caso del artículo 22 de la Constitución Política de Colombia de 1991, en la cual se declaró que "*la paz es un derecho y un deber de obligatorio cumplimiento*", de manera que entre los deberes de las personas y ciudadanos está el "*propender al logro y mantenimiento de la paz*" (art. 95); entre los fines de la educación está el formar "*al colombiano en el respeto a los derechos humanos, a la paz y a la democracia*" (art. 67); siendo además uno de los fines primordiales de la policía nacional como cuerpo armado "*de naturaleza civil*" el mantenimiento "*de las condiciones necesarias para el ejercicio de los derechos y libertades públicas, y para asegurar que los habitantes de Colombia convivan en paz.*" Con esta idea de vivir y convivir en paz como derecho de los ciudadanos, en la Constitución de Colombia, además, se dispusieron Disposiciones Transitorias para el desarrollo del "*proceso de paz*" con la insurgencia guerrillera.

En el caso de Venezuela, no hay una declaración constitucional expresa sobre el derecho a la paz, pero el mismo está en la propia raíz del constitucionalismo desde la Constitución primigenia del Estado de Venezuela del 21 de diciembre de 1811, en la cual se declaró que los hombres se constituyeron en sociedad, una vez que renunciaron "*a aquella libertad ilimitada y licenciosa a que fácilmente los conducían sus pasiones, propia solo del estado salvaje*", implicando el establecimiento de la sociedad "l*a renuncia a esos derechos funestos, la adquisición de otros más dulces y pacíficos y la sujeción a ciertos deberes mutuos*" (art. 141); todo, con el objeto, en definitiva, que "*el pacto social asegure a cada individuo el goce y la posesión de sus bienes, sin lesión del derecho que los demás tengan de los suyos*" (art. 142).

De lo anterior resulta, en consecuencia, como también lo indicó la Constitución de 1811, que "*el objeto de la sociedad es la felicidad común*" (art. 151), consistiendo esa "*felicidad en el goce de la libertad, de la seguridad, de las propiedades y de la igualdad de derechos ante la ley*" (art. 152), que son precisamente esos derechos pacíficos que resultan del establecimiento de la misma.

Por ello, para asegurar esa felicidad y el disfrute de esos derechos pacíficos, el fundamento de la sociedad es asegurar la paz y el derecho de todas las personas a vivir en paz, razón por la cual en la propia Constitución se declaró, *primero*, respecto de la autoridad, que "*los Gobiernos han sido instituidos para asegurar al hombre en ella*" (art. 151) y, más precisamente, "*para el bien y la felicidad común de todos los hombres*" (art. 198); y *segundo*, respecto de los ciudadanos, que:

> "*Los derechos de los otros son el límite moral de los nuestros y el principio de nuestros deberes relativamente a los demás individuos del Cuerpo Social. Ellos reposan sobre dos principios que la naturaleza ha grabado en todos los corazones, a saber: "Haz siempre a los otros todo el bien que quisieras recibir de ellos." "No hagas a otro lo que no quisieras que se te hiciese*" (art. 193).

> *"Ninguno es hombre de bien ni buen ciudadano si no observa las leyes fiel y religiosamente, si no es buen hijo, buen hermano, buen amigo, buen esposo, y buen padre de familia"* (art. 195),
> *"Cualquiera que traspasa las leyes abiertamente o que, sin violarlas a las claras, las elude con astucia, o con rodeos artificiosos y culpables, es enemigo de la sociedad, ofende los intereses de todos y se hace indigno de la benevolencia y estimación públicas"* (art. 196).

En ese contexto establecido en la constitución primigenia del Estado en 1811, la base de la "*felicidad común*" de todos los hombres es en definitiva el derecho que todos tienen a la paz, a la convivencia pacífica o a vivir en paz.

II. EL DERECHO A LA PAZ Y A VIVIR EN PAZ EN EL CONTEXTO DE LA CONSTITUCIÓN DE 1999

Como se dijo, en la Constitución de 1999, si bien no se encuentra un enunciado sobre el derecho de todos "*a la paz*", y a vivir en paz; la paz, como derecho y el derecho a vivir en paz se deriva de múltiples declaraciones que fueron incorporadas al Texto fundamental, en el cual:

> *(i)* se establece dentro de los propósitos de la organización política de la sociedad misma conforme a la Constitución, el consolidar "*los valores de la libertad, la independencia, la paz, la solidaridad, el bien común, la integridad territorial, la convivencia y el imperio de la ley para esta y las futuras generaciones*" (Preámbulo);
> *(ii)* se declara a la *paz* como uno de los valores por los cuales tradicionalmente ha luchado el pueblo de Venezuela (art. 350);
> *(iii)* se declara que el patrimonio moral de la República y "*sus valores de libertad, igualdad, justicia y paz internacional*" se fundamentan en "*la doctrina de Simón Bolívar, el Libertador*" (art. 1);
> *(iv)* se precisa como unos de los "*fines esenciales*" del Estado, "*la defensa y el desarrollo de la persona y el respeto a su dignidad, el ejercicio democrático de la voluntad popular, la construcción de una sociedad justa y amante de la paz, la promoción de la prosperidad y bienestar del pueblo y la garantía del cumplimiento de los principios, derechos y deberes reconocidos y consagrados en esta Constitución*" (art. 3);

(v) se declara al "*espacio geográfico venezolano*" como "*una zona de paz*" (art. 13);
(vi) se define entre las competencias de los órganos que ejercen el Poder Público Nacional, "*la conservación de la paz pública y la recta aplicación de la ley en todo el territorio nacional*" (art. 156.2); y
(vii) se indica que la política de "*la seguridad de la Nación*" se fundamenta en "*la corresponsabilidad entre el Estado y la sociedad civil, para dar cumplimiento a los principios de independencia, democracia, igualdad, paz, libertad, justicia, solidaridad, promoción y conservación ambiental y afirmación de los derechos humanos*" (art. 326).

En ese contexto, en el ámbito interno, la Constitución:

(viii) asigna al Estado la tarea esencial mantener la paz, razón por la cual le corresponde a la autoridad el deber de establecer los cuerpos de seguridad, "para mantener y restablecer el orden público, proteger a los ciudadanos, hogares y familias, apoyar las decisiones de las autoridades competentes y asegurar el pacífico disfrute de las garantías y derechos constitucionales" (art. 332);
(ix) para cuyo efecto, establece que "sólo el Estado puede poseer y usar armas de guerra" (art. 324),
(x) asegura el derecho de todos a manifestar "pacíficamente y sin armas" prohibiendo "el uso de armas de fuego y sustancias tóxicas en el control de manifestaciones pacíficas" (art. 68);
(xi) garantiza el derecho de "toda persona tiene derecho a expresar libremente sus pensamientos, sus ideas u opiniones" permite toda forma de expresión que pueda ser contraria a la paz, específicamente "el anonimato, la propaganda de guerra, ni los mensajes discriminatorios, ni los que promuevan la intolerancia religiosa" (art. 57); y
(xii) declara que "las acciones para sancionar los delitos de lesa humanidad, violaciones graves de los derechos humanos y los crímenes de guerra son imprescriptibles" (art. 29).
La Constitución, además, al enunciar los deberes ciudadanos:
(xiii) se refiere al deber de todos de participar solidariamente en la vida política, civil y comunitaria del país, "promoviendo y defendiendo los derechos humanos como fundamento de la convivencia democrática y de la paz social" (art. 132).

Siendo la paz uno de los valores fundamentales del Estado, la misma también se erige en la Constitución:
(xiv) como un valor fundamental en las relaciones internacionales, al declararse a la promoción de la "cooperación pacífica entre las naciones" como deber esencial del Estado (Preámbulo);
(xv) y a "la solución pacífica de los conflictos internacionales," como uno de los principios que deben regir dichas relaciones internacionales (art. 152).

La Constitución, además:

(xv) impone como obligación del Estado, que en todos "los tratados, convenios y acuerdos internacionales que la República celebre," se debe insertar "una cláusula por la cual las partes se obliguen a resolver por las vías pacíficas reconocidas en el derecho internacional [...] las controversias que pudieren suscitarse entre las mismas con motivo de su interpretación o ejecución" de dichos instrumentos (art. 155).

Todas estas normas, sin duda, permiten arraigar en el espíritu del texto de la Constitución el derecho a la paz y a vivir en paz.

III. EL DERECHO A LA PAZ Y EL DERECHO A VIVIR EN PAZ EN LAS DECLARACIONES INTERNACIONALES

El derecho a la paz y el derecho de todos a vivir en paz, como valor esencial de los Estados en el ámbito interno y en la Comunidad Internacional y, además, como derecho fundamental de las personas en el ámbito interno de los Estados, ha venido teniendo un desarrollo conceptual importante en diversas declaraciones internacionales cuyo contenido debe analizarse a los efectos contribuir a determinar su contenido y alcance.

Ante todo debe mencionarse la *Declaración sobre el derecho de los pueblos a la paz* adoptada por la Asamblea General de las Naciones Unidas (Resolución 39/11) el 12 de noviembre de 1984, en la cual:

"*Reconociendo que garantizar que los pueblos vivan en paz es el deber sagrado de todos los Estados,*

1. Proclama solemnemente que los pueblos de nuestro planeta tienen el derecho sagrado a la paz; vivir en paz.
2. Declara solemnemente que proteger el derecho de los pueblos a la paz y fomentar su realización es una obligación fundamental de todo Estado."[1]

Y más recientemente, la *Declaración sobre el Derecho a la Paz* aprobado por la Asamblea General de las Naciones Unidas (Resolución 71/189) el 19 de diciembre de 2016, en la cual se declaró:

"Artículo 1. Toda persona tiene derecho a disfrutar de la paz de tal manera que se promuevan y protejan todos los derechos humanos y se alcance plenamente el desarrollo.
Artículo 2. Los Estados deben respetar, aplicar y promover la igualdad y la no discriminación, la justicia y el estado de derecho y garantizar la liberación del temor y la miseria, como medio para consolidar la paz dentro de las sociedades y entre estas."[2]

Esta última Declaración de la ONU fue el resultado de más de diez años de trabajo, habiendo tenido su antecedente documental en la llamada *Declaración de Santiago sobre el derecho humano a la paz* de 10 de diciembre de 2010,[3] de contenido y alcance muchísimo más rico, que fue adoptada por diversas organizaciones de la sociedad civil bajo el liderazgo de la *Asociación Española para el Derecho Internacional de los Derechos Humanos*, dirigida por su Presidente, el profesor Carlos Villán.

Este derecho a la paz, en el Preámbulo de la *Declaración de Santiago,* en efecto, tiene un rico tratamiento conceptual al expresar entre muchos otros considerandos, que siendo un "*propósito fundamental de la ONU el mantenimiento de la paz y la seguridad internacionales,*"

---

1 Disponible en: https://www.ohchr.org/SP/ProfessionalInterest/Pages/RightOfPeoplesToPeace.aspx#:~:text=Declaraci%C3%B3n%20sobre%20el%20derecho%20de%20los%20pueblos%20a%20la%20paz,-Adoptada%20por%20la&text=Reafirmando%20que%20el%20prop%C3%B3sito%20principal,y%20de%20la%20seguridad%20internacionales%2C&text=Reconociendo%20que%20garantizar%20que%20los,1.

2 Disponible en https://undocs.org/pdf?symbol=es/A/RES/71/189

3 Disponible en: https://www.ugr.es/~fmunoz/html/dhumpaz/Declaraci%C3%B3n%20de%20Santiago%20sobre%20el%20derecho%20humano%20a%20la%20paz%20-%20AEDIDH.html

y que siendo el derecho a la vida "*el más importante entre todos los derechos*" del mismo deriva "*especialmente el derecho de todas las personas a vivir en paz,*" o "*en condiciones de paz.*"

Ello implica, por una parte, que debe establecerse "*un orden social, interno e internacional, en el que la paz sea exigencia prioritaria, de manera que se hagan plenamente efectivos los derechos y libertades proclamados en la Declaración Universal de Derechos Humanos*"; y por la otra "*el derecho de todas las personas a vivir y permanecer en sus respectivos países.*"

Se recuerda además en el Preámbulo de la Declaración, en relación con el derecho a la paz, la prohibición que existe conforme al Pacto Internacional de Derechos Civiles y Políticos de toda "p*ropaganda a favor de la guerra y de la incitación al odio y a la violencia,*" que además son incompatibles con el "*pleno respeto de la libertad de expresión*" y se afirma, con razón, "*que la paz debe estar basada en la justicia,*" siendo la impunidad totalmente "*incompatible con la paz y la justicia.*"

En cuanto a la institución militar, el Preámbulo de la Declaración de Santiago recordó que:

> *"toda institución militar o de seguridad debe estar plenamente subordinada al Estado de derecho, al cumplimiento de las obligaciones que derivan del derecho internacional, al respeto de los derechos humanos y al derecho internacional humanitario, y a la consecución de la paz; y que, por tanto, la disciplina militar y el cumplimiento de órdenes superiores deben estar subordinados al logro de esos objetivos."*

IV. LA DIMENSIÓN POSITIVA DEL DERECHO A LA PAZ

Este derecho a la paz tiene, en consecuencia, tanto una concepción positiva como negativa, de manera que como se afirma en el Preámbulo de la *Declaración de Santiago,* la "*concepción positiva de la paz, va más allá de la estricta ausencia de conflicto armado*" o de "*la eliminación de todo tipo de violencia, ya sea directa, política, estructural, económica o cultural en los ámbitos público y privado*", exigiéndose para que se pueda materializar:

> *"el desarrollo económico, social y cultural de los pueblos como condición para satisfacer las necesidades de los seres humanos, así como el respeto efectivo de todos los derechos humanos y de la dignidad inherente de todos los miembros de la familia humana."*

Por otra parte, en este sentido también se argumenta que "*el ser humano tiene derecho a disfrutar de una paz duradera*", sin ningún tipo de discriminación, de manera que:

> *"el derecho humano a la paz no será efectivo sin la realización de la igualdad de derechos y el respeto de las diferencias basadas en el género; sin el respeto de los diferentes valores culturales y creencias religiosas que sean compatibles con los derechos humanos universalmente reconocidos; y sin la eliminación del racismo, la discriminación racial, la xenofobia y otras formas conexas de intolerancia."*

Esto implica que el derecho a la paz, más que un sólo derecho, es un conjunto de derechos que están todos interrelacionados y que tienden a asegurar en su conjunto, que todas las personas puedan vivir en paz, siendo el mismo, a la vez, tanto un derecho colectivo y un derecho individual.

De ello deriva que si bien es cierto que desde el punto de vista colectivo el derecho a la paz adquiere una dimensión internacional que se refiere a las relaciones entre los Estados, el mismo no se agota allí, pues desde punto de vista individual, tiene una dimensión nacional en las relaciones entre las personas con el Estado del cual es parte, y entre ellas mismas.

Con base en ello, incluso se podría intentar dar una definición positiva al derecho a la paz, al menos desde su dimensión individual y desde la perspectiva del orden o derecho interno de los países, como el derecho de toda persona a disfrutar de condiciones sociales, culturales, económicas, ambientales y políticas que le aseguren la posibilidad de vivir en una sociedad democrática, sometida al derecho y a la justicia, libre de violencia y de incitación al odio, y específicamente, libre de violencia institucional, de opresión gubernamental, de persecución a la disidencia, y de discriminación, donde haya un efectivo control respecto de la posesión generalizada e ilegal de armas por las personas.

Esta aproximación tiene importancia en relación con algunos aspectos específicos que son los que quiero comentar en estas notas.

V. EL PROBLEMA DE LAS ARMAS, EL DERECHO A LA PAZ Y EL PROBLEMA DE LA VIOLENCIA EN LAS CALLES

Entre los múltiples aspectos que desde el punto de vista internacional trató la *Declaración de Santiago*, está el del desarme, destinando el artículo 7 precisamente a regular el "*Derecho al desarme*", estableciendo que:

> *"1. Las personas y los pueblos tienen derecho a exigir a todos los Estados que procedan, conjuntamente y coordinadamente y dentro de un plazo razonable, a un desarme general y completo, bajo estricto y eficaz control internacional. En particular, los Estados deben eliminar urgentemente todas las armas de destrucción masiva o de efecto indiscriminado, incluidas las armas nucleares, químicas o biológicas. Además, los Estados adoptarán medidas eficaces y coordinadas con el fin de eliminar gradualmente sus ejércitos y bases militares extranjeras. [...].*
> *3. Los Estados deben prohibir y abstenerse de atribuir a contratistas privados funciones militares y de seguridad propias del Estado."*

Esta norma responde a los principios derivados del derecho a la paz fundamentalmente en el ámbito internacional, relativos al necesario control del comercio de armas, a la supresión del comercio ilícito de armas, al esfuerzo tendiente al desarme y a la reducción de gastos militares, y al derecho de los pueblos e individuos a vivir en un mundo libre de armas de destrucción masiva.

El tema, sin embargo, si se lo enfoca desde el ángulo del derecho interno, exige referirse más bien a las armas ordinarias y no necesariamente de destrucción masiva o las de guerra, pues aquellas son las que cotidianamente se han convertido en el más letal instrumento que afecta el derecho a vivir en paz.[4]

---

[4] Véase Allan R. Brewer-Carías, "Sobre el alcance del derecho a la paz, y los temas de la incitación pública al odio, la violencia en la calle, y la violencia institucional" ("On the Scope of the Right to Peace and Subjects of the Incitement of Hate, the Violence on the

Es el tema de la violencia cotidiana, en las calles de las ciudades, ocasionada precisamente por la posesión indiscriminada y generalmente ilegal de armas ordinarias, que origina una "*guerra*" cotidiana contra y entre el hampa común, y entre el hampa común y la ciudadanía.

El fenómeno ha adquirido extrema gravedad en los últimos años en Latinoamérica, donde se encuentran los países más violentos del mundo. Por ejemplo, está el caso de Venezuela, donde ya en 2012 se registraron 21,692 muertes violentas en las calles de las grandes ciudades; cifra que en la última década ha ido en progresivo aumento. Sólo en el primer trimestre de 2013 habían sido asesinadas en las calles, 3.400 personas,[5] lo que significó que, en menos de tres meses, en 2012, en Venezuela fueron asesinadas más personas con armas ordinarias en violencia callejera, que todos los soldados norteamericanos que fallecieron en la guerra de Irak en diez años entre 2003 y 2012 que fueron 4.486; y que entre 2007y 2012 en Venezuela fueran asesinadas en las calles más personas que todas las que fallecieron en forma violenta en seis años de la guerra de Irak (2003-2009).[6]

Todo ello se ha agravado exponencialmente en Venezuela que ha pasado a ocupar en 2019 el primer lugar entre los países más violentos de América Latina con una tasa de homicidios de 60,3 por 100.000 habitantes, según datos del Observatorio Venezolano de Violencia, OVV). A Venezuela le siguen con la mayor rata de homicidios por 100.000 habitantes, Jamaica (47.4), Honduras (41.2), Trinidad y Tobago (37.3), El

---

Streets, and the Institutional Violence"), Comments on the *Workshop on the Draft UN Declaration on the Right to Peace*, Hesburgh Center for International Studies, University of Notre Dame, South Bend, Illinois, April 22, 2013. Disponible en: http://allanbrewercarias.net/Content/449725d9-f1cb-474b-8ab2-41efb849fea2/Content/I,%201,%201064.%20ON%20THE%20SCOPE%20OF%20THE%20RIGHT%20TO%20PEACE%20AND%20SUBJECTS%20OF%20THE%20INCITEMENT%20OF%20HATE.doc.pdf

5 Véanse las referente el *Informe del Observatorio Venezolano de la Violencia (OVV) 2012*, en www.codigovenezuela.com/2012/.../observatorio-venezolano-de-violencia-senala-que-en-2012-se-observo-un-incremento-de-delitos. *V.*, las referencias al *Informe* en http://www.noticierodi-gital.com/2012/12/ocurrieron-21-692-asesinatos-en-2012-segun-observatorio-venezolano-de-violencia/. *V.*, además, la nota de AFP, ¿De qué hablamos cuando hablamos de violencia en Venezuela?, en *Ultimas Noticias*, Caracas, 24 de abril de 2013, en http://www.ultimasnoticias.com.ve/movil/deta-llenota.aspx?idNota=133560

6 *V.*, los datos en *Casualtries of the Irak War*, en http://en.wikipedia.org/wiki/Casualties_of_the_Iraq_War.

Salvador (36), Belice (33.5), México (27), Colombia (25.4), Guatemala (21.5), Puerto Rico (21.1), Brasil (19,7) y Panamá (11.2).[7] En ellos, con esa violencia callejera, puede decirse que no está realmente garantizado el derecho a la paz, y mucho menos, el derecho a vivir en paz, siendo que además, la posesión ilegal de armas por la población y el hampa común se debe no sólo a la inacción del Estado, sino como es el caso de Venezuela, a la política del Estado de armar grupos violentos callejeros para la "*defensa de la revolución.*"[8]

Por eso los anuncios esporádicos que en el pasado se hicieron para la sanción de una "*Ley de Desarme*", que más bien afectaría a las personas que poseen armas legalmente, y en nada contribuirían a disminuir la violencia callejera cotidiana, porque lo que la causa es básicamente la posesión ilegal de armas, incluso en las cárceles, desde donde se dirigen bandas criminales, y todo ello, con la anuencia de funcionarios del Estado. Ello, por supuesto, no se elimina con la sanción de ley alguna, sino con una efectiva política de Estado y la igualmente efectiva acción de los cuerpos de seguridad del Estado, cuando comiencen a desasociarse de grupos violentos y criminales.

Lo cierto, en todo caso, es que entre los legados que dejó el presidente Hugo Chávez en su largo mandato en Venezuela (1999-2013) y que ha seguido fielmente Nicolás Maduro, mediante la conducción de un gobierno autoritario desde el cual se ha auspiciado incluso el armamento ilegal de personas para que pudieran respaldar violentamente al régimen ante la supuesta amenaza de invasión del país por huestes "*imperialistas*," ha sido la extrema violencia callejera, alimentada, además, por el incesante y permanente discurso de odio que ha caracterizado los últimos veinte años de gobierno, con un lenguaje procaz y bélico de los funcionarios en contra de venezolanos, por el solo hecho de no aceptar o de adversar sus políticas.

---

7 Cifras disponibles en https://es.insightcrime.org/noticias/analisis/balance-homicidios-2019/

8 Véase por ejemplo el reportaje "Qué son los colectivos y cómo operan para "defender la revolución bolivariana" en Venezuela", disponible en https://www.bbc.com/mundo/noticias-america-latina-40527998

Una *Declaración del derecho a la paz*, por tanto, como la aprobada por las Naciones Unidas, no debió obviar este aspecto del tema de las armas y del desarme en el ámbito interno, y de la violencia generalizada en las calles, que afectan la posibilidad de vivir en paz; paz que solo se puede logar cuanto se tenga una sociedad libre de armas ilegalmente poseídas, y donde incluso no se puedan poseer legalmente armas de guerra o de asalto por los ciudadanos, sin que tengan que ser para ser prohibidas, armas de destrucción masiva.

Aquí se trata del derecho a la paz como derecho no sólo a no ser matado en una guerra, sino del derecho a no ser asesinado en las calles de las ciudades de su propio país.

VI. EL TEMA DEL DERECHO A VIVIR EN PAZ Y LA VIOLENCIA INSTITUCIONAL

1. El rol del Estado como garante del derecho a vivir en paz, y su distorsión cuando es el Estado el que incita al odio

El derecho a la paz o el derecho a vivir en paz, por otra parte, implica en esencia le necesidad de la existencia de condiciones políticas mínimas de una sociedad, que deben ser fomentadas por el Estado, es decir, por la totalidad de sus instituciones, al asumir el rol fundamental que deben tener de ser los garantes de la paz. En este aspecto, que es parte también de la dimensión interna del derecho a la paz, este implica e incluye el derecho ciudadano a que el Estado asuma su rol de promover y preservar la paz.

Por tanto, el derecho a la paz simplemente no existe cuando es el propio Estado y sus instituciones los que promueven la violencia, mediante un discurso de odio y de carácter guerrerista, y los que ejercen directamente violencia institucional sobre las personas, mediante la utilización de los mecanismos e instituciones estatales.

Se trata aquí, por tanto, de la violencia institucional, que es la ejercida directamente sobre los ciudadanos por el propio Estado y sus instituciones, y que, además, generalmente deriva en violencia política, en este caso auspiciada por las mismas. Esta es, sin duda, la más grave manifestación de violencia que los ciudadanos de muchos países deben soportar, y que lesiona el derecho a vivir en paz, el cual, bajo este ángulo, se conforma por un conjunto de derechos ciudadanos que son indisolubles e interdependientes.

En efecto, el derecho ciudadano a que el Estado esté dedicado a promover y preservar la paz implica el derecho a que los gobernantes no inciten a la violencia y al odio. El tema, por tanto, no es sólo el derecho de toda persona a oponerse a la propaganda a favor de la guerra y a la incitación a la violencia, sino también a la incitación al odio.

No se puede vivir en paz, cuando se permite desde el Estado la incitación al odio, y más grave aún, cuando es el propio Jefe de Estado, como fue el caso del fallecido presidente Chávez hasta 2013, y ha sido el caso de Nicolás Maduro a partir de esa fecha, tiempo durante el cual han sido los principales motores en la propagación del odio en el país. Como lo expresó Laurens Rees, al referirse a la capacidad de odiar que Hitler desplegó en su gobierno, señalando que "*El poder del odio está infravalorado*" y que "*Es más fácil unir a la gente alrededor del odio que en torno a cualquier creencia positiva.*"[9]

Y ciertamente, Venezuela, por ejemplo, de haber sido un país pacífico por tradición e historia (el único que, por ejemplo, en toda América Latina jamás ha estado en guerra con algún país vecino), ha pasado a ser un país extremadamente violento, donde el valor de la paz, tan reconocido en la Constitución, ha sido sustituido por la violencia callejera, en gran parte basada en el resentimiento social extremo aupado y auspiciado desde el gobierno.

2. Los ciudadanos opositores al Gobierno y su consideración como enemigos del Estado

El derecho a la paz, en este contexto, por otra parte, también implica el derecho individual de todo ciudadano a no ser considerado o declarado por el Estado como su enemigo, como se expresa en la *Declaración de Santiago* (art. 5) y, por tanto, el derecho a no ser excluido y discriminado políticamente, y a no ser perseguido por sus ideas. Lo

---

9 Véase Laurens Rees, *The Obscure Carisma of Hitler. Leading Millions into the Abyss,*" 2013. Véase el comentario de Jacinto Antón, "El secreto era el odio. Laurence Rees analiza en su nuevo libro el "oscuro carisma" del líder nazi," en *El País*, Madrid, 21 de abril de 2013, en http://cultura.elpais.com/cul-tura/2013/04/21/actualidad/1366565947_876088.html

contrario, en cambio, es lo que ha sido por ejemplo la política de Estado en Venezuela desde 1999, donde la oposición ha sido declarada "*enemiga*" por el propio Estado (ni siquiera por un candidato del partido oficialista); donde en las últimas dos décadas se ha discriminado masivamente desde el punto de vista político a toda persona que haya expresado alguna simpatía por la oposición (que ha sido estigmatizada), tal y como comenzó a ocurrir con las más de tres millones de personas que ejercieron su derecho de petición al firmar la solicitud de un referendo revocatorio presidencial en 2004, motivo por el cual fueron excluidos y desplazados del Estado, conforme a la lista "*Tascón*" elaborada por el diputado de ese nombre, que se manejó oficialmente.[10]

La consideración del ciudadano como enemigo del Estado por ser de oposición del gobierno, fue exacerbada en los últimos años a raíz de la fraudulenta elección de la Asamblea Nacional Constituyente que funcionó desde 2017 hasta 2020, materializándose en dos supuestas "*Leyes constitucionales*" dictadas en nombre de la paz y para combatir el odio, que en realidad fueron instrumentos utilizados para el Estado para atentar contra la paz y para imponer el odio como política de Estado.[11]

Dichas "*Leyes Constitucionales*", ante todo, son absolutamente inconstitucionales, pues en la Constitución de 1999 no existen tales "*leyes constitucionales*", y las *"leyes"* solo son los actos sancionados por la Asamblea Nacional como cuerpo legislador (art. 202). Las *"Leyes Constitucionales"* dictadas, por tanto, son contrarias a la Constitución, no siendo sino unos actos usurpadores de la potestad legislativa que corresponde en exclusiva a la Asamblea Nacional, razón por la cual son y debes considerarse como actos nulos de nulidad absoluta (art. 138 de la Constitución).

---

10 La Corte Interamericana de Derechos Humano condenó al Estado venezolano por la discriminación masiva en el caso de la Lista Tascón. Véase CIDH, *Caso San Miguel y otras vs. Venezuela. Sentencia de 8 de febrero de 2018* (Fondo, Reparaciones y Costas), disponible en: https://www.corteidh.or.cr/corteidh/docs/casos/articulos/resumen_348_esp.pdf

11 Véase Allan R. Brewer-Carías, "Sobre el derecho a la paz, el derecho a vivir en paz y la inconstitucional convocatoria de una Asamblea Nacional Constituyente fraudulenta," 2 de julio de 2017, disponible en: http://allanbrewercarias.net/site/wp-content/uploads/2017/07/164.-doc.-Brewer.-Derecho-a-la-paz.pdf

3. La *"Ley Constitucional"* mediante la cual creó una Comisión para la verdad, la justicia, la paz y la tranquilidad pública

La primera de esas leyes, contrarias al derecho a la paz pero basadas en la mentira de fingir buscar la paz, fue la "*sancionada*" por dicha Asamblea Nacional Constituyente con fecha 8 de agosto de 2017 denominada "*Ley Constitucional de creación de la Comisión para la verdad, la justicia, la paz y la tranquilidad pública*",[12] la cual en definitiva, como acertadamente lo resumió un titular del diario *La Vanguardia*, lo que hizo la Asamblea fue crear "*una 'comisión de la verdad' para juzgar a los políticos.*"[13]

Eso fue, por otra parte, y precisamente, lo que anunció Nicolás Maduro al presentar ante la Asamblea Nacional Constituyente un proyecto de "*Ley contra el odio*", afirmando que con ello:

> *"algunos de los líderes opositores que han convocado manifestaciones contra el Gobierno en los últimos meses irán a la cárcel, al considerarlos responsables de los disturbios en que han desembocado estas marchas."*[14]

La Presidente de la Asamblea Constituyente, en todo caso, al referirse a la Comisión creada precisó que se trataba de un "p*oderosísimo instrumento para sofocar la violencia, el odio y la intolerancia*", que inscribiría "*su ejercicio a los hechos de violencia por motivos políticos y de intolerancia*" ocurridos en el país; todo con el objetivo de:

---

12 El texto se publicó en *Gaceta Oficial* N° 6.323 Extra. del 8 de agosto de 2017, la cual sin embargo solo circuló y se conoció el día 14 de agosto de 2017. Véase los comentarios en Allan R. Brewer-Carías, "La gran persecución: la Comisión de la Verdad, Justicia, Paz y Tranquilidad como instrumento para perseguir y criminalizar a la oposición," New York, 16 / 17 de agosto de 2017, http://allanbrewercarias.net/site/wp-content/uploads/2017/08/175.-doc.-Brewer.-Gran-Persecuci%C3%B3n.-Comision-Verdad.pdf.

13 Véase en http://www.lavanguardia.com/internacional/20170808/43-436207783/constituyente-comision-verdad-politicos.html.

14 Véase la reseña "Asamblea Constituyente crea "comisión de la verdad" para juzgar violencia en Venezuela. "Algunos de los líderes opositores que han convocado manifestaciones contra el Gobierno en los últimos meses irán a la cárcel", adelantó Maduro, en El Salvador.com, 8 de agosto de 2017 en http://www.elsalvador.com/noticias/internacional/383153/asamblea-constituyente-crea-comision-de-la-verdad-para-juzgar-violencia-en-venezuela/.

> *"darle el tratamiento jurídico pertinente a los casos de violaciones de los Derechos Humanos y otros delitos cometidos a partir de las acciones violentas impulsadas por factores de la oposición en Venezuela a fin de derrocar al Presidente Nicolás Maduro."*[15]

En los "*Considerandos*" que precedieron a dicha "*Ley Constitucional*" se repitió una y otra vez ese objeto de la Comisión en relación con los "*hechos de violencia por motivos políticos*", cuyo ámbito se precisó en su artículo 1°, al indicarse que se trataba de los hechos:

> *"ocurridos en la jurisdicción de la República, durante el período comprendido entre los años 1999 y 2017, así como dirigida a generar políticas, medidas y soluciones sustentables para la reducción de todas las formas de violencias e intolerancias, sus factores, dinámicas y condicionantes que han generado tales hechos."*

A. Un instrumento para la persecución política

La Comisión para la verdad, la justicia, la paz y la tranquilidad pública, por tanto, se creó como *instrumento de persecución contra la oposición* por dichos "*hechos de violencia por motivos políticos*," acaecidos en un período de 18 años, que si bien en la "*Ley Constitucional*" no se precisaron ni enumeraron, ello lo hizo la propia Asamblea Constituyente el mismo día 8 de agosto, en otro "*decreto*" dictado, y en cuyos considerandos la misma dio por sentados y probados tales hechos para iniciar la persecución política de inmediato, sin necesidad de tener que determinarlos.

Ello se hizo, en efecto, en el "*decreto*" mediante el cual la Asamblea Constituyente decidió expresar su rechazo (i) "*a la vil campaña contra el ciudadano Nicolás Maduro Moros*;" (ii) repudiar "*de forma absoluta el intento de criminalizar al Ciudadano Nicolás Maduro Moros*"; (iii) "*rechazar las sanciones establecidas y amenazas proferidas contra su persona por Gobiernos extranjeros*"; (iv) reiterar su "*solidaridad con en el Presidente Constitucional, Nicolás Maduro Moros*"; y (v) "*reconocer al Ciudadano Nicolás Maduro Moros Presidente Cons-*

---

15 *Idem.*

titucional de la República Bolivariana de Venezuela, como Presidente de la Paz."[16]

En los "*Considerandos*" de dicho decreto, para declarar todo esto, la fraudulenta Asamblea Nacional Constituyente hizo el recuento precisamente de los "*hechos de violencia por motivos políticos*" que como "*programa*" ya definido y publicitado de antemano, fue el que marcó las actividades de la Comisión creada el mismo día, y que fueron los siguientes:

> *1. El hecho de una supuesta "brutal campaña de desprestigio y criminalización mediática y política que incluye de forma desvergonzada la agresión a su gentilicio, su dignidad y su familia", supuestamente iniciada contra el Sr. Maduro a partir del 8 de diciembre de 2012, cuando "Hugo Chávez lo designó para sustituirlo en caso de su ausencia temporal al cargo de Presidente de la República."*
> *2. El hecho de que la campaña supuestamente se arreció "de forma exponencial a partir de la noche del 14 de abril de 2013 cuando el Consejo Nacional Electoral anunció el supuesto "legítimo e incuestionable triunfo [de Nicolás Maduro] en la elección presidencial," lo cual supuestamente "se expresó en un criminal llamado a la violencia por parte del candidato derrotado que produjo la muerte de 11 venezolanos y decenas de heridos."*
> *3. El hecho de que la supuesta "campaña de desprestigio nacional e internacional contra el Presidente Nicolás Maduro Moros," habría "sido la más salvaje, extensa y profunda que recuerde la historia política de nuestra Patria," habiendo supuestamente "tenido como fin destruir su imagen y trayectoria política, con la intención de inhabilitarlo en el ejercicio de su cargo y facilitar así los planes para su derrocamiento."*
> *4. El hecho de "que la campaña contra el Presidente Nicolás Maduro Moros", supuestamente se habría manifestado "con particular crueldad en los años 2014, a través del plan insurreccional denominado "La salida" que produjo la muerte de 43 compatriotas y más de 800 heridos."*
> *5. El hecho de que la supuesta "campaña contra el Presidente Nicolás Maduro Moros," supuestamente se habría manifestado "con particular crueldad" también, "en los años 2015 y 2016 con la*

[16] Véase en *Gaceta Oficial* N° 6.323 Extra. del 8 de agosto de 2017.

aplicación del esquema de la guerra económica y el bloqueo financiero a fin de destruir la economía nacional", y,
6. El hecho de que la supuesta "campaña contra el Presidente Nicolás Maduro Moros", se habría manifestado "con particular crueldad", también, "en el año 2017 con la nueva arremetida violenta y de naturaleza fascista y terrorista de la Derecha venezolana, con el objetivo públicamente expresado de lograr la salida del poder del Presidente Constitucional de la República Bolivariana de Venezuela e instaurar un régimen inconstitucional de transición, plan criminal que produjo la muerte de más de cien ciudadanos y miles de heridos, así como millonarias pérdidas materiales generando zozobra y angustia en la población venezolana.".

De acuerdo con todos estos enunciados, por tanto, la Asamblea Nacional Constituyente, el mismo día en el cual creó la Comisión, dejó claramente sentados cuales eran los "*hechos de violencia por motivos políticos*" que de inmediato serían objeto de instrucción y persecución por parte de la Comisión para la Verdad, la Justicia, la Paz y la Tranquilidad Pública, y que podrían concluir en declaraciones de "*responsabilidad política y moral.*"

B. Objetivos de la Comisión de la Verdad

En relación con todos esos "*hechos de violencia por motivos políticos*", el artículo 3 de la "*Ley Constitucional*" le fijó a la Comisión los siguientes objetivos:

"1. Realizar un levantamiento de información sistematizada y analítica, para presentarla ante la Asamblea Nacional Constituyente que identifique, describa y caracterice los hechos de violencia por motivos políticos y de intolerancias, así como las dinámicas delictivas conexas, que permitan conocerlos científicamente y comprender sus condicionantes, causas y dinámicas, para superarlos y prevenir su ocurrencia.
2. Investigar a profundidad los graves hechos de violencia por motivos políticos y de intolerancia, así como las dinámicas delictivas conexas, ocurridos en Venezuela a partir del año 1999.
3. Contribuir al establecimiento de la verdad y a la determinación de las responsabilidades legales a que hubiera lugar.

4. Dictar políticas, normas y medidas dirigidas a garantizar la adecuada atención integral a las víctimas, incluyendo su reconocimiento y reivindicación nacional e internacional y su acceso efectivo a la justicia.
5. Someter a la Asamblea Nacional Constituyente las propuestas normativas dirigidas al logro de sus objetivos.
6. Proponer las acciones necesarias para prevenir que los hechos sometidos a su conocimiento vuelvan a producirse.
7. Promover la convivencia pacífica, el entendimiento nacional, la paz y la tranquilidad pública y la prevención de la violencia por motivos políticos o de intolerancias.
8. Dirigir su labor a la identificación y conocimiento científico aplicado sobre las causas, condicionantes y dinámicas involucradas en tan lamentables episodios y a su prevención y erradicación."

Para cumplir con este objetivo, la "Ley Constitucional" le fijó a la Comisión, como mandato (art. 4), circunscribir su ejercicio:

"a los hechos de violencia por motivos políticos y de intolerancia, así como sus delitos conexos dirigidos a causar tal violencia, ocurridos dentro de la jurisdicción de la República, durante el periodo comprendido entre los años 1999 y 2017, incluyendo las violaciones a los derechos humanos vinculadas con tales acontecimientos, que implique afectaciones a: 1. La vida e integridad personal sea física, psíquica o moral. 2. La libertad personal. 3. La paz y tranquilidad pública. 4. Contra el patrimonio público. 5. El sistema socioeconómico nacional. 6. Daños al ambiente, ecocidio y maltrato animal. 7. Otras graves afectaciones contra los derechos a la paz y la tranquilidad pública como sucede con la difusión masiva de contenidos bélicos dirigidos a banalizar o incitar la violencia por motivos políticos, de odio, o intolerancias".

Ahora bien, entre los aspectos fundamentales de orden constitucional que deben analizarse en relación con la creación de esta Comisión como instrumento de persecución política, hay dos: primero, uno de orden instrumental, sobre su composición y poderes para actuar en cuanto a esos "*hechos políticos*" que se anunció que serían objeto de persecución por esta "*poderosísima comisión*" - como la calificó la presidente de la Asamblea - ; y segundo, otro más de orden formal, relativo a las modalidades de funcionamiento y las funciones otorgadas a la Comisión, que por supuesto nada tiene que ver ni con la verdad, ni con la justicia, ni con la paz ni con la tranquilidad pública.

C. Peculiaridades sobre la creación de la Comisión: remembranza del "*Comité de salut public*" (1793)

En cuanto a la forma de su creación, y al estatus de sus integrantes, la Comisión para la Verdad, la Justicia, la Paz y la Tranquilidad Pública, fue creada por la Asamblea Constituyente en una forma nunca vista en la historia jurídica del país, "*como ente de derecho público de rango constitucional, con personalidad jurídica y autonomía funcional, administrativa y presupuestaria*" (art. 3).

Aparte de no tener poder alguno para crear "*entes constitucionales*," lo que la Asamblea creó fue una especie de híbrido entre un instituto autónomo, por la personalidad jurídica que se le asignó, y un "*poder público*" por la "*autonomía funcional, administrativa y presupuestaria*" que se le asignó, integrado por catorce "*comisionados*" (art. 7), entre los que se incluyó a "*tres diputados a la Asamblea Nacional designados por el bloque político o grupo de opinión de los partidos de oposición*" (art. 7), que por supuesto, éstos nunca los designaron pues desconocieron la Asamblea Constituyente.

En todo caso, los Comisionados, y por ende aquellos que sí fueron designados por la Asamblea el día 15 de agosto de 2017,[17] conforme al artículo 8 de la "*Ley Constitucional*" gozan "*de inmunidad y demás prerrogativas en el ejercicio de sus funciones*", y como ninguna persona o funcionario en los anales de la legislación venezolana, a dichos Comisionados y a todos los funcionarios de la Comisión se les otorgó inmunidad e impunidad oficial absoluta, al indicarse que:

> "*no están obligados a declarar, tanto en los procesos judiciales como en los procedimientos administrativos, respecto de las actuaciones realizadas en el cumplimiento del mandato atribuido a la Comisión. Igualmente estarán exentos del deber de denuncia previsto en la legislación nacional.*"

---

[17] Véase la reseña "Conozca los integrantes de la Comisión de la verdad creada por la ANC," en *aporrea*, 15 de agosto de 2017, en https://www.aporrea.org/actualidad/n313100.html.

Esto no fue otra cosa que declarar la formal irresponsabilidad de estos funcionarios, en una forma contraria a lo previsto en el artículo 139 de la Constitución, que indica que "*el ejercicio del Poder Público acarrea responsabilidad individual por abuso o desviación de poder o por violación de esta Constitución o de la ley.*"

En contraste, dichos funcionarios, con los poderes tan extremos que se les confieren, y que se analizan más adelante, si no podían ser objeto de ninguna averiguación ni judicial ni administrativa por lo que hicieran, de modo que materialmente se los declaró irresponsables, mucho más allá, por ejemplo, de lo que establece la Constitución respecto de los diputados, al precisar que por lo único que "*no son responsables [es] por votos y opiniones emitidos en el ejercicio de sus funciones*" (art. 199).

En consecuencia, la previsión del artículo 8 de la "*Ley Constitucional,*" como se dijo, es contraria a lo dispuesto en la norma del artículo 139 de la Constitución y, además, también contraria a lo dispuesto en el artículo 25 de la misma Constitución, que establece, que:

> *"Artículo 25. Todo acto dictado en ejercicio del Poder Público que viole o menoscabe los derechos garantizados por esta Constitución y la ley es nulo; y los funcionarios públicos y funcionarias públicas que lo ordenen o ejecuten incurren en responsabilidad penal, civil y administrativa, según los casos, sin que les sirvan de excusa órdenes superiores."*

Por todo ello, con base en los anuncios efectuados y recordando hechos históricos, la Comisión creada se parecía *mutatis mutandis* al históricamente famoso Comité de salvación pública (*Comité de salut public*) creado el 5 y 6 de abril de 1793 por la Convención en Francia, de carácter claramente policial y represivo, para aplicar en forma fuerte, arbitraria y expedita, condenas firmes y duras a los que se apartaran de los ideales revolucionarios, y ante las amenazas que se cernían sobre Francia. Con ese Comité se inició la época del Terror, que llevó a la guillotina a los propios líderes del mismo, entre ellos Danton y Robespierre.

De allí que en cuanto a la Comisión de la Verdad y el retroceso que significó hacia épocas pasadas, José Ignacio Hernández observó que su creación:

"por la ilegítima y fraudulenta Asamblea Nacional Constituyente, reproduce primitivos mecanismos de violación de derechos humanos mediante la creación de órganos de facto *que, con poderes inquisitivos, simulan procesos judiciales que son, en realidad, procesos políticos.*

Es el caso, por ejemplo, del Tribunal del Pueblo, creado en la Alemania nazi para juzgar delitos políticos. Otro ejemplo son los tribunales populares creados en Cuba, en 1959. Mucho antes, en el terror de la revolución francesa, se creó al Comité de Salvación, como instancia de facto *que promovió juicios políticos.*

En pleno siglo XXI, mientras la civilización se enrumba hacia la era de los derechos humanos, la ilegítima Constituyente hace retroceder a Venezuela a esas épocas primitivas y obscuras, al crear, bajo un nombre confuso, lo que es en realidad un Tribunal de Inquisición." [18]

D. Las funciones de la Comisión de la Verdad

En todo caso, con la inmunidad, impunidad e irresponsabilidad antes referida de sus Comisionados y funcionarios, el artículo 11 de la "*Ley Constitucional*" asignó a la Comisión –sin perjuicio de las funciones asignadas a los órganos del Poder Público– una serie de funciones para cuyo cumplimiento el artículo 12 impuso a "*todas las personas naturales y jurídicas, incluyendo todos los órganos y entes del Poder Público Nacional, Estadal y Municipal*" la obligación de "*prestar la colaboración que les sea requerida por la Comisión para el cumplimiento de su mandato.*" La misma norma dispuso que si una persona no prestaba su colaboración y "*todo su apoyo*" a la Comisión, "*incurrirá en los hechos punibles correspondientes conforme a las leyes penales aplicables.*"

Es bien conocida la garantía prevista en el artículo 49.6 de la Constitución conforme a la cual "*Ninguna persona podrá ser sancionada*

---

[18] Véase José Ignacio Hernández, "La Comisión para la Verdad: un Tribunal de Inquisición," en Prodavinci, 17 de agosto de 2017, en http://prodavinci.com/blogs/la-comision-para-la-verdad-un-tribunal-de-inquisicion-por-jose-ignacio-hernandez/ Véase además, sobre esto: Víctor Manuel De Abreu, "Comisión de la Verdad: el nuevo "tribunal popular" que condenará a la disidencia," en *Caraota Digital*, 11 de agosto de 2017, en http://www.caraotadigital.net/investigacion/comision-de-la-verdad-disidencia-venezuela/

por actos u omisiones que no fueren previstos como delitos, faltas o infracciones en leyes preexistentes." En este contexto, "*Ley*", conforme al artículo 202 de la Constitución es solo el acto emanado de la Asamblea Nacional actuando como cuerpo legislador; y no hay norma alguna que regule la obligación de colaborar con una Comisión como la creada en la referida "*Ley Constitucional*."

Ahora bien, en el marco de esa obligación general de acatar y colaborar con la Comisión, el artículo 11 de la "Ley Constitucional" le asignó las siguientes funciones que violan directamente la Constitución:

> *"1. Entrevistar y tomar testimonio de cualquier persona, autoridad, servidor público o servidora pública para investigar los hechos sometidos a su conocimiento."*

Para cumplir con esta función, conforme al artículo 15 de la ley Constitucional, la Comisión podía "*convocar a comparecer a cualquier persona cuyo testimonio se considere necesario y relevante para el cumplimiento de su mandato, incluyendo a servidores públicos de todas las ramas del Poder Público Nacional, Estadal y Municipal*," disponiendo la norma que "*no será oponible frente a la Comisión ninguna prerrogativa procesal*." Se estableció, además, que la Comisión podía "*solicitar a la justicia que haga comparecer con el auxilio de la fuerza pública a las personas que, siendo llamadas a prestar declaración, no se presenten ante la Comisión sin causa justificada*."

Frente a esta función, tenía que quedar a salvo, por supuesto, la garantía de toda persona a no ser "*obligada a confesarse culpable o declarar contra sí misma, su cónyuge, concubino o concubina, o pariente dentro del cuarto grado de consanguinidad y segundo de afinidad*" (art. 49.5 de la Constitución).

> *"2. Acceder a cualquier archivo o registro contentivo de información relacionada con los hechos investigados por la Comisión, así como obtener copias simples o certificadas de los documentos, incluyendo los confidenciales o secretos."*

Para hacer cumplir esta función, el artículo 13 de la "*Ley Constitucional*" dispuso que la Comisión podía "*acceder a toda la información y documentación contenida en informes, expedientes y documentos de cualquier índole, que sea requerida en el marco de sus funciones, sin que sea posible oponer reserva alguna.*"

Esta función era absolutamente inconstitucional, pues pretender que los Comisionados y sus funcionarios podían tener derecho absoluto de acceso a "*cualquier*" archivo o registro, en el caso de archivos o registros de personas particulares o empresas privadas, ello violaba el derecho constitucional que tiene toda persona "*a la protección de su honor, vida privada, intimidad, propia imagen, confidencialidad y reputación*" (art. 60).

Esa función de acceso ilimitado a cualquier registro igualmente violaba la garantía establecida en el artículo 48 de la Constitución respecto del "*secreto e inviolabilidad de las comunicaciones privadas en todas sus formas*" y de la preservación, en todo caso, "*del secreto de lo privado.*"

En cuanto a los archivos y registros públicos, el artículo 13 de la "*Ley Constitucional*" dispuso que los servidores públicos "*están obligados a suministrar, en forma preferente y urgente, las copias de todo documento que sean solicitadas por la Comisión,*" así se tratase de documentos declarados como reservados conforme a la Ley Orgánica de la Administración Pública. Sin embargo, la norma precisó que "*cuando por disposición legal la información solicitada deba mantenerse en reserva*", la Comisión estaba "*obligada a mantener la reserva, no pudiendo difundir o hacer pública la información, sirviéndole únicamente como elemento para continuar la investigación que esté desarrollando.*"

En todo caso, la misma norma disponía que "*la negativa del servidor público a permitir el acceso y suministrar la información requerida por la Comisión será considerada como causal de destitución.*"

> "*3. Realizar visitas e inspecciones o cualquier otra diligencia que resulte conveniente para el cumplimiento de su mandato.*"

Esta función también era absolutamente inconstitucional, pues pretender que los Comisionados y sus funcionarios podían tener derecho absoluto de realizar visitas e inspecciones o cualquier diligencia que considerasen conveniente violaba la garantía constitucional de la inviolabilidad del "*hogar doméstico y todo recinto privado de persona*", los cuales no pueden ser "*allanados sino mediante orden judicial, para impedir la perpetración de un delito o para cumplir, de acuerdo con la ley, las decisiones que dicten los tribunales, respetando siempre la dignidad del ser humano.*"

Por tanto, constitucionalmente no era posible que los Comisionados y funcionarios pudieran realizar la "*visitas e inspecciones*" que consideren conveniente en el hogar o recinto privado de las personas.

Otras funciones asignadas a la Comisión fueron en general de naturaleza judicial, y más bien debían corresponder a los tribunales de la República conforme a los principios establecidos en la Constitución relativos al sistema de Justicia. Estas funciones eran conforme al artículo 11 de la "*Ley Constitucional*", las siguientes:

> "*4. Instruir la realización de las experticias y cualquier tipo de medios de prueba que resulten necesarios para la adecuada investigación de los hechos.*
> *5. Celebrar audiencias públicas o privadas con la participación de las víctimas y/o los presuntos responsables, con el objeto de recibir información y contribuir a la reparación moral de las víctimas y la reconciliación nacional.*
> *6. Adoptar y proponer medidas para el reconocimiento, protección y atención integral de las víctimas de la violencia en el período señalado en la presente Ley.*
> *7. Brindar acompañamiento y asistencia jurídica a las víctimas de los hechos sometidos a su conocimiento.*"

Para el cumplimiento de esta función, el artículo 16 detalló los principios de atención a las víctimas y garantía de sus derechos que debían orientar la actividad de la Comisión; previendo el artículo 17 de la "*Ley Constitucional*," que la Comisión podía "*ordenar a los órganos competentes la implementación de medidas de atención específica a favor las víctimas y familiares, incluyendo su incorporación en las misiones y grandes misiones desarrolladas por el Ejecutivo Nacional y al sistema de seguridad social.*"

> "*8. Impulsar, colaborar y velar por la celeridad, transparencia e idoneidad de las investigaciones y procesos penales del Sistema de Justicia dirigidos a determinar las responsabilidades y aplicar las sanciones a que hubiere lugar por los hechos objeto de su ámbito*

> *de competencia, a los fines de luchar contra la impunidad en cualquiera de sus formas y lograr la Justicia."*

Las funciones que se atribuyeron a la Comisión para la Verdad, la Justicia, la Paz y la Tranquilidad Pública antes indicadas, en definitiva, tenían un objeto específico que fue determinado en el mismo artículo 11 de la inconstitucional "*Ley Constitucional*" que en parte, era también una competencia exclusiva de la Asamblea Nacional, al enumerar entre sus funciones la de:

> *"9. Determinar y declarar la responsabilidad moral y política de las personas e instituciones responsables de los hechos objeto de su ámbito de competencia."*

La declaratoria de responsabilidad política, por supuesto solo puede referirse a los funcionarios públicos encargados de funciones políticas o de gobierno, y la misma es una atribución exclusiva de la Asamblea Nacional, la cual conforme al artículo 222 de la Constitución, tiene la potestad exclusiva para "*en ejercicio del control parlamentario,*" poder "*declarar la responsabilidad política de los funcionarios públicos y solicitar al Poder Ciudadano que intente las acciones a que haya lugar para hacer efectiva tal responsabilidad.*"

La "*Ley Constitucional*" por lo que se refería a la responsabilidad política de funcionarios públicos, por tanto, violaba directamente la Constitución, configurándose en una usurpación de autoridad que el artículo 138 sanciona con nulidad absoluta.

Pero la norma del artículo 11.9 de la "*Ley Constitucional*", además de la declaratoria de responsabilidad política que debía referirse solo a funcionarios, también le atribuyó a la Comisión competencia para determinar y declarar la "*responsabilidad moral*" "*de las personas e instituciones*" responsables de los "*hechos de violencia por motivos políticos y de intolerancia*" que investigue, lo que abarcaría tanto a funcionarios públicos como a cualquier persona natural, incluyendo a las instituciones (personas jurídicas).

Ello no podía ser posible en el Estado Moderno, el cual precisamente comenzó a surgir cuando terminó la época de la Inquisición. El Estado y sus órganos pueden juzgar la responsabilidad jurídica de las personas, conforme se han regulado sus conductas en las leyes, desglosada en responsabilidad administrativa, disciplinaria o penal, según las conductas sancionadas; pero en forma alguna puede referirse a la moral, es decir, al mero carácter interno de las conductas de las personas, o sea, a la conciencia o intención de quien ha actuado que es lo que se engloba en el concepto de responsabilidad moral.

Ningún órgano del Estado puede pretender ir al interior de la conducta de las personas y tratar de declarar su "*responsabilidad moral*" cuya única finalidad sería someterla al escarnio y desprecio público. Por lo demás, ningún funcionario o Comisionado es quién para pretender juzgar la moral en el actuar de nadie. Se insiste, la época de la Inquisición fue superada ya hace siglos y la propuesta era lo más similar al fantasmagórico "*Poder Moral*" que algunos constituyentes pretendieron incorporar a la Constitución de 1999, y que afortunadamente fue rechazado .

En todo caso, para materializar el afán de desprecio de las personas, y juzgar su moral, el artículo 18 de la "*Ley Constitucional*" inconstitucional, indicó que en el Informe Final de la Comisión, entre otros, se debía incluir "*el listado de personas e instituciones declaradas moral y políticamente responsables por los hechos sometidos a su conocimiento.*"

Además de las funciones anteriores, la inconstitucional "*Ley Constitucional*" también asignó a la Comisión para la Verdad, la Justicia, la Paz y la Tranquilidad Pública, en el mismo artículo 11, otras funciones para velar por la implementación de los resultados de sus investigaciones, entre ellas:

> *"10. Formular recomendaciones vinculantes destinadas a favorecer la convivencia, la reconciliación nacional, el mejoramiento de la justicia, la tranquilidad y paz pública, con el objeto de evitar que hechos violentos por motivos políticos y de intolerancia, y hechos delictivos conexos vuelvan a producirse.*
> *11. Proponer, para su adopción ante la Asamblea Nacional Constituyente, las medidas conducentes a la protección de la sociedad frente a aquellas personas incursas en investigación por hechos de violencia política y de intolerancia, delitos contra el orden constitucional y delitos conexos, atendiendo a la gravedad y grado de participación. Tales medidas pueden comprender medidas cautelares, sustitutivas y accesorias, conforme al debido proceso.*

12. Presentar ante la Asamblea Nacional Constituyente las propuestas para las medidas de indulto o amnistía para las personas señaladas como responsables de los hechos sometidos a su conocimiento, en los términos y condiciones definidos por la Asamblea Nacional Constituyente, atendiendo a la gravedad y grado de participación."

Sobre esta función, en la Disposición Transitoria Tercera de la "*Ley Constitucional*" se indicó que la Comisión, dentro de los 90 días siguientes a su instalación, debía presentar "*a la Asamblea Nacional Constituyente la propuesta de acto constituyente que regule el otorgamiento de las medidas de indulto o amnistía para las personas señaladas como responsables de los hechos sometidos a su conocimiento, en los términos previstos en la presente Ley.*"

Esta disposición, por supuesto, era inconstitucional, pues conforme al artículo 187.5 de la Constitución es atribución privativa de la Asamblea Nacional "*decretar amnistías*", y conforme al artículo 236.19, es potestad exclusiva del Presidente de la República, "*conceder indultos.*" No podía, por tanto, la Asamblea Constituyente de acuerdo con la Constitución, regular en forma alguna esas prerrogativas y facultades, y mucho menos usurparlas en forma alguna.

"13. Elaborar informes, recomendaciones, estudios y un Informe Final que dé cuenta de las actividades desarrolladas y los resultados alcanzados".

En cuanto a las recomendaciones, el artículo 19 de la Ley obligó a todos los órganos y entes del Poder Público Nacional, Estadal y Municipal a "*realizar las acciones necesarias para implementar las recomendaciones vinculantes emitidas por la Comisión en el marco de sus atribuciones, en correspondencia con las medidas y normas emanadas de la Comisión para la Verdad.*" En cuanto a las personas naturales y jurídicas de naturaleza privada las mismas debían "*contribuir con la implementación de las recomendaciones de la Comisión, con base en el principio de corresponsabilidad y sus deberes constitucionales y legales.*"

En todo caso, el otorgarles carácter vinculante a las decisiones de la Comisión de la Verdad, fue una subversión del principio del control judicial de todos los actos estatales, pues al tener tal carácter, dichos actos no podían ser nunca revisados judicialmente.

> "*14. Solicitar a los organismos competentes la adopción de medidas de prevención y de seguridad necesarias para el desempeño de su labor, así como las medidas para la protección de víctimas, declarantes y demás personas que estime pertinente para el cumplimiento de sus funciones, cuando las circunstancias del caso así lo ameriten.*
> *15. Acordar la reserva de la identidad de cualquier persona que contribuya al cumplimiento de su labor, a fin de salvaguardar la integridad física y moral de los involucrados.*"

Por último, en cuanto a las actuaciones y documentos de la Comisión, el artículo 14 dispuso su carácter reservado frente a terceros, "*con el objeto de garantizar la confidencialidad de las fuentes, así como la seguridad de las víctimas, posibles responsables, testigos e informantes.*" Sin embargo, agregó dicha norma que la Comisión podía "*dar carácter público a determinados documentos cuando ello resulte necesario para el cumplimiento de su mandato o existan razones de interés general que lo justifiquen.*"

Para el cumplimiento de sus funciones, la Asamblea Nacional Constituyente dictó un Reglamento con una regulación detallada sobre el cumplimiento de las actividades encomendadas a la Comisión, estructurándola, además, como órgano permanente con una organización compleja integrada por "*la Plenaria, la Presidencia y la Secretaría Ejecutiva, como unidades superiores; las Direcciones de Registro de Testimonios, Investigación, Atención Integral a la Víctima de Violencia Política, Acceso a la Justicia y Promoción de Reconciliación y Paz, como unidades sustantivas; las Direcciones de Auditoría Interna, Sistematización y Análisis de la Información, Archivo, Participación Ciudadana, Planificación y Presupuesto, Gestión Administrativa, Consultoría Jurídica y Gestión Humana, como unidades de apoyo, y por las demás unidades o dependencias que se establezcan en el reglamento.*" [19]

---

[19] Véase la Resolución N° 01/2017, "Reglamento interno de la Comisión para la Verdad, la Justicia, la Paz y la Tranquilidad Pública," 27 de septiembre de 2017, en *Gaceta Oficial* N° 6.338 Extra. de 3 de noviembre de 2017.

E. Apreciación general sobre un instrumento de persecución política

En definitiva, en relación con esta Comisión de la Verdad, el país estuvo en presencia de un instrumento inconstitucional establecido para diseñar e implementar la persecución política de los líderes de la oposición, entre otros con motivo de los denominados "*hechos de violencia por motivos políticos,*" que según "*Ley Constitucional*" acaecieron, en particular, a partir de 14 de abril de 2013 al anunciarse la elección del Sr. Maduro, expresados "*en un criminal llamado a la violencia por parte del candidato derrotado que produjo la muerte de 11 venezolanos y decenas de heridos*"; en 2014, "*a través del plan insurreccional denominado "La salida" que produjo la muerte de 43 compatriotas y más de 800 heridos*"; en 2015 y 2016 "*con la aplicación del esquema de la guerra económica y el bloqueo financiero a fin de destruir la economía nacional*"; y en 2017, "*con el objetivo públicamente expresado de lograr la salida del poder del Presidente Constitucional de la República Bolivariana de Venezuela e instaurar un régimen inconstitucional de transición, plan criminal que produjo la muerte de más de cien ciudadanos y miles de heridos, así como millonarias pérdidas materiales generando zozobra y angustia en la población venezolana.*"

El mensaje, lamentablemente, debe decirse que está claro, no debiendo haber duda sobre el propósito de esta resurrección caribeña del *Comité de salut public* de la Convención francesa de 1793, como instrumento de persecución política, que aún sin Guillotina, buscó la aniquilación y persecución política de los disidentes como "*enemigos del Estado.*"

Y como muestra de ello, basta indicar que el mismo día de su instalación, el 16 de agosto de 2017, la Presidente de la Comisión anunció en compañía de quien ejercía el cargo de Fiscal General de la República, que:

> *"La comisión investigará al diputado Freddy Guevara por ser uno de los promotores de la violencia y el terror que generaron grupos de choque opositores durante los últimos meses en el país. Así mismo abrió una investigación para determinar la verdad y las respon-*

sabilidades en los planes desestabilizadores promovidos por Julio Borges contra el sistema socioeconómico y financiero del país."[20]

Como lo informó Reuters, el anuncio fue que se iniciaba una investigación contra:

"los opositores que convocaron a protestas contra el presidente Nicolás Maduro entre abril y julio, dijo el miércoles su presidenta, Delcy Rodríguez, abriendo la posibilidad de encarcelarlos.
La también presidenta de la Asamblea Nacional Constituyente agregó que igualmente se abrieron investigaciones contra los parlamentarios que enviaron cartas a bancos e instituciones instando a que no dieran financiamiento al Gobierno por considerarlo una "dictadura."[21]

En el mismo acto se anunció que se solicitaría al Consejo Nacional Electoral el listado de los postulados a cargos de gobernadores, con el fin de "*investigarlos y aprobarlos*" "*para evitar que ocupen esos cargos quienes hayan llamado a la violencia.*"[22]

4. La "*Ley constitucional contra el odio, por la convivencia pacífica y la tolerancia*"

Luego de la aprobación de la Ley de la Comisión de la Verdad, como se había anunciado, la misma Asamblea Nacional Constituyente "*sancionó*" otra "*ley constitucional,*" esta vez, la "*Ley constitucional contra el odio, por la convivencia pacífica y la tolerancia*" 8 de no-

20 Véase la reseña "Constituyente cubana anuncia "investigación" a diputados y candidatos a Regionales," en La patilla, 16 de agosto de 2017, en http://www.lapatilla.com/site/2017/08/16/constituyente-cubana-anuncia-investigacion-a-diputados-y-candidatos-a-regionales-usando-comision-de-la-verdad/.

21 Véase la reseña "Comisión de la Verdad de Venezuela investigará a líderes opositores por llamar a protestas," en Reuters, 16 de agosto de 2017, en http://lta.reuters.com/article/topNews/idLTAKCN1AW2L7-OUSLT. Véase sobre la persecución iniciada con la Comisión, Pedro Pablo Peñaloza, "La Constituyente afila el aparato represivo chavista,' en *Vertice,* 16 de agosto de 2017, en https://www.verticenews.com/la-constituyente-afila-aparato-represivo-chavista-2/l.

22 Véase la reseña "Constituyente cubana anuncia "investigación" a diputados y candidatos a Regionales," en La patilla, 16 de agosto de 2017, en http://www.lapatilla.com/site/2017/08/16/constituyente-cubana-anuncia-investigacion-a-diputados-y-candidatos-a-regionales-usando-comision-de-la-verdad/.

viembre de 2017,[23] supuestamente con el objeto de "*generar las condiciones necesarias*" para garantizar el reconocimiento a la diversidad, la tolerancia y el respeto recíproco y para "*prevenir y erradicar toda forma de odio, desprecio, hostigamiento, discriminación y violencia*" (art. 1).

A tal efecto la Ley declaró el "*derecho a la paz, junto a la convivencia pacífica y la tranquilidad pública, como derecho irrenunciable del pueblo venezolano*" (art. 3); el derecho y el deber de las personas y organizaciones "*de participar de forma directa y protagónica en la construcción de la paz y la convivencia solidaria*" (art. 5, 6); y la obligación del Estado de desarrollar políticas públicas para la promoción y garantía de la convivencia pacífica (art. 7); y reguló una serie de medidas específicas de prevención contra el odio, desprecio, hostigamiento, la discriminación, xenofobia y violencia moral o física entre las personas (art. 8).

La Ley, sin embargo, en realidad, fue una Ley represiva que bajo el velo de declaraciones y repetición de principios relativos a los derechos humanos, en realidad, como lo observó *Acceso a la Justicia*, "*legalizó la persecución política y la arbitrariedad,*" constituyéndose en un "*instrumento para perseguir a la oposición política e incluso para eliminar el pluralismo político, y que además afectará la libertad de pensamiento, expresión e información,*" y erigiendo "*como una política pública la persecución con el nombre de "política pública para la convivencia pacífica.*"[24]

---

23 Véase en *Gaceta Oficial* Nº 41.274 de 8 de noviembre de 2017. Véase el comentario de Badell & Grau, "Asamblea Nacional Constituyente dictó Ley Constitucional Contra el Odio, por la Convivencia Pacífica y la Tolerancia," en http://www.badellgrau.com/?pag=230&ct=2260. Véase el Acuerdo de rechazo de la Asamblea Nacional sobre este instrumento "legal", en http://www.asambleanacional.gob.ve/documentos_archi-vos/acuerdo-en-rechazo-al-instrumento-generador-de-odio-e-intolerancia-promovido-por-nicolas-maduro-y-la-fraudulenta-constituyente-119.pdf. Véase igualmente el artículo de *Acceso a la Justicia*: "La ANC legalizó la persecución política y la arbitrariedad," noviembre de 2017, en http://www.accesoalajusticia.org/wp/infojusticia/noticias/la-anc-legalizo-la-persecucion-politica-y-la-arbitrariedad/.

24 Véase "La ANC legalizó la persecución política y la arbitrariedad," *Acceso a la Justicia*, 9 de noviembre de 2017, en http://www.accesoa-lajusticia.org/wp/infojusticia/noticias/la-anc-legalizo-la-persecucion-politica-y-la-arbitrariedad/.

Así lo destacó igualmente Ramón Escovar León, al indicar que:

> *"lo que ocurrirá es que este instrumento, de legalidad aparente y título ampuloso, será utilizado únicamente para perseguir a quien disienta del pensamiento único que se pretende imponer por quien maneja el poder."*[25]

A tal efecto, la Ley prohibió la inscripción de los partidos políticos cuyas declaraciones de principios o actividades se funden o promuevan el fascismo, la intolerancia o el odio nacional, racial, étnico, religioso, político, social, ideológico, de género, orientación sexual, identidad de género, expresión de género y de cualquier otra naturaleza que constituya incitación a la discriminación y la violencia, obligándolos a expulsar de su seno a quienes contravengan la Ley (art. 11); prohibió toda propaganda y mensajes a favor de la guerra y toda apología del odio nacional, racial, étnico, religioso, político, social, ideológico, de género, orientación sexual, identidad de género, expresión de género y de cualquier otra naturaleza que constituya incitación a la discriminación, la intolerancia o la violencia (art. 13); obligó a los prestadores de "*servicios de radio o televisión, a ceder espacios gratuitos destinados a la difusión de mensajes que promuevan la diversidad, la tolerancia y el respeto recíproco, así como para prevenir y erradicar toda forma de violencia política, odio e intolerancia*" (art. 23), y determinó la responsabilidad por la difusión de mensajes a través de las redes sociales y medios electrónicos que promuevan lo que prohíbe (art. 14), y la responsabilidad de los funcionarios. En el cumplimiento de la Ley (art. 23).

Siendo la secuela de todas estas prohibiciones, la previsión de tipos delictivos difusos y draconianos, enunciados sobre la base de conceptos jurídicos indeterminados que darán pie a cualquier interpretación arbitraria, con imposición de sanciones de hasta vente años de prisión para quienes "*fomenten, promuevan o inciten*" o "*difundan*" las conductas prohibidas (Arts. 20 ss.).

---

[25] Véase Ramón Escobar León, "Sobre la Ley contra el Odio," 10 de noviembre de 2017, en http://historico.prodavinci.com/blogs/sobre-la-ley-contra-el-odio-por-ramon-escovar-leon/.

La Ley, en definitiva, como lo apreció Carlos García Soto fue un "*instrumento está diseñado para la persecución política*"[26], de manera que con la misma, como lo apreció *Acceso a la Justicia:*

> *"Si se tenía alguna duda sobre la vigencia de la Constitución de 1999 en Venezuela, con la Ley Constitucional Contra el Odio, por la Convivencia Pacífica y la Tolerancia queda claro que ya no es válida. Igual ocurre con la democracia y con todas sus implicaciones, por mencionar algunas de las más básicas para su existencia: la libertad de expresión, el pluralismo político y el derecho al voto. En efecto, esta supuesta "ley constitucional" persigue e incluso instiga a perseguir cualquier actividad o mensaje que promueva el "fascismo", la "discriminación", la "intolerancia", el "odio" o la "violencia política" (artículos 4, 5, 24.1)."*[27]

La Ley contra el Odio fue rechazada por inconstitucional por la Asamblea Nacional, la cual el 14 de noviembre de 2017 aprobó el "*Acuerdo en rechazo al instrumento generador de odio e intolerancia promovido por Nicolás Maduro y la fraudulenta constituyente*", indicando, en particular, que dicha supuesta Ley: "*configura un grosero intento de criminalizar sancionar la disidencia política, poniendo en riesgo la pluralidad , la libertad de expresión y el derecho a la información*"; que "*constituye el instrumento con el cual el régimen implantado en Venezuela, pretende legitimar el abuso de poder en las materias reguladas, principalmente materia de comunicación y de acceso a la información*"; que "*pretende desnaturalizar el derecho al libre ejercicio de asociación por parte de las personas y organizaciones, consagrado en nuestra Carta Magna*"; y que:

> *"lejos de ser una ley contra el odio, promueve abiertamente al odio, además promueve la división y la persecución allanando de*

---

[26] Véase Carlos García Soto, "Cuarto mes de la Asamblea Nacional Constituyente: la usurpación de la función legislativa" en *Prodavinci,* 7 de diciembre de 2017, en http://prodavinci.com/cuarto-mes-de-la-asamblea-nacional-constituyente-la-usurpacion-de-la-funcion-legislativa/.

[27] Véase "La ANC legalizó la persecución política y la arbitrariedad," *Acceso a la Justicia,* 9 de noviembre de 2017, en http://www.accesoa-lajusticia.org/wp/infojusticia/noticias/la-anc-legalizo-la-persecucion-politica-y-la-arbitrariedad/.

esta forma el camino para que el gobierno se ensañe contra los ciudadanos que protestan o que se expresan en las redes sociales erradicando de una vez nuestros valores democráticos."[28]

VII. ALGUNOS RESULTADOS DE LA VIOLACIÓN DEL DERECHO A LA PAZ POR PARTE DEL ESTADO: LA VIOLENCIA INSTITUCIONAL Y LA PERSECUCIÓN POLÍTICA

La consecuencia de la violencia institucional desatada por el Estado contra la oposición y la disidencia, en particular con base en las dos "*leyes constitucionales*" antes analizadas, fue el desarrollo de una política de Estado basada en el odio y la violencia institucional, lo más grave, diseñada en nombre de "*la paz*" y contra el "*odio*," que provocó fue una masiva violación de los derechos humanos en Venezuela, que originaron sendos Informes de las Naciones Unidas, que deben mencionarse.

1. El Informe de la Alta Comisionada de las Naciones Unidas para los Derechos Humanos, Michelle Bachelet (2019)

En primer lugar, hay que hacer referencia al "*Informe de la Alta Comisionada de las Naciones Unidas para los Derechos Humanos(Michelle Bachelet) sobre la situación de los derechos humanos en la República Bolivariana de Venezuela*", de 4 de julio de 2019, el cual, entre otros aspectos, tuvo por objeto mostrar una "*visión general de la situación de los derechos humanos*" en Venezuela de enero de 2018 a mayo de 2019,[29] destacando lo que denominó: "*patrones de violaciones que*

---

[28] Véase en http://www.asambleanacional.gob.ve/documentos_archivos/acuerdo-en-rechazo-al-instrumento-generador-de-odio-e-intolerancia-promovido-por-nicolas-maduro-y-la-fraudulenta-constituyente-119.pdf.

[29] Véase "Informe de la Alta Comisionada de las Naciones Unidas para los Derechos Humanos sobre la situación de los derechos humanos en la República Bolivariana de Venezuela", 4 de julio de 2019, en https://www.ohchr.org/EN/HRBodies/HRC/RegularSessions/Session41/Documents/A_HRC_41_18_SP.docx. Los "comentarios del Estado" ("Comentarios sobre errores de hecho del Informe de la Alta Comisionada de Naciones Unidas para los derechos humanos sobre la situación de derechos humanos de la República Bolivariana de Venezuela"), pueden consultarse en https://www.ohchr.org/EN/HRBodies/HRC/RegularSessions/Session41/Documents/A_HRC_41_18_Add.1.docx

afectan directa e indirectamente a todos los derechos humanos: civiles, políticos, económicos, sociales y culturales" (§ 2); es decir, todos los derechos de los venezolanos, afectando además a toda la población.[30]

A. Sobre las violaciones a libertad y seguridad personales, la represión selectiva y la persecución por motivos políticos

a. El instrumento para las violaciones: el desarrollo masivo de cuerpos y medidas de seguridad

Las masivas violaciones a los derechos civiles y políticos que se detallan en el *Informe*, y que muestran un cuadro de verdadero horror, ha sido posible por el desarrollo deliberado, como política represiva del Estado, de un marco de instituciones y medidas de seguridad destinadas a reprimir cualquier disidencia.

El *Informe* destaca, que además de haber mantenido desde 2016 "'*estado de excepción', que desde entonces ha sido renovado cada 60 días*", el gobierno:

> *"activó el Plan Zamora, un plan de seguridad estratégico cívico-militar para la operación conjunta de las fuerzas armadas, milicias y civiles" (§ 31).*
> *"Estas políticas implican un aumento de la militarización de las instituciones del Estado (§ 31).*
> *"Asimismo, extienden la utilización de la población en tareas de inteligencia y defensa, por medio de estructuras locales tales como los Consejos Comunales, las Unidades de Batalla Bolívar y Chávez (UBChs), los Comités Locales de Abastecimiento y Producción (CLAP) y las Redes de Articulación y Acción Sociopolítica (RAAS)" (§ 31).*

---

30 Véase sobre el Informe, Allan R. Brewer-Carías, "El informe Bachelet: Desahucio al régimen," en *Revista de Derecho Público*, N° 158-159, julio-diciembre 2019, Editorial Jurídica Venezolana. Caracas 2019, pp. 185-202. Véase también en el libro: Allan R. Brewer-Carías y Asdrúbal Aguiar (Editores), *Venezuela. Informes sobre violaciones grave de derechos humanos,* Iniciativa Democrática España América, Editorial Jurídica Venezolana, Miami 2019, pp. 12-46.

El *Informe* también destacó cómo:

"Las medidas se han adoptado con la finalidad declarada de preservar el orden público y la seguridad nacional contra presuntas amenazas internas y externas, han aumentado la militarización de las instituciones del Estado y el empleo de la población civil en tareas de inteligencia y defensa" (§76).

En cuanto al aparato de seguridad estructurado por el gobierno, como lo describe el *Informe*, incluye:

"a la Guardia Nacional Bolivariana (GNB)(parte de las Fuerzas Armadas), a la Policía Nacional Bolivariana (PNB) y a sus Fuerzas de Acciones Especiales (FAES), al Cuerpo de Investigaciones Científicas, Penales y Criminalísticas (CICPC), al Servicio Bolivariano de Inteligencia Nacional (SEBIN) y a la Dirección General de Contrainteligencia Militar (DGCIM)" (§32).

En relación con dichos cuerpos, el *Informe* detalla en cuanto a la Guardia Nacional Bolivariana (GNB) (parte de las Fuerzas Armadas) y a la Policía Nacional Bolivariana (PNB), que las mismas:

"han sido responsables del uso excesivo de la fuerza en manifestaciones al menos desde 2014" (§ 32).

En cuanto a las Fuerzas de Acciones Especiales (FAES), y al Cuerpo de Investigaciones Científicas, Penales y Criminalísticas (CICPC), el *Informe* destaca que habiendo sido:

"una unidad de respuesta rápida creada en 2017 para combatir el crimen organizado, han sido presuntamente responsables de numerosas ejecuciones extrajudiciales en operaciones de seguridad, al igual que el CICPC" (§ 32).

En cuanto al Servicio Bolivariano de Inteligencia Nacional (SEBIN) y a la Dirección General de Contrainteligencia Militar (DGCIM)." el *Informe* indica que:

"han sido responsables de detenciones arbitrarias, maltratos y tortura de opositores/as políticos/as y de sus familiares" (§ 32).

Y por último, en cuanto a los "*colectivos armados*" el *Informe* destaca que:

> *"contribuyen a este sistema ejerciendo control social en las comunidades locales, y apoyando a las fuerzas de seguridad en la represión de manifestaciones y de la disidencia" (§ 32).*

b. La política persecutoria contra la oposición y la disidencia

Una de las conclusiones del *Informe*, es que todo este aparataje "*ha permitido al Gobierno cometer numerosas violaciones de los derechos humanos*" refiriéndose en particular a que:

> *"Las autoridades han atacado especialmente a determinadas personas y grupos, entre ellos a miembros de la oposición política y a quienes se considera que constituyen amenazas para el Gobierno por su capacidad para articular posiciones críticas y movilizar a otras personas. Esta represión selectiva se manifiesta en una multitud de violaciones de los derechos humanos, que pueden constituir persecución por motivos políticos (§ 77).*

Por ello, el *Informe* da cuenta que el desarrollo y utilización de los cuerpos de seguridad para perseguir y reprimir:

> *"van acompañadas de una retórica pública, utilizada también por autoridades de alto rango, que desacredita y ataca de manera constante a quienes critican al Gobierno o se oponen a él" (§ 34).*
> *La oposición política, los/as activistas de derechos humanos y los/as periodistas, entre otros/as, son con frecuencia blanco de discursos que los tildan de "traidores" y "agentes desestabilizadores" (§ 34).*
> *"Los medios de comunicación progubernamentales difunden ampliamente esta retórica, por ejemplo, a través del programa televisivo semanal "Con el mazo dando," presentado por el Presidente de la Asamblea Nacional Constituyente (ANC)" (§ 34).*
> *Adicionalmente, destaca el Informe que:*
> *"leyes y reformas legislativas han facilitado la criminalización de la oposición y de cualquier persona crítica al Gobierno mediante disposiciones vagas, aumentos de sanciones por hechos que están*

garantizados por el derecho a la libertad de reunión pacífica, el uso de la jurisdicción militar para personas civiles, y restricciones a ONGs para representar a víctimas de violaciones" (§ 35).

c. La política persecutoria contra trabajadores, empleados, funcionarios y disidentes y sus familiares por razones políticas

En relación con persecuciones en materia laboral, por razones políticas, en el *Informe* se dio cuenta de que:

"En 2018-2019, se despidió y detuvo arbitrariamente a varios dirigentes sindicales y a muchos/as trabajadores/as que habían protestado en demanda de salarios y condiciones de trabajo decentes" (§36).
"Decenas de profesionales de la salud que protestaron por el estado en que se encontraba la atención de salud en el país fueron despedidos/as y/o amenazados" (§36).
"Al personal universitario crítico al Gobierno se le amenazó con el impago de los salarios, se le impidió el acceso a sus centros de trabajo y viajar al extranjero y fue detenido arbitrariamente" (§36).
"Los/as defensores/as de los derechos humanos fueron víctimas de campañas de difamación en los medios de comunicación progubernamentales, y sometidos/as a vigilancia, intimidación, hostigamiento, amenazas y detención arbitraria" (§36).
"También se *atacó a disidentes chavistas*, a militares disidentes y a funcionarios" (§36).

Respecto de las mujeres disidentes el *Informe* indicó que: *"han sufrido ataques en función de su género mediante comentarios sexistas, violencia de género en línea y humillaciones públicas"* (§36).

En general se constató que:

"La represión selectiva contra miembros de la oposición y líderes sociales infunde miedo al mostrar las consecuencias que puede acarrear el oponerse o meramente criticar al Gobierno o el expresar disentimiento" (§36).

Respecto de los familiares de perseguidos, el *Informe* indicó que "*Los ataques contra familiares de opositores/as políticos/as son parte de la represión selectiva*" (§38); habiendo documentado "*un número creciente de detenciones arbitrarias de familiares, particularmente de mujeres, de presuntos opositores políticos*" (§38).

B. Represión al derecho a manifestar y la violación al derecho a la seguridad personal y a la vida

El Informe hace especial énfasis en la represión que ha tenido lugar en contra del derecho político a manifestar, donde la característica ha sido el uso excesivo de la fuerza y muertes en las manifestaciones contra el Gobierno que han quedado impunes.

El *Informe*, en efecto constató que en ciertas protestas políticas o manifestaciones contra el Gobierno que *"aumentaron en número e intensidad a partir de 2014"* las fuerzas de seguridad:

> "la GNB, la PNB, las FAES y algunas policías estatales y municipales presuntamente *hicieron un uso excesivo de la fuerza de manera deliberada, con la finalidad de infundir miedo y desalentar* futuras manifestaciones" (§ 39).

A ello se sumó que:

> *"Colectivos armados también recurrieron a la violencia contra manifestantes, a menudo en coordinación con las fuerzas de seguridad. En muchos casos, estas acciones produjeron muertes y heridas graves" (§ 39).*

En general, se indicó en el *Informe*, que "*Las fuerzas de seguridad llevaron a cabo allanamientos ilegales de domicilios en contra de manifestantes"* (§ 40), detuvieron a muchas personas "*por motivos políticos*" "*en el contexto de las manifestaciones*" (§ 41), y además, en relación específica con las mujeres manifestantes, las mismas "*fueron detenidas arbitrariamente, así como maltratadas o torturadas*" (§ 40).

C. La violación al derecho a la integridad personal: detenciones arbitrarias, desapariciones forzadas, torturas y malos tratos

En el *Informe* se hizo especial insistencia en las privaciones arbitrarias de libertad de centenas de personas, por razones políticas, destacando que:

> *"el Gobierno ha utilizado las detenciones arbitrarias como uno de los principales instrumentos para intimidar y reprimir a la oposición política y cualquier expresión de disensión, real o presunta, al menos desde 2014" (§ 41).*

Destacando que:

> *"En la mayoría de los casos las detenciones se llevaron a cabo en respuesta a que las personas estaban ejerciendo sus derechos humanos, en particular la libertad de opinión, expresión, asociación y reunión pacífica" (§ 42).*

El Informe también se refirió a los casos de:
"*...desapariciones forzadas hasta que las autoridades revelaron el paradero de las personas detenidas, días o semanas después de sus detenciones*" (§ 42).

El *Informe* se refirió, además, en relación a las detenciones por razones políticas, que:

> *"detenciones de un número significativo de personas privadas de libertad no cumplen las reglas internacionales mínimas sobre tratamiento humano de los/as reclusos/as y constituyen a menudo malos tratos" (§ 45).*
> *"En general, los centros de detención, especialmente centros de detención preventiva, están a menudo superpoblados y son insalubres" (§ 45).*
> *"Las personas detenidas tienen acceso limitado a la alimentación, agua, saneamiento, luz solar e instalaciones de recreación. Su acceso a la asistencia sanitaria básica es restringida e incluso denegada" (§45).*

Otro aspecto destacado en el *Informe* se refiere a la tortura y tratos crueles a los detenidos, indicándose que:

> "En la mayoría de estos casos, se sometió a las mujeres y los hombres *detenidos a una o más formas de tortura o trato o pena cruel, inhumana o* degradante, *como la aplicación de corriente eléctrica, asfixia con bolsas de plástico, simulacros de ahogamiento, palizas, violencias sexuales, privación de agua y comida, posturas forzadas y exposición a temperaturas extremas*" (§ 43).
> *"Las fuerzas de seguridad y los servicios de inteligencia, especialmente el SEBIN y la DGCIM, recurrieron de manera habitual a esas medidas para extraer información y confesiones, intimidar y sancionar a las personas detenidas* (§ 43).

En particular en relación con las mujeres, el *Informe* destaca:

> *"casos de violencia sexual y de género contra mujeres y niñas durante su detención, en particular por efectivos del SEBIN y de la DGCIM así como por oficiales de la GNB" (§44)*
> *"agresiones físicas tales como arrastrarlas por el pelo y tocamientos inapropiados, amenazas de violación, desnudez forzada e insultos sexistas y de género, con la finalidad de humillarlas y castigarlas, así como para extraerles confesiones" (§ 44).*

D. Las operaciones de seguridad, el uso excesivo de la fuerza y el desprecio a la vida

El *Informe* al referirse a las operaciones de seguridad, califica a las "*FAES como un "escuadrón de la muerte" o un "grupo de exterminio*" (§47), siendo considerada por "*informes de ONGs,*" como las "*responsables de centenares de muertes violentas*" (§ 47).

Para cometer los abusos y atropellos, de los testimonios recibidos, el *Informe* identificó el "*modus operandi" similar*, utilizado por las FAES, así:

> *"Las FAES llegarían en camionetas negras sin placas de matrícula y bloquearían los puntos de acceso en la zona. Vestían de negro, sin ninguna identificación personal, con pasamontañas cubriendo sus rostros. También llevarían armas largas" (§48).*

Con esa forma de proceder, destaca el *Informe*, las FAES:

"irrumpieron en sus hogares, se apoderaron de sus pertenencias y ejercieron violencia de género contra las mujeres y las niñas, incluyendo la desnudez forzada" (§48).
"Las FAES separarían a los hombres jóvenes de otros miembros de la familia antes de dispararles. Según sus familiares, casi todas las víctimas habían recibido uno o más disparos en el tórax" (§48).

E. El encubrimiento como política de Estado

Sobre la actuación de las FAES, en esos operativos, el *Informe* destaca:

"cómo las FAES manipularon la escena del crimen y las pruebas. Habrían plantado armas y drogas y habrían disparado sus armas contra las paredes o en el aire para insinuar un enfrentamiento y demostrar que la víctima se habría "resistido a la autoridad" (§49).
"En muchos casos, las FAES llevaron a las víctimas al hospital, aunque éstas ya estaban muertas, aparentemente con el propósito de manipular los cuerpos y modificar la escena del crimen" (§49).
"Las autoridades clasifican las muertes violentas resultantes de las operaciones de seguridad como "resistencia a la autoridad" (§ 50).
"La información analizada por el ACNUDH indica que muchas de esas muertes violentas pueden constituir ejecuciones extrajudiciales" (§ 50).

El *Informe* destaca el caso de:

"hombres jóvenes ejecutados por las FAES en represalia por su papel en las protestas antigubernamentales en 2019" (§ 52); y que:
"Estas ejecuciones extrajudiciales tuvieron lugar durante allanamientos ilegales de domicilios después de las manifestaciones y siguieron el mismo modus operandi descrito anteriormente" (§ 52).
Por todo ello, en las conclusiones del Informe se indicó que:
"Miles de personas, principalmente hombres jóvenes, han sido matadas en supuestos enfrentamientos con fuerzas estatales en los últimos años" (§ 78).

> *"Existen motivos razonables para creer que muchas de esas muertes constituyen ejecuciones extrajudiciales perpetradas por las fuerzas de seguridad, en particular las FAES" (§ 78).*
> *"Al ACNUDH le preocupa que las autoridades puedan estar utilizando a las FAES, y posiblemente a otras fuerzas de seguridad, como parte de una política de control social" (§ 78).*

2. El Informe de la Misión Internacional Independiente sobre violaciones a los derechos humanos en Venezuela (2020)

Al año siguiente del Informe Bachelet, se presentó ante el Consejo de Derechos Humanos de las Naciones Unidas, el ***Informe de la misión internacional independiente de determinación de los hechos sobre la República Bolivariana de Venezuela*, (21 pp.) de** 15 de septiembre de 2020, en cumplimiento de la resolución 42/25 de dicho Consejo, de 27 de septiembre de 2019; acompañado de unas "***Conclusiones detalladas de la Misión internacional independiente de determinación de los hechos sobre la República Bolivariana de Venezuela" (443 pp.)*** [31] en los cuales se presentaron las conclusiones de dicha Misión "*respecto a las ejecuciones extrajudiciales, las desapariciones forzadas, las detenciones arbitrarias y la tortura y otros tratos crueles, inhumanos o degradantes, cometidos en el país desde 2014.*"

Dentro del cuadro descrito en dicho ***Informe*** y las ***Conclusiones Detalladas***, estimo que pueden destacarse varios aspectos fundamentales que muestran una Venezuela donde el derecho a la paz no existe y el derecho a vivir en paz ha sido enterrado: primero el cuadro de horror que muestran sobre delitos y crímenes cometidos contra los derechos humanos; segundo, la determinación de que los mismos se cometieron como parte de una política de Estado; tercero, la calificación de los mismos como de crímenes de lesa humanidad; cuarto, la determinación de responsabilidades; y quinto, su desarrollo en una situación de ausencia de Estado de derecho.[32]

---

[31] Informe de 15 de septiembre de 2020, disponible en: https:// www.ohchr.org/Documents/HRBodies/HRCouncil/FFMV/A_HRC_45_CRP.11_SP.pdf

[32] Véase Allan R. Brewer-Carías, "Efectos del Informe de la misión internacional independiente sobre violaciones a los derechos humanos en Venezuela en relación con el Estado de Derecho y en las elecciones," en *Boletín de la Academia de Ciencias Sociales y Políticas*,

A. El cuadro general de horror por la masiva violación de los derechos humanos

En primer lugar, ambos documentos muestran, en forma clara y precisa un ***cuadro de horror***, ciertamente inimaginable, no sólo pasado sino relativamente actual - que estaba ocurriendo al presentarse el Informe-, compuesto por funcionarios del horror, policías del horror, fiscales del horror, jueces del horror y custodios del horror, que el *Informe* resume dando cuenta, que los actos y conductas descritos en el mismo:

> *"constituyen asesinatos arbitrarios, incluyendo ejecuciones extrajudiciales, torturas y otros tratos o penas crueles, inhumanas o degradantes -incluyendo violencia sexual y de género-, desapariciones forzadas (a menudo de corta duración) y detenciones arbitrarias, en violación de la legislación nacional y las obligaciones internacionales de Venezuela." (par. 151).*

A esos hechos y conductas se agregan en el ***Informe***, los crímenes de:

> *"asesinato, encarcelamiento y otras privaciones graves de la libertad física, tortura, violación y otras formas de violencia sexual, desaparición forzada de personas [...] y otros actos inhumanos de carácter similar que causen intencionalmente grandes sufrimientos o graves daños al cuerpo o a la salud mental o física,"*

Dichos crímenes, consideró la Misión que constituyen "*crímenes de lesa humanidad*," y algunas de ellas, específicamente el crimen de lesa humanidad de persecución, tal como se define en el Estatuto de Roma (par 161).

En particular, en las ***Conclusiones detalladas*** se analizaron muchos de dichos crímenes, entre los que se destacan los relativos a la *represión política selectiva* (Capítulo III) y los cometidos en el contexto de "*violaciones en un contexto de seguridad o control social* (Capítulo IV), que la Misión igualmente consideró que algunos de ellos "*pueden constituir también el crimen de lesa humanidad de la persecución*" (par. 2085), consistente:

No 161, Julio diciembre 2020, Homenaje al Dr. José Andrés Octavio, Academia de Ciencias Políticas y Sociales, Caracas, 2020. pp. 907-924. Disponible en https://www.acienpol.org.ve/wp-content/uploads/2021/03/BOLETIN-161-jul-dic-2020.pdf

> *"una privación intencional y grave de los siguientes derechos: el derecho a la vida, la libertad y la seguridad de la persona, el derecho a no ser sometido a tratos o penas crueles, inhumanos o degradantes, el derecho a no ser sometido a violación y otras formas de violencia sexual, y el derecho a no ser sometido a arresto o detención arbitrarios. En conjunto, estas violaciones pueden constituir actos de persecución, pero también pueden constituir distintos crímenes de lesa humanidad" (par. 2085).*

En las ***Conclusiones detalladas***, en relación con este *crimen de "persecución,"* la Misión destacó lo que son sus "*elementos material distintivos*":

> *"a saber, el hecho de dirigirse a una o varias personas o a un grupo por motivos discriminatorios, se manifiesta cuando el ataque se basa, entre otras cosas, en "motivos políticos". "Las víctimas directas de los crímenes examinados en los Capítulos citados (III y IV) fueron objeto de ataques debido a su identidad como presuntos opositores políticos al régimen" (par. 2085).*

Para mayor claridad, la ***Misión*** especificó en las ***Conclusiones detalladas*** que esos crímenes incluyen:

> *"a. El encarcelamiento y otras privaciones graves de la libertad física en violación de las normas fundamentales del derecho internacional, los actos de tortura, violación y otras formas de violencia sexual, y otros actos inhumanos de carácter similar documentados en el Capítulo III (Represión Política Selectiva), así como los actos de tortura, violación y otras formas de violencia sexual, y otros actos inhumanos de carácter similar documentados en el Capítulo V (Violaciones en el contexto de las protestas).*
> *b. Los asesinatos (denominados ejecuciones arbitrarias y extrajudiciales a lo largo del Informe), el encarcelamiento y otras privaciones graves de la libertad física en violación de las normas fundamentales del derecho internacional, las desapariciones forzadas3647, los actos de tortura y otros actos inhumanos de carácter similar, cometidos contra miembros de la población civil en el contexto de operaciones de seguridad o control social" (par. 2087).*

B. La determinación de las violaciones a los derechos humanos como parte de una política de Estado

El *segundo aspecto* que quería destacar es que todas las violaciones y crímenes reseñados y analizados por la ***Misión***, como dejó constancia en el ***Informe,*** formaron parte de ***una política de Estado***, teniendo la misma "*motivos razonables para creer que la mayoría*":

> *"se cometieron en el marco de un ataque generalizado y sistemático dirigido contra una población civil, con conocimiento del ataque, de conformidad con dos políticas estatales distintas o en apoyo de las mismas. En primer lugar, se aplicó la política de silenciar, desalentar y anular la oposición al Gobierno del Presidente Maduro, incluso atacando a las personas que, por diversos medios, demostraron su desacuerdo con el Gobierno o fueron consideradas contrarias a él, así como a sus familiares y amigos que fueron objeto de ataques por estar asociados/as con ellos. En segundo lugar, existía una política de lucha contra la delincuencia, que incluía la eliminación de las personas consideradas "delincuentes" mediante su ejecución extrajudicial" (par. 160).*

Ello lo reiteró la Misión en las ***Conclusiones detalladas,*** al indicar que:

> *"tiene motivos razonables para creer que la mayoría de las violaciones y los crímenes documentados en el presente informe se cometieron en el marco de un ataque generalizado y sistemático dirigido contra una población civil, con conocimiento del ataque, de conformidad con una política estatal o en apoyo de ella. En relación con estos crímenes, la Misión tiene motivos razonables para creer que en Venezuela se cometieron crímenes de lesa humanidad en el periodo examinado" (par. 2086).*

Sobre esto mismo, en las ***Conclusiones detalladas***, la Misión fue por lo demás explícita sobre estos crímenes, al indicar que:

> *"se cometieron como parte de un ataque dirigido contra la población civil. De hecho, en primer lugar, los actos constituyeron una línea de conducta que implico la comisión múltiple de actos, que formaban parte de un contexto general de eventos, en contraposi-*

ción a los crímenes cometidos por individuos aislados y descoordinados que actuaban aleatoriamente por su cuenta. En segundo lugar, el ataque se dirigió contra la población civil como objetivo principal, y no incidental, del ataque. Como se señala a continuación, los actos cometidos contra miembros de las fuerzas armadas que han quedado de fuera de combate pueden entrar en esta definición. En tercer lugar, los crímenes enumerados anteriormente se cometieron, respectivamente, en cumplimiento de las siguientes dos políticas estales distintas:
a. Una política para silenciar, desalentar y sofocar la oposición al Gobierno del Presidente Maduro, incluso dirigiendo a las personas que, a través de diversos medios, demostraron su desacuerdo con el Gobierno o fueron percibidas como contrarias a él, y a sus familiares y amigos que blanco de ataques por estar asociados con ellos.
b. Una política para combatir la delincuencia, incluida la eliminación de las personas percibidas como "delincuentes" mediante la ejecución extrajudicial" (par. 2088)".

C. La calificación de los crímenes como de lesa humanidad y la responsabilidad de los altos funcionarios del Estado

El *tercer tema fundamental* que deriva del ***Informe*** y de las ***Conclusiones Detalladas*** de la ***Misión***, es que los crímenes documentados, en su mayoría, como antes se ha indicado de citas de los mismos. Fueron calificados por la *Misión* expresamente, como ***crímenes de lesa humanidad***, en particular aquellos cometidos en el marco de "*la represión en un contexto de seguridad y control social*", y de "*violaciones en el contexto de protestas*", es decir, configurándose como una ofensa a la sociedad venezolana y a la humanidad; precisando que:

> *"corresponden a conductas que pueden calificarse jurídicamente, en virtud del artículo 7 del Estatuto de Roma, como* ***crímenes de lesa humanidad*** *de asesinato, encarcelamiento u otra privación grave de la libertad física en violación de normas fundamentales del derecho internacional, tortura, violación o cualquier otra forma de violencia sexual de gravedad comparable, desaparición forzada3645 de personas y otros actos inhumanos de carácter similar que causen intencionalmente grandes sufrimientos o lesiones graves al cuerpo o a la salud mental o física" (par. 2084).*

En consecuencia, en cuanto a las ***responsabilidades***, el ***Informe*** fue por demás claro y preciso, expresando que la *Misión*:

> *"tiene motivos razonables para creer que tanto el Presidente como los Ministros del Poder Popular para Relaciones Interiores, Justicia y Paz y de Defensa, ordenaron o contribuyeron a la comisión de los delitos documentados en el presente informe, y teniendo la capacidad efectiva para hacerlo, no adoptaron medidas preventivas y represivas" (par. 164);*

Y además, también para creer que:

> *"los directores de las entidades de seguridad e inteligencia que participaron en la comisión de los delitos documentados en el presente informe ordenaron o contribuyeron a la comisión de esos delitos y, al tener la capacidad efectiva para hacerlo, no adoptaron medidas preventivas y represivas" (par 165).*

Sobre estas responsabilidades en las ***Conclusiones detalladas***, la ***Misión*** fue también extremadamente cuidadosa y explicita al señalar sobre las graves violaciones y crímenes *contra disidentes políticos selectivos* ocurridos en el SEBIN (par. 1982), que:

> *"existen motivos razonables para creer que el Presidente tenía conocimiento de violaciones y crímenes, en particular las detenciones arbitrarias y los actos de tortura o tratos crueles, inhumanos y degradantes, incluidos los actos de violencia sexual, documentados en este informe y realizados en el SEBIN desde 2014. Existe información que en ocasiones dio órdenes al Director General y a los directores de otras unidades del SEBIN. La Misión también cree que el Vicepresidente sabía o debía saber de los mismos crímenes. Si bien tenían la autoridad efectiva para hacerlo, no previnieron los crímenes y violaciones, ni los sancionaron" (par.1988).*

Igualmente, en relación con la actuación de los funcionarios de la DGCIM, la ***Misión*** expresó que los mismos:

> *"participaron en un patrón de violaciones de los derechos humanos y crímenes contra disidentes militares, incluidas detenciones arbitrarias, desapariciones forzadas de corta duración y torturas y tratos crueles, inhumanos y degradantes, incluidas violaciones y otros actos de violencia sexual" (par. 1996).*

Más adelante, en las mismas ***Conclusiones detalladas***, sobre las responsabilidades relativas a los crímenes documentados, ***la Misión*** también fue cuidadosa y precisa al indicar CM que:

> *"tiene motivos razonables para creer que el Presidente Maduro, dada su posición de autoridad y control efectivo sobre la DGCIM, y el sistema de denuncia existente, tenía conocimiento de las violaciones cometidas en la DGCIM contra militares disidentes y asociados, en particular, actos de tortura y/o tratos crueles, inhumanos o degradantes, y no ha adoptado las medidas necesarias para impedir que se produzcan esos actos o para sancionarlos. En varios casos existe información fidedigna de que participo directamente, ordenando o instigando determinados actos delictivos" (par. 2006).*

Luego, en las mismas ***Conclusiones detalladas*** la ***Misión*** Independiente, deja constancia que:

> *"cuenta con información que indica que el Presidente y los Ministros del Interior y de Defensa tenían conocimiento de los crímenes. Estaban en estrecho contacto con otros miembros de la FANB, incluido la GNB, y también con los directores de la PNB, el CICPC, el SEBIN y la DGCIM. Daban ordenes, coordinaban actividades y proporcionaron recursos para llevar a cabo los planes y políticas establecidos en el informe" (par. 2100)*

Y se concluye en las ***Conclusiones detalladas***:

> *"Por todas estas razones, la Misión tiene motivos razonables para creer que tanto el Presidente como los Ministros del Interior y de Defensa, ordenaron o contribuyeron a la comisión de los crímenes documentados en el presente informe, y teniendo la autoridad efectiva para hacerlo, no adoptaron medidas de prevención y represión" (par. 2103).*
>
> *"La Misión también tiene motivos razonables para creer que los directores de las entidades de seguridad e inteligencia que participaron en la comisión de los crímenes documentados en el presente informe ordenaron o contribuyeron a la comisión de esos crímenes y, teniendo la autoridad efectiva para hacerlo, no adoptaron medidas de prevención y represión" (par. 2104).*

En el marco de violaciones masivas de los derechos humanos en Venezuela que se detallan en el Informe y las Conclusiones de la Comisión Independiente, en todo caso, lo que resulta es la situación generalizada de las personas en Venezuela, cuyo derecho a vivir en paz les fue arrebatado por el propio Estado y su aparato represivo.

VIII. DERECHO A LA PAZ Y DERECHO A LA JUSTICIA

Otro aspecto que quería mencionar al referirme al derecho a la paz desde el punto de vista institucional y su lesión por la violencia institucional instigada por el propio Estado, es que el mismo no tiene forma de ser protegido por haberse desmoronado, igualmente, el derecho a la justicia. La ausencia de justicia y la impunidad, en efecto, son otras de las manifestaciones de la violencia institucional.

Por ello, con razón, como se indicó en el Preámbulo de la *Declaración de Santiago*, "*la paz debe estar basada en la justicia*" siendo por tanto la impunidad, totalmente incompatible tanto con la justicia y la paz, pues más bien es propiciadora de la violencia. Por ello, el Observatorio Venezolano de la Violencia (OVV) destacaba en el caso de Venezuela, que el 93% de los casos de crímenes callejeros quedan impunes, propiciando a los ciudadanos a hacerse justicia por sí mismos, de manera que la violencia lo que hace es generar más violencia.[33]

Para garantizar el derecho a la paz, por tanto, la condición esencial en un Estado es la existencia de un Poder Judicial independiente y autónomo. Por ello, por ejemplo y lamentablemente, en Venezuela ha sido la ausencia de tal independencia y autonomía lo que ha convertido al Poder Judicial en el principal instrumento de instigación de la violencia institucional contra los ciudadanos, cuando no obtienen justicia de sus pretensiones, o cuando los instrumentos de justicia se utilizan para perseguirlos por sus opiniones, criminalizándose la disidencia.

Con ello, en más de una ocasión se ha violado otro de los derechos ciudadanos derivados del derecho a la paz mencionados en el Preámbulo de la *Declaración de Santiago*, que es el derecho de toda persona

---

[33] *V.*, las referente el *Informe del Observatorio Venezolano de la Violencia (OVV) 2012*, en www.codigovenezuela.com/2012/.../observatorio-venezolano-de-violencia-senala-que-en-2012-se-observo-un-incremento-de-delitos

a permanecer en su propio país y a no ser forzado por razones políticas a dejar su propio país.

Sobre esta situación de violación del derecho a la paz, al violarse el derecho a la justicia, basta citar lo expuesto en el Informe de la Alta Comisionada de Derechos Humanos de 2019, en el cual se constata cómo el régimen ha desmantelado todas las instituciones democráticas, y eliminado toda idea de separación de poderes, habiendo desaparecido del funcionamiento del Estado toda forma de control sobre el mismo; de lo que se deriva que en Venezuela lo que existe es un Estado incontrolado manejado por un grupo irresponsable de gobernantes y de vocación opresora.[34]

1. La desaparición de la separación de poderes

El *Informe*, en efecto, dio cuenta cómo:

> *"Durante al menos una década, el Gobierno, así como las instituciones controladas por el Gobierno han aplicado leyes y políticas que han acelerado la erosión del Estado de derecho y el desmantelamiento de las instituciones democráticas, incluyendo la Asamblea Nacional" (§ 30).*

Sobre la Asamblea Nacional, el *Informe Bachelet* fue enfático en afirmar, en nota al pie de página (26), que:

> *"La Asamblea Nacional Constituyente, [...] establecida en agosto de 2017 tras un proceso electoral carente de inclusión política y viciado de irregularidades, [...] asumió de facto las responsabilidades constitucionales de la Asamblea Nacional."*

El Informe, además, destacó en otra nota al pie de página (23):

> *"La Lista Tascón fue uno de los primeros indicadores de la discriminación y persecución por motivos políticos. La lista, una base*

---

[34] Véase sobre el Informe Bachelet, Allan R. Brewer-Carías, "El informe Bachelet: Desahucio al régimen," en *Revista de Derecho Público*, N° 158-159, julio-diciembre 2019, Editorial Jurídica Venezolana. Caracas 2019, pp. 185-202. Véase también en el libro: Allan R. Brewer-Carías y Asdrúbal Aguiar (Editores), *Venezuela. Informes sobre violaciones grave de derechos humanos,* Iniciativa Democrática España América, Editorial Jurídica Venezolana, Miami 2019, pp. 12-46.

de datos de más de tres millones de personas venezolanas que en 2003-2004 apoyaron la organización un referéndum para revocar el mandato del entonces Presidente Hugo Chávez, fue utilizada para despedir masivamente a funcionarios/as públicos/as" (§ 30).
"Estas medidas tienen como objetivo neutralizar, reprimir y criminalizar a opositores/as políticas y críticas al Gobierno" (§ 30).
"Esta tendencia se ha aumentado desde 2016, después de que la oposición ganara la mayoría de los escaños de la Asamblea Nacional, lo cual llevó a un incremento de la represión selectiva de la oposición política y a una restricción incesante del de por sí limitado espacio democrático" (§ 30).

2. La ausencia de Justicia: la desaparición de un Poder Judicial confiable y de su autonomía e independencia

En ese marco, en particular, respecto de las violaciones masivas a los derechos humanos denunciados en el *Informe*, que resulta imposible poder controlar por la erosión total de las instituciones del Estado llamados a ello, en el mismo se analiza, en particular, la grave situación de la justicia y de los demás órganos de control del Estado.

A. Falta de autonomía e independencia

Sobre la situación del Poder Judicial, de la justicia y del derecho ciudadano de acceso a la misma, en el *Informe* se afirma lo siguiente:

"Durante más de un decenio, Venezuela ha adoptado e implementado una serie de leyes, políticas y prácticas que han restringido el espacio democrático, debilitado las instituciones públicas y menoscabado la independencia del poder judicial" (§ 76).
"La falta de independencia y la corrupción en el poder judicial son también obstáculos importantes a los que se enfrentan las víctimas en su búsqueda de justicia y reparación" (§ 56).

La justicia así, además de ser inocua para la protección de los derechos humanos, ha sido el instrumento por excelencia para perseguir la disidencia, como lo destaca el *Informe*, al mencionar que:

"En 2019, la Corte Suprema de Justicia ha levantado la inmunidad parlamentaria a 22 diputados de la Asamblea Nacional, entre ellos

el Presidente de la Asamblea Nacional. Muchos de ellos han sido acusados de traición, conspiración, instigación a la insurrección, rebelión civil" (§ 37).

B. Violación de las garantías judiciales y desaparición del derecho de acceso a la justicia y a la protección judicial

El *Informe* señala que el "*Gobierno ha reconocido que existe un problema de acceso a la justicia para todas las personas*" (§ 53), dando cuenta de que las personas que por ejemplo han reclamado por las que "*murieron durante las protestas masivas de 2017 siguen enfrentando obstáculos generalizados a sus derechos a la verdad, a la justicia y a la reparación*" § (55).

Indicando, además, que:

> *"La mayoría de las víctimas de las violaciones de los derechos humanos señaladas en el presente Informe no han tenido un acceso efectivo a la justicia y a una reparación adecuada" (§ 43).*
> *"Según las y los entrevistadas/os, pocas personas presentan denuncias por miedo a represalias y por falta de confianza en el sistema de justicia. Cuando lo hacen, las autoridades no investigan o no llevan a cabo investigaciones prontas, efectivas, exhaustivas, independientes, imparciales y transparentes" (§ 54).*
> *"las autoridades judiciales han invertido la carga de la prueba al rechazar abrir investigaciones a menos que las víctimas identificaran a los responsables" (§ 43).*

C. La situación global de impunidad

La ausencia de justicia y de acceso a la misma genera la situación global de impunidad que caracteriza la situación en el país, sobre lo cual el *Informe* indica que:

> *"El Estado ha denegado sistemáticamente los derechos de las víctimas de violaciones de los derechos humanos a la verdad, la justicia y la reparación. La impunidad ha permitido que se repitan las violaciones de los derechos humanos, ha envalentonado a los autores, y ha dejado de lado a las víctimas" (§ 80).*
> *"Siguen existiendo factores de impunidad identificados en 2018, entre ellos la falta de cooperación de las fuerzas de seguridad y de*

las fuerzas armadas con las investigaciones, la manipulación de la escena del crimen y de las pruebas por parte de las fuerzas de seguridad, las demoras indebidas en las actuaciones judiciales, la elevada rotación de los/as fiscales y los/as jueces/juezas, así como la inmunidad de facto de oficiales superiores" (§ 56).

3. La desaparición de las otras funciones de control y de la autonomía e independencia de los órganos del Poder Ciudadano

El desmantelamiento de las instituciones democráticas y del principio de la separación de poderes, antes mencionado, no sólo ha afectado al Poder Legislativo y a quien debe ejercerlo que es la Asamblea Nacional, sino que en materia de protección de derechos humanos ha afectado también a los órganos del Poder Ciudadano, sobre las cuales en el *Informe* se expresa que:

"Las instituciones responsables de la protección de los derechos humanos, tales como la Fiscalía General, los/as jueces/juezas y la Defensoría del Pueblo, generalmente no llevan a cabo investigaciones prontas, efectivas, exhaustivas, independientes, imparciales y transparentes sobre violaciones de derechos humanos y otros crímenes cometidos por actores estatales, no llevan a las personas responsables ante la justicia, ni protegen a personas víctimas y testigos. Dicha inacción contribuye a la impunidad y a la repetición de las violaciones" (§ 33).

"Las autoridades no han investigado con prontitud, efectividad, exhaustividad, independencia, imparcialidad y transparencia las denuncias creíbles de torturas y malos tratos, incluyendo casos de violencia sexual y de género, no han puesto a los presuntos responsables a disposición de la justicia" (§ 43).

"El Ministerio Público ha incumplido con regularidad su obligación de investigar y llevar a juicio a las personas responsables de los hechos y el Defensor del Pueblo ha guardado silencio ante las violaciones de los derechos humanos" (§ 57).

"Ninguna de esas instituciones, así como tampoco el Gobierno o la policía dan protección a las víctimas y testigos de violaciones a los derechos humanos" (§ 57).

> *"Además, el Fiscal General ha participado de una retórica pública de estigmatización y desacreditación de la oposición y de quienes critican al Gobierno, violando así el principio de presunción de inocencia" (§ 57).*

APRECIACIÓN GENERAL

El derecho a la paz, es decir, el derecho que toda persona tiene a la convivencia pacífica, que implica el derecho de todos los habitantes de un país a poder vivir en paz, impone al Estado la obligación de garantizar, precisamente, su disfrute por todos, partiendo de que uno de sus "*fines esenciales*" indicados en la propia Constitución es, precisamente, "*la defensa y el desarrollo de la persona y el respeto a su dignidad*", para asegurar "*la construcción de una sociedad justa y amante de la paz*" (art. 3), así como "*la conservación de la paz pública y la recta aplicación de la ley en todo el territorio nacional*" (art. 156.2). Por todo ello, la Constitución asigna al Estado la tarea esencial mantener la paz, es decir, "*mantener y restablecer el orden público, proteger a los ciudadanos, hogares y familias, apoyar las decisiones de las autoridades competentes y asegurar el pacífico disfrute de las garantías y derechos constitucionales*" (art. 332).

Lamentablemente, en Venezuela, la práctica del gobierno autoritario que asaltó el poder a partir de 2000, dando la espalda a la Constitución, muy lejos de esos fines y principios constitucionales, lo que paulatinamente ha desarrollado es un Estado que con sus fuerzas de seguridad, lejos de asegurar los derechos ciudadanos y el derecho de estos a vivir en paz, ha sido el principal agresor contra los mismos, en particular contra la disidencia política, definiendo desde las entrañas del poder en nombre de la paz y contra el odio, una política de Estado basada en el odio para perseguirla, considerando como "*enemigos del Estado*" a quienes formen alguna oposición política. Ello ha implicado que, en la práctica y la vida cotidiana, nadie en el mundo político venezolano puede gozar del elemental derecho de vivir en paz, y menos cuando desde las más altas esferas del poder se ejerce la persecución.

A esa violencia institucional se suma la ausencia de justicia y la más absoluta impunidad, a lo que se agrega la pérdida del monopolio de las armas por parte del Estado, lo que ha impedido a los ciudadanos el poder proteger sus propios derechos, habiendo incluso sido sustituida la autoridad el Estado en muchos casos y áreas geográficas, por nuevas "*autoridades*" hamponiles de hecho e incluso aceptadas por los propios funcionarios, que controlan áreas urbanas y rurales, imponiendo "*su*" propia autoridad, lo que ha implicado que allí, en definitiva, la única paz asegurada, sea la de los sepulcros.

New York, abril de 2021

DIÁLOGO SOCIAL: PERSPECTIVA LATINOAMERICANA*

CÉSAR AUGUSTO CARBALLO MENA**

SUMARIO

1. PREÁMBULO

Lo que diré -e intentaré justificar- en el presente ensayo es que el diálogo social, concebido como participación de trabajadores y empleadores -al lado de otros actores concernidos- en la generación, ejecución y/o evaluación de medidas públicas en materia social y económica, reviste el carácter de componente esencial e inescindible de la libertad sindical y presupuesto sustantivo de un modelo democrático de relaciones laborales; razón por la cual deviene justiciable en tanto derecho humano y fundamental.

A los fines de delimitar el núcleo esencial de este derecho convendrá extrapolar los criterios doctrinarios y jurisprudenciales, de fuente nacional e internacional, hilvanados en torno al Convenio sobre pue-

* Este trabajo, en su versión original ("Diálogo social en Latinoamérica: una necesidad más allá del contexto de la COVID-19"), fue remitido en enero de 2021 a la Universidad de Panamá, en el marco del programa de cursos especiales de postgrado denominado *Lecciones sobre Diálogo Social*. 2. En el presente ensayo, para evitar la sobrecarga gráfica, opté por utilizar el clásico masculino genérico, en el entendido que todas las referencias, salvo que de su contexto se desprenda la intención contraria, refieren por igual a cualquier género, sin distinción alguna. 3. Las cursivas y corchetes en citas textuales son míos.

** Profesor-investigador, Jefe del Departamento de Derecho Social y Jefe de la Cátedra de Derecho Colectivo del Trabajo en la Universidad Católica Andrés Bello (Caracas). Profesor en la Maestría en Derecho del Trabajo y Seguridad Social de la Universidad Libre (Bogotá). Profesor en el Curso de Derecho Constitucional Laboral en la Pontificia Universidad Católica del Perú (Lima). Individuo de Número de la Academia de Ciencias Políticas y Sociales (Venezuela). carballomena@gmail.com.

blos indígenas y tribales, 1989 (núm. 169)[1], consagratorio de los derechos a la consulta y la participación en lo concerniente a medidas legislativas o administrativas susceptibles de afectar los intereses de dichas comunidades.

En definitiva, el reimpulso y rediseño del diálogo social -desde la perspectiva indicada- constituye un objetivo estratégico para mejorar la gestión pública y promover eficazmente los intereses de trabajadores y empleadores.

2. ¿DE QUÉ HABLO CUANDO HABLO DE DIÁLOGO SOCIAL?

La exuberante ambigüedad que concita la voz *diálogo social* recomienda esbozar -de entrada- alguna delimitación conceptual que prevenga confusiones y ataje extravíos.

Así, en el contexto del presente ensayo diálogo social alude -como antes fue esbozado- al derecho de trabajadores y empleadores a participar -al lado de otros actores sociales pertinentes- en la generación, ejecución y/o evaluación de medidas públicas en materia social y económica que repercutan sobre sus intereses legítimos.

Reservaré, entonces, los términos *tripartismo* y *concertación social* para referir, respectivamente, a una *modalidad* de diálogo social o al *resultado* que dicha interacción arroje:

i. *Tripartismo* -concepto básico en la estructura y funcionamiento de la Organización Internacional del Trabajo (OIT)- describe la participación de los tres actores fundamentales del sistema de relaciones laborales, es decir, gobiernos, trabajadores y empleadores, "*dentro de los centros de elaboración o aplicación de la política social*"[2]. No obstante, tales procesos de participación admiten también, sin desnaturalizarse, carácter *bipartito*, *bipartito plus*, o *tripartito plus*; razón por la cual entre diálogo social y tripartismo se traba un vínculo de género a especie; y

[1] En lo sucesivo, Convenio 169 OIT.

[2] Oscar Ermida Uriarte y María del Mar Serna, "El Tripartismo", *Derecho Laboral*, T. XXXVII, N° 173-174, Volumen extraordinario en ocasión del 75° aniversario de la OIT, OIT, Montevideo, 1994, p. 3.

ii. *Concertación social* sugiere "*un proceso político que comporta un encuentro entre diferentes formas de poder político [...] con la posibilidad de alcanzar acuerdos entre los interlocutores sociales y el Gobierno u otro poder público con funciones de gobierno*"[3]. Aunque pueda lucir sutil, la concertación -a diferencia del diálogo- enfatiza la idea de acuerdo, arreglo, composición o consenso[4]. En este sentido, cabe destacar como ejemplos de concertación social en América Latina, el Pacto Obrero Patronal de 7 de abril de 1945 (México), el Triángulo de Escuintla del 27 de mayo al 3 de junio de 1945 (Guatemala), el Pacto de Avenimiento Obrero Patronal de 24 de abril de 1958 (Venezuela), el Pacto de Solidaridad Económica de 15 de diciembre de 1987 (México), y el Acuerdo Tripartito de Panamá de 1° de febrero de 2012.
Por tanto, el diálogo social entraña un *proceso* de participación de los interlocutores sociales, mientras que la concertación social alude a los *acuerdos* o *resultados* de dicha interacción.

Por último, conviene advertir que la esbozada concepción del diálogo social contrasta con la noción que difunde la OIT, abarcativa de "*todo tipo de negociaciones y consultas -e incluso el mero intercambio de información- entre representantes de los gobiernos, los empleadores y los trabajadores, sobre temas de interés común relativos a las políticas económicas y sociales*"; pudiendo "*tratarse de un proceso tripartito, en el que el gobierno interviene como parte oficial en el diálogo, o bien consistir en relaciones bipartitas establecidas exclusivamente entre los trabajadores y [las organizaciones de empleadores ...], con o sin la participación indirecta del gobierno*"[5].

---

3 José Luis Monereo Pérez, *Concertación y diálogo social*, Lex Nova, Valladolid, 1999, p. 23.

4 "*Concertar: 1. Componer, ordenar o arreglar las partes de una cosa, o varias cosas. 2. Acordar el precio de algo. 3. Pactar, ajustar, tratar o acordar un negocio. 4. Traer a identidad de fines o propósitos cosas diversas o intenciones diferentes. [...] 6. Cotejar o concordar una cosa con otra [...] 8. Dicho de una cosa: concordar...*". Real Academia Española, *Diccionario de la lengua española*, 2020. Recuperado de: https://dle.rae.es/concertar.

5 Recuperado de: https://www.ilo.org/ifpdial/areas-of-work/social-dialogue/lang--es/index.htm.

Como se observa, la organización internacional atribuye carácter contingente a la participación de instancias gubernamentales en el diálogo social, razón por la cual incluye en su ámbito -bajo el rótulo de "*diálogo social bipartito*"- negociaciones, consultas e intercambios entre empleadores y trabajadores[6], al margen de los gobiernos y de las políticas económicas y sociales que estos diseñen, ejecuten y evalúen[7].

En definitiva, esta idea -en extremo dilatada- de diálogo social incluiría "*todas las formas de relación entre los actores, distintas al conflicto abierto*"[8]; conjugando -en mi opinión, inconvenientemente- vínculos disímiles tanto en su naturaleza como en sus objetivos. Así, por ejemplo, la negociación de convenios colectivos debe ser voluntaria, ajena a interferencias estatales, destinada a regular las relaciones laborales en la órbita de los sujetos intervinientes y, por ende, sujeta al derecho privado; mientras que la participación de organizaciones de trabajadores y empleadores en la génesis, aplicación y/o evaluación de medidas sociales y económicas implica -necesariamente- la injerencia de instancias gubernamentales, en ejercicio de funciones que le son propias, y en gestión de intereses generales -que exceden de aquellos estrictamente representados por los interlocutores sociales-, razón por la cual se sitúa entre el derecho público y el derecho privado[9].

3. LIBERTAD SINDICAL Y DIÁLOGO SOCIAL

La libertad sindical, como derecho humano -según se desgaja de su consagración en los más trascendentes instrumentos internacionales sobre la materia[10]- y fundamental -en tanto inserto en los textos consti-

---

6 Ver, Conferencia Internacional del Trabajo, *Diálogo social y tripartismo*, 107ª reunión, 2018, Informe VI, cuadro 1.1, p. 3. Recuperado de: https://www.ilo.org/wcmsp5/groups/public/---ed_norm/---relconf/documents/meetingdocument/wcms_624017.pdf.

7 "*El diálogo social bipartito podría referirse, por ejemplo, a los salarios, las condiciones de trabajo o la salud y seguridad en el trabajo…*". Organización Internacional del Trabajo, *Diálogo social tripartito de ámbito nacional. Una guía de la OIT para una mejor gobernanza*, Cinterfor/OIT, Turín, 2017, p. 17.

8 Oscar Ermida Uriarte, "Diálogo social: teoría y práctica", *IUSLabor*, N° 1, 2006, p. 2. Recuperado de: https://www.upf.edu/documents/3885005/3889500/ErmidaUriarteDialogoSocial.pdf/d3f8a850-892c-4369-b26b-0a98a1842d82 (5/11/20).

9 José Luis Monereo Pérez (1999), ob.cit., p. 23.

10 Entre otros, Declaración de Filadelfia de 10 de mayo de 1944 (párrs. I.b, I.d y III.e), Carta de la Organización de Estados Americanos de 30 de abril de 1948 (art. 45.c), Declaración

tucionales de la región[11]-, ensambla los siguientes componentes esenciales, interdependientes e inescindibles[12]:

i. *Organizativo*, es decir, el derecho de trabajadores y empleadores, sin ninguna distinción y sin autorización previa, a constituir las organizaciones[13] que estimen convenientes, así como el de afiliarse -o no[14]-, con la sola condición de observar los estatutos de las mismas;

ii. *Funcional*, esto es, el derecho a fomentar y defender intereses colectivos o de categoría a través -principalmente- de la negociación colectiva, -en lo que atañe a los trabajadores- la huelga[15], el *diálogo social* y la participación en la gestión empresarial; y

iii. *Inmunitario*, por cuya virtud deben adoptarse medidas idóneas –de fuente estatal y autonómica- destinadas a brindar adecuada protección frente a las conductas que tuviesen por objeto o efecto impedir, restringir u obstaculizar el pleno y eficaz ejercicio de la libertad sindical.

Americana de los Derechos y Deberes del Hombre de 30 de abril de 1948 (art. XXII), Declaración Universal de los Derechos Humanos de 10 de diciembre de 1948 (art. 23.4), Pacto Internacional de Derechos Económicos, Sociales y Culturales de diciembre de 16 de diciembre de 1966 (art. 8), Pacto Internacional de Derechos Civiles y Políticos de 16 de diciembre de 1966 (art. 22), y Convención Americana sobre Derechos Humanos de 22 de noviembre de 1969 (art. 16.1).

11 Constituciones de Argentina (art. 14.bis), Bolivia (art. 51), Brasil (arts. 8 y 37.6), Chile (art. 19.19º), Colombia (art. 39), Costa Rica (art. 60), Ecuador (art. 326.7), El Salvador (art. 47), Guatemala (art. 102.r), Honduras (art. 128.14), México (art. 123.A.XVI), Nicaragua (art. 87), Panamá (art. 68), Paraguay (art.), Perú (art. 28), República Dominicana (art. 62.3 y .4), Uruguay (art. 57), y Venezuela (art. 95).

12 César Augusto Carballo Mena, *Libertad sindical. La perspectiva de los derechos fundamentales*, CACM, Caracas, 2012, p. 165.

13 En los términos de la *tautología virtuosa* que consagra el art. 10 del Convenio sobre la libertad sindical y la protección del derecho de sindicación, 1948 (núm. 87), "*toda organización de trabajadores o de empleadores que tenga por objeto fomentar y defender los intereses de los trabajadores o de los empleadores*".

14 Art. 45.c de la Carta de la Organización de Estados Americanos de 30 de abril de 1948.

15 La Corte Interamericana de Derechos Humanos, en Opinión Consultiva 27 de 5 de mayo de 2021 (OC 27/21), declaró que la negociación colectiva y la huelga son componentes esenciales –por ende, interdependientes e indivisibles- de la libertad sindical (párrs. 91, 94, 118 y 213.3, pp. 35, 37, 45 y 78, respectivamente).

El diálogo social, concebido como manifestación funcional de la libertad sindical, representa la *encrucijada* de las vertientes -autonómica y estatal- de protección del trabajador; el punto de encuentro y amalgama del ejercicio de la libertad sindical y de la injerencia -normativa y policiva- del Estado.

Este rasgo mestizo quizá justifica las complejidades teoréticas y prácticas que entraña el diálogo social: siendo manifestación de la libertad sindical, en tanto medio de fomento y defensa de intereses colectivos o de clase, solo se perfecciona cuando instancias gubernamentales, en sujeción a los principios democráticos y respetando la autarquía sindical, comparten sus potestades genéticas, ejecutivas y/o evaluativas en el ámbito social y económico.

De un lado, las organizaciones de trabajadores y empleadores, en la medida que logran influir sobre las ejecutorias estatales, amplifican su poder de promoción y defensa de intereses colectivos, potenciando así "*la representatividad sindical en una dimensión semi-pública*"[16]. Del otro, los gobiernos, en tanto promotores de consensos entre los interlocutores sociales, además de influir en el programa de acción de éstos, devienen legitimados en el desenvolvimiento de sus potestades y más eficientes[17-18]. La participación de los interlocutores sociales impulsa -como afirma el art. 8 de la Carta Social de las Américas- "*una buena gestión y una economía estable*", permitiendo a los gobiernos comprender mejor "*las necesidades de las personas, aprovechar la inteligencia colectiva para la innovación, crear políticas más costo-eficientes y optimizar la implementación de [éstas...]*"[19].

---

16 José Luis Monereo Pérez, "La participación de los sindicatos en el diseño y gestión de las políticas públicas y la concertación social", *Sindicalismo y democracia. El Derecho Sindical Español del profesor Manuel Carlos Palomeque treinta años después (1986-2016)*, W. Sanguineti y E. Cabero (coordinadores), Ed. Comares, Granada, 2017, p. 324.

17 Ibídem, pp. 328 y 329.

18 Daniel Cerdas-Sandí, "Derechos laborales colectivos y democracia. Una discusión a partir del concepto voz horizontal de Guillermo O'Donnell", *Revista IUS*, vol. 12, núm. 48, Instituto de Ciencias Jurídicas de Puebla, 2018. Recuperado de: https://www.redalyc.org/jatsRepo/2932/293257825010/html/index.html#fn13.

19 Organización para la Cooperación y el Desarrollo Económicos, *Informalidad e inclusión social en tiempos de COVID-19. Cumbre ministerial virtual sobre inclusión social*, OCDE - América Latina y el Caribe, sesión 3, 2020, p. 3. Recuperado de: https://www.oecd.org/latin-america/events/cumbre-ministerial-sobre-inclusion-social/.

4. DEMOCRACIA Y DIÁLOGO SOCIAL

La democracia involucra una dimensión formal y sustancial. Aquélla refiere "*al quién y al cómo de las decisiones y [...] se halla garantizada por las normas formales que disciplinan las formas*[20] *de las decisiones, asegurando con ellas la expresión de la voluntad de la mayoría*"[21]. Ésta, por su parte, alude "*al qué*[22] *es lo que no puede decidirse o debe ser decidido por cualquier mayoría*", atendiendo a "*las normas sustanciales que regulan la sustancia o el significado*[23] *de las mismas decisiones, vinculándolas, so pena de invalidez, al respeto de los derechos fundamentales...*"[24-25].

Esta interdependencia entre democracia y derechos fundamentales aparece reflejada en la Carta Democrática Interamericana, adoptada por la Organización de Estados Americanos el 11 de septiembre de 2001. De un lado, declara que "*la democracia es indispensable para el ejercicio efectivo de las libertades fundamentales y los derechos humanos*" (art. 7), y del otro, reafirma el compromiso de los Estados Miembros de la OEA de "*fortalecer el sistema interamericano de protección de los derechos humanos para la consolidación de la democracia en el Hemisferio*" (art. 8).

La idea de un modelo político donde impera la voluntad de la mayoría del pueblo pero que, a la vez, dicha voluntad -por mayoritaria que sea- no pueda desconocer los derechos fundamentales, refuerza la importancia estratégica de la dimensión participativa de la democracia como mecanismo de promoción y defensa de intereses de categoría o clase.

Al respecto, la referida Carta Democrática Interamericana, luego de *reafirmar* que "*el carácter participativo de la democracia [...] en los diferentes ámbitos de la actividad pública contribuye a la consoli-*

---

20 Cursivas del original.

21 Luigi Ferrajoli, *Derechos y garantías. La ley del más débil*, Editorial Trotta, 4ª edición, Madrid, 2004, p. 23.

22 Cursivas del original.

23 Ídem.

24 Luigi Ferrajoli, ob.cit., p, 23.

25 Criterio acogido por la Corte Interamericana de Derechos Humanos en sentencia *Gelman vs. Uruguay* de 24 de febrero de 2011, párr. 239.

dación de los valores democráticos y a la libertad y la solidaridad", y *considerar* que la educación constituye un medio eficaz "*para lograr una participación significativa en el proceso de toma de decisiones*", declara que:

i. "*La democracia representativa se refuerza y profundiza con la participación permanente, ética y responsable de la ciudadanía*" (art. 2);
ii. La "*participación de la ciudadanía en las decisiones relativas a su propio desarrollo es un derecho y una responsabilidad*" (art. 6); y
iii. "*Promover y fomentar diversas formas de participación fortalece la democracia*" (art. 6).

La democracia reconoce la coexistencia de intereses disímiles -incluso contrapuestos- en el seno de la sociedad y, por tanto, el derecho de los ciudadanos a organizarse para su promoción y defensa, erigiéndose así en "*verdaderos sujetos políticos, que crean y estimulan la pluralidad y tolerancia política, fomentan el civismo y la educación política, colaboran en la legitimación del orden democrático [...], promueven la deliberación pública y suscitan la gobernanza*"[26].

El diálogo social, como forma de participación en la gestión del poder -"*por oposición al modelo jerárquico tradicional de gobierno exclusivamente asentado en la autoridad estatal*"[27]-, se revela como idóneo "*espacio de discusión pública donde ciudadanos acreditados tienen la posibilidad de expresar sus opiniones y eventualmente incluirlas dentro de la negociación que conduce a la definición de preferencias y la elección de políticas.*"[28]

Así, democracia y participación ciudadana mantienen íntima ligazón "*por ser esta forma de gobierno la que reconoce una relación de derechos basada en la libertad e igualdad que se traduce al involucra-*

---

26 Daniel Cerdas-Sandí, ob.cit.

27 Francois Graña, "¿Democratizar la democracia? Las nuevas formas del diálogo social", *Boletín Cinterfor*, núm. 156, OIT, Montevideo, 2005, p. 127.

28 Carlos Sojo, "Reflexiones finales", *Diálogo social en América Latina. Un camino hacia la democracia ciudadana*, Ada Piazze y Nicolás Flaño (editores), Banco Interamericano de Desarrollo, Washington, 2005, p. 135.

miento de los ciudadanos en los asuntos del Estado"[29]. "*La convivencia en la diversidad y la identificación del interés común entre todo orden de necesidades sectoriales y concretas son los logros de una ética del diálogo que afirma la inclusión social y la estabilidad democrática*"[30].

La Comisión Interamericana de Derechos Humanos estima que "*la participación activa de las personas en la toma de decisiones públicas –entre ellas, en el ciclo de políticas públicas– no sólo es deseable, sino un derecho exigible y una obligación del Estado*"[31]. Dichas participación "*permite que la definición de los problemas, el diseño de la política, la implementación y la evaluación, incorporen las experiencias, perspectivas y puntos de vista de las personas y grupos que son titulares de los derechos que se busca salvaguardar*"[32].

Por su parte, la Corte Interamericana de Derechos Humanos (CORTE-IDH) reconoce que la "*participación política* [ex art. 23 de la Convención Americana sobre Derechos Humanos] *puede incluir amplias y diversas actividades que las personas realizan individualmente u organizadas, con el propósito de intervenir en la designación de quienes gobernarán un Estado o se encargarán de la dirección de los asuntos públicos, así como influir en la formación de la política estatal a través de mecanismos de participación directa*"[33].

Desde una perspectiva *pragmática*, el diálogo social facilita a los gobiernos la preservación de la paz social y la estabilidad democrática. Refiere a la conveniencia de desmontar la arrogancia y auscultar -de buena fe- la reacción y capacidad propositiva de los interlocutores sociales frente a la eventual afectación de sus intereses por la implementación de medidas sociales o económicas: "*El modo dialógico de*

---

29 Patricio Contreras y Egon Montecinos, "Democracia y participación ciudadana: tipología y mecanismos para la implementación", *Revista de Ciencias Sociales*, vol. XXV, núm. 2, Universidad del Zulia, 2019. Recuperado de: https://www.redalyc.org/jatsRepo/280/28059953014/html/index.html.

30 Carlos Sojo, ob.cit., p.141.

31 Comisión Interamericana de Derechos Humanos, *Políticas públicas con enfoque de Derechos Humanos*, CORTE-IDH–OEA, 2018, párr. 56, p. 23. Recuperado de: http://www.oas.org/es/Corte-IDH/informes/pdfs/Politicas PublicasDDHH.pdf.

32 Ibídem, párr. 58, p. 23.

33 CORTE-IDH, *caso Castañeda Gutman vs. México*, sentencia de 6 de agosto de 2008, párr. 146. Recuperado de: https://www.corteidh.or.cr/docs/casos/articulos/seriec_184_esp.pdf.

interacción entre especialistas y profanos lleva al reconocimiento de la incertidumbre para luego minimizarla, y explorar las condiciones que permitan establecer consensos"[34].

En conclusión, el pluralismo democrático[35] y la libertad sindical se ensamblan para brindar fundamento jurídico a la participación de trabajadores y empleadores en el diseño, ejecución, y/o evaluación de medidas económicas y sociales que repercutan sobre sus legítimos intereses, tal como fue concebida en la icónica Declaración de Filadelfia de 1944.

5. RETORNO A FILADELFIA

Mirar atrás no supone necesariamente sucumbir a la nostalgia. A veces es el único recurso para orientarnos y retomar el rumbo perdido.

Propongo, para aprehender el carácter estratégico del diálogo social, volver a Filadelfia, el 10 de mayo de 1944, cuando la OIT adoptó la Declaración relativa a sus fines y objetivos[36], primera proclama internacional de derechos con vocación de universalidad[37].

Dicho instrumento, forjado entre el horror -de la II Guerra Mundial- y la utopía -del imperio de la justicia social-, concibió la colaboración de trabajadores y empleadores en la preparación y aplicación de medidas sociales y económicas como contenido esencial de la libertad sindical y atributo de los sistemas democráticos:

i. "*La libertad* [...] *de asociación es esencial para el progreso constante*" (parte I.b);
ii. "[L]*a lucha contra la necesidad debe proseguirse con incesante energía dentro de cada nación y mediante un esfuerzo internacional continuo y concertado, en el cual los representantes de los trabajadores y de los empleadores, colaborando en un pie de igualdad con los representantes de los gobiernos,*

---

34 Ibídem, p. 140.

35 Ver, Oscar Ermida Uriarte, *La concertación social*, 2ª edición, Centro Interamericano de Administración del Trabajo - OIT, Lima, 1988, p. 12.

36 Anexada a la Constitución de la Organización Internacional del Trabajo mediante Instrumento de Enmienda de 9 de octubre de 1946.

37 Alain Supiot, *El espíritu de Filadelfia. La justicia social frente al mercado total*, Península, Barcelona, 2011, p. 11.

participen en discusiones libres y en decisiones de carácter democrático, a fin de promover el bienestar común" (parte I.d); y

iii. Como corolario de lo anterior, resulta imperativo "*fomentar, entre todas las naciones del mundo, programas que permitan* [...] *lograr el reconocimiento efectivo del derecho de negociación colectiva, la cooperación de empleadores y de trabajadores para mejorar continuamente la eficiencia en la producción, y la colaboración de trabajadores y empleadores en la preparación y aplicación de medidas sociales y económicas*" (parte III.e).

Se desgaja de lo transcrito que la libertad de asociación con fines laborales debe abarcar, en la órbita de un sistema democrático, el derecho de trabajadores y empleadores a organizarse libremente para la mejor defensa de sus derechos e intereses, incluyendo la negociación normativa, la participación en la gestión empresarial y la colaboración -en plano de igualdad con los gobiernos- "*en la preparación y aplicación de medidas sociales y económicas*".

En este contexto, el diálogo social reviste carácter estratégico en tanto interacción orientada a propiciar, mediante la participación de organizaciones autárquicas de trabajadores y empleadores -y sin perjuicio del concurso de otros interlocutores sociales-, que las medidas nacionales e internacionales, particularmente aquellas de carácter económico y financiero, sean adoptadas democráticamente y estén destinadas a garantizar el bienestar material y el desarrollo espiritual de la población[38], en condiciones de libertad y dignidad, de seguridad económica, y en igualdad de oportunidades (parte II, literales a, b y c).

La participación de los interlocutores sociales -"*en la preparación y aplicación de medidas sociales y económicas*"- obraría sobre las instancias gubernamentales como mecanismo de control teleológico, siendo que aquéllas "*deben apreciarse*" en tanto herramientas dirigidas

[38] "El diálogo social constituye un medio para alcanzar el progreso económico y social." Organización Internacional del Trabajo, *Resolución relativa a la discusión recurrente sobre el diálogo social*, 19 de junio de 2013, principios rectores y contexto núm. 1.

a la satisfacción del bienestar material y el desarrollo espiritual de la población, "*y aceptarse, solamente cuando favorezcan y no impidan el cumplimiento de este objetivo fundamental*" (parte II.c).

Volver a Filadelfia supone, entonces, revelar los contornos e interdependencia de tres manifestaciones esenciales del plano funcional de la libertad sindical que la Declaración de 1944, en su parte III.e, estimó estratégicas para alcanzar sus objetivos:

i. "*reconocimiento efectivo del derecho de negociación colectiva*";
ii. "*cooperación de empleadores y de trabajadores para mejorar continuamente la eficiencia en la producción*", esto es, participación de los trabajadores en la gestión empresarial; y
iii. "*colaboración de trabajadores y empleadores en la preparación y aplicación de medidas sociales y económicas*", es decir, lo que se ha denominado diálogo social en el contexto del presente ensayo.

La Resolución OIT sobre los derechos sindicales y su relación con las libertades civiles de 25 de junio de 1970, alude al "*derecho de participación de los sindicatos [...] en la economía general*" (párr. 15); mientras que el Programa de Trabajo Decente[39] de 1999 -el cual encarnó en la Declaración OIT sobre la justicia social para una globalización equitativa de 10 de junio de 2008 (parte I.A.iii)- contempla a la promoción del diálogo social y el tripartismo como uno de los cuatro objetivos estratégicos de la OIT.

En sentido análogo, la Declaración Socio Laboral del Mercado Común del Sur (MERCOSUR)[40] prevé el deber de los Estados partes de "*fomentar el diálogo social en los ámbitos nacional y regional, insti-*

[39] Memoria del Director General de la Oficina Internacional del Trabajo, sobre el Trabajo Decente, presentada ante la 87ª reunión de la Conferencia Internacional del Trabajo, en junio de 1999. Recuperado de: http://www.ilo.org/public/spanish/standards/relm/ilc/ilc87/rep-i.htm.

[40] MERCOSUR cuenta con organismos tripartitos en cuyo seno se impulsa la concertación social, entre los que destacan el Subgrupo de Trabajo N° 10, adscrito al Grupo Mercado Común (Relaciones de trabajo, empleo y seguridad social), la Comisión Socio Laboral (art. 28 de la Declaración Socio Laboral, 2015), y el Observatorio del Mercado de Trabajo (Empleo).

tuyendo mecanismos efectivos de consulta permanente entre representantes de los gobiernos, de los empleadores y de los trabajadores, a fin de garantizar, mediante el consenso social, condiciones favorables al crecimiento económico sustentable y con justicia social de la región y la mejora de las condiciones de vida de sus pueblos" (art. 20).

De tal manera que, en tiempos de globalización, precarización laboral, y tecnologías que evanescen centros de trabajo y responsabilidades patronales, cuando se ensueña con *empresas sin trabajadores* y se propala el oxímoron de *trabajadores autónomos sin empresas a cargo*, ante el declive de la sindicalización y la atomización sindical, y en una región caracterizada por una "*profunda y persistente desigualdad social*"[41]; el diálogo social -al margen de su morfología específica- se erige en instrumento idóneo para potenciar la promoción autárquica de intereses colectivos y democratizar los sistemas de relaciones laborales.

6. TAXONOMÍA BÁSICA

El diálogo social puede concebirse, articularse y fluir de múltiples formas e intensidades dependiendo de los factores culturales, ideológicos y políticos imperantes en cada momento en una sociedad determinada.

En este sentido, reconocer al titular de intereses contrapuestos -incluso, si careciese de poder coercitivo- como *adversario* -en lugar de *enemigo*- y, por tal virtud, dialogar en búsqueda de consensos -en vez de derrotarlo, en la lógica de un conflicto existencial- puede ser, dependiendo de los factores antes señalados, ensalzado como expresión de tolerancia[42] o, por el contrario, denostado como evidencia de debilidad y traición a los principios que se abrazan.

Más allá de su valoración y resultados, estimo relevante proponer ciertos criterios que permitan advertir los rasgos predominantes del

---

41 CEPAL, *La matriz de la desigualdad social en América Latina*, Naciones Unidas, Santiago (Chile), 2016, p. 7.

42 La voz *tolerar* alude tanto a la permisión soterrada de conductas ilícitas como al respeto de ideas, creencias o prácticas ajenas "*cuando son diferentes o contrarias a las propias*". Real Academia Española, *Diccionario de la lengua española*, 2ª y 4ª acepción, respectivamente. Recuperado de: https://dle.rae.es/tolerar?m=form.

diálogo social en Latinoamérica y concienciar opciones arquitecturales cuando se le pretenda impulsar; sin que ello suponga caer en "*la tentación de establecer modelos para generalizar algunas semejanzas donde la riqueza de lo diverso es un elemento central*"[43].

Los aludidos criterios taxonómicos del diálogo social refieren a:

i. Sujetos intervinientes e intereses representados (bipartito, bipartito plus, tripartito, o tripartito plus),
ii. Medio de desenvolvimiento (orgánico o inorgánico),
iii. Naturaleza de las funciones atribuidas (informativo, consultivo, genésico, ejecutivo y/o evaluativo), y
iv. Ámbito de validez de la interacción (personal, material, espacial, y temporal).

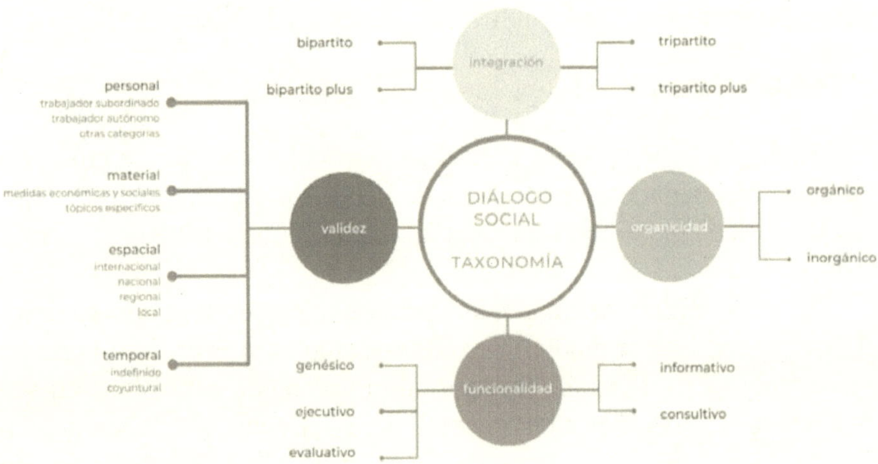

6.1. Integración

Considerando los interlocutores involucrados y los intereses que éstos representan, el diálogo social puede revestir carácter bipartito, bipartito-plus, tripartito, o tripartito-plus.

En el diálogo social bipartito participan, de un lado, el gobierno, y del otro, solo uno de los interlocutores sociales, es decir, organizaciones de trabajadores o de empleadores. Es de señalar que la OIT no conside-

43 Carlos Sojo, ob.cit, p. 135.

ra esta interacción equivalente al diálogo social, aunque reconoce que puede allanar el camino hacia un futuro diálogo social[44].

En el tripartismo tanto trabajadores como empleadores participan -junto con el gobierno- en la generación, ejecución y/o evaluación de medidas sociales y económicas.

Finalmente, si a las fórmulas anteriormente indicadas se integrasen otros actores de la sociedad civil estaríamos en presencia del diálogo social bipartito plus o tripartito plus, respectivamente.

Como se observa, el diálogo social pivota en torno al gobierno. El ejercicio de sus poderes traza el espacio de potencial participación de los interlocutores sociales.

En definitiva, el diálogo social "*comporta un proceso de encuentro y negociación política entre el poder público y la autonomía colectiva*"[45], en el entendido que las organizaciones de trabajadores y empleadores, al amparo de la libertad sindical, podrán optar entre participar, confrontar o abstenerse. Esta perspectiva democrática contrasta con el modelo vertical y autoritario -no poco relevante en la experiencia latinoamericana-, en cuyo ámbito el Estado tiende a controlar -incluso, crear- a los actores sindicales[46].

El diálogo social en América Latina, bajo el influjo de la estructura y fisiología de la OIT[47], suele implementarse tripartitamente. Son expresiones de ello, entre otras muchas, la Comisión Sociolaboral del MERCOSUR[48], el Consejo del Empleo, la Productividad y el Salario Mínimo Vital y Móvil (Argentina), el Consejo Superior Laboral (Chile), la Comisión Permanente de Concertación de Políticas Salariales y

---

44 OIT, "El diálogo social en el más alto nivel como herramienta de gobernanza durante la pandemia de COVID-19. Tendencias mundiales y regionales y cuestiones de política". *Nota de investigación*, OIT, diciembre-2020, p. 7. Recuperado de: http://www.ilo.int/wcm-sp5/groups/public/---ed_dialogue/---dialogue/documents/briefingnote/wcms_765042.pdf.

45 José Luis Monereo Pérez (1999), ob.cit., p. 17.

46 J. Martínez Franzoni y D. Sánchez-Ancoechea, "Pactos sociales al servicio del bienestar en América Latina y el Caribe. ¿Qué son y qué papel tienen en tiempos de crisis?", *Documentos de Proyectos*, Santiago, CEPAL, 2020, p. 22.

47 Ver, Humberto Villasmil y César Augusto Carballo Mena, "Nota introductoria", *Derecho laboral iberoamericano. Influencias del sistema normativo OIT*, H. Villasmil y César A. Carballo (coordinadores académicos), Tirant lo Blanch – Universidad Libre, Bogotá, 2020, pp. 17-54.

48 Art. 28 de la Declaración Sociolaboral del MERCOSUR de 17 de julio de 2015.

Laborales (Colombia), el Consejo Superior de Trabajo (Costa Rica), la Comisión Nacional Tripartita de Relaciones Laborales y Libertad Sindical (Guatemala), el Consejo Económico y Social (Honduras), la Comisión Nacional de los Salarios Mínimos (México), la Comisión del Acuerdo Tripartito y la Comisión Nacional de Salario Mínimo (Panamá), el Consejo Nacional de Trabajo y Promoción del Empleo (Perú), y el Comité Nacional de Salarios (República Dominicana).

Sin embargo, parece conveniente, atendiendo a la pluralidad que propician las sociedades democráticas[49], además de los altos niveles de informalidad laboral, las bajas tasas de sindicalización y la atomización sindical imperantes en América Latina[50], explorar la ampliación de los interlocutores sociales y de los intereses representados en el diálogo social. Desconocer la pluralidad "*no hace desaparecer tales necesidades sociales, pero incorporarla gradual y activamente en el marco de decisión institucional es una forma de consolidar la democracia y modernizar el Estado*" [51].

En este sentido, configuran ejemplos de tripartismo plus en la región el Consejo Económico y Social de la Ciudad de Buenos Aires[52], el Consejo de Desarrollo Económico y Social (Brasil)[53], el Comité Nacional de Productividad (México)[54], el Consejo de la Concertación Nacional para el Desarrollo[55] y el Comité para la Erradicación del

---

49 Carta Social de las Américas, art. 8.- "*La cooperación y el diálogo social entre representantes de los gobiernos, los trabajadores, los empleadores y otras partes interesadas promueven una buena gestión y una economía estable*".

50 J. Martínez Franzoni y D. Sánchez-Ancoechea, ob.cit., p. 24.

51 Carlos Sojo, ob.cit., pp. 139 y 140.

52 Incluye a representantes de instituciones universitarias, "*colegios, consejos y entidades de profesionales*", organizaciones de defensa de los consumidores, economía social, y credos religiosos (Ley 3317 de 26 de noviembre de 2009, art. 7).

53 Incluye a representantes de organizaciones sociales y de sectores académicos, religiosos y culturales. Ver Natalia Ayala, *Consejo de Desarrollo Económico y Social*, Observatorio de la globalización, abril – 2003, p. 3. Recuperado de: http://globalizacion.org/wp-content/uploads/2016/01/ODG2AyalaCDESBrasil.pdf.

54 Incluye cuatro representantes de instituciones de educación superior, uno de institución de educación técnica media superior y uno de institución de capacitación para el trabajo (Decreto de 17 de mayo de 2013, art. cuarto).

55 Incluye partidos políticos, colegios profesionales, Iglesias, clubes cívicos, pueblos indígenas, organizaciones de protección del medio ambiente, institutos de educación superior, etc. (art. 8, Ley 20 de 25 de febrero de 2008).

Trabajo Infantil y Protección de la Persona Adolescente Trabajadora (Panamá)[56].

6.2. Organicidad

Dependiendo del medio a través del cual se despliegue, el diálogo social puede adoptar formas orgánicas o inorgánicas. "*Las primeras serían las interacciones que los actores sociales llevan a cabo en el seno de órganos expresamente creados para ello o en los cuales -aunque tengan otra finalidad- dichos actores están representados. Las formas inorgánicas [...] serían aquellas que se desenvuelven espontáneamente, al margen de la existencia de algún órgano especial*"[57].

Ejemplifican la primera modalidad -con mucho, la más recurrida- el Consejo para la Economía Social y el Salario Social Complementario (Argentina), el Consejo Superior Laboral (Chile), la Comisión Permanente para la Concertación de Políticas Laborales y Sociales (Colombia), el Consejo Superior de Trabajo (Costa Rica), la Comisión Nacional Tripartita de Relaciones Laborales y Libertad Sindical (Guatemala), el Consejo Económico y Social (Honduras), la Comisión Nacional de Salario Mínimo (Panamá), el Consejo Nacional de Trabajo y Promoción del Empleo (Perú), el Comité Nacional de Salarios (República Dominicana), el Consejo Superior Tripartito y el Consejo Nacional de Seguridad y Salud en el Trabajo (Uruguay).

En contraposición, configuraría una manifestación inorgánica de diálogo social el que condujo al Acuerdo Tripartito para la Implementación de la Recomendación sobre la transición de la economía informal a la economía formal, 2015 (núm. 204), celebrado en Costa Rica -con asistencia técnica de la OIT- el 3 de octubre de 2016. Es de reseñar que esta -exitosa- modalidad inorgánica supuso descartar -en el caso concreto- al Consejo Superior de Trabajo como instancia -orgánica- com-

---

[56] Incluye a la Coordinadora Nacional de Pueblos Indígenas y al Observatorio de los Derechos de la Niñez y la Adolescencia (art. segundo del Decreto Ejecutivo N° 25 de 15 de abril de 1997, cuya última modificación se verificó mediante Decreto Ejecutivo N° 107 de 11 de junio de 2013).

[57] Oscar Ermida Uriarte, "Diálogo social: teoría y práctica", *Derecho & Sociedad*, núm. 24, 2005, p. 262. Recuperado de: http://revistas.pucp.edu.pe/index.php/derechoysociedad/article/view/16980.

petente[58]; revelándose así la conveniencia de una *morfología flexible del diálogo* que le permita fluir y adaptarse a las circunstancias que en cada momento imperen.

En este orden de ideas, cabe destacar que -según la OIT- los resultados "*específicos y visibles*" del "*diálogo social en el más alto nivel*", durante el período comprendido entre el 15 de marzo y el 10 de junio de 2020, se produjeron mayormente fuera de las "*estructuras establecidas*" (75%) o en "*estructuras ad hoc*" (2%). Lo cual sugiere "*la falta de preparación de las estructuras existentes para hacer frente a una emergencia nacional, o la falta de voluntad de los Gobiernos de dialogar en el marco de esas estructuras. También guarda relación con el hecho de que las estructuras nacionales tripartitas de diálogo social se consideran a menudo órganos con una orientación «estratégica» a largo plazo, pero carentes de utilidad «operativa» a corto plazo*"[59].

6.3. Funcionalidad

El diálogo social puede tener por objeto informar y/o consultar[60] a las organizaciones de trabajadores y de empleadores sobre medidas sociales y económicas que redunden sobre sus intereses legítimos, o incluso, con mayor intensidad, propiciar la participación de éstas en la generación, ejecución y/o evaluación de tales medidas[61].

Cumplen funciones informativas y/o consultivas el Consejo de Desarrollo Económico y Social (Brasil), el Consejo Superior Laboral (Chile), el Consejo de Salud Ocupacional (Costa Rica), el Consejo Nacional de Salud, Higiene y Seguridad Ocupacional (Guatemala), el

---

58 Rosa Cheng Lo, *Costa Rica: el diálogo social en la construcción de una estrategia nacional para la transición de la economía informal a la economía formal (borrador – marzo de 2018)*, RSCD/CSI, p. 16. Recuperado de: https://www.ituc-csi.org/IMG/pdf/sd_informality_costa_rica_es.pdf.

59 OIT, "El diálogo social en el más alto nivel…", ob.cit., p. 13.

60 Ver, por ejemplo, Declaración Sociolaboral del MERCOSUR, art. 20.

61 La Organización para la Cooperación y el Desarrollo Económicos (OCDE) identificó cuatro tipos de relaciones entre ciudadanos y gobiernos: "*la participación pública varía, desde su forma más débil (la información básica proporcionada por el gobierno) al máximo (coproducción, coparticipación y coevaluación, con una participación equilibrada de poderes entre los actores interesados), cada uno con diferentes objetivos e impactos esperados*". OCDE, *Chile. Informe. La participación ciudadana en el proceso constituyente*, OCDE, 2017, p. 5. Recuperado de: https://www.oecd.org/gov/Chile-PG-Scan-SPA.pdf.

Consejo Económico, Social y Ambiental de la Ciudad de México, Comisión Nacional de Salario Mínimo (Panamá), el Consejo Nacional de Trabajo y Promoción del Empleo (Perú), y la Comisión Nacional de Empleo (República Dominicana).

Por el contrario, ejercen funciones genésicas, ejecutivas y/o evaluativas la Comisión Permanente de Concertación de Políticas Salariales y Laborales[62] (Colombia), el Consejo Nacional de Salarios (Costa Rica), la Comisión de Salarios Mínimos (Honduras), la Comisión Nacional de los Salarios Mínimos (México), y la Comisión Nacional de Salario Mínimo (Nicaragua).

6.4. Ámbito de validez -personal, material, espacial y temporal- de la interacción

El diálogo social, considerando sus espacios de desenvolvimiento, puede:

i. Concernir a trabajadores subordinados –Consejo Nacional de Salario Mínimo (El Salvador) o Consejo Consultivo del Trabajo (República Dominicana)[63]- y/o trabajadores autónomos –Grupo de Trabajo Interministerial para la reducción de la informalidad mediante el diálogo social (Brasil)[64]-, o incluso extenderse a otras categorías de sujetos como desempleados[65], pensionados[66], aprendices[67], migrantes[68], mujeres[69], niños o

62 En lo que refiere a la fijación de la "*política salarial*", el "*salario mínimo de carácter general*", y la "política laboral" (Ley 278 de 30 de abril de 1996, art. 2°).

63 Decreto 47-99 de 17 de febrero de 1999, art. 4: "*Son funciones del Consejo Consultivo del Trabajo: efectuar estudios sobre los problemas del trabajo asalariado...*"; y "*estudiar los proyectos de leyes y decretos de carácter laboral...*".

64 Decreto N° 491 de 10 de agosto de 2011. DIEESE, *Las experiencias de diálogo social para la reducción de la informalidad. Modelo de intervención social en el territorio*, DIEESE - BID – FOMIN, Brasilia, 2014, pp. 43 y 44. Recuperado de: http://www2.congreso.gob.pe/sicr/cendocbib/con4_uibd.nsf/748805314B3DA5CC0 5257D7A00580082/$FILE/LasExperienciaDialogoSocialReducci%C3%B3nInformalidad.pdf.

65 Comisión Nacional de Empleo (República Dominicana) o Instituto Nacional de Empleo y Formación Profesional (Uruguay).

66 Instituto Nacional de Previsión Social (Argentina).

67 Servicio Nacional de Aprendizaje Comercial (Brasil).

68 Consejo Nacional de Inmigración (Brasil).

69 Comisión Tripartita de Igualdad de Trato y Oportunidades entre Varones y Mujeres en el Mundo Laboral (Argentina).

adolescentes[70], en todo el sistema de relaciones laborales o solo en ciertas áreas productivas[71], profesionales o empresariales.

ii. Versar -en términos amplios- sobre cualquier medida social o económica que afecte los intereses de los interlocutores sociales -Consejo Nacional del Trabajo (Brasil), Consejo Superior de Trabajo (Costa Rica), Consejo Superior del Trabajo (El Salvador), Consejo Económico y Social (Honduras), Consejo de la Concertación Nacional para el Desarrollo (Panamá), Consejo Nacional de Trabajo y Promoción del Empleo (Perú), Consejo Consultivo del Trabajo (República Dominicana)- o, por contraste, circunscribirse a ciertos tópicos concretos como fijación de salarios mínimos y aumentos salariales[72], condiciones de higiene y seguridad en el trabajo[73], erradicación del trabajo infantil y protección de los trabajadores adolescentes[74],

---

70 Comisión Nacional para la Erradicación del Trabajo Infantil (Argentina), Comité Directivo Nacional para la Prevención y Eliminación Progresiva del Trabajo Infantil y la Protección de la Persona Adolescente Trabajadora en Costa Rica, Comisión Nacional para la Erradicación del Trabajo Infantil y la Protección de Adolescente Trabajadores (Nicaragua), Comité de Erradicación del Trabajo Infantil y la Protección del Menor Trabajador (Panamá), Comité Directivo Nacional de Lucha contra el Trabajo Infantil (República Dominicana), Comité Asesor Nacional de Trabajo Infantil (Paraguay), y Comité Nacional para la Erradicación del Trabajo Infantil (Uruguay).

71 Comisiones Tripartitas Sectoriales en materia de salud, seguridad y medio ambiente laboral (Uruguay) integradas, por ejemplo, en la industria química (Decreto N° 306/005), en el sector rural (Decreto N° 321/009) o en la construcción (Decreto N° 125/014). Liliana Dono y Carmen Bueno, *Diálogo social tripartito en Uruguay. Avances y desafíos del Consejo Nacional de Seguridad y Salud en el Trabajo*, OIT, Santiago, 2019. Recuperado de: http://www.oit.org/wcmsp5/groups/public/---americas/---ro-lima/---sro-santiago/documents/publication/wcms_676750.pdf.

72 Consejo Nacional del Empleo, la Productividad y el Salario Mínimo, Vital y Móvil (Argentina), Comisión Permanente de Concertación de Políticas Salariales y Laborales (Colombia), Consejo Nacional de Salarios (Costa Rica), Consejo Nacional de Salario Mínimo (El Salvador), Comisión Nacional del Salario (Guatemala), Comisión de Salarios Mínimos (Honduras), Comisión Nacional de Salario Mínimo (Nicaragua), Comisión Nacional de Salario Mínimo (Panamá), Consejo Nacional de Salarios Mínimos (Paraguay), Comité Nacional de Salarios (República Dominicana), y Consejos de Salarios (Uruguay).

73 Consejo de Salud Ocupacional (Costa Rica), Consejo Nacional de Salud, Higiene y Seguridad Ocupacional (Guatemala), Consejo Nacional de Higiene y Seguridad del Trabajo (Nicaragua), y Consejo Nacional de Seguridad y Salud en el Trabajo (Uruguay).

74 Comité para la Erradicación del Trabajo Infantil y Protección de la Persona Adolescente Trabajadora (Panamá), y Comité Directivo Nacional de Lucha contra el Trabajo Infantil (República Dominicana).

formación profesional[75], interdicción de discriminaciones por razón de género[76], libertad sindical[77], etc.

iii. Gestionar asuntos internacionales -Subcomisión de Asuntos Internacionales de la Comisión Permanente de Concertación de Políticas Salariales y Laborales (Colombia), Comisión Tripartita sobre Asuntos Internacionales de Trabajo (Guatemala), y Comisión Sociolaboral del MERCOSUR-, nacionales -Consejo Superior Laboral (Chile), Consejo Económico y Social (Honduras), Consejo Nacional de Trabajo y Promoción del Empleo (Perú), Consejo Superior Tripartito y Consejo Nacional de Seguridad y Salud en el Trabajo (Uruguay)-, regionales -Consejos Regionales de Seguridad y Salud en el Trabajo (Perú)-, o locales -Consejo Económico y Social de la Ciudad de Buenos Aires-; y

iv. Desplegarse indefinidamente -como resulta típico- o circunscribirse a cierto plazo o resultado. Ejemplifican la segunda alternativa, el proceso que condujo al Acuerdo Tripartito por el Derecho de Asociación y la Democracia de 1° de junio de 2006, presentado por el Gobierno de Colombia y las organizaciones representativas de trabajadores y empleadores ante la Comisión de Aplicación de Normas de la Conferencia de la OIT; la comisión prevista para elaborar una propuesta que desarrollase en un plazo máximo de ciento ochenta días las normas constitucionales sobre seguridad social (Ecuador)[78]; la Mesa Tripartita de Diálogo por la Economía y el Desarrollo Laboral[79] y la Comisión Tripartita de Diálogo para la Reglamentación de la Ley de Teletrabajo[80] (Panamá).

---

75 Comisión Tripartita de Formación Profesional y Continua (Argentina).

76 Comisión Tripartita para la Igualdad de Oportunidades en el Mundo Laboral (Argentina), y Comisión Tripartita para la Igualdad de Oportunidades y Trato en el Empleo (Uruguay).

77 Comisión de Tratamiento Rápido de Quejas sobre Libertad Sindical y Negociación Colectiva (Panamá).

78 Art. transitorio 57 de la Constitución del Ecuador de 20 de octubre de 2008.

79 Resolución N° DM-150 de 27 de abril de 2020. Ver, Vasco Torres de León, *Génesis y alcance de la legislación laboral especial por COVID-19 en Panamá*, EI-DiSTReC, Panamá, 2020. Recuperado de: https://distrec-up.com/wp-content/uploads/2020/08/GENESIS_legislacion-COVID-19-en-PAM-.pdf.

80 Resolución N° DM-194-2020 de 3 de julio de 2020.

Como se observa, América Latina exhibe una formidable tradición de diálogo social tripartito y orgánico, particularmente en lo que concierne a la regulación del sistema de relaciones laborales y la gestión de la seguridad social. En otros ámbitos el diálogo social tiende a desaparecer, perder vigor o quedar sometido a las veleidades del gobierno de turno. Es por ello que conviene trazar las condiciones del diálogo social en tanto derecho humano y fundamental que ninguna mayoría -en un sistema democrático- puede dejar de garantizar.

7. DIÁLOGO SOCIAL EN SERIO: TRAZAS DEL CONVENIO 169 OIT

A los fines de aprehender los contornos del núcleo esencial del derecho al diálogo social -como manifestación de la libertad sindical y presupuesto sustantivo de un modelo democrático de relaciones laborales- conviene explorar los criterios de aplicación del Convenio 169 OIT, el cual consagra, como piedra angular, el derechos de los pueblos indígenas y tribales a ser consultados y a participar en los procesos de adopción de decisiones que pudiesen afectar sus intereses.

En efecto, a la luz de dicho instrumento los Gobiernos deben:

i. "consultar a los [...] interesados, mediante procedimientos apropiados y en particular a través de sus instituciones representativas, cada vez que se prevean medidas legislativas o administrativas susceptibles de afectarles directamente" (art. 6.a);

ii. "*establecer los medios a través de los cuales los* [...] *interesados puedan participar libremente, por lo menos en la misma medida que otros sectores de la población, y a todos los niveles en la adopción de decisiones en instituciones electivas y organismos administrativos y de otra índole responsables de políticas y programas que les conciernan*" (art. 6.b); y

iii. "*establecer o mantener procedimientos con miras a consultar a los* [...] *interesados, a fin de determinar si* [sus...] *intereses* [...] *serían perjudicados, y en qué medida, antes de emprender o autorizar cualquier programa de prospección o explotación de los recursos existentes en sus tierras*"[81] (art. 15.2).

---

[81] Siempre que "*pertenezca al Estado la propiedad de los minerales o de los recursos del subsuelo, o tenga derechos sobre otros recursos existentes en las tierras*".

Como ha destacado la Comisión de Expertos en Aplicación de Convenios y Recomendaciones de la OIT, las consultas ejecutadas en observancia del referido convenio deben cumplir ciertas condiciones mínimas y concomitantes destinadas a garantizar su eficacia:

i. "*deben ser formales, plenas y llevarse a cabo de buena fe*";
ii. "*tienen que establecerse mecanismos apropiados a escala nacional y ello debe realizarse de una forma adaptada a las circunstancias*";
iii. "*tienen que llevarse a cabo* [...] a través de instituciones representativas [...] *en relación con las medidas legislativas y administrativas*"; y
iv. "*deben llevarse a cabo* [...] *con el objetivo de llegar a un acuerdo o lograr el consentimiento sobre las medidas propuestas*"[82].

El desarrollo de consultas mediante procedimientos adecuados, tramitados de buena fe, implica necesariamente, entre otros aspectos relevantes, que los gobiernos deben "*evitar demoras injustificadas*", suministrar a sus interlocutores "*toda la información pertinente*", procurar que ésta sea total y debidamente comprendida por éstos, y ofrecerles "*tiempo suficiente* [...] *para que organicen sus propios procesos de toma de decisiones y participen de manera eficaz en las decisiones adoptadas*" [83].

Así, la consulta debe revelar la voluntad sincera de los gobiernos por alcanzar consensos con los interlocutores sociales. No se trata, pues, de una chapucera condescendencia del poder, dispuesto apenas a informar, con cierta antelación aunque parco y presuroso, acerca de sus -irreductibles- decisiones. No cabe "*asimilar la consulta previa a meros trámites administrativos, reuniones informativas o actuaciones afines*"[84].

---

[82] Observación general sobre el Convenio núm. 169, formulada en el 2010 y publicada en 2011, p. 11. Recuperado de: https://www.ilo.org/wcmsp5/groups/public/---ed_norm/---normes/documents/meetingdocument/wcms_305844.pdf.

[83] Oficina Internacional del Trabajo, *Comprender el Convenio sobre pueblos indígenas y tribales, 1989 (núm.169). Manual para los mandantes tripartitos de la OIT*, OIT, Ginebra, 2013, p. 16. Recuperado de: https://www.ilo.org/wcmsp5/groups/public/---ed_norm/---normes/documents/publication/wcms_205230.pdf..

[84] Corte Constitucional de Colombia, sentencia T-129/2011 de 3 de marzo de 2011. Recuperado de: https://www.corteconstitucional.gov.co/relatoria/2011/t-129-11.htm.

Al respecto, la Corte Constitucional de Colombia, en sentencia SU-039/97 de 3 de febrero de 1997[85-86], "*verdadero leading case continental sobre la cuestión*"[87], declaró -a la luz del Convenio 169 OIT como elemento del bloque de constitucionalidad[88]- lo siguiente:

i. La "*participación de las comunidades indígenas en las decisiones que pueden afectarlas* [...], *a través del mecanismo de la consulta, adquiere la connotación de derecho fundamental, pues se erige en un instrumento que es básico para preservar la integridad étnica, social, económica y cultural de las comunidades de indígenas y para asegurar, por ende, su subsistencia como grupo social*";
ii. La consulta -ejecutada en los términos previamente consensuados[89]- "*comporta la adopción de relaciones de comunicación y entendimiento, signadas por el mutuo respeto y la buena fe*" tendientes a buscar que la comunidad: a) "*tenga un conocimiento pleno sobre los proyectos*" que le conciernan, así como de "*los mecanismos, procedimientos y actividades requeridos para ponerlos en ejecución*"; b) "*sea enterada e ilustrada sobre la manera como la ejecución de los referidos proyectos puede conllevar una afectación o menoscabo a los elementos que constituyen la base de su cohesión social, cultural, económica y política y, por ende, el sustrato para su subsistencia como grupo humano con características singulares*"; y c) pueda, "*libremente y sin interferencias extrañas*", "*mediante*

---

85 Recuperado de: https://www.corteconstitucional.gov.co/relatoria/1997/su039-97.htm.

86 La Corte Constitucional (Colombia), en sentencia 389/16 de 27 de julio de 2016, sintetizó los "*criterios generales*" y las "*sub-reglas específicas*" que regulan el derecho fundamental a la consulta. Recuperado de: corteconstitucional.gov.co/relatoria/2016/C-389-16.htm.

87 Christian Courtis, "Apuntes sobre la aplicación del Convenio 169 de la OIT sobre pueblos indígenas por los tribunales de América Latina", *Sur. Revista Internacional de Direitos Humanos*, vol. 6, núm. 10, Sau Paulo, junio 2009. Recuperado de: https://www.scielo.br/scielo.php?script=sci_arttext&pid=S1806-64452009000100004&lng=es&nrm=iso&tlng=es.

88 Corte Constitucional (Colombia), sentencias T-002/17 de 17 de enero de 2017 y SU-383 de 13 de mayo de 2003. Recuperado de: https://www.corteconstitucional.gov.co/relatoria/2017/t-002-17.htm#_ftnref9 y https://www.corteconstitucional.gov.co/relatoria/2003/su383-03.htm, respectivamente.

89 "*Preconsulta*" o "*consulta de la consulta*". Corte Constitucional (Colombia), sentencia 389/16 de 27 de julio de 2016.

la convocación de sus integrantes o representantes, valorar conscientemente las ventajas y desventajas del proyecto sobre la comunidad y sus miembros, ser oída en relación con las inquietudes y pretensiones que presente, en lo que concierna a la defensa de sus intereses y, pronunciarse sobre la viabilidad del mismo";

iii. "*Cuando no sea posible el acuerdo o la concertación, la decisión de la autoridad debe estar desprovista de arbitrariedad y de autoritarismo; en consecuencia debe ser objetiva, razonable y proporcionada a la finalidad constitucional que le exige al Estado la protección de la identidad social, cultural y económica de la comunidad indígena*"; y

iv. "*En todo caso deben arbitrarse los mecanismos necesarios para mitigar, corregir o restaurar los efectos que las medidas de la autoridad produzcan o puedan generar en detrimento de la comunidad o de sus miembros*".

Criterios análogos -de fuente legislativa y jurisprudencial- han sido adoptados, por ejemplo, en Bolivia[90], Chile[91], Costa Rica[92], Ecuador[93],

---

90 Ver: Fundación para el Debido Proceso (DPLF), *El derecho a la consulta previa, libre e informada de los pueblos indígenas. La situación de Bolivia, Colombia, Ecuador y Perú*, Oxfam, Lima, 2011, pp. 37 y 38. Recuperado de: http://www.dplf.org/sites/default/files/1301680587.pdf.

91 Ver sentencia de 30 de enero de 2017, Rol 65.349-2016, proferida por la Corte Suprema, Tercera Sala.

92 Ver, entre otras, sentencias 14522 de 8 de septiembre de 2017 y 8019 de 8 de septiembre de 2000, proferidas por la Sala Constitucional de la Corte Suprema de Justicia. Asimismo, cabe referir al Decreto Nº 40932-MP-MJP de Mecanismo General de Consulta a los Pueblos Indígenas de 6 de marzo de 2018. Recuperado de: http://www.pgrweb.go.cr/scij/Busqueda/Normativa/Normas/nrm_texto_completo. aspx?param1=NRTC&nValor1=1&nValor2=86267&nValor3=111809&strTipM=TC. Sobre este instrumento, ver: Yasmin Granados, *El derecho a la consulta de los pueblos indígenas en Costa Rica: análisis de casos*, Tesis para optar por el grado de Licenciatura en Derecho, Universidad de Costa Rica, San José, 2018, pp. 90-98. Recuperado de: https://iij.ucr.ac.cr/wp-content/uploads/bsk-pdf-manager/2018/11/1-TESIS-CONSULTA-PREVIA-29-OCT-2018.pdf.

93 Ver, entre otras, sentencias de 16 de marzo de 2000 (caso 994-99-RA), 13 de agosto de 2002 (caso 170-2002-RA) y 8 de marzo de 2010 (Nº 001-10-SIN-CC), proferidas por el Tribunal Constitucional (*Corte Constitucional*, a partir de la Constitución de 2008, arts. 429 y ss.). A este respecto, ver: Joaquín López Abad (Francisco Ochoa, coautor), *La consulta libre, previa e informada en el Ecuador*, CDES, Quito, 2016, pp. 17-20 y 45. Recu-

México[94] y Perú[95].

Asimismo, cabe destacar la doctrina sentada por la CORTE-IDH en los casos *Pueblo Saramaka vs. Surinam* de 28 de noviembre de 2007, *Pueblo Kichwa de Sarayaku vs. Ecuador* de 27 de junio de 2012, *Comunidad Garífuna de Punta Piedra y sus Miembros vs. Honduras* de 8 de octubre de 2015, *Comunidad Garífuna Triunfo de la Cruz y sus Miembros vs. Honduras* de 8 de octubre de 2015, y *Pueblos Kaliña y Lokono vs. Suriname* de 25 de noviembre de 2015[96].

Los criterios jurisprudenciales expuestos en la presente sección, referentes a la consulta previa en el ámbito de poblaciones indígenas y tribales, configuran el sustrato del diálogo social como componentes esencial e inescindible del derecho humano a la libertad sindical y presupuesto de un modelo democrático de relaciones laborales.

8. OTRO TABLERO DE JUEGO

La CORTE-IDH, en su icónica sentencia del caso *Ricardo Baena y otros vs. Panamá* de 2 de febrero de 2001, declaró que la libertad de

---

perado de: file:///C:/Users/Cesar%20Carballo/Downloads/FIAN_UPR27_ECU_S_Annexe3.pdf.

94 Ver, a título de ejemplo, leyes estadales de San Luis Potosí (2010), Durango (2015) y Oaxaca (2020), y sentencia de 20 de abril de 2020, acción de inconstitucionalidad 81/2018, Suprema Corte de Justicia de la Nación.

95 Ver, entre otras sentencias, Exp. Nº 03343-2007-PA/TC de 19 de febrero de 2009 (Recuperado de: https://www.tc.gob.pe/jurisprudencia/2009/03343-2007-AA.pdf), Exp. 06316-2008-PA/TC de 11 de noviembre de 2009 (Recuperado de: https://tc.gob.pe/jurisprudencia/2010/06316-2008-AA.pdf), Exp. 0022-2009-PI/TC de 9 de junio de 2010 (Recuperado de: https://www.tc.gob.pe/jurisprudencia/2010/00022-2009-AI.html), y Exp. 0012-2017-PI/TC de 22 de enero 2019 (Recuperado de: https://tc.gob.pe/jurisprudencia/2019/00012-2017-AI.pdf), todas proferidas por el Tribunal Constitucional. A este respecto, ver: DPLF, ob.cit., pp. 90-93.

96 Ver: (i) Corte Interamericana de Derechos Humanos, Cuadernillo de Jurisprudencia de la Corte Interamericana de Derechos Humanos Nº 11: Pueblos Indígenas y Tribales, pp. 135-148. Recuperado de: https://www.corteidh.or.cr/sitios/libros/todos/docs/cuadernillo11.pdf; y (ii) Karla Quintana, "Algunas reflexiones sobre la evolución en el reconocimiento de los derechos de los pueblos indígenas y tribales en el Sistema Interamericano", *Los derechos de los pueblos indígenas Una visión desde el sistema interamericano de protección de los derechos humanos*, Karla Quintana y Rogelio Flores (coordinadores), Instituto de Estudios Constitucionales del Estado de Querétaro, México, 2017, pp. 24-33. Recuperado de: https://www.corteidh.or.cr/tablas/r37412.pdf.

asociación con fines laborales -*ex* art. 16.1 de la Convención Americana sobre Derechos Humanos (CADH)- "*debe ser analizada en relación con la libertad sindical*" y, por tanto, concebida como "*la facultad de constituir organizaciones sindicales y poner en marcha su estructura interna, actividades y programa de acción, sin intervención de las autoridades públicas que limite o entorpezca el ejercicio del respectivo derecho*" [97].

En Opinión Consultiva 27 de 5 de mayo de 2021 (OC 27/21), el tribunal regional precisó -como resultaba previsible[98]- que la libertad sindical, la negociación colectiva y la huelga son "*derechos humanos protegidos en el marco del sistema interamericano*" y "*tienen* [-entre sí-] *una relación de interdependencia e indivisibilidad*"[99].

En el caso de diálogo social, aunque no fue reconocida -a texto expreso- su condición de derecho humano ni su ligazón con la libertad sindical, se afirmó lo siguiente:

i. "*El respeto a los principios de la consulta y la colaboración debe ser un elemento esencial de la acción estatal en el diseño e implementación de la política estatal en materia laboral*"[100];
ii. "*Los Estados deben fomentar la participación efectiva de representantes de trabajadores y trabajadoras en el diseño de la política y legislación de empleo en contextos de cambio en el mercado de trabajo mediante nuevas tecnologías*"[101]; y
iii. Dicha participación debería garantizarse "*en alguna de las instancias de los procesos legislativos o de normativización*"[102].

Adicionalmente, cabría destacar que -también en criterio de la CORTE-IDH- el derecho a participar políticamente, previsto en el art. 23 CADH, supone, entre otras manifestaciones, "*influir en la for-*

---

97 Párr. 156.

98 César Augusto Carballo Mena, "Derechos laborales en la Corte Interamericana de Derechos Humanos", *Revista de Estudios Jurídico Laborales y de Seguridad Social*, núm. 2, Universidad de Málaga, 2021, pp. 145 y 146. Recuperado de: https://doi.org/10.24310/rejlss.vi2.12447.

99 Opinión 2 y 3, p. 78.

100 Párr. 212, p. 77.

101 Párr. 211, p. 77.

102 Ídem.

mación de la política estatal a través de mecanismos de participación directa"[103].

En definitiva, el diálogo social, en tanto derecho humano o, por lo menos, mecanismo idóneo para el cumplimiento de estos[104], habría de satisfacer los criterios que la CORTE-IDH ha desarrollado a propósito de la *consulta previa* en el caso de poblaciones indígenas y tribales, en cuyo ámbito ha ejercido particular influjo el Convenio 169 OIT: brindar información sobre cualquier medida administrativa o legislativa que los afecte directamente, con suficiente antelación, manteniendo comunicación constante y actuando de buena fe, a través de procedimientos adecuados que tengan por -sincero- objeto alcanzar acuerdos[105].

9. EPÍLOGO

En Latinoamérica el diálogo social fluye primordialmente bajo modelos tripartitos, en el seno de órganos concebidos a tal fin, y en torno a la regulación y gestión de las relaciones laborales -básicamente, salarios, salud ocupacional y formación para el trabajo- y la seguridad social. Fuera de esta órbita, deviene -por lo general- endeble y azaroso, sujeto a las veleidades del poder.

Así, "*en un contexto de crecientes desigualdades y vulnerabilidades, y de cambios significativos en materia de empleo y relaciones laborales*"[106], resulta esencial para la eficaz defensa y promoción de

---

103 CORTE-IDH, *caso Castañeda Gutman vs. México*, sentencia de 6 de agosto de 2008, párr. 146.

104 "*La obligación de respetar y garantizar los derechos a la libertad sindical, la negociación colectiva y la huelga* [...] *son prerrequisito para la participación efectiva de los trabajadores y las trabajadoras en la elaboración de políticas públicas a través del diálogo social en aspectos que no necesariamente están contempladas en la legislación laboral vigente o en los tratados internacionales*". (OC 27/21, párr. 210, p. 76). *Los Estados tienen la obligación de adecuar sus legislaciones y sus prácticas a las nuevas condiciones del mercado laboral,* [...] *y en consideración a las obligaciones de protección de los derechos de los trabajadores y trabajadoras que impone el derecho internacional de los derechos humanos, y para ello deben fomentar la participación efectiva de representantes de los trabajadores y trabajadoras, y los empleadores y empleadoras, en el diseño de la política y legislación de empleo*" (OC 27/21, párr. 213.8, p. 78).

105 Ver nota 96.

106 Conferencia Internacional del Trabajo, *Diálogo social...*, ob.cit., párr. 251, p. 71.

los intereses de trabajadores y empleadores, reimpulsar y rediseñar al diálogo social en torno a tres líneas estratégicas:

i. Concebirlo como derecho humano y fundamental, esto es, emanación de la libertad sindical y presupuesto de un modelo democrático de relaciones laborales, tal como se perfila en la jurisprudencia de la CORTE-IDH *ex* arts. 16.1 y 23 CADH;
ii. Expandir el catálogo de actores e intereses representados: al clásico tripartismo -como lo destacan la Recomendación 205 OIT (preámbulo y párr. 24.c) y la Carta Social de las Américas (art. 8)- le conviene abrir espacios protagónicos a otros sujetos pertinentes para satisfacer necesidades sociales relacionadas -por ejemplo- con género, etnia y raza, edad, o creencias religiosas, y consolidar así la democracia[107]; y
iii. Extrapolar los criterios jurisprudenciales -proferidos por la CORTE-IDH y altos tribunales nacionales- que delinean el núcleo esencial del derecho a la consulta previa consagrado en el Convenio 169 OIT.

En los términos expuestos, los interlocutores sociales, en lugar de esperar la invitación del gobiernos a dialogar, sobre temas y bajo modalidades que éstos determinen, habrían de exigir, en defensa y promoción de sus intereses -forjando alianzas con otros colectivos concernidos-, interlocución -oportuna e idónea- sobre las medidas económicas y sociales que estimen relevantes.

Caracas, 26 de julio de 2021

---

[107] Carlos Sojo, ob.cit., pp. 139 y 140.

EL EJERCICIO DEL DERECHO AL SUFRAGIO POR PARTE DE LA MUJER VENEZOLANA

JUAN CRISTÓBAL CARMONA BORJAS*

"Podríamos decir, que fue más fácil liberarse de la esclavitud que derribar la muralla cultural para alcanzar la igualdad de la mujer que secuestrada milenariamente al espacio de lo privado, de lo doméstico, sigue demandando la creación de las condiciones para su derecho a ejercer el poder"[1].

SUMARIO

I. CONSIDERACIONES PRELIMINARES

Para rendir tributo a una persona como la Doctora Cecilia Sosa Gómez a través de la publicación de un artículo jurídico, he considerado pertinente incursionar en una temática que haga honor a su ejecutoria, aunque no forme parte mi especialidad académica.

La Doctora Sosa Gómez es claro ejemplo de quienes luchan incansablemente por conquistar espacios y reivindicaciones a base de trabajo, preparación y coraje, condición esta que comparte con las llamadas "*Sufragistas venezolanas del siglo XX*" y con sus sucesoras, quienes continúan transitando el intrincado camino que conduzca al pleno ejercicio de los derechos políticos de la mujer.

---

* Individuo de Número de la ACIENPOL

1 Isabel Carmona de Serra. "El voto popular en la perspectiva histórica y la reforma electoral". Conferencia dictada en la Academia de Ciencias Políticas y Sociales el 16 de marzo de 2016.

Nos parece así tema pertinente para honrar la trayectoria de la Doctora Cecilia Sosa Gómez como jurista, activista político y ciudadana, el relativo a la evolución, logros y tareas pendientes en cuanto al ejercicio del sufragio activo y pasivo por parte de la mujer venezolana.

II. LOS DERECHOS POLÍTICOS Y LA MUJER VENEZOLANA. EVOLUCIÓN HISTÓRICA

La lucha de las mujeres por ser reconocidas ciudadanas con plenos derechos políticos ha sido larga y ha atravesado la historia a nivel mundial. Aunque algunas acciones importantes se habían desarrollado con anterioridad, podemos fijar un inicio con la Revolución Francesa, cuando Olympe de Gouges reclama los mismos derechos para las mujeres y ciudadanas que les fueron concedidos a los hombres en la *Declaración de los Derechos del Hombre y el Ciudadano*. Estas luchas continuaron y en el Siglo XIX el «movimiento sufragista» por el derecho al voto para las mujeres, también conocido como Primera Ola del Feminismo, que se desarrolló en Inglaterra, irradia sus efectos a muchos países europeos y a los Estados Unidos de Norteamérica en el marco de la revolución industrial y el liberalismo[2].

Las mujeres latinoamericanas no se quedaron atrás en la lucha por el derecho al voto y a ser elegidas durante un largo período, alcanzando frutos básicamente entre los años 1929 y 1961. Esto no fue una concesión de los gobiernos democráticos, populistas o autoritarios –dictatoriales en su mayoría–; por el contrario, y aunque no se registre en la historiografía moderna, el derecho a la ciudadanía política fue ganado por las mujeres con arduos procesos conflictivos y el uso de diferentes estrategias.

Estos derechos fueron aceptados gradualmente en la mayoría de los países, en tanto en algunos de ellos las mujeres sólo podían votar a nivel municipal o regional (provincial), durante un período casi siempre

---

2 *Cfr.* Magally Hugging Castañeda. "Re-escribiendo la historia: Las Venezolanas y sus luchas por los derechos políticos." *Revista Venezolana de Estudios de la Mujer* v.15 N.34 Caracas jun. 2010. Consultado en: http://ve.scielo.org/scielo.php?script=sci_arttext&pid=S1316-37012010000100009

considerado de prueba hasta que aprendieran a ejercer ese derecho de manera autónoma y no siguiendo lineamientos de sus padres, esposos o de la Iglesia Católica. En otros países, sólo las mujeres letradas podían votar a candidatos municipales, y en otros, a pesar de haber alcanzado el voto pleno dentro de la universalidad de los derechos políticos, no pudieron ejercerlo por vivir en dictaduras que no realizaban elecciones, aunque algunas pudieron participar en plebiscitos (Colombia, Venezuela) durante las dictaduras imperantes en sus naciones[3].

Fue así como en el caso de América Latina los derechos políticos de la mujer se fueron reconociendo progresivamente, como se evidencia en el siguiente cuadro, citado por Magally Huggings en su artículo "*Re-escribiendo la historia: Las Venezolanas y sus luchas por los derechos políticos*":

AÑO	PAÍSES
1929	Ecuador
1930-1934	Uruguay, Brasil y Cuba
1940-1944	República Dominicana
1945-1949	Guatemala, Venezuela, Argentina, Panamá, Chile y Costa Rica
1950-1954	El Salvador, México, Bolivia y Colombia
1955-1959	Perú, Honduras y Nicaragua
1961	Paraguay

Valdés Teresa y Enrique Gomaris (1995) Mujeres Latinoamericanas en Cifras. FLACSO – Chile e Instituto de la Mujer España Santiago

En el caso de la Venezuela contemporánea, los antecedentes de la lucha de las sufragistas se remontan a la dictadura del General Juan Vicente Gómez. En el año 1928 se funda la primera asociación de mujeres bajo el nombre "*Sociedad Patriótica de Mujeres Venezolanas*" a través de la cual se emprende una lucha contra el régimen gomecista. Según Isabel Carmona de Serra, de ese frente formaron parte mujeres como

[3] *Ídem.*

Lucila Palacios, Ana Senior, Lola de Combelles, Carmen Quintana y Ana Rosa Borjas. En sus comienzos, la participación política de la mujer venezolana era el resultado de su condición de madres y ciudadanas que, por un lado, amparaban a sus esposos e hijos detenidos por razones políticas y, por el otro, comenzaban a exigir trato de ciudadanas. Sin embargo, es a raíz de la sucesión en la presidencia del General Eleazar López Contreras, quien ordena «*abrir las cárceles y las fronteras para que prisioneros y emigrados políticos puedan volver a Caracas*» que comienzan a observarse avances concretos en sus conquistas, entre ellas, la reforma del Código Civil en 1942.

Producto de aquella medida, regresan y se colocan al frente de las nuevas organizaciones políticas emergentes y de las movilizaciones de masas los líderes más importantes en el país desde entonces: Rómulo Betancourt, Raúl Leoni, Jóvito Villalba, Gustavo Machado, Salvador de La Plaza que, aunados a Rafael Caldera, Lorenzo Fernández y Godofredo González que mantenían activa sus acciones dentro del país, propulsaron las iniciativas del sufragismo femenino que no sólo había estado limitado sino que se había convertido en una entelequia. Desde entonces, las dos grandes consignas que llevarán al octubrismo en 1945 son levantadas por quienes participan en las acciones políticas: elecciones universales y justicia en la distribución de las ganancias por la explotación del petróleo que había comenzado bajo el régimen gomecista[4].

Concluido el período de López Contreras, de nuevo y con el sufragio de los varones mayores de 21 años que elegían a los representantes a los Concejos Municipales, quienes a su vez elegían a los legisladores nacionales al Congreso de la República para luego elegir al Presidente de la República, se efectuaron elecciones de acuerdo a la Constitución de 1936 para el Congreso Nacional el 28 de abril de 1941, resultando electo el General Isaías Medina Angarita, Ministro de Defensa del presidente saliente. Este no fue capaz de abrirse a una verdadera democracia con participación política de las mayorías, habiendo aprobado únicamente el derecho al voto a las mujeres para Concejos Municipales,

4 *Ídem.*

lo cual si bien fue un avance que reconocía sus luchas, también fue una victoria pírrica que no satisfizo al movimiento sufragista venezolano[5].

Aunque pueda verse como un pasaje simplemente anecdótico, gracias a la astucia del liderazgo político emergente de la época, la celebración en territorio nacional en el año 1944 de la VII Serie Mundial de Béisbol *Amateur* y, muy especialmente, la elección de la Reina del equipo que representaría a Venezuela en esa gesta deportiva adquirió especial significación histórica.

En 1938 en Liverpool, Inglaterra, había tenido lugar la primera edición de la Serie Mundial *Amateur* de Béisbol, en la que compitieron los Estados Unidos de Norteamérica e Inglaterra, convirtiéndose ese evento en el origen de la actual Copa del Mundo en materia beisbolística.

En 1941 la sede del evento fue La Habana, Cuba, entre los días 27 de septiembre y 22 de octubre, con la participación de 9 equipos. Intervienen en esa edición, entre otros, Panamá, Estados Unidos de Norteamérica, Puerto Rico, Nicaragua, México, Cuba y Venezuela. Las novenas de estos dos últimos países se disputaron la final del campeonato, imponiéndose Venezuela con un *score* de 3-1, bajo la conducción desde el montículo del serpentinero Daniel "*El Chino*" Canónico.

Relata Luis Romero Petit, integrante del equipo campeón, que no se percató de la hazaña alcanzada sino hasta el 27 de octubre de 1941 cuando se acercaba al puerto de La Guaira el barco que los trajo de vuelta a la patria. "*Cuando en la madrugada comenzamos a notar que hasta avionetas y pequeñas embarcaciones se acercaban para rodear el barco y nos lazaban flores, caímos en cuenta del gentío que nos estaba esperando. Había gente en todo el trayecto en la vieja vía Caracas-La Guaira, nos recibieron como héroes*"[6].

En palabras de Herman "*Chiquitín*" Ettedgui, comentarista deportivo venezolano, más de 100.000 personas se agolparon en el puerto de La Guaira para recibir a los campeones mundiales y escoltarlos hasta la capital nacional[7]. El béisbol en Venezuela alcanzaba así, su máximo

---

5 *Ídem.*

6 Documental La Reina del Pueblo, producido por Juan Andrés Bello, Producciones Triana, C.A., 2010.

7 *Ídem.*

apogeo en popularidad, al punto de que el para entonces presidente de la República Isaías Medina Angarita decretó el 22 de octubre como el Día Nacional del Deporte.

Desde entonces, con los antecedentes que representaban la fundación del Caracas Baseball Club, el equipo Magallanes (1917), la Federación Venezolana de Béisbol San Martín (1927) y El Cervecería Caracas (1942), el béisbol se consagra hasta nuestros días como el deporte más popular del país y en uno de nuestros productos de exportación más emblemáticos.

Volviendo a la Serie Mundial *Amateur*, en 1943 Venezuela logra la sede para la celebración de su VII edición a tener lugar el año siguiente. El triunfo, aún reciente, de los héroes del 41, hacía la ocasión propicia para reunir nuevamente al pueblo venezolano en una fiesta deportiva. El Comité Organizador del evento decide reforzarlo con la elección de la reina del equipo abanderado de Venezuela. Surgen así las candidaturas de Yolanda Leal, Oly Clemente, Nelly Blanco Yépez y Rosario Gómez Ruíz.

Yolanda Leal, maestra de primaria, residente de Monte Piedad, Avenida Sucre, Catia, hoy día, 23 de Enero, destaca entre las competidoras. A su par, se ubica Oly Clemente, nacida en La Haya, Holanda, hija de un diplomático venezolano, estudiante del Colegio San José de Tarbes, residente de El Paraíso y vinculada familiarmente con los dueños del Cervecería Caracas.

Rápidamente el reinado de belleza comienza a crecer y a tomar dimensiones inimaginables. La prensa se divide en el respaldo a las candidatas, Últimas Noticias, La Esfera y El País, patrocinan a Yolanda, El Nacional, por su parte, se muestra abiertamente a favor de Oly. Se desarrolla una campaña por el reinado que abarca a todo el país y el clamor popular se vuelca no sólo hacia el deporte sino también hacia estas dos jovencitas que revolucionan a la Venezuela de los años cuarenta, en la que después del Gomecismo, bajo la presidencia de Isaías Medina Angarita comenzaba lentamente a destellar la democracia como aspiración de nuestra población. La legalización de los partidos políticos, la intervención descollante de la Generación del 28 y la lucha por conquistar la elección directa, universal y secreta del presidente de la República, eran en lo político el orden del día.

Se combinan así el béisbol, los concursos de belleza y la política, en una fórmula que marcaría eternamente a la sociedad venezolana.

La campaña por el reinado se polariza entre Yolanda Leal y Oly Clemente y en ella se evidencia la división de clases sociales, entre ricos y pobres que ha signado mundialmente la confrontación política y de la cual Venezuela sigue siendo clara expresión. La muchacha de Monte Piedad gana afectos, más allá de su carisma, por su origen popular. Se le vincula al partido del pueblo, Acción Democrática que para aquel entonces tenía como figuras principales a Andrés Eloy Blanco, Rómulo Gallegos y Rómulo Betancourt. Oly Clemente, por su parte, comienza a ser etiquetada como "*oligarca*" y vinculada al régimen de Medina Angarita del cual su padre era secretario.

Aquella pugna de clases se resumió en el slogan, "*Yolanda Leal para la gente Vulgar y Oly Clemente para la gente decente*".

Reseña Lucila Velázquez cronista deportiva de la época que:

> *"El simbolismo de esta contienda llegó a las tribunas de los juegos en una suerte de confrontación de clases, como quiera que la bella Oly Clemente Lange, de los altos círculos sociales de la urbanización El Paraíso, era aplaudida frenéticamente en los estrados de sombra, los mismos que silenciaban discretamente la presencia de la reina Yolanda Leal. De tal manera que la muchacha de Monte Piedad se fue a las gradas de sol y allá, cual halo mesurable, la coronó el aplauso popular"*[8].

Coincide la campaña por el reinado deportivo con la reforma electoral que estaba siendo promovida por Isaías Medina Angarita, con el propósito de dar un paso hacia adelante, ya que, hasta esa fecha, como fue señalado, sólo los varones mayores de 21 años y alfabetos tenían derecho a votar por los concejales, quienes a su vez elegían a los diputados del Congreso. Por su parte, las Asambleas Legislativas, elegidas igualmente por los varones, mayores de 21 años y alfabetos, elegían a los senadores y los integrantes del Congreso, en su totalidad, elegían al presidente de la República.

---

8 Lucila Velásquez, *Memorias de mis días con Ruiz Pineda y Betancourt, el Che y Fidel*. Editorial Grijalbo, Caracas, 2008, p. 468.

En el seno del Comité Organizador de la VII Serie Mundial de Béisbol *Amateur* se plantea que la elección de la reina se haga a través del llenado de cupones publicados en revistas de la época. Esta idea fue rechazada por Yolanda Leal por considerar que ese mecanismo no convenía a su candidatura puesto que la mayoría de sus seguidores eran de origen humilde y no tendrían medios económicos para adquirir esas revistas. Ante la postura de Yolanda, se opta por organizar un proceso de votación en el que pudieran intervenir todos los venezolanos, hombres y mujeres, alfabetos y analfabetos. Se constituye así la selección de la reina en la primera oportunidad en que se celebrara en el país un proceso eleccionario directo, secreto y universal.

El 1 de octubre de 1944, la población se agolpa en las calles de las principales ciudades del país, desbordando los centros de votación desplegados en los estadios deportivos y en las salas de cine. A las 12 del mediodía ya se conocían los resultados que favorecían abiertamente a Yolanda Leal, quien se convertiría desde ese entonces en la "*Reina del Pueblo*". Su triunfo fue reconocido inmediatamente por Oly Clemente quien compartió armónicamente con Yolanda Leal sus funciones oficiales en el ámbito deportivo.

El civismo, participación y madurez demostrados por el pueblo venezolano en ese acto comicial fue aprovechado por el partido Acción Democrática, especialmente por su líder Rómulo Betancourt, para impulsar a través de su órgano de divulgación impreso El País, y de los discursos de sus principales figuras, entre ellas, Andrés Eloy Blanco, la necesidad de una reforma electoral en Venezuela que reconociera el derecho al voto a las mujeres y a los analfabetos.

Lucila Velásquez quien más allá de su labor periodística era una destacada figura de Acción Democrática, reseña en sus memorias que:

> *"La elección fue el primer intento de sufragio popular, directo y secreto, hasta ese momento percibido como experimento sociopolítico del país. Tanto fue así que Rómulo Betancourt me encomendó para el diario El País la elaboración de un gran reportaje sobre el resultado de aquella elección popular que ganó en buena lid la candidata Yolanda Leal"*[9].

---

9 *Ídem.*

El 12 de octubre de 1944 se inaugura la VII Serie Mundial de Béisbol en Caracas, nuestro país vuelve a llevarse el triunfo 2 carreras por 0 frente a la novena mexicana, con un promedio colectivo de bateo de 315.

Tras la celebración deportiva, en 1945 se concreta el proceso de reforma electoral promovido por Medina Angarita, permitiéndosele a la mujer el voto, aunque sólo para elegir a los concejales. Tan tímido avance fue rechazado por partidos como Acción Democrática que exigían que la elección del presidente de la República tuviera lugar mediante el voto universal, incluyendo, por tanto, a las mujeres y a los analfabetos.

Yolanda Leal había ganado el reinado deportivo y la delegación venezolana el campeonato mundial de béisbol, pero seguía pendiente la anhelada victoria de la mujer en el campo político.

III. 1946: PARTIDA DE NACIMIENTO DE LA DEMOCRACIA SUFRAGISTA EN VENEZUELA

Largo trayecto hubo que recorrer para que formalmente la mujer pudiera alcanzar plenamente el derecho al voto. Un examen puntual de algunas constituciones venezolanas permitirá apreciar de mejor manera los más relevantes hitos registrados en la evolución del sufragio universal en nuestro país, cuya partida de nacimiento, como acertadamente señala Isabel Carmona de Serra, se ubica en el año 1946.

Constitución de 1811

El sufragio se caracterizaba por ser restringido. Se exigían bienes de fortuna, grado de instrucción y ocupación a los electores, a los que se discriminaba según su domicilio territorial, estado civil, sexo y edad. Para sufragar debía tenerse 21 o más años y de ese derecho estaban excluidas las mujeres.

Constitución de 1830

Comparado con la Constitución de 1811, el Estatuto Político de 1830 se inscribe en la línea de evolución hacia el establecimiento formal del sufragio universal. Del derecho seguían excluidas las mujeres y los analfabetos hasta el tiempo que designara la ley, instrumento este que nunca llegó a ser sancionado.

Constitución de 1858 (Constitución de Valencia)

Reconoció el derecho al voto a los analfabetos y fijó como término de edad electoral los 18 años. Siguió la mujer marginada en el ejercicio del derecho al voto.

Constituciones del Gomecismo

En las ocho constituciones promulgadas por la dictadura de Juan Vicente Gómez se confirió el voto a hombres y mujeres, supieran o no leer y escribir, pero ese derecho no pudo ejercerlo el pueblo porque el verdadero cuerpo electoral era el Congreso, fórmula que se conservó en las constituciones de 1936 y 1945.

Constitución de 1936

Negaba el voto a los analfabetos y a las mujeres. La elección de diputados al Congreso era una elección de segundo grado en la cual se elegía al presidente de la Republica. En ese sentido, la Constitución de 1936 implicó un retroceso, al derogar el sufragio universal consagrado en sus predecesoras, restableciendo una discriminación política.

Constitución de 1945: contradicciones en el camino hacia la democracia (General Isaías Medina Angarita)

La promulgación de aquel texto constitucional, vino precedido de la comentada gesta deportiva del año 1944 y de las luchas desplegadas por las sufragistas venezolanas que desde 1936 venían abogando por la reivindicación de sus causas con el apoyo de importantes corrientes políticas de la época. Muestra de tales esfuerzos que, valga observar, resultaron en buena medida desoídos, lo representa la comunicación dirigida al Poder Legislativo por el Comité Coordinador Pro-Sufragio Femenino, con ocasión de iniciarse en las Cámaras la discusión del proyecto de reforma constitucional, según el cual:

> *"1º) con la petición femenina pro-sufragio de 1943, 2º) la petición femenina presentada el 4 de mayo en curso (1944), suscrita originalmente por 11.436 firmas y por numerosas adhesiones, 3º) que de acuerdo con la carta enviada el 10 de mayo en curso por el Comité Pro-Sufragio a la comisión parlamentaria encargada de elaborar*

el proyecto de reforma constitucional y, 4º) de acuerdo además con los postulados de la Declaración de Lima (1938) de que la mujer en las Américas tiene derecho a igual tratamiento político que el hombre: ***Declaramos que la aspiración concreta de la mujer venezolana es el reconocimiento legal de su derecho de sufragio en idénticas condiciones a como la ejerza el hombre****"*[10]*. (Negrillas nuestras).*

A pesar de todos esos esfuerzos, la regulación del sufragio contenida en la Constitución de 1945 mantuvo restricciones al voto al reconocer en forma expresa el sufragio a la mujer únicamente a nivel municipal.

El constituyente de 1945 no atendió así el clamor popular y las demandas que imponían los tiempos. Las reformas, en opinión del constituyente de este periodo, estaban dirigidas a perfeccionar la democracia, sin embargo, la lucha de las sufragistas fue contenida por una norma antidemocrática, con la que se pretendió en forma expresa poner a prueba la capacidad de la mujer en ese ámbito, como se desprende del punto sexto referido a la reforma del ordinal 14 del artículo 32 constitucional, en la que se reconoció que el paso dado representaba la etapa inicial en la satisfacción de las aspiraciones de la mujer en cuanto al derecho de sufragio activo y pasivo, que se circunscribía a la esfera municipal. Al respecto se sostuvo que:

"...La reforma propuesta debidamente ponderada en sus límites entraña por su contenido un indiscutible avance en el progreso político del país, pues ***con ella se dará a nuestras mujeres la deseada oportunidad para que demuestren ante la nación, con hechos prácticos y positivos, que tienen capacidad y condiciones necesarias para asumir la grave responsabilidad que envuelve el ejercicio pleno de los derechos políticos****"*[7]*. (Negrillas nuestras).*

Aquella medida que se traducía en el derecho de sufragio activo y pasivo circunscrito a la esfera municipal buscaba poner a prueba, con

10 Isabel Carmona de Serra, "La reforma constitucional de 1945: Contradicciones en el camino hacia la democracia". Seminario: El voto popular en perspectiva histórica y la reforma electoral. Caracas 14-15 de marzo. 1996.

hechos prácticos y positivos, si las mujeres tenían capacidad y condiciones necesarias para asumir la grave responsabilidad que envolvía el ejercicio pleno de los derechos políticos. (Diario de debates de la Cámara de Diputados de los Estados Unidos de Venezuela. 1944).

> *"Dos comentarios a lo anterior:*
> ***Primero**: Las mujeres deben demostrar a la Nación que son adultas, pensantes; los hombres no. Esto es común a casi todos los legisladores del continente y más allá: asociar a las mujeres con la irracionalidad y la minoría de edad, lo cual las hace dependientes y por ello, deben demostrar que sus padres, hermanos, esposos y los curas de la Iglesia, no decidirán por ellas. Esta posición fue la que debieron enfrentar las sufragistas del mundo, porque como diría Cristina Molina Petit, las luces de la ilustración no iluminaron a las mujeres. Por esta razón requerían de la orientación del ser racional por excelencia, lo cual hacía su decisión una réplica de la de sus hombres: padres, esposos, hermanos o su confesor. No podían concebir de ellas la libertad de pensamiento.*
> ***Segundo**: Políticamente, así se resolvió el problema del otro grupo humano excluido, los y las analfabetas, hombres y mujeres, la mayoría del país. Es así como detrás de la negación a las mujeres del derecho al voto se encubre el miedo a que las masas exigieran el derecho universal al voto. Si vemos al país de entonces, la mayoría de la población era analfabeta, pero dentro de ellos la masa analfabeta eran las mujeres, pues no se creía que la educación fuera necesaria para ellas. A criar hijos y cuidar maridos y padres se aprendía en casa"*[11].

<u>Decretos números 216 y 217 del 15 de marzo de 1946 (Junta Revolucionaria de Gobierno constituida el 18 de octubre de 1945)</u>

Tras el derrocamiento de Medina Angarita, el primer acto de gobierno emanado de la Junta Revolucionaria de Gobierno constituida el 18 de octubre de 1945 y presidida por Rómulo Betancourt, representa un hito de la historia reciente de Venezuela que se reconoce como la partida de nacimiento del sufragio universal.

---

11 Hagging Castañeda, Magally. Ob. cit.

Los Decretos números 216 y 217 del 15 de marzo de 1946, disponían que:

- Decreto 216: Estatuto para la Elección de Representantes a la Asamblea Nacional Constituyente, Capítulo I, Artículo 2º:
  "Son electores todos los venezolanos sin distinción de sexo y sin más excepciones que los entredichos y los que cumplan condena penal, por sentencia firme que lleve consigo la inhabilitación política". **(Sufragio Activo)**

- Decreto 217:
  Artículo 1º
  "Se garantiza a los venezolanos los siguientes derechos:
  1º El derecho de sufragio para todos los venezolanos, mayores de dieciocho años, con las solas excepciones establecidas en el Estatuto Electoral, y en consecuencia pueden formar parte de los partidos o asociaciones políticas y tienen derecho sin distinción de sexo, al ejercicio de cargos públicos, salvo que por disposiciones especiales se reclamen condiciones o cualidades particulares". **(Sufragio Pasivo).**

Tras estos trascendentales actos, las mujeres votaron por primera vez para designar los órganos del Poder Público. Fueron elegidas más de 14 mujeres como diputadas a la Asamblea Nacional Constituyente. La misma Asamblea que sancionó la Constitución de 1947 en la que quedó consagrada también por primera vez la universalidad del sufragio, esta vez, con rango constitucional.

Constitución de 1947

Artículo 2º. Son electores todos los venezolanos, hombres y mujeres, mayores de dieciocho años.

El año 1947 es el primero de la moderna historia electoral venezolana en el que se deja de lado el procedimiento de la elección del presidente de la República por un intermediario, el Congreso. Queda a un lado también la discriminación cultural dirigida a apartar a la masa analfabeta, y lo más trascendente, por su carga de valores histórico-culturales, lo representa el otorgamiento del sufragio a la mujer venezolana para todas las instancias de gobierno.

Constitución de 1961:

La Constitución de la República de Venezuela de 1961, prohibió por primera vez la discriminación fundada en raza, sexo, credo o condición social (Art. 61) y en lo que respecta a los Derechos Políticos, en su artículo 111 disponía que todos los venezolanos eran electores al cumplir dieciocho años de edad y no estar sujetos a interdicción civil ni a inhabilitación política y en su artículo 112, establecía que los electores que supieran leer y escribir y fueran mayores de veintiún años, eran elegibles y aptos para el desempeño de funciones públicas sin más restricciones que las previstas en esa Constitución y las derivadas de las condiciones de aptitud que, para el ejercicio de determinados cargos, exigían las leyes. Finalmente, el artículo 114 de aquel texto constitucional establecía que todos los venezolanos aptos para el voto tenían el derecho de asociarse en partidos políticos para participar, por métodos democráticos, en la orientación de la política nacional, dejando al legislador la reglamentación de la constitución y actividad de los partidos políticos con el fin de asegurar su carácter democrático y garantizar su igualdad ante la ley.

Descentralización y Sufragio (1989)

Las leyes de Régimen Municipal y de Elección y Remoción de Gobernadores de Estados, amplían el sufragio universal y directo a esas otras instancias, abarcando a las figuras del alcalde, las Juntas Parroquiales y del gobernador de Estado, en concordancia con el mandato constitucional y con lo preceptuado en la Ley Orgánica del Sufragio, normativa matriz en materia electoral.

Constitución de la República Bolivariana de Venezuela (CRBV-1999)

La CRBV representó otro importante hito en este recorrido hacia la conquista formal de la igualdad de género. Muestra de ese avance lo representa la consagración en su artículo 2 del principio de igualdad y la preeminencia de los derechos humanos, a la par que su artículo 21, según el cual, todas las personas son iguales ante la ley y, en consecuencia:

1. **No se permitirán discriminaciones fundadas en** la raza, **el sexo**, el credo, la condición social o aquellas que, en general,

tengan por objeto o por resultado anular o menoscabar el reconocimiento, goce o ejercicio en condiciones de igualdad, de los derechos y libertades de toda persona.

2. La ley garantizará las condiciones jurídicas y administrativas para que la igualdad ante la ley sea real y efectiva: **adoptará medidas positivas a favor de personas o grupos que puedan ser discriminados o marginados o vulnerables**: protegerá especialmente a aquellas personas que, por alguna de las condiciones antes especificadas, se encuentren en circunstancias de debilidad manifiesta y sancionará los abusos o maltratos que contra ellas se cometan.

IV. MEDIDAS DE ACCIÓN LEGISLATIVA POSITIVA. REFERENCIA MUNDIAL

A pesar de que la CRBV garantiza los derechos políticos a la mujer en igualdad de condiciones que el hombre, incluidos los relativos al sufragio, ha sido una realidad mundial, de la que Venezuela no escapa, que en la práctica la mujer sigue marginada en lo que respecta al sufragio pasivo, es decir, el pleno ejercicio del derecho a ser elegida por votación popular para ocupar cargos públicos.

a. Contexto mundial

Conforme a estudios efectuados por ONUMUJERES 2015[12] (Hechos y cifras: Liderazgo y participación política - presencia de mujeres en los parlamentos del mundo), la participación de la mujer en el llamado sufragio pasivo sigue siendo muy baja. Es así como para el año 2015, las estadísticas al respecto arrojaban, entre otros, los siguientes resultados a nivel mundial:

- Mujeres Jefas de Estado o Gobierno
    - En agosto de 2015, 11 mujeres eran Jefas de Estado y habían 10 Jefas de Gobierno[13].

---

12 Unión Interparlamentaria, "Women in national parliaments, as at 1 August 2015".

13 Calculado por ONU Mujeres basado en información proporcionada por las Misiones Permanentes ante las Naciones Unidas.

- Parlamentarias en el mundo:
  - Según el secretario general de la Unión Interparlamentaria (UIP), Martin Chungong:
    "*La presencia de la mujer en los parlamentos en el mundo se ha duplicado en los últimos 20 años. En estos 20 años, el número de parlamentarias en el mundo se ha casi duplicado al pasar del 11,3% al 22,1%, según un comunicado de la organización. América es la región del mundo que mayores avances ha experimentado con el aumento del porcentaje de mujeres parlamentarias del 12,7% en 1995 al 26,4% en 2015. Hace 20 años no había países de la región con más del 30% de mujeres parlamentarias y ahora hay nueve. Además, tres naciones tienen más del 40% de mujeres parlamentarias y Bolivia ha alcanzado el 53,1% de legisladoras. Bolivia, Cuba y Ecuador figuran en los 10 primeros lugares del ranking mundial de la UIP en 2015*".
  - A escala mundial, en agosto de 2015, había 37 Estados donde las mujeres representaban menos de 10% del total de las y los parlamentarios en cámaras individuales o cámaras bajas, incluyendo 6 cámaras con ninguna mujer en absoluto.
  - Regiones: Países nórdicos: 41,1%; Américas: 25,5%; Europa (excluidos los países nórdicos): 24,4%; África: 23%; Asia: 18,4%; Oriente Medio y África del Norte: 17,1%; y la región del Pacífico: 15,7%.

Más recientemente, tras los procesos electorales llevados a cabo en el año 2020, la proporción global de mujeres en los parlamentos alcanzó el récord del 25.5%, lo que representó un aumento de 0.6% comparado con el 2019, de acuerdo con el último reportaje de "*Mujeres en el Parlamento*" de la Unión Interparlamentaria (IPU).

En lo referido a las mujeres que ocupan puestos de liderazgo en el Parlamento, el IPU demostró que, globalmente, 58 mujeres detentan posiciones de hablantes en 2020; un aumento de uno (1) al año anterior, lo que representa un promedio global del 20.9%. Al respecto, cabe destacar que fue en este año cuando Estados Unidos de América hizo historia con la elección de la primera vicepresidenta, Kamala Harris.

> Por otro lado, en lo referido a las cuotas de género, estas fueron aplicadas en 25 de 57 países que tuvieron elecciones parlamentarias durante el año 2020. En estas, se comprobó que, en promedio, los parlamentos con estas cuotas escogieron 11.8% más mujeres para cámaras individuales o bajas, y 7.4% más mujeres para cámaras superiores.
> En lo alusivo al progreso en todas las regiones del mundo en 2020, el reporte indica que, una vez más, las Américas sobrepasaron a las demás regiones con mujeres ocupando el 32.4% de MPs; y esto, considerando la agitación política alrededor de Latinoamérica (en particular Chile, Colombia y Ecuador). En Estados Unidos, el 2020 marcó el nivel histórico más alto de representación femenina en su historia legislativa nacional, con el 26.9% en las dos cámaras combinadas (…)[14].
> En países de América Latina, el Caribe y la península Ibérica, para el año 2020 el promedio de presencia femenina en los parlamentos es de un 32,93%, siendo el país con más baja representación Haití con 2,5% y Cuba el que registró mayores niveles con 53,2%. Según esas mediciones en Venezuela la participación femenina en el Poder Legislativo era de 22,2%, en Chile 22,6%, en Argentina 40,9% y en Bolivia el 53,1%[15].

En lo que respecta a la presencia de mujeres la AN que operará entre los años 2021 y 2026, no existe información oficial ni del CNE ni del propio parlamento. Únicamente se ha publicado a nivel de reseñas periodísticas que de los 277 curules, 255 corresponden a seguidores del llamado polo Patriótico (oficialismo) y de ellos 85 son ocupados por mujeres (33%).

El número de curules ocupados por mujeres en la AN resultante del proceso celebrado el 6D2020, que pudiera asumirse como un pequeño avance en el ejercicio efectivo de su derecho al sufragio pasivo por par-

---

14 Unión Interparlamentaria. For democracy. For everyone. "Proportion of women MPs inches up but gender parity still far off". 05/03/2021. Disponible en: https://www.ipu.org/news/women-in-parliament-2020

15 https://oig.cepal.org/es/indicadores/poder-legislativo-porcentaje-mujeres-organo-legislativo-nacional-camara-baja-o-unica

te de las venezolanas, así como el primer lugar que ocupa Cuba según la CEPAL, resultan poco significativos. La nota común en ambos casos es la celebración de procesos electorales al margen de los preceptos democráticos a los que mal puede reconocérseles valor. De nada vale elegir a un hombre o a una mujer para que ocupe y ejerza una curul bajo instrucciones de un partido o las cabezas de un proyecto político.

Aunque el oficialismo se atribuya grandes avances en la materia, el tema más allá de los números es también un asunto de transparencia en el proceso comicial y de méritos, capacidad y adecuado ejercicio de funciones entre quienes resultan electos.

Más allá del ámbito legislativo nacional, en el caso venezolano para el año 2016 la representación de la mujer en cargos de elección popular a nivel estadal y municipal registraba niveles preocupantes. Existían así, 4 gobernadoras en un total de 23 entidades (17%) y 82 alcaldesas en un total de 335 municipios -período 2013-2017- (24%).

En comparación con los avances logrados en los puestos de elección popular de nivel nacional, la presencia de las alcaldesas electas ha avanzado a un ritmo más lento y los resultados que se observan son limitados. En la mayoría de los países de América Latina y el Caribe (26), el porcentaje de alcaldesas electas se sitúa por debajo del 15%, y el promedio latinoamericano llegaba solo al 15.5% para el año 2018, cifra levemente superior al 12,1% observados en el 2014.

Solo Cuba, con un 47,0% y Nicaragua, con un 42,5 % de alcaldesas superan el umbral de 30%, proporción que habitualmente se considera equivalente a una masa crítica capaz de generar cambios. En el caso de Caribe, sólo Suriname se acerca a esta cifra con un 26.7%[16].

b. Evolución legislativa de la materia en Venezuela

Frente a la baja representación del género femenino en los cargos de elección popular que se han reflejado tanto bajo la vigencia de la CN de 1961 como de la CRBV de 1999, el Poder Público Nacional ha dado pasos hacia adelante y hacia atrás en la implementación de medi-

---

[16] https://oig.cepal.org/es/indicadores/mujeres-alcaldesas-electas)

das dirigidas a crear condiciones que aseguren una mayor paridad entre hombres y mujeres en el ejercicio del sufragio pasivo, muestra de lo cual la representan, entre otros, los actos que de seguidas se describen.

b.1. Ley Orgánica del Sufragio y Participación Política - LOSPP- (1997)

"Como producto de largas y sostenidas jornadas de luchas que por varias décadas desarrolló el movimiento de mujeres en la búsqueda de la igualdad política, finalmente en 1997 el Congreso de la República reformó la Ley Orgánica del Sufragio y Participación Política[17] *para introducir una cuota de 30% de participación obligatoria de mujeres en las listas electorales de los partidos y grupos políticos a los efectos de las elecciones nacionales, estadales, municipales y parroquiales y de los representantes al Parlamento Latinoamericano y Parlamento Andino"*[18].

En ese sentido el artículo 144 de la referida ley dispuso que:

> "***Artículo 144.-*** *Los partidos políticos y los grupos de electores, deberán conformar la postulación de sus candidatos por listas a los cuerpos deliberantes nacionales, estadales, municipales y parroquiales, de manera que* ***incluya un porcentaje de mujeres que represente como mínimo el treinta por ciento (30%) del total de sus candidatos postulados.*** *No se oficializará ninguna lista a partidos políticos o a grupo de electores que no cumplan con estas especificaciones. Esta disposición no es aplicable para aquellos casos de elecciones uninominales".* (Negrillas nuestras)

A pesar de lo señalado en dicha norma *"... el 21 de mayo de 2000 el Consejo Nacional Electoral, CNE, en sesión extraordinaria dictó la Resolución N° 000321-544 por la que derogó y desaplicó el Art. 144 de dicha Ley que contempla la cuota electoral femenina del treinta por ciento (30%) en la participación política. El CNE argumentó que era*

---

17 Venezuela. *Ley Orgánica del Sufragio y Participación Política*, publicada en la Gaceta Oficial de la República Bolivariana de Venezuela N° 5.200 del 30 de diciembre de 1997.

18 Evangelina García Prince. *Impacto de las leyes de Igualdad en América Latina: el caso de Venezuela.*

un privilegio a favor de las mujeres que violaba el principio de igualdad establecido en la Constitución en el Artículo 21. Con esto impidió su aplicación en las elecciones que se celebraron el 31 de julio de 2000"[19].

En fecha 7 de diciembre de 2000 fue interpuesto por un grupo de mujeres un recurso de revisión por ante la Sala Constitucional del Tribunal Supremo de Justicia respecto de la sentencia N° 52 dictada por la Sala Electoral el 19 de mayo de ese mismo año, en virtud de la cual había sido declarado improcedente el recurso contencioso electoral interpuesto por la abogada Sonia Sgambatti en contra de la Resolución N° 000321-544 antes mencionada.

La declaratoria de improcedencia del recurso interpuesto contra el referido acto administrativo la sustentó la Sala Electoral del Máximo Tribunal en el hecho de que la cuota electoral femenina consagrada en el artículo 144 de la LOSPP, había sido incluida dentro del marco del ordenamiento establecido por la Constitución de 1961, con el propósito de atemperar la situación de desigualdad en que se encontraba para ese momento la mujer venezolana en las distintas esferas de participación en la sociedad, situación de desigualdad esta, que en opinión del sentenciador había quedado superada con la consagración de la igualdad de todas las personas ante la Ley en el artículo 21 de la CRBV que, aunado a lo previsto en el Preámbulo de la misma, en el que se refuerza y amplía la protección constitucional de la prohibición de discriminaciones fundadas en raza, sexo y credo, entre otros, hacía que el porcentaje contemplado en el artículo 144 de la LOSPP revelara una ostensible contradicción con la Carta Magna, debiendo por tanto considerarse derogado su contenido.

Semejante argumento, carente de solidez, especialmente frente al principio de justicia material contemplado en la Carta Magna, pero muy especialmente de la correcta interpretación que debió dársele al artículo 21 constitucional, no llegó a ser evaluado por la Sala Constitucional que, además, ante la derogatoria del artículo 144 de la LOSPP en virtud de la promulgación de la Ley Orgánica de Procesos Electorales(LOPE),

---

19 *Ídem.*

publicada en *Gaceta Oficial de la República Bolivariana de Venezuela* Nº 5.928 de fecha 12 de agosto de 2009, tenía la excusa perfecta para escurrir el bulto frente a tan sensible tema.

b.2. Ley de Igualdad de Oportunidades para la Mujer - LOIOM - (1999)

En *Gaceta Oficial de la República de Venezuela* Nº 5.398 Extraordinario del 26 de octubre de 1999, es publicada la LOIOM, que establece en lo relativo a los derechos políticos lo siguiente:

- La participación de la mujer en asociaciones civiles partidos y sindicatos, se hará en igualdad de condiciones con los demás integrantes de dichas instituciones (Art. 18).
- Los partidos políticos incluirán en sus Estatutos, mecanismos eficaces que promuevan la efectiva participación de la mujer en los procesos eleccionarios internos y en los órganos de dirección, con plena garantía de igualdad de oportunidades en el ejercicio de este derecho para militantes de uno u otro sexo (Art. 19).
- Los sindicatos urbanos y rurales, los gremios de profesionales y técnicos, y demás organizaciones representativas de la sociedad civil, promoverán la participación e integración de la mujer en todos los niveles de la estructura organizativa en igualdad de condiciones, para lo cual deberán reformar sus estatutos internos y de funcionamiento (Art. 20).
- En los directorios, juntas directivas o administradoras, o consejos de administración de los institutos autónomos y organismos de desarrollo económico o social del sector público y de las empresas en que el Estado u otra persona de Derecho Público sea titular de más de cincuenta por ciento (50%) del capital, se incluirá por lo menos a una mujer (Art. 21).
- El Ejecutivo Nacional dictará por vía de reglamentación normas que tiendan a concretar la participación de la mujer, establecida en el artículo anterior, en armonía con las leyes laborales, para las empresas del sector privado (Art. 22).

b.3. Ley Orgánica de Procesos Electorales (LOPE)

Como fue señalado con la derogatoria de la LOSPP y su sustitución por la LOPE[20], fue suprimida la norma que consagraba la cuota del 30% respecto de las mujeres, a pesar de lo previsto en el artículo 21 de la Carta Magna.

b.4. Resolución 150625-147 (CNE – 2015)

El CNE dictó la Resolución 150625-147 de fecha 25 de junio de 2015, contentiva del Reglamento Especial para Garantizar los Derechos de Participación Política de Forma Paritaria en la Elección de Diputados y Diputadas a la Asamblea Nacional[21] a celebrarse el 6 de diciembre de ese mismo año. Mediante dicho acto fue establecido que las postulaciones de candidatos al parlamento por parte de partidos políticos debían tener una composición *paritaria y alterna* de 50% para cada sexo. En aquellos casos en que no fuera posible aplicar paridad, la postulación debía cumplir como mínimo con un 40% y como máximo con un 60% para cada sexo.

Con esta medida puntual, lo que llegó a tener rango legal (LOSPP) pasó a ser regulado a través de una simple resolución (CNE) con aplicación puntual a un proceso electoral (6D 2015).

En todo caso, con base en dicho acto, el proceso de postulación de candidatos se realizó del 3 al 7 de agosto de 2015, con un total de 1.799 candidatos inscritos, de los cuales 671 fueron mujeres (37,3 %) y 1.128, hombres (62,7 %)[22]. Tras la aplicación parcial del «Reglamento especial para garantizar los derechos de participación política de forma paritaria en las elecciones de diputadas y diputados a la Asamblea Nacional 2015, 283 postulaciones quedaron como «no presentadas» para las elecciones.

20 Gaceta Oficial de la República Bolivariana de Venezuela N° 5.928 Extraordinario del 12 de agosto de 2009.

21 Venezuela. *Reglamento Especial para Garantizar los Derechos de Participación Política de Forma Paritaria en la Elección de Diputados y Diputadas a la Asamblea Nacional.* Disponible en: http://www.cne.gob.ve/web/normativa_electoral/elecciones/2015/asamblea/documentos/RESOLUCI0N_150625-147.pdf

22 "Un total de 1.799 candidatos y candidatas se medirán el 6-D". CNE. 13 de agosto de 2015. Disponible en: http://www.cne.gob.ve/web/sala_prensa/noticia_detallada.php?id=3367. Consultado el 20 de mayo de 2021.

Para este proceso electoral un total de 94 organizaciones postularon candidatos: 65 partidos políticos —nacionales y regionales— y 29 organizaciones indígenas. El 74 % de las organizaciones postulantes cumplieron dicho reglamento y 26 % no lo cumplió[23].

b.5. Propuesta de reforma de la LOPE (2016)

En Sesión Solemne celebrada en el Hemiciclo de la AN el 9 de marzo de 2016, en el marco de la discusión del Proyecto de Reforma de la LOPE y bajo la vocería de Isabel Carmona de Serra, presidente del partido Acción Democrática, se planteó el restablecimiento de la paridad de género, esta vez con alternancia.

Ante la lamentable realidad que presenta Venezuela respecto del llamado sufragio pasivo, que como expresamos no es exclusiva de nuestro país, fue propuesto nuevamente por un grupo de mujeres la inclusión del **"*Principio de Paridad con Alternancia*"** en la LOPE. Tal iniciativa forma parte de una estrategia dentro de la acción afirmativa y un mecanismo de justicia electoral, gracias al cual, hombres y mujeres, pueden tener participación en los cargos electivos respondiendo a los principios de igualdad de género e igualdad de oportunidades.

Se trata de una **medida de acción positiva** como ha sido calificada por la doctrina internacional que busca compensar las discriminaciones del pasado, que implica establecer preferencias para grupos desfavorecidos.

En cuanto a la viabilidad de la consagración en nuestro ordenamiento jurídico de la "*Paridad con Alternancia*", resulta conveniente ahondar en el contenido del numeral 2 del artículo 21 de la CRBV que, en nuestra opinión, es claro reflejo de la adopción de las corrientes ideológicas desarrolladas a partir de la doctrina construida por el filósofo social demócrata alemán John Rawls, quien introdujo el reconocimiento de la diferencia como una fuente real de determinaciones que, en los hechos, relativizan la interpretación y aplicación del Principio de Igualdad.

---

23 "Como no presentadas 283 postulaciones que no cumplieron con paridad de género". CNE. Disponible en: http://www.cne.gob.ve/web/sala_prensa/noticia_detallada.php?id=3368. Consultado el 20 de mayo de 2021.

El gran desarrollo que en materia filosófica y legal han alcanzado las nuevas interpretaciones sobre "*Igualdad y Justicia*" en conexión con la democracia y la ciudadanía, se reflejan en muchos de los recientes pactos y convenciones del Derecho Internacional de los Derechos Humanos, como en las más actualizadas propuestas de Derecho Positivo de alcance nacional. Todo esto ha puesto de manifiesto que en la sociedad somos *desiguales entre iguales*, para referirnos al hecho de que la igualdad establecida en los dispositivos constitucionales y legales no genera por su sola enunciación, condiciones equivalentes entre los ciudadanos para acceder a las dimensiones materiales y simbólicas que les garantizan la auténtica ciudadanía.

Lo anterior no quiso entenderlo la Sala Electoral del Tribunal Supremo de Justicia cuando decidió el recurso interpuesto contra la Resolución N° 000321-544 dictada por el CNE en 2000, partiendo del eufemismo de que la consagración formal de la igualdad en la CRBV se traduce automáticamente en igualdad en la práctica, asunto este que precisamente dio paso, a comienzos del siglo pasado al Estado social de Derecho, superando al Estado Liberal, en el que ese tipo de afirmaciones representaba una de sus mayores debilidades.

Con relación a los esfuerzos del Sistema de las Naciones Unidas por promover el avance de las mujeres, la propia Asamblea General en muchas de sus resoluciones ha establecido como doctrina la clara diferencia que debe tenerse en cuenta entre "***Igualdad de Derecho***" e "***Igualdad de Hecho***", conscientes como están los Estados que conforman la Asamblea que no basta el enunciado de la Ley para producir en los hechos las condiciones que previó el legislador, mucho menos lograrla como lo afirma el TSJ de un día para otro con la sola entrada en vigencia de la CRBV.

En este sentido, las acciones legislativas positivas se traducen en la adopción de medidas que persiguen precisamente garantizar el derecho a la igualdad, colocando al grupo socialmente relegado en condiciones que eviten la tolerancia pasiva de ciertos condicionamientos sociales que determinan una desigualdad material, ello es, real.

Las medidas legislativas positivas no son contrarias a los principios constitucionales de igualdad y no discriminación, toda vez que precisamente lo que se persigue con ellas es garantizar la materialización efectiva de esos principios, fundamentalmente en relaciones concretas, y es ésta, la única justificación de la incorporación en el artículo 21 constitucional de su numeral 2, porque de lo contrario, se trataría de una norma totalmente contradictoria.

El propio constituyente admitió que el Principio de Igualdad no puede limitarse a su simple consagración en el Texto Fundamental, sino que corresponderá, entre otros, al Legislador, la adopción de todas las medidas necesarias y razonables para hacer de aquél una realidad. Es precisamente esa norma constitucional, la que admite expresamente la posibilidad de conferir por vía legal, tratamiento distinto a aquellos grupos discriminados, marginados o vulnerables, que se encuentren en circunstancias de debilidad manifiesta, no pudiendo por tanto considerarse tales medidas contrarias al principio de igualdad, sino más bien en su apoyo.

Estas medidas "*positivas*", no implican, por tanto, una preferencia del grupo a favor del cual se adoptan, así como tampoco un factor de discriminación de los demás. Estas encuentran su justificación, en la existencia de un trato real desigual frente a ese grupo, que configura una discriminación material, esto es, producto de la misma sociedad y no de la ley, la cual hace necesario la adopción de medidas tendientes a lograr la igualdad efectiva de oportunidades – no es una ventaja[24].

Quienes proponen esta reforma de la LOPE, lo hacen con base en aquella posición doctrinaria, de la norma constitucional comentada y partiendo del hecho de que las acciones legislativas positivas están expresamente autorizadas por instrumentos internacionales de protección de los derechos humanos que integran el ordenamiento jurídico vigente en Venezuela; específicamente con relación al tema que nos ocupa, ejemplo de ello lo representa la "*Convención sobre la eliminación de todas las formas de discriminación contra la mujer*", adoptada en la Asamblea General de la ONU el 18 de diciembre de 1979 y ratificada por Venezuela y aprobada mediante Ley publicada en *Gaceta Oficial de la República de Venezuela* N° 3.074 Extraordinario del 16 de diciembre de 1982.

24 Isabel Carmona de Serra, Ob. cit.

Se propuso así, la incorporación a la LOPE de la paridad con alternancia como un principio y se impone como obligación a las organizaciones políticas y grupos de electores que las postulaciones de candidatos para cargos de elección popular a la AN, Consejos Legislativos de estados, Concejos Municipales y Cabildos Metropolitanos presentadas a los órganos electorales competentes, cumplan con las reglas que en base a aquel principio se aspira establezca la ley.

Si bien es cierto que la paridad es expresión de las medidas legislativas positivas, los resultados de su sola implementación han puesto en evidencia la necesidad que existe de depurarla o complementarla como herramienta para alcanzar la igualdad de género en el ejercicio de los Derechos Políticos. De allí que aquella, hoy día, haya evolucionado a la "*Paridad con Alternancia.*"

El mecanismo de alternancia, también conocido como mandato de posición, exige una participación mujer-hombre u hombre-mujer, en forma tal que dos personas del mismo sexo no puedan estar en forma consecutiva en la nómina.

La reforma a la LOPE aquí comentada implicaría así, no sólo que se respete la equivalencia por sexo en las postulaciones, o que en casos excepcionales en los que esa distribución 50%-50% hombres-mujeres no se logre, se garantice una correlación 40%-60% entre ambos sexos, sino también, qué en la conformación de las postulaciones, sean nominales o por listas, principales o suplentes, haya alternancia de sexo en los puestos.

Se ha comprendido que la finalidad de la igualdad en las listas de elección popular no se obtiene con la sola inclusión dentro de la norma del sistema de paridad. Este principio -expresión de la igualdad- no conlleva, necesariamente, la aplicación del principio de alternancia, mientras que este último sí involucra, subyacentemente, el tema de paridad.

La medida positiva debe ir acompañada de la constante preparación y acumulación de experiencia por parte de la mujer de manera que al optar a cargos de elección popular y al ejercerlos se encuentre en plena capacidad de hacerlo apropiadamente. Este requerimiento resulta igualmente aplicable a los hombres, ya que de nada vale ejercer una función pública sin contar con las herramientas técnicas y los valores éticos y morales para cumplir tan noble e importante misión.

V. CONSIDERACIONES FINALES

Setenta y siete años después de la mayor hazaña deportiva de la Venezuela del Siglo XX, la VII Serie Mundial de Béisbol *Amateur* y de la primera elección popular, universal y directa celebrada en el país en la que resultó electa Yolanda Leal como reina de la novena campeonil nacional de 1944, a la que de inmediato siguió en 1947 la consagración constitucional del sufragio universal en Venezuela, es común escuchar en cualquier de nuestros hogares que una niña sueña con ser Miss Venezuela, un niño, un grande liga, pero no se escucha con la misma frecuencia y fervor que un niño o una niña aspire ser Presidente de la República, Gobernador de Estado, Alcalde o diputado a la AN.

Se siguen ganando concursos de belleza desde que Susana Dujim se alzó en 1955 con la corona de Miss Mundo; la proeza de los hermanos Carrasquel ya ha sido emulada por numerosos peloteros venezolanos que, como Aparicio, Concepción, Galarraga, Vizquel, Guillén, Cabrera y Altuve, han brillado en la gran carpa, pero en lo político seguimos perdiendo la partida. Valga la historia de la maestra de tercer grado de primaria de Monte Piedad, de las novenas campeoniles de 1941 y 1944, así como el legado de incansables luchadores demócratas como Andrés Eloy Blanco, Rómulo Gallegos y Rómulo Betancourt para alcanzar la madurez que nos haga también conquistar a un país de ciudadanos, sin distingo de géneros, clases sociales e ideologías políticas, en el que simplemente impere la formación, los valores y la vocación de servicio público.

VI. BIBLIOGRAFÍA

BELLO, Juan A. Documental *La Reina del Pueblo*. Producciones Triana, C.A., 2010.

CARMONA DE SERRA, Isabel. "El voto popular en la perspectiva histórica y la reforma electoral". Conferencia dictada en la Academia de Ciencias Políticas y Sociales el 16 de marzo de 2016.

CARMONA DE SERRA, Isabel, "La reforma constitucional de 1945: Contradicciones en el camino hacia la democracia". Seminario: El voto popular en perspectiva histórica y la reforma electoral. Caracas 14-15 de marzo, 1996.

_______________, "Como no presentadas 283 postulaciones que no cumplieron con paridad de género". CNE. Disponible en: http://www.cne.gob.ve/web/sala_prensa/noticia_detallada.php?id=3368

GARCÍA PRINCE. Evangelina. *Impacto de las leyes de Igualdad en América Latina: el caso de Venezuela.*

HUGGING CASTAÑEDA, Magally. "Re-escribiendo la historia: Las Venezolanas y sus luchas por los derechos políticos." *Revista Venezolana de Estudios de la Mujer* v.15 N.34 Caracas jun. 2010. Consultado en: http://ve.scielo.org/scielo.php?script=sci_arttext&pid=S1316-37012010000100009

Ley Orgánica del Sufragio y Participación Política, publicada en la Gaceta Oficial de la República Bolivariana de Venezuela N° 5.200 del 30 de diciembre de 1997.

Observatorio de Igualdad de Género de América Latina y el Caribe. https://oig.cepal.org/es/indicadores/poder-legislativo-porcentaje-mujeres-organo-legislativo-nacional-camara-baja-o-unica.

Reglamento Especial para Garantizar los Derechos de Participación Política de Forma Paritaria en la Elección de Diputados y Diputadas a la Asamblea Nacional. Disponible en: http://www.cne.gob.ve/web/normativa_electoral/elecciones/2015/asamblea/documentos/RESOLUCI0N_150625-147.pdf

"Un total de 1.799 candidatos y candidatas se medirán el 6-D". CNE. 13 de agosto de 2015. Disponible en: http://www.cne.gob.ve/web/sala_prensa/noticia_detallada.php?id=3367

Unión Interparlamentaria. For democracy. For everyone. "Proportion of women MPs inches up but gender parity still far off". 05/03/2021. Disponible en: https://www.ipu.org/news/women-in-parliament-2020

Unión Interparlamentaria. For democracy. For everyone. "Women in national parliaments, as at 1 August 2015".

VELÁSQUEZ, Lucila, Memorias de mis días con Ruiz Pineda y Betancourt, el Che y Fidel. Editorial Grijalbo, Caracas, 2008.

SITUACIÓN DE LOS DERECHOS CIVILES Y POLÍTICOS EN VENEZUELA DURANTE LA PANDEMIA (2020-2021) A LA LUZ DEL DERECHO INTERNACIONAL DE LOS DERECHOS HUMANOS Y EL DERECHO PENAL INTERNACIONAL

FERNANDO M. FERNÁNDEZ*

"El último grado de perversidad es hacer servir las leyes para la injusticia"
Voltaire (1694-1778)

SUMARIO

I. RESUMEN

En este informe se identifica el agravamiento de los abusos a los derechos humanos y de los crímenes atroces durante la pandemia en Venezuela en el lapso de marzo 2020 a junio 2021. Se destaca, como eje transversal de tales hechos, el crimen de persecución, consistente en la supresión de derechos fundamentales de la población "*enemiga*", víctima de los ataques del Estado, de forma sistemática y generalizada,

---

* Abogado. Profesor Invitado de Derecho Penal Internacional en la UCV y UMA. Director del Monitor de Derechos Humanos. Senior Fullbright Scholar-in-Residence (1991-1992). Clinical Distinguished Professor (1994-1998). Autor del Libro Genocidio y otros crímenes atroces, así como de otros libros y manuales técnicos.

a sabiendas de dichos ataques. Se identifican las normas y decisiones legales de los estados de excepción instrumentadas para los ataques. Se analizan el derecho a la vida, a la libertad personal, a la reunión y manifestación pacífica y a la libre expresión (cuatro de los derechos civiles y políticos que más impactan en el universo de los demás derechos). La presente investigación forma parte de la consultoría para la ONG Justicia Encuentro y Perdón.[1]

II. ABREVIATURAS

ACNUDH	Alto Comisionado de Naciones Unidas para los Derechos Humanos
ANI	Asamblea Nacional ilegítima
ANL	Asamblea Nacional legítima
CLH	Crímenes de lesa humanidad
ComisiónIDH	Comisión Interamericana de Derechos Humanos
ConvenciónADH	Convención Americana de Derechos Humanos
CorteIDH	Corte Interamericana de Derechos Humanos
COPENAL	Código Penal vigente
DCP	Derechos Civiles y Políticos
DESCA	Derechos Económicos, Sociales, Culturales y Ambientales
DDHH	Derechos Humanos
DGCIM	Dirección General de Contrainteligencia Militar
DPI	Derecho Penal Internacional
DPV	Derecho Penal venezolano
EEA	Estado de excepción de alarma
EEEE	Estado de excepción de emergencia económica
EHC	Emergencia humanitaria compleja
ENCOVI	Encuesta Nacional de Condiciones de Vida
GAFI	Grupo de Acción Financiera Internacional
HCH	Hugo Chávez
LAB	Ley Constitucional Antibloqueo para el el Desarrollo Nacional y la Garantía de los Derechos Humanos

1 Disponible en https://www.jepvenezuela.com/2021/07/09/informe-de-jep-denuncia-agravamiento-de-la-crisis-de-derechos-civiles-y-politicos-en-venezuela/

LCO	Ley Constitucional contra el Odio, por la Convivencia Pacífica y la Tolerancia
LOCDOFT	Ley Orgánica contra la Delincuencia Organizada y el Financiamiento del terrorismo.
LOPA	Ley Orgánica de Procedimientos Administrativos
NMM	Nicolás Maduro Moros
OEA	Organización de Estados Americanos
OMS	Organización Mundial de la Salud
OACNUDH	Oficina del Alto Comisionado de las Naciones Unidas para los Derechos Humanos
ONCDOFT	Oficina Nacional contra la Delincuencia Organizada y el Financiamiento del Terrorismo
ONU	Organización de Naciones Unidas
OPS	Oficina Panamericana de la Salud
PIDCP	Pacto Internacional de Derechos Civiles y Políticos
SIDH	Sistema Interamericano de Derechos Humanos
SCTSJ	Sala Constitucional del Tribunal Supremo de Justicia
SEBIN	Servicio Bolivariano de Inteligencia
TSJ	Tribunal Supremo de Justicia

III. INTRODUCCIÓN: EL AGRAVAMIENTO DE LA SITUACIÓN DE LOS DCP Y DE CRÍMENES DE LESA HUMANIDAD EN VENEZUELA EN EL CONTEXTO DE LA PANDEMIA

La estructura normativa que se ha construido desde el gobierno de HCH y continuado por NMM y sus colaboradores, es la causante del agravamiento de la crisis de DCP en Venezuela durante la pandemia. Dicha estructura es la que corresponde a un Estado Dual o anómico (Fernández, 2018)[2] mediante un sistema jurídico paralelo, antagónico y en conflicto con el Estado Constitucional y Democrático de Derecho,

---

2 Fernando M. Fernández, *Estado Dual o anómico. Efectos corrumpentes*. Editorial Académica Española, Mauricio, 2018.

basado en el modelo socialista originario del marxismo leninismo. En ese contexto, se han cometido diversos CLH y se ha agravado la situación crítica previa que existía en el país.

Así, junto a las leyes comunales del Estado Dual, NMM se ha erigido inconstitucionalmente como Presidente de la República (Badell, 2018),[3] ha creado una Asamblea Constituyente,[4] ha designado ilegalmente y de forma exprés a unos Magistrados del Tribunal Supremo de Justicia[5] y ha nombrado a un Fiscal General de la República, un Contralor y un Defensor del Pueblo al margen de las normas constitucionales,[6] entre otras medidas inconstitucionales que obedecen totalmente a las órdenes y directrices dadas por el Poder Ejecutivo, controlado y centralizado férreamente por NMM, en su calidad de Jefe de Estado y de gobierno, y sus colaboradores inmediatos. La responsabilidad individual de los agentes estatales por perpetrar CLH, es independiente de la responsabilidad del Estado, aun cuando los hechos están indisolublemente interconectados.

El presente informe se realiza con motivo de apreciar los efectos en los DCP de la notoria radicalización y reiteración de los ataques a la población civil venezolana desde el Estado y por medio de sus agentes, así como de múltiples violaciones de todos los DDHH, especialmente los DCP, desde que la OMS declaró la pandemia del Covid 19 en el mundo en fecha 11 de marzo de 2020.[7]

---

3 Rafael Badell Madrid, *Inconstitucionalidad del llamado a elecciones presidenciales por parte de la Asamblea Nacional Constituyente*, disponible en http://acienpol.msinfo.info/bases/biblo/texto/boletin/2018/BolACPS_2018_157_304-330.pdf , consultado el 01 de julio de 2021.

4 Allan R. Brewer Carías, *La inconstitucional convocatoria de una Asamblea nacional Constituyente en 2017 como una muestra más de desprecio a la Constitución,* disponible en https://allanbrewercarias.com/wp-content/uploads/2018/07/916.-Inconst-ANC.-Libro-Brewer.Soto-EJV.pdf , consultado el 01 de julio de 2021.

5 Acceso a la Justicia, *El nuevo orden (in)constitucional en Venezuela*, disponible en https://www.civilisac.org/democracia-estado-de-derecho-y-ddhh/acceso-a-la-justicia-el-nuevo-orden-inconstitucional-en-venezuela , consultado el 01 de julio de 2021.

6 Acceso a la Justicia, Ídem.

7 Organización Mundial de la Salud, *Alocución de apertura del Director General de la OMS en la rueda de prensa sobre la COVID-19 celebrada el 11 de marzo de 2020,* disponible en https://www.who.int/es/director-general/speeches/detail/who-director-general-s-opening-remarks-at-the-media-briefing-on-covid-19---11-march-2020 , consultado el 08/06/2021.

El gobierno de NMM decretó el EEA en fecha 12 de marzo de 2020.[8] Desde entonces, ese Decreto se renovó permanentemente, en abierta contradicción al Estado de Derecho,[9] hasta mayo de 2021, cuando dejó de prorrogarse sin dar explicaciones oficiales.

El balance de los DCP en el lapso transcurrido desde entonces es que todos ellos han empeorado gravemente y las manifestaciones de los ataques han sido una notoria política del Estado y sus agentes, efectuados de forma sistemática y generalizada en contra de la población civil o gran parte de ella. Los DESCA también se han agravado de forma catastrófica.

El EEA se sumó al EEE de forma inconstitucional e ilegal y fue el marco de actuación de los abusos a los DDHH y CLH cometidos durante la pandemia. En efecto, según la CRBV, el EEA solo puede durar 30 días, prorrogables por 30 días más, pero eso se ha extendido hasta mayo de 2021, cuando cesaron sin que se dijera nada sobre ello ni se dieran explicaciones lógicas y razonables de su renovación constante, sin cumplir las normas constitucionales y legales ni con los principios establecidos en el PIDCP y la ConvenciónADH, conforme lo disponen los artículos 337 al 339 de la CRBV.

La FCPI y la MIDH han documentado el crimen de lesa humanidad de persecución por motivos políticos, perpetrado en contra de opositores y disidentes políticos. La motivación de estos hechos ha sido claramente política. La manifestación de esta conducta ha sido la de suprimirles los DCP, causando una situación similar a la muerte civil de las víctimas, la represión y el hostigamiento constantes, mediante el patrón conductual criminal de actos repetidos y modus operandi similares. Los otros crímenes documentados y que están interconectados con el de persecución son asesinato o ejecución extrajudicial, encarcelación, tortura,

---

[8] Presidencia de la Republica, *Decreto N° 4.160, mediante el cual se decreta el Estado de Alarma en todo el Territorio Nacional*, Gaceta Oficial N° 6.519 Extraordinario, de fecha 13 de marzo de 2020, disponible en http://extwprlegs1.fao.org/docs/pdf/ven194367.pdf , consultado el 01 de junio de 2021.

[9] Allan R. Brewer-Carías y Humberto Romero Muci (Coordinadores), *Estudios jurídicos sobre la pandemia del COVID 19 y el Decreto de estado de Alarma en Venezuela*, disponible en https://allanbrewercarias.com/wp-content/uploads/2020/08/Pandemia-9781649214119-txt-WEB-ARBC.pdf , consultado el 01 de julio de 2021.

desaparición forzada y violación, también graves violaciones de DCP. Todo ello refleja una constante represión y uso excesivo de la fuerza.[10]

En tal sentido, las restricciones impuestas por el gobierno de NMM, así como el deterioro creciente de las prestaciones de servicios básicos monopolizados por el Estado, han empeorado las condiciones de vida con pobreza y miseria de la gran mayoría de los venezolanos (96% según ENCOVI, 2020),[11] ya alteradas de forma dramática por la EHC creada artificialmente, con fines de control social.[12] La excepción (4% de la población) de esta nueva fuente de victimización masiva son los altos funcionarios del Estado, sus contratistas y relacionados, quienes viven en total opulencia.

En este informe se resalta el vínculo que existe entre la destrucción de algunos derechos y libertades y la sucesiva ruptura de los otros, imbricados entre sí bajo los principios de indivisibilidad e interdependencia de los DDHH, ocasionando una situación similar a la muerte civil de las víctimas, caracterizada esta por la supresión casi total de los DCP.

- El PCP, en su artículo 5 dice así:
- Artículo 5. 1. Ninguna disposición del presente Pacto podrá ser interpretada en el sentido de conceder derecho alguno a un Estado, grupo o individuo para emprender actividades o realizar actos encaminados a la destrucción de cualquiera de los derechos y libertades reconocidos en el Pacto, o a su limitación en mayor medida que la prevista en él. 2. No podrá admitirse restricción o

10 Justicia, Encuentro y Perdón, *Venezuela política de represión y persecución*, disponible en https://drive.google.com/drive/folders/1vKIdGrxrAd4wp44-nCcjh9letp4pb7PA , consultado el 05 de junio de 2021.

11 Encuesta Nacional de Condiciones de Vida (ENCOVI), *Encuesta Nacional de Condiciones de Vida 2019 – 2020*: "*La intensidad de la pobreza continuó su tendencia creciente. Si se determina a través de la línea de pobreza, se encuentra que 96% de los hogares están en situación de pobreza y 79% en pobreza extrema, hecho que significa en el último caso que los ingresos percibidos son insuficientes para cubrir la canasta alimentaria*", disponible en https://www.proyectoencovi.com/informe-interactivo-2019 . Consultado el 03 de junio de 2021.

12 Leonardo F. Osorio B., *El socialismo totalitario en Venezuela: pobreza y control social*, disponible en https://www.redalyc.org/journal/2110/211062849006/html/ , consultado el 07 de julio de 2021.

13 Guillermo Cabanellas, *DICCIONARIO JURIDICO ELEMENTAL*, EDITORIAL HELIASTA S.R.L, 1993, Pág. 208.

menoscabo de ninguno de los derechos humanos fundamentales reconocidos o vigentes en un Estado Parte, en virtud de leyes, convenciones, reglamentos o costumbres, so pretexto de que el presente Pacto no los reconoce o los reconoce en menor grado.

La ERCPI tipifica el crimen de persecución como un hecho punible de lesa humanidad, de esta manera:

- Artículo 7. Crímenes de lesa humanidad. 1. A los efectos del presente Estatuto, se entenderá por "*crimen de lesa humanidad*" cualquiera de los actos siguientes cuando se cometa como parte de un ataque generalizado o sistemático contra una población civil y con conocimiento de dicho ataque: ... h) Persecución de un grupo o colectividad con identidad propia fundada en motivos políticos, raciales, nacionales, étnicos, culturales, religiosos, de género definido en el párrafo 3, u otros motivos universalmente reconocidos como inaceptables con arreglo al derecho internacional, en conexión con cualquier acto mencionado en el presente párrafo o con cualquier crimen de la competencia de la Corte;
- 2. A los efectos del párrafo 1: ... g) Por "*persecución*" se entenderá la privación intencional y grave de derechos fundamentales en contravención del derecho internacional en razón de la identidad del grupo o de la colectividad;
- Elementos del crimen de persecución: Artículo 7 1) h) Crimen de lesa humanidad de persecución Elementos 1. Que el autor haya privado gravemente a una o más personas de sus derechos fundamentales en contravención del derecho internacional (NOTA #21: Este requisito se entiende sin perjuicio de lo dispuesto en el párrafo 6 de la introducción general a los elementos de los crímenes). 2. Que el autor haya dirigido su conducta contra esa persona o personas en razón de la identidad de un grupo o colectividad o contra el grupo o la colectividad como tales. 3. Que la conducta haya estado dirigida contra esas personas por motivos políticos, raciales, nacionales, étnicos, culturales, religiosos o de género, según la definición del párrafo 3 del artículo 7 del Estatuto, o por otros motivos universalmente reconocidos como inaceptables con arreglo al derecho internacional. 4. Que

la conducta se haya cometido en relación con cualquier acto de los señalados en el párrafo 1 del artículo 7 del Estatuto o con cualquier crimen de la competencia de la Corte. (NOTA #22: Se entiende que en este elemento no es necesario ningún otro elemento de intencionalidad además del previsto en el elemento 6).
5. Que la conducta se haya cometido como parte de un ataque generalizado o sistemático dirigido contra una población civil."

El crimen de persecución castiga la conducta de producir en las víctimas una *capiti diminutio maxima* al privar, de hecho, a las víctimas de sus derechos fundamentales. En la antigüedad, era una pena que consistía en perder los derechos civiles, especialmente la libertad y la ciudadanía. Para Cabanellas (1993),[13] la muerte civil es "*antigua situación jurídica de la persona con vida a la que, por efecto de una pena, se le privaba de toda clase de derechos civiles y políticos, y hasta del agua y el fuego en la típica expresión romana (aquae et ignis interdictio).*"

Diagrama de los crímenes documentados en Venezuela y su vínculo con el crimen de persecución

14 Esta denuncia, firmada por NM y HCH, pone en evidencia el bajo respeto que tienen ambos hacia el monitoreo de los derechos humanos en general y del rechazo al escrutinio internacional. En concreto, al sistema interamericano de derechos humanos. Disponible en: http://www.minci.gob.ve/wp-content/uploads/downloads/2013/09/DISCURSO-CIDH-20-9-13-web.pdf . Consultado el 27 de junio de 2021.

El crimen de persecución por motivos políticos está en la raíz de los demás crímenes que han sido documentados en Venezuela. Actúa como el motor desencadenante e impulsor de las demás conductas punibles y, a su vez, todos ellos se refuerzan con este, tal como se representa en el diagrama.

Todo derecho humano genera deberes de reconocimiento, respeto y garantía del Estado. Toda violación de cualquier derecho humano ocasiona responsabilidad internacional de parte del Estado. En el caso venezolano, la peor decisión que se ha tomado en contra de los DDHH es la de haber denunciado[14] la ConvenciónADH, lo cual es un obstáculo para que las víctimas puedan tener acceso a la CorteIDH y obtener justicia desde que fue denunciada por HCH, siendo su canciller NMM, a pesar de su evidente inconstitucionalidad.[15]

Tampoco el Estado venezolano ha aceptado ni cumplido con las sentencias de la CorteIDH,[16] ni las medidas provisionales,[17] tal como se evidencia en el seguimiento del cumplimiento,[18] las cuales han sido declaradas "*inejecutables" por la SC del TSJ,[19] debido a supuestas ra-*

15 Carlos Ayala Corao, *Inconstitucionalidad de la denuncia de la Convención Americana sobre Derechos Humanos por Venezuela*, disponible en https://www.corteidh.or.cr/tablas/r32197.pdf , consultado el 04 de junio de 2021.

16 28 casos contenciosos en los cuales la Corte IDH ha condenado al Estado venezolano por su responsabilidad internacional por violación de derechos humanos cometidos por sus funcionarios. Ver: https://www.corteidh.or.cr/cf/Jurisprudencia2/busqueda_casos_contenciosos.cfm?lang=es , consultado el 04 de junio de 2021.

17 Medidas provisionales de protección ordenadas por la Corte IDH por amenaza de violaciones de derechos humanos cometidas por funcionarios del Estado venezolano. Disponible en: https://www.corteidh.or.cr/cf/Jurisprudencia2/busqueda_medidas_provisionales.cfm?lang=es consultado el el 04 de junio de 2021.

18 28 casos contenciosos en los cuales la Corte IDH ha condenado al Estado venezolano por su responsabilidad internacional por violación de derechos humanos cometidos por sus funcionarios. Ver: https://www.corteidh.or.cr/cf/Jurisprudencia2/busqueda_casos_contenciosos.cfm?lang=es , consultado el el 04 de junio de 2021.

19 En fecha 18/12/2008 la Sala Constitucional del Tribunal Supremo de Justicia estableció en el caso Apitz y otros que las sentencias de la Corte Interamericana de Justicia son inejecutables en Venezuela y desconoce totalmente la jurisdicción de esa Corte sobre los hechos violatorios de los derechos humanos que ocurran en Venezuela. Dicha sentencia se repitió en casos posteriores y dejo a Venezuela sin tutela judicial subsidiaria en los temas de derechos humanos, luego de agotar la vía interna del país. "En virtud de las consideraciones anteriores, esta Sala Constitucional declara inejecutable el fallo de la Corte Interamericana de

zones de soberanía. Lo más grave es que insta al Poder Ejecutivo a denunciar[20] la Convención ADH. También ello confirma el apartamiento intencional de los estándares internacionales sobre DDHH, Estado de Derecho y democracia. Hay que acotar que el acceso al sistema interamericano de derechos humanos es subsidiario, es decir, solo se puede acceder a él luego de agotar las instancias jurídicas internas. Es patente, entonces, que el Estado venezolano no da solución legal a los casos de violaciones de derechos humanos, y, al denunciar la ConvenciónADH, deja a las víctimas en total desamparo. En consecuencia, el Estado venezolano no resuelve los casos ni permite que otras instancias los resuelvan. Ello asegura la impunidad.

Cuando tales violaciones se convierten en ataques conscientes, generalizados y masivos, con patrones observables, un *modus operandi* crónico y repeticiones identificables, perdurables en el tiempo y con notorios signos de organización y sistematicidad que evidencian que se trata de una política del Estado. Así, la actuación de los agentes estatales debe ser evaluada bajo las premisas del DPI, dado que la responsabilidad es personal de quienes las ejecutan, ordenan, permiten y premian, o bien que no previenen, no impiden ni castigan.

Derechos Humanos, de fecha 5 de agosto de 2008, en la que se ordenó la reincorporación en el cargo de los ex-magistrados de la Corte Primera de lo Contencioso Administrativo Ana María Ruggeri Cova, Perkins Rocha Contreras y Juan Carlos Apitz B.; con fundamento en los artículos 7, 23, 25, 138, 156.32, el Capítulo III del Título V de la Constitución de la República y la jurisprudencia parcialmente transcrita de las Salas Constitucional y Político Administrativa. Así se decide." Ver: REPÚBLICA BOLIVARIANA DE VENEZUELA SALA CONSTITUCIONAL Magistrado Ponente: Arcadio Delgado Rosales. Expediente No. 08-1572. Disponible en: https://www.limaarbitration.net/pdf/jurisprudencia/venezuela/08-1572.pdf . Consultada el el 04 de junio de 2021.

20 "*Igualmente, con base en el mismo principio (colaboración de los poderes públicos del Estado) y de conformidad con lo dispuesto en el artículo 78 de la Convención Americana sobre Derechos Humanos, se solicita al Ejecutivo Nacional proceda a denunciar esta Convención, ante la evidente usurpación de funciones en que ha incurrido la Corte Interamericana de los Derechos Humanos con el fallo objeto de la presente decisión; y el hecho de que tal actuación se fundamenta institucional y competencialmente en el aludido Tratado. Así se decide.*" Ver: REPÚBLICA BOLIVARIANA DE VENEZUELA SALA CONSTITUCIONAL Magistrado Ponente: Arcadio Delgado Rosales. Expediente No. 08-1572. Disponible en: https://www.limaarbitration.net/pdf/jurisprudencia/venezuela/08-1572.pdf Consultada el el 04 de junio de 2021.

En fecha 20 de marzo de 2020,[21] NMM decretó el EEA por la pandemia del Covid 19 el cual se agrega al permanente EEEE desde 2015 hasta mayo de 2021, con lo cual se han apalancado las políticas violatorias de DDHH y de empeoramiento de la situación de los DCP, en lugar de ser el motivo por el cual debía protegerse a la población vulnerable con mayor ahínco y eficiencia. La ONG Acceso a la Justicia (2021) [22] ha documentado la saga de prórrogas y de aprobaciones por parte de la SC del TSJ.

En fecha 12 de octubre de 2020 la ANC aprobó la LAB,[23] con lo cual se añadió un ingrediente amenazante a los DDHH en la medida en que aumenta la inseguridad jurídica preexistente y la destrucción del Estado de Derecho al permitir la inaplicación de normas legales y sublegales en vigor. Las leyes que existen deben ser aplicadas, si se prevé su inaplicación como establece la LAB, deberían ser derogadas.

Durante la pandemia se han aplicado con el mayor rigor e injusticia posibles el COPENAL, la LOCDOFT y la LCO, instrumentos regresivos en materia de derechos humanos, en ejercicio del llamado "*Derecho Penal del enemigo interno.*"[24]

- El COPENAL data de finales del siglo XIX, pero fue empeorado en la reforma de 2005,[25] al eliminar derechos humanos de tipo procesal y aumentar la penas de algunos delitos favorables al Estado y sus funcionarios de forma draconiana.

---

21 Gaceta Oficial Extraordinaria N°6.519, *Se decreta el Estado de Alarma en todo el Territorio Nacional, por epidemia del coronavirus (COVID-19), marzo 22, 2020*, disponible en https://www.finanzasdigital.com/2020/03/gaceta-oficial-extraordinaria-n6-519-se-decreta-el-estado-de-alarma-en-todo-el-territorio-nacional-por-epidemia-del-coronavirus-covid-19/ , consultado el 07/06/2021.

22 Acceso a la Justicia, disponible en https://accesoalajusticia.org/tag/estado-de-alarma/ , consultado el 5 de junio de 2021.

23 Ley Constitucional Antibloqueo para el Desarrollo Nacional y la Garantía de los Derechos Humanos, Gaceta Oficial de la República Bolivariana de Venezuela N° 6.583 Extraordinario de fecha 12 de octubre de 2020 disponible en https://pandectasdigital.blogspot.com/2020/10/ley-constitucional-antibloqueo-para-el.html , consultado el 05 de junio de 2021.

24 Fernando M. Fernández, *Estado Dual: La justicia penal en Venezuela bajo el derecho penal del enemigo*, disponible en http://saber.ucv.ve/ojs/index.php/rev_af/article/viewFile/15822/144814482455 , consultado el 04 de junio de 2021.

25 Fernando M. Fernández, *"La reforma de un Código Penal es la operación más delicada después de una Constitución,"* disponible en https://www.cinco8.com/perspectivas/la-reforma-de-un-codigo-penal-es-la-operacion-mas-delicada-despues-de-una-constitucion/ consultado el 04 de junio de 2021.

- La LOCDOFT de 2012 ha sido el comodín para perseguir a los opositores y disidentes dado que prevé delitos por analogía de uso discrecional y permite privilegios de las personas jurídicas y empresas del Estado en favor de la -corrupción.[26]
- La LCO es una ley con normas discriminatorias de tipo político y penas draconianas.

Sin embargo, la política y ataques contra el "*enemigo interno*" se han extendido a todas las otras áreas del Derecho, sea Constitucional, Civil o Administrativo.

- Así las cosas, en innumerables casos se le niega a las victimas el acceso a los órganos de justicia constitucional como el *habeas corpus* la principal vía para tutelar el derecho a la libertad personal, entre otros derechos constitucionales. Persiste la tendencia a aplicar la jurisprudencia de la sentencia de la Sala Constitucional #521 de 2001,[27] la cual, aun cuando no es vinculante, permitió aplicar el principio *mala captus, bene detentus*[28] de forma arbitraria al presentar al detenido inconstitucionalmente ante un juez de control que convalidó la detención, incumpliendo así con su papel fundamental de controlar la constitucionalidad y legalidad de las detenciones.
- En materia Derecho Civil se aplica a los opositores con sentencias adversas con indemnizaciones exorbitantes, tal como ha sido el caso de El Nacional[29] o se le conculca la libertad de asociación a los vecinos,[30] por ejemplo.

---

26 Fernando M. Fernández, *El Estado como botín. Crónicas del despojo del patrimonio publico y privado*, disponible en https://issuu.com/asociacioncivilpazactiva/docs/elestadocomobot__n , consultado el 04 de junio de 2021.

27 Daniel Badell Porras, *Imputaciones Policiales y Judiciales. Mal de males en nuestro actual sistema procesal penal,* disponible en https://www.badellgrau.com/?pag=43&ct=2249 consultado el 06 de junio de 2021.

28 Francisco Villagrán *¡Mala captus bene detentus!,* disponible en https://revistas-colaboracion.juridicas.unam.mx/index.php/rev-instituto-interamericano-dh/article/view/8006/7202 , consultado el 02 de julio de 2021.

29 Deutsche Welle, *Tribunal de Venezuela sube a 30 millones multa a El Nacional*, disponible en https://www.dw.com/es/tribunal-de-venezuela-sube-a-30-millones-multa-a-el-nacional/a-57851137 , consultado el 05 de junio de 2021.

30 Crónica Uno, *Asociación de vecinos de Prados del Este denunció imposición "arbitraria" de una nueva junta directiva,* disponible en https://cronica.uno/asociacion-de-vecinos-de-

- Además, a las víctimas se les desconocen todos los derechos ante la administración pública y los tribunales del contencioso administrativo en los cuales solo gana el Estado y el ciudadano siempre pierde las demandas, tal como lo ha demostrado el profesor Canova (2009), luego de estudiar 293 demandas de ciudadanos contra el Estado y solo una fue victoriosa (0.34%), dicha sentencia luego fue anulada por la SC del TSJ.[31] Durante la pandemia, esta situación se ha mantenido sin cambio alguno, según responden los expertos consultados. Por si fuera poco, el derecho de petición respecto de los problemas de los servicios públicos (agua, luz, telefonía, etc.) consagrado en la LOPA es, prácticamente, inexistente.

Desde 2007 se ha venido instalando el Estado comunal del modelo del llamado socialismo del siglo XXI y desmontando el Estado Constitucional. La última legislación aprobada, en plena pandemia, está integrada por el proyecto de Ley del Parlamento Comunal[32] y el de Ley de Ciudades Comunales[33] con las cuales se perfecciona el dualismo estatal al mantener vigentes las normas democráticas de la CRBV coexistiendo con el modelo soviético de las comunas o *soviets*. Es notorio que las normas que se aplican son las segundas, dado que la CRBV se está desmantelando, como han observado expertos[34] y organismos internacionales.[35]

---

prados-del-este-denuncio-imposicion-arbitraria-de-una-nueva-junta-directiva/ , consultado el 11 de junio de 2021.

31 Antonio Canova, *La realidad del contencioso administrativo venezolano*, disponible en Microiuris.com https://aldiavenezuela.microjuris.com/2009/04/15/la-realidad-del-contencioso-administrativo-venezolano/ , consultado el 06 de junio de 2021.

32 Asamblea Nacional, *Primera discusión de Ley del Parlamento Com*unal, disponible en http://vicepresidencia.gob.ve/?p=3994, consultado el 04/ de junio de 2021.

33 UNIMET, *Expertos discutieron las consecuencias del Proyecto de ley ciudades comunales*, disponible en https://www.unimet.edu.ve/expertos-discutieron-las-consecuencias-del-proyecto-de-ley-ciudades-comunales/ , consultado el 04 de junio de 2021.

34 Allan Brewer Carias, *Destrucción del Estado de Derecho*, Disponible en http://allanbrewercarias.com/biblioteca-virtual/la-destruccion-del-estado-derecho-la-ruina-la-democracia-la-dictadura-judicial-coleccion-tratado-derecho-constitucional-tomo-xvi/?lang=en consultado el 04 de junio de 2021.

35 ComisiónIDH, *Institucionalidad democrática, Estado de derecho y derechos humanos en Venezuela*, disponible en http://www.oas.org/es/cidh/informes/pdfs/Venezuela2018-es.pdf consultado el 03 de junio de 2021.

En efecto, en lugar de gestionar una adecuada política de proteger a la población más vulnerable, el régimen encabezado por NMM, ha emprendido una política deliberada de radicalización de su modelo económico y político, introduciendo la nueva legislación comunal correspondiente al Socialismo del Siglo XXI, tales como las ciudades y el parlamento comunal,[36] y realizando actuaciones lesivas a todos los DDHH, especialmente los DCP, como se aprecia en este informe.

Hasta la fecha hay, al menos, 5.643.665[37] de venezolanos que han migrado forzadamente de Venezuela, lo cual ha contribuido enormemente a las cifras bajas de contagio del Covid 19. Durante el tiempo de pandemia, ese flujo forzado hacia otros países de América Latina no ha cesado. Peor aún, se ha agravado y diversificado hacia los EE. UU.[38] la gente prefiere tomar el riesgo de irse a lo desconocido en una larga y riesgosa jornada, que permanecer en Venezuela y sufrir los rigores de la EHC creada y aumentada artificialmente por las políticas del Estado, traducidos en una marcada violación de los DESCA en concurrencia con las atrocidades en materia de DCP.

Venezuela ha estado aislándose internacionalmente del turismo y de las inversiones extranjeras desde hace varios años antes de la pandemia, por causa de la violencia social e institucional, el deterioro de la infraestructura física y hotelera, la política estatizante y expropiatoria de los gobiernos de HCH y NMM, así como por las dificultades cambiarias de las líneas de aviación. Ello ha contribuido a que la tasa de contagiados del Covid 19 haya sido de las más bajas de América latina

---

36 Efecto Cocuyo, *Ley de Ciudades Comunales crea un Estado paralelo, advierten constitucionalistas*, disponible en: https://efectococuyo.com/politica/ley-de-ciudades-comunales-crea-un-estado-paralelo-advierten-constitucionalista/, consultado el 31/05/2021.

37 Plataforma de Coordinación para Refugiados y migrantes de Venezuela, "*Esta cifra representa la suma de personas migrantes, refugiados y solicitantes de asilo venezolanos reportados por los gobiernos anfitriones No necesariamente implica identificación individual, ni registro de cada individuo, e incluye un grado de estimación, según la metodología de procesamiento de datos estadísticos utilizada por cada gobierno. Como muchas de las fuentes de los gobiernos no toman en cuenta a venezolanos sin un estatus migratorio regular, es probable que el número total sea más alto.*"

38 El País, *Las desgarradoras imágenes de una anciana venezolana cruzando el Río Bravo,* disponible en: https://elpais.com/elpais/2021/05/28/album/1622216165_467364.html#foto_gal_1 , consultado el 31/05/2021.

y del mundo y no gracias a las políticas de salud de las que alardea la propaganda del gobierno de NMM.[39]

La ANC finalizó su período sin cumplir con su tarea de hacer una nueva Constitución[40]. Se limitó a aprobar leyes inconstitucionales como la Ley contra el odio y la Ley Antibloqueo, además de sustituir en sus funciones legislativas a la legitima AN.[41]

La SCTSJ dictó 145 sentencias en contra de todos y de cada uno de los actos legislativos de la ANL,[42] con lo cual se violentó el Estado de Derecho y se quebrantó el principio republicano de la democracia y la división de poderes. Con ello, quedaron anulados los derechos políticos de los electores.

El EEEE se ha prorrogado de forma ininterrumpida desde 2015 hasta el mes de mayo de 2021, sin cumplir con las obligaciones constitucionales e internacionales relativas a los estados de excepción, cuando se interrumpió sin explicación alguna, bajo el argumento de una emergencia por una "*guerra*" económica, la cual se ha agravado en términos descomunales, en la medida que ha coexistido con la radicalización del modelo político del régimen que encabeza NMM, especialmente durante el tiempo de la pandemia.

- Un ejemplo de ello es la aprobación en 2ª discusión del Proyecto de Ley de la Ciudades Comunales y la creación del Parlamento Comunal, con lo cual se violentó el principio democrático establecido en la Constitución y se violan, una vez más los derechos políticos de los ciudadanos, quienes votan, pero no eligen,

---

39 Ministerio del Poder Popular para la Comunicación e Información, *Conoce las propuestas aprobadas por el presidente Maduro para fortalecer el sistema público de salud,* disponible en http://www.minci.gob.ve/en-claves-conoce-las-propuestas-aprobadas-por-el-presidente-maduro-para-fortalecer-el-sistema-publico-de-salud/ , consultado el 02 de julio de 2021.

40 Agencia EFE, Cabello descarta que la Constituyente venezolana redacte una nueva Constitución, disponible en https://www.efe.com/efe/america/politica/cabello-descarta-que-la-constituyente-venezolana-redacte-una-nueva-constitucion/20000035-4336396 , consultado el 02 de julio de 2021.

41 Alfredo Meza, La Constituyente se declara la máxima autoridad de Venezuela, disponible en https://elpais.com/internacional/2017/08/09/america/1502313555_871121.html , consultado el 04 de junio de 2021.

42 Acceso a la Justicia, El TSJ vs. la AN, disponible en https://accesoalajusticia.org/el-tsj-vs-la-an/ . Consultado en junio de 2021.

como lo demuestra la votación para seleccionar la ANI, sin la participación de los partidos políticos que fueron inhabilitados.

IV. METODOLOGÍA

Para el presente estudio, se han usado las herramientas básicas de la ciencia jurídica, arqueo de fuentes documentales y gacetas legales, doctrina constitucional y jurisprudencia. Adicionalmente, se han usado principios básicos de Sociología del Derecho (Pérez Perdomo, 2017).[43] También se ha revisado las bases del DPI, el DIDH, y el DPV, mediante la bibliografía especializada y autores doctrinarios reconocidos.

Frente a la opacidad de datos oficiales o inexistencia de datos y de transparencia, en este informe se han utilizados distintas fuentes públicas creíbles tales como informes de organismos multilaterales, de ONG reconocidas internacionalmente, opiniones de expertos, informes de medios de comunicación que realizan investigaciones, las cuales ofrecen información relevante y verificable. Se han consultado a algunos expertos, cuyos nombres se omiten por razones de seguridad.

Se privilegian en este reporte el derecho a la vida y las libertades de reunión, de manifestación pacífica y la personal. Se postergan los otros derechos para una futura nueva aproximación al tema.

V. EL PROBLEMA O ¿POR QUÉ OCURREN ESTOS CRÍMENES?

¿Cuál es el porqué de la conducta criminal y de los patrones de violación masiva de DDHH que se han identificado en Venezuela, especialmente durante la pandemia? ¿Cómo se explica? ¿Por qué los crímenes no cesan y un crimen lleva a otro? ¿Qué causa estas atrocidades? ¿Qué factores las impulsa? ¿Por qué la persistencia en reincidir en lo mismo? ¿Por qué negar lo evidente? ¿Son factores individuales, económicos, psicosociales, económicos, ideológicos, criminológicos, axiológicos?

43 Rogelio Pérez Perdomo, *IDEAS DEL DERECHO Y CULTURA JURÍDICA EN VENEZUELA*, disponible en https://www.unimet.edu.ve/wp-content/uploads/2018/02/Ideas-del-Derecho-y-cultura-jur%C3%ADdica-en-Venezuela.pdf , consultado el 06 de junio de 2021.

¿Cuál es la causa eficiente? ¿O existe una concausalidad? ¿Concurren todos estos factores?

No hay respuestas fáciles ni suficientemente clarificadoras que permitan hacer una teoría apodíctica. Se trata de un problema hipercomplejo y multifactorial, donde hay una clara confluencia y concurrencia de causas, de motivos e incentivos que actúan con eficiencia destructiva de derechos letal en lo físico. La gravedad el problema ha ido empeorando en calidad y en cantidad.

Además del dolo específico que se requiere para cometer los diversos crímenes de lesa humanidad, a saber, intención de perseguir, asesinar, encarcelar, torturar, violar, desaparecer a las víctimas, es necesario intentar esclarecer y entender cuáles son los motores que impulsan a los criminales de lesa humanidad a cometer tales atrocidades, así como tratar de identificar los incentivos que influyen en la comisión de tales conductas.

En este papel de trabajo se exponen los hechos en materia de graves violaciones DCP y CLH, así como las posibles razones que causan las atrocidades en masa. No se llega a conclusiones definitivas ni exhaustivas. Tampoco se llega al detalle. Pero, se indican los principales motores o causas que concurren en la conducta destructiva que ya ha sido documentada en el EP, la MIDH, la OEA y la remisión de los 6 Estados a la FCPI.

- La notoriedad de esta conducta criminal es inocultable e innegable, por mucho que los máximos responsables se esfuercen en negarla, encubrirla y en desviar la atención. Es necesario que se avance en la investigación de probar los hechos ante la CPI en un juicio, a los fines de imponer las penas correspondientes a quienes resulten ser culpables.

VI. MARCO TEÓRICO Y CONTEXTO

Durante los últimos 20 años Venezuela ha vivido una crisis hipercompleja, sistémica y crónica de DDHH, dentro de los cuales las violaciones de los DCP se han exacerbado, agravado, extendido y multiplicado. No se trata de conductas aisladas de algunos agentes, sino de una política del Estado. En efecto, se observa que no solo son hechos atribuibles al Estado, sino a sus agentes, particularmente, las más altas autoridades quienes lo controlan y manejan a de forma absoluta e incondicionada, discrecional y arbitraria.

De tal magnitud ha sido la crisis venezolana que se le ha considerado una emergencia humanitaria compleja,[44] la cual ha sido creada artificialmente y que ha causado la más grande migración forzada del siglo XXI en tiempos de paz y en ausencia de catástrofes naturales. El número de desplazados venezolanos es el mayor del mundo, en tiempos de ausencia de conflictos armados (ACNUR, 2021).[45] Para 2014 (ENCOVI 2014)[46] ya se había detectado el empobrecimiento y desnutrición de la gran mayoría de los venezolanos. Eso ha ido agravándose en la medida de radicalización de la política del Estado y sus dirigentes.

La FCPI abrió un examen preliminar sobre la llamada situación I de Venezuela (2018).[47] La OEA presentó un informe elaborado por un Panel de Expertos sobre los CLH cometidos en Venezuela (2018).[48] Seis Estados Partes del ERCPI realizaron una remisión de la situación de Venezuela a la FCPI con la solicitud expresa de abrir una investiga-

---

44 Federación Internacional de Derechos Humanos, *La emergencia humanitaria compleja de Venezuela se agrava por efecto del Covid-19: Comunidad Internacional debe impulsar acuerdos humanitarios urgentes que promuevan soluciones a la crisis alimentaria y sanitaria*, disponible en https://www.fidh.org/IMG/pdf/venezuela755esp.pdf , consultado el 05. de junio de 2021.

45 El País, *"El éxodo venezolano es el más grande que ha visto América Latina en la época moderna"* disponible en https://elpais.com/internacional/2021-06-19/en-latinoamerica-hay-un-enfoque-humanitario-y-solidario-mas-fuerte-que-en-otras-regiones.html , consultado el 20 de junio de 2021.

46 Encuesta sobre Condiciones de Vida Venezuela 2014, *Lineamientos de políticas públicas desde las organizaciones sociales Análisis de las condiciones de vida*, disponible en https://assets.website-files.com/5d14c6a5c4ad42a4e794d0f7/5eb9bfda7ca5e613dfcf73b3_encovi-2014.pdf , consultado el 05/ de junio de 2021.

47 Oficina del Fiscal ante la Corte Penal Internacional, *Informe sobre las actividades de examen preliminar 2018*, disponible en https://www.icc-cpi.int/itemsDocuments/2018-otp-rep-PE-Venezuela.pdf , consultado el 05 de junio de 2021.

48 Organización de Estados Americanos, *INFORME DE LA SECRETARÍA GENERAL DE LA ORGANIZACIÓN DE LOS ESTADOS AMERICANOS Y DEL PANEL DE EXPERTOS INTERNACIONALES INDEPENDIENTES SOBRE LA POSIBLE COMISIÓN DE CRÍMENES DE LESA HUMANIDAD EN VENEZUELA*, disponible en http://www.oas.org/documents/spa/press/Informe-Panel-Independiente-Venezuela-ES.pdf , consultado el 05 de junio de 2021.

ción (2018).[49] La MIDH presentó un informe detallado en fecha donde documentó los CLH perpetrados en Venezuela e insta a que los responsables por ello rindan cuentas (2020).[50]

La ComisiónIDH da cuenta desde 2002, en el Capítulo IV de sus Informes anuales de la cronicidad y empeoramiento de las violaciones de DDHH en Venezuela.[51] Lo mismo han reiterado en su informe especial sobre Venezuela (2018), además de señalar el grave debilitamiento institucional.[52] En el Capítulo IV del Informe 2020, referido a Venezuela, destaca que la política del Estado venezolano, en lugar de asumir la pandemia como un problema de salud pública, lo asumió como un problema de seguridad exterior,[53] con lo cual se complicaron, aún más, los DCP al interior del país.

La ACNUDH en su informe oral (2020)[54] y su discurso (2021) especificó casos de ejecuciones extrajudiciales y otras graves violaciones de DCP, como la persecución penal a activistas y defensores de DDHH.[55]

---

49 Coalición por la Corte Penal Internacional, Venezuela: 6 Estados americanos piden a la CPI que inicie una investigación, disponible en https://www.coalitionfortheicc.org/es/news/20180927/venezuela-6-estados-americanos-piden-la-cpi-que-inicie-una-investigacion , consultado el 05 de junio de 2021.

50 Oficina del Alto Comisionado de Derechos Humanos de la Organización de Naciones Unidas, disponible en https://www.ohchr.org/SP/HRBodies/HRC/Pages/NewsDetail.aspx?NewsID=26247&LangID=S, consultado el 05 de junio de 2021.

51 Comisión Interamericana de Derechos Humanos, *Informes anuales*, disponible en http://www.oas.org/es/cidh/informes/IA.asp , consultado el 05 de junio de 2021.

52 Comisión Interamericana de Derechos Humanos, *Institucionalidad democrática, Estado de derecho y derechos humanos en Venezuela INFORME DE PAÍS*, disponible en http://www.oas.org/es/cidh/informes/pdfs/venezuela2018-es.pdf , consultado el 05 de junio de 2021.

53 Comisión Interamericana de Derechos Humanos, Informe 2020, disponible en https://www.oas.org/es/cidh/informes/IA.asp?Year=2020 , consultado el 02 de julio de 2021.

54 Oficina del Alto Comisionado de Derechos Humanos de la Organización de Naciones Unidas, *Actualización oral sobre la situación de los derechos humanos en la República Bolivariana de Venezuela,* Disponible en https://www.ohchr.org/SP/NewsEvents/Pages/DisplayNews.aspx?NewsID=26295&LangID=S , consultado el 05 de junio de 2021.

55 "*Me inquietan los crecientes signos de reducción del espacio cívico. Desde Septiembre, mi Oficina ha documentado al menos 66 casos de intimidación, acoso, inhabilitación y criminalización de periodistas, medios de comunicación, defensores de los derechos humanos, trabajadores humanitarios, líderes sindicales y miembros o partidarios de la oposición, incluidos los miembros electos de la Asamblea Nacional de 2015 y sus familiares. Al día de hoy, cinco activistas siguen con cargos relacionados con el terrorismo y el blanqueo de dinero por haber prestado asistencia humanitaria como parte del Plan de Respuesta Humanitaria de Naciones Unidas. Más ONGs siguen siendo investigadas por motivos*

La MIDH (2021),[56] en vocería de su Presidente Marta Valiñas dio cuenta del empeoramiento de los hechos y de la persecución a los enemigos internos, en estos términos:

- "*La represión continúa, por tanto, contra las personas percibidas como "enemigos internos" u opositores al gobierno... El concepto estatal de "enemigo interno" parece ser cada vez más amplio. La Misión de Determinación de los Hechos está preocupada por lo que parece ser una tendencia creciente: la persecución de personas y organizaciones no gubernamentales dedicadas a labores humanitarias y de derechos humanos*."

Para entender la política de ataques sistemáticos y generalizados a la población civil que ha llevado el gobierno de NMM, agravados durante la pandemia, y que han sido documentados por las más calificadas autoridades mundiales y regionales, es necesario entender el incumplimiento por parte del Estado venezolano y de quienes lo controlan del principio de Responsabilidad de Proteger o R2P,[57] firmado por HCH en la ONU.

En lugar de proteger adecuadamente a la población, los asesinatos ocurridos pueden ser considerados como politicidios en masa (Harff, 2003),[58] según la ciencia política o Democidios (Rummel, 1997),[59] según la sociología criminal.

---

similares." En: Oficina del Alto Comisionado de Derechos Humanos de la Organización de Naciones Unidas, *Discurso de la Alta Comisionada de las Naciones Unidas para los Derechos Humanos*, disponible en https://www.ohchr.org/SP/NewsEvents/Pages/DisplayNews.aspx?NewsID=26874&LangID=S , consultado el 05 de junio de 2021.

56 Consejo de Derechos Humanos, *Declaración de Marta Valiñas, Presidenta de la Misión Internacional Independiente de determinación de los hechos sobre la República Bolivariana de Venezuela, en la 46ª sesión del Consejo de Derechos Humanos,* Disponible en https://www.ohchr.org/SP/HRBodies/HRC/Pages/NewsDetail.aspx?NewsID=26872&LangID=S consultado el 05 de junio de 2021.

57 Organización de las Naciones Unidas. 60° período de sesiones. Resolución aprobada por la Asamblea General el 16 de septiembre de 2005. 60/1. Documento Final de la Cumbre Mundial 2005. Disponible en: https://www2.ohchr.org/spanish/bodies/hrcouncil/docs/gaA.RES.60.1_Sp.pdf

58 Barbara Harff, *No Lessons Learned from the Holocaust? Assessing Risks of Genocide and Political Mass Murder since 1955*, disponible en: Genocide-politicide.pdf (genocidewatch.net) , consultado el 06 de junio de 2021.

59 RJ Rummel, *Democide, murder by government*, disponible en https://www.hawaii.edu/powerkills/MURDER.HTM , consultado el 05. de junio de 2021.

Lo más resaltante de la crisis generada artificialmente por NMM, continuando la labor destructiva de HCH ha sido el desmontaje del Estado Constitucional (García Pelayo, 1991)[60] y Estado de Derecho (Brewer-Carías, 2009),[61] la desinstitucionalización del Estado (Romero Muci, 2017)[62] la construcción de un régimen hibrido que combina elecciones periódicas con graves déficits democráticos (Castro Agudelo, 2010).[63] Sobre esta base, la OEA (2019) cuestiona la legitimidad del gobierno de NMM.[64] Es un hecho notorio que hay ausencia total de independencia de jueces y fiscales (ComisiónIDH).[65] Frente a ello, NMM ordena realizar una "*revolución judicial*" (2021),[66] en lugar de rectificar y procurar la reconstrucción del Estado de Derecho según los estándares internacionales fijados por la ONU (2012).[67]

60 Manuel García Pelayo, *Estado legal y estado constitucional de derecho*, Revista de la facultad de Ciencias Jurídicas y Políticas, Universidad Central de Venezuela. Caracas, 1991.

61 Allan R. Brewer Carias, *La demolición del Estado de Derecho y la destrucción de la democracia en Venezuela*, disponible en https://allanbrewercarias.com/wp-content/uploads/2011/08/685.-680.I-1-996-LA-DEMOLICI%C3%93N-DEL-ESTADO-DE-DERECHO-Y-LA-DESTRUCCI%C3%93N-DE-LA-DEMOCRACIA-EN-VENEZUELA.2-Rio-2009.doc.pdf . consultado el 05 de junio de 2021.

62 Humberto Romero Muci, *La desinstitucionalización y desigualdad desde el Estado, el caso venezolano*, disponible en http://acienpol.msinfo.info/bases/biblo/texto/boletin/2017/BolACPS_2017_156_461-480.pdf, consultado el 05 de junio de 2021.

63 Santiago Jose castro Agudelo, *Venezuela: presidencialismo, política de seguridad y el tránsito hacia la consolidación de un régimen híbrido*, disponible en https://webcache.googleusercontent.com/search?q=cache:Rce3f8FlxMgJ:https://dialnet.unirioja.es/descarga/articulo/4780076.pdf+&cd=11&hl=en&ct=clnk&gl=ve , consultado el 05 de junio de 2021.

64 Organización de Estados Americanos, *Consejo Permanente de la OEA acuerda "no reconocer la legitimidad del período del régimen de Nicolás Maduro"*, disponible en https://www.oas.org/es/centro_noticias/comunicado_prensa.asp?sCodigo=C-001/19 , consultado el 05 de junio de 2021.

65 Comisión Internacional de Juristas, *Jueces en la Cuerda Floja Informe sobre Independencia e Imparcialidad del Poder Judicial en Venezuela*, disponible en https://www.icj.org/wp-content/uploads/2021/06/Venezuela-Judges-on-the-tightrope-Publications-Reports-Thematic-reports-2021-SPA.pdf , consultado el 27 de junio de 2021.

66 El Nacional, *Diosdado Cabello instaló comisión para la revolución judicial*, disponible en https://www.elnacional.com/venezuela/diosdado-cabello-instalo-comision-para-la-revolucion-judicial/, consultado el 26 de junio de 2021.

67 Organización de las Naciones Unidas, *Resolución aprobada por la Asamblea General el 24 de septiembre de 2012, 67/1. Declaración de la reunión de alto nivel de la Asamblea General sobre el estado de derecho en los planos nacional e internaciona*l, disponible en https://undocs.org/es/A/RES/67/1 , consultado el 15 de junio de 2021.

El gobierno autoritario encabezado por NMM también es suigéneris. Las dictaduras, como regla básica, no disfrazan ni ocultan su desprecio por los derechos humanos, como ya ocurrió en Venezuela en 1953, durante la dictadura de Marcos Pérez Jiménez.[68] En el caso venezolano, el discurso oficial, desde el régimen de HCH adoptó el discurso de los derechos humanos como fachada para cometer sus fechorías. Así, la narrativa oficialista es jurídica, humanista y política a la vez, lo cual es exhibido en una costosa propaganda. El punto de partida fue la consagración en la CRBV un grueso y extenso Título sobre los derechos humanos (artículos 19 a 129), donde se desarrollan los derechos civiles, políticos, sociales, ambientales, económicos e innominados con gran prolijidad y detalle. Es más, la frase "derechos humanos" se repite más de 90 veces en su texto.[69] No obstante, en la práctica las acciones gubernamentales han desnaturalizado totalmente el texto y el espíritu del constituyente de 1999 al instalar su modelo socialista, contra la democracia "*burguesa*"[70] en antagonismo con la CRBV. Ello empeoró durante la pandemia.

El modelo socialista ha sido impuesto a pesar de no haber derogado la CRBV, basado en la democracia liberal, con esa maniobra ha creado un Estado Dual (Fraenkel, 1941).[71] Estado Dual es una forma jurídico-política paralela, haciendo uso de la descripción que hizo Carl Schmitt (1927)[72] y que más recientemente ha desarrollado Giorgio Agamben (2003),[73] bajo el estado de excepción, para explicar la conformación de dos modelos de Estado que funcionan en simultáneo, pero que son

68 Un ejemplo entre muchos fue la constitución de 1953 promulgada por la Asamblea Constituyente bajo el gobierno de Marcos Pérez Jiménez que elimino todos los derechos sociales que había en la Constitución de 1947. En: Congreso de la República: *Compilación constitucional de Venezuela.* Caracas, 1996. Págs. 561 a 579.

69 Constitución de la República Bolivariana de Venezuela vigente. Disponible en: https://pdba.georgetown.edu/Constitutions/Venezuela/vigente.html, consultado el 01 de julio de 2021.

70 VTV, *Jefe de Estado: En las EPA del 8 de agosto tienen que ganar los ideales revolucionarios*, disponible en https://www.vtv.gob.ve/epa-agosto-democracia-chavez-psuv/ , consultado el 06 de julio de 2021.

71 Ernst Fraenkel: *The Dual State. A contribution to the theory of dictatorship.* Oxford University Press. New York. 1941.

72 Carl Schmitt: *Teoría de la Constitución (1927),* Editorial Alianza. Madrid. 1996.

73 Giorgio Agamben (2003), *Estado de excepción,* Adriana Hidalgo Editora, Buenos Aires. 2014.

contradictorios y antagónicos en esencia, (1) uno formal y constitucional que plasma el modelo alemán y europeo del Estado Social de Derecho; y (2) el otro, legal pero inconstitucional, que desarrolla de forma paralela el modelo utópico del Estado Socialista, Unitario o Comunista basado en las ideas del marxismo-leninismo, así como el marcado acento militarista y totalitario por medio de los Planes de la Patria[74] y varias Leyes Habilitantes en concordancia con los estados de excepción y los decretos de emergencia económica, con lo cual se han promulgado innumerables Decretos sin que sean leyes formales emanadas del Poder Legislativo. En definitiva, el Estado Dual es un forma anómica que pone en evidencia el oxímoron de un Estado Legal contradiciendo y negando al Estado Constitucional de Derecho, algo que aclaró el maestro Manuel García Pelayo (1991) era evidentemente un atraso institucional.

En Venezuela, además, se ha instalado un sistema de botín o *spoils system* (Fernández, 2018),[75] en el que la cleptocracia[76] y una Gran corrupción,[77] en la medida en las que sus actores se han adueñado del Estado y de las empresas estatales. Así, el Estado ha cedido terreno a las organizaciones criminales dentro y fuera de la administración pública creando un gran conglomerado criminal (Sánchez, 2020),[78] con

---

[74] El Estado socialista-comunista se basa en los principios y valores plasmados en el Primer, Segundo y Tercero Planes Socialistas de Desarrollo Económico y Social de la Nación 2007-2013, 2013-2019 y 2019-2025, disponibles en http://www.psuv.org.ve/temas/biblioteca/proyecto-nacional-simon-bolivar/#.VrTmlRjhC1s , en http://www.opsu.gob.ve/portal/vistas/descargas/banners/arc_Plan_de_la_Patria_Programa_de.pdf y en https://observatorioplanificacion.cepal.org/es/planes/plan-de-la-patria-2019-2025-de-venezuela#:~:text=El%20Plan%20de%20la%20Patria,lineamientos%20generales%20para%20su%20implementaci%C3%B3n , consultados el 09 de junio de 2021.

[75] Fernando M. Fernández, *El Estado como botín, crónicas del despojo del patrimonio público y privado*, Observatorio del Delito Organizado y Paz Activa, 2018, disponible en https://pazactiva.org.ve/site_odo/wp-content/uploads/2018/05/elEstadocomobotin.pdf , consultado el 05 de junio de 2021.

[76] Allan R. Brewer Carías, *LA INSTITUCIONALIZACIÓN DE LA CLEPTOCRACIA EN VENEZUELA*, disponible en http://www.ulpiano.org.ve/revistas/bases/artic/texto/RDPUB/153-154/RDP_2018_153-154_281-297.pdf , consultado el 27 de junio de 2021.

[77] Jose Ugaz, *LA GRAN CORRUPCION EN VENEZUELA Y SU IMPACTO EN LA REGIÓN LATINOAMERICANA*, disponible en https://transparencia.org.ve/wp-content/uploads/2019/11/La-gran-corrupci%C3%B3n-en-venezuela-y-su-impacto-en-la-regi%C3%B3n-latinoamericana.pdf , consultado el 05 de junio de 2021.

[78] Manuel Sánchez Trujillo, *Crimen organizado en Venezuela: cuando el Estado cede territorios y roles,* disponible en http://www.debatesiesa.com/crimen-organizado-en-venezuela-cuando-el-estado-cede-territorios-y-roles/ , consultado el 05 de junio de 2021.

aumento significativo de los grupos delincuentes organizados (Insight Crime, 2021).[79]

- Así las cosas, la Gran Corrupción, la falta de transparencia[80] y la cleptocracia han arruinado al fisco y, con él, a la población que depende de las erogaciones y empleos públicos.
- Las expropiaciones causadas por el apetito voraz de la corrupción terminan exterminando a las empresas privadas, causando desempleo y hambruna. Las empresas estatizadas terminan convirtiendo en chatarra todas las maquinarias e instalaciones expropiadas.
- Pero, además, la Gran Corrupción es el móvil para aferrarse al poder y mantener un clima de terror en la población, mediante la constante persecución a opositores y disidentes y otros crímenes de lesa humanidad, más violaciones sistemáticas de DDHH.
- Lograr concentrar más poder para solidificar las ganancias ilegitimas y obtener nuevas riquezas mediante el control del Estado es un incentivo muy eficiente (Acton, 1887).[81]

Por si fuera poco, el decimonónico caudillismo venezolano (Franceschi, 2019)[82] que está en la base del militarismo contemporáneo cimbrado en la política y la economía (Jácome, 2018),[83] traducido en un notorio pretorianismo (Irwin),[84] el cual ha derivado en un Estado Cuar-

---

79 Insight Crime, *Venezuela*, disponible en https://es.insightcrime.org/noticias-crimen-organizado-venezuela/ , consultado el 05 de junio de 2021.

80 Robert Klitgaard, "La corrupción obedece a una fórmula", disponible en http://www.elimparcial.com/EdicionEnlinea/Notas/Noticias/26052015/974417-La-corrupcion-obedece-a-una-formula-Robert-Klitgaard.html, consultado el 01 de julio de 2021.

81 "El poder tiende a corromper y el poder absoluto corrompe absolutamente," disponible en http://diccionario.sensagent.com/Dictum%20de%20Acton/es-es/, consultado el 01 de julio de 2021.

82 Napoleón Franceschi, *Caudillos y caudillismo en la historia de Venezuela. Ensayos Históricos: Venezuela 1830-1930*, disponible en https://www.unimet.edu.ve/wp-content/uploads/2020/01/Libro-Prof.-Franceschi-El-Caudillismo-1.pdf , consultado el 06 de junio de 2021.

83 Francine Jácome, *Los militares en la política y la economía de Venezuela*, disponible https://dialnet.unirioja.es/servlet/articulo?codigo=6408902 , consultado el 05 de junio de 2021.

84 Domingo Irwin, *Pretorianismo e Historia en Venezuela*, disponible en http://ve.scielo.org/scielo.php?script=sci_arttext&pid=S1315-94962008000200003 , consultado el 06 de junio de 2021.

tel (Buttó y Olivar 2018).[85] Ello, apoyado en la doctrina oficial de la Unión Cívico Militar,[86] dentro de la doctrina militar venezolana[87] y la guerra híbrida (Padrino, 2019)[88] que una vez enarboló la idea de la post-democracia o la unión de Pueblo, líder y ejército (Ceresole, 1999).[89]

Bajo la influencia de la doctrina militarista, es necesario definir quién es el enemigo de clase (Schmitt, 1932),[90] el enemigo interno de la doctrina de seguridad nacional nacida bajo el periodo de Guerra Fría. Para ello, se ha instrumentalizado una versión invertida de la teoría del Derecho Penal del Enemigo (Jakobs, 2003),[91] ya no para defender la democracia y la ciudadanía de sus enemigos (terroristas, criminales organizados, etc.), sino para atacar a quienes se opongan al autoritarismo gubernamental haciendo uso de todas las ramas del Derecho venezolano para perseguirles.

- Así las cosas, se usa el Derecho Constitucional para restringir el acceso a la justicia, el Derecho Civil para imponer indemnizaciones desproporcionadas, el Derecho Administrativo para inhabilitar a los líderes políticos y para negar cualquier recurso

85 Luis A. Buttó y José Alberto Olivar, *El Estado Cuartel en Venezuela Radiografía de un proyecto autoritario*, disponible en https://www.unimet.edu.ve/wp-content/uploads/2018/05/El-Estado-Cuartel-en-Venezuela-pub-1.pdf , consultado el 06 de junio de 2021.

86 Gobierno Bolivariano de Venezuela, *Unión cívico-militar se fusionó hace 27 años en defensa de la Patria*, disponible en http://www.snc.gob.ve/noticias/union-civico-militar-se-fusiono-hace-27-anos-en-defensa-de-la-patria , consultado el 07 de junio de 2021.

87 Comando Estratégico Operacional, *Ejercicio de Acción Conjunta e Integral Escudo Bolivariano "Comandante Supremo Hugo Chávez Frías 2021*", disponible en https://ceofanb.mil.ve/ejercicio-de-accion-conjunta-e-integral-escudo-bolivariano-comandante-supremo-hugo-chavez-frias-2021/ , consultado el 27 de junio de 2021.

88 Vladimir Padrino López, *MENSAJE DEL CIUDADANO GENERAL EN JEFE, VLADIMIR PADRINO LÓPEZ, VSSPSP Y MINISTRO DEL PODER POPULAR PARA LA DEFENSA, EN OCASIÓN DE CONMEMORARSE EL BICENTENARIO DEL CONGRESO DE ANGOSTURA*, disponible en http://www.mindefensa.gob.ve/mindefensa/2019/02/15/mensaje-del-ciudadano-general-en-jefe-vladimir-padrino-lopez-vsspsp-y-ministro-del-poder-popular-para-la-defensa-en-ocasion-de-conmemorarse-el-bicentenario-del-congreso-de-angostura/ , consultado el 02 de julio de 2021.

89 Norberto Ceresole, *Caudillo, Ejército, Pueblo. EL MODELO VENEZOLANO O LA POSDEMOCRACIA*, disponible en https://www.urru.org/papers/199901_ModeloVenezolano_Ceresole.htm, consultado el 07 de junio de 2021.

90 Carl Schmitt, *El concepto de lo político (1932)*, Editorial Alianza, Madrid 1991-2009,

91 Günther Jakobs, *Derecho Penal del ciudadano y derecho penal del enemigo,* Editorial CIVITAS, Madrid, 2003.

judicial de los ciudadanos contra los abusos de poder y, finalmente, el Derecho Penal para encarcelar a opositores y disidentes.

El proceso de cambios que se ha instrumentado en la instalación de un Estado Dual o anómico es de una compleja relación simbiótica y de alianzas entre estructuras organizadas corruptas, en gran escala, que procuran facilitar el lucro ilícito, de una parte, y, de la otra, fortalecer el poder político centralizado y concentrado en la cúpula del Poder Ejecutivo, es decir, en el seno de un conglomerado económico y político, a la vez, del crimen organizado corporativo (Carranza, 2017),[92] con la modalidad de una gran empresa criminal conjunta[93] o "*ECC*"[94] que se ha creado en el seno del Estado venezolano. Ese conglomerado cuenta con el apoyo "*legalizador*" del Poder Judicial. Así, los inocentes son criminalizados "*legalmente*" y los delincuentes "*amigos*" no son siquiera investigados, por lo que gozan de total impunidad (Fernández, 2020).[95] Quienes pertenecen a dicha organización criminal tienen un propósito común: sostener el poder a toda costa y obtener nuevo lucro ilícito proveniente de cualquier fuente.

Como corolario de la persecución, se ha hecho patente la estigmatización y la criminalización de los "*enemigos*" mediante el uso del discurso y mensajes de odio, lo cual se instrumenta desde las instancias de poder y los medios de comunicación oficiales, bajo un esquema de Neolengua (Orwell, 1948),[96] impartiendo insultos (Canova y otros,

---

92 Luis Carranza: *Crimen organizado corp*orativo. Disponible en: https://www.tesisenred.net/bitstream/handle/10803/471513/LCF_TESIS.pdf?sequence=1&isAllowed=y Consultado el 22/11/2020 a las 12:07 pm.

93 El Tribunal para la Ex Yugoslavia ha establecido el criterio de la ECC: *Decisión sobre la moción de Dragoljub Ojdanic que impugna la jurisdicción - Empresa criminal conjunta.* Disponible en: https://www.icty.org/x/file/Legal%20Library/jud_supplement/supp41-e/milutinovic-a.htm . Consultado el 29/11/2020 a las 08:51 am.

94 La ECC ha sido desarrollada en la jurisprudencia de los tribunales Ad Hoc. Ver: ODRIOZOLA-GURRUTZAGA, Miren: *La doctrina de la empresa criminal conjunta en los tribunales ad hoc y su ámbito de aplicación en el Estatuto de Roma.* Disponible en: https://revistas.urosario.edu.co/index.php/anidip/article/view/2861. Consultado el 29/11/2020 a las 0853 am.

95 Fernando M. Fernández: *Todo enemigo se presume culpable*. PROVEA. Disponible en: https://www.derechos.org.ve/web/wp-content/uploads/todo-enemigo.pdf . Consultado el 13/09/2020 a las 08:43 am.

96 George Orwell, *Principios de neolengua*, disponible en Azkuna Zentroa , consultado el07 de junio de 2021.

2015)[97] contra los enemigos, sean opositores, disidentes, periodistas, defensores de derechos humanos o ciudadanos.

- Son estos algunos de los insultos y descalificaciones estigmatizantes contra los enemigos internos del régimen, sin derecho a réplica (listado no exhaustivo del profesor Canova):

Lista de insultos y descalificaciones proferidas por los voceros del oficialismo
"*Majunches. Escuálidos. Vendepatria. Cachorros del imperio. Explotadores. La canalla. Ladrones. Hipócritas. Gusanos. Perros. Arrastrados. Sapos. Vendidos. Apátridas. Comemocos. Cobardes. Deshonestos. Terratenientes. Falsificadores. Estafadores. Necrófilos. Chupasangres. Criminales. Borrachos. Traficantes. Drogadictos. Mercenarios. Sicarios. Contrabandistas. Delincuentes. Son un cáncer. Son un tumor. Cabezones. Matasanos. Torturadores. Pulgas. Tienen al diablo debajo de las sotanas. La nada. Desquiciados. Locos. Disociados. Sanguijuelas. Sietecueros. Desalmados. Insensibles. Puntofijistas. Retrógrados. Pitiyanquis. Dragones de Komodo. Serpientes. Víboras. Colonizadores. Demonios. Sátrapas. Golpistas. Conspiradores. Antipatriotas. Entreguistas. Traidores a la patria. Vampiros. Ejes del mal. Cobardes. Llorones. Chillan como un cochino. Miserables. Bacterias. Terroristas. Falsos. Paqueteros. Aliados de las potencias mundiales. Recaderos. Perros de la guerra. Mensajeros de la muerte. Realistas. Antibolivarianos. Enanos del intelecto. Fusiladores de espíritus. Carceleros. Moscas. Insectos. Excrementos. Manipuladores. Cachetes de puerco. Ratas. Tropas de asalto. Saqueadores. Comeniños. Guerrilleros urbanos. Esclavistas. Calumniadores. Bolsiclones. Caraduras. Desnaturalizados. Corroídos por el odio. Desmadrados. Especuladores. Acaparadores. Sepultureros. Carroña. Basura de la historia. Egoístas. Embusteros. Capitalistas. Mandaderos de las transnacionales. Podridos. Doble cara. Moribundos. Preservativos. Desquiciados. Inútiles. Descarados. Cínicos. Tramposos. Fraudulentos. Desechos. Caimanes. Lombrices. Flojos. Vagos. Brutos. Prostitutas. Malasangre. Cavernícolas. Reposeros. Termitas. Plagas. Abusadores. Desadaptados. Mariconsón. Hampones. Hienas. Miserables. Zamuros. Cuervos. Lambucios. Coberos. Marruñecos. Trogloditas. Gorilas. Asesina. Cadiveros. Disociados.*"

[97] Antonio Canova y otros, *PROPAGANDA Y NEOLENGUA POLÍTICA EN VENEZUELA (1999- 2014) UN INSTRUMENTO EFICAZ PARA DIVIDIR, GLORIFICAR, ENGAÑAR Y CONFUNDIR.* Editorial Episteme, C. A., Guatemala, 2015. Pág. 14.

No obstante la notoriedad de las violaciones masivas de DDHH y de los CLH que han sido documentados, la respuesta del gobierno de NMM y sus voceros[98] durante la pandemia es de negarlo todo, haciendo uso de mecanismos de defensa tales como culpar a las sanciones internacionales de todos los males del país, en lugar de detener las violaciones de DCP y DESCA, así como de investigar los crímenes cometidos en Venezuela.

El efecto de esta mescolanza de factores incidiendo en la vida social, cultural, psicosocial e individual ha ocasionado un severo daño antropológico (Fornet, 2019)[99] en los venezolanos (Uzcátegui, 2020),[100] al reforzar la motivación al poder (McClelland, 1974)[101] del grupo gobernante, caracterizado por un patrón narcisista (Freud, 1914).[102]

VII. ANTECEDENTES DE LA EMERGENCIA HUMANITARIA COMPLEJA Y SUS CAUSAS. IMPACTO EN LOS DCP Y CRÍMENES DE LESA HUMANIDAD

El carácter sistemático y generalizado de las violaciones de DDHH y de CLH, se ha acentuado durante la pandemia. Las tensiones internacionales han aumentado, el régimen de NMM se ha hecho más represivo y persecutorio de cualquier voz que no comulgue con sus prácticas o con sus ideas socialistas.

---

98 Ministerio del Poder Popular para Relaciones Exteriores, *Venezuela introduce denuncia ante la Corte Penal Internacional por medidas coercitivas unilaterales*, disponible en http://www.mppre.gob.ve/2020/02/13/venezuela-introduce-denuncia-ante-la-corte-penal-internacional-por-medidas-coercitivas-unilaterales/ , consultado el 28 de junio de 2021.

99 Raúl Fornet Betancourt, *La filosofía intercultural como filosofía para una mejor convivencia humana*, disponible en https://www.redalyc.org/jatsRepo/279/27960978002/27960978002.pdf , consultado el 05 de junio de 2021.

100 Rafael Uzcátegui, *El daño antropológico a los venezolanos*, disponible en https://www.revistasic.gumilla.org/2020/el-dano-antropologico-a-los-venezolanos/ , consultado el 05 de junio de 2021.

101 UNET, *Estudio sobre el perfil Motivacional del Venezolano*, disponible en http://www.unet.edu.ve/~ilabarca/experiencia_mcclelland.htm , consultado el 07 de julio de 2021.

102 Sigmund Freud, *Introducción al narcicismo (versión electrónica)*, disponible en https://aprendizaje.mec.edu.py/dw-recursos/system/content/0c59c97/content/Freud,%20Sigmund%20(1856-1939)/Freud,%20Sigmund%20-%20Introducci%C3%B3n%20al%20narcisismo.pdf , consultado el 07 de julio de 2021.

Desde el deslave de Vargas en 1999[103] se ha venido mostrando un patrón de los ataques del régimen autoritario de HCH y NMM que desprecian el derecho a la vida y a la salud, puestos en 2° lugar frente a su visión de la política enfrentada a los EE. UU. y Europa. En ese entonces, HCH impidió la ayuda humanitaria ofrecida por esos países y prefirió que murieran cientos de personas. El caso de los desaparecidos forzados en Blanco Romero y otros vs. Venezuela,[104] decidido por la CorteIDH es una demostración de ello.

El otro evento demostrativo de ese patrón de subordinación del derecho a la vida ante la política fue el de Franklin Brito,[105] quien murió como consecuencia de una huelga de hambre de protesta[106] por defender el derecho de propiedad frente a la expropiación de su pequeña finca y a la política del "exprópiese"[107] aplicada rigurosamente durante el gobierno de HCH y continuada por el de NMM, hasta lograr para 2018 la confiscación de más de 5 millones de hectáreas agrícolas en producción,[108] ahora improductivas, y de más de 400 empresas, las cuales ahora dan pérdidas, empezado por PDVSA. Esta política del "exprópiese" y el ataque sistemático al derecho de propiedad ha generado la EHC[109]

---

[103] Yuhelis Mérida, *Reportaje interpretativo: Tragedia de Vargas*, disponible en http://biblioteca2.ucab.edu.ve/anexos/biblioteca/marc/texto/AAT2437.pdf , consultado el 03 de junio de 2021.

[104] CorteIDH, *Caso Blanco Romero y otros vs. Venezuela, sentencia de 28 de noviembre de 2005*, disponible en https://www.corteidh.or.cr/docs/casos/articulos/seriec_138_esp.pdf , Consultado el 05 de junio de 2021.

[105] Yolanda Valery, *Venezuela: muere agricultor en huelga de hambre*, disponible en https://www.bbc.com/mundo/america_latina/2010/08/100830_0233_venezuela_brito_muere_ao consultado el 05 de junio de 2021.

[106] Paula Vásquez, *El suplicio de Franklin Brito o la significación política de un duelo somático*, disponible en http://www.scielo.org.mx/scielo.php?script=sci_arttext&pid=S0185-62862017000200034 , consultado el 05 de junio de 2021.

[107] Anabella Abadí y Carlos García Soto, *Exprópiese. La política expropiatoria del Socialismo del Siglo XXI*, disponible en http://revistasic.gumilla.org/wp-content/uploads/2019/05/Expro%CC%81piese.pdf , consultado el 02 de junio de 2021.

[108] Cámara de Industriales del Estado Aragua, *GOBIERNO EXPROPIÓ MÁS DE 5 MILLONES DE HECTÁREAS Y ESTÁN IMPRODUCTIVAS*, disponible en: https://ciea.org.ve/gobierno-expropio-mas-de-5-millones-de-hectareas-y-estan-improductivas/ , consultado el 05 de junio de 2021.

[109] ONU News, *La situación humanitaria en Venezuela continúa deteriorándose*, disponible en https://news.un.org/es/story/2019/11/1464991 , consultado el 04 de junio de 2021.

que conlleva un enorme desempleo cuya consecuencia es el hambre[110] y la desesperación ante la posibilidad de morir por la hambruna creada artificialmente.

Otra forma de vulneración al derecho de propiedad es la ocupación e invasión ilegal de inmuebles, permitida o alentada por funcionarios y entes oficiales.[111]

La interdependencia e indivisibilidad de los DDHH se ve claramente reflejada en que, al suprimir uno de ellos o reducirlo a su mínima expresión, con pérdida de su núcleo esencial, la cadena de los otros derechos se ve alterada de forma dramática. En otras palabras, la supresión del derecho de propiedad, como parte sustancial de la política de persecución, en parte significativa del territorio nacional y en actividades productivas básicas, genera una grave alteración de los DCP y los DESCA.

En el mismo sentido, la Convención Americana de Derechos Humanos expresa:

- Artículo 21. Derecho a la Propiedad Privada
  1. Toda persona tiene derecho al uso y goce de sus bienes. La ley puede subordinar tal uso y goce al interés social. 2. Ninguna persona puede ser privada de sus bienes, excepto mediante el pago de indemnización justa, por razones de utilidad pública o de interés social y en los casos y según las formas establecidas por la ley. 3. Tanto la usura como cualquier otra forma de explotación del hombre por el hombre, deben ser prohibidas por la ley.

Igualmente, la CRBV consagra:

- Artículo 115. Se garantiza el derecho de propiedad. Toda persona tiene derecho al uso, goce, disfrute y disposición de sus bienes. La propiedad estará sometida a las contribuciones, restric-

110 Reporte Nacional, *Emergencia humanitaria compleja en Venezuela, derecho a la alimentación*, disponible en https://www.ovsalud.org/publicaciones/alimentacion/reporte-nacional-emergencia-humanitaria-compleja-venezuela-derecho-alimentacion/ , consultado el 04 de junio de 2021.

111 EFE, *Las ocupaciones y el miedo a perderlo todo en Venezuela*, disponible en https://www.portafolio.co/internacional/venezuela-confiscacion-de-bienes-ocupaciones-y-el-miedo-a-perderlo-todo-548766 , consultado el 04 de junio de 2021.

ciones y obligaciones que establezca la ley con fines de utilidad pública o de interés general. Sólo por causa de utilidad pública o interés social, mediante sentencia firme y pago oportuno de justa indemnización, podrá ser declarada la expropiación de cualquier clase de bienes.

La instauración de un modelo jurídico opuesto a la CRBV, los DDHH y las libertades fundamentales ha sido una de las características más notorias del régimen. No se ha derogado la Constitución, pero en las leyes, planes y políticas públicas se incumple y viola en todos sus artículos referidos a los DDHH, especialmente, los DCP. Se trata de un dualismo estatal y una anomia constitucional regresiva que ha hecho que se empeore artificialmente la EHC durante la pandemia.

El régimen comunal instaurado en Venezuela está inspirado en el modelo ideológico de la desaparecida Unión Soviética[112] con un marcado acento maoísta,[113] es la antípoda de los valores del Estado Constitucional de Derecho y al modelo democrático. A pesar de la evidencia de este dualismo, el régimen avanza sin pausa en la instauración del llamado socialismo del Siglo XXI[114] y el Estado comunal,[115] con mayor acumulación y concentración de poder mediante planes sucesivos[116] desaprobados por la mayoría de la población en el referéndum

[112] Instituto de Investigaciones Jurídicas de la UNAM, *Sistemas jurídicos socialistas*, disponible en https://archivos.juridicas.unam.mx/www/bjv/libros/7/3258/6.pdf , consultado el 07 de julio de 2021.

[113] PSUV, *Libro Rojo, documentos fundamentales del PSUV*, pág. 10, disponible en: http://www.psuv.org.ve/wp-content/uploads/2014/04/Libro-Rojo.pdf , consultado el 05 de junio de 2021.

[114] Marta Harnecker, *América Latina y el socialismo del siglo XXI*, disponible en http://biblioteca.clacso.edu.ar/gsdl/collect/cl/cl-011/index/assoc/D12175.dir/socialismosxxiMH.pdf , consultado el 07 de julio de 2021.

[115] Efecto Cocuyo, *Ley de Ciudades Comunales conducirá a mayor concentración de poder, sostienen expertos*, disponible en https://efectococuyo.com/politica/ley-de-ciudades-comunales-conducira-a-mayor-concentracion-de-poder-sostienen-expertos/ , consultado el 06 de junio de 2021.

[116] Plan de la Patria 2019-2025, *Proyecto Nacional Simón Bolívar, Tercer Plan Socialista de Desarrollo Económico y Social de la Nación 2019-2025*, disponible en https://siteal.iiep.unesco.org/sites/default/files/sit_accion_files/10215.pdf, consultado el 05 de junio de 2021.

de 2007.[117] Durante la pandemia se han dado los toques finales de este proceso, en perjuicio de los DCP.

La politización de las FANB[118] y la militarización de la seguridad[119] ha sido un proceso deliberado que se ha ejecutado sin pausa hasta instituir un Estado cuartel.[120] El mismo está en la base de las masivas violaciones de DCP, especialmente en lo referido a las ejecuciones extrajudiciales o asesinatos, y de los crímenes de lesa humanidad que se han cometido. Este proceso ha potenciado el arraigamiento de la Gran Corrupción en el seno de las FANB.[121]

- La OACNUDH (2019)[122] ya había reflejado esta realidad antes de la pandemia: "*El informe detalla la paulatina militarización de las instituciones del Estado durante la última década. En el periodo que abarca el informe, tanto a fuerzas civiles como militares se les atribuye la responsabilidad de detenciones arbitrarias, malos tratos y torturas a críticos del Gobierno y a sus familiares, violencia sexual y de género perpetrada durante los periodos de detención y las visitas, y uso excesivo de la fuerza durante las manifestaciones.*"

En efecto, luego de ideologizar a las FANB y de convertirlas en un actor político y económico, así como haberles dado cuantiosos ne-

117 Ana María San Juan, *Referéndum del 2d en Venezuela. Balance y perspec*tivas, disponible enhttps://www.cartercenter.org/resources/pdfs/ana_maria_analisis_2d_en_venezuela.pdf , consultado el 05 de junio de 2021.

118 Control Ciudadano, *Militarización de la FANB*, disponible en https://www.controlciudadano.org/tag/politizacion-de-la-fanb/ , consultado el 04 de junio de 2021.

119 Keymer Ávila, *Militarización de la seguridad ciudadana*, disponible en https://www.amnistia.org/ve/blog/2018/04/5672/militarizacion-de-la-seguridad-ciudadana-en-venezuela , consultado el 07 de junio de 2021.

120 Transparencia Venezuela, *Modelo político venezolano se corresponde con el Estado cuartel*, disponible en https://transparencia.org.ve/modelo-politico-de-venezuela-se-corresponde-con-el-estado-cuartel/ , consultado el 05. de junio de 2021.

121 Transparencia Venezuela, *Poder militar, crimen y corrupción*, disponible en https://transparencia.org.ve/project/poder-militar-crimen-y-corrupcion/ , consultado el 07 de junio de 2021.

122 Oficina del Alto Comisionado de Naciones Unidas para los Derechos Humanos, *Informe de la Oficina de las Naciones Unidas para los Derechos Humanos sobre Venezuela insta a adoptar de inmediato medidas para detener y remediar graves violaciones de derechos (2019),* disponible en https://www.ohchr.org/SP/NewsEvents/Pages/DisplayNews.aspx?NewsID=24788&LangID=S , consultado el 1° de junio de 2021.

gocios lícitos e ilícitos como el Arco Minero,[123] ellas han sido factores directos que han dado el soporte de las atrocidades cometidas por los organismos de seguridad bajo su control y conducción, causando ingentes daños ecológicos,[124] geológicos y sociales[125] en el amplio territorio de explotación minera, de mayor tamaño que Cuba o Portugal. Durante la pandemia se ha incrementado esta conducta ecocida.[126]

Al desempeño ideologizado de las FANB, en su carácter de actor político,[127] y a la Gran Corrupción[128] en los más altos estamentos del Estado, se suma la presencia y actividad de los carteles y las megabandas de la delincuencia organizada,[129] frente a los cuales el Estado permanece inerme y aquiescente. Durante la pandemia se ha mantenido una política de entendimiento con las pandillas,[130] en lugar de su procesamiento y desmantelamiento jurídico.[131]

---

123 Arco Minero ha transformado la relación entre el pueblo minero y la FANB, disponible en http://www.desarrollominero.gob.ve/arco-minero-ha-transformado-la-relacion-entre-el-pueblo-minero-y-la-fanb/ , consultado el 10 de junio de 2021.

124 María Ángeles Fernández y Jairo Marcos, ¿Existe un extractivismo sostenible? El (fra) caso de Venezuela en el Orinoco, disponible en https://www.esglobal.org/existe-un-extractivismo-sostenible-el-fracaso-de-venezuela-en-el-orinoco/ , consultado el 02 de julio de 2021.

125 SOS Orinoco, *Sobre nosotros*, disponible en https://sosorinoco.org/en/about-us/ , consultado el 10 de junio de 2021

126 Hear Every Voice, *Cómo 165 palabras podrían convertir la destrucción ambiental masiva en un crimen internacional*, disponible en https://www.npr.org/2021/06/27/1010402568/ecocide-environment-destruction-international-crime-criminal-court , consultado el 02 de julio de 2021.

127 Amalio Belmonte, *Análisis de la política militar del Presidente Hugo Chávez Frías (Tesis Doctoral)*, disponible en http://saber.ucv.ve/bitstream/123456789/4109/1/T026800006552-0-Final_publicacion__Amalio_Belmonte1-000.pdf , consultado el 05 de junio de 2021.

128 Transparencia Venezuela, *Sobreviviendo a la Gran Corrupción*, disponible en https://transparencia.org.ve/project/cronicas-de-una-emergencia-humanitaria/ , consultado el 16 de junio de 2021.

129 Manuel Sánchez, *Crimen organizado en Venezuela: cuando el Estado cede territorios y roles*, disponible en http://www.debatesiesa.com/crimen-organizado-en-venezuela-cuando-el-estado-cede-territorios-y-roles/ , consultado el 05 de junio de 2021.

130 TalCual, *Megabanda de «El Coqui» consolida su gobernanza criminal a solo 4,5 km de Miraflores*, disponible en https://talcualdigital.com/megabanda-de-el-coqui-consolida-su-gobernanza-criminal-a-solo-45-km-de-miraflores/ , consultado el 02 de julio de 2021.

131 "*... Este número asombroso en Venezuela tiende a crecer, habida cuenta del vacío legislativo que impide que tales grupos delictivos puedan ser desmantelados de forma legal, prohibiendo su existencia y haciéndola imposible desde el punto de vista jurídico, de for-*

Otro rasgo que configura a Venezuela es la desarticulación y desmontaje del Estado de Derecho[132] y la división de poderes. Ello ha ocurrido, mediante la politización de la justicia[133] y la judicialización de la política.[134] Esta actuación se ha mantenido durante la pandemia.

Además, el deseo manifiesto y notorio de permanecer en el poder por tiempo indefinido ha sido una mácula que se encuentra en la generación de una crisis política permanente, dentro de la cual se ha orquestado una serie de ataques persecutorios a los demás actores políticos que aspiran a la alternancia democrática.[135] Ello se ha demostrado durante la pandemia con la inhabilitación de los partidos políticos.

Puede considerarse a la Gran Corrupción o cleptocracia, como el móvil fundamental de la violación de derechos humanos y atrocidades perpetradas en Venezuela, manifestada en sobornos y comisiones indebidas, usando la industria petrolera y el régimen de cambios,[136] también en mala administración y dilapidación de los recursos públicos en subsidios a otros gobiernos aliados políticamente, es la causa fundamental de la ruina del fisco y las reservas venezolanos y de la carencia

---

ma contraria a la disposición normativa para el desmantelamiento de bandas internacionales..." En Fernando M. Fernández, *Materiales de Sangre. La extracción, tráfico y contrabando de materiales estratégicos (oro, diamantes, coltán y gasolina) en Venezuela.* Observatorio de Delito organizado y Paz Activa, disponible en https://issuu.com/asociacioncivilpazactiva/docs/odomanual3-mineria-web , consultado el 02 de julio de 2021.

132 Flavia Pesci Feltri, *Venezuela*: *El desmantelamiento progresivo del Estado de derecho. A partir de la instauración del régimen chavista*, disponible en http://www.ulpiano.org.ve/revistas/bases/artic/texto/RDPUB/157-158/rdpub_2019_157-158_96-122.pdf, consultado el 06 de junio de 2021.

133 Comisión Internacional de Juristas. *Venezuela: un Poder Judicial politizado que es una herramienta de represión más que un defensor del Estado de Derecho*, disponible en https://www.icj.org/es/venezuela-un-poder-judicial-politizado-que-es-una-herramienta-de-represion-mas-que-un-defensor-del-estado-de-derecho/ , consultado el 02 de julio de 2021.

134 Juan Alberto Berríos Ortigoza, *El concepto constitucional de Democracia y la judicialización de la política en Venezuela*, disponible en https://webcache.googleusercontent.com/search?q=cache:MjPdnok0SX8J:https://produccioncientificaluz.org/index.php/cuestiones/article/view/14608+&cd=7&hl=en&ct=clnk&gl=ve , consultado el 02, de julio de 2021.

135 CEPAZ, *La persecución política se agudiza en tiempos de pandemia*, disponible en https://cepaz.org/articulos/la-persecucion-politica-se-agudiza-en-tiempos-de-pandemia/ , consultado el 02 de julio de 2021.

136 CNN en español, *Sentencian en EE.UU. a exfuncionario de PDVSA a 28 meses de prisión por lavado de dinero*, disponible en https://cnnespanol.cnn.com/2021/05/06/pdvsa-exfuncionario-prision-lavado-de-dinero-ee-uu-orix/ , consultado el 02 de julio de 2021.

de recursos para aliviar el sufrimiento de los venezolanos. También está en la base de la incapacidad de pagar buenos sueldos a jueces, fiscales, policías, médicos y auxiliares, así como en dotarles de los suministros elementales para que cumplan con su misión. En fin, mantener el poder mediante una política de terrorismo de Estado y violar los DCP de forma masiva está condicionado, en gran medida, por los ingentes negocios ilícitos que de ello se deriva.

Una tendencia que se observa en la conducta de los agentes estatales tiene que ver con los asesinatos a de quienes se fuguen de las cárceles, tal como se ha denunciado por la reiteración de casos similares.[137]

VIII. SITUACIÓN I DE VENEZUELA ANTE LA CPI RESPECTO DE LOS CRÍMENES INTERNACIONALES

La OFCPI está realizando un examen preliminar de la llamada Situación I de Venezuela, respecto de diversos crímenes perpetrados de la competencia de la CPI, al menos desde 2017. Durante la pandemia tales crímenes se han seguido produciendo y agravando. Es inminente que se admita el caso, según el estudio del principio de complementariedad de la CPI, habida cuenta de que no se han realizado investigaciones relevantes ni genuinas sobre tales atrocidades y las posibles consecuencias sobre los máximos responsables de conducir las políticas del Estado de atacar sistemática y generalizadamente a gran parte de la población civil, con conocimiento del ataque.

La Ex FCPI precisó antes de su retiro que los hechos analizados en la situación I permiten afirmar que hay bases razonables para determinar la competencia por parte de la CPI *ratione personae, ratione materiae, ratione temporis* y *ratione loci.*[138] El nuevo FCPI deberá decidir en el corto plazo el pase a investigación sobre los sospechosos de ser los máximos responsables por tales hechos.

---

[137] Carlos Nieto, *NOS PREOCUPA QUE LA EJECUCIÓN DE PRESOS SE HAYA CONVERTIDO EN UNA PRÁCTICA HABITUAL,* disponible en https://justiciayverdad.org/es/carlos-nieto-nos-preocupa-que-la-ejecucion-de-presos-se-haya-convertido-en-una-practica-habitual/ , consultado el 08 de junio de 2021.

[138] Noticias ONU, *La CPI halla una "base razonable" para pensar que se cometieron crímenes graves en Venezuela, pero aún no abre una investigación,* disponible en https://news.un.org/es/story/2020/11/1483572 , consultado el 05 de junio de 2021.

IX. DERECHO A LA VIDA

El derecho a la vida es el más básico de todos los derechos. Se trata del requisito para que todos los demás derechos se activen. Este derecho es el primero de los demás derechos civiles y es inviolable. Según lo consagra el artículo 43 constitucional. La tradición jurídica de Venezuela desde 1864, cuando se estableció por vez primera en la Carta Magna es de una prohibición absoluta de la pena de muerte. Sin embargo, en Venezuela los agentes policiales y militares del Estado practican ejecuciones extrajudiciales, una forma de pena de muerte de hecho que suele quedar impune por defectos de la legislación penal y por las vías de hecho.

El Código Penal venezolano tiene un vacío legislativo para los casos en los que un policía o un militar en funciones asesina a un ciudadano desarmado. No tiene tipificado el delito de ejecución extrajudicial, ni el de asesinato. Para estos casos se puede aplicar el delito de homicidio calificado, luego de un complejo análisis conceptual y doctrinario. La jurisprudencia que permite esta interpretación no es vinculante, por lo que los jueces no están obligados a calificar ni agravar los delitos de homicidio en todos los casos. Un ejemplo de esta situación es el caso Diaz Loreto y otros vs. Venezuela[139] decidido por la CorteIDH, luego de años de un proceso kafkiano en los tribunales penales venezolanos, el cual fue decidido como homicidio simple. A pesar de la condenatoria impuesta por dicha instancia, el delito continúa impune y la sentencia incumplida.

La modalidad de ejecución extrajudicial que ocurre en Venezuela se subsume en el tipo penal de asesinato, tipificado en el ERCPI como un CLH. Se trata de un crimen perpetrado de forma sistemática y generalizada, de atacar a la población civil o parte de ella, que constituye una política del Estado. Los máximos responsables del Estado nada hacen para prevenir que ello ocurra, tampoco para impedirlo ni para reprimirlo. Más bien lo premian y reconocen como un mérito de los cuerpos

---

[139] CorteIDH, *Diaz Loreto y otros vs. Venezuela, Sentencia del 19 de noviembre 2019 (Excepciones Preliminares, Fondo, Reparaciones y Costas)*, disponible en https://www.corteidh.or.cr/docs/casos/articulos/seriec_392_esp.pdf, consultado el 05 de junio de 2021.

policiales militarizados, tal como lo ha denunciado la OACNUDH en su informe oral de septiembre de 2020.[140]

- *"Mi Oficina ha seguido documentando casos de posibles ejecuciones extrajudiciales cometidas por miembros de las Fuerzas de Acción Especiales de la Policía Nacional – conocidas como FAES – en algunos barrios del país. Tan sólo en el pasado mes de julio la organización no-gubernamental Monitor de Víctimas identificó 57 nuevos casos de presuntas ejecuciones cometidas por miembros del FAES en Caracas. Los casos documentados muestran el mismo patrón identificado en mi informe de junio y revelan la ausencia de mecanismos eficaces para proteger a los testigos y familiares de las víctimas, quienes en su mayoría son mujeres. Mi Oficina no ha recibido información sobre medidas para implementar la recomendación del informe sobre la disolución de las FAES y prevenir la posible comisión de ejecuciones extrajudiciales. Por el contrario, las FAES han recibido apoyo al más alto nivel del Gobierno…"*

Durante la pandemia, hasta el momento, las ejecuciones extrajudiciales se siguieron perpetrando impunemente, como reitera la ACNUDH:[141]

- *"El ACNUDH documentó 17 casos de muertes presuntamente ocurridas en el contexto de operaciones de seguridad o de protestas, que coinciden con los patrones de ejecuciones extrajudiciales previamente documentados en el Distrito Capital y en los estados de Miranda, Monagas, La Guaira y Zulia. Una de las muertes documentadas por el ACNUDH ocurrió en el contexto de una protesta, y 16 se produjeron, según se reporta, durante operaciones de seguridad realizadas en zonas marcadas por elevados niveles de inseguridad y violencia."*

---

140 OACNUDH, *Actualización oral sobre la situación de los derechos humanos en la República Bolivariana de Venezuela,* disponible en https://www.ohchr.org/SP/NewsEvents/Pages/DisplayNews.aspx?NewsID=26295&LangID=S, consultado el 02 de junio de 2021.

141 Ob. Cit.

La OACNUDH detectó más de 2.000 muertes ocurridas en barrios marginados, en el contexto de operativos de seguridad desde enero a 25 de septiembre de 2020. Tales homicidios podrían ser considerados como ejecuciones extrajudiciales o, también, asesinatos según se analicen desde la óptica de los derechos humanos o del Derecho Penal Internacional, respectivamente.

- *"Me preocupan los altos números de muertes de jóvenes en barrios marginados como resultado de operativos de seguridad. Basado en un análisis de fuentes abiertas, mi Oficina registró 711 muertes de junio a agosto, llegando a más de 2,000 muertes desde enero de 2020..."*

Tanto el Ministerio Público como el MPPJP venezolanos no publican estadísticas confiables sobre los homicidios que ocurren en el territorio nacional, incumpliendo con los estándares del Protocolo de Bogotá.[142] De forma tal que los casos de homicidios no se pueden contabilizar con exactitud. Mucho menos los casos de ejecuciones extrajudiciales o asesinatos, los cuales son encubiertos bajo el eufemismo de "*resistencia a la autoridad.*"

Dentro del periodo de la pandemia, este patrón de opacidad se ha mantenido y fortalecido, y la violencia ha dejado más muertos que el COVID 19. Las cifras de homicidios se han reducido, debido a la migración forzada de millones de venezolanos y no por causa de la prevención, como ha argumentado el gobierno.[143] La opacidad y falsedad de la data de la criminalidad letal ocasiona tener que hacer un esfuerzo titánico de las ONG para que puedan documentar los casos y hacer seguimiento correcto de las tendencias estadísticas sobre las ejecuciones extrajudiciales.

---

142 Cámara de Comercio de Bogotá, *Protocolo de Bogotá sobre calidad de los datos de homicidio en América Latina y el Caribe*, disponible en Protocolo de Bogotá sobre calidad de los datos de homicidios en América Latina y el Caribe - Cámara de Comercio de Bogotá (ccb.org.co) . Consultado el 02 de junio de 2021.

143 BBC News, *Venezuela: a qué se debe la gran disminución de los homicidios en el país sudamericano*, disponible en https://www.bbc.com/mundo/noticias-america-latina-50929754 consultado el 05 de junio de 2021.

- *"La proporción de presuntas ejecuciones extrajudiciales cometidas por las fuerzas de seguridad, en particular por las Fuerzas Especiales (FAES), en el contexto de las operaciones policiales ha sido sorprendentemente elevada, según señala el informe. En 2018 el Gobierno registró 5.287 muertes, supuestamente por "resistencia a la autoridad", en el curso de esas operaciones. Entre el 1 de enero y el 19 de mayo del presente año, otras 1.569 personas fueron asesinadas, según las estadísticas del propio Gobierno. Otras fuentes apuntan a que las cifras podrían ser muy superiores."*[144]

El Ministerio Público ha reportado juicios contra funcionarios militares y civiles por presuntos delitos contra los derechos humanos.[145] Sin embargo, nada dice si se han abierto los correspondientes antejuicios de mérito a los máximos responsables de haber permitido u ordenado tales muertes o que, en todo caso, nada hicieron o fue insuficiente los que hicieron para prevenir, impedir o reprimir los hechos, esto es una oportunidad para aplicar el principio de complementariedad de la CPI en la Situación I de Venezuela.

En fecha 1° de mayo de 2021 el FGR informó que ha enviado un nuevo documento a la Fiscal ante la Corte Penal Internacional. En esta alocución se pronunció sobre los casos del estudiante Juan Pernalete, el Concejal Fernando Albán y el capitán Rafael Acosta Arévalo, cambiando en 180° las declaraciones anteriores en las que se exculpaba a los posibles autores de sus responsabilidades legales. Estos hechos se subsumen en el crimen de lesa humanidad de asesinato, tipificado en el artículo 7) 1) del ERCPI.

---

144 Oficina del Alto Comisionado de Naciones Unidas para los Derechos Humanos, *Informe de la Oficina de las Naciones Unidas para los Derechos Humanos sobre Venezuela insta a adoptar de inmediato medidas para detener y remediar graves violaciones de derechos,* disponible en https://www.ohchr.org/SP/NewsEvents/Pages/DisplayNews.aspx?NewsID=24788&LangID=S , consultado el 1° de junio de 2021.

145 El Universal, *Ministerio Público anunció tercera entrega de informe sobre derechos humanos a la CPI,* disponible en https://www.eluniversal.com/politica/96126/ministerio-publico-anuncio-tercera-entrega-de-informe-sobre-derechos-humanos-a-la-cpi , consultado el 06 de junio de 2021.

Frente a esto, los casos de Acosta Arévalo, Albán y Pernalete, recientemente divulgados en la alocución pública por el FGR deberían ser concebidos, técnicamente, como ejecuciones extrajudiciales, según el DIDH. Pero, por las fallas legislativas dejadas así de forma inexplicable e inaceptable, tienen alta probabilidad de quedar impunes o de ser castigados con penas insignificantes debido a que en Venezuela no existe el tipo penal autónomo de ejecución extrajudicial ni el de asesinato.

La gran mayoría de los casos de asesinatos cometidos por agentes de seguridad quedan impunes.[146] Lo más paradójico es que personas que protestan pacíficamente por la defensa de los DESCA, han sido ejecutados y los casos contra los funcionarios no llegan a juicio, tal como lo refleja la ONG Justicia, Encuentro y Perdón.[147]

El OVV ha contabilizado 11.891 muertes en el año 2020 por causas violentas, de las cuales 4.153 fueron homicidios, 4.231 por resistencia a la autoridad y 3.507 muertes en averiguación. Llama la atención poderosamente que fueron más las muertes por resistencia a la autoridad, lo cual califica como ejecuciones extrajudiciales o crímenes de asesinato que los homicidios entre los particulares.[148]

El Monitor de Víctimas[149] encontró que las víctimas de homicidios son en su mayoría hombres (92%), jóvenes (de 21 a 30 años 38%), de baja formación académica (primaria y secundaria 53%), de piel morena o mulato (56%)

De su parte, la ejecución extrajudicial se inscribe dentro de la tradición violenta de la sociedad venezolana en la que sirve de modelaje, la cual se ha incrementado exponencialmente en los último 20 años y ex-

146 Deustche Welle, Continúan las ejecuciones extrajudiciales en Venezuela, disponible en https://www.dw.com/es/contin%C3%BAan-las-ejecuciones-extrajudiciales-en-venezuela/a-53792613 , consultado el 07 de junio de 2021.

147 Justicia, Encuentro y Perdón, *Ejecuciones extrajudiciales por exigibilidad de DESCA en Venezuela*, disponible en https://www.jepvenezuela.com/2021/06/23/la-ejecucion-extrajudicial-una-de-las-formas-mas-comunes-de-atentar-contra-la-vida-en-venezuela-denuncia-informe-de-jep/ , consultado el 23 de junio de 2021.

148 Observatorio Venezolano de Violencia, *Informe Anual de Violencia 2020 – Entre las epidemias de la Violencia y del Covid-19*, disponible en https://observatoriodeviolencia.org.ve/news/informe-anual-de-violencia-2020-entre-las-epidemias-de-la-violencia-y-del-covid-19/ Consultado el 03 de junio de 2021.

149 Monitor de Víctimas, disponible en https://monitordevictimas.com/ . Consultado el 02 de junio de 2021.

tendido durante la pandemia, tal como lo demuestran los estudios sobre el delito de homicidio de Ávila (2017),[150] el Observatorio Venezolano Violencia (2021),[151] Fernández (2019),[152] Fernández Shaw (2019),[153] Amnistía Internacional (2018 y 2019),[154] entre otros.

El gobierno de NMM impide la entrada a Venezuela del Plan Mundial de alimentos, a pesar de los signos objetivos de la emergencia humanitaria compleja, sin dar explicaciones del porqué no se admite la entrada de ese plan. No hay cifras de cuántas personas se desnutren y cuántos pueden morir de hambre

La política de generar escasez de alimentos de forma artificial, como una variedad de ataque a la población y producir grandes sufrimientos físicos y mentales a la misma, así como de poner en riesgo la vida de los beneficiarios de programas alimentarios, que considera enemigo interno se evidencia en el irrito procedimiento penal contra los empleados de la ONG Azul Positivo,[155] la cual ejecutaba un programa de la ONU de distribución de capacidades a familias muy pobres para adquirir alimentos. No obstante su misión, sus instalaciones fueron allanadas y 5 de sus miembros fueron detenidos arbitrariamente.

Esta conducta se nota en situaciones como la planteada con la escasez artificial de gasolina, gas doméstico y de diésel, lo cual perjudica tanto a los vehículos de pasajeros como a los de carga. Lo inexplicable

---

150 Keymer Ávila, "Homicidios en Venezuela: Principales debates y aproximaciones explicativas", *Misión Jurídica*, Bogotá, 2017, disponible en https://www.revistamisionjuridica.com/wp-content/uploads/2020/09/6-HOMICIDIOS-EN-VENEZUELA.pdf

151 Observatorio Venezolano de Violencia, *Informe Anual de Violencia 2020 – Entre las epidemias de la Violencia y del Covid-19,* Caracas, 2020, disponible en https://observatoriodeviolencia.org.ve/news/informe-anual-de-violencia-2020-entre-las-epidemias-de-la-violencia-y-del-covid-19/ .

152 Fernando M. Fernández, *Bajo el imperio de la violencia letal. Estado de Derecho y homicidios en Venezuela*, Amnistía Internacional, Caracas, 2019, disponible en https://www.amnistia.org/ve/blog/2019/01/9109/bajo-el-imperio-de-la-violencia-letal .

153 José Luis Fernández Shaw, *Los datos de la violencia en Venezuela*, Amnistía Internacional, Caracas, 2019, disponible en https://www.amnistia.org/media/5000/ai_sc_librillo4.pdf .

154 Amnistía Internacional, *Esto no es vida. Seguridad ciudadana y derecho a la vida en Venezuela*, Caracas, 2018, disponible en https://www.amnesty.org/download/Documents/AMR5389752018SPANISH.PDF .

155 Acceso a la Justicia, *Cronología del caso de la ONG Azul Positivo*, disponible en https://accesoalajusticia.org/cronologia-del-caso-de-la-ong-azul-positivo/ , consultado el 03 de junio de 2021.

de tal escasez es que Venezuela tiene los mayores yacimientos de petróleo en el subsuelo y una experiencia exitosa de más de 100 años como productor y exportador de petróleo y sus derivados. El país ha construido 6 refinerías en el territorio y administrado más de 20 en el exterior, por lo cual su capacidad productiva ha estado a la vista. No se puede entender que haya escasez de tales materiales estratégicos, salvo por la decisión de crear artificialmente la crisis en aras de acusar a factores externos, como las sanciones internacionales.

Como corolario de estos ataques a las ONG humanitarias y de derechos humanos, en abril de 2021 se dictó una providencia de la ONCDOFT,[156] según la cual estas se deben registrar en esa oficina, llegando al colmo de tener que informar los nombres de los beneficiarios nacionales o internacionales de sus programas y de las víctimas de violaciones de DDHH. Esto constituye una supresión de derechos, inaceptable según el DPI, conducta que se subsume en el crimen de persecución tipificado en el ERCPI.

Otra evidencia de la política de ataques deliberados contra la población enemiga es la oposición a las vacunas contra el Covid 19. NMM se vacunó,[157] pero no así la población. NMM promueve el consumo de unas gotas "*milagrosas*."[158] y unas supuestas moléculas[159] contra el virus. El régimen prohibió la entrada de insumos para vacunar a la

---

[156] Acceso a la Justicia, *Modificación de normativa del Registro unificado de sujetos obligados ante la Oficinal Nacional contra la Delincuencia Organizada*, disponible en https://accesoalajusticia.org/modificacion-normativa-registro-unificado-de-sujetos-obligados-ante-la-oficinal-nacional-contra-la-delincuencia-organizada/ , consultado el 02 de julio de 2021.

[157] Disponible en: https://rpp.pe/mundo/venezuela/venezuela-nicolas-maduro-recibe-la-primera-dosis-de-la-vacuna-rusa-sputnik-v-contra-la-covid-19-noticia-1324584

[158] "Maduro presenta unas gotas «milagrosas» que «neutralizan» el coronavirus. «Diez gotitas debajo de la lengua, cada cuatro horas, y el milagro se hace, es un poderoso antiviral y no tiene efectos secundarios ni negativos», afirmó el dirigente chavista." Disponible en: https://www.abc.es/internacional/abci-maduro-presenta-unas-gotas-milagrosas-neutralizan-coronavirus-202101250034_noticia.html

[159] "Video: Maduro presentó una "molécula" que "neutraliza y elimina" el coronavirus. El presidente de Venezuela dijo que la DR-10 está "lista para iniciar el recorrido hacia la OMS y así ser certificada para salvar vidas a nivel mundial". Disponible en: https://www.lacapital.com.ar/pandemia/video-maduro-presento-una-molecula-que-neutraliza-y-elimina-el-coronavirus-n2625593.html

población.[160] Las vacunas se distribuyen de forma discriminatoria, dejando por fuera a los más vulnerables y expuestos, como los médicos y enfermeras.[161]

En fecha 02 de julio de 2021 se detuvo arbitrariamente Javier Tarazona Director de la ONG FUNDAREDES y otros tres activistas de DDHH, bajo el mismo patrón de encarcelaciones y persecución.[162]

X. DERECHO A LA LIBERTAD PERSONAL

El terrorismo de Estado se ha manifestado en las detenciones arbitrarias, como un mecanismo de disuasión para evitar las manifestaciones pacíficas. La detención arbitraria es el castigo, no se busca el debido proceso ni una condena penal. el objetivo es perjudicar al detenido arbitrariamente con un proceso kafkiano, absurdo, duro e interminable

Las encarcelaciones o detenciones arbitrarias continuaron perpetrándose ininterrumpidamente durante la pandemia.[163] El caso más emblemático fue la detención arbitraria, sin orden judicial ni condiciones de flagrancia al periodista Roland Carreño.[164]

De hecho, se aplica el principio *mala captus bene detentus*, totalmente incompatible con el sistema constitucional y de DDHH que solo

---

[160] Semana, *"Coronavirus: Venezuela dice que le informó a la OPS de su negativa a recibir la vacuna de AstraZeneca.* Venezuela está aplicando la vacuna rusa Sputnik V y la del laboratorio chino Sinopharm." 24/3/2021. Disponible en: https://www.semana.com/mundo/articulo/coronavirus-venezuela-dice-que-le-informo-a-la-ops-de-su-negativa-a-recibir-la-vacuna-de-astrazeneca/202107/ , consultado el 20 de junio de 2021.

[161] Deustche Welle, *Médicos y enfermeras protestan en Venezuela para exigir vacunas*. Disponible en https://www.dw.com/es/m%C3%A9dicos-y-enfermeras-protestan-en-venezuela-para-exigir-vacunas/a-57242568, consultado el 20/06/2021.

[162] Swissinfo, *Detenido activista que denunció conflicto en frontera venezolana, según ONG*, disponible en https://www.swissinfo.ch/spa/venezuela-detenciones_detenido-activista-que-denunci%C3%B3-conflicto-en-frontera-venezolana--seg%C3%BAn-ong/46755886 , consultado el 02 de julio de 2021.

[163] PROVEA, *Detenciones arbitrarias y asesinatos en protestas | septiembre y octubre 2020 con Estado de alarma*, disponible en https://provea.org/publicaciones/boletines/detenciones-arbitrarias-y-asesinatos-en-protestas-septiembre-y-octubre-2020-con-estado-de-alarma/, consultado el 06 de junio de 2021.

[164] Acceso a la Justicia, *Roland Carreño: otro caso más de persecución política en Venezuela*, disponible en https://accesoalajusticia.org/roland-carreno-otro-caso-mas-de-persecucion-politica-en-venezuela/ , consultado el 02 de julio de 2021.

permiten la detención bajo orden judicial o, excepcionalmente, en condiciones de flagrancia. Los *habeas corpus* introducidos por las víctimas o sus abogados son rechazados constantemente, no solamente cuando hay claros indicios de encarcelaciones, sino también cuando se presume que hay torturas o hasta en casos de desapariciones forzadas, como lo ha documentado la MIDH.[165]

El Helicoide, una edificación administrada por el SEBIN, continuó siendo un centro de detención preventiva para los presos políticos, donde van a parar los detenidos arbitrariamente. Esto fue modificado y se ordenó la reubicación de tales detenidos para integrarlos con los presos comunes del sistema penitenciario.[166] Las condiciones de reclusión del Helicoide y del sistema penitenciario han sido pésimas siempre: sin celdas adecuadas, sin servicios higiénicos y agua potable, reclusos hacinados, etc.

El SEBIN y la DGCIM son policías de inteligencia y de información, pero son usados para infundir terror[167] en la población y disuadirla de protestar. Una misión muy diferente a la que está en la ley.

El CICPC tiene como misión investigar los delitos y descubrir a los autores, pero su función se ha desviado hacia la ejecución de la política de represión más que de investigación penal.[168]

La GNB es un ente militar, no una policía. Es el cuarto componente de la fuerza armada y, como tal, sus funcionarios son soldados.

---

165 "*372. De igual modo, cuando se ha presentado el hábeas corpus o las denuncias oficiales de tortura o desapariciones forzadas al Ministerio Público o se ha puesto en conocimiento del presidente de la Corte Marcial, no se ha realizado ninguna investigación sobre estas denuncias.*" MIDH, Ob. Cit. Pág. 106.

166 Agencia EFE, *El presidente del Supremo venezolano, a favor de "revolución judicial"*, disponible en https://www.efe.com/efe/america/politica/el-presidente-del-supremo-venezolano-a-favor-de-revolucion-judicial/20000035-4571877 , consultado el 02 de julio de 2021.

167 PROVEA, *Informe Anual 2019 | Terrorismo de Estado generó 574 víctimas y 23 asesinados bajo torturas*, disponible en https://provea.org/actualidad/informe-anual-2019-terrorismo-de-estado-genero-574-victimas-y-23-asesinados-bajo-torturas/ , consultado el 02 de julio de 2021.

168 Keymer Ávila, *¿Policía? de investigación: Reflexiones sobre la naturaleza de su función y órgano de adscripción*, disponible en https://biblioteca.cejamericas.org/bitstream/handle/2015/1281/Policiadeinvestigaciones_Kavila.pdf?sequence=1&isAllowed=y , consultado el 02 de julio de 2021.

Pero, está totalmente ideologizada políticamente[169] y no cumple con su misión, sino que está al servicio del gobierno y de su política de persecución del enemigo interno.

La PNB es una policía de seguridad y orden público, encargada de hacer cumplir las leyes. pero se ha militarizado[170] e ideologizado políticamente y, en consecuencia, unido a la política de terror implementada por el Estado.

Se ven casos absurdos durante la pandemia, como detener a un joven de 15 por recoger latas desechadas para revenderlas y contar con un precario ingreso.[171] El retardo judicial ha empeorado durante estos tiempos, especialmente en casos de presos políticos.[172]

Frente a las críticas de diversos sectores por el hacinamiento penitenciario, NMM ha creado una Comisión para la "*revolución judicial*" con el propósito de resolver en el corto plazo ese problema. Sin embargo, la composición política de los miembros que integran dicha entidad es totalmente nepótica y partidista, por lo que no ofrece mayores garantías de hacerlo con la eficiencia, profundidad y seriedad que tal situación merece.[173]

---

[169] Gerardo Fernández, *LA CONSTITUCIÓN DE 1999 Y EL PODER MILITAR*, disponible en http://acienpol.msinfo.info/bases/biblo/texto/boletin/2019/BolACPS_2019_158_393-409.pdf , consultado el 02 de julio de 2021.

[170] Francesca Ramos, *Los militares y el deterioro democrático en Venezuela*, disponible en https://webcache.googleusercontent.com/search?q=cache:Sz0T3XsU2bQJ:https://www.redalyc.org/journal/164/16456701012/html/+&cd=1&hl=en&ct=clnk&gl=ve , consultado el 02 de julio de 2021.

[171] Una Ventana a la Libertad, *Madre denuncia detención arbitraria y procedimiento viciado contra adolescente de 15 años*, disponible en http://unaventanaalalibertad.org/alertas/madre-denuncia-detencion-arbitraria-y-procedimiento-viciado-contra-adolescente-de-15-anos/ , consultado el 20 de junio de 2021.

[172] INFOBAE, *Un joven rapero venezolano lleva cinco años preso y sin juicio desde que Diosdado Cabello lo acusó de asesino en su programa: "La fiscal que lo imputó se fue del país"*, disponible en https://www.infobae.com/america/venezuela/2021/06/22/un-joven-rapero-venezolano-lleva-cinco-anos-preso-y-sin-juicio-desde-que-diosdado-cabello-lo-acuso-de-asesino-en-su-programa-la-fiscal-que-lo-imputo-se-fue-del-pais/ , consultado el 23 de junio de 2021.

[173] El Pais, *Maduro encarga una reforma del Poder Judicial de Venezuela a su esposa y al 'número dos' del chavismo,* disponible en https://elpais.com/internacional/2021-06-23/maduro-encarga-una-reforma-del-poder-judicial-de-venezuela-a-su-esposa-y-al-numero-dos-del-chavismo.html , consultado el 23 de junio de 2021.

En Venezuela no existe el tipo penal de encarcelación.[174] Hay, sin embargo, un delito común leve o de bagatela llamado privación ilegítima de libertad, que dice así: **Código Penal:** "*Artículo 176:*[175] *El funcionario público que con abuso de sus funciones o quebrantando las condiciones o las formalidades prescritas por la ley, privare de la libertad a alguna persona será castigado con prisión de cuarenta y cinco días a tres y medio años; y si el delito se ha cometido con alguna de las circunstancias indicadas en el primero y segundo apartes del artículo precedente, la prisión será de tres a cinco años...*" (Subrayado del autor).

- Pena: 45 días a 3 ½ años de prisión. Se trata de un delito menos grave por tener una pena menor de 8 años en su límite máximo. En cambio, según el ERCPI el crimen de encarcelación tiene pena de cadena perpetua o hasta 30 años de prisión. Como contraste a la levedad del delito de DA, el delito de desaparición forzada de personas tiene una pena de 15 a 25 años de presidio, según el artículo 180-A del Código Penal. El secuestro tiene una pena de 20 a 30 años de prisión y la extorsión de 10 a 15 años de prisión, según lo establece la Ley contra el Secuestro y la Extorsión. Esa levedad del delito de DA pone en evidencia la poca importancia que ha tenido, históricamente para el legislador penal, la libertad personal, cuando el perpetrador es un funcionario, es decir, un agente del Estado.
- Como puede apreciarse, el crimen de encarcelación no tiene correspondencia alguna en la gradación penológica del Código Penal, lo cual es un absurdo, habida cuenta de que es un delito cometido por funcionarios públicos o agentes del Estado con

174 Fernando M. Fernández, *La detención arbitraria o crimen de encarcelación en Venezuela: una atrocidad impune*, disponible en https://www.acienpol.org.ve/wp-content/uploads/2021/06/BOLETIN-162.-Enero-marzo-2021.pdf , consultado el 02 de julio de 2021.

175 Este delito se ha mantenido igual desde 1889, según la tipificación del Código Penal italiano de Zanardelli, del cual es casi una copia al carbón, menos en lo relativo a la pena que este tenía de 3 meses a 7 años de prisión y el agravado tenía pena de 6 a 15 años. Ver: Instituto de Ciencias Penales y Criminológicas de la Universidad Central de Venezuela, Facultad de Ciencias Jurídicas y Políticas, *Código Penal Venezolano*, Volumen III, Tomo II, Artículo 177 Caracas, 1995, Páginas 173 a 191.

gran poder material, organizacional y funcional, que, además, portan armas de alto poder, usan vehículos oficiales, usan uniformes y representan al Estado en el cumplimiento de la ley y el orden en aras de la seguridad. En consecuencia, la penalidad debería ser mayor que la que se les asigna a delitos que cometa cualquier persona que no ostente ese poderío ni el amparo y recursos de la organización estatal. De acuerdo con el Derecho Penal Internacional, la encarcelación es un crimen de lesa humanidad, al igual que la desaparición forzada, cuando se comete como un ataque sistemático o generalizado como parte de una política del Estado o de un grupo contra una población civil.

Derechos humanos violados: Dada la regla de interdependencia de los derechos humanos, con una encarcelación se desata un círculo vicioso de afectaciones de otros derechos humanos, a saber: a la libertad personal y de tránsito, a un juicio justo y al debido proceso, a la presunción de inocencia, a la defensa legal.

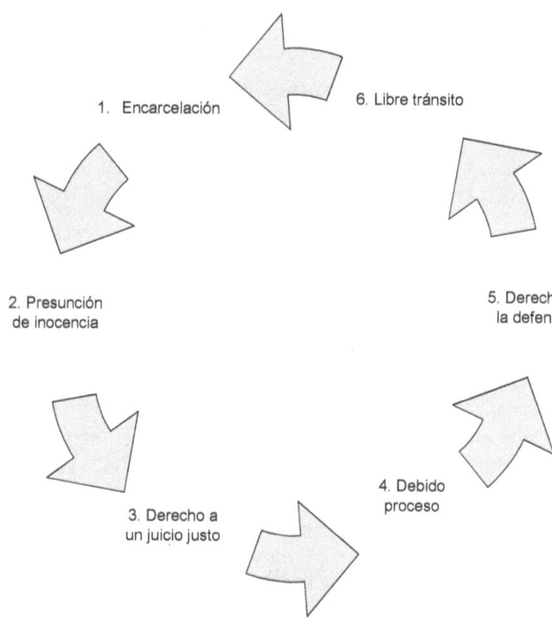

Círculo vicioso del conjunto de derechos humanos violados en todo crimen de encarcelación

XI. DERECHO DE REUNIÓN Y MANIFESTACIÓN PACÍFICA

El derecho a reunirse y manifestar pacíficamente fue conculcado nuevamente durante las restricciones por la pandemia y no por razones de salud pública, sino por reprimir de forma arbitraria y desproporcionada las protestas hacia las diferentes políticas del gobierno o por reclamos frente a las deficiencias de los servicios públicos de agua potable, electricidad, alimentos, salud, etc., que tales manifestaciones contenían. Se han registrado casi 8.000 protestas de calle.[176]

El patrón característico de ataques por parte del gobierno y el hostigamiento constante y concurrente de los paramilitares llamados "*colectivos*"[177] armados[178] y coordinados con los agentes del Estado.[179] Este *modus operandi* es una modalidad de comportamiento de los agentes estatales y no estatales, con el cual se pretende aterrorizar a la población y neutralizar cualquier protesta, independientemente de la legitimidad de ella y del carácter pacífico y desarmado que tenga. Su "*justificación*" es la defensa de la revolución bolivariana.[180]

En lo relativo al derecho de asociación, se han radicalizado los ataques mediante la criminalización de las ONG humanitarias y de defensa de los derechos humanos, integradas en las fundaciones y asociaciones sin fines de lucro se ha plasmado en la Providencia Administrativa 001.2021 de la ONCDOFT,[181] luego sustituida por la Providencia Ad-

---

176 Deutsche Welle: *En Venezuela ha habido casi 8.000 protestas sociales en medio de la pandemia*, Disponible en https://www.dw.com/es/en-venezuela-ha-habido-casi-8000-protestas-sociales-en-medio-de-la-pandemia/a-56353005 , consultado el 20 de junio de 2021.

177 BBC Mundo, *Qué son los colectivos y cómo operan para "defender la revolución bolivariana" en Venezuela*, disponible en https://www.bbc.com/mundo/noticias-america-latina-40527998 , consultado el 20 de junio de 2021.

178 Crisis Group, *Armas por doquier: Cómo frenar la amenaza de grupos violentos a Venezuela*, disponible en https://www.crisisgroup.org/es/latin-america-caribbean/andes/venezuela/78-glut-arms-curbing-threat-venezuela-violent-groups , consultado el 20 de junio de 2021.

179 Freedom House 2021, *Venezuela*, disponible en https://freedomhouse.org/es/country/venezuela/freedom-world/2021 , consultado el 20 de junio de 2021.

180 BBC Mundo, *Qué son los colectivos y cómo operan para "defender la revolución bolivariana" en Venezuela*, disponible en https://www.bbc.com/mundo/noticias-america-latina-40527998 , consultado el 22 de junio de 2021.

181 Oficina contra la Delincuencia Organizada el Financiamiento del Terrorismo, *Providencia 001.2021 con la Normativa para el Registro Unificado de Sujetos Obligados ante la*

ministrativa 002.2021,[182] consideradas aquellas como sujetos obligados de la LOCDOFT,[183] para las cuales tales normativas han dispuesto una serie de obligaciones inconstitucionales, ilegales y en abierta violación de los estándares internacionales fijados por la recomendación #8 del GAFI,[184] tales como solicitar el registro y autorización para poder funcionar a esa oficina gubernamental, entregar la base de datos de los beneficiarios, informar sobre la identidad de sus miembros y de sus colaboradores y donantes.

- Limitaciones para el registro civil de ONG sobre derechos humanos, las cuales deben adaptarse a los lineamientos que les dicte la defensoría del Pueblo, en el entendido de que esta institución es adepta al gobierno, no es independiente y ha sido considerada de bajo nivel por no cumplir con los Principios de Paris sobre la actuación de los Defensores del Pueblo.[185]
- Lo más resaltante de estos ataques al derecho de asociación, es que se ha vulnerado el mismo en los casos los casos de organizaciones humanitarias como Azul Positivo, cuya misión y tareas se concretaban en la asistencia humanitaria a poblaciones en situación de pobreza extrema. En este sentido, las ONG de

---

Oficina contra la Delincuencia Organizada y el Financiamiento del Terrorismo (RUSO – ONCDOFT), disponible en https://www.moore-venezuela.com/MediaLibsAndFiles/media/venezuelaweb.moorestephens.com2020/Images/2021_Marzo_g-o_42-098-(1).pdf consultado el 03 de junio de 2021.

182 Oficina contra la Delincuencia Organizada el Financiamiento del Terrorismo, *Providencia 002.2021 con la Normativa para el Registro Unificado de Sujetos Obligados ante la Oficina contra la Delincuencia Organizada y el Financiamiento del Terrorismo (RUSO – ONCDOFT)*, disponible en https://pandectasdigital.blogspot.com/2021/05/normativa-para-el-registro-unificado-de.html , consultado el 03 de junio de 2021.

183 Ley Orgánica contra la Delincuencia Organizada y el Financiamiento del Terrorismo, disponible en https://www.oas.org/juridico/PDFs/mesicic4_ven_ley_del_org_finan_terr.pdf , consultado el 03 de junio de 2021.

184 Grupo de Acción Financiera Internacional, *Recomendación #8 sobre Asociaciones sin Fines de Lucro*, disponible en https://www.cfatf-gafic.org/es/documentos/gafi40-recomendaciones/414-recomendacion-8-organizaciones-sin-fines-de-lucro , consultado el 03 de junio de 2021.

185 PROVEA, *Oficialmente ONU degrada Defensoría del Pueblo a Categoría B*, disponible en https://provea.org/actualidad/oficialmente-onu-degrada-defensoria-del-pueblo-a-categoria-b/ , consultado el 06 de junio de 2021.

defensa de los DDHH han pasado a ser parte del objetivo contra el enemigo interno (COFAVIC y otros, 2020).[186]

XII. LIBERTAD DE EXPRESIÓN

Durante la pandemia los periodistas y los medios de comunicación fueron víctimas del crimen de persecución,[187] de forma ostensible. La ONG Espacio Público (2021)[188] ha documentado los hechos de acoso y ataques a los medios de comunicación. El caso judicial contra el periódico El Nacional[189] el cual fue aumentado a US$ 30 millones[190] es el más notorio dentro de la conducta de hostigamiento a los medios de comunicación. Desde 2009 hasta 2020 han sido cerradas 180 radioemisoras.[191] Desde 2013 dejaron de imprimirse 104 periódicos en Venezuela (Cañizales, 2021).[192] Durante la pandemia, luego de una reclusión injusta y sin juicio fue liberado el tuitero Pedro Jaimes,[193] quien había

---

186 COFAVIC y otros, *Venezuela "enemigos internos." La defensa de derechos humanos bajo ataque*, disponible en https://www.omct.org/files/2005/03/25728/venezuela_informe_2020.03_informe_completo.pdf, consultado el 06 de junio de 2021.

187 CEPAZ, *Informe de persecución de mayo 2021*, disponible en https://cepaz.org/wp-content/uploads/2021/06/Informe-de-persecucion-Mayo.pdf , consultado el 04 de junio de 2021.

188 Espacio Público, *Situación general del derecho a la libertad de expresión. Informe enero – abril 2021*, disponible en http://espaciopublico.ong/situacion-general-del-derecho-a-la-libertad-de-expresion-informe-enero-abril-2021/ , consultado el 02 de julio de 2021.

189 ComisiónIDH, *La CIDH y su Relatoría Especial para la Libertad de Expresión manifiestan preocupación por la decisión que ordenó al diario El Nacional de Venezuela al pago de más de 13 millones de dólares*, disponible en https://www.oas.org/es/CIDH/jsForm/?File=/es/cidh/prensa/comunicados/2021/096.asp , consultado el 05. de junio de 2021.

190 Deustche Welle, *Tribunal de Venezuela sube a 30 millones multa a El Nacional*, disponible en https://www.dw.com/es/tribunal-de-venezuela-sube-a-30-millones-multa-a-el-nacional/a-57851137#:~:text=Un%20Tribunal%20venezolano%20elev%C3%B3%20de,de%20la%20ejecuci%C3%B3n%20de%20embargo , consultado el 06 de junio de 2021.

191 Voz de América, CPJ: *180 radioemisoras cerradas en Venezuela desde 2009*, disponible en https://www.vozdeamerica.com/venezuela/cpj-180-radioemisoras-cerradas-en-venezuela-desde-2009 , consultado el 28 de junio de 2021.

192 Andrés Cañizales, *Venezuela, el país que quedó sin periódicos,* disponible en https://www.medianalisis.org/venezuela-el-pais-que-quedo-sin-periodicos/ , consultado el 05 de junio de 2021.

193 Espacio Público, *La Fiscalía no presentó pruebas contra el tuitero Pedro Jaimes*, disponible en http://espaciopublico.ong/la-fiscalia-no-presento-pruebas-contra-pedro-jaimes/ , consultado el 25 de junio de 2021.

sido detenido arbitrariamente el 10 de mayo de 2018. El caso más emblemático de persecución y de supresión de la libertad de información fue el de la escritora Milagros Mata Gil,[194] a quien le aplicaron la LCO.

XIII. CONCLUSIONES

Las causas de los crímenes y las masivas violaciones de DDHH en Venezuela son multifactoriales. Pero, algunos de los motores principales son la ideología política, la Gran Corrupción y la cleptocracia, el militarismo y el pretorianismo reflejados en la instalación del Estado cuartel. Pesa de forma decisiva la creación y fortalecimiento del Estado comunal en abierto antagonismo con el Estado Constitucional, generando un dualismo estatal. El antagonismo entre dos formas de Estado es la base de las atrocidades en contra de los DCP que, durante la pandemia se han recrudecido a raíz de la radicalización ideológica del llamado socialismo del siglo XXI. Ello no ha cesado durante la pandemia.

El crimen de persecución, perpetrado para imponer el modelo político y sus derivaciones inconstitucionales, está en la base de los demás crímenes y en los abusos y violaciones masivas de DCP observados en Venezuela e incrementados durante la pandemia. Forma parte de los ataques fundados en una política de Estado deliberadamente implementada en contra de una población civil estigmatizada como el "enemigo interno" por motivos políticos.

Existen bases razonables para afirmar que en Venezuela se incrementaron los CLH y violaciones masivas de DCP durante la pandemia. Los organismos intergubernamentales, los Estados, las ONG y expertos coinciden en la agravación de los hechos desde marzo de 2020.

El gobierno de NMN es responsable indubitable de las violaciones masivas de los DCP. Respecto de las posibles responsabilidades penales de NMM y las más altas autoridades militares, policiales, civiles y judiciales del Estado y de gobierno, toca a la FCPI finalizar el EP e iniciar, cuanto antes, la investigación para determinar quiénes son y quienes

[194] Milagros Mata Gil, *Fui detenida por una venganza de Tarek Saab*, disponible en https://www.lagranaldea.com/2021/05/03/fui-detenida-por-una-venganza-personal-de-tarek-saab/ , consultado el 20 de junio de 2021.

no lo son los máximos responsables de tales atrocidades. Se abre una esperanza para las víctimas en la justicia penal internacional.[195]

XIV. RECOMENDACIONES

La CRBV debe ser restituida en su integralidad jurídica e institucional. El Estado Dual debe ser desmantelado. La desmilitarización del Estado debe correr pareja con la democratización institucional y la preeminencia de lo civil sobre lo militar, especialmente en los órganos de seguridad y orden público. Asimismo, la despolitización de las FANB debe ser una prioridad sin discusión.

Resulta imprescindible iniciar un proceso de transición hacia la democracia, reconstruyendo el Estado de Derecho y sus instituciones, guardando la independencia y equilibrio de los poderes públicos, especialmente el Poder Judicial y el Ministerio Público. La Defensoría del Pueblo debe cumplir con su papel constitucional de defensa de los DCP de toda la población y formular propuestas de políticas públicas, fortalecimiento de la democracia y del Estado de Derecho.

Necesario es reinsertar plenamente a Venezuela en el SIDH de inmediato. En tal sentido, acatar las sentencias de la CorteIDH y las recomendaciones de la ComisiónIDH. Asimismo, fortalecer la presencia de Venezuela en la OEA y reasumir los principios y compromisos de la Carta Democrática Interamericana.

También, deben cesar de inmediato la persecución y otros CLH contra los opositores, disidentes, periodistas, defensores de DDHH y demás personas que hasta ahora han sido estigmatizadas y criminalizadas.

Corresponde a la OFCPI, con base en la documentación que ha realizado de los crímenes perpetrados en Venezuela, abrir cuanto antes la investigación formal respecto de los hechos de 2017, al menos. Ello dará pie para proseguir con lo relacionado a 2014 y antes.

Se debe tipificar el delito de negacionismo de los CLH cometidos en Venezuela.

---

195 Justicia, Encuentro y Perdón, *Víctimas de violaciones de DDHH esperanzadas en la justicia internacional*, disponible en https://drive.google.com/file/d/1esnUrSPU-mal7-Bx35z-B5U5OyWzc1K15/view, consultado el 07 de junio de 2021.

Las víctimas de estos crímenes y graves violaciones de sus DCP deben perseverar en sus reclamaciones de justicia y rendición de cuentas ante los organismos internacionales y monitorear la situación en Venezuela.

XV. REFERENCIAS BIBLIOGRÁFICAS

AGAMBEN, Giorgio, *Estado de excepción,* Adriana Hidalgo Editora, Buenos Aires. 2014

CABANELLAS, Cabanellas, *Diccionario jurídico elemental*, editorial heliasta S.R.L, 1993.

CANOVA, Antonio, *Propaganda y neolengua política en Venezuela (1999-2014) Un instrumento eficaz para dividir, glorificar, engañar y confundir.* Editorial Episteme, C. A., Guatemala, 2015.

FERNÁNDEZ, Fernando M., *Estado Dual o anómico. Efectos corrumpentes.* Editorial Académica Española, Mauricio, 2018.

FRAENKEL, Ernst, *The Dual State. A contribution to the theory of dictatorship*. Oxford University Press. New York. 1941.

GARCÍA PELAYO, Manuel, "Estado legal y estado constitucional de derecho", *Revista de la facultad de Ciencias Jurídicas y Políticas*, Universidad Central de Venezuela. Caracas, 1991

JAKOBS, Günther, *Derecho Penal del ciudadano y derecho penal del enemigo,* Editorial CIVITAS, Madrid, 2003.

SCHMITT, Carl, *Teoría de la Constitución (1927),* Editorial Alianza. Madrid. 1996.

______________, *El concepto de lo político (1932)*, Editorial Alianza, Madrid 1991-2009.

RESPUESTAS DE LOS ESTADOS EN EL CONTEXTO COVID-19. ¿EXISTEN DERECHOS EXISTENCIALES A NIVEL GLOBAL QUE DEBEN SER PROTEGIDOS O *SOLO SON* POTESTADES DE LOS GOBIERNOS?

LUIS ALBERTO PETIT GUERRA*

> "(...) *La prioridad de todos los países es movilizar y emplear recursos —en toda la sociedad— para reorientar el gasto hacia la salud, proporcionar alivio a los hogares y las empresas, y prepararse para la recuperación*[1]".
>
> Banco Mundial.

SUMARIO

1. INTROITO. DE LOS ESPACIOS DEL ESTADO (POLÍTICA) Y DEL MERCADO (CAPITAL)

Los efectos directos e indirectos que ha producido la pandemia del Covid-19 a escala mundial, ha colocado a prueba los fundamentos de

---

* Doctor (*Cum Laude*) en Derecho Constitucional, Universidad de Sevilla (España); Ph.D. (*Cum Laude*) en Justicia constitucional y derechos fundamentales, Universidad de Pisa (Italia); profesor de post-grado, Universidad Monteávila, Coordinador del Centro de Estudios de derecho procesal Constitucional (Cedepco), Universidad Monteávila.

1 Banco Mundial, *Protección para las personas y las economías: políticas integradas en respuesta a la covid-19*, Grupo Banco Mundial, Banco Internacional de Reconstrucción y fomento, Washington, 2020. https://openknowledge.worldbank.org/bitstream/handle/10986/33770/147785SP.pdf?sequence=19 Consultado 11 de abril de 2021.

los sistemas. En este ensayo se presenta un enfoque ilustrativo-descriptivo de parte de esta compleja situación global, para resaltar la notable "*coincidencia*" entre ciertas medidas y formas decisionales desde los Estados con impacto directo en la economía.

Entre los elementos de legitimación de los Estados de derecho, podemos encontrar, primero, la «*democracia material*» -como fórmula de legitimación política-; segundo, el «*capital*» –como fórmula de legitimación económica-. Es el caso que tanto la democracia en su racionalidad política[2]; como el libre mercado en su racionalidad económica[3], han tenido que responder (en emergencia) ante los desafíos y lista de problemas como consecuencia del Covid-19.

La práctica ha puesto en evidencia que ninguno de estos elementos que son la base de los sistemas puede, por sí mismos -es decir, actuando separados- dar una respuesta "*única*" y menos "*correcta*". Por consiguiente corresponde a los gobiernos, "(…) *encontrar soluciones rápidas y eficaces para hacer frente al impacto económico y social de la enfermedad*[4]".

La problemática cuestión "*política*" del tipo de medidas y decisiones que deben tomarse, del cómo y de qué manera deben invertirse los (casi siempre) limitados recursos públicos (ordinarios y especiales) para atender algunas situaciones y priorizar acciones, se enfrenta a la paradójica "*pluralidad*" de diagnósticos y de actores para la realización de ciertos análisis en cada país; donde hay que adecuar cada particular situación al marco constitucional y legal en la toma de acciones urgentes e inmediatas. La pandemia ha puesto también en aprietos los

---

2 Sobre las distintas acciones e intervenciones "*políticas*", conviene revisar el reporte del Fondo Monetario Internacional (FMI) por cada país. https://www.imf.org/en/Topics/imf-and-covid19/Policy-Responses-to-COVID-19#V Consultado el 1° de abril 2021.

3 *"La pandemia del coronavirus, que ha hundido las bolsas europeas y la estadounidense (así como las asiáticas y las latinoamericanas), derrumbado los precios de las materias primas, en especial el petróleo"*. Carlos Malamud; Rogelio Nuñez. "El COVID-19 en América Latina: desafíos políticos, retos para los sistemas sanitarios e incertidumbre económica", *Real Instituto El Cano, http://www.realinstitutoelcano.org/wps/portal/rielcano_es/contenido?WCM_GLOBAL_CONTEXT=/elcano/elcano_es/zonas_es/ari27-2020-malamud-nunez-covid-19-en-america-latina-desafios-politicos-retos-sistemas-sanitarios-e+incertidumbre-economica Consultado 1° de marzo 2021.*

4 OCDE, 20 de marzo de 2020. Apoyar a las personas y las empresas para combatir el COVID-19: opciones para una respuesta inmediata en materia de empleo y política social,

respectivos sistemas y niveles de gobierno (municipales, estadales, nacionales), junto a otros órganos, entes públicos y privados, organismos multilaterales (FMI, Banco Mundial, OMS, BID) y demás sujetos implicados en la toma de decisiones según cada nivel de competencias para "*responder*" -*más que solucionar*- la complejidad de problemas.

Esta diversidad de elementos y de actores justifica distintas respuestas "*políticas, económicas y/o sociales*" que han sido dadas en cada país. Caben varios criterios de quienes están a cargo o influyen en la toma de decisiones de los poderes de turno (según las élites e intereses de mayorías políticas y económicas) y la influencia de grupos de presión o poderes fácticos sobre la agenda pública (partidos políticos opositores, prensa, sindicatos, iglesias, universidades, organizaciones no gubernamentales o *not profit*, sociedad civil). Esta racionalidad explica por ejemplo, como a lo interno de la propia Unión Europea -con 27 miembros- no hay unanimidad de criterios en la aplicación de las medidas en políticas públicas por el contexto Covid-19; así como tampoco en aquellos grandes países americanos con sistemas federales de gobierno -por ej. Argentina, Brasil, México o EE.UU- con grandes diferencias entre el orden federal y estatal.

Este trabajo no constituye defensa hacia determinada idea u tesis política y económica, de si *el Estado es mejor que el mercado* para la consecución de fines colectivos y prestación de derechos (como alegan los defensores a ultranza hacia la mayor intervención estatal) o de si *el mercado está en mejores condiciones de prestar los mismos servicios y derechos que el propio Estado* (como sostienen los defensores a ultranza de la mayor libertad posible al mercado y la menor regulación en todos los campos). Seguimos la idea que desde hace tiempo el debate del "*Intervencionismo versus Libre mercado, es hoy día una discusión que supera la esfera puramente económica*"[5]. En efecto, la práctica en el contexto Covid-19 ha puesto en evidencia que **Estado y mercado son tan necesarios como problemáticamente complementarios; y donde ninguno puede –o debe- existir sin el otro**.

---

5 Bárbara Rodríguez. "La Seguridad Social en Venezuela. Antecedentes, Evolución e Impacto Económico, Financiero y Social", en *Revista Gaceta Laboral*, Vol. 7, Nro. 3. 2001, p.345: https://produccioncientificaluz.org/index.php/gaceta/article/view/3760/3759. Consultado 13 marzo, 2021.

En momentos de una crisis económica tan grave y con consecuencias globales todavía en "*proyección*", paradójicamente, el mercado requiere de "*ayuda*" del Estado; pero también, el Estado necesita de un mercado en plenitud de funciones, capaz de generar riqueza, fomentar y mantener mayores puestos de trabajo y generar la mayor cantidad de dinero orgánicamente en base a determinados fines impositivos (mantener la administración estatal, seguridad interna y defensa, prestaciones y servicios esenciales, etc.).

Es cada vez más urgente la coexistencia tanto del Estado (con sus categorías, institutos y órganos de legitimación política) y del libre mercado (con sus principios, teorías, mecanismos y actores diversos), siempre en "*tensión*" en cuanto la extensión de límites y márgenes de actuaciones (ambos lados con sus respectivas contradicciones y problemas). Porque una Nación no es -ni puede- superar tantos inconvenientes, sino guardando los espacios de las esferas pública o privada. Ni el "*dedo dirigente*" del Estado -*Ius Imperium*-, ni la "*mano invisible*" del mercado -*Ius mercatorum o Lex mercatoria*- estaban preparados (por sí solos) para dar respuestas ante semejantes desafíos.

Pues bien, sin pretensión de exhaustividad, en este ensayo identificamos algunas de las intervenciones políticas más importantes con directas repercusiones en los campos sociales y económicos en la identificación de unos elementos mínimos comunes a nivel global (y determinar cuáles de esas medidas y decisiones comportan el desarrollo de «*derechos exigibles*» propiamente dichos y cuáles aplican solo en forma de «*potestades o discrecionalidades estadales*»).

En este orden, se analizan sucintamente algunos datos referidos en varias de las fuentes consultadas y apreciadas por el rigor del nivel técnico y diversidad de tendencias. Especialmente, (i) del Fondo Monetario Internacional (FMI) -o en sus siglas en inglés: *International Monetary Fund* (IMF)-; (ii) la Organización para la Cooperación y el Desarrollo Económico (OCDE) -o en sus siglas en inglés- *Organitation for Economic Cooperation and Development* (OECD); (iii) la Comisión Económica para América Latina y el Caribe (CEPAL) adscrito a la Organización de Naciones Unidas (ONU) y (iv) del Centro de estratégico latinoamericano de Geopolítica (CELAG).

2. TIPOS DE ESTADOS EN LAS DISTINTAS RESPUESTAS POLÍTICAS Y ECONÓMICAS

A pesar de las notables diferencias de cada uno de los Estados en distintos países y las mayorías políticas coyunturales en el ejercicio del poder de turno, merece la pena analizar cierta "identidad" –u homologación- de muchas de las intervenciones en el contexto Covid-19. Del mismo modo, también resaltar que indistintamente del tipo de países, hay cierto punto de coincidencia en los mismos elementos legitimantes que son comunes entre sí (democracia y mercado).

a. ¿Cómo funcionan estos elementos legitimantes en condiciones normales o generales?

En todos los «*Estados de Derecho*»[6] (más puros en el sentido liberal formal) en su concepción natural de Estados *no intervencionistas* -o mínima posible- y en el resto de construcciones de Estados *más intervencionistas* -o activistas-, desde el «*Estado de Providencia*»[7], los distintos tipos de «*Estados sociales de derecho*»[8] y otros desarrollos de «*Estados de bienestar*»[9], se ubican los mismos elementos en cuanto legitimación política y económica.

(i) De la legitimación política. La existencia de unos órganos con competencias y límites precisos requiere en cada sistema la relación/diferencia entre los niveles de gobierno y el parlamento. Respecto del poder ejecutivo, corresponde ejercer la acción de gobierno, presentar las partidas de los presupuestos públicos, dirigir la Hacienda pública, establecer la prioridad de los gastos del funcionamiento del Estado y dirigir el aparato funcionarial

---

6 Por ejemplo, Canadá y Estados Unidos de Norteamérica.

7 Fue el economista Émile Laurent (En: *Le pauperisme et les Associations de prévoyance*, 2 Vol., Cf. t.1, Paris, 1865, pp.65-66), quien comenzó hablando de un Estado erigido en una especie de providencia. Vid. Pierre Rosanvallon. *La crisis del Estado de providencia*, Biblioteca Civitas Economía y Empresa, Colección Economía, Estudios y Monografías, Ed. Civitas, 1ª ed., Madrid, 1995, p.137.

8 Por ejemplo, (i) en Europa, las Constituciones de Alemania, Austria, España, Grecia, Italia, Portugal, Suiza; (ii) en América, las Constituciones de Colombia, Brasil, México, Perú, Paraguay, Venezuela.

9 Por ejemplo, Dinamarca, Finlandia, Islandia, Noruega, Reino Unido, Suecia.

de la Administración pública prestacional o de servicios (ej. como el importante sector salud y sanitario en estos tiempos). En paralelo, el poder legislativo como órgano parlamentario y de control político, para legislar en las materias de su competencia, controlar la esfera pública del gobierno; autorizar -o no- la ejecución de las partidas de presupuestos presentados por el gobierno y controlar su correcta ejecución; establecer los mecanismos impositivos nacionales y regular los límites de competencias para el desenvolvimiento de la Administración pública.

(ii) De la legitimación económica. También son coincidentes en las distintas formas de Estados "*democráticos*" bajo un régimen de libertades (supervisadas y con límites), la existencia de unos mecanismos e institutos que permitan el pleno desarrollo del libre mercado para la generación de riqueza. Un sistema que fomente la inversión del capital privado hacia el bienestar colectivo, donde subsista la oportunidad para la prestación privada de bienes y servicios -para beneficiar al inversionista/comerciante- y a su vez generar la mayor cantidad de puestos de trabajos en empleos directos e indirectos -para beneficiar al trabajador- y a su vez, permitir a la sociedad contar con otro proveedor de bienes y servicios contemporáneamente con el Estado.

Para ello es necesario la existencia de una normativa que garantice el ejercicio del régimen de libertades particulares, que permita y proteja la inversión privada y del capital; en fin, del ejercicio y disfrute de la propiedad en todas sus formas. Pero a su vez, un sistema regulatorio que permita tales desarrollos económicos dentro del ordenamiento interno e internacional (evitar los monopolios, proteger a los consumidores, regular las relaciones laborales, cuidar el respeto del medio ambiente, establecer los mecanismos para fijar y pagar determinados impuestos, tasas y aranceles, cumplir con las regulaciones para evitar la legitimación de capitales, etc.).

Estos elementos -siempre en tensión- funcionan con cierta coherencia en *condiciones normales*.

b. ¿Qué ocurre con estos elementos legitimantes en condiciones "anormales" o "excepcionales"?

En épocas de situaciones excepcionales (verbigracia: debacles o grandes crisis financieras, catástrofes naturales, guerras); ha sido necesario (siempre) decisiones y acciones extraordinarias, contraviniendo muchas veces la propia lógica de parte de los ya indicados elementos legitimadores de cada sistema. Para entender el comportamiento de estos indicadores en situaciones especiales -y excepcionales-, podemos mencionar a título ilustrativo los siguientes casos de la vida real:

(i) *En contra la racionalidad del elemento político que sustenta la democracia*, principalmente en sus predicamentos de la división de poderes, resalta la época cuando la judicatura alemana (que no tiene base electoral) luego de la Reunificación del país entre la parte oriental (sometido por los comunistas) y occidental (de amplias libertades y mercado), "*condenó*" a los órganos políticos del Estado (con origen electoral) para que **reconocieran un cierto derecho subjetivo a la ayuda social a los sectores más afectados económicamente por la guerra**. Hasta ese momento, tal "*beneficio*" solo estaba dispuesto por ley como una "*facultad*" estatal, en el sentido de que correspondía a cada Administración -potestativamente-, conceder -o no- la ayuda social según determinadas circunstancias aplicables. Cuando la más alta judicatura en forma conjunta (primero, Tribunal Administrativo Federal y después, Tribunal Constitucional Federal) interpretaron la ley de ayuda social para establecer dicha obligación; impulsaron los cambios a la política ordinaria (al gobierno en cabeza de la Administración para organizar el pago de dicha prestación e incluir en los presupuestos públicos; al legislativo en su necesaria regulación para actualizar su cuantificación y mejorar los mecanismos para su materialización).

(ii) *En contra la racionalidad del elemento económico que sustenta el sistema capitalista del libre mercado*, son notables varias intervenciones del gobierno de los EE.UU en la época del Presidente Roosevelt y su controversial política en el campo social y económico -conocidos como *New Deal*- que le valió al Presidente su antipatía -cuando amenazó incluso con disolver a la propia Corte Suprema- porque algunas de sus sentencias estaban "*limitando*" aquellas acciones políticas "*intervencionistas*" consideradas en su criterio, como urgentes y necesarias. Al final, esa misma Corte (ya amenazada) permitió "*voluntariamente*" al gobierno realizar una serie de intervenciones. En ese entonces, destaca el aumento del gasto público, la obligatoriedad de los bancos de aumentar sus reservas o el cierre de aquellos bancos que no lo cumplían (*Emergency banking Act*); la prohibición privada de tenencia de oro y venta obligatoria con el descuento y cantidad fijada (*Executive Order 6102*), seguro de desempleo y pensiones (*Social Security Act*), asimismo, se regularon las relaciones entre empresarios y trabajadores para la fijación de un tipo de salario mínimo, etc.

Además de estos casos citados y para encontrar respuestas urgentes a situaciones apremiantes, tenemos que en la actualidad del contexto Covid-19; el Fondo Monetario Internacional postula la idea de crear fondos especiales con cargo a los tributos (temporales) imputable solamente a las grandes fortunas y grandes corporaciones. Recuerda el mismo ente, que hay antecedentes en la aplicación de este tipo de «*tributos solidarios*» para atender situaciones de urgencia, citando claros ejemplos, los casos de la reconstrucción económica de la Alemania luego de la caída del comunismo (1991) o el desastre nuclear de la central Fukushima en Japón (2011)[10].

En definitiva, la crisis fomentada por el Covid-19 ha demostrado que el propio mercado (no puede "*auto sostenerse*"), en el sentido de que no es capaz de dar respuestas (solo) en ciertas áreas visiblemente afectadas (turismo, recreación, sector transporte naviero o aéreo, salud,

---

10 Diario El país. *El FMI propone un impuesto temporal a las rentas altas y las multinacionales para pagar la factura de la crisis*, 7 de abril de 2021. Maria Antonia Sánchez-Vallejo. España. https://elpais.com/economia/2021-04-07/el-fmi-propone-un-impuesto-temporal-a-las-rentas-altas-y-las-multinacionales-para-pagar-la-factura-de-la-crisis.html Consultado 10 de abril de 2021.

etc.) y que **también el sector privado (comerciantes-industriales-empresarios-productores) necesitan ayudas especiales de parte de sus gobiernos para subsistir.**

c. ¿Cómo se concibe la realización de ciertos derechos desde la política y el mercado en cada sistema?

En los «*Estados de derecho*» (puros), la Constitución, principalmente, implica el establecimiento de "*límites*" formales para la determinación de competencias de los órganos que están previstos en el ordenamiento jurídico donde subraya la **centralidad de la ley**. *Los llamados derechos legales son aquellos que establece o determina el poder legislativo.*

En las concepciones de los «*Estados de bienestar*» y «*Estados sociales de derecho*», además de las competencias previstas de ciertos órganos por el ordenamiento mediante la ley; se subraya la **centralidad de la Constitución** -o los textos o cuerpos tenidos como tal- para el establecimiento de derechos. *Los derechos no quedan (solo) esperando los desarrollos legislativos; sino que hay derechos que operan directamente desde la Constitución (aún sin mediación legislativa).*

Cuando en los «*Estados de bienestar*» hay una serie de acciones políticas en el campo social con un desarrollo sostenido de una solidaridad practicada en forma organizada por la sociedad civil, empresas públicas y privadas; en los «*Estados sociales de derecho*» con otras realidades económicas, sociales, políticas y culturales, se subraya la importancia de ciertos contenidos constitucionales expresos -o implícitos- que deben ser proveídos -y exigidos por los ciudadanos- *mediante acciones positivas de los poderes públicos*[11].

No obstante las nítidas diferencias entre «*Estado social de derecho*», «*Estado de bienestar*», «*Estado de providencia*», «*Estado benefactor*» y demás expresiones análogas[12], existe en la práctica cierta

---

[11] Antonio Pérez Luño. *Derechos Humanos, Estado de Derecho y Constitución*, Décima edición, ed. Tecnos, Madrid, 2010, p.235.

[12] Luis Petit Guerra. *El Estado social. Los contenidos mínimos constitucionales de los derechos sociales*, colección cuadernos cátedra fundacional Allan Brewer Carías, n.32, Universidad Católica Andrés Bello, Editorial jurídica venezolana, Caracas, 2015, pp.1-293.

homologación sobre todo entre «*Estado social de derecho*» y «*Estado de bienestar*» -*Welfare State*- para referirse a **toda forma de Estado intervencionista en el plano económico o político**[13]. En cualquiera de sus formas, resulta clave comprender con Martín-Retortillo que este tipo de formaciones estatales, serían:

> *"la concreción histórica de un determinado modelo político, el neocapitalismo, en el que salvaguardando siempre los principios del Estado de Derecho, la intervención pública en el ámbito económico no resulta ya un fenómeno contingente y esporádico, sino que se institucionaliza como algo habitual, permanente y estático*[14]*"*

En definitiva, la existencia de los distintos tipos de Estados "*activistas*" puede comprenderse en varios sentidos.

(i) En un sentido económico estructural, por su notable intervención en temas económicos (para regularizar la economía social de mercado). Un tipo de Estado que responde a un **modelo económico concreto** (que si bien reconoce la libertad económica e iniciativa privada -bien opuesto al modelo de la economía dirigida por el Estado-); al mismo tiempo, ese mismo *Estado tiene un papel ordenador de la realidad económica para cumplir con la justicia social*) y evitar tantos desequilibrios del capitalismo puro desde la lógica del Estado liberal de derecho (de menos intervencionismo estatal). Sería el equivalente a lo que se denomina en Europa *economía social de mercado*[15]. Las leyes laborales que intentan evitar los "*desequilibrios*" entre patronos y trabajadores constituyen un ejemplo de este modelo.

---

13 Alberto Müller. "Economía y política en el desmantelamiento del Estado de bienestar en la Argentina", en *Cuadernos del Centro de Estudios sobre población, empleo y desarrollo* (CEPED), Desmantelamiento del Estado de bienestar en Argentina, nro.6, con la colaboración de Martín Rapetti y Rocío Titiunik, Buenos Aires, 2002, p.14: http://157.92.136.59/download/docin/docin_ceped_c_006.pdf Consultado el 17 enero 2014.

14 Alfonso Ojeda Marín. *Estado social y crisis económica.* Ed. Complutense, Madrid, 1996, p.14.

15 Allan Brewer Carías. *Historia constitucional de Venezuela*, Editorial Alfa, Colección trópicos, Historia, nro.81, t.II, Caracas, 2008, pp.99-100.

(ii) Desde el punto de vista prestacional, en este tipo de construcciones estatales se sostiene la existencia de una serie de «*derechos mínimos*» -de distinta naturaleza- exigibles primeramente a los órganos de legitimación política -es decir, con mediación o a través del poder legislativo o de la acción del gobierno cuando corresponda- o de los tribunales cuando el circuito de la política -legislativo-gobierno- no da respuestas realizables en los textos constitucionales. El pago de una especie de Reedito mínimo o pensiones mínimas vitales a la población más necesitada, constituye un ejemplo de este modelo.

Es decir, corresponde al Estado en forma principal y directa la prestación de los derechos prestacionales (socio-económicos) ligados a una orientación o agenda económica (son derechos que "*cuestan*" por su nivel de impacto en los presupuestos públicos). El Estado mediante la política -democracia- debe "*garantizar*" (el ejercicio) de unos servicios especiales tenidos como tales en forma de derechos fundamentales según la adscripción constitucional de cada país (salud, educación, etc.).

Estos tipos de derechos deben ser desarrollados por los órganos legitimados a cargo de los presupuestos públicos establecidos. En primer momento, mediante los órganos de legitimación política (escogidos por vía electoral); en segundo término, mediante órganos independientes de la política, integrado por los tribunales del poder judicial (escogidos sin mecanismos de partidización) para "*controlar*" el incumplimiento ordinario de la política (*por acción:* cuando determinada intervención política -ley del parlamento o decreto del poder ejecutivo- contraviene la Constitución; *por omisión:* cuando aquel circuito gobierno-legislativo no cumple lo que la Constitución le "*ordena*").

Solo mediante tribunales independientes, se implementan demandas colectivas -*class action*- impulsadas por organizaciones de diversa índole e incluso por Defensorías del Pueblo -nacionales o estadales-. En estos casos, los tribunales están en capacidad (solo en casos excepcionales) de ordenar a la "*política*", construir escuelas u hospitales, obligar al gobierno proveer determinadas partidas en los presupuestos, ajustar el monto de salario o de la pensión mínima, etc. Pero ese mismo

Estado, debe permitir que en forma subsidiaria a través del mercado -capital- se pueda acceder a ciertos derechos y servicios privados -pagados cada uno del peculio personal de cada familia- en las áreas tan especiales como salud y educación, principalmente. En conclusión: ni *el mercado puede responder -ni proveer- todos los tipos de derechos, ni es conveniente que lo sea en forma "exclusiva"*. Porque no puede –ni debe- por sí solo satisfacer las necesidades básicas de todos los agentes y sujetos de derechos; por tanto, su campo de acción es "*limitado*", de allí su subsidiariedad.

Del resto, hay otro tipo de acciones y decisiones que caen en la esfera de la discrecionalidad política de los órganos correspondientes conforme a cada sistema constitucional (que por ende no constituyen derechos en sentido estricto); y entonces, que pueden o no proveerse según determinado contexto. La situación de pandemia por Covid-19 constituye un buen ejemplo de algunas prácticas que contemporáneamente pueden coexistir, algunas calificadas en ciertos países como derechos exigibles y otras como verdaderas facultades o discrecionalidades políticas.

3. DEL EJERCICIO (EXCEPCIONAL) DE LOS PODERES DEL GOBIERNO PARA LA TOMA DE DECISIONES URGENTES

Según la estructura de cada sistema constitucional, en la mayoría de los países se autoriza a que la acción de gobierno -del presidente de la República en los países presidencialistas o Primer Ministro o Jefe de Gobierno, en las democracias parlamentarias- pueda ser ejercida con una serie de poderes especiales para hacer frente a las situaciones similares a las generadas por la pandemia.

Dada la urgencia, la mayoría de textos constitucionales permite al gobierno ejercer -excepcionalmente- poderes especiales mediante diversa normativa -especial- dictada por el propio gobierno pero controlado y autorizado por los parlamentos con distintas nomenclatura (Estado de Alarma, Estado de excepción, Estado de Conmoción, Estado de emergencia o Estado de Desastre). No es parte de nuestro trabajo abordar la cuestión de la continua inconstitucionalidad del Estado de Alarma en Venezuela en su origen y desarrollo[16].

4. DEL EJERCICIO (DISCRECIONAL) DE LOS GOBIERNOS EN LA TOMA DECISIONES ALREDEDOR DE LOS TEMAS DE IMPACTO ECONÓMICO

Bajo el argumento de proteger la vida misma y responder a la crisis sanitaria del sector salud y por temor al colapso; algunos gobiernos tomaron la decisión de confinar su población (para evitar propagación de contagios), (i) limitando/suspendiendo algunos derechos de libre circulación, tránsito y reunión, pero también (ii) de una serie de actividades económicas de distinta naturaleza con impacto en aspectos laborales, sociales, comerciales e industriales (que no eran consideradas "*esenciales*" desde la racionalidad de cada gobierno). Cada país ha venido tomando algunas decisiones según sus propios criterios, unos para confinar a la población (por etapas y territorios), otras para permitir la libertad de circulación (de personas, de bienes y servicios)[17].

Al suspenderse determinadas áreas de trabajo, negocios y comercios, se implican consecuencias "*adversas*" desde el punto de vista económico para dichos sectores y relacionados. De manera directa e indirecta, millones de personas y de empresas, comercios, industrias y productores, quedaron sin poder cubrir sus *necesidades básicas*; lo cual significa, que no solo las personas naturales requerían la natural intervención estatal -ayudas y subvenciones-; sino que también pequeñas y medianas industrias, comercios y productores (en tanto personas jurídicas) no solo no podrían cubrir las *obligaciones básicas* laborales y tributarias; sino que tampoco podrían tener "*ganancias*" propias para subsistir como inversión privada (ej. el caso de las líneas áreas auxilia-

---

16 Sobre este eje temático: Vid. Academia de Ciencias Políticas y Sociales, *Estudios jurídicos sobre la pandemia del Covid-19 y el decreto de Estado de Alarma en Venezuela,* Allan Brewer-Carías; Humberto Romero M., colección estudios, n.123, 2021 (1-762).

17 Economía digital, *Emergencia mundial: ¿En qué países se ha ordenado el confinamiento?*, Política y sociedad, 23 de marzo 2020. https://www.economiadigital.es/politica/cuarentena-por-coronavirus-en-que-paises-se-ha-declarado-el-confinamiento_20046621_102.html Consultado el 15 de abril 2021.

das por sus respectivos gobiernos son más que evidentes). Porque como sostiene un importante estudio: "*Varios países han tomado medidas rápidas para ayudar a las empresas a reducir los costos o a dotarlas de liquidez al permitir un aplazamiento de los pagos de impuestos y cotizaciones sociales*"; y de la misma manera -dice la misma fuente-: "*Muchos países también han dado respuesta, ofreciendo subvenciones públicas y créditos de emergencia*[18]".

En casi todas las medidas observadas, independientemente del tipo de sistema de gobierno democrático (en relación a la ideología política o mayoría imperante de derechas o izquierdas), **parece existir un "*consenso*" tácito para la protección de ciertos *derechos básicos* a ciertos colectivos especiales; tanto de personas naturales (de carne y hueso) como de personas jurídicas (sociedades, industrias, comercios, productores)**: "*Tanto las personas como las economías siguen necesitando en el corto plazo una inyección para salir de la crisis de la COVID-19*[19]*.*"

En estos casos: "*También los gobiernos están tomando medidas económicas, fiscales y monetarias, que implican aumentar el gasto social, bajar las tasas de interés, intervenir los mercados de tipo de cambio, suspensión de cobros de créditos bancarios, provisión de líneas de crédito para el pago de los salarios de las compañías, congelamiento del recargo por no pago en los servicios de agua, y acciones para evitar el desabastecimiento de bienes básicos…*[20]".

---

[18] Organitation for Economic Cooperation and Development (OECD). *Apoyar a las personas y las empresas para combatir el COVID-19: opciones para una respuesta inmediata en materia de empleo y política social*, Medidas políticas clave de la OECD ante el Conoravirus (Covid-19), 20 de marzo 2020. https://www.oecd.org/coronavirus/policy-responses/apoyar-a-las-personas-y-las-empresas-para-combatir-el-covid-19-opciones-para-una-respuesta-inmediata-en-materia-de-empleo-y-politica-social-4752b583/ Consultado 14 de abril 2021.

[19] *Fondo Monetario Internacional (FMI),* Inyección rápida y recuperación duradera para América Latina y el Caribe, *Alejandro Werner, Takuji Komatsuzaki; Carlos Pizzinelli, Diálogo a fondo (blog). https://blog-dialogoafondo.imf.org/?p=15489 Consultado el 12 abril 2021.*

[20] Comisión Económica para América Latina y el Caribe (CEPAL). *COVID-19 tendrá graves efectos sobre la economía mundial e impactará a los países de América Latina y el Caribe.* Comunicado de Prensa, 19 de marzo 2020. https://www.cepal.org/es/comunicados/covid-19-tendra-graves-efectos-la-economia-mundial-impactara-paises-america-latina Consultado 1° de abril de 2021.

Veamos un poco algunas orientaciones respecto de estas medidas para distinguir sus modalidades y beneficiarios:

- Frente a las personas naturales: Se ubican una serie de medidas especiales de carácter prestacional ligadas a «*derechos mínimos existenciales públicos*»: pago de sumas de dinero, ayudas puntuales y subvenciones a sectores más desventajados; la protección del "*salario*" en sustitución por emergencia, prestación de los servicios médico-asistenciales básicos, prohibición de cortes de servicios básicos de agua y electricidad durante cierto período, prohibición de procesos de desahucios o desalojos de viviendas alquiladas, exoneración del pago de ciertos impuestos para limites bajos de rentas, provisión de medicinas, comida y demás especies, etc.).

- Frente a las empresas, comercios, industrias y productores: Para beneficiar a dichos colectivos jurídicos con ciertos tipos de subvenciones, estímulos fiscales, incentivos de ayuda; exoneración o postergación de impuestos, moratoria al pago de alquileres, acceso de créditos con condiciones especiales. En contrapartida, también con algunas exigencias estatales, entre las más comunes, prohibición de terminación de las relaciones laborales compulsivas durante la existencia de las condiciones que propician la pandemia; cuyas buenas prácticas son "*compensadas*" por parte del Estado con el pago a las empresas, comercios, industrias y sectores productores de una ayuda o subvención económica para cubrir la nómina de empleados/trabajadores y así "*soportar*" las medidas de no reducción de la masa laboral. Un breve inciso, permite recordar que quien ejerce el gobierno en Venezuela, ajeno aquellas buenas prácticas, ha prometido públicamente este tipo de ayudas al sector privado y transcurrido más de un año sigue sin conocerse su real aplicación.

Un último comentario en el tema, es que el establecimiento de esas formas de ayuda estatal hacia el sector privado (en especial crisis) que por momentos son facultativos o discrecionales, nos lleva a repensar algunas categorías jurídicas ya existentes a nivel comparado. Específicamente, planteamos en forma de dudas, de si cabría hablarse -o no- en el futuro de una especie de *derechos mínimos vitales a nivel privado*[21]

---

21 Sobre este aspecto, opina Neuner: *"(...) el Derecho privado debe asegurar, por ejemplo en forma de deberes de contratación, que todo ciudadano puede participar en el intercambio*

(categoría existente en el derecho público en una serie de prestaciones de distinta naturaleza para las personas y colectivos más necesitados o sometidos a condiciones de especial urgencia). El comentario viene porque resulta al menos "*curioso*", que la mayoría de estas prácticas estatales en el contexto Covid-19 *se aplican sobre todo en temas de exoneración de impuestos* (ósea, en temas tributarios conforme la capacidad contributiva). Y es el caso que el argumento base de la teoría clásica de las escuelas liberales (de finales del derecho del siglo 18 y principios del 19, principalmente en Alemania, Francia e Italia) para el nacimiento del mínimo vital/existencial, estuvo asociado (inicialmente) a la idea de la capacidad contributiva de cada uno, para *proteger o disponer de un límite mínimo de la esfera patrimonial, donde el Estado no pudiera cobrar impuestos y así garantizar que cada uno pueda cubrir sus necesidades básicas para existir o vivir dignamente*. De allí que se consiga en doctrina las nociones «mínimo existencial», «mínimo vital» o «mínimo para vivir dignamente».

Más allá de cualquier especulación, en el plano concreto, hemos identificado *grosso modo* la existencia de algunas intervenciones políticas donde se establece *un diálogo de necesidades desde las perspectivas políticas y económicas, de origen público y privado* que merecen alguna mención. La lista de países y zonas geográficas escogidos no son al azar; cada uno, constituye una ilustración aproximativa de casos emblemáticos y representativos:

- En *América* del Norte, en EEUU donde más de 20 millones de personas han perdido empleo durante la primera etapa de la pandemia[22], viene coincidir con los más de 26 millones de solicitudes de subsidio por desempleo que han saturado la administración pública federal[23].

---

de bienes de primera necesidad, en tanto que el Estado deje al mercado el reparto de estos bienes. También las restricciones en la ejecución sirven, por ejemplo, a la protección del mínimo existencial, puesto que impiden que el deudor pierda su sustento material básico". Jörg Neuner. "Los Derechos humanos sociales", AA.VV. *Anuario Iberoamericano de Justicia Constitucional*, núm. 9, Madrid, 2005, p.251 (239-265).

22 Finanzas digital. *El sector privado de EE.UU pierde 20,2 millones de empleos en abril*. 6 de mayo 2020. https://www.finanzasdigital.com/2020/05/el-sector-privado-de-ee-uu-pierde-202-millones-de-empleos-en-abril/. Consultado el 1° de marzo 2021.

23 "*Cabe recordar que ni la Gran Depresión de 1929, ni la caída del empleo 10.2% en noviembre de 1989 en la era de Ronald Reagan, ni la Gran Recesión 2007-2009, ni los de-*

Leyendo un informe que suscribe Chang, se aprecia la necesidad de "*apoyar financieramente al 30% de los trabajadores estadounidenses o tolerar la pobreza masiva, el hambre y una crisis humanitaria de otro tipo*"[24]; así como la urgencia de obtener fondos (autorizados por el Congreso) para las empresas o las personas. En ese mismo país, existe una forma de ayuda a los ciudadanos "*indocumentados*" en el caso del Estado de California, cuyo gobernador -Gavin Newsom-, anunció un paquete de ayudas económicas con un Fondo de 125 millones de dólares "*entre unos 150.000 adultos que recibirán alrededor de 1.000 dólares por familia*"[25]. En **Canadá,** existe aplazamiento de pago de impuestos, subsidios laborales, ayudas sociales a población indígena, aumento de la inversión en sector salud[26]. En **México,** el gobierno implementó un tipo de subsidio o seguro de desempleo (por tres meses) a los trabajadores que tienen una hipoteca inmobiliaria con el Instituto de la Vivienda, se asignaron recursos adicionales en programas de viviendas de interés social e implementaron créditos especiales para los trabajadores de la administración pública con tasas preferenciales[27].

- En el caso de *Sudamérica* se aprecian posiciones diversas para ayudar a los más necesitados[28]. Una de las políticas más comentadas,

---

*sastres naturales, terremotos, erupciones volcánicas, tsunamis, tifones, huracanes, incendios, inundaciones, pudieron lograr lo que el Departamento de trabajo de Estados Unidos informa a la fecha, que hay 26 millones de solicitudes de subsidio por desempleo los que saturan la capacidad de las agencias***"**. El Globo news. Covid-19 y Economía, Juan Carlos Valderrama, 29 de abril 2020. https://www.elglobonews.com/covid-19-y-economia/opinion/md/ . Consultado el 11 de abril 2021.

24 Reporte Católico Laico, *Epidemiólogos o economistas: ¿quién tiene la razón?*, Víctor Cheng, abril, 2020.https://reportecatolicolaico.com/2020/04/epidemiologos-o-economistas-quien-tiene-la-razon/ Consultado 10 de abril 2021.

25 France 24 (en español). *Covid-19, la vuelta al mundo de France 24: California ofrece ayudas económicas para indocumentados.* 19 abril 2020. https://www.france24.com/es/20200419-la-vuelta-al-mundo-california-ayudas-para-indocumentados-protestas-confinamiento Consultado el 12 de abril 2021.

26 Goverment of Canada, *Canada's COVID-19 Economics response plan.* https://www.canada.ca/en/department-finance/economic-response-plan.html Consultado el 1 marzo 2021.

27 International Monetary Fund (IMF), Policy responses to Covid 19, *Mexico.* https://www.imf.org/en/Topics/imf-and-covid19/Policy-Responses-to-COVID-19#M Consultado el 14 de abril de 2021.

28 Según el Cepal: "*La pandemia ha evidenciado y exacerbado las grandes brechas estructurales de la región y, en la actualidad, 'se vive un momento de elevada incertidumbre, en el que aún no están delineadas ni la forma ni la velocidad de la salida de la crisis' (...).*

es el caso de **Brasil**, donde el senado aprobó una forma de ayuda o subsidio de emergencia que constituye el pago más alto en la Región por cada habitante en situación de necesidad[29]. Según estudio del Centro Latinoamericano de Geopolítica (Celag)[30], consta que en **Argentina** existe la Exención de cargas patronales a sectores afectados de forma crítica (transporte, turismo, esparcimiento); que en **Brasil** hay un refuerzo del programa denominada Bolsa Familia, para permitir la expansión número de beneficiarios: inclusión de más de 1 millón de personas. En **Colombia** destacan las medidas de Transferencia adicional para beneficiarios de programas Familias en Acción (2,6 millones de hogares beneficiarios) y reconexión gratuita del servicio de agua a 200 mil familias a quienes se había "*suspendido*" por falta de pago junto el congelamiento de la tarifa de agua mientras dure la emergencia. Que **Chile** cuenta con el bono de Subsidio Único Familiar (SUF) el cual beneficiará a 2 millones de personas sin trabajo formal. En **Bolivia** se prohíbe a los proveedores privados de servicios esenciales (luz, gas y agua) de cortar o suspender el suministro por falta de pago mientras dure la cuarentena y la crisis de salud. En **Costa Rica**, hay una ampliación del período de gracia de los seguros privados (período en el cual la cobertura continúa a pesar del impago) y en **Ecuador**, se establece el aplazamiento y postergación de ciertos tipos de créditos bancarios. En **El Salvador** se suspende el pago de la cuota de energía eléctrica, agua, telefonía, internet y cable por tres meses. **Honduras** cuenta con

---

De lo que no cabe duda es de que los costos de la desigualdad se han vuelto insostenibles y de que es necesario reconstruir con igualdad y sostenibilidad, apuntando a la creación de un verdadero Estado de bienestar, tarea largamente postergada en la región"**.** Comisión Económica para América Latina y el Caribe (CEPAL), *Panorama social de América Latina 2020*, Organización de Naciones Unidas (ONU), 2020, p.14 (introducción). https://repositorio.cepal.org/bitstream/handle/11362/46687/8/S2100150_es.pdf Consultado 15 de enero 2021.

29 Ley 13.982 de 2 de abril de 2020. https://www.brasildefato.com.br/2020/03/31/senado-brasileno-aprueba-subsidio-de-emergencia-para-la-pandemia Consultado el 1° de febrero de 2021.

30 Centro Latinoamericano de Geopolítica (CELAG). *"Latinoamérica y el Covid-19. ¿Movilizar recursos o Gastar en la gente?*, Nicolás Oliva; Guillermo Oglietti, Mariana Dondo. Marzo, 2020. Centro estratégico latinoamericano de Geopolítica. https://www.celag.org/latinoamerica-y-el-covid-19-movilizar-recursos-o-gastar-en-la-gente/. Consultado 11 marzo 2021.

una política para estimular el crédito, con la suspensión temporal de las primeras tres cuotas préstamos sector turismo, pymi y agroalimentario. Muy interesantes los casos relacionados con la reducción del "*precio*" de combustibles: de **Guatemala**, donde existe un fondo compensatorio para atender la emergencia (para responder a la congelación del precio del combustible) y el diferencial positivo generado entre este precio y el del mercado y de **Panamá** con la rebaja del 25% en el precio del combustible, asimismo, hay control de precios para los productos de "*aseo*" necesarios para enfrentar la pandemia (limitando hasta un 23% de ganancias). **Paraguay** cuenta con transferencias monetarias para 167,000 familias junto la promoción de créditos blandos para el sector productivo. **Perú** destaca por el pago de una subvención de transferencia en dinero (equivalente aproximadamente de 120 USD mensuales) a personas en condición de pobreza; asimismo, dispuso de un pago extra a los trabajadores del sector salud en frente de la crisis asistencial. En Uruguay, se flexibiliza el seguro de paro para sectores afectados por la reducción de actividad (comercio, servicios turísticos, etc.). En el caso de **Venezuela**, más allá del programa piloto de alimentos subvencionados (que se maneja sin cifras reales ni verificables); es evidente la poca o ninguna ayuda social en los tipos de subvenciones y pagos a los más necesitados (pues los mal llamados "*bonos*" son por montos realmente bajos de hasta 1 o 2 USD por mes); así como inexistente fondos de apoyo a las empresas, comercios e industrias afectados por la pandemia. También consta la suspensión del pago de los alquileres de viviendas. En vez de "*mejorarse*" las condiciones de precio del combustible -como Guatemala o Panamá-, se ha aprovechado la pandemia más bien para "*aumentar*" y "*dolarizar*" sus precios al público.

- En *Europa* hay varias medidas que destacar para estimular al sector privado[31]. En **Alemania** sobresale el llamado subsidio de acceso

[31] Por ejemplo: "Italia y Alemania ampliarán los programas de asistencia de liquidez existentes para facilitar a las empresas el acceso a préstamos baratos". Organitation for Economic Cooperation and Development (OECD). *Apoyar a las personas y las empresas para combatir el COVID-19: opciones para una respuesta inmediata en materia de empleo y política social*, Medidas políticas clave de la OECD ante el Conoravirus (Covid-19), 20 de marzo 2020. https://www.oecd.org/coronavirus/policy-responses/apoyar-a-las-personas-y-las-empresas-para-combatir-el-covid-19-opciones-para-una-respuesta-inmediata-en-materia-de-empleo-y-politica-social-4752b583/ Consultado 14 de abril 2021.

ampliado al trabajo a corto plazo (*"Kurzarbeit"*) para preservar el empleo y los ingresos de los trabajadores; el aumento en prestaciones para el cuidado de los hijos para familias de bajos ingresos y una ayuda básica a la renta para los trabajadores autónomos. Consta además otra serie de pagos y subvenciones (de hasta 50 millones de euros) a propietarios de pequeñas empresas y autónomos gravemente afectados por la crisis de la pandemia; junto aplazamientos fiscales sin intereses hasta fin de año y 2.000 millones de euros de financiación de capital de riesgo para la creación de nuevas empresas; ampliación del seguro de desempleo y beneficios de licencia parental[32]. **Albania** destaca por una financiación adicional para el sector de la salud, junto al apoyo de pequeñas empresas y autónomos que se ven obligados a cerrar sus actividades debido a la pandemia, pagándoles salarios mínimos (hasta dos en el caso de empresas familiares con familiares no remunerados), duplicando las prestaciones por desempleo y los planes de asistencia social[33]. En **España** son notables **alguna reformas para extender los plazos de obligaciones tributarias[34], asimismo, la introducción de la renta o** *ingreso mínimo vital* "(…) *que se ha visto acelerada por la crisis sanitaria del Covid-19 y el estado de alarma declarado*[35]". **Islandia** destaca por la aprobación del Parlamento, con medidas fiscales para apoyar a los hogares y las empresas, recortes de impuestos, aplazamientos y compensaciones de pérdidas; aumento de las prestaciones por desempleo, subsidios por hijos, subsidios de cuarentena, contribuciones estatales a los costos de despido de las empresas para evitar la quiebra de empresas viables y proteger los derechos de los trabajadores; incentivos para el empleo de personas con más de 12 meses en la lista de desempleo,

[32] International Monetary Fund (IMF), *Policy responses to Covid 19, Germany.* https://www.imf.org/en/Topics/imf-and-covid19/Policy-Responses-to-COVID-19#S Consultado el 19 de abril de 2021.

[33] International Monetary Fund (IMF), *Policy responses to Covid 19, Albania...*

[34] Iustel, Diario del derecho. *Plazos en el ámbito tributario por la situación de la crisis sanitaria ocasionada por el COVID-19,*8 mayo de 2020. https://www.iustel.com/diario_del_derecho/noticia.asp?ref_iustel=1197946&utm_source=DD&utm_medium=email&nl=1&utm_campaign=8/5/2020. Consultado el 14 abril 2021.

[35] Boletín Oficial del Estado (BOE), Real Decreto-ley 20/2020, de 29 de mayo, por el que se establece el ingreso mínimo vital. https://www.boe.es/buscar/pdf/2020/BOE-A-2020-5493-consolidado.pdf Consultado el 14 de abril de 2021.

retiros anticipados de pensiones y préstamos para empresas garantizados por el Estado[36]. En Italia, que ya antes de la pandemia constaba con la introducción de una renta mínima para sectores más necesitados denominado Reedito de cittadinanza; con la pandemia se introdujo una política de auxilio a las empresas privadas para soportar una parte del costo de los salarios[37]. En Noruega, hay subsidios salariales para los despidos temporales, prestaciones de desempleo más generosas y mayor atención por enfermedad y cuidado de niños; medidas para compensar a las empresas, fortalecimiento de sectores críticos como la salud; subvención para que las empresas recuperen a los trabajadores despedidos temporalmente[38]. En Países bajos se han aprobado tres grandes paquetes de medidas, entre todas, compensación de hasta el 90 por ciento de los costos laborales para las empresas que esperan una reducción en los ingresos del 20 por ciento o más; compensación a los sectores afectados (turismo, hotelería, viajes, agricultura, cultura y otros); apoyo a emprendedores y autónomos, start-ups y pequeñas empresas de innovación; asimismo, medidas para facilitar la reestructuración de deudas de las empresas con dificultades financieras[39]. **El Reino Unido** más allá del robusto sistema de pensiones de desempleos y otras ayudas sociales muy propios de su exitoso *welfare State*, se pagará el 80% del salario de los trabajadores para evitar despidos[40].

- En *África*, tenemos el caso de **Gambia,** cuyo gobierno creó un fondo de ayuda para apoyar a los estudiantes en el extranjero y un programa de distribución de alimentos a nivel nacional de 800 millones de dólares estadounidenses (15,8 millones de dólares estadounidenses) para beneficiar al 84 por ciento de los hogares. Además, se distribuyeron 2.000 toneladas de fertilizantes para satisfacer las necesidades de los agricultores. Consta además que varios organismos donantes (PNUD,

---

36 International Monetary Fund (IMF), *Policy responses to Covid 19, Iceland...*

37 International Monetary Fund (IMF), *Policy responses to Covid 19, Italia...*

38 International Monetary Fund (IMF), *Policy responses to Covid 19, Norway...*

39 International Monetary Fund (IMF), *Policy responses to Covid 19, The Netherlands....*

40 Centro Latinoamericano de Geopolítica (CELAG). *"Latinoamérica y el Covid-19. ¿Movilizar recursos o Gastar en la gente?*, Nicolás Oliva; Guillermo Oglietti, Mariana Dondo. Marzo, 2020. Centro estratégico latinoamericano de Geopolítica. https://www.celag.org/latinoamerica-y-el-covid-19-movilizar-recursos-o-gastar-en-la-gente/. Consultado 11 marzo 2021.

PMA, OMS, FAO, UNICEF) han centrado la asistencia financiera para asistencia social de grupos vulnerables afectados por el COVID-19, garantizando la seguridad alimentaria[41]. En **Guinea** el gobierno tomó varias medidas claves: exoneraciones temporales de impuestos, contribuciones sociales y pago de servicios públicos para las empresas de los sectores más afectados; la implementación de obras públicas intensivas para generar mano de obra, provisión de transferencias de dinero en efectivo, una exención al pago de servicios públicos para los más vulnerables[42]. **Marruecos** destaca por la creación de un importante fondo de pensiones para desempleados y donde se ha aplazado aún más los pagos de contribuciones sociales para algunos sectores comerciales e industriales (incluido el turismo); junto a otras medidas para apoyar a los hogares que trabajan en el sector de la economía informal[43]. **Kenia** destaca por transferencias de efectivo y ayuda alimentaria; junto a fondos para agilizar los pagos de las obligaciones existentes para mantener el flujo de efectivo de las empresas[44]. En **Niger** constan políticas hacia la distribución de alimentos, dos meses de servicios públicos gratuitos para los hogares vulnerables y una desgravación fiscal temporal para los sectores más afectados[45]. En su hermano vecino **Nigeria,** se han reducido los precios regulados del combustible y se ha introducido una fórmula automática de precio del combustible para garantizar que se eliminen los subsidios al combustible; con ello, un plan de estímulo económico para líneas de crédito[46]. En **Sudáfrica,** el gobierno ayudó a las empresas y los trabajadores que enfrentaban situaciones difíciles a través del Fondo del Seguro de Desempleo y programas especiales de la Corporación de Desarrollo Industrial. Los trabajadores con ingresos por debajo de cierto umbral, recibieron un pequeño subsidio fiscal durante cuatro meses y las familias más vulnerables recibieron montos de subvenciones sociales temporalmente más elevados[47]. **Senegal** cuenta con un programa de

---

41 International Monetary Fund (IMF), *Policy responses to Covid 19, The Gambia*....

42 International Monetary Fund (IMF), *Policy responses to Covid 19, Guinea*...

43 International Monetary Fund (IMF), *Policy responses to Covid 19, Morroco*...

44 International Monetary Fund (IMF), *Policy responses to Covid 19, Kenya*...

45 International Monetary Fund (IMF), *Policy responses to Covid 19, Niger*...

46 International Monetary Fund (IMF), *Policy responses to Covid 19, Nigeria*...

47 International Monetary Fund (IMF), *Policy responses to Covid 19, South Africa*...

ayuda alimentaria de un millón de hogares; que los pagos de servicios públicos (agua y electricidad) para los clientes más pobres se suspendieron por varios meses. También resalta un esquema de garantía crediticia parcial para las empresas afectadas por la crisis del Covid-19[48].

- En *Medio Oriente* hay varios casos interesantes. **Arabia Saudita** sobresale en la región, al crear el Fondo del Seguro de Desempleo para brindar apoyo a las prestaciones salariales a las empresas del sector privado que retienen a su personal saudí y aliviar las restricciones a la movilidad laboral de expatriados y sus acuerdos contractuales. Medidas adicionales para mitigar el impacto en el sector privado, incluyendo subsidios temporales a la electricidad a los sectores comercial, industrial y agrícola[49]. En el caso **Afganistán,** constan medidas tan simples y básicas: el gobierno proporcionó un programa de *"pan gratis"* a los habitantes más pobres en Kabul, que luego se extendió a otras ciudades; renunció al cobro de las facturas de electricidad de menos de 1.000 afines (13 dólares estadounidenses) y al cobro de otras facturas de servicios públicos de los últimos dos meses para el 50 por ciento de los hogares en Kabul (que beneficiaba a 1,5 millones de habitantes)[50]. **Israel** destaca por la red de seguridad social, prestaciones por desempleo y subvenciones para los trabajadores autónomos; préstamos directos y garantizados por el gobierno para grandes empresas, pymes y otras organizaciones, desgravación del impuesto a la propiedad para empresas, aplazamientos de pago de impuestos municipales e impuestos sobre la renta, subvenciones comerciales, aplazamiento en pago de ciertos servicios públicos. El parlamento también aprobó una subvención única para familias con niños, ancianos y otros grupos de población vulnerables[51]. En **Kuwait,** pospusieron las cotizaciones a la seguridad social por 6 meses para las empresas del sector privado; eliminaron las tarifas gubernamentales en sectores seleccionados siempre que los ahorros se transfieran a los clientes y prestaciones completas por desempleo a los

---

48 International Monetary Fund (IMF), *Policy responses to Covid 19, Senegal...*

49 International Monetary Fund (IMF), *Policy responses to Covid 19, Saudi Arabia...*

50 International Monetary Fund (IMF), *Policy responses to Covid 19, Afghanistan, Islamic Republic of...*

51 International Monetary Fund (IMF), *Policy responses to Covid 19, Israel...*

nacionales[52]; en **Líbano** se creó un fondo de *"solidaridad"* para recibir donaciones privadas de dinero y especies (con incentivos fiscales), se extendió el plazo de pago de ciertos impuestos y en lo social, consta el pago de sumas en efectivo a determinados grupos de familias con problemas económicos[53]. **Jordania** destaca por la ampliación del programa de transferencias de efectivo (100.000 nuevas familias y jornaleros); financiación para proteger casi 180.000 puestos de trabajo en los sectores más afectados y apoyo adicional para el sector turístico[54].

- En *Asia* resaltan varios casos. **India** con medidas para apoyar a las empresas junto la provisión de crédito a varios sectores (alrededor del 5,2 por ciento del PIB). Las medidas de gasto en la protección social y atención médica incluye transferencias en especie (alimentos, gas para cocinar) y en dinero en efectivo a hogares de menores ingresos (que constituye el 1 por ciento del PIB); apoyo salarial y provisión de empleo para trabajadores con salarios bajos (0,5 por ciento del PIB); cobertura de seguros para los trabajadores del sector de la salud[55]. En **Malasia** son significativas las medidas de transferencias de dinero en sectores más afectados, los subsidios salariales para ayudar a los empleadores a retener a los trabajadores y la creación de un fondo especial para garantías de préstamos de capital de trabajo para todas las empresas afectadas por la crisis de COVID-19[56]. En **Madagascar** hay un plan en la asistencia social de transferencias de sumas en efectivo, asimismo para cubrir ciertas necesidades en especie para los más pobres y desempleados, junto al apoyo al sector privado a través de desgravaciones fiscales, suspensión de tasas gubernamentales y exención de contribuciones sociales[57]. **Mongolia** destaca por exenciones de impuestos sobre varios alimentos y artículos médicos importados; aumento de asignación por hijos a cargo y las prestaciones por desempleo; exenciones de contribuciones a la seguridad social, aumento de las garantías crediticias a las pymes y préstamos blandos de la banca de desarrollo a los

52 International Monetary Fund (IMF), *Policy responses to Covid 19, Kuwait...*
53 International Monetary Fund (IMF), *Policy responses to Covid 19, Lebanon...*
54 International Monetary Fund (IMF), *Policy responses to Covid 19, Jordan...*
55 International Monetary Fund (IMF), *Policy responses to Covid 19, India...*
56 International Monetary Fund (IMF), *Policy responses to Covid 19, Malasya...*
57 International Monetary Fund (IMF), *Policy responses to Covid 19, Madagascar...*

productores de la zona de Cachemira; y posteriormente ampliación de la asignación de cupones para alimentos; junto al aumento de las pensiones de asistencia social para ancianos y discapacitados[58]. En **Japón** las medidas comprenden pagos en efectivo a todas las personas y empresas afectadas, aplazamiento del pago de impuestos y contribuciones a la seguridad social, préstamos en condiciones favorables de instituciones financieras públicas y privadas. Estas medidas incluyen la ampliación de los subsidios laborales y subvenciones a las empresas afectadas para el pago de sus alquileres[59]. En **Singapur** resalta el pago en efectivo para las familias con niños menores y pagos adicionales para las personas de bajos ingresos y los desempleados. Apoyo a empresas y trabajadores mediante subsidios salariales, apoyo para cubrir los costos de alquiler, mejora de los esquemas de financiamiento y apoyo adicional para los autónomos y las industrias más directamente afectados (aviación, turismo, construcción, transporte, arte y cultura)[60].

- En *Oceanía*, **Australia** ha previsto un fondo de préstamos especiales de hasta 25,000 dólares para empresas pequeñas[61]; en **Nueva Zelanda** el gobierno ha anunciado medidas fiscales y la creación de un Fondo de Respuesta y Recuperación de COVID-19 que se compone de un aumento permanente del gasto social para proteger a las personas vulnerables; un subsidio salarial para apoyar a los empleadores gravemente afectados por el impacto del Covid-19, pagos de ayuda a las personas que perdieron su empleo y un cambio permanente en los impuestos comerciales para ayudar al flujo de caja[62].

Como puede observarse de lo anterior, guardando las distancias de cada país y situación (de pobres a ricos, industrializados y en vías de desarrollo), observamos que en la lista de medidas citadas se incluyen ayudas de varios tipos y formas en lo social y económico. Parece existir una serie de elementos "*comunes*" en cada sistema para proteger (ayudar) a sectores y colectivos (públicos y privados) sensibles en

---

58 International Monetary Fund (IMF), *Policy responses to Covid 19, Mongolia...*

59 International Monetary Fund (IMF), *Policy responses to Covid 19, Japan...*

60 International Monetary Fund (IMF), *Policy responses to Covid 19, Singapore...*

61 Organitation for Economic Cooperation and Development (OECD). *Apoyar a las personas y las empresas para combatir el COVID-19...*

62 International Monetary Fund (IMF), *Policy responses to Covid 19, New Zealand...*

tiempos de crisis. Permite la identificación de ciertos rubros económicos así como medidas y otros derechos de distinta índole que surgen como vitales o existenciales en momentos de grandes necesidades. Expuestas así algunas de las concretas intervenciones de cada Estado, puede coincidirse en que estamos ante verdaderos cambios en la política pública[63]. En tal variedad de medidas, hay coincidencias a modo de un hilo conductor:

(i) medidas para personas más necesitadas y vulnerables: pobres, ancianos, niños, familias numerosas, trabajadores formales e informales, empleados y desempleados: y en algunos casos no necesariamente débiles o en necesidad (pago de subvenciones y otras formas de ayuda social en especie o dinero efectivo, exoneración de pago ciertos servicios luz, agua, etc., del pago de renta para viviendas).

(ii) medidas para las empresas, comercios, industrias y productores en general también afectados por el tema de la crisis económica (exoneración de pago de impuestos y otras contribuciones, pagos y ayudas para cubrir nómina de empleados y trabajadores, créditos en condiciones más beneficiosas, suspensión de pagos de alquileres).

5. CONCLUSIONES PRELIMINARES

Frente a la existencia de nuestras democracias (siempre imperfectas) pero tan necesarias (con pluralidad ideológica, de amplias libertades pero con controles y equilibrios -y sobre todo limitación- en la discrecionalidad de los poderes públicos), debemos recordar que en determinados contextos de crisis extremas, ha sido necesario (siempre) la intervención del Estado a través de decisiones y acciones extraordinarias, contraviniendo muchas veces la propia lógica de parte de los elementos legitimadores de cada sistema de los espacios entre Estado y mercado.

La tragedia humana padecida en tiempos del Covid-19, ha puesto en evidencia que el mercado no puede "*solo*" frente a los nuevos desa-

---

63 El País. *La Constitución, la peste y la economía.* Santiago Muñoz Machado, 26 de abril 2020. https://elpais.com/elpais/2020/04/26/opinion/1587892880_109743.html Consultado el 12 de marzo 2021.

fíos y que necesita de tanta ayuda como las propias personas naturales (que históricamente eran las receptoras de pagos, subvenciones y otras formas de ayudas "económicas"). Según parece, en varias áreas y sectores de la economía resulta que la mano "invisible" del mercado se hace ahora "visible" (sus números no cuadran) y "*corta*" (no puede extenderse sola sin ayuda estatal) en estos tiempos de crisis.

También las empresas, sectores productivos, comercios e industrias necesitan de subvenciones, de fondos públicos, de apoyos y estímulos fiscales con nuevas oportunidades y facilidades crediticias y de otras formas de pago para aquellas deudas. Porque el sector privado en conjunto coadyuva con los fines estatales hacia la producción y distribución de mayor riqueza para generar bienestar general. Entre mayor sea la renta en general, mayores serán los puestos de trabajo y al final mayores serán todos los ingresos estatales por distintos conceptos e impuestos (para soportar las cuentas públicas con cargo de todos).

Esta crisis parece ser una buena excusa para estudiar la conveniencia –o no- de disponer de **ciertos fondos especiales para garantizar tanto a las personas naturales como a las personas jurídicas del sector privado cubrir determinadas necesidades vitales o existenciales** (que estén súper vigilados y controlados para evitar el clientelismo político, la corrupción y desvíos de sus nobles objetivos). No se trata de regalar el dinero público a todos y en forma indiscriminada.

El punto está en establecer en si estas posibles prácticas, caen en la esfera de «*derechos vitales o existenciales*» (entonces exigibles a los poderes públicos con cargo a los presupuestos) o si son más bien «*facultades estatales*» *para responder ante determinadas necesidades extremas, reales y verificables*.

Hay que distinguir entonces que algunas de este tipo de decisiones gubernativas y parlamentarias, constituyen casos de verdaderos «*derechos mínimos vitales*» (ej. las ayudas o subvenciones de los sujetos más necesitados) y en otros casos, son solo «*facultades estatales*» -por tanto potestativas- que solo son proveídas excepcionalmente por razones de conveniencia de cada sistema (ej.: la exoneración del pago de impuestos y otros incentivos fiscales de empresas, comercios e industrias privadas o los pagos de ayudas o subvenciones para cubrir las nóminas de empleados y evitar despidos laborales).

En momentos de pandemia, todos estamos aprendiendo y desaprendiendo. Las instituciones, sistemas y nociones jurídicas siguen poniéndose a prueba. A nivel global, las personas naturales y las personas jurídicas requieren de más acciones, menos discursos y mejores prácticas políticas: "*One year after the outbreak of the COVID-19 crisis, the future looks certainly brighter but it is not yet time to withdraw policy support for people and companies*"[64].

[64] Organitation for Economic Cooperation and Development (OECD). *Supporting jobs and companies: A bridge to the recovery phase*, 10 marzo 2021. https://www.oecd.org/coronavirus/policy-responses/supporting-jobs-and-companies-a-bridge-to-the-recovery-phase-08962553/

LA PROTECCIÓN DEL AMBIENTE FRENTE AL RIESGO DE ACCIDENTES INDUSTRIALES, EN EUROPA Y ESPAÑA

ÁNGEL MANUEL MORENO MOLINA*

SUMARIO

---

* Catedrático de Derecho Administrativo de la Universidad Carlos III de Madrid. Licenciado en Derecho por la Univ. Complutense; *Master of Laws* por la Harvard Law School; Doctor en Derecho, Universidad Carlos III. Miembro de la red de investigadores "*Avosetta*" sobre Derecho ambiental de la Unión Europea. Miembro sustituto de la Sala de Recursos de la Agencia de sustancias químicas de la UE.

1. INTRODUCCIÓN: EL MEDIO AMBIENTE Y LA ACTIVIDAD INDUSTRIAL

La Industria es una de las actividades humanas más nocivas y peligrosas para el ambiente. En primer lugar, para su desarrollo se necesita muchas veces del auxilio de la actividad minera, que extraerá primero del subsuelo los minerales y demás materias primas que serán objeto de proceso industrial (combustión, molturación, transformación física multifactorial, etc.). Actividad minera, inducida por la industria, que ya constituye por sí un factor deletéreo de primer orden para el equilibrio natural. En segundo lugar, durante las operaciones de procesamiento industrial de los insumos manufactureros, se generan tanto residuos (industriales-tóxicos) como emisiones antropogénicas que penetran en la atmósfera, en forma sólida (partículas micrométricas) o gaseosa (NOx, CO2, etc.) y que constituyen cabalmente la fuente más importante de la contaminación del aire.

Mas no son esos aspectos de la actividad industrial los que aquí concitan nuestra atención, sino los daños que pueden provocar al medio ambiente y a las personas los accidentes ocasionados en las instalaciones o complejos en los que se desarrolla la actividad industrial misma, accidentes que por desgracia no son infrecuentes, en todos los rincones del planeta[1]. En efecto, a lo largo de las últimas décadas se han producido numerosos accidentes industriales, y los más graves han alcanzado una triste repercusión mundial: los de Seveso (Italia, 1976), Bhopal (India, 1984), la fábrica Sandoz en Basilea (Suiza, 1986), Enschede (Holanda, 2000) o Toulouse (Francia, 2001), jalonan una triste sucesión de accidentes, de los que el producido recientemente en Bangkok (julio de 2021) constituye el último ejemplo notorio, acaecido a la hora de cerrar estas galeradas[2].

Estos accidentes provocan sucesos tales como fugas de sustancias altamente peligrosas, incendios, formación de nubes tóxicas, contaminación de aguas superficiales y subterráneas, deterioro de espacios na-

---

[1] Vid: Michel Barnier, *L'atlas des risques majeurs. Ecologie, environnement, nature*. Ed. Plon, Paris, 1992.

[2] Vid: Agencia EFE: *Al menos un muerto y 33 heridos en la explosión de una fábrica en Tailandia,* 5 de julio de 2021.

turales, etc. Los desastres más graves son tristemente famosos por el enorme daño provocado a los elementos naturales, pero también por el alto número de víctimas humanas, en muchos casos mortales (sólo en el de Bhopal se contabilizaron miles de muertos)[3]. Muchas de estas bajas se han producido entre los trabajadores que se encontraban en la planta en el momento del suceso. Consecuentemente, todos estos siniestros han servido para "*agitar las conciencias*" de la opinión pública, de políticos y legisladores, dando lugar a la correspondiente respuesta del Derecho ante este problema, tanto a nivel internacional, como regional y nacional. Por razones de contención de espacio, nuestra atención y la exposición que siguen se limitarán al continente europeo, y especialmente a España.

2. LA SEGURIDAD INDUSTRIAL: ACOTACIÓN CONCEPTUAL Y DEFINICIONES

La disciplina jurídica de este problema ha dado lugar a un subsector específico dentro del ordenamiento jurídico-administrativo y ambiental, que recibe usualmente el nombre de "*seguridad industrial*". El Derecho de la seguridad industrial es un campo que engloba diferentes problemas y perspectivas, que van desde la seguridad de las instalaciones industriales (para la evitación de accidentes) hasta la seguridad de los productos (industriales), en su doble acepción de seguridad como carencia de peligro (ejemplo: productos químicos) y seguridad como producto de calidad (calidad de los equipos de protección individual, por ejemplo)[4]. En esta contribución no nos ocuparemos de la seguridad del producto industrial, sino que nos centraremos en la seguridad de las instalaciones industriales y en la actividad administrativa encaminada a evitar que en aquellas se produzcan accidentes (explosiones, fugas o emisiones incontroladas) que puedan dañar a las personas y al medio ambiente.

3 Vid: Dominique Lapierre y Javier Moro: *Era medianoche en Bhopal,* ed. Planeta, Barcelona, 2004.

4 Vid: Juan Ramón Hidalgo Moya, Derecho *del producto industrial: calidad, seguridad y responsabilidad del fabricante.* Edit. Bosch, Barcelona, 1997.

La "*seguridad industrial*" puede ser definida utilizando concepciones doctrinales y legales. Respecto de las primeras, los doctrinantes han definido la seguridad industrial como una actividad administrativa dirigida a la prevención de los daños y la protección contra los riesgos potenciales de la utilización de los productos y el funcionamiento de las instalaciones industriales, teniendo por finalidad limitar las causas que originan dichos riesgos y establecer controles e inspecciones administrativas que prevengan, detecten y eviten esos riesgos[5].

Es decir, la seguridad industrial sería la actividad administrativa que asegura o garantiza la carencia o inexistencia de riesgo o peligro en el desenvolvimiento de la actividad industrial, o que pretende reducirlo al mínimo posible.

Por su parte, la ley española de Industria define la seguridad industrial del modo siguiente: "*prevención y limitación de riesgos, así como la protección contra accidentes y siniestros capaces de producir daños o perjuicios a las personas, flora, fauna, bienes o al medio ambiente, derivados de la actividad industrial o de la utilización, funcionamiento y mantenimiento de las instalaciones o equipos y de la producción, uso o consumo, almacenamiento o desecho de los productos industriales*" (art. 9. 1 de la Ley 21/1992, de 16 de julio, de Industria). Como puede apreciarse, esta definición legal se asienta sobre tres conceptos técnico-industriales, que son igualmente definidos por la misma norma, de la siguiente manera:

(a) industria: se consideran industrias, a los efectos de aquella Ley, "las actividades dirigidas a la obtención, reparación, mantenimiento, transformación o reutilización de productos industriales, el envasado y embalaje, así como el aprovechamiento, recuperación y eliminación de residuos o subproductos, cualquiera que sea la naturaleza de los recursos y procesos técnicos utilizados" (art. 3.1).

(b) instalación industrial: "Conjunto de aparatos, equipos, elementos y componentes asociados a las actividades definidas en esta Ley" (art. 8.2); y, finalmente:

[5] Juan A. Carrillo Donaire, *El Derecho de la seguridad y de la calidad industrial.* Edit. Marcial Pons, Madrid, 2000, pág. 19.

(c) *producto industrial: "cualquier manufactura o producto transformado o semitransformado de carácter mueble aun cuando esté incorporado a otro bien mueble o a uno inmueble, y toda la parte que lo constituya, como materias primas, sustancias, componentes y productos semiacabados" (art. 8.1).*

Por lo tanto, "*industria*" es una actividad humana, consistente en la fabricación u obtención de bienes muebles transformados o semitransformados, y que se desarrolla en el seno de instalaciones y equipos específicamente erigidos para tal actividad económica.

Sobre la base de los elementos que acabamos de exponer, se puede dar ya una definición más completa de la seguridad industrial, desde la perspectiva que va a ser tratada en esta contribución: el conjunto de normas, técnicas e instrumentos jurídicos de que se valen los poderes públicos (en especial las Administraciones públicas) para evitar la producción de accidentes o daños derivados de la explotación de instalaciones industriales, y para reducir los posibles efectos de los mismos sobre el ambiente y las personas (los vecinos y transeúntes y en especial, los trabajadores que se encuentran al interior de esas instalaciones).

3. NOTAS DOGMÁTICAS DEFINITORIAS DEL DERECHO DE LA SEGURIDAD INDUSTRIAL

A continuación hacemos un esfuerzo dogmático-doctrinal para entreverar las notas características o definitorias del derecho de la prevención de accidentes industriales. Evidentemente, este análisis no pretende ser universal, al estar elaborado a la luz referencial del derecho español y europeo.

3.1. Actividad de naturaleza jurídico-administrativa, de amplio espectro

La seguridad industrial, considerada en su sentido lato, es un campo jurídico de amplias dimensiones materiales, que afecta tanto a las Administraciones públicas como a los agentes privados (empresarios, industriales, suministradores, trabajadores). Ahora bien, la seguridad industrial desde la perspectiva que aquí la estamos exponiendo, como actividad dirigida a prevenir el acaecimiento de accidentes o procesos incontrolados es una actividad eminentemente jurídico-administrativa. En efecto, la "*seguridad industrial*" no es un resultado que se obtenga naturalmente del libre juego de las fuerzas del mercado o de las relaciones laborales, sino que tiene que ser un resultado fáctico (la no ocurrencia de accidentes) garantizado por la Administración.

Los motivos para esta categorización son diversos, pero nos detendremos fundamentalmente en dos: por un lado, el ordenamiento jurídico hace recaer sobre la Administración la obligación de velar por la seguridad de las instalaciones y emplazamientos industriales, como parte de su obligación general de velar por la protección del medio ambiente y de evitar los riesgos y accidentes de amplio alcance, y no solo los que nacen por la mano del hombre (por ejemplo, lucha contra las inundaciones). Por consiguiente, el mundo de la seguridad industrial está fuertemente administrativizado, por imperativos constitucionales ligados a la cláusula de "*estado social*".[6]

Por otro, la legislación correspondiente (tal y como se verá a continuación) es una normativa típica de policía administrativa (o "*intervención*") en la esfera jurídica de los particulares (principalmente el dueño o el responsable de las operaciones del establecimiento industrial). Ahora bien, las técnicas utilizadas desbordan el mero marco del policía, puesto que se utiliza un gran número de instrumentos jurídico-administrativos, incluyendo también las técnicas de fomento.

Por lo tanto, la seguridad industrial (al menos la que se centra en los establecimientos fabriles) está configurada como una *actividad* y una *responsabilidad* de corte eminentemente administrativo. Ahora bien, la seguridad industrial tiene que ver también con otras materias conexas, que incluyen la protección civil, la protección del ambiente, la sanidad y la prevención de riesgos laborales.

En relación con este último vector, no hay que olvidar que las víctimas inmediatas de los accidentes industriales son normalmente las personas que se encuentran dentro de la instalación siniestrada, esto es, las personas que trabajan en ella, por lo que la regulación de la segu-

---

6 Vid: arts. 45.2 y 40.2 de la Constitución Española, entre otros.

ridad industrial, sin estar volcada explícitamente a la protección de los trabajadores, los acoge "*necesariamente*" como destinatarios naturales de la actividad preventiva. La regulación de la seguridad industrial y la de la prevención de riesgos laborales son pues, complementarias, aunque abordan la cuestión desde perspectivas diferentes y están inspiradas en unos principios técnico-jurídicos distintos. Ello se manifiesta, en el terreno organizativo práctico, en que las competencias en uno y otro terreno están por lo general asignadas a diferentes Ministerios, Departamentos u Organismos administrativos (por ejemplo, el Ministerio de Trabajo y el de Industria), aunque ello no impide que la legislación de prevención de accidentes industriales (elaborada en el seno del departamento de Industria) suela hacer referencia a esta realidad laboral radical, como se verá más adelante.

3.2. Inexistencia de un código normativo unitario y armónico

Un primer acercamiento al concepto y al contenido jurídico de la seguridad industrial revela que (al menos en España) no existe un régimen homogéneo o comprensivo de la seguridad industrial, no existe un "*código*" unitario de la seguridad industrial. Ello puede deberse a que la "*seguridad industrial*" es un agregado de diferentes materias, un plato complejo en el que confluyen numerosos ingredientes: (1) La actividad de "*policía*" industrial, esto es, la disciplina de la actividad industrial por medio de la regulación y la intervención administrativas, (2) la prevención de riesgos laborales, aspecto antes referido; (3) la protección del ambiente; (4) el urbanismo y el control de la edificación; (5) la sanidad, y finalmente (6) la protección civil y la seguridad pública.

Dada la existencia de estas múltiples ópticas, podemos identificar numerosas respuestas sectoriales ante el problema de la seguridad industrial, que son tantas como las perspectivas o los aspectos desde las que se puede abordar. Ello cristaliza en las técnicas o instrumentos, que se examinan más abajo. Dado que la respuesta jurídica frente a la (in) seguridad industrial no es unitaria, existe una gran dispersión normativa, y en realidad lo único que permite agrupar dogmáticamente las citadas técnicas es su común denominador: reducir al máximo la producción de accidentes industriales y conseguir que, si estos se producen, tengan unos efectos lo más limitados posible. Ahora bien, esas técnicas proceden o pueden proceder de sectores o subcampos administrativos diferentes: el derecho urbanístico, la policía industrial, el derecho del trabajo, la protección civil, etc.

3.3. Principios inspiradores

La preservación de la seguridad industrial y la evitación de los accidentes es una actuación administrativa regida por principios inspiradores específicos. A nuestro juicio, el más importante de ellos es el de "*acción preventiva*", que está recogido expresamente en los tratados de la Unión Europea (en adelante, "UE"). En concreto, el artículo 191.2, primer párrafo, segundo inciso, del Tratado de Funcionamiento de la UE (en adelante, "TFUE") establece que la política ambiental de la Unión se basará, entre otros, "*en los principios de cautela y de acción preventiva*"[7]. La cuestión de si estos principios son diferentes o idénticos, o las dos caras de una misma moneda, ha sido abordada por la doctrina[8]. Más allá de esta cuestión dogmática, a nuestro juicio el sector de la prevención de accidentes industriales está plenamente informado por el principio de acción preventiva, *stricto sensu.*

Este principio presenta una situación paradójica pues, a pesar de haber sido adoptado en el plano europeo -y aún en el internacional- antes que el de cautela, goza habitualmente de menor atención jurisprudencial y doctrinal. Según el Diccionario de la Real Academia de la Lengua, *prevención* significa «*preparación y disposición que se hace anticipadamente para evitar un riesgo o ejecutar una cosa* ». Correlativamente, consiste este principio en una directriz que podemos explicar recurriendo al clásico refrán español « *más vale prevenir que curar*», esto es, es mejor prevenir o evitar la contaminación o el daño ambiental antes de que se produzca, no sea que, una vez producido este, sea demasiado cara su corrección o irreversibles sus efectos. El principio de acción preventiva cristaliza en técnicas como la autorización previa,

---

7 Sobre este principio, vid.. en general: Nicolas de Sadeleer, *Environmental principles. From political slogans to legal rules*, 2ª ed., Oxford Univ. Press. 2020, pp. 85-135.

8 Angel Manuel Moreno Molina, *Derecho Comunitario del Medio Ambiente*, ed. Marcial Pons, Madrid, 2006, pp. 45 y ss.

los análisis sistemáticos del riesgo de instalaciones o la evaluación de impacto ambiental, que permiten conocer *ex ante* las repercusiones negativas de determinada obra o proyecto sobre el medio ambiente, con el fin de reducirlas o evitarlas de plano.

Curiosa y censurablemente, la directiva "*Seveso*" (crucial en este campo, como se verá más adelante) no menciona este principio.

En realidad, puede decirse que todas las directivas ambientales europeas que establecen la exigencia de autorización previa al inicio de actividades están informadas por este principio, dado que la autorización es el instrumento idóneo para que la Administración compruebe el grado de contaminación de la actividad, la prohíba si aquel es excesivo o le obligue a poner en práctica medidas correctoras o preventivas. La prevención (a diferencia del principio de cautela) se basa en dos ideas fuerza: el riesgo, entidad y características del daño ambiental podemos conocerlo anticipadamente (tras la aplicación de los correspondientes protocolos, actuaciones y comprobaciones) y podemos adoptar medidas para neutralizarlo adecuadamente. Esta circunstancia puede servir de base para distinguir entre el principio de acción preventiva y el de cautela, pues éste, en su formulación más radical, se basa en las siguientes ideas: el riesgo de daño ambiental no puede ser conocido anticipadamente porque no podemos materialmente conocer los efectos a medio y largo plazo de una acción. La posibilidad de anticipación es limitada e imperfecta al estar basada en nuestro grado o estadio de conocimientos científicos, los cuales son también limitados e imperfectos. En cambio, en el caso del principio de acción preventiva sí que es posible identificar el daño ambiental antes de que se produzca y se pueden establecer los medios oportunos para evitarlo. Por ejemplo, se sabe con exactitud el tipo de emisiones contaminantes de determinados vehículos automóviles, y se sabe también que la colocación de un catalizador en los mismos reducirá en qué porcentaje la contaminación provocada (principio de acción preventiva). En cambio, todavía no se sabe con certeza si las emisiones procedentes de los vehículos diésel son mucho más cancerígenas que las de la gasolina, como apuntan algunos estudios, por lo que es discutible si se deben limitar o prohibir (principio de cautela).

3.4. Carácter altamente técnico de la normativa, de carácter preponderantemente reglamentario

El régimen jurídico de la seguridad de las instalaciones industriales tiene un alto grado de complejidad técnica. La normativa, en primer lugar, no es vaga o admonitoria, sino que establece con precisión los requisitos técnicos de los emplazamientos industriales, y cuando no lo hace ella misma remite a documentos normativos de base privada (normalización, *vid. infra*). Puede decirse que este sector del ordenamiento jurídico administrativo es una encrucijada en la que se encuentran la Ingeniería y el Derecho. El *corpus* científico que estudia y garantiza la seguridad (en el plano operacional) es la primera, y el segundo le da forma de mandatos jurídicos en el mundo social. La normativa suele ser elaborada en los departamentos de Industria, para ser aplicada igualmente por ingenieros industriales. De ahí que la legislación contenga numerosos conceptos y expresiones técnicas. Esta complejidad técnica confiere una innegable aridez a esta disciplina, lo cual puede explicar que no abunden los manuales o tratados jurídicos sobre ella, al menos salidos de la pluma de los administrativistas. Los ingenieros y los auditores han sido más prolíficos en lo que se refiere a bibliografía.

Sin perjuicio, naturalmente, del juego de las leyes parlamentarias en este terreno, las normas jurídicas más abundantes y relevantes suelen ser, en la práctica, disposiciones administrativas de carácter general, esto es, reglamentos (Reales Decretos, órdenes ministeriales, etc.), que fungen como "*desarrollo reglamentario*" de aquellas normas parlamentarias (en España, principalmente su Ley de Industria de 1992). En este campo, las leyes parlamentarias se suelen limitar a establecer objetivos y principios generales.

Junto a su grado de detalle, la normativa está paradójicamente preñada de mandatos redactados de forma genérica en torno al concepto matricial "*seguridad*" (por ejemplo, planta industrial "segura"; tanque de almacenamiento "*estanco*", adopción de "*todas las medidas necesarias*", etc.) que atribuyen correlativamente a la Administración competente un amplio margen de apreciación técnica, para comprobar o dictaminar si la empresa cumple "*satisfactoriamente*" con sus obligaciones legales.

3.5. Profunda *europeización* de la normativa

Desde los años ochenta, la UE (entonces "*Comunidad Europea*") ha venido dictando un conjunto de disposiciones en materia de seguridad y prevención de accidentes industriales (que se analizan en el epígrafe 6, *infra*). En este lugar de la contribución interesa sobremanera destacar esta circunstancia, pues ello tiene una influencia extraordinaria en el derecho "*interno*" de los 27 estados miembros (en adelante, "*EM*") que actualmente componen la Unión. En efecto:

Por un lado, la UE, cuando regula esta materia, aprueba normativa que técnico-jurídicamente constituye "*normativa ambiental*", pero que tiene una evidente proyección sobre la "*industria*", campo material este en el que la UE (al menos hasta la fecha) carece de competencias relevantes[9]. Esto es, la UE no podría aprobar una directiva o reglamento que formalmente versaran sobre "*industria*", por causa de incompetencia; en cambio, puede aprobar una norma ambiental (sobre la base del art. 192 del TFUE), que puede tener la más amplia y profunda incidencia regulatoria posible sobre el mundo de la industria. Por lo tanto, la Directiva "*Seveso III*" es una directiva "*ambiental*" pero al mismo tiempo una de las normativas *industriales* más importantes de la UE.

En segundo lugar, la actividad normativa de la UE busca no solo proteger el medio ambiente y las personas frente a los accidentes industriales, sino que también pretende establecer una normativa común a todos los EM de la Unión, de modo que ninguno de ellos pueda hacer "*dumping*" ambiental para atraer inversiones extranjeras, mediante el establecimiento de normativas nacionales más laxas.

En tercer lugar, la regla general en el Derecho ambiental de la Unión es que los EM pueden introducir normativa ambiental más estricta que la establecida a nivel europeo (art. 193 del TFUE), por ejemplo, cuando incorporen las directivas en sus ordenamientos jurídicos. Sin embargo, esta operación (conocida coloquialmente como "*gold-platting*" en la jerga de Bruselas) es difícil de materializar en el campo de la seguridad industrial, porque la normativa europea es asaz extensa, precisa y rigurosa. La consecuencia de todo ello es que la normativa

9 En materia de industria, La UE solo puede llevar a cabo "*acciones*" destinadas a apoyar o coordinar la acción de sus EM (art. 6 del TFUE).

europea constituye una suerte de armonización profunda de las normativas de los 27 EM[10]. En este como en otros campos, los EM han perdido una parte importante de su "*soberanía*", en el sentido de que no pueden aprobar las reglas de seguridad industrial que estimen pertinentes, pues están primero obligados a "*recepcionar*" en sus ordenamientos las disposiciones europeas. Por lo tanto, el estudio de la seguridad industrial en Francia o en España depara, en principio, muchas similitudes o coincidencias, pues ambas normativas internas, si bien han sido dictadas por los poderes político-administrativos constituidos de cada EM, responden a la misma normativa originaria, que es bien detallada, precisa y exhaustiva. Sobre esta idea se volverá más adelante, cuando expongamos la legislación española.

3.6. Un abanico variado de técnicas jurídico-administrativas, al servicio de la seguridad industrial

Una vez identificadas las diferentes perspectivas desde las que se puede afirmar o garantizar la seguridad de las actividades y productos industriales, debemos explorar cuáles son las técnicas y los instrumentos que el Derecho ha dispuesto para conseguir ese objetivo. El *corpus* jurídico de la seguridad industrial se caracteriza, entre otras circunstancias, por reunir una rica variedad de técnicas, entre los que destaca el apoderamiento a la Administración pública para ejercitar un amplio abanico de funciones y potestades administrativas. Dichos instrumentos son objeto de exposición en el rubro siguiente.

4. LAS TÉCNICAS AL SERVICIO DE LA SEGURIDAD INDUSTRIAL

Como se ha dicho más arriba, la seguridad del establecimiento industrial en cuanto edificación productiva se intenta garantizar a través

---

10 Como es conocido, las directivas que aprueba la UE deben ser luego "*transpuestas*" o incorporadas por los EM en sus ordenamientos jurídicos respectivos, a través de las normas procedentes. El resultado final es que las normativas nacionales sufren un proceso de "*armonización*". Quiere esto decir que la normativa de Grecia o la de Francia, al final del periodo de transposición, son muy parecidas, en cuanto dimanan de la misma norma-madre.

de diferentes instrumentos y técnicas, elaboradas fragmentariamente en diferentes disciplinas jurídicas, pero que "*convergen*" en este campo.

4.1. La planificación del uso del suelo

Uno de los aspectos más importantes de la seguridad industrial es determinar el emplazamiento donde se erigirán las futuras industrias, con el fin de evitar o limitar los daños al ambiente y a las personas, si es que el accidente se llegara a producir. Por ello, el Derecho regula y disciplina la localización de la futura planta industrial, esto es, dónde se va a construir o, incluso, si se puede o no construir dicha instalación. Este aspecto "*estratégico*" de la seguridad industrial lo regula el Derecho urbanístico. Aquí, como en otros aspectos, es el Urbanismo la ciencia suprema.

En efecto, la posibilidad misma de que pueda construirse una instalación industrial potencialmente "*peligrosa*" en un lugar determinado depende de que los instrumentos oportunos de planeamiento urbanístico, a través de las técnicas de la "*clasificación*" y "*calificación*" urbanística de los predios, así lo permitan. No se puede construir una planta industrial libremente, o donde quiera el empresario (por ejemplo en el interior de una gran ciudad) sino sólo en los emplazamientos (terrenos, parcelas o solares), en los que sea lícito urbanísticamente.

Por ejemplo, los planes urbanísticos pueden establecer áreas, ámbitos, polígonos o unidades de suelo en los que necesariamente (y sólo ahí) se puede levantar esa planta fabril, con el fin de que, en caso de accidente industrial, sus efectos no afecten a los habitantes del municipio o a bienes ambientales preciosos (por ejemplo, un espacio natural protegido), o les alcancen lo menos posible. O pueden incluso no prever en absoluto la existencia de suelo para esas edificaciones, con lo que, en la práctica, se estaría evitando "*de raíz*" el peligro del accidente industrial en una localidad determinada, puesto que no se podría construir ninguna industria.

4.2. La regla del alejamiento

Todavía en el terreno de la maestría y ordenación del espacio, surge otra técnica urbanística posible en este terreno, que goza de bastante solera en España y en otros países europeos que siguen la tradición de las *activités classées* de origen francés: el establecimiento de reglas que disponen que las instalaciones peligrosas, con carácter general, deben construirse respetando una distancia mínima determinada del núcleo de población preexistente ("*regla del alejamiento*"). Un ejemplo de esta técnica se encuentra en el Reglamento de Actividades Molestas, Insalubres, Nocivas y Peligrosas (RAMINP), aprobado por Decreto 2414/1961, de 30 de noviembre. Este reglamento definía a las actividades peligrosas como aquellas "*que tengan por objeto fabricar, manipular, expender o almacenar productos susceptibles de originar riesgos graves por explosiones, combustiones, radiaciones u otros de análoga importancia para las personas o los bienes*" (art. 3). En punto a su emplazamiento, el artículo 4 dispone que "*en todo caso, las industrias fabriles que deban ser consideradas como peligrosas o insalubres sólo podrán emplazarse, como regla general, a una distancia de 2.000 metros, a contar del núcleo más próximo de población agrupada*"[11].

Esta regla "*del alejamiento*" se ha cumplido con carácter general en España, puesto que, a la hora de solicitar la preceptiva licencia para un nuevo emplazamiento industrial, los ayuntamientos han solido verificar que el mismo se encontraba más allá de esa distancia del núcleo de población más cercano. Las industrias, por lo tanto, se han solido construir fuera de las ciudades. Sin embargo, el proceso de crecimiento urbanístico generalizado que ha experimentado Europa (y España a su vanguardia) durante las últimas décadas ha propiciado una realidad tristemente común: los entes locales han aprobado y fomentando crecimientos urbanísticos expansivos de la ciudad, que poco a poco se han ido acercando a las fábricas ya existentes en el extrarradio, hasta que los establecimientos industriales peligrosos han quedado "*engullidos*" por el crecimiento urbanístico y "*encastrados*" en la trama urbana. Esta circunstancia, por desgracia, se da en cientos de establecimientos industriales a lo largo y ancho de Europa. Consiguientemente, cuando se produce un accidente industrial en dichas instalaciones, los daños ma-

---

11 En ciertas Comunidades Autónomas españolas, este reglamento ha sido derogado y sustituido por normativa propia, normativa que por desgracia no suele ser tan precisa.

teriales y ambientales, así como las pérdidas de vidas humanas suelen ser significativas.[12]

4.3. La reglamentación intensa de la infraestructura industrial

La primera función de los poderes públicos en materia de seguridad industrial consiste en establecer las normas y reglas jurídicas necesarias que determinen las condiciones de seguridad que han de regir los diferentes aspectos del proceso manufacturero, entre los que destaca el funcionamiento de las instalaciones industriales. Ello principia por la reglamentación intensa del diseño de la instalación industrial, lo que se consigue a través de los *Reglamentos técnicos de seguridad*, que se analizan más adelante (vid. rubros 7.3 y 7.4). En estas normas se regulan al detalle todos los requisitos técnicos de seguridad que deben reunir las instalaciones industriales, en lo relativo al diseño, construcción, estructura, disposición interna u operación.

4.4. Referencia-remisión a documentos *"normativos"* privados

La enorme complejidad técnico-ingenieril de la seguridad industrial impide que las normas jurídicas puedan regular exhaustivamente cada aspecto de los establecimientos industriales, de sus elementos y de su funcionamiento operativo. Es por ello que las normas jurídicas hacen frecuentes referencias o reenvíos a documentos *normativos* de origen privado, tales como las "*normas industriales*" (que son producto de la normalización)[13] o a mecanismos de vigilancia y supervisión igualmente privados como la certificación o la acreditación, o la inspección por Organismo de Control (certificado). Es habitual, igualmente, la exigen-

---

[12] La situación, evidentemente, es una bomba de relojería que puede provocar consecuencias catastróficas como las producidas por el accidente (explosión de nitrato de amonio) acaecido el 21 de septiembre de 2001 en una fábrica de fertilizantes de la empresa AZF en Toulouse (Francia) en el que murieron 31 personas y hubo más de 2500 heridos, amén de daños materiales cuantiosos.

[13] La ley española de Industria define la *norma industrial* como: "*la especificación técnica de aplicación repetitiva o continuada cuya observancia no es obligatoria, establecida con participación de todas las partes interesadas, que aprueba un Organismo reconocido, a nivel nacional o internacional, por su actividad normativa*" (art. 8.3).

cia, en su caso, de que en las instalaciones se empleen equipos, aparatos o equipamientos "*homologados*"[14] o "*certificados*"[15].

Por ejemplo, supongamos que en una industria química se deben emplear llaves de paso "*seguras*" en las tuberías de trasiego de líquidos entre cubas de almacenamiento, que sean capaces de cortar efectivamente el paso de sustancias peligrosas y eviten fugas. Evidentemente, la normativa de seguridad industrial no puede regular ella misma todos los complejos aspectos de la seguridad de esa llave de paso (material con la que tiene que estar fabricada, paso de rosca, dimensiones, comprobaciones de calidad a efectuar, ensayos de tipo que certifiquen su seguridad, etc.). De ahí que la norma jurídica, en ese caso, puede obligar al empresario a utilizar llaves de paso que cumplan determinada *norma* industrial de tipo "*ISO*", "*CEN*" o "*UNE*" (en el caso de España), que regulan exhaustivamente y con rigor técnico todos esos aspectos. Este fenómeno se conoce como "*remisión a normas industriales*", y convierte a dichas "*normas*" en obligatorias, cuando son en principio estrictamente voluntarias.

4.5. Sumisión a licencia o autorización previa

Otra técnica importante que viene en auxilio de la evitación del accidente industrial consiste en la potestad de la AP para comprobar, con carácter previo u obligatorio, que las industrias que se pretenden construir lo serán en los emplazamientos en los que están permitidas; que cumplen con todos los requisitos urbanísticos, industriales y ambientales que les sean de aplicación, etc. Ello se instrumenta por medio de las autorizaciones administrativas o "*licencias*" pertinentes. De ahí que la sumisión a licencia previa de los establecimientos industriales sea una técnica universal en este terreno, que permite a la AP controlar el cumplimiento de los requisitos de seguridad de las instalaciones industriales.

---

14 El art. 8.7 de la Ley española de Industria define la homologación como: "*Certificación por parte de una Administración Pública de que el prototipo de un producto cumple los requisitos técnicos reglamentarios*".

15 El art. 8.6 de la Ley española de Industria define la certificación como: "*La actividad que permite establecer la conformidad de una determinada empresa, producto, proceso o servicio con los requisitos definidos en normas o especificaciones técnicas*".

Para construir y explotar una instalación industrial es preciso por tanto contar con licencias o autorizaciones previas, generalmente exigidas por legislaciones sectoriales diferentes (urbanismo, industria, medio ambiente). En este sentido, es importante subrayar que, aunque un amplio proceso desregulador ha recorrido recientemente la UE, estableciendo la simple comunicación previa o declaración responsable por parte del empresario para el inicio de numerosas actividades económicas, este sector de la seguridad industrial no se ha visto afectado por aquel. Ello es así por razones obvias: dados los bienes jurídicos que la seguridad industrial quiere preservar, la propia normativa europea que ha establecido este "*giro copernicano*" en la filosofía regulatoria de la intervención administrativa previa, excluye de la misma los supuestos de actividades económicas en que concurran circunstancias imperativas de seguridad pública y de protección del medio ambiente, y/o las instalaciones susceptibles de causar daños al ambiente. Esta materia, es evidente, entra de lleno en este supuesto de "*subsistencia*" de las licencias clásicas.[16]

4.6. La reglamentación de la seguridad del proceso industrial

Una vez construida la planta industrial en el lugar donde puede serlo legalmente, y obtenidas las licencias necesarias para su puesta en marcha (tras realizar, en su caso, la evaluación de impacto ambiental), es preciso acometer las diferentes actuaciones encaminadas a garantizar la seguridad industrial desde la perspectiva operativa o del proceso fabril. Ello se intenta conseguir a través de la normativa de "*prevención de accidentes industriales*" o de "*accidentes graves*", *stricto sensu*, que establecen un conjunto de obligaciones para el empresario, y que atiende a los aspectos operativos del proceso industrial.

Secuencialmente, pues, la prevención del accidente grave es una actuación que sigue a la evaluación del posible impacto de la industria: esta sólo se refiere a un proyecto que está en el papel, mientras que la seguridad industrial se concreta sobre una instalación que ya está en marcha, o a punto de serlo.

---

16 Sobre estas cuestiones, vid: Luciano Parejo Alfonso, *Lecciones de Derecho Administrativo*, Edit. Tirant lo Blanch, Valencia, 10ª ed. Revisada, 2020, págs. 556-557.

4.7. Prohibiciones

La Administración pública puede prohibir la entrada en funcionamiento de actividades que tienen un potencial impacto negativo en el ambiente y en la población, entre las que figura naturalmente las instalaciones industriales que, a juicio del órgano competente, no cumplan con los requisitos legales y reglamentarios exigidos. Interesa resaltar aquí que, tal y como se ha dicho más arriba, la Administración goza de un amplio margen de apreciación técnica para determinar, a través de sus funcionarios especializados, si tales condiciones de seguridad se cumplen plenamente en una instalación dada.

4.8. Imposición en el "*industrial*" de obligaciones positivas de hacer

La normativa destinada a evitar la producción de accidentes industriales suele imponer obligaciones positivas de hacer en las empresas titulares de los establecimientos, entre las que figuran, a modo de ejemplo:

(a) Comunicaciones previas al inicio de la actividad, por parte de las empresas titulares.

(b) Obligación de la empresa de informar a la autoridad competente acerca de la ocurrencia o manifestación de algún suceso imprevisto o accidente industrial.

(c) Inscripción en registros de la Administración: registro actividades industriales peligrosas, etc.

(d) Informar del cumplimiento del condicionado ambiental o de la efectiva materialización de las medidas correctoras impuestas como consecuencia de una inspección industrial.

(e) Puesta en conocimiento, por parte de las empresas, de todos los aspectos relativos a los daños ambientales o a la amenaza de tales daños[17].

(f) Obligación de informar a la población.

(g) Elaboración de documentos, "*políticas*" y protocolos internos en los que se identifican los riesgos de la industria y se establecen protocolos de reacción en el caso de que ocurran accidentes.

---

17 Art. 17.4 de la Ley 26/2007, de 23 de octubre, de Responsabilidad Ambiental

4.9. Ejercicio de las potestades de vigilancia, inspección y sanción

Más allá del debate doctrinal sobre si la "*vigilancia*" y la "*inspección*" administrativas pueden conceptualizarse y sistematizarse de manera separada o autónoma[18], lo cierto es que ambas son figuras habituales en este campo. La Administración, primero, "*vigila*" o supervisa de manera "*rutinaria*" diferentes extremos de la seguridad industrial (la no ocurrencia de accidentes, la constatación de que los planes de seguridad y otros documentos han sido elaborados y entregados por las empresas, etc.). Desde esa perspectiva, la vigilancia constituye una actividad real o técnica. Es una pura actuación material, que se desenvuelve en principio en el contexto de los principios de discrecionalidad y oportunidad (vigilar o no vigilar, cómo y cuándo vigilar). Además, es una actividad que por regla general no cristaliza en, o se materializa a través de, relaciones jurídicas con particulares. La existencia de la vigilancia, que puede cristalizar en inspecciones y eventualmente sanciones, está expresamente prevista en las normativas de todos los países europeos, y desde luego en España, tal y como se verá más adelante

Aparte de vigilar, o como consecuencia de dicha actividad, la Administración realiza inspecciones formales en los recintos industriales, para verificar con detalle si estos cumplen con los requisitos legales y reglamentarios. Esta inspección o vigilancia puede ser previa al inicio de las actividades o permanente durante la actividad, e incluye: (a) la adopción de medidas provisionales; (b) la suspensión o paralización de actividades; (c) la retirada de productos.

Cabe indicar que, como consecuencia de la europeización de la normativa a la que ya se ha hecho referencia, la vigilancia y la inspección de establecimientos industriales no se puede configurar ya como una actividad "*libre*" o voluntaria de la Administración, sino como una auténtica obligación del EM, que puede ser fiscalizable por las institu-

---

18 Vid: Angel Manuel Moreno Molina: "*La tarea administrativa de vigilancia y supervisión en el sector de la protección ambiental: reflexiones críticas y características más destacadas*", en: (Luciano Parejo, Dir.): *Estudios sobre la vigilancia y la supervisión como tareas de la Administración en sectores de referencia.* Ed. Tirant lo Blanch, Valencia, 2017, pp. 119-147.

ciones europeas. En efecto, la elaboración de planes de inspección y vigilancia ambiental viene cada vez más configurada como una obligación dimanante del Derecho de la Unión, que afecta a cada uno de los niveles territoriales de sus EM, en función de la distribución de competencias en el sector. Así, en el terreno de la prevención de accidentes industriales, la Directiva 2012/18/UE *(vid, infra)* regula con detalle los planes de inspección de estas industrias peligrosas, lo que se ha materializado en la normativa de sus EM, como se verá más adelante.

Otro aspecto muy interesante en este campo y que no puede ser soslayado es que, debido al alto número de empresas, establecimientos y emplazamientos industriales, es habitual que las actividades de comprobación y control no se lleven a cabo directamente por agentes o funcionarios de la Administración, sino por parte de entidades privadas que actúan *para* la Administración en virtud de diferentes fórmulas jurídicas. En España, estas organizaciones privadas se suelen denominar "*Organismo de Control Autorizado*" (OCA), y verifican por encargo de la Administración el cumplimiento de carácter obligatorio de las condiciones de seguridad de productos e instalaciones industriales mediante actividades de certificación, ensayo, inspección o auditorías.

Esta colaboración de sujetos privados está por regla general regulada o permitida expresamente por la legislación ambiental, como hace el art. 43.3 de la Ley española de Residuos[19]. En el campo de la industria, la Ley española de Industria regula estos organismos en su art. 15, y los habilita expresamente para verificar el cumplimiento de las condiciones de seguridad de los establecimientos industriales, mediante el empleo de los procedimientos de evaluación de la conformidad establecidos reglamentariamente[20].

Finalmente, si la Administración competente en materia de industria comprueba que determinada instalación está operando sin cumplir las diferentes disposiciones que disciplinan sus diferentes elementos técnicos u operativos de la seguridad industrial, pueden imponer medi-

---

19 Art. 43.3. "*Las funciones de vigilancia, inspección y control podrán ser llevadas a cabo con el apoyo de entidades colaboradoras debidamente reconocidas conforme a las normas que les sean de aplicación*".

20 Vid. igualmente, el Decreto 60/2015, de la Generalidad de Cataluña, sobre entidades colaboradoras del medio ambiente, y la Oficina de Acreditación de tales entidades.

das aflictivas o "*castigos*" al empresario, que pueden ser de diferentes clases: multas pecuniarias, suspensión o revocación de autorizaciones, determinaciones accesorias (reposición al estado anterior, etc.).

4.10. Empleo de técnicas no coactivas

Por último, la Administración no sólo trabaja en pos de la seguridad industrial desde una posición de "*superioridad*" o *puissance publique*, como "*controlador*" de actividades privadas, sino que también pone en práctica medidas de fomento, no coactivas, que pueden consistir en el otorgamiento de premios, menciones honoríficas y subvenciones[21]. Esta política "*no coactiva*" puede exhortar a las empresas a poner en práctica mecanismos de base corporativa y voluntaria, como el sistema europeo de gestión ambiental "*EMAS*" o la norma ISO 14000, la eco-etiqueta, o la certificación de productos e instalaciones. Está comprobado que la asunción de estos protocolos "*voluntarios*" aumenta exponencialmente la seguridad de las instalaciones industriales.

5. LA NORMATIVA DE LA SEGURIDAD INDUSTRIAL: REGULACIÓN INTERNACIONAL

Aunque un accidente industrial es un fenómeno de ámbito esencialmente local (sin perjuicio de que produzca efectos que se noten a larga distancia) la normativa que gobierna este sector de la realidad social constituye un trabado complejo de reglas, generadas tanto a nivel internacional como nacional.

Así, en el plano del Derecho internacional, la norma más importante en este campo (al menos por lo que hace al continente europeo) es el Convenio sobre los efectos transfronterizos de los accidentes industriales, hecho en Helsinki el 17 de marzo de 1992. Al igual que los convenios (más conocidos) de Espoo y Aarhus, este fue negociado y convenido en el marco de la Comisión Económica para Europa, de las

---

21 Por ejemplo, en España se conceden premios a la seguridad industrial. En concreto, en 2021 se estableció en la Comunidad Valenciana la I Edición de los Premios Seguridad Industrial de dicha región, unos galardones otorgados por la Administración cuyo objetivo es premiar a las empresas y los profesionales que hacen un esfuerzo destacado por la seguridad industrial.

Naciones Unidas (UN-ECE), organización de carácter regional (con naturaleza de agencia especializada de la ONU) a la que pertenecen todos los países de la Europa "*física*", más Canadá y EEUU, totalizando 56 estados miembros[22].

Este convenio regional fue firmado por España el 12 de marzo de 1992 y ratificado el 16 de mayo de 1997. El instrumento de ratificación, y el texto del convenio en lengua española se publicaron en el "*Boletín Oficial del Estado*" (en adelante, "B.O.E"), de 11 de marzo de 2000. El convenio entró en vigor el día 19 de abril del 2000. También ha sido "*celebrado*" por la Unión Europea, lo que tiene las consecuencias que se verán más adelante.

Se trata de una norma convencional que pretende reducir el riesgo de que un accidente industrial que se produzca en el territorio de un estado cause consecuencias negativas o dañosas en el territorio de otro. Para empezar, el convenio establece una serie de definiciones esenciales, como el de "*accidente industrial*" (art. 1), que es de gran importancia para la acotación técnica y jurídica de la materia que estamos abordando. Según el convenio, un accidente industrial es "*un acontecimiento resultante de un fenómeno incontrolado durante cualquier actividad en la que se utilicen sustancias peligrosas*".

Se aprecia en esta definición cómo el accidente industrial está íntimamente unido o conectado con la utilización de sustancias (químicas) peligrosas, aspecto éste que veremos reproducido en la normativa europea (vid infra). Por otro lado, dispone de manera asaz vaga que "*las partes adoptarán las medidas oportunas para prevenir los accidentes industriales, incluidas las medidas destinadas a incitar a los explotadores (es decir, las empresas dueñas de las instalaciones y establecimientos industriales) a actuar con el fin de reducir el riesgo de tales accidentes*". Entre esas medidas podrán figurar, entre otras, las mencionadas en el anexo IV del Convenio. Dicho anexo recoge hasta nueve clases de medidas, que van desde la "*fijación de objetivos generales o particulares en materia de seguridad*", a la adopción de disposiciones legales o de directrices relativas a las medidas y normas de seguridad.

---

22 Vid. el portal oficial de la UNECE: www.unece.org. Más referencias específicas sobre este convenio en: http://www.unece.org/env/teia/text.htm

De gran interés es el art. 9 del convenio, porque conecta con lo que se ha denominado "*derechos de democracia ambiental*", y que están regulados de manera más acabada en el conocido Convenio de Aarhus, también surgido de la UN-ECE. En efecto, dicho precepto establece determinadas normas sobre información y participación del público, que se desarrollan con más precisión en el Anexo VIII. Es innegable que existe un interés evidente por parte de las personas que viven en las cercanías de una instalación industrial peligrosa por conocer cuáles son los riesgos que tal establecimiento tiene y cuáles son los escenarios de riesgo en los que sus vidas y haciendas pueden verse comprometidas por aquellas. Esta inquietud-derecho ha tenido en el ámbito europeo una gran trascendencia, puesto que ha llegado a provocar incluso una conocida sentencia del Tribunal Europeo de Derechos Humanos (TEDH), concretamente el caso *Guerra*[23].

Por otra parte, el convenio de Helsinki obliga a los estados firmantes a que adopten medidas en el caso de que se produzca el accidente (arts. 10-12), así como distintas iniciativas destinadas a reforzar la cooperación internacional en este campo. Finalmente, el emplazamiento de la planta industrial peligrosa también es objeto de preocupación en el Convenio, pues manda que se adopten medidas para su disciplina jurídica (artículo 7 y anexo VI), algo que deberá instrumentarse a través de las técnicas de planeamiento urbanístico.

En síntesis, esta norma ius-internacional regional establece un marco bastante amplio y vago de obligaciones internacionales. En la medida en que España (y la Unión Europea) lo han ratificado, las respectivas normativas europeas y española deben respetarlo, aunque la organización internacional de la que emana tiene poderes muy limitados para el seguimiento de su aplicación.

---

23 Sentencia 14967/89 del TEDH, *Guerra y otros c. Italia*, de 19 de febrero de 1998. En este asunto, los actores (principalmente mujeres) alegaron que vivían en las cercanías de una fábrica química de la empresa Enichem, potencialmente peligrosa, ubicada en Manfredonia (Italia). A pesar de sus requerimientos y esfuerzos, ni la empresa ni las autoridades italianas habían informado a aquellas de la tipología de la fábrica, ni de los riesgos que comportaba su funcionamiento. El tribunal de Estrasburgo entendió que esta situación de ignorancia y desinformación alegada por las valerosas e inquietas mujeres (e imputable a la república italiana) suponía una violación del art. 8 del Convenio Europeo de Derechos Humanos (CEDH), que consagra el derecho humano a la vida privada y familiar.

6. LA ACCIÓN DE LA UNIÓN EUROPEA EN LA MATERIA

6.1. Introducción

Como es conocido, la Unión Europea (en adelante, "*UE*") es una organización de integración supranacional, cuyos orígenes se remontan a los años 50 de la pasada centuria (fundación de la CECA, 1951) y que en la actualidad se compone de 27 EM, que han cedido a dicha organización amplias parcelas de su soberanía y de su capacidad efectiva de elaborar políticas públicas en variados campos (medio ambiente, agricultura, pesca, comercio, fronteras, etc.). Dentro de su imponente actividad legislativa (pues se cuentan por miles sus normas jurídicas obligatorias, en forma de directivas o reglamentos) destaca la que ha tenido por objeto la protección del medio ambiente, pues se remonta a los años setenta del pasado siglo y actualmente está compuesta por más de 300 directivas o reglamentos, amén de multitud de programas, estrategias y planes del más variado signo, acervo normativo que toca prácticamente todos los temas ambientales[24].

6.2. La normativa europea de prevención de accidentes industriales: evolución

En el campo específico de la prevención de accidentes industriales, la Comunidad Europea (antecedente directo de la actual UE) promulgó a partir de los años ochenta un conjunto de normas (con naturaleza de "*directivas*") que han tenido una doble finalidad: en primer lugar, prevenir que se produzcan accidentes industriales graves con resultados lesivos para la población cercana y para el medio ambiente próximo a la planta industrial siniestrada. En segundo lugar, conseguir que si, a pesar de todas las medidas precautorias, el accidente llegara a producirse, sus efectos nocivos sean los menores posibles mediante una adecuada preparación y respuesta de la Administración.

Por otro lado, las directivas aprobadas por la UE conforman una serie armónica, puesto que se ha ido elevando progresivamente el nivel

---

24 Sobre ese sector del derecho de la Unión, vid: Ángel Manuel Moreno Molina, *Derecho comunitario del medio ambiente.* Edit. Marcial Pons, Madrid, 2006; Jan Jans, *European Environmental Law, after Lisbon.* Europa Law Publishing, Groningen, 4th revised edition, 2011; Ludwig Krämer, *EU Environmental Law,* 7th ed. Sweet & Maxwell, 2012.

de protección ambiental y de intervención administrativa de las instalaciones industriales peligrosas. Limitada inicialmente a la disciplina de las instalaciones industriales, esta normativa ha ido ampliando progresivamente su radio de aplicación, hasta convertirse en un régimen "*horizontal*" del accidente en el que intervengan sustancias peligrosas, nuevo punto basal sobre el que gira toda la regulación europea.

Desde el alumbramiento de la primera directiva en 1982, que se conoce coloquialmente por el nombre de la ciudad donde se produjo uno los primeros accidentes industriales graves (vid. infra), hasta la última norma, aprobada en 2015, la legislación europea en este terreno ha ido desarrollándose y aquilatándose, a veces a impulsos de los sucesivos accidentes graves que han ido ocurriendo en Europa.

La serie de disposiciones europeas sobre seguridad industrial se inició con la Directiva 82/501, de 24 de junio de 1982, relativa a los riesgos de accidentes graves en determinadas actividades industriales[25]. Esta norma se conoce habitualmente como "*Directiva Seveso*" por el peso que en su promulgación tuvieron los graves sucesos producidos en la ciudad italiana del mismo nombre en 1976: un accidente industrial en la planta de la empresa "*Icmesa*" produjo la liberación de una nube tóxica de dioxinas. Junto a la grave contaminación atmosférica provocada por el accidente, hubo que movilizar y evacuar a miles de personas del entorno de la planta, y cientos de personas sufrieron serias consecuencias de salud con posterioridad. Como consecuencia de aquel episodio, la Comunidad Europea se percató de la falta de normas específicas que disciplinaran estos riesgos, lo que la llevó a promulgar la directiva reseñada. Esta primera norma comunitaria ya nació con una compleja estructura, con numerosos anexos y definiciones técnicas, rasgo estructural que habrían de heredar las normas posteriores.

Conviene destacar que esta primera directiva se aprobó en una época en la que la (por entonces) Comunidad Económica Europea ("*CEE*") carecía de competencias expresas, según su tratado fundador, para adoptar normas en materia de medio ambiente. Por lo tanto, su

---

[25] Publicada en el Diario Oficial de la Comunidad Europea ("DOCE") nº L 230, de 5 de agosto de 1982.

base jurídica se determinó en títulos jurídicos alternativos, cabalmente los arts. 235 y 100 del Tratado CEE).

El corazón de esta norma estaba constituido por un conjunto de medidas destinadas a prevenir la producción de accidentes graves en instalaciones industriales, medidas que recaían en "*el fabricante*", esto es, el titular del emplazamiento. En cuanto a las obligaciones de la Administración Pública competente, ésta debía garantizar la adopción de las medidas urgentes que fueran pertinentes y de recoger las informaciones necesarias. Para ello se le atribuían potestades genéricas de policía (inspección, control, etc.). Aunque en principio pueda parecer que es una figura sectorial (policía administrativa de la industria), a nuestro juicio la técnica que estamos exponiendo reúne claramente las notas de horizontalidad y transversalidad que la convierten en un instrumento normativo de muy amplio espectro. Ello es así porque la regulación europea actual ya no es una normativa exclusivamente industrial, sino una disciplina integral del accidente en el que intervienen sustancias peligrosas, y porque es una regulación que tiene un contenido de amplio espectro que afecta a cuestiones tan variadas como la policía industrial, la protección civil, la protección de los trabajadores dentro de la planta, el urbanismo, y sobre todo, la protección del medio ambiente en todos sus componentes. No es por lo tanto una norma de protección del aire, o del agua, o del suelo, sino de todos estos elementos.

La directiva "*Seveso*" fue posteriormente modificada en varias ocasiones. La Directiva 87/216, de 19 de marzo de 1987[26] la modificó en cuestiones puntuales (anexos y definiciones técnicas). De mayor calado fue la modificación operada por la Directiva 88/610/CEE, de 14 de noviembre de 1988[27]. Hasta ese momento, la directiva "*Seveso*" establecía (de modo pionero) que las personas que pudieran verse afectadas por un accidente industrial grave podían acceder a la información relativa al emplazamiento industrial, a los riesgos presentes en el mismo y a las diferentes cuestiones de seguridad. La Directiva 88/610 mandó que esa información le fuera suministrada "*de oficio*" a la ciudadanía, sin necesidad de solicitarla expresamente (por ejemplo, a través de folletos

26 Publicada en el DOCE L 85, de 28.3.1987.
27 DOCE L 336, de 7.12.1988.

o paneles informativos). La directiva "*Seveso*" fue modificada nuevamente otras dos veces, para enmendar sus anexos técnicos, a través de sendas disposiciones: la Directiva 90/656/CEE[28] y la Directiva 91/692/CEE[29].

Un desarrollo legal más importante llegaría en el año 1996, cuando la Comunidad Europea promulgó la Directiva 96/82/CE, del Consejo, de 9 de diciembre de 1996, relativa al control de los riesgos inherentes a los accidentes graves en los que intervengan sustancias peligrosas[30] conocida usualmente como "*Seveso II*", porque reemplazó por completo a la directiva de 1982. A diferencia de su predecesora, esta norma europea se basó ya expresamente en el artículo 130S del TCE (que atribuía a dicha Comunidad competencias expresas en materia de medio ambiente).

La Directiva 96/82 tenía por objetivo confeso fundamental la prevención de accidentes graves con el fin de limitar sus repercusiones en las personas y el medio ambiente (art. 1). A pesar de ello, tras la aprobación de esta norma se produjeron en la UE varios accidentes graves, concretamente en Enschede (Holanda, mayo de 2000), en Toulouse (septiembre de 2001, arriba citado) y en las explotaciones mineras de Aznalcóllar (España, 1998) y Baia Mare (Rumanía, 2000).

Las enseñanzas prácticas extraídas de estos tristes episodios aconsejaron modificar algunos aspectos técnicos de la directiva "*Seveso II*", empeño que se materializó a través de la Directiva 2003/105/CE, del Parlamento Europeo y el Consejo[31]. Curiosamente, esta norma cita en su exposición de motivos el accidente minero ocurrido en enero de 2000 en Baia Mare (Rumania), esto es, un accidente ocurrido (entonces) fuera de la UE, y sin embargo no hace referencia al accidente de Aznalcóllar (abril de 1998) que fue, en su momento, la catástrofe ecológica más importante de España (tristemente superada más tarde por el naufragio del petrolero *Prestige*).

La directiva "*Seveso II*" amplió el campo de aplicación de la normativa anterior, así como su rigor, pues acrecentó el número y pro-

---

28 DOCE L 353, de 17.12.1990.

29 DOCE L 377, de 31.12.1991.

30 DOCE L 10, de 14.1.1997.

31 DOUE L 345, de 31.12.2003.

fundidad de obligaciones del titular del establecimiento, así como las correspondientes potestades de la Administración. Además, acometió una ampliación del ámbito de aplicación objetivo de la normativa europea, pues mientras que la Directiva 82/501 se aplicaba exclusivamente a las "*actividades industriales*", la directiva *Seveso II* se aplicaba a "*los establecimientos en los que haya presentes sustancias peligrosas en cantidades superiores*" a las fijadas en sus Anexos. Es decir, el emplazamiento cubierto no debe tratarse necesariamente de una instalación donde se realiza actividad manufacturera, sino que puede tratarse de otras instalaciones como almacenes, depósitos de materiales, etc.

Las citadas sustancias químicas son explosivas, volátiles, comburentes o de otra naturaleza potencialmente peligrosas, como el Isocianato de Metilo (presente en el accidente de Bhopal), los gases licuados del petróleo (presente en los accidentes de Puertollano, Ciudad Real, de 2003) o el cloro (presente en el accidente de Sant Celoni, Barcelona en 1996). A su vez, una "*instalación*" es una parte o elemento de un establecimiento (tales como equipos, edificaciones, muelles de carga, depósitos, etc.) en el que se producen, utilizan, manipulan o almacenan dichas sustancias peligrosas. No es necesario que se trate de una "*fábrica*", tal y como se entiende vulgarmente.

A pesar de esta progresiva elevación del rigor y profundidad de la normativa europea, el progreso regulatorio no se detuvo con las precitadas disposiciones legales, sino que la UE (ahora ya con esta veste y nombre) aprobó una tercera norma en esta materia, concretamente la Directiva 2012/18/UE, del Parlamento Europeo y del Consejo, relativa al control de los riesgos inherentes a los accidentes graves en los que intervengan sustancias peligrosas[32], que se denomina coloquialmente "*Seveso III*" y que constituye, actualmente, la norma vigente en esta materia.

6.3. La Directiva 2012/18: ámbito de aplicación y conceptos nucleares

Esta nueva directiva -basada ya en el art. 192.1 del Tratado de Funcionamiento de la Unión Europea ("*TFUE*"), nueva base legal para las

32 Publicada en el DOUE L 197, de 14 de julio de 2012.

políticas ambientales europeas - pretende elevar aún más el nivel de protección existente hasta ese momento, por lo que es una norma aún más extensa (37 páginas del Diario Oficial, contando los anejos), detallada y precisa.

Hay dos conceptos técnicos capitales de la directiva que es preciso exponer aquí, puesto que estos conceptos tienen que respetarse en sus estrictos términos por la legislación de los estados miembros (por consiguiente, el Derecho europeo provoca una armonización conceptual total entre los derechos de sus EM). El primero es el de "*accidente grave*", que se define de la siguiente manera: "*un hecho, como una emisión, un incendio o una explosión importantes, que resulte de un proceso no controlado durante el funcionamiento de un establecimiento al que se le aplique la directiva, que suponga un peligro grave para la salud humana o el medio ambiente en el que intervengan una o varias sustancias peligrosas*" (artículo 3, punto 13).

A la luz de este concepto, y como se ha dicho más arriba, la Directiva 2012/18 trasciende los estrictos límites de la policía administrativa de los procesos industriales para convertirse en policía horizontal de prevención del accidente en el que intervienen sustancias peligrosas, ocurra este o no como consecuencia directa de procesos de fabricación industrial. Por lo tanto, la prevención está también desligada del proceso de fabricación *stricto sensu,* pues alcanza al mero o simple almacenamiento o depósito de sustancias peligrosas, como el GLP o la gasolina, a partir de determinada cantidad.

El segundo concepto que conviene aclarar es el de "*establecimiento*", pues el "*accidente*" debe producirse en aquel. En este punto, la directiva define el establecimiento como "*la totalidad de la zona bajo el control de un industrial en la que se encuentran sustancias peligrosas en una o varias instalaciones, incluidas las infraestructuras o actividades comunes o conexas...*" (art.3, punto 1). La directiva clasifica luego de diferente forma los establecimientos (de nivel inferior o de nivel superior, nuevo o existente, etc.) en función de la cantidad de sustancias químicas peligrosas presentes en el establecimiento.

Finalmente, procede delimitar el ámbito de aplicación material de la norma. Al igual que sucedía con sus predecesoras, esta directiva no se aplica a algunos tipos de actividades y establecimientos que están identificado en el art. 2.2, y entre los que figuran los establecimientos militares, las centrales nucleares, el transporte de sustancias peligrosas por tierra, mar o aire o (muy importante) la explotación extractiva de minerales en minas y canteras o la exploración y explotación mar adentro de minerales e hidrocarburos.

En este terreno de las exclusiones es preciso subrayar que ni la directiva "*Seveso I*" ni la II (en su redacción original) se aplicaban a las actividades mineras, a sus residuos o a las instalaciones dedicadas a su almacenamiento o depósito. Sin embargo, la Directiva *Seveso III* sí que se aplica a algunos tipos de actividades mineras (las de tratamiento térmico y químico), así como a las instalaciones de evacuación de residuos mineros, incluidos los diques o balsas de residuos que contengan sustancias peligrosas, que es precisamente el tipo de instalación cuyo derrumbe provocó el desastre de Aznalcóllar (provincia de Sevilla, España) en abril de 1998.

Llegados a este punto, y por razones metodológicas que se explican seguidamente, no vamos a acometer una exposición profunda del contenido de la Directiva 2012/18, sino que nos vamos a limitar a establecer sus grandes rasgos, casi con un estilo telegráfico. La razón no es caprichosa sino que persigue evitarle al lector una duplicación de su esfuerzo lector. En efecto, como se ha dicho en líneas precedentes, esta disposición se tuvo que transponer en todos los EM de la Unión (concretamente antes del 31 de mayo de 2015), por lo tanto todas las legislaciones de los EM recogen los conceptos, las figuras y las técnicas de la directiva. Pero además, esta directiva es una norma particularmente extensa, y prolija. Ello quiere decir que los EM tienen poco margen de maniobra para "*innovar*" más allá de lo establecido por la directiva, o establecer otros tipos de mecanismos, técnicas y figuras. Como se ha apuntado en el epígrafe 3.5 *(supra)*, la normativa europea condiciona completamente, y hasta pre-determina, el contenido de las diferentes normativas de los EM en esta materia, que al final del proceso de incorporación aparece completamente "*armonizadas*". Ello quiere decir por lo tanto que la normativa española reproduce (repite incluso textualmente en algunos puntos) lo que determina y regula la directiva europea.

Eso sí, los EM pueden realizar (en sus normativas nacionales de transposición) operaciones jurídicas que la directiva no puede acometer. Por ejemplo, pueden desarrollar detalladamente los procedimientos administrativos necesarios para que las figuras y técnicas previstas en la directiva se puedan implementar en la práctica. Pueden, igualmente, identificar y señalar las competencias y atribuciones aplicativas concretas entre las diferentes Administraciones públicas presentes en el país, o incluso entre los órganos administrativos correspondientes. Finalmente, y esto tiene gran importancia, los EM tienen que establecer un cuadro o régimen sancionador administrativo, puesto que las directivas europeas, salvo casos excepcionales, ni tipifican infracciones administrativas ni establecen las sanciones correspondientes, pues esta tarea debe realizarla cada EM de acuerdo con sus prácticas constitucionales y administrativas nacionales (y a la luz del nivel y carestía de la vida en cada país). En cualquier caso, esas sanciones administrativas -por mandato directo del derecho europeo- deben ser lo suficientemente disuasorias y efectivas. (art. 28 de la Directiva "*Seveso III*").

Por lo tanto, no tiene sentido que expongamos a fondo aquí el contenido de la directiva para que, unas hojas más adelante, cuando se exponga el contenido de la normativa española, nos veamos abocados a explicar más o menos las mismas cosas, algo que, por su carácter técnico, podría verídicamente provocar el justo enojo del lector.

En cualquier caso, y con el fin de permitir al lector intuir ya los lineamientos de la legislación española (o de la finlandesa o la eslovaca) en este sector, conviene adelantar algunos de los aspectos más importantes de la Directiva 2012/18:

(a) Por un lado, establece un conjunto de obligaciones enderezadas a la prevención de accidentes, cuyo destinatario es «*el industrial*». Este se define como "*cualquier persona física o jurídica que explota o controla un establecimiento o instalación*" (o en la que se ha delegado el poder económico y decisorio determinante sobre dicha explotación). Por lo tanto, el "*industrial*" es el sujeto pasivo de las obligaciones que impone la directiva. Por lo común, dicho "*industrial*" será una empresa mercantil del sector secundario.

(b) Por otro, establece y consagra un conjunto potestades y responsabilidades de la Administración, entendiendo por este concepto las Administraciones públicas "*internas*" del EM de que se trate. La normativa europea no atribuye ninguna competencia concreta a ninguna administración concreta de los EM, las administraciones que resulten competentes serán exclusivamente aquellas que lo sean a la luz del derecho constitucional y administrativo interno. Entre aquellas potestades figuran las siguientes:
   - La intervención integral de la actividad del industrial
   - La realización de planes de emergencia
   - El control de la urbanización[33]

(c) Aunque la UE dispone de una normativa horizontal o general en materia de acceso a la información ambiental, las directivas del grupo "*Seveso*" establecen disposiciones específicas sobre la puesta a disposición del público de la información en materia de prevención de accidentes graves.

(d) Por último, las autoridades de cada EM deben informar a sus vecinos que puedan sufrir los efectos transfronterizos de un accidente grave, acerca de las características y circunstancias de los mismos, punto éste en el que se ve la influencia del Convenio de Helsinki, antes expuesto, dado que dicho convenio ha sido también ratificado por la UE.

6.4. Otras actuaciones de la UE en la materia

Como se ha escrito más arriba, "*al final del día*" la responsabilidad para la aplicación-ejecución efectiva de la Directiva 2012/18 (en reali-

---

33 Las directivas del grupo "*Seveso*" han recogido sistemáticamente una serie de prevenciones que incluyen tanto el control de la implantación de nuevos establecimientos (construcción y puesta en marcha) como el mantenimiento de distancias de seguridad entre los establecimientos industriales potencialmente peligrosos y las viviendas de su entorno, así como los espacios naturales próximos (vid. art. 13 de la Directiva 2012/18), algo que debe lograrse mediante el planeamiento urbanístico o el establecimiento de reglas legales imperativas y de aplicación general. Sin embargo, estas disposiciones de las directivas europeas están muy lejos de ser unas normas terminantes en materia de planificación urbanística, y son principalmente de naturaleza admonitoria.

dad, de la normativa interna que se apruebe en cada EM para transponerla) recae exclusivamente sobre los hombros de las administraciones públicas competentes en cada demarcación (ya sea la local, la regional-provincial o la estatal), según la estructura territorial y el orden interno de competencias en este sector de la realidad social, presente en cada EM.

Ahora bien, ello no quiere decir que la UE se desentienda completamente de esta materia tras haber publicado su legislación en "*DOUE*", ni mucho menos. En primer lugar, la UE, a través de la Comisión, comprueba y verifica si los EM han incorporado correctamente estas directivas en sus ordenamientos internos dentro del plazo previsto (en el caso de la Directiva 2012/18 dicho plazo acabó el 31 de mayo de 2015). En este terreno, la Comisión ha demandado ante el TJUE a varios EM a través del "*recurso por incumplimiento*" [34] por no haber incorporado la correspondiente directiva dentro del plazo máximo legal, como ha ocurrido en el pasado con Alemania[35], Bélgica[36] o Irlanda[37], siendo en todos esos casos condenados los demandados.

Además de verificar si los EM incorporan en tiempo y debidamente los mandatos normativos de las directivas europeas, la Comisión controla también -en la distancia- si las autoridades nacionales aplican en la práctica la directiva (a través de la normativa de incorporación). Esta labor de fiscalización es mucho más compleja puesto que la UE no dispone de inspectores ambientales que puedan comprobar verificar "*in situ*" estas circunstancias. En cualquier caso, y a través de diferentes mecanismos, la Comisión puede eventualmente acabar demandando ante el TJUE al EM incumplidor, por falta de "*aplicación efectiva*" o por "*mala aplicación*" práctica. Este es sin duda un terreno comprometido para los EM, pues, como puede apreciarse por lo hasta aquí expues-

---

[34] El TJUE, a instancias de la Comisión, puede eventualmente imponer multas económicas cuantiosas al estado que haya sido condenado por incumplimiento y no cumpla esa sentencia. Sobre estas cuestiones, vid: Ángel Manuel Moreno Molina, *Derecho comunitario del medio ambiente...*, op. cit, pp. 149-194.

[35] Sentencia del TJCE de 14 de mayo de 2002, *Comisión c. Alemania,* asunto C-383/00.

[36] Sentencia del TJCE de 17 de enero de 2002, *Comisión c. Reino de Bélgica,* asunto C-423/00.

[37] Sentencia del TJCE de 17 de enero de 2002, *Comisión c. Irlanda,* asunto C-394/00.

to, las normas de la Unión en este terreno establecen un tupido marco de mandatos, que afectan a varios dominios jurídicos, y además imponen sobre las administraciones públicas internas complejas obligaciones de gestión, que pueden resultar onerosas, en términos financieros y de recursos humanos especializados.

En muchos EM, los aspectos sobre los que versa las directivas (medio ambiente, protección civil, industria, urbanismo) se encuentran entregados a la competencia de administraciones subestatales, como es el caso de España. Surgen así la tensión entre la "*competencia*" para la aplicación de la normativa europea (entregada a las administraciones locales o regionales) y la responsabilidad del EM *versus* la UE, que es exclusiva, aspecto que solo podemos dejar apuntado.

Dejando de lado esta faceta "*coactiva*", la UE despliega otros esfuerzos en este terreno. Por un lado, la Comisión es la encargada de exigir y obtener de los estados miembros información concreta sobre la ejecución y cumplimiento de las directivas aprobadas en este terreno, información que los EM están obligados a suministrar no solo por un principio general del Derecho europeo, sino por imposición específica del art. 21 de la Directiva 2012/18.

Esta información debe verterse por las autoridades nacionales a un *cuestionario* aprobado por el ejecutivo comunitario, y que se actualiza periódicamente. En este sentido, la decisión de la Comisión de 10 de diciembre de 2014[38] estableció el modelo de cuestionario vigente. Los EM han de suministrar información exhaustiva sobre el número de establecimientos afectados por la normativa en su territorio, los planes de emergencia e informes de seguridad aprobados, los accidentes producidos, etc. Esa información puede precisamente poner a la Comisión sobre la pista de que en un EM determinado la directiva no se está aplicando correcta o completamente.

Periódicamente, la Comisión reúne y sistematiza todas las informaciones nacionales recibidas en el soporte del cuestionario y publica un informe comprensivo en el Diario Oficial, donde el lector puede acudir para conocer la aplicación de esta norma en los EM de la UE. Sin

[38] DOUE de 12 de diciembre de 2014.

embargo, la elaboración de estos informes paneuropeos culmina con un gran retraso[39].

Para dar una idea cuantitativa de estas instalaciones, el informe de la Comisión correspondiente a los años 2012 a 2014 (aún relativo a la Directiva *Seveso II*) declaraba que en ese período existían en el conjunto de la UE nada menos que 11.297 establecimiento cubiertos por aquella norma, siendo Alemania y Francia los estados que más instalaciones de este tipo tenían, con 3.264 y 1.178, respectivamente.

Finalmente, la UE dispone de una organización especializada en los aspectos científico-técnicos de los accidentes industriales graves, que se denomina *Major Accident Hazards Bureau,* una suerte de "*Oficina de riesgos de accidentes graves*", que está integrada en sus instalaciones de Ispra (Italia)[40].

7. EL RÉGIMEN JURÍDICO "*INTERNO*" O PROPIAMENTE ESPAÑOL

7.1. Introducción

España posee un grado de industrialización de nivel alto, en el contexto del continente europeo, figurando en quinto lugar de todos los "*ránkings*" industriales, justo detrás de Alemania, Francia, Reino Unido e Italia. Precisamente esos países preceden también a España en el número de instalaciones cubiertas por la normativa "*Seveso*".

Así, según el informe de la Comisión Europea, arriba citado, que cubrió el periodo 2000-2002, a finales de 2002 existían en España 216 establecimientos de tipo "*Seveso*" (dicho número fue de 156 en 1996) de los cuales un alto porcentaje eran almacenes de gas de petróleo licuado (GPL). Según el siguiente informe de la Comisión (periodo 2012-2014), en el año 2014 existían en España 832 instalaciones afectadas por la citada normativa. Finalmente, y según otras fuentes, existirían

39 Por ejemplo, la Comisión publicó el informe sobre la aplicación de la directiva "*Seveso II*" correspondiente al periodo 2012-2014 el 16 de noviembre de 2017. Además, todos los informes publicados hasta la fecha se refieren todavía a la ejecución de la directiva "*Seveso I*"o "*II*", y no a la de la Directiva "*Seveso III*".

40 El lector interesado en los aspectos estadísticos y técnicos de la normativa puede verificar su web internet: https://minerva.jrc.ec.europa.eu/en/minerva

actualmente en España unos 900 establecimientos de ese tipo. Las regiones que más tienen son Cataluña, Andalucía y Valencia, que totalizan entre ellas más de 200. En las instalaciones radicadas en España, no ha sido infrecuente la producción de accidentes, de distinta gravedad[41].

La normativa española en materia de prevención de accidentes industriales tiene tres características importantes:

En primer lugar, se aprecia en ella una clara periodificación, con tres grandes fases: en la inicial, la disciplina industrial nace a principios del S. XX a partir de la normativa sobre policía de actividades "*clasificadas*"[42], a medio camino entre la industria y la sanidad; normativa que culminó en 1961 con la aprobación del Reglamento de Actividades Molestas, Insalubres, Nocivas y Peligrosas ("*RAMINP*")[43]; la segunda fase coincide con el proceso de descentralización político-territorial del reino (1978-1983), que va a alumbrar 17 regiones (denominadas "*Comunidades Autónomas*", o "*CCAA*"), dotadas de importantes competencias normativas y ejecutivo-administrativas en el terreno de la seguridad industrial (vid, infra); por último, la tercera fase principia con el ingreso de España como miembro de pleno derecho de las Comunidades Europeas el 1 de enero de 1986. Por lo tanto, desde 1988 la normativa española ha sido promulgada como consecuencia de la obligación de incorporar las directivas *Seveso*, antes descritas.

Otra nota característica de la legislación hispana es que se trata generalmente de una normativa que tiene rango reglamentario, normativa que normalmente consiste en reales decretos del Gobierno, que *desarrollan* la Ley de Industria.

Por último, la normativa básica o común para toda España convive con la que dictan, en su caso, las CCAA. En este sentido, conviene su-

41 Vid: "*Dos muertos en Cantabria al estallar una nave dedicada a reciclar residuos químicos*", *Diario El País*, 19.3.1997; "*Dos obreros se abrasan al inflamarse los gases emitidos por una cola*", *Diario El País*, 14.3.2002; "*Una explosión química causa 6 heridos y la nube tóxica confina a miles de vecinos*". *Ecodiario*, 12.2.2015; "*La investigación aprecia negligencia de Repsol en el incendio de Puertollano*", *diario El País*, 21.12.2003 (accidente que causó 9 muertos); "*Dos muertos en Cantabria al estallar una nave dedicada a reciclar residuos químicos*", *diario El País*, 23.9.2001; "*Una explosión en una fábrica de Aranjuez causa un muerto y tres heridos*", *Diario El País*, 11.4.2008; "*Evacuadas 3000 personas por un incendio industrial en Paterna*", El Periódico, 9.2.2017.

42 Reglamento de la sanidad provincial de 20 de octubre de 1925.

43 Decreto 2414/1961, de 30 de noviembre.

brayar que la Constitución Española no reconoce expresamente competencias a favor del Estado en materia de industria (lista del art. 149.1). Sin embargo, hay varios apartados específicos que tienen conexión con la materia de industria, que han sido utilizados e invocados por el Estado a la hora de legislar en esta materia, como el régimen minero y energético. Asimismo, hay apartados transversales u horizontales, como las bases y coordinación general de la Economía (art. 149.1.13°) o incluso la seguridad pública (art. 149.1.29), mediante los cuales el Estado regula -y, en su caso, ejecuta- algunos aspectos relativos a la materia de industria. La norma jurídica estatal más importante en esta materia es la Ley 21/1992, de 16 de julio, de Industria[44], que constituye la auténtica "*norma cabecera*" en toda la materia de la seguridad industrial. Por su parte, las CCAA tienen plenas competencias ejecutivo-aplicativas de la normativa estatal, y de la que ellas mismas hayan aprobado en la materia. Ello ha dado lugar a los consabidos conflictos competenciales entre la instancia nacional y regional.

Obsérvese, por lo tanto, la siguiente paradoja: mientras que la UE, cuando legisla en materia de prevención de accidentes industriales, lo hace dictando normativa que se considera "*ambiental*" a todos los efectos técnico-jurídicos, en cambio la normativa española (al menos la estatal), no funge como tal normativa "*ambiental*", sino como normativa "*industrial*", pero apoyada en otros títulos competenciales (seguridad pública). Esta circunstancia tiene importantes derivaciones político-constitucionales, que aquí solo podemos dejar apuntadas.

Por razones comprensibles de concreción temática, en la presente contribución solo se expondrá la legislación de ámbito nacional, haciendo las referencias oportunas a la legislación regional o *autonómica* en un rubro específico (7.6, *infra*).

7.2. El sometimiento a licencia o autorización previa

Tal y como se ha adelantado más arriba, la sumisión a la obtención obligatoria de licencias o autorizaciones previas por parte de los establecimientos industriales es una técnica clave en la garantía de su seguridad.

[44] BOE del 23 de julio de 1992.

En España, e independientemente de otras licencias o autorizaciones sectoriales que puedan venir impuestas por la legislación ambiental u otra (como los permisos para emitir gases de efecto invernadero, o la Autorización Ambiental Integrada -IPPC) dos son las licencias o autorizaciones básicas que nos interesan en esta exposición:

(1) La licencia urbanística previa (para la edificación), por virtud de la cual la Administración verifica , por un lado, que la planta industrial se va a construir en un terreno o solar en el que el Plan urbanístico pertinente lo permite y, por otro, que la planta se va a construir con arreglo a las normas y ordenanzas de la edificación aplicables, que se deben haber redactado, en principio, desde la preocupación por el afianzamiento de la seguridad de la construcción (normas básicas de la edificación, normativa antincendios, etc.). En España, esta licencia se encuentra esencialmente regulada en la legislación urbanística de las Comunidades Autónomas.

(2) La licencia de actividad, regulada en el "*RAMINP*" y en la normativa ambiental autonómica aplicable, en su caso: por ejemplo, la Ley 2/2002, de 19 de julio de la Comunidad de Madrid, que regula la "*evaluación ambiental de actividades*" (y entre ellas, las peligrosas), en sus artículos 41 y ss.

Por otra parte, hay que tener en cuenta que algunas actividades industriales, debido a su gran tamaño, potencial peligrosidad y posibles repercusiones sobre el medio ambiente, tienen que ser sometidas también a otro procedimiento específico, en el que se analiza y predicen las posibles agresiones ambientales que pueden provocar. Uno de los factores que tiene que ser evaluado concienzudamente es el riesgo de que la planta industrial proyectada pueda siniestrarse o ser objeto de un accidente industrial. Se trata de la evaluación de impacto ambiental, regulada en la Ley 21/2013, de 9 de diciembre, de evaluación ambiental, y en la legislación ambiental de las Comunidades Autónomas (como la citada Ley 2/2002, de la Comunidad Autónoma de Madrid que regula esta figura en sus artículos 22 y ss.). Entre las instalaciones industriales que tienen que someterse a evaluación de impacto ambiental previa se encuentran algunas claramente peligrosas, como las refinerías de petróleo bruto, las centrales térmicas y nucleares, o las instalaciones de la industria química, petroquímica, textil y papelera.

7.3. La regulación exhaustiva de la seguridad de la instalación industrial en cuanto edificación peligrosa

La legislación industrial española establece un marco de obligaciones del industrial (y de correlativas potestades de la Administración pública) que persigue evitar en lo posible que se desencadene el accidente industrial y, si éste se produce, que tenga un efecto lo más limitado posible. Sin embargo, el Derecho va más allá de esas obligaciones formales y da un paso más, regulando con detalle cómo tienen que construirse y proyectarse las instalaciones industriales, y cómo tienen que almacenarse y manejarse los productos peligrosos en su interior (especialmente los productos químicos) a los efectos de que aquellas sean lo más seguras posibles. Esto es, el diseño y la construcción de una planta industrial potencialmente peligrosa no es una ocasión para que se ejercite la creatividad artística del ingeniero o arquitecto; no se trata de hacer un edificio "*vanguardista*" o de obtener una medalla a la originalidad plástica. Lo que debe primar aquí es, ante todo, la seguridad.

Consecuentemente, el diseño y la construcción de establecimientos industriales no se debe realizar de manera libre, sino que en cuanto edificación compleja destinada a albergar un proceso industrial peligroso (explosión, fuga, emisión, etc.), debe respetar escrupulosamente una serie de requisitos mínimos, establecidos normativamente. Nos encontramos aquí a caballo entre el Derecho urbanístico y el industrial. En efecto:

(1) la primera disciplina jurídica del diseño y construcción de la instalación industrial viene proporcionada por el Derecho urbanístico, y en concreto por la regulación y ordenación de su edificación. Aparte de las ordenanzas de la edificación, de aplicación general, debemos destacar los requisitos básicos de la edificación, hoy regulados con carácter general por la Ley 38/1999, de 5 de noviembre, de Ordenación de la Edificación (BOE nº 266, de 6 de noviembre). En especial, su artículo 3 dispone que "*los edificios deberán proyectarse y construirse*

de manera que satisfagan....(b) requisitos de seguridad: seguridad estructural...seguridad en caso de incendio...seguridad de utilización...". Por otra parte, se encuentran las Normas Básicas de la Edificación (NBE) y otras reglamentaciones técnicas, que son de obligado cumplimiento. Se aprobaron en su día mediante Real Decreto (véase, por ejemplo, el R.D. 2429/1979, de 6 de julio) y ahora se encuentran integrados en el Código Técnico de la Edificación, aprobado por el *Real Decreto* 314/2006, de 17 de marzo,

Entre estas Normas básicas de la edificación podemos destacar la NBE/CPI-96, que versa sobre "*condiciones de protección contra incendios en los edificios*", aprobada mediante R.D.2177/1996, de 4 de octubre.

(2) Un segundo nivel de regulación jurídica del proyecto, diseño y construcción de las instalaciones industriales viene constituido por los Reglamentos de Seguridad, que pueden ser tanto de aplicación general para cualquier sector industrial (esto es, de carácter horizontal) como específicos para un sector determinado. En este sentido, la Ley de Industria de 16 de julio de 1992, en su artículo 12.5 prevé que los Reglamentos de Seguridad de ámbito nacional se aprobarán por el Gobierno de la Nación, sin perjuicio de que las Comunidades Autónomas con competencias legislativas sobre Industria puedan introducir requisitos adicionales. Entre los reglamentos de seguridad de carácter horizontal debemos destacar el Real Decreto 786/2001, de 6 de julio, por el que se aprueba el Reglamento de Seguridad contra incendios en los establecimientos industriales (BOE de 30 de julio).

(3) Un tercer y último nivel de regulación vendría constituido por los las Instrucciones Técnicas Complementarias (o "*ITC*"). Estas ITC complementan los Reglamentos de Seguridad, estableciendo las exigencias técnicas específicas y de detalle. En el campo que estamos describiendo, uno de los Reglamentos de Seguridad/ITCs más importantes es el de almacenamiento de productos químicos, pues en todo accidente industrial grave suele haber productos químicos implicados (que explosionan,

se fugan o se vierten), de ahí que lo analizaremos como ejemplo de estas normas jurídicas poco conocidas pero extraordinariamente importantes.

7.4. La reglamentación de seguridad del almacenamiento de productos químicos

En la mayoría de los accidentes industriales intervienen sustancias y productos químicos, muchas veces peligrosos. Con el fin de evitar al máximo la posibilidad de reacciones químicas no controladas entre diferentes sustancias, es de máxima importancia llevar a cabo un almacenamiento técnicamente seguro de aquellos productos químicos, por lo que esta faceta del proceso industrial está sometido a una regulación intensiva.

En España, el Real Decreto 656/2017, de 23 de junio, aprobó el Reglamento del almacenamiento de los productos químicos y sus instalaciones técnicas complementarias[45]. Esta disposición -que derogó la normativa hasta entonces vigente[46]- establece las condiciones de seguridad de las instalaciones de almacenamiento de productos químicos, así como la carga, descarga y trasiego de los peligrosos, tanto en estado líquido como gaseoso. También regula sus servicios auxiliares en toda clase de establecimientos y almacenes, incluidos los recintos comerciales y de servicios.

Quedan excluidos de su radio los almacenamientos de pequeña capacidad, entendiendo por tal la que se refleja la tabla de su art. 2.1. La relación entre esta normativa, de carácter "*industrial*" y la de prevención de riesgos laborales queda patente en el art. 2.2 del decreto, conforme al cual "*la aplicación de este Reglamento se entiende sin perjuicio de la exigencia, cuando corresponda, de los preceptos de la Ley 31/1995, de 8 de noviembre, de Prevención de Riesgos Laborales*".

La primera de las cautelas que establece este Reglamento de Seguridad se centra en el "*proyecto*" de la instalación industrial, cuyo conte-

45 Publicado en el "B.O.E" de 25 de julio de 2017.

46 Derogó el Real Decreto 379/2001, de 6 de abril, que aprobó el Reglamento de seguridad del almacenamiento de los productos químicos, y sus instalaciones técnicas complementarias

nido pormenorizado se regula en el art. 4 del decreto. Una vez terminada la construcción de la instalación, el titular debe comunicar su puesta en servicio a la Comunidad Autónoma correspondiente, solicitando su inscripción en los registros administrativos correspondientes. Además, cada cinco años el titular debe presentar a la misma Comunidad Autónoma una certificación acreditativa de que las instalaciones cumplen los preceptos de la ITC aplicable.

Por otro lado, el industrial está obligado a tener cubierta, mediante la correspondiente póliza de seguro, la responsabilidad civil que se pueda derivar se sus actividades, con una cuantía mínima por siniestro de 400.000 euros, como mínimo. En caso de accidente, y sin perjuicio de las obligaciones parecidas que le impone el R.D. 840/2015 (*vid infra*), este Reglamento de Seguridad obliga al industrial a remitir a la Comunidad Autónoma un informe en el que debe reflejar ciertas informaciones sobre aquel.

El Real Decreto 656/2017 no agota ni mucho menos los requisitos de seguridad de las actividades en las que se almacenen productos químicos peligrosos, pues, como se ha avanzado, está acompañado de varias Instrucciones Técnicas Complementarias (ITC), concretamente 10. Las ITC se identifican por una serie de siglas alfanuméricas, en las que el grupo de letras "*APQ*" significan "*almacenamiento de productos químicos*" y *"MIE, "Ministerio de Industria y Energía*". Cada una de estas ITC se refiere a una familia de sustancias o procesos concretos, dentro del ancho universo de las instalaciones químicas. Por ejemplo, la ITC denominada "*MIE APQ-1*" regula el almacenamiento de líquidos inflamables y combustibles; la "*MIE APQ-2*" regula todo lo relativo al almacenamiento de óxido de etileno, etc.

A pesar de su nombre, las ITC no son, desde un punto de vista jurídico-administrativo, auténticas "*Instrucciones*" (disposiciones internas emanadas de un Secretario de Estado), pues forman parte integrante, como anejo, del Reglamento de Seguridad de almacenamiento de productos químicos, que como ya nos consta tiene naturaleza de "*Real Decreto*".

Por lo que respecta a su contenido, las ITC regulan "*al dedillo*" y con gran exhaustividad las características físicas de las instalaciones industriales, tales como la forma y disposición de los emplazamientos de los elementos de la fábrica; las formas y elementos de almacenamiento; el diseño y la construcción de recipientes; las características técnicas de las tuberías y de la ventilación; las distancias mínimas entre recipientes y entre instalaciones en el interior de la planta; los requisitos de la cimentaciones y de los cubetos de retención; las exigencias de las redes de drenaje y protección contra incendios; las instalaciones para carga y descarga, e instalación eléctrica; el tratamiento de efluentes, etc.

Como puede apreciarse, se trata de una regulación prolija, extensa y compleja, y su exposición completa seguramente aburriría al lector. Por estas circunstancias, nos limitaremos a resaltar aquellas normas o previsiones legales que tienen una especial relevancia para la protección de la seguridad laboral, y lo haremos ciñéndonos a una de las ITC más importantes entre las que complementan el RSPQ, en concreto la MIE-APQ1, relativa al "*almacenamiento de líquidos inflamables y combustibles*".

En efecto, esta ITC contiene, a lo largo de distintos preceptos, una serie de disposiciones que están pensadas derechamente en la protección de los trabajadores que prestan sus servicios en esta clase de instalaciones industriales. Por ejemplo, el artículo 31 regula los "*equipos auxiliares*" que deben estar presentes en materia de protección contra incendios. Así, se exige que los almacenamientos de superficie por encima de determinada capacidad deben disponer en la proximidad de los puestos de trabajo (como estaciones de carga y descarga, llenado y manejo de bidones, etc.) de una manta ignífuga, de una estación de agua para ducha y lavaojos, de una máscara con filtro específico y de un equipo de respiración autónoma.

Como puede apreciarse, la legislación sobre seguridad industrial también incluye también, de manera tal vez inopinada, medidas de prevención de riesgos laborales.

7.5. Normativa específica de prevención de accidentes industriales

7.5.1. Marco legal

Como se ha dicho ya más arriba, desde el año 1988 la normativa española en materia de prevención de accidentes industriales ha sido promulgada como consecuencia de la obligación de incorporar las sucesivas directivas *Seveso* aprobadas por la Unión Europea; cosa que se ha hecho por medio de disposiciones reglamentarias del Estado, aprobadas por el Gobierno de la Nación, que se aplican en todo el Reino.

Por otro lado, y desde el punto de vista sistemático, la norma suprema o cabecera en este sector es la ya citada Ley de Industria, de 1992, que regula con carácter general todos los aspectos de la actividad industrial y de la intervención administrativa en su desenvolvimiento. De manera que los decretos que se han dictado tienen su anclaje o peana habilitante en dicha norma parlamentaria, de la que fungen como desarrollo reglamentario.

Así, en un primer momento, el R.D.886/1988, de 15 de julio, aprobó el Reglamento sobre prevención de accidentes mayores en determinadas actividades, mediante el cual se incorporó en España la Directiva "*Seveso I*". Dicho reglamento pronto quedaría obsoleto cuando se aprobó la directiva "*Seveso II*". Aunque el plazo de transposición de esta directiva venció en febrero de 1999, no fue incorporada al ordenamiento español sino de forma tardía, por medio del Real Decreto 1254/1999, de 16 de julio, por el que se aprueban medidas de control de los riesgos inherentes a los accidentes[47]. Como era de esperar, la aprobación en Bruselas de la Directiva 2012/18 (la tercera de la *familia)* hizo necesario aprobar otro reglamento, cabalmente el Real Decreto 840, de 21 de septiembre, por el que se aprueban medidas de control de los riesgos inherentes a los accidentes graves en los que intervengan sustancias peligrosas[48], que constituye la normativa actualmente vigente, y que se aplica en toda España. Llamativamente, este decreto fue promulgado por el Gobierno, no sobre la base del título competencial "*normativa básica de protección ambiental*" (art. 149.1.23 de la CE), ni sobre la base de un inexistente título sobre "*Industria*", sino al amparo de la competencia exclusiva del Estado en materia de "*seguridad pública*", prevista en el art. 149.1.29º. Sin perjuicio de este anclaje formal, esta normativa es usualmente considerada como normativa "*ambiental*", y así se suele estudiar y exponer por todos los tratadistas.

---

47 BOE nº 172, de 20 de julio de 1999.

48 BOE del 20 de octubre de 2015.

Como puede apreciarse, en España se han aprobado durante los últimos 34 años tres disposiciones reglamentarias estatales sucesivas en materia de prevención de accidentes industriales, siendo cada uno de ellos un reflejo o acto debido, provocado por la necesidad de incorporar la correspondiente directiva europea. Dado que, como ya nos consta, cada una de aquellas ha constituido una elevación progresiva del nivel de protección y disciplina de estas instalaciones, de ello podemos deducir igualmente que la legislación española se ha endurecido y vuelto más estricta paulatinamente, a lo largo de este proceso.

7.5.2. El Real Decreto 840/2015: técnicas e instrumentos

El RD 840/2015 se aplica a los establecimientos industriales en los que estén presentes las *sustancias peligrosas* que se identifican en su anexo I (denominación armonizada o "*CAS*", tipo, cantidades, etc.) y en las cuantías que allí se determinan (Nitrato de Amonio, Cloro, Gas natural y gases licuados inflamables, óxidos de etileno y propileno, ácido clorhídrico, metanol, isocianato de metilo, etc.). En cambio, no se aplica a las instalaciones militares, a los accidentes ocasionados por las radiaciones ionizantes, al transporte de sustancias peligrosas, en general, a una gran parte de las actividades mineras a los vertederos de residuos. En cambio, si se aplica a las instalaciones de evacuación de residuos mineros, incluidos los diques y balsas de estériles. Como se ha dicho más arriba, en ello podemos ver una reacción legislativa al accidente de Aznalcóllar el 25 de abril de 1988, que se produjo por el desplome de una gigantesca balsa de decantación de residuos de mineral de piritas.

El artículo 3 de esta disposición contiene una serie de conceptos y definiciones técnicas, que siguen las establecidas por la Directiva "*Seveso III*". En concreto, un "*accidente grave*" es "*cualquier suceso, tal como una emisión en forma de fuga o vertido, incendio o explosión importantes, que resulte de un proceso no controlado durante el funcionamiento de cualquier establecimiento al que sea de aplicación el presente Real Decreto, que suponga un riesgo grave riesgo, inmediato o diferido, para la salud humana, los bienes o el medio ambiente, dentro o fuera del establecimiento y en el que intervengan una o varias sustancias peligrosas*".

En esta definición puede apreciarse la incidencia de esta norma en el campo de la prevención de riesgos laborales, pues uno de sus objetivos protegidos es el "*riesgo*" de accidente "*para las personas...en el interior del establecimiento*", dado que esas "*personas*" suelen ser cabalmente los obreros que trabajan en la planta o instalación industrial.

7.5.2.1. Obligaciones del *industrial*

El reglamento establece un conjunto de obligaciones en la persona del industrial, que se define como "*cualquier persona física o jurídica que explota o controla el establecimiento o la instalación, o en la que, cuando la normativa así lo disponga, se haya delegado el poder económico o decisorio determinante sobre la explotación técnica del establecimiento o explotación*". Esta definición es coincidente con la (ya vista) de la directiva europea. A pesar de que este cuadro de obligaciones del titular de la instalación pueda parecer a simple vista oneroso, la densidad de la intervención regulatoria en este campo viene determinada por los intereses en presencia.

Estas obligaciones pueden ser clasificadas en dos categorías, obligaciones generales y obligaciones específicas. Las "*obligaciones generales de seguridad*" son esencialmente dos: (a) por un lado, adoptar las medidas previstas en el decreto y "*cuantas resulten necesarias para prevenir accidentes graves y limitar sus consecuencias para la salud humana, los bienes y el medio ambiente*"; y (b), por otro, la empresa tiene que colaborar con los órganos competentes de las Comunidades Autónomas y tiene que estar preparada para *demostrar,* en todo momento, y especialmente con motivo de controles inspecciones administrativas, que se han tomado *todas las medidas necesarias*.

Como puede advertirse, estas dos obligaciones están descritas de manera bastante genérica y abierta, (y con un corte materialmente indefinido) lo cual puede suscitar problemas evidentes a la hora de determinar la corrección o suficiencia de la conducta del industrial en el marco de una inspección administrativa. Dado que el campo de la seguridad industrial tiene un alto componente técnico, y que la Administración goza de un amplio margen de apreciación técnica sobre lo que es "*seguro*" o puede no serlo, de ahí se pueden seguir evidentes problemas de seguridad jurídica para el empresario, dado que estamos en presencia de cláusulas universales incondicionadas ("*todas las medidas necesarias...*", "*cuantas resulten necesarias...*" – a juicio de la Administración). Por ejemplo, puede suscitar problemas evidentes a la hora de determinar la corrección o suficiencia de la conducta del industrial, desde la perspectiva sancionadora (sin mencionar las consecuencias económicas de tales obligaciones, difíciles de determinar).

Junto a esas dos obligaciones genéricas, el decreto obliga al industrial a llevar a cabo una serie de actuaciones positivas, cada una de las cuales se hallan bien concretadas en la norma, y que cristalizan en otros tantos documentos.

En concreto, el industrial tiene que elaborar: (a) una notificación; (b) una política de prevención de accidentes graves; (c) un informe de seguridad; y (d) planes de emergencia interior (autoprotección). Además, debe comunicar a la administración pública competente una serie de informaciones en el caso de que, a pesar de todas las medidas adoptadas, se produzca finalmente el accidente grave.

Preciso es tener en cuenta, sin embargo, que todas estas obligaciones concretas no se aplican a todas las instalaciones por igual, sino que los establecimientos que están clasificados como de "*nivel superior*" (vid. *supra*), tienen unas obligaciones adicionales o más onerosas que las de "*nivel inferior*". Aquí, la intensidad regulatoria es proporcional a la entidad del peligro. Veamos estas figuras por separado.

A) La "notificación"

Como primera y fundamental obligación, el industrial que explote alguno de los establecimientos cubiertos por el Real Decreto 840/2015 debe remitir al órgano competente de la Comunidad Autónoma en la que aquel radique una "*notificación*", que es una especie de "*dossier*" en el que se contiene determinada información importante sobre el establecimiento. Hay que advertir que nos encontramos ante una terminología incorrecta a nuestro juicio, y que se ha "*colado*" en el Derecho español al incorporar la Directiva europea. Lo más correcto, a la luz de la tradición jurídico-administrativa española, sería hablar de una "*comunicación*".

Dicha *notificación* debe versar sobre diferentes aspectos de la actividad ejercida, así como de las sustancias peligrosas que se utilicen en la instalación, aspectos que se enumeran en el art. 7 del decreto, tales como los siguientes: nombre o razón social del industrial; domicilio social y dirección completa; nombre o cargo del responsable del establecimiento, si se trata de una persona diferente del industrial; información suficiente para identificar las sustancias peligrosas, así como las cantidades que estén presentes en la instalación; actividad ejercida o prevista en la instalación; actividad ejercida o prevista en la instalación; una descripción del entorno inmediato del establecimiento, factores capaces de causar un accidente grave o de agravar sus consecuencias, tales como establecimientos, instalaciones, equipos, explotaciones o infraestructuras, etc. Esta "*notificación*" es obligatoria para todos los establecimientos industriales, independientemente de su clase.

B) La política de prevención de accidentes graves

En segundo lugar, todo industrial que se encuentre afectado por el Real Decreto 840/2015 debe definir (e implantar efectivamente) su "*política*" de prevención de accidentes graves, y plasmarla en un documento técnico complejo. La "*política*" a la que se refiere el Decreto es también obligatoria para todos los establecimientos, independientemente de su clasificación (superior-inferior)

La política de prevención de accidentes graves es el conjunto de objetivos y principios de actuación que el industrial ha establecido para controlar los riesgos de accidentes, y tiene que ser aplicado mediante un "*sistema de gestión de seguridad*". Este "*sistema*" aparece concretado en el anexo II del decreto, que especifica los elementos que tienen que incluirse en su elaboración, entre los que destacan los siguientes:

(1)*Organización y personal*: hay que definir las funciones y las responsabilidades del personal asociado a la prevención y gestión de riesgos de accidentes graves, en todos los niveles de organización, así como las necesidades formativas del citado personal; 2) *Identificación y evaluación de los riesgos de accidentes graves*: deben adoptarse y aplicarse procedimientos destinados a identificar los riesgos de accidentes graves y a evaluar sus consecuencias; 3) *Control de la explotación*: es necesario adoptar y aplicar procedimientos que aseguren un funcionamiento y un mantenimiento de la instalación industrial en condiciones de seguridad; 4) *Planificación ante situaciones de emergencia*: hay que identificar las emergencias previsibles según un análisis sistemático, así como elaborar, comprobar y revisar los planes de emergencia; (5) todos los anteriores elementos deben someterse a una *auditoría y revisión* permanentes.

El documento en que cristaliza todas estas determinaciones debe mantenerse a disposición de las CCAA, o de las autoridades portuarias si el emplazamiento está ubicado en un puerto.

C) El informe de seguridad

A diferencia de la "*Política de prevención de accidentes*" (que integra el "*Sistema*" de gestión de seguridad) y de la "*Notificación*", que son obligatorios para todos los industriales afectados por el Decreto, el *Informe de Seguridad* del que aquí tratamos sólo es exigible para aquellos industriales que sea titulares de los establecimientos industriales "*de nivel superior*", esto es, aquellos en los que estén presentes determinadas sustancias, y por encima de los umbrales y cantidades previstos en el anexo I del decreto. Estos industriales, pues, además de los dos documentos que han sigo examinados anteriormente, tienen que elaborar el "*informe de seguridad*".

Este es un documento técnico-ingenieril adicional en el que el industrial tiene que *demostrar* (demostración cuya suficiencia queda a juicio de la Administración) los siguientes extremos:

(1) que ha establecido una política de prevención de accidentes graves, aplicada a través de un sistema de gestión de la seguridad; 2) que se han identificado y evaluado los riesgos de accidentes y que se han tomado las medidas necesarias para prevenirlos y para limitar sus consecuencias; 3) que el diseño, la construcción, la explotación y el mantenimiento de toda la instalación presentan una seguridad y fiabilidad *suficientes*; y 4) que se han elaborado planes de emergencia interior. El informe de seguridad debe ser revisado y actualizado periódicamente.

Tras su elaboración, el informe de seguridad debe ser evaluado por la Comunidad Autónoma en la que radique la instalación. Una vez evaluado, la Comunidad debe pronunciarse en el plazo de seis meses sobre las condiciones de seguridad del establecimiento, pudiendo adoptar distintas resoluciones, que tienen diferentes impactos sobre la empresa, a saber: (a) comunicar al industrial sus conclusiones positivas sobre el informe; (b) requerirle nueva información; o (c) prohibir la puesta en funcionamiento de la actividad del establecimiento.

D) Elaboración de planes de emergencia interior

Uno de los elementos más importantes de la prevención de los accidentes industriales (y de minimización de sus efectos) es el Plan de emergencia interior (o de "*autoprotección*"), en el que la empresa debe definir la organización, los medios materiales y humanos, así como los procedimientos de actuación, enderezados a prevenir el accidente y, en su caso, limitar sus efectos en el interior del establecimiento. El plan de emergencia interior (que rige para todos los tipos de establecimientos) debe elaborarse previa consulta al personal que trabaje en el mismo, de acuerdo con lo establecido en el capítulo V de la Ley 31/1995, de 8 de noviembre, de Prevención de Riesgos Laborales, extremo en el que vemos un nuevo entrecruzamiento entre la normativa industrial y la laboral.

En el plan de emergencia interior el industrial debe determinar los detalles operativos y logísticos de la reacción de la empresa ante el accidente, en los confines del establecimiento, entre los que se pueden identificar los siguientes: (a) quién debe vigilar y verificar la seguridad de la planta; (b) qué servicio, cuadrilla o grupo de trabajadores debe movilizarse en caso de accidente; (c) hacia dónde deben dirigirse los trabajadores en caso de siniestro; (d) dónde se encuentran los equipos e instrumentos de protección individual; (e) cuáles son las medidas esenciales de precaución de los trabajadores en caso de accidente; (f) cómo se verificará la evacuación de la instalación; (h) qué equipos propios estarán disponibles y con qué medios, etc. Como puede apreciarse, es posiblemente el instrumento más importante con que debe dotarse la empresa para minimizar los efectos de los accidentes industriales, en el interior de su recinto.

E) Transmisión de información a la Administración

Sobre el industrial gravitan varias obligaciones positivas de transmisión de información, las dos más importantes son las siguientes:

En primer lugar, la empresa tiene que informar a las autoridades, en el momento en que se produzca un accidente grave, acerca de sus circunstancias y características, con el fin de que aquellas puedan adoptar las medidas de emergencia correspondientes. En efecto, si, a pesar de todas las medidas adoptadas, se acaba produciendo un accidente industrial grave, es muy posible que sus efectos perniciosos no se limiten al interior del recinto siniestrado, sino que afecten a las instalaciones, a las viviendas, a las personas y a los bienes ambientales situados fuera de la fábrica. La responsabilidad de la gestión de esta situación recae entonces en la Administración, quien sin embargo necesita, para una mejor resolución de la crisis, disponer de toda la información relativa al accidente. Es lógico por ello que el empresario, en esos casos, venga obligado a comunicar con celeridad a la Administración una serie de datos, que vienen especificados en el artículo 17 del Decreto, y entre los que figuran:

(a) las circunstancias que han concurrido para que se produzca el accidente;
(b) cuáles son las sustancias peligrosas (y sus cantidades) que están implicadas inicialmente en el accidente, o que puedan estarlo por la evolución desfavorable del mismo;
(c) de qué datos se dispone para evaluar los efectos directos e indirectos a corto, medio y largo plazo, en las personas (por lo tanto, en los trabajadores de la planta siniestrada), en los bienes y en el medio ambiente;
(d) qué medidas de emergencia interior han sido adoptadas; y
(e) cuáles son las posibles causas del accidente, así como sus principales efectos.

Independientemente de esta información preciosa y esencial en caso de accidente, el industrial tiene que facilitar con carácter general a la Administración los datos necesarios que posibiliten la elaboración del plan de emergencia exterior (vid *infra*), a fin de que aquella tome las medidas necesarias en caso de accidente grave.

7.5.2.2. Responsabilidades y competencias de la Administración

Como hemos adelantado ya, la seguridad industrial no se deja completamente en las manos del titular de la instalación. Antes al contrario, la filosofía regulatoria de la norma genera un régimen de intervención administrativa intensa, por cuya virtud la Administración ejerce un amplio haz de facultades y potestades, que constituyen cabalmente el reverso u otra cara de las obligaciones del industrial. Aún a riesgo de resultar reiterativos, debemos resaltar una vez más que este papel ejecutivo-aplicativo en ningún caso corresponde a la UE, sino a las administraciones públicas de los EM, en función del reparto constitucional-interno de las competencias administrativas, y que dichas competencias en España corresponden, en su mayor parte, a las Comunidades Autónomas. Ni el Estado ni el Ministerio de Industria desempeña ningún papel "*administrativo*" significativo en este terreno. Podemos desagregar estas responsabilidades, atribuciones y potestades administrativas en los siguientes apartados:

A) La intervención (policía) integral de la actividad del industrial

Esta actividad de policía cristaliza en numerosas manifestaciones: (1) exigencia al industrial de la debida cumplimentación de las actuaciones, documentos y planes anteriormente explicados; (2) requerirle y obtener de él la información legalmente exigible, así como cualquier otra que sea necesaria; (3) prohibir la explotación o entrada en servicio de cualquier instalación o establecimiento cuando las medidas adoptadas por el titular para la prevención y la reducción de los accidentes graves se consideren manifiestamente insuficientes, o si el industrial no ha presentado la notificación, los informes u otra información exigida (art. 20 del RD); y (4) llevar a cabo cuantos controles e inspecciones sean necesarios de las instalaciones industriales. En concreto, estas inspecciones son llevadas a cabo por los órganos competentes de las Comunidades Autónomas (inspección industrial, ambiental o análoga), o, en su caso, por los Organismos de Control Acreditados, "*OCA*" (vid *supra*).

Sobre este particular hay que subrayar la muy interesante característica (desde una perspectiva "*estructural*" del Derecho de la UE) de que esta actividad de inspección no se deja a la entera autonomía de los estados miembros, sino que aparece configurada legalmente como una obligación estatal por la directiva y puede ser controlada por el propio TJUE[49].

B) Planificación y control urbanísticos del suelo

En sintonía con lo ya advertido en el epígrafe 4.1 (*supra*) el art. 14 del Decreto establece una serie de reglas generales sobre planificación y control urbanístico del suelo para la prevención de accidentes industriales. Las Comunidades Autónomas deben controlar la construcción de nuevos establecimientos y el mantenimiento de distancias de seguridad entre los establecimientos industriales potencialmente peligrosos y las viviendas de su entorno, aunque el decreto no las determina.

En efecto, estas disposiciones urbanísticas del decreto no pueden ser muy detalladas, ni siquiera se pueden identificar propiamente como normas urbanísticas, por la razón de que en España el Estado carece de competencias normativas o ejecutivas en materia de Urbanismo o de Derecho urbanístico. Por lo tanto, en este terreno habrá que estar a lo que dispongan cada una de las 17 regiones o CCAA españolas sobre este particular, pues son las únicas que pueden legislar "*sustantivamente*" en esta materia.

---

49 Por lo que hace al primer aspecto, la directiva "*Seveso III*" ordena que las inspecciones de las autoridades nacionales deben quedar recogido en un programa de inspecciones, que deben ser sistemáticas. Como mínimo, cada establecimiento debe soportar al menos una inspección "*in situ*" por año. Por lo que hace al control del Tribunal de Luxemburgo, la Comisión puede perfectamente demandar a un EM por no llevar a cabo las inspecciones y controles establecidos en la directiva, tal y como hizo, con éxito, en la sentencia *Comisión c. Italia,* de 19 de junio de 1999 (asunto C-336/97). En dicho pleito, la representación letrada de la república transalpina sostuvo que las obligaciones del Estado al amparo de la (primera) directiva Seveso se entendían satisfechas simplemente mediante el establecimiento de un marco legal que impusiera la obligación en las autoridades competentes de llevar a cabo inspecciones y controles, pero que en cambio la realización material de las mismas no era propiamente una obligación exigible al EM miembro, sino "*una consecuencia lógica de su aplicación en el plano concreto*". El Tribunal no aceptó esa tesis. Recordando su jurisprudencia constante en la materia, estableció que la realización efectiva de las inspecciones y controles establecidos en la directiva sí que constituye una obligación directa, autónoma y de resultado, cuyo cumplimiento es plenamente exigible en el foro comunitario.

C) Elaboración y aprobación de "Planes de emergencia exterior"

Sobre la base de las informaciones transmitidas por las empresas titulares de los establecimientos enclavados en su demarcación, así como de los datos y extremos que obren en poder de la Administración, las Comunidades Autónomas deben elaborar "*planes de emergencia exterior*", cuyo objetivo es prevenir y mitigar las consecuencias de los posibles accidentes graves que se puedan producir. En estos planes vemos la aplicación efectiva de otro subsector del Derecho administrativo, cabalmente el de la seguridad pública y la protección civil.

Estos planes deben contener las medidas de protección más idóneas (como la evacuación o el confinamiento de personas, la reordenación o prohibición de la circulación, la ocupación temporal de bienes, la organización de las urgencias médicas, el despliegue de bomberos y efectivos de protección civil, etc.). Los planes deben cuantificar y establecer correctamente los recursos humanos y materiales necesarios, así como los mecanismos de cooperación entre las diferentes administraciones interesadas (normalmente, entre el o los municipios afectados y la Comunidad Autónoma correspondiente). La no realización de los planes de emergencia exterior para la totalidad de los establecimientos que los requieren constituye igualmente por sí misma una causa suficiente para una posible condena del EM por parte del TJUE, a instancias de la Comisión Europea[50].

D) El ejercicio de las potestades de vigilancia e inspección

En sintonía con lo ya advertido en los rubros 4.8 y 4.9, *supra,* las administraciones españolas competentes (cabalmente, las CCAA) disponen de amplias potestades de vigilancia, control e inspección de los establecimientos cubiertos por la normativa de prevención de accidentes, para comprobar el cumplimiento de todos los requisitos y obligaciones establecidas por la normativa industrial aquí expuesta. En caso necesario, pueden igualmente imponer las correspondientes sanciones administrativas al industrial.

La existencia de la vigilancia administrativa, que puede cristalizar en inspecciones y eventualmente sanciones, está expresamente previs-

---

50 Vid. la sentencia *Comisión c. Italia,* mencionada en la nota anterior.

ta en la normativa española de prevención de accidentes industriales. Así, el Real Decreto 840/2015 atribuye en su art. 6, 1, (b), punto 7.º a las Comunidades Autónomas ("*CCAA*") la competencia para "*asegurar el cumplimiento de las obligaciones establecidas en este real decreto, mediante el ejercicio de las correspondientes facultades de inspección y sanción, de acuerdo con el ordenamiento jurídico*".

Aparte de vigilar, o como consecuencia de dicha actividad, la Administración pública realiza, a través de sus servicios especializados, inspecciones formales en los recintos industriales, para verificar con detalle si estos cumplen con los requisitos legales y reglamentarios. La actividad de inspección, a diferencia de la vigilancia (que es más difícil de encapsular conceptualmente) es objeto de definiciones legales sectoriales. Así, en el campo de la prevención de accidentes industriales graves, el art. 3.12 del ya citado RD 840/2015, define como inspección: "*toda acción, incluidas las visitas in situ, los controles de las medidas internas, y cualquier comprobación posterior...*".

En función de la distribución de atribuciones en este sector, la competencia para realizar estas inspecciones corresponde a las CCAA, que es la Administración que dispone de una inspección propiamente "*industrial*". En cada Comunidad, existen departamentos, "*consejerías*" o servicios administrativos específicos que tienen competencias en materia de Industria. Como se ha advertido ya, y por expresa exigencia de la Directiva 2012/18 la actividad de inspección debe cristalizar en "*programas*" de inspección y ser suficientemente efectiva. Estas obligaciones están recogidas en el art. 21 del RD 840/2015.

E) Ejercicio de la potestad sancionadora

La potestad sancionadora es el corolario natural al despliegue de las actuaciones de vigilancia, control e inspección administrativas. Sin embargo, ni las infracciones ni las sanciones que se puedan dar en el campo de la seguridad industrial son objeto de regulación en el R.D. 840/2015. La razón es que esta norma no pasa de ser un reglamento administrativo, y en España esa operación de configuración legal solo puede hacerse por una ley parlamentaria (principio de legalidad de la potestad sancionadora, art. 25 de la CE).

Sin embargo, en dicho decreto se regulan cuestiones que son gobernadas por varias leyes sustantivas, por lo que el reglamento no se puede reenviar a una sola norma legal, sino en este caso a tres diferentes: la Ley 2/1985, de protección civil, la Ley 21/1992, de industria, y la Ley 26/2007, de responsabilidad ambiental. Por lo tanto, dependiendo de qué tipo de infracción o qué tipo de normativa sustantiva se haya infringido, la actuación del responsable deberá ser corregida por el cuadro de infracciones y sanciones previsto en la ley que se determine como aplicable, entre las tres citadas posibles.

Evidentemente, en esta contribución solo nos interesan los comportamientos ilícitos consumados a la luz de la normativa industrial. En ese caso, los comportamientos de los industriales serán calificados y corregidos de conformidad con la Ley de Industria. Ahora bien (y en concordancia con lo que ella misma establece en su artículo 9.4) la Ley de Industria aclara que, cuando las conductas irregulares constituyan incumplimiento de la normativa de seguridad, higiene y salud laborales, "*será esta infracción la que se deberá sancionar, conforme a lo previsto en dicha normativa*". El legislador "*industrial*", pues, se ha cuidado de resaltar este nuevo entrecruzamiento entre la normativa laboral y la industrial.

En cuanto a la tipificación de las infracciones, la Ley de industria tipifica como tales las "*acciones y omisiones*" de los distintos sujetos responsables (en nuestro caso, principalmente la empresa principalmente). Es importante resaltar aquí la importancia de las "*omisiones*" que se puedan producir, teniendo en cuenta el amplísimo radio material de las obligaciones generales de los industriales, que ya hemos explorado en el rubro 7.5.2.1, *supra,* lo que puede constituir una fuente de inseguridad jurídica.

Siguiendo la graduación habitual de las infracciones administrativas en el Derecho español, estas están clasificadas en leves, graves y muy graves. Según el art. 31.1 de la Ley de Industria, están consideradas como muy graves las siguientes infracciones administrativas:

(a) El incumplimiento doloso de los requisitos, obligaciones o prohibiciones establecidos en la normativa industrial siempre que ocasionen riesgo grave o daño para las personas, la flora, la fauna, las cosas o el medio ambiente.

(b) La reincidencia en falta grave por la que se hubiese sido sancionado en el plazo de los dos años anteriores a la comisión de la misma.
(c) La negativa absoluta a facilitar información o prestar colaboración al personal inspector.

También son consideradas como "*muy graves*" las tipificadas como infracciones "graves", *cuando de las mismas resulte un daño muy grave o se derive un peligro muy grave e inminente para las personas, la flora, la fauna, las cosas o el medio ambiente*.

En este cuadro sancionador de las faltas muy graves hay otro elemento de inseguridad jurídica, porque una infracción que en principio es "*grave*" puede tornarse en "*muy grave*" (a juicio de la Administración) en las circunstancias antes vistas, pero son sucesos que se producen *a posteriori* de la consumación propiamente dicha de la acción constitutiva de infracción. Por otro lado, el daño tiene que ser "*muy grave*", concepto jurídico indeterminado que corresponde a la Administración fijar unilateralmente, lo cual puede provocar desvalimiento o indefensión por parte del empresario, al menos en la fase administrativa. Nótese que también surge esa transmutación de falta "*grave*" en "*muy grave*" cuando se produzca un "*peligro muy grave*", nuevo concepto jurídico indeterminado preñado de oscuridad conceptual, como poco. La enorme diferencia existente en las cuantías de las sanciones correspondientes a infracciones "*graves*" y "*muy graves*" (vid. infra) agrava la magnitud del problema.

Por lo que hace a las infracciones "*graves*", el art. 31.2 de la Ley de industria determina que, en el terreno estricto de la prevención de accidentes, son entre otras, las siguientes: (b) la puesta en funcionamiento de instalaciones careciendo de la correspondiente autorización o inscripción registral, o sin la previa presentación de los documentos exigidos cuando alguno de éstos sea preceptivo, de acuerdo con la correspondiente disposición legal o reglamentaria; (c) la ocultación o alteración dolosa de datos; d) la resistencia o reiterada demora en proporcionarlos siempre que éstas no se justifiquen debidamente; m) la inadecuada conservación y mantenimiento de instalaciones si de ello puede resultar un peligro para las personas, la flora, la fauna, los bienes o el medio ambiente; n) la realización de la actividad sin cumplir los requisitos exigidos o sin haber realizado la comunicación o la declaración responsable cuando alguna de ellas sea preceptiva; p) mantener en funcionamiento instalaciones sin haber superado favorablemente las inspecciones, revisiones o comprobaciones establecidas en la normativa de desarrollo de la presente ley.

Finalmente, las infracciones "*leves*" constituyen incumplimientos menores de la normativa industrial, y por razones de espacio nos abstenemos de exponerlas (art. 31.3 de la Ley de Industria)

Por lo que hace a las sanciones que las CCAA pueden imponer a las empresas y demás actores de la seguridad industrial, las infracciones pueden ser sancionadas en la forma siguiente: (a) Las infracciones leves con multas de hasta 60.000 € (inicialmente, eran solo 3.000 pero esa cuantía se ha incrementado sensiblemente a través de varias reformas legales).; (b) Las infracciones graves con multas de hasta 6.000.000 €.; (c) y las infracciones muy graves con multas que pueden llegar hasta los 100 millones €, cantidad absolutamente astronómica y que suscita la duda de si alguna vez se ha impuesto (y cobrado por la Administración).

Por otra parte, hay que tener en cuenta que, en los casos de infracciones graves y muy graves, la Comunidad Autónoma podrá acordar la pérdida de la posibilidad de obtener subvenciones y la prohibición para celebrar contratos con las Administraciones Públicas, durante un plazo de hasta dos años en las infracciones graves y hasta cinco años en las muy graves. Además. Las sanciones impuestas por infracciones muy graves, una vez firmes, son objeto de publicación, lo cual supone un escarnio popular adicional para el infractor.

Finalmente, en casos de infracción muy grave el artículo 36 de la Ley de Industria permite que también se puede acordar la suspensión de la actividad o el cierre del establecimiento por un plazo máximo de cinco años, acuerdo que "*tendrá los efectos previstos en el artículo 39 de la Ley 8/1988, de 7 de abril, sobre infracciones y sanciones en el orden social*". Lo que pone de manifiesto una vez más la íntima relación entre la normativa administrativa de seguridad industrial y la laboral.

7.5.2.3. Reglas en materia de información y participación pública

Aunque la UE dispone de una normativa general y bastante avanzada en materia de acceso a la información ambiental y la participación del público en la toma de decisiones ambientales, la directiva "*Seveso II*" ya estableció en su momento una serie de disposiciones específicas sobre la puesta a disposición del público de la información correspondiente en materia de prevención de accidentes graves, que luego recogió y amplió la directiva 2012/18. Esas previsiones europeas han cristalizado en las correspondientes reglas del R.D. 840/2015, y las exponemos sumariamente a continuación.

En primer lugar, la Administración debe suministrar al público, *motu propio* o previa petición si no se hubiera hecho ya de oficio, una información completa sobre los establecimientos industriales peligrosos, información que se concreta en el Anexo III del decreto. Específicamente, las personas y todos los establecimientos abiertos al público que puedan verse afectados por un accidente grave deben recibir con regularidad y en la forma más apropiada, sin que tengan que solicitarlo, la información sobre las medidas de seguridad que deben tomar en el caso de que las instalaciones cercanas a sus viviendas sufran un accidente. El informe de seguridad también tiene que ponerse a disposición del público.

En segundo lugar, hay un conjunto de decisiones administrativas que, antes de ser adoptadas, deben ser sometidas preceptivamente a consulta pública y participación del público interesado. Entre esas decisiones figura la planificación de establecimientos industriales nuevos, la elaboración de los planes de emergencia exterior, o la ejecución de obras en las inmediaciones de un establecimiento, por el riesgo de accidente que ello puede comportar.

7.6. Sumaria referencia a la legislación autonómica

No deja de ser paradójico que la Ley de Industria sea una norma del Estado, cuando resulta que, en principio y según el texto de la Constitución española, aquel no tiene competencias en la materia de "*industria*", como ya se avanzó. La explicación se encuentra en la propia exposición de motivos de la Ley de Industria, que sedicentemente no se basa en el título competencial "*industria*", sino en varios lateralmente incidentes sobre este dominio, como son el de "*protección civil*" o el de establecimiento de las bases de la actividad económica. Por consiguiente, sea cual fuere el fundamento constitucional de la legislación estatal en materia de industria, es claro que las Comunidades Autónomas tienen competencias normativas efectivas y amplias en esta materia.

Tal y como ha tenido de aclarar el propio Tribunal Constitucional español en sus pronunciamientos sobre el reparto de competencias en materia de seguridad industrial entre las diferentes administraciones existentes, «*en el núcleo fundamental de la materia de "industria" se incluyen, entre otras, las actividades destinadas a la ordenación de sectores industriales, a la regulación de los procesos industriales o de fabricación y, más precisamente en la submateria de seguridad industrial, las actividades relacionadas con la seguridad de las instalaciones y establecimientos industriales y los productos elaborados en las mismas*»[51]. De hecho, la propia Ley de Industria se encarga de precisar que sólo algunos de sus artículos son básicos, y los demás serán de aplicación en defecto de legislación específica autonómica (disposición final única).

Desde esta perspectiva, hay que tener en cuenta que algunas CCAA han legislado en materia de seguridad industrial. Ahora bien, por lo general no lo han hecho para establecer un marco propio "*sustantivo*" de la prevención de accidentes industriales (que hay que entender se encuentra recogido unitariamente para toda España en el 840/2015, que acabamos de exponer), sino para configurar el ámbito de actuaciones de sus propias administraciones en el campo de la seguridad industrial.

No hay que olvidar aquí algo muy importante: si bien el Estado sí que ha podido legislar (sobre bases jurídicas "alternativas", cuando no precarias) en el campo de la seguridad industrial, lo que es claro es que con carácter general carece de competencias de carácter "ejecutivo" o "*administrativo*" directas en este terreno, (al menos las que implican la relación directa con las empresas), extremo que queda palmariamente acreditado por el declive orgánico-institucional del tradicional "*Minis-*

[51] Sentencia del Tribunal Constitución nº 203/1992, fundamento jurídico 2.

terio de Industria", que desde hace años perdió su "*independencia*" y se ha "*fusionado*" con otras carteras (actualmente se denomina "*Industria, turismo y comercio*"). Esa es una consecuencia inevitable, al haberse consumado el traspaso de competencias y responsabilidades en esta materia a favor de las Comunidades Autónomas.

Por lo que respecta al terreno estrictamente normativo, podemos comenzar este rubro citando, entre las primeras leyes regionales, a Ley catalana de 9 de julio de 1987, sobre seguridad de las instalaciones industriales, que estableció el marco de la actividad de inspección y sanción de la administración catalana en materia de seguridad industrial, atribuyendo las competencias oportunas al Departamento de Industria, y admitiendo la posibilidad de que la inspección y *control* de las instalaciones industriales se llevara a cabo por medio de entidades concesionarias. Dicha ley fue derogada y sustituida en 2008 por la Ley 12/2008, de 31 de julio, de seguridad industrial, actualmente vigente.

Otro ejemplo de legislación autonómica en este terreno lo constituyó la Ley 3/1990, de 16 de marzo, de Castilla y León, que fue objeto de un recurso de inconstitucionalidad por parte del Estado. Sin embargo, el Tribunal Constitucional, en su sentencia 179/1998, de 16 de septiembre de 1998 (BOE de 20-10-1998) declaró la corrección constitucional de esta ley[52]. En 2014, esta ley fue derogada y sustituida por la actual Ley 6/2014, de 12 de septiembre, de industria de Castilla y León, actualmente vigente. Para finalizar esta pequeña referencia, podemos citar la Ley 8/2004, de 12 de noviembre, de Industria de la Comunidad Autónoma del País Vasco.

Preciso es resaltar que las CCAA, al legislar en materia de seguridad industrial, pueden establecer su propia organización administrativa específica en materia de seguridad industrial (ejemplo: la creación por la legislación de Cataluña de la Agencia Catalana de Seguridad Industrial) y además establecer un propio cuadro de régimen administrativo

---

52 El Alto tribunal declaró textualmente que "*la seguridad industrial tiene una conexión específica y estrecha con la materia de «industria», en la que se incluyen...como «submateria» las actividades relacionadas con la seguridad de las instalaciones y establecimientos industriales y los productos elaborados en las mismas. La Ley de Castilla y León 3/1990, a la vista de la reforma operada en el Estatuto por la Ley Orgánica 11/1994, se ciñe con exactitud a ese ámbito específico*" (Fund.Jco. 3).

sancionador, que se aplica entonces con preferencia al establecido en la legislación estatal (antes analizado).

Otras Comunidades Autónomas, por su parte, no han sentido la necesidad de aprobar Leyes sustantivas sobre esta materia, sino que se han limitado a promulgar disposiciones reglamentarias de autoorganización y de atribución de competencias entre los órganos de su Administración propia. Dichas disposiciones reglamentarias tienen un simple alcance orgánico y cambian con frecuencia, por lo que no es necesario enumerarlas aquí.

7.7. El Consejo de Coordinación de la Seguridad Industrial

Tal y como se ha expuesto anteriormente, la seguridad industrial es un campo complejo que integra numerosos ingredientes y que afecta a numerosas facetas de la actividad de la Administración, por ello inciden sobre el mismo las actividades de una gran variedad de órganos y de administraciones públicas, que ejercen sus propias competencias (la "*seguridad industrial*", *stricto sensu*, el medio ambiente, la seguridad pública, la protección civil, la prevención de riesgos laborales, etc.). De ahí la conveniencia, y aún la necesidad, de que existan estructuras que propicien la coordinación de todos estos actores públicos. Por este motivo, el artículo 18 de la Ley de Industria estableció el Consejo de Coordinación de la Seguridad industrial (CCSI), cuya composición y funciones fueron reguladas por el Real Decreto 251/1997, de 21 de febrero[53].

Fiel a esta premisa, el CCSI es un órgano administrativo colegiado, cuya principal misión es impulsar y coordinar los criterios y actuaciones de las diferentes Administraciones públicas en materia de seguridad industrial.

El CCSI está integrado por un número de vocales que representan a las diferentes administraciones públicas involucradas en este sector. En cuanto a la Administración del Estado, hay un vocal por cada uno de los Ministerios implicados, y cada Comunidad Autónoma cuenta con un vocal. El CCSI funciona en Pleno y en Comisión Permanente, y está asistido por numerosos comités técnicos. En cuanto a sus atribuciones,

53 Publicado en el "BOE" de 18 de marzo de 1997.

las más relevantes son las siguientes: (a) promover la adaptación de la situación española a la normativa de la Unión Europea; (b) informar sobre los planes de seguridad industrial y los proyectos de Reglamentaciones de Seguridad industrial; y (c) propiciar la coordinación de las actuaciones administrativas en materia de seguridad y calidad industriales.

8. CONCLUSIONES

La actividad industrial es una de las más nocivas y peligrosas para el medio ambiente y para la sociedad en general. Aparte de sus efectos inducidos y directos, los accidentes son desgraciadamente un componente del escenario industrial, en todos los continentes y latitudes.

El Derecho pretende recudir al máximo la probabilidad de que en los establecimientos industriales se produzcan eventos, fenómenos o procesos incontrolados que puedan derivar en catástrofes ambientales y humanas, y que, si este albur se materializa, sus efectos sean lo más reducidos y controlados posibles.

El modelo europeo, y por parto el español, consiste en una fuerte administrativización de la materia, con una intervención y regulación intensas de la actividad privada, que impone básicamente en el empresario la obligación de detectar, identificar y sistematizar todos los riesgos que los procesos que controla pueden provocar en los escenarios factuales conocidos, así como de adoptar las medidas necesarias inmediatas. Ello se complementa con un régimen potente de vigilancia, control, inspección y, eventualmente sanciones administrativas (cuyas cuantías pueden llegar a ser realmente cuantiosas).

Por desgracia, los accidentes industriales siguen ocurriendo a pesar del progreso social. En muchos casos se debe a la existencia de regulaciones jurídicas laxas o indulgentes (a veces fruto de una desregulación mal entendida) y sobre todo a una insuficiente o incluso inexistente vigilancia y control administrativos, como el luctuoso accidente de Bhopal reveló.

El éxito de la seguridad industrial solo puede asentarse sobre esos dos pilares: regulación intensa y control administrativo exhaustivo. Aun así, a pesar de todas las normas y de todas las cautelas, la eventualidad de un accidente industrial no se podrá eliminar nunca, pues la obra del Hombre siempre es perfectible y nunca está exenta del yerro. Tal y como nos enseñó el luctuoso accidente del transbordador espacial "*Challenger*", en aquel lejano 28 de julio de 1986, una empresa humana nunca está exenta del accidente o del fallo humano, a pesar de que sea obra de las personas más sabias, preparadas y expertas del Planeta.

Por ello, la seguridad industrial debe ser objeto de mejora progresiva, actualizando la normativa con agilidad frente al progreso técnico, y aprendiendo de los errores cometidos, a la par que subsanando las lagunas o los errores regulatorios, una vez identificados.

LAS NORMAS DEL DERECHO INTERNACIONAL APLICABLES A LA SITUACIÓN DE LOS DESPLAZADOS VENEZOLANOS

MILAGROS BETANCOURT C.*

SUMARIO

I. PRESENTACIÓN. LAS DIVERSAS CATEGORÍAS DE LAS PERSONAS EN MOVIMIENTO

Comienzo por expresar mi agradecimiento a la Academia de Ciencias Políticas y Sociales y a la Comisión organizadora por invitarme a contribuir en la publicación que se prepara en homenaje a la Doctora Cecilia Sosa Gómez, encargo que considero todo un honor y que realizo con especial complacencia.

* Abogado egresado de la Universidad Católica Andrés Bello. Estudios de postgrado en Derecho Administrativo en la Universidad de Alcalá de Henares en España y la Academia de Derecho Internacional de La Haya. Embajador retirado del Servicio Exterior de Venezuela. Ex Director de Tratados Internacionales y de Asuntos Multilaterales en el MRE. Ex Director Ejecutivo del Centro Empresarial de Conciliación Arbitraje CEDCA. Jefe de la Cátedra de Instituciones de Derecho Internacional de la Universidad Católica Andrés Bello.

Conocí a la doctora Sosa, muchos años, inicialmente a través de su esposo, mi amigo el doctor Raúl Arrieta, con quien comparto la dedicación al Derecho Internacional Público, y por supuesto, por su trayectoria profesional que la llevó a ser la primera mujer en ocupar el cargo de Presidente de la extinta Corte Suprema de Justicia, lo que nos honra a todas las venezolanas. En los últimos años Cecilia y yo hemos desarrollado una amistad muy especial, producto del acercamiento conjunto a temas de mi área de especialidad, que han generado gran preocupación en la doctora Sosa, como las violaciones a los derechos humanos y la necesidad de hacer justicia, el rescate de la democracia, la necesidad de reinstitucionalizar al Estado; y muy especialmente, la situación de los venezolanos que han tenido que huir del país en búsqueda de libertad y de un mejor futuro. Por lo relevancia y preocupación que le otorga Cecilia a esto último, es que he preparado el presente trabajo a su reconocimiento por la Academia.

El tema de las personas desplazadas en el mundo por distintas razones es quizás uno de los más relevantes y complejo de las relaciones internacionales por el impacto que tiene en los países de envío, de tránsito y de acogida. La crisis venezolana que se ha transformado en una verdadera emergencia humanitaria compleja, ha provocado el desplazamiento hacia el exterior de más de 6 millones personas, lo que afecta al país de origen, Venezuela en este caso, que ha perdido su capital humano, esencial para su desarrollo; a los países de acogida o receptores, que sienten un impacto importante político, económico y social, y fundamentalmente a las personas que sienten disminuidos sus derechos, ignorando muchas veces los deberes que tienen con las sociedades de acogida.

Las personas que se desplazan hacia el exterior constituyen categorías diferentes, sometidas a regímenes jurídicos distintos, incluso a órganos de control derivados de los propios instrumentos que constituyen el derecho material aplicable. Hoy podríamos hablar del Derecho Internacional de los Derechos Humanos, del Derecho Internacional de los Refugiados e incluso, aunque con una formación más precaria, del Derecho Internacional de las Migraciones. Ramas específicas que, aunque con cierta autonomía normativa forman parte del Derecho Internacional Público, cuyos principios en general son aplicables, sin dejar de considerar que tienen algunas especificidades como por ejemplo, las reglas de interpretación menos rígidas que las consideradas en el derecho de los tratados y por otra parte que las normas de protección de las personas tienen un carácter imperativo (normas del *jus cogens*) que conforman el orden público internacional, lo que tiene un efecto directo en los compromisos de los Estados que van más allá de su voluntad misma y en la capacidad de actuar sin ser Estado lesionado directo, para pedir el cese de la violación de tales normas.

Un elemento común tienen sin embargo todos estos regímenes: la protección de la persona, de sus derechos, de su dignidad. Desde 1945, con base en la Carta de las Naciones Unidas y en la Declaración Universal de Derechos Humanos de 1948, se han adoptado numerosos instrumentos y textos internacionales que buscan la protección de los derechos de la persona y de su dignidad, instrumentos que vienen acompañados de sus respectivos mecanismos de control que adoptan en una función cuasi jurisdiccional decisiones vinculantes para las partes.

Me referiré en este trabajo a las distintas categorías de personas en movimiento: Migrantes y trabajadores migratorios, solicitantes de asilo, asilados y refugiados, sin entrar a considerar los desplazados internos, cada vez más importantes en Venezuela, debido a las actividades ilícitas que como en el arco minero del Orinoco se desarrollan, provocando desplazamientos masivos dentro del propio territorio nacional y en relación con las cuales se aplicarían las normas de protección y en particular los principios rectores sobre los desplazados internos, adoptados por la Asamblea General de las Naciones Unidas en 1998.[1]

II. LAS DIVERSAS CATEGORÍAS DE LAS PERSONAS EN MOVIMIENTO Y SU RESPECTIVO RÉGIMEN JURÍDICO INTERNACIONAL

La población de un Estado está integrada por nacionales y no nacionales quienes habitan su territorio y se hallan bajo la jurisdicción de ese Estado por un vínculo jurídico o por un hecho distinto a la nacionalidad. Son estos: los extranjeros, trabajadores migratorios y sus

---

1 Documento E/CN.4/1998/53/Add.2, de 11 de febrero de 1998.

familiares, los asilados y refugiados, y los apátridas; cada uno sometido a reglas y normas internacionales específicas.

El examen de las categorías de personas que se desplazan hacia el exterior, bien sea por iniciativa propia, el migrante; o forzado por las circunstancias, el refugiado, obliga a determinar antes dos términos que son básicos: extranjero y apátrida, de conformidad con el derecho internacional.

Los extranjeros, son personas físicas o jurídicas que no son consideradas nacionales por el Estado en cuyo territorio están domiciliadas o como transeúntes, que son nacionales de otro Estado o de varios Estados, en caso de ostentar nacionalidades. Los extranjeros tienen los mismos derechos que los nacionales, con algunas limitaciones en cuanto a los derechos políticos, conforme a la legislación interna de cada Estado. Conforme al derecho internacional, gozan de todos los derechos, de acuerdo con el estándar mínimo de civilización, como lo señalara la CIJ en el asunto sobre las reclamaciones británicas en la zona española de Marruecos, al admitir la existencia de principios de derechos de gentes que, en ausencia de tratados, reglamentan los derechos de los extranjeros.[2]

La Declaración sobre los Derechos Humanos de los individuos que no son nacionales del país en que viven, adoptada por la Asamblea General de las Naciones Unidas en 1985[3] exige que se respeten los derechos fundamentales de todas estas personas: el derecho a la vida, a la intimidad, a la igualdad ante los tribunales, la libertad de opinión y de religión, y el respeto al idioma, la cultura y las tradiciones. En consecuencia, los extranjeros,

Los Estados sin embargo, tienen la facultad soberana de expulsar a los extranjeros de su territorio, la cual en todo caso no puede ser ejercida de manera absoluta. Está sometida a ciertas restricciones, pues debe ser aplicada con todas las garantías que exige la humanidad y el respeto de los derechos adquiridos. Debe realizarse mediante un acto administrativo motivado, y no puede realizarse de manera colectiva.

---

2 Alejandro Rodríguez Carrión, *Lecciones de Derecho Internacional Público.* Quinta Edición. Editorial Tecnos. Madrid, 2002. Pág. 391.

3 Resolución AG 40/144 del 3 de diciembre de1985.

Los refugiados y los apátridas, no pueden ser objeto de expulsión, salvo en excepciones muy específicas, como veremos más adelante.

Por otra parte, me refiero al apátrida, es decir, a aquella persona que no es considerada como nacional por ningún Estado conforme a su legislación, y que por tanto carece de nacionalidad[4], una figura regulada por la Convención sobre el Estatuto de Apátridas de las Naciones Unidas, firmada en Nueva York el 28 de septiembre de 1954. La apatridia puede ser causada por diversas causas tales como: la discriminación en las leyes de nacionalidad, el conflicto y los vacíos en las leyes de nacionalidad entre otros.

La apatridia, es cierto, ha disminuido en el mundo. Sin embargo, en los últimos tiempos y por circunstancias particulares, como la crisis venezolana, personas que nacen en un Estado, hijos de venezolanos y por lo tanto con derecho a la nacionalidad venezolana según la Constitución nacional, no la adquieren formalmente, dada la imposibilidad de acceder a las oficinas consulares de Venezuela, competentes para certificarla. En algunos países se aplica el principio del *ius sanguini* exclusivamente y por tanto, las personas que nacen en el territorio de ese Estado no tienen derecho a adquirir su nacionalidad, por lo que esas personas quedan en una especie de limbo jurídico que se podría traducir en una apatridia de facto.

Es relevante precisar que la partida de nacimiento emitida por la autoridad consular de un Estado no es constitutiva sino declarativa de la nacionalidad. El hijo de padres venezolanos que nazca en territorio extranjero, de acuerdo con el artículo 32 de la Constitución de la República de 1999, aunque no pueda ser inscrito en la respectiva oficina consular, mantiene su derecho a la nacionalidad, pero en la práctica no la tendría a los efectos de los otros Estados. En esta situación se encuentran los hijos muchos venezolanos migrantes quienes han nacido en países como Colombia, Estados Unidos o Guatemala, con los que no existen en este momento relaciones consulares. La imposibilidad de registrarlos, la falta de una partida de nacimiento les impide obtener los

---

4 Rodríguez Cedeño, Víctor, Betancourt C. Milagros, Torres C., María Isabel. Diccionario de Derecho Internacional. Segunda edición. Libros El Nacional. Caracas, 2011. Pág. 39

documentos que los identifican como venezolanos, como el pasaporte o la cédula de identidad.

Debe distinguirse entre ser indocumentado y ser apátrida, son condiciones distintas, sin embargo, la falta de documentación que certifique la identidad de la persona, puede generar situaciones complicadas, como hemos referido previamente.

De seguidas nos referiremos a la condición de las personas que se movilizan de manera voluntaria, como los migrantes, y de manera forzosa, los refugiados y asilados.

Aún cundo merece una atención igualmente particular, no entraremos a considerar en este trabajo, el retorno de los migrantes y refugiados y asilados, el derecho que tienen a retornar y a recibir la protección del Estado de origen, no solo para regresar sino para reinsertarse en la sociedad, a partir de su retorno.

1. Migrantes y trabajadores migratorios

Los migrantes son las personas que se movilizan hacia otro país de manera voluntaria y sus familias, para cuya protección, entre otros, fue adoptada la *Declaración sobre los Derechos Humanos de los individuos que no son nacionales en el que vive,* antes citada.

Los trabajadores migratorios son aquellos que ejercen actividades laborales en un país distinto al suyo. Se les define en el derecho internacional como "*toda persona que vaya a realizar, realice o haya realizado una actividad remunerada en un Estado del que no es nacional*".[5]

A partir de 1990, se adoptaron normas específicas para regular su condición, en la *Convención Internacional sobre la protección de todos los trabajadores migratorios y de sus familiares,* que entró en vigor en el año 2003. Esta Convención, establece en su artículo 17 que los trabajadores migratorios "*gozarán de un trato que no sea menos favorable que el reciben los nacionales del Estado de empleo*" en particular en cuanto la remuneración, las condiciones de trabajo y el horario laboral.

---

[5] Artículo 2 de la Convención Internacional sobre la protección de todos los trabajadores migratorios y de sus familiares adoptada el 18 de diciembre de 1990, en vigor desde el 1 de julio de 2003n

Uno de los mayores problemas que ha surgido en este contexto es el tráfico ilícito de migrantes, el cual afecta de manera particular a las mujeres. Para afrontar esta situación en el año 2000 se adoptó la *Convención contra la Delincuencia organizada transnacional,* (Convención de Palermo) y sus Protocolos adicionales, entre ellos el *Protocolo contra el tráfico ilícito de migrantes por tierra, mar y aire*, cuya finalidad es prevenir y combatir la trata de personas, prestando especial atención a la protección de las mujeres y niños contra este delito y el respeto de sus derechos humanos.

2. Refugiados y asilados

Los refugiados y los asilados son personas que por diversas circunstancias y de manera forzosa se encuentran en el territorio de un Estado distinto al de su nacionalidad o residencia y bajo su protección.

El refugiado ha sido definido por la Convención sobre el Estatuto de los Refugiados de 1951 (Convención de 1951)[6], como "*cualquier persona que se halle fuera del país de su nacionalidad o, si carece de nacionalidad, fuera del país donde tenía su residencia habitual, por tener o haber tenido temores fundados de ser víctimas de persecuciones por motivos de raza, religión, nacionalidad u opiniones políticas, y no pueda, o debido a ese temor, no quiera acogerse a la protección del gobierno del país de su nacionalidad, o si carece de ella, no quiera regresar al país donde antes tenía su residencia habitual*".

El concepto de refugiado fue ampliado mediante la Declaración de Cartagena, adoptada el 22 de noviembre de 1984, contentiva de las conclusiones del Coloquio sobre la Protección internacional de los Refugiados de América Central, México y Panamá, y los problemas jurídicos y humanitarios. Si bien este documento no es una convención internacional vinculante u obligatoria para los Estados, como lo es la Convención de 1951, muchos de ellos han incorporado el contenido a su legislación interna, de manera de ampliar el alcance de la protección debida a las personas que piden refugio en sus territorios. El Alto Comisionado de las Naciones Unidas para los Refugiados ACNUR, ha asu-

---

6 Adoptada en Ginebra el 28 de Julio de 1951 en vigor desde el 22 de abril de 1954

mido la Declaración de Cartagena como un documento de orientación a los Estados en la adopción de políticas para los refugiados.

Dos aspectos deben resaltarse del concepto de refugiado a) el hecho que la persona solicitante de protección "*tenga fundados temores*" de estar en peligro, por cualquiera de los motivos establecidos; y b) que se utilizan los conceptos de frontera y territorio, y no a Estados o países, lo cual tiene un significado particular y merece un comentario y, b) que se utilizan los términos de frontera o territorio, en lugar de Estado o país, lo que puede implicar que la persona perseguida puede estar en el Estado del cual es nacional, bajo la protección de una misión diplomática extranjera, o de una fuerza de paz o de otra naturaleza que opere en el territorio del dicho Estado.

La condición de refugiado se adquiere a partir del momento que el Estado de acogida considera que se han cumplido los extremos exigidos para ello en la Convención de 1951 y el Protocolo de 1967, antes mencionadas, en concordancia con la legislación interna de dicho Estado. El otorgamiento de la condición de refugiado por las autoridades del Estado de acogida no es considerado como un acto constitutivo, sino declarativo. Tal como lo señala el "*Manual de Procedimientos y Criterios para la determinación de la condición de refugiado en virtud de la Convención de 1951 y el Protocolo de 1967 sobre el Estatuto de los Refugiados*" del ACNUR[7], esa persona "*no se convierte en refugiado por el reconocimiento de tal condición por el Estado de asilo, sino que ello es reconocido porque esa persona es refugiada. De manera que esa condición no se otorga, simplemente se reconoce, al cumplir los requisitos exigidos*".

El Refugio se rige, por la Convención de 1951 sobre el Estatuto de los Refugiados, antes citada y su Protocolo de 1967, antes citados, sobre lo que comentaré en detalle más adelante. Previamente en 1949, la Asamblea General de las Naciones Unidas, creó la Oficina del Alto Comisionado de las Naciones Unidas, ACNUR[8], con la responsabilidad de

7 https://www.acnur.org/fileadmin/Documentos/BDL/2011/7575.pdf

8 Resolución AG 319 A del 3 de diciembre de 1949. quedarse de manera legal y poder trabajar,o de 18 meses, 2014. a comunidad internacional, la acogida que durante décadas dimos quedarse de manera legal y poder trabajar,o de 18 meses, 2014. a comunidad internacional, la acogida que durante décadas dimos.

garantizar el respeto a los derechos humanos básicos de los refugiados, incluyendo su asilo y asegurando que ningún refugiado sea regresado de forma involuntaria a su país, si se cree que existe una razón para que pueda correr algún peligro. Y de velar por el cumplimiento y aplicación adecuada de la normativa internacional correspondiente. Con sede en Ginebra, Suiza, tiene oficinas en prácticamente todos los países

Trataremos de manera más detallada al refugio, su normativa y los principios internacionales que lo orientan, por ser ésta la condición en que se encuentra la mayoría de los venezolanos que han salido del país.

Asilado: Es toda persona a la que un Estado concede asilo.

El asilo es una institución humanitaria que consiste en la protección que otorga un Estado al acoger a determinadas personas que lo solicitan en virtud de ser perseguidas por motivos políticos, cuya vida o libertad se encuentran en peligro en el Estado del que proceden. Usualmente son nacionales de este Estado o de un tercer Estado.[9] La concesión de asilo es un derecho discrecional del Estado al que se le solicita, o Estado requerido.

El asilo puede ser diplomático y político o territorial. El primero está referido a la protección que se otorga en las sedes de las misiones diplomáticas acreditadas en el Estado del cual el solicitante es nacional. Es una institución reconocida principalmente en América Latina y está regida por la Convención sobre Asilo Diplomático suscrita en Caracas el 28 de marzo de 1954, cuyo artículo 1 lo define como "*la protección otorgada en legaciones (misión diplomática ordinaria, residencia de los jefes de misión, los locales habilitados por ellos para habitación de los asilados), navíos de guerra y campamentos o aeronaves militares, a personas perseguidas por motivos políticos o delitos políticos*".

El asilo político o territorial es el que concede un Estado en su territorio a una persona que no es su nacional y que huye de su país de origen perseguida por razones políticas. El derecho al asilo territorial es un derecho humano, consagrado inicialmente en la Declaración Universal de 1948, y en la Declaración de Naciones Unidas sobre Asilo terri-

[9] Ibid 2. Pág. 44.

torial.[10] En el ámbito regional latinoamericano está regido por la Convención sobre Asilo Territorial suscrita en Caracas, también en 1954.

El asilo y el refugio son conceptos similares aunque no iguales. Ambos tienen por objetivo la protección de las personas que son objeto de persecución o se encuentran en peligro, por diversas razones, en el país del que son nacionales. Sin embargo tienen normativas internacionales diferentes. Ambos son reconocidos universalmente como un derecho humano.

3. Solicitantes de refugio y asilo

Es importante hacer referencia a la condición jurídica de las personas que se han desplazado a otros territorios y que se encuentran en la etapa previa a que el Estado de acogida les reconozca como asilado o refugiado. Se trata de los solicitantes asilo o refugio, quienes tienen una serie de derechos y los Estados de acogida tienen obligaciones en relación con ellas, conforme al Derecho Internacional, que deben ser cumplidas durante esta etapa.

El Estado de acogida debe otorgar la protección solicitada desde el momento que los solicitantes ingresan a su territorio, debe garantizarles el disfrute de sus derechos humanos fundamentales como el derecho a la vida, a la integridad física, a la salud y al trabajo, mientras se hacen los trámites correspondientes a la concesión del asilo o refugio.

Tanto los solicitantes de asilo y refugio, como los asilados y refugiados, tienen en el Estado que los acoge, los mismos derechos civiles y políticos, que otros extranjeros; por ejemplo el derecho a la libre expresión y pensamiento, de reunión y asociación, a menos que se trate de actos que constituyan propaganda sistemática que incite a la violencia contra el gobierno del Estado del solicitante de asilo o refugio.

El Estado de acogida, tiene además con relación a los solicitantes, la obligación de cumplir cabalmente con los principios y normas internacionales que regulan el asilo y refugio, fundamentalmente el principio de no devolución (*non refoulement*) que impide al Estado de acogida devolver al Estado de origen a personas perseguidas por motivos o causas políticos, o por otras circunstancias que ponen en peligro su

10 Resolucion de la AG 2313 del 14 de diciembre de 1967.

vida o su integridad física, solicitantes de asilo o refugio en su territorio, sobre el cual abundaremos más adelante.

La protección diplomática puede ser ejercida por el Estado exclusivamente en favor de sus nacionales. Sin embargo, en el proyecto de Artículos sobre la Protección Diplomática adoptado por la Asamblea General en 2006 con base en los trabajos de la Comisión de Derecho Internacional (CDI), esta facultad del Estado se extiende a los refugiados, en una suerte de desarrollo progresivo del Derecho Internacional.[11]

4. Afluencia masiva

Las situaciones de afluencias masivas, tal como han sido definidas por el ACNUR, son aquellas en las que "*una gran cantidad de personas cruzan una frontera internacional a un ritmo acelerado en busca de protección internacional, lo que hace imposible determinar en forma individual, sus solicitudes de asilo*".[12]

El ACNUR ha identificado las características comunes a este tipo de movilizaciones: a) grandes cantidades de personas que cruzan una frontera internacional; b) un ritmo acelerado de llegada; c) una capacidad de respuesta inadecuada por parte de los países receptores, particularmente en la fase de respuesta; d) procedimientos individuales de asilo insuficientes para la condición de tal cantidad de personas.[13]

III. LA INSTITUCIÓN DEL REFUGIO Y LOS PRINCIPIOS DEL DERECHO INTERNACIONAL QUE LO RIGEN

Vista la situación descrita, analizaremos la institución del refugio, a la luz del derecho internacional, las normas que lo rigen y los principios que lo orientan, las obligaciones y responsabilidades de los Estados de acogida, los derechos de los solicitantes de refugio y los refugiados.

---

11 Artículo 8. Resolución AG 61/34 del 18 de diciembre de 2004.

12 Diretrices del ACNUR sobre la aplicación de las cláusulas de exclusión del articulo 1F de la Convención de 1951en situaciones de afluencia masiva de 2006 www.unhcr.org/refworld/docid/43f48c0b4.html

13 Adalberto Urbina Briceño, *El Derecho Internacional de los Refugiados. Aspectos conceptuales universales y regionales.* Universidad Central de Venezuela. Universidad Católica Andrés Bello. Servicio Jesuíta a Refugiados. Publicaciones UCAB. Caracas, 2012. Pás. 140.

1. El Derecho Internacional de los refugiados. Las primeras normas

La primera normativa internacional en materia de refugiados se remonta a los tiempos de la Sociedad de las Naciones, en cuyo seno se tomó conciencia de la responsabilidad que la comunidad internacional tenía en cuanto a la protección de las personas refugiadas. Sin embargo, en ese tiempo eran disposiciones dirigidas a resolver casos específicos, en las que la definición de refugiado se concebía por categorías, dependiendo de su país de origen.

Así pues, se concluyeron acuerdos referidos a la situación de los refugiados rusos y turcos, luego del desmembramiento del Imperio Otomano, siempre orientados por el criterio o enfoque de grupo en todos los instrumentos internacionales suscritos antes de 1951.

La Convención sobre el Estatuto Internacional de los Refugiados de 1933, es el primer instrumento internacional en el que se hace referencia a que los refugiados no debían ser devueltos a su país de origen. Desafortunadamente, esta Convención sólo fue ratificada por ocho Estados, lo que no permitió su entrada en vigor. Otro instrumento internacional pertinente como antecedente a las regulaciones actuales, es la Convención sobre el Estatuto de los Refugiados procedentes de Alemania, de 1938, que solo recibió tres ratificaciones y quedó superada por el estallido de la segunda guerra mundial.

En 1946, se crea la Organización Internacional para los Refugiados -OIR-[14] cómo órgano de carácter provisional con la finalidad de atender el problema de los refugiados generados por la guerra, con carácter provisional y un mandato limitado en el tiempo, pues debía concluir sus funciones en 1950. La constitución de la OIR incluía como objetivo "*alentar y favorecer, de todas las maneras posibles, el pronto regreso de los refugiaos a su país de nacionalidad o a su anterior residencia habitual*". No obstante, la Resolución de la Asamblea General por la que se crea, situaba dicho objetivo en su perspectiva adecuada, al declarar que: "no será obligado a regresar a su país de origen ningún refugiado o persona desplazada (que exprese razones válidas en contra de dicho regreso).

[14] Resolución AG 018-007 del 16 de febrero de 1946.

Esto representa el inicio de un cambio evidente de política y de prioridades de las Naciones Unidas en relación con la situación de los refugiados. Se deja de lado la política inicial de repatriación para asumir la política de reasentamiento (reubicación) desde los países de acogida a terceros países.

En 1949 se crea la figura del Alto Comisionado para los refugiados ACNUR, con un mandato inicial por un lapso determinado de tres años; y mediante Resolución del 14 de diciembre de 1950[15] se adopta el Estatuto que regirá su funcionamiento.

Este texto sirve de marco de referencia para la Convención sobre el Estatuto de los refugiados de 1951 (Convención de 1951) y su Protocolo adoptado en 1967 (Protocolo de 1967), que contiene las normas fundamentales que regulan la materia.

2. Principios generales aplicables al refugio y al asilo

El refugio y el asilo son instituciones de naturaleza apolítica y de carácter exclusivamente humanitario, así aparece consagrado en el párrafo 5 del Preámbulo de la Convención de 1951. Funcionan únicamente en beneficio de las personas con necesidad de protección y que huyen de sus países de origen debido a la persecución por motivos que ponen en riesgo su vida o integridad física. Los Estados han aceptado que en virtud de su naturaleza, ninguna acción que se tome a favor de los refugiados, puede ser interpretada como un acto inamistoso hacia el país de origen de estos.

Los principios fundamentales en los que reposan estas dos instituciones humanitarias, consagrados y ratificados en los diversos instrumentos internacionales, cuya naturaleza examinaremos brevemente de seguidas, son los siguientes:

- No devolución (*non refoulement*)
- Protección
- No discriminación
- Indivisibilidad e interdependencia de los derechos humanos
- Solidaridad y responsabilidad compartida

[15] Resolución AG 428 (V) del 14 de diciembre de 1950.

Todos estos principios tienen como objetivo salvaguardar la vida, integridad, seguridad y libertad de las personas que han tenido que abandonar su país de origen o residencia por los motivos establecidos por la propia definición del concepto de refugiado previsto en la Convención de 1951, que hemos citado en el punto II del presente trabajo. Pueden ser catalogados como políticos y jurídicos. Ello, sin embargo, sería menos importante que los efectos jurídicos o parajurídicos que pueden causar su cumplimiento o inobservancia. Imponer a los Estados obligaciones esenciales, como la que se deriva del principio incuestionablemente jurídico y fundamental de la no devolución, supone también la consideración equilibrada de los otros principios también reguladores del comportamiento de los Estados y de las organizaciones internacionales, sin que ello pueda significar introducir criterios derogatorios y excepciones a la aplicación del principio de no devolución, piedra angular del sistema de protección.

2.1. No devolución o *non refoulement*

2.1.1. Naturaleza jurídica

El principio de no *devolución o non refoulment* es la piedra angular del Derecho Internacional de los refugiados, por lo que haremos un análisis detallado de su contenido y naturaleza jurídica. Se traduce en la prohibición de expulsar o devolver al territorio de origen de la persona desplazada que llega a su frontera cuya vida corre peligro por razones de raza, religión, nacionalidad, pertenencia a determinado grupo social o por sus opiniones políticas. Cualquier repatriación de un refugiado o asilado debe ser voluntaria.

El principio de no devolución es aplicable, además de a los refugiados, a todas las personas que, por las razones contempladas en la citada Convención y en otros instrumentos internacionales, huyen de sus lugares de origen o residencia y solicitan protección en el territorio de otro Estado. Así mismo quedan incluidas las personas víctimas de tortura o de otros tratos crueles, inhumanos y degradantes, tal como lo establece la Convención sobre esta materia, de 1984.

El concepto de refugiado es fundamental en relación con la aplicación de este principio de no devolución. A estos efectos, el término refugiado debe entenderse en sentido amplio, considerando no solamente la definición prevista en la Convención de 1951 y su Protocolo de 1967, sino además lo precisado en otros textos internacionales como la Declaración de Cartagena de 1984 la Convención que crea la Organización de la Unión Africana así como lo recoge la práctica de la Comisión Interamericana de Derechos Humanos, ampliar el concepto de refugiado y abarcar a todas las personas necesitadas de protección.

En la Declaración de Cartagena, por ejemplo, se considera que la definición de "*refugiado*" debe abarcar, además, a las personas que "*han huido de sus países porque su vida, seguridad o libertad han sido amenazados por la violencia generalizada, la agresión extranjera, los conflictos internos, la violación masiva de los derechos humanos u otras circunstancias que hayan perturbado gravemente el orden público*".

Específicamente indica:

- Que se considere también como refugiados a las personas que han huido de sus países porque su vida, seguridad o libertad han sido amenazadas por la violencia generalizada, la agresión extranjera, los conflictos internos, la violación masiva de los derechos humanos u otras circunstancias que hayan perturbado gravemente el orden público.
- Introduce por primera vez el concepto de desplazados internos dentro de su propio país, para quienes piden la protección y asistencia para aliviar la situación angustiosa que ello genera.
- Reconoce que la reunificación de las familias constituye un principio fundamental en materia de refugiados, el cual debe inspirar el tratamiento humanitario en el país de acogida
- Propiciar que los países que reciban afluencia masiva de refugiados busquen la forma de integrarlos a la vida productiva del país, con el apoyo del ACNUR, mediante la creación o generación de empleos, para posibilitar el disfrute de los derechos económicos, sociales y culturales a los refugiados.
- Ratifica el carácter voluntario de la repatriación
- Insta a las Organizaciones No Gubernamentales a coordinar su trabajo y esfuerzos con el ACNUR y con las autoridades nacionales de los países de origen y de acogida.

De la misma manera es aplicable a los solicitantes de asilo y refugio, aquellas personas que ingresan al territorio de otro país en búsqueda de protección y a quienes no se les ha reconocido aún la condición de asilado o refugiado.

Es de tal importancia este principio que está expresamente recogido en diversos instrumentos jurídicos internacionales, tanto de carácter universal, como regional o subregional. Ha sido precisado y confirmado en documentos de naturaleza política que reflejan la voluntad y disposición de los Estados de cumplirlo.

Hay algunos aspectos del principio de no devolución que debemos destacar y abordar con mayor detalle:

2.1.1. Naturaleza jurídica

Una cuestión importante que se plantea en relación al principio de no devolución tiene que ver con su aplicación y con su objetivo principal que es la protección internacional de las personas que la solicitan, es su naturaleza jurídica. Definir si se trata de una norma de origen consuetudinario, una norma de derecho internacional general o si es una norma imperativa del derecho internacional o *ius cogens.*

Debemos afirmar que el principio, no solo está recogido en diferentes instrumentos internacionales convencionales, como hemos indicado, sino que además su observancia se refleja en la práctica de los Estados, lo que esencial a su propia naturaleza jurídica. Práctica acogida en las diversas Resoluciones de los Organismos Internacionales como la ONU, OEA y OUA, del ACNUR y las Conclusiones de su Comité Ejecutivo, EXCOM. En este último caso, se trata recomendaciones que son acogidas por los Estados en el cumplimiento de sus compromisos internacionales. La doctrina mayoritaria considera que este tipo de documentos reflejan la opinión de los Estados y que ellos mismos pueden constatar la existencia de una norma jurídica, precisarla, ampliarla e incluso dar inicio a la formación de una norma de derecho internacional consuetudinario.

Esta práctica y la convicción de los Estados de que la misma es jurídica y por lo tanto vinculante, constituye conforme al derecho internacional una costumbre, base del derecho consuetudinario. A su vez, resulta un compromiso convencional que vincula a los Estados partes en los tratados y acuerdos pertinentes y además al resto de los Estados de la comunidad internacional por ser, como dijimos, una norma consuetudinaria.

Hoy en día, con la consolidación de las normas y la evolución de la práctica internacional, se considera al principio de no devolución como parte del *ius cogens*, definido en el artículo 53 de la Convención de Viena sobre el derecho los tratados de 1969[16] como normas que conciernen a la comunidad internacional en su conjunto y no admiten pacto en contrario. El carácter imperativo de la prohibición de no devolución impide a los Estados acordar su inobservancia sea mediante la adopción de políticas nacionales fundamentadas en la legislación interna. Así ha sido ratificado en la Declaración y Plan de Acción de México, de 2004.[17] No está permitida su derogación, aun cuando en la Convención de 1951 se prevén algunas excepciones.

2.1.2. La no sanción a los solicitantes de refugio por la permanencia o ingreso ilegal

Conforme al artículo 31 de la Convención de 1951, los Estados no impondrán sanciones penales a los refugiados por causa de ingreso o permanencia ilegal cuando han llegado directamente del territorio donde su vida o libertad estuviera amenazada, a condición de que se presenten sin demora a las autoridades del Estado de acogida y aleguen causa justificada para su entrada o permanencia ilegal. Así mismo como se le aplicarán a estos refugiados restricciones de circulación, salvo las necesarias, y hasta que se haya regularizado su situación en el país, u obtenga en otro país, para lo cual le otorgarán un plazo razonable. Estas disposiciones, se entiende son aplicables a los solicitantes de asilo y refugio.

---

16 Artículo 53. Es nulo todo tratado que, en el momento de su celebración esté en oposición con una norma imperativa de derecho internacional general. Para los efectos de la presente Convención, una norma imperativa de derecho internacional general es una norma aceptada y reconocida por la comunidad internacional de Estados en su conjunto como norma que no admite acuerdo en contrario y que sólo puede ser modificada por una norma ulterior de derecho internacional general que tenga el mismo carácter.

17 Declaración y Plan de acción de México 2004 https://www.acnur.org/cartagena30/declaracion-y-plan-de-accion-de-mexico-para-fortalecer-la-proteccion-internacional-de-los-refugiados-en-america-latina-2/#:~:text

2.1.3. La no devolución y la extradición

El principio guarda estrecha relación con la extradición, sobre lo cual existen normas bien establecidas, recogidas en algunas convenciones internacionales que regulan la materia, entre las cuales, la Convención Interamericana sobre extradición, de 1981, ya citada, en su artículo 4.

Por su parte el EXCOM ha afirmado en varias oportunidades el carácter de obligatoria observancia del principio, en casos de extradición. Así por ejemplo, en la Conclusión 17 de 1980 que reafirma "*el carácter fundamental del principio.... universalmente reconocido, que:*

"*los casos en que se pide la extradición de un refugiado o de una persona que cabe considerar como refugiado, pueden dar lugar a problemas especiales*". Más adelante en la misma Conclusión señala que "*se debía proteger a los refugiados con respecto a la extradición a un país en el que tuviese fundados temores de ser perseguidos por los motivos en (...) la Convención de 1951*". Y además que los Estados: "... *diesen seguridades de que el principio de no devolución se tomaba debidamente en cuenta en los tratados referentes a la extradición y en los casos en que se procedía dentro de la legislación nacional sobre la cuestión*". Finalmente, en esa misma Conclusión se expresó la esperanza de que se considerase debidamente el principio (...) en los tratados existentes sobre extradición.

2.1.4. Excepciones al principio de no devolución

A pesar de su naturaleza jurídica, a la que nos hemos referido previamente, el principio de no devolución no es absoluto, aun cuando esa hubiese sido la intención de los redactores de la Convención de 1951. Existen excepciones a su aplicación, contenidas en el artículo 1 F de la Convención, del tenor siguiente: "*La Convención no se aplicará a la persona respecto de la cual "existan motivos fundados para considerar que:*

a) Ha cometido un delito contra la paz, un delito de guerra o un delito contra la humanidad de los definidos en los instrumentos internacionales elaborados para adoptar disposiciones respecto de tales delitos;

b) Un grave delito común, fuera del país de refugio, antes de ser admitida a él como refugiada;

c) Se ha hecho culpable de actos contrarios a las finalidades y a los principios de las Naciones Unidas."

Por su parte, el artículo 33, numeral 2 de la misma Convención, se prescribe que esa persona no podrá beneficiarse de la aplicación del principio de no devolución si dicha persona significa "*un peligro para la seguridad del país en el que se encuentra*" o "*si habiendo sido objeto de una condena definitiva por un delito particularmente, constituya una amenaza para la comunidad de tal país*".

Estas dos disposiciones se refieren a cuestiones diferentes. La primera tiene que ver con la posible conducta delictiva de la persona solicitante de refugio y la segunda con el riesgo que dicha persona pueda representar para el país de acogida.

Las causales de excepción deben ser interpretadas de manera restrictiva, en virtud del principio *pro homine*. En caso de que sean procedentes, la persona sería devuelta o enviada a un tercer país, en donde no esté en riesgo su vida o integridad personal o no constituya una amenaza para la comunidad.

El principio de no devolución, en todos los casos, debe ser aplicado escrupulosamente, incluso cuando se trate de flujos masivos de solicitantes de asilo o de desplazados, como bien lo ha afirmado de manera reiterada el EXCOM. Además, es importante destacar que la expulsión o devolución de una persona debe hacerse de acuerdo con los procedimientos establecidos en la legislación nacional del Estado de acogida y con pleno respeto de los derechos humanos de las personas afectadas.

2.2. Protección

Este principio, permite la cabal y apropiada aplicación de la normativa internacional a favor de los asilados y refugiados, así como a los solicitantes de refugio. Con base en este principio el Estado de acogida tiene la obligación de otorgar protección integral las personas que así lo solicitan y garantizarles el goce y disfrute de sus derechos fundamentales. Así lo dispone la Convención de 1951, en el párrafo 2 de su Preámbulo.

Esta protección implica facilitar los medios para ubicar a las personas en un lugar seguro alejado de la frontera del país de origen, asegurarse que tengan cubiertas sus necesidades básicas, no ser sometidos a tratos crueles, inhumanos o degradantes y proveer ayuda, apoyo económico, así como facilidades para su reasentamiento.

En las situaciones de afluencias masivas, la determinación de la condición individual de refugiado resulta casi impracticable frente a la necesidad urgente de brindar asistencia y protección, señala el profesor Adalberto Urbina que los gobiernos, en consulta con el ACNUR, y las organizaciones no gubernamentales, deben acordar normas para la aplicación de programas de protección temporal en situaciones de afluencia en gran escala. En su opinión no existe un consenso internacional sobre el concepto de protección temporal, sin embargo ya es ampliamente considerada como una norma internacional obligatoria en ciertas circunstancias frente a situaciones de afluencias masivas de refugiados o de personas que huyen de conflictos armados o de violaciones de derechos humanos.[18]

2.3. No discriminación

Consagrado como una prohibición expresa en el artículo 3 de la Convención de 1951. Este principio garantiza a cualquier persona dentro del Estado en cuya jurisdicción se encuentra, el ejercicio de sus derechos, sin distinción alguna, sin discriminación o exclusión por motivos de raza, color, sexo, idioma, religión, opiniones políticas o de cualquier otra índole, origen nacional o social, posición económica, nacimiento o cualquier otra circunstancia, incluida la condición de refugiado o de personas que solicitan protección.

El Estado tiene la obligación de adoptar medidas para prevenir, combatir y eliminar cualquier forma de discriminación y de dar cumplimiento a los compromisos contenidos en los instrumentos internacionales sobre la materia, que ha suscrito, sean universales, como la Convención Internacional sobre la Eliminación de todas las Formas de Discriminación Racial[19], o las convenciones regionales.

---

18 Ibid 13. pág. 142.

19 Adoptada y abierta a la firma y ratificación por la Asamblea General en su resolución 2106 A (XX), de 21 de diciembre de 1965. Entrada en vigor: 4 de enero de 1969, de conformidad con el artículo 19.

2.4. Indivisibilidad e interdependencia de los derechos humanos

Está estrechamente vinculado con el principio de no discriminación. Como se ha indicado, el Estado de acogida debe garantizar a los solicitantes de refugio y a los refugiados sus derechos humanos fundamentales de manera integral, sin que pueda darse preferencia a alguno en detrimento de otros. Los asilados y refugiados tienen en el Estado de acogida, los mismos derechos civiles y políticos, que otros extranjeros; por ejemplo el derecho a la libre expresión y pensamiento, de reunión y asociación, a menos que se trate de actos que constituyan propaganda sistemática que incite a la violencia contra el gobierno del Estado del solicitante de asilo.

2.5. Solidaridad internacional y el reparto de la carga

Reconocido y recogido en la Convención del 51 en su párrafo 4 del Preámbulo, es un principio fundamental vinculado a la eficiencia de las medidas de protección adoptadas por los gobiernos y la comunidad internacional, a favor de los refugiados.

Si bien es cierto que, por una parte existe el derecho a solicitar refugio y a disfrutar del mismo conforme a la normativa que lo rige, y que los Estados tienen la obligación de considerar las solicitudes de refugio en forma adecuada y de proceder a otorgarlo cuando se estén cumplidas las condiciones para ello, con base en los más elementales principios de humanidad, también es cierto que la recepción de solicitantes de refugio, plantea retos importantes para los países de acogida, que pudiera afectar su cumplimiento:

a. La recepción de solicitantes de asilo y de refugiados no podrá ser cumplida adecuadamente en los países en desarrollo, si no se plantea con base en la solidaridad internacional y si no se considera de manera apropiada el reparto justo y equitativo de la carga, esencialmente económica, que plantea su recepción, especialmente cuando se trata de flujos masivos de personas.
b. La plena observancia en la práctica, de los otros principios que regulan la institución del asilo y en los que se basa la protección exigida al Estado de acogida, también pudiere verse afectada.

c. El problemas de los refugiados en un asunto que incumben no solo al país de acogida sino a la comunidad internacional en su conjunto y resolverlos adecuadamente depende de la disposición y capacidad de los Estados de encararlos en forma coordinada y plenamente comprometida con un auténtico espíritu de humanismo y solidaridad internacional, como bien afirma la Conclusión 52 del EXCOM de 1988[20].
d. La solidaridad internacional y el reparto de la carga se relacionan también con las condiciones políticas, económicas y sociales que deben crearse para la reintegración de las personas desplazadas de sus sociedades de origen, siempre voluntaria, segura y digna de impedir nuevos flujos masivos de personas.

3. Las responsabilidades del Estado de origen

Aun cuando no entremos en mayor abundamiento, como indicamos al inicio de este trabajo, merece la pena un comentario sobre este asunto. El Estado de origen tiene responsabilidades en relación con sus nacionales estén o no dentro del territorio nacional. El Estado tiene la obligación de respetar todos los derechos humanos de sus nacionales independientemente del lugar en el que se encuentren.

Las personas que están fuera del Estado, en cualquier condición, tienen derechos fundamentales que el Estado de la nacionalidad debe satisfacer, como, por ejemplo, el derecho a la nacionalidad, a la identificación, a la asistencia y atención consular e incluso, aunque sea discrecional del Estado otorgarla, a la protección diplomática.

En el caso de Venezuela en las actuales circunstancias los venezolanos se sienten desprotegidos por las autoridades del Estado, lo que se constata con las limitaciones que el gobierno ha establecido para la extensión de piezas de identidad incluido el pasaporte, así como muchas otras tramitaciones, entre otras los registros consulares, particularmente, de los hijos de los venezolanos nacidos en el exterior, a lo cual me referí al inicio de este artículo.

20 https://www.unhcr.org/excom/exconc/3ae68c433c/international-solidarity-refugee-protection.html

El Estado de origen tiene además la obligación además de facilitar el retorno que en todo caso debe ser voluntario.

IV. LA EMIGRACIÓN VENEZOLANA. CAUSAS Y ETAPAS

Con la finalidad de poner en contexto la normativa del Derecho Internacional que regula a las personas que se desplazan en cuanto a la situación de la migración de los venezolanos, consideramos relevante referirnos a las causas que la han generado y las diversas fases en que se ha producido, hasta llegar a los que se ha identificado en los últimos años, como un éxodo masivo.

Hablar de migración en Venezuela es retratar la crisis socio política que atraviesa el país en todos sus órdenes: institucional, político, económico y social así como el incumplimiento por parte del Estado de los más elementales compromisos hacia su población.

La crisis es tan profunda y prolongada, que ha sido calificada por las Naciones Unidas como una *Emergencia Humanitaria Compleja*, concepto establecido por dicho organismo para describir el carácter diferenciado de las grandes crisis, que es causada por la combinación de sus causas y factores, y que tiene tres características: 1) la multiplicidad de sus causas: interrelación de factores políticos, económicos y socioculturales; 2) el carácter omni comprensivo de su impacto, y 3) La necesidad de una respuesta internacional.[21]

Las actuales circunstancias del país convirtieron a Venezuela de ser un territorio de acogida, a una nación de migrantes con la salida del país de casi un tercio de sus habitantes, en busca de libertad y mejores condiciones vida. Durante las décadas en que Venezuela recibió inmigrantes cuyo primer grupo llego en los años 50, fue un país que ofreció oportunidades de todo tipo a quienes venían al país huyendo de guerras o dictaduras. Los derechos de los migrantes fueron respetados a cabalidad, y la mayoría de ellos se insertaron y se integraron a nuestra sociedad.

El proceso de lo que se ha llamado la "*diáspora venezolana*" se ha producido progresivamente y en diversas etapas, todas vinculadas a

[21] https://www.civilisac.org/emergencia-humanitaria-compleja

diversos eventos políticos y económicos ocurridos en el país. A partir de 1983 se comenzó a generar una incipiente migración coincidente con el llamado "*viernes negro*"; luego, en febrero de 1983 que produjo la caída del bolívar y el primer control de cambio, lo que también produjo la movilización de algunos venezolanos. Los sucesos del 27 de febrero de1989 conocidos como "*el caracazo*"; y los dos intentos de golpe de estado del 2 de febrero y 27 de noviembre 1992, generaron así mismo un leve movimiento migratorio.

Con la llegada de Hugo Chávez al poder en 1999, comienza el desplazamiento paulatino de los venezolanos por diversos motivos y de diversos estratos de la sociedad, hasta llegar a la movilización en masa de la población. Este fenómeno se produce en las etapas que los especialistas[22] han identificado como sigue:

1. Desde 1999 hasta 2004 aproximadamente, se inicia el éxodo de la llamada "*élite venezolana*" con poder económico y político, así como de los jóvenes con doble nacionalidad. Recordemos que con la Constitución de la República Bolivariana de Venezuela aprobada por referéndum el 15 de diciembre de 1999, se consagra el derecho para los venezolanos de ostentar otra nacionalidad.[23] Durante esta etapa, de 2002 a 2004, se produce lo que se ha llamado la emigración de talento y saber, coincidente con la promulgación de 49 leyes fundamentadas en la Ley Habilitante otorgada a Hugo Chávez en diciembre de 2001, y los sucesos del 2002. Se inicia una diáspora de antiguos empleados de Petróleos de Venezuela (Pdvsa), separados de sus cargos luego del paro petrolero ocurrido entre 2002 y 2003. En este período comienza a irse del país un talentoso capital humano.[24] Se comienza ya para ese momento a hablar de refugiados venezolanos. Así pues, el Alto Comisionado de Naciones Unidas para los Refugiados indica que "*entre 2003 y 2004 se duplica el número de refugiados (venezolanos), de 598 a 1.256, y entre*

---

22 Emilo Osorio Álvarez. "La emigración venezolana internacional reciente 1999-2011". https://www.researchgate.net/publication/338679912_

23 Márquez, Trino. /durante-17-anos-de-revolucion-un-millon-y-medio-de-venezolanos-han-emigrado/ http://hinterlaces.com

24 Ibid.

2004 y 2009 se incrementó cinco veces alcanzando a 6.221 la cantidad de venezolanos refugiados. Para esa fecha, también se tienen registros de 1.580 venezolanos en condición de solicitantes de refugio".[25]

2. Durante el lapso comprendido entre 2004 y 2008, se incrementa la salida de los profesionales y técnicos, a pesar de que en este tiempo ingresó al país gran cantidad de dinero proveniente del aumento de los precios del petróleo.
3. Entre 2010-2014 se acelera la emigración de jóvenes y estudiantes, como consecuencia de los hechos siguientes: a) la reelección de Hugo Chávez el 7 de octubre de 2012, para un nuevo período presidencial de seis años; b) el fallecimiento del mismo Chávez el 5 de marzo de 2013 y el subsiguiente triunfo en las elecciones presidenciales de Nicolás Maduro en abril de ese mismo año, aunado a la crisis económica iniciada también en 2013 con la caída de los precios del petróleo; c) los sucesos del 12 de febrero de 2014, Dia de la Juventud que dio inicio a una ola de protestas, reprimida brutalmente por los funcionarios policiales y de seguridad y que concluyó con el encarcelamiento de líderes opositores y jóvenes estudiantes y decenas de muertos, heridos y detenidos.
4. Con la agudización de los problemas económicos del país, el incremento en los niveles de desabastecimiento, escasez e inseguridad persona entre los años 2015 a 2017 se inicia la llamada "*fuga para sobrevivir*". El cierre de toda posibilidad de resolver la crisis política con la supresión del Referéndum Revocatorio en 2016, generó la salida de miles de venezolanos en búsqueda de oportunidades y mejores condiciones de vida. Una migración por supervivencia.
5. A partir de 2017 comienza el aumento desmedido de la emigración. Miles y miles de venezolanos salieron caminando por la frontera hacia Brasil y Colombia, y desde aquí a otros países de

[25] Anitza Freitez, "La emigración en Venezuela durante la última década", http://www.eluniversal.com/nacional-y-politica/140113/crece-numero-de-venezolanos-que-emigran-y-solicitan-refugio

Suramérica convirtiéndose en un éxodo masivo. Para 2017, la crisis política, económica y social, la violencia, las protestas de la sociedad civil y la cruel represión a los opositores, que dejaron un saldo de cientos de muertos y miles de heridos, detenidos y torturados y la creciente incertidumbre sobre cómo resolver la situación, hicieron que cada vez más venezolanos se fueran de su tierra natal". Se hablaba ya de estar a las puertas de una migración masiva.[26] El ACNUR señala que "*La crisis humanitaria de Venezuela a partir de 2017 está marcada por la escasez de alimentos, la falta de medicamentos y de atención adecuada en centros hospitalarios, así como la falta de una respuesta estatal para suplir estas necesidades y garantizar derechos básicos. A esto se suman la situación de riesgo de defensores de derechos humanos, la represión de las manifestaciones, la detención sin debido proceso, la vulneración de garantías y derechos políticos, la inseguridad rampante, entre otros problemas por los cuales miles de venezolanos han salido de su país, unos de manera forzada y otros no, unos de manera regular y otros no. Para ese año Venezuela ocupaba las primeras posiciones en procedimientos migratorios en países como Colombia, Panamá, Argentina, Chile y España.*"[27] Los principales países de destino para los solicitantes de asilo y refugio por parte de los venezolanos son Brasil, Canadá, Chile, Colombia, Costa Rica, Ecuador, España, Estados Unidos, México, Perú y Trinidad y Tobago.

Tal como lo señalara el director general y enlace comunitario de la organización *Asylum Access* América Latina "*es claro que los venezolanos no salen a buscar mejores oportunidades económicas, sino que muchos salen para sobrevivir. El problema es de refugiados. Hay unanimidad entre múltiples instancias y organizaciones internaciona-*

26 Tomás Páez, "La Diáspora venezolana en movimiento". http://www.elnacional.com/noticias/columnista/diaspora-venezolana-enmovimiento_194392\

27 http://www.el-nacional.com/noticias/sociedad/exodo-venezolano-lidera-cifras-migratorias_75441

les, incluso organizaciones venezolanas, como colegios de médicos, respecto a esta violación masiva de derechos por la cual huyen personas en busca de protección. La crisis de la migración forzada de los venezolanos es muy grave, el número de personas sobrepasa en muchos casos la capacidad de respuesta de los países de acogida y se observa que hay cada vez más venezolanos solicitantes de refugio, pero menos refugiados".[28]

El ACNUR en su sitio oficial indica que para junio de 2021 hay 5.4 millones de refugiados y migrantes venezolanos, más de 800.000 solicitantes de asilo, cerca de 140.000 refugiados reconocidos y 2.5 millones de personas viviendo bajo otras formas legales de estadía en las Américas.[29]

V. LA RESPUESTA DE LOS ESTADOS DE ACOGIDA Y DE LOS ORGANISMOS INTERNACIONALES A LA SITUACIÓN DE LOS REFUGIADOS VENEZOLANOS

De acuerdo con la más reciente información disponible en el ACNUR sobre la situación de los refugiados venezolanos, para junio de 2021 "*las personas continúan saliendo de Venezuela para huir de la violencia, la inseguridad y las amenazas, así como la falta de alimentos, medicinas y servicios esenciales. Con más de 5 millones de venezolanos y venezolanas que se encuentran viviendo en el exterior, la gran mayoría en países de América Latina y el Caribe, Los acontecimientos políticos, de derechos humanos y socioeconómicos que se desarrollan en Venezuela obligan a un número creciente de niños, mujeres y hombres a irse a los países vecinos y más allá. Muchos llegan asustados, cansados y en extrema necesidad de asistencia.*"[30].

Como mencionamos previamente, las cifras oficiales registradas por esta oficina sitúan en 5.4 millones de venezolanos que han salido del país y 140.000 en condición de refugiados más de 800.000 solicitantes de asilo y refugio.

---

28 Asylum Access https://zero.uexternado.edu.co/venezuela-entre-el-colapso-interno-y-la-desproteccion-internacional/

29 https://www.acnur.org/situacion-en-venezuela.html

30 ACNUR. Situación de Venezuela. https://www.acnur.org/situacion-en-venezuela.html

A pesar de la salida masiva de venezolanos y del volumen de desplazados hacia otros territorios, así como las dificultades institucionales, económicas y de logística con que se enfrentan los países de acogida, su respuesta ha sido en términos generales positiva. Distinto es el caso de las sociedades de esos países, las cuales han tenido dificultades en cuanto a la recepción de un número importante de venezolanos, cuya presencia se siente en todos los sectores de la vida nacional de esos países, y que en algunos casos han generado expresiones de rechazo y de algún tipo de xenofobia contra nuestros migrantes. Sin embargo, los ciudadanos venezolanos en el mundo, al comparar y evaluar su estancia en el país de acogida, valoran la posibilidad de vivir de otra manera y comprenden el papel que desempeñan las instituciones, las normas, lo público y los recursos económicos.[31]

La protección internacional, consideraciones de seguridad física, falta de documentación, violencia sexual y de género, abusos y explotación, y la falta de acceso a los derechos y servicios básicos son algunos de los desafíos más importantes que se plantean en los países vecinos ante la llegada de numerosas personas desde Venezuela. En algunas áreas, grupos armados y bandas criminales explotan a los venezolanos recién llegados y a la población local.

Definitivamente los países vecinos de Venezuela y de la región latinoamericana, han sido los más afectados por la llegada masiva de venezolanos, países que se han visto desbordados en sus capacidades para atender esta situación, pero que sin embargo, han adoptado una serie de medidas a favor de estas personas, en cumplimiento de sus compromisos internacionales, y con el apoyo de la comunidad internacional.

De seguidas una breve reseña de las acciones y medidas adoptadas por algunos de estos países:

Colombia: El 17 de enero de 2020, la Corte Constitucional dicta la Sentencia T-006/20 sobre la sobre el derecho a la nacionalidad de los niños y niñas hijos de extranjeros que se encuentran en riesgo de apátrida en Colombia para el reconocimiento de la nacionalidad en el registro civil de nacimiento de los niños, lo que resuelve el gravísimo problemas de los hijos de venezolanos migrantes, nacidos en Colom-

---

[31] Tomás Páez, *La voz de la diáspora*. Editorial El Estilete. Caracas, 2016. pág. 265.

bia.[32] El 2 de marzo del 2021 el Presidente Iván Duque firmó el Decreto 216, por medio del cual se adopta el Estatuto Temporal de Protección para migrantes venezolanos bajo régimen de protección temporal y se dictan otras disposiciones en materia migratoria.[33] Chile: En 2020, el gobierno estableció la Visa de Responsabilidad Democrática es un documento que permite la residencia temporal a los venezolanos que, por razones humanitarias, desean vivir en Chile. Esta visa, otorga la estadía en el país por un (1) año, prorrogable una vez más por el mismo período de tiempo; y autoriza al portador a realizar actividades remuneradas.[34] Estados Unidos: Ha tramitado miles de solicitudes de asilo y refugio desde 2014. El 9 de marzo de 2021, Venezuela fue Designado con el Estatus de Protección Temporal TPS, por un lapso de 18 meses, hasta el 9 de septiembre de 2022. Es un beneficio de inmigración temporal que permite a las personas calificadas que ya se encuentran en los Estados Unidos quedarse de manera legal y poder trabajar, por un período de tiempo limitado.[35] España: Hasta noviembre de 2020, unos 80.000 venezolanos obtuvieron hasta noviembre de 2020 el permiso temporal de residencia en España por razones humanitarias que contribuyó a desatascar el sistema de asilo y refugio.[36] Perú: El Ministerio del Interior de Perú publicó este 22 de octubre de 2020 el Decreto Supremo N° 010-2020-IN que aprueba medidas especiales, excepcionales y temporales para regularizar la situación migratoria de extranjeros y extranjeras. Dispone el Decreto, la agilización y regulación del estatus migratorio de los ciudadanos extranjeros en su territorio. Este beneficio será otorgado a los migrantes cuyo Permiso Temporal de Permanencia (PTP) está vencido y a quienes llegaron a territorio nacional sin pasar por los controles fronterizos recientemente.[37]

Por su parte, los organismos internacionales, han tomado las medidas correspondientes en el marco de sus competencias. El ACNUR

32 https://www.corteconstitucional.gov.co/Relatoria/2020/T-006-20.htm

33 https://www.cancilleria.gov.co/sites/default/files/

34 https://serviciosconsulares.cl/tramites/visa-de-responsabilidad-democratica

35 https://www.uscis.gov/es/programas-humanitarios/estatus-de-proteccion-temporal/pais-designado-al-estatus-de-proteccion-temporal-venezuela

36 https://www.larazon.es/internacional/20210309/. Mar 9, 2021

37 https:/.elperuano.pe/normaslegales/decreto-supremo-que-aprueba-medidas-especiales-excepcionale-decreto-supremo-n-010-2020-in-1895950-4/

mediante una nota de orientación sobre el flujo de venezolanos hacia otros países, alienta a los Estados a que consideren los mecanismos dirigidos a la protección que les permita una estancia legal a los venezolanos, con las salvaguardas adecuadas. Además, ante la situación actual en Venezuela, ACNUR hace un llamamiento a los Estados para que garanticen a las personas beneficiarias de protección, acuerdos de estancia, visados o mecanismos migratorios laborales, que no sean deportados, expulsados, o forzados a retornar a Venezuela y además hizo un llamado a los Estados a que tomen medidas para combatir el racismo, la discriminación y la xenofobia, sobre todo a la luz de una serie de incidentes que afectan gravemente la vida, la seguridad y la integridad de los venezolanos. El ACNUR ofrece su apoyo para trabajar con los Estados con el fin de elaborar mecanismos adecuados de protección internacional de conformidad con la normativa nacional y regional, en particular la Convención sobre el Estatuto de los Refugiados de 1951 y la Declaración de Cartagena.[38]

Considerando la evolución de la situación en Venezuela, es muy probable que la gente continúe saliendo del país y ACNUR está reforzando su respuesta en este sentido. El ACNUR reitera su llamamiento a los Estados para que protejan los derechos de los venezolanos, particularmente el derecho a solicitar asilo y el acceso a procedimientos de asilos justos y efectivos. El acceso efectivo a la protección requiere la adopción de medidas para facilitar la documentación, el acceso a servicios básicos y a oportunidades de medios de vida. En el 2017, recomendó a los Estados, para el caso de aquellos venezolanos que no desean solicitar asilo o cuyas solicitudes de asilo han sido rechazadas, otorgar ayuda para regularizar su situación a través de vías alternativas. No se deben llevar a cabo retornos no voluntarios a Venezuela.[39] Esta recomendación ha sido atendida por la mayoría de los gobiernos de los países de acogida, con las medidas adoptadas a las que nos hemos referido previamente.

---

38 Refworld Venezuela: "Nota de orientación sobre consideraciones de protección internacional para los venezolanos". Actualización https://www.refworld.org.es/docid/5ce2d44c4.html

39 http://www.acnur.org/noticias/noticia/ 14 de julio de 2019.

La Organización de Estados Americanos ha asumido una serie de compromisos en cuanto a la migración venezolana, a cuyos efectos creó en 2019 la Oficina de la Secretaría General para la crisis de los migrantes y refugiados venezolanos, en cuyo informe correspondiente a 2020 registra una cifra de venezolanos que han salido del país, similar a la del ACNUR.[40]

VI. LA COOPERACIÓN INTERNACIONAL. LAS INICIATIVAS PARA DAR APOYO A LOS PAÍSES DE ACOGIDA PARA LA PROTECCIÓN DE LOS MIGRANTES VENEZOLANOS

En atención al principio de solidaridad y responsabilidad compartida, comentado en este trabajo, la Comunidad Internacional ha dado así mismo respuesta al asunto de los migrantes y refugiados venezolanos, para atender su situación y cooperar con los países de acogida.

Así pues en septiembre de 2018, tuvo lugar en Quito, Ecuador, la Primera Reunión Técnica Internacional, en la cual once países adoptaron la Declaración de Quito sobre Movilidad Humana de Ciudadanos Venezolanos en la Región cuyo objetivo fundamental fue intercambiar información y buenas prácticas con miras a articular una coordinación regional con respecto a la crisis migratoria de ciudadanos venezolanos en la región. Luego, en la segunda Reunión Técnica Internacional, en la misma ciudad Quito, los días 22 y 23 de dicho año, ocho países adoptaron el *Plan de Acción del Proceso de Quito sobre la Movilidad Humana de Nacionales Venezolanos en la Región* cuyo objetivo fundamental fue fortalecer las iniciativas que dentro de la temática de migración y desarrollo de acuerdo a las posibilidades y legislación de cada país de acogida, con el apoyo de las organizaciones pertinentes del sistema de las Naciones Unidas; y el 8 y el 9 de abril de 2019, se adoptó la Declaración Conjunta de la III Reunión Técnica.[41]

---

[40] https://www.oas.org/fpdb/press/OEA_Dic20-crisis-de-migrantes-y-refugiados-venezolanos-informe-de-situacion.pdf

[41] Comunicación de la Misión Permanente de Ecuador ante ONU del 21 de junio de 2019 https://undocs.org/pdf?symbol=es/A/73/874

El aumento de la preocupación general sobre la migración venezolana, generó la convocatoria de la Conferencia Internacional de Solidaridad sobre la Crisis de Refugiados y Migrantes de Venezuela que tuvo lugar en Bruselas el 28 y 29 de octubre de 2019, auspiciada por Federica Mogherini, Alta Representante/Vicepresidente de la Comisión Europea, Filippo Grandi, Alto Comisionado de las Naciones Unidas para los Refugiados y Antonio Vitorino, Director General de la OIM. El objetivo del evento fue crear conciencia acerca de la crisis de refugiados y migrantes venezolanos y de los esfuerzos de los países y comunidades que los acogen. También se analizaron las buenas prácticas y los logros de los países de acogida, se confirmó el apoyo internacional para una respuesta regional coordinada y se hizo un llamado a una alianza global e inclusiva en donde la solidaridad y la responsabilidad sean compartidas por la comunidad internacional en su totalidad pero también entre los sectores público y privado.

Recientemente, el 17 de junio de 2021, se celebró en Canadá la segunda Conferencia Internacional de Donantes en Solidaridad con los Refugiados y Migrantes Venezolanos, en colaboración con el Alto Comisionado de las Naciones Unidas para los Refugiados (ACNUR) y la Organización Internacional para las Migraciones (OIM), colíderes de la Plataforma Regional de Coordinación Interinstitucional para los Refugiados y Migrantes de Venezuela (R4V).[42] La conferencia destacó los importantes esfuerzos realizados hasta la fecha por los países de acogida y la comunidad internacional y para movilizar recursos adicionales que tanto se necesitan.[43]

La Plataforma de Coordinación Interagencial para Refugiados y Migrantes (R4V) está conformada por casi 200 organizaciones (incluyendo Agencias ONU, sociedad civil, organizaciones religiosas y ONGs, entre otras) que coordinan sus esfuerzos bajo el Plan de Res-

---

42 La Plataforma de Coordinación Interagencial para Refugiados y Migrantes (R4V) está conformada por casi 200 organizaciones (incluyendo Agencias ONU, sociedad civil, organizaciones religiosas y ONGs, entre otras) que coordinan sus esfuerzos bajo el Plan de Respuesta para Refugiados y Migrantes de Venezuela (RMRP por sus siglas en inglés) en 17 países de América Latina y el Caribe.

43 https://www.international.gc.ca/campaign-campagne/international-donors-internationale-donateurs/index.aspx?lang=spa

puesta para Refugiados y Migrantes de Venezuela (RMRP por sus siglas en inglés) en 17 países de América Latina y el Caribe.

VII. CONCLUSIONES

Del análisis de la situación que vive Venezuela que ha generado el éxodo masivo de casi un tercio de su población, a la luz de la normativa internacional que hemos comentado en el presente trabajo, es posible llegar a las conclusiones siguientes:

1. Estamos frente a diversas categorías de personas desplazadas, de acuerdo con el derecho internacional, cada una con su propio régimen jurídico, dentro de las cuales se ubican las personas de la llamada diáspora venezolana. Sin embargo, la gravedad de la situación ante la violación de derechos humanos en el país, ha incrementado de manera exponencial, el número de venezolanos que han traspasado las fronteras solicitando protección, en búsqueda de asilo y refugio, situación que requiere de una especial consideración a los efectos de la normativa internacional.
2. Es necesario entender no sólo las causas de la migración sino la forma en que se ha ido produciendo y las distintas etapas, hasta llegar al éxodo masivo que actualmente existe y que continúa produciéndose.
3. La respuesta de los Estados de acogida a esta categoría de desplazados venezolanos, en cumplimiento de sus obligaciones conforme al Derecho Internacional y los principios que rigen la institución del refugio, ha sido positiva, a pesar de las limitaciones en sus capacidades frente a una oleada masiva, lo que debe ser reconocido y aplaudido. Los países más afectados han tomado medidas especiales y extraordinarias, con base en sus respectivas legislaciones, para brindar protección y garantizar los derechos humanos de esas personas.
4. De la misma manera, la situación ha sido atendida por las organizaciones internacionales universales y regionales, competentes en la materia, y ha producido la movilización de la comunidad internacional, en virtud del principio de solidaridad y

responsabilidad compartida, en atención a los migrantes y apoyo a los países de acogida.

5. Hay una conciencia general de la muy compleja situación de los migrantes y refugiados venezolanos, a pesar de que en efecto, se han producido expresiones de rechazo o xenofobia, en mi opinión causada por la falta de cultura del migrante del venezolano y la poca costumbre de los países de servir de territorio de acogida. Considero que aunque no en la misma medida, por estar ante circunstancias completamente distintas, Venezuela y los venezolanos, han visto devuelta por esos países y por la comunidad internacional, la acogida que durante décadas dimos a los nacionales de otros países.

BIBLIOGRAFÍA

CASAL, Jesús M., *Los derechos humanos y su protección: estudios sobre derechos humanos y derechos fundamentales*. Universidad Católica, Andrés Bello. Caracas, 2008.

FRANCO, Leonardo, *El Asilo y la protección internacional de los refugiados en América Latina. Análisis crítico del dualismo "asilo-refugio" a la luz del Derecho Internacional de los Derechos Humanos.* ACNUR/ Centro de Derechos Humanos de la Universidad De Lamus. Instituto Interamericano de Derechos Humanos, Editurama, S.A. San José de Costa Rica, 2004.

PÁEZ, Tomás, *La voz de la diáspora.* Editorial El Estilete. Caracas, 2016.

RODRÍGUEZ C. Alejandro, *Lecciones de Derecho Internacional Público.* Quinta edición. Editorial Tecnos. Madrid, 2002.

RODRÍGUEZ C., Víctor, *Fundamentos de Derecho Internacional.* Volumen I. Editorial Jurídica venezolana. Caracas, 2021.

RODRÍGUEZ C., Víctor; BETANCOURT C., Milagros; TORRES C., María I. *Diccionario de Derecho Internacional.* Segunda Edición. Libros El Nacional. Caracas, 2011.

URBINA B. Adalberto, *El Derecho Internacional de los Refugiados. Aspectos conceptuales universales y regionales.* Universidad Central de Venezuela. Universidad Católica Andrés Bello. Servicio Jesuíta a Refugiados. Publicaciones UCAB. Caracas, 2012

Organización de las Naciones Unidas www.un.org

Alto Comisionado de las Naciones Unidas para los refugiados www.acnur.org

Alto Comisionado de las Naciones Unidas para los Derechos Humanos *www.ohchr.org*

Organización de Estados Americanos www.oas.org

Ministerio de Relaciones Exteriores de Colombia www.cancilleria.gov.co/sites/default/files/

Ministerio Relaciones Exteriores de Chile. Servicios consulares. https://serviciosconsulares.cl/tramites/visa-de-responsabilidad-democratica

Oficina de servicios migratorios de los Estados Unidos de América. www.uscis.gov

DEMOCRACIA, CONSTITUCIÓN Y PROTECCIÓN DE DATOS PERSONALES

RAÚL ARRIETA CORTÉS*

El desarrollo tecnológico y la aparición de Internet, en particular, como importante canal de distribución de bienes y servicios ha cambiado a fondo a) las economías, los mercados y las estructuras industriales; b) los productos, los servicios y sus flujos; c) la segmentación de los consumidores, sus valores, su conducta; y d) los mercados de empleo y mano de obra. En definitiva, se ha ido produciendo en forma paulatina, pero con una velocidad abismante un cambio en la sociedad, en la forma de vida y en la política[1].

Causa de ello sin duda representa el hecho que el desarrollo que han experimentados las tecnologías en los últimos años haya hecho viables cuestiones que parecían imposibles de realizar y, que consecuentemente formaban sólo parte de lo posible. Sin embargo, es necesario tener presente que por el hecho de que una cosa la permita la tecnología no necesariamente es deseable que ella se arraigue dentro nuestra democracia. Adicionalmente, resulta relevante considerar que la tecnología confiere poder económico y político, y éste puede ejercerse para bien o para mal, así la tecnología nunca será socialmente neutra, ya que produce repercusiones sociales, obligando al Estado a intervenir. Es por ello por lo que estimamos que cualquier análisis que se haga respecto a la irrupción de la tecnología y de Internet en la vida cotidiana de las personas, necesariamente obliga a considerar que éstas han de situarse al servicio de las personas y nunca a la inversa.

---

* Abogado de la Universidad Central de Chile, cursó sus estudios de Magister en Derecho Público en la Universidad de Chile. Socio de Gutiérrez & Arrieta Abogados. Certificado como especialista en Protección de Datos por AENOR España. Co-Chair de la Asociación Internacional de Profesionales de la Privacidad para el Capítulo Chileno. Ex Presidente del Instituto Chileno de Derecho y Tecnologías. Profesor de Protección de Datos y Contratación Electrónica en la Universidad Central de Chile.

1 Peter F. Drucker, "La Gerencia en la Sociedad Futura". Grupo Editorial Norma 2002, pp. 3.

En la época en que vivimos las personas dejan huellas electrónicas, rastros de su identidad, comportamiento y preferencias en las bases de datos de los servicios que utilizan. Desde el momento en que se levantan van dejando trazas del quehacer diario. Así, al utilizar el teléfono, al circular por las autopistas urbanas, al pagar con una tarjeta de crédito, al registrarse en el ingreso a la oficina, al navegar por Internet, al comprar, etc. De este modo, a medida que las tecnologías se hacen más presentes en el quehacer diario, más huellas van quedando almacenadas, o lo que es igual, más rastros de las personas es posible encontrar. Junto a ello, hay muchas bases de datos y empresas que utilizan dicha información, sea capturándola, organizándola, vendiéndola y en general utilizándola.

Lo anterior, más allá de constituir una situación cotidiana que el desarrollo de las tecnologías permite, y que en principio podríamos acordar resulta axiológicamente neutro, requiere ser analizada al alero de la indispensable defensa de los derechos fundamentales, de manera de argüir si dicha clase de actividades puede llegar a menoscabarlos.

En esta perspectiva es posible sostener es que el desarrollo de las tecnologías va configurando una serie de cambios en lo que guarda relación con la forma en que las personas se relacionan con el entorno y consecuentemente con la forma en que las mismas vinculan con la igualdad, libertad y dignidad, todos axiomas constitucionales que sirven o sirvieron de base al desarrollo constitucional contemporáneo y por supuesto de nuestra Democracia. Al respecto, no es vano recordar que el Anteproyecto Constitucional y sus Fundamentos nos ilustra justamente respecto a estos valores en el constitucionalismo nacional, al señalar que la constitución al disponer en su artículo 1° que "*los hombres nacen libres e iguales en dignidad*", ha querido consagrar esta norma no sólo inspirado en los preceptos de la Declaración Universal de los Derechos Humanos, sino especialmente en la tradición libertaria de Chile, respetuosa de la persona humana como ser dotado de inteligencia y voluntad libre por su creador. El respeto a la dignidad del hombre es, pues, el principio fundamental que inspira la nueva constitución[2].

---

2 Anteproyecto Constitucional y sus Fundamentos p.11, citado en Sentencia del Tribunal Constitucional chileno, Rol N° 46, de 21 diciembre de 1987, considerando 17.

Ahora bien, estimamos que el análisis de esos cambios resulta relevante tenerlos en consideración ya que han de incitarnos a considerar que el contexto y argumentos que se tuvieron a la vista a la hora que el poder constituyente definiera el contenido de nuestra Carta Fundamental ya no sean necesariamente los mismos, sin que ello cuestiones la vigencia o validez de la misma, peo sí que haga necesario y del más alto interés reflexionar en torno a las consecuencias que estos cambios han producido en el sistema de garantías como elemento sustancial de nuestra democracia, de manera de determinar si la Constitución se basta tal como está para que no haya merma en el amparo de los derechos fundamentales o si bien resulta necesario promover ciertos ajustes constitucionales como consecuencia del impacto de la tecnología en nuestra sociedad.

Lo anterior es especialmente relevante por dos razones. La primera, porque la constitución existe porque el sujeto titular del poder constituyente, que es el mismo pueblo soberano, la ha querido, tomando determinadas decisiones e imprimiendo por consecuencia, a esa misma constitución, determinados caracteres. Esas decisiones, a su vez, aparecen transcritas en la constitución, en el plano normativo, a través de grandes principios, que en general se refieren a los derechos de los ciudadanos en el plano civil, político y también social. El conjunto de estas normas, en fin, se concibe, a partir de la constitución alemana de Weimar de 1919 -y en el concreto desarrollo de las experiencia de las constituciones democráticas del siglo XX-, como un verdadero y auténtico núcleo fundamental de la constitución, derivado directamente del poder constituyente, de manera que representa el aspecto más esencial y en definitiva irrenunciable de cada constitución[3]. Así, la constitución se dota de un contenido político que está directamente relacionado con la voluntad constituyente del pueblo soberano y que es un contenido democrático[4]. La segunda, porque el significado político más importante de la democracia es la capacidad que poseen sus instituciones para pro-

3 Maurizio Fioravanti. *Constitución. De la Antigüedad a Nuestros Días*. Primera reimpresión. Madrid, Editorial Trotta. 2007. 150 p.

4 Maurizio Fioravanti. Ob. Citada. 149 p.

teger los derechos y libertades de los ciudadanos[5] y, consecuentemente, de hacerse cargo de las mutaciones que ocurren en la Sociedad en aras de asegurar la vigencia de los mismos.

De este modo consideramos que no es ni debiera ser baladí la forma en que se enfrentan los ajustes necesarios de implementar en el país para ajustar el marco normativo a los cambios y exigencias impuestas por el advenimiento de la Sociedad de la Información y Comunicación, ya que por una parte ha de exigirse que las adecuaciones sean consistentes con la idiosincrasia y tradición constitucional; por otra, que siempre propenden a asegurar la máxima efectividad de los principios y valores constitucionalmente establecidos; y, finalmente, que se observen las exigencias de la regulación de los derechos fundamentales[6].

En nuestra opinión, la vulneración de cualquiera de los aspectos señalados precedentemente nos debiera llevar a concluir que se está actuando de espalda a la constitución, o lo que es lo mismo, de espalda a los ciudadanos.

En este trabajo intentamos esbozar qué es lo que ocurre con la irrupción de las tecnologías de la información y comunicación, y especialmente Internet, en los derechos fundamentales -al alero del derecho nacional- como consecuencia del tratamiento de datos personales, y que es necesario hacer para garantizar que los derechos fundamentales se encuentren a buen resguardo y no menoscabados por este tipo de actividades. Para ello, nos abocaremos a analizar la problemática asociada al trinomio Democracia, Derechos Fundamentales y Protección de Datos Personales, para lo cual adheriremos al paradigma de democracia constitucional que nos propone Ferrajoli, en cuya virtud se le concibe a ésta como un sistema jurídico articulado sobre dos dimensiones: la dimen-

---

5 Samuel Huntington. "El Sobrio Significado de la Democracia". *Revista de Estudios Públicos*. n.33. CEP, Santiago de Chile. 1989. 6 p.

6 Esto último resulta especialmente significativo si consideramos que el Tribunal Constitucional Chileno, Rol Nº 167 de 6 de abril de 1993 considerando 12, ha sostenido " *que, si bien por regular conforme al Diccionario de la Real Academia, debe entenderse: ajustado y conforme a reglas, ello no podría jamás interpretarse en el sentido que impida el libre ejercicio del derecho, por otra parte si bien al regular se pueden establecer limitaciones y restricciones al ejercicio de un derecho, éstas claramente, de acuerdo al texto de la Constitución, deben ordenarse por ley y no mediante normas de carácter administrativo*".

sión formal, fundada en el ejercicio de los derechos de autonomía, tanto política como civil, y la dimensión sustancial, fundada sobre la base de los derechos de libertad y satisfacción de los derechos sociales[7].

Hacemos esta elección por cuanto ya adentrados en el siglo XXI no nos parece tolerable el aceptar concepciones meramente procedimentales de la Democracia. Estimamos que un Estado no puede, o más bien no debe, ser considerado democrático por el sólo hecho de que en él las decisiones sean adoptadas por la regla de las mayorías, porque haya elecciones periódicas, porque los ciudadanos puedan elegir y ser elegidos, porque exista una separación de los poderes, entre otras condiciones que caracterizan formalmente a la democracia. La democracia es mucho más que ello y sin duda el Estado está llamado a llenarla de contenido y a posibilitar que en ésta sus habitantes se desarrollen plenamente, para contribuir a materializar efectivamente el mandato constitucional en cuya virtud el Estado debe crear las condiciones sociales que permitan a todos y a cada uno de los integrantes de la comunidad nacional su mayor realización espiritual y material posible, con pleno respecto a los derechos y garantías que la Constitución establece[8]. De esta forma resulta necesario considerar que el Estado es un promotor del bienestar común de la sociedad toda, para lo cual debe colocar todo su andamiaje al servicio de las personas de manera de lograr los fines constitucionales declarados en dicho artículo. Para que ello sea posible, resulta indispensable que el Estado a través de sus órganos desarrolle sus funciones propias con estricta sujeción a lo dispuesto en la Constitución y las leyes, toda vez que por ser ellas la forma en que se materializa el debate democrático a través de las autoridades de elección popular, han de entenderse que son las manifestaciones de la soberanía y consecuentemente se trata de las reglas que un Estado democrático se da para guiar justamente la vida de los nacionales.

Es nuestro parecer que la democracia necesariamente tiene que ver con la forma en que los propios Estados se hacen cargo de satisfacer los derechos fundamentales que han quedado plasmados en las propias

---

7 Luigi Ferrajoli, *Garantismo. Una Discusión sobre Derecho y Democracia.* Editorial Trotta. Madrid, 2006. 18 p.

8 Artículo 1° Constitución Política de la República de Chile.

constituciones como valores jurídico morales que infunden la voluntad más elemental y primaria de los pueblos. Así, las constituciones no representan sólo el perfeccionamiento del Estado de derecho a través de la extensión del principio de legalidad a todos los poderes, incluso al legislativo. Constituyen también un programa político para el futuro: la imposición a todos los poderes de imperativos negativos y positivos como fuente para su legitimación, pero además -y diría sobre todo- para su deslegitimación. Constituyen, por así decirlo, utopías de derecho positivo que, a pesar de no ser realizables perfectamente, establecen de todos modos, en cuanto derecho sobre el derecho, las perspectivas de transformación del derecho mismo en dirección de la igualdad en los derechos fundamentales[9].

Así, la democracia supone la existencia de un binomio entre lo formal y lo sustancial. Formal porque está caracterizada por los llamados "*universales de procedimiento*" con el empleo de los cuales se pueden tomar decisiones de diferente contenido y sustancial porque se refiere predominantemente a ciertos contenidos a su vez inspirados en ideales característicos del pensamiento democrático. Según una vieja fórmula que considera a la democracia como gobierno del pueblo para el pueblo, la democracia formal es más que nada un gobierno del pueblo, la democracia sustancial es más que nada un gobierno para el pueblo[10].

Ahora bien, lo que resulta especialmente relevante a nuestro entender en la conceptualización de la democracia según este binomio, es el hecho de que la sustantividad de ésta viene dada especialmente por el hecho de que es ella la que condiciona la sustancia o significado de las decisiones que se adoptan según las reglas de procedimiento, vinculándolas, so pena de invalidez, al respeto de los derechos fundamentales y de los demás principios axiológicos establecidos en la constitución.

De esa manera, los derechos fundamentales se configuran como otros tantos vínculos sustanciales impuestos a la democracia política: vínculos negativos, generados por los *derechos de libertad* que ninguna mayoría puede violar; vínculos positivos, generados por los *derechos*

---

9 Luigi Ferrajoli. *Democracia y Garantismo.* Editorial Trotta. Madrid, 2008. 32 p.

10 Norberto Bobbio, Nicola Mateucci y Gianfranco Pasquino. *Diccionario de Política.* 13ª ed. Siglo XXI Editores S.A. de C.V. México DF, 2002. 451 p.

sociales que ninguna mayoría puede dejar de satisfacer[11]. De este modo la democracia comienza a llenarse de contenido, de sustancia, para determinar su presencia y, por consiguiente, el accionar democrático obligará a que la regla de las mayorías tenga un doble límite impuesto, por una parte, por aquellas cosas que no se pueden decidir que, en palabras de Ferrajoli, importan la esfera de lo indecidible, para denominar al conjunto de principios que, en democracia, están sustraídos de la voluntad de las mayorías y, por la otra, aquellas respecto a las cuales les resulta obligatorio decidir. De este modo, por mucho que como consecuencia del deseo o la contingencia que un país viva en un momento determinado y se cuente con la mayoría necesaria para adoptar decisiones que vayan contra la sustancia de la constitución, no será posible que dichas decisiones se materialicen, de manera de mantener la democracia a buen recaudo y evitar que la dictadura de las mayorías se convierta en la principal amenaza del propio sistema democrático, de lo contrario una de sus principales virtudes terminaría convirtiéndose en el principal riesgo de la misma.

Ahora bien, el hecho de condicionar la democracia a que ella misma se haga cargo de cuestiones sustanciales que se encuentran reflejadas en las propias constituciones, como una suerte de programa ilustrado, supone necesariamente que el Derecho juega un rol que va mucho más allá de la simple legalidad de las actuaciones de los poderes públicos, ya que sujeta a todo el derecho al cumplimiento de ciertas exigencias morales que se condensan en los derechos fundamentales. De este modo no resulta posible que los órganos del Estado se alejen, en el cumplimiento de sus mandatos constitucionales, de los lineamientos y/o directrices que la propia constitución infunde a todo el ordenamiento jurídico y al quehacer nacional, dando paso a la configuración, según el paradigma contractualista, al "*Estado instrumento*" para fines no suyos. Sin las garantías de los derechos fundamentales -desde el derecho a la vida a los derechos de libertad y a los derechos sociales- los fines

11 Luigi Ferrajoli. *Derechos y Garantías. La Ley del más Débil.* 5ª ed. Editorial Trotta. Madrid, 2006. 23 p.

externos o, si se quiere, los valores y, por así decir, la razón social de estos artificios que son el Estado y toda otra institución política[12].

Así, son los mismos modelos axiológicos del derecho positivo, y ya no sólo sus contenidos contingentes -su deber ser, y no sólo su ser- los que se encuentran incorporados al ordenamiento del Estado constitucional de derecho, como *derecho sobre el derecho*, en forma de vínculos y límites jurídicos a la producción jurídica. De aquí se desprende una innovación en la propia estructura de la legalidad, que es quizá la conquista más importante del derecho contemporáneo: la regulación jurídica del derecho positivo mismo, no sólo en cuanto a las formas de producción sino también por lo que se refiere a los contenidos producidos[13].

A partir de estas consideraciones el binomio Democracia y Derechos Fundamentales se arraigan con un vigor que a esta altura de la historia impide legítimamente concebir a una sin la presencia de la otra. Ello trae, igualmente, consigo que la amenaza o vulneración de los derechos fundamentales también arrastren el deterioro de la democracia.

Por otra parte, hace algunos años ya se ha comenzado a oír hablar de la "*contaminación de las libertades*"[14], término con el que algunos sectores de la teoría social anglosajona aluden a la erosión y degradación que aqueja a los derechos fundamentales ante determinados usos de las nuevas tecnologías. En este caso particular la contaminación se produce como consecuencia de que las nuevas técnicas permiten utilizar y divulgar datos personales con excesiva facilidad, lo que convierte la ciudadano en un "*hombre de vidrio*" por el riesgo de que se construyan, con una sencillez abismante, perfiles de la personalidad a partir de los datos, lo que sin duda convierte su tratamiento en una pérdida del anonimato con el consecuente defecto jurídico constitucional que ello importa.

---

12 Luigi Ferrajoli. *Democracia y Garantismo.* Editorial Trotta. Madrid, 2008. 85 p.

13 Luigi Ferrajoli. *Derechos y Garantías. La Ley del más Débil.* 5ª ed. Editorial Trotta. Madrid, 2006. 19 p.

14 Antonio Pérez Luño "La contaminación de las libertades en la sociedad informatizada y las funciones del Defensor del Pueblo", citado en Ana Garriga D., *Tratamiento de Datos Personales y Derechos Fundamentales*, Editorial Dykinson, Madrid, 2004, p. 25.

Una de las principales causas de esta ignominia, en nuestra opinión, es justamente la que se refiere al tratamiento de datos. Siendo ello así, es hora de completar el trinomio objeto de este estudio y analizar cómo y por qué la protección de datos se relaciona con la democracia y los derechos fundamentales.

El desarrollo tecnológico permite procesar grandes volúmenes de información prácticamente en tiempo real. Por su parte, la evolución de las telecomunicaciones también ha permitido que los resultados de ese procesamiento se comuniquen a cualquier lugar del mundo también en tiempo real. Ello, sumado al hecho de que en la época que estamos viviendo hay una necesidad desmesurada por el manejo de información, llegando a un punto en que el flujo y almacenamiento de ésta en muchos casos llega a realizarse sin tener claridad de la necesidad, pero si sabiendo que en algún momento podría llegar a servir para algo. Sánchez Bravo nos sugiere que la información es el símbolo emblemático de la nueva era, y es ahí donde se halla el origen de múltiples conflictos[15].

Tal como la era industrial se basó en la producción a gran escala, la nueva época se funda en la comunicación y en la información a gran escala.

Parece consolidarse en los Estados modernos una situación en la que el uso múltiple e indiscriminado de datos personales se ve como una cuestión, no solamente necesaria, sino también como algo natural.

La prestación o suministro de cualquier servicio, tanto público como privado, lleva aparejada la imposición de suministrar toda una serie de datos que, en la mayoría de los casos, nada tiene que ver y son irrelevantes para la prestación del servicio de que se trate[16], sin embargo, a diario son requeridos y los ciudadanos los entregan sin siquiera cuestionarse el porqué de la solicitud.

Por otra parte, suelen oírse voces que se levantan, en aras de la seguridad o del combate contra el terrorismo, las que señalan que el ciudadano que no tiene nada que esconder, no tiene nada que temer. Así, este ciudadano no tendría por qué estar preocupado de que el Estado re-

---

15 Álvaro SáNCHEZ. *La protección del derecho a la libertad informática en la Unión Europea*. Europa Artes Gráficas S.A. Sevilla, 1998. 201 p.

16 Álvaro Sánchez. Ob. Citada. 201 p.

copilase toda la información posible que se refiriese a él. Sin embargo, Rodotà nos recuerda que el "*hombre de vidrio*" es una metáfora nazi, que refleja la idea de un Estado que puede adueñarse por entero de la vida de las personas, que frente a si no tiene ciudadanos sino súbditos. Las consecuencias de este planteamiento son dramáticas para las personas y destructivas para la democracia. En efecto, si una persona quiere preservar una esfera, aunque mínima de privacidad e intimidad, y desea que nadie conozca ciertas informaciones sobre sí mismo, se convierte, según el Estado, en "*alguien que tiene algo que esconder*" y, automáticamente, en sospechoso, en "*enemigo del pueblo*". Se trata de una lógica, típica de los regímenes totalitarios, y, por lo tanto, contraria a la democracia[17].

Así, queda en evidencia que los ciudadanos nos encontramos a diario sometidos a una constante entrega de datos personales, sin tener claridad para que son recolectados, cuando escasamente sabemos que están siendo recolectados; tampoco que es lo que se hará con dichos datos personales; no proyectamos las consecuencias que puede tener el tratamiento que se haga de los mismos; y como consecuencia de todo ello, ni siquiera sabemos dónde están nuestros datos.

Lo único que si podemos tener claro hasta este punto es el hecho de que se crean permanentemente, tanto en el mundo privado como en los organismos públicos, múltiples bases de datos que lo que hacen es almacenar información estructurada permitiendo relacionarla y consultarla fácilmente a través de procedimientos o rutinas de recuperación de dicha información. De este modo, por su intermedio se permite extraer las cualidades de una persona para así poder "*perfilarla*" y saber de antemano de ella. Así, se trata de información que pudiendo aparecer como inocua, irrelevante o incluso conveniente para quien ha de tomar una decisión, asoma indudablemente la amenaza de estigmatización de las personas por una situación coyuntural o bien por la calidad de la información de que se dispone en dichas bases de datos.

Ahora bien, parece bueno en este punto recordar que los estigmas permiten "*categorizar*" o "*inferiorizar*" a las personas y a los grupos

---

[17] Stefano Rodotà. *Democracia y Protección de Datos.* Cuadernos de Derecho Público, INAP. Madrid, 2003. 15 p.

a partir de sus atributos físicos, sociales o culturales. El estigma produce una identidad social basada en un descrédito proveniente de las diferentes categorías sociales, así como en supuestas fallas, defectos o desventajas. El estigma es un atributo profundamente desacreditador que estigmatiza a uno o puede confirmar la "*normalidad*" del otro[18].

Permitir y posibilitar la estigmatización de las personas sin duda se cierne sobre la democracia como una gran amenaza, toda vez que sus aspiraciones más profundas y auténticas se ven seriamente menoscabadas. Es por ello por lo que estimamos resulta indispensable recordar que en un Estado democrático no puede existir justificación alguna que avale la afección ilegítima de los derechos fundamentales, razón por la cual los esfuerzos que se hagan por propender a la debida protección de los datos personales no han de tener límite.

Con la finalidad de dar respuesta a la problemática asociada a la contaminación de las libertades por el tratamiento de datos personales hace algunas décadas comenzó a surgir un nuevo derecho, el de la protección de datos personales, conceptualizado como el amparo de los ciudadanos contra la posible utilización por terceros, en forma no autorizada, de sus datos personales, con el fin de confeccionar información que, identificable con él, afecte su entorno personal, social o profesional, en los límites de su intimidad[19].

De esta forma, la protección de los datos personales deja de tener una correspondencia unívoca con el derecho a la vida privada y a la intimidad, para más bien pasar a configurarse como un derecho autónomo relacionado con la posibilidad de cada persona de tutelar la circulación de la información que le incumben. Así, la protección de datos se convierte en un elemento central de la forma en que el ciudadano vive y se relaciona en la Sociedad de la Información y Comunicación.

En tal sentido, el cambio de paradigma es sustantivo, sobre todo si se tiene en consideración el hecho de que en el derecho a la vida privada los mecanismos de tutela del mismo parten de la premisa de que la

---

18 Isidro Cisnero. *Formas Modernas de la Intolerancia. De la Discriminación al Genocidio.* Océano. México, 2004. 78 p.

19 Ana Garriga, *Tratamiento de Datos Personales y Derechos Fundamentales*, Editorial Dykinson, Madrid, 2004, p. 29.

persona tiene derecho a excluir interferencias ajenas sobre su vida, así la tutela es estática y negativa. Sin embargo, en la protección de datos personales la cuestión es sustancialmente diferente, ya que su ejercicio se concreta en poderes de intervención, la tutela es dinámica y sigue a los datos durante su circulación. Adicionalmente, se confía no solo a la iniciativa de las personas interesadas, sino que requiere de la instalación de autoridades independientes que contribuyan a proteger a las personas, lo que implica una permanente y especifica responsabilidad pública[20].

Dicho ello, consideramos indispensable resaltar el hecho de que los derechos fundamentales deben crear y mantener las condiciones elementales para asegurar una vida en libertad y la dignidad humana. Ello sólo se consigue cuando la libertad de la vida en sociedad resulta garantizada en igual medida que la libertad individual. Ambas se encuentran inseparablemente unidas[21].

Lo que resulta verdaderamente necesario es que surja la conciencia y convicción de parte de los poderes públicos, principales responsables de asegurar la vigencia del Estado de Derecho, de que la forma en que se tratan los datos personales representa una de las principales formas en que se vulneran actualmente los derechos fundamentales. Así, es indispensable que se adopte una estrategia reivindicatoria de la protección de los derechos fundamentales teniendo presente que en las sociedades informatizadas el poder ya no reposa sobre el ejercicio de la fuerza física, sino en el uso de las informaciones que permiten influir y controlar la conducta de los ciudadanos, sin necesidad de recurrir a medios coactivos[22].

Así, junto con seguir esperando reformas normativas que se hagan cargo de asegurar la vigencia de los derechos fundamentales en la sociedad de la información, es necesario comenzar a brindar la protección que las personas nos merecemos, porque lo que no es discutible es que la forma en que la información se trata puede afectar el contenido esen-

---

20 Stefano Rodotà. Ob. Citada.

21 Konrad Hesse. "Significado de los Derechos Fundamentales", en Hesse, C, *Manual de Derecho Constitucional,* Marcial Pons, Barcelona, 2001, p. 89.

22 Lucrecio Rebollo. *El derecho fundamental a la intimidad*, Editorial Dykinson, Marid 2005, p. 299.

cial de prácticamente todos los derechos garantizados en el catálogo constitucional.

Para ello, resulta necesario tener presente que la forma en que es posible aproximarse a los conflictos jurídicos relativos a la protección de datos personales no es única, sino que muy por el contrario es posible advertir que unos abogan por la creación de un nuevo derecho con miras a asegurar la debida protección de las personas, otros que los más adecuado es hacer plenamente aplicable el derecho vigente y únicamente limitarse a determinar cuáles son los ajustes necesarios para conseguir que los derechos fundamentales no pierdan su cualidad como consecuencia del devenir histórico y el desarrollo tecnológico.

Ello que aparentemente puede aparecer a los ojos del lector como una simple confrontación de carácter doctrinaria es esencial, toda vez que depende del resultado de este punto si únicamente se le estudia como una nueva forma de amenaza de la vida privada, con el consecuente carácter instrumental del mismo, o si se considera que por el contrario se trata de un derecho absolutamente independiente, con una raigambre distinta también y consecuentemente que la relación que tiene con el resto de los derechos fundamentales es independiente de las lesiones que ellos puedan tener, sin por ello no dejar de reconocer que el menoscabo del derecho a la protección de datos personales puede traer consigo la lesión de otros derechos, como la vida privada, la salud, la educación, etc.

Independientemente de cuál sea el mecanismo garantista por el que se opte lo que sí es indispensable asentar con total claridad es que al hablar de protección de datos personales se está al menos hablando de la potencial afección a la que se puede ver sujeta la intimidad, privacidad y vida privada de las personas como consecuencia de la capacidad de tratamiento de la información por parte de los sistemas informáticos y de las redes de comunicación, y en ningún caso respecto a la tutela de la información como un fin en sí misma.

Al hablar de protección de datos estamos hablando de cómo aseguramos que a las personas no se les vulneren sus derechos como consecuencia del tratamiento que se hace de la información que de éstas se tiene o se puede encontrar disponible de manera dispersa y muchas veces sin siquiera éstas sepan de su existencia. Así, resulta muy importante tener presente que, en último término, junto con lograr la efectiva protección de los derechos de las personas, se está hablando de Democracia, de la capacidad de las instituciones de un país de proteger a sus habitantes y de dotar de contenido esencial a la misma. En tal sentido, no podemos terminar este trabajo sin volver a citar a Samuel Huntington que nos recuerda que el significado político más importante de la democracia es la capacidad que poseen sus instituciones para proteger los derechos y libertades de los ciudadanos.

SOBRE LA CONVENIENCIA DE CONSENSUAR UN CONCEPTO DE TERRORISMO

JESÚS OLLARVES IRAZÁBAL*

SUMARIO

Es difícil contar la cantidad de venezolanos que hoy en día tienen un conocimiento claro y preciso respecto a temas como el Poder, el Estado, la Política y la esencia constituyente de la Carta Magna, pero sí es posible señalar que mucho de ese conocimiento ha sido difundido en las aulas por Cecilia Sosa Gómez.

Cecilia es una mujer admirable. Es una de esas profesionales destacadas, que han entregado todos sus años a la formación del país. En octubre de 1967 se graduó de abogada en la Universidad Central de Venezuela (UCV), posteriormente obtuvo una Maestría en Planificación y el Título de Doctor en Ciencias Administrativas en la Universidad de París (La Sorbonne), diplomada por la Escuela de Altos Estudios de Ciencias Sociales de París, obteniendo el Título de Planificación Prospectiva y *visiting fellow*, en la Cátedra Andrés Bello del St. Anthony

---

* Doctor en Derecho, grado que le confirió con honores la ilustre Universidad Central de Venezuela. También es especialista en Derecho y Política Internacionales y especialista en Derecho Internacional Económico y de la Integración. Ejerce la docencia como profesor titular de Derecho Penal, Derecho Internacional y Derechos Humanos, en cursos de pregrado, postgrado y doctorado tanto en universidades nacionales como extranjeras. Fue director del Centro de Estudios de Postgrado de la Facultad de Ciencias Jurídicas y Políticas de la Universidad Central de Venezuela, miembro de los Comités Académicos y profesor de las Especializaciones en Derecho Internacional Económico y de la Integración, y en Derechos Humanos. Profesor invitado en la Universidad para la Paz (Costa Rica), investigador invitado en el Instituto Max-Planck de Derecho Público Comparado y Derecho Internacional de Heidelberg (Alemania).

College (Oxford, Inglaterra). En el área de docencia ha sido catedrática de Derecho Administrativo en la UCV y la Universidad Católica Andrés Bello. Directora del Instituto de Investigaciones Jurídicas de la Universidad Católica Andrés Bello.

Se ha destacado como política y jurista. Fue precandidata presidencial para las elecciones de 2006 y 2012, además fue magistrada desde 1989 hasta su renuncia de la Corte Suprema de Justicia el 24 de agosto de 1999.

A lo largo de estos años hemos encontrado en Cecilia Sosa Gómez una referencia como investigadora de solvencia y un ejemplo como docente, política y humanista. Aun reconociendo todos estos méritos académicos, lo que más hemos valorado a lo largo de estos años ha sido a un ser humano bueno y solidario, siempre dispuesta a ayudar y a resolver problemas, a conciliar y a contribuir en la generación de ideas para las soluciones de los problemas de Venezuela.

También ha puesto su esfuerzo en escribir varios libros que son de lectura obligada si se desea profundizar en el Derecho Constitucional y Administrativo. Sosa Gómez se dio por entero a la investigación y a la docencia.

Cecilia, a pesar de los hachazos que le ha dado la vida, no se detiene, avanza, va más allá y siempre de la mano de su compañero Raúl Arrieta.

Estas breves líneas no son suficientes para reflejar su faceta humana y académica. Por todos sus méritos y virtudes la Academia de Ciencias Políticas y Sociales la honra con la justa necesidad de este homenaje a su trayectoria.

INTRODUCCIÓN

La obligación de promulgar una legislación antiterrorista compatible con los estándares más favorables en materia de derechos humanos parece ser una tarea pendiente o inconclusa en algunos Estados. El obstáculo más visible es la inexistencia de una definición universalmente aceptada y compartida de la expresión terrorismo. A pesar de ello, es muy significativo que más de un centenar de Estados hayan ratificado el Convenio Internacional de Represión de la Financiación del Terrorismo, en 1999, el cual establece los elementos del delito de terrorismo con razonable claridad y precisión. El problema persiste porque los Estados suelen promulgar leyes que incluyen definiciones que no son tales, por su generalidad e indeterminación. Uno de los riesgos es que la imprecisión abre espacios a la discrecionalidad y a la arbitrariedad en la interpretación y aplicación de las normas, por ejemplo, a efectos de enmascarar la persecución antidemocrática de la disidencia como lucha antiterrorista.

Como advierte Gonzalo Quintero Olivares, es necesario disponer de un concepto consensuado de terrorismo para saber contra qué se quiere luchar, por lo que la cuestión deja de ser un tema de carácter formal o académico para convertirse en una necesidad operativa[1]. La razón es simple: un Estado o gobierno no puede calificar como terrorismo cualquier acto, ya que tal calificación podría prestarse a abusos y arbitrariedades que, por lo general, constituyen violaciones de los derechos humanos.

La definición de terrorismo es, entonces, fundamental para la determinación del principio de legalidad que ampara el Derecho. Por tal razón, el derecho penal antiterrorista debe contar con límites inspirados por el Derecho Internacional de los Derechos Humanos y el Derecho Internacional Humanitario. Muchas de las medidas adoptadas por los Estados para luchar contra ese fenómeno vulneran los derechos humanos y las libertades fundamentales; por ello, la respuesta penal antiterrorista debe observar el máximo respeto a los estándares de los derechos humanos, sumun de la democracia.

La violencia terrorista es un asunto grave y complejo. Sin embargo, en diversos Estados es frecuente el uso irresponsable del concepto. Ejemplos sobran: contra Nelson Mandela en Suráfrica, los mapuches en Chile, y en Venezuela, donde se ha convertido en el arma favorita del gobierno para aterrorizar a la oposición y a la ciudadanía.

---

[1] Cfr. Gonzalo Quintero Olivares, "Definiendo el terrorismo: normatividad y materialidad", en *Terrorismo y Derecho bajo la estela del 11 de septiembre* (director: Miguel Revenga Sánchez), Tirant lo Blanch, Valencia, 2014, págs. 85-87.

En este artículo reflexionaremos en torno a la ausencia de una definición del terrorismo y las diferentes denotaciones que le ha asignado la doctrina, la jurisprudencia de los tribunales internacionales y órganos de supervisión de los tratados, las organizaciones internacionales y los Estados, con el objeto de identificar las posibles repercusiones que tal indefinición ha generado sobre los derechos humanos.

1. LA INDEFINICIÓN DEL CONCEPTO DE TERRORISMO

El problema de la ausencia de un concepto unívoco del terrorismo es de vieja data. Carmen Lamarca Pérez considera que la falta de igual naturaleza o valor del término se debe a que el fenómeno, además de hacer referencia a un hecho delictivo, es un concepto histórico, con una fuerte carga emotiva o política, que en cada momento y lugar ha sido aplicado a realidades muy diversas, que difícilmente pueden recibir un tratamiento unitario[2].

Piensa, asimismo, que en el lenguaje común el vocablo terrorismo es casi más emotivo que descriptivo[3] y, en ese sentido, tanto la ideología como el factor emocional son decisivos, de manera que el término "*terrorismo*" adopta una connotación peyorativa y es utilizado por quien tiene intención de desprestigiar la acción violenta, por lo general, el propio poder político, que tipifica tales acciones como delito.

La definición de terrorismo no es unánime en la doctrina ni en el Derecho Internacional. De hecho, uno de los debates más complejos en el derecho y la política, en los ámbitos estatal e internacional, se ha centrado en esa búsqueda. Es tan complejo el asunto que la doctrina estadounidense calcula que se han acuñado no menos de 109 definiciones de terrorismo[4].

---

2 Cfr. Carmen Lamarca Pérez, *Delitos y faltas, La parte especial del Derecho penal*, Colex, 2a edición, Madrid, 2013, pág. 840.

3 Cfr. Carmen Lamarca Pérez, "Sobre el concepto de terrorismo (A propósito del caso Amedo)". *Anuario de Derecho Penal y Ciencias Penales*, ISSN 0210-3001, Tomo 46, Fasc. / Mes 2, 1993, págs. 535-560.

4 Cfr. Helen Duffy, *The "war on terror" and the Framework of international Law*. Cambridge University Press, Estados Unidos de Norte América, reimpresión, 2007, pág. 18.

Según el *Manual de investigación del terrorismo*, de Routledge, se enumeran unas 250 definiciones de terrorismo elaboradas a lo largo de los dos últimos siglos e incluso antes[5]. La persistente falta de una definición de terrorismo consensuada obedece a las múltiples manifestaciones de los actos terroristas, así como a la diversidad de actores, motivos y *modus operandi* de los terroristas[6].

Tal cantidad de definiciones nos ha llevado a coincidir con Félix Vacas Fernández, quien aprecia una indefinición del término terrorismo en el ámbito internacional, lo que ciertamente ha causado un "*caos*" en la regulación jurídica, al dejar en manos de cada Estado la potestad discrecional de decidir qué es terrorismo. A su vez, eso ha aumentado la inseguridad jurídica y deslegitimado la acción internacional debido a la politización del concepto[7].

Al tratar de conseguir un acuerdo sobre la definición del terrorismo tropezamos con dos argumentos que lo impiden. El primero consiste en que cualquier concepto debe incluir el caso de un Estado que use fuerzas armadas contra civiles. El segundo es que un pueblo bajo ocupación extranjera tiene derecho de resistirse y que una definición de terrorismo no debería derogar ese derecho[8].

El problema de fondo es la ausencia de definición de terrorismo en el ámbito internacional[9] y la diversidad de definiciones en cada ordenamiento doméstico. La dificultad para alcanzar un concepto de terrorismo en Derecho Internacional explica la ausencia de un tratado en ese plano, que regule la cuestión más allá de aspectos sectoriales[10].

---

5 Cfr. Joseph Easson y Alex Peter Schmid, *250-Plus Academic, Governmental and Intergovernmental Definitions of Terrorism*, en Alex Peter Schmid (editores), *The Routledge Handbook of Terrorism Research*, Routledge, Londres/Nueva York, 2011, págs. 99 a 157.

6 Cfr. *Ídem.* págs. 5-7.

7 Cfr. Félix Vacas Fernández, *El terrorismo como crimen internacional*. Monografías 750. Editorial Tirant Valencia, 2011, págs. 113-114, 123 y ss.

8 Cfr Resolución A/59/565 emanada de la Asamblea General, 2 de diciembre de 2004. Un mundo más seguro: la responsabilidad que compartimos. Informe del Grupo de alto nivel sobre las amenazas, los desafíos y el cambio, párrafo 160.

9 Cfr. Saul Ben, *Defining Terrorism in International Law.* Oxford University Press. Oxford, 2006, pág. 130 y ss.

10 Sobre este particular Malcolm Shaw, hace referencia a trece convenios internacionales vigentes en la actualidad que ya desde antes de la década de 1970 se ocupaban de diversos aspectos sectoriales relacionados con el terrorismo, como el Convenio Internacional sobre

Además, hay que agregarle los siguientes factores: a) la discusión sobre su naturaleza como delito político o común, a efectos de su tratamiento jurídico[11]; b) el dilema entre violencia de opresión o violencia de emancipación[12]; c) la carga emotiva que conlleva la marcada tendencia a calificar de terrorismo la violencia no estatal para justificar la violencia estatal[13]; d) la escasez de investigaciones en el campo de las ciencias sociales[14], particularmente de la sociología, la mayoría de las cuales se han enfocado en el terrorismo islámico tras el 11-S, y e) las diversas

---

la prevención y el castigo de delitos contra personas internacionalmente protegidas, incluso los agentes diplomáticos (Nueva York, 14 de diciembre de 1973); Convenio Internacional contra la toma de rehenes (Nueva York, 17 de diciembre de 1979). Más recientemente, a impulsos del Comité Especial *Ad hoc* creado por la Resolución de la Asamblea General del 16 de enero de 1997 (A/RES/51/210) para impulsar medidas con el fin de eliminar el terrorismo internacional se han culminado el Convenio Internacional para la Represión de los Atentados Terroristas Cometidos con Bombas (Nueva York, 15 de diciembre de 1997); Convenio internacional para la represión de la financiación del terrorismo (Nueva York, 9 de diciembre de 1999); y el Convenio internacional para la represión de los actos de terrorismo nuclear (Nueva York, 13 de abril de 2005). A este mismo Comité se le encomendó que impulse la elaboración de un convenio general sobre el terrorismo internacional cuyos primeros pasos se dieron en el año 2000 y se encuentra todavía en fase de discusión. De acuerdo con el Informe del Comité Especial (A/65/37) elaborado en el 14 período de sesiones (12 al 14 de abril de 2010) y a la vista de las discusiones oficiosas que en ese período de sesiones se desarrollaron, sigue siendo uno de los problemas principales la dificultad para alcanzar una definición consensuada de terrorismo respecto de su diferenciación con la lucha legítima de los pueblos en su ejercicio del derecho de autodeterminación y la conveniencia de que se haga referencia también al terrorismo de Estado o a la cuestión de los grupos armados que no forman parte de las fuerzas armadas de un Estado, pero responden a él. Para un seguimiento en detalle del desarrollo de las negociaciones a este respecto pueden consultarse también los siguientes documentos: A/57/37, A/59/894, A/C.6/60/L.6, A/61/37, A/C.6/61/SR.21, A/62/37, A/C.6/62/SR.16, A/63/37, A/C.6/63/SR.14, A/64/37 y A/C.6/64/SR.14. Cfr. Shaw, Malcolm. *International Law*. Cambridge, 2008, pág. 1160.

11 Cfr. José Luis Guzmán Dalbora, "El terrorismo como delito común", Kai Ambos, Ezequiel Malarino y Christian Steiner. *Terrorismo y Derecho penal*, Konrad Adenauer, Bogotá, 2015, págs. 411-412.

12 Cfr. Juan Terradillos Basoco, "El Estado de derecho y el fenómeno del terrorismo" en: Serrano Piedecasas, José Ramón y Demetrio, Eduardo (directores.), *Terrorismo y Estado de derecho*, Iustel, Madrid, 2010, págs. 276-281.

13 Cfr. Henry Torres Vásquez, *El concepto de terrorismo. Su inexistencia o inoperancia: La apertura a la violación de derechos humanos*. Diálogos y Saberes. Investigaciones en derecho y ciencias sociales, N°32, 2010, págs. 80-81.

14 Cfr. Fernando Reinares, *Terrorism*. International Handbook of Violence Research, Heitmeyer, Wilhelm y Hagan, John, Kluwer Academic Publishers, Dordrecht. Boston. London, 2003, vol. I, pág. 315.

formas que es capaz de adoptar, pues no puede identificarse el terrorismo internacional con el transnacional o el local o interno[15].

En opinión de Antonio Cassese, la clave que explica la prolongada polémica que se remonta a la década de los 70 sería doble: por un lado, la cuestión de si los *luchadores por la libertad* (*freedom fighters*) que actúan dentro de movimientos de liberación nacional deben ser tildados de terroristas y, en segundo lugar, la relevancia que debe otorgarse, en la aproximación jurídica en esta materia, a las causas profundas, a las raíces, del fenómeno terrorista[16].

Al estudiar el tema, Gonzalo Quintero Olivares ha considerado que desde hace muchos años se intenta consensuar una definición mundialmente válida de lo que ha de entenderse por "*terrorismo*", pero siempre se tropieza con la oposición de algún Estado árabe, como Siria[17].

En el ámbito internacional se ha dificultado la concreción de un acuerdo político sobre la definición de terrorismo debido a la motivación religiosa del terrorismo yihadista y el conflicto entre Israel y Palestina[18]. De hecho, en 2002, en Kuala Lumpur, ministros de asuntos exteriores de la Organización de la Conferencia Islámica rechazaron cualquier intento de asociar el terrorismo con la lucha del pueblo palestino en el ejercicio de su derecho inalienable a establecer un Estado independiente (...), y en la V Conferencia Euromediterránea celebrada en Valencia, España, el 23 de abril de 2002 (...), los países árabes se opusieron a que un concepto de terrorismo pudiera, en algún modo, incluir las acciones de los palestinos[19].

---

15 Cfr. Ana Pérez Cepeda, "Definición del delito de terrorismo como un delito internacional", en: Serrano Piedecasas, José Ramón y Demetrio, Eduardo (directores.), *Terrorismo y Estado de derecho*, Madrid, Iustel, 2010, págs. 54-55.

16 Cfr. Antonio Cassese, *International Criminal Law*. Oxford, 2008, págs. 162 y 163.

17 Cfr. Gonzalo Quintero Olivares, "Definiendo el terrorismo: normatividad y materialidad", en *Terrorismo y Derecho bajo la estela del 11 de septiembre* (director: Miguel Revenga Sánchez), Tirant lo Blanch, Valencia, 2014, págs. 85 y ss.

18 Cfr. José Manuel Rodríguez Uribes, *El concepto de víctima del terrorismo*, en *Terrorismo y Derecho bajo la estela del 11 de septiembre* (director: Miguel Revenga Sánchez), Tirant lo Blanch, Valencia, 2014, págs. 217-237.

19 Cfr. José García San Pedro, "Respuestas jurídicas frente al terrorismo: ámbitos internacional, europeo y nacional", en Bueno Arus, Francisco y otros (directores): *Derecho Penal y criminología como fundamento de la política criminal. Estudios en homenaje al profesor Alfonso Serrano Gómez*. Dikynson, Madrid, 2006, pág. 1225.

Sin embargo, la ausencia de una definición internacional de terrorismo no ha impedido la multiplicidad de definiciones de terrorismo en cada ordenamiento doméstico[20] o los progresos en el consenso en ámbitos regionales como el caso europeo. Por ejemplo, la Decisión Marco (2002/475/JAI) del Consejo del 13 de junio de 2002 sobre la lucha contra el terrorismo introdujo una definición en su artículo 1.

La polémica sobre la definición jurídica de terrorismo ha estado representada por una dicotomía. Un sector se inclina por definiciones objetivas y considera que el terrorismo se define por la naturaleza de los medios empleados, en cuyo caso el fenómeno únicamente protegería bienes jurídicos individuales como vida, libertad, integridad, salud, etc. Otro sector sostiene que el terrorismo se define por la presencia de elementos subjetivos de tipo penal, y que se pueden identificar a) con los efectos o resultados de alarma pública o de temor que puedan ocasionar los delitos; o b), con la finalidad política en el autor, en cuyo caso hay un bien jurídico colectivo y bienes jurídicos individuales que podrían ser afectados.

a. En la doctrina

En la doctrina existe una inacabada lista de definiciones sobre el terrorismo pero no se ha logrado una concepción universalmente compartida, por lo cual es posible afirmar que no existe un concepto jurídico del término.

La *Enciclopedia de Paz y Conflictos* considera que el terrorismo *trata de un determinado uso de la violencia cuyo fin es el de afectar la vida sociopolítica de una colectividad, que juega con la desproporción que se establece entre la violencia ejercida y el efecto psíquico que ella produce (terror), que se ejerce de forma imprevisible, que se dirige contra personas o cosas que constituyen símbolos aun cuando el destinatario del terror ejercido sea toda una población o uno o varios gobiernos. El terrorismo puede ser una forma de actuación de un grupo*

20 Para una clasificación de diversos modelos de definición del terrorismo en países europeos (Alemania, Francia, Italia, Portugal, Reino Unido), véase: Adela Asua Batarrita, "Concepto de terrorismo y elementos subjetivos de finalidad. Fines políticos últimos y fines de terror instrumental", *Estudios Jurídicos en memoria de José María Lidon*, Echano Basaldua, Juan (coord.), Bilbao, 2002, pág. 48 ss. y 68 ss.

o de un individuo, y sus fines pueden ser muy variados (políticos y no políticos)[21].

La definición luce incompleta porque expone que solo un grupo o un individuo podrían cometer terrorismo, excluyendo la hipótesis de que el Estado también pueda ser perpetrador del mismo.

Tortosa Blasco propone el concepto sobre la base de la interpretación que hace de la palabra *terrorista* que aparece en el *Diccionario de la Real Academia*, así que define el terrorismo como *un estado, una situación, una estructura en la que se practica esa dominación por el terror* y *puede ser un proceso, es decir, una sucesión de actos en los que se observa la intención de infundir miedo ante un mal o peligro que se teme*[22].

Paust afirma que el terrorismo supone *el uso intencionado de la violencia -o la amenaza de su uso- contra un 'objetivo instrumental', en orden a comunicar a un 'objetivo primario' una amenaza de futura violencia*[23].

Bruce Hoffman define el terrorismo como *la creación deliberada o la amenaza de violencia cuyo objetivo es el cambio político; todos los actos terroristas entrañan violencia o la amenaza de violencia. El terror político* -añade- *surge casi siempre del asesinato con el objeto de inducir un estado psíquico de terror. Los terroristas combinan el terror psicológico, por ejemplo, el chantaje y la difamación, con la violencia física y las amenazas de violencia*[24].

Alexander Peter Schmid y Albert J. Jongman conceptúan así el terrorismo: *Un método de combate en el que las víctimas reales o simbólicas sirven como objetivos instrumentales de la violencia. Estas víctimas instrumentales comparten características de grupo o de clase que*

---

21 Cfr. Mario López Martínez, *Enciclopedia de paz y conflictos*. Tomo II. Universidad de Granada, Granada, 2004, pág.1096.

22 Cfr. José María Tortosa Blasco, *La palabra terrorista*. Fundación Seminario de Investigación para la Paz (ed.), Afrontar el Terrorismo. Gobierno de Aragón, Zaragoza, 2006, pág. 31.

23 Cfr. Jordan J. Paust, "A survey of possible legal responses to international terrorism: prevention, punishment and comparative action". *Georgia Journal of International and Comparative Law.* Volúmen 5, número 2, 1975, pág. 434.

24 Cfr. Bruce Hoffman, *A mano armada. Historia del terrorismo.* Espasa-Calpe. Madrid, 1999, pág. 63.

son la base de su selección para el ataque. A través del uso previo de la violencia o de la amenaza creíble de su uso, otros miembros de ese grupo o clase quedan sumidos en un estado de miedo crónico (terror). Este grupo o clase, cuyo sentido de la seguridad queda erosionado, es el objetivo del terror. La victimización del objetivo de la violencia es considerada anormal por los observadores con base en su atrocidad, al tiempo o al lugar de la victimización o al desprecio por las reglas de combate aceptadas en la guerra convencional. La violación de la norma crea una audiencia atenta más allá del objetivo del terror, sectores de esa audiencia pueden formar el objeto principal de manipulación. El propósito de este modo indirecto de lucha es movilizar el objetivo del terror para producir desorientación o conformidad, o bien movilizar objetivos secundarios de demanda (gobierno) y objetivos de atención (opinión pública) para cambiar actitudes o conductas que favorezcan a corto plazo los intereses de los usuarios de este método de combate[25].

Jean-Marie Balencie lo considera *una secuencia de actos de violencia debidamente planificada y altamente mediatizada, que toma deliberadamente como blanco a objetivos no militares a fin de crear un clima de miedo e inseguridad, impresionar a la población e influir en los políticos con la intención de modificar los procesos de decisión (ceder, negociar, pagar, reprimir) y satisfacer unos objetivos (políticos, económicos o criminales) previamente definidos*[26].

Rodríguez-Villasante y Prieto lo entiende como un *fenómeno de desviación social violento, que altera la paz pública de un sistema institucionalizado, utilizando medios comisivos capaces de infundir temor y causar un riesgo injusto a la comunidad social*. Esta definición solo presenta los rasgos fundamentales de los actos terroristas, pero no se refiere a los autores del hecho ni a los actos terroristas perpetrados (o patrocinados) por un Estado[27].

---

25 Cfr. Alexander Peter Schmid, y Albert J. Jongman, *Political Terrorism. A research guide to concepts, theories, data bases and literature*. Transaction Books. New Brunswick, New Jersey, 1984, pág.111.

26 Cfr. Jean-Marie Balencie. "Les mille et un visages du terrorismo contemporain", en *Questions Internationales, documentation française.* 2004, Número 8, juillet-août, pág. 6.

27 Cfr. José Luis Rodríguez-Villasante y Prieto, "Introducción", en *Cuadernos de Estrategia.* Número 133, Lucha contra el terrorismo y derecho internacional, Instituto Español de Estudios Estratégicos, 2006 pág. 16.

Noam Chomsky, a propósito del gobierno de Ronald Reagan, observa: Terrorismo es *lo que nuestros líderes consideran terrorismo; punto*[28].

Rafael Calduch explica el terrorismo como *estrategia de relación política basada en el uso de la violencia y de la amenaza de la violencia por un grupo organizado, con objeto de inducir un sentimiento de terror o de inseguridad extrema en una colectividad humana no beligerante y facilitar así el logro de sus demandas*[29].

Olivier Richmond mantiene la definición de Paul Wilkinson, que describe el terrorismo como el uso sistemático de la intimidación coercitiva y el temor con determinados fines políticos por parte de los Estados (como instrumento de política interior o exterior), o por beligerantes (como acciones que acompañan a otro tipo de estrategias bélicas)[30]. Para Wilkinson, es posible diferenciar entre el terrorismo que puede ser corregido y el incorregible. Solo el primero admitiría algún debate sobre sus causas[31].

Carmen Lamarca Pérez considera que *el terrorismo puede ser definido sencillamente como violencia organizada con finalidad política. Dicho de otro modo* –indica– *el fenómeno cuyo tratamiento interesa, y que creo que puede denominarse terrorismo, es el de la violencia ejercida de un modo sistemático y planificado por organizaciones que mediante ese procedimiento pretenden obtener una finalidad política; violencia que ha de ser en sí misma delictiva, y que es el fundamento de la criminalización de la finalidad política, que se convierte así en un programa de ruptura del orden constitucional, cualesquiera que sean las ideologías de fondo que animen al grupo terrorista. De este modo, quedan excluidas las expresiones de violencia individual o colectivas*

---

28 Cfr. Avram Noam Chomsky, *Hegemonía o supervivencia. La estrategia imperialista de Estados Unidos*. Ediciones B. Barcelona, 2004, pág. 160.

29 Cfr. Rafael.Calduch, *Una revisión crítica del terrorismo a finales del siglo XX.* Edición de Reinares, Fernando. *State and societal reactions to terrorism,* Oñati, 1997, pág. 12.

30 Cfr. Olivier Paul Richmond, *Realizing hegemony? Symbolic terrorism and the roots of conflict: Studies in conflict & terrorism, International* Affairs, No 79, Universidad de St Andrews, 2003, págs. 815-828.

31 Cfr. Paul Wilkinson, *Terrorism versus democracy*, Frank Cass, Londres, 2001, pág. 290.

no organizadas, así como las actuaciones de grupos o asociaciones criminales que no tengan un objetivo político[32].

Cherif Bassiouni ofrece una precisión más clara del concepto: *El terrorismo es una estrategia de violencia que afecta a los inocentes con objeto de alcanzar objetivos políticos. Dicha estrategia, que puede emanar bien sea de individuos, sea de agrupamientos de individuos o de representantes de órganos del Estado va dirigido contra personas públicas o privadas y bienes públicos y privados con el propósito de crear un clima de terror en el seno de la población civil y ello a fin de demostrar la incapacidad del Estado para proteger a la población civil y hacer reinar el orden público*[33].

Esta definición resulta muy interesante pues afirma que el terrorismo es una estrategia y no un acto aislado, porque de ser así se estaría ante un asesinato en la mayoría de los casos. También es importante establecer que cuando se habla de *representantes de órganos del Estado* se quiere decir que el terrorismo puede ser también una estrategia estatal.

Otra visión la ofrece Loretta Napoleoni, quien observa el fenómeno a partir de la variable económica y señala: *El terrorismo es un sistema económico desarrollado desde la Segunda Guerra Mundial, dividido en tres fases: la primera fue el terrorismo patrocinado por algunos Estados durante la Guerra Fría, al financiar grupos armados incluso en América Latina. La segunda fase fue la privatización del terrorismo en las décadas de los setenta y los ochenta, cuando ETA, IRA y OLP se financiaron solos. La tercera etapa se produce cuando se expande el capitalismo occidental y con ello la economía del terrorismo*[34].

El historiador y comentarista político Walter Laqueur presenta otra definición: *El terrorismo es el asesinato sistemático, la mutilación criminal, y amenaza del inocente creando miedo e intimidación para ga-*

---

32 Cfr. Carmen Lamarca Pérez, *Tratamiento Jurídico del Terrorismo.* Centro de Publicaciones del Ministerio de Justicia. Madrid, 1985, pág. 95.

33 Cfr. Mahmoud Cherif Bassiouni, "Avant-Propos", en *Revue Internationale de DroitPénal.* 1er et 2ème trimestres, 2005, pág. 13.

34 Cfr. Luis Alberto Villamarín Pulido, *Narcoterrorismo: La Guerra del Nuevo Siglo: Vínculos del Narcotráfico con el Terrorismo Internacional.* Nowtilus. Madrid, 2005, pág.16.

nar un acto político o táctico ventajoso, normalmente para influir a un público[35].

James M. Poland, profesor de ciencias sociales en la Universidad de California, indica: *El terrorismo es el uso ilegal o amenaza de violencia contra personas o propiedad. Normalmente se piensa que intimida o coerce a un gobierno, individuo o grupo, o lo hace para modificar su conducta o política*[36].

McLean, más escéptico en relación con el tema, añade una situación decisiva: la utilización del término de manera peyorativa. Según este autor, *no hay acuerdo sobre la definición del término entre los analistas gubernamentales o académicos, pero casi de manera invariable se usa en un sentido peyorativo frecuentemente para describir acciones que amenazan la vida, llevadas a cabo por grupos subestatales autoorganizados con motivaciones políticas*. Y agrega: *Pero si tales acciones se llevan a cabo en aras de una causa ampliamente aprobada (...) entonces se evita el término 'terrorismo' y se lo sustituye por algo más suave. En breve, el terrorista de una persona es el luchador por la libertad de otra. El terrorismo, como término peyorativo, se aplica a veces, sin embargo, a las actuaciones de los gobiernos más que a las de los actores subestatales (...) El término 'terrorismo patrocinado por el Estado' se usa a veces para describir la conducta de varios gobiernos que organizan directamente o ayudan indirectamente a los que llevan a cabo actos violentos en otros Estados*[37].

Andrea Gioia, después de destacar las dificultades para convenir en la noción corriente de terrorismo internacional, renuncia a definirlo para concluir que los actos terroristas pueden calificarse, sin distinción de crímenes de guerra o de crímenes contra la humanidad, según el derecho consuetudinario. Propugna la adopción de una convención global sobre la represión del terrorismo que incluya una definición general[38].

---

35 Cfr. Laqueur Walter. *Una historia del terrorismo*. Editorial Paidós, Madrid, 2003, pág.42.

36 Cfr. James Poland, *Understanding terrorism: Groups, strategies and responses*. Editorial Prentice Hall, New York, 2004, pág.68.

37 Cfr. Iain McLean y Alistair McMillan. *Oxford Concise Dictionary of Politics*. 2a ed. Oxford University Press. Oxford, 2003, pág. 533.

38 Cfr. Andrea Gioia, "Terrorismo internazionale, crimini di guerra e crimini control´umanitá", en *Revista di Diritto Internazionale,* 1/2004, pág.7 y ss.

El Informe del Grupo de Alto Nivel sobre las Amenazas, los Desafíos y el Cambio[39] proporciona la siguiente descripción del terrorismo: *Cualquier acto, además de los actos ya especificados en los convenios y convenciones vigentes sobre determinados aspectos del terrorismo, los Convenios de Ginebra y la Resolución 1566 (2004) del Consejo de Seguridad, destinado a causar la muerte o lesiones corporales graves a un civil o a un no combatiente, cuando el propósito de dicho acto, por su naturaleza o contexto, sea intimidar a una población u obligar a un gobierno o a una organización internacional a realizar un acto o a abstenerse de hacerlo.*

Desde 1989, la Organización del Tratado del Atlántico Norte (OTAN) define en su doctrina militar el terrorismo como el uso ilegal de la fuerza, o la violencia, o la amenaza de su uso contra individuos o propiedades, en un intento de coaccionar o intimidar gobiernos o sociedades para alcanzar objetivos políticos, religiosos o ideológicos[40].

b. En las resoluciones de la Asamblea General de la ONU

En las organizaciones internacionales tampoco se ha alcanzado una definición consensuada sobre qué es el terrorismo. La Organización de las Naciones Unidas (ONU), por ejemplo, ha publicado múltiples resoluciones relacionadas con el terrorismo que contienen diversos asuntos: cómo prevenirlo, cómo evitarlo, su relación con los derechos humanos y sus sanciones; sin embargo, no se tiene una definición global y satisfactoria que incluya las diferentes aristas que integran y conforman el concepto en todas sus manifestaciones.

En 1972, el secretario general de la ONU remitió una nota a la Asamblea General en la que solicitaba la inclusión en el temario de un asunto especial, con el título Medidas para Prevenir el Terrorismo u Otras Formas de Violencia que Pone en Peligro Vidas Humanas Inocentes o Causa su Pérdida, o Compromete las Libertades Fundamentales[41].

---

39 Cfr. Documento A/59/565, Asamblea General de las Naciones Unidas, de 2 de diciembre de 2004. Seguimiento de los resultados de la Cumbre del Milenio, págs. 53 y 54.

40 Cfr. Nato. Standardization Agency, AAP-6 (2009), NATO glossary of terms and definitions. Nato, Bruselas, pág 2-T5.

41 A/8791, 08/09/1972.

En esa oportunidad, la Asamblea General aprobó la inclusión del tema en la agenda y lo remitió a la Sexta Comisión, encargada de los asuntos jurídicos. A su vez, la Sexta Comisión, a efectos de iniciar sus deliberaciones, solicitó que la Secretaría redactara un documento de trabajo preliminar que contemplara el fenómeno desde una perspectiva histórica y jurídica.

En respuesta a esa solicitud, la Secretaría elaboró el documento Estudio preparado por la Secretaría de conformidad con la decisión adoptada por la Sexta Comisión en su Reunión Nº 1314, el 27 de septiembre de 1972.

En sus primeros párrafos se señala que la competencia para definir con precisión esa problemática recaía en la Asamblea General o en otro órgano, como forma de advertir que un organismo técnico, como la Secretaría, no estaba en condiciones de hacerlo. A renglón seguido, el documento expresa que a pesar de lo expuesto se harían algunas consideraciones respecto de la definición, aunque de forma general[42].

Lo primero que se aclara es que el tipo de terrorismo que se analiza es el internacional, excluyendo la actividad de un Estado con relación a sus propios nacionales. En el mencionado documento se establece: *El significado corriente de la palabra terrorismo ha sufrido una evolución desde que comenzó a utilizarse por primera vez a finales del siglo XVIII, y ha sido interpretada de manera diversa de acuerdo con los diferentes tipos de actos que estaban más presentes en las mentes de aquellos que discutían esta cuestión. (...) Terrorismo, como demuestra la derivación de la palabra, implica la imposición de terror. Esto no siempre se hace a las víctimas inmediatas, que pueden ser destruidas sin aviso, pero el acto debe ser tal como para propagar el terror o la alarma entre una población en particular, o entre amplios grupos de personas. El acto es necesariamente uno conspicuamente violento, frecuentemente con la intención de llamar la atención pública y coaccionar a un Estado a una determinada acción. Una de las formas más efectivas de alcanzar*

42 Cfr. "Study prepared by the Secretariat in accordance with the decision taken by the Sixth Committee at its 1314th meeting, on 27 September 1972". Document A/C.6/418, 2 November 1972, parágrafo 5.

ese objetivo es poner en peligro, amenazar o causar la pérdida de vidas humanas inocentes y comprometer las libertades fundamentales[43].

El documento sugiere no limitar una posible definición a actos con intencionalidad política, principalmente teniendo en cuenta que las víctimas del terrorismo son, en la mayoría de los casos, personas inocentes. Por último, se descarta que el terrorismo sea una forma válida de uso de la fuerza, y se distingue este accionar de los movimientos revolucionarios de masas (*revolutionary mass movements*), teniendo en cuenta que estos últimos podrían entrar en categorías admitidas por el Derecho Internacional y reconocidos por la Organización de las Naciones Unidas como movimientos de liberación nacional. Otras secciones del mencionado estudio se refieren a los orígenes y las causas subyacentes del terrorismo, y a la enumeración cronológica de las acciones internacionales llevadas a cabo hasta esa fecha para enfrentarlo[44].

Después de analizar las recomendaciones remitidas por la Sexta Comisión, el 18 de diciembre de 1972 la Asamblea General aprobó la Resolución 3034 (XXVII) en la que expresa preocupación por la frecuencia cada vez mayor de actos de terrorismo internacional y la consiguiente pérdida de vidas humanas. Por ello, insta a los Estados a que busquen una solución a las causas que derivan en el terrorismo, reafirma el derecho a la libre determinación de los pueblos y sostiene la legitimidad de su lucha, identificando las acciones de las potencias coloniales tendentes a mantener el *status quo* en sus dominios como *actos represivos y de terrorismo.*

Del mismo modo, se decide crear un Comité Especial sobre el Terrorismo Internacional para analizar las propuestas enviadas por los Estados, tanto en lo referido a la definición como a otras cuestiones asociadas con el problema, incluidas las causas y las maneras de prevenirlo.

En el Informe del Comité Especial sobre el Terrorismo Internacional, del 17 de abril de 1979, se asentó que: *A pesar de los esfuerzos del Comité y de la favorable situación de la negociación en un grupo*

---

43 Cfr. *Ídem*, parágrafos 6-8.
44 Cfr. *Ídem*, parágrafos 9-10.

reducido de Estados, los representantes dejaron en evidencia sus discrepancias. Varias delegaciones insistieron en la necesidad de evitar la adopción de lo que calificaron de criterio parcial o fragmentario y sostuvieron que la cuestión del terrorismo internacional debía ser abordada en forma global. Del mismo modo, señalaron que el Comité debía definir lo que se entendía por terrorismo internacional, identificar sus causas y procurar determinar medios preventivos, tres tareas que según se indicó estaban estrechamente relacionadas[45].

Aunque coincidían en que era conveniente, y tal vez incluso necesario, llegar a una definición de terrorismo, otras delegaciones destacaron que ninguna definición podía ser totalmente adecuada ni suficientemente amplia para tener en cuenta todos los puntos de vista. A su juicio, en el trasfondo de la cuestión existían posiciones y percepciones políticas absolutamente dispares[46].

En dicho informe se acotó: *Al mismo tiempo, se llamó la atención sobre la inaceptabilidad de una interpretación amplia del concepto de terrorismo internacional que incluyera la lucha de liberación nacional, los actos de resistencia contra el agresor en territorios ocupados por este, y las manifestaciones de trabajadores que se opusieran a la explotación. Trazar un paralelo entre esos fenómenos y el terrorismo internacional constituiría una afrenta a los movimientos nacionales y sociales que luchaban por la implantación de los principios mantenidos por las Naciones Unidas*[47].

Como consecuencia de sus debates, el Comité Especial sobre el Terrorismo Internacional elaboró algunas propuestas, en términos muy extensos, que reflejaban las posiciones de todas las delegaciones participantes.

A partir de 1987, en las resoluciones pertinentes de la Asamblea General se hizo referencia a la idea de convocar, con los auspicios de las Naciones Unidas, una conferencia internacional para definir el te-

---

45 Cfr. Asamblea General, Documentos Oficiales: Trigésimo Cuarto Período de Sesiones. Suplemento No.37 (A/34/37). Informe del Comité Especial sobre el Terrorismo Internacional, 17/04/1979, párrafo 33.

46 Cfr. *Ídem,* párrafo 34.

47 Cfr. *Ídem,* párrafo 16.

rrorismo y diferenciarlo de la lucha de los pueblos por la liberación nacional. A partir de 1991, el título del tema correspondiente cambió a *Medidas para eliminar el terrorismo internacional.* En 1993, la Asamblea General decidió incluir el asunto en el programa provisional del cuadragésimo noveno período de sesiones sin perjuicio de que, de ahí en adelante, se examinara todos los años o cada dos[48].

En la resolución 42/159, del 7 de diciembre de 1987, la Asamblea General reconoce que la lucha contra el terrorismo podría ser más eficaz si se llegara a una definición de terrorismo internacional sobre la que hubiera acuerdo general. En esa resolución se expresa que *el terrorismo internacional pone en peligro vidas humanas inocentes y compromete libertades fundamentales, basado en actos de violencia que tienen su origen en aflicciones, frustración, agravios y desesperanza que conduce a las personas a sacrificar vidas humanas, en un intento de lograr cambios radicales*[49].

Incluso se encuentra en el punto 14 de la resolución un elemento muy importante para la definición de terrorismo, en el que se hace una distinción entre este y la lucha por la liberación nacional, la libertad y la independencia de los pueblos. *Se considera que nada de lo dispuesto en la presente resolución puede redundar en detrimento alguno del derecho a la libre determinación, la libertad y la independencia, consagrado en la Carta de las Naciones Unidas, de los pueblos a los que se ha privado por la fuerza de ese derecho y que se hace mención en la declaración sobre los principios de derecho internacional referentes a las relaciones de amistad y la cooperación entre los Estados de conformidad con la Carta de las Naciones Unidas, especialmente a los pueblos sometidos a regímenes coloniales y racistas y a la ocupación extranjera u otras formas de dominación colonial, ni el derecho de esos pueblos, de acuerdo con los principios de la Carta y de conformidad con la Declaración citada, a luchar por tal fin y a pedir y recibir apoyo*[50].

48 Véase la decisión 48/411 de 9 de diciembre de 1993.

49 Cfr. Organización de las Naciones Unidas, 94 Sesión plenaria: *Medidas para prevenir el terrorismo internacional, de las Naciones Unidas* (A/RES/42/159) 1987.

50 Cfr. *Ídem*, punto 14.

En 1994, la Asamblea General aprobó la Resolución 49/60, que contiene la Declaración sobre Medidas para Eliminar el Terrorismo Internacional, en cuyo punto tercero se afirma: *Los actos criminales con fines políticos concebidos o planeados para provocar un estado de terror en la población en general, en un grupo de personas o en personas determinadas son injustificables en todas las circunstancias, cualesquiera sean las consideraciones políticas, filosóficas, ideológicas, raciales, étnicas, religiosas o de cualquier otra índole que se hagan valer para justificarlos*.

El atributo de esa declaración es que se acuñan algunos elementos determinantes, que posteriormente serían reiterados en innumerables disposiciones: la existencia de un acto criminal, la intencionalidad política, y que provoquen (o puedan provocar) un estado de terror. Además, esa resolución evita la invocación de las luchas por la independencia como posible justificativo para la comisión de actos de violencia, como había ocurrido en las resoluciones de décadas anteriores, y reafirma que *los actos, métodos y prácticas terroristas constituyen una grave violación de los propósitos y principios de las Naciones Unidas, y pueden representar una amenaza para la paz y la seguridad internacionales, poner en peligro las relaciones de amistad entre los Estados, obstaculizar la cooperación internacional y llevar a la destrucción de los derechos humanos, las libertades fundamentales y las bases democráticas de la sociedad.*

En 1996, la Asamblea General creó un nuevo Comité Especial con el objetivo de elaborar un convenio internacional para la represión de los atentados terroristas cometidos con bombas y posteriormente un convenio internacional para la represión de los actos de terrorismo nuclear, a fin de complementar los instrumentos internacionales vigentes conexos, y de que estudie más adelante medios de desarrollar más un marco jurídico amplio de convenciones relativas al terrorismo internacional"[51]. Asimismo, esta disposición reitera la definición anterior, aprobada en la Resolución 49/60, reafirmando que los actos terroristas son injustificables en todas las circunstancias, sin importar las causas que se invocaran para cometerlos.

---

[51] Cfr. Resolución emanada de la Asamblea General de la ONU. Resolución 51/210, del 16 de enero de 1997, punto N° 9.

En 1997, la Asamblea General de las Naciones Unidas aporta indirectamente su propia concepción de lo que es terrorismo y reitera que *los actos criminales con fines políticos concebidos o planeados para provocar un estado de terror en la población en general, en un grupo de personas o en personas determinadas son injustificables en todas las circunstancias, cualesquiera sean las consideraciones políticas, filosóficas, ideológicas, raciales, étnicas, religiosas o de cualquier otra índole que se hagan valer para justificarlos*[52].

La misma Asamblea, luego de examinar el informe del secretario general con respecto a las Medidas para Eliminar el Terrorismo Internacional -así como su adición del 18 de octubre de 1996, en la que el Líbano diferencia "*terrorismo*" y "*resistencia*" entre la "*violencia ejercida contra los civiles con fines políticos, racistas o religiosos*" y "*los actos de guerra contra fuerzas armadas enemigas que ocupan el territorio nacional*"-, reiteró que *los actos criminales con fines políticos concebidos o planeados para provocar un estado de terror en la población en general, en un grupo de personas o en personas determinadas son injustificables* en todas las *circunstancias, cualesquiera sean las consideraciones políticas, filosóficas, ideológicas, raciales, étnicas, religiosas o de cualquier otra índole que se hagan valer para justificarlos*[53].

Es importante precisar que si bien la Asamblea General de la ONU ha hecho un esfuerzo para tratar de construir un concepto de terrorismo, hay que aclarar que las resoluciones de las organizaciones internacionales no tienen carácter obligatorio. Sobre este particular, René-Jean Dupuy señalaba que el contenido normativo de tales resoluciones no gozaba aún de valor obligatorio, si bien contenía el sustrato ético del derecho internacional que aún no estaba sancionado por la práctica. Se trataba por lo demás de un contenido formulado a través de principios y objetivos y no de reglas detalladas y precisas[54].

---

52 Cfr. *Ídem*, punto N° 2.

53 Cfr. Informe del secretario general de la ONU. A/51/336, de 6 de septiembre de 1996. Véase de mismo modo su Adición (A/51/336/Add.1, de 18 de octubre de 1996, punto N° 2.

54 Cfr. René-Jean Dupuy. *Droit déclaratoire et droit programmatoire: de la coutume sauvage à la 'softlaw*, en, *L' élaboration du droit international public.* Société française pour le Droit international, Colloque de *Toulouse.* Leiden, Sijthof, 1975, pág. 145.

Por ello, para discernir sobre el valor de las declaraciones contenidas en las resoluciones internacionales emanadas de la Organización de las Naciones Unidas, y de la Organización de los Estados Americanos (OEA), es oportuno señalar que según las cartas fundacionales de ambas organizaciones se debe tener presente, de entrada, que tales resoluciones son simples recomendaciones y por ello no obligan estrictamente a sus destinatarios al cumplimiento de su contenido. Si se quisiera otorgarles otro valor jurídico, debería hacerse revisando las cartas por el procedimiento formalmente previsto, puesto que hay que desechar la posibilidad de que las mismas cartas de la ONU y de la OEA puedan ser enmendadas por medio de resoluciones normativas de la Asamblea General[55].

Lo que puede sostenerse, sobre la base de esas Cartas, es que los Estados miembros que no se han pronunciado en contra de una resolución normativa, admiten que los principios y normas enunciados en ellas concretan, de modo legítimo y en campos determinados, las conductas que deberían seguirse para cooperar, por medio de Naciones Unidas, con el propósito de cumplir con los fines para los que estas fueron creadas[56].

Ahora bien, las resoluciones señaladas en materia de terrorismo reflejan las primeras manifestaciones jurídicas dentro del proceso consuetudinario. En nuestra opinión, su valor radica en que constituyen una prueba incipiente y en ciernes del proceso de preparación, discusión, elaboración y aprobación de un conjunto de precedentes de la práctica material; es decir, de una *opinio juris* en gestación.

No hay que olvidar que para la formación de una costumbre esta debe ser material en algún grado; en otras palabras, la supuesta norma tiene que aplicarse en las relaciones reales entre sujetos de Derecho Internacional. Como señala Fernando Mariño Menéndez, si no ocurre así nos hallamos con una *práctica* consistente en discutir y aprobar, *práctica* que no es suficiente[57].

---

55 Cfr. Fernando M. Mariño Menéndez, *Derecho Internacional Público*. (Parte General), Editorial Trotta, 3ra. edición. Madrid, 1999, pág. 363.

56 Cfr. *Ídem*.

57 Cfr. *Ibídem*, pág. 366.

Esas resoluciones tienen un valor importante por ser los primeros antecedentes jurídicos internacionales que reflejan una manifestación y una preocupación sobre el fenómeno del terrorismo, pero en ningún caso prueban una codificación de normas generales que estaban en vigor antes de su aprobación y adopción. Además, un examen del lenguaje empleado (*expresa preocupación, insta, apoya*) indica claramente que no codifican principios ni normas del Derecho Internacional y tampoco reflejan la intención manifiesta de los Estados de declarar el derecho en vigor.

Evidentemente, esas iniciativas internacionales y gubernamentales reflejan una propuesta importante de contenido político y moral y una aspiración por alcanzar, que sirve como punto de partida de un derecho en formación, cuyo objetivo es establecer planes de acción para proteger a las personas frente al fenómeno del terrorismo, con la dificultad de que el contenido de esos documentos no es vinculante, por no ser instrumentos convencionales[58]. Son el fruto de una preocupación de organismos internacionales, jefes de Estado, delegados gubernamentales y otros actores, lo cual nos permite deducir que esas iniciativas se presentan como una propuesta de *lege ferenda,* debiéndose destacar que la falta de obligatoriedad de estos instrumentos no impide que se invoque jurídicamente la protección de la persona humana. Se puede perfectamente alegar, así, el reconocimiento del derecho a la vida, libertad, integridad física y otros derechos esenciales de la persona humana de carácter inderogable, consagrados en el Pacto Internacional de Derechos Civiles y Políticos, y en la Declaración Universal de Derechos Humanos.

Las recomendaciones son instrumentos a través de los cuales se incita al logro de los objetivos de una organización internacional por

58 Debemos recordar que el consentimiento del Estado es la base de la obligación jurídica convencional, tal como dijo la Corte Internacional de Justicia en su dictamen de 28 de mayo de 1951, sobre validez de ciertas reservas al Convenio para la Prevención y Sanción del Delito de Genocidio. Al señalar que: *"un Estado no puede quedar vinculado en sus relaciones convencionales sin su consentimiento"* (C.I.J., Recueil, 1951, pág. 21). En tal sentido, la conclusión de los tratados internacionales es un proceso muy complejo en el que, desde la negociación a la entrada en vigor del convenio, los Estados soberanos manifiestan sus intereses y fijan los compromisos y las obligaciones que están dispuestos a aceptar, esto es, su consentimiento y voluntad de quedar obligados por las normas convencionales.

los órganos facultados para ello. El principio de buena fe, expresión jurídica del principio de cooperación inherente a las organizaciones internacionales,[59] es fuente de obligaciones jurídicas para los Estados miembros, que deberían apreciar de buena fe la posibilidad de observar lo recomendado[60].

En suma, ese tipo de resoluciones representa un conjunto de decisiones de carácter simbólico, que sirve para legitimar, o restar legitimidad, a los objetivos o ideologías de un Estado o bloque de Estados, dentro o fuera de la organización. Como señala Héctor Faúndez, esas resoluciones, sin ser obligatorias, cumplen la función de adjudicarse determinadas situaciones de conflicto, indicando de qué lado está el Derecho o la justicia y, de paso, sugiriendo que existen reglas legales precisas, en virtud de las cuales debe llegarse a la solución del conflicto en la forma señalada en la resolución. Este sería el caso, por ejemplo, de las resoluciones que condenan las violaciones de los derechos humanos en un Estado determinado, tales como las frecuentes condenas de la Asamblea General de la Organización de las Naciones Unidas a la dictadura de Pinochet[61].

c. En el Derecho Comparado Europeo

La jurisprudencia y la doctrina coinciden en que la seguridad jurídica obliga a precisar que la construcción del concepto de terrorismo debe fundamentarse sobre la base de dos elementos, uno de carácter estructural-objetivo, en cuanto a organización, y otro, de carácter subjetivo-teleológico, relacionado con la finalidad política de subversión del orden institucional, o de las bases de la convivencia democrática.

El elemento estructural-objetivo se conforma por una asociación estable de varias personas, articulada de manera jerárquica, disciplina-

---

59 En ocasiones reflejado en los tratados constitutivos como en la Carta de las Naciones Unidas, al respecto puede consultarse a Robert Kolb, *La bonne foi en droit international public*. Presses universitaires de France (PUF), Paris, 2000, pág. 526.

60 Cfr. Antonio Remiro, Rosa Riquelme, Javier Díez-Hochleitner, Esperanza Orihuela, y Luis Pérez-Prat. *Derecho Internacional.* McGraw-Hill, Madrid, 1997, pág. 301.

61 Cfr. Héctor Faúndez Ledesma, *Introducción al Estudio de la Organizaciones Internacionales.* Universidad Central de Venezuela, Facultad de Ciencias Jurídicas y Políticas. Consejo de Desarrollo Científico y Humanístico. Caracas, 1990, pág. 173.

da, y de carácter armado, constituida para la comisión sistemática de delitos graves mediante el uso de armamento o explosivos[62].

El elemento subjetivo o teleológico se expresa con formulaciones que se asocian a los propios rasgos del grupo terrorista.

El Código Penal alemán establece un modelo objetivo que define el terrorismo desde la vinculación con una *asociación terrorista*, caracterizada como aquella cuyos *fines o actividad* consisten en la ejecución de determinados delitos de especial gravedad[63].

El Código Penal francés establece el modelo subjetivo-objetivo, que se refiere a la finalidad del terrorismo fijada en la intimidación a la población, la alteración grave del orden público, o subversión del orden democrático[64].

El Código Penal italiano enuncia únicamente el propósito de *realización de actos violentos con el fin de destrucción del orden democrático*[65].

---

62 Cfr. Esteban Mestre Delgado, *Delincuencia terrorista y Audiencia Nacional.* Editorial Centro de Publicaciones del Ministerio de Justicia. Madrid, 1987, pág. 189 ss.; Juan Carlos Campo. *Represión penal del terrorismo. Una visión jurisprudencial.* Editorial General de Derecho, Valencia. 1997, pág. 323 ss.

63 Cfr. § 129 a) del Código Penal alemán. Los delitos a que se refiere son: 1. asesinato, homicidio o genocidio; 2- delitos contra la libertad (secuestro y toma de rehenes); 3. incendios, estragos, secuestro de aeronaves o naves. - La punición abarca, además de los miembros de la organización, a quienes apoyan o hacen propaganda de la organización.

64 Cfr. Art 421-1 del Código Penal francés: *"Constituyen actos de terrorismo aquellos que en relación con un plan individual o colectivo que tenga por finalidad alterar gravemente el orden público mediante la intimidación o el terror, y supongan la comisión intencional de los siguientes delitos [...]".* La lista recoge cuatro grupos de delitos: 1) atentados dolosos contra la vida, la integridad, detención y secuestro de personas, secuestro y desviación de aeronaves, navíos o de otro medio de transporte; 2), robos, extorsiones, destrucciones, daños o deterioro, incluidos los relativos a los medios informáticos, 3) delitos relativos a grupos armados (art 431-13: grupo de personas que posean o tengan acceso a armas, fuera de la ley, dotado de organización jerarquizada y susceptible de alterar el orden público); 4) fabricación, posesión, transporte, producción o venta de explosivos o artefactos mortíferos o de sus componentes, municiones y armas, armas biológicas o tóxicas.

65 Cfr. Art. 270 bis del Código Penal italiano. Junto con la asociación "*terrorista*", el Código Penal italiano (que data de 1930, "*Código Roco*", aunque con las lógicas y numerosísimas modificaciones) mantiene antiguas definiciones de asociaciones ilícitas, como la "*asociación subversiva*" (art. 270) definida por su propósito de "*establecer violentamente la dictadura de una clase social sobre otra, o a suprimir violentamente una clase social, o bien a subvertir violentamente los órdenes económicos o sociales constitutivos del Estado*", o la "*asociación antinacional*" referente a las asociaciones que promuevan actividades dirigi-

Portugal ofrece la definición más amplia en la configuración del elemento subjetivo que define el terrorismo: *propósito de perjudicar la integridad o la independencia nacional, impedir, alterar o subvertir el funcionamiento de las instituciones del Estado previstas en la Constitución, forzar a una autoridad pública a practicar un acto, a abstenerse de practicarlo o a tolerar que se practique, o intimidar a ciertas personas, grupo de personas o a la población en general* mediante la práctica de determinados crímenes graves que la ley enumera[66].

La mención de la finalidad de atentar contra la *integridad nacional* implica la prohibición de proyectos políticos independentistas, una reminiscencia del colonialismo que no resulta compatible con el marco democrático. La referencia al propósito de presionar al gobierno para la adopción de decisiones amplía notablemente el ámbito del terrorismo, puesto que da lugar a calificar como tal la comisión de delitos no vinculados a grupos terroristas y que no contengan la capacidad de atemorizar a la población.

La ley antiterrorista británica del 2000 es, asimismo, un ejemplo del modelo mixto de máxima amplitud, en cuanto a la referencia a las finalidades definitorias del terrorismo. Este queda definido por la *comisión, o amenaza de comisión*, de una serie de delitos graves que enumera, siempre que se ejecuten con dos propósitos o finalidades determinadas, una más próxima que se expresa en una doble variante y otra que refiere propiamente a la motivación: a*) influir en el gobierno, o intimidar a la población o a un sector de la población*, y b) *promover una causa política, religiosa o ideológica*. Más aún, se establece que cuando se trate de delitos perpetrados con empleo de armas o explosivos los actos constituyen terrorismo, aunque no concurra ninguna de las finalidades descritas en el apartado a)[67].

---

das a "*destruir o debilitar el sentimiento nacional*"(art. 271). Por otro lado, la "*asociación de tipo mafioso*" (art. 416 bis) queda contemplada en el Título de los delitos contra el orden público.

66 Cfr. Arts. 300 y 301 del Código Penal Portugués. La lista de delitos es similar a las que se contemplan en los países antes citados.

67 Cfr. *Terrorism Act 2000*, 20. 7. 2000, art. 1 (1), (2) y (3).

d. En los Tratados Internacionales

En cuanto a la búsqueda de una definición de terrorismo en los instrumentos jurídicos internacionales, coincidimos con Diego López Garrido quien señala que estos instrumentos *no ofrecen prácticamente ninguna definición de qué haya que calificar como terrorista, o, cuando lo hacen, resulta inútil como consecuencia de su contenido pleonástico*[68].

Así, la Conferencia de Varsovia de 1927 para la Unificación del Derecho Penal nos da uno de los primeros ensayos de enunciación del concepto de terrorismo por parte de un instrumento internacional, al delimitarlo como *el empleo internacional de cualquier medio capaz de hacer correr un peligro común.* Definición que es bastante vaga e imprecisa, y donde cabe incluir otros fenómenos delictivos al margen del terrorismo.

Aunque no entró en vigor, la Convención de Ginebra para la prevención y represión del terrorismo de 16 de noviembre de 1937 en su artículo 1.2 establece un concepto de terrorismo que atiende a la finalidad de atentar contra la paz pública: *Se entiende por terrorismo los actos criminales contra el Estado y cuyo fin o naturaleza es la de provocar el terror contra personalidades determinadas, grupos de personas o en el público.*

El Convenio Europeo de 27 de enero de 1977 para la Represión del Terrorismo[69], no define lo que es el terrorismo aunque en su artículo 1° enumera los delitos que a efectos de extradición no se consideran como políticos, y enumera como delitos de terrorismo, a los efectos de extradición entre Estados contratantes, las conductas de: *c) los delitos graves constituidos por un ataque contra la vida, la integridad corporal o la libertad de las personas que tengan derecho a una protección internacional, incluidos los agentes diplomáticos; d) los delitos que impliquen rapto, toma de rehenes o secuestro arbitrario; e) los delitos que impliquen la utilización de bombas, granadas, cohetes, armas de fuego automáticas, o cartas o paquetes con explosivos ocultos, en los casos en que dicha utilización represente un peligro para las personas;*

---

[68] Cfr. Diego López Garrido, *Terrorismo, Política y Derecho*. Alianza Editorial, Madrid, 1987, pág. 14.

[69] Cfr. Convenio Europeo de 27 de enero de 1977 para la Represión del Terrorismo, Editorial Colex, 5a edición, Madrid, 1993.

f) la tentativa de comisión de alguno de los delitos anteriormente mencionados o la participación como autor o cómplice de una persona que cometa o intente cometer dichos delitos.

Según el artículo 2° es posible dar igual tratamiento *a cualquier acto grave de violencia no comprendido en el artículo 1° y que esté dirigido contra la vida, la integridad corporal o la libertad de las personas.* Nos encontramos, en realidad, ante la enumeración de diferentes modalidades de conducta y medios empleados, así como del grado de consumación alcanzado; sin perjuicio de la consideración de cualquier acto grave de violencia enmarcado en el artículo 2°, en sentido restrictivo, para no exceder el ámbito terrorista.

Por otra parte, el Convenio Internacional para la Represión de los Atentados Terroristas Cometidos con Bombas, de 15 de diciembre de 1997, en su artículo 2 señala que: *comete delito en el sentido del presente Convenio quien ilícita e intencionalmente entrega, coloca, arroja, o detona un artefacto o sustancia explosiva u otro artefacto mortífero en o contra un lugar de uso público, una instalación pública o de gobierno, una red de transporte público o una instalación de infraestructura: a) Con el propósito de causar la muerte o graves lesiones corporales; o b) con el propósito de causar una destrucción significativa de ese lugar, instalación o red que produzca o pueda producir un grave perjuicio económico.* Además, castiga la tentativa, la participación del cómplice, la del organizador o director y también la del sujeto que contribuya, de cualquier otro modo, a la comisión de los referidos delitos.

Este convenio combina diferentes conductas con su consecuente resultado, pero sin elaborar una definición clara sobre qué es el terrorismo.

Después de los atentados terroristas en los Estados Unidos de Norteamérica, la Propuesta de Decisión Marco del Consejo de la Unión Europea, aprobada el 7 de diciembre de 2001, establece que *todos los Estados miembros adoptarán las medidas necesarias para que se consideren delitos de terrorismo los actos intencionados que, por su naturaleza o su contexto, puedan lesionar gravemente a un país o a una organización internacional* y que consistan en: *a) atentados contra la vida de una persona que puedan tener resultado de muerte; b) atentados graves contra la integridad física de una persona, c) secuestro o toma de rehenes; e) destrucciones masivas.*

La Posición Común del Consejo de la Unión Europea sobre la aplicación de medidas específicas de lucha contra el terrorismo, de 27 de diciembre de 2001, establece que, a tales efectos, *se entenderá por acto terrorista el acto intencionado que, por su naturaleza o su contexto, pueda perjudicar gravemente a un país o a una organización internacional, tipificado como delito según el derecho nacional", que consista en: "i. Intimidar gravemente a una población; ii. Obligar indebidamente a los gobiernos o a una organización internacional a realizar un acto o a abstenerse de hacerlo; iii. o desestabilizar gravemente o destruir las estructuras políticas fundamentales, constitucionales, económicas o sociales de un país o de una organización internacional. a) atentados contra la vida de una persona que puedan causar la muerte; b) atentados contra la integridad física de una persona; c) secuestro o toma de rehenes; d) causar destrucciones masivas a un gobierno o a instalaciones públicas, sistemas de transporte, infraestructuras, incluidos los sistemas de información, plataformas fijas emplazadas en la plataforma continental, lugares públicos, o propiedades privadas que puedan poner en peligro vidas humanas o producir un gran perjuicio económico; e) apoderamiento de aeronaves y de buques o de otros medios de transporte colectivo o de mercancías; f) fabricación, tenencia, adquisición, transporte, suministro o utilización de armas de fuego, explosivos, armas nucleares, biológicas y químicas e investigación y desarrollo de armas biológicas y químicas; g) liberación de sustancias peligrosas, o provocación de incendios, inundaciones o explosiones cuyo efecto sea poner en peligro vidas humanas; h) perturbación e interrupción del suministro de agua, electricidad u otro recurso natural cuyo efecto sea poner en peligro vidas humanas; i) amenaza de llevar a cabo cualquiera de las acciones enumeradas en las letras a) a la h); j) dirección de un grupo terrorista; k) participación en las actividades de un grupo terrorista, incluido el suministro de información o medios materiales, o mediante cualquier forma de financiación de sus actividades, con conocimiento de que esa participación contribuirá a las actividades delictivas del grupo.*

Una vez más, el Consejo de Europa omite formular una definición de terrorismo, para simplemente realizar una enumeración de conductas y de medios utilizados por los terroristas, elaborada de forma casuística pero tal vez adecuada al propósito de no dejar, al margen, ninguna posible conducta sin tipificar.

De lo analizado hasta ahora, coincidimos con Carmen Lamarca Pérez en que el terrorismo es un concepto jurídico, histórico y político, que posee múltiples significados debido a su utilización por diversos sectores, como elemento de propaganda o para conmover los sentimientos sociales. Como *violencia política organizada institucionalizada es, seguramente, tan antiguo como la propia organización estatal y no siempre ha merecido un tratamiento jurídico específico ni, desde luego, una denominación uniforme. Es un fenómeno propio del mundo contemporáneo que aparece íntimamente vinculado a las contradicciones políticas y sociales del sistema liberal*[70].

e. En América Latina

La indefinición del concepto de terrorismo también ha sido una constante en América Latina. De hecho, la experiencia en esta parte del continente ha demostrado que es una expresión frecuentemente evocada por autoridades que detentan el poder para perseguir al ciudadano o a la oposición política.

Un ejemplo de ello es Venezuela, donde las autoridades gubernamentales utilizan el delito de terrorismo de forma arbitraria y como herramienta de persecución política. Al extremo de que el gobierno ha calificado de *terroristas mediáticos* a quienes disienten, critican u ofenden a las autoridades o hacen oposición política[71].

---

70 Cfr. Carmen Lamarca Pérez, *Tratamiento jurídico del terrorismo*, Centro de Publicaciones del Ministerio de Justicia, Secretaría General Técnica, Colección de Temas Penales, Madrid, 1985, pág. 98. En la pág. 100 mantiene esta autora que "*el origen de la delincuencia terrorista suele sin embargo situarse generalmente hacia finales del siglo XIX y principios del XX cuando una ola sistemática de atentados políticos, con utilización preferente de los explosivos, se produce en casi todo el mundo, vinculándose sobre todo al anarquismo que emprende la lucha violenta contra el Estado*". Para Baltazar Garzón Real, "La nueva legislación antiterrorista", en *Estudios de Derecho Penal y Criminología, Homenaje al profesor José María Rodríguez Devesa,* UNED, Facultad de Derecho, Madrid, 1989, Tomo I, pág. 333, el terrorismo es un "*fenómeno que aparece con el nacimiento del Estado liberal, y frente al cual la mayoría de los Estados no ha sabido dar una respuesta coherente, uniforme y eficaz*".

71 Cfr. Informe *Democracia y Derechos Humanos en Venezuela.* Comisión Interamericana de Derechos Humanos, 2009, OEA/Ser.L/V/II.Doc. 54, de fecha 30 de diciembre 2009, págs. 94, 98, 111, 114, 115, párrafos 357, 372, 418, 428, 429, 430, 431.

No se trata de casos aislados. En Venezuela la utilización indiscriminada del tipo penal *acto terrorista* es recurrente y sistemática. Por ello, informes de la Comisión Interamericana de Derechos Humanos y la Relatoría Especial para la Libertad de Expresión han manifestado preocupación por el ataque e intimidación a periodistas y medios de comunicación, a menudo acusados de practicar *terrorismo mediático*[72].

La Convención Interamericana contra el Terrorismo fue aprobada por la Asamblea General de la Organización de los Estados Americanos el 3 de junio de 2002[73]. Ese tratado establece las obligaciones de prevenir, sancionar y eliminar el terrorismo, pero peca al no determinar un acuerdo en la definición de este.

En la Asamblea de la Organización de los Estados Americanos que aprobó la mencionada Convención no se llegó a un acuerdo sobre la definición del terrorismo, lo que hizo notar la delegación ecuatoriana al señalar: *El gobierno de Ecuador deplora que los Estados miembros no hayan podido llegar a un consenso sobre la tipificación de terrorismo y su calificación como crimen internacional de lesa humanidad.*

Del mismo modo, el tratado solo se ocupa del terrorismo ejecutado por individuos o grupos, y para nada del terrorismo de Estado. Esa circunstancia viola el principio *nullum crimen, nulla poena sine lege,* porque se corre el riesgo de que los Estados interpreten arbitrariamente los hechos y califiquen de terrorismo asuntos vinculados con luchas sociales y de oposición política.

En lo que respecta a las definiciones de *terrorismo* y *terrorista*, la Comisión Interamericana de Derechos Humanos ha elaborado las siguientes conceptualizaciones, de acuerdo con la doctrina y práctica

---

72 Cfr. Comunicado de prensa Nº R61/10, de fecha 14 de junio de 2010, emanado del Comisionado para los asuntos de Venezuela de la Comisión Interamericana de Derechos Humanos y la Relatora Especial para la Libertad de Expresión manifestando profunda preocupación por la grave situación de la libertad de expresión. Véase también el Informe *Democracia y Derechos Humanos en Venezuela.* Comisión Interamericana de Derechos Humanos, 2009, OEA/Ser.L/V/II.Doc. 54, de fecha 30 de diciembre 2009, págs. 94, 99, 111, 114, 115, párrafos 357, 372, 418, 428, 9 430.

73 Convención Interamericana contra el Terrorismo, OAS AG/RES.1840 (XXXII-O/02) Segunda sesión plenaria, 3 de junio de 2002. Los Estados parte son Antigua y Barbuda, Argentina, Brasil, Canadá, Chile, Costa Rica, Ecuador, El Salvador, Estados Unidos, Granada, Guatemala, Honduras, México, Nicaragua, Panamá, Paraguay, Perú, República Dominicana, Trinidad y Tobago, Uruguay y Venezuela.

internacionales: 1) Acciones, que incluyen formas de violencia como los secuestros. 2) Actores, incluidas personas u organizaciones. 3) Causas o luchas, en que la motivación o lucha puede estar tan marcada por la violencia terrorista que la hacen indistinguible de esta. 4) Situaciones en que la violencia terrorista es un problema particularmente grave o difundido en una región, Estado u otra zona. 5) Conflictos armados en el sentido, por ejemplo, de la denominada "*guerra contra el terrorismo*" posterior al 11 de septiembre de 2011[74].

También se le critica a ese tratado que no tipifique el terrorismo como delito autónomo y que subordine los propósitos de la Convención a las acciones descritas como delitos terroristas en los instrumentos internacionales enunciados en su artículo 2[75].

En su Informe sobre Terrorismo y Derechos Humanos, la Comisión Interamericana de Derechos Humanos comenta la falta de consenso para la definición del término *terrorismo*, y cita el Informe del Comité *Ad Hoc* creado por Resolución de la Asamblea General de la ONU No. 51/210 del 17 de diciembre de 1996 en el que se indica que *en el*

74 Cfr. Comisión Interamericana de Derechos Humanos, Informe sobre Terrorismo y Derechos Humanos, Washington D.C.: Secretaría General de la Organización de los Estados Americanos, 2002, pág. 20.

75 Los instrumentos internacionales son: a) Convenio para la represión del apoderamiento ilícito de aeronaves, firmado en La Haya el 16 de diciembre de 1970; b) Convenio para la represión de actos ilícitos contra la seguridad de la aviación civil, firmado en Montreal el 23 de septiembre de 1971; c) Convención sobre la prevención y el castigo de delitos contra personas internacionalmente protegidas, incluso los agentes diplomáticos, aprobada por la Asamblea General de las Naciones Unidas el 14 de diciembre de 1973; d) Convención Internacional contra la toma de rehenes, aprobada por la Asamblea General de las Naciones Unidas el 17 de diciembre de 1979; e) Convenio sobre la protección física de los materiales nucleares, firmado en Viena el 3 de marzo de 1980; f) Protocolo para la represión de actos ilícitos de violencia en los aeropuertos que prestan servicios a la aviación civil internacional, complementario del Convenio para la represión de actos ilícitos contra la seguridad de la aviación civil, firmado en Montreal el 24 de febrero de 1988; g) Convenio para la represión de actos ilícitos contra la seguridad de la navegación marítima, hecho en Roma el 10 de marzo de 1988; h) Protocolo para la represión de actos ilícitos contra la seguridad de las plataformas fijas emplazadas en la plataforma continental, hecho en Roma el 10 de marzo de 1988; i) Convenio Internacional para la represión de los atentados terroristas cometidos con bombas, aprobado por la Asamblea General de las Naciones Unidas el 15 de diciembre de 1997; j) Convenio Internacional para la represión de la financiación del terrorismo, aprobado por la Asamblea General de las Naciones Unidas el 9 de diciembre de 1999.

intercambio general de opiniones sobre la inclusión de una definición de terrorismo en una convención amplia de la ONU sobre el terrorismo internacional, algunas delegaciones subrayaron que la definición de terrorismo debe establecer una clara diferencia entre el terrorismo y la lucha legítima en ejercicio del derecho de libre determinación e independencia de todos los pueblos bajo ocupación extranjera[76].

A MODO DE COLOFÓN

El terror es uno de los métodos más antiguos utilizado en los conflictos humanos. A través de milenios de guerras ha sido utilizado por ejércitos regulares, milicias, grupos clandestinos, imperios, reinos y Estados. En suma, el terror es un elemento central de lo que hoy conocemos por terrorismo.

En la literatura especializada, en muchas ocasiones, las expresiones terror y terrorismo suelen ser utilizadas como sinónimos, pero, aunque la relación es estrecha, terror y terrorismo no son lo mismo. Sobre los criterios que los hacen afines y diferencian, compartimos la opinión de Friedrich Hacker al señalar que, ambos dependen de la propaganda, emplean la violencia de un modo brutal, simplista y directo y, sobre todo, hacen alarde de su indiferencia por la vida humana. *El terror es un sistema de dominio por el miedo, aplicado por los poderosos; el terrorismo es la intimidación, esporádica u organizada, que esgrimen los débiles, los ambiciosos o los descontentos contra los poderosos*[77].

Desde la Conferencia Mundial de Derechos Humanos, celebrada en Viena en 1993, se ha acentuado el peligro que representa el terrorismo para la vida y la dignidad del individuo, así como para los conceptos mismos de derechos humanos, libertades fundamentales y democracia. En ello se fundamenta la Asamblea General de las Naciones Unidas para afirmar que los actos, métodos y prácticas terroristas, en todas sus formas y manifestaciones, así como los vínculos de algunos países con el tráfico de drogas, son actividades orientadas hacia la destrucción de

---

[76] Cfr. *Ídem*.

[77] Cfr. Friedrich Hacker, *Terror: Mito, Realidad*, Análisis, editorial Plaza y Jánes, Barcelona, 1975, pág. 19.

los derechos humanos, las libertades fundamentales y la democracia, amenazan la integridad territorial y la seguridad de los Estados y desestabilizan a gobiernos legítimamente constituidos[78].

Esa certidumbre permite reafirmar que el terrorismo discrepa radicalmente del concepto de sociedad democrática. Los actos y métodos terroristas para coaccionar a otros, frente a la libre opción y la plena participación en el proceso político ofenden a la sociedad democrática. Con justa razón, Boutros Boutros-Ghali es del criterio de que los terroristas amenazan el fundamento mismo de la vida civilizada. Al tratar de alcanzar sus objetivos por medio de la violencia, revelan que no están dispuestos a someter sus opiniones a la prueba de un proceso político equitativo y real[79].

Pese a la advertencia, en la Conferencia de Viena de 1993 la relación entre terrorismo y derechos humanos fue ignorada, como consecuencia de las profundas divisiones ideológicas entre los Estados. Por ello, urge precisar en qué medida el terrorismo amenaza los valores sociales y políticos relacionados, directa o indirectamente, con el pleno goce de los derechos y las libertades fundamentales. Estos incluyen la esfera de los derechos humanos, el Estado de Derecho[80] y la democracia, conceptos interdependientes que se refuerzan mutuamente.

Frente a esta situación, la comunidad internacional ha asumido el reto de enfrentar ese fenómeno criminal a través de un cuerpo normati-

---

78 Cfr. Resolución A/CONF.157/23, emanada de la Asamblea General de las Naciones Unidas, relacionada con la Conferencia Mundial de Derechos Humanos, Declaración y Programa de acción de Viena, de fecha 12 de julio de 1993, párrafo 17.

79 Cfr. Mensaje a la reunión preparatoria para el simposio internacional sobre terrorismo en 1966.

80 Rosalyn Higgins, ex presidente de la Corte Internacional de Justicia, opina que el término Estado de Derecho no existe como tal en el derecho internacional, por lo que es necesario estudiar primero qué significa ese término para un abogado "*doméstico*". Ella considera que los tres principios principales que deben tomarse en cuenta son los identificados por Albert Venn Dicey en su obra *AnIntroduction to theStudy of the Law of theConstitution*, 1885: 1) la supremacía absoluta o preeminencia del derecho en oposición a la influencia del poder arbitrario; 2) la igualdad ante la ley o la igual sujeción de todas las clases a la ley administrada por cortes ordinarias; y 3) la ley de la Constitución, siendo esta consecuencia de los derechos de los individuos, de conformidad con la manera en la que estos han sido definidos y ejecutados por las cortes. Cfr. Rosalyn Higgins. *The Rule of Law: Some Sceptical Thoughts. Themes & Theories,* Nueva York, Oxford University Press, 2009, vol. 2, pág. 1330.

vo coherente y con un enfoque integrado; es allí donde cobra vigencia la validez del Derecho Internacional Público, cuya finalidad esencial es la creación de normas jurídicas para asegurar la paz y seguridad internacionales. Para lograr su objetivo, adecua sus reglas para enfrentar las amenazas y los conflictos actuales y en esa realidad el binomio terrorismo y derechos humanos está presente.

Aunque la doctrina no es uniforme, la relación terrorismo y derechos humanos no es contradictoria. Ciertamente, el terrorismo constituye un grave fenómeno delictivo que atenta contra la democracia, impide el goce de los derechos humanos y las libertades fundamentales, amenaza la seguridad, debilita las bases de la sociedad, y afecta el desarrollo económico y social de los Estados. Pero, la forma legítima de combatirlo es respetando los derechos humanos.

Antes de los atentados del 11 de septiembre de 2001, la comunidad internacional había venido forjando un consenso universal contra el terrorismo que se sustenta en los fundamentos de los derechos humanos, el derecho humanitario y el derecho de los refugiados, junto con diversas resoluciones del Consejo de Seguridad creadas conforme al capítulo VII de la Carta de la ONU. Toda esta compleja estructura, constituye el marco normativo internacional vigente que tiene por objeto contrarrestar el terrorismo de manera eficaz. Sin embargo, es muy frecuente que los esfuerzos de la comunidad internacional por atajar la amenaza terrorista se estanquen debido a motivos políticos, situación que aprovechan los grupos terroristas para accionar a sus anchas.

Sobre los hechos perniciosos que devienen de la ausencia de definición de terrorismo y de la debida aplicación del principio de legalidad se han pronunciado diferentes tribunales internacionales, y han concluido que la elaboración de tipos penales supone una clara definición de la conducta incriminada, que fije sus elementos y permita deslindarla de comportamientos no punibles o conductas ilícitas sancionables con medidas no penales. Es necesario que el ámbito de aplicación de cada uno de los tipos esté delimitado de la manera más transparente posible, en forma expresa, precisa, taxativa y previa.

La Corte Interamericana de Derechos Humanos ha señalado que existe consenso en el mundo, y en particular en el continente americano, respecto de la amenaza que el terrorismo representa para los valores democráticos y para la paz y seguridad internacionales, así como para el goce de los derechos y libertades fundamentales. Es un fenómeno que pone en peligro los derechos y libertades de las personas que se encuentran bajo la jurisdicción de los Estados Parte en la Convención Americana. Por tanto, los artículos 1.1 y 2 de esa convención obligan a los Estados Parte a adoptar las medidas adecuadas, necesarias y proporcionales para prevenir y, en su caso, investigar, juzgar y sancionar ese tipo de actos. Según la Convención Interamericana contra el Terrorismo, la lucha contra ese fenómeno debe realizarse con pleno respeto del derecho nacional e internacional, de los derechos humanos y de las instituciones democráticas, para preservar el Estado de Derecho, las libertades y los valores democráticos en el hemisferio[81].

El carácter indeterminado de la definición de terrorismo prevista en el artículo 4 puede prestarse a aplicaciones abusivas por parte del Estado. El texto es tan vago que facilitaría considerar terrorista a quien simplemente ejerce el derecho a la protesta. Es por lo que urge una reforma de ese artículo, que excluya la posibilidad de que el contenido esencial del derecho a la protesta social pueda afectarse, ya que cualquier acto no puede ser considerado terrorismo.

En Venezuela, la vaguedad del concepto de terrorismo establecido en la Ley contra la Delincuencia Organizada y el Financiamiento al Terrorismo (Locdoft), lo confirma el informe que, sobre la situación de los derechos humanos en la República Bolivariana de Venezuela, emitió el pasado 16 de junio de 2021 la Alta Comisionada de las Naciones Unidas para los Derechos Humanos. En ese informe se establece que: "*La definición de 'terrorismo' contenida en la Ley contra la Delincuencia Organizada y el Financiamiento al Terrorismo de 2012 continúa siendo vaga, y se interpreta de manera que engloba una categoría cada vez más amplia de actividades, organizaciones y personas. Las normas aplicables exigen una definición precisa y una interpretación*

[81] Cfr. Sentencia de fondo, reparaciones y costas, de fecha 29 de agosto de 2014, emanada de la Corte Interamericana de Derechos Humanos, caso Norín Catrimán y otros dirigentes, miembros y activista del Pueblo Indígena Mapuche vs. Chile, Serie C No. 279, párrafo 164.

restringida, en cumplimiento de los principios de legalidad, necesidad y proporcionalidad"[82].

Indudablemente, la falta de una definición concreta y universalmente compartida de terrorismo, y los esfuerzos emprendidos por los Estados para responder a las amenazas terroristas inciden en las implicaciones para los derechos humanos, en particular el derecho a la vida, el derecho a un trato humano, el derecho a la libertad y la seguridad personales, el derecho a un juicio justo, el derecho a la libertad de expresión y el derecho a la protección judicial.

El efecto más perjudicial es la violación del principio de legalidad, pues mediante su generalizada vulneración se aplican las gravísimas medidas represivas previstas para casos de terrorismo a sujetos cuyas acciones no sean asimilables al terrorismo, o que no se aplique a los responsables de auténticas acciones terroristas.

La ausencia de una clara definición de terrorismo, ni su extrema crueldad, debe servir de pretexto para que los Estados dejen de lado sus obligaciones en el cumplimiento de los instrumentos internacionales de los derechos humanos y del derecho humanitario. La lucha tiene que articularse con acciones diáfanas para enfrentar los vínculos existentes con otros fenómenos delictivos que facilitan su accionar, como el tráfico ilícito de drogas, el crimen organizado, el lavado de dinero y otras actividades que tienen una evidente naturaleza transnacional.

La realidad es que la falta de acuerdo en torno a la definición persiste porque muchos gobiernos mantienen concepciones dúctiles, que les permite calificar de terroristas a movimientos políticos o a minorías, como grupos indígenas o sindicatos. Eso explica por qué continúan estigmatizando a grupos que no clasifican como terroristas. Por estas consideraciones urge la conveniencia de consensuar un concepto de terrorismo.

---

82 Cfr. Informe de la Alta Comisionada de las Naciones Unidas para los Derechos Humanos. Situación de los derechos humanos en la República Bolivariana de Venezuela. Consejo de Derechos Humanos 47° período de sesiones, Distr. General. A/HRC/47/55, del 16 de junio de 2021, párrafo 60.

DERECHO INTERNACIONAL PÚBLICO

Comentarios sobre la controversia con Guyana.
Rafael Badell Madrid

La supuesta aquiescencia de Venezuela en la disputa por la Guayana Esequiba.
Especial referencia al Acuerdo de Ginebra.
Gabriel Ruan Santos

Agresiones a la soberanía de Venezuela y amenazas a la paz
y a la seguridad internacionales.
Moisés Troconis Villarreal

La controversia del Esequibo y las condiciones de validez
del Laudo de París del 3 de octubre de 1899.
Héctor Faúndez Ledesma

COMENTARIOS SOBRE LA CONTROVERSIA CON GUYANA

RAFAEL BADELL MADRID*

I. CONSIDERACIONES GENERALES

Me da mucho gusto participar en este libro auspiciado por la Academia de Ciencias Políticas y Sociales en homenaje a la Dra. Cecilia Sosa Gómez, quien ocupa el sillón No. 24 y es actualmente la Secretaria de la Corporación. La Dra. Cecilia Sosa Gómez ha sido investigadora, brillante profesora de muchas generaciones, autora de una variada y valiosa obra jurídica en el área del derecho público y jueza de preponderante actuación. Cecilia Sosa Gómez es una de las más importantes juristas de Venezuela. Además, es una incansable luchadora por los ideales democráticos y por el régimen de libertades y derechos que han sido desconocidos en nuestro país.

Para mí es muy significativo unirme a este merecido homenaje cuarenta años después que la conocí en 1981, cuando ella dirigía el Instituto de Investigaciones Jurídicas de la Universidad Católica Andrés Bello y me dio la oportunidad de trabajar cerca de ella como asistente de investigación de ese Instituto. Allí tuve la experiencia invalorable

---

* Doctor en Derecho. Profesor titular de la Universidad Católica Andrés Bello. Individuo de Número de la Academia de Ciencias Políticas y Sociales. Venezuela. Socio fundador de Badell & Grau Despacho de Abogados.

de participar en varios importantes proyectos de investigación bajo su orientación y conducción. Luego, fue mi profesora en el postgrado de derecho administrativo de la Universidad Central de Venezuela y, posteriormente y por mucho años, estuve cerca de ella como asistente durante su brillante carrera judicial, tanto en la Corte Primera de lo Contencioso Administrativo, como en la Corte Suprema de Justicia, donde llegó a ser su Presidente por varios períodos.

Para rendir homenaje a la Dra. Cecilia Sosa Gómez voy a referirme a la controversia con Guyana y algunos de los eventos que han ocurrido en estos casi doscientos años de conflicto y que está actualmente en la jurisdicción de la Corte Internacional de Justicia, luego de que en fecha 29 de marzo de 2018, la República Cooperativa de Guyana demandó a Venezuela ante esa Corte Internacional de Justicia y le solicitó declarar la validez y efecto vinculante del laudo de 1899 y el respeto del límite establecido en el acuerdo de 1905; pidió también que Venezuela retire su ocupación en la parte oriental de la isla de Anacoco y demás territorios reconocidos por el laudo y el acuerdo de 1905; que Venezuela no amenace ni utilice la fuerza para impedir el desarrollo de las actividades económicas de Guyana en su territorio y solicitó a la Corte declarar la responsabilidad de Venezuela por la violación de la soberanía de Guyana y, en consecuencia, por las lesiones a su derecho.

En respuesta, la Corte Internacional de Justicia, mediante sentencia de fecha 18 de diciembre de 2020, con doce votos a favor y cuatro votos en contra, se declaró competente para conocer de la demanda con fundamento en el parágrafo 2 del artículo IV del Acuerdo de Ginebra de 17 de febrero de 1966.

Estoy en cuenta que sobre este muy importante y delicado tema se han referido extensamente muchos académicos, entre ellos: Carlos Álamo Ybarra[1], Isidro Morales Paúl[2], Carlos Sosa Rodríguez[3], René

---

1 Carlos Álamo Ybarra, *Fronteras de Venezuela con la Guayana Británica*, Academia de Ciencias Políticas y Sociales - Editorial Élite, Caracas, 1938.

2 Isidro Morales Paúl, "Análisis crítico del problema fronterizo «Venezuela-Gran Bretaña»", *Boletín de la Academia de Ciencias Políticas y Sociales*, número 91, Academia de Ciencias Políticas y Sociales, Caracas, 1983.

3 Carlos Sosa Rodríguez, "El acta de Washington y el laudo de París", *Boletín de la Academia de Ciencias Políticas y Sociales*, número 91, Academia de Ciencias Políticas y Sociales, Caracas, 1983.

De Sola[4], Allan Brewer-Carías[5], Luis Cova Arria[6], Eugenio Hernández-Bretón[7], Gabriel Ruan Santos[8], Humberto Romero-Muci[9], Héctor Faúndez Ledesma[10], Carlos Ayala Corao[11], Cecilia Sosa Gómez[12] y Jesús María Casal[13].

---

4 René De Sola, "Valuación actualizada del Acuerdo de Ginebra", *Boletín de la Academia de Ciencias Políticas y Sociales*, número 91, Academia de Ciencias Políticas y Sociales, Caracas, 1983.

5 Allan Brewer-Carías, "La formación de la república y de su territorio en las constituciones del siglo XIX. Un legado del proceso constitucional que comenzó con la Ley Fundamental de la República de Colombia promulgada por Simón Bolívar, en Angostura, el 17 de diciembre de 1819", en *Boletín de la Academia de Ciencias Políticas y Sociales*, número 163, abril-junio 2021, Academia de Ciencias Políticas y Sociales, Caracas, 2021.

6 Luis Cova Arria, "Principales aspectos de la situación jurídica de la reclamación venezolana sobre la Guyana Esequiba", en Cecilia Sosa Gómez y Jesús María Casal (Coord.), *¿Qué hacer con la justicia? El caso venezolano*, Academia de Ciencias Políticas y Sociales - Centro para la Integración y el Derecho Público, Caracas, 2020; y del mismo autor "La Academia de Ciencias Políticas y Sociales y la defensa del territorio Esequibo", *Boletín de la Academia de Ciencias Políticas y Sociales*, número 163, abril-junio 2021, Academia de Ciencias Políticas y Sociales, Caracas, 2021.

7 Eugenio Hernández-Bretón, "La necesaria defensa del territorio Esequibo", en *Boletín de la Academia de Ciencias Políticas y Sociales*, número 163, abril-junio 2021, Academia de Ciencias Políticas y Sociales, Caracas, 2021.

8 Gabriel Ruan Santos, "La Academia de Ciencias Políticas y Sociales y la reclamación de Venezuela por la Guayana Esequiba. Algunos antecedentes" en *Boletín de la Academia de Ciencias Políticas y Sociales*, número 163, abril-junio 2021, Academia de Ciencias Políticas y Sociales, Caracas, 2021.

9 Humberto Romero-Muci, "Palabras del Dr. Humberto Romero-Muci para el coloquio sobre la Academia de Ciencias Políticas y Sociales en la defensa del territorio Esequibo", en *Boletín de la Academia de Ciencias Políticas y Sociales*, número 163, abril-junio 2021, Academia de Ciencias Políticas y Sociales, Caracas, 2021.

10 Héctor Faúndez Ledesma, *La competencia contenciosa de la Corte Internacional de Justicia y el caso Guayana vs. Venezuela*, Serie Estudios 126, Academia de Ciencias Políticas y Sociales - Editorial Jurídica Venezolana, Caracas, 2020.

11 En varias conferencias celebradas dentro del ciclo de coloquios sobre la controversia del Esequibo, véase "La Academia de Ciencias Políticas y Sociales y la defensa de territorio Esequibo" de fecha 6 de mayo de 2021, disponible en https://www.youtube.com/watch?v=tYYwRUGV-7Y; "La formación de la República y el territorio venezolano en las constituciones de Venezuela", de fecha 20 de mayo de 2021, disponible en https://www.youtube.com/watch?v=QjmXTxgqIHk&t=2866s; "El laudo arbitral del 3 de octubre de 1899 y el memorándum Mallet-Prevost", de fecha 19 de agosto de 2021, disponible en https://www.youtube.com/watch?v=YAuecChpzHg&t=2901s.

12 Cecilia Sosa Gómez, "Formación de la República y el territorio venezolano en las constituciones de Venezuela", en *Boletín de la Academia de Ciencias Políticas y Sociales*, número 163, abril-junio 2021, Academia de Ciencias Políticas y Sociales, Caracas, 2021.

13 Jesús María Casal, "Cinco vertientes constitucionales de la reclamación del Esequibo" en *Boletín de la Academia de Ciencias Políticas y Sociales*, número 163, abril-junio 2021, Academia de Ciencias Políticas y Sociales, Caracas, 2021.

Además, están publicados en los Boletines de la Corporación valiosos estudios y documentos sobre el tema, entre ellos, el memorándum póstumo de Severo Mallet-Prevost[14] y los trabajos publicados por varios expertos en el tema como son: Marcos Falcón Briceño[15], Armando Rojas[16], Elbano Provenzali[17], Sadio Garavini[18] y Gerson Revanales[19]. Asimismo, la Corporación ha emitido varios pronunciamientos sobre la controversia que tienen hoy una gran importancia[20].

En 1835 se inició la expansión del Reino Unido en el territorio del Esequibo con el objetivo de dominar el río Orinoco, lo que permitiría el control fluvial de la parte septentrional de América del Sur y la explotación de los recursos minerales, en particular el oro de este territorio. Ese año el geógrafo y naturalista Robert Hermann Schomburgk[21] trazó la primera línea de demarcación fronteriza entre Venezuela y Guayana

14 Otto Schoenrich, "Materia de excepcional importancia para la historia diplomática de Venezuela. La disputa de límites entre Venezuela y La Guayana Británica", en *Boletín de la Academia de Ciencias Políticas y Sociales*, Vol. 14, No. 1-2-3-4, Academia de Ciencias Políticas y Sociales, Caracas, 1949.

15 Marcos Falcón Briceño, "Orígenes de la actual reclamación de la Guayana Esequiba", en *Boletín de la Academia de Ciencias Políticas y Sociales*, número 91, Academia de Ciencias Políticas y Sociales, Caracas, 1983.

16 Armando Rojas, "La reclamación de la Guayana Esequiba. Gestiones diplomáticas realizadas por Venezuela durante el siglo XIX" en *Boletín de la Academia de Ciencias Políticas y Sociales*, número 91, Academia de Ciencias Políticas y Sociales, Caracas, 1983.

17 Elbano Provenzali Heredia, "Cronología de una solidaridad. Documentos brasileños revelan los derechos de Venezuela sobre la Guyana Esequiba", en *Boletín de la Academia de Ciencias Políticas y Sociales*, número 93-94, Academia de Ciencias Políticas y Sociales, Caracas, 1983.

18 Sadio Garavini di Turno, "Guyana: El Acuerdo de Ginebra en la actualidad", en *Boletín de la Academia de Ciencias Políticas y Sociales*, número 153, Academia de Ciencias Políticas y Sociales, Caracas, 2014.

19 Gerson Revanales, "Venezuela: un caso de debilidad jurídica, política, y diplomática en la reclamación del Esequibo", en *Boletín de la Academia de Ciencias Políticas y Sociales*, número 158, Academia de Ciencias Políticas y Sociales, Caracas, 2019.

20 Humberto Romero-Muci (coord.), *Doctrina Académica Institucional*, Editorial Jurídica Venezolana, Caracas, 2019. Véase en la página web de la Academia de Ciencias Políticas Sociales el apartado de pronunciamientos donde se encuentran publicados los relativos a la controversia del Esequibo, disponible en https://www.acienpol.org.ve/pronunciamientos-acienpol/.

21 Robert Hermann Schomburgk (5 junio de 1804 -11 de marzo de 1865). Nació en la ciudad de Freyburg, en Alemania. Naturalista y explorador que tuvo a su cargo en varias oportunidades la demarcación fronteriza entre Venezuela y la Colonia de Guayana Británica. Falleció en la ciudad de Berlín, en Alemania.

Británica. Con este trazado se fijó la frontera en el río Esequibo, aunque la línea: *"...se aparta de dicho río como a unas 45 millas aproximadamente de la costa, en la confluencia de los Ríos Mazaruni y Cuyuní con el Esequibo y desde ese punto forma una especies de bolsa, al oeste del Río Esequibo, hasta el punto de la costa donde desemboca el Río Moroco"*[22].

Esta primera línea Schomburgk estableció como frontera un territorio de 4.920 km^2 más allá del río Esequibo concretamente:

> *"...en el área comprendida desde la costa, entre las desembocaduras de los Ríos Esequibo y Moroco; la línea curva que sigue el curso del río Moroco hasta llegar a la confluencia de los ríos Mazaruni y Cuyuní con el Esequibo y por último el Río Esequibo aguas abajo hasta su desembocadura en el mar."*[23]

El Reino Unido había adquirido los establecimientos de Berbice, Demerara y Esequibo de Holanda mediante el Tratado de Londres del 13 de agosto de 1814 y que, a su vez, Holanda había adquirido de España a través del Tratado de *Münster* de 1646. Todos estos campamentos se ubicaban al este del río Esequibo, perteneciendo a Venezuela por virtud del principio del *uti possidetis iuris*[24] los dominios situados al oeste de esta vía fluvial.

En 1840, Robert Schomburgk hizo avanzar esa línea en un área de 142.000 kilómetros cuadrados, partiendo de la boca del Río Amacuro, siguiendo una dirección norte-sur hasta llegar al Roraima, trazando la segunda línea Schomburgk. Con esta nueva línea, que es, precisamente, el origen de la controversia, no solo se realizó un trazado arbitrario de los límites entre ambos Estados, sino que, *motu proprio*, Schomburgk levantó postes con las iniciales de la Reina Victoria, marcó árboles e hizo actos de posesión en los territorios que abarcaba la línea, llegando hasta Punta Barima en la misma desembocadura del río Orinoco.

---

22 Carlos Sosa Rodríguez, ob. cit., p. 122.

23 *Ídem.*

24 Principio jurídico originado en el derecho romano y referido también como principio del derecho internacional público americano adoptado por los nuevos Estados independientes. Según este principio los territorios de los Estados nacientes serían los mismos que fueron dominados por sus respectivas colonias. Este principio es de gran utilidad práctica, aún en nuestros días, por cuanto facilitó la delimitación territorial entre varios países sudamericanos.

Venezuela protestó inmediatamente estos hechos y envió a Londres al diplomático Alejo Fortique[25], quien, con la ayuda del historiador Rafael María Baralt[26] tenía el objetivo de aclarar la situación y alcanzar una solución. Estas actuaciones dieron como resultado que la remoción de los postes levantados por Schomburgk.[27]

Debido a las crecientes tensiones entre Venezuela y Gran Bretaña, el 18 de noviembre de 1850, el Cónsul General Británico en Caracas Belford Hinton Wilson[28], envió una comunicación al Secretario de Estado y Relaciones Exteriores de Venezuela Vicente Lecuna[29], por medio de la cual las autoridades británicas se comprometieron a no usurpar ni ocupar los territorios en disputa. Mediante la referida comunicación se denunciaba la *"propaganda de falsedad y calumnia"* en contra de las políticas del gobierno británico y, se pretendía neutralizar el rumor que circulaba en Venezuela acerca de que *"Gran Bretaña intenta reclamar la Provincia de la Guayana Venezolana"*.

El 20 de diciembre de 1850 se produjo la respuesta de Venezuela al Reino Unido, a través del Secretario de Relaciones Exteriores Vicente Lecuna, quien declaró *"...el Gobierno no tiene dificultad para declarar, como lo hace, que Venezuela no tiene intención alguna de ocupar ni usurpar ninguna parte del territorio cuyo dominio se controvierte, ni verá con indiferencia que proceda de otro modo la Gran Bretaña"*[30].

---

25 Alejo Fortique (17 de julio de 1797 - 28 de octubre de 1845). Nació en Valencia en Venezuela. Abogado y diplomático con un prominente desempeño en la vida política del país. Cercano a José Antonio Páez, contribuyó a la disolución de la República de Colombia y, posteriormente, fue miembro del Congreso de Valencia donde se desempeñó como delegado por Caracas. Falleció en la ciudad de Londres.

26 Rafael María Baralt (3 de julio de 1810 - 4 de enero de 1860). Nació en la ciudad de Maracaibo en Venezuela. Historiador, periodista y hombre de letras. Autor del primer diccionario de galicismos del español y primer hombre hispanoamericano en ocupar un sillón de la Real Academia Española de la Lengua. Murió en la ciudad de Madrid, España.

27 Carlos Sosa Rodríguez, ob. cit., p. 122.

28 Belford Hinton Wilson (1804 - 1858). Nació en Londres, Inglaterra. Edecán del Libertador Simón Bolívar. Representó al gobierno británico como Cónsul General en Lima (1832-1837); Encargado de Negocios y Cónsul General (1837–1841) y Cónsul General en Venezuela, 1843–1858. Falleció en Londres, Inglaterra.

29 Vicente Lecuna (14 de septiembre de 1870 - 20 de febrero de 1854). Nació en Caracas, Venezuela. Banquero, ingeniero, político e historiador. Asumió la labor de restauración del archivo del Libertador Simón Bolívar y ejerció el cargo de Secretario de Estado y Relaciones Exteriores de Venezuela. Falleció en Caracas, Venezuela.

30 Véase en el libro *Historia oficial de la discusión entre Venezuela y la Gran Bretaña sobre sus límites en la Guayana,* L. Weiss & Company impresores, Nueva York, 1896. p. 34.

El cruce de notas entre ambos países tuvo la finalidad de evitar que empeoraran las relaciones que pasaban por un delicado momento, en virtud de las ocupaciones británicas. El principal efecto del compromiso fue que Venezuela y el Reino Unido se comprometieron a mantener la situación fronteriza tal y como se encontraba para ese momento, evitando ocupar el territorio en discusión, comprendido entre la pseudo línea Schomburgk, máxima aspiración del Reino Unido y el Esequibo.

Se estableció de esta forma, mediante el canje de notas mencionado, un *modus vivendi* o tratado internacional entre el Reino Unido y Venezuela. Sabemos que los tratados internacionales pueden suscribirse mediante *"un cambio de notas entre el gobierno y un representante diplomático extranjero, o a un cambio de notas entre ambos gobiernos"*[31].

De manera que lo expresado, tanto en la comunicación del Secretario de Estado y Relaciones Exteriores de Inglaterra, Belford Hinton Wilson, y el Secretario de Relaciones Exteriores de Venezuela, Vicente Lecuna, constituye un instrumento del que se desprende el inequívoco consentimiento mediante el cual Venezuela y Gran Bretaña se comprometieron a no usurpar ni ocupar el territorio en disputa. Sin embargo, sobre este acuerdo no hay referencia alguna ni en el Tratado de Washington de 1897, ni en el Laudo Arbitral de París el 3 de octubre de 1899.

Las amenazas inglesas continuaron y, sobre todo en 1880, con motivo del descubrimiento de yacimientos auríferos, los deseos de expansión se reactivaron y con ello la *"pretensión llegó a tales extremos que casi pasa el lindero por el pueblo de Upata, arrancando por supuesto desde las bocas del Orinoco"*.[32]

Las intenciones de expansión británicas se ven claramente reflejadas en una tercera línea Schomburgk de 1887, que alcanzaba 167.830 km^2 de territorio y estuvo basada en el mapa de *Hebert* de 1842[33]. Los

---

Disponible en https://play.google.com/store/books/details?id=b8FAAQAAMAAJ&rdid=book-b8FAAQAAMAAJ&rdot=1.

31 Alfred Verdross, *Derecho Internacional Público*, sexta edición, Biblioteca Jurídica Aguilar, Madrid, 1976. p. 149.

32 Marcos Falcón Briceño, ob. cit., p. 43.

33 Sobre el autor de este mapa no se conoce mayor detalle, véase Carlos Sosa Rodríguez, ob. cit., p. 123 donde el académico se refiere al creador del mapa de 1842 como "*un Señor Hebert*". Igualmente véase Hermann González Oropeza y Pablo Ojer, *Informe que los expertos venezolanos para la cuestión de límites con Guayana Británica presentan al go-*

ingleses trataron de hacer ver que esa siempre había sido su pretensión, pero realmente no lo era. El interés británico en expandir sus dominios al oeste del río Esequibo inició, como vimos, en 1840 con la segunda línea Schomburgk cuyo trazado obedecía a órdenes del gobierno británico y a un claro interés en el potencial minero de la zona[34].

El inmenso poder del Reino Unido frente a la enorme debilidad de la Venezuela de finales del siglo XIX le permitió insistir en la expansión. Ya ni siquiera conformándose con el trazado de la tercera línea Schomburgk, en 1887 los británicos consideraron en forma unilateral que la frontera con Venezuela consistía en una línea desde la costa hasta Upata con lo que ya usurpaban 203.310 km^2 de territorio perteneciente a Venezuela.[35]

La expansión de la línea y la ocupación ilegítima de colonos ingleses en tierras venezolanas hizo que Venezuela exigiera la inmediata desocupación de sus tierras pues, como figura en la nota de rechazo a las actuaciones británicas, el Reino Unido "*ha vulnerado los derechos de soberanía: e independencia de Venezuela privándola de la más santa e inviolable de las propiedades de una nación, a saber, la de su territorio*"[36].

En la nota, remitida el 26 de enero de 1887, el Ministro de Relaciones Exteriores, Diego Bautista Urbaneja[37], señaló:

> "*Protesta ante el Gobierno de su Majestad Británica, ante todas las naciones civilizadas, ante el mundo en general, contra los actos de despojo, que en su detrimento ha consumado el Gobierno de la Gran Bretaña y que en ningún tiempo ni por ningún motivo recono-*

---

bierno nacional, Ministerio de Relaciones Exteriores, Caracas, 1967, p. 11 donde señalan que *"En 1887 el gobierno británico publicó el mapa de un tal Hebert"* y al referirse al mapa le denominan *"línea adulterada"*. La representación cartográfica, según el Reino Unido, data del año 1842 y fue tomada en 1887 por los británicos para representar una tercera línea Schomburgk que usurpó 167.830 km2 de territorio venezolano.

34 Hermann González Oropeza y Pablo Ojer, ob. cit., p. 11.

35 Carlos Sosa Rodríguez, ob. cit., p. 123.

36 *Ídem*.

37 Diego Bautista Urbaneja (16 de diciembre de 1782 -12 de enero de 1856). Nació en la ciudad de Barcelona, Venezuela. Abogado, militar y político. Asistió al Congreso de Cúcuta como diputado por Guayana y llegó a ocupar el cargo de Vicepresidente de la República en el año 1831. Murió en la ciudad de Caracas.

cerá como capaces de alterar en lo más mínimo los derechos que ha heredado de España".[38]

En esa misma nota el Ministro de Relaciones Exteriores, Diego Bautista Urbaneja, finalizó expresando que:

"...el Presidente de la República reclama de S. M. B. la evacuación del territorio venezolano desde las bocas del Orinoco hasta el Pomarón , que indebidamente ella ha ocupado; en la inteligencia de que , si para el 20 de febrero próximo , época de la reunión del Congreso , á quien el Gobierno debe dar cuenta de todo , no se hubiere contestado, ó se hubiere contestado negativamente, desde entonces quedarán cortadas las relaciones diplomáticas entre los dos países"[39].

El 20 de febrero de 1887 mediante una nueva nota enviada por el Ministro de Relaciones Exteriores, Diego Bautista Urbaneja se rompieron las relaciones diplomáticas entre Venezuela y el Reino Unido. El ministro, tras hacer una exposición de los títulos de Venezuela y de los constantes abusos y usurpaciones de Inglaterra en territorio venezolano, expresó:

"En consecuencia, Venezuela, no debiendo conservar amistosas relaciones con un Estado que así la injuria, las suspende desde este día. Y protesta ante el Gobierno de Su Majestad Británica , ante todas las naciones civilizadas, ante el mundo en general, contra los actos de despojo que en su detrimento ha consumado el Gobierno de la Gran Bretaña"[40].

Venezuela solicitó el apoyo de Estados Unidos como mediador en la controversia con el Reino Unido. El 20 de julio de 1888 el Secretario de Estado de Estados Unidos Richard Olney[41], envió una nota al Reino Unido defendiendo la posición de Venezuela.

---

38 Carlos Sosa Rodríguez, ob. cit., pp. 123-124.

39 Véase en el libro *Historia oficial de la discusión entre Venezuela y la Gran Bretaña sobre sus límites en la Guayana,* ob. cit., p. 155.

40 *Ibíd.*, p. 175.

41 Richard Olney (15 de septiembre de 1835 - 8 de abril de 1917). Nació en Massachussets, Estados Unidos. Político y abogado. Desempeñó el cargo de Fiscal General y luego Secretario de Estado de los Estados Unidos de América durante el mandato del presidente Grover Cleveland. Murió en la ciudad de Boston.

El 6 de octubre de 1892 finalizó la Revolución Legalista que llevó a Joaquín Crespo al poder. Ese año fue nombrado el Dr. Pedro Ezequiel Rojas Ministro de Relaciones Exteriores. Este hecho fue muy importante para la reclamación venezolana, por cuanto el Ministro Ezequiel Rojas estableció contacto con el abogado y diplomático americano William L. Scruggs[42], quien fue un importante canal de comunicación entre Venezuela y el Presidente Grover Cleveland[43]. Según Marcos Falcón Briceño fue William L. Scruggs quien despertó el interés del Presidente Grover Cleveland en la controversia limítrofe de Venezuela con la Colonia de la Guayana Británica.

El libro de William L. Scruggs -*Agresiones británicas contra Venezuela. La Doctrina Monroe a prueba-*[44] y los intereses comerciales de los Estados Unidos en la región, debido a la crisis económica que atravesó ese país en aquel tiempo, convirtieron la disputa limítrofe de Venezuela en un asunto de dignidad nacional para Estados Unidos.

El 2 de enero de 1895, en lo que se conoció como el "*Incidente del Yuruán*", fueron detenidos por tropas venezolanas comisarios ingleses que habían arriado la bandera de Venezuela e izado la británica. Este hecho ocurrió en la madrugada cuando los hombres del inspector inglés Douglas Barnes tomaron el control de un puesto militar venezolano que se encontraba desocupado. Las consecuencias fueron inmediatas, al capitán Andrés Avelino Rodríguez se lo ordenó recuperar el puesto y lo logró. Todo culminó con la aprehensión de los ocupantes.[45]

Las relaciones entre Estados Unidos y el Reino Unido no eran cordiales en ese momento. La situación de la frontera entre Venezuela y la

---

42 William Lindsay Scruggs (14 de septiembre de 1836 - 18 de julio de 1912). Nació en la ciudad de Nashville, Estados Unidos. Abogado, diplomático y escritor interesado en el estudio de la política exterior sudamericana. Embajador de Estados Unidos en Venezuela y Colombia. Falleció en Atlanta, Estados Unidos. Sobre el rol del diplomático William L. Scruggs véase Marcos Falcón Briceño, ob. cit., pp. 44 y ss.

43 Grover Cleveland (18 de marzo de 1837 - 24 de junio de 1908). Nació en Nueva Jersey, Estados Unidos. Vigesimosegundo Presidente de los Estados Unidos de América, único en la historia de ese país que resultó electo en dos mandatos no consecutivos. Abogado. Falleció en Princeton, Estados Unidos.

44 Marcos Falcón Briceño, ob. cit., p. 44 y ss.

45 Véase en "El incidente del Yuruán, evidencia del expansionismo inglés", artículo elaborado por Juan Matorano en el año 2015. Disponible en https://www.facebook.com/venezuelaesequiba/posts/1774219026194258/

Guayana Británica generó mayores tensiones entre ambas potencias[46] y considerando el mencionado "*Incidente del Yuruán*", Estados Unidos tomó posición en el asunto. Las aspiraciones expansionistas del Reino Unido en América constituían una violación a la doctrina *Monroe* proclamada por los Estados Unidos en 1823, conforme a la cual cualquier intervención de Europa en el continente americano sería considerada como un acto hostil hacia los Estados Unidos que sería respondido.[47] El 17 de diciembre de 1895, en un mensaje al Congreso, el Presidente Grover Cleveland invocó la doctrina *Monroe* vistos los abusos cometidos en contra de Venezuela.

Los ingleses habían rechazado muchas veces las propuestas de Venezuela de dirimir la controversia mediante un arbitraje, debido a que no tenían títulos de derecho sobre los territorios, los que sí tenía Venezuela y, por ende, un arreglo judicial no les era conveniente. Solamente fue cuando Estados Unidos invocó la doctrina *Monroe* en apoyo a Venezuela, que aceptaron negociar un tratado de arbitraje.

En efecto: *"Son también hechos perfectamente conocidos los esfuerzos de Venezuela por obtener una solución pacífica del litigio fronterizo creado prematuramente por el naturalista prusiano. La nueva evidencia revela que Gran Bretaña rechazó las constantes propuestas venezolanas para someter la cuestión a arbitraje porque su gobierno consideraba que carecía de argumentos y que una decisión plenamente judicial había de serle desfavorable".*[48] Luego de *"un largo proceso de reclamos de Venezuela por los continuos y persistentes despojos por parte de Inglaterra, quién tuvo la osadía de ocupar por la fuerza la*

---

46 Héctor Faúndez Ledesma, ob. cit., pp. 83-84.

47 El 2 de diciembre de 1823, en un mensaje del presidente de los Estados Unidos de América *James Monroe*, se estableció que el continente americano no era susceptible de colonización y que las potencias europeas no podrán extender sus dominios en él so pena de que tales hechos sean observados como una afrenta directa a los derechos e intereses de los Estados Unidos. Fragmento del Séptimo Mensaje Anual del Presidente *James Monroe* al Congreso el 2 de Diciembre de 1823 en el que se estableció *"como un principio que afecta a los derechos e intereses de los Estados Unidos, que los continentes americanos, por la condición de libres e independientes que han adquirido y mantienen, no deben en lo adelante ser considerados como objetos de una colonización futura por ninguna potencia europea..."*. Disponible en https://www.oas.org/sap/peacefund/VirtualLibrary/Monroe-Doctrine/Treaty/MonroeDoctrineSpanish.pdf.

48 Hermann González y Pablo Ojer, ob. cit., p. 11.

orilla del Orinoco, y ante tales hechos, Venezuela logró involucrar a Estados Unidos para la mediación del conflicto... "[49].

Sin embargo, Estados Unidos cambió pronto su posición respecto de la controversia entre Venezuela y el Reino Unido y comenzó un proceso de acercamiento con el Reino Unido. A finales de 1895 y principios de 1896 tuvo lugar en África del Sur la Incursión de Jameson[50], levantamiento dirigido por el inglés Leander Starr James con el propósito de provocar el alzamiento de trabajadores británicos expatriados en la República de Transvaal. Ante esa situación el Kaiser Guillermo II -último emperador alemán y Rey de Prusia- ofreció su apoyo al Presidente de la República de Transvaal, Paul Kruger[51]. De forma que Alemania se alineó con la República de Transvaal en contra de Inglaterra. Alemania era una preocupación para Inglaterra por el crecimiento de su poderío marítimo. Esto promovió el estrechamiento de las relaciones entre el Reino Unido y Estados Unidos[52] que percibían a los alemanes como una amenaza inminente hacia su hegemonía lo que sirvió como punto de encuentro entre ambas potencias.

Estados Unidos y el Reino Unido mejoraron sus relaciones y una de las consecuencias fue que Venezuela, sin saberlo todavía, dejó de tener el apoyo que le había brindado inicialmente Estados Unidos.

II. TRATADO DE WASHINGTON DE 1897

En enero de 1896 se iniciaron las negociaciones del tratado de arbitraje y, en el proceso, el Presidente Grover Cleveland nombró una comisión para la investigación de los límites de Venezuela con Guayana Británica. En las conversaciones que tuvieron lugar en Washington, el Reino Unido envió a Julián Pauncefote[53] como Embajador del Reino

---

[49] Alfonso Rivas Quintero, *Derecho* constitucional, Clemente Editores, Valencia, 2002, pp. 237-238.

[50] Marcos Falcón Briceño, ob. cit., p. 46.

[51] *Ídem.*

[52] *Ídem.*

[53] Julián Pauncefote (13 de septiembre de 1828 - 24 de mayo de 1902). Nació en Münich, Alemania. Abogado, juez y diplomático nacionalizado británico. Ejerció el cargo de Subsecretario de Estado Permanente de Relaciones Exteriores de Inglaterra entre 1882 y 1889, cuando fue nombrado Enviado Extraordinario y Ministro Plenipotenciario de Inglaterra en los Estados Unidos. Falleció en Washington D.C.

Unido en los Estados Unidos. Por Venezuela acudió el enviado extraordinario y Ministro Plenipotenciario José Andrade[54] y por los Estados Unidos, estuvo el Secretario de Estado Richard Olney.

El 2 de febrero de 1897 José Andrade y Julián Pauncefote firmaron el Tratado de Arbitraje, denominado Tratado de Washington, entre los Estados Unidos de Venezuela y Su Majestad la Reina del Reino Unido de la Gran Bretaña e Irlanda, que luego fue ratificado por el Congreso de Venezuela el 7 de abril de 1897 y con él quedaron escritas las bases sobre las cuales debía resolverse la controversia.

Para el momento en que se negociaba el tratado de arbitraje muchos sectores de la sociedad venezolana -e incluso la opinión pública latinoamericana y estadounidense- se manifestaron en contra de su aprobación. Sin embargo, el Secretario de Estado de Estados Unidos Richard Olney hizo mucha presión sobre Venezuela para que aceptara el compromiso pues de no hacerlo, la nación quedaría desamparada en su lucha contra el Reino Unido.[55]

De forma que Venezuela no suscribió el Tratado de Washington de forma libre. Su participación en la negociación del tratado de arbitraje fue simbólica, por no decir inexistente. Como señala Sosa Rodríguez "*Venezuela es tratada como si fuera una colonia o un país bajo mandato*".[56]

De acuerdo al Tratado de Washington, específicamente el artículo I, se procedería a nombrar inmediatamente el tribunal arbitral, compuesto de cinco juristas, para determinar la línea divisoria entre los Estados Unidos de Venezuela y la Colonia de la Guayana Británica. Venezuela no eligió a ningún árbitro, como sí lo hicieron el Reino Unido y Estados Unidos.

Conforme al Tratado de Washington el tribunal se compondría de cinco juristas; dos de parte de Venezuela, nombrados, uno por el Presi-

---

54 José Andrade. Hermano del General Ignacio Andrade, fue un importante diplomático venezolano que defendió a Venezuela de las pretensiones británicas mientras ocupaba el cargo de Ministro de la Legación Venezolana en Washington desde 1893 hasta 1899. Personaje clave en la negociación del Tratado Arbitral de Washington de 1897.

55 *Cfr.* Hermann González Oropeza, "Dos aspectos del reclamo Esequibo" en *Boletín de la Academia de Ciencias Políticas y Sociales*, número 91, Academia de Ciencias Políticas y Sociales, Caracas, 1983. p. 110.

56 Carlos Sosa Rodríguez, ob. cit., p. 127.

dente de los Estados Unidos de Venezuela, a saber Melville Weston Fuller[57], Presidente de la Corte Suprema de Justicia de los Estados Unidos de América, y uno por los jueces de la Corte Suprema de los Estados Unidos de América David Josiah Brewer[58], juez de la Corte Suprema de los Estados Unidos de América; dos de parte del Reino Unido, nombrados por los miembros de la Comisión Judicial del Consejo Privado de Su Majestad, a saber, el Barón Herschell[59] y Sir Richard Henn Collins[60], uno de los jueces de la Corte Suprema de Judicatura de Su Majestad; y de un quinto jurista que sería elegido por las cuatro personas nombradas y quien sería Presidente del Tribunal. Barón Herschell, falleció el 1 de marzo de 1899 y fue sustituido por Charles Russel of Killowen, miembro del consejo privado de la reina Victoria, quien ejerció finalmente las funciones de árbitro en París.

De conformidad con el Tratado de Washington el Presidente del tribunal arbitral, elegido por los árbitros designados por Estados Unidos y el Reino Unido fue el ruso Fiódor Fiódorovich Martens[61], reconocido jurista con amplia experiencia en materia de arbitraje.

---

57 Melville Weston Fuller (11 de febrero de 1833 - 4 de julio de 1910). Nació en Maine, Estados Unidos. Político, abogado y jurista. Fue el octavo presidente de la Corte Suprema de los Estados Unidos.

58 David Josiah Brewer (20 de junio de 1837 - 28 de marzo de 1810). Nació en Smyrna, ciudad del Imperio Otomano (ahora denominada İzmir en Turquía). Abogado y jurista. Juez asociado de la Corte Suprema de los Estados Unidos durante 20 años. Falleció en Washington D.C a los 72 años.

59 Farrer Herschell, primer *Baron Herschell* (2 de noviembre de 1837 - 1 de marzo de 1899). Nació en Hampshire, Inglaterra. Abogado. Ocupó el cargo de *Lord High Chancellor* de Gran Bretaña en 1886 y nuevamente desde 1892 hasta 1895. Falleció en 1899 en Washington D.C, a causa de ello, fue sustituido como árbitro en el arbitraje de París por Charles Barón Russel of Killowen.

60 Richard Henn Collins (31 de enero de 1842 - 3 de enero de 1911). Nació en Dublín, Irlanda. Juez de Apelaciones en 1897, también fue nombrado miembro del Consejo Privado de la Reina. Recibió el título honorífico de L.L.D. de la Universidad de Cambridge en mayo de 1902. El 6 de marzo de 1907 fue nombrado *Lord of Appeal en Ordinary*, recibiendo el título de Barón Collins, de Kensington en el Condado de Londres. Falleció en la ciudad de Hove, Reino Unido.

61 Fiódor Fiódorovich Martens (27 de agosto de 1845 - 19 de junio de 1909). Nació en la ciudad de Pernau, Rusia. Abogado y diplomático, con amplia experiencia en materia de derecho internacional. Representante de Rusia en la I y II Conferencia de La Haya de 1899 y 1907, respectivamente. Falleció en la ciudad de Valga, Rusia.

Venezuela estuvo representada por un equipo de cinco abogados. El primero de ellos fue Benjamín Harrison[62], Expresidente de los Estados Unidos de América; el segundo fue James Russell Soley[63], historiador naval; el tercero fue Benjamín F. Tracy[64], ex secretario de Guerra de Estados Unidos; el cuarto José María Rojas[65], diplomático que ocupó varias veces el cargo de Ministro Plenipotenciario y único venezolano de este grupo; y Severo Mallet-Prevost[66].

El Reino Unido designó como representantes de sus intereses en el arbitraje a un equipo de cuatro abogados, todos ingleses. Sir Richard Everard Webster[67], que ocupó el cargo de fiscal general del Reino Unido durante el arbitraje; Sir Robert Reid[68], exfiscal general del Reino Unido; G.R. Askwith y S.A Rowlatt.

---

62 Benjamín Harrison (20 de agosto de 1833 - 13 de marzo de 1901). Nació en North Bend, Ohio. Abogado y político. Vigésimo tercer presidente de los Estados Unidos entre 1889 y 1893. Era nieto del noveno presidente de los Estados Unidos, William Henry Harrison, y bisnieto de Benjamin Harrison V, uno de los padres fundadores que firmó la declaración de independencia. Falleció en Indiana, Estados Unidos.

63 James Russell Soley (1 de octubre de 1850 - 11 de septiembre de 1911). Nació en Boston, Estados Unidos. Profesor, abogado y un importante escritor sobre asuntos navales. Especialista en derecho internacional. Falleció en la ciudad de Nueva York, Estados Unidos.

64 Benjamin F. Tracy (26 de abril de 1830 - 6 de agosto de 1915). Nació en la ciudad de Nueva York, Estados Unidos. Abogado y político. Se desempeñó como secretario de la marina desde 1889 hasta 1893, durante la administración del presidente de los Estados Unidos Benjamín Harrison. Falleció en Nueva York, Estados Unidos.

65 José María Rojas (1 de septiembre de 1828 - 29 de octubre de 1907). Nació en la ciudad de Caracas, Venezuela. Abogado y diplomático. Formó parte varias misiones diplomáticas y en varias oportunidades ejerció el cargo de Ministro Plenipotenciario de Venezuela. Falleció en la ciudad de París, Francia.

66 Severo Mallet-Prevost (8 de octubre de 1860 - 10 de diciembre de 1948). Nació en la ciudad de Zacatecas, México. Hijo del cirujano militar Grayson Mallet-Prevost y de Marianita Cossio. Abogado, ingeniero, internacionalista y fundador de Sociedad Panamericana. Miembro de un reconocido bufete llamado Curtis, Mallet-Prevost, Colt y Mosle. Falleció en Nueva York, Estados Unidos.

67 Richard Everard Webster (22 de diciembre de 1842 - 15 de diciembre de 1915). Nació en Horlborn, Londres, Reino Unido. Primer Vizconde de Alverstone. abogado, juez británico y político que entre los años 1885 y 1900 desempeñó el cargo de Fiscal General de Reino Unido. Falleció en la Villa de Cranleigh, en el condado de Surrey, Reino Unido.

68 Sir Robert Reid (3 de abril de 1846 - 30 de noviembre de 1926). Nació en la ciudad de Corfu en los Estados Unidos de las Islas Jónicas. Abogado, juez y político liberal británico. Se desempeñó como Lord Alto Canciller de Reino Unido entre 1905 y 1912. Falleció en el condado de Kent, Inglaterra.

El tribunal arbitral tenía la obligación de investigar y cerciorarse de la extensión de los territorios respectivamente, o que pudieran ser legítimamente reclamados por aquellas o éste, al tiempo de la adquisición de la Colonia de la Guayana Británica por el Reino Unido, y determinará la línea divisoria entre los Estados Unidos de Venezuela y la Colonia de la Guayana Británica (Artículo III).

De acuerdo al Artículo IV del Tratado de Washington, al decidir los asuntos sometidos a los Árbitros, éstos se cerciorarán de todos los hechos que estimen necesarios para la decisión de la controversia, y se gobernarán por las siguientes reglas en que están convenidas las altas partes contratantes como reglas que han de considerarse aplicables al caso, y por los principios de derecho internacional no incompatibles con ellas, que los árbitros juzgaren aplicables al mismo.

Esas reglas fueron:

a) Una posesión adversa o prescripción por el término de cincuenta años constituirá un buen título. Los árbitros podrán estimar que la dominación política exclusiva de un Distrito, así como la efectiva colonización de él son suficientes para constituir una posesión adversa o crear títulos de prescripción.
b) Los árbitros podrán reconocer y hacer efectivos derechos y reivindicaciones que se apoyen en cualquier otro fundamento válido conforme al derecho internacional y en cualesquiera principios de derecho internacional que los Árbitros estimen aplicables al caso y que no contravengan a la regla precedente.
c) Al determinar la línea divisoria, si el tribunal hallare que el territorio de una parte ha estado en la fecha de este tratado ocupado por los ciudadanos o súbditos de la otra parte, se dará a tal ocupación el efecto, que, en opinión del tribunal, requieran la razón, la justicia, los principios del derecho internacional y la equidad del caso.

Se incorporó al tratado la regla "*a*", conocida como la cláusula de la prescripción. El Secretario de Estado Richard Olney explicó al Ministro José Andrade que esta regla de prescripción aplicaba sólo a ocupaciones anteriores a 1814, fecha en la que el Reino Unido había adquirido los establecimientos de Berbice, Demerara y Esequibo de

Holanda. De otra parte, Richard Olney señalaba que se refería solo a un territorio muy pequeño entre los ríos Pomaron, Moruco y Esequibo. Sin embargo, el Secretario de Estado Richard Olney sabía cuál era el verdadero propósito de la regla de prescripción, que había pactado en acuerdo secreto con el Embajador del Reino Unido en Estados Unidos, Julián Pauncefote.

Por su parte, la interpretación de los ingleses fue que la regla "*a*" aplicaba a toda ocupación que para el año 1897 hubiere tenido una duración de 50 años. El fin de la interpretación de los ingleses con respecto a la regla de la prescripción era neutralizar el argumento de inconstitucionalidad que defendía el Ministro José Andrade según el cual, la Constitución de 1893 -vigente para el momento de la celebración del tratado- no permitía la enajenación de ninguna parte del territorio de la república.

La regla "*a*" favoreció abiertamente al Reino Unido, quien a través de la prescripción obtuvo título sobre el territorio disputado, que de otra manera no habría podido justificarlo y, a pesar del grave perjuicio que representó, Venezuela tuvo que aceptarla:

> *"Venezuela tuvo que aceptar el Tratado de Arbitraje de 1897 bajo presión indebida por parte de los Estados Unidos y Gran Bretaña, los cuales negociaron las bases del compromiso con exclusión del Gobierno venezolano, al cual se le dieron explicaciones que lo indujeron a error".*[69]

Esta interpretación es contraria al *modus vivendi* de 1850, al que nos hemos referido precedentemente, suscrito entre Venezuela y el Reino Unido, por medio del cual ambas partes se habían comprometido a mantener la situación fronteriza tal y como se encontraba para ese momento. Las partes se comprometieron a no ocupar el territorio en discusión comprendido entre la pseudo línea Schomburgk, máxima aspiración del Reino Unido, y el Esequibo. De forma que la interpretación respecto de la posesión nunca podía referirse a ese lapso de tiempo.

Recordemos que desde la Constitución de 1858 desapareció de las constituciones la posibilidad de enajenar parte del territorio nacional a

[69] Herman Gonzáles Oropeza y Pablo Ojer, ob. cit., p. 26.

otros Estados[70]. *"La prohibición de enajenar en forma alguna el territorio resultaba tácitamente establecida por la mencionada supresión; esta prohibición tácita que existía bajo el imperio de las constituciones de 1864, 1874, 1881, 1891 y 1893, fue luego transformada en prohibición expresa en la Constitución de 1901 (Art. 5) y en todas las posteriores, 1904 (Art. 6); 1909 (Art. 11); 1914 (Art, 7); 1922 (Art.7); 1925 (~.2); 1929 (Art. 2); 1931 (Art. 2); 1936 (Art. 2); 1947 (Art. 1º.);1953 (Art. 2) y la vigente actualmente de 1961 (Art. 8)".*[71]

Esta regla "a" *"contiene los elementos constitutivos de la indefensión en que se colocaron los intereses de Venezuela".*[72] Este aspecto es determinante para el establecimiento de la nulidad del compromiso arbitral. Como afirmó Isidro Morales Paúl *"precisamente en la cláusula de prescripción radica la columna vertebral del problema"*[73].

III. LAUDO DE PARÍS DEL 3 DE OCTUBRE DE 1899

El Tratado de Washington estableció que los Árbitros se reunirían en París y procederían a examinar y decidir imparcial y cuidadosamente las cuestiones que se les hayan sometido o se les presentaren, por parte de los gobiernos de los Estados Unidos de Venezuela y de Su Majestad Británica respectiva. Quedando entendido que podían, si lo juzgan conveniente, celebrar sus reuniones o algunas de ellas, en cualquier otro lugar que determinen y que todas las cuestiones consideradas por el Tribunal, inclusive la decisión definitiva, serían resueltas por mayoría de todos los árbitros.

En ejecución del Tratado de Washington, el 25 de enero de 1899 se instaló el tribunal arbitral en la ciudad de París que celebró cincuenta y cuatro audiencias en el Palacio de Orsay en París, de cuatro horas de duración cada una. El día martes 3 de octubre de 1899 a la una de la tarde, se dictó el laudo arbitral que decidió por unanimidad, sin ninguna motivación, adjudicar al Reino Unido 159.500 km.

---

70 Véase Jesús María Casal, ob. cit.
71 Carlos Sosa Rodríguez, ob. cit., p. 131.
72 Isidro Morales Paúl, ob. cit., p. 179.
73 *Ibíd.*, p. 187.

El Laudo Arbitral de París es nulo por múltiples violaciones al Tratado de Washington de 1897 y al derecho internacional vigente para el momento. En concreto es nulo por haber violado el debido proceso; por haber incurrido en el vicio de exceso de poder; por haber decidido más allá de lo requerido al tribunal arbitral y, en consecuencia, haber incurrido en el vicio de *ultra petita*; por carecer de motivación y por falta al deber de imparcialidad de los árbitros.

1. Ejecución del laudo

El 2 de octubre de 1899, un día antes de que se publicara el laudo, el secretario privado de Lord Rusell, J. R. Block escribió en su diario: *"Venezuela. La componenda de Martens nos ha dado la victoria. Archivos privados"*.[74] Allí se establece con claridad que el arreglo, que debió ser de derecho, acabó siendo una verdadera componenda dirigida por el propio Presidente del tribunal arbitral. Es así como inicia, como una injusticia anunciada, la ejecución de la decisión.

El 3 de octubre de 1899 se conoció el contenido del Laudo arbitral de París y al día siguiente José María Rojas, único abogado venezolano que formaba parte del equipo de defensa de Venezuela, señaló que la decisión era *"irrisoria y una manifiesta injusticia"*.[75]

El 11 de octubre de 1899 la revista británica *Punch, or the London Charivari*, de contenido satírico, publicó una ilustración de Lord Salisbury ocho días después de la publicación del laudo titulada "*Peace and Plenty*". En esta caricatura se observa al personaje, de reconocida aversión hacia el arbitraje, escapando con varios documentos, incluida la línea Schomburgk y algunos sobre minas y bosques que habían obtenido gracias al laudo. En la parte inferior de la imagen se lee: «*Lord Salisbury (chuckling*) "*I like arbitration – in the Proper Place*!"» es decir, "*Lord Salisbury* (riendo entre dientes) y diciendo: *"Me gusta el arbitraje - ¡en el Lugar Apropiado!"*.[76]

---

74 *Ídem*.

75 *Ibíd*., p. 21.

76 Véase en Andrés Eloy Burgos Gutiérrez (ed.), *Memorias de Venezuela*, número 34 enero-febrero 2016, Ministerio del Poder Popular para la Cultura - Centro Nacional de la Historia, Caracas, 2016.

El 23 de octubre de 1899, apenas veinte días después de dictado el Laudo de París, el Presidente de la República Ignacio Andrade fue derrocado por el general Cipriano Castro, líder de la llamada Revolución Liberal Restauradora.

Para el momento la Constitución vigente en Venezuela era la de 1893 que establecía en el artículo 4° que las "*Secciones*" -que eran entidades contenidas en los estados y coincidían con las entidades federales existentes durante la vigencia de la Constitución de 1864- tenían la posibilidad constitucional de recuperar su categoría de Estados cuando así lo acordaran las dos terceras partes de sus Distritos.

El Congreso venezolano, considerando la necesidad de que las "*Secciones*" de los estados recuperaran su condición de estados autónomos, acordó la enmienda de los artículos 1, 2 y 4 de la Constitución de 1893. Mientras la enmienda se materializaba, el Congreso determinó que las "*Secciones*" debían organizarse de forma autónoma y facultó al Presidente Ignacio Andrade para que procediera a la designación de presidentes provisionales de las "*Secciones*".[77]

Esto provocó la reacción de los caudillos regionales que consideraron que se trataba de una ruptura del hilo constitucional, lo cual finalizó con *"la llegada de los andinos al poder y el fin del ciclo histórico-político que se inició después de las guerras federales"*[78]. Cipriano Castro buscaba rescatar *"el hilo constitucional que dice haber roto Andrade"*[79].

De forma que, para el momento en el que se dictó el Laudo de París, el país se encontraba en total caos, dentro de "*una anarquía aterradora, y ya no se respeta nada, no hay leyes, no hay propiedad, no hay libertad, no hay vida, no hay nacionalidad, porque el único imperio es el de la fuerza brutal ejercida por hordas salvajes tanto gubernamentales como rebeldes"*[80].

---

77 Véase Allan Randolph Brewer-Carías, *Historia constitucional de Venezuela*, Tomo I, Editorial Alfa, Caracas, 2008. pp. 412-413.

78 *Ídem.*

79 Rafael Arráiz Lucca, *Las constituciones de Venezuela (1811-1999)*, Editorial Alfa, Caracas, 2021. p. 51.

80 *Ídem. "...El Embajador de Italia Giovanni Paolo Ribera afirmó que imperaba:"... un'anarchia spaventosa, e non si rispetta più nulla, né leggi, né proprietà, né libertà, né*

Tres meses luego de conocerse la decisión del tribunal arbitral, el Expresidente de los Estados Unidos, Benjamín Harrison señaló que *"La decisión en el caso de Venezuela, como un compromiso, dio a Venezuela los puntos estratégicos, pero la despojó de una inmensa parte de territorio que un tribunal imparcial le habría adjudicado, y de ello no cabe duda alguna. La idea europea moderna es que no hay nada ilegal ni siquiera inmoral en la apropiación de territorios de Estados más débiles"*.[81]

Vistos los términos del Laudo de París, Venezuela trató de posponer la demarcación de los límites. Sin embargo, el Reino Unido exigió la ejecución del laudo y amenazó con ejecutarlo unilateralmente si Venezuela se negaba a participar.

El 22 de octubre de 1899, la cancillería venezolana, dirigiéndose a Felipe Aguerrevere, comisionado en la demarcación, expresó respecto de la línea establecida por el tribunal arbitral que: *"Se trata de una línea establecida de hecho, sin ningún apoyo ni fundamento histórico, geográfico, ni político. En consecuencia, y porque el laudo había sido abiertamente injusto con Venezuela, instruyó a los comisionados venezolanos que refirieran todo al más severo procedimiento"*.[82]

En el mes de julio de 1900 la delegación inglesa en Caracas intimó al gobierno venezolano a que enviara en su representación una comisión demarcadora a Punta Playa y, de resistirse a este requerimiento, el Reino Unido procedería a la demarcación unilateral. La presión ejercida por la potencia amenazaba con causar mayores males que los que generó la decisión arbitral.

A Venezuela no le quedó otra opción que aceptar la ejecución del laudo[83]. *"Es cierto que Venezuela ejecutó el Laudo. Lo ejecutó por presión de Gran Bretaña, porque el Cónsul Inglés en Caracas expresó en nota inquisitiva, que iba a iniciar la demarcación del terreno y que la*

---

vita, né nazionalità, ché unico impero è quello della forza brutale esercitata da orde selvagge sia governative che ribelli".

81 René De Sola, ob. cit., p. 65.

82 Hermann González Oropeza y Pablo Ojer, ob. cit., p. 22.

83 Manuel Donís Ríos, "La reclamación del territorio Esequibo: 1899-1966", en *Boletín de la Academia Nacional de la Historia*, número 397, Academia Nacional de la Historia, Caracas, 2016. p. 5.

harían unilateralmente si Venezuela no participaba. De inmediato iniciaron la demarcación por Punta de Barima. A Venezuela no le quedó más recurso que concurrir a esa demarcación"[84] . Según el informe elaborado por los jesuitas Hermann González y Pablo Ojer "*la participación de Venezuela en la demarcación de la frontera revistió un carácter puramente técnico. A ello fue forzado el país por circunstancias para él insuperables*"[85].

El término para que Venezuela participara en la demarcación fue notificado por el ministro británico en Caracas a finales de julio. Se fijó el 3 de octubre de 1900 para que Venezuela se allanara y colaborara so pena de proceder a una demarcación unilateral de la frontera[86]. Luego, el 8 de octubre de 1900 el ministro envió otra notificación, esta vez informó que el gobernador de la Guayana Británica había recibido instrucciones de proceder a la demarcación y el 19 de octubre de 1900 ya se había levantado el primer hito fronterizo en Punta Playa[87].

Se constituyeron entonces las comisiones de demarcación que funcionaron entre 1900 y 1905. De las labores desarrolladas por dichas comisiones se levantaron una serie de actas en las que se reflejó la frontera entre Venezuela y Guayana Británica en los siguientes términos:

> *"La frontera comienza en Punta Playa en un poste sumergido por el mar... y se dirige en línea recta a la boca del Mururuma. Remonta el río Mururuma hasta su nacimiento frente a un poste que tiene por coordenadas 8° 19' 00" y 59° 48' 22" 7. De este poste se dirige en línea recta a la boca del rio Haiowa en el Amacuro...*
> *De la boca del Haiowa sigue por el curso del Rio Amacuro hasta su fuente en la Sierra de Imataca... Desde este punto se continúa por la Sierra de Imataca, por los picos más altos espolón de la montaña, al punto más elevado de dicha Sierra enfrente de las cabeceras del Barima... y de ahí por la cima más elevada de la Montaña de Imataca, a un punto situado 300 metros y cuyas coordenadas son: 7° 10' 10" lat. y 60° 20' 39" long...*

84 Isidro Morales Paúl, ob. cit., p. 189.
85 *Ibíd.*, p. 28.
86 Hermann González Oropeza y Pablo Ojer, ob. cit., p. 21.
87 *Ídem.*

De la fuente del Acarabisi... baja por el curso de este río hasta su desembocadura en el Cuyuní... De aquí en adelante, aguas arriba del Cuyuní y por su margen septentrional hasta la boca del Wenamo... Remonta el Wenamo hasta su fuente más occidental... punto este último que marca el comienzo de una línea geodésica en cuyo extremo meridional indicado por un poste, termina la frontera entre Venezuela y la Guayana Británica..."[88]

Para entender el contexto en el que se produjo la ejecución de laudo es necesario tener en cuenta también que Venezuela tenía cuantiosas deudas desde las guerras de independencia con Alemania, Italia y el Imperio Británico, lo que ocasionó el bloqueo de sus costas en 1902 y las amenazas de invasión por parte de Alemania, Italia y del Imperio Británico. Además, a la exigencia de pago de la deuda externa se unieron "*...las reclamaciones que hacían los súbditos de esos países por los daños que habían sufrido sus propiedades durante los frecuentes combates y escaramuzas entre las montoneras, producto de la inestabilidad política de la época en el país*"[89].

De forma que el Laudo arbitral de París se ejecutó dentro de una enorme crisis política, social y económica; en medio del derrocamiento del Presidente Ignacio Andrade por parte del general Cipriano Castro; las amenazas del Reino Unido de ejecutar el laudo de forma unilateral, caso de que Venezuela se negara a participar y el bloqueo de sus costas y las amenazas de invasión por parte de Alemania, Italia y del mismo Imperio Británico.

2. Vicios del laudo

2.1. Violación del debido proceso

Conforme a los términos del Tratado de Washington y, en particular, a los artículos III y IV, se trataba claramente de un arbitraje de derecho y, como tal, los árbitros debían respetar la letra y espíritu del Tratado de Washington, estudiar, investigar y cerciorarse de los títulos de derecho de cada una de las partes y adminicularlo al derecho inter-

---

88 Véase Carlos Álamo Ybarra, ob. cit., pp. 87-90.

89 Alexis Palencia Hernández, "Escuadra venezolana en tiempos de Castro", en *Tiempo y espacio*, número 64, Universidad Pedagógica Experimental Libertador, Caracas, 2015. p. 486. Disponible en http://ve.scielo.org/pdf/te/v25n64/art22.pdf.

nacional del momento. El Tribunal Arbitral de París no investigó ni se cercioró de la legitimidad y legalidad de los títulos de Venezuela, todo lo contrario, los desechó en contravención del artículo III del tratado de arbitraje que estableció:

> ***"El Tribunal investigará y se cerciorará** de la extensión de los territorios respectivamente, o que pudieran ser **legalmente reclamados** por aquellas o éste, al tiempo de la adquisición de la Colonia de la Guayana Británica por la Gran Bretaña, y determinará la línea divisoria entre los Estados Unidos de Venezuela y la Colonia de la Guayana Británica".[90] (Resaltado añadido).*

La expresión *legalmente reclamados* suponía que, para resolver la controversia, los árbitros debían atenerse sólo a los títulos que las partes pudieran demostrar en derecho y, a su vez, decidir conforme a los principios de derecho internacional vigentes para el momento.

Los árbitros tenían la obligación de analizar los títulos de las partes y considerar el derecho aplicable al momento de la controversia teniendo en cuenta que el alcance de la controversia se concretaba a los territorios *que pudieran ser legalmente reclamados* por las partes. Por su parte, la obligación de *investigar y cerciorarse* suponía que los árbitros debían atender a los títulos de derecho de cada una de las partes y corroborar que efectivamente eran susceptibles de ser considerados como pruebas de sus pretensiones.

Esta obligación se desprende también del artículo V del tratado conforme al cual los árbitros debían *examinar y decidir imparcial y cuidadosamente las cuestiones que se les hayan sometido*. En efecto, el artículo V del Tratado de Washington establecía:

> *"Los Árbitros se reunirán en París dentro de los sesenta días después de la entrega de los argumentos impresos mencionados en el artículo VIII, y procederán a **examinar y decidir imparcial y cuidadosamente las cuestiones que se les hayan sometido o se les presentaren**, según aquí se estipula, por parte de los Gobiernos de los Estados Unidos de Venezuela y de Su Majestad Británica respectiva".[91] (Resaltado añadido).*

---

[90] Héctor Faúndez Ledesma, ob. cit., p. 337.

[91] *Ibíd.*, p. 338.

De los artículos citados se desprenden dos obligaciones para los árbitros. En primer lugar, examinar las cuestiones que le hayan sido sometidas y, en segundo lugar, decidir sobre ellas, de manera imparcial y cuidadosa. Sin embargo, no fue así.

Los árbitros decidieron con total discrecionalidad y sin tomar en cuenta ninguno de los títulos válidos de Venezuela. De hecho, existen muchas fuentes documentales con las que queda claro que el tribunal no actuó conforme a derecho sino a inclinaciones políticas. El tribunal violó sus obligaciones, cuando dejó de tomar en cuenta las pruebas más importantes de Venezuela, entre ellas, la carta de fecha 4 de marzo de 1842 de Henry Light, gobernador de la Colonia de Guayana Británica, dirigida a Lord Stanley, Ministro de Colonias.

Esta era una prueba fundamental en favor de las pretensiones de Venezuela por cuanto el gobernador expresó que no tenían reclamación alguna sobre el río Amacuro, al oeste del río Barima. Con la carta quedó claro que incluso el gobernador Henry Light tenía serias dudas sobre la legitimidad de la segunda línea Schomburgk cuando escribió "*Yo creo que el señor Schomburgk asume que el Amacuro es la frontera, solamente por razones de conveniencia*".[92]

Con este documento se puso de manifiesto, no solo la falta de interés de los ingleses en ocupar los territorios que abarcó la segunda línea Schomburgk, sino la inviabilidad de tales ocupaciones que, según el gobernador, "*sólo podrían ser ocupados a un costo de vidas y dinero que no lo haría conveniente*".[93]

Ese documento no fue tomado en cuenta por el tribunal arbitral. Venezuela sabía de la existencia de esta carta, pero desconocía su contenido. En su momento, los representantes de Venezuela pidieron al tribunal que exigiera a los británicos que la revelaran, sin embargo, la respuesta fue una negativa que se fundaba en *consideraciones de alta política*.

Solo se tuvo conocimiento del documento luego de que se abrieron los archivos confidenciales ingleses, cuando se descubrieron ese y otros

---

92 Cit. en Héctor Faúndez Ledesma, ob. cit., pp. 166-167. Carta del 4 de marzo de 1842, de Henry Light, Gobernador de la colonia de Guyana Británica, a Lord Stanley, Ministro de Colonias Inglés, Foreign Office, 80/108. Palabras traducidas por el autor citado.

93 *Ídem*.

documentos de gran valor probatorio que los árbitros dejaron de tomar en cuenta a pesar del deber que tenían de acuerdo al artículo V del Tratado de Washington de *examinar y decidir imparcial y cuidadosamente las cuestiones que se les hayan sometido o se les presentaren.*

Otra violación grave de las obligaciones que el tratado imponía a los árbitros está relacionada con la denominada primera línea Schomburgk de 1835 que no fue tomada en cuenta por los jueces. Esta primera línea de Schomburgk *"sólo se aparta de dicho río como a unas 45 millas aproximadamente de la costa, en la confluencia de los Ríos Mazaruni y Cuyuní con el Esequibo y desde ese punto forma una especie de bolsa, al oeste del Río Esequibo, hasta el punto de la costa donde desemboca el Río Moroco".*[94]

El tribunal arbitral, por el contrario, tomó en cuenta la línea expandida del mapa de *Hebert* de 1842. Sobre esta línea existen indicios de falsificación y alteración. "*Venezuela tiene pruebas de que el Foreign Office británico no conoció esa línea hasta junio de 1886. Ya esto es más que un grave indicio de que se trataba de una reciente corrupción del mapa original que reposaba desde 1842 en el Colonial Office."*[95]

De otra parte, tengamos en cuenta también la regla "*c*" del artículo IV, que precisa también la aplicación del derecho internacional, en los siguientes términos:

> *"Los Árbitros podrán reconocer y hacer efectivos derechos y reivindicaciones que se apoyen en cualquier otro fundamento válido conforme al derecho internacional y en cualesquiera principios de derecho internacional que los Árbitros estimen aplicables al caso...".*[96]

De conformidad con lo establecido en los artículos citados el arbitraje sería de derecho y, como tal, los árbitros debían respètar la letra del Tratado de Washington de 1897, estudiar, investigar y cerciorarse de los títulos de derecho de cada una de las partes y adminicularlo al derecho internacional del momento.

---

94 Carlos Sosa Rodríguez, ob. cit., p. 122.

95 Hermann González Oropeza y Pablo Ojer, ob. cit., p. 13.

96 Héctor Faúndez Ledesma, ob. cit., p. 338.

Contrariamente a todo lo expuesto, los árbitros decidieron con total discrecionalidad, sin tomar en cuenta los títulos válidos de Venezuela y en abierta violación al debido proceso y al derecho aplicable para el momento no obstante que Venezuela posee títulos de derecho que fundamentan la legítima titularidad de Venezuela sobre el territorio Esequibo.

Además, consta en diferentes fuentes de naturaleza histórica que España -en los tiempos de la colonia- ejerció verdaderos actos de soberanía sobre el territorio en disputa. Como señala Guerra Iñiguez *"la ocupación está íntimamente vinculada con el descubrimiento"*[97], es fácil comprender que España adquirió estos territorios a través de este medio.

En el derecho internacional público, la ocupación es uno de los medios originarios de adquisición de territorios. De allí que la ocupación de territorios mediante asentamientos humanos y muestras de ejercicio del poder en ellos tiene una relevancia jurídica central por cuanto es uno de los medios originarios de adquisición del territorio, reconocido por la doctrina del derecho internacional.[98]

Esos actos, si bien no están dotados de la misma investidura que los títulos jurídicos, son pruebas fehacientes de que el territorio al oeste del río Esequibo fue ocupado y dominado por España que, a través del principio del *uti possidetis iuris* y, luego, de un tratado de reconocimiento fue adquirido por Venezuela, la nueva república. Como ha indicado Claudio Briceño Monzón:

> *"La soberanía de Venezuela sobre el Territorio Esequibo se fundamenta en hechos históricos y geográficos. En la delimitación de sus fronteras, Venezuela ha invocado a su favor documentos, entre ellos, las Cédulas Reales, que confirman sus derechos indudables desde tiempos coloniales. Dichos documentos se fundamentan en el principio de Utis Possidetis Juris como título legítimo de su do-*

---

97 Daniel Guerra Iñiguez, *Derecho Internacional Público*, Tomo I, 3era edición, Grafiunica, Caracas, 1973. p. 179.

98 Véase la ponencia de Luís García Corrochano en el evento sobre Las reglas del Tratado de Washington de 1897 realizado en el marco del Ciclo de Conferencias sobre la Controversia del Esequibo organizado por la Academia de Ciencias Políticas y Sociales en fecha 15 de julio de 2021. Disponible en: https://www.youtube.com/watch?v=j0EhW5TrA0I.

minio eminente en el que convinieron todas las repúblicas suramericanas al terminar sus guerras de independencia de conservar los territorios que correspondían a sus provincias bajo el dominio español"[99].

En cuanto al territorio de Venezuela y su proceso histórico-jurídico de formación, hay que atender muy especialmente a todo lo expresado por Brewer Carías: *"la demarcación del territorio se siguió el principio del derecho internacional público americano conocido como el uti possidetis juris, según el cual la República de Colombia tenía derechos sobre los territorios que correspondían, en 1810 a la Capitanía General de Venezuela y al Virreinato de Nueva Granada".*[100]

El rol del *uti possidetis iuris* en la reclamación del territorio Esequibo ha sido un asunto de relevancia especial y se remonta a los tiempos del nacimiento de la república y permanece incólume aún en nuestros días. *"Venezuela siempre ha invocado como medio para dilucidar la cuestión limítrofe, la orientación que brinda la división administrativa que la corona española hizo sobre esa extensión territorial y que denominó Capitanía General de Venezuela y además ha invocado y acogido los resultados que emergen de los tratados de límites que antes de 1810 España hubiese celebrado con otros países".*[101]

El primer documento que constituye un título jurídico sobre los territorios en disputa fue la Bula Menor Intercétera del Papa Alejandro VI de 1493, mediante la cual se dividió a los territorios de América del sur entre España y Portugal con base en los descubrimientos de ambas naciones.

Las Bulas Alejandrinas, constituyen una serie de documentos pontificios emanados luego del primer viaje de Cristóbal Colón en 1493. Luego de este importante hecho surgieron una serie de controversias

---

99 Claudio Alberto Briceño Monzón, "La Guayana Esequiba: Frontera Oriental de Venezuela" en *El reclamo Esequibo un compromiso nacional vigente ante la historia y la justicia,* compilado por Manuel Donís Ríos, Universidad Católica Andrés Bello, 2021. p. 16.

100 Véase Allan Randolph Brewer-Carías, "La formación de la república y de su territorio en las constituciones del siglo XIX. Un legado del proceso constitucional que comenzó con la Ley Fundamental de la República de Colombia promulgada por Simón Bolívar, en Angostura, el 17 de diciembre de 1819", ob. cit.

101 Alfonso Rivas Quintero, *Derecho* constitucional, Clemente Editores, Valencia, 2002. p. 232.

entre España y Portugal. Las Bulas papales de Alejandro VI tenían la finalidad de resolver estos asuntos territoriales. Hubo tres documentos de esta naturaleza:

> *"El primero, del 3 de mayo de 1493 concedió a España "por la autoridad de Dios omnipotente", el dominio exclusivo y perpetuo de los nuevos territorios. El segundo, expedido el 4 de mayo del mismo año, fijó una línea divisoria de norte a sur a unos 560 kilómetros al oeste de las islas de Cabo Verde. El papa afirmó que todas las tierras descubiertas o por descubrir al oeste de esa línea pertenecían a España, a Portugal pertenecían las descubiertas al este. El tercer decreto parecía aumentar la influencia de España en el este, hasta la India. Esto último no fue del agrado del rey Juan II de Portugal, por lo cual, apeló a España y negoció directamente con los Reyes Católicos"*[102].

La inconformidad con la tercera Bula Alejandrina llevó a Portugal a apelar de la decisión y esto condujo a la negociación directa entre Portugal y los reyes católicos y el resultado de ello fue el Tratado de Tordesillas firmado del 7 de junio de 1494, que fue un acuerdo complementario a la Bula que precisó con mayor detalle la división y, a su vez, consagró la soberanía de España y Portugal en el continente americano mediante la repartición de zonas de navegación y conquista entre ambas naciones.

Para el año 1498 exploradores españoles descubrieron y colonizaron estos territorios. Colón lo hizo en el Golfo de Paria y el Delta del Orinoco y, más tarde, en 1499 Alonso de Ojeda incursionó en la costa de Guayana abarcando las zonas del río Orinoco y el río Amazonas.[103] Es claro que correspondían a España los títulos sobre estas tierras, así lo había representado el Planisferio de Juan de la Cosa, el primer mapamundi que incluyó a América y que data del año 1500[104].

---

102 Véase "Bulas Alejandrinas" en *Biblioteca de la Universidad Pontificia Bolivariana*. Disponible en https://bibliotecas.upb.edu.co/index.php/sin-categoria/1388-bulas-alejandrinas. *"Los documentos originales de las Bulas Alejandrinas se conservan en el Archivo General de Simancas; el Archivo de Indias y el Archivo Nacional de la Torre do Tombo de Lisboa"*.

103 Véase en general el pormenorizado recuento de títulos históricos de Venezuela sobre el territorio en reclamación en la obra del académico Dr. Carlos Álamo Ybarra, ob. cit.

104 *Ídem*.

Después, entre 1531 y 1532, el militar y explorador, Diego de Ordaz, exploró desde el Río Orinoco hasta el Meta, así como las cuencas del río Cuyuní y Mazaruní. Luego, Carlos V le concedió el gobierno del territorio.[105] En 1533 los españoles se introdujeron por el río Maraven, como denominaban los lugareños al Esequibo. El descubrimiento e inspección del Río Esequibo se debe, en gran medida, al capitán Juan de Esquivel, uno de los principales exploradores españoles.

En 1562 y 1569 se efectuaron más de veinte expediciones en el Orinoco y el interior de Guayana, todas dirigidas por súbditos de la corona española que contaban con las autorizaciones necesarias para ello.

Brewer-Carías indica que la provincia de Guayana fue creada formalmente por la Real Cédula de fecha 18 de noviembre de 1568, en la que se dispuso que la Audiencia de Santa Fe debía autorizar a Gonzalo Jiménez de Quesada para realizar expediciones y actos de posesión en las tierras al este del Nuevo Reino de Granada. Esta orden fue ejecutada finalmente por Antonio de Berrío en 1569.[106]

Debemos insistir en la relevancia de los Tratados de Utrecht -muy importantes en la delimitación del territorio- por cuanto mediante compromiso de 13 de julio de 1713, el Reino Unido se obligó a dar ayuda a los españoles *"para que los límites antiguos de sus dominios de América se restituyan y fijen como estaban en tiempos de Carlos II."*[107].

Para 1734, Don Carlos de Sucre, Gobernador de Cumaná, provincia de la que Guayana formaba parte, convino con los prelados de las comunidades religiosas en dividir la comarca en tres zonas misionales. La asignada a los Padres Capuchinos incluía el territorio que se extiende *"desde la Boca Grande de Orinoco hasta la colonia de Esequibo."*[108]

Luego, el 13 de enero de 1750, Fernando VI de España y Juan V de Portugal, firmaron el Tratado de Madrid que demarcó las fronteras entre las colonias suramericanas de España y Portugal.[109]

---

105 Véase Carlos Álamo Ybarra, ob. cit.

106 Allan Brewer-Carías, "La formación de la república y de su territorio en las constituciones del siglo XIX. Un legado del proceso constitucional que comenzó con la Ley Fundamental de la República de Colombia promulgada por Simón Bolívar, en Angostura, el 17 de diciembre de 1819", ob. cit.

107 Carlos Álamo Ybarra, ob. cit., pp. 25-26.

108 *Ibíd.*, p. 15.

109 *Ibíd.*, p. 23.

El 4 de junio de 1762, el Rey de Castilla, *"expidió en Aranjuez un real título erigiendo toda la Guayana en Comandancia separada, con inmediata subordinación al Virreinato de Nueva Granada."*[110] Luego, en 1768, se estableció mediante Real Cédula que el límite sur de Guayana sería el río Amazonas y la separó de Nueva Andalucía.[111]

A ello seguiría la creación de la Capitanía General de Venezuela, mediante Real Cédula de 8 de septiembre de 1777. Ese mismo año se dispuso la separación de las provincias de Cumaná, Guayana y Maracaibo e Islas de Trinidad y Margarita del Virreinato y Capitanía General del Nuevo Reino de Granada para incorporarlas a la Capitanía General de Venezuela.[112]

En 1779 José de Ávalos, el Intendente General de Venezuela para la época, autorizó al oficial José Felipe de Inciarte, para que desarrollara labores de reconocimiento y población en la zona oriente del Bajo Orinoco.[113]

El 1 de enero de 1799, Francisco de Miranda publicó el mapa elaborado por Juan de la Cruz Cano y Olmedilla, conocido también como Mapa Geográfico de América Meridional, en el que se estableció la frontera de la Capitanía y Guyana en el río Esequibo. Esto contó con el patrocinio de los ingleses, de hecho, fue publicado en Londres.[114]

El 28 de mayo de 1811 se firmó el Tratado Alianza y Confederación entre Cundinamarca y Venezuela -también conocido como el Tratado Lozano-Cortés- por medio del cual se establecieron las bases del *uti possidetis iuris*.

La Constitución de 1811, sancionada el 12 de diciembre estableció en su artículo 128:

---

110 *Ibíd.*, p. 17.

111 Allan Brewer-Carías, "La formación de la república y de su territorio en las constituciones del siglo XIX. Un legado del proceso constitucional que comenzó con la Ley Fundamental de la República de Colombia promulgada por Simón Bolívar, en Angostura, el 17 de diciembre de 1819", ob. cit. *"En 1768 se agregó a la Provincia la Comandancia General del Orinoco y Río Negro, cuyos linderos llegaban por el sur hasta el Amazonas".*

112 *Cfr.* Irene Loreto González, *Génesis del constitucionalismo en Venezuela*, Centro de Investigaciones Jurídicas, Caracas, 2005. p. 74.

113 *Cfr.* Carlos Álamo Ybarra, ob. cit., p. 19.

114 Carlos Sosa Rodríguez, ob. cit., p. 121.

> *"Luego que libres de la opresión que sufren las Provincias de Coro, Maracaibo y Guayana, puedan y quieran unirse a la Confederación, serán admitidas a ella, sin que la violenta separación en que a su pesar y el nuestro han permanecido, pueda alterar para con ellas los principios de igualdad, justicia y fraternidad, de que gozarán luego como todas las demás Provincias de la unión".*[115]

Poco tiempo después, el 7 de agosto de 1817, Simón Bolívar en carta al coronel Leandro Palacios, desde la Baja Guayana, expresa:

> *"¡Al fin tengo el gusto de ver libre a Guayana! La capital se nos rindió el 18 del pasado, y estas fortalezas el 3 del corriente. El país no ha quedado en el mejor estado, por lo que es la población, que casi se ha aniquilado en los siete meses de sitio, y porque una gran parte de la gente emigró con los españoles"*[116].

En fecha 15 de octubre de 1817, desde el Cuartel General de Angostura, Simón Bolívar emitió un decreto por el cual incorporó la provincia de Guayana a la República de Venezuela y señala sus departamentos. Decía el artículo 1: *"La Provincia de Guayana en toda su extensión queda reunida al territorio de Venezuela, y formará desde hoy una parte integrante de la República."*[117]

El tratamiento específico de los límites de la república en el departamento del Bajo Orinoco fue previsto en los siguientes términos: *"Al Norte: las corrientes de Orinoco desde la boca del Caroní hasta la embocadura al mar por río grande, y la costa del mar hasta el fuerte Muruca exclusive. Al Oriente, y Sur: los límites con las posesiones extranjeras. Al Occidente: los que se han señalado al Departamento del centro por el Oriente".*[118]

---

115 Allan Randolph Brewer Carías, *Las constituciones de Venezuela*, Academia de Ciencias Políticas y Sociales, Caracas, 1997. pp. 555 y ss.

116 Véase el artículo de Rafael Castro, "Las revoluciones son esencialmente transformaciones culturales" publicado el 10 de agosto de 2015. Disponible en https://www.aporrea.org/actualidad/a212082.html.

117 Véase Decreto del Libertador Simón Bolívar fechado en Angostura el 15 de octubre de 1817, por el cual incorpora la provincia de Guayana a la República de Venezuela y señala sus departamentos. Disponible en http://www.archivodellibertador.gob.ve/escritos/buscador/spip.php?article2283.

118 *Ídem.*

También se incorporó a Guayana como provincia en la Constitución de Angostura, de fecha 15 de agosto de 1819, que contó con la participación de los diputados por Guayana Eusebio Afanador, Juan Vicente Cardozo y Juan Tomás Machado. Dentro del Título 2°, sección 1°, su artículo 2 establecía: *"El Territorio de la República de Venezuela se divide en diez Provincias, que son: BARCELONA, BARINAS, CARACAS, CORO, CUMANA,* ***GUAYANA****, MARACAYBO, MARGARITA, MERIDA, y TRUJILLO. Sus límites y demarcaciones se fijarán por el Congreso."*[119].

El 17 de diciembre de 1819, el Congreso de Angostura, sancionó la Ley Fundamental de Colombia, cuyo artículo 2 estableció también el *uti possidetis iuris*: *"Su territorio será el que comprendían la antigua Capitanía General de Venezuela, y el Virreinato del nuevo Reino de Granada, abrazando una extensión de 115 mil leguas cuadradas, cuyos términos precisos se fijarán en mejores circunstancias."*[120].

Con la Ley Fundamental de Colombia y, en especial, con la disposición citada del artículo 2 se subsanó la imprecisión del decreto de Simón Bolívar de 15 de octubre de 1817 al que ya nos hemos referido antes. Ese decreto no había considerado el principio del *uti possidetis iuris* al establecer los límites. La repercusión que tuvo esta imprecisión fue que se dejaba fuera de los dominios venezolanos *"una pequeña porción en la línea de la playa del mar Atlántico al oeste de la desembocadura del río Esequibo hasta el rio Moruco"*[121]. Esto fue subsanado con la derogación tácita del decreto, producida por la referida ley según la cual, ahora sí, el territorio de Venezuela sería el mismo que el de la Capitanía General de Venezuela.[122]

A lo anterior sigue la Ley Fundamental de la Unión de los Pueblos de Colombia del 15 de agosto de 1821, sancionada por el Congreso de Cúcuta, cuyo artículo 5 ratificó el *uti possidetis iuris*:

---

119 Allan Randolph Brewer Carías, *Las constituciones de Venezuela*, ob. cit., pp. 619 y *ss*.

120 *Ibíd*., pp. 643-644.

121 Allan Randolph Brewer-Carías, "La formación de la república y de su territorio en las constituciones del siglo XIX. Un legado del proceso constitucional que comenzó con la Ley Fundamental de la República de Colombia promulgada por Simón Bolívar, en Angostura, el 17 de diciembre de 1819", ob. cit.

122 *Ídem*.

> *"El territorio de la República de Colombia será el comprendido dentro de los límites de la antigua capitanía general de Venezuela y el virreinato y capitanía del Nuevo Reino de Granada. Pero la asignación de sus términos precisos queda reservada para tiempo más oportuno."*[123]

También la Constitución de la República de Colombia de 1821, que tomó en cuenta el *uti possidetis iuris,* integró a Guayana dentro de su territorio. En efecto, el artículo 6 que estableció: *"El territorio de Colombia es el mismo que comprendían el antiguo Virreinato de la Nueva Granada y Capitanía general de Venezuela".*[124]

Durante la vigencia de esta constitución, específicamente el 20 de febrero de 1821, el diplomático Francisco Antonio Zea se dirigió a Lord Castlereagh para aclarar la frontera oriental de Colombia, en comunicación enviada al Primer Ministro Británico expresó:

> *"La República de Colombia ocupa en la América del Sur la parte más septentrional, extendiéndose en latitud desde los 12° N, hasta 69 S, y en longitud desde 589 hasta los 81 Q del meridiano de Greenwich.*
> *Sus límites son al Este el Océano Atlántico que baña sus costas desde las bocas del Orinoco hasta Cabo Nassau; desde este cabo arranca una línea N.S. que partiendo de este cabo termina en el río Esequibo, siendo la ribera izquierda de este río la frontera con la Guayana Holandesa."*[125]

Esto fue ratificado por la Ley de División Territorial de la República de Colombia de 25 de junio de 1824, que estableció que el territorio de la república se dividiría en doce departamentos, incluido el Departamento del Orinoco que, de acuerdo con el artículo 2 *eiusdem*, tenía entre sus provincias las de Cumaná, Barcelona, Guayana y Margarita. El mismo artículo 2 establecía que la provincia de Guayana estaba compuesta por los cantones de Santo Tomás de Angostura, Río Negro,

---

123 Allan Randolph Brewer Carías, *Las constituciones de Venezuela*, ob. cit., pp. 645-646.
124 *Ibíd.*, pp. 647 y ss.
125 Herman González Oropeza y Pablo Ojer, ob. cit., p. 33.

Alto Orinoco, Caura, Guayana Vieja, Caroní, Upata, La Pastora y La Barceloneta.[126]

El 16 de julio de 1824 Colombia solicitó al Reino Unido su reconocimiento como nación independiente. Ese mismo año José Manuel Hurtado fue nombrado Enviado Extraordinario y Ministro Plenipotenciario de Colombia, como sustituto del doctor Rafael Revenga, con el cometido principal de obtener ese reconocimiento[127]. El Reino Unido dio su reconocimiento incondicional y sin reservas a la República de Colombia. *"El reconocimiento de Colombia viene por la influencia de Canning a lord Liverpool donde este somete un memorándum al gabinete favoreciendo al reconocimiento de nuevos estados"*[128]. En diciembre de 1824 la decisión del Reino Unido de reconocer a Colombia como Estado soberano fue enviada a España y se conoce con alegría en América.[129]

El reconocimiento del Reino Unido a la República de Colombia fue ratificado el 18 de abril de 1825 con la firma del Tratado de Cooperación y Amistad entre Colombia y Gran Bretaña. Este tratado fue impuesto por el Reino Unido como condición para reconocer a Colombia. Con él se reconoció *"que la frontera con la Guayana Británica estaba situada en el río Esequibo."*[130]

---

126 Allan Randolph Brewer-Carías, "La formación de la república y de su territorio en las constituciones del siglo XIX. Un legado del proceso constitucional que comenzó con la Ley Fundamental de la República de Colombia promulgada por Simón Bolívar, en Angostura, el 17 de diciembre de 1819", ob. cit.

127 Julio Alberto Peña Acevedo, "Cronología de Guyana, cuarta entrega, Gran Colombia". Publicado el 19 de marzo de 2015. Disponible en https://elespacioacuaticovenezolano.com/2015/03/19/1552jualpeac/

128 *Ídem.*

129 *Ídem.*

130 *Ídem.* El autor cita la obra de Bierck Harold, *Vida Pública de Don Pedro Gual*, p. 268. Explica Peña Acevedo que este tratado fue ratificado por el Senado el 23 de mayo 1825 y canjeadas las ratificaciones el 07 de noviembre de 1825. Añade que *"En el tratado con Gran Bretaña, la presión imperial británica fue más fuerte aún, porque exigió como condición para el reconocimiento de la independencia de Colombia la firma del Tratado de Amistad, Comercio y Navegación. Venezuela da a conocer a Gran Bretaña que la frontera con la Guayana Británica estaba situada en el río Esequibo. Mapas similares al de Hamilton Adams, procedente del Atlas de Wilkinson (1827), circularon en Gran Bretaña en la segunda mitad de la década de 1820. Pese al reconocimiento diplomático y comercial dado a la República de Colombia por parte de Gran Bretaña, los mapas británicos presentaron reiteradamente la frontera entre Colombia y Brasil de acuerdo a los intereses británicos en la región y no como aspiraban las autoridades Gran colombianas"*.

La Constitución de Venezuela de 1830, mantuvo dentro de su territorio a Guayana al establecer expresamente en el artículo 5 el principio del *uti possidetis iuris*: *"El territorio de Venezuela comprende todo lo que antes de la transformación política de 1810 se denominaba Capitanía General de Venezuela. Para su mejor administración se dividirá en Provincias, Cantones y Parroquias, cuyos límites fijará la ley".*[131]

Para 1840 los límites de Venezuela, establecidos de conformidad con el principio del *uti possidetis iuris*, fueron representados gráficamente en el mapa elaborado por el coronel de ingenieros Agustín Codazzi incluido en el *"Atlas Físico y Político de la República de Venezuela"*. Especialmente en la "*Carta de la República de Colombia dividida en 12 departamentos en 1824*", publicada en dicho atlas. Estos límites comprendían claramente los territorios de la provincia de Guayana, y en ellos se dejó constancia de cómo en algunas porciones de territorio existían para aquel momento ocupaciones inglesas calificadas de usurpaciones.

Brewer-Carías señala que en dicha carta *"el territorio del Cantón de Upata de la Provincia de Guayana se extiende hasta el río Esequibo, con exclusión de la zona entre la desembocadura del río Moruco y el río Esequibo, que aparece en este caso con la indicación de: "TERRITORIO QUE SE CONSIDERA USURPADO POR LOS INGLESES," lo que se repite en la zona de la ribera Oeste de las nacientes del río Esequibo".*[132]

Finalmente, con el Tratado de Paz y Reconocimiento de 1845 España, luego de los procesos de independencia, renunció a todos los derechos que tenía sobre el territorio venezolano. España reconoció a través de este tratado que la provincia de Guayana formaba parte del territorio de la república.

De manera que los títulos de Venezuela se encuentran claramente contenidos no solo en documentos históricos, sino también en cuerpos

---

131 Allan Randolph Brewer Carías, *Las constituciones de Venezuela*, ob. cit., pp. 707 y *ss*.

132 Allan Randolph Brewer-Carías, "La formación de la república y de su territorio en las constituciones del siglo XIX. Un legado del proceso constitucional que comenzó con la Ley Fundamental de la República de Colombia promulgada por Simón Bolívar, en Angostura, el 17 de diciembre de 1819", ob. cit.

normativos de derecho interno y de derecho internacional y ninguno de ellos fue tomado en cuenta por el tribunal arbitral.

2.2. Exceso de poder

El Laudo arbitral de París es nulo por haber incurrido en el vicio de exceso de poder cuando aplicó erróneamente la regla de prescripción en favor del Reino Unido, con lo que violó el artículo IV del tratado de arbitraje que estableció que *"Una posesión adversa o prescripción por el término de cincuenta años constituirá un buen título. Los árbitros podrán estimar que la dominación política exclusiva de un Distrito, así como la efectiva colonización de él son suficientes para constituir una posesión adversa o crear títulos de prescripción".*[133]

Como dijimos antes, se incorporó al Tratado de Washington esta regla "*a*" conocida como la cláusula de la prescripción que indujo al error interpretativo a la parte venezolana. De acuerdo a esa errónea interpretación se impuso el principio del *uti possidetis facti* sobre el *uti possidetis iuris*, verdadero eje del problema[134]. Esto se hizo, bajo el argumento de que el *uti possidetis iuris*, por ser un principio de derecho internacional americano, solo era aplicable entre los Estados de la región bajo conquista. De manera que el Reino Unido, al no ser parte de los estados bajo dominio colonial, sostuvo que este principio no tenía ninguna aplicación en el caso.

La aplicación del *uti possidetis iuris* habría beneficiado a Venezuela por cuanto había adquirido, según este principio, todos los territorios que pertenecían a la Capitanía General de Venezuela desde 1777.

La interpretación dada a la posesión del Reino Unido es contraria y violatoria del *modus vivendi* de 1850 suscrito con Venezuela, por medio del cual ambas partes se habían comprometido a mantener la situación fronteriza tal y como se encontraba para ese momento. Las partes se comprometieron a no ocupar el territorio en discusión comprendido entre la pseudo línea Schomburgk, máxima aspiración del Reino Unido y el Esequibo. De forma que la interpretación respecto de la posesión nunca podía referirse a ese lapso de tiempo.

---

133 Héctor Faúndez Ledesma, ob. cit., p. 337.

134 Véase Isidro Morales Paúl, ob. cit., p. 192.

Pero incluso asumiendo la regla de prescripción de esa forma incorrecta, de ella no se deduce la posibilidad de otorgar el enorme territorio que se adjudicó al Reino Unido. En efecto, está demostrado en el mapa incluido en el informe de los jesuitas Hermann González y Pablo Ojer, que el territorio que podía adquirir el Reino Unido mediante la regla de prescripción era mucho menor al que el laudo le adjudicó finalmente.

El laudo estableció que la línea de demarcación entre los Estados Unidos de Venezuela y la Guayana Británica es como sigue:

> *"Principiando en la Costa a la Punta Playa la línea de demarcación correrá por línea recta a la confluencia del Río Barima con el Río Mururuma, y continuará por el medio de la corriente de este Río hasta su fuente, y de este punto a la unión del Río Haiowa con el Amacuro, y continuará por el medio de la corriente del Amacuro hasta su fuente en la Sierra Imataca, y de allí al Sudoeste por la cima más alta del Espolón de la Sierra Imataca hasta el punto más elevado de la Cordillera Principal, al Sudeste, hasta la fuente del Acarabisi, y de este punto continuará por el medio de la corriente de este Río hasta el Cuyuní, y de allá correrá por la orilla septentrional del Río Cuyuní al Oeste hasta su confluencia en el Wenamu, y de este punto seguirá el medio de la corriente del Wenamu hasta su fuente más occidental, y de este punto por línea recta a la cumbre del Monte Roraima, y del Monte Roraima a la Fuente del Cotinga, y continuará por el medio de la corriente de este Río hasta su unión con el Takutu, y seguirá el medio de la corriente del Takutu hasta su fuente, y de este punto por línea recta al punto más occidental de la Sierra Akarai, continuará por la cúspide de la Sierra Akarai hasta la fuente del Corentín llamado Río Cutari. Queda siempre entendido que la línea de demarcación establecida por este fallo existe sin perjuicio y con reserva de cualquier cuestión que ahora exista o que ocurriese para determinación entre los Estados Unidos de Venezuela y la República del Brasil o entre esta República y el Gobierno de Su Majestad."*[135]

En el año 1967 Hermann González Oropeza y Pablo Ojer elaboraron y publicaron en el informe realizado por ellos un mapa tomando como base los documentos confidenciales británicos. En dicha repre-

---

[135] Héctor Faúndez Ledesma, ob. cit., pp. 342-343.

sentación cartográfica se observa claramente cuáles fueron los territorios ocupados por los ingleses para 1840, entre 1886 y 1890 y después de 1890. En efecto, la cláusula de prescripción no era aplicable a un territorio tan vasto como el que finalmente se adjudicó al Reino Unido, al contrario, la regla de prescripción solo podía aplicarse sobre una porción territorial considerablemente más pequeña[136].

El territorio reflejado en el mapa es considerablemente inferior al que se adjudicó al Reino Unido con el laudo, pues, incluso en la peor de las interpretaciones, eran estos los territorios a los que podía aplicarse la regla de la prescripción. Por ello el Laudo arbitral de París aplicó erróneamente la regla de prescripción en favor del Reino Unido, con lo que violó el artículo IV del tratado de arbitraje y, en consecuencia, incurrió en el vicio de exceso de poder.

2.3. *Ultra petita*

Es claro que conforme al artículo I del Tratado de Washington el tribunal arbitral tenía la sola misión de "*determinar la línea divisoria entre los Estados Unidos de Venezuela y la Colonia de la Guayana Británica*".[137] Asimismo, de acuerdo al artículo III el tribunal debía *investigar y cerciorarse*, de la extensión de los territorios respectivamente, o que pudieran ser legalmente reclamados y debía determinar la línea divisoria entre los Estados Unidos de Venezuela y la Colonia de la Guayana Británica.

En primer lugar, se incurrió en el vicio de *ultra petita* por cuanto decidió sobre el régimen de navegación en los ríos Barima y Amacuro, que nada tenía que ver con el objeto de la controversia delimitado en el tratado y de otra parte se involucró y afectó con la decisión a Estados que no suscribieron el tratado de arbitraje, pronunciándose sobre cuestiones limítrofes que incluso eran discutidas en ese momento, como la frontera entre Guayana Británica y Brasil.

En efecto, el tribunal arbitral ignoró el límite objetivo cuando se pronunció sobre el régimen de vías fluviales, y dotó de carácter internacional las actividades de navegación en el río Barima y el río Amacuro,

---

136 Hermann González Oropeza y Pablo Ojer, ob. cit., p. 15.

137 Héctor Faúndez Ledesma, ob. cit., p. 336.

cuestión que no tenía cabida alguna en el tratado. Y, además, lo ignoró cuando se pronunció sobre las tasas aduaneras entre los Estados en disputa. A saber:

> *"Al fijar la mencionada línea de demarcación los Árbitros consideran y deciden que, en tiempo de paz, los ríos Amacuro y Barima quedarán abiertos a la navegación de los buques de comercio de todas las naciones, salvo todo justo reglamento y el pago de derecho de faro u otros análogos, a condición que los derechos exigidos por la República de Venezuela y por el Gobierno de la Colonia de la Guayana Británica con respecto del tránsito de buques por las partes de dichos ríos que respectivamente les pertenecen, se fijen a la misma tasa para los buques de Venezuela y los de la Gran Bretaña, la cual no excederá a la que se exija de cualquiera otra nación. Queda también entendido que ningún derecho de aduana podrá ser exigido, ya por la República de Venezuela, ya por la colonia de la Guayana Británica, con respecto de mercaderías transportadas en los buques, navíos o botes pasando por dichos ríos, pero los derechos de aduana serán exigibles solamente con respecto de las mercaderías desembarcadas respectivamente en el territorio de Venezuela y en el de la Gran Bretaña".*[138]

Conforme con lo anterior, el laudo violó también el límite subjetivo al afectar Estados que no habían suscrito el tratado arbitral por cuanto definió los límites de Guayana con respecto a Brasil y Surinam.

El Laudo de París afectó a Brasil cuando adjudicó al Reino Unido el límite de los ríos Cotinga y Takutu, territorios que eran objeto de disputa entre el Reino Unido y Brasil. En efecto, el laudo señaló cuando determinó la frontera:

> *"...y del Monte Roraima a la* ***Fuente del Cotinga****, y continuará por el medio de la corriente de este Río hasta su unión con el* ***Takutu****, y seguirá el medio de la corriente del* ***Takutu*** *hasta su fuente, y de este punto por línea recta al punto más occidental de la Sierra Akarai..."*[139] *(Resaltado añadido).*

[138] *Ibíd.*, p. 343.

[139] *Ibíd.*, p. 342.

De hecho, cuando se firmó el Tratado de Washington en 1897 Brasil anticipó los posibles efectos que podrían tener lugar con el laudo. Antes de ser dictado el Laudo arbitral de París de 1899, el gobierno del Brasil presentó una protesta contra la redacción del Tratado de Arbitraje de 1897, específicamente sobre la generalidad del artículo III, tras considerar que su contenido era propenso a comprometer negativamente los derechos del Brasil en su litigio territorial con los británicos. La protesta brasileña fue enviada al Presidente del tribunal arbitral y también al gobierno británico y venezolano.

De forma que el Laudo arbitral de París desmejoró la situación del Brasil al adjudicar al Reino Unido tierras que estas dos naciones disputaban, lo que ocasionó protestas formales de la Cancillería de Brasil.

En efecto, las consideraciones que Brasil hizo fueron correctas. Así lo corrobora el contenido de la Circular del Ministerio de Relaciones Exteriores de Brasil a las Misiones Diplomáticas brasileñas de fecha 7 de diciembre de 1899 en Río de Janeiro. En ese documento se expresaba claramente la afectación y perplejidad que causó el laudo a Brasil. La decisión fijó como frontera entre los Estados Unidos de Venezuela y el Reino Unido el límite de los ríos Cotingo y Takutu, que eran objeto de litigio entre Reino Unido y Brasil.[140]

Expresa la circular que con el laudo se violó el principio de derecho internacional según el cual las sentencias arbitrales solo pueden decidir sobre la base de lo que ha sido pactado en el tratado de arbitraje. La violación de los límites de la controversia supuso que el territorio venezolano se extendiera hasta territorios brasileños, incluyendo las vertientes meridionales de la sierra Aracay objeto de litigio entre Brasil y Francia. [141]

Tanto para Venezuela como para el Reino Unido era imposible acordar que su frontera pasara por los ríos Cotingo y Takutu, menos por la sierra de Aracay. En efecto "*Venezuela no podría, porque su límite con Brasil está estipulado en el Tratado de 5 de mayo de 1859 y excluye*

---

140 Elbano Provenzali Heredia, "Cronología de una solidaridad. Documentos brasileños revelan los derechos de Venezuela sobre la Guyana Esequiba", *Boletín de la Academia de Ciencias Políticas y Sociales*, número 93-94, Academia de Ciencias Políticas y Sociales, Caracas, 1983, pp. 76-77.

141 *Ídem.*

aquellas regiones, Gran Bretaña no podría, porque aquel límite es el objeto del litigio que ella va a someter a arbitraje con Brasil.". [142]

Finalmente, la circular señaló que el tribunal arbitral de París sentenció más allá de la jurisdicción que había sido fijada en el Tratado de Washington, incurriendo en el vicio de *ultra petita* cuando se pronunció sobre cuestiones *"no reclamadas ni por Venezuela ni por Gran Bretaña, atribuyendo a Venezuela la región amazónica que ella no disputa a Brasil y atribuyendo a la Guyana Británica aun contra Venezuela, solamente la línea Schomburgk en la parte reclamada contra Brasil".*[143]

Igualmente, en 1938 -hace más de ochenta años- el académico Dr. Carlos Álamo Ybarra señaló a este respecto que el laudo desmejoró *"la situación del Brasil al adjudicarle a la Gran Bretaña tierras que estas dos naciones discutían, lo cual engendró protestas de la Cancillería de Rio de Janeiro, significadas en París y Londres."*[144]

Además, al afectar con la decisión a Estados que no habían suscrito el compromiso arbitral violó un principio fundamental en materia de derecho arbitral internacional, la relatividad de los laudos. Dicho principio, derivado de la naturaleza contractual del arbitraje, es la traducción del principio de relatividad de los contratos, de origen civilista, al campo del arbitraje internacional.

Según este principio, además de los límites objetivos de la controversia -no ir más allá de la materia controvertida- existen límites subjetivos -no afectar con la decisión a sujetos no involucrados en el litigio- y con el Laudo de París ambos límites fueron transgredidos.

El hecho de ignorar las reglas del Tratado de Washington decidiendo asuntos sobre los cuales no tenía competencia alguna, *"constituyen en sí mismos nuevas causas de nulidad de la sentencia."*[145]. Por lo que, al incurrir en el vicio de exceso de poder y, concretamente, en el vicio de *ultra petita*, el laudo arbitral es un acto nulo.

2.4. Falta de motivación

El Tratado de Washington de 1897 y los principios generales del derecho internacional exigían, como presupuesto de validez del laudo,

---

142 *Ídem.*
143 *Ídem.*
144 Carlos Álamo Ybarra, ob. cit., p. 87.
145 Hermann González Oropeza y Pablo Ojer, ob. cit., p. 16.

que este fuera dictado con arreglo a derecho. Esto suponía incluir en la decisión la necesaria y suficiente motivación que permitiera conocer a las partes la valoración de los árbitros respecto de cada uno de los títulos jurídicos presentados y la explicación razonada de por qué decidieron de la forma como lo hicieron.

El deber de motivación se desprende, en primer lugar, del artículo III del Tratado de Washington que estableció que el Tribunal *investigará y se cerciorará de la extensión de los territorios respectivamente, o que pudieran ser legalmente reclamados por las partes*.[146] Si el tribunal tenía la obligación de atender a los fundamentos legales de los títulos de cada una de las partes, entonces debía dar cuenta de cómo lo había hecho.

Además, para el momento de la decisión era ya un principio de derecho internacional que en los arbitrajes de derecho los laudos debían ser motivados. Así quedó plasmado con el precedente de las reclamaciones del Alabama, donde los árbitros elaboraron un laudo que explicó con detalles el razonamiento detrás de la decisión que tomaron.

Igualmente, el deber de motivación fue recogido en el Proyecto de Reglamento sobre Procedimiento Arbitral Internacional de 1875 elaborado por el Instituto de Derecho Internacional en su artículo 23, conforme al cual:

> *"El laudo arbitral será por escrito **y estará motivado**, salvo que el convenio arbitral disponga otra cosa. Deberá ser firmado por cada miembro del tribunal arbitral. Si una minoría se niega a firmar, bastará la firma de la mayoría, junto con una declaración escrita de que la minoría se ha negado a firmar".*[147] *(Resaltado añadido)*

Esta disposición pone de manifiesto la importancia de la motivación según los principios del derecho internacional para el momento de la disputa, que solo era dispensable en los casos en que las partes así lo

[146] Héctor Faúndez Ledesma, ob. cit., p. 337.

[147] Instituto de Derecho Internacional, *Projet de règlement pour la procédure arbitrale internationale*, Session de La Haye, 1875. p. 5. Texto original del artículo: *"La sentence arbitrale doit être rédigée par écrit et contenir un exposé des motifs sauf dispense stipulée par le compromis. Elle doit être signée par chacun des membres du tribunal arbitral. Si une minorité refuse de signer, la signature de la majorité suffit, avec déclaration écrite que la minorité a refusé de signer".*

convinieran. Pero en el arbitraje de París, las partes jamás relevaron a los árbitros del deber de motivar.

Finalmente, también estaba claro que para el momento de la controversia la motivación era una exigencia de la costumbre -fuente de derecho internacional- cuando el artículo 52 de la Convención para el Arreglo Pacífico de los Conflictos Internacionales, principal resultado de la Convención de La Haya de 1899, estableció:

> *"La sentencia arbitral, aceptada por la mayoría de los votos, deberá estar motivada. Se redactará por escrito y la firmará cada uno de los miembros del Tribunal. Los miembros que hayan quedado en minoría pueden, al firmar, hacer constar su disentimiento".*[148]

De manera que la motivación era natural en las sentencias arbitrales que para el momento eran consideradas verdaderos arreglos de derecho. Aunque Fiódor Fiódorovich Martens -Presidente del Tribunal Arbitral de París- intentó varias veces en la I Convención de la Haya imponer su tesis sobre que los laudos arbitrales no debían ser motivados, no lo logró.

En efecto, en las discusiones que tuvieron lugar en aquella convención, Fiódor Fiódorovich Martens esgrimió como una de las razones para prescindir de la motivación de los laudos arbitrales que:

> *"Exigirles (a los árbitros) que motiven sus decisiones sería imponerles una de las obligaciones más delicadas, y quizás y tal vez incluso avergonzarlos seriamente, si sus conciencias judiciales no se encuentran de acuerdo con las exigencias de sus gobiernos o de las sensibilidades de la opinión pública de sus países."*[149]

Para Fiódor Fiódorovich Martens, desde el punto de vista jurídico la motivación suponía una gran ventaja, pero, desde el punto de vista práctico, no era así. En este planteamiento el ruso solo fue apoyado por Mr. Holls, delegado de los Estados Unidos.

---

148 James Brown Scott (dir.), ob. cit., p. 244. Texto original del artículo: *"The award, given by a majority of votes, must state the reasons on which it is based. It is drawn up in writing and signed by each member of the tribunal. Those members who are in the minority may record their dissent when signing".*

149 *Ibíd.*, p. 740.

Sin embargo, otros representantes presentes en esa reunión, como el Dr. Phillip Zorn, consejero judicial privado, profesor de la Universidad de Königsberg, que asistió en calidad de delegado científico por Alemania; Chevalier Descamps, senador, en representación de Bélgica; y el delegado plenipotenciario y miembro del consejo de Estado de Holanda Tobías Michael Carel Asser, refutaron sus argumentos y sostuvieron la posición mayoritaria para el momento según la cual los laudos debían ser motivados. Esta posición fue la que efectivamente se impuso en el artículo 52 de la Convención para el Arreglo Pacífico de Controversias Internacionales emanada de la misma convención.

Los árbitros, que eran todos juristas reconocidos y de dilatada experiencia en materia de derecho internacional y, en especial, de arbitraje, sabían de la vigencia de esos principios de derecho internacional.

En efecto, si alguien conocía el derecho aplicable, era Fiódor Fiódorovich Martens. Quizá lo más contradictorio fue que asistió como representante de Rusia a la I Conferencia de La Haya mientras se desarrollaba el arbitraje de París y esto hizo que se suspendieran las audiencias en tres oportunidades, una a finales de junio y las otras dos en julio de 1899.

Como señaló Marcos Falcón Briceño, refiriéndose a Fiódor Fiódorovich Martens *"al mismo tiempo que es elegido Presidente del Tribunal Arbitral, está asistiendo como Delegado de Rusia a las sesiones de la Primera Conferencia Internacional de la Paz. Una conferencia importante porque allí se establecen reglas sobre el arbitraje."*[150] De manera que conocía de primera mano todo lo que se discutía en la conferencia y la importancia de las ideas que allí se concertaron.

Fiódor Fiódorovich Martens conocía muy bien que el deber de motivación de los laudos era una obligación que se desprendía de los principios del derecho internacional. Esto quedó demostrado cuando participó como árbitro único en una controversia entre Reino Unido y Holanda, surgida por la detención arbitraria del capitán del ballenero Costa Rica Packet.

Ese laudo dictado el 25 de febrero de 1897 estuvo plenamente motivado. "*Primero, Federico de Martens señaló el monto de las indem-*

[150] Marcos Falcón Briceño, ob. cit., p. 48.

nizaciones por daños causados a la tripulación del ballenero. Luego, reconoció el derecho aplicable al caso, el derecho de gentes. Expuso detalladamente el alcance de la soberanía territorial del Estado en el mar territorial, la naturaleza y régimen jurídico de las naves mercantes. Además, en este caso sí se consideraron las pruebas pues el laudo expresa como todos los documentos aportados evidencian la falta de fundamento de la detención. Federico de Martens obró de maneras completamente distintas en este caso y en el de Venezuela".[151]

A lo anterior se suma el hecho de que todos los árbitros del tribunal sabían que estaban en la obligación de examinar detalladamente cada uno de los títulos y, sin embargo, no lo hicieron. Más grave aún es, que no lo hayan hecho cuando era obvio que tenían pleno conocimiento de cuál era el derecho aplicable.

Por todas estas razones, el laudo es nulo por no atender al derecho aplicable que se desprendía de los principios generales del derecho internacional. Estos principios vinculaban a las partes y hacían nacer en los árbitros la obligación de resolver la controversia con arreglo a derecho y no en forma discrecional.

Si el tribunal arbitral consideró como título la cesión de Holanda al Reino Unido mediante el Tratado de Londres de 1814, tuvo entonces que haber señalado cómo llegó a esa conclusión y exponer cuál fue la valoración de la prueba que realizó. Como afirma Faúndez Ledesma, de conformidad con el artículo IV del tratado *"había tres opciones para adjudicar todo o parte del territorio en disputa a una de las partes en litigio, era natural y obvio que habría que indicar a partir de cuál de esas reglas se había llegado a esa decisión, y porqué"*[152].

La primera opción era mediante la aplicación de la regla "a" del artículo IV que estableció la posesión adversa o prescripción, que hemos analizado ya; la segunda posibilidad era mediante la aplicación de la regla "*b*" del artículo IV según la cual los árbitros podían *"reconocer y hacer efectivos derechos y reivindicaciones que se apoyen en cualquier otro fundamento válido conforme al derecho internacional"*[153] o prin-

---

[151] Héctor Faúndez Ledesma, ob. cit., pp. 123-124.
[152] *Ibíd.*, p. 115.
[153] *Ibíd.*, p. 337.

cipios del derecho internacional siempre que no contravinieran la regla de la prescripción; la tercera y última solo podía darse en caso de ocupación por parte de súbditos en el territorio de la otra parte, caso en el que se daría a tales ocupaciones *"el efecto que, en opinión del Tribunal, requieran la razón, la justicia, los principios del derecho internacional y la equidad del caso"*.[154]

Sin embargo, a pesar de que estas reglas debían ser razonadas en el laudo para que las partes conocieran los verdaderos motivos de la decisión, los árbitros ignoraron este deber y dictaron una sentencia insuficiente en la que se establece el límite entre dos Estados sin justificación legal alguna; cuestión que vicia la decisión y la convierte en nula.

A este respecto tengamos en cuenta lo escrito en *La Voce della Verità*, una gaceta italiana, específicamente de Italia central, publicada durante el siglo XIX y dirigida por Carlo Galvani, en fecha 29 de octubre de 1899, poco tiempo después de conocerse el contenido del laudo. Esta fuente fue referida por los jesuitas Hermann González y Pablo Ojer en su informe:

> *"La Comisión, de hecho no tomó en cuenta los argumentos de las dos partes. No juzgó sobre la base de los derechos, sino que arbitrariamente trazó lo que había de ser un compromiso, el cual, sin embargo, concede la mayor parte al más fuerte. En efecto, a Inglaterra le otorgaron cinco sextas partes y a Venezuela sólo una sexta parte, pero el tribunal no se tomó la molestia de explicar sobre qué bases jurídicas se apoyaba esa partición."*[155]

2.5. Falta al deber de imparcialidad

El Laudo arbitral de París es nulo, además, porque violó principios de derecho internacional al haber faltado los árbitros al deber de neutralidad e imparcialidad, desde que al menos el Presidente del tribunal arbitral Fiódor Fiódorovich Martens actuó abiertamente de manera parcializada. Hay pruebas que determinan que Fiódor Fiódorovich Martens manipuló y coaccionó a los demás árbitros para obtener una decisión

---

[154] *Ibíd.*, p. 338.
[155] Véase en Hermann González Oropeza y Pablo Ojer, ob. cit., p. 52.

unánime a favor del Reino Unido, convirtiendo un laudo de derecho en un arreglo político. Es un hecho probado que Fiódor Fiódorovich Martens ejerció presiones indebidas sobre el resto de los árbitros.

Los principios del derecho internacional en materia de arbitraje, vinculantes todos, exigían que en la composición de los tribunales arbitrales se tomara en cuenta un elemento indispensable, la neutralidad de los árbitros.

El Tratado de Washington de 1897 en su artículo II, estableció la forma en la que se designarían los árbitros. El tribunal estaría compuesto por un total de cinco juristas, dos seleccionados "*por Venezuela*" que, como ya hemos dicho, serían nombrados:

> "*...uno por el Presidente de los Estados Unidos de Venezuela, a saber, el Honorable Melville Weston Fuller, Justicia Mayor de los Estados Unidos de América, y uno por los Justicia de la Corte Suprema de los Estados Unidos de América, a saber, el Honorable David Josiah Brewer, Justicia de la Corte Suprema de los Estados Unidos de América*" [156]

Los otros dos árbitros seleccionados por los miembros de la comisión judicial del Consejo Privado de la reina Victoria fueron finalmente Lord Russell of Killowen y Sir Richard Henn Collins. Finalmente, el Presidente del tribunal arbitral sería un quinto jurista seleccionado por los otros cuatro árbitros.[157] De conformidad con esta disposición del tratado, el Presidente del tribunal arbitral, elegido por los árbitros ingleses y estadounidenses, fue el ruso Fiódor Fiódorovich Martens, reconocido jurista con amplia experiencia en materia de arbitraje.

Por otra parte, debemos reiterar lo establecido en el artículo V del tratado de Washington por cuanto de allí es que se deriva el deber de imparcialidad según el cual, los árbitros "*procederán a examinar y decidir **imparcial y cuidadosamente** las cuestiones que se les hayan sometido o se les presentaren*".[158] (Resaltado añadido).

Sin embargo, contrariamente a lo establecido en el Tratado de Washington de 1897 y de los principios vigentes en materia de arbitra-

---

156 Héctor Faúndez Ledesma, ob. cit., pp. 336-337.

157 *Ídem.*

158 *Ibíd.*, p. 338.

je internacional, la imparcialidad de Fiódor Fiódorovich Martens fue dudosa desde el comienzo. Fiódor Fiódorovich Martens era un funcionario activo de su país y ello asomaba la posibilidad de que estuviera influenciado por los intereses de su nación, más que por la idea la imparcialidad, como indica Falcón Briceño:

> *"...al mismo tiempo que es elegido Presidente del Tribunal Arbitral, está asistiendo como Delegado de Rusia a las sesiones de la Primera Conferencia Internacional de la Paz. Una conferencia importante porque allí se establecen reglas sobre el arbitraje."*[159]

De forma que Fiódor Fiódorovich Martens era representante de Rusia y actuaba movido por intereses políticos. Y, de otra parte, queda claro que había participado en la Conferencia de La Haya de 1899 y que conocía todo lo que allí se discutió.

En relación con lo anterior, Falcón Briceño observa también que *"en el fondo de De Martens había más que todo un hombre práctico, como él mismo decía, un político, de manera que, y es natural, siendo un funcionario del imperio ruso, su pensamiento político estuviera vinculado desde luego al pensamiento y a los intereses políticos de Rusia."*[160].

Llama la atención que, siendo una figura tan relevante en el foro arbitral internacional, se conocían no sólo sus visiones políticas, sino también sus criterios sobre asuntos controversiales relacionados con el arbitraje, lo que pudo haber inclinado a los ingleses a elegirlo porque tenía una visión política del arbitraje y, además, sostenía la tesis de que los laudos no requerían ser motivados.

Tengamos también en cuenta que para Fiódor Fiódorovich Martens las potencias eran superiores a los pueblos salvajes o bárbaros, como le gustaba llamar a los países menos desarrollados. Esta posición quedó plasmada en una de sus obras:

> *"Sin embargo, cabe preguntarse cuál de estas dos opiniones, tan divergentes en sus puntos de partida y tan coherentes en sus conclusiones finales, es la verdadera. ¿Es realmente cierto que una lucha entre Rusia e Inglaterra a orillas del Indo es una necesidad*

---

159 *Ídem.*

160 Marcos Falcón Briceño, ob. cit., p. 48.

absoluta y una fatalidad implacable? ¿Están estas dos grandes potencias civilizadas real e inevitablemente obligadas por alguna ley inmutable a dar a los pueblos salvajes de Asia el triste espectáculo de una lucha amarga y despiadada? ¿Es digno de la civilización europea, de la que Inglaterra y Rusia son los únicos representantes en Asia Central, evocar los instintos pervertidos de las hordas asiáticas y aprovecharse del odio salvaje que estos bárbaros sienten hacia todas las naciones cristianas y civilizadas? ¿Se ha reflexionado seriamente sobre esta cuestión?: quién se beneficiará, en última instancia, de esta lucha entre Inglaterra y Rusia; ¿cuál de estas dos potencias, victoriosas en los campos de batalla, estará en condiciones de mantener bajo su dominio a todas las naciones asiáticas y a todas las tribus salvajes y saqueadoras a cuya ayuda debe su éxito?"[161]

A juicio del Presidente del tribunal arbitral, las naciones civilizadas deben asumir el rol que "*la providencia divina*"[162] les ha asignado "*para el bien de las naciones salvajes*"[163]. Ese determinismo sobre el papel de la naciones es clave para entender la aptitud de Fiódor Fiódorovich Martens en el arbitraje de París. Claramente solo buscó favorecer los intereses de la nación civilizada para "*ejemplarizar la necesaria solidaridad y cooperación anglorusa*"[164] de la que era partidario.

Como afirmó Héctor Gros Espiell, en los comentarios que hace a la obra de Fiódor Fiódorovich Martens, no cabe duda de que:

> *"...las ideas de Martens sobre las relaciones anglo-rusas y sobre los pueblos "civilizados y los "semi bárbaros" o "semi salvajes", podían, en efecto, haber tenido influencia decisiva en la solución adoptada en el laudo arbitral de 199, frente al hecho de que en múltiples estudios sobre el tema se ha sostenido, con plena razón, que esa sentencia fue, en realidad un acto político-diplomático, un acuerdo anglo-ruso, vinculado probablemente a un contrato o convenio entre ambos países"*[165].

161 Véase Héctor Gros Espiell (trad.), *Rusia e Inglaterra en Asia Central*, traducida y comentada por Héctor Gros Espiell, Ediciones de la Presidencia de la República, Caracas, 1981. p. 50-51.

162 *Ídem.*

163 *Ídem.*

164 *Ibíd.*, p. 52.

165 *Ibíd.*, p. 16.

Además, Fiódor Fiódorovich Martens sostenía que el derecho internacional solo era aplicable a naciones civilizadas. En su obra "*Rusia e Inglaterra en Asia Central*" definió al derecho internacional como *"el compendio de principios que regulan las relaciones de las naciones para prosecución de sus fines comunes"*[166].

Para Fiódor Fiódorovich Martens, el derecho internacional -así definido- era producto de las ideas morales y jurídicas europeas y, en consecuencia, no aplicable a la otra categoría de naciones que denominó semi-bárbaras. Para el Presidente del Tribunal Arbitral de París, estas naciones no se aplicaba el derecho internacional sino que sus relaciones con las naciones civilizadas debían regirse por el derecho natural. La justificación de esta idea la expresa en los términos siguientes:

> *"...Sería pueril exigir de naciones que se encuentran en este estado de naturaleza, acciones que no derivan de otra fuente que no sea la conciencia y que no se explican por otra razón que no sea la solidaridad de intereses y la reciprocidad de esfuerzos dirigidos a un mismo fin social..."*[167].

Gros Espiell en sus comentarios a la obra de Fiódor Fiódorovich Martens, señala que esta supuesta "*aplicación*" del derecho natural en las relaciones entre naciones civilizadas y "*semi-civilizadas*" no es más que una fachada para permitir a las potencias europeas imponer su voluntad en sobre la de los países más débiles[168]. Este fue el caso de Venezuela en el arbitraje de 1899.

Además de las consideraciones anteriores, la violación del deber de imparcialidad por parte de Martens, está respaldada por la labor investigativa de los jesuitas Hermann González Oropeza y Pablo Ojer. Venezuela posee documentos, comunicaciones y notas de presa que demuestran que se trató de una componenda. Algunos de estos documentos son:

1.- En el diario del secretario privado de Lord Rusell, J. R. Block, con fecha de 2 de octubre de 1899, un día antes del laudo, figura una

---

166 *Ibid.*, p. 57.
167 *Ibid.*, p. 59.
168 *Ídem.*

afirmación lapidaria: *"Venezuela. La componenda de Martens nos ha dado la victoria. Archivos privados".*[169]

2.- Diario de la señora *Caroline Harrison*, esposa del Presidente *Benjamín Harrison*, fechado 3 de octubre de 1899, donde refiriéndose al Reino Unido se lee:

> *"Esta mañana el Tribunal fue convocado para oír la decisión. Fue exactamente lo que se podía haber esperado; cuando Inglaterra vaya a devolver algo que retiene aun dudosamente, será el fin del mundo. Algo de lo que tomó ha concedido, pero en los alegatos se demostró que mucho no lo poseía legalmente. Todos nos hallamos más bien furiosos. Rusia era el quinto en el Tribunal, y es su diplomacia ponerse del lado de Inglaterra: la balanza de poder, etc. ..."*[170]

Lo que refleja esta nota es que, en efecto, el Reino Unido devolvió una porción del territorio usurpado a Venezuela. Sin embargo, esa devolución fue insuficiente por cuanto los títulos de las partes demostraban con claridad que Venezuela poseía legítimamente más territorio del que el laudo le otorgó. La reacción fue de rechazo contra la decisión, en la que el Presidente del tribunal arbitral Fiódor Fiódorovich Martens no actuó como tercero imparcial, sino que favoreció abiertamente a los ingleses.

3.- Comunicación de Lord Rusell, árbitro principal del Reino Unido, a Lord Salisbury, fechada del 7 de octubre de 1899, refiriéndose a Fiódor Fiódorovich Martens, Presidente del tribunal arbitral:

> *"...parecía que buscaba medios de llegar a líneas de compromiso, y pensaba que era su deber lograr a toda costa, a ser posible, una decisión unánime. Más aún, lamento verme en la obligación de decir que en entrevista privada intimó a Lord y Justicia Collins, en tanto que le urgía a reducir el reclamo británico, que si no lo hacíamos, él se podría ver obligado, con el objeto de obtener la adhesión de los Árbitros venezolanos a acordar una línea que podría no ser justa con Gran Bretaña. No me cabe duda de que habló en sentido contrario a los Árbitros venezolanos, y temo que posiblemente fue mucho peor el medio de incitarles a que aceptaran el laudo en su*

---

169 *Ídem.*

170 Hermann González Oropeza y Pablo Ojer, ob. cit., p. 42.

forma actual. Sea lo que sea, huelga decir que el Sr. de Martens revelaba un estado de espíritu muy intranquilo."[171].

4.- Comunicación de Severo Mallet-Prevost de fecha 26 de octubre de 1899, trece días después de dictado el laudo, dirigida al profesor George L. Burr:

> *"Nuestros Árbitros fueron forzados a aceptar la decisión, y con estricto carácter confidencial, no dudo en asegurarle a usted que los Árbitros británicos no se rigieron por consideración alguna de Derecho o Justicia, y que el Árbitro ruso probablemente fue inducido a adoptar la posición que tomó por razones totalmente extrañas a la cuestión. Sé que esto sólo va a abrirle el apetito, pero al presente no puedo hacer otra cosa. El resultado, a mi juicio, es una bofetada al Arbitraje."*[172]

5.- Comunicación de Richard Olney al Presidente Grover Cleveland el 27 de diciembre de 1899:

> *"No lo he vuelto a ver a usted después de la sentencia en el asunto de los límites de Venezuela. A raíz de su regreso a Nueva York, el Sr. Mallet-Prevost, el abogado más joven de Venezuela estaba ansioso de contarme cómo habían pasado las cosas y por qué ocurrieron así. En una de mis visitas a Nueva York le invité a comer con el resultado de que habló más y comió menos, y de que el tiempo que duró la comida fue, más que de tomar alimentos y refrescos, de intensa ira y amargura de espíritu por el procedimiento y decisión del Tribunal de Arbitraje. Me abstengo de entrar en detalles, pues no me cabe duda de que usted se habrá enterado de ellos por otras fuentes. Lo peor de todo, por lo visto, no es tanto la pérdida de territorio por parte de Venezuela, cuanto el descrédito general del arbitraje. Según mi informante, tanto el Presidente de la Corte, como Brewer se muestran contrarios al arbitraje como fórmula de resolver controversias internacionales mientras no haya un procedimiento que garantice los derechos de las Partes. El exsecretario John W. Foster, con quien comí el otro día, dijo que Fuller y Brewer regresaron al país bastante enfermos de arbitraje."*[173]

---

171 *Ídem.*

172 *Ídem.*

173 *Ibíd.*, p. 44.

Con esta carta quedó claro que lo ocurrido en el arbitraje y lo reflejado en el Laudo arbitral de París de 1899, hizo que el medio de resolución de controversias perdiera credibilidad. Los árbitros que participaron en el procedimiento desarrollaron cierta aversión por el arbitraje.

De manera que hoy con esta información y la recabada en la investigación de los jesuitas Hermann González Oropeza y Pablo Ojer: "... *se puede apreciar con más claridad es que el Laudo de 1899 no estuvo basado realmente en un análisis jurídico donde haya existido unanimidad de criterio sino que más bien fue la consecuencia de un pacto entre los integrantes del tribunal, quienes fueron fieles a sus intereses.*"[174]

2.5.1. Memorándum de Severo Mallet-Prevost

Las sospechas de que el presidente del tribunal arbitral, Fiódor Fiódorovich Martens, había violado gravemente el deber de imparcialidad, quedaron plenamente comprobadas cuando se publicó el memorándum que había dejado Severo Mallet-Prevost, uno de los abogados que representaba a Venezuela, fallecido el 10 de diciembre de 1948 en Nueva York. Severo Mallet-Prevost había designado como albacea al abogado Otto Schoenrich, socio de la firma de abogados a la que pertenecía (Curtis, Mallet-Prevost, Colt & Mosle) y le había encargado que publicara el documento luego de su muerte.

El memorándum fue publicado en julio de 1949 en el *American Journal of International Law* y también, ese mismo año, en el Boletín de la Academia de Ciencias Políticas y Sociales de Venezuela, específicamente en el volumen 14, bajo el título de *"Materia de excepcional importancia para la historia diplomática de Venezuela. La disputa de límites entre Venezuela y La Guayana Británica"*.

En el memorándum, Severo Mallet-Prevost reconoció que él y el Presidente Benjamín Harrison tuvieron conocimiento de la confabulación que existió entre el Presidente del tribunal arbitral Fiódor Fiódorovich Martens y los árbitros ingleses Lord Russell y Lord Collins.

El abogado Severo Mallet-Prevost relata que Russell siempre tuvo una actitud reticente e inclinada en favor del Reino Unido, era del crite-

---

[174] William Dávila Barrios (ed.), *Libro blanco: La reclamación venezolana del territorio Esequibo*, Asamblea Nacional, Caracas, 2020, p. 14.

rio de que los árbitros tienen una vinculación política y consideraba que no era necesario que los arbitrajes internacionales se ciñeran exclusivamente a fundamentos legales.

Severo Mallet-Prevost narra que en una comida íntima organizada por Henry White, que ocupaba el cargo de encargado de negocios de los Estados Unidos, en la ciudad de Londres coincidieron Lord Russell, el juez Josiah Brewer y él. Mallet-Prevost expresa en el Memorándum refiriéndose a Lord Russell:

> *"Me tocó sentarme a su lado, y en el curso de la conversación me aventuré a expresar la opinión de que los arbitramentos internacionales deberían basar sus decisiones únicamente sobre fundamentos legales. Lord Russell respondió inmediatamente: Estoy enteramente en desacuerdo con usted. Pienso que los arbitrajes internacionales deberían ser conducidos por vías más amplias y que deberían tomar en consideración cuestiones de política internacional. Desde aquel momento comprendí que no podíamos contar con Lord Russell para decidir la cuestión fronteriza sobre la base del derecho estricto."*[175]

Una percepción completamente distinta tuvo Severo Mallet-Prevost de Lord Collins, a quien conoció el primero de junio de 1899 luego de pronunciarse los discursos del procurador general de Inglaterra Sir Richard Webster y el autor de este memorándum que duraron 26 días[176]. Lord Collins se mostró mucho más animado, dispuesto a indagar y, sobre todo, a comprender y analizar la controversia y los títulos que fundamentaban las pretensiones de las partes. Sobre él, reseña Severo Mallet-Prevost:

> *"...era completamente obvio que Lord Collins estaba sinceramente interesado en darse cuenta totalmente ele los hechos del asunto y en determinar la ley aplicable a tales hechos. El, por supuesto, no dio indicación acerca de cómo votaría en la cuestión; pero toda su actitud y las numerosas preguntas que formuló eran críticas de los alegatos británicos y daban la impresión de que se iba inclinando hacia el lado de Venezuela."*[177]

---

175 Véase el Memorándum de Severo Mallet-Prevost en Otto Schoenrich, ob. cit., p. 32.

176 *Cfr.* Otto Schoenrich, ob. cit., p. 32.

177 *Ídem.*

Sin embargo, esas impresiones cambiaron radicalmente luego del receso de dos semanas, que tuvo lugar una vez concluidos los discursos mencionados. En ese momento los árbitros ingleses viajaron a Inglaterra, junto con el Presidente del tribunal arbitral Fiódor Fiódorovich Martens.

Según consta en el Memorándum de Mallet-Prevost, cuando Lord Collins volvió de Inglaterra a París luego de aquellas vacaciones, no era el mismo que se había marchado. Evidentemente ocurrieron en Inglaterra varios hechos que desconocemos pero que, probablemente, obedecían a intereses políticos de ambas potencias: Rusia y el Reino Unido. Severo Mallet-Prevost estaba convencido de que algo había ocurrido:

> *"El señor Mallet-Prevost afirmó que él estaba seguro de que la actitud de los miembros británicos y el miembro ruso del Tribunal Arbitral era el resultado de una negociación entre Gran Bretaña y Rusia por el cual las dos Potencias indujeron a sus representantes en el Tribunal a votar como lo hicieron, y Gran Bretaña probablemente dio a Rusia ventajas en otra parte del globo."*[178]

No puede entenderse en su totalidad la controversia territorial de Venezuela y el Reino Unido sin observar al Laudo Arbitral del 3 de octubre de 1899 *"dentro de un marco histórico general y en función de las relaciones anglo-rusas en la segunda mitad del siglo XIX, habida cuenta de sus intereses específicos"*[179].

La componenda que sospechaba Mallet-Prevost se hizo evidente cuando Fiódor Fiódorovich Martens se reunió con los árbitros americanos -Brewer y Fuller- para proponerles que, si aceptaban tomar una decisión unánime, Venezuela conservaría las Bocas del Orinoco, pero, si no lo hacían, el ruso se alinearía con los árbitros ingleses, cuestión que, supondría una peor situación para el Estado venezolano.

El 31 de agosto de 1907, varios años después de la ejecución coactiva del Laudo de París, tuvo lugar un hecho que respalda la veracidad de las sospechas de Mallet-Prevost. En esa fecha, se firmó el Tratado Anglo-Ruso de Mutua Cordialidad que allanó las tensiones entre Rusia

---

178 *Ibíd.* p. 30.

179 Héctor Gros Espiell (trad.), ob. cit., p. 48.

y el Reino Unido en Asia Central y mejoró las relaciones entre ambos países; con la convención tuvo lugar la independencia de Afganistán, de Persia y de Tíbet. Así lo confirma el Dr. Gros Espiell:

> *"La aproximación anglo-rusa, iniciada en 1895, de acuerdo a las ideas que Martens había expuesto ya en 1879, se concretaría final y definitivamente en la Convención Relativa a Persia, Afganistán y Tibet, firmada en San Petersburgo por Isvlasky, Ministro de Relaciones Exteriores del Imperio ruso y Nicolson, Embajador inglés, el 31 de agosto de 1907"*[180].

Este Tratado Anglo-Ruso de Mutua Cordialidad fue, precisamente, uno de los acuerdos que, junto a la Alianza Franco-Rusa y la Entente *Cordiale* Franco-Británica, consolidaron la Triple Entente[181], conformada por Francia, Rusia y el Reino Unido. La principal motivación de este tratado fue *"la creciente agresividad alemana"* y, en virtud de ello, el Reino Unido y Rusia "*liquidaron finalmente sus históricas diferencias coloniales*"[182].

Para restar valor y credibilidad a este contundente Memorándum de Mallet-Prevost, la República Cooperativa de Guyana ha sostenido ahora ante la Corte Internacional de Justicia que el memorándum de Severo Mallet-Prevost fue revelado muchos años después de dictarse el laudo y que, además, es dudoso por las estrechas relaciones del abogado con el Estado venezolano, que le premió incluso con la Orden del Libertador[183].

---

180 *Ibíd.*, p. 72.

181 María Sol Aldonate, "A 110 años. Formación de la Triple Entente", Universidad de la Plata – Instituto de Relaciones Internacionales, Buenos Aires, 2017. *"En 1912, Francia y Rusia ratificaron su alianza a través de un protocolo, en el que se establecía que ambas potencias apoyaban los objetivos político-estratégicos de la otra y ambas se comprometían a intervenir si alguna de ellas era atacada. Por su parte, Gran Bretaña que había entrado a la alianza con una motivación diferente (estaba preocupada por mantener su dominio de los mares y el poderío de su Imperio) consideró adecuado fortalecer su posición en el Mar del Norte frente a los avances alemanes"*.

182 Véase "Acuerdo Anglo-Ruso 1907" en *Glosario de Historia de las Relaciones Internacionales durante el siglo XX*. Disponible en: http://www.historiasiglo20.org/GLOS/angloruso.htm.

183 *International Court of Justice, "Memorial of Guyana", Volume* I, p. 13. *"En la búsqueda de ese objetivo, Venezuela se propuso impugnar la validez del Laudo que hasta entonces había respetado, afirmado y sostenido durante más de seis décadas. Con este fin, Vene-*

Sin embargo, vamos a tener presente que ese Memorándum no es el único documento que deja ver y pone de manifiesto los vicios del Laudo Arbitral de París. Hubo muchas reacciones contrarias al laudo antes de conocerse el Memorándum de Severo Mallet-Prevost. De hecho, el escritor L. de la Chanonie formuló una crítica al arbitraje de París en el número 3° del tomo III de la *Revue d'Europe* publicada en marzo de 1900. En ella, denuncia -muchos años antes- las mismas irregularidades que luego fueron expuestas en el memorándum póstumo de Severo Mallet-Prevost:

> *"...el Sr. De Martens propuso entonces a los árbitros americanos, conceder a Venezuela, en compensación por los territorios de la línea Schomburgk, la posesión absoluta del Orinoco, retirando la frontera inglesa a unas veinte leguas del río; añadió que si los árbitros de Venezuela no aceptaban este arreglo, votaría con los árbitros ingleses para acabar de una vez, lo que aseguraría a Inglaterra la posesión de uno de los lados del delta del Orinoco. La perplejidad de los árbitros americanos fue grande, y su turbación profunda; al cabo de algunas horas de reflexión, juzgaron que era necesario ante todo poner al gran río fuera de las garras de Inglaterra; prefirieron aceptar un arreglo enojoso a no obtener nada, y finalmente, constreñidos por una necesidad imperiosa, se adhirieron a la sentencia arbitral; he aquí la unanimidad de los jueces tan cacareada por la prensa inglesa la cual la ha interpretado como una prueba irrefutable de los indudables derechos de Gran Bretaña. La publicación dada aquí a los debates secretos, pone las cosas en su punto.*
>
> *Una simple pregunta: si la disputa, en vez de haberse planteado entre un pequeño Estado y una gran Potencia, hubiera enfrentado a Inglaterra, Rusia, Francia o Alemania, ¿habría terminado en tres días y con tanto desenfado, un conflicto que, en caso de necesidad,*

---

zuela invocó un memorando secreto, supuestamente redactado en 1944 por Severo Mallet-Prevost, un miembro menor del equipo legal de Venezuela en el arbitraje de 1899, con supuestas instrucciones de que no se publicara hasta después de su muerte (que ocurrió en 1949). Se dice que el memorando fue redactado más de 45 años después de los acontecimientos que supuestamente describía, y en el mismo año en que Venezuela entregó al Sr. Mallet-Prevost la Orden del Libertador "en testimonio de la alta estima que el pueblo venezolano tiene y tendrá siempre de él.".

hallara en la fuerza su legítimo recurso? Pero Venezuela no tiene el poder marítimo y militar que permite hablar alto; no ha podido apoyar con las armas el rechazo de una decisión no tanto arbitral cuanto arbitraria, cuya injusticia resultaba notoria. El derecho internacional le abría el camino a una apelación platónica, herida de antemano de esterilidad. . . Pero eso se calló."[184]

En este comentario de la prensa francesa se afirmó -cuarenta y nueve años antes de la publicación del memorándum de Severo Mallet-Prevost- que el Presidente del tribunal arbitral faltó al deber de imparcialidad y fue el director de una componenda que perjudicó al más débil, que era obviamente Venezuela.

El 18 de octubre de 1899, en el *Idaho Daily Statesman*, un diario de Estados Unidos, se criticó fuertemente el arbitraje:

"El plan consistió en asegurar el apoyo del Sr. de Martens, Presidente del tribunal. Esto se llevó a cabo por la intervención de los rusos quienes deseaban que él se pusiera de lado de Gran Bretaña con el objeto de obtener el apoyo inglés para los planes rusos en China. Todo esto se cumplió con el más absoluto secreto, sólo cuando los Árbitros y se reunieron para el laudo, se aclaró la situación a los miembros americanos del Tribunal. Vinieron a saber que la mayoría se había puesto de acuerdo sobre lo que se había de hacer: otorgar a Gran Bretaña todo lo que reclamaba".[185]

A ello siguió la carta escrita por César Zumeta, escritor, periodista e intelectual venezolano y un importante ideólogo del positivismo gomecista, publicada en el diario caraqueño El Tiempo, el 17 de octubre de 1899, y referida por los jesuitas Hermann González y Pablo Ojer en su informe. En este documento se dejó claro el efecto negativo que tuvo el laudo en el foro arbitral internacional, creando una suerte de aversión al mecanismo:

"La decisión del Tribunal de París, de la cual ya habrá tenido usted la pena de informar a sus lectores, parece haber asombrado a los amigos de Venezuela en el exterior como si fuese una novedad

[184] Hermann González Oropeza y Pablo Ojer, ob. cit., pp. 50-51.
[185] *Ídem.*

inesperada. El ex-Presidente de los Estados Unidos, Sr. Harrison, el Justicia Brewer, uno de los árbitros designados por Venezuela, el abogado Sr. Mallet-Prevost, el mundo diplomático y hasta la prensa inglesa, declaran que las naciones se cuidarán mucho en lo adelante de fiar la defensa de sus derechos a Tribunales del carácter de éste que acaba de condenarnos."[186]

De manera que no fue solo el memorándum de Severo Mallet-Prevost, sino muchos otros los documentos en los que se desveló que los árbitros, y principalmente el presidente del tribunal arbitral, Fiódor Fiódorovich Martens, violaron gravemente el deber de neutralidad e imparcialidad y convirtieron el laudo de derecho en un arreglo político.

IV. ACUERDO DE GINEBRA

En el año 1944, en el gobierno de Isaías Medina Angarita, se reinició la reivindicación del territorio Esequibo. En enero de 1944 el Presidente de la República se encontraba en la ciudad de Nueva York y aprovechó la ocasión para reunirse con Severo Mallet-Prevost, abogado del equipo de defensa de Venezuela en el arbitraje de París[187]. En esa oportunidad se le otorgó a Severo Mallet-Prevost la Orden del Libertador, por su compromiso con la defensa de los derechos territoriales de Venezuela. El Embajador Diógenes Escalante[188], dijo: "*Venezuela aceptó el laudo, pero Venezuela espera que la injusticia sea reparada*"[189].

De la frase anterior se entienden dos cosas fundamentales para la comprensión del sentimiento nacional provocado por el Laudo de París de 1899. En primer lugar, la inconformidad de Venezuela con la decisión y, de otra parte, la esperanza de una reparación futura de lo que fue, a todas luces, una injusticia.

---

186 *Ídem.*

187 Véase Marcos Falcón Briceño, ob. cit., p. 51.

188 Diógenes Escalante (24 de octubre de 1879 - 13 de noviembre de 1964). Nació en Queniquea, estado Táchira, Venezuela. Político y diplomático. Representó a Venezuela en la Sociedad de Naciones; Ministro de Relaciones Interiores durante el gobierno de Eleazar López Contreras; Embajador de Venezuela en Estados Unidos entre 1937 y 1945, año en el que asistió a la Conferencia de las Naciones Unidas sobre Organización Internacional celebrada en San Francisco. Falleció en la ciudad de Miami, Florida.

189 Marcos Falcón Briceño, ob. cit., p. 51.

El 30 de marzo de 1948, en la IX Conferencia Interamericana celebrada en la ciudad de Bogotá, el Presidente Rómulo Betancourt expresó:

> *"...no negamos en forma alguna el derecho de ciertas naciones de América a obtener determinadas porciones de territorio hemisférico que en justicia les pueda corresponder, ni renunciamos a lo que los venezolanos, llegado el caso de una serena y cordial revalorización histórica y geográfica de lo americano, pudieran hacer valer en pro de sus aspiraciones territoriales sobre zonas hoy en tutelaje colonial y que antes estuvieron dentro de nuestro propio ámbito".*[190]

Venezuela siempre rechazó el Laudo de París. Desde su publicación se sintió una gran sensación de injusticia, pero esto se incrementó, obviamente, una vez publicado el memorándum de Severo Mallet-Prevost en la revista *American Journal of International Law* en julio de 1949 y cuando fueron abiertos los archivos confidenciales británicos y de Estados Unidos. Allí evidente lo que eran temores y conjeturas. Había ahora documentos que demostraban que el Laudo de París fue una injusta componenda fraguada por el Presidente del tribunal arbitral Fiódor Fiódorovich Martens.

En 1951, el canciller de Venezuela Luís Gómez Ruíz[191], durante la IV Reunión de Consulta de los Ministros de Relaciones Exteriores de los Países Americanos, se expresó partidario de un verdadero arreglo de la frontera este de Venezuela. En esa misma reunión, la representación venezolana señaló:

> *"Es criterio del Gobierno de Venezuela que ninguno de los cambios de status que puedan ocurrir en la Guayana Británica como consecuencia de la situación internacional o de las medidas que fueren adoptadas en el futuro, o como resultado del progreso de*

---

[190] Hermann González Oropeza y Pablo Ojer, ob. cit., pp. 23-24.

[191] Luis Gómez Ruíz (10 de noviembre de 1911 - 19 de diciembre de 1966). Nació en Caracas, Venezuela. Abogado y diplomático. Desempeñó varios cargos, entre ellos, Jefe de Servicio de la Sección de Relaciones Interamericanas del Ministerio de Relaciones Exteriores; Secretario de la Comisión Preparatoria para la Participación de Venezuela en la VIII Conferencia Internacional Americana y Consejero de Diógenes Escalante en el Comité de Juristas de las Naciones Unidas en la ciudad de Washington. Falleció en Caracas.

los habitantes de dicho territorio hacia la determinación de sus propios destinos, será obstáculo para que Venezuela, en vista de las peculiares circunstancias que prevalecieron cuando fue señalada su línea fronteriza con la mencionada colonia, haga valer sus justas aspiraciones de que se reparen conforme a una rectificación equitativa, los perjuicios sufridos por la Nación· en dicha oportunidad"[192].

En 1954, en la X Conferencia Interamericana celebrada en la ciudad de Caracas, Ramón Carmona[193], actuando como consultor jurídico de la cancillería ratificó lo dicho en 1951 cuando expresó:

"En cuanto al caso concreto de la Guayana Británica, el Gobierno de Venezuela declara que ninguno de los cambios de "status" que puedan ocurrir en ese país vecino, puede ser obstáculo para que el Gobierno Nacional interpretando el sentimiento unánime del pueblo venezolano, y en vista de las peculiares circunstancias que prevalecieron en relación con el señalamiento de su línea fronteriza con la mencionada Guayana, haga valer su justa aspiración de que se reparen, conforme una rectificación equitativa, los perjuicios sufridos por la Nación en esa oportunidad..."[194]

Finalmente, en aquella X Conferencia Interamericana se manifestó, como conclusión respecto de los derechos territoriales de Venezuela, lo siguiente:

"De conformidad con lo que antecede, ninguna decisión que en materia de colonias se adopte en la presente Conferencia podrá menoscabar los derechos que a Venezuela corresponden por este respecto ni ser interpretada, en ningún caso, como una renuncia de estos".[195]

Este criterio fue ratificado nuevamente en 1956 por el canciller José Loreto Arismendi y en 1960 por el diplomático y diputado Rigo-

---

192 Carlos Sosa Rodríguez, ob. cit., p. 152.

193 Ramón Carmona. Abogado, consultor jurídico de la cancillería durante el gobierno del general Marcos Pérez Jiménez.

194 Hermann González Oropeza y Pablo Ojer, ob. cit., p. 25.

195 *Ibíd.*, pp. 23-24.

berto Henríquez Vera[196], quien en el seno la Cámara de Diputados del Congreso de la República y delante de una delegación parlamentaria del Reino Unido, señaló:

> *"Un cambio de status en la Guayana Inglesa no podrá invalidar las justas aspiraciones de nuestro pueblo de que se reparen de manera equitativa, y mediante cordial entendimiento, los grandes perjuicios que sufrió la nación en virtud del injusto fallo de 1899, en el cual privaron peculiares circunstancias ocasionando a nuestro país la pérdida de más de sesenta mil millas cuadradas de su territorio"*[197].

Luego, durante el gobierno de Rómulo Betancourt, la reclamación venezolana tomó una fuerza aún mayor por varias razones. Primero, el Dr. Carlos Sosa Rodríguez ratificó en febrero de 1962 ante la Comisión de Administración Fiduciaria y Territorios no Autónomos en la Organización de las Naciones Unidas la posición sostenida por la cancillería según la cual un cambio de status de la colonia de la Guayana Británica no cambiaría la legítima aspiración venezolana de obtener justicia[198].

A lo anterior siguió el Acuerdo de la Cámara de Diputados del Congreso, fruto de las sesiones del 28 de marzo y del 4 de abril de 1962, que tuvo por nombre *"Respaldar la política de Venezuela sobre el diferendo limítrofe entre la posesión inglesa y nuestro país en cuanto se refiere al territorio del cual fuimos despojados por el colonialismo; y, por otra parte, apoyar sin reservas la total independencia de la Guayana Inglesa y su incorporación al sistema democrático de vida"*[199].

El 12 de noviembre de 1962 el canciller de Venezuela Dr. Marcos Falcón Briceño, ratificó la posición de Venezuela respecto de la nulidad del Laudo arbitral de París, ante el Comité Político Especial de la XVII Asamblea de las Naciones Unidas[200].

Todos estos eventos trajeron como resultado el "*Acuerdo para resolver la controversia entre Venezuela y el Reino Unido de Gran Bre-*

---

196 Rigoberto Henríquez Vera (1920 - 2016). Periodista, político y diplomático. Gobernador del estado Mérida y diputado al Congreso Nacional.

197 Hermann González Oropeza y Pablo Ojer, ob. cit., p. 25.

198 *Ídem.*

199 *Ídem.*

200 *Ídem.*

taña e Irlanda del norte sobre la frontera entre Venezuela y Guayana Británica" firmado por Venezuela y el Reino Unido el 17 de febrero de 1966. La República Cooperativa de Guyana no quedó al margen de la convención. De hecho, antes de alcanzar su independencia había participado activamente en la serie de negociaciones que tuvieron como resultado final este acuerdo.[201]

Recordemos que el 26 de mayo de 1966, pocos meses después de que se firmó el acuerdo, el Reino Unido reconoció la independencia de la República Cooperativa de Guyana, en el seno de la Mancomunidad de Naciones. De inmediato, el Ministro de Relaciones Exteriores de la República de Venezuela, Ignacio Iribarren Borges[202], envió desde Caracas la respectiva nota de reconocimiento del nuevo Estado. Pero ese reconocimiento se limitó al territorio del nuevo Estado situado al este del Río Esequibo, salvaguardando sus derechos sobre la Guayana Esequiba

El propósito del acuerdo fue poner fin a la contención de Venezuela y el Reino Unido, generada por el Laudo arbitral de París del 3 de octubre de 1899. Con esta convención, ambos países se comprometieron al establecimiento de una comisión mixta con el fin de solucionar la controversia mediante un arreglo práctico.

El Reino Unido y luego, la República Cooperativa de Guyana han sostenido la validez del laudo mientras que para Venezuela se trata de una decisión nula e írrita. Esta contención fue recogida por el propio acuerdo en el artículo I:

> *"Se establece una Comisión Mixta con el encargo de buscar soluciones satisfactorias para el arreglo práctico de la controversia entre Venezuela y el Reino Unido surgida como consecuencia de la contención venezolana de que el Laudo Arbitral de 1899 sobre la frontera entre Venezuela y Guayana Británica es* ***nulo e írrito****". (Resaltado añadido).*

---

201 *Cfr.* Héctor Faúndez Ledesma, *La competencia contenciosa de la Corte Internacional de Justicia y el caso Guayana vs. Venezuela*, Academia de Ciencias Políticas y Sociales - Editorial Jurídica Venezolana, Caracas, 2020. p. 193.

202 Ignacio Iribarren Borges (1937 - 1988). Nació en Barcelona, Venezuela. Abogado, diplomático y escritor. Se desempeñó como Ministro de Relaciones Exteriores durante el gobierno de Raúl Leoni. Falleció en Caracas.

De conformidad con el artículo II del acuerdo, se nombrarían cuatro representantes. Dos de ellos, por el gobierno venezolana y, los otros dos, por el gobierno de la Guayana Británica. Dichos representantes serían quienes conformarían la comisión mixta. Según el artículo III del acuerdo, la comisión mixta tendría también la obligación de presentar informes cada seis meses a partir de la celebración de la primera reunión. Por otra parte, el artículo IV estableció lo que debía hacerse si la comisión no llegaba a ningún acuerdo en los cuatro años siguientes a partir de la firma del acuerdo. Ello consistiría en escoger "sin demora" alguno de los mecanismos de solución previstos en el artículo 33 de la Carta de las Naciones Unidas.

El mismo acuerdo establece que, en caso de no llegar a ningún acuerdo en la selección del medio de solución, referirían la decisión del asunto a *"un órgano internacional apropiado que ambos Gobiernos acuerden"*. Si este acuerdo tampoco ocurría, tendrían plantearlo al Secretario General de la ONU. De no resultar efectivo el medio de solución elegido, el órgano que lo estableció o, en su caso, el Secretario General de la ONU elegiría otro medio del artículo 33. Esta selección de medios de solución se repetiría hasta que se resolviera la disputa o hasta que se agotaran los medios del artículo 33. Lo que ocurriera primero.

Según el artículo V del acuerdo, su contenido no podría interpretarse en forma alguna como *"una renuncia o disminución por parte de Venezuela, el Reino Unido o la Guayana Británica de cualesquiera bases de reclamación de soberanía territorial en los Territorios de Venezuela o Guayana Británica"*. Tampoco menoscabaría el acuerdo lo expresado previamente en la forma de reclamaciones previamente formuladas.

Estableció también el acuerdo que *"Ningún acto o actividad que se lleve a cabo mientras se halle en vigencia este Acuerdo constituirá fundamento para hacer valer, apoyar o negar una reclamación de soberanía territorial en los Territorios de Venezuela o la Guayana británica"*. La única excepción sería cuando tales actos hayan sido producto de los acuerdos alcanzados en el marco del funcionamiento de las comisiones mixtas y hayan sido debidamente protocolizados.

El Acuerdo de Ginebra tuvo efectos positivos para Venezuela. El primero de ellos fue el reconocimiento de la existencia de una contención entre ambos países de lo que se sigue que el Laudo arbitral del 3 de octubre de 1899, no puso fin a la controversia. Pero además de reconocer la controversia, el Acuerdo de Ginebra hizo algo que ninguna de las reclamaciones contra el laudo formuladas por Venezuela había conseguido antes. Con esta convención se eliminó el efecto de cosa juzgada del Laudo de París de 1899.

El Acuerdo de Ginebra acabó con la vigencia indefinida que pudo haber tenido el Laudo Arbitral de París y eliminó la intangibilidad de la decisión sometiéndola nuevamente a discusión. Como indicó el académico Dr. Isidro Morales Paúl, se reactivó de manera oficial la discusión sobre el Laudo arbitral de 1899. En efecto, el Acuerdo de Ginebra es el único instrumento de derecho internacional suscrito por las partes en el que se admite formalmente que el laudo fue nulo e írrito.[203]

Luego, el 18 de junio de 1970 el canciller Arístides Calvani[204] firmó el Protocolo de Puerto España. En dicho protocolo participaron Venezuela, el Reino Unido y Guyana. El fin del acuerdo fue suspender inicialmente por un período de 12 años la aplicación del Acuerdo de Ginebra y mantener el *status quo*.

Para el momento en que Venezuela suscribió el Protocolo de Puerto España, se encontraba negociando la delimitación de áreas marinas y submarinas al norte del Golfo de Venezuela con la República de Colombia[205]. Por esta razón Venezuela decidió paralizar los efectos del Acuerdo de Ginebra y atender esos problemas limítrofes con la República de Colombia.[206] En 1981 Venezuela denunció el Protocolo de Puerto España y manifestó su voluntad de no renovarlo.

Los procedimientos del Acuerdo de Ginebra no dieron resultado. La comisión mixta que debía buscar una solución pacífica, según el

---

[203] *Cfr*. Isidro Morales Paúl, ob. cit., p. 192.

[204] Arístides Calvani (19 de enero de 1918 - 18 de enero de 1986). Nació en Puerto España, Trinidad y Tobago y fue criado en Río Caribe, estado Sucre, Venezuela. Abogado, político, diplomático y diputado al Congreso Nacional por el Distrito Federal (1959 - 1964) y, luego, Senador por el estado Sucre (1978 - 1983).

[205] Sobre esto véase en general Leandro Area Pereira "A vuelo de pájaro: La delimitación de las áreas marinas y submarinas al norte del Golfo de Venezuela", en *La diplomacia venezolana en democracia (1958-1998)*. Fernando Gerbasi (comp.), Kalathos Ediciones, Madrid, 2018.

[206] Andrés Eloy Burgos Gutiérrez (ed.), ob. cit., p. 49.

artículo IV, párrafo uno y luego, los buenos oficios, que contaron con la participación de Alister McIntyre designado por el Secretario General de Naciones Unidas como su representante y buen oficiante en 1989. Ninguno de estos mecanismos solucionó la disputa. El señor Alister McIntyre renunció el 20 de septiembre de 1999 sin lograr la solución de la controversia. En su lugar, se designó como buen oficiante al Sr. Oliver Jackman quien estuvo desde el 1 de noviembre de 1999 hasta el 24 de enero del año 2007. Luego, el Secretario General de Naciones Unidas designó al Sr. Norman Girvan el 9 de octubre de 2009, pero este falleció el 9 de abril de 2014.

Ante los fracasos de los buenos oficios, el Secretario General de Naciones Unidas Ban Ki-Moon, informó a las partes que ya no sería posible nombrar un buen oficiante y que procedería a determinar el rumbo de la controversia. El 15 de diciembre de 2016 se propuso incorporar un elemento de mediación a los buenos oficios cuyo término fatal fue fijado finales de 2017. De fracasar este nuevo método se establecería la Corte Internacional de Justicia como instancia para la resolución del conflicto.

Mediante carta de fecha 30 de enero de 2018 el Secretario General de las Naciones Unidas, Antonio Guterres, con fundamento en el artículo IV.2 del Acuerdo de Ginebra y el artículo 33 de la Carta de las Naciones Unidas, determinó que el siguiente mecanismo para alcanzar una solución a la contención entre Venezuela y la República Cooperativa de Guyana sería el arreglo judicial ante la Corte Internacional de Justicia.

V. INTERVENCIÓN DE LA CORTE INTERNACIONAL DE JUSTICIA

1. Demanda de la República Cooperativa de Guyana

En fecha 29 de marzo de 2018 la República Cooperativa de Guyana demandó a Venezuela ante la Corte Internacional de Justicia.[207] Guyana solicitó a la Corte Internacional de Justicia (i) declarar la validez

---

[207] Corte Internacional de Justicia, *Application instituting proceedings* de la República Cooperativa de Guyana de fecha 29 de marzo de 2018. Disponible en: https://www.icj-cij.org/public/files/case-related/171/171-20180329-APP-01-00-EN.pdf.

y efecto vinculante del laudo de 1899 y el respeto del límite establecido en el acuerdo de 1905; (ii) que Venezuela retire la ocupación en la parte oriental de la isla de Anacoco y demás territorios reconocidos por el laudo y el acuerdo de 905; (iii) que Venezuela no amenace ni utilice la fuerza para impedir el desarrollo de las actividades económicas de Guyana en su territorio; y (iv) declarar la responsabilidad de Venezuela por la violación de la soberanía de Guyana y, en consecuencia, por las lesiones a su derecho.

La República Cooperativa de Guyana fundamentó su pretensión en que:

a) El Laudo de París es válido y vinculante para las partes por cuanto el Tratado de Washington estableció en su artículo XIII que la decisión del tribunal arbitral sería "*un arreglo pleno, perfecto y definitivo*" y que así debían considerarlo las altas partes contratantes.
b) La validez del laudo fue ratificada por la ejecución de la decisión que se materializó entre noviembre de 1900 y junio de 1904 con las labores de la comisión mixta de demarcación. Todo lo anterior fue recogido el 10 de enero de 1905 por los comisionados que suscribieron el "*Acuerdo de 1905*".
c) Venezuela manifestó en todo momento -luego de conocerse el laudo- su conformidad con la decisión y con el acuerdo de 1905.
d) Venezuela recibió con júbilo el laudo arbitral de París porque le había otorgado las Bocas del Orinoco, el territorio más valioso en la disputa. Al efecto citan, los representantes de Guyana en la Corte Internacional de Justicia, las palabras de José Andrade, ministro venezolano en Londres:
"En verdad, la justicia brilló cuando, a pesar de todo, en la determinación de la frontera el dominio exclusivo del Orinoco nos fue otorgado, que es el objetivo principal que nos propusimos obtener a través del arbitraje. Lo considero bien, gasté los humildes esfuerzos que dediqué personalmente a este fin durante los últimos seis años de mi vida pública".[208]

---

208 *Ídem.*

e) El memorándum póstumo de Severo Mallet-Prevost no fue invocado sino hasta el año 1962. Además, este documento no contenía ninguna reclamación ni evidencia conocimiento directo de la supuesta "*componenda*".
f) Venezuela, que había aceptado el laudo, cambió de posición al respecto. Para Guyana ese cambio de parecer ocurrió, convenientemente, mientras se desarrollaba la independencia de la República Cooperativa de Guyana.
g) Luego de la apertura de los archivos británicos y estadounidenses tuvo lugar el examen de la información recabada. En ese análisis afirma la República Cooperativa de Guyana que no hubo ninguna evidencia que respaldara la posición venezolana sobre que el laudo es nulo e írrito.
h) La República Cooperativa de Guyana alega también la violación de su soberanía e integridad territorial en múltiples ocasiones por parte de Venezuela. Señala que desde la independencia de Guyana han tenido lugar ocupaciones militares en el territorio que les pertenece según el Laudo arbitral de parís de 1899.
i) Indica una serie de hechos que, a decir de la representación de Guyana en la Corte Internacional de Justicia, han impedido el desarrollo económico de dicha nación obstruyendo las actividades de inversionistas en territorios que, según el laudo, pertenecen a ellos.

2. Venezuela rechaza la competencia de la Corte Internacional de Justicia

Venezuela no ha comparecido al procedimiento ante la Corte Internacional de Justicia. La actuación del gobierno se ha limitado al envío de dos cartas y de un memorándum:

1. Carta del Ministro de Relaciones Exteriores, Jorge Arreaza, de fecha 28 de noviembre de 2019 dirigida al Presidente de la Corte Internacional de Justicia Abdulqawui Ahmed Yusuf, acompañada del memorándum previamente mencionado.
2. Memorándum dirigido a la Corte Internacional de Justicia, de fecha 28 de noviembre de 2019 con motivo de la demanda in-

terpuesta por la República Cooperativa de Guyana en fecha 29 de marzo de 2021.

3. Carta del Ministro de Relaciones Exteriores, Jorge Arreaza, de fecha 24 de julio de 2020 dirigida al Presidente de la Corte Internacional de Justicia Abdulqawui Ahmed Yusuf donde, en atención a la colaboración que Venezuela se comprometió a prestar en el procedimiento, se ratifican las razones por las cuales la Corte Internacional de Justicia no es competente para conocer del asunto.

La posición asumida por Venezuela se ha concretado en negar la competencia de la Corte Internacional de Justicia para conocer la disputa territorial. En efecto, *"como informó Venezuela al Tribunal, la Corte carece manifiestamente de jurisdicción (de ahí la decisión de Venezuela de no participar en el procedimiento)".*[209] Venezuela ha fundamentado su rechazo a la competencia de la Corte Internacional de Justicia en los siguientes argumentos:

a) El Acuerdo de Ginebra, convención de carácter vinculante para las partes, prevé la solución de la controversia entre Venezuela y Guyana que debe ser alcanzada mediante un arreglo práctico. De allí que *"según el preámbulo, debe ser resuelta amistosamente de manera aceptable para ambas partes"*[210]. Para el gobierno venezolano, ese es el espíritu que debe mantener toda interpretación del acuerdo.

b) En las negociaciones del Acuerdo de Ginebra, tanto el Reino Unido como Guyana *"se resistieron ferozmente a los medios jurídicos de solución, incluido el recurso a la Corte, propuesto como último recurso por el Sr. lribarren Borges, que era entonces Ministro de Relaciones Exteriores de Venezuela"*[211], por lo que resulta contradictoria la idea de recurrir ahora a la Corte Internacional de Justicia.

---

[209] Para una síntesis sobre la posición asumida por Venezuela en relación a la competencia de la Corte Internacional de Justicia véase la Carta del Ministro del Poder Popular para las Relaciones Exteriores dirigida a la Corte Internacional de Justicia de fecha 24 de julio de 2020, traducción libre. Disponible en: https://www.icj-cij.org/public/files/case-related/171/171-20200724-OTH-01-00-EN.pdf.

[210] *Ídem.*

[211] *Ídem.*

c) Los mecanismos de solución de la controversia previstos en el artículo 33 de la Carta de las Naciones Unidas deben ser aplicados en forma *"sucesiva, gradual y progresiva"*[212] y no de manera discrecional. Existen otros medios de naturaleza política, como la mediación, que aún no han sido agotados. Pasar directamente a la elección de la Corte Internacional de Justicia como instancia para dirimir la controversia *"es un salto que no es coherente con el procedimiento acordado y claramente no es la forma más adecuada para lograr el propósito y el objetivo del Acuerdo de Ginebra"*[213].

d) La disposición del artículo IV.2 del Acuerdo de Ginebra no equivale al consentimiento que deben manifestar las partes para someterse a la jurisdicción de la corte. Si bien el artículo IV.2 hace referencia al artículo 33 de la Carta de las Naciones Unidas, resulta indispensable suscribir un acuerdo donde conste el consentimiento expreso de las partes de someter la controversia a la jurisdicción de la Corte Internacional de Justicia. Dicho acuerdo es *"indispensable para establecer el papel de la Corte, el objeto de la controversia, y las fuentes del derecho y los elementos de equidad"*[214] que deben ser considerados por la Corte Internacional de Justicia.

   Por considerar que la Corte Internacional de Justicia carece de competencia para conocer del asunto, el gobierno venezolano ha determinado que no existe necesidad de responder a los argumentos de fondo presentados por la República Cooperativa de Guyana en la demanda de 29 de marzo de 2018.

3. Sentencia de la Corte Internacional de Justicia de fecha 18 de diciembre de 2020

Mediante sentencia de fecha 18 de diciembre de 2020, la Corte Internacional de Justicia se declaró competente para conocer de la de-

---

212 *Ídem.*
213 *Ídem.*
214 *Ídem.*

manda incoada por la República Cooperativa de Guyana en contra de Venezuela.[215]

a) La Corte Internacional de Justicia fundamentó su decisión en el parágrafo 2 del artículo IV del Acuerdo de Ginebra del 17 de febrero de 1966, que establece:
"Si dentro de los tres meses siguientes a la recepción del Informe final el Gobierno de Venezuela y el Gobierno de Guyana no hubieren llegado a un acuerdo con respecto a la elección de uno de los medios de solución previstos en el Artículo 33 de la Carta de las Naciones Unidas, referirán la decisión sobre los medios de solución a un órgano internacional apropiado que ambos Gobiernos acuerden, ***o de no llegar a un acuerdo sobre este punto, al Secretario General de las Naciones Unidas****. Si los medios así escogidos no conducen a una solución de la controversia, dicho órgano,* ***o como puede ser el caso, el Secretario General de las Naciones Unidas, escogerán otro de los medios estipulados en el Artículo 33 de la Carta de las Naciones Unidas****, y así sucesivamente, hasta que la controversia haya sido resuelta, o hasta que todos los medios de solución pacífica contemplados en dicho Artículo hayan sido agotados".*[216] (Resaltado añadido).

b) En el caso de la contención entre Venezuela y la República Cooperativa de Guyana, la decisión fue referida al Secretario General de la Organización de Naciones Unidas. Según la Corte Internacional de Justicia el Secretario General de la Organización de Naciones Unidas podría escoger otro de los mecanismos establecidos en el artículo 33 de la Carta de las Naciones Unidas. Dicha disposición establece en su numeral 1:

> *"Las partes en una controversia cuya continuación sea susceptible de poner en peligro el mantenimiento de la paz y la seguridad internacionales tratarán de buscarle solu-*

[215] Véase Corte Internacional de Justicia, *Judgment of 18 December 2020* sobre la jurisdicción de la corte de fecha 18 de diciembre de 2020. Disponible en: https://www.icj-cij.org/public/files/case-related/171/171-20201218-JUD-01-00-EN.pdf

[216] Véase Héctor Faúndez Ledesma, ob. cit., pp. 349 y ss.

> *ción, ante todo, mediante la negociación, la investigación, la mediación, la conciliación, el arbitraje, **el arreglo judicial**, el recurso a organismos o acuerdos regionales u otros medios pacíficos de su elección"*[217]. *(Resaltado añadido).*

c) La Corte Internacional de Justicia tuvo en cuenta que el artículo previamente citado menciona, entre los mecanismos de solución, el arreglo judicial. De manera que el artículo IV.2 faculta al Secretario General de la Organización de Naciones Unidas para la elección de los medios establecidos en el artículo 33 de la carta y, en consecuencia, le permite elegir el arreglo judicial como vía de solución.

d) En ejercicio de dicha potestad, el Secretario General de la Organización de Naciones Unidas, mediante una carta de fecha 30 de enero de 2018 -que hizo llegar a ambas partes- expresó que había elegido la Corte Internacional de Justicia como próxima instancia de resolución del conflicto.

e) Según la Corte Internacional de Justicia, el razonamiento anterior debe ser observado en atención al artículo 36 del propio estatuto de la Corte Internacional de Justicia cuyo primer numeral permite extender su competencia a todas las contenciones que las partes sometan a ella:

f) "La competencia de la Corte se extiende a todos los litigios que las partes le sometan y a todos los asuntos especialmente previstos en la Carta de las Naciones Unidas o en los tratados y convenciones vigentes"[218].

La sentencia de la Corte Internacional de Justicia tuvo doce votos a favor y cuatro votos en contra. Los votos en contra fueron los de los jueces Ronny Abraham, Mohamed Bennouna, Kirill Gevorgian y Giorgio Gaja. Estos cuatro jueces expresaron criterios en contra de la mayoría. Para ellos el espíritu del Acuerdo de Ginebra fue vulnerado por la interpretación que se dio a su artículo IV.2.

---

217 *Ídem.*

218 Véase Estatuto de la Corte Internacional de Justicia. Disponible en: https://www.icj-cij.org/public/files/statute-of-the-court/statute-of-the-court-es.pdf.

Los jueces disidentes consideraron que la referencia que hace el artículo IV.2 del Acuerdo de Ginebra al artículo 33 de la Carta de las Naciones Unidas, no es suficiente para fundamentar el consentimiento de las partes en acudir a la Corte Internacional de Justicia. A su juicio, para que las partes manifiesten su voluntad de dirimir la disputa territorial en la Corte Internacional de Justicia, era necesario la suscripción de un acuerdo especial[219].

Consideraron que se debió dar una importancia especial a la cuestión del consentimiento por cuanto una de las partes -Venezuela- tomó la decisión de no acudir a la Corte Internacional de Justicia[220]. El consentimiento, según la jurisprudencia de la Corte Internacional de Justicia debe ser *"cierto, inequívoco e indiscutible"*. [221]

El Secretario General de la Organización de Naciones Unidas tiene la facultad de elegir un mecanismo de solución del artículo 33 de la Carta de las Naciones Unidas, pero son las partes las que deben decidir si aceptan o no[222].

Consideraron que la obligación de las partes de cumplir con la decisión del Secretario General de la Organización Naciones Unidas, no implica necesariamente que los medios por él seleccionados puedan ser utilizados sin el consentimiento de ambas partes. La implementación de cualquiera de los medios del artículo 33 de la Carta de las Naciones Unidas requiere un acuerdo[223]. Cuando el Secretario General de la Or-

---

219 Sobre este particular véase Corte Internacional de Justicia, *Dissenting opinion of Judge Abraham*. Disponible en: https://www.icj-cij.org/public/files/case-related/171/171-20201218-JUD-01-02-EN.pdf.

220 Véase Corte Internacional de Justicia, *Dissenting opinion of Judge Bennouna*. Disponible en: https://www.icj-cij.org/public/files/case-related/171/171-20201218-JUD-01-03-EN.pdf

221 Véase Corte Internacional de Justicia, *Dissenting opinion of Judge Gevorgian*. Disponible en: https://www.icj-cij.org/public/files/case-related/171/171-20201218-JUD-01-06-EN.pdf

222 Véase Corte Internacional de Justicia, *Dissenting opinion of Judge Bennouna*. Disponible en: https://www.icj-cij.org/public/files/case-related/171/171-20201218-JUD-01-03-EN.pdf

223 Véase Corte Internacional de Justicia, *Declaration of Judge Gaja*. Disponible en: https://www.icj-cij.org/public/files/case-related/171/171-20201218-JUD-01-04-EN.pdf. *"For instance, resort to mediation implies, at the very minimum, an agreement of the parties on who is going to act as mediator. Similarly, recourse to arbitration requires an agreement of the parties on the appointment of the arbitrators and on conferring jurisdiction to the arbitral tribunal. With regard to judicial settlement, there is the possibility that jurisdiction be conferred on the Court without an agreement providing for additional specifications, for instance if the parties have made declarations under the optional clause covering the dispute"*.

ganización de las Naciones Unidas, eligió el arreglo judicial, descartó todos los demás medios establecidos en la Carta de las Naciones Unidas y eliminó la opción del agotamiento de los medios prevista en el acuerdo.

Señalaron que Venezuela, históricamente, ha manifestado su voluntad de no permitir que terceros decidan sin su consentimiento expreso sobre temas tan relevantes como la integridad territorial y esto no fue tomado en cuenta por la Corte Internacional de Justicia.[224]

4. Procedimiento fijado por la Corte Internacional de Justicia

Según la Orden de esa alta Corte del 8 de marzo de 2021, se fijó el día 8 de marzo de 2022 para que la República Cooperativa de Guyana consigne su Memorial y el 8 de marzo de 2023 para que Venezuela consigne su Contramemoria[225].

Esta orden fue dictada en cumplimiento del numeral 1 del artículo 45 del Reglamento de la Corte Internacional de Justicia, según el cual *"En un procedimiento incoado mediante una solicitud, los alegatos escritos consistirán, por su orden. en una memoria del demandante y en una contramemoria del demandado"*[226].

El contenido de la memoria y la contramemoria también es especificado por el artículo 49 *eiusdem* en sus numerales 1 y 2:

> *"1. La memoria contendrá una exposición de los hechos en que se basa la demanda, los fundamentos de derecho y las conclusiones.*
> *2. La contramemoria contendrá: el reconocimiento o la negación de los hechos expuestos en la memoria; una exposición adicional de hechos, si procede; observaciones relativas a los fundamentos*

---

224 El juez Kirill Gevorgian señala: *"...que Venezuela había celebrado, en 1939, un tratado bilateral con Colombia que preveía, en general, el sometimiento de las controversias a la conciliación o a la solución judicial. Sin embargo, el artículo II de dicho tratado excluía expresamente que las controversias relativas a la integridad territorial de las Partes se sometieran a la solución de terceros. Un tratado bilateral similar de 1940 entre Venezuela y Brasil exigía, en su artículo IV, que las Partes intentaran concluir un acuerdo especial antes de que cualquier controversia pudiera someterse a una solución..."*.

225 Véase Corte Internacional de Justicia, Orden del 8 de marzo de 2021. Disponible en: https://www.icj-cij.org/public/files/case-related/171/171-20210308-ORD-01-00-EN.pdf.

226 Véase Reglamento de la Corte Internacional de Justicia. Disponible en: https://www.icj-cij.org/public/files/rules-of-court//rules-of-court-es.pdf.

de derecho expuestos en la memoria; una exposición de fundamentos de derecho en respuesta; y las conclusiones"[227].

Tras el examen de los alegatos escritos presentados por las partes, con sus respectivos anexos, la Corte Internacional de Justicia fijará fecha para el inicio de la fase oral del procedimiento, a tenor del numeral 1 del artículo 54 de su reglamento:

> *"Una vez cerrado el procedimiento escrito, el asunto queda listo para la vista. La fecha de la apertura del procedimiento oral será fijada por la Corte, la cual podrá asimismo decidir, si procede, el aplazamiento de la apertura del procedimiento oral o de su continuación"*[228].

Es importante tener en cuenta que una vez terminada la fase escrita del procedimiento ante la Corte Internacional de Justicia, queda fijado el *thema decidendum* y en virtud de ello, las partes no podrán producir nuevos documentos, salvo que estos sean públicos y de fácil acceso en general[229].

De conformidad con el artículo 58 del Reglamento de la Corte Internacional de Justicia, queda a discreción de este órgano decidir si primero se pronunciarán los alegatos o si, por el contrario, primero se presentarán los medios de prueba:

> *"La Corte determinará si las partes deberán pronunciar sus alegatos antes o después de la presentación de los medios de prueba; se reservará siempre, sin embargo, el derecho de las partes a comentar las pruebas presentadas"*[230].

En el caso de que Venezuela decida participar en el procedimiento, el gobierno deberá designar a los agentes que representaran los intereses del país en dicha instancia, tal y como lo establece el artículo 40

---

227 *Ídem.*

228 *Ídem.*

229 Véase el artículo 56 del Reglamento de la Corte Internacional de Justicia que establece *in partem* que: *"Después del cierre del procedimiento escrito, no podrá producirse ningún documento nuevo a la Corte por ninguna de las partes a no ser con el asentimiento de la otra parte o de acuerdo con lo dispuesto en el párrafo 2 de este Artículo".*

230 *Ídem.*

del Reglamento de la Corte Internacional de Justicia: *"todos los actos realizados en nombre de las partes después de haberse incoado un procedimiento serán efectuados por agentes"*[231].

La forma y el momento procesal para establecer quienes serán los agentes de cada uno de los Estados litigantes en el procedimiento, deberá hacerse a tenor de lo dispuesto en numeral 2 del artículo 40 del Reglamento de la Corte Internacional de Justicia:

> *"Cuando un procedimiento sea incoado mediante una solicitud, se indicará el nombre del agente del demandante. El demandado informará a la Corte del nombre de su agente al recibir la copia certificada conforme de la solicitud o lo antes posible después de haberla recibido"*[232].

Si Venezuela decide participar en el procedimiento, puede limitarse a contestar los alegatos de su contendiente o intentar una nueva petición por medio de la cual solicite a la Corte Internacional de Justicia que declare la nulidad del Laudo Arbitral de París por los vicios a que hemos hecho referencia previamente. Es decir, en la misma oportunidad de presentación de la contramemoria, el 18 de marzo de 2023, Venezuela podría reconvenir o contra demandar a la República Cooperativa de Guyana, tal y como lo establece el artículo 80 del Reglamento de la Corte Internacional de Justicia, el cual establece:

> *"1. Podrá presentarse una demanda reconvencional siempre que ésta tenga conexión directa con el objeto de la demanda de la otra parte y entre dentro de la competencia de la Corte.*
> *2. La demanda reconvencional se formulará en la contramemoria de la parte que la presente y figurará entre sus conclusiones.*
> *3. En caso de duda respecto a la relación de conexidad entre la cuestión presentada como demanda reconvencional y el objeto de la demanda de la otra parte, la Corte, oídas las partes, decidirá si procede o no unir la cuestión así presentada al procedimiento inicial".*[233]

---

231 *Ídem.*
232 *Ídem.*
233 *Ídem.*

Si la defensa de Venezuela elige la reconvención como estrategia procesal no resultará difícil determinar la conexión entre la pretensión venezolana y la pretensión de la República Cooperativa de Guyana.

La Corte Internacional de Justicia es, ahora, el único lugar y la única instancia para dirimir la controversia. De conformidad con el artículo 60 del Estatuto de la Corte Internacional de Justicia, del cual Venezuela es parte, sus sentencias son definitivas e inapelables y son obligatorias para las partes. En efecto, *"El fallo será definitivo e inapelable. En caso de desacuerdo sobre el sentido o el alcance del fallo, la Corte lo interpretará a solicitud de cualquiera de las partes"*[234].

La Corte Internacional de Justicia dictará el fallo con el que se resuelve la controversia en forma definitivamente firme y deberá cumplir con los requisitos establecidos en el artículo 95 del Reglamento de la Corte Internacional de Justicia, a saber:

> *"1. El fallo, cuyo texto indicará si ha sido dictado por la Corte o por una Sala, contendrá: la fecha de su lectura; los nombres de los jueces que han participado en él; los nombres de las partes; los nombres de los agentes, consejeros y abogados de las partes; un resumen del procedimiento; las conclusiones de las partes; las circunstancias de hecho; los fundamentos de derecho; la parte dispositiva del fallo; la decisión, si la hubiere, con respecto a las costas; la indicación del número y nombre de los jueces que han constituido la mayoría; la indicación del texto del fallo que hará fe. 2. Cualquier juez podrá, si así lo desea, agregar al fallo su opinión separada o disidente; el juez que desee hacer constar su acuerdo o disentimiento sin explicar los motivos podrá hacerlo en la forma de una declaración. La misma regla se aplicará a las providencias dictadas por la Corte. 3. Un ejemplar del fallo, debidamente firmado y ornado con el sello de la Corte, se depositará en los archivos de la Corte y se transmitirá otro a cada una de las partes. El Secretario enviará copias: a) al Secretario General de las Naciones Unidas; b) a los Miembros de las Naciones Unidas; e) a los otros Estados que tengan derecho a comparecer ante la Corte"*[235].

---

[234] Véase Estatuto de la Corte Internacional de Justicia. Disponible en: https://www.icj-cij.org/public/files/statute-of-the-court/statute-of-the-court-es.pdf.

[235] *Ídem.*

De conformidad con lo dispuesto en el numeral 1 del artículo 94 de la Carta de la Organización de Naciones Unidas, los Estados miembros deben cumplir las decisiones de la Corte Internacional de Justicia. Concretamente señala dicha disposición que "*Cada Miembro de las Naciones Unidas compromete a cumplir la decisión de la Corte Internacional de Justicia en todo litigio en que sea parte*"[236].

VI. BIBLIOGRAFÍA

ÁLAMO YBARRA, Carlos, *Fronteras de Venezuela con la Guayana Británica*, Academia de Ciencias Políticas y Sociales – Editorial Élite, Caracas, 1938.

ALMÉCIJA BERMÚDEZ, Juan, *La estrategia imperial británica en la Guayana Esequiba*, Universidad Católica Andrés Bello, Caracas, 1987.

AREA PEREIRA, Leandro, "A vuelo de pájaro: La delimitación de las áreas marinas y submarinas al norte del Golfo de Venezuela", en GERBASI, Fernando (comp.), *La diplomacia venezolana en democracia (1958-1998)*. Kalathos Ediciones, Madrid, 2018.

ARRÁIZ LUCCA, Rafael, *Las constituciones de Venezuela (1811-1999)*, Editorial Alfa, Caracas, 2021.

BASCUÑÁN MONTES, Aurelio, *Tratados aprobados en la Conferencia Internacional de La Haya*, Garnier Hermanos, París, 1900.

BREWER-CARÍAS, Allan Randolph, "La formación de la república y de su territorio en las constituciones del siglo XIX. Un legado del proceso constitucional que comenzó con la Ley Fundamental de la República de Colombia promulgada por Simón Bolívar, en Angostura, el 17 de diciembre de 1819", en proceso de publicación en el *Boletín de la Academia de Ciencias Políticas y Sociales*, número 163 abril-junio, Academia de Ciencias Políticas y Sociales, Caracas, 2021.

_____________, *Historia constitucional de Venezuela*, Tomo I, Editorial Alfa, Caracas, 2008.

_____________, *Las constituciones de Venezuela*, Academia de Ciencias Políticas y Sociales, Caracas, 1997.

---

236 Véase Carta de las Naciones Unidas. Disponible en: https://www.oas.org/36ag/espanol/doc_referencia/carta_nu.pdf.

BRICEÑO MONZÓN, Claudio A., "La Guayana Esequiba: Frontera Oriental de Venezuela" en DONÍS RÍOS, Manuel (comp.) *El reclamo Esequibo un compromiso nacional vigente ante la historia y la justicia*, Universidad Católica Andrés Bello, 2021.

BROWN SCOTT, James (dir.), *The proceedings of the Hague Peace Conference,* elaborado por la Carnegie Endowment for International Peace en Washington, Oxford University Press, Nueva York, 1920. Disponible en https://www.loc.gov/rr/frd/Military_Law/pdf/Hague-Peace-Conference_1899.pdf.

BURGOS GUTIÉRREZ, Andrés E. (ed.), *Memorias de Venezuela*, número 34 enero-febrero 2016, Ministerio del Poder Popular para la Cultura – Centro Nacional de la Historia, Caracas, 2016.

CORTE INTERNACIONAL DE JUSTICIA, *Judgment of 18 December 2020* sobre la jurisdicción de la corte de fecha 18 de diciembre de 2020. Disponible en: https://www.icj-cij.org/public/files/case-related/171/171-20201218-JUD-01-00-EN.pdf.

_____________, *Dissenting opinion of Judge Abraham*. Disponible en: https://www.icj-cij.org/public/files/case-related/171/171-20201218-JUD-01-02-EN.pdf

_____________, *Dissenting opinion of Judge Bennouna*. Disponible en: https://www.icj-cij.org/public/files/case-related/171/171-20201218-JUD-01-03-EN.pdf.

_____________, *Dissenting opinion of Judge Gevorgian*. Disponible en: https://www.icj-cij.org/public/files/case-related/171/171-20201218-JUD-01-06-EN.pdf.

_____________, *Application instituting proceedings* de la República Cooperativa de Guyana de fecha 29 de marzo de 2018. Disponible en: https://www.icj-cij.org/public/files/case-related/171/171-20180329-APP-01-00-EN.pdf

COVA ARRIA, Luis, "Principales aspectos de la situación jurídica de la reclamación venezolana sobre la Guyana Esequiba", en SOSA GÓMEZ, Cecilia y CASAL, Jesús M. (Coords.), *¿Qué hacer con la justicia? El caso venezolano,* Academia de Ciencias Políticas y Sociales, Centro para la Integración y el Derecho Público, Caracas, 2020.

_____________, "El Acuerdo de Ginebra visto a 53 años de su firma", *Boletín de la Academia de Ciencias Políticas y Sociales*, número 157, Academia de Ciencias Políticas y Sociales, 2019.

DÁVILA BARRIOS, William (ed.), *Libro blanco: La reclamación venezolana del territorio Esequibo*, Asamblea Nacional, Caracas, 2020.

DE SOLA, René, "Valuación actualizada del Acuerdo de Ginebra", *Boletín de la Academia de Ciencias Políticas y Sociales*, número 91, Academia de Ciencias Políticas y Sociales, Caracas, 1983.

DONÍS RÍOS, Manuel, "La reclamación del territorio Esequibo: 1899-1966", *Boletín de la Academia Nacional de la Historia*, número 397, Academia Nacional de la Historia, Caracas, 2016.

____________, "Presentación" en *El reclamo Esequibo. Un compromiso nacional vigente ante la historia y la justicia*, Abediciones, Universidad Católica Andrés Bello, Caracas, 2021.

FALCÓN BRICEÑO, Marcos, "Orígenes de la actual reclamación de la Guayana Esequiba", *Boletín de la Academia de Ciencias Políticas y Sociales*, número 91, Academia de Ciencias Políticas y Sociales, Caracas, 1983.

FAÚNDEZ LEDESMA, Héctor, *La competencia contenciosa de la Corte Internacional de Justicia y el caso Guayana vs. Venezuela*, Academia de Ciencias Políticas y Sociales – Editorial Jurídica Venezolana, Caracas, 2020.

FONZO, Erminio, "Italia y el bloqueo de Venezuela", en *Cultura Latinoamericana*, número 1, Universidad Católica de Colombia - Università degli Studi di Salerno, 2015.

GARAVINI DI TURNO, Sadio, "Guyana: El Acuerdo de Ginebra en la actualidad", en *Boletín de la Academia de Ciencias Políticas y Sociales*, número 153, Academia de Ciencias Políticas y Sociales, Caracas, 2014.

GOBIERNO NACIONAL, *Recopilación de leyes y decretos de Venezuela*, impresa por orden del Gobierno Nacional, Imprenta Bolívar, Caracas, 1896.

GONZÁLEZ OROPEZA, Hermann, "Dos aspectos del reclamo Esequibo" en *Boletín de la Academia de Ciencias Políticas y Sociales*, número 91, Academia de Ciencias Políticas y Sociales, Caracas, 1983.

GONZÁLEZ OROPEZA, Hermann y OJER, Pablo, *Informe que los expertos venezolanos para la cuestión de límites con Guayana Británica presentan al gobierno nacional*, Ministerio de Relaciones Exteriores, Caracas, 1967.

GROS ESPIELL, Héctor (trad.), *Rusia e Inglaterra en Asia Central*, Ediciones de la Presidencia de la República, Caracas, 1981.

GUERRA IÑIGUEZ, Daniel, *Derecho Internacional Público*, Tomo II, 2ª edición, Grafiunica, Caracas, 1976.

HERNÁNDEZ-BRETÓN, Eugenio, "La necesaria defensa del territorio Esequibo", en proceso de publicación Boletín de la Academia de Ciencias Políticas y Sociales, número 163, Academia de Ciencias Políticas y Sociales, Caracas, 2021.

_____________, "El arbitraje internacional con entes del Estado venezolano", *Boletín de la Academia de Ciencias Políticas y Sociales*, número 147, Academia de Ciencias Políticas y Sociales, Caracas, 2009.

INSTITUTO DE DERECHO INTERNACIONAL, *Projet de règlement pour la procédure arbitrale internationale*, Session de La Haye, 1875. Disponible en: https://www.idi-iil.org/app/uploads/2017/06/1875_haye_01_fr.pdf.

LORETO GONZÁLEZ, Irene, *Génesis del constitucionalismo en Venezuela*, Centro de Investigaciones Jurídicas, Caracas, 2005.

MORALES PAÚL, Isidro, "Análisis crítico del problema fronterizo «Venezuela-Gran Bretaña»", *Boletín de la Academia de Ciencias Políticas y Sociales*, número 91, Academia de Ciencias Políticas y Sociales, Caracas, 1983.

PALENCIA HERNÁNDEZ, Alexis, "Escuadra venezolana en tiempos de Castro", en *Tiempo y espacio*, número 64, Universidad Pedagógica Experimental Libertador, Caracas, 2015.

PROVENZALI HEREDIA, Elbano, "Cronología de una solidaridad. Documentos brasileños revelan los derechos de Venezuela sobre la Guyana Esequiba", *Boletín de la Academia de Ciencias Políticas y Sociales*, número 93-94, Academia de Ciencias Políticas y Sociales, Caracas, 1983.

REVANALES, Gerson, "Venezuela: un caso de debilidad jurídica, política, y diplomática en la reclamación del Esequibo", en *Boletín de la Academia de Ciencias Políticas y Sociales*, número 158, Academia de Ciencias Políticas y Sociales, Caracas, 2019.

RIVAS QUINTERO, Alfonso, *Derecho* constitucional, Clemente Editores, Valencia, 2002.

ROJAS, Armando, "La reclamación de la Guayana Esequiba. Gestiones diplomáticas realizadas por Venezuela durante el siglo XIX" en *Boletín de la Academia de Ciencias Políticas y Sociales*, número 91, Academia de Ciencias Políticas y Sociales, Caracas, 1983.

RUAN SANTOS, Gabriel, "Los títulos de la reclamación por la Guayana Esequiba. Especial referencia a la cláusula de prescripción", en proceso de publicación en el *Boletín de la Academia de Ciencias Políticas y Sociales,* número 163 abril-junio 2021, Academia de Ciencias Políticas y Sociales, Caracas, 2021.

SALMON, Jean (dir.), *Dictionnaire de Droit international public*, Bruselas, 2001.

SCHOENRICH, Otto, "Materia de excepcional importancia para la historia diplomática de Venezuela. La disputa de límites entre Venezuela y La Guayana Británica", *Boletín de la Academia de Ciencias Políticas y Sociales*, Vol. 14, No. 1-2-3-4, Academia de Ciencias Políticas y Sociales, Caracas, 1949.

SOL ALDONATE, María, "A 110 años. Formación de la Triple Entente", *Universidad de la Plata – Instituto de Relaciones Internacionales*, Buenos Aires, 2017.

SOSA RODRÍGUEZ, Carlos, "El acta de Washington y el laudo de París", *Boletín de la Academia de Ciencias Políticas y Sociales*, número 91, Academia de Ciencias Políticas y Sociales, Caracas, 1983.

VENEZUELA, *Historia oficial de la discusión entre Venezuela y la Gran Bretaña sobre sus límites en la Guayana,* L. Weiss & Company impresores, Nueva York, 1896.

VERDROSS, Alfred, *Derecho Internacional Público*, sexta edición, Biblioteca Jurídica Aguilar, Madrid, 1976.

LA SUPUESTA AQUIESCENCIA DE VENEZUELA EN LA DISPUTA POR LA GUAYANA ESEQUIBA. ESPECIAL REFERENCIA AL ACUERDO DE GINEBRA

GABRIEL RUAN SANTOS*

Muchos venezolanos se preguntan en la actualidad acerca de la vigencia jurídica de la reclamación de Venezuela contra Guyana y la Gran Bretaña, por la usurpación territorial realizada por esta última sobre el territorio situado en la Guayana al oeste del Río Esequibo, durante el siglo XIX, heredado dicho territorio por Venezuela del Reino de España y reclamado por el gobierno venezolano frente a Inglaterra desde hace casi 180 años (1841-2020) habiendo ocurrido numerosos acontecimientos en ese largo camino, que hacen dudar de que la reclamación territorial aún permanezca con vida jurídica y no se deba considerar extinguida por desistimiento, aquiescencia, *estoppel* o por la consolidación del despojo. Esta pregunta se hace más acuciante en la actualidad, ante la aparición de la Sentencia de la Corte Internacional de Justicia (CIJ) de fecha 18 de diciembre de 2020, que ha declarado la jurisdicción de esa Corte para decidir sobre la disputa surgida de esa reclamación, que obliga al Estado venezolano a comparecer ante ella para defender su posición.

---

* Individuo de número de la Academia de Ciencias Políticas y Sociales - Venezuela.

I. EL PASADO

I.1. El Laudo de 1899 y el Acuerdo de 1905

Con posterioridad a la publicación del oprobioso Laudo de París del 3 de octubre de 1899, cuyo objeto fue resolver la controversia territorial y establecer la frontera entre Venezuela y la Guayana Británica, el gobierno venezolano, la opinión pública nacional, muchos gobiernos latinoamericanos y hasta buena parte de la opinión en los EE.UU, denunciaron el Laudo como nulo e írrito, por no haberse ajustado a los requerimientos del compromiso arbitral, por haber ignorado los derechos de Venezuela, por ser el producto de una componenda política a espaldas del gobierno venezolano y haber ejercido los gobiernos de EE.UU y la Gran Bretaña coacción sobre el gobierno venezolano y sobre los árbitros, por decisiones inconsultas de los representantes de Venezuela en la disputa, por ser inmotivado el laudo, por evidencias de fraude procesal y violación del debido proceso durante el procedimiento arbitral y por haber incurrido en exceso de poder por *ultrapetita*.

La prueba de estos lejanos hechos no es difícil hoy en día, pues luego de la revelación póstuma del memorándum de uno de los abogados que representó a Venezuela en el proceso arbitral, Severo Mallet Prevost, en el año 1949, han sido liberados muchos documentos reservados o confidenciales por parte de las instituciones inglesas y norteamericanas que los conservan y en ellos se demuestra el grotesco fraude del que fue víctima Venezuela desde el inicio de la negociación del compromiso arbitral o Acta de Washington de 1897 y durante el mismo juicio que concluyó con el mencionado laudo. Además de estos documentos existe una extensa literatura histórica, geográfica y jurídica que ha tratado ampliamente el tema y ha dejado muy clara la alevosa injusticia cometida contra Venezuela en ese procedimiento arbitral.

Sin embargo, a pesar de haber sido denunciada públicamente la nulidad del laudo y rechazado la injusticia cometida por los árbitros, debido a presiones ejercidas desde el año 1900 por los gobiernos de la Gran Bretaña y de los Estados Unidos, el gobierno venezolano presidido por el general Cipriano Castro, en el año 1905, se vio compelido a dar ejecución al Laudo de 1899 mediante un acuerdo y la operación conjunta en la demarcación física de los límites entre Venezuela y la Guayana Británica, habiendo mantenido el gobierno durante los años posteriores un comportamiento relativamente pasivo en su reclamación, aunque nunca desistió de ella realmente. No obstante esta apariencia de rendición, ella no dejó de ser parte del mismo drama de presión, amenaza y coacción sobre nuestro país de las potencias coloniales europeas, con la intervención mediadora del gobierno de los EE.UU, que vio bloqueadas las costas venezolanas con naves de guerra extranjeras, para el cobro forzoso de la deuda pública contraída desde la guerra de independencia, o mediante los préstamos y garantías para la construcción e implementación de los ferrocarriles, o con el refinanciamiento de la banca alemana o con otras contrataciones particulares, no siendo legítimos todos los reclamos y además, con adelanto abusivo -en algunos casos- al vencimiento de los plazos respectivos. Para el levantamiento del bloqueo se constituyeron una serie de comisiones mixtas derivadas del llamado Protocolo de Washington de 1903, para el pago de las deudas, cuya atención consumía las energías del gobierno y del país, ya de por sí disminuidas por la Revolución Libertadora, apoyada ésta por empresas extranjeras y ocurrida contemporáneamente. ¿Podría ser entonces considerada la ejecución de ese Laudo de 1899 una conducta voluntaria, que se tradujera en la conformidad con el mismo? ¿O fue la consecuencia de un *estado de necesidad* para evitar una agresión mediante una invasión anglo-alemana, habida cuenta de la debilidad y aislamiento en que se encontraba el país y además, el apoyo norteamericano -potencia protectora- a lo decidido por el laudo?[1]

---

1 En relación con el contexto histórico del compromiso arbitral de 1897 y del Laudo de 1899, es conveniente citar este testimonio del historiador William Sullivan: "*Venezuela estaba desgarrada por disturbios y violencia durante la última década del siglo XIX. Entre 1892 y 1900 hubo seis rebeliones importantes y 437 encuentros militares, donde perecieron 20.000 hombres. Las pérdidas económicas alcanzaron los 680 millones de bolívares, más del 76% del ganado de la nación pereció y la deuda nacional aumentó de Bs.113.310.043, 94 a Bs.208.083.686, 44. La anarquía prevalecía mientras los caudillos combatían entre sí por la riqueza y el poder*". Cfr.: William Sullivan; *el despotismo de Cipriano Castro. 1899-2008*; Academia Nacional de la Historia-Fundación Editorial Trilobita-Andrés Duarte Vivas. Caracas, 2013. Página 19. A lo cual se suma que en los días del Laudo el gobierno de Venezuela estaba acéfalo, porque lo había abandonado el presidente Ignacio Andrade y todavía el caudillo Cipriano Castro no se había encargado de la presidencia.

I.2. El Acuerdo de Ginebra de 1966

Afortunadamente, esta duda terrible fue despejada por la celebración del Acuerdo de Ginebra de 1966 entre Venezuela y la Gran Bretaña, consultado con el gobierno de la Guayana Británica, próxima a independizarse ese año. En efecto, a pesar de la crítica de quienes opinaban que Venezuela debía oponerse al reconocimiento de la independencia de la Guayana Británica, hasta tanto no se diera solución a la controversia territorial, y no limitarse a un reconocimiento condicionado o con reservas, oposición que hubiera tenido poca eficacia y posiblemente hubiera expuesto a Venezuela a ser acusada por -supuestamente- favorecer el colonialismo; el Acuerdo firmado por todas las partes reabrió la discusión sobre la controversia de frontera, sobre la validez o nulidad del Laudo de París de 1899 y sobre la necesidad de reparar la injusticia cometida contra la integridad territorial de Venezuela. Vale decir, reafirmó la vigencia jurídica de la reclamación y borró toda sospecha de desistimiento. Por ello, comparto la opinión expresada por muchos juristas y en especial por el doctor Isidro Morales Paúl, ilustre excanciller de Venezuela y persona muy próxima a los hechos e investigaciones que condujeron al Acuerdo de Ginebra, quien a pesar de haber criticado la ambigüedad de alguna de sus partes, por confundir el derecho y la equidad, resumió los aspectos positivos del tratado así: "*El primero...la afirmación de la existencia de una controversia. La controversia existe, está viva, las partes así lo reconocen expresamente. (Segundo) Admite que hay que buscarle una solución práctica y establece los mecanismos para la búsqueda de esa solución. Al propio tiempo (tercero) el Acuerdo de Ginebra pone en tela juicio la cosa juzgada... reinicia la discusión del laudo de 1899*".[2] Este autor es enfático al señalar que, para la época de su exposición -1981- "*Era el único instrumento que ponía en tela de juicio la cosa juzgada*". Prueba de esto último es que Guyana pide ahora a la Corte Internacional de Justicia la declaración de validez del Laudo, tergiversando el objeto y finalidad del Acuerdo, que plantea

---

[2] Isidro Morales Paúl, "Análisis crítico del problema fronterizo Venezuela-Gran Bretaña"; publicado en *La Reclamación venezolana sobre la Guayana Esequiba*; Academia de Ciencias Políticas y Sociales, Serie Eventos N° 2, reimpresión, Caracas, 2008, página 202.

una "*solución práctica*" de la controversia, que sea "*aceptable para las partes*". Coincidió en esta posición el doctor Carlos Sosa Rodríguez, quien fue el primer venezolano en presidir la Asamblea General de las Naciones Unidas, al afirmar que "*por el mero hecho de haber aceptado discutir la validez del laudo, el Reino Unido, si bien no habría renunciado a sostener su validez... sin embargo, habría renunciado implícitamente a invocar su efecto de cosa juzgada, pues de lo contrario no tendría razón de ser la controversia*".[3]

Cabe anotar aquí que el gobierno venezolano, en la nota de reconocimiento del nuevo Estado de Guyana, fechada 26 de mayo de 1966, luego de invocar el Acuerdo de Ginebra como precedente indispensable, expresó: "*Por lo tanto, Venezuela reconoce como territorio del nuevo Estado el que se sitúa al este de la margen derecha del Río Esequibo, y reitera ante el nuevo país y ante la comunidad internacional, que se reserva expresamente sus derechos de soberanía territorial sobre toda la zona que se encuentra a la margen izquierda del precitado río; en consecuencia, el territorio de la Guayana Esequiba sobre el cual Venezuela se reserva sus derechos soberanos, limita al Este con el nuevo estado de Guyana, a través de la línea del Río Esequibo, tomando éste desde su nacimiento hasta su desembocadura en el Océano Atlántico*".

Como era de esperarse, el gobierno de Guyana deploró la nota de reconocimiento e invocó la línea fronteriza establecida por el Laudo de 1899 y su ejecución de 1905, con lo cual parecía desentenderse del vínculo del Acuerdo de Ginebra de 1966, sin poder desconocer la vigencia de la reclamación. En los años posteriores, Guyana participó en la comisión mixta prevista en el Acuerdo, aunque siempre en actitud de boicot, y también dio su consentimiento para la designación de varios buenos oficiantes propuestos por el Secretario General de la ONU, habiendo asistido a múltiples reuniones convocadas por dichos oficiantes.

A este respecto, es necesario advertir que el Acuerdo de Ginebra de 1966 estableció además un verdadero compromiso bilateral de negociar sobre "*la controversia surgida entre Venezuela y el Reino Unido -y por*

---

3 Carlos Sosa Rodríguez; "El acta de Washington y el laudo de París"; publicado en *La Reclamación venezolana sobre la Guayana Esequiba*; Academia de Ciencias Políticas y Sociales, Serie Eventos N° 2, reimpresión, Caracas, 2008, página 181.

consiguiente su sucesora Guyana- como consecuencia de la contención venezolana de que el Laudo Arbitral de 1899 sobre la frontera entre Venezuela y la Guayana Británica es nulo e írrito", la cual, debe ser "*amistosamente resuelta en forma que resulte aceptable para ambas partes*"; para lo cual previó, en primer lugar, una comisión mixta de negociación y luego, un procedimiento para la escogencia y agotamiento de los medios pacíficos de solución de disputas internacionales enunciados en el artículo 33 de la Carta de las Naciones Unidas, para el supuesto del fenecimiento de esa comisión, sin que se hubiera llegado a un arreglo de la controversia (Acuerdo de Ginebra: preámbulo y artículos I, II, III y IV).

Para facilitar la cooperación y mutuo entendimiento en la ejecución del Acuerdo, éste previó que nada de lo establecido en sus cláusulas podía interpretarse como renuncia o disminución de las bases de la reclamación y de los derechos de soberanía territorial, así como también incluyó una prohibición de innovación en el *statu quo* anterior al Acuerdo, ya que ningún acto o actividad durante la vigencia del mismo podía dar fundamento a derechos de soberanía en los territorios de ambas partes contendientes, salvo que proviniera de un convenio escrito entre ellas (Artículo V).

Destaca, al referirnos a estas características del Acuerdo de Ginebra, el gran mérito y valor de su existencia para la vida de la reclamación venezolana por la Guayana Esequiba, pues a pesar de las posiciones críticas que ha habido frente al mismo, no hay duda que el Acuerdo removió los duros obstáculos que hubieran representado para la revisión de la controversia los principios de "*pacta sunt servanda*" y de "*cosa juzgada*" que amparaban al compromiso arbitral de 1897 y al Laudo de París de 1899, respectivamente, a pesar de su nulidad intrínseca.

A diferencia del caso de la controversia de Bolivia y Chile por causa del acceso de la primera al Océano Pacífico, con respecto al cual la Corte Internacional de Justicia (C.I.J) sentenció recientemente que Chile no tenía "*la obligación de negociar*" el caso con Bolivia, no obstante haber tenido siempre "*la disposición política*" de hacerlo, opinamos que el Acuerdo de Ginebra si estableció la obligación para las partes (Venezuela, Gran Bretaña y Guyana) de negociar la controversia por la frontera entre Venezuela y Guyana, dada la contención venezolana contra el Laudo de París, a fin de buscar un "*arreglo práctico de la controversia*" que "*resultare aceptable para ambas partes*", según el procedimiento pactado en los artículos mencionados del Acuerdo de Ginebra. Es más, cabría pensar que el Acuerdo creó una obligación no sólo de medios, sino también de resultado, relativo a la solución práctica de la controversia.

Es importante aquí comentar el precedente indicado, más allá del caso que lo motiva. Expresa el texto de la sentencia de la Corte Internacional de Justicia del 1° de Octubre de 2018, relativa al caso de Bolivia contra Chile, lo siguiente: "*A pesar de que los Estados son libres de recurrir a negociaciones o de ponerles fin, pueden acordar estar sujetos por una obligación de negociar. En este caso, los Estados están obligados por el derecho internacional a entrar en negociaciones y llevarlas a cabo de buena fe. Tal como recordó la Corte en los casos de la Plataforma Continental del Mar del Norte, los Estados tienen la obligación de comportarse de tal modo que las negociaciones fueran significativas, lo que no ocurriría si una de ellas insistiera en su propia posición sin considerar la posibilidad de modificarla*".[4]

No obstante, seguidamente la Corte advierte que "*una obligación de negociar no implica una obligación de llegar a un acuerdo*", lo cual responde a la idea de que se trata de una obligación de poner los medios y no de alcanzar un resultado, particularmente en la disputa entre Bolivia y Chile. Sin embargo, en este punto la Corte admite también que ha habido precedente de tratado en el cual se "*estableció una obligación de lograr un acuerdo preciso*", como fue el artículo VI del Tratado Sobre la No proliferación de Armas Nucleares en 1996. Por lo cual, debemos señalar que la obligación de negociar pactada en el Acuerdo de Ginebra tiene un matiz muy especial, que permite sospechar -al menos- que también exige un resultado, y el consiguiente deber de desechar todo acto que se aleje del objetivo predispuesto por el Acuerdo.[5] En efecto,

---

[4] Corte Internacional de Justicia, 1° de octubre de 2018. Caso: Obligación de negociar una salida al Océano Pacífico. (Bolivia c. Chile). *Revista Tribuna Internacional,* Volumen 7. N° 14. 2018. ISSN 0719-482X (versión en línea). https://www.dipublico.org/111407/corte-internacional-de-justicia-1-de-octubre-del-2018-sentencia-fondo-caso-obligacion-de-negociar-una-salida-al-oceano-pacifico-bolivia-c-chile/pagina 36, Número 86.

[5] Ver: C.I.J caso: obligación de negociar una salida al Océano Pacífico, Bolivia c. Chile, N° 87.

el Acuerdo de Ginebra, en su artículo IV (parte final), establece que si los medios escogidos no conducen a la solución de la controversia, el Secretario General de las Naciones Unidas escogerá otro de los medios estipulados en el artículo 33 de la Carta de esa organización, *y así sucesivamente, hasta que la controversia haya sido resuelta o se hayan agotado los medios* previstos en ese artículo de la Carta. No habría duda entonces, de que el caso Venezuela-Guyana es totalmente diferente del caso Bolivia-Chile, que se comenta, porque si postula la necesidad de alcanzar un acuerdo sobre el fondo de la controversia. Más adelante volveremos sobre este precedente de la C.I.J para analizar otros aspectos del tema de este trabajo.

II. EL PRESENTE

II.1. Algunas consideraciones previas

Desde el año 1949, en el cual Venezuela pudo tener conocimiento preciso y documentado de muchas de las circunstancias invalidantes del Laudo de París de 1899, luego de ser publicado el famoso memorándum del abogado Severo Mallet Prevost, acompañado del relato de su socio Otto Schoenrich, publicados ambos en una revista de derecho internacional, se reabrió el interés por la investigación del caso, y se han producido numerosos actos y comportamientos unilaterales de agentes venezolanos con diverso contenido, unos que reafirman la vigencia de la reclamación y otros que hacen dudar de la misma, los cuales hacen propicio estudiar esta especie de actuaciones como fuente de derechos y obligaciones en el derecho internacional, con el objeto de poder valorar su efecto jurídico.

La doctrina y la jurisprudencia del derecho internacional han conocido de diversas hipótesis de actos bilaterales (tratados, acuerdos) y de actos unilaterales (declaraciones o comportamientos) en los cuales se han verificado conductas mediante las cuales los Estados reconocen, aceptan, prometen, revocan, renuncian o desisten de derechos, reclamos o alegatos, bien de forma expresa o de forma tácita, entre los cuales han sido más estudiados estos últimos por su falta de formalidad y tener mucha más complejidad. En todos estos actos o comportamientos lo relevante es la producción de algún efecto jurídico o vinculante para quienes los emiten o exhiben, debiendo ponerse a un lado aquellos que carecen de la aptitud de producir un efecto de esa naturaleza.

La jurisprudencia del derecho internacional ha concluido que "*un compromiso unilateral se basta a sí mismo y no tiene necesidad de estar precedido de negociaciones o seguido de aceptaciones, a condición de provenir de una autoridad competente del Estado. Tampoco se requiere de una condición formal, verbal o escrita. Finalmente, todo acto unilateral no conlleva necesariamente obligaciones, por lo que se requiere determinar si el Estado ha tenido la intención de vincularse, lo que deberá ser determinado interpretando el acto*".[6] Lo cual exige ser muy cautelosos en el examen de estos compromisos unilaterales.

La doctrina del derecho internacional, basada en la interpretación de la jurisprudencia de esa rama jurídica, ha establecido con bastante aproximación los requisitos de obligatoriedad de los actos unilaterales. En un ejercicio de síntesis, podríamos señalar que son los siguientes: 1) la imputabilidad al Estado de los efectos del acto, por haber sido emanado por el funcionario competente para hacerlo; 2) una voluntad no viciada y libremente expresada de asumir una obligación, ella debe ser clara e inequívoca, de lo contrario no pasará de ser un "acto político", y además, debidamente contextualizada en un marco de referencia específico; 3) debe ser espontánea y discrecional, no configurar la ejecución de una obligación preexistente; 4) debe tener precisión en su objeto, capaz de operar en situaciones determinadas; 5) debe estar dotada de publicidad y notoriedad, y no provenir de tratos privados; 6) la declaración debe bastarse a sí misma y no requerir aceptación o contrapartida; 7) no debe afectar a terceros Estados.[7]

Es importante destacar con respecto al segundo de los requisitos mencionados, sobre el carácter claro e inequívoco de la voluntad y su precisa contextualización, que "*en el asunto de la Controversia Fronteriza entre Burkina Fasso y Malí, la Corte Internacional de Justicia (1986) tras advertir que para apreciar la intención del sujeto han de*

---

6 Cfr.: Angelina Jaffé Carbonell; *Derecho internacional público*; Academia de Ciencias Políticas y Sociales, Serie Estudios, N° 70, Caracas, 2008. Resaltado nuestro.

7 Ver: Antonio Remiro Brotons y otros profesores españoles; *Curso de derecho internacional, parte general*. Editorial Tirant Lo Blanch, Valencia, España, 2010, páginas 178-179.

tenerse en cuenta todas las circunstancias del acto, consideró que carecía de fundamento interpretar que una declaración hecha por el jefe de Estado de Malí en una rueda de prensa, manifestando su voluntad de atenerse a las conclusiones de una Comisión de Mediación de la Organización de la Unidad Africana (OUA) sobre la línea fronteriza con Burkina Fasso, tenía consecuencias jurídicas".[8] Esta sentencia de la Corte ha sido y es particularmente importante no sólo por su agudo criterio sobre los actos unilaterales, sino porque acoge con amplitud el principio del *uti possidetis juris* para la delimitación de fronteras de países descolonizados, invocado por Venezuela y los países latinoamericanos en sus delimitaciones desde el siglo XIX.

Buscando enfocar con mayor precisión las actuaciones que interesan al tema de este trabajo, debemos referirnos al reconocimiento y a la aquiescencia, figuras que han sido tratadas como *sinónimas* en el derecho internacional por la equiparación de sus efectos, en su condición de compromisos unilaterales. Así, "*el reconocimiento o la aquiescencia tiene como efecto privar a su autor de la posibilidad de cuestionar la validez de algo que ha reconocido o mostrado su aquiescencia. Los compromisos pueden versar sobre elementos varios: una adquisición territorial, una nacionalidad, etcétera*". En todo caso, ambas figuras sólo tienen un efecto relativo y dependen mucho de las particulares circunstancias en que se cumplen. Por ello, los Estados deben estar muy atentos a reaccionar oportunamente mediante la protesta frente a cualquier agresión a lo que consideran sus derechos soberanos.[9] En este sentido, las academias nacionales y en especial la Academia de Ciencias Políticas y Sociales han alertado al país y al gobierno nacional acerca de las consecuencias jurídicas negativas del silencio en derecho internacional para los agraviados, frente a las conductas desafiantes de sus adversarios, y en particular por parte del Estado Guyanés frente a Venezuela.[10]

---

8 Ibid. Página 178.

9 Ver: Angelina Jaffé Carbonell, obra citada, páginas 201 y siguientes.

10 "*En Derecho Internacional los silencios de los Estados tienen consecuencias jurídicas y pueden ser usados en su contra*". Véase: Pronunciamiento de la Academia de Ciencias políticas y Sociales sobre el rechazo de la demanda de Guyana contra Venezuela, de fecha 11 de abril de 2019.

La jurisprudencia del derecho internacional confirma plenamente lo antes dicho. Buen ejemplo de esto es el concepto de aquiescencia que ha dado la Corte Internacional de Justicia, reflejado en la sentencia del caso *Golfo de Maine*, año 1984, del modo siguiente: "*Un reconocimiento tácito manifestado mediante un comportamiento unilateral que la otra parte puede interpretar como consentimiento*".[11] Nótese que en este precedente la Corte hace mención de ambos vocablos, aquiescencia y reconocimiento, como equivalentes.

La sentencia de la C.I.J del año 2018, comentada anteriormente, sobre el caso de Bolivia contra Chile acerca de la presunta obligación de negociar una salida al Océano Pacífico, aporta precisiones muy importantes sobre estos conceptos relativos a declaraciones y actos unilaterales. La Corte recuerda que la Comisión de Derecho Internacional ha afirmado que "*una declaración unilateral ha de ser realizada por una autoridad que posea la competencia para obligar al Estado, con la intención de obligar al Estado, sobre una materia específica y formulada públicamente*"[12]. La Corte recuerda su criterio para determinar si la declaración de un Estado conlleva obligaciones jurídicas: "*Es reconocido que las declaraciones hechas mediante actos unilaterales respecto a situaciones jurídicas o de hecho, pueden tener el efecto de crear obligaciones jurídicas. Las declaraciones de esta clase pueden ser, y con frecuencia lo son, muy precisas. Cuando el Estado autor entiende que se está obligando conforme a los propios términos, esta intención le confiere a la declaración el carácter de compromiso legal, el Estado a partir de este momento debe seguir una línea de conducta consistente con su declaración. Un compromiso de esta naturaleza, hecho públicamente y con la intención de obligarse, a pesar de no haber sido hecho en el contexto de declaraciones internacionales, es obligatorio.*" A ello añade que es muy importante "*examinar el contenido real, así como las circunstancias en que se realizó*".[13]

Hay aspectos puntuales del fallo comentado de la Corte que merecen ser resaltados también. Así, acoge argumentos de la representación

---

[11] Ver: Antonio Remiro Brotons y otros autores, obra citada, página 179.

[12] Cfr.: Sentencia citada, número 141.

[13] Cfr.: Sentencia citada, número 146.

chilena, del modo siguiente: "*...la carga de la prueba que incumbe al Estado que alega la aquiescencia es alta, por cuanto supone inferir que hay consentimiento en el silencio de un Estado. Esta inferencia debe ser tan probable que casi es una certeza o manifestada claramente y desprovista de ambigüedad*". Sin embargo, también reconoce que no puede exigírsele a un Estado -en el ámbito diplomático- que responda a todas las declaraciones de otros Estados, sobre todo cuando son hechas en un foro internacional, fuera del marco bilateral.[14] Siempre en el punto de la aquiescencia, dice la Corte que "*el silencio también puede ser expresivo, pero sólo si la conducta de otro Estado requiere de una respuesta*".[15]

También la Corte se refiere al llamado "*Estoppel*", en relación con los compromisos unilaterales. Con referencia al caso Bolivia contra Chile, la C.I.J señala en su fallo que Bolivia alega la jurisprudencia de esa Corte para invocar el Estoppel: "*... para establecer el estoppel, debe existir ''una postura o declaración hecha por una de las partes a la otra' y que esta otra parte 'se apoye en dicha declaración para su detrimento o para el beneficio de la parte que la hace*'". Seguidamente, la misma sentencia de la C.I.J recoge del alegato de Bolivia las condiciones que deben concurrir para para que surja el estoppel: "*a) un Estado ha hecho declaraciones claras y consistentes, sea en palabra, conducta, o silencio; b) dichas declaraciones fueron hechas mediante un agente habilitado para hablar en nombre del Estado respecto de la materia en cuestión; c) el Estado que invoca el estoppel fue inducido por dichas declaraciones a actuar en su detrimento, a sufrir un perjuicio, o a procurar una ventaja en favor del Estado del cual emana dicha representación; y d) dicha inducción fue legítima, ya que la representación fue tal que ese Estado tenía derecho a apoyarse en ella...*".[16] En relación con lo mismo, la C.I.J recuerda su fallo para resolver la disputa fronteriza entre Camerún y Nigeria, así: "*Un estoppel sólo surgiría si, por sus actos y declaraciones, Camerún hubiese expresado, de manera clara y consistente, que había acordado solucionar la disputa*

[14] Ver: Sentencia citada, número 151.

[15] Cfr.: Sentencia citada, número 152.

[16] Cfr.: Sentencia citada, número 153.

fronteriza sometida a la Corte exclusivamente mediante vías bilaterales. Sería además necesario que al depender de tal actitud, Nigeria hubiese cambiado su posición para su propio detrimento o sufrido algún perjuicio".[17] En conclusión, estas afirmaciones judiciales coinciden con el pensamiento expresado por Brotons y otros autores españoles, en la edición de su Curso del año 2010 así: "*Las declaraciones y comportamientos a partir de los cuales se invoca el estoppel deben ser claros e inequívocos, persistentes y coherentes*".[18]

En términos amplios, el doctor Sosa Rodríguez explicaba -en 1981- el concepto así: "*La doctrina del Estoppel es de origen anglo-sajón... consiste en negar la posibilidad para un Estado de obtener la anulación de un Tratado o de una decisión arbitral viciados, si posteriormente al conocimiento de esos vicios, el Estado afectado ha seguido cumpliendo voluntariamente y sin objeciones con las estipulaciones del Tratado o de la decisión arbitral, o ha ejecutado actos o firmado documentos que impliquen una aceptación expresa de los mismos*". Esta doctrina internacional, equiparable en la doctrina civil a la inadmisibilidad de ir en contra de los propios actos, con antecedentes arbitrales y judiciales desde 1906, fue acogida por la Convención de Viena sobre el Derecho de los Tratados de 1969, en especial, en su ordinal b) del artículo 45, según el cual hay aceptación implícita cuando el Estado "*Se ha comportado de tal manera que debe considerarse que ha dado su aquiescencia a la validez del tratado o a su continuación en vigor o en aplicación, según el caso*". Aunque esta Convención no fue suscrita por Venezuela y está referida a los tratados, muchos autores le dan valor a dicha cláusula de principio de derecho internacional consuetudinario. No obstante esto último, ha habido reservas en la doctrina acerca de esta conceptuación como principio derivado de esta cláusula, pues, al menos, tal criterio no debería ser admitido en relación con la hipótesis de ingreso en un tratado, ya que significaría desconocer los requisitos constitucionales que deben ser cumplidos por los Estados para la ratificación e incorporación de un tratado al ordenamiento interno.

---

17 Cfr.: Sentencia citada, número 158.

18 Cfr.: Brotons y otros autores, obra citada, página 183.

II.2. Sobre la aquiescencia en el caso

En el presente, algunos respetables opinantes han planteado la posible duda de que el Estado venezolano haya dado *aquiescencia* a la frontera establecida por el Laudo de 1899, y que en consecuencia haya renunciado tácitamente a la reclamación o desmejorado la posición de Venezuela, o que hubiera dado lugar a la figura jurídica del "*Estoppel*", particularmente, en relación con ciertas declaraciones de prensa del entonces presidente Hugo Chávez Frías. En efecto, el presidente Chávez, por solidaridad ideológica con el gobierno socialista guyanés, expresó que no se oponía a las inversiones de terceros países en la zona en reclamación, si ello fuera "*en beneficio de los pueblos*". Y por si fuera poco, expresó desdén por la controversia y acogió la versión de Fidel Castro sobre el Acuerdo de Ginebra, en el sentido de que fuera una maniobra del gobierno de EE.UU para evitar que el líder socialista Chedi Yagan tuviera mayor opción de llegar al poder en la Guayana Británica, en el momento de su independencia. Veamos.

Si bien cualquier acto, conducta, declaración o afirmación de un personero del Estado puede ser tomado en cuenta en un litigio o arbitraje internacional, como prueba o signo de interpretación, pienso que la hipótesis de aquiescencia internacional -con capacidad para generar efecto jurídico- no se ha dado en el curso de la reclamación venezolana, por las razones siguientes:

1) Porque la ejecución del laudo de 1899 -entre los años 1900 y 1905- no significó la renuncia a la voluntad de denunciar la nulidad del mismo, por ser una actuación producto de la amenaza y la coacción, viciada de raíz, y si alguna duda hubiera quedado fue disipada por la celebración del Acuerdo de Ginebra de 1966, que reabrió formalmente la discusión de la controversia, a lo que se suma la constante reiteración formal y práctica de la reclamación posterior a este tratado, hasta el punto de ser calificadas por el gobierno de Guyana como agresiones del gobierno venezolano, con razón o sin ella.
2) Porque el artículo V.2 del Acuerdo de Ginebra estableció la prohibición de innovación del *statu quo* de la zona en reclamación, al estipular: "*Ningún acto o actividad que se lleve a cabo mien-*

tras se halle en vigencia este Acuerdo constituirá fundamento para hacer valer, apoyar o negar una reclamación de soberanía territorial en los territorios de Venezuela o de la Guayana Británica, ni para crear derechos de soberanía en dichos territorios, excepto en cuanto tales actos sean el resultado de cualquier convenio logrado por la Comisión Mixta y aceptado por escrito por el gobierno de Venezuela y el gobierno de Guyana". Aunque la prohibición hace referencia a un órgano fenecido, es claro que el propósito de las partes fue fijar un principio rector, y así fue indicado en el Protocolo de Puerto España del 18 de junio de 1970, en su artículo IV. No hay duda de que esta estipulación priva de efectos obligatorios a los actos unilaterales informales o implícitos ocurridos luego del Acuerdo de Ginebra.

3) Porque las declaraciones del presidente Chávez no pasaron de ser actuaciones políticas o diplomáticas carentes de la cualidad de actos jurídicos, o sea, ineptos para producir efectos jurídicos en el marco de la controversia de derecho internacional. En particular, se trataba de afirmaciones ante los medios de prensa imprecisas e inespecíficas acerca de inversiones de terceros en la zona en reclamación, que no podrían tener el valor de una aceptación, ni siquiera presunta, porque esas afirmaciones se hacían en un contexto muy informal, contrario a la solemnidad exigida por el Acuerdo de Ginebra, y chocaban con otros hechos opuestos a tal interpretación anteriores y posteriores. Es más, por el lenguaje utilizado más parecían opiniones ideológicas personales, que declaraciones de un jefe de Estado. Así mismo, afirmaciones contemporáneas del embajador de Guyana en Venezuela relativas a la solidaridad socialista confirman la naturaleza meramente política de esas de declaraciones unilaterales. Creemos que estos razonamientos tienen antecedente en la causa reciente seguida por Bolivia contra Chile en la Corte Internacional de Justicia, antes comentada, en la cual se hizo referencia de la distinción mencionada entre los actos de los personeros estatales.

II.3. La reciente sentencia de la Corte Internacional de Justicia, de fecha 18 de diciembre de 2020.

La reciente sentencia dictada por la Corte Internacional de Justicia, órgano judicial principal de la ONU, con sede en La Haya, el día 18 de diciembre de 2020, por demanda de Guyana contra Venezuela, mediante la cual declaró afirmativamente -en forma previa, pero definitiva- su jurisdicción para conocer de la validez o invalidez del Laudo de París del 3 de octubre de 1899, cuyo objeto fue resolver la disputa territorial y determinar la frontera entre la Guayana Británica y los Estados Unidos de Venezuela, así como, en sentido contrario, declaró la Corte su falta de jurisdicción para conocer de cualquier hecho posterior a la fecha del Acuerdo de Ginebra de 1966, en respuesta a las pretensiones accesorias de Guyana, viene a colocar un nuevo hito en el desarrollo de la controversia por la frontera entre ambos países.

La parte dispositiva de la Sentencia favorable a la demanda de Guyana tuvo el voto afirmativo de doce jueces de la CIJ y cuatro votos en contra, estos últimos correspondientes a jueces de nacionalidad francesa, marroquí, italiana y rusa, quienes consideraron que la mayoría se había alejado de la jurisprudencia sobre la interpretación del artículo 36 del Estatuto de la Corte en lo relativo a la aceptación de la jurisdicción de la CIJ, al apreciar el alcance de la misión atribuida al Secretario General de la ONU por el artículo IV.2 del Acuerdo de Ginebra. En lo relativo a la parte dispositiva desfavorable a la demandante, el veredicto fue unánime.

La Corte ha fundamentado esencialmente su decisión acerca de su jurisdicción en el caso: en su interpretación de las cláusulas del Acuerdo de Ginebra (arts. I y IV. Parágrafo 2), en los preceptos de la Carta de la Organización de las Naciones Unidas (art.33), en las disposiciones de su propio Estatuto (art.36) y -detalladamente- en las *circunstancias* particulares que rodearon la conclusión del Acuerdo de Ginebra. Todo lo cual conduce a la aceptación del arreglo judicial como medio para la resolución de la controversia, al otorgamiento de autoridad incondicionada al Secretario General de la ONU para escoger dicho medio y al reconocimiento de la jurisdicción de la CIJ para conocer de la disputa, según lo declarado por la Sentencia.[19]

Observamos que la sentencia mencionada de la CIJ ha establecido puntualmente lo siguiente:

1) la existencia actual de una "*contención*" de naturaleza jurídica entre Venezuela y Guyana relativa a su frontera terrestre, derivada del rechazo de Venezuela a la existencia y legitimidad del Laudo de París de 1899, por considerarlo "*nulo e írrito*", frente a la posición tradicional de Inglaterra y de su excolonia la Guayana Británica (hoy Guyana) las cuales consideran que no exis-

---

[19] Acuerdo de Ginebra: Artículo I. "*Se establece una Comisión Mixta con el encargo de buscar soluciones satisfactorias para el arreglo práctico de la controversia entre Venezuela y el Reino Unido surgida como consecuencia de la contención venezolana de que el Laudo Arbitral de 1899 sobre la frontera entre Venezuela y la Guayana Británica es nulo e írrito*". Artículo IV. Parágrafo 2. "*Si dentro de los tres meses siguientes al informe final el Gobierno de Venezuela y el Gobierno de Guyana no hubieren llegado a un acuerdo con respecto a elección de uno de los medios de solución previstos en el artículo 33 de la Carta de las Naciones Unidas, referirán la decisión sobre los medios de solución a un órgano internacional que ambos gobiernos acuerden, o de no llegar a un acuerdo sobre este punto, al Secretario General de las Naciones Unidas. Si los medios así escogidos no conducen a una solución de la controversia, dicho órgano, o como puede ser el caso, el Secretario General de las Naciones Unidas, escogerán otro de los medios estipulados en el artículo 33 de la Carta de las Naciones Unidas, y así sucesivamente, hasta que la controversia haya sido resuelta, o hasta que todos los medios de solución pacífica contemplados en dicho artículo hayan sido agotados*". Carta de las Naciones Unidas: Artículo 33.1. "*Las partes en una controversia cuya continuación sea susceptible de poner en peligro el mantenimiento de la paz y la seguridad internacionales tratarán de buscarle solución, ante todo, mediante la negociación, la investigación, la mediación, la conciliación, el arbitraje, el arreglo judicial, el recurso a organismos o acuerdos regionales u otros medios pacíficos de su elección.*" Estatuto de la Corte Internacional de Justicia: "*Artículo 36. 1. La competencia de la Corte se extiende a todos los litigios que las partes le sometan y a todos los asuntos especialmente previstos en la Carta de las Naciones Unidas o en los trabajos y convenciones vigentes. 2. Los Estados partes en el presente Estatuto podrán declarar en cualquier momento que reconocen como obligatoria ipso facto y sin convenio especial, respecto a cualquier otro Estado que acepte la misma obligación, la jurisdicción de la Corte en todas las controversias de orden jurídico que versen sobre: a) La interpretación de un tratado. b) Cualquier cuestión de derecho internacional. c) La existencia de todo hecho que, si fuere establecido, constituiría violación de una obligación internacional. d) La naturaleza o extensión de la reparación que ha de hacerse por el quebrantamiento de una obligación internacional. 3. La declaración a que se refiere este artículo podrá hacerse incondicionalmente o bajo condición de reciprocidad por parte de varios determinados Estados o por cualquier tiempo. ... 6. En caso de disputa en cuanto a si la Corte tiene o no jurisdicción, la Corte decidirá*".

te tal contención porque la disputa fue resuelta en forma total, perfecta y definitiva por dicho Laudo; esto quiere decir que la CIJ afirma la naturaleza jurídica de la disputa e implícitamente reconoce el mérito del Acuerdo de Ginebra de haber levantado el efecto de cosa juzgada del Laudo, así como la procedencia ahora de un juicio acerca de su validez o invalidez y de la determinación de la frontera contenida en dicho instrumento, de acuerdo con las bases del compromiso arbitral, lo cual cae bajo su competencia por ser una controversia jurídica internacional.

2) El Acuerdo de Ginebra le confiere autoridad discrecional y vinculante al Secretario General de la ONU para seleccionar el medio de solución pacífica de la disputa, entre aquellos previstos en el artículo 33 de la Carta de la Organización de las Naciones Unidas, incluido sin reserva alguna el arreglo judicial por la CIJ, principal órgano judicial de esa organización, sin perjuicio de las consultas previas que este alto funcionario haya hecho o pueda hacer a las partes antes de proceder a la mencionada selección.

3) Según el Acuerdo de Ginebra, la autoridad para seleccionar el medio de solución de la disputa no está condicionado al consentimiento previo de las partes ni a un orden de sucesión rígido de los medios aptos, pues ello dejaría a la voluntad de cualquiera de las partes el alargamiento injustificado y contrario al Acuerdo de la resolución final de la disputa, por un lado, y la oportunidad de escoger el medio más idóneo según su factibilidad, por el otro, no obstante reconocer que la objeción de ambas partes a la selección de un medio específico no podría ser obviada por el Secretario General.

4) El artículo 33 de la carta de la ONU prevé medios de solución pacífica de disputas entre Estados de diversa naturaleza. Ha quedado demostrado con la documentación que cursa en el expediente, que los medios diplomáticos y políticos, como las negociaciones y los buenos oficios, no han aportado suficiente progreso a la solución de la controversia, razón por la cual el Secretario General de la ONU, en ejercicio de su autoridad

decidió seleccionar el arreglo judicial por ante la Corte Internacional de Justicia.

5) De acuerdo con el Acuerdo de Ginebra y con el Estatuto y el Reglamento de la CIJ, así como en acatamiento de la jurisprudencia de la Corte y de su antecesora, la aceptación de la jurisdicción de la CIJ por parte de cualquier Estado no está sujeta a ninguna forma específica, sino a que dicha aceptación sea expresa y absolutamente inequívoca, lo cual se desprende claramente de la redacción del artículo IV, Parágrafo 2, del Acuerdo de Ginebra, según el fallo.
6) Luego de seleccionado válidamente el medio por parte del Secretario General de la ONU, ambas partes han quedado facultadas para iniciar en forma unilateral el proceso ante la CIJ, como lo ha hecho Guyana por demanda contra Venezuela introducida en fecha 29 de marzo de 2018.
7) La no comparecencia de la demandada (Venezuela) en el proceso no afecta la validez del mismo, ni interrumpe el procedimiento judicial ni impide su desarrollo ulterior, como lo tiene determinado la jurisprudencia de la Corte, pudiendo ese alto tribunal sentenciar sobre la demanda con base en los argumentos de la demandante y en los fundamentos de hecho y de derecho que la misma Corte obtenga de oficio, según lo permitido en el artículo 53 de su Estatuto. En todo caso, la Sentencia reconoce el derecho de Venezuela de incorporarse al procedimiento en cualquier etapa del mismo para ejercer sus derechos como parte del proceso, sin que la falta de oposición procesal a los alegatos de Guyana pueda considerarse como aceptación de ellos por Venezuela en momento alguno. En vista de la falta de comparecencia en el proceso de Venezuela hasta el presente, la Corte exhorta a quienes la representan a ejercer sus derechos en el proceso y veladamente sugiere que su ausencia ha podido afectar el fallo por insuficiente información.

Sin embargo, llama poderosamente la atención que la Sentencia comentada haya pretermitido el alegato de Venezuela de que el objeto sustantivo del Acuerdo de Ginebra de 1966 ha sido y es la búsqueda de una resolución de la disputa "*aceptable para ambas partes*" y "*un arreglo práctico de la controversia entre Venezuela y el Reino Unido, surgida como consecuencia de la contención venezolana de que el Laudo arbitral de 1899 sobre la frontera entre Venezuela y la Guayana Británica*" (Preámbulo y art. I del Acuerdo) y no la validez o invalidez del Laudo. En efecto, favoreciendo la posición de Guyana en el punto, la CIJ ha dado prioridad al motivo de que la controversia es consecuencia de la *contención* venezolana frente al referido Laudo, al que considera nulo e írrito, y por consiguiente, dado el desacuerdo radical de las partes sobre este hecho, ninguna solución de la controversia territorial podría ser alcanzada sin establecer previamente la validez o invalidez del Laudo, tanto menos si, como habría afirmado el canciller venezolano en 1966, el objeto del Acuerdo había sido retornar la disputa a su "*estado original*".[20] No es difícil suponer que la Corte evadió emitir pronunciamiento explícito sobre la posibilidad de un arreglo práctico de la controversia, porque tal hecho habría colocado un serio escollo a la admisibilidad de la demanda de Guyana, pues ese objeto del Acuerdo de Ginebra no sería una materia justiciable frente a ese alto tribunal, debido a que el artículo 36 de su Estatuto únicamente le otorga competencia directa en controversias de naturaleza jurídica y no en diferencias de naturaleza política. La Corte se limitó en el fallo comentado a

---

[20] Expresa la Sentencia de la CIJ del 18 de diciembre de 2020, lo siguiente: "*134. The Court further notes that Venezuela's argument that the Geneva Agreement does not cover the question of the validity of the 1899 Award is contradicted by the statement of the Minister for Foreign Affairs of Venezuela before the Venezuelan National Congress shortly after the conclusion of the Geneva Agreement. He stated in particular that "[i]f the nullity of the Award of 1899, be it through agreement between the concerned Parties or through a decision by any competent international authority as per Agreement, is declared then the question will go back to its original state". This confirms that the parties to the Geneva Agreement understood that the question of the validity of the 1899 Award was central to the controversy that needed to be resolved under Article IV, paragraph 2, of the Geneva Agreement in order to reach a definitive settlement of the land boundary between Guyana and Venezuela. 135. The Court therefore concludes that Guyana's claims concerning the validity of the 1899 Award about the frontier between British Guiana and Venezuela and the related question of the definitive settlement of the land boundary dispute between Guyana and Venezuela fall within the subject-matter of the controversy that the Parties agreed to settle through the mechanism set out in Articles I to IV of the Geneva Agreement, in particular Article IV, paragraph 2, thereof, and that, as a consequence, the Court has jurisdiction ratione materiae to entertain these claims*".

la admisión de la posibilidad, no incompatible con el proceso, de que las partes celebren en modo paralelo negociaciones directas o con la asistencia de un tercero para alcanzar una solución alternativa de índole transaccional, sobre la controversia en su totalidad o sobre algún aspecto de la misma.

No obstante que la Sentencia de la CIJ de fecha 18 de diciembre de 2020 ha sido contraria a la posición tradicional venezolana de no reconocer la jurisdicción de ese alto tribunal de la ONU para conocer de la controversia relativa a la frontera entre Venezuela y Guyana e insistir en el arreglo práctico de la misma, indicado en el Acuerdo de Ginebra, opinamos que la decisión judicial comentada no debería ser considerada como una derrota para la reclamación de Venezuela, pues la necesidad lógica de un reconocimiento o en su defecto, de un pronunciamiento sobre la nulidad del Laudo de París de 1899, fue anticipada por varios expertos en nuestro país, como fueron los académicos Isidro Morales Paúl y Carlos Sosa Rodríguez, antes citados, en vista de la posición de Inglaterra y de Guyana de sostener a toda costa no sólo la existencia sino también la validez y "*santidad*" del Laudo y en consecuencia, la inexistencia de contención sobre la frontera. Escenario frente al cual Venezuela cuenta con sólidos argumentos históricos y jurídicos, conformados desde el inicio de la controversia en el siglo XIX. Antes bien, es un logro para Venezuela que la CIJ haya superado aparentemente el obstáculo de la cosa juzgada del Laudo de 1899 y haya resuelto confirmar el efecto del Acuerdo de Ginebra de reabrir la discusión sobre la validez y vigencia del Laudo y sobre la frontera entre Venezuela y Guyana determinada en el mismo.

Igualmente, se debe resaltar que la sentencia de la CIJ rechaza tener competencia sobre todo hecho posterior a la celebración del Acuerdo de Ginebra, en virtud de que su competencia para conocer del conflicto deriva de las estipulaciones de dicho Acuerdo referidas a los aspectos estrictamente jurídicos del tema. De esto se puede inferir que la CIJ no conocería en modo alguno de las supuestas agresiones de Venezuela contra Guyana posteriores a la celebración del Acuerdo mencionado y tampoco de la presunta aquiescencia inherente a las actuaciones unilaterales del presidente Hugo Chávez Frías frente a la vigencia de la disputa y a las inversiones de terceros en la zona en reclamación.

En conclusión, no hay duda de que la reclamación venezolana por la Guayana Esequiba conserva plena vigencia jurídica hasta el día de hoy y debemos continuarla con perseverancia. Con mayor razón, si la delimitación pendiente de las áreas marítimas vecinas debiera o pudiera eventualmente hacerse según la delimitación del territorio entre Venezuela y Guyana.

Caracas, junio de 2021.

AGRESIONES A LA SOBERANÍA DE VENEZUELA Y AMENAZAS A LA PAZ Y SEGURIDAD INTERNACIONALES

MOISÉS TROCONIS VILLARREAL*

1. El concepto de soberanía se asocia a la historia de la fórmula *rex in regno suo est imperator*, utilizada entre los siglos XII y XIII para designar la *plenitudo potestas* del *princeps* y, posteriormente, del *rex*, cuyo paradigma fue el *imperator in regno suo*. Más tarde, Bartolo de Sassoferrato extenderá la *plenitudo potestatis* a la *civitas* que no reconoce *superior*, y que, por tanto, se gobierna a sí misma, de modo que *civitas superiorem non recognoscens est sibi princeps*[1].

El paso obligado que contribuirá a consolidar los elementos propios del concepto, vale decir, la plenitud de los poderes y la independencia de todo otro poder, será la época del *princeps absolutus*, cuya *maiestas*, según Jean Bodin (*De republica* I, 8), *est summa in cives ac subditus legibusque soluta potestas,* de modo que la soberanía será el poder absoluto y perpetuo propio del Estado, entendido éste como el gobierno que se ejerce con poder soberano sobre las diversas familias y sobre lo que ellas tienen en común entre sí, salvo el *dominium* privado, y cuya prerrogativa principal será el poder de hacer las leyes[2].

---

* Abogado ScL, Doctor en Derecho, Consultor Jurídico, Litigante, Profesor de pre y postgrado en Teoría del Derecho Procesal y Derecho Procesal Civil, ex Coordinador del Centro de Investigaciones Jurídicas, ex Director de la Facultad de Derecho (ULA) ex Asesor Jurídico del Ministerio de Justicia, ex Juez de Instancia, ex Magistrado, Investigador en Derechos Fundamentales, Hermenéutica Jurídica, Derecho Procesal, Derecho Constitucional, Derecho de la Integración Económica, Derecho Internacional. Autor de monografías y ponencias jurídicas.
Este trabajo contó, en su fase de investigación, con la contribución sustancial del abogado venezolano Mauricio Suárez Troconis.

1 Enciclopedia Giuridica Treccani: *Dizionario di filosofia. Sovranita.* 2009: http://www.treccani.it/enciclopedia/sovranita (Dizionario-di-filosofia)/

2 Ibidem.

2. Esta cualidad jurídica se atribuirá después al *imperium* del Estado moderno, cuyo poder será definido como soberano en cuanto originario, es decir, no derivado de otro, absoluto porque *superiorem non recognoscens*, exclusivo, indivisible, inalienable e imprescriptible por tratarse de una función pública necesaria a toda organización política.

El concepto se desarrollará, aunque con diferencias significativas, a través del pensamiento de Bodin, Hobbes y Rousseau, pero será criticado, por su potencial despótico, a través de la tradición liberal constitucional que, manifestada en el pensamiento de Locke, Montesquieu y Constant, sostendrá en cambio la necesidad de limitar el poder del Estado a fin de tutelar la libertad de los individuos y la autonomía de la sociedad civil[3].

3. La línea de evolución del concepto que se asocia a las revoluciones americana y francesa girará, por su parte, en torno a la soberanía popular, cuya base teórica, desarrollada en el marco general del pensamiento iusnaturalista moderno y en el ámbito particular del contractualismo, sostiene que el fundamento del poder político reside en un pacto libre y originario entre los individuos entre sí o entre éstos y el monarca[4]. En el caso del *pactum subiectionis* entre pueblo y monarca, un problema medieval fue el de establecer si el pacto implicaba la renuncia de parte del pueblo a sus derechos (*alienatio*) o solamente una concesión (*cessio*) revocable cuando, por ejemplo, el monarca dejase de cumplir sus obligaciones y se transformase en tirano o, en caso de conflicto con la Iglesia, se convirtiese en enemigo de la fe y de los cánones[5].

El principio de soberanía popular aparece recogido en textos como la Declaración de Independencia de los Estados Unidos de Norteamérica, según la cual los gobiernos derivan sus poderes legítimos del consentimiento de los gobernados, o como la Declaración Universal de los Derechos del Hombre y del Ciudadano, según la cual la fuente de toda soberanía reside esencialmente en la Nación[6], y también en constitucio-

---

3 Ibidem.

4 Enciclopedia Giuridica Treccani*: Dizionario di Storia. Sovranita.* 2011: http://www.treccani.it/enciclopedia/sovranita (Dizionario-di-Storia)/

5 Enciclopedia Giuridica Treccani: *Enciclopedia on line. Sovranita*: http://www.treccani.it/enciclopedia/sovranita/

6 Enciclopedia Giuridica Treccani: *Dizionario di Filosofia. Sovranita,* ob.cit.

nes como la de Venezuela, según la cual, la soberanía es, entre otros, un derecho irrenunciable de la Nación (artículo 1, único aparte) que reside intransferiblemente en el pueblo, de la cual emanan los órganos del Estado y a la cual éstos se hallan sometidos (artículo 5).

4. En el campo de las relaciones Estado – ciudadanos, la Declaración Universal de los Derechos Humanos prescribe que "*La voluntad del pueblo es la base de la autoridad del poder público ...*" (artículo 21.3)[7], lo que presupone que el pueblo es el titular de la autoridad y del poder que el Estado ejerce, es decir, el titular de la soberanía, presupuesto que conduce a esclarecer que la noción de soberanía de Estado no es más que el resultado de una transposición dirigida principalmente a individualizar al titular de las obligaciones esenciales de tutela de los derechos de los ciudadanos, así como al sujeto a cargo de la representación de la Nación, a los efectos del ejercicio de la soberanía, frente a los demás Estados.

Por su parte, la Comisión Internacional sobre Independencia y Soberanía de los Estados estableció, en su Informe de diciembre de 2001, que la obligación de proteger al pueblo de la muerte y de otros daños graves constituye la responsabilidad fundamental que impone la soberanía al Estado, de modo que, si éste no puede o no quiere cumplir con su obligación esencial, la comunidad internacional debe reaccionar decisivamente para cumplir con la suya[8].

Según la tesis en referencia, la responsabilidad internacional de proteger abarcaría las de prevenir -para tratar las causas de fondo y las causas directas del conflicto interno o de las otras crisis que pongan a la población en riesgo-, reaccionar -para responder a situaciones de necesidad humana apremiante con medidas apropiadas que pueden incluir medidas coercitivas, desde sanciones y persecución internacional hasta casos extremos de intervención militar- y reconstruir -para proveer asistencia plena, especialmente después de una intervención militar, a la vista de las causas del daño cuya detención o prevención haya jus-

---

7 Organización de Naciones Unidas: *Declaración Universal de los Derechos Humanos*, Instituto Interamericano de Derechos Humanos, San José, Costa Rica, 1992, p. 6.

8 International Comission on Intervention and State Sovereignty: *The responsibility to protect*, pp. VII ss.: http://responsibilitytoprotect.org/ICISS Report.pdf

tificado la intervención, a fin de alcanzar propósitos de recuperación, reconstrucción y reconciliación[9].

5. Ha sido Ferrajoli quien ha puesto de relieve la relación entre la soberanía y los derechos fundamentales, esclareciendo la relación de identidad entre la titularidad de la soberanía, en cabeza del pueblo, y la de los derechos, cuya titularidad, igual y común, se hallaría en cabeza de cada una de las personas que integran aquél. La unidad del pueblo se expresaría en la igualdad en los derechos fundamentales de sus titulares[10]. Y la soberanía popular constituiría la suma de la totalidad de tales derechos fundamentales y de sus garantías. Por esta razón, a juicio de Ferrajoli, la soberanía popular garantizaría la inviolabilidad de los derechos[11].

6. Si se admite que el titular originario de la autoridad suprema en que consiste la soberanía es el pueblo; que el pueblo se halla constituido por la titularidad común, en cabeza de cada uno de sus miembros, de los mismos derechos fundamentales; que estos derechos se hallan reconocidos en el orden constitucional como manifestación de ejercicio de aquella soberanía; que el sujeto a quien el pueblo encarga la obligación esencial de protección de tales derechos es el Estado, y que cabe configurar una relación de garantía entre soberanía y derechos, así como una relación funcional entre pueblo y Estado, procede reconocer que la violación o tutela de aquellos derechos fundamentales envuelve la violación o tutela de esta soberanía.

Si se reconoce la validez de este criterio, no habría lugar a la contraposición planteada por Kofi Annan, antiguo Secretario General de la Organización de Naciones Unidas, entre intervención humanitaria y soberanía. La contraposición por Annan fue planteada en los términos siguientes: "*... si la intervención humanitaria es realmente un ataque inaceptable a la soberanía, ¿cómo debemos responder nosotros a Rwanda, a Srebrenica, a las grandes y sistemáticas violaciones de derechos humanos que afectan cada precepto de nuestra común humanidad?*"[12].

---

9 Ibidem.

10 Luigi Ferrajoli: *Principia Iuris. I. Teoria del Diritto.* Laterza, Bari, 2007, pp. 928 ss.

11 Luigi Ferrajoli: *Principia Iuris. II. Teoria della Democrazia*, ob. cit. p. 11.

12 *International Comission on Intervention and State Sovereignty,* ob.cit.

A nuestro juicio, por el contrario, lo que configura un ataque inaceptable a la soberanía son las graves y sistemáticas violaciones de los derechos humanos, mientras que la intervención humanitaria constituiría un mecanismo internacional de protección de los derechos de los titulares de la soberanía y, en consecuencia, de la soberanía misma, en circunstancias en las cuales el Estado no pueda o no quiera cumplir con su obligación esencial de protección de las víctimas de crímenes de lesa humanidad porque, por ejemplo, los funcionarios del Estado mismo sean identificados como los autores o responsables de la comisión de tales crímenes.

Y es que los derechos fundamentales pueden verse amenazados o agredidos por el "*poder protector*" del Estado; por otra parte, la soberanía es un límite, pero no para la defensa de los derechos sino para la acción del Estado, en cuanto que el ejercicio de su poder, un poder derivado y no originario, no puede estar orientado sino al cumplimiento de su obligación esencial.

7. En el caso de Venezuela, el incumplimiento de la obligación esencial de protección del titular de la soberanía, por parte del régimen *de facto* que encabeza el ex presidente Nicolás Maduro Moros, configura un hecho público y notorio.

Se trata de un incumplimiento que, manifestado en la violación grave, masiva y sistemática de la dignidad y de los derechos fundamentales de los venezolanos, ha derivado, según Informes de una unidad de investigación de la Organización de Naciones Unidas (ONU), de la Secretaría de la Organización de Estados Americanos (OEA) y de la Fiscalía de la Corte Penal Internacional (CPI), en la comisión de crímenes de lesa humanidad tipificados en el Estatuto de Roma de la Corte Penal Internacional (artículo 7) que, unidos a la corrupción generalizada e impune, la sustracción masiva de bienes y recursos del patrimonio de la Nación venezolana, la enajenación de la actividad productiva del sector privado, la quiebra de la actividad económica del sector público, la depauperación de los servicios esenciales y la imposición por la fuerza de un régimen esclavista, ha acarreado la ruina, la miseria, el hambre, el desplazamiento forzoso, la enfermedad o la muerte de un número incalculable de venezolanos.

8. La Asamblea General de Naciones Unidas aprobó una Resolución, en septiembre de 2005, que estableció que quien tiene la responsabilidad de ayudar a proteger a la población de los crímenes de lesa humanidad es la comunidad internacional, y que las Naciones Unidas están preparadas para adoptar una acción colectiva, oportuna y decisiva, a través del Consejo de Seguridad, si los medios pacíficos son inadecuados y las autoridades nacionales fracasan manifiestamente en proteger a la población de tales crímenes.

Pero el Consejo de Seguridad se ha visto impedido de ejercer acción alguna dirigida a proteger a los pueblos, frente a los crímenes de lesa humanidad de que han sido víctimas, a causa del ejercicio abusivo del derecho de veto que, a lo largo de los años, ha venido llevando a cabo principalmente la Federación de Rusia. En los casos de Siria y Ucrania, por ejemplo, el representante de la Federación rusa ha vetado las Resoluciones que se han propuesto, en el seno del Consejo, en más de diez ocasiones, dejando constancia por esta vía de su desprecio por la matanza de miles y el desplazamiento forzoso de millones de seres humanos.

La propia Asamblea General, en los Considerandos de una Resolución que aprobara el 3 de agosto de 2012 en el caso de la República Árabe Siria (66/253), deploró que el Consejo de Seguridad no hubiese acordado medidas para asegurar que las autoridades sirias cumpliesen sus decisiones[13].

Así pues, a pesar de que los crímenes de lesa humanidad atentan contra el *ius cogens* y contra la paz y la seguridad internacionales, la inacción del Consejo de Seguridad de Naciones Unidas, procurada intencionalmente por la voluntad de uno o dos de sus miembros permanentes, no ha contribuido a la protección de los pueblos frente a los crímenes de lesa humanidad cometidos en su contra, como lo prescribe la Resolución de la Asamblea General de septiembre de 2015, sino a la omisión de socorro de las víctimas y, por tanto, a la violación grave de sus derechos esenciales, como la vida, la dignidad y la libertad.

---

13 un.org/en/ga/search/view_doc.asp?symbol=A/RES/66/253%20B&Lang=S

Como advierten Reinisch y Duckwitz[14], el Consejo de Seguridad está sujeto a las normas del *ius cogens* porque una criatura internacional no puede adquirir más poderes que su creador. El corolario es que los Estados no pueden evitar ser vinculados por el *ius cogens* creando una organización que no esté sujeta a estas obligaciones, porque, al menos teóricamente, esto permitiría a los Estados servirse de las organizaciones internacionales para dejar de lado tales obligaciones.

9. En el caso de Venezuela, a las agresiones internas contra la soberanía del pueblo venezolano, manifestadas en la violación grave, masiva y prolongada de la dignidad y de los derechos fundamentales de la mayoría de sus integrantes, por parte de un régimen *de facto* que las instituciones legítimas de Venezuela y la mayoría de la comunidad internacional democrática identifica como ilegítimo y no democrático, se unen agresiones externas como las siguientes: la neo colonización de las estructuras y de los recursos del Estado venezolano, por parte del gobierno de Cuba, convenida, financiada y sostenida por los regímenes de los ex presidentes Hugo Chávez y Nicolás Maduro Moros; la pérdida en curso de la integridad territorial de Venezuela, mediante la ocupación consentida, tolerada o por la fuerza, de áreas extensas de varias de sus regiones, por obra de organizaciones terroristas y bandas criminales dedicadas, entre otras actividades ilegales, al control y manejo de rutas de narcotráfico y al contrabando de armamento militar, así como a la explotación ilícita de los recursos minerales venezolanos y al reclutamiento y adiestramiento de grupos paramilitares dirigidos a la planificación y ejecución de atentados criminales y de acciones de desestabilización contra los gobiernos democráticos de otros países de la región latinoamericana; la violación de la soberanía de Venezuela, por parte de la Federación de Rusia, al instrumentalizar y someter a riesgo el territorio y los habitantes de la Nación sin el consentimiento ni la aprobación del pueblo venezolano, como base y zona de operaciones para el manejo de los conflictos bélicos del régimen ruso con los Estados Unidos de Norteamérica, y como plataforma de lanzamiento

---

14 August Reinisch y Eike Duckwitz: *Developing human rights and humanitarian law accountability of the Security Council for the imposition of economic sanctions*. American Journal of International Law, N° 95, 2001.

para el despliegue de sus intereses geopolíticos y armamentistas en el Hemisferio Occidental, y la violación de la soberanía de Venezuela, por parte de la República Islámica de Irán, al instrumentalizar y someter a riesgo el territorio y los habitantes de la Nación sin el consentimiento ni la aprobación del pueblo venezolano, como base y zona de operaciones para el manejo de los conflictos bélicos del régimen islámico con los Estados Unidos de Norteamérica, y como plataforma de lanzamiento para el despliegue de sus intereses belicistas y antioccidentales.

10. Las agresiones internas y externas contra la soberanía y los derechos fundamentales del pueblo venezolano atentan contra la paz y la seguridad internacionales, no solamente porque la Carta de la Organización de Naciones Unidas promueve el respeto universal de los derechos humanos y de las libertades fundamentales de todos, así como la efectividad de tales derechos y libertades, en el marco de la creación de condiciones de estabilidad para las relaciones entre las naciones, basadas en el respeto a los principios de la igualdad de derechos y de libre determinación de los pueblos (artículos 55.3 y 56), sino porque tales agresiones han derivado en amenazas contra la estabilidad de los gobiernos democráticos de otros países de la región latinoamericana, manifestadas en acciones terroristas de cuya ejecución hay indicios crecientes.

11. El objeto de esta contribución es dar cuenta resumida de un conjunto de elementos demostrativos de las agresiones en curso contra la soberanía de Venezuela y de las amenazas contra la paz y la seguridad internacionales de la región latinoamericana, de las razones que servirían de fundamento para elevar la situación de Venezuela desde el Consejo de Seguridad de las Naciones Unidas hasta la Asamblea General de la Organización, y de un grupo de alternativas de acción que podrían explorarse en el marco de las medidas colectivas eficaces para prevenir y eliminar amenazas a la paz y suprimir actos de agresión que, según el artículo 1.1 de la Carta de la ONU, forman parte de los propósitos de las Naciones Unidas.

12. De la comisión de crímenes de lesa humanidad en perjuicio del pueblo venezolano han dado cuenta, entre otros, los siguientes Informes:

12.1. El Informe sobre Venezuela de la Misión Internacional Independiente de Investigación de la Organización de las Naciones Unidas (ONU), de fecha 16 de septiembre de 2020, cuyas conclusiones establecen, entre otros puntos, que las violaciones y los crímenes documentados en las 411 páginas del Informe "*pueden calificarse jurídicamente, en virtud del artículo 7 del Estatuto de Roma, como crímenes de lesa humanidad …*"; que "*la Misión tiene motivos razonables para creer que la mayoría de las violaciones y los crímenes documentados en el presente informe se cometieron en el marco de un ataque generalizado y sistemático dirigido contra una población civil, con conocimiento del ataque, de conformidad con una política estatal o en apoyo de ella*"; que "*estos crímenes incluyen: a. El encarcelamiento y otras privaciones graves de la libertad física en violación de las normas fundamentales del derecho internacional, los actos de tortura, violación y otras formas de violencia sexual, y otros actos inhumanos de carácter similar documentados en el Capítulo III, así como los actos de tortura, violación y otras formas de violencia sexual, y otros actos inhumanos de carácter similar documentados en el Capítulo V. b. Los asesinatos (denominados ejecuciones arbitrarias y extrajudiciales a lo largo del informe), el encarcelamiento y otras privaciones graves de la libertad física en violación de las normas fundamentales del derecho internacional, las desapariciones forzadas, los actos de tortura y otros actos inhumanos de carácter similar, cometidos contra miembros de la población civil en el contexto de operaciones de seguridad o control social*"; que en el Informe se presenta amplia información "*que demuestra que ... las autoridades estatales –tanto a nivel presidencial como ministerial- tenían y ejercían su poder y supervisión*" sobre las fuerzas y organismos de seguridad civiles y militares (PNB, incluidas las PNB/FAES, el CICPC, las fuerzas de policía municipales y estatales, el SEBIN, la FANB y la DGCIM), cuyos miembros fueron los autores de las violaciones y de los crímenes documentados en el Informe; que "*la Misión cuenta con información que indica que el Presidente y los Ministros del Interior y de Defensa tenían conocimiento de los crímenes. Estaban en estrecho contacto con otros miembros de las FANB, incluido la GNB, y también con los directores de la PNB, el CICPC, el SEBIN y la DGCIM. Daban* *órdenes, coordinaban actividades y proporcionaron recursos para llevar a cabo los planes y políticas establecidos en el informe*"; que "*Las autoridades brindaron contribuciones esenciales, incluidos los recursos materiales, logísticos y humanos necesarios para las operaciones de seguridad e inteligencia que, como se documenta en el presente informe, dieron lugar a la comisión de crímenes*"; y que "l*a Misión tiene motivos razonables para creer que tanto el Presidente como los Ministros del Interior y de Defensa, ordenaron o contribuyeron a la comisión de los crímenes documentados en el presente informe…*".[15]

12.2. El Informe sobre las actividades de examen preliminar 2020 en el caso Venezuela I, presentado por la Fiscal Principal de la Corte Penal Internacional ante la Asamblea Anual de los Estados Partes del Estatuto de Roma, celebrada en fecha 14 de diciembre de 2020, según el cual, la Fiscalía, sin perjuicio de otros crímenes que pueda determinar en una etapa posterior, "*204. ... ha concluido que la información disponible en esta etapa brinda un fundamento razonable para creer que, al menos desde abril de 2017, autoridades civiles, miembros de las fuerzas armadas e individuos a favor del Gobierno han cometido los crímenes de lesa humanidad de encarcelación u otra privación grave de la libertad física en violación de normas fundamentales de derecho internacional ... tortura ... violación y/u otras formas de violencia sexual de gravedad comparable ... y persecución de un grupo o colectividad con identidad propia fundada en motivos políticos …*"; que "*205. La información a disposición de la Fiscalía brinda un fundamento razonable para creer que los miembros de las fuerzas de seguridad presuntamente responsables por la comisión material de estos presuntos crímenes incluyen a: la Policía Nacional Bolivariana ("PNB"), el Servicio Bolivariano de Inteligencia Nacional ("SEBIN"), la Dirección General de Contrainteligencia Militar ("DGCIM"), la Fuerza de Acciones Especiales ("FAES"), el Cuerpo de Investigaciones Científicas, Penales y Criminalísticas ("CICPC"), la Guardia Nacional Bolivariana ("GNB"), el Comando Nacional Antiextorsión y Secuestro*

---

[15] Misión Internacional Independiente de Investigación de la Organización de Naciones Unidas: ohchr.org/Documents/HRBodies/HRCouncil/FFMV/A_HRC_45_CRP.11_SP.pdf

("CONAS") y ciertas otras unidades de la Fuerza Armada Nacional Bolivariana ("FANB"); que, en el caso de los denominados "colectivos", "206. ... En relación con el presunto rol de los actores mencionados, el/los caso(s) potencial(es) identificados por la Fiscalía no estarían limitados a estas personas o grupos de personas y se procuraría examinar la presunta responsabilidad de aquellos que parezcan ser los máximos responsables por tales crímenes"; y que *"214. La Fiscalía anticipa concluir el examen preliminar a fin de determinar si existe fundamento razonable para proceder a una investigación durante la primera parte de 2021"*[16].

13. A propósito de la obligación y responsabilidad de la comunidad internacional de proteger al pueblo venezolano frente a los crímenes de lesa humanidad cometidos en su perjuicio, es del caso poner de relieve que las sesiones del Consejo de Seguridad S/PV.8452, de fecha 26 de enero de 2019, S/PV.8472, de fecha 26 de febrero de 2019, S/PV.8476, de fecha 28 de febrero de 2019, S/PV.8506, de fecha 10 de abril de 2019, así como la privada del 28 de abril de 2020 y la convocada por videoconferencia en fecha 20 de mayo de 2020, convocadas para tratar sobre "*La situación en la República Bolivariana de Venezuela*", resultaron todas ellas infructuosas, a causa del veto de la Federación de Rusia (S/PV.8476), apoyada por Cuba, fundado en su negativa a reconocer la existencia de emergencia humanitaria alguna en Venezuela y en su oposición al proyecto de Resolución que proponía el restablecimiento por medios pacíficos de la democracia y del estado de derecho en Venezuela, así como a causa de su voto en contra, desde la primera sesión del Consejo (S/PV.8452), de que el tema formase parte del orden del día, con el apoyo de Cuba, China, Guinea Ecuatorial y Sudáfrica[17].

14. Que las instituciones legítimas de Venezuela y la mayoría de la comunidad internacional democrática identifica como ilegítimo y no democrático el régimen *de facto* que encabeza el ex presidente Nicolás Maduro Moros, se desprende, entre otros, de los siguientes datos:

---

16 Fiscalía de la Corte Penal Internacional: icc-cpi.int/itemDocuments/2020-PE/2020-pe-report-ven-i-spa.pdf

17 undocs.org/es/S/PV.8452; undocs.org/es/S/PV.8472; undocs.org/es/S/PV.8476; undocs.org/es/S/PV.8506; un.org/securitycouncil/es/videoconferencias-2020

14.1. El "*ACUERDO SOBRE EL ABANDONO DE LAS FUNCIONES CONSTITUCIONALES DE LA PRESIDENCIA DE LA REPÚBLICA EN QUE HA INCURRIDO EL CIUDADANO NICOLÁS MADURO MOROS*", aprobado por la Asamblea Nacional de la República Bolivariana de Venezuela en fecha 9 de enero de 2017, según el cual "... *Nicolás Maduro Moros, invocando el cargo de Presidente de la República, ha incurrido en acciones y omisiones que sitúan su desempeño completamente al margen del diseño y funciones constitucionales de la Presidencia de la República, en virtud de la grave ruptura del orden constitucional y democrático, la violación de derechos humanos, la devastación de las bases económicas y sociales de la Nación y los atentados a la integridad de la República que ha llevado a cabo*", razones por las cuales, de conformidad con los artículos 232 y 233 constitucionales, "*Nicolás Maduro Moros ha abandonado su cargo, abandonando el principio de la supremacía constitucional, establecido en el artículo 7 del texto fundamental, el principio del Estado Democrático de Derecho y de Justicia establecido en el artículo 2 de la Constitución, así como las funciones constitucionales inherentes al cargo de Presidente de la República, especialmente la referida a la obligación de cumplir y hacer cumplir el ordenamiento constitucional y las leyes, establecida en el numeral 1 del artículo 236 de la Constitución*"[18].

14.2. La Decisión conjunta de MERCOSUR, de fecha 5 de agosto de 2017, mediante la cual la República Argentina, la República Federativa de Brasil, la República de Paraguay y la República Oriental del Uruguay suspendieron a la República Bolivariana de Venezuela en todos los derechos y obligaciones inherentes a su condición de Estado Parte, por haberse constatado que el Estado venezolano incurrió en la ruptura del orden democrático, suspensión que sólo cesará cuando, de acuerdo con el artículo 7 del Protocolo de Ushuaia, se verifique el pleno restablecimiento del citado orden en Venezuela[19].

---

18 Asamblea Nacional de la República Bolivariana de Venezuela: asambleanacionalvenezuela.org/actos/detalle/acuerdo-sobre-el-abandono-de-las-funciones-constitucionales-de-la-presidencia-de-la-republica-25

19 MERCOSUR: http://www.mercosur.int/innovaportal/file/4506/1/decision-suspension-de-venezuela-del-mercosur-es.pdf

14.3. La Declaración conjunta 007-17, de fecha 8 de agosto de 2017, aprobada por los Gobiernos de Argentina, Brasil, Canadá, Colombia, Costa Rica, Chile, Guatemala, Honduras, México, Panamá, Paraguay y Perú, mediante la cual los Gobiernos en referencia, integrantes del Grupo de Lima, condenaron la ruptura del orden democrático en Venezuela; decidieron no reconocer a la "*Asamblea Nacional Constituyente*" no convocada por el pueblo venezolano, ni los actos que emanen de ella, por su carácter ilegítimo; manifestaron su apoyo total a la Asamblea Nacional de Venezuela democráticamente electa; condenaron la violación sistemática de los derechos humanos y de las libertades fundamentales de los venezolanos, así como la violencia, la represión, la persecución política, la existencia de prisioneros políticos y la ausencia de elecciones libres y justas bajo observación internacional independiente; condenaron al gobierno de Venezuela por no autorizar el ingreso de alimentos y medicinas para el pueblo venezolano; apoyaron la decisión del MERCOSUR de suspender a Venezuela en aplicación del Protocolo de Ushuaia sobre Compromiso Democrático, y llamaron a detener la transferencia de armas a Venezuela, de conformidad con los artículos 6 y 7 del Tratado sobre el Comercio de Armas[20].

14.4. El Cuarto Informe del Secretario General de la Organización de Estados Americanos (OEA), de fecha 25 de septiembre de 2017, destinado a demostrar que la democracia en Venezuela fue completamente eliminada el 30 de julio de 2017, tras la instauración de la ilegítima "*Asamblea Constituyente*"; que en el país se han violentado de forma sistemática y reiterada los elementos esenciales y los componentes fundamentales de la democracia; que no hay respeto por los derechos humanos y las libertades fundamentales; que no hay Estado de Derecho; que se atenta permanentemente contra los partidos y las organizaciones políticas; que no hay separación e independencia de los poderes públicos; que, a partir del 30 de julio de 2017, no hay elecciones periódicas, libres, justas y basadas en el sufragio universal y secreto; y que el régimen perdió su legitimidad de origen, desconoció el Poder Legislativo y retiró a los ciudadanos sus garantías fundamentales[21].

---

20 peruoea.org/declaración-de-lima/

21 Secretaría General de la Organización de Estados Americanos: http://scm.oas.org/pdfs/2017/CP38157INFORME.pdf

14.5. El Informe de la Comisión Interamericana de Derechos Humanos, órgano de la Organización de Estados Americanos (OEA), de fecha 31 de diciembre de 2017, en el cual la Comisión advirtió, entre otros puntos, "... *la alteración del orden constitucional en Venezuela, la usurpación de las funciones del Poder Legislativo por parte de los Poderes Judicial y Ejecutivo, así como la anulación de facto del voto popular; que en Venezuela existe una suspensión de facto en el ejercicio de los derechos políticos de su población; que el régimen denunció la Convención Americana sobre Derechos Humanos para imposibilitar por esta vía que los derechos humanos de los venezolanos pudiesen ser protegidos, en caso de violación, a través de la Corte Interamericana de Derechos Humanos, cuyas sentencias ha incumplido reiteradamente; y que el régimen denunció la Carta de la Organización de Estados Americanos (OEA) con el propósito de sustraerse por esta vía de su deber de cumplir con sus obligaciones internacionales en materia de derechos humanos*"[22].

14.6. El Acuerdo de la Asamblea Nacional de Venezuela, de fecha 17 de abril de 2018, mediante el cual decidió, por 105 votos a favor y 2 en contra, autorizar el enjuiciamiento penal de Nicolás Maduro Moros por el delito de corrupción, razón por la cual, cumplido este último trámite necesario, Maduro Moros quedó suspendido e inhabilitado para ejercer cualquier cargo público durante el proceso penal en su contra, de conformidad con el artículo 380 del Código Orgánico Procesal Penal de Venezuela[23].

14.7. La "*RESOLUCIÓN SOBRE LA SITUACIÓN EN VENEZUELA*" (2929), de fecha 5 de junio de 2018, aprobada por la Asamblea General de la Organización de Estados Americanos (OEA) en su 48 período ordinario de sesiones, mediante la cual los Estados miembros de la Organización declararon que el proceso electoral organizado y dirigido por el régimen de Nicolás Maduro Moros, y que concluyó el 20 de mayo de 2018 con su presunta elección, careció de legitimidad por

---

[22] Comisión Interamericana de Derechos Humanos: www.oas.org/es/cidh/informes/pdfs/Venezuela2018-es.pdf

[23] Asamblea Nacional de la República Bolivariana de Venezuela: asambleanacionalvenezuela.org/actos/detalle/acuerdo-sobre-la-solicitud-de-autorizacion-para-continuar-el-proceso-judicial-al-ciudadano-nicolas-maduro-moros-267

no haber cumplido con los estándares internacionales, no haber contado con la participación de todos los actores políticos venezolanos y haberse desarrollado sin garantías[24].

14.8. El Comunicado Conjunto 001 – 19, de fecha 4 de enero de 2019, aprobado por los Gobiernos de Argentina, Brasil, Canadá, Chile, Colombia, Costa Rica, Guatemala, Guyana, Honduras, Panamá, Paraguay, Perú y Santa Lucía, mediante el cual los Gobiernos en referencia, integrantes del Grupo de Lima, reiteraron que el proceso electoral llevado a cabo en Venezuela el 20 de mayo de 2018 careció de legitimidad, razón por la cual no reconocieron la legitimidad del nuevo período presidencial del régimen de Nicolás Maduro, a iniciarse el 10 de enero de 2019; ratificaron su pleno respaldo y reconocimiento a la Asamblea Nacional, elegida legítimamente el 06 de diciembre (de 2015), como órgano constitucional democráticamente electo en Venezuela; subrayaron la importancia del respeto a la integridad, la autonomía y la independencia del Tribunal Supremo de Justicia (en el exilio) legítimamente conformado, de acuerdo con la Constitución venezolana; reafirmaron su inequívoca y firme condena a la ruptura del orden constitucional y del Estado de Derecho en Venezuela; reiteraron su profunda preocupación por la grave crisis política y humanitaria en Venezuela, que ha generado el éxodo masivo de migrantes y solicitantes de refugio provenientes de ese país, producto de los actos y políticas antidemocráticas, opresoras y dictatoriales practicados por el régimen de Nicolás Maduro; expresaron su preocupación por el impacto causado en la economía y en la seguridad de países de la región por la crisis política en Venezuela; exhortaron al régimen venezolano a permitir el inmediato ingreso de asistencia humanitaria para el pueblo de Venezuela, a fin de prevenir el agravamiento de la crisis humanitaria y de salud pública en ese país y de sus efectos transnacionales; acordaron impedir a los altos funcionarios del régimen venezolano, según lo permitan sus legislaciones internas, la entrada al territorio de los países del Grupo de Lima, y elaborar una lista de personas naturales y jurídicas con las que entidades financieras y bancarias de los países del Grupo no deberán operar o deberán tener una especial

[24] Asamblea General de la Organización de Estados Americanos: oas.org/es/centro_noticias/comunicado_prensa.asp?sCodigo=D-032/18

diligencia, prevenir su acceso al sistema financiero y, de ser necesario, congelar sus fondos y otros activos o recursos económicos; y también acordaron suspender la cooperación militar con el régimen de Nicolás Maduro, incluyendo la transferencia de armas a la luz de los artículos 6 y 7 del Tratado sobre el Comercio de Armas[25].

14.9. La sentencia penal definitiva y firme dictada por la Sala Plena del Tribunal Supremo de Justicia, integrada por los magistrados designados y juramentados por la Asamblea Nacional en fecha 20 de julio de 2017, publicada en fecha 29 de octubre de 2018 (Expediente SP-2018-001), que declaró " ... *la culpabilidad y la responsabilidad penal de Nicolás Maduro Moros, en la perpetración de los delitos de Corrupción Propia y Legitimación de Capitales, previstos y sancionados en los artículos 64 y 35 de la Ley Contra la Corrupción y la Ley Orgánica de la Delincuencia Organizada y Financiamiento del Terrorismo, respectivamente*"; que lo condenó a la pena de "*dieciocho (18) años y tres (3) meses de prisión ...";* y que declaró " ... *la inhabilitación política de Nicolás Maduro Moros por el tiempo que dure la pena, es decir, durante dieciocho (18) años y tres (3) meses, no pudiendo ocupar ningún cargo en la Administración Pública ...*"[26].

14.10. La acusación penal que cursa en la Corte de Distrito del Distrito Sur de Nueva York (S2 11 Cr.205 [AKH]) contra Nicolás Maduro Moros y otros (Diosdado Cabello Rondón, Hugo Armando Carvajal, alias "*El Pollo*", Luciano Marín Arango, alias Iván Márquez, y Seuxis Paucis Hernández Solarte, alias Jesús Santrich) por cargos de conspiración en narco-terrorismo, importación de cocaína y posesión de ametralladoras y dispositivos destructivos; en particular, a Maduro Moros se le imputa haber negociado varias toneladas de cocaína producidas por las FARC, haber ordenado que el Cartel de Los Soles proporcionara armas de tipo militar a las FARC, haber coordinado las relaciones exteriores con Honduras y otros países para facilitar el tráfico de drogas a gran escala, y haber solicitado la ayuda a los jefes de las FARC para entrenar

---

25 peruoea.org/declaracion-del-grupo-de-lima-2/

26 diariolasamericas.com/america-latina/tsj-el-exilio-publica-sentencia-definitiva-que-condena-maduro-18-anos-y-tres-meses-prision-n4165330

a una milicia no autorizada que funcionaba como una unidad de las fuerzas armadas al servicio del Cartel de los Soles[27].

14.11. La "*RESOLUCIÓN SOBRE LA SITUACIÓN EN VENEZUELA*" (CP/RES. 1117 (2200/19), aprobada por el Consejo Permanente de la Organización de Estados Americanos (OEA) en su sesión extraordinaria de fecha 10 de enero de 2019, mediante la cual los Estados miembros de la Organización, considerando que el período presidencial 2019-2025 que empieza en Venezuela el 10 de enero de 2019 fue el resultado de un proceso electoral ilegítimo, enfatizando la autoridad constitucional de la Asamblea Nacional democráticamente electa, reiterando su profunda preocupación en relación con el empeoramiento de la crisis política, económica, social y humanitaria en Venezuela resultante del quiebre del orden democrático y de serias violaciones a los derechos humanos en dicho país, así como la negligencia del gobierno de Venezuela de alcanzar los estándares interamericanos básicos en materia de derechos humanos y democracia, resolvieron: "*1. No reconocer la legitimidad del período del régimen de Nicolás Maduro a partir del 10 de enero de 2019*"; "*3. Urgir a todos los Estados Miembros e invitar a los Observadores Permanentes de la Organización de los Estados Americanos, a adoptar, de conformidad con el derecho internacional y su legislación nacional, las medidas diplomáticas, políticas, económicas y financieras que consideren apropiadas para contribuir a la pronta restauración del orden democrático en Venezuela*"; "*9. Instruir al Secretario General para que transmita el texto de la presente resolución al Secretario General de las Naciones Unidas*"[28].

14.12. El Acuerdo de la Asamblea Nacional de Venezuela, de fecha 15 de enero de 2019, mediante el cual el órgano titular único del Poder Legislativo Nacional decidió "*Declarar formalmente la usurpación de la Presidencia de la República por parte de Nicolás Maduro Moros y, por lo tanto, asumir como jurídicamente ineficaz la situación de facto de Nicolás Maduro y reputar como nulos todos los supuestos actos*

---

[27] https://www.justice.gov/opa/page/file/1261806/download

[28] Consejo Permanente de la Organización de Estados Americanos: oas.org/es/council/CP/documentation/res_decs/

emanados del Poder Ejecutivo, de conformidad con el artículo 138 de la Constitución"[29].

14.13. El Acuerdo de la Asamblea Nacional de Venezuela, de fecha 22 de enero de 2019, mediante el cual aprobó el "*Acuerdo de Ratificación de la Adhesión de la República Bolivariana de Venezuela a la Carta de la OEA*" y declaró que el diputado Juan Guaidó, en su condición de Presidente de la Asamblea Nacional, es el designado para encargarse de la Presidencia de la República. En fecha 23 de enero de 2019, el diputado Juan Guaidó Márquez, en su condición de Presidente de la Asamblea Nacional, y por aplicación del artículo 233 de la Constitución de la República, se juramentó como Presidente encargado de la República Bolivariana de Venezuela [30].

14.14. El Comunicado Conjunto 003 – 19, de fecha 23 de enero de 2019, aprobado por los Gobiernos de Argentina, Brasil, Canadá, Chile, Colombia, Costa Rica, Guatemala, Honduras, Panamá, Paraguay y Perú, mediante el cual los Gobiernos en referencia, integrantes del Grupo de Lima, reconocieron y expresaron su pleno respaldo al Presidente de la Asamblea Nacional, Juan Guaidó, quien había asumido en la fecha como Presidente encargado de la República Bolivariana de Venezuela en atención a las normas constitucionales y ante la ilegitimidad del régimen de Nicolás Maduro[31].

14.15. La Declaración de la Subsecretaria General de la Organización de Naciones Unidas para asuntos políticos y construcción de la paz, ofrecida en la introducción de la sesión extraordinaria del Consejo de Seguridad de la Organización, de fecha 26 de enero de 2019 (S/PV.8452), según la cual, en Venezuela, la situación económica ha llegado a ser extrema; la población ha sido afectada de manera sistemática; alrededor de 30 millones de venezolanos padecen por la hiperinflación

---

29 Asamblea Nacional de la República Bolivariana de Venezuela: http://www.asambleanacional.gob.ve/actos/acuerdo-sobre-la-declaratoria-de-usurpacion-de-la-presidencia-de-la-republica-por-parte-de-nicolas-maduro-moros-y-el-restablecimiento-de-la-vigencia-de-la-constitucion

30 Asamblea Nacional de la República Bolivariana de Venezuela: http://www.asambleanacional.gob.ve/actos/acuerdo-de-ratificacion-de-la-adhesion-de-la-republica-bolivariana-de-venezuela-a-la-carta-de-la-organizacion-de-estados-americanos-oea

31 peruoea.org/declaración-del-grupo-de-lima-3/

y el colapso de los salarios reales, así como por la escasez de alimentos, medicinas y suministros básicos, el deterioro de los servicios de salud y educación, el de la infraestructura básica como el agua, la electricidad, el transporte y los servicios urbanos, y la reducción drástica de las capacidades de producción en los sectores agrícola, farmacéutico y otros[32].

14.16. La Declaración de la Alta Representante de la Unión Europea, de fecha 26 de enero de 2019, apoyada por Macedonia del Norte, Montenegro, Albania, Islandia, Ucrania, Moldavia y Georgia, mediante la cual la Unión Europea reiteró que las elecciones presidenciales de mayo 2018 en Venezuela no fueron libres, justas ni creíbles y adolecieron de falta de legitimidad democrática; reiteró su total respaldo a la Asamblea Nacional (electa en diciembre de 2015) que es la institución democrática legítima de Venezuela y cuyos poderes deben ser restablecidos y respetados; y reclamó encarecidamente la celebración urgente de elecciones presidenciales libres, transparentes y creíbles de acuerdo con los estándares democráticos internacionales y el orden constitucional venezolano[33].

14.17. La Resolución aprobada por el Parlamento de la Unión Europea en fecha 31 de enero de 2019 (2019/2543), mediante la cual los representantes de los pueblos de la Unión, considerando que la Unión Europea no reconoció ni las elecciones que se celebraron en Venezuela el 20 de mayo de 2018 ni las autoridades que surgieron de ese proceso electoral ilegítimo, y que el 23 de enero de 2019, Juan Guaidó, elegido legítima y democráticamente presidente de la Asamblea Nacional, juró como presidente interino de Venezuela, de conformidad con el artículo 233 de la Constitución venezolana: reconocieron a Juan Guaidó como presidente interino legítimo de la República Bolivariana de Venezuela, de conformidad con la Constitución venezolana y con arreglo a lo establecido en su artículo 233; pidieron a la Unión y a sus Estados miembros que, en caso de que se adoptara esta decisión, acreditaran a

---

32 Subsecretaria General de la Organización de Naciones Unidas: securitycouncilreport.org/atf/cf/%7B65BFCF9B-6D27-4E9C-8CD3-CF6E4FF96FF9%7D/s_pv_8452.pdf

33 Alta Representante de la Union Europea: consilium.europa.eu/es/press/press-releases/2019/01/26/declaration-by-the-high-representative-on-behalf-of-the-eu-on-the-situation-in-venezuela/

los representantes nombrados por las autoridades legítimas, y reiteraron su pleno apoyo a la Asamblea Nacional (electa el 6 de diciembre de 2015), que es el único órgano democrático legítimo de Venezuela, y cuyas competencias deben restablecerse y respetarse, incluidas las prerrogativas y la seguridad de sus miembros[34].

14.18. La Declaración Conjunta, de fecha 25 de febrero de 2019, aprobada por los Gobiernos de Argentina, Brasil, Canadá, Chile, Colombia, Guatemala, Honduras, Panamá, Paraguay, Perú y Venezuela, mediante la cual los Gobiernos en referencia, integrantes del Grupo de Lima, condenaron las acciones deliberadas del régimen ilegítimo de Nicolás Maduro que, sin considerar el sufrimiento de la población ni los insistentes llamados de la comunidad internacional, han impedido, el 23 de febrero (de 2019), el ingreso de artículos de primera necesidad y la asistencia internacional, mediante actos de represión violenta que ocasionaron múltiples heridos y muertos en la frontera con Colombia y Brasil, todo lo cual ha agravado el riesgo en que se encuentran la vida, dignidad e integridad de los venezolanos; denunciaron ante la comunidad internacional al régimen ilegítimo de Nicolás Maduro por estar sometiendo intencionalmente a los venezolanos, y en particular a la población más vulnerable, a una sistemática privación de alimentos y medicinas, y de acceso a servicios básicos, para asegurar su permanencia en el poder; destacaron que la permanencia de Nicolás Maduro y su régimen ilegítimo en el poder representa una amenaza sin precedentes a la seguridad, la paz, la libertad y la prosperidad en toda la región, por lo cual están propiciando la discusión de la actual situación en ese país en el Consejo de Seguridad de las Naciones Unidas; y resuelven promover el reconocimiento de los representantes del gobierno del Presidente Encargado, Juan Guaidó, en las organizaciones internacionales y en los mecanismos de coordinación multilaterales, como representantes legítimos de Venezuela[35].

14.19. Y la Resolución aprobada por el Parlamento de la Unión Europea en fecha 21 de enero de 2021 (2021/2508), mediante la cual

34 Parlamento de la Union Europea: europarl.europa.eu/doceo/document/TA-8-2019-0061_ES.html

35 cancilleria.gov.co/sites/default/files/declaraciondelgrupodelima25feb.pdf

los representantes de los pueblos de la Unión, considerando que 25 de los 27 Estados miembros han reconocido a Juan Guaidó como el único presidente interino legítimo de Venezuela hasta que se convoquen nuevas elecciones presidenciales libres, transparentes y creíbles para restablecer la democracia, y que muchos otros Estados democráticos han hecho lo mismo; considerando que el colapso del sistema sanitario, la hiperinflación, la grave escasez de alimentos y medicamentos y una grave crisis humanitaria han obligado a al menos una sexta parte de la población a abandonar el país, y que más de cinco millones y medio de venezolanos habían abandonado el país a finales de 2020; considerando que la Fiscalía de la Corte Penal Internacional anunció, el 14 de diciembre de 2020, como avance de su informe preliminar, tras una evaluación y un análisis detallados de la información disponible, que hay motivos razonables para creer que las autoridades civiles, miembros de las fuerzas armadas y personas favorables al Gobierno de Venezuela son responsables de encarcelamiento, tortura, violación y otras formas de violencia sexual y persecución de un grupo o comunidad por razones políticas, y podrían haber cometido crímenes muy graves contra la humanidad; considerando que, el 16 de septiembre de 2020, la Misión Internacional Independiente de Investigación de las Naciones Unidas sobre Venezuela informó que el régimen de Maduro y sus fuerzas de seguridad, con el conocimiento de Maduro y de algunos de sus ministros, habían cometido crímenes contra la humanidad, incluidas ejecuciones y torturas, resolvieron, entre otros puntos, que hasta que no se celebren en Venezuela unas elecciones verdaderamente libres, dignas de crédito, inclusivas, transparentes y plenamente democráticas, seguirán considerando a la Asamblea Nacional elegida en diciembre de 2015, a su presidente Juan Guaidó y a su Comisión Delegada, como el único órgano político democrático y representativo legítimo en Venezuela; que deplora y rechaza las elecciones parlamentarias ilegales e ilegítimas resultantes del proceso electoral fraudulento organizado el 6 de diciembre de 2020, y que, en consecuencia, no reconocen ni la legitimidad ni la legalidad de la Asamblea Nacional establecida el 5 de enero de 2021 sobre la base de las citadas elecciones no democráticas; y que apoyan la petición del Secretario General de las Naciones Unidas de que se lleve a cabo una investigación independiente y exhaustiva sobre los asesinatos cometidos[36].

15. Los datos que se presentan a continuación dan cuenta parcial de que el gobierno de Cuba ha llevado a cabo un proceso de neo colonización de la estructura y de los recursos del Estado venezolano, y que tal proceso ha sido convenido, financiado y sostenido por los regímenes de los ex presidentes Hugo Chávez y Nicolás Maduro Moros, sin la aprobación ni el consentimiento del pueblo venezolano:

15.1. El Acta Final de la Novena Reunión de Consulta de Ministros de Relaciones Exteriores de los Estados Miembros de la Organización de Estados Americanos (OEA), celebrada entre el 21 y el 26 de julio de 1964, mediante la cual se excluyó a Cuba de dicha Organización porque su gobierno era incompatible con los principios y propósitos del sistema interamericano[37], vistos el hallazgo en las costas venezolanas (Estado Falcón) de tres toneladas de armas enviadas por Cuba (1963), la organización y el envío de dos expediciones armadas, entrenadas, financiadas y dirigidas por Fidel Castro, que desembarcaron en playas venezolanas (Tucacas, Estado Falcón, 1966; El Cocal de los Muertos, Machurucuto, Estado Miranda, 1967), con el propósito de derrocar al gobierno venezolano elegido democráticamente, en sucesivos intentos que incluyeron el asesinato de policías y guardias nacionales venezolanos y cuyo resultado final fue la matanza de unas cuatrocientas personas, entre civiles y militares, y centenares de heridos.

15.2. El Convenio Integral de Cooperación entre Venezuela y Cuba, suscrito públicamente en fecha 30 de octubre de 2001[38], sobre la base del cual Fidel Castro y Hugo Chávez celebraron centenares de acuerdos genéricos o confidenciales y desprovistos de todo control legal, mediante los cuales el gobierno de Castro introdujo en Venezuela, sin el control migratorio legal y en régimen de trabajo forzoso, a más de 219.321 cubanos[39], de los cuales han formado parte sustancial ac-

36 Parlamento de la Union Europea: europarl.europa.eu/doceo/document/TA-9-2021-00as9_ES.html

37 http://www.oas.org/columbus/docs/MeetingofMinisters9a15pa.pdf

38 embajadacuba.com.ve/cuba-venezuela/convenio-colaboracion/

39 http:www.juventudrebelde.cu/internacionales/2018-07-31/cuba-orgullosa-de-sus-colaboradores

tivistas del Partido Comunista y de la Unión de Jóvenes Comunistas de Cuba, a través de un número indeterminado de médicos sin título profesional revalidado en Venezuela, enfermeras[40], electricistas (más de 9.677)[41], técnicos agrícolas (más de 4.910)[42], instructores de arte encargados de "*rescatar la identidad venezolana*" (más de 8.000)[43] [44], activistas deportivos (más de 6.140), entrenadores deportivos (más de 853)[45], secretarias, choferes y especialistas en recreación, dedicados a atender clubes de abuelos[46], jugar futbolito con los niños, dar clases de bailoterapia o pintar grafitis revolucionarios, cómputo que no incluye, además de los centenares de agentes de inteligencia, viceministros, funcionarios de empresas mixtas y escoltas, las tropas cubanas que, para 2012, ya se hallaban presuntamente integradas por 2 generales de brigada, 4 coroneles, 8 tenientes coroneles, 6 capitanes de fragata, 25 oficiales subalternos, 4.500 efectivos de infantería, organizados en 8 batallones de 500 efectivos cada uno y un noveno batallón estacionado en Fuerte Tiuna[47].

15.3. El Contrato para el Diseño y Puesta en Marcha del Sistema Integrado de Gestión de Investigación e Información Policial (SIIPOL) con ALBET Ingeniería y Sistemas S.A.[48], empresa dependiente del gobierno cubano; el Convenio Técnico Militar entre el Ministerio de las Fuerzas Armadas Revolucionarias de la República de Cuba y el Ministerio del Poder Popular para la Defensa de la República Bolivariana de Venezuela[49]; el Contrato de Desarrollo y Suministro de la Cédula de

---

40 csis.org/analysis/fabulous-five-how-foreign-actors-prop-maduro-regime-venezuela

41 http://www.trabajadores.cu/20180429/los-grupos-electrogenos-de-la-solidaridad/

42 http://www.trabajadores.cu/20180603/cuba-y-venezuela-en-un-surco-a-cuatro-manos/

43 http://www.granma.cu/cultura/2018-04-25/la-cuba-hermana-venezuela-adentro-25-04-2018-21-04-25

44 http://albaciudad.org/2016/04/mision-cultura-corazon-adentro-evito-que-muchas-tradiciones-venezolanas-se-perdieran-en-el-olvido-video/

45 http://granma.cu/deportes/2018-02-23/solidaridad-deportiva-con-venezuela

46 correodelorinoco.gob.ve/celebran-12-anos-mision-barrio-adentro

47 panampost.com/josefina-blanco/2019/02/20/cuba-venezuela-militar/;foresightcuba/ejercito-cubano-en-venezuela/

48 academia.edu/15552486/Sistema_de_Investigacion_e_Informacion_Policial

49 granma.cu/cuba/2015-06-23/ministros-de-cuba-y-venezuela-exaltan-cooperacion-militar-entre-ambas-naciones

Identificación Electrónica para la República Bolivariana de Venezuela (I08-005-000), a ejecutar en el marco del Proyecto Transformación y Modernización del Sistema de Identificación, Migración y Extranjería de la República Bolivariana de Venezuela[50]; el Contrato Llave en Mano de Solución Tecnológica Completa para la Transformación y Modernización del Sistema de Identificación, Migración y Extranjería de la República Bolivariana de Venezuela[51]; el Contrato con COPEXTEL, corporación dependiente del gobierno cubano, dirigida por Ramiro Valdés, jefe de los servicios de inteligencia de Cuba durante los años 60 del siglo XX, para la Reorganización y Automatización del Sistema de Registros y Notarías; el Contrato de Software para la supervisión, control y adquisición de los datos de PDVSA denominado SCADA "*Guardián del Alba*", instalado en 139 centros de la empresa[52]; el Contrato para el Diseño y Puesta en Marcha del Sistema de Supervisión y Control de Procesos Industriales, así como otros contratos informáticos con ALBET Ingeniería y Sistemas S.A.[53], contratos para la exploración y explotación de petróleo[54], empresas mixtas para la explotación y el desarrollo de minerales[55], empresa mixta para la instalación de un tramo de fibra óptica del cable submarino de telecomunicaciones ALBA-1 entre Venezuela y Cuba[56], de 1.550 kilómetros de extensión, que permite la conexión directa entre el Centro de Comunicaciones y Control Situacional de Miraflores y el Centro de Comando y Control de La Habana[57], entre otros numerosos acuerdos genéricos o confidenciales y empresas, todos los cuales han derivado en el acceso, digitalización, sistematización o control, por parte del gobierno de Cuba, de la base de los datos de identificación y migración de la totalidad de los ciudadanos

---

50 http://c431537.r37.cf2.rackcdn.com/contrato_tarjetas_firmado.pdf

51 urru.org/papers/2013_varios/20131124_El_cubano_que_diseno_el_Saime.pdf ; transparencia.org.ve/Project/mas-de-un-millardo-de-dolares-en-planes-de-identidad-con-cuba/

52 informaticahabana.cu/sites/default/files/ponencias2018/SWL18.pdf

53 transparencia.org.ve/Project/mas-de-un-millardo-de-dolares-en-planes-de-identidad-con-cuba/

54 http://www.todochavez.gob.ve/todochavez/2191-firma-de-proyectos-entre-la-republica-bolivariana-de-venezuela-y-la-republica-de-cuba

55 Ibidem.

56 csis.org/analysis/fabulous-five-how-foreign-actors-prop-maduro-regime-venezuela

57 Ibidem.

venezolanos[58]; de sus documentos de identidad (cédulas de identidad y pasaportes), incluida su emisión desde las más de 250 oficinas en el país y desde las sedes consulares y misiones de Venezuela en el exterior; de sus domicilios y cambios de residencia; de sus cambios de estado civil; de los contratos privados y transacciones civiles y mercantiles que celebran los venezolanos entre sí o con terceros; de las propiedades que poseen, adquieren o enajenan; de la compra o venta de sus bienes muebles e inmuebles; de las hipotecas que constituyen, de los préstamos que contraen y de las herencias que reciben; de sus empresas, fábricas, industrias y negocios; de las fuerzas policiales venezolanas, a través de una sola fuente de datos; de cada uno de los procesos de investigación penal, criminalística y forense que abren los organismos oficiales venezolanos, a través de un solo repositorio de datos[59]; del sistema eléctrico de Venezuela y del mantenimiento de sus centrales hidroeléctricas; de su industria petrolera[60], incluidos los software de la empresa PDVSA, las bases de datos de sus servidores, la administración de sus sistemas, especialmente el de supervisión, control y adquisición de datos sobre sus procesos de exploración, producción, refinación, mercado interno y ventas de exportación, a través del sistema SCADA, Guardián del Alba[61], así como la representación en pantalla y la información acerca de cada motor, tanque o conector de cada planta de la empresa petrolera venezolana, la ubicación de los pozos y de los depósitos de combustible, las compras, los despachos, la logística, el movimiento de los tanqueros, los contratos y el personal de la industria, y de las redes de fibra óptica del Ministerio de Energía y Petróleo; del mapa de las reservas minerales de Venezuela[62], desde oro y hierro hasta coltán, uranio y torio; de los software que utiliza el sistema informático y de comunicaciones de la Administración Pública venezolana, especialmente de los más de treinta Ministerios y de las más de cien empresas del Estado venezolano, incluidos la Biblioteca Nacional y el Archivo General de

58 issuu.com/adrivera84/docs/pagina-2
59 academia.edu/15552486/Sistema_de_Investigacion_e_Informacion_Policial
60 informaticahabana.cu/sites/default/files/ponencias2018/SWL18.pdf
61 Ibidem.
62 http://www.todochavez.gob.ve/todochavez/2191-firma-de-proyectos-entre-la-republica-bolivariana-de-venezuela-y-la-republica-de-cuba

la Nación, hasta el software de las computadoras que utilizan los niños venezolanos y el programa de filtro de contenidos; de sus empresas mixtas, incluyendo la que está a cargo de todos los puertos de Venezuela; de sus programas educativos, desde el de alfabetización hasta el de las universidades nacionales no autónomas[63]; de sus programas de salud, a través de misiones médicas integradas por personal sanitario sin título profesional revalidado en Venezuela y a las cuales la Comisión Interamericana de Derechos Humanos considera que podrían calificarse como manifestaciones de trabajo forzoso[64], el Parlamento de la Unión Europea las califica de violatorias de los convenios fundamentales de la OIT[65] y Relatoras del Consejo de Derechos Humanos de la ONU estiman que las condiciones de trabajo de dichas misiones podrían constituir una forma contemporánea de esclavitud[66]; de los programas de adoctrinamiento comunista y de entrenamiento militar de los cuadros leales a la revolución, integrados por los miles de jóvenes venezolanos del "*Frente Francisco de Miranda*"[67]; de los programas de adoctrinamiento ideológico de habitantes de los barrios[68] y de miles de niños y adolescentes venezolanos integrantes de una organización denominada "*Semilleros de la Patria*"[69]; de los servicios de inteligencia y seguridad del Estado venezolano, a cuyo personal militar, policial y civil adiestran los servicios cubanos de inteligencia (G2 y Grupo Gruce) en técnicas y prácticas de control policial, represión, seguimiento, sabotaje,

---

63 todochavez.gob.ve/todochavez/2955-intervencion-del-comandante-presidente-hugo-chavez-en-la-firma-de-acuerdos-en-el-marco-del-alba-entre-bolivia-cuba-y-venezuela

64 Comisión Interamericana de Derechos Humanos: *Informe Anual 2020, Capitulo IV. B, Cuba*: oas.org/es/cidh/informes/IA.asp?Year+2020

65 Parlamento de la Unión Europea: *Resolución 2021/2745 (RSP), de 10 de junio de 2021*: europarl.europa.eu/doceo/document/RC-9-2021-0341_ES.html

66 spcommreports.ohchr.org/TMResultsBase/DownloadPublicCommunicationFile?gId=24868

67 todochavez.gob.ve/todochavez/1264-intervencion-del-comandante-presidente-hugo-chavez-en-el compromiso-de-consagracion-del-frente-francisco-de-miranda-en-la-nueva-etapa-de-la%20revolucion-bolivariana; youtube.com/watch?v=qa1rqCNzCBg&ab_channel=LuiginoBracciRoa-SituaciónenVenezuela

68 http://www.granma.cu/cultura/2018-04-25/la-cuba-hermana-venezuela-adentro-25-04-2018-21-04-25

69 semillerodelapatriasimonbolivar.es.tl/QUIENES-SOMOS.htm; semillerodelapatriasimonbolivar.es.tl/S%CDMBOLOS-DE-LA-ORGANIZACI%D3N-.htm

intimidación, interrogatorio y tortura de civiles y militares venezolanos políticamente contrarios al régimen del ex presidente Nicolás Maduro Moros[70], servicios a los cuales la Fiscal Principal de la Corte Penal Internacional atribuye la presunta autoría material de múltiples crímenes de lesa humanidad[71]; de los sistemas de registro del Censo de la Nación, control penitenciario y gestión de emergencias[72]; de las áreas de ingeniería militar, armamento y comunicaciones de las Fuerzas Armadas Venezolanas, de la ubicación de sus unidades estratégicas, de la construcción de sus fortificaciones militares, de sus planes de seguridad y defensa y del software de sus procesos de dirección y mando; del sistema internacional de telecomunicaciones[73]; de la negociación y compra, en condición de intermediario, de sus equipos bélicos, y de los gastos en la gestión, negociación, adquisición e importación de sus sistemas de armas; y hasta la exigencia de que oficiales venezolanos que realicen los Cursos de Comando y Estado Mayor se gradúen y obtengan sus títulos en la sede del Consejo de Estado de Cuba, como ocurrió con la Promoción XLVI de la Escuela Superior del Ejército Libertador Simón Bolívar de la República Bolivariana de Venezuela[74], cuya ceremonia de graduación no fue presidida por el presidente venezolano sino por el cubano Fidel Castro[75].

15.4. La transferencia al gobierno de Cuba de recursos materiales y financieros pertenecientes al pueblo venezolano, calculados en billones de dólares americanos, por parte de los ex presidentes Hugo Chávez y Nicolás Maduro Moros, bajo condiciones como las siguientes: según el Convenio Integral de Cooperación[76], el ex presidente Chávez se comprometió a suministrar al gobierno de Cuba crudos y derivados de

---

70 Human Rights Watch: hrw.org/news/2019/01/09/venezuela-suspected-plotters-tortured; oas.org/fpdb/press/Informe-tortura-CASLA-2019.pdf; csis.org/analysis/fabulous-five-how-foreign-actors-prop-maduro-regime-venezuela

71 Fiscalía de la Corte Penal Internacional: icc-cpi.int/itemDocuments/2020-PE/2020-pe-report-ven-i-spa.pdf

72 issuu.com/adrivera84/docs/pagina-2

73 http://www.todochavez.gob.ve/todochavez/2191-firma-de-proyectos-entre-la-republica-bolivariana-de-venezuela-y-la-republica-de-cuba

74 http://www.granma.cu/granmad/2005/07/31/nacional/articulo05.html

75 http://www.cubaencuentro.com/txt/opinion/articulos/la-hora-de-la-verdad-i-276072

76 embajadacuba.com.ve/cuba-venezuela/convenio-colaboracion/

petróleo hasta por un total de 53.000 barriles diarios, pero en 2008 el gobierno cubano ya recibía, bajo condiciones financieras extremadamente favorables, 115.000 barriles diarios de petróleo venezolano[77], y en 2014 recibía 105.000 barriles diarios, parte de los cuales reexportó, obteniendo dicho gobierno ese año, por la reexportación del petróleo venezolano, una ganancia de 765 millones de dólares[78]; para mayo de 2020, a pesar del colapso económico y social de Venezuela y de su emergencia humanitaria compleja, el gobierno de Cuba recibió del régimen del ex presidente Nicolás Maduro Moros un promedio de 105.000 barriles diarios de petróleo[79]; según el Convenio en referencia, Cuba se obligó a ofrecer gratuitamente sus servicios médicos a Venezuela para trabajar en lugares donde no se dispusiera de ese personal, comprometiéndose Venezuela a cubrir únicamente los gastos de alojamiento, alimentación y transportación interna, pero la oferta resultó falsa en los hechos por cuanto el gobierno cubano convirtió la exportación de dichos servicios en su principal fuente internacional de ingresos; la construcción y operación de plantas de cemento y las empresas mixtas a constituir para la instalación y puesta en marcha de dos plantas de producción de materiales destinados a la fabricación de viviendas, así como la construcción de un mejorador de crudo pesado y la producción de gas natural licuado, todas las cuales tuvieron como primer objetivo el suministro de tales bienes y servicios a Cuba; los contratos petroleros que se suscribieron lo fueron para la exploración y explotación de los recursos hidrocarburíferos que se hallasen en territorio cubano[80]; el contrato que el ex presidente Chávez celebró con el gobierno de Cuba en marzo de 2008, a través de ALBET Ingeniería y Sistemas S.A., para la elaboración de las cédulas electrónicas de identidad de los venezolanos, y cuyo presupuesto inicial fue de 172,2 millones de dólares[81], pero

---

77 elnuevoherald.com/ultimas-noticias/article2001477.html

78 reportero24.com/2014/12/28/cuba-reventa-del-crudo-venezolano-genero-765-millones/; analítica.com/actualidad/actualidad-nacional/cuba-gano-us-765-millones-en-el- año-2014-revendiendo-petróleo-venezolano

79 csis.org/analysis/fabulous-five-how-foreign-actors-prop-maduro-regime-venezuela

80 http://www.todochavez.gob.ve/todochavez/2191-firma-de-proyectos-entre-la-republica-bolivariana-de-venezuela-y-la-republica-de-cuba

81 transparencia.org.ve/project/mas-de-un-millardo-de-dolares-en-planes-de-identidad-con cuba/

a los venezolanos nunca le fueron expedidas las cédulas electrónicas así contratadas; ALBET Ingeniería y Sistemas S.A. tenía 50 empleados, de los cuales solamente 8 contaban con formación superior universitaria, pero, a los fines de diseñar y manejar, junto con COPEXTEL, el sistema de identificación civil de los venezolanos, recibió, de parte del ex presidente Chávez, solamente entre 2004 y 2010, la suma de 783,5 millones de dólares[82]; el "*Contrato de desarrollo y suministro de la cédula de identificación electrónica para la República Bolivariana de Venezuela …*"[83] que ALBET Ingeniería y Sistemas S.A. hubo de subcontratar con GEMALTO México S.A. de C.V., a causa de la incompetencia técnica de la empresa cubana, preveía que tanto las herramientas para el desarrollo de las aplicaciones informáticas como las aplicaciones mismas eran de propiedad exclusiva de las partes, incluidos los derechos de propiedad intelectual e industrial, pero en ningún caso de Venezuela [artículos 10.3.a) y 10.3.b)], y establecía que el contrato no limitaba la capacidad de las partes de comercializar, desarrollar o proporcionar a otros clientes o terceros los servicios y productos entregados a Venezuela [artículo 10.4], lo que podría explicar que, a diferencia de los venezolanos, los cubanos sí cuenten con cédulas de identificación electrónica pagadas con los recursos de aquéllos; la entrega de 20 millones de dólares, por parte del expresidente Chávez, para la modernización de la red eléctrica de La Habana[84]; la aprobación, en octubre de 2005, de 199 proyectos por un valor de 834,6 millones de dólares, en beneficio de Cuba[85]; la constitución de la empresa mixta PDV cupé[86] y la entrega por parte del expresidente Chávez de 136 millones de dólares para la rehabilitación de la Refinería de Cienfuegos, la cual, una vez rehabilitada con los recursos de los venezolanos, pasó a ser propiedad exclusiva del gobierno cubano; proyectos tales como una planta de gas licuado en Cuba con gasoducto de 320 kilómetros, una refinería en Matanzas, la ampliación de la refinería existente en Santiago de Cuba; el Banco

---

82 issuu.com/adrivera84/docs/pagina-2

83 http://c431537.r37.cf2.rackcdn.com/contrato_tarjetas_firmado.pdf

84 todochavez.gob.ve/todochavez/2955-intervencion-del-comandante-presidente-hugo-chavez-en-la-firma-de-acuerdos-en-el marco-del-alba-entre-bolivia-cuba-y-venezuela

85 Ibidem.

86 Ibidem.

de Desarrollo Económico y Social de Venezuela otorgó 1.500 millones de dólares para financiar proyectos cubanos entre 2007 y 2010; el Fondo Autónomo de Cooperación Internacional concedió créditos por 1.083 millones de dólares a empresas cubanas, incluyendo aeropuertos internacionales en La Habana y Varadero, para un total estimado de proyectos de inversión en Cuba, únicamente entre 2000 y 2011, de 11.000 millones de dólares pagados con los recursos de los venezolanos[87]; el consentimiento expreso y público del expresidente Nicolás Maduro Moros, una vez que él mismo solicitó y obtuvo la aprobación del presidente cubano Raúl Castro, para que los embajadores de Cuba en Venezuela tuvieran acceso libre a cada uno de los Ministerios integrantes del Poder Ejecutivo Nacional y formaran parte de su Consejo de Ministros[88], en el seno del cual se aprueban, entre otras decisiones, según el artículo 236, penúltimo aparte, de la Constitución venezolana, los estados de excepción, los decretos con fuerza de ley, los reglamentos de las leyes, la negociación de los préstamos de la Nación, los decretos de créditos adicionales, los contratos de interés nacional, la formulación del Plan de Desarrollo de la Nación, el número, organización y competencia de los Ministerios, la disolución de la Asamblea Nacional y la convocatoria de los referendos constitucionales[89].

16. Los datos que se presentan a continuación dan cuenta parcial de la pérdida en curso de la integridad territorial de Venezuela, a causa de la ocupación consentida, tolerada o por la fuerza de áreas extensas de varias de sus regiones, por obra de organizaciones terroristas y bandas criminales dedicadas, entre otras actividades ilegales, al control y manejo de rutas de narcotráfico y al contrabando de armamento militar, así como a la explotación ilícita de los recursos minerales venezolanos y al reclutamiento y adiestramiento de grupos paramilitares para la planificación y ejecución de atentados criminales y de acciones de

---

87 cubaencuentro.com/cuba/articulos/el-posible-impacto-de-la-muerte-de-Chavez-en-la-economia-cubana

88 elnacional.com/Venezuela/Maduro-planteo-que-el-embajador-de-cuba-forme-parte-de-su-consejo-de-ministros; politikaucab.net/2020/01/28/a-proposito-de-la-incorporacion-del-embajador-cubano-al-consejo-de-ministros-de-maduro

89 Constitución de la República Bolivariana de Venezuela, artículo 236, penúltimo aparte.

desestabilización contra los gobiernos democráticos de otros países de la región latinoamericana:

16.1. La declaración formal del expresidente Hugo Chávez ante la Asamblea Nacional de Venezuela, según la cual las Fuerzas Armadas Revolucionarias de Colombia (FARC) y el Ejército de Liberación Nacional (ELN) no son cuerpos terroristas sino ejércitos que ocupan un espacio en Colombia, fuerzas insurgentes que tienen un proyecto político que Venezuela respeta, razón por la cual el expresidente solicitó a los gobiernos de América y Europa que reconocieran a las FARC y al ELN y que los retiraran de la lista de grupos terroristas del mundo[90]. Esta declaración y esta petición fueron hechas después de que el expresidente hubiese colaborado en una operación destinada a poner fin a uno de los miles de delitos cometidos por las FARC, el de secuestro de un grupo de civiles.

16.2. La protección y el apoyo ofrecidos formalmente por el ex presidente Chávez a las acciones de las FARC, organización representada por Luciano Marín Arango, alias Iván Márquez, mediante el financiamiento sin control legal de tales acciones con recursos de los venezolanos, así como a través de la entrega a dicha organización de armamento militar de alta potencia, incluidos cohetes antitanque [91], a cambio de entrenamiento bélico a miembros del Partido Comunista y de grupos afectos al expresidente, en los campamentos instalados por la citada organización en territorio venezolano[92].

16.3. La oferta pública hecha por el ex presidente Nicolás Maduro a alias Iván Márquez, (Luciano Marín Arango), alias Jesús Santrich (Seuxis Pausias Hernández Solar), alias Timochenko (Rodrigo Londoño Echeverri), alias Catatumbo (Jorge Torres Victoria), así como a las FARC en su conjunto, durante la clausura del XXV Foro de Sao Paulo,

---

90 todochavezenlaweb.gob.ve/todochavez/1573-presentacion-de-memoria-y-cuenta-ante-la-asamblea-nacional-por-parte-del-comandante-presidente-hugo-chavez

91 Charles Kraul: "Colombia-Venezuela Relations Fall Further with Rocket Revelation", *Los Angeles Times*, July 28, 2009.

92 elpais.com/diario/2008/05/10/internacional/1210370406_850215.html; es.insightcrime.org/noticias-crimen-organizado-venezuela/farc-en-venezuela/; USGovernment Accountability Office, Report to Ranking Members, Committee of Foreign Relations. U.S.Senate, Drug Control: U.S. Counternarcotics Cooperation Has Declined, 111th.Congress, 1st Sess. Washington D.C. July, 2009.

según la cual todos ellos podrían trasladarse a Venezuela cuando quisieran[93].

16.4. El anuncio público de alias Iván Márquez, jefe de las FARC-EP Segunda Marquetalia, junto con alias Jesús Santrich, en fecha 29 de agosto de 2019, probablemente desde territorio venezolano, de la decisión adoptada por dicha organización de iniciar la segunda Marquetalia y, en consecuencia, de continuar la lucha armada contra el gobierno democrático de Colombia[94].

16.5. La declaración pública de alias Iván Márquez, jefe de las FARC-EP Segunda Marquetalia, difundida en fecha 27 de marzo de 2021, probablemente desde territorio venezolano, según la cual el objetivo de la citada organización seguía siendo la toma del poder por las armas y un acuerdo político nacional[95].

16.6. La serie de Comunicados de las FARC-EP Segunda Marquetalia, a través de los cuales piden, en fecha 18 de mayo de 2021, "*Al pueblo colombiano movilizado desde hace 20 días en protesta permanente contra el mal gobierno ... lanzarse con todas sus fuerzas a derrotar a este maldito régimen ... Lo llamamos a seguir peleando en las calles hasta tener un nuevo gobierno ...*"[96]; reconocen, en fecha 22 de mayo de 2021, que se trata de una insurrección[97]; reiteran, en fecha 27 de mayo de 2021, que su objetivo es la toma del poder[98], y ordenan, en fecha 10 de junio de 2021, que "*... Tenemos que ir hasta el final, hasta la victoria. Del paro y la movilización, a los bloqueos y las barricadas, y desde éstas, lanzarnos en marcha impetuosa de insurrección ... a la toma del Palacio de Nariño, que es la toma del poder ... La toma de Bogotá debiera convertirse en la toma del Palacio de Nariño, del Congreso de la República, del Palacio de Justicia, de la Fiscalía General, de los medios de comunicación ...*"[99].

---

93 aa.com.tr/es/mundo/Maduro-afirma-que-los-exguerrilleros-ivan-marquez-y-jesus-santrich-son-bienvenidos-en-Venezuela/1544228

94 elpais.com/internacional/2019/08/29/actualidad/1567065255_850419.html

95 panampost.com/gabriela-moreno/2021/03/27/segunda-marquetalia-farc-fusiles-rusos-maduro/

96 cedema.org/ver.php?id=9009

97 cedema.org/ver.php?id=9021

98 cedema.org/ver.php?id=9023

99 cedema.org/ver.php?id=9035

16.7. Investigaciones independientes han recogido datos, según los cuales, hasta mayo de 2019, al menos 28 grupos armados ilegales desarrollaban actividades ilícitas en Venezuela[100], principalmente el ELN a través de 10 Frentes (Frente Juan Velasco Porras, Frente de Guerra Nororiental, Frente Luis Enrique León Guerra, Frente Gustavo Villamizar, Frente Parmenio Cuellar, Frente Alirio Buitriago, Frente Camilo Cienfuegos, Frente Domingo Laín Sáenz y Frente Camilo Torres), las FARC mediante 9 Frentes (1, 2, 3, 7, 10, 12, 21, 33 y 59) y el Ejército Popular de Liberación con 4 Frentes[101]; los principales delitos que cometen estas organizaciones en el territorio fronterizo de Venezuela con Colombia, de 2.219 kilómetros de extensión, son la extorsión, el secuestro, el tráfico de cocaína, las desapariciones forzadas y el reclutamiento de indígenas[102], niños y adolescentes, en especial de entre los migrantes que huyen a pie[103], así como la explotación ilícita de yacimientos minerales[104], el contrabando de armamento militar y el lavado de activos; el ELN cuenta en Venezuela con 5 emisoras de radio (Antorcha Estéreo 96.7 FM; La Voz de la Libertad 95.5 FM; Antorcha Elena 90.1 FM; Radio Frontera Rebelde 105.5 FM; Radio Insurrección Caribeña 94.7 FM), a través de las cuales promueve la actividad insurgente, con una potencia de transmisión que alcanza a los Estados Táchira, Apure, Bolívar, Amazonas, Barinas y Zulia[105]; los comunicados y volantes intimidatorios de los grupos terroristas en Venezuela exigiendo apoyo electoral para el expresidente Nicolás Maduro, como el siguiente: "*Consecuentes con la lucha libertaria y emancipadora de clase decretamos ALERTA REVOLUCIONARIA en Defensa de la Revolución Chavista ... El ELN informa de estas alertas revolucionarias*

100 asambleanacionalvenezuela.org/noticias/parlamento-denuncia-presencia-del-gao-colombiano-dedicado-al-narcotrafico-en-venezuela

101 fundaredes.org/2020/10/08/fundaredes-grupos-guerrilleros-y-paramilitares-avanzan-en-la-ocupacion-de-territorio-venezolano/; talcualdigital.com/fundaredes-mas-de-28-grupos-armados-irregulares-de-colombia-operan-en-venezuela

102 noticierodigital.com/2021/06/dip-guzamana-no-hay-democracia-cuando-disidencias-de-farc-y-eln-reclutan-a-nuestros-indígenas/

103 drive.google.com/file/d/1b_L444fbAIHLqK6G29I-TJ5DjDLHYZY7/view

104 crisisgroup.org/latin-america-caribbean/andes/rebel-playing-field-colombian-guerrillas-venezuelan-border

105 Ibidem.

para que sean acatadas y no se den hechos que lamentar, la fuerza insurgente ejecutará la orden también el domingo 20 de mayo de ir a votar a favor de Nicolás Maduro …"[106]; los enfrentamientos armados entre las tropas del ELN y otras organizaciones criminales (Águilas Negras, Los Rastrojos, los Urabeños) por el control del territorio venezolano fronterizo, de la población indefensa que allí habita y de la economía criminal que allí se desarrolla, en especial en los Estados Zulia, Táchira, Bolívar y Amazonas[107]; los colectivos o grupos paramilitares armados que también operan en territorio venezolano fronterizo y siguen las órdenes del expresidente Nicolás Maduro, tales como el Colectivo del Pueblo, el Colectivo Ezequiel Zamora, el Colectivo Ché Guevara, el Colectivo de Seguridad Fronterizo, el Colectivo Francisco de Miranda, los Tupamaros, el Colectivo Comunista, el Colectivo Lina Ron y el Colectivo Camilo Torres[108]; la utilización, por parte del ELN y las FARC, de instalaciones educativas, unas 350 escuelas en los Estados Táchira, Apure y Amazonas, como centros de adoctrinamiento y, eventualmente, como centros de entrenamiento para prácticas de tiro[109]; la ruina económica de Venezuela que ha facilitado que organizaciones terroristas y armadas como el ELN y las FARC-EP Segunda Marquetalia, asociados entre sí[110], ejerzan un gobierno *de facto* en amplias extensiones del territorio venezolano, en lugar de un Estado que ha dejado indefensa a la población que allí habita[111]; los enfrentamientos armados, en territorio venezolano, entre el ELN y las FARC-EP, comandadas por alias Gentil Duarte y alias Ferney González (Fabián Guevara Carrascal); los enfrentamientos armados, desde el año 2020, entre las FARC-EP Segunda Marquetalia, comandadas por alias Iván Márquez y alias Jesús Santrich, desertoras del proceso de paz celebrado con el gobierno de Colombia

---

106 Ibidem.

107 Ibidem.

108 fundaredes.org/informes/Informe%20Anual%20FundaRedes%202019%20(web).pdf; noticierodigital.com/2021/07/existen-organizaciones-criminales-que-controlan-casi-la-totalidad-del-territorio-nacional-afirma-fermin-marmol-garcia/

109 fundaredes.org/informes/Informe%20Anual%20FundaRedes%202019%20(web).pdf

110 https://www.insightcrime.org/news/analysis/farc-dissidents-eln-turn-venezuela-criminal-enclave/

111 nytimes.com/es/2021/04/26/espanol/Venezuela-grupo-terrorista-ELN.html; crisisgroup.org/latin-america-caribbean/andes/rebel-playing-field-colombian-guerrillas-venezuelan-border

y protegidas por el régimen del ex presidente Nicolás Maduro, y las FARC-EP, comandados el Frente 7 por alias Gentil Duarte y el Frente 10 por alias Ferney González, en su lucha por el control, en territorio venezolano, de la explotación ilícita de yacimientos minerales (oro y coltán) en los Estados Amazonas y Bolívar, explotación en la cual participan también bandas criminales denominadas "*sindicatos*"[112], así como de las rutas de salida del tráfico de cocaína desde el Estado Amazonas y del contrabando de armamento militar con destino a la rama de las FARC activa en el sureste de Colombia; la presencia, en el territorio de El Esequibo, de campamentos guerrilleros colombianos (ELN) y de otras organizaciones criminales[113]; el conflicto bélico que se desarrolla en territorio del Estado Apure (Municipio José Antonio Páez)[114], zona estratégica ampliamente utilizada para la exportación de cocaína, entre las Fuerzas Armadas Bolivarianas de Venezuela, en defensa y protección de las FARC-EP Segunda Marquetalia, comandadas por alias Iván Márquez y alias Jesús Santrich, y el Frente 10 de las FARC-EP, comandado por alias Ferley González[115], conflicto que se inició con bombardeos aéreos el 21 de marzo de 2021, se ha desarrollado a través de combates terrestres, ha producido hasta la fecha 19 personas asesinadas, entre civiles y militares, 8 militares venezolanos prisioneros y varios desaparecidos, así como el desplazamiento de unos 3.995 civiles de la zona de guerra hacia Colombia (Municipio Arauquita)[116], y ha derivado en la entrega de los militares venezolanos prisioneros a las Fuerzas Armadas Bolivarianas a cambio del despeje del territorio en beneficio de la organización terrorista[117].

---

112 Human Rights Watch: hrw.org/es/news/2020/02/04/venezuela-violentos-abusos-en-minas-de-oro-ilegales;crisisgroup.org/latin-america-caribbean/andes/venezuela/venezuela-mining-arc-legal-veneer-armed-groups-plunder; hrw.org/es/world-report/2021/country-chapters/377387#772560

113 crisisgroup.org/latin-america-caribbean/guyana/troubled-waters-along-guyana-venezuela-border

114 crisisgroup.org/latin-america-caribbean/andes/rebel-playing-field-colombian-guerrillas-venezuelan-border; fundaredes.org/2021/04/20/apure-cronologia-de-un-conflicto-armado-en-la-frontera-venezolana/

115 Ibidem; elnacional.com/venezuela/fanb-anuncia-otro-despliegue-contra-la-guerrilla-colombiana-en-apure/

116 Ibidem.

117 https://twitter.com/ibepacheco/status/1400495854834831362?s=2

16.8. La declaración pública del Presidente de la República del Ecuador, Lenín Moreno, de fecha 6 de mayo de 2021, según la cual el régimen del ex presidente Nicolás Maduro se entrometió en forma "*grosera*" en las protestas violentas ocurridas en Colombia contra el gobierno del Presidente Iván Duque, para "*desestabilizar*" el país; el Presidente Moreno agregó que contaba con pruebas de la injerencia del régimen de Maduro en las protestas citadas; que también fue detectada la presencia de agentes que incentivan la violencia en otros países latinoamericanos; y que las autoridades han detectado un proceso de coordinación de esfuerzos para desestabilizar a las distintas democracias de la región[118].

16.9. La declaración del Presidente de la República de Colombia, Iván Duque, publicada en fecha 25 de mayo de 2021, según la cual Venezuela y la ruptura de su orden democrático se han convertido en un factor de inestabilidad para toda la región[119].

16.10. El atentado magnicida contra el Presidente de la República de Colombia, Iván Duque, ejecutado en fecha 25 de junio de 2021, un mes después de su declaración sobre Venezuela, mediante ataques con armas de fuego contra el helicóptero oficial donde se trasladaba junto con su comitiva[120].

16.11. La detención de 10 presuntos integrantes de las FARC-EP Segunda Marquetalia, quienes serían los responsables de la acción terrorista con carro bomba ejecutada en fecha 15 de junio de 2021 contra la Brigada 30 del Ejército de la República de Colombia, así como del atentado magnicida contra el Presidente de la República de Colombia, Iván Duque, ejecutado en fecha 25 de junio de 2021, mediante ataques con armas de fuego contra el helicóptero oficial donde se trasladaba junto con su comitiva[121]; un presunto vocero del Bloque Magdalena

---

[118] swissinfo.ch/spa/colombia-protestas_presidente-moreno-denuncia—grosera—intromision-de-maduro-en-colombia/46598032

[119] rpp.pe/mundo/latinoamerica/ivan-duque-dice-que-venezuela-es-un-foco-de-inestabilidad-para-la-region-noticia-1338515

[120] twitter.com/infopresidencia/status/1408548327654821891; dw.com/es/disparan-a-helicoptero-en-el-que-viajaba-presidente-de-colombia/a-58053385

[121] fiscalia.gov.co/colombia/noticias/caen-los-presuntos-responsables-de-la-accion-terrorista-contra-la-brigada-30-del-ejercito-nacional-y-el-ataque-al-helicoptero-en-que-se-transportaba-el-presidente-de-la-republica-y-su-comitiva

Medio de las FARC mencionadas declaró sobre la participación de este grupo en los atentados[122]; la detención de siete presuntos integrantes de las FARC-EP Segunda Marquetalia, bajo la jefatura de alias Iván Márquez, quienes serían los principales promotores de ataques en la República de Colombia al comercio, entidades bancarias y sedes gubernamentales, además de agresiones a la fuerza pública y obstrucción de vías en Cali y su área metropolitana[123].

16.12. Las declaraciones públicas del Fiscal General de la Nación y del Ministro de la Defensa de la República de Colombia, según las cuales los atentados terroristas contra la Brigada 30 del Ejército de Colombia y contra la vida del Presidente de la República, Iván Duque, fueron planeados en territorio venezolano, así como la declaración del Director de la Policía de Colombia, según la cual, además de las órdenes para los ataques que se dieron desde campamentos guerrilleros situados en Venezuela, desde allí también se transportó el material explosivo y la ubicación del carro bomba[124].

17. Los datos que revelan parcialmente la violación de la soberanía de Venezuela, por parte de la Federación de Rusia, con la aprobación y el financiamiento de los regímenes de los ex presidentes Hugo Chávez y Nicolás Maduro Moros, con el objeto de que el régimen ruso instrumentalice y arriesgue el territorio y los habitantes de la Nación, sin el consentimiento ni la aprobación del pueblo venezolano, como base y zona de operaciones para el manejo de sus intereses armamentistas y de sus conflictos bélicos con los Estados Unidos de Norteamérica, son los siguientes:

17.1. La propuesta de Rusia, difundida en fecha 29 de septiembre de 2008, de construir reactores nucleares en Venezuela, lo que dio lugar al establecimiento del respectivo grupo binacional de trabajo, y a que Atomstroyexport, la empresa que construyó la planta Bushehr en Irán,

---

[122] talcualdigital.com/disidencias-de-las-farc-aceptan-haber-planeado-atentado-contra-duque/

[123] fiscalia.gov.co/colombia/fiscal-general-de-la-nacion/golpe-a-las-estructuras-de-crimen-organizado-que-estarian-auspiciando-actos-de-vandalismo-y-otras-acciones-ilicitas-en-el-suroccidente-del-pais

[124] radionacional.co/actualidad/atentado-duque-brigada-30-planeado-venezuela-fiscalia-mindefensa

confirmase su participación en las negociaciones para un acuerdo de cooperación nuclear con Venezuela[125]; el acuerdo básico firmado entre Rusia y Venezuela, difundido en fecha 27 de noviembre de 2008, por el cual sus regímenes establecieron un convenio de cooperación en materia de fusión termonuclear y de seguridad de las fuentes de radiación y de las instalaciones nucleares, así como en la confección, desarrollo, construcción, operación y desmantelamiento de reactores de investigación y centrales nucleares[126], y de asistencia en el desarrollo del uranio[127], a pesar de que el Preámbulo de la Constitución de Venezuela prescribe que esta Nación debe impulsar y consolidar el desarme nuclear.

17.2. Las ventas de armamento militar, equipos bélicos y sistemas de defensa aérea que Rusia ha hecho a Venezuela, desde el régimen del expresidente Hugo Chávez, durante el cual Rusia y Venezuela firmaron, entre 2005 y 2007, contratos de armas por un precio total de 4.4 billones de dólares, y Rusia ofreció a Venezuela un crédito de 1 billón de dólares para la compra de más armas rusas[128]; la firma en 2011 de un nuevo acuerdo con Venezuela para el préstamo de otros 4 billones de dólares destinados a la compra de más armas rusas[129]; la venta de decenas de miles de rifles de asalto Kalashnikov[130]; la compra de un primer lote de 100.000 de los citados rifles de asalto[131], así como la fábrica de este tipo de rifles y de otros equipos bélicos instalada por Rusia en Aragua, Venezuela[132], en funcionamiento[133], y donde, para 2012, se habían producido 3.000 rifles y se esperaba producir 25.000 cada año,

---

[125] RIA Novosti, Russia, Venezuela to Cooperate in Building Nuclear Reactors: carnegieendowment.org/2008/12/18/venezuela-nuclear-profile-pub-22568

[126] RIA Novosti, Russian, Venezuela, Ink Nuclear Cooperation Deal: carnegieendowment.org/2008/12/18/venezuela-nuclear-profile-pub-22568

[127] Ibidem

[128] nytimes.com/2008/09/27/world/Americas/27chavez.html; reuters.com/article/russia-venezuela-idUSLP25170720080925; nationalinterest.org/blog/buzz/Venezuela-borrowed-10-billion-russia-pay-jet-fighters-and-tanks-it-cant-pay-it-back-69467

[129] globalsecurity.org/military/library/news/2011/10/mil-111007-rianovosti01.htm

[130] vpk-news.ru/articles/38011

[131] commdocs.house.gov/committees/intlrel/hfa28638.000/hfa28638_0f.htm

[132] insightcrime.org/news/brief/venezuela-set-to-mass-produce-kalashnikovs-sniper-rifles/

[133] http://www.infodefensa.com/latam/2013/06/03/noticia-cavim-inicia-entrega-de-fusiles-de-asalto-kalashnikov-ak-103-a-la-fuerza-armada-de-venezuela.html; insightcrime.org/news/brief/Venezuela-set-to-mass-produce-kalashnikovs-sniper-rifles/

así como 18.000 lanzagranadas anuales; el envío temporal de bombarderos nucleares rusos (TU-160 "*White Swan*") a Venezuela[134], así como el traslado en aviones militares rusos de tropas y equipos[135]; la apertura, por parte del consorcio Rostec, de un centro de entrenamiento en Venezuela para el manejo de helicópteros militares fabricados en Rusia, tanto de ataque como de transporte, y el traslado de un contingente de 100 especialistas militares rusos para este propósito[136].

17.3. La declaración del Embajador de Rusia en Venezuela, publicada en fecha 14 de marzo de 2020, según la cual el Ministerio de Defensa de Venezuela y la empresa rusa Rosoboronexport suscribieron alrededor de 30 contratos militares entre 2005 y 2013, lo que convirtió a Venezuela en el mayor comprador de armamento militar ruso en América Latina[137]; y la suscripción para 2019 de más de 264 acuerdos entre Rusia y Venezuela, la mayoría confidenciales, principalmente en las áreas militar y energética[138].

17.4. La declaración del Ministro de Relaciones Exteriores de Rusia, en fecha 22 de junio de 2021, según la cual, Venezuela es un socio seguro de Rusia en América Latina; los regímenes de ambos países han acordado pronunciarse en contra de la política aplicada por los países occidentales[139]; hay especialistas rusos trabajando en Venezuela; Rusia nunca ha dejado de prestar asistencia militar ni de suministrar armas a Venezuela, y hay conversaciones en curso para proveerle de más lotes de armas[140]; el envío de contratistas militares privados rusos, asociados al denominado grupo Wagner, cuyos miembros han combatido clandestinamente a favor de las fuerzas militares rusas en Siria y Ucrania, en

---

134 time.com/5478644/venezuela-russian-bombers/TU-160 "White Swan" strategic bombers; aljazeera.com/news/2008/9/11/russian-bombers-arrive-in-venezuela

135 csis.org/analysis/fabulous-five-how-foreign-actors-prop-maduro-regime-venezuela

136 reuters.com/article/us-venezuela-politics-russia/russia-says-it-has-opened-helicopter-training-center-in-venezuela-idUSKCN1RE1G3

137 eluniversal.com/internacional/64394/75-aniversario-del-establecimiento-de-relaciones-diplomaticas-entre-rusia-y-venezuela; globalsecurity.org/military/library/news/2011/12/mil-111227-rianovosti01.htm

138 http://www.sipri.org/databases/armtransfers/sources-and-methods/

139 mid.ru/es/foreign_policy/news/-/asset_publisher/cKNonkJE02Bw/content/id/4796202

140 noticierodigital.com/2021/06/rusia-seguira-ayudando-a-maduro-suministrando-armas-lavrov/

apoyo del ex presidente Nicolás Maduro Moros[141]; y la participación de Rusia, junto con Cuba e Irán, en las masivas, constantes e intensas campañas de desinformación *on line* en apoyo al régimen del ex presidente Nicolás Maduro Moros[142].

18. Los datos que revelan parcialmente la violación de la soberanía de Venezuela, por parte de la República Islámica de Irán, con la aprobación y el financiamiento de los regímenes de los ex presidentes Hugo Chávez y Nicolás Maduro Moros, con el objeto de que el régimen islámico instrumentalice y arriesgue el territorio y los habitantes de la Nación, sin el consentimiento ni la aprobación del pueblo venezolano, como base y zona de operaciones para el manejo de sus intereses antioccidentales y de sus conflictos bélicos con los Estados Unidos de Norteamérica, son los siguientes:

18.1. La declaración de los Presidentes de Venezuela e Irán, según la cual ambos ayudarían a financiar proyectos de inversión en países que procurasen destruir el dominio de los Estados Unidos de Norteamérica, así como el anuncio público del expresidente Hugo Chávez sobre la creación de un fondo conjunto de 2 billones de dólares para financiar inversiones principalmente en aquellos países cuyos gobiernos estuviesen haciendo esfuerzos por liberarse por sí mismos del yugo imperialista, de modo que el fondo sirviese de mecanismo de liberación; la voluntad del citado expresidente, públicamente expresada, de dar muerte al imperialismo norteamericano[143]; y la firma, en fecha 17 de septiembre de 2006, por parte del expresidente venezolano, de 34 acuerdos con Irán[144].

18.2. El establecimiento, desde el año 2004, bajo el régimen de ex presidente Hugo Chávez, de una red de instalaciones "*industriales*"

---

[141] reuters.com/article/us-venezuela-politics-russia-exclusive/exclusive-kremlin-linked-contractors-help-guard-venezuelas-maduro-sources-idUSKCN1PJ22M

[142] atlanticcouncil.org/commentary/event-recap/trust-in-elections-and-disinformation-in-venezuela/

[143] usatoday30.usatoday.com/news/world/2007-01-14-iran-venezuela_x.htm; en.irna.ir/news/80215206/Ahmadinejad-congratulates-Venezuelan-Independence-Day-to- Chavez

[144] todochavez.gob.ve/todochavez/3377-intervencion-del-comandante-presidente-hugo-chavez-en-la-firma-de-acuerdos-binacionales-y-declaracion-conjunta-entre-la-republica-islamica-de-iran-y-la-republica-bolivariana-de-venezuela

iraníes, dispersas en territorio venezolano, constituidas formalmente como empresas para fabricar tractores (Estado Bolívar), bicicletas (Estado Cojedes), cemento (Estado Monagas), así como para ensamblar vehículos (Estado Aragua), pero utilizadas como fachada para encubrir actividades subversivas[145], como lo demuestra, entre otros hechos, que la fábrica iraní de tractores "*VenIran*" (Estado Bolívar) atrajo el interés internacional cuando los inspectores de aduana en Turquía interceptaron, en fecha 28 de diciembre de 2008, 22 contenedores destinados a la fábrica en referencia, y encontraron que, mientras los letreros de identificación de carga decían "*piezas de tractor*", lo que llevaban como carga era un "*laboratorio de explosivos*"[146] y productos químicos de nitrato y sulfato aptos para manufacturar explosivos[147]; la explotación de minas, por parte de varias empresas iraníes, en la región de la Cuenca del Roraima, entre Venezuela y Guyana, donde la empresa canadiense U308, especializada en la búsqueda de uranio, encontró en 2009 una fuente sustancial de ese mineral[148], cuya detección, según declaración del expresidente Hugo Chávez, se llevó a cabo con la ayuda de Irán[149].

18.3. El anuncio público de Venezuela de asistir a Irán en la evasión de sanciones internacionales mediante la firma de una declaración apoyando sus actividades nucleares[150], así como la promesa del ex presidente Chávez de integrar un eje de unidad con Irán, de permanecer con el régimen islámico en cualquier tiempo y bajo cualquier circunstancia, y su llamado público a los estudiantes de la Universidad de Te-

---

145 Norman A. Bailey: *Iranian penetration into the Western Hemisphere through Venezuela*, Federal Reserve Bank, New York, 2009.

146 csis-website-prod.s3.amazonaws.com/s3fs-public/legacy_files/files/publication/120312_Johnson_Iran%27sInfluence_web.pdf; csis.org/analysis/fabulous-five-how-foreign-actors-prop-maduro-regime-venezuela

147 http://www.miamiherald.com/1198/story/839814.html; Roger Noriega: *Hugo Chavez Criminal, Nuclear Network: A Grave and Growing Threat*, American Enterprise Institute Online, October 14, 2009.

148 Ibidem.

149 taiwannews.com.tw/en/news/1066789; nytimes.com/2009/09/26/world/Americas/26venez.html; http://venezuelanalysis.com/news/4348; http://www.foxnews.com/world/2009/09/26/venezuela-seeking-uranium-irans-help.

150 http://english.pravda.ru/world/americas/15-07-2010/114245-alba_supports_iran_nuclear_prog_0.

herán a poner fin al imperio de los Estados Unidos de América para salvar a la Humanidad [151].

18.4. El anuncio público de Irán, contrariando la decisión legítima de la Asamblea Nacional de la República Bolivariana de Venezuela y de la comunidad democrática occidental, y no obstante las condiciones manifiestamente ilegales y fraudulentas de su elección, de apoyar a Nicolás Maduro Moros como Presidente de Venezuela[152]; para 2014, Irán había suscrito ya al menos 265 acuerdos en diversas áreas, la mayoría confidenciales, con los expresidentes Hugo Chávez y Nicolás Maduro Moros[153], y el valor de las inversiones y préstamos entre Irán y Venezuela había sido calculado en al menos 15 billones de dólares[154].

18.5. La suscripción de acuerdos bilaterales y confidenciales de defensa entre el Ministro de Defensa de Venezuela y el Ministro de Defensa de Irán, para quien dichos acuerdos poseen valor estratégico[155]; el establecimiento en territorio venezolano de dos empresas de las fuerzas armadas iraníes, Parchin Chemical Industries (PCI), fabricante de explosivos, municiones y propulsores para cohetes y misiles, y Qods (Aeronautic Industries), productora de vehículos aéreos no tripulados, paracaídas y otros artefactos, empresas sancionadas por las Naciones Unidas, específicamente bajo la Resolución 1747 del Consejo de Seguridad, de fecha 24 de marzo de 2007 (S/RES/1747.2007), norma que prohibió expresamente a Irán el suministro, la venta o la transferencia directa o indirecta de armas o material relacionado, desde su territorio o mediante sus nacionales o utilizando sus buques o aeronaves, y que también prohibió a todos los Estados la adquisición de tales artículos de Irán, a través de los nacionales o mediante el uso de buques o aeronaves, fuesen o no originarios del territorio iraní[156]; el establecimiento en

151 en.irna.ir/news/80215206/Ahmadinejad-congratulates-Venezuelan-Independence-Day-to-Chavez

152 iranintl.com/en/world/iran-supports-maduro-president-venezuela

153 local10.com/news/2014/08/05/venezuela-iran-strengthen-relations/; http://english.eluniversal.com/2011/06/03/venezuela-iran-ties-go-beyond-the-oil-issue.shtml; foreignpolicy.com/2020/06/01/iran-venezuela-alliances-latin-america/

154 csis-website-prod.s3.amazonaws.com/s3fs-public/legacy_files/files/publication/120312_Johnson_Iran%27sInfluence_web.pdf

155 payvand.com/news/09/may/1011.html

156 wsj.com/articles/SB116875996591453548717045802954817925204 68

Venezuela, bajo el régimen del expresidente Nicolás Maduro Moros, de un consorcio empresarial de propiedad de las fuerzas armadas de Irán, vinculado a su programa de misiles y relacionado con la élite militar del Cuerpo de la Guardia Revolucionaria Islámica[157], reconocido patrocinante del grupo terrorista libanés Hezbollah y de la Jihad Islámica palestina; la venta de pasaportes y otros documentos de identidad venezolanos, como cédulas de identidad y visas, en países del Medio Oriente[158], así como su eventual distribución y entrega a cientos de libaneses y sirios[159], a personas asociadas al terrorismo islámico en general[160], y a agentes iraníes en particular[161], todos las cuales, provistos además de documentos de residencia venezolanos, han podido viajar libremente por los países latinoamericanos[162]; la acreditación ante el gobierno del expresidente Hugo Chávez de más de 150 representantes diplomáticos de Irán; la presunta presencia de miembros del grupo terrorista Hezbollah en la Isla de Margarita, al noreste de Venezuela[163], que les serviría de refugio seguro[164] y desde donde estarían dirigiendo empresas con el objeto de recaudar fondos para su organización[165]; y la activación del Consejo Militar Científico y Tecnológico de Venezuela, por parte del ex presidente Nicolás Maduro Moros, con la asesoría directa de Cuba, Rusia, Irán y China[166].

19. De los datos que anteceden se desprenden razones de hecho que autorizan a tomar en consideración las siguientes razones de derecho:

19.1. La Carta de la Organización de Naciones Unidas, según la cual los Propósitos de la Organización son, entre otros, los de mantener la paz y la seguridad internacionales, adoptar medidas colectivas efica-

---

157 wsj.com/articles/Iranian-military-owned-conglomerate-sets-up-shop-in-venezuela-11593972015

158 commdocs.house.gov/committees/intlrel/hfa28638.000/hfa28638_0f.htm

159 foreignpolicy.com/2020/06/01/iran-venezuela-alliances-latin-america/

160 edition.cnn.com/2017/02/08/world/venezuela-passports-investigation/index.html

161 Gustavo Coronel: *The Iran Nuclear Axis*, Human Events, October 29, 2009.

162 foreignpolicy.com/2020/06/01/iran-venezuela-alliances-latin-america/

163 notimerica.com/politica/noticia-venezuela-iran-chavez-destaca-apoyo-iran-cifra-300-numero-convenios-cooperacion-bilateral-firmados-20120623080346.html

164 dialogo-americas.com/articles/hezbollah-presence-means-venezuela-is-a-global-problem/

165 commdocs.house.gov/committees/intlrel/hfa28638.000/hfa28638_0f.htm

166 dw.com/es/maduro-anuncia-nuevo-consejo-militar-asesorado-por-rusia-iran-y-cuba/a-55381503

ces para prevenir y eliminar amenazas a la paz, así como para suprimir actos de agresión u otros quebrantamientos de la paz (artículo 1.1), y realizar la cooperación internacional en la solución de problemas internacionales de carácter humanitario, así como en el desarrollo y estímulo del respeto a los derechos humanos y a las libertades fundamentales de todos (artículo 1.3)[167].

19.2. La Resolución 60/1 de la 60ª sesión de la Asamblea General de las Naciones Unidas (14 – 16 septiembre de 2005), mediante la cual la Asamblea General aprobó por unanimidad que "*La comunidad internacional, a través de las Naciones Unidas, tiene también la responsabilidad de usar los medios diplomáticos, humanitarios y otros medios pacíficos, de conformidad con los Capítulos VI y VIII de la Carta, para ayudar a proteger a las poblaciones del genocidio, crímenes de guerra, limpieza étnica y crímenes contra la humanidad. En este contexto, estamos preparados para adoptar una acción colectiva, de manera oportuna y decisiva, a través del Consejo de Seguridad, de acuerdo con la Carta, incluyendo el Capítulo VII, según cada caso en particular y en cooperación con la organización regional relevante cuando sea apropiado, si los medios pacíficos son inadecuados y las autoridades nacionales fracasan manifiestamente en proteger a la población del genocidio, crímenes de guerra, limpieza étnica y crímenes contra la humanidad* ..." (parágrafo 139)[168].

19.3. La Resolución 1373 del Consejo de Seguridad de la Organización de Naciones Unidas, del 28 de septiembre de 2001 (S/RES/1373. 2001), según la cual todos los Estados deben abstenerse de proporcionar todo tipo de apoyo, activo o pasivo, a las entidades o personas que participen en la comisión de actos de terrorismo, en particular reprimiendo el reclutamiento de miembros de grupos terroristas y poniendo fin al abastecimiento de armas a los terroristas (2.a); todos los Estados deben impedir que quienes financien, planifiquen, faciliten o cometan actos de terrorismo utilicen su territorio para esos fines, contra otros Estados o sus ciudadanos (2.d); y todos los Estados deben impedir la circulación de terroristas o de grupos terroristas imponiendo controles

[167] Organización de las Naciones Unidas: un.org/es/about-us/un-charter/chapter-1

[168] http://www.un.org/summit2005/documents.html

eficaces de fronteras y controles en la expedición de documentos de identidad y de viaje, y adoptando medidas para evitar la falsificación, la alteración ilegal y la utilización fraudulenta de documentos de identidad y de viaje[169].

19.4. La Resolución 377 (V) "*Uniting for peace*" (Unión pro paz), de 3 de noviembre de 1.950, por la cual la Asamblea General de la Organización de Naciones Unidas (ONU) estableció que el hecho de que el Consejo de Seguridad no cumpla con sus responsabilidades en nombre de todos los Estados Miembros, particularmente las referidas al mantenimiento de la paz y seguridad internacionales, no priva a la Asamblea General de sus derechos ni la exime de sus responsabilidades según la Carta en lo que respecta al mantenimiento de la paz y la seguridad internacionales; y que, de no estar a la sazón reunida, la Asamblea General puede reunirse en período extraordinario de sesiones de emergencia dentro de las 24 horas siguientes a la presentación de una solicitud al efecto; y que tal período extraordinario de sesiones se emergencia será convocado si así lo solicita el Consejo de Seguridad por el voto de siete cualesquiera de sus miembros, o bien la mayoría de los Miembros de las Naciones Unidas[170].

No sobra precisar que esta Resolución fue aprobada en respuesta a la estrategia de la Unión de Repúblicas Socialistas Soviéticas (URSS) de bloquear las medidas que el Consejo de Seguridad se proponía adoptar para proteger a la República de Corea de los actos de agresión perpetrados en su contra por las fuerzas militares de Corea del Norte. La URSS procedió a boicotear las sesiones del Consejo dejando de asistir a ellas, dando por supuesto que la falta de unanimidad de sus miembros permanentes impediría al Consejo cumplir con sus funciones, pero la mayoría de los miembros del Consejo de Seguridad opinó que la inasistencia de uno de ellos no era impedimento para que el órgano actuara. A partir de agosto de 1950, la URSS, al ver que su estrategia había fracasado, volvió a enviar una delegación a las sesiones del Consejo para votar en contra del proyecto de Resolución en que se condenaba a las autoridades norcoreanas por su desafío a las Naciones Unidas. En estas

---

169 undocs.org/es/s/RES/1373%20(2001)

170 undocs.org/es/A/RES/377 (V)

circunstancias, la Asamblea General se reunió y, a partir de una iniciativa conducida por los Estados Unidos de Norteamérica, reclamó para sí una responsabilidad subsidiaria en relación con la paz y la seguridad internacionales, lo que dio lugar a la aprobación de la Resolución 377 (V) citada[171].

20. Las razones de hecho y de derecho que anteceden sirven de base para plantear las siguientes conclusiones:

20.1. Que es competencia, obligación y responsabilidad de la Asamblea General de la Organización de Naciones Unidas el ejercicio de una acción colectiva, oportuna y decisiva, a través de medios pacíficos o de los contemplados en el Capítulo VII de la Carta de la Organización, para ayudar a proteger al pueblo venezolano de los múltiples crímenes de lesa humanidad de que ha sido y sigue siendo víctima indefensa, crímenes que han sido denunciados formal y públicamente a través de Informes de la Comisión de Investigación de la propia Organización de Naciones Unidas, la Fiscalía de la Corte Penal Internacional y de la Secretaría General de la Organización de Estados Americanos, visto el bloqueo recurrente de que ha sido objeto el tratamiento de la emergencia humanitaria compleja y el desplazamiento forzoso de millones de venezolanos en el seno del Consejo de Seguridad de la Organización, a causa del veto de la Federación de Rusia, apoyada por Cuba, y ante la imposibilidad de que el régimen *de facto* que encabeza el ex presidente Nicolás Maduro Moros ejerza protección alguna en beneficio de los venezolanos, por atribuirse a dicho régimen, en la totalidad de los Informes citados, la autoría y responsabilidad por la comisión de tales crímenes;

20.2. Que es competencia, obligación y responsabilidad de la Asamblea General de la Organización de Naciones Unidas la adopción de medidas colectivas eficaces para prevenir y eliminar las amenazas en curso contra la paz y la seguridad de Estados Miembros situados en la región latinoamericana, ante las acciones violentas de desestabilización de sus gobiernos democráticos, materializadas en atentados terroristas que han alcanzado hasta el reciente intento de magnicidio ejecutado

---

[171] Christian Tomuschat: *Union Pro Paz.* United Nations Audiovisual Library of International Law. www.un.org/law/avl

contra el Presidente de la República de Colombia, y visto el rechazo de que ha sido objeto el tratamiento de la situación de Venezuela en el seno del Consejo de Seguridad de la Organización, por parte de la Federación de Rusia, apoyada por Cuba, a pesar de que la planificación y el financiamiento de varias de tales acciones violentas han sido vinculados a organizaciones terroristas que tienen su asiento y refugio en territorio venezolano, y no obstante que el gobierno *de facto* que encabeza el expresidente Nicolás Maduro Moros no ha impedido ni puesto fin al abastecimiento de armas a los grupos terroristas, ni ha impedido que quienes han planificado y cometido los atentados en referencia hayan utilizado el territorio venezolano para esos fines, ni ha impuesto controles eficaces en las fronteras para impedir la presencia o la circulación de grupos terroristas o la obtención, por parte de los miembros de tales grupos, de documentos venezolanos de identidad, de residencia o de viaje;

20.3. Que, a pesar de que el respeto por la soberanía, la autodeterminación y la independencia política es un principio fundamental de la Carta de la Organización de Naciones Unidas, y de que toda infracción de este principio es contraria a los objetivos y propósitos de la Organización, el pueblo venezolano constituye la víctima directa de los intereses y acciones neocolonialistas que ha sostenido y llevado adelante el gobierno de la República de Cuba, así como de los intereses geopolíticos, armamentistas, belicistas y antioccidentales de la Federación de Rusia y de la República Islámica de Irán, con la aquiescencia y el financiamiento de los regímenes de los expresidentes Hugo Chávez y Nicolás Maduro Moros;

20.4. Que el pueblo venezolano tiene derecho a vivir en paz, libre de toda dominación extranjera, bajo un régimen democrático y sometido al imperio de la Constitución Nacional, pero no podrá hacerlo, ni habrá garantía de una paz justa y duradera para la región, mientras el Estado venezolano no recupere la integridad de su territorio de manos de los grupos terroristas y de las fuerzas cubanas, rusas e iraníes, policiales, militares y paramilitares, que lo han venido ocupando y explotando con la aquiescencia de los regímenes de los expresidentes Hugo Chávez y Nicolás Maduro Moros;

20.5. Que la voluntad del pueblo venezolano es ejercer en libertad y democracia, sin tutelajes colonialistas, militaristas, armamentistas, belicistas o antioccidentales, su derecho inalienable a la soberanía, a la autodeterminación y a la independencia política, de conformidad con la Declaración Universal de Derechos Humanos, el Pacto Internacional de Derechos Civiles y Políticos y la Carta de las Naciones Unidas;

20.6. Que el derecho del pueblo venezolano a vivir en democracia no podrá restablecerse sin el logro de una solución justa al problema de la enajenación de su soberanía política, la cual presupone la necesidad urgente e inaplazable de que los venezolanos, tanto los que habitan en el territorio de su país como los que se han visto forzados a salir de él por razones de supervivencia, elijan a la brevedad posible, mediante votaciones libres, universales, transparentes, directas y secretas, conducidas por una autoridad electoral legítima, imparcial e independiente, sobre la base de un sistema electoral confiable y de un proceso electoral susceptible de supervisión internacional bajo estándares comúnmente aceptados, al Presidente de la República y a la Asamblea Nacional, derecho constitucional que le ha sido negado por el régimen *de facto* que encabeza el expresidente Nicolás Maduro Moros a través del fraude electoral, la represión y la amenaza del uso de fuerzas militares y paramilitares, nacionales y extranjeras;

20.7. La inelegibilidad[172] del expresidente Nicolás Maduro Moros para ocupar el cargo de Presidente de la República, por cuanto, después de haber sido autorizado legalmente su enjuiciamiento penal por parte de la Asamblea Nacional de Venezuela[173], fue enjuiciado por la Sala Plena del Tribunal Supremo de Justicia integrado por los magistrados designados legalmente por la propia Asamblea Nacional, y fue condenado por sentencia penal definitivamente firme e inhabilitado para ocupar cualquier cargo público[174];

20.8. Y que el Consejo de Seguridad de la Organización de Naciones Unidas se ha visto impedido sistemáticamente, durante los tres últimos años, de cumplir con su obligación y responsabilidad de proteger al pueblo venezolano, a través de acciones colectivas, oportunas

172 Constitución de la República Bolivariana de Venezuela, artículo 227.

173 asambleanacionalvenezuela.org/actos/detalle/acuerdo-sobre-la-solicitud-de-autorizacion-para-continuar-el-proceso-judicial-al-ciudadano-nicolas-maduro-moros-267

174 diariolasamericas.com/america-latina/tsj-el-exilio-publica-sentencia-definitiva-que-condena-maduro-18-anos-y-tres-meses-prision-n4165330

y eficaces, de los crímenes de lesa humanidad que han sido cometidos impunemente en su contra, así como de cumplir con su obligación y responsabilidad de prevenir y eliminar las amenazas a la paz y a la seguridad internacionales que surgen de los atentados terroristas y de las acciones de desestabilización que se han venido ejecutando contra los gobiernos democráticos de la región latinoamericana, y cuya planificación y financiamiento se atribuyen a organizaciones terroristas que tienen su asiento y refugio en territorio venezolano, amenazas que también derivan de los efectos trágicos de la emergencia humanitaria compleja y del desplazamiento forzoso que sufren millones de venezolanos, así como de la pérdida de sus derechos a la soberanía, autodeterminación, independencia política e integridad de su territorio.

21. Y las consideraciones que anteceden podrían servir de base para elevar la situación de Venezuela a la Asamblea General de la Organización de Naciones Unidas, a la cual podrían formularse, entre otras, propuestas como las siguientes:

21.1. Que, con fundamento y por aplicación de la Resolución 377 (V) de la Asamblea General de la ONU, de fecha 3 de noviembre de 1950, la Asamblea General se reúna en un período extraordinario de sesiones de emergencia para dar cumplimiento, a través de acciones colectivas, oportunas y eficaces, a sus propias responsabilidades relativas a la obligación de proteger al pueblo venezolano frente a los crímenes de lesa humanidad que se han venido cometiendo en su contra, así como a las referidas a la eliminación de las amenazas a la paz y a la seguridad internacionales que, a través de atentados terroristas y de acciones de desestabilización, se ciernen sobre países de la región latinoamericana con gobiernos democráticos;

21.2. Que la Asamblea General de la Organización ordene la salida inmediata e incondicional desde Venezuela del personal de tropa, de los asesores militares y de los servicios cubanos de inteligencia (G2 y Grupo GRULAC), así como el desmantelamiento de las estructuras cubanas de control o supervisión de los servicios de identificación, migración y extranjería del pueblo venezolano, de sus servicios de registros y notarías, de las instalaciones de la empresa petrolera venezolana (PDVSA), de las bases de datos, servidores y sistemas informáticos de dicha empresa, de las bases de datos, servidores y sistemas informáticos de la Administración Pública venezolana, de los servicios venezolanos de seguridad e inteligencia, de su sistema de telecomunicaciones, de sus fuerzas policiales, de sus procesos de investigación penal, criminalística y forense, de las áreas de ingeniería militar, armamento y comunicaciones de las Fuerzas Armadas venezolanas, y la salida inmediata del personal civil, policial, militar, diplomático y consular a cargo de las citadas estructuras de dominación, implantadas bajo los regímenes de los expresidentes Hugo Chávez y Nicolás Maduro Moros;

21.3. Que la Asamblea General inste a los gobiernos de la Federación de Rusia y de la República Islámica de Irán a respetar los derechos del pueblo venezolano a su soberanía, autodeterminación e independencia política, y, en consecuencia, a cesar en la utilización del territorio y de los recursos de Venezuela como base de operaciones de sus conflictos bélicos con los Estados Unidos de Norteamérica, así como de sus intereses armamentistas y antioccidentales en el Hemisferio Occidental;

21.4. Que la Asamblea General inste a los gobiernos de la Federación de Rusia y de la República Islámica de Irán a que pongan fin a la asistencia militar y armamentista que han venido prestando al régimen *de facto* que encabeza el ex presidente Nicolás Maduro Moros, a fin de desalentar la continuidad de las acciones represivas sistemáticas que ejecutan los servicios de inteligencia y seguridad del citado régimen, a los cuales se les atribuye la comisión de múltiples crímenes de lesa humanidad susceptibles de ser objeto de investigación por parte de la Fiscalía y de la Corte Penal Internacional[175];

21.5. Que la Asamblea General autorice la creación, puesta en marcha y supervisión de una Comisión de Justicia y Paz que tenga por objeto prestar asistencia inmediata al pueblo venezolano en su esfuerzo por lograr el restablecimiento del orden constitucional de la República y de su régimen democrático; y que, a tal efecto, la Comisión contribuya, bajo los auspicios de la Organización de Naciones Unidas y de la Organización de Estados Americanos, a hacer respetar la soberanía política del pueblo venezolano en su derecho a elegir libremente al Presidente de la República para el período 2019-2025, así como a los diputados a la Asamblea Nacional para el período 2021-2026, a través de votacio-

---

175 icc-cpi.int/itemDocuments/2020-PE/2020-pe-report-ven-i-spa.pdf

nes libres, universales, transparentes, directas y secretas, conducidas por una autoridad electoral imparcial e independiente, seleccionada por la Asamblea Nacional legítimamente electa en fecha 6 de diciembre de 2015, sobre la base de un sistema electoral confiable y un proceso electoral susceptible de supervisión internacional bajo estándares comúnmente aceptados;

21.6. Que, con fundamento y por aplicación de la Decisión D (11) de la Resolución 377 (V) de la Asamblea General de la Organización de Naciones Unidas, la Asamblea General autorice la creación, puesta en marcha y supervisión de una Comisión de Medidas Colectivas que haga un estudio y presente un Informe a la Asamblea General durante el cuarto trimestre del año en curso, sobre las acciones colectivas, oportunas y eficaces que, tomando en consideración las disposiciones relativas a las medidas de legítima defensa colectiva y los acuerdos regionales, tengan por objeto el desmantelamiento de los campamentos y el desalojo de las unidades del Ejército de Liberación Nacional (ELN), de las Fuerzas Armadas Revolucionarias de Colombia (FARC), del Ejército Popular de Liberación (EPL) y de las demás organizaciones terroristas armadas que se refugian en territorio venezolano, a fin de eliminar las amenazas contra la paz y la seguridad internacionales que se ciernen sobre los países de la región latinoamericana;

21.7. Que, con fundamento y por aplicación de la Constitución de la República Bolivariana de Venezuela (artículo 233), el Presidente de la Asamblea Nacional legítimamente electa en fecha 6 de diciembre de 2015 continúe encargado de la Presidencia de la República hasta que se elija libremente y tome posesión de su cargo el Presidente de la República Bolivariana de Venezuela para el período 2019 – 2025, y que los diputados a la Asamblea Nacional legítimamente electa en la fecha citada continúen en sus funciones constitucionales hasta que se elijan libremente los diputados a la Asamblea Nacional de Venezuela para el período 2021-2026, en los términos y condiciones ya especificados;

21.8. Que la Asamblea General solicite al Secretario General que haga seguimiento y rinda informes de avance a la Asamblea sobre la observancia efectiva de las medidas adoptadas en la Resolución que se apruebe.

REFERENCIAS BIBLIOGRÁFICAS

Aa.com.tr/es/mundo/Maduro-afirma-que-los-exguerrilleros-ivan-marquez-y-jesus-santrich-son-bienvenidos-en-Venezuela/1544228.

Academia.edu/15552486/Sistema_de_Investigacion_e_Informacion_Policial.

Academia.edu/15552486/Sistema_de_Investigacion_e_Informacion_Policial.

ALTA REPRESENTANTE DE LA UNIÓN EUROPEA: consilium.europa.eu/es/press/press-releases/2019/01/26/declaration-by-the-high-representative-on-behalf-of-the-eu-on-the-situation-in-venezuela/.

ASAMBLEA GENERAL DE LA ORGANIZACIÓN DE ESTADOS AMERICANOS: oas.org/es/centro_noticias/comunicado_prensa.asp?sCodigo=D-032/18.

ASAMBLEA GENERAL DE LA ORGANIZACIÓN DE NACIONES UNIDAS: undocs.org/es/s/RES/377 (V).

ASAMBLEA NACIONAL DE LA REPÚBLICA BOLIVARIANA DE VENEZUELA: asambleanacionalvenezuela.org/actos/detalle/acuerdo-sobre-la-solicitud-de-autorizacion-para-continuar-el-proceso-judicial-al-ciudadano-nicolas-maduro-moros-267.

ASAMBLEA NACIONAL DE LA REPÚBLICA BOLIVARIANA DE VENEZUELA: asambleanacionalvenezuela.org/actos/detalle/acuerdo-sobre-el-abandono-de-las-funciones-constitucionales-de-la-presidencia-de-la-republica-25.

ASAMBLEA NACIONAL DE LA REPÚBLICA BOLIVARIANA DE VENEZUELA: http://www.asambleanacional.gob.ve/actos/acuerdo-sobre-la-declaratoria-de-usurpacion-de-la-presidencia-de-la-republica-por-parte-de-nicolas-maduro-moros-y-el-restablecimiento-de-la-vigencia-de-la-constitucion.

ASAMBLEA NACIONAL DE LA REPÚBLICA BOLIVARIANA DE VENEZUELA: http://www.asambleanacional.gob.ve/actos/acuerdo-de-ratificacion-de-la-adhesion-de-la-republica-bolivariana-de-venezuela-a-la-carta-de-la-organizacion-de-estados-americanos-oea.

Asambleanacionalvenezuela.org/actos/detalle/acuerdo-sobre-la-solicitud-de-autorizacion-para-continuar-el-proceso-judicial-al-ciudadano-nicolas-maduro-moros-267.

Asambleanacionalvenezuela.org/noticias/parlamento-denuncia-presencia-del-gao-colombiano-dedicado-al-narcotrafico-en-venezuela.

Atlanticcouncil.org/commentary/event-recap/trust-in-elections-and-disinformation-in-venezuela/.

BAILEY, Norman A.: *Iranian penetration into the Western Hemisphere through Venezuela*, Federal Reserve Bank, New York, 2009.

Cancilleria.gov.co/sites/default/files/declaraciondelgrupodelima25feb.pdf.

Cedema.org/ver.php?id=9009.

Cedema.org/ver.php?id=9021.

Cedema.org/ver.php?id=9023.

Cedema.org/ver.php?id=9035.

COMISIÓN INTERAMERICANA DE DERECHOS HUMANOS: www.oas.org/es/cidh/informes/pdfs/Venezuela2018-es.pdf .

Commdocs.house.gov/committees/intlrel/hfa28638.000/hfa28638_0f.htm.

Commdocs.house.gov/committees/intlrel/hfa28638.000/hfa28638_0f.htm.

Commdocs.house.gov/committees/intlrel/hfa28638.000/hfa28638_0f.htm.

CONSEJO PERMANENTE DE LA ORGANIZACIÓN DE ESTADOS AMERICANOS: oas.org/es/council/CP/documentation/res_decs/.

CONSTITUCIÓN DE LA REPÚBLICA BOLIVARIANA DE VENEZUELA.

CORONEL, Gustavo: *The Iran Nuclear Axis*. Human Events. 2009.

Correodelorinoco.gob.ve/celebran-12-anos-mision-barrio-adentro.

Crisisgroup.org/latin-america-caribbean/andes/rebel-playing-field-colombian-guerrillas-venezuelan-border.

Crisisgroup.org/latin-america-caribbean/andes/rebel-playing-field-colombian-guerrillas-venezuelan-border; fundaredes.org/2021/04/20/apure-cronologia-de-un-conflicto-armado-en-la-frontera-venezolana/.

Crisisgroup.org/latin-america-caribbean/andes/venezuela/venezuela-mining-arc-legal-veneer-armed-groups-plunder.

Crisisgroup.org/latin-america-caribbean/guyana/troubled-waters-along-guyana-venezuela-border.

Csis.org/analysis/fabulous-five-how-foreign-actors-prop-maduro-regime-venezuela.

Csis.org/analysis/fabulous-five-how-foreign-actors-prop-maduro-regime-venezuela.

Csis.org/analysis/fabulous-five-how-foreign-actors-prop-maduro-regime-venezuela.

Csis.org/analysis/fabulous-five-how-foreign-actors-prop-maduro-regime-venezuela.

Csis-website-prod.s3.amazonaws.com/s3fs Public/legacy_files/files/publication/120312_Johnson_Iran%27sInfluence_web.pdf; csis.org/analysis/fabulous-five-how-foreign-actors-prop-maduro-regime-venezuela.

Csis-website-prod.s3.amazonaws.com/s3fs-public/legacy_files/files/publication/120312_Johnson_Iran%27sInfluence_web.pdf.

Cubaencuentro.com/cuba/articulos/el-posible-impacto-de-la-muerte-de-Chavez-en-la-economia-cubana.

Cubaencuentro.com/cuba/articulos/el-posible-impacto-de-la-muerte-de-Chavez-en-la-economia-cubana.

Dialogo-americas.com/articles/hezbollah-presence-means-venezuela-is-a-global-problem/.

Diariolasamericas.com/america-latina/tsj-el-exilio-publica-sentencia-definitiva-que-condena-maduro-18-anos-y-tres-meses-prision-n4165330.

Diariolasamericas.com/america-latina/tsj-el-exilio-publica-sentencia-definitiva-que-condena-maduro-18-anos-y-tres-meses-prision-n4165330.

Drive.google.com/file/d/1b_L444fbAIHLqK6G29I-TJ5DjDLHYZY7/view.

Dw.com/es/maduro-anuncia-nuevo-consejo-militar-asesorado-por-rusia-iran-y-cuba/a-55381503.

Elnuevoherald.com/ultimas-noticias/article2001477.html.

Edition.cnn.com/2017/02/08/world/venezuela-passports-investigation/index.html.

Elnacional.com/venezuela/fanb-anuncia-otro-despliegue-contra-la-guerrilla-colombiana-en-apure/.

Elnacional.com/Venezuela/Maduro-planteo-que-el-embajador-de-cuba-forme-parte-de-su-consejo-de-ministros; politikaucab.net/2020/01/28/a-proposito-de-la-incorporacion-del-embajador-cubano-al-consejo-de-ministros-de-maduro.

Elnacional.com/Venezuela/Maduro-planteo-que-el-embajador-de-cuba-forme-parte-de-su-consejo-de-ministros; politikaucab.net/2020/01/28/a-proposito-de-la-incorporacion-del-embajador-cubano-al-consejo-de-ministros-de-maduro.

Elpais.com/diario/2008/05/10/internacional/1210370406_850215.html; es.insightcrime.org/noticias-crimen-organizado-venezuela/farc-en-venezuela/; USGovernment Accountability Office, Report to Ranking Members, Committee of Foreign Relations. U.S.Senate, Drug Control: U.S. Counternarcotics Cooperation Has Declined, 111th.Congress, 1st Sess. Washington D.C. July, 2009.

Elpais.com/internacional/2019/08/29/actualidad/1567065255_850419.html.

Eluniversal.com/internacional/64394/75-aniversario-del-establecimiento-de-relaciones-diplomaticas-entre-rusia-y-venezuela; globalsecurity.org/military/library/news/2011/12/mil-111227-rianovosti01.htm.

Embajadacuba.com.ve/cuba-venezuela/convenio-colaboracion/

Embajadacuba.com.ve/cuba-venezuela/convenio-colaboracion/.
En.irna.ir/news/80215206/Ahmadinejad-congratulates-Venezuelan-Independence-Day-to-Chavez.
ENCICLOPEDIA GIURIDICA TRECCANI. *Dizionario di filosofia. Sovranita.* 2009: http://www.treccani.it/enciclopedia/sovranita (Dizionario-di-filosofia)/.
ENCICLOPEDIA GIURIDICA TRECCANI. *Dizionario di Storia. Sovranita.* 2011: http://www.treccani.it/enciclopedia/sovranita (Dizionario-di-Storia)/.
ENCICLOPEDIA GIURIDICA TRECCANI. *Enciclopedia on line. Sovranita*: http://www.treccani.it/enciclopedia/sovranita/.
FERRAJOLI, Luigi: *Principia Iuris. I. Teoria del Diritto.* Laterza, Bari, 2007.
______________, *Principia Iuris. II. Teoria della Democrazia.* Laterza, Bari, 2007.
FISCALÍA DE LA CORTE PENAL INTERNACIONAL: icc-cpi.int/itemDocuments/2020-PE/2020-pe-report-ven-i-spa.pdf.
Fiscalia.gov.co/colombia/fiscal-general-de-la-nacion/golpe-a-las-estructuras-de-crimen-organizado-que-estarian-auspiciando-actos-de-vandalismo-y-otras-acciones-ilicitas-en-el-suroccidente-del-pais.
Fiscalia.gov.co/colombia/noticias/caen-los-presuntos-responsables-de-la-accion-terrorista-contra-la-brigada-30-del-ejercito-nacional-y-el-ataque-al-helicoptero-en-que-se-transportaba-el-presidente-de-la-republica-y-su-comitiva.
Foreignpolicy.com/2020/06/01/iran-venezuela-alliances-latin-america/.
Foreignpolicy.com/2020/06/01/iran-venezuela-alliances-latin-america/.
Fundaredes.org/informes/Informe%20Anual%20FundaRedes%202019%20(web).pdf; noticierodigital.com/2021/07/existen-organizaciones-criminales-que-controlan-casi-la-totalidad-del-territorio-nacional-afirma-fermin-marmol-garcia/.
Fundaredes.org/2020/10/08/fundaredes-grupos-guerrilleros-y-paramilitares-avanzan-en-la-ocupacion-de-territorio-venezolano/; talcualdigital.com/fundaredes-mas-de-28-grupos-armados-irregulares-de-colombia-operan-en-venezuela.
Fundaredes.org/informes/Informe%20Anual%20FundaRedes%202019%20(web).pdf.
Globalsecurity.org/military/library/news/2011/10/mil-111007-rianovosti01.htm.
Granma.cu/cuba/2015-06-23/ministros-de-cuba-y-venezuela-exaltan-cooperacion-militar-entre-ambas-naciones.

Http://albaciudad.org/2016/04/mision-cultura-corazon-adentro-evito-que-muchas-tradiciones-venezolanas-se-perdieran-en-el-olvido-video/.

Http://c431537.r37.cf2.rackcdn.com/contrato_tarjetas_firmado.pdf.

Http://c431537.r37.cf2.rackcdn.com/contrato_tarjetas_firmado.pdf.

Http://c431537.r37.cf2.rackcdn.com/contrato_tarjetas_firmado.pdf.

Http://english.pravda.ru/world/americas/15-07-2010/114245-alba_supports_iran_nuclear_prog_0.

Http://granma.cu/deportes/2018-02-23/solidaridad-deportiva-con-venezuela.

Http://www.cubaencuentro.com/txt/opinion/articulos/la-hora-de-la-verdad-i-276072.

Http://www.granma.cu/cultura/2018-04-25/la-cuba-hermana-venezuela-adentro-25-04-2018-21-04-25.

Http://www.granma.cu/granmad/2005/07/31/nacional/articulo05.html.

Http://www.infodefensa.com/latam/2013/06/03/noticia-cavim-inicia-entrega-de-fusiles-de-asalto-kalashnikov-ak-103-a-la-fuerza-armada-de-venezuela.html; insightcrime.org/news/brief/Venezuela-set-to-mass-produce-kalashnikovs-sniper-rifles/.

Http://www.miamiherald.com/1198/story/839814.html.

Http://www.oas.org/columbus/docs/MeetingofMinisters9a15pa.pdf.

Http://www.sipri.org/databases/armtransfers/sources-and-methods/.

Http://www.todochavez.gob.ve/todochavez/2191-firma-de-proyectos-entre-la-republica-bolivariana-de-venezuela-y-la-republica-de-cuba.

Http://www.todochavez.gob.ve/todochavez/2191-firma-de-proyectos-entre-la-republica-bolivariana-de-venezuela-y-la-republica-de-cuba.

Http://www.todochavez.gob.ve/todochavez/2191-firma-de-proyectos-entre-la-republica-bolivariana-de-venezuela-y-la-republica-de-cuba.

Http://www.todochavez.gob.ve/todochavez/2191-firma-de-proyectos-entre-la-republica-bolivariana-de-venezuela-y-la-republica-de-cuba.

Http://www.trabajadores.cu/20180429/los-grupos-electrogenos-de-la-solidaridad/.

Http://www.trabajadores.cu/20180603/cuba-y-venezuela-en-un-surco-a-cuatro-manos/.

Http://www.un.org/summit2005/documents.html.

Http:www.juventudrebelde.cu/internacionales/2018-07-31/cuba-orgullosa-de-sus-colaboradores.

Https://twitter.com/ibepacheco/status/1400495854834831362?s=2.

Https://www.insightcrime.org/news/analysis/farc-dissidents-eln-turn-venezuela-criminal-enclave/.

Https://www.justice.gov/opa/page/file/1261806/download..

HUMAN RIGHTS WATCH. hrw.org/es/news/2020/02/04/venezuela-violentos-abusos-en-minas-de-oro-ilegales; hrw.org/es/world-report/2021/country-chapters/377387#77256.

Icc-cpi.int/itemDocuments/2020-PE/2020-pe-report-ven-i-spa.pdf.

Informaticahabana.cu/sites/default/files/ponencias2018/SWL18.pdf.

Informaticahabana.cu/sites/default/files/ponencias2018/SWL18.pdf.

Insightcrime.org/news/brief/venezuela-set-to-mass-produce-kalashnikovs-sniper-rifles/.

INTERNATIONAL COMISSION ON INTERVENTION AND STATE SOVEREIGNTY. *The responsibility to protect*: http://responsibilitytoprotect.org/ICISS Report.pdf.

Iranintl.com/en/world/iran-supports-maduro-president-venezuela.

Issuu.com/adrivera84/docs/pagina-2.

Issuu.com/adrivera84/docs/pagina-2.

Issuu.com/adrivera84/docs/pagina-2.

Issuu.com/adrivera84/docs/pagina-2.

KRAUL, Charles: "Colombia-Venezuela Relations Fall Further with Rocket Revelation". *Los Angeles Times*, 2009.

Local10.com/news/2014/08/05/venezuela-iran-strengthen-relations/; http://english.eluniversal.com/2011/06/03/venezuela-iran-ties-go-beyond-the-oil-issue.shtml; foreignpolicy.com/2020/06/01/iran-venezuela-alliances-latin-america/.

MERCOSUR: http://www.mercosur.int/innovaportal/file/4506/1/decision-suspension-de-venezuela-del-mercosur-es.pdf.

Mid.ru/es/foreign_policy/news/-/asset_publisher/cKNonkJE02Bw/content/id/4796202.

MISIÓN INTERNACIONAL INDEPENDIENTE DE INVESTIGACIÓN DE LA ORGANIZACIÓN DE NACIONES UNIDAS: ohchr.org/Documents/HRBodies/HRCouncil/FFMV/A_HRC_45_CRP.11_SP.pdf.

NORIEGA, Roger: *Hugo Chávez Criminal, Nuclear Network: A Grave and Growing Threat*. American Enterprise Institute Online. 2009.

Noticierodigital.com/2021/06/dip-guzamana-no-hay-democracia-cuando-disidencias-de-farc-y-eln-reclutan-a-nuestros-indígenas/.

Noticierodigital.com/2021/06/rusia-seguira-ayudando-a-maduro-suministrando-armas-lavrov/.

Notimerica.com/politica/noticia-venezuela-iran-chavez-destaca-apoyo-iran-cifra-300-numero-convenios-cooperacion-bilateral-firmados-20120623080346.html.

Nytimes.com/2008/09/27/world/Americas/27chavez.html; reuters.com/article/russia-venezuela-idUSLP25170720080925; nationalinterest.org/blog/buzz/Venezuela-borrowed-10-billion-russia-pay-jet-fighters-and-tanks-it-cant-pay-it-back-69467.

Nytimes.com/es/2021/04/26/espanol/Venezuela-grupo-terrorista-ELN.html; crisisgroup.org/latin-america-caribbean/andes/rebel-playing-field-colombian-guerrillas-venezuelan-border.

ORGANIZACIÓN DE LAS NACIONES UNIDAS: *Declaración Universal de los Derechos Humanos*. Instituto Interamericano de Derechos Humanos, San José, Costa Rica, 1992.

______________: un.org/es/about-us/un-charter/chapter-1.

Panampost.com/gabriela-moreno/2021/03/27/segunda-marquetalia-farc-fusiles-rusos-maduro/.

Panampost.com/josefina-blanco/2019/02/20/cuba-venezuela-militar/;foresightcuba/ejercito-cubano-en-venezuela/.

PARLAMENTO DE LA UNION EUROPEA: europarl.europa.eu/doceo/document/TA-8-2019-0061_ES.html.

PARLAMENTO DE LA UNIÓN EUROPEA: europarl.europa.eu/doceo/document/TA-9-2021-00as9_ES.html.

Payvand.com/news/09/may/1011.html.

Peruoea.org/declaracion-del-grupo-de-lima-2/.

peruoea.org/declaración-del-grupo-de-lima-3/

Peruoea.org/declaración-de-lima/.

Radionacional.co/actualidad/atentado-duque-brigada-30-planeado-venezuela-fiscalia-mindefensa.

REINISCH, August y DUCKWITZ, Eike: *Developing human rights and humanitarian law accountability of the Security Council for the imposition of economic sanctions*. American Journal of International Law, N° 95, 2001.

Reportero24.com/2014/12/28/cuba-reventa-del-crudo-venezolano-genero-765-millones/; analítica.com/actualidad/actualidad-nacional/cuba-gano-us-765-millones-en-el-año-2014-revendiendo-petróleo-venezolano.

Reuters.com/article/us-venezuela-politics-russia/russia-says-it-has-opened-helicopter-training-center-in-venezuela-idUSKCN1RE1G3.

Reuters.com/article/us-venezuela-politics-russia-exclusive/exclusive-kremlin-linked-contractors-help-guard-venezuelas-maduro-sources-idUSKCN1PJ22M.

RIA Novosti, Russia, Venezuela to Cooperate in Building Nuclear Reactors: carnegieendowment.org/2008/12/18/venezuela-nuclear-profile-pub-22568.

RIA Novosti, Russian, Venezuela, Ink Nuclear Cooperation Deal: carnegieendowment.org/2008/12/18/venezuela-nuclear-profile-pub-22568.

Rpp.pe/mundo/latinoamerica/ivan-duque-dice-que-venezuela-es-un-foco-de-inestabilidad-para-la-region-noticia-1338515

SECRETARÍA GENERAL DE LA ORGANIZACIÓN DE ESTADOS AMERICANOS: http://scm.oas.org/pdfs/2017/CP38157INFORME.pdf.

SUBSECRETARÍA GENERAL DE LA ORGANIZACIÓN DE NACIONES UNIDAS: securitycouncilreport.org/atf/cf/%7B65BFCF9B-6D27-4E9C-8CD3-CF6E4FF96FF9%7D/s_pv_8452.pd.

Swissinfo.ch/spa/colombia-protestas_presidente-moreno-denuncia—grosera—intromision-de-maduro-en-colombia/46598032.

Taiwannews.com.tw/en/news/1066789; nytimes.com/2009/09/26/world/Americas/26venez.html; http://venezuelanalysis.com/news/4348; http://www.foxnews.com/world/2009/09/26/venezuela-seeking-uranium-irans-help.

Talcualdigital.com/disidencias-de-las-farc-aceptan-haber-planeado-atentado-contra-duque/.

Time.com/5478644/venezuela-russian-bombers/TU-160 "White Swan" strategic bombers; aljazeera.com/news/2008/9/11/russian-bombers-arrive-in-venezuela.

Todochavez.gob.ve/todochavez/2955-intervencion-del-comandante-presidente-hugo-chavez-en-la-firma-de-acuerdos-en-el marco-del-alba-entre-bolivia-cuba-y-venezuela .

Todochavez.gob.ve/todochavez/2955-intervencion-del-comandante-presidente-hugo-chavez-en-la-firma-de-acuerdos-en-el marco-del-alba-entre-bolivia-cuba-y-venezuela .

Todochavez.gob.ve/todochavez/3377-intervencion-del-comandante-presidente-hugo-chavez-en-la-firma-de-acuerdos-binacionales-y-declaracion-conjunta-entre-la-republica-islamica-de-iran-y-la-republica-bolivariana-de-venezuela.

Todochavezenlaweb.gob.ve/todochavez/1573-presentacion-de-memoria-y-cuenta-ante-la-asamblea-nacional-por-parte-del-comandante-presidente-hugo-chavez.

TOMUSCHAT, Christian: *Union Pro Paz.* United Nations Audiovisual Library of International Law. www.un.org/law/avl.

Transparencia.org.ve/Project/mas-de-un-millardo-de-dolares-en-planes-de-identidad-con-cuba/.

Transparencia.org.ve/project/mas-de-un-millardo-de-dolares-en-planes-de-identidad-con cuba/.

Transparencia.org.ve/project/mas-de-un-millardo-de-dolares-en-planes-de-identidad-con cuba/.

Twitter.com/infopresidencia/status/1408548327654821891; dw.com/es/dispa ran-a-helicoptero-en-el-que-viajaba-presidente-de-colombia/a-58053 385.

Un.org/en/ga/search/view_doc.asp?symbol=A/RES/66/253%20B&Lang=S.

Undocs.org/es/S/PV.8452; undocs.org/es/S/PV.8472; undocs.org/es/S/PV.84 76; undocs.org/es/S/PV.8506; un.org/securitycouncil/es/videoconferen cias-2020.

Undocs.org/es/s/RES/1373%20(2001).

Urru.org/papers/2013_varios/20131124_El_cubano_que_diseno_el_Saime. pdf; transparencia.org.ve/Project/mas-de-un-millardo-de-dolares-en-planes-de-identidad-con-cuba/.

Usatoday30.usatoday.com/news/world/2007-01-14-iran-venezuela_x.htm; en.irna.ir/news/80215206/Ahmadinejad-congratulates-Venezuelan-Independence-Day-to- Chavez.

Vpk-news.ru/articles/38011.

Wsj.com/articles/Iranian-military-owned-conglomerate-sets-up-shop-in-venezuela-11593972015.

Wsj.com/articles/SB116875996591453548717045802954817925 20468.

LA CONTROVERSIA DEL ESEQUIBO Y LAS CONDICIONES DE VALIDEZ DEL LAUDO DE PARÍS DEL 3 DE OCTUBRE DE 1899

HÉCTOR FAÚNDEZ LEDESMA*

SUMARIO

A su condición de mujer talentosa, de trato siempre afable y sencillo, la Dra. Cecilia Sosa Gómez une una larga trayectoria como jurista notable. Siempre es grato escribir en homenaje a los amigos, y es con sumo placer hacerlo para Cecilia Sosa Gómez, de quien me honro en ser su amigo. Los valores morales e intelectuales que siempre la han caracterizado la hacen justa merecedora de este reconocimiento que hoy le hacemos sus amigos.

---

* Licenciado en Ciencias Jurídicas y Sociales, con distinción máxima, de la Universidad de Chile. Diplomado en Derecho Internacional y Comparado de los Derechos Humanos, Estrasburgo, Francia; Master en Leyes (LL.M.), Escuela de Derecho de la Universidad de Harvard; Doctor of Philosophy (Ph. D.), King's College, Universidad de Londres; Profesor Titular de Derecho Internacional Público, Universidad Central de Venezuela; Miembro de número de la Academia de Ciencias Políticas y Sociales de Venezuela.

INTRODUCCIÓN

El 3 de octubre pasado, se han cumplido 122 años desde que se dictara el laudo de París, para resolver la controversia fronteriza entre Gran Bretaña y Venezuela respecto del territorio Esequibo. Actualmente, en virtud de una demanda introducida por Guyana en contra de Venezuela, dicha controversia se encuentra pendiente ante la Corte Internacional de Justicia, para que determine la nulidad o validez. Aunque es esa instancia internacional la que está llamada a dar su veredicto, parece oportuno formular algunas consideraciones en relación con el objeto principal de la controversia, concerniente a la nulidad o validez del laudo.

I. LAS ANOMALÍAS QUE SALTAN A LA VISTA

En el caso del laudo arbitral del rey de España, Honduras alegó que había una presunción en favor del carácter vinculante del laudo, puesto que tenía toda la apariencia externa de haberse adoptado apropiadamente ("*all the outward appearances of regularity*") y que, durante el procedimiento, las partes tuvieron oportunidad de presentar su caso ante el árbitro.[1] De allí se puede inferir que, a contrario sensu, un laudo que tiene toda la apariencia externa de haberse adoptado irregularmente carece de carácter vinculante.

Pocas veces es tan obvio en una sentencia de un tribunal -o en un laudo arbitral- que hay algo que falta, o que hay algo que no corresponde a esa sentencia o a ese laudo. Pero éste es uno de esos casos excepcionales en que, desde la partida, se comienzan a observar cosas extrañas, ajenas a la función judicial, un absoluto menosprecio por las reglas acordadas por las partes y por el Derecho aplicable, y omisiones inexcusables, tales como la falta de respuesta a los argumentos de las partes, o la ausencia de un razonamiento riguroso, que conduzca lógicamente a la conclusión a que se llegó. Veamos las más notables.

---

1 Cfr. International Court of Justice, *Case Concerning the Arbitral Award Made by the King of Spain on 23 December 1906* (Honduras v. Nicaragua), Judgment of 18 November 1960, p. 17.

1. Una instancia política más que judicial

Si la forma y el procedimiento son los que determinan el fondo y la sustancia,[2] la suerte estaba echada para una decisión arbitraria y carente de fundamento como la que se dictó en este caso. La composición del tribunal, con lo que se asumió que eran "*representantes*" de las partes, aunque sin la presencia de árbitros venezolanos, era un mal presagio; pero no fue sólo eso lo que determinó el resultado. Un procedimiento que no se ajustó a las pautas acordadas por las partes, haber considerado soluciones de transacción, ajenas al Derecho aplicable, y, sobre todo, un laudo brevísimo que, sin explicar cuáles fueron los hechos que se dieron por establecidos, cuáles eran las reglas pertinentes que correspondía aplicar a esos hechos, y cuál era el razonamiento que había guiado al Tribunal a adoptar la decisión que finalmente adoptó, hacían que el laudo fuera absolutamente inaceptable. No era esa la tarea que le habían encomendado las partes al Tribunal arbitral.

De acuerdo con el Tratado de Washington, el Tribunal arbitral debería decidir ajustándose a las reglas acordadas por las partes, y aplicando principios del Derecho Internacional Público que no fueran incompatibles con esas reglas. Sin embargo, el laudo no hace referencia ni a las reglas ni a los principios de Derecho Internacional que consideró aplicables. Sería bueno saber cómo se llegó a esa decisión.

Al decidir en la forma que lo hicieron, los árbitros se despojaron de su condición de tales y asumieron un papel diferente, que no se les había asignado por las partes. Éste fue el escenario propicio para que Federico de Martens -el fiel funcionario del Zar y de la cancillería rusa- hiciera realidad su sueño de aproximar a Rusia e Inglaterra, a quienes, según él, la Providencia les tenía reservada una misión civilizadora entre pueblos semi salvajes que, además, no formaban parte del panel de árbitros y no estaban allí para contradecirlo. Si había un conflicto de intereses entre su condición de árbitro y su papel como funcionario de la cancillería rusa, de Martens nunca podría haber aceptado asumir la función de super árbitro. A pesar de su composición, el Tribunal pudo haberse esforzado por demostrar que era una instancia imparcial y que

2 Cfr. Gillis Wetter, op cit, vol. I, p. xxiii.

se comportaría como tal; pero, con Federico de Martens en el panel de árbitros, ésta era una tarea imposible.

Por sus características, ésta es una decisión política que no se acordó al abrigo de ningún tratado o principio de Derecho Internacional, que no se ajusta a las características de un laudo, y que sólo tiene la pretensión de ser tal. Se parece más a un *ukase* de los zares rusos, o al acto legislativo de un parlamento, pero está lejos de poseer el carácter razonado y la secuencia lógica de una decisión judicial dictada por quien tiene competencia para ello.

2. La *"fecha crítica"*

Esta expresión corresponde a "una doctrina técnica y sofisticada",[3] cuyos orígenes se remontan al Laudo arbitral de la Isla de Palmas, en el que, en más de una oportunidad, el Juez Huber se refirió al Tratado de París, del 10 de diciembre de 1898, mediante el que España había cedido esa isla y otros territorios a los Estados Unidos de América, como "*el momento crítico*" para la determinación de los derechos de las partes en esa controversia, pues la reclamación dependía de que, al momento de la cesión, España ejerciera soberanía sobre el territorio que pretendía ceder. Sólo cinco años más tarde, en el caso de Groenlandia Oriental, la Corte Permanente de Justicia Internacional sostuvo que la fecha en que la soberanía danesa debía haber existido para hacer que la ocupación de Noruega fuera inválida era el 10 de julio de 1931, fecha en que dicha ocupación tuvo lugar; al ser esa la fecha crítica, para Dinamarca era suficiente con demostrar que, en el período inmediatamente anterior al 10 de julio de 1931, fecha de la ocupación de Groenlandia Oriental por Noruega, ya estaba en posesión de un título válido.[4] Si Dinamarca demostraba que, en ese momento, ella estaba legalmente establecida como soberana en dicho territorio, la proclamación de Noruega anun-

3 Robert Y. Jennings, *The Acquisition of Territory in International Law*, Manchester University Press & Oceana Publications Inc., Manchester / New York, 1963, p. 31.

4 Cfr. Permanent Court of International Justice, *Legal status of Eastern Greenland*, Judgment of April 5, 1933. El texto puede encontrarse en Manley O. Hudson, *World Court Reports, A Collection of the Judgments, orders and opinions of the Permanent Court of International Justice*, Oceana publications, Inc., Dobbs Ferry, New York, 1969, vol. III, pp. 151-251. La cita corresponde a la p. 170.

ciando la ocupación de ese territorio era ilegal; por el contrario, si, para esa fecha, Dinamarca no podía exhibir un título válido, Noruega podía establecerse en ese territorio.

Gerald Fitzmaurice, un eminente jurista inglés, que fuera juez de la Corte Internacional de Justicia, definió la "*fecha crítica*", en relación con cualquiera disputa, como la fecha después de la cual las acciones de las partes ya no pueden afectar el objeto de la controversia (la expresión utilizada por Fitzmaurice es "*the issue*"). Tal fecha, que obviamente debe existir en toda disputa, nunca puede ser posterior a la fecha en que se hayan iniciado procedimientos judiciales; después de esa fecha, los actos de las partes no pueden afectar sus derechos o su posición jurídica, en la forma que ésta tenía en ese momento.[5] En el caso de las islas Minquiers y Ecréhos, en los alegatos del Reino Unido, ésta fue caracterizada como: a) la fecha por referencia a la cual debían decidirse las reclamaciones de las partes, b) la fecha por referencia a la cual se debe determinar la posición de hecho o de Derecho, c) la fecha en que se considera que la situación llegó a cristalizar, d) la fecha después de la cual los actos de las partes no pueden alterar su posición jurídica, ya sea para mejorar o perjudicar su reclamación, e) la fecha en que, sobre la base de la situación existente en ese momento, deben evaluarse las respectivas reclamaciones de las partes, y f) la fecha a partir de la que debe determinarse la soberanía territorial.[6] Según Fitzmaurice, en el caso de reclamaciones territoriales, la cuestión de la fecha crítica tiende a asumir una importancia preponderante, ya sea porque mucho está en juego en esa fecha, o porque su determinación misma puede ser un tema central en la controversia.[7] La fecha crítica indica que, cualquiera que fueran los derechos de las partes en ese momento, siguen siendo los mismos al momento de someter el caso para su decisión judicial, o al

---

5 Cfr. Gerald Fitzmaurice, *The Law and Procedure of the International Court of Justice*, Grotius Publications, 1986, Cambridge University Press, 1993, reimpreso en 1995, Cambridge, vol. I, p. 260.

6 Cfr. International Court of Justice, *The Minquiers and Ecrehos Case* (France / United Kingdom), Judgment of November 17th, 1953, Pleadings and oral arguments in the case, vol. II, pp. 48 a 61, citado por Gerald Fitzmaurice, op. cit. Vol. One, p. 260, en nota a pie de página.

7 Cfr. Ibid., p. 260.

momento en el que se adopta esa decisión. Es como si, al momento de la fecha crítica, se detuviera el tiempo respecto del objeto de la controversia, y nada de lo que sucediera después pudiera cambiar la situación existente en dicho momento; los derechos de las partes se rigen por el Derecho existente en ese momento.[8] La "*fecha crítica*" es la fecha a partir de la cual nada de lo que pueda ocurrir va a alterar los títulos que las partes puedan exhibir sobre el territorio en disputa, por lo que cualquier evidencia sobre hechos posteriores es irrelevante, y no puede ser considerada por el Tribunal.

Como explica Fitzmaurice, en controversias territoriales, la importancia de la fecha crítica salta a la vista cuando una de las partes pretende probar la adquisición de ese territorio por medio de la prescripción; mientras más tarde se fija la fecha crítica, mayores son las posibilidades de ese Estado de obtener el reconocimiento de un título por esta vía. Por el contrario, si la reclamación de la otra parte está basada en otro tipo de títulos, mientras más temprano se fija esa fecha, mayores son sus posibilidades de obtener una decisión favorable.[9] Según Jennings, siempre que una de las partes en una controversia afirma haber recibido el territorio en disputa por vía de una cesión, la "*fecha crítica*", que sirve de raíz a su título, es la fecha del tratado de cesión; para Jennings, esto es así independientemente de que la disputa llegue a cristalizar, e incluso si no llega a surgir una disputa.[10] En el continuo despliegue de la soberanía estatal sobre su territorio, la regla de la "*fecha crítica*" pone el foco en ese momento cuya consideración permite más apropiadamente que se haga justicia a las reclamaciones de las partes.[11] Cuando ha surgido una disputa, ésta debe ser decidida de acuerdo a los hechos establecidos en ese momento; ni antes ni después.[12] En definitiva, en conflictos territoriales, en su sentido sustantivo, la "*fecha crítica*" determina el momento en el que, para una de las partes, se habría consolidado su título

---

8 Cfr. Gerald Fitzmaurice, op. cit., vol. One, pp. 260 y s.

9 Cfr. Gerald Fitzmaurice, op. cit., vol. one, p. 261. Cfr., también, en el mismo sentido, Robert Y. Jennings, op. cit. p. 31.

10 Cfr. Robert Y. Jennings, op. cit., p. 34.

11 Cfr. Ibid., p. 35.

12 Cfr. Gerald Fitzmaurice, op cit., vol. one, p. 264.

de dominio sobre el territorio en disputa o, al no haberlo conseguido, se habría consolidado el título de la contraparte.

Lo cierto es que, después de la "*fecha crítica*", cualquier acto, de cualquiera de las partes en la controversia, es irrelevante para los efectos de establecer un título. A partir de ese momento crítico, el Tribunal está impedido de recibir o considerar evidencia sobre la actividad posterior de las partes. En este sentido, como consecuencia de un error de hecho en el que había incurrido el árbitro en el laudo de 1902, que condujo a una nueva controversia sobre la frontera argentino chilena para, *inter alia*, interpretar el laudo de 1902, el árbitro expresó que, "*en cuanto a la conducta posterior de las partes*, incluyendo también la conducta de individuos particulares y autoridades locales, el Tribunal no veía cómo esa conducta podía arrojar luz sobre la intención del árbitro."[13]

En principio, cuando las partes en una controversia han aceptado someterla a arreglo judicial, la fecha crítica es la fecha de ese acuerdo; sin embargo, como advierte Fitzmaurice, puede haber casos en que la fecha crítica es otra.[14] En tales circunstancias, es innecesario advertir lo importante que es la elección de esa fecha y las graves injusticias que pueden resultar de no escogerla cuidadosamente, teniendo en cuenta todos los factores involucrados.[15] Según Fitzmaurice, la determinación de la "*fecha crítica*" no es una cuestión preliminar, y nunca puede separarse de los hechos y los méritos del caso del que es parte; este asunto puede verse afectado de manera vital por la naturaleza de la reclamación y por el comportamiento de las partes en relación con la misma.[16] Si un Estado presenta un reclamo al que no se le da seguimiento, o que posteriormente es abandonado tácitamente, de allí no puede derivarse una fecha crítica porque, en última instancia, tal reclamo no produce ningún efecto jurídico específico; sobre la base de una reclamación presentada, digamos cincuenta o sesenta años antes, pero a la que no se ha dado seguimiento, un Estado no puede, de ninguna manera, pretender excluir la evidencia de los años intermedios y exigir decidir tal recla-

---

13 Cfr. *Argentine-Chile Frontier Case*, 9 December 1966. Reports of International Arbitral Awards, vol. XVI, p. 174.

14 Cfr. Gerald Fitzmaurice, op cit., vol. one, p. 265.

15 Cfr. ibidem.

16 Cfr. ibid., p 266.

mación sobre la base de lo que se ha convertido en una situación obsoleta.[17] Por lo demás, aunque la disputa pueda haber cristalizado en una cierta fecha, es posible que los méritos de la misma se retrotraigan a un acontecimiento anterior, tal como la firma de un tratado.[18]

En la controversia territorial que nos ocupa, el 18 de noviembre de 1850, mediante un canje de notas, las partes habían alcanzado un compromiso que congeló sus reclamaciones territoriales. Si las partes no hubieran convenido lo contrario, esa habría sido la fecha a partir de la cual nada de lo que hicieran las partes podría alterar su situación jurídica. Sin embargo, el artículo III del compromiso arbitral fija una fecha anterior. Según esta disposición, la tarea que se había encomendado al Tribunal debía remitirse a investigar y establecer la extensión de los territorios que pertenecían, o que legalmente podían ser reclamados por los Países Bajos o por España "*al momento de la adquisición por Gran Bretaña de la Colonia de Guyana Británica*" y, sobre esa base, procedería a determinar la frontera entre la colonia de Guyana Británica y Venezuela. Ese hecho había ocurrido el 13 de agosto de 1814, cuando se suscribió el Tratado de Londres, mediante el cual Holanda cedió a Inglaterra los pequeños asentamientos de Berbice, Esequibo y Demarara, todos situados en la costa del océano Atlántico y al este del río Esequibo. Esa era, por lo tanto, la fecha crítica que habían acordado las partes en esta controversia y a la cual tenía que ceñirse el Tribunal en el cumplimiento de su tarea; cualquier hecho posterior a esa fecha (como títulos históricos, la conquista, la ocupación de tierras aledañas, la realización de actos administrativos o militares, alguna forma de despliegue de autoridad en el territorio en disputa, o el transcurso de un tiempo suficiente que permitiera alegar prescripción), era irrelevante. Al momento de firmar el compromiso arbitral, las partes podían haberse remitido al Acuerdo de 1850, como la "fecha crítica" para los efectos de establecer un justo título; sin embargo, las partes omitieron toda referencia al mismo y acordaron expresamente una fecha anterior, correspondiente "*al momento de la adquisición por Gran Bretaña de la Colonia de Guyana Británica*". Al carecer el laudo de toda fundamen-

17 Cfr. ibid., p 267.

18 Cfr. ibid., p 268, en nota a pie de página.

tación, no hay ningún indicio de que el Tribunal se haya atenido a esta fecha crítica, o a otra diferente; éste no es un detalle menor, pues tiene que ver con la competencia del Tribunal, y con las condiciones en que las partes convinieron en el compromiso arbitral.

3. El objeto de la controversia

En el primer párrafo del preámbulo del compromiso arbitral, las partes se manifiestan deseosas de alcanzar un arreglo amigable sobre la controversia surgida en relación con la frontera entre la colonia de Guyana Británica y Venezuela y que, con ese propósito, habían acordado someter este asunto a arbitraje. Seguidamente, el Artículo I expresa que se designa un Tribunal arbitral "para que determine la frontera entre la colonia de Guyana Británica y" Venezuela.

"*Determinar*" no es lo mismo que "*adjudicar*". En este caso, lo que se pedía al Tribunal era comprobar qué territorios pertenecían a cuál de los litigantes y, sobre esa base, indicar una frontera. Su función no era "repartir" el territorio en disputa, sino que, sobre la base de las reglas establecidas en el compromiso, y sobre la base del examen de los títulos exhibidos por las partes, determinar qué espacios pertenecían a cada cual, y fijar una frontera; sin un examen de los títulos, el Tribunal adjudicó una porción de esas tierras a Inglaterra y, lo que quedó, a Venezuela.

Pero el tribunal hizo mucho más que eso; *proprio motu*, el Tribunal decidió *legislar* sobre la navegación de los ríos, y sobre las tasas aduaneras que las partes podían cobrar. No se le había encargado nada de eso.

Desde que se adoptó uno de los laudos dictados por las Comisiones Mixtas creadas por el Tratado Jay,[19] está firmemente establecido que todo tribunal tiene la competencia inherente para determinar su propia competencia, principio que fue reafirmado por el tribunal arbitral que decidió el caso del *Alabama*; pero está igualmente establecido que ningún tribunal puede decidir sobre asuntos que no han sido sometidos a su consideración.[20] En este sentido, en una circular del Ministerio

---

19 Cfr. Roger Pinto, *Le Droit des Relations Internationales*, Payot, París, 1972, p. 195.
20 Cfr., en este sentido, Hazel Fox, op. cit., p. 171.

de Relaciones Exteriores de Brasil, acompañada de una de sus notas de protesta a Inglaterra, se observa que el Tribunal arbitral ha fallado *ultra petita*, sobre cosas no reclamadas ni por Venezuela ni por Inglaterra, atribuyendo a Venezuela la región amazónica que ésta no disputa con Brasil, y atribuyendo a la Guyana Británica -aunque sólo sea en perjuicio de Venezuela- la línea Schomburgk, en la parte donde éste la propone contra Brasil.[21]

4. El *estoppel*

Un principio básico de Derecho Internacional, que no es incompatible con las reglas del artículo IV del compromiso arbitral y que, por lo tanto, el Tribunal debería haber aplicado, es el del *estoppel*. Aunque tenido como un principio propio del Derecho anglosajón, Edward Coke sostenía que *estoppel* venía de la palabra francesa *estoupe* (un tapón de roble), de donde habría derivado *stopped*;[22] ese tapón impide que algo vuelva a surgir y, en el campo del Derecho, detiene (*stop*) el debate sobre algo. Según este principio, un Estado está impedido de alegar en su favor derechos a los que, como consecuencia de sus propios actos o declaraciones, ha renunciado; nadie puede asumir, en perjuicio de otro, una posición que no sea coherente con su conducta anterior; según este principio, no se puede volver a reabrir lo que ya ha sido aceptado como verdad y se ha erigido en una barrera legal. Mediante el *estoppel*, se puede asumir que lo actuado o lo representado por una parte corresponde a la verdad, impidiendo que, en detrimento de la otra parte, la primera se pueda desdecir o contradecir en lo actuado o representado. En el *estoppel*, aunque no necesariamente tenga que haber intención de fraude o engaño, hay la expectativa de que, debido a sus propios actos o declaraciones, la otra parte se comporte de determinada manera, por ejemplo, renunciando a algo a lo que tenía derecho, o reduciendo sus

---

21 Cfr. la circular del Ministerio de Relaciones Exteriores de Brasil, del 7 de diciembre de 1899, firmada por Olyntho de Magalhaes. Reproducido en Gillis Wetter, op. cit. Tomo III, p. 172.

22 Cfr. Sir Edward Coke, *Institutes of the Lawes of England* (1628), p. 430, citado por Gordon Stoner, *Pleading Estoppel*, Michigan Law Review, vol. 9, N° 6, (April 19011), pp. 484-498, p. 484. Según Coke, "it is called an estoppel or conclusion because a man's own act or acceptance stoppeth or closeth up his mouth to allege or plead the truth."

propias pretensiones; el *estoppel* es la consecuencia de la confianza en la palabra del otro. Mediante el *estoppel* se asume una posición que, de no ser mantenida, resulta en un perjuicio para la contraparte. En el Acuerdo de 1850,[23] propuesto a iniciativa de Inglaterra, las partes habían indicado sus "*máximas pretensiones territoriales*" en la zona en disputa, por lo que, automáticamente, estaban renunciando a cualquier reclamación posterior más allá de esa línea; no había ningún motivo para que el Tribunal arbitral prescindiera de examinar los efectos del Acuerdo de 1850 y descartara aplicar, directamente, las consecuencias del *estoppel* a una reclamación territorial que cambiaba constantemente, siempre en detrimento de Venezuela. Si una vez se había definido cuál era el territorio en disputa, eso no se podía estar revisando y modificando constantemente. El Tribunal no podía pasar por alto que, mientras Venezuela siempre mantuvo la tesis de que su frontera llegaba hasta el río Esequibo, desde 1840, Inglaterra había sugerido múltiples líneas fronterizas, cada una de ellas más al occidente que la anterior: 1) en 1840, la línea de Schomburgk (distinta a la que él mismo había trazado en 1835), 2) en 1844, la línea de Aberdeen, 3) en 1881, la línea de Granville, 4) en 1886, la línea de Rosebery, 5) en 1890, la línea de Salisbury, y 6) en 1893, una nueva línea de Rosebery. Ese comportamiento errático, antojadizo y caprichoso, no podía carecer de consecuencias jurídicas.

Incluso prescindiendo del *estoppel*, tampoco hay, en el Laudo, ningún razonamiento que explique cómo el Acuerdo de 1850 podía interferir con la aplicación de la regla de la prescripción de cincuenta años, prevista en el artículo IV, literal a, del compromiso arbitral. El *estoppel* no era incompatible con la regla de los cincuenta años fijada en el compromiso arbitral, y mucho menos cuando, al momento de dictarse el laudo, ese lapso ni siquiera había transcurrido como para evadir un Tratado que tenía pleno vigor entre las partes.

El *estoppel* puede ser utilizado como una regla que invierte el peso de la prueba, como una regla irrefutable que excluye prueba en contrario, o como un principio de Derecho sustantivo, que impide que un Estado haga valer derechos incompatibles con su conducta anterior; en

[23] Canje de notas del 18 de noviembre de 1850.

este sentido, el principio de la preclusión, o del *estoppel*, requiere tratar las reclamaciones de un Estado de manera coherente con la conducta previa de ese mismo Estado. En el caso del Templo de Preah Vihear, el juez Alfaro expresó que ésta -denominada por los juristas de habla hispana como la "doctrina de los actos propios"- no era, simplemente, una regla técnica, sobre la prueba, sino un principio sustantivo de Derecho Internacional, según el cual, un Estado parte en un litigio está obligado por sus actos previos, cuando ellos están en contradicción con su reclamación; en Derecho Internacional, no es admisible que un Estado presente una reclamación incompatible con su conducta anterior; cualquiera que sea el nombre que se le dé a este principio, su propósito es siempre el mismo: un Estado no se puede beneficiar de la inconsistencia de sus propios actos en perjuicio de otro Estado. La parte que, por su reconocimiento, su conducta, o su silencio, ha mantenido una actitud manifiestamente contraria al derecho que reclama ante un Tribunal internacional, está impedida de alegar ese derecho (*venire contra factum proprium non valet*).[24]

5. *"Investigar"* y *"establecer"*

De acuerdo con el artículo III del Tratado de Washington, el Tribunal arbitral debía "*investigar y establecer*" la extensión de los territorios que pertenecían, o que legítimamente podían ser reclamados por los Países Bajos o por España al momento de la adquisición por Gran Bretaña de la Colonia de Guyana Británica "*y*", una vez hecho eso, determinar la frontera entre la Colonia de Guyana Británica y Venezuela. Había, por lo tanto, dos tareas relacionadas -pero diferentes- que se le encomendaban al Tribunal: a) investigar y establecer la situación jurídica de los territorios en disputa en 1814, y b) determinar la frontera entre Venezuela y la Guyana Británica.

No era ésta una tarea sencilla, especialmente porque se trataba de zonas poco pobladas, a veces, inexploradas, y en donde no había una autoridad pública de cualquiera de los litigantes; precisamente por eso es que al Tribunal se le encomendaba investigar y establecer qué terri-

---

24 Cfr. Ricardo Alfaro, vice presidente de la Corte Internacional de Justicia, opinión separada en International Court of Justice, *Case Concerning the Temple Preah Vihear* (Cambodia v. Thailand), Merits, Judgment of 15 June 1962, pp. 39 y s.

torios pertenecían a quién, en el año 1814. Pero el laudo no se refiere, en ninguna de sus breves líneas, a la constatación de los territorios que, antes de la cesión de las Provincias Unidas de los Países Bajos a Gran Bretaña, habrían pertenecido a las Provincias Unidas del reino de los Países Bajos o a la corona española.

Sin que previamente se realizara dicha tarea, mediante la aplicación de las reglas de Derecho indicadas, no se podía pasar a la segunda parte del encargo que se le había hecho al Tribunal, y que era fijar la frontera entre la colonia de Guyana Británica y Venezuela. No se podían saltar etapas; la determinación de la frontera tenía que ser el fruto de una labor judicial y no del capricho.

El artículo III del Tratado no hace una referencia directa a los "*títulos*" de dominio alegados por las partes en esta controversia, excepto por dos menciones a "*justo título*" o "*título por prescripción*" que se hacen en el artículo IV, literal a), sin que resulte evidente cuál es el sentido en el que se ha utilizado la expresión "*título*". La Corte Internacional de Justicia ha sostenido que la expresión "título jurídico" puede denotar la evidencia documental de un derecho o, en un sentido más amplio, la evidencia de la existencia de un derecho, así como la fuente de la que deriva ese derecho.[25] Aunque la posesión de *títulos* sobre los territorios en disputa no era un asunto irrelevante para el Tratado de Washington, el Laudo de París no hace ninguna consideración sobre los "*títulos*" invocados por las partes, ya sea como prueba documental de la existencia de un derecho, como mera prueba de un derecho, o como fuente de la que derivaría ese derecho.

Estaba implícito que cumplir con esta tarea requería una exposición de motivos, como correspondía a la práctica constante en materia arbitral, y como exigía el Derecho Internacional en vigor.

6. La omisión de un pronunciamiento sobre lo alegado por las partes

Uno de los puntos centrales de la pretensión inglesa era el reconocimiento de la línea marcada por el naturalista Robert Schomburgk. Por

[25] Cfr. International Court of Justice, *Frontier Dispute* (Burkina Faso / Republic of Mali), Judgment of 22 December 1986, párrafo 18.

lo menos en dos puntos, esta línea no fue aceptada por los árbitros; pero no se expresa ninguna razón para que haya sido así, o para que no se haya aceptado la pretensión venezolana. No se indica cuáles fueron los mapas tenidos como buenos, y porqué los otros fueron desestimados. No hay ni siquiera la apariencia de una decisión judicial. No era el capricho -o el compromiso- lo que, según el acuerdo de las partes, debía ser la norma de conducta que condujera a la decisión del Tribunal.

Si una de las garantías judiciales indispensables es el derecho de las partes a ser oídos, en el laudo no hay ninguna constancia de que eso haya sido así, y de que sus argumentos hayan sido debidamente analizados y ponderados.

7. El menosprecio de las reglas acordadas por las partes

En lo que se refiere a las atribuciones del Tribunal y a las reglas aplicables, el Tratado de Washington era explícito en cuanto a que éste era un arbitraje de Derecho, que tenía que resolverse de acuerdo con las reglas convenidas por las partes y por los principios de Derecho Internacional que no fueran incompatibles con ellas.

Luego de establecer una prescripción de cincuenta años como medio de adquisición de territorios, el artículo IV, literal b), indicaba que los árbitros podrían reconocer y hacer efectivos derechos y reivindicaciones que se apoyaran en cualquier otro fundamento válido conforme al Derecho Internacional, o en cualquier principio de Derecho Internacional que, sin contravenir la regla anterior, consideraran aplicable al caso; pero el Tratado insiste en la aplicación del Derecho. La única referencia que el Tratado hace al recurso a la equidad por parte del Tribunal está en la regla c) del artículo IV. Pero dicha regla está doblemente condicionada, primero, por el supuesto de que, al determinar la línea divisoria, el Tribunal encontrara que, a la fecha de la suscripción del tratado, el territorio de una parte había estado *ocupado* por los ciudadanos o súbditos de la otra parte; si se daba ese supuesto, el Tribunal estaba facultado para dar a tal ocupación el efecto que, a su juicio, requirieran "*la razón, la justicia, los principios de Derecho Internacional, y la equidad.*" De haber sido este el caso, sobre la base de la evidencia presentada por las partes, el Tribunal debería haber establecido que el territorio en disputa, o una parte de él, efectivamente había estado *ocupado* por los ciudadanos o súbditos de la otra parte, por supuesto, mediando actos de soberanía. Pero, incluso hecha esa constatación, el Tribunal no podía decidir simplemente en base a la equidad, sino que, motivadamente, debía dar a ella el efecto que, copulativamente, requirieran "*la razón, la justicia, los principios de Derecho Internacional, y la equidad.*" La conjunción "*y*" indica que el Tribunal no podía recurrir aisladamente a la equidad, sino conjuntamente con los elementos que le precedían;[26] al tomar su decisión, no es que el Tribunal podía considerar lo uno o lo otro, sino el conjunto armónico de todas esas piezas, como el andamiaje jurídico en el que sustentarla. En la decisión del tribunal, la equidad tenía cabida sólo en la medida en que estuviera debidamente articulada con la razón, la justicia, y los principios de Derecho Internacional. Las partes no otorgaron al tribunal la facultad de decidir *ex aequo et bono*.

El artículo IV, literal c), del compromiso no recurre a la equidad como un mecanismo de creación de derechos, sino como un medio de interpretación del Derecho aplicable. En este sentido, Charles de Visscher menciona la equidad como una vía de corregir lo que, recurriendo al Derecho privado, él denomina "el abuso del Derecho", como un atentado a la legalidad objetiva, que requiere un control más atento de las condiciones de ejercicio del Derecho. En su opinión, la equidad y la aplicación del Derecho no son incompatibles, pues la primera tiende a la plena realización de las reglas de Derecho.[27] En opinión de Elihu Lauterpacht, la equidad introduce un grado de flexibilidad que permite al juez o árbitro desarrollar un papel más constructivo en la aplicación del Derecho;[28] aunque admite que ella lleva consigo un elemento de subjetividad, impredecibilidad, e incluso arbitrariedad,[29] la equidad

---

26 Por el contrario, en el Tratado de Paz del 21 de julio de 1938, que puso fin a la guerra del Chaco, entre Bolivia y Paraguay, nueve juristas, de seis repúblicas americanas, fueron designados árbitros "*en equidad*", *de acuerdo a su leal saber y entender*, tomando en consideración la experiencia acumulada por la Conferencia de Paz y el consejo de los asesores militares de dicha organización, para determinar la frontera de ambos países en el Chaco.

27 Cfr. Charles de Visscher, *De l'Équité dans le Règlement Arbitral ou Judiciaire des Litiges de Droit International Public*, Éditions A. Pedone, París, 1972, pp. 35 y ss.

28 Cfr. Elihu Lauterpacht, *Aspects of the Administration of International Justice*, Grotius Publications Limited, Cambridge, 1991, p. 117.

29 Cfr. ibidem.

está asociada a la aplicación del Derecho. Por ende, un tribunal que se proponga aplicar la equidad dentro de la ley, o prescrita por la ley, debe tener una base legal muy clara para hacer uso de este recurso.[30] Según Elihu Lauterpacht, hay una segunda vía por la cual la equidad puede encontrar su paso en el Derecho Internacional, y ésta se produce cuando específicamente se faculta al tribunal para aplicar la equidad al margen de la existencia del Derecho, pudiendo crear nuevas reglas para las partes, como ocurre cuando se le autoriza a decidir *ex aequo et bono*;[31] pero este no es el caso del artículo IV, literal c), del Tratado de Washington. La referencia a la equidad, en la disposición antes citada, no es una referencia a la "*equidad absoluta*" que, después del bloqueo de sus costas, se impondría a Venezuela, en 1903, para el pago de su deuda externa. Cuando las partes en el compromiso arbitral no han sido capaces de encontrar una fórmula más precisa, el sentido de esta expresión es el de un concepto relacionado con los hechos concretos del caso sometido al tribunal, y con las reglas de Derecho aplicables al caso.

En la letra y el espíritu del Tratado de 1897, nunca hay espacio para desentenderse del Derecho, o para el capricho y las ocurrencias de los árbitros. Si las partes estaban de acuerdo en el Derecho aplicable, como lo estaban, el Tribunal no tenía que devanarse en crear reglas y principios nuevos para resolver la controversia que se había sometido a su conocimiento. El Tribunal arbitral creado por el Tratado de 1897 no tenía competencias para legislar, y no podía decidir como si las tuviera. La evidencia no sugiere que el Laudo haya sido el producto de una decisión en equidad, sino de una transacción política; pero, ya fuera lo uno o lo otro, una decisión de esa naturaleza es nula *ab initio*.

Las reglas y principios de Derecho que debía aplicar el Tribunal no solamente eran la condición bajo la cual las partes habían convenido en el arbitraje, sino también eran el límite infranqueable a la propia competencia del Tribunal. No ajustarse a dichas reglas viciaba de nulidad el laudo que así se emitiera. Esa nulidad no puede ser subsanada por el mero transcurso del tiempo.

---

30 Cfr. Ibid., p. 120.

31 Cfr. Ibidem.

8. El examen *"imparcial"* y *"cuidadoso"* del caso

Según el artículo V del Tratado, los árbitros debían proceder a examinar y decidir "*imparcial y cuidadosamente*" las cuestiones que se le habían sometido; esas palabras no fueron escogidas al azar, y debían tener un efecto útil. Hacerlo "*imparcialmente*" requería una actitud desprovista de ideas preconcebidas, sin tomar partido por ninguna de las partes, y sin hacer las veces de agente o de abogado de una de las partes; actuar *imparcialmente* suponía que los árbitros no podían actuar como representantes de la parte que los había designado,[32] ni recibir instrucciones de la parte que los había designado,[33] y eso no es lo que se desprende, por ejemplo, de la correspondencia de Lord Russell con el Primer Ministro británico. Inglaterra no podía ser juez de su propia causa. Esa relación inapropiada entre los árbitros nominados por Inglaterra y sus autoridades políticas y abogados, que desdecía de la imparcialidad del Tribunal, también ha sido observada por un notable jurista inglés, Elihu Lauterpacht; él ha llamado la atención sobre la circunstancia de que Richard Webster -el abogado principal de Inglaterra en este caso- se hubiera dirigido al Primer Ministro Salisbury (en una carta del 19 de julio de 1899), expresando que, si hubiera alguna razón para creer que el Tribunal no estaba de acuerdo con su tesis, él le haría saber su posición a los árbitros británicos. Además, como observa Lauterpacht, el mismo día Brewer se dirigió a Chamberlain para decirle que, si lo consideraba necesario, él se comunicaría en privado con los árbitros ingleses.[34] Los jueces Fuller y Brewer (jueces de la Corte Suprema de los Estados Unidos), aparentemente designados por la parte venezolana como árbitros en este caso, tampoco lo hicieron mejor; si

---

32 Cfr. Carta de Lord Russell, fechada el 7 de octubre de 1899, dirigida al Primer Ministro Lord Salisbury. En Hatfield House, Herts, Papeles del Tercer Marqués de Salisbury, vol. A/94, Doc. N° 2. Reproducido por Gillis Wetter, op cit., vol. III, pp. 126 y ss.

33 Cfr., en este sentido, la carta del 19 de julio de 1899, de Richard E. Webster, abogado principal de Inglaterra en el caso, al Primer Ministro Joseph Chamberlain (Birmingham University Library, Chamberlain Papers, J. C. 7/5), y otra carta, de la misma fecha y, en lo fundamental, del mismo tenor, dirigida por Webster a Lord Salisbury, y (Hatfield House, Herts, Box Webster, Papers of 3rd Marquess of Salisbury, Class E.)

34 Cfr. Elihu Lauterpacht, *Aspects of the Administration of International Justice*, Grotius Publications Limited, Cambridge, 1991, p. 78, en nota a pie de página.

el memorándum Mallet-Prevost prueba algo -y hay suficientes indicios para creer que sí lo hace-, es que ellos actuaban a espaldas del Estado que los designó como tales árbitros, pero que sí estaban dispuestos a seguir instrucciones del gobierno de Estados Unidos de América y de los abogados estadounidenses, supuestamente al servicio de Venezuela; si hubo una componenda, Fuller y Brewer fueron parte de ella, y eso no hace que el laudo tenga más legitimidad.

Por otra parte, los sentimientos anglófilos del presidente del Tribunal, así como sus escritos, donde afirmaba su convicción de que el Derecho Internacional sólo regulaba "las relaciones de *las naciones civilizadas*", por lo que no era aplicable entre una potencia "*civilizada*" y una nación "*semi salvaje*", y en los que vaticinaba que el porvenir de Asia obligaba a Rusia e Inglaterra a tener muy presente el papel que la Divina Providencia les había impuesto, para bien de las naciones semisalvajes y bárbaras en esa parte del mundo,[35] no eran, tampoco, una carta de credencial que inspirara confianza en su imparcialidad como árbitro en una disputa entre la Inglaterra que él admiraba y a la que quería complacer, y esa Venezuela situada en el lejano nuevo mundo que, si no la consideraba "*semi salvaje*" o "*bárbara*", por lo menos, la miraba con desprecio. Si, quienes lo eligieron como super árbitro, no tuvieron en cuenta esos elementos, correspondía a de Martens no sólo ser imparcial, sino parecerlo. Su empeño en lograr una decisión unánime, pero sin motivarla, decisión que se presta a suspicacias por esa absoluta falta de fundamentos, no era la mejor demostración de imparcialidad.

Según cuenta Mallet-Prevost, pocos días antes de adoptar el Laudo, el juez Brewer le habría dicho: "Es inútil continuar por más tiempo con esta farsa, pretendiendo que nosotros somos jueces y usted abogado."[36] Lo cierto es que ninguno de ellos se comportó como un árbitro independiente e imparcial. Este Laudo, como pieza judicial, no luce

---

35 Cfr. Federico de Martens, *The Contemporary International Law of the Civilized Nations*, dos volúmenes, publicado originalmente en ruso, en 1882/3, y *Rusia e Inglaterra en Asia Central* (Traducción de la versión en francés, *La Russie et l'Algleterre dans l'Asie Centrale, Bruselas, 1879*), traducción y estudio preliminar de Héctor Gros Espiell, Academia Nacional de la Historia, Caracas, 1981.

36 Cfr. Memorándum de Mallet-Prevost.

bien, no parece serio, y no es convincente. Sí, porque la administración de justicia tiene que ser como la mujer del César, la mera percepción de falta de imparcialidad del Tribunal durante el proceso es suficiente para generar la nulidad del laudo, o si dicha falta de imparcialidad se reflejó palmariamente en el laudo finalmente adoptado, viciándolo de nulidad, eso es otra cuestión.

Examinar "*cuidadosamente*" las cuestiones que se le sometían, suponían, para el Tribunal, por lo menos, hacerlo con esmero, en forma escrupulosa, y prestando atención a los detalles; que fuera "*cuidadoso*" implicaba un esfuerzo serio para disipar cualquier duda en cuanto a la imparcialidad del Tribunal, y en cuanto al examen mismo de los argumentos y pruebas. Un laudo meticulosamente elaborado, en que cada una de sus premisas estuviera debidamente sustentada, y en que una cadena de ellas llevara lógicamente a una conclusión, sería la culminación de dicha tarea y la prueba de que la misma se había cumplido "*cuidadosamente*". Desde el principio, el Tratado de Washington había querido evitar una solución chapucera, que dejara la sensación de que no se había actuado correctamente, y que no se había hecho justicia.

El propio Tribunal se había dado un Reglamento que, en lo esencial, obedecía a lo convenido por las partes en el Tratado de Washington, y que incluía reglas en materia probatoria. Si esas reglas no se iban a respetar, no valía la pena perder el tiempo en probar absolutamente nada; asimismo, si los argumentos esgrimidos durante los alegatos no iban a ser tenidos en cuenta, no había ninguna razón para prepararlos y exponerlos ante un Tribunal que, si ya no tenía una decisión tomada, por lo menos había resuelto atender a criterios diferentes a los indicados por el Tratado de 1897. A la inversa, si aquellas pruebas fueron examinadas por el Tribunal, las partes tenían derecho a saber qué valoración se había hecho de las mismas, qué evidencia se tuvo en consideración para probar qué hechos, si era el caso, qué hechos de pública notoriedad fueron tenidos en cuenta y, respecto de los argumentos de los abogados de las partes, había que explicar por qué algunos fueron tenidos como buenos, o por qué otros fueron rechazados. Sin embargo, el Laudo carece enteramente de fundamentación, y es un misterio saber cómo se llegó a esa decisión.

El compromiso arbitral no escatimaba palabras para requerir, del Tribunal arbitral, una exposición de motivos que justificara su decisión. "*Investigar*" y "*establecer*" eran las bases sobre las cuales se debía construir la arquitectura del Laudo; esas eran las premisas a las que, como conclusión, debía seguir una decisión "*imparcial*" y "*cuidadosamente*" adoptada. A partir de los hechos probados y de lo alegado por las partes, los árbitros podían decidir lo que quisieran; pero, necesariamente, el laudo debía estar provisto de los motivos de su decisión, y de esos fundamentos inherentes a la tarea de investigar y establecer, imparcial y cuidadosamente, los hechos y el Derecho aplicable. Por el contrario, lo que hay es una decisión carente de todo fundamento, ajena al objeto y fin del compromiso arbitral, y que no corresponde a las atribuciones que en dicho tratado se le confirió al tribunal arbitral.

9. Una decisión *"debidamente adoptada"*

Un principio básico del Derecho Internacional afirma la intangibilidad de la cosa juzgada, y así se alega, también, en la demanda de Guyana. Además, de acuerdo con el artículo XIII del Tratado de 1897, el laudo emitido por el Tribunal Arbitral constituiría "*un arreglo pleno, perfecto y definitivo*" de la controversia. Pero las partes asumieron ese compromiso respecto de la controversia que se presentó al conocimiento del Tribunal arbitral, y no de otra distinta; esa controversia consistía en *fijar* una frontera, según las reglas convenidas por las partes, y no en *adjudicar* discrecionalmente a las partes una porción del territorio en disputa. Las partes convinieron en que el laudo sería "*un arreglo pleno, perfecto y definitivo*", a condición de que el Tribunal se ajustara a las reglas convenidas en el compromiso arbitral, y a que el árbitro resolviera razonadamente, no en forma caprichosa, la controversia que se le había sometido, y no una controversia diferente.

El artículo 54 de la Convención Internacional para el Arreglo Pacífico de Controversias, adoptada el 29 de julio de 1899, que codificaba el Derecho en vigor en esta materia, expresa que lo que pone fin a la controversia, con efecto de cosa juzgada, es un laudo "*debidamente pronunciado*". Ese no es el caso del Laudo de París.

II. UNA SOLUCIÓN DE COMPROMISO

A falta de una explicación lógica, desde un comienzo, se asumió que un laudo de estas características era el fruto de una transacción. David Brewer (uno de los árbitros designados por la parte venezolana) explicó que, hasta el último momento, había pensado que una decisión era imposible, y que fue *solo gracias a la mayor conciliación y mutuas concesiones que se pudo llegar a un compromiso*. Según Brewer, cada uno de los árbitros habría dado un laudo diferente, por lo que debieron ajustar esos distintos puntos de vista para, finalmente, trazar una línea que corriera entre lo que cada árbitro pensaba que era correcto.[37] Pero la función de un órgano llamado a ejercer funciones judiciales es decidir conforme a lo que indica el Derecho, y no sobre la base de concesiones y compromisos que tampoco se hacen explícitos en su decisión. Además, al conceder a Inglaterra cerca del 90% del territorio en disputa, tampoco parecía que el "*compromiso*" alcanzado fuera muy equilibrado, que estuviera justificado por razones políticas,[38] o que estuviera permitido por el acuerdo arbitral. Pero esto no fue un trueque sino un despojo. Ésta no fue una transacción entre las partes, sino un compromiso entre los árbitros, para lo cual ellos no tenían competencia. Puede que a la mayoría de los árbitros -o a alguno de ellos- le pareciera una solución "*correcta*", e incluso puede que lo fuera; pero no hay ninguna explicación de por qué lo era. Hubo que esperar más de cincuenta años para que, de acuerdo con la legislación sobre acceso a la información pública de Inglaterra y los Estados Unidos de América, los investigadores pudieran tener acceso a documentos de la época que dieran luces sobre este asunto.

En su convicción de que el laudo fue el fruto de un "*compromiso*", Mallet-Prevost cuenta que, estando en Londres, antes del viaje a París a las sesiones del Tribunal, en una pequeña cena que ofreció el Encargado

---

[37] Cfr. La cita, atribuida al juez de la Corte Suprema de los Estados Unidos, y árbitro en este caso, David Brewer, en Otto Schoenrich, *The Venezuela-British Guiana Boundary Dispute*, American Journal of International Law, 1949, p. 526.

[38] Otto Schoenrich apunta que los amigos del arbitraje señalaron que se había evitado una guerra, y que el costo del arbitraje era menor que el de un solo día de guerra. Cfr. Otto Schoenrich, *The Venezuela-British Guiana Boundary Dispute*, American Journal of International Law, 1949, p. 527.

de Negocios de Estados Unidos de América, a la cual también asistió el juez Russell, en el curso de la conversación, el autor de este relato manifestó que los árbitros deberían considerar únicamente los hechos a ellos sometidos; Lord Russell le habría replicado que su opinión era distinta, y que los jueces también debían tomar en cuenta consideraciones de política internacional.[39] Pero lo cierto es que los redactores del Tratado de Washington no habían sido tan perspicaces como para incorporar ese elemento entre las competencias del Tribunal arbitral establecido en dicho instrumento; de haberlo hecho, es de asumir que los árbitros designados por Inglaterra no hubieran sido jueces y juristas, sino expertos en política internacional, por lo menos de la talla de Joseph Chamberlain, Julian Pauncefote o, incluso, del entonces joven Winston Churchill.

Lo cierto es que el arbitraje es una de las modalidades del arreglo judicial, que se distingue de los mecanismos políticos o diplomáticos de solución de controversias. Mientras en el arreglo judicial la solución es la que marca el Derecho, que es el que tiene que ser interpretado y aplicado por el tribunal, en el arreglo político o diplomático la solución está enteramente en manos de las partes en la controversia, sujeta a las transacciones y concesiones recíprocas que ellas estén dispuestas a hacerse. En el presente caso, si los Estados litigantes hubieran deseado una solución de compromiso, hubieran optado por la negociación directa, o por la mediación; no por el arbitraje.

Quitando la reproducción del compromiso arbitral (el Tratado de 1897), y quitando la referencia a quienes componían el Tribunal y como fueron escogidos para desempeñar dicha función, el Laudo se reduce

---

[39] Cfr. Memorándum de Mallet-Prevost, dejado con el Juez Schoenrich y no para ser publicado, excepto a su discreción, después de la muerte de Mallet-Prevost, en Otto Schoenrich, *The Venezuela-British Guiana Boundary Dispute*, American Journal of International Law, 1949, pp. 529 y s. Clifton J. Child observa que, en enero de 1899, cuando habría tenido lugar la cena mencionada por Mallet-Prevost, Lord Russell no tenía ninguna conexión con esta disputa fronteriza, ni había, en ese momento, perspectivas de que la tuviera. La muerte de Lord Herschell, como consecuencia de un accidente, se produjo el 1 de marzo de ese año, siendo sustituido en el Tribunal por Lord Russell. Cfr. Clifton J. Child, *The Venezuela-British Guiana boundary arbitration of 1899*, en American Journal of International Law, vol. 44, 1950, pp. 682 a 693, reproducido por J. Gillis Wetter, *The International Arbitral Process: Public and Private*, Oceana Publications, Inc., Dobbs Ferry, Ney York, 1979, vol. III, p. 92.

a menos de dos páginas, que resultaban insuficientes para desarrollar, prolijamente, cualquiera de los argumentos esgrimidos por las partes; pero no hay, tampoco, unas consideraciones sencillas y breves que sirvan de fundamento al Laudo. Sin ninguna explicación, esas dos páginas contienen sólo lo decido por los árbitros. Treinta y cuatro años antes, en un caso bastante menos complejo, que sólo requería determinar a quién pertenecía la *Isla de Aves*, y en una época bastante menos exigente en materia de fundamentación de los laudos, Isabel II de España necesitó cuatro páginas para explicar su decisión,[40] que, con razón, Cavaré califica como "insuficientemente motivada";[41] a partir de allí, los laudos arbitrales han sido cada vez más minuciosos y más elaborados,[42] sien-

---

40 Cfr. United Nations, Reports of International Arbitral Awards, *Arbitral award relating to the issue of control and sovereignty over Aves island, raised between Venezuela and the Kingdom of the Netherlands*, 30 June, 1865, vol. XXVIII, pp. 115-124. En 1872, la motivación del laudo en el caso de las reclamaciones del Alabama ya había tomado 6 páginas. Cfr. United Nations, Reports of International Arbitral Awards, *Alabama claims of the United States of America against Great Britain*, 14 September 1872, vol. XXIX, pp. 125-134.

41 Cfr. Louis Cavaré, *Le Droit International Public Positif*, Editions A. Pedone, París, 1969, tomo II, p. 270.

42 En el caso de la Isla de Palmas, quitando, también, la reproducción del compromiso arbitral, el texto del laudo tiene 35 páginas. Cfr. United Nations, Reports of International Arbitral Awards, *Island of Palmas Case* (The Netherlands v. United States of America), 4 April, 1928, vol. II, pp. 829-871. En el diferendo entre Chile y Perú, por la cuestión de Tacna y Arica, restada la reproducción del compromiso arbitral, el Laudo consta de 33 páginas. Cfr. United Nations, Reports of International Arbitral Awards, *Tacna-Arica Question* (Chile v. Perú), 4 March, 1925, vol. II., pp. 921-958. Cfr., también, el caso del reclamo de los armadores finlandeses por el uso de sus naves en el curso de la I Guerra Mundial, en el que el juez Algot Bagge dedicó 66 páginas de su laudo a examinar prolijamente sólo si, en el caso en cuestión, se habían agotado los recursos internos disponibles. Cfr. United Nations, Reports of International Arbitral Awards, *Claim of Finnish shipowners against Great Britain in respect of the use of certain Finnish vessels during the war* (Finland v. Great Britain), 9 May 1934, vol. III, pp. 1479-1550. En lo que, probablemente, es el laudo más extenso, en el caso de la frontera occidental de India y Paquistán (*Raan of Kutch*), la fundamentación del mismo tomó a los árbitros 576 páginas. Cfr. United Nations, Reports of International Arbitral Awards, *The Indo-Pakistan Western Boundary (Rann of Kutch) between India and Pakistan* (India v. Pakistan), 19 February 1968, vol. XVII, pp. 1-576. En fin, mucho más reducido que el anterior (y aunque después haya sido considerado nulo por Argentina, lo que condujo a la mediación papal y a un tratado de Paz y Amistad suscrito por las partes el 29 de octubre de 1984, que fue el que finalmente resolvió la controversia), el arbitraje entre Chile y Argentina por las islas del Canal de Beagle, zanjado por la reina Isabel II de Inglaterra, tomó 138 páginas. Cfr. United Nations, Reports of International Arbitral Awards, *Dispute between Argentina and Chile concerning the Beagle Channel*, 18 February 1977, vol. XXI, pp. 53-264.

do material indispensable para la enseñanza del Derecho Internacional, como ocurre con el laudo dictado por William Taft, en el caso Tinoco. En las páginas del referido laudo, citando la doctrina y la práctica internacional, el árbitro analiza con maestría, *inter alia*, el principio de la continuidad del Estado, la relevancia internacional de la organización interna asumida por un Estado, el efecto del reconocimiento o no reconocimiento de gobiernos, y la responsabilidad internacional del Estado por actos de un gobierno *de facto*. En el artículo 1 del compromiso arbitral se había dispuesto que el árbitro debería determinar lo que una de las partes debía pagar a la otra por los gastos en que hubiera incurrido como consecuencia de esta reclamación, así como el pago de las expensas del arbitraje; teniendo en cuenta que el laudo era parcialmente en favor de una de las partes y parcialmente en favor de la otra, Taft consideraba justo que cada una de las partes pagara sus propios gastos. Con elegancia, el laudo no omite decidir sobre el pago de las expensas del arbitraje, y señala que no hay nada que pagar, pues le ha dado placer contribuir con su servicio a la consideración del asunto que se sometió a su decisión, dándose por satisfecho por la oportunidad que se le brindó para manifestar su profundo interés en la promoción del arreglo judicial de las controversias internacionales, aceptando como recompensa el honor de haber sido escogido para esa tarea.[43] A veces, por la riqueza de su argumentación, los laudos arbitrales se prestan para el plagio incluso de otros tribunales internacionales. Ese es el caso del fino y lúcido razonamiento del juez Algot Bagge, en su laudo sobre el reclamo de los armadores finlandeses por el uso de sus barcos durante la I Guerra Mundial, sometido a arbitraje sólo para determinar si se habían agotado, por parte de los armadores finlandeses, los recursos jurisdiccionales internos disponibles en el Derecho inglés;[44] este mismo razonamiento se cita con profusión, y a veces literalmente, sin temor a cruzar las fronteras del plagio, por la Corte Interamericana de Derechos Humanos, en

43 Cfr. *Aguilar-Amory and Royal Bank of Canada claims* (Great Britain v. Costa Rica), Arbitral award rendered in Washington on 18 October 1923, by William H. Taft. United Nations, Reports of International Arbitral Awards, vol. I, pp. 369-399.

44 Cfr. United Nations, Reports of International Arbitral Awards, *Claim of Finnish shipowners against Great Britain in respect of the use of certain Finnish vessels during the war* (Finland v. Great Britain), 9 May 1934, vol. III, pp. 1479-1550.

sus primeras sentencias en los casos Velásquez Rodríguez,[45] Godínez Cruz,[46] y Fairén Garbi y Solís Corrales,[47] sin siquiera mencionar a la fuente original, y dejando la impresión, en la mente de sus desprevenidos colegas y de quienes no se han formado en el Derecho Internacional, de que toda esa argumentación era el producto original de la mente del juez que redactó esas sentencias de la Corte Interamericana, y no del minucioso razonamiento de un árbitro meticuloso y escrupuloso en el cumplimiento de su deber. Pero la verdad es que la doctrina y la jurisprudencia internacionales le deben mucho a la argumentación y al razonamiento de los laudos arbitrales, que forman parte integrante del bagaje jurisprudencial del Derecho Internacional. El laudo del juez y profesor Max Huber, en el caso de la Isla de Palmas, es una pieza maestra en el análisis de los títulos de adquisición de territorios, como lo es el arbitraje del *Alabama*, en lo concerniente a deberes de los Estados neutrales, o el arbitraje del Mar de Behring (decidido seis años antes que el caso del Esequibo), en lo concerniente a la jurisdicción de los Estados litigantes en ese espacio marino y a la preservación de las focas, así como a los derechos que Rusia podía transmitir a los Estados Unidos en el Tratado del 30 de marzo de 1867.

Con todos los problemas que este asunto planteaba en materia de adquisición de territorios, y con todos los títulos alegados por las partes (descubrimiento, ocupación, cesión, sucesión, adquisición por prescripción, aquiescencia, etc.), ya sea que estos fueran un medio embrionario para adquirir territorio (como era el descubrimiento), modos de adquisición original (como la ocupación efectiva), o modos de transferencia de territorios (como la cesión, o la sucesión), o el mero reconocimiento de esa adquisición por parte de un tercero (como la aquiescencia), el laudo de París pudo haber sido pionero en el desarrollo y articulación de esta materia; pero no lo fue y, para eso, hubo que esperar al caso de la Isla de Palmas. Este laudo no hace ninguna referencia a los títulos que

---

45 Cfr. Corte Interamericana de Derechos Humanos, *Caso Velásquez Rodríguez*, sentencia del 29 de julio de 1988, párrafos 61 a 64.

46 Cfr. Corte Interamericana de Derechos Humanos, *Caso Godínez Cruz*, sentencia del 20 de enero de 1989, párrafos 64 a 67.

47 Cfr. Corte Interamericana de Derechos Humanos, *Caso Fairén Garbi y Solís Corrales*, sentencia del 15 de marzo de 1989, párrafos 87 y 88.

conferían el territorio en disputa a una de las partes en la controversia y no a la otra, a las razones porque esos títulos fueran mejores que otros, o a las circunstancias en que se adquirieron dichos títulos. Curiosamente, esa era la tarea que se le había encomendado al Tribunal arbitral, y éste no cumplió con ella. El Laudo no decidió la controversia que se le había sometido, porque el Tribunal arbitral fue establecido para que *fijara* una frontera sobre la base de ciertos principios y reglas; no para que *repartiera* o *adjudicara* el territorio en disputa a una u otra de las partes.

III. LAS REACCIONES AL LAUDO

A uno y otro lado del Atlántico, el desenlace del arbitraje generó sentimientos encontrados entre las partes litigantes. Mientras los ingleses tenían sobrados motivos para estar muy satisfechos, los venezolanos (y sus circunstanciales aliados estadounidenses) veían esa decisión con natural extrañeza e indignación.

1. El asombro de los estadounidenses

El mismo día en que se anunció el laudo, dos de los abogados de Venezuela, Benjamin Harrison y Severo Mallet-Prevost, ofrecieron una declaración al corresponsal de Reuter en París, en la que afirmaron que la línea fronteriza trazada por el tribunal había sido una línea de compromiso y no una línea que correspondiera a los derechos de las partes;[48] en su opinión, el Laudo era el fruto de compromisos diplomáticos, y no una decisión basada estrictamente en el Derecho, aunque admitían que esa decisión pudiera haber ido en cualquier dirección.

---

[48] "The line drawn was a line of compromise and not a line of right... So long as arbitration was to be conducted on such principles it could not be regarded as a success, at least by those who believed that arbitration would result in an admission of legal rights and not in compromises really diplomatic in their character. Venezuela had gained much, but she was entitled to much more, and if the arbitrators were unanimous it must be because their failure to agree would have confirmed Great Britain in the possession of even more territory." *The Times*, London, 4 de octubre de 1899, p. 6, citado por Clifton J. Child, *The Venezuela-British Guiana boundary arbitration of 1899*, en American Journal of International Law, vol. 44, 1950, pp. 682 a 693, reproducido por J. Gillis Wetter, *The International Arbitral Process: Public and Private*, Oceana Publications, Inc., Dobbs Ferry, Ney York, 1979, vol. III, pp.90 a 101. La cita de la declaración de prensa de Harrison y Mallet-Prevost está en las pp. 90 y s.

En diciembre de 1899, el ex Secretario de Estado de Estados Unidos, Richard Olney, principal artífice de la conclusión del Tratado de arbitraje entre Venezuela y Gran Bretaña, escribió una breve reseña de su encuentro con Mallet-Prevost, después del regreso de este último a Nueva York. Mallet-Prevost estaba ansioso por contarle lo que había sucedido y, en una de sus visitas a Nueva York, Olney le invitó a cenar. Durante dicho encuentro, Mallet-Prevost habría desahogado su ira y su amargura por la decisión arbitral. Olney se abstiene de entrar en detalles, que entiende ya se habrían conocido a través de otras fuentes; pero expresa que lo peor que se podía temer no era la pérdida de territorio por parte de Venezuela, sino el descrédito del arbitraje como medio de solución de controversias. Según le habría contado Mallet-Prevost, Fuller y Brewer (jueces de la Corte Suprema de Estados Unidos, que habían participado en este caso como los árbitros designados por la parte venezolana), ya no confiaban en el arbitraje como medio de solución de controversias internacionales, a menos que se proporcionara nuevas garantías para los derechos de las partes. Reforzando este comentario, Olney cuenta que el ex Secretario de Estado, John Foster, le habría dicho que Fuller y Brewer habrían regresado asqueados ("*pretty sick*") del arbitraje.[49]

Por otra parte, en diciembre de 1899, Benjamín Harrison, que había sido el abogado principal de la parte venezolana, dice que él pensó que el tribunal estaba constituido sobre bases judiciales y no representativas. Fue en ese espíritu que él se dirigió al Tribunal, para que éste determinara las cuestiones que se habían sometido a su decisión; pero eso terminó en un absoluto fracaso, pues los árbitros designados por Gran Bretaña no se diferenciaban de sus abogados. Para Harrison, era una anomalía y un ultraje que, en un Tribunal de esa naturaleza, hubiera representantes de las partes.[50]

El 15 de enero de 1900, el mismo Harrison reveló que Lord Russell había aconsejado que [durante el proceso] debía prevalecer un espíritu

---

49 Citado por Marcos Falcón Briceño, Ministro de Relaciones Exteriores de Venezuela, en su discurso a la 17ª sesión de la Asamblea General de las Naciones Unidas, el 1 de octubre de 1962. Tomado de una transcripción de la versión publicada por la Embajada de Venezuela en Washington, D. C., y reproducida por Gillis Wetter, op. cit., vol. III, p. 130 y ss.

50 Cfr. Ibid., p. 132.

judicial en el tratamiento de este asunto; pero, según Harrison, ni Russell ni su asociado británico se habían comportado según ese estándar. Seguidamente, afirma que él podría contar, pero no escribir, algunos incidentes que nos sorprenderían. Según Harrison, en controversias entre individuos, los jueces ingleses eran claramente justos e independientes; pero cuando se trataba de extender los dominios de Gran Bretaña, y especialmente si estaban involucrados yacimientos de oro, eso era demasiado pedir. En el caso venezolano, la decisión del Tribunal, como un compromiso, le había dado a Venezuela puntos estratégicos, pero le había robado una gran parte de su territorio, que él no dudaba que se le habría otorgado por un Tribunal imparcial. Según él, en la Europa de entonces, la idea era que no había nada ilegal, o incluso inmoral, en la apropiación de territorios de un Estado más débil.[51]

2. El júbilo de los ingleses

Mientras tanto, en Inglaterra tampoco eran indiferentes al resultado del arbitraje, o a las circunstancias como se había llegado al resultado alcanzado. Sólo cuatro días después de emitido el laudo, cuando sus recuerdos e impresiones estaban "*frescas y vivas*", Lord Russell of Killowen, uno de los árbitros designados por la parte británica, le informó a su Primer Ministro, Lord Salisbury, sobre las incidencias y el resultado del arbitraje. En ese informe, Russell comienza su relato refiriéndose al desempeño de los abogados de ambas partes, quejándose de lo largo de sus discursos (apenas con una excepción), pero manifestando que los árbitros prefirieron someterse a eso, evitando que, después, alguna de las partes se quejara de no haber sido debidamente escuchada. Sigue, a continuación, una referencia a lo que el Tribunal debía averiguar respecto de los probables títulos que las partes podían invocar sobre el territorio de Guyana, así como a las opiniones de los árbitros, y a la forma como, gradualmente, los árbitros designados por la parte venezolana habrían ido cediendo en sus pretensiones iniciales. Según su relato, aunque Fuller (uno de los árbitros designados por la parte venezolana) se adhería a la tesis venezolana, finalmente convino en una delimitación que la ignoraba; en cuanto a Brewer (el otro árbitro designado por la

[51] Cfr. ibid., p. 133.

parte venezolana), si bien rechazaba la tesis *española* (*sic*), proponía una línea de demarcación que sólo se justificaba adoptando dicha tesis. Luego, Russell recuerda que, "después de un largo debate", el quinto árbitro (de Martens) terminó apoyando la tesis británica. Él y Collins se sentían decepcionados de la actitud asumida por de Martens. Según Russell, Martens había mostrado tener una clara comprensión de los hechos y de las cuestiones legales implicadas, y había expresado su opinión favorable a la tesis británica pero, en vez de aplicar rígidamente y sin miedo los principios [se entiende que "*legales*"] pertinentes, se inclinó por una solución de compromiso, considerando su deber asegurar un laudo unánime; Russell agrega que, en una reunión privada con Collins, Martens le habría sugerido que si ellos [los árbitros designados por la parte británica] no reducían sus pretensiones, él se sentiría obligado a acordar una línea fronteriza que podría no ser justa para Inglaterra, a fin de asegurar la adhesión de los árbitros designados por la parte venezolana. A juicio de Russell, el laudo no le daba a Inglaterra nada a lo que no tuviera justo derecho. Seguidamente, Russell menciona lo que, a su juicio, son sólo dos puntos en los que el laudo se aparta de la línea trazada por Schomburgk; con el laudo, Venezuela había obtenido mucho menos de la oferta de Aberdeen cincuenta años antes, mucho menos de lo que Rosebery había ofrecido "*darle*" pocos años antes, y más o menos el mismo territorio que estaba en la oferta de Grandville de los años 80; pero la oferta de Grandville no había estipulado, como sí hace el Laudo, la libre navegación del Barima y el Amacura, ni le había asegurado a Gran Bretaña, como si hace el Laudo, ambos bancos del Cuyuní a lo largo de la frontera. En opinión de Russell, si el laudo debía ser juzgado desde el punto de vista de las pretensiones venezolanas, el resultado parecía ser un absoluto desastre, pero estos asuntos eran ajenos a la atención de los árbitros. En la parte final de esta comunicación, Russell llama la atención del Primer Ministro británico sobre "*varias ofertas diplomáticas de compromiso*" que se hicieron mientras se discutía la línea fronteriza, y que ellos [no siendo claro si se refiere a todos los árbitros, o sólo a los designados por la parte británica] consideraban injustas; en su opinión, esta práctica podía afectar el curso de acontecimientos futuros y, en tales casos, dicha correspondencia debía ir precedida de una estipulación que, en caso de fracasar o ser desestimada, indicara que, en cualquier etapa futura de la controversia, no se podría hacer uso o referencia a tal correspondencia.[52]

Lo anterior es la versión inglesa de las inquietudes y preocupaciones de von Martens, en su afán por llegar a un acuerdo unánime, pero, sobre todo, en su afán por alcanzar una solución de compromiso, que no prestaba ninguna atención a las reglas acordadas por las partes, o a los principios de Derecho Internacional aplicables al caso. Russell no dice que lo decidido por el Tribunal sea una solución de compromiso; pero sí hace notar que, para llegar a la solución que se llegó, había que apartarse del Derecho. El hecho de que, en su opinión, el laudo constituya una solución "*justa*", no significa que, para llegar a ella, el Tribunal se haya ceñido estrictamente a las reglas acordadas por las partes y a los principios de Derecho Internacional compatibles con esas reglas y aplicables al caso.

La carta de Russell proporciona una idea de lo que, por lo menos, los árbitros británicos tenían en mente en cuanto al título que cada una de las partes podía alegar respecto del territorio en disputa. En su opinión, la cuestión fundamental era determinar si, por el descubrimiento, seguido de una posesión de tal naturaleza que le diera un título pleno, España había adquirido algún derecho sobre Guyana. Si eso era probado, las pretensiones británicas sólo podían prosperar respecto de aquellos territorios que los Países Bajos o Gran Bretaña hubieran adquirido mediante la conquista, o mediante una posesión adversa que condujera a la prescripción. Para Russell no faltaban argumentos plausibles en respaldo de esta tesis. Russell admite que la correspondencia oficial durante el período de la presencia holandesa, y mucha de la correspondencia diplomática desde entonces, sugería que las pretensiones holandesas se extendían a poco más que la *pedis possessio*,[53] como si todo lo demás fuera español; pero, a la luz de los Tratados de Paz de Westfalia, y particularmente del Tratado de Münster, de 1648, y del Tratado de Utrecht,

---

52 Cfr. Carta de Lord Russell, fechada el 7 de octubre de 1899, dirigida al Primer Ministro Lord Salisbury. En Hatfield House, Herts, Papeles del Tercer Marqués de Salisbury, vol. A/94, Doc. N° 2. Reproducido por Gillis Wetter, op cit., vol. III, pp. 126 y ss.

53 Literalmente, la posesión por *la puesta del pie*. La ocupación física del territorio; la posesión actual del territorio, mediante su ocupación. Con el transcurso del tiempo, puede conducir a la adquisición del territorio mediante prescripción.

de 1714, así como de la conducta posterior de las partes, Russell y Collins pensaban que esta tesis era insostenible.[54] Aun así, lo cierto es que no tuvieron ningún escrúpulo en fallar como lo hicieron.

3. El desengaño y la reacción de los venezolanos

Si alguna vez los venezolanos se habían hecho alguna ilusión con el arbitraje, el laudo terminó con esa alucinación. El agente de Venezuela ante el Tribunal, José María Rojas, calificó el laudo como "irrisorio y una manifiesta injusticia".

El 22 de octubre de 1900, en unas "*Instrucciones confidenciales*" entregadas por la Cancillería venezolana a Felipe Aguerrevere, designado por Venezuela como su comisionado en la Comisión de demarcación, se expresaba que el laudo era más el resultado de un compromiso que de un examen esencialmente jurídico; con respecto a la línea de demarcación impuesta por los árbitros, se decía que ésta era una línea *de facto*, determinada sin ningún respaldo o razón, ni histórica, ni geográfica, ni política.[55] Los trabajos de la Comisión de demarcación se iniciaron cuando ya se estaban haciendo los preparativos del bloqueo naval de los puertos venezolanos por parte de Inglaterra, Alemania e Italia, para cobrar, de manera preferente, una deuda contraída con sus ciudadanos.

A principios del siglo XX, las relaciones entre Estados Unidos e Inglaterra comenzaban a mejorar, con lo que Venezuela perdió a un aliado; además, la inestabilidad política en Venezuela no permitió objetar como correspondía la validez de un laudo dictado en violación de las reglas acordadas por las partes, carente de toda fundamentación, y que, incluso, se había excedido en el ejercicio de su autoridad, decidiendo sobre cuestiones que no habían sido sometidas a su consideración. Según una nota del 5 de diciembre de 1899, enviada a su gobierno por

[54] Cfr. Carta de Lord Russell, fechada el 7 de octubre de 1899, dirigida al Primer Ministro Lord Salisbury. Loc. cit., p. 126.

[55] Cfr., Hermann González-Oropeza y Pablo Ojer-Celigueta, en *Informe que los expertos venezolanos para la Cuestión de Limites con Guayana Británica presentan al Gobierno Nacional (Ministerio de Relaciones Exteriores*, párrafo 28. El informe es reproducido parcialmente por Gilles Wetter, en su op. cit., vol. III, pp. 140 y ss. La cita corresponde a la p. 142.

el Ministro británico en Caracas, Venezuela quería demorar la demarcación de la frontera; ante eso, en julio de 1900, el representante británico acreditado en Caracas le notificó al gobierno de Venezuela que, si éste no despachaba una comisión de demarcación antes del 3 de octubre, el gobierno británico procedería a hacerlo solo; posteriormente, el 8 de octubre de ese mismo año, se le notificó a la cancillería venezolana que se había instruido al Gobernador de la Guyana Británica para que procediera a la demarcación; el 19 de octubre, los comisionados británicos ya habían instalado hitos fronterizos en Punta Playa, lo que forzó a Venezuela a enviar sus propios comisionados para proceder a la demarcación.[56] Venezuela no podía resistir mucho más y, a partir de ese momento, la comisión de fronteras, conformada por representantes de Venezuela y Gran Bretaña, procedió a demarcar el límite establecido por dicho laudo. Al finalizar su trabajo, el 10 de enero de 1905, en Georgetown, la Comisión procedió a firmar un Acta de Demarcación, e hizo entrega de dos mapas idénticos, debidamente firmados por los comisionados de ambos países, que reflejaban lo decidido por el tribunal arbitral.[57] Pero acatarlo no era aceptarlo como bueno; además, el Acta de Demarcación, suscrita por comisionados autorizados únicamente para eso (demarcar), no fue firmada por quienes representan al Estado en las relaciones exteriores, no fue sujeta a ratificación ni fue ratificada, por lo que no es un tratado ni puede ser tenido como tal.

Tendrían que transcurrir cincuenta años para que, tanto Inglaterra como Estados Unidos de América, abrieran sus archivos y su correspondencia oficial sobre el arbitraje, para que salieran a la luz algunos de sus entretelones, para que se pudiera determinar por qué el Laudo carecía de motivación, y para establecer si había elementos adicionales que permitieran alegar su nulidad.

---

56 Cfr. Hermann González-Oropeza y Pablo Ojer-Celigueta, *Informe que los expertos venezolanos para la Cuestión de Limites con Guayana Británica presentan al Gobierno Nacional (Ministerio de Relaciones Exteriores*, párrafo 27. No se indica fecha del informe. El informe es reproducido parcialmente por Gillis Wetter, en su op. cit., vol. III, pp. 140 y ss. La cita corresponde a la p. 142.

57 Cfr, Acta de la Comisión Mixta de Fronteras, Ministerio de Relaciones Exteriores de Venezuela, Colección de Tratados Públicos y Acuerdos Internacionales de Venezuela, vol. 3, 1920-1925, Anexo 3, p. 604. Citado por la demanda de Guyana, nota 3, a pie de página.

Pocos años después, el Ministro de Relaciones Exteriores de Venezuela, Ignacio Iribarren Borges, manifestaría que el laudo era nulo e irrito, y que no tenía existencia legal.[58] Lo cierto es que Venezuela nunca aceptó el laudo.

4. El efecto sobre el arbitraje internacional

El laudo de París marcó un tremendo retroceso respecto del desarrollo experimentado por el Derecho Internacional, entre el momento en que se adoptó el compromiso arbitral de 1871, entre Gran Bretaña y Estados Unidos de América, para resolver las reclamaciones del *Alabama*, y la I Conferencia de Paz de La Haya, de 1899, con la Convención para el arreglo pacífico de los conflictos internacionales.[59]

Se recordará que, en una nota de diciembre de 1899, el ex Secretario de Estado de Estados Unidos, Richard Olney, había expresado su temor de que, luego de este laudo, lo peor que podría ocurrir era el descrédito del arbitraje como mecanismo de solución de controversias internacionales.[60] En esa misma nota, Olney expresaba que los jueces Fuller y Brewer, que habían participado como árbitros en este caso, ya no confiaban en el arbitraje.[61]

Teniendo en cuenta la evolución del Derecho Internacional en esta materia, no podemos juzgar el laudo de París de acuerdo con estándares que no estuvieran en vigor en el momento en que se dictó; tenemos que juzgarlo en el contexto de su época, en el marco del compromiso arbitral suscrito por las partes, y considerando el Derecho en vigor en ese momento. Cualquier evaluación sobre su nulidad o validez -que es lo que pide la demanda de Guyana- tendrá que hacerse a partir del Derecho vigente en ese momento, y de las reglas, formalidades y condiciones aceptadas por las partes.

---

58 Cfr. Discurso del Ministro de Relaciones Exteriores de Venezuela, Ignacio Iribarren Borges, en la 1530ª Reunión de la Asamblea General de las Naciones Unidas, 20° sesión plenaria, 1965. Reproducido por Gillis Wetter, op. cit. vol. III, p. 133.

59 Suscrita el 29 de julio de 1899. Entrada en vigor, el 4 de septiembre de 1900.

60 Citado por Marcos Falcón Briceño, Ministro de Relaciones Exteriores de Venezuela, en su discurso a la 17ª sesión de la Asamblea General de las Naciones Unidas, el 1 de octubre de 1962. Tomado de una transcripción de la versión publicada por la Embajada de Venezuela en Washington, D. C., y reproducida por Gilles Wetter, op. cit., vol. III, p. 130 y ss.

61 Cfr. ibidem.

IV. LA ZAGA: EL MEMORÁNDUM DE MALLET-PREVOST

1. Las circunstancias de su aparición

Con posterioridad a la adopción del laudo de París, entre los muchos elementos en que se sustenta esta reclamación internacional, en julio de 1949, apareció publicado, en el *American Journal of International Law*,[62] un comentario firmado por Otto Schoenrich, al final del cual se agregó un memorándum de dos páginas, que habría sido dictado por Severo Mallet-Prevost, durante muchos años socio de bufete de Otto Schoenrich. Según Schoenrich, el referido memorándum fue encontrado entre los papeles de Mallet-Prevost, después del fallecimiento de este último, ocurrido el 10 de diciembre de 1948; el memorándum así encontrado tenía fecha 8 de febrero de 1944, y era encabezado por una nota que decía: "*Dejado al Juez Schoenrich No para hacer público excepto a su discreción después de mi muerte*". La publicación del comentario de Schoenrich, junto con el memorándum de Mallet-Prevost, se produjo cincuenta años después de dictado el laudo arbitral, cuando ya no quedaba vivo ninguno de los protagonistas del procedimiento arbitral que culminó con el Laudo de París; pero, en lo fundamental, había sido confirmado por varias personas que conocieron a Mallet-Prevost, y a quienes les relató esencialmente los mismos hechos y les manifestó las mismas aprehensiones.

El memorándum que comentamos es, simplemente, un eslabón más en una larga cadena de hechos relacionados con el Laudo de París y con las circunstancias en que aquel se dictó, permitiendo conocer antecedentes antes no revelados sobre lo que fue parte de las deliberaciones de los árbitros. Pero el memorándum no es la causa por la que Venezuela sostiene que el Laudo es nulo, o carece de existencia jurídica; aquel no cambia el contenido del Laudo, ni altera su naturaleza intrínsecamente viciada. Sencillamente, es un elemento más para comprender el porqué de una decisión carente de todo fundamente. Poco importa que ese documento provenga del abogado de una de las partes en la controversia pues, salvo algún detalle menor, los hechos allí referidos están

[62] *The Venezuela-British Guiana Boundary dispute*, American Journal of International Law, vol. 43, número 3, July 1949, pp. 523 a 530.

corroborados por otras fuentes, incluyendo la carta de Russell (uno de los árbitros designados por Gran Bretaña) dirigida al Primer Ministro Británico, a que se ha hecho referencia previamente. En realidad, si nunca hubiera salido a la luz pública, o incluso si no existiera, el memorándum de Mallet-Prevost no alteraría el contenido fundamental de esta historia escandalosa. Sin duda, su publicación hizo revivir en los venezolanos el sentimiento de haber sido víctimas de una injusticia y de un despojo; pero lo que allí se denuncia es, apenas, la punta de un iceberg, comparado con las irregularidades que se reflejan en el propio Laudo, o con otras fuentes de información.

2. El contenido del memorándum

Uno de los puntos fundamentales de este memorándum relata que, mientras esperaban por que se anunciara el laudo, una tarde, Mallet-Prevost recibió un mensaje del juez Brewer (uno de los árbitros designados por la parte venezolana), indicándole que él y el juez Fuller (el otro árbitro designado por la parte venezolana) deseaban reunirse con él; en dicha reunión, Brewer y Fuller le informaron, confidencialmente, de una reunión que habían sostenido con de Martens (el presidente del Tribunal), en la que éste les había indicado que los árbitros Russell y Collins (designados por la parte británica) estaban preparados para aprobar la Línea Schomburgk como frontera, pero que él, Martens, se inclinaba por alcanzar una decisión unánime, sobre la base de una línea diferente propuesta por él, fórmula para la que, de ser aceptada por Brewer y Fuller, él se encargaría de obtener el asentimiento de Russell y Collins. La propuesta de Martens era una línea que habría dado a Venezuela el control de la boca del río Orinoco, para luego conectarse con la Línea Schomburgk, dejando a Venezuela alrededor de 5.000 millas cuadradas de territorio en torno a esa boca. Brewer y Fuller le consultaron a Mallet-Prevost si debían aceptar la propuesta de Martens o si debían emitir votos disidentes; Mallet-Prevost pidió tiempo para consultar con el ex presidente Harrison (el abogado principal de Venezuela), para lo cual se dirigió inmediatamente a su apartamento. Luego de celebrado este encuentro, ambos informaron a Fuller y Brewer su decisión de aceptar la propuesta de Martens.

En el memorándum de Mallet-Prevost se puede distinguir entre lo que él denuncia como hechos y aquello de lo que él "estaba convencido", como la sensación de que, durante la visita que de Martens hizo a Inglaterra en las vacaciones del verano de 1899,[63] habría habido alguna transacción "*entre Rusia y Gran Bretaña*" (o entre Federico de Martens y los árbitros ingleses).

En lo que concierne estrictamente a los hechos, aunque no fue testigo directo de ello, Mallet-Prevost afirma que Brewer y Fuller le confidenciaron que habían recibido presiones de Martens para, en aras de una decisión unánime, aceptar una línea de demarcación distinta a la que ellos defendían. Inmediatamente después de emitido el laudo, Harrison también había manifestado a la prensa que tal decisión era el resultado de un compromiso;[64] además, si bien Mallet-Prevost nunca transmitió esta información al gobierno venezolano, sí la comentó, por lo menos, con su colega de bufete, el juez Otto Schoenrich, y con William Cullen Dennis, que en 1910 había sido designado como el agente de Estados Unidos en el arbitraje con Venezuela en el *caso de la Compañía de Navegación del Orinoco*.[65] Mallet-Prevost quedó con la sensación de que

63 Un jurista británico, Clifton J. Child pone en duda que de Martens haya estado en esa época en Londres. Child sostiene que, efectivamente, el Tribunal hizo un receso de nueve días, del 16 al 25 de agosto de ese año, que es, probablemente, al que se refiere Mallet-Prevost. Previamente, había habido tres recesos, en junio y a principios de julio, para permitir que de Martens participara en la I Conferencia de La.Haya. Pero, según Child, a pesar de tratarse de una figura prominente, y a pesar de que el periódico *Times*, del 18 de agosto, había publicado una nota indicando el regreso de Lord Russell, no hay ningún registro de que de Martens hubiera visitado Inglaterra en esa época. Cfr. Clifton J. Child, *The Venezuela-British Guiana Boundary Arbitration of 1899*, American Journal of International Law, 1950, vol 44, pp. 682-693, en páginas 94 y sig. Pero, si, durante dicho receso, de Martens viajó o no viajó a Inglaterra, o si se puede demostrar que efectivamente viajó, no parece relevante. La cuestión es saber si hubo una componenda entre de Martens y los árbitros ingleses, o si, al margen del Derecho aplicable, hubo un compromiso entre todos los árbitros.

64 Cfr., también, sus comentarios escritos del 7 de octubre de 1899, de diciembre de 1899, y del 15 de enero de 1900, citados por Marcos Falcón Briceño, Ministro de Relaciones Exteriores de Venezuela, en su discurso a la 17ª sesión de la Asamblea General de las Naciones Unidas, el 1 de octubre de 1962. Tomado de una transcripción de la versión publicada por la Embajada de Venezuela en Washington, D. C., y reproducida por Gilles Wetter, op. cit., vol. III, pp. 132 y s.

65 Cfr. William Cullen Dennis, *The Venezuela-British Guiana Boundary Arbitration of 1899*, American Journal of International Law, vol. 44, 1950, pp. 720 a 727, reproducido por J. Gillis Wetter, op. cit., vol. III, pp. 102 y ss., en p. 107.

se había ejercido presión sobre Collins (uno de los árbitros británicos) para que se sumara a la iniciativa de Martens. Puede que Mallet-Prevost tuviera mucha imaginación; pero las maniobras de Martens para lograr un laudo unánime eran un secreto a voces, que había sido admitido y aceptado incluso por Russell,[66] en su informe al Primer Ministro británico; eso parece ser un hecho probado. Hay abundante evidencia de la obsesión de Martens por llegar a una decisión unánime, y de la presión que habría ejercido, tanto sobre los árbitros ingleses como sobre los designados por la parte venezolana, para adoptar una solución de compromiso. Se podrá argumentar que, en un tribunal colegiado, es natural que los jueces (o árbitros, en este caso) intercambien ideas sobre asuntos pendientes y sobre el contenido de una posible sentencia, o laudo; el problema es que, en el presente caso, ese intercambio de ideas nunca giró sobre cuestiones de hecho o sobre las normas jurídicas pertinentes, sino sobre una solución de compromiso, que no tenía ningún sustento en los hechos probados o en el Derecho aplicable, y que podían constituir una presión indebida que viciara de nulidad el laudo finalmente acordado. El problema está en que el Tribunal no observó las reglas convenidas por las partes para llegar a esa solución, y no mostró ningún interés en disipar cualquier sombra de duda sobre la justicia de su decisión. Un laudo debidamente fundamentado nunca hubiera dado cabida a suspicacias, o a un memorándum como el de Mallet-Prevost.

3. Las aprehensiones de Mallet-Prevost

Mientras los hechos que Mallet-Prevost relata parecen estar corroborados por otras fuentes, sus aprehensiones son más difíciles de justificar y corroborar.

En la introducción que hace Otto Schoenrich al memorándum de Mallet-Prevost, refiriéndose a sus conversaciones con éste, afirma que Mallet-Prevost estaba convencido de que la postura de los árbitros británicos y del presidente del tribunal era el resultado de algún acuerdo entre Gran Bretaña y Rusia, por el cual las dos potencias habrían in-

---

66 Cfr. Carta de Lord Russell, fechada el 7 de octubre de 1899, dirigida al Primer Ministro Lord Salisbury. En Hatfield House, Herts, *Papeles del Tercer Marqués de Salisbury*, vol. A/94, Doc. N° 2. Reproducido por Gillis Wetter, op cit., vol. III, pp. 126 y ss., en p. 127.

ducido a "sus representantes en el Tribunal" a votar en la forma que lo hicieron, y que, probablemente, Gran Bretaña compensaría a Rusia en alguna otra parte del globo. No hay evidencia de que así fuera; en realidad, el paso de los años parece desmentir esa hipótesis. Sin embargo, de lo que sí hay evidencia es, en primer lugar, de un compromiso, una transacción, o una componenda "entre los árbitros", para decidir lo que se decidió; en segundo lugar, hay evidencia irrefutable que ese compromiso, componenda, transacción, o como se le quiera llamar, no tiene ningún fundamento legal y es incompatible con los términos precisos del compromiso arbitral. Está suficientemente demostrado que, al decidir como se decidió, el Tribunal arbitral se excedió en su competencia, despojando de validez jurídica a dicha decisión, y despojándose a sí mismo de la condición de Tribunal arbitral.

V. LA VALIDEZ -O LA NULIDAD- DEL LAUDO

No hay consenso en cuanto a cuáles son las causales por las que un laudo arbitral puede ser considerado nulo, ni en el procedimiento para declararlo nulo; pero sí existe acuerdo en que, para que sea válido, un laudo arbitral tiene que cumplir con ciertos requisitos esenciales.

Dominique Carreau sostiene que un laudo se puede impugnar por la existencia de vicios externos al mismo, como la nulidad del compromiso arbitral, la designación irregular de los árbitros, o irregularidades en el procedimiento, y vicios intrínsecos al laudo mismo.[67] Pero lo que hace que un laudo sea nulo no es el hecho de que sea impugnado, sino la circunstancia de que adolece de irregularidades que no se pueden subsanar; si los vicios son de tal envergadura, no hay que alegar la nulidad para que ésta surta efectos. Si, como en el presente caso, el exceso de poder del Tribunal, las irregularidades en su composición, o la falta de motivación del laudo como consecuencia de su arbitrariedad, son tan evidentes, no es necesario que la validez del laudo tenga que ser impugnada, o que su nulidad deba ser judicialmente declarada. Jurídicamente, ese es un acto inexistente.

---

67 Cfr. Dominique Carreau, op. cit., p. 551.

Guyana sostiene que Venezuela nunca ha producido pruebas de su tardío rechazo o desconocimiento del Laudo, y que, entre 1899 y 1962, lo aceptó como tal.[68] Guyana considera que, por su conducta, Venezuela ya habría reconocido la validez del Laudo, y que éste es un asunto que no se puede reabrir.[69] Pero Guyana está partiendo de la premisa de que el laudo fue debidamente dictado, o que, si no lo fue, los vicios de que adoleciera se podían subsanar con el paso del tiempo. Guyana asume que el supuesto silencio de Venezuela puede ser tenido como aquiescencia en un laudo viciado de nulidad *ab initio*. Pero, si de la conducta posterior de las partes se trata, lo cierto es que ni Gran Bretaña ni la antigua colonia de Guyana Británica consideraban seriamente que el laudo fuera válido; de lo contrario, ambas naciones hubieran insistido en el efecto de la cosa juzgada, y jamás habrían firmado el Acuerdo de Ginebra, con el propósito de buscar "soluciones satisfactorias para el arreglo práctico" de la controversia fronteriza. Además, según el artículo I del Acuerdo de Ginebra, éste fue el resultado de "la contención venezolana de que el laudo arbitral de 1899, relativo a la frontera entre la Guyana Británica y Venezuela, es nulo".

Ya nos hemos referido a la reacción inmediata de Venezuela frente al Laudo, y ya nos referiremos a su conducta posterior. Por ahora, veamos si había elementos de juicio que, a la luz de la práctica y del Derecho vigente al momento de dictarlo, razonablemente, permitieran poner en duda la validez del laudo.

1. El Derecho aplicable

El artículo XIII del compromiso arbitral estipula que el laudo sería "un arreglo pleno, perfecto, y definitivo" de la controversia. Pero, el artículo 54 de la Convención para el arreglo pacífico de las controversias internacionales, suscrita en La Haya, el 29 de julio de 1899, disponía que el laudo que producía este efecto era un laudo "*debidamente pronunciado*". Se asume que un laudo debidamente pronunciado es aquel que ha sido dictado por un tribunal conformado por árbitros idóneos, observando debidamente las reglas de procedimiento que garantizan la

[68] Cfr. Párrafo 9 de la demanda de Guyana.
[69] Cfr. Ibidem.

igualdad de trato a las partes, y que, en su contenido, se ajusta estrictamente a los términos del mandato que se le confirió al tribunal y decide motivadamente.

Según Walker, inicialmente los tribunales arbitrales eran invitados a decidir según principios de justicia y equidad, y a proponer compromisos extra jurídicos; pero, en el último cuarto del siglo diecinueve, el arbitraje se había convertido en un procedimiento de resolución de controversias regido por el Derecho.[70]

Jennings sostenía que la regla de que el efecto de un acto debe ser establecido por el Derecho contemporáneo al acto, y no por el Derecho en vigor al momento en que se presentó la reclamación, era una regla de fundamental importancia.[71] Para ilustrar la aplicación de esta regla, Jennings recuerda que, en el caso de la Isla de Palmas, Estados Unidos reclamaba el título a la isla porque España, que la había descubierto a principios del siglo XVI, se la había cedido. De acuerdo con la regla del Derecho intertemporal, en el siglo XVI, el mero descubrimiento confería un título; pero, tres siglos después, en el momento en el que se presentó esta reclamación ante el Tribunal arbitral, el mero descubrimiento, sin ocupación, no confería título.[72]

A. Los títulos alegados por las partes y el argumento del *uti possidetis*

Puesto que la naturaleza de la controversia versaba sobre un territorio en disputa, aunque sólo fuera para rechazarlos, el tribunal debió examinar todos los títulos alegados por las partes.

A pesar del reclamo de muchos venezolanos, la aplicación del principio del *uti possidetis,*[73] que transformó las fronteras coloniales en fronteras internacionales, no tenía aplicación en este caso, pues no se

---

70 Cfr. David M. Walker, *The Oxford Companion to Law*, Clarendon Press, Oxford, 1980, p. 74.

71 Cfr. Robert Y. Jennings, op. cit., p. 28.

72 Cfr. Ibidem.

73 De la expresión latina *uti possidetis, ita possideatis*, significando que "*como poseías seguirás poseyendo*". Se trata de una expresión tomada del Derecho privado, que asimila los conceptos de propiedad y soberanía territorial, a partir de los interdictos posesorios del Derecho Romano, en que el pretor tenía la misión de proteger la posesión.

trataba de un conflicto entre naciones herederas de un mismo imperio colonial, alegando el respeto de las borrosas fronteras administrativas existentes antes de la desintegración de ese imperio. Tampoco está de más recordar que, a veces, esas fronteras interiores se superponían unas sobre otras, y que, en las zonas más apartadas, no estaban suficientemente definidas.

Según Hyde, en la América hispana, cuando el soberano común se retiró, fue necesario convenir en un principio de demarcación que evitara recurrir a la fuerza; ese principio fue el *uti possidetis*, que implicaba la preservación de las fronteras existentes bajo el régimen colonial, correspondientes a las entidades que constituían ese Estado.[74] Según Hyde, hay que estar prevenidos del *uti possidetis*, que en sí mismo no es indicativo de una regla de Derecho.[75] En el mismo sentido, Lincoln P. Bloomfield advierte que la comunidad internacional no ha reconocido, en ningún caso, el *uti possidetis* como norma de Derecho Internacional.[76] Tan categórico como los autores antes citados es Abi-Saab, quien explica que, en el momento en que estaban obteniendo su independencia, los países latino americanos formularon el principio del *uti possidetis* con un doble propósito: primero, como un medio de defensa ante el resto del mundo, negando que, incluso en las regiones inexploradas de los territorios descolonizados, hubiera espacios sin un soberano (*terra nullius*); en segundo lugar, el *uti possidetis* tenía un propósito preventivo, diseñado para evitar (o minimizar) los conflictos que surgieran en las relaciones entre los sucesores de la corona española, dejando las cosas como estaban al momento de la independencia. Estos dos objetivos, que postulaban la existencia de una frontera al momento de la independencia, sólo pueden ser verificados si por frontera se quiere significar una "línea", en el sentido geográfico de la palabra; de lo contrario, el destino inevitable del *uti possidetis* será operar como

74 Cfr. Charles C. Hyde, *International Law, Chiefly as Interpreted by de United States*, segunda edición, Little Brown, Boston, 1947, vol. I, p. 499, en nota a pie de página.

75 Cfr. Ibid., p. 509.

76 Cfr. Lincoln P. Bloomfield, *Egypt, Israel and the Gulf of Aqaba in International Law*, The Carswell Company, Toronto, 1957, pp. 107-108, citado por Surya P. Sharma, *Territorial Adquisition, Disputes and International Law*, Martinus Nijhoff Publishers, The Hague / Boston / London, 1997, p. 123.

una mera ficción que colide con la realidad. En su opinión, al proceder del concepto geográfico de una línea, que es el único que es capaz de reconciliar el principio del *uti possidetis* con los hechos, se puede afirmar que siempre hay una línea que define el límite exterior de la posesión legal; pero el papel de la Corte Internacional de Justicia -al identificar esa línea- varía inversamente en la medida en que ésta toma forma concreta.[77] Inicialmente, el *uti possidetis* era una norma de conveniencia práctica, que evolucionó y se transformó en una regla aplicable *entre* los países hispano americanos, y sólo con vigencia entre ellos; aunque después se ha extendido a África, a los territorios de la antigua Unión Soviética, e incluso a Europa (en la región de los Balcanes), en principio, su aplicación no se puede extender a naciones que nunca formaron parte del mismo imperio colonial, o de una misma potencia que se haya desintegrado.

A través de una Sala especial, la Corte internacional de Justicia, tuvo oportunidad de referirse al *uti possidetis* en el caso de la disputa fronteriza entre Burkina Faso y Mali, en que la determinación de la frontera derivaba del proceso de descolonización y ambas partes contendientes eran antiguas colonias francesas. En el compromiso especial mediante el cual las partes sometieron el caso a la Corte, éstas se comprometieron a "respetar las fronteras existentes al momento de alcanzar su independencia nacional" y expresaron que el arreglo de la disputa por parte de la Sala de la Corte debía basarse en "el principio de la intangibilidad de las fronteras heredadas de la colonización". De allí, la Sala dedujo que no podía ignorar el principio del *uti possidetis juris*, cuya aplicación daba lugar a la intangibilidad de las fronteras. La Sala de la Corte entendió que no había necesidad de mostrar que éste es un principio firmemente establecido por el Derecho Internacional en los asuntos relacionados con la descolonización, aunque sí enfatizó su excepcional importancia para el continente africano y para las partes en el caso. Según la Sala, el principio del *uti possidetis* parece haber sido invocado y aplicado por primera vez en la América española, puesto

---

[77] Cfr. Judge ad hoc Georges Abi-Saab, Separate opinion, International Court of Justice, *Case Concerning the Frontier Dispute* (Burkina Faso / Republic of Mali), Judgment of 22 December 1986, párrafos 13 a 15 de la opinion separada.

que éste fue el continente que primero experimentó el fenómeno de la descolonización, involucrando la formación de varios Estados soberanos en el territorio que antes pertenecía a una misma potencia metropolitana; sin embargo, la Sala advierte que ésta no es una regla que pertenezca a un sistema específico de Derecho Internacional, puesto que es un principio general lógicamente conectado con el fenómeno de la independencia política, donde quiera que ella ocurra. Según la Sala, su propósito es evitar que la independencia o la estabilidad política de los nuevos Estados se vea amenazada por luchas fratricidas provocadas por el rechazo de esas fronteras después del retiro de la antigua potencia colonial. Por esta razón, tan pronto como el fenómeno de la descolonización característico de la América en el siglo XIX apareció en África en el siglo XX, el principio del *uti possidetis* resultó igualmente aplicable. El hecho de que los nuevos Estados africanos hubieran respetado las fronteras administrativas establecidas por la potencia colonial no debía ser visto como una mera práctica que contribuía a la gradual aparición de una costumbre internacional, limitada al continente africano como antes lo había sido a la América española, sino a su aplicación en África como una regla de carácter general. Según la Sala de la Corte, los elementos del *uti possidetis* estaban latentes en muchas declaraciones de los líderes de la independencia africana; estas declaraciones confirmaban el mantenimiento del statu quo territorial al tiempo de la independencia, y establecían el principio del respeto de las fronteras que derivaban tanto de acuerdos internacionales como de aquellas que eran el resultado de divisiones administrativas. Pero habría varios aspectos diferentes en la aplicación de este principio en África o en la América española. Un primer aspecto, enfatizado por el genitivo latino *juris*, se encuentra en la preeminencia conferida a un título legal sobre la mera posesión efectiva como base de la soberanía; su propósito, al momento de alcanzar la independencia en las antiguas colonias españolas en América, fue frustrar los planes de cualquiera potencia colonizadora no americana en una región que ya había sido atribuida por la antigua metrópoli a una división u otra, pero que todavía permanecía deshabitada o inexplorada. Pero la esencia del *uti possidetis* radicaría en su objetivo de asegurar el respeto de las fronteras territoriales al momento de lograr la independencia; dichas fronteras podían ser no más que la delimitación entre diferentes divisiones administrativas o colonias sujetas al mismo soberano. En tal caso, la aplicación del *uti possidetis* resultaba en la transformación de esas fronteras administrativas en fronteras internacionales en toda la extensión de la palabra. Para la Sala de la Corte, esto era así tanto respecto de los Estados que tomaron forma en las regiones de América que dependían de la corona española como de los Estados que, en la controversia entonces examinada por la Corte, nacieron de los vastos territorios del África occidental francesa. En opinión de la Sala, el *uti possidetis* es un principio que habría elevado de categoría las antiguas delimitaciones administrativas, establecidas durante el período colonial, transformándolas en fronteras internacionales; éste es, por lo tanto, un principio de carácter general, que está lógicamente conectado a cualquier proceso de descolonización, independientemente de donde ocurra.[78] Hasta aquí la concepción clásica del *uti possidetis*, como principio aplicable únicamente entre Estados que previamente formaban parte de un mismo imperio colonial. Sin embargo, la Sala da un paso más allá, para extender su aplicación a fronteras que dividían previamente a colonias de diferentes Estados, o a una que había permanecido bajo protectorado, pero reteniendo su personalidad jurídica internacional. Según la Sala, en caso de sucesión de Estados, la obligación de respetar las fronteras preexistentes deriva de una regla general de Derecho Internacional, ya sea que se exprese bajo la fórmula de *uti possidetis* u otra; de ahí que las declaraciones solemnes de intangibilidad de las fronteras existentes al momento de la independencia de los Estados africanos tienen un carácter declaratorio y no constitutivo; ellas, simplemente, reconocen y confirman un principio existente, y no buscan consagrar un nuevo principio o hacer extensiva a África una regla previamente aplicada en otro continente. La Sala se ha preguntado si este sacro-santo principio habrá podido resistir los nuevos enfoques del Derecho Internacional en los recientemente independizados Estados de África, más preocupados por el principio de autodeterminación de los pueblos, con el que parecería colidir; sin embargo, el requisito esencial de la estabilidad para poder sobrevivir, desarrollarse y consolidar

[78] Cfr. International Court of Justice, *Case Concerning the Frontier Dispute* (Burkina Faso / Republic of Mali), Judgment of 22 December 1986, párrafos 19 a 23.

su independencia en todos los campos, ha inducido a los Estados africanos a consentir en el respeto de las fronteras coloniales, teniéndolas en cuenta en la interpretación del principio de autodeterminación de los pueblos. Por consiguiente, el principio del *uti possidetis* ha mantenido su lugar entre los más importantes principios jurídicos, a pesar de su aparente contradicción con nuevas normas con las que ha coexistido.[79]

Como quiera que sea, el *uti possidetis* surge en el contexto de la sucesión de un Estado en los derechos de otro; pero el modo de adquisición de territorios es la sucesión, que nunca puede transferir más derechos que los que poseía el soberano original de esos territorios. Además, tratándose de una controversia entre un imperio colonial y un pequeño país surgido del desmembramiento de otro imperio colonial, no podía el *uti possidetis* jugar un papel determinante en la solución de esta controversia; pero lo cierto es que el laudo no hace ninguna referencia a este principio, ni para rechazarlo -como sugería el Derecho Internacional general- ni para darle aplicación en el presente caso, como se sostenía por Venezuela.

B. Las formalidades de un laudo válido

Un laudo es como una sentencia. En ausencia de tribunales permanentes con competencia obligatoria, en el momento en que se dictó el laudo de París, éste era la consecuencia de un compromiso alcanzado por las partes para crear el Tribunal arbitral, indicar la controversia que se sometía a su conocimiento, y las atribuciones que se le confería al Tribunal para resolverla. Por eso, el laudo comienza por reproducir íntegramente el Tratado de Washington de 1897. A continuación, se hace mención a la composición del Tribunal, según lo acordado por las partes en el Tratado. Está implícito cuáles son las partes en la controversia. Pero se supone que, de seguidas, se hubiera indicado los argumentos de las partes, las pruebas aportadas y la valoración de las mismas, los hechos que se tenían por establecidos, las consideraciones para decidir y, finalmente, la decisión del Tribunal. Sin embargo, en el caso que nos ocupa, luego de reproducir el Tratado, el laudo va directo a la parte re-

[79] Cfr. ibid, párrafos 24 a 26.

solutiva, saltándose cualquier referencia a los argumentos de las partes, a la prueba recibida, a la valoración de esa prueba, y a las consideraciones para decidir.

Según el Derecho inglés, un laudo arbitral puede ser devuelto al árbitro para su reconsideración, o puede ser anulado si ha sido indebidamente dictado, o porque el árbitro se haya conducido en forma inapropiada, o porque el procedimiento haya sido conducido en forma indebida.[80] En Escocia, un laudo puede ser impugnado, entre otras cosas, por ir más allá de los asuntos que se le encomendaron, o por mal comportamiento del árbitro.[81]

No cabe duda que la validez del laudo tiene que ser examinada a la luz del Derecho vigente en el momento en que se dictó, teniendo en cuenta que alguna nulidad relativa podría ser convalidada por la conducta posterior de la parte lesionada, y teniendo en cuenta los profundos cambios que había experimentado el arbitraje internacional entre 1871 y julio de 1899. En el caso de la *Isla de Palmas*, en un laudo prolijamente elaborado, el juez Max Huber sostenía que un hecho de relevancia judicial debía ser apreciado a la luz del Derecho contemporáneo con él, y no del Derecho en vigor al momento en que la disputa debía ser resuelta.[82] En el presente caso, no sirve el Derecho anterior, o el Derecho que haya entrado en vigor con posterioridad a la adopción del laudo. El Derecho intertemporal, aplicable al laudo de París, es el que corresponde a los términos del compromiso arbitral que estableció el Tribunal Arbitral (el Tratado de Washington, de 1897) y, en lo que éste no disponga, a los principios de Derecho Internacional pertinentes, que tenían vigencia en ese momento. El Tratado de Washington es suficientemente explícito en cuanto al objeto de la controversia, a la competencia que las partes le confirieron al Tribunal, y a las reglas sustantivas y procesales que éste debía aplicar; ese es el Derecho que hay que tener en cuenta para determinar la nulidad o validez del Laudo.

---

80 Cfr. David M. Walker, *The Oxford Companion to Law*, Clarendon Press, Oxford, 1980, p. 73.

81 Cfr. Ibidem.

82 Cfr. *Island of Palmas case* (Netherlands, USA), 4 April 1928, Reports of International Arbitral Awards, vol. II pp. 829-871, en pág. 845.

Para la validez del laudo, el elemento esencial es el pleno respeto por las reglas estipuladas en el compromiso arbitral; el compromiso acordado por las partes es la ley que regula la actividad del tribunal. De acuerdo con Dreyfus, los árbitros estarían obligados por los términos del compromiso arbitral en el cual las partes habían establecido los términos de su función; por ende, se requiere que los árbitros cumplan con su tarea en esos términos, bajo pena de viciar el laudo de nulidad.[83]

Un cuarto de siglo antes de que se dictara el laudo, un jurista parisino sostenía que un laudo podía considerarse nulo si había una violación del compromiso arbitral (exceso de poder), injusticia evidente, o error material.[84] También antes de que se dictara el Laudo, otro jurista eminente, Pasquale Fiore, había publicado, en 1890, *Il diritto internazionale codificato e la sua sanzione giuridica*, en el que sostenía que la sentencia arbitral se reputará nula, *inter alia*, si carece en absoluto de los motivos de hecho y de derecho; además, Fiore indicaba que la sentencia arbitral (el laudo) podía ser impugnada, y podía ser anulada, *inter alia*, si los árbitros hubiesen traspasado los límites del compromiso arbitral, si hubiese sido dictada por persona que careciese de la capacidad legal o moral necesaria para ser árbitro, o que, teniéndola, la hubiese perdido durante el proceso, o cuando la sentencia (el laudo) hubiese sido concertada con engaño, o cuando no hubiesen sido observadas las formas procesales estipuladas en el mandato, o las establecidas por el derecho común, o las que, según éste, debieran considerarse indispensables, dada la naturaleza del juicio arbitral.[85] Otro autor italiano, Julio Diena, afirmaba que un laudo se considera nulo cuando está viciado por exceso de poder, prevaricación de alguno de los árbitros, o por errores esenciales.[86]

---

83 Cfr. Simone Dreyfus, *Droit des Relations Internationales*, deuxième édition revue et augmentée, Cujas, París, 1981, p. 171.

84 Cfr. M. E. Rouard de Card, *L'Arbitrage International dans le passé, le présent et l'avenir*, A. Durand et Pedone-Lauriel, Éditeurs, París, 1877, p. 53.

85 El autor de estas líneas ha tenido la vista la edición en castellano, Pascual Fiore, *El Derecho Internacional Codificado*, traducida por la Redacción de la "Revista de Legislación", de la tercera edición italiana, corregida y aumentada, Hijos de Reus, Editores, Madrid, 1901, párrafos 1110 y 1111, p. 423.

86 Cfr. Julio Diena, op. cit., p. 464.

En el caso que nos ocupa, cuesta asumir que el no percatarse de que éste era un arbitraje de Derecho, sometido a reglas muy precisas, haya sido el producto de un error; los hechos reflejan que los árbitros sabían perfectamente lo que estaban haciendo, y que sabían que estaban actuando incorrectamente; pero, ya sea que esta decisión es el fruto del error o de un acto deliberadamente arbitrario, la consecuencia es que el laudo carece de existencia jurídica. Al carecer incluso de la apariencia de un laudo arbitral o de una decisión judicial, aunque se anuncie como tal, por la forma y el contenido del mismo, éste es un papel tan carente de valor como un billete falso.

En los casos de prevaricación de los árbitros y de exceso de poder, Diena considera que este asunto debería ser resuelto por un tribunal distinto al que dictó el laudo; pero, en su opinión, si las partes no se ponen de acuerdo para someter este asunto al arbitraje o al arreglo judicial, cualquiera de las partes -unilateralmente- podría decidir que el laudo es nulo.[87]

Alfred Verdross admite que, en ciertas condiciones, una sentencia arbitral es nula. Para él, son causas de nulidad la falta de un tratado o compromiso válido (la nulidad del compromiso), el exceso de poder, el soborno judicialmente comprobado de un árbitro, la composición irregular del Tribunal, y vicios de procedimiento esenciales. En caso de un compromiso arbitral que no existe, que es nulo, o que ha caducado, Verdross considera que si la parte demandada entra en el procedimiento, sin oponer la excepción de incompetencia, se presume que existe una sumisión tácita; respecto del exceso de poder, éste se produce cuando el Tribunal ha decidido sobre materias no incluidas en el compromiso, o cuando un tribunal, no autorizado para decidir *ex aequo et bono*, ha sentenciado según equidad; la nulidad por vicios de procedimiento esenciales se daría cuando el Tribunal no estuvo constituido regularmente.[88] En el presente caso, las partes consintieron en el compromiso arbitral que determinó la composición del Tribunal; pero esa composición irre-

---

[87] Cfr. Julio Diena, op. cit., p. 465.

[88] Cfr. Alfred Verdross, *Derecho Internacional Público* (Título original, *Völkerrecht*, Springer-Verlag, Viena, 1955), traducción de la 5ª edición alemana por Antonio Truyol y Serra, Aguilar, Madrid. 1980, p. 399.

gular deriva no solamente de la circunstancia de que una de las partes en la controversia estaba representada y la otra no, sino del hecho que, sin el acuerdo de esa parte que no estaba representada en el Tribunal, se haya designado como presidente del mismo a un personaje conocidamente anglófilo, funcionario del Ministerio de Asuntos Exteriores ruso, y que, en este caso, no podía actuar con independencia e imparcialidad.

Según Henkin, Pugh, Schachter y Smit, en 1872, al momento en que se adoptó el laudo de Ginebra, que resolvió la controversia del *Alabama*, estaba recibiendo gradual aceptación general un sistema de reglas y procedimientos arbitrales y, en 1875, el Instituto de Derecho Internacional había completado un destacado e influyente proyecto de Código de procedimiento arbitral.[89] Puede decirse que, para ese momento, las reglas derivadas del arbitraje del *Alabama* habían devenido en principios de Derecho Internacional general, o en una práctica aceptada como Derecho y, por lo tanto, obligatoria.

Dinh, Daillier y Pellet[90] consideran que existen dos causas principales para declarar la nulidad de un laudo: la nulidad del compromiso y el exceso de poder del árbitro; luego, al referirse a las "Reglas modelo" aprobadas por la Comisión de Derecho Internacional, agregan la corrupción del árbitro. En cuanto al exceso de poder, los autores citados afirman que este se produce, por ejemplo, cuando se decide *ultra petita*, o cuando se actúa en contravención a una disposición del compromiso relativa al Derecho aplicable.[91]

A juicio de Cavaré, el Derecho arbitral es el resultado de la costumbre; en su origen se encuentran los hechos y las prácticas que se vuelven hábitos, y que tanto los árbitros sucesivos como la sociedad internacional consideran como una práctica obligatoria, transformándola en Derecho consuetudinario; esta es, en su opinión, una de las materias

---

89 Cfr. Louis Henkin, Richard C. Pugh, Oscar Schachter, and Hans Smit, *International Law: Cases and Materials*, successor to Friedmann, Lissitzin and Pugh, *Cases and Materials on International Law* (1969), West Publishing Co., St. Paul, Minnesota, 1980, p. 845. El Proyecto de Código de Procedimiento Arbitral, del Instituto de Derecho Internacional, se encuentra en *Annuaire de l'Institut de Droit International*, 1877, p. 126 y ss.

90 Alain Pellet es uno de los abogados de Guyana en el presente caso.

91 Cfr. Nguyen Quoc Dinh, Patrick Daillier y Alain pellet, *Droit International Public*, 2e édition, Librairie Générale de Droit et de Jurisprudence, París, 1980, pp. 824 y s.

más notables en que la costumbre es fuente del Derecho Internacional.[92] En cuanto a las causas de invalidez de un laudo, Cavaré menciona, *inter alia*, la interpretación abusiva de las cláusulas del compromiso para la designación de los árbitros, el exceso de poder del árbitro, la decisión *ultra petita*, el desempeño por el árbitro de un papel distinto al que le está atribuido por el compromiso, y el menosprecio del derecho a aplicar.[93] Curiosamente, Cavaré, que había cuestionado, por su "motivación insuficiente", el laudo de Isabel II de España en el caso de la Isla de Aves,[94] no menciona expresamente la falta de motivación como una causal de nulidad del laudo. Sin embargo, en materia de arbitraje, en el último tercio del siglo XIX, lo que se había transformado en costumbre jurídica era la necesidad de que el laudo estuviera acompañado de sus fundamentos de hecho y de Derecho.

Venezuela no participó en la I Conferencia Internacional de La Haya, y tampoco se adhirió a la Convención para el Arreglo Pacífico de las Controversias Internacionales; pero algunas de sus disposiciones, particularmente aquellas referidas a las condiciones de validez de un laudo, a la obligación de motivarlo, o al carácter definitivo de un laudo debidamente dictado, tuvieron el efecto de hacer cristalizar normas de Derecho consuetudinario. Tales normas eran de obligatorio cumplimiento, independientemente de que los Estados hubiera ratificado o no la Convención.

En el primer párrafo del artículo 26 del proyecto de Código Arbitral propuesto por la delegación rusa en la I Conferencia de La Haya de 1899, se disponía que el laudo sería nulo en tres hipótesis: a) que el compromiso arbitral fuera nulo, b) que el tribunal arbitral se hubiera excedido en su autoridad, o c) que se probara la corrupción de alguno de los árbitros.[95] Por analogía, se recuerda que la Convención de Viena

---

92 Cfr. Louis Cavaré, *Le Droit International Public Positif*, Editions A. Pedone, París, 1969, tomo II, p. 262.

93 Cfr. Ibid., pp. 322 y ss.

94 Cfr. Ibid., p. 270.

95 Draft of Arbitral Code Proposed by the Russian Delegation: "Article 26. The arbitral award is void in case of a void *compromis* or exceeding of power, or of corruption proved against one of the arbitrators. ..." *Proceedings of The Hague Peace Conferences* – Translation of the Official Texts (The Conferences of 1899 and 1907). *The Conference of 1899*, Prepared in the Division of International Law of the Carnegie Endowment for International Peace,

sobre el Derecho de los Tratados menciona, como causa de nulidad de los tratados, *inter alia*, la violación manifiesta de las normas de uno de los Estados partes respecto al consentimiento para obligarse por un tratado (artículo 46, párrafo 1), el dolo (artículo 49), y la coacción, ya sea sobre el representante de un Estado (artículo 51), o sobre el Estado mismo (artículo 52). Si un tratado no es válido porque alguno de los negociadores de las partes se excedió manifiestamente en sus poderes para concluir un tratado, por analogía, un árbitro que se excede en los poderes que le otorgaron las partes para resolver una controversia tampoco es válido; esa es, además, una consecuencia natural y lógica de la aplicación del compromiso arbitral. Puede que el dolo esté implícito en la corrupción de alguno de los árbitros; pero no se ha previsto expresamente, como causal de nulidad de un laudo. Tampoco hay una referencia directa al efecto de la coacción sobre alguno de los árbitros, o sobre el efecto de la falta de motivación del laudo. Sin embargo, se recuerda que el artículo 54 de la Convención para el Arreglo Pacífico de las Controversias Internacionales, del 29 de julio de 1899, dispone que el laudo, "*debidamente pronunciado*" y notificado a los agentes de las partes, es el que decide definitivamente la controversia, sin apelación; de allí puede deducirse que un laudo que no haya sido "*debidamente pronunciado*" es nulo, y carece de efectos jurídicos. Este es el mismo criterio que, desde un punto de vista estrictamente doctrinario, había sostenido años antes el Instituto de Derecho Internacional, expresando que el laudo "*debidamente pronunciado*" es el que decide, dentro de los límites de su competencia, la controversia entre las partes, y que el laudo es nulo, en caso de que el compromiso sea nulo, en caso de exceso de poder, de corrupción probada de uno de los árbitros, o de error manifiesto.[96]

Como causales de nulidad, Dominique Carreau menciona la corrupción del árbitro, la colusión o el conflicto de intereses, el exceso de poder, el error de Derecho manifiesto y fundamental, las contradic-

under the supervision of James Brown Scott, Publications of the Carnegie Endowment for the International Peace, Division of International Law, Washington, Oxford University Press, New York, / London, / Toronto / Melbourne / Bombay, 1920, p. 183.

96 Cfr. Institut de Droit International, Session de La Haye, 28 août 1875, *Project de Règlement pour la Procédure Arbitrale Internationale*, artículos 25 y 27.

ciones internas del laudo, o la ausencia de claridad del mismo.[97] Refiriéndose al carácter definitivo del laudo, Hubert Thierry admite que hay situaciones en que se puede alegar su nulidad. Específicamente, él menciona la nulidad del compromiso, irregularidades en la designación de un árbitro, exceso de poder por parte del Tribunal, error manifiesto de Derecho, o un vicio esencial del procedimiento.[98] En el presente caso, aunque se podrían alegar todas esas hipótesis, vale la pena subrayar el "*error manifiesto de Derecho*"; pero, en este asunto, sería ir demasiado lejos asumir que cinco árbitros, con una larga trayectoria como jueces en los tribunales de mayor jerarquía de sus respectivos países, o como profesor de Derecho Internacional (en el caso de Federico de Martens), se *equivocaran* tanto en la apreciación del Derecho, al extremo de llegar a prescindir de la aplicación de las reglas expresamente convenidas por las partes; quizás no es exagerado afirmar que, simplemente, a plena conciencia, fallaron en contra de lo que indicaba el Derecho. Eso hace que, al no ser una decisión "*debidamente pronunciada*", ésta sea absolutamente nula, o carezca de existencia jurídica.

2. El respeto del debido proceso

Para que fuera válido, el laudo debía ser la culminación de un proceso con las debidas garantías para las partes. En el presente caso, éste no fue un proceso equitativo, en el que se respetara el principio de la igualdad de las partes. Mientras uno de los litigantes estuvo "*representado*" en la composición del Tribunal, el otro no lo estuvo; mientras una de las partes pudo ser parte de un conciliábulo para llegar a una solución de compromiso, la otra parte ni participó ni se enteró de ese compromiso, sino muchos años después de consumado. Este procedimiento fue una lucha desigual, en la que uno de los contrincantes tuvo a su disposición medios que no estaban al alcance del otro.

Una de las garantías inherentes a todo procedimiento judicial es que el Tribunal tenga a la vista toda la evidencia disponible, y que de-

---

97 Cfr. Dominique Carreau, op. cit., p. 551.

98 Cfr. Hubert Thierry, Jean Combacau, Serge Sur et Charles Vallée, *Droit International Public, Éditions Montchrestien*, Troisiéme édition, París, 1981, p. 575. La cita corresponde al capítulo titulado *Le règlement pacifique des différends et l'ajustement des situations conflictuelles*, de responsabilidad exclusiva del profesor Thierry.

cida con el convencimiento de que no hay ningún elemento probatorio que haya escapado a su atención; en particular, si el tribunal está en conocimiento de alguna prueba que esté en posesión de una de las partes en la controversia, es su deber requerir la presentación de la misma. En este sentido, debe recordarse que el artículo III del compromiso imponía al Tribunal la obligación de "*investigar y establecer*" la extensión de los territorios que, a la fecha de la cesión de las Provincias Unidas de los Países Bajos a Gran Bretaña, pertenecían a los Países Bajos o a España. Esta disposición no le confería al Tribunal un derecho que estaba en libertad de ejercer, sino que le imponía la obligación de asegurarse de que contaba con toda la información indispensable para dictar una decisión que estuviera acorde con los hechos, y que respetara los derechos de ambas partes. En el compromiso, había garantías especto de la presentación del caso, que incluían el derecho a que, a petición de una de las partes, el Tribunal exigiera a la otra parte evidencia que estuviera en su posesión, estando dicha parte obligada a proporcionarla.[99] Pero, en un procedimiento judicial, cuando se trata de información que está en posesión de la otra parte, y que es desconocida para quien podría solicitarla, es difícil saber qué pedir concretamente.

En el presente caso, los abogados de Venezuela no tenían conocimiento de alguna información relevante que pudiera estar en posesión de Gran Bretaña y, por lo tanto, no podían ir a pescar a ciegas, sin saber qué es lo que buscaban. Posteriormente, ya dictado el Laudo y abiertos los archivos de Inglaterra, apareció una carta "confidencial" de Henry Light, siendo gobernador de la colonia de Guyana Británica, fechada el 4 de marzo de 1842, dirigida a Lord Stanley, ministro de colonias británico (en respuesta a otra carta "confidencial" de este último), en la que, entre otras cosas, se dice lo siguiente:

> "... Nosotros no tenemos ninguna reclamación sobre el río Amacuro, al oeste del Barima, aunque en el viejo mapa del Mayor L. von Bouchenroeder, publicado en 1798, el primer río está marcado al este del segundo, y ambos desembocando en el Orinoco.
> Tanto el mapa del señor Schomburgk como el del señor Codazzi sitúan estos ríos en la posición adecuada, con el Amacuro entrando

99 Cfr. El artículo VII del compromiso arbitral.

en el Orinoco desde el sur oeste del Barima. [...]
Yo creo que el señor Schomburgk asume que el Amacuro es la frontera, solamente por razones de conveniencia. [...]
Ni el Barima ni el Amacuro pueden ahora ser de ninguna importancia para Gran Bretaña, y sólo podrían ser ocupados a un costo de vidas y dinero que no lo haría conveniente; pero debemos tener cuidado de que una potencia más importante que Venezuela no tome posesión de ellos.
La existencia de las repúblicas hispano americanas parece depender tanto de partidos políticos siempre listos para disputar por el poder, que uno podría preguntarse qué es lo que impide que una de las provincias en disputa -deseando obtener ayuda externa- le ofreciera a los Estados Unidos o a Francia, o a cualquier otra potencia, un asentamiento, simplemente por la locura de los sentimientos partidistas, listos para zambullirse en la insensatez de obtener alguna ventaja temporal sobre la facción opuesta. [...]
[...] la Guyana Británica nunca debe someterse a tener las banderas de Francia o de los Estados Unidos, o de cualquier otra potencia, ondeando en sus fronteras. [...]"[100]

Los abogados de Venezuela no se percataron de esta comunicación, que contradecía el mapa de Schomburgk y las pretensiones británicas, a la que se hacía referencia en el archivo documental presentado por Gran Bretaña. Sin embargo, durante las audiencias, el presidente del Tribunal interrumpió a uno de los abogados (Askwith) e informó que "algunos miembros del Tribunal" desearían ver la carta confidencial del señor Light, fechada el 4 de marzo de 1842. Inmediatamente, Webster, abogado de Gran Bretaña, admitió que el Tribunal estaba "en su derecho a pedir información o la presentación de documentos"; sin embargo, a juicio de Webster, cuando se trataba de documentos como éste, surgían cuestiones muy importantes de privilegio, queriendo significar, con esto, el derecho del Estado a conservar sus documentos confidenciales para su propio conocimiento; en su opinión, eran documentos de carácter privilegiado, cuya protección debía ser reclamada, pues se refería a

[100] Carta del 4 de marzo de 1842, de Henry Light, Gobernador de la colonia de Guyana Británica, a Lord Stanley, ministro de colonias inglés. Foreign Office, 80/108. Reproducida por Gillis Wetter, op. cit., vol. III, pp. 39-42. La traducción es del autor de estas líneas.

los más altos intereses del Estado. Lo sorprendente es que el presidente del Tribunal decidió aceptar que, teniendo en cuenta "*consideraciones de alta política*", Inglaterra no tuviera que presentar un documento, que algunos miembros del Tribunal querían conocer, y dio por cerrado el incidente.[101]

Para Max Huber, corresponde al árbitro decidir qué argumentos necesitan evidencia que los respalde, y si la prueba presentada para demostrar los hechos alegados es suficiente, o no lo es; es a él a quien le corresponde decidir si algún punto abordado por las partes debe ser aclarado. Según Huber, esta libertad es esencial para el árbitro, pues es él el que debe estar convencido de esos elementos que son necesarios para la construcción jurídica en la que va a estar basada su decisión. El árbitro debe considerar la totalidad de los argumentos y pruebas que se le han presentado por las partes, ya sea por propia iniciativa o a petición suya, y decidir cuáles alegaciones están suficientemente sustentadas.[102] En el caso que nos ocupa, una de las partes pudo decidir a qué evidencia podía tener acceso el Tribunal, y a cuál no. Esta circunstancia, consentida por de Martens, además de entorpecer la labor del Tribunal, con su asentimiento y complacencia, privó a la contraparte de un medio de prueba esencial para argumentar su caso.

3. El exceso de poder

El Tribunal no estaba autorizado para trazar caprichosamente una línea fronteriza que no tenía fundamento en ningún documento o prueba aportada por las partes. Tampoco tenía facultades para decidir esta controversia de acuerdo a la equidad o a su propio sentido de la justicia.

La competencia del tribunal tiene su fundamento en la voluntad de las partes, manifestada en el compromiso arbitral. Como muy bien expresa Charles Rousseau, si bien el árbitro es el juez de su propia competencia, él no es el amo; por ende, toda interpretación abusiva del compromiso arbitral, todo examen de asuntos no comprendidos en el compromiso, toda utilización de documentos que las partes hayan ex-

---

101 Cfr. Actas del proceso, 2460-2462, reproducido por Gillis Wetter, op. cit., pp. 37-39.

102 Cfr. *Island of Palmas case* (Netherlands, USA), 4 April 1928, Reports of International Arbitral Awards, vol. II pp. 829-871, en pág. 841.

cluido de su consideración, todo desconocimiento de las disposiciones del compromiso en cuanto a las reglas a aplicar, y en resumen, todo acto que rebase su competencia, constituye un exceso de poder, de una naturaleza que entraña la nulidad del laudo, haciendo que el mismo sea inexistente.[103] Rousseau insiste en que, según la doctrina, la sanción del exceso de poder se traduce no solamente en la nulidad absoluta del laudo, sino en la inexistencia de uno que haya sido dictado en tales condiciones; en su opinión, el tribunal que excede su competencia usurpa un poder que no le pertenece a ningún tribunal, y viola el principio fundamental según el cual no hay jurisdicción internacional sino sobre la base del consentimiento de los justiciables.[104] Rousseau cita un laudo de 1926, en el que se afirma que la cosa juzgada se aplica solamente a laudos válidos, mientras que aquellos viciados por exceso de poder son nulos y sin valor.[105] En el mismo sentido, Oppenheim y Lauterpacht afirman que un laudo es obligatorio sólo en el supuesto de que los árbitros hayan cumplido en todos los casos sus obligaciones como tales, y hayan podido dar el laudo con plena independencia; si hubieran sido sobornados, o no hubieran seguido las instrucciones fijadas por las partes, si el laudo hubiera sido dado bajo la influencia de coerción de cualquier clase, o si una de las partes hubiera conducido intencionada y maliciosamente a los árbitros a un error material esencial, el laudo no tendría ninguna fuerza obligatoria.[106]

Sin embargo, el tribunal arbitral puede usurpar una competencia que no le pertenece, ya sea porque, en su decisión, ha ido más allá del objeto de la controversia, o porque no ha atendido a las condicio-

---

103 Cfr. Charles Rousseau, *Droit International Public*, Sirey, París, 1983, Tome V, pp. 326 y s.

104 Cfr. Ibid., p. 327.

105 Cfr. Ibid., p. 327. La referencia es al laudo del Tribunal arbitral mixto germano polaco, del 1 de noviembre de 1926, en el caso *Tiedemann et autres c. Etat polonais*, Recueil, T.A.M., vol., VI, p.997.

106 Cfr. Lassa Oppenheim, *Tratado de Derecho Internacional Público* (título original: *International Law: A treatise*, séptima edición editada por Hersch Lauterpacht, Longmans, Green and Co., Londres / Nueva York / Toronto, 1952), traducción por Antonio Marín López, Bosch, Casa Editorial, Barcelona, 1966, Tomo II, vol. I, p. 29. Los autores citan, como ejemplo, un caso de la Comisión Mixta de reclamaciones entre los Estados Unidos de América y Alemania, en el que, entre otras cosas, se detectó fraude y colusión. *United States of América on behalf of Lehigh Valley Railroad Co., and others v. Germany*, *American Journal of International Law*, 34 (1940), p. 154.

nes bajo las cuales las partes convinieron en el arbitraje. Entre dichas condiciones habrá que tener muy en cuenta el Derecho aplicable y la motivación del laudo. En este sentido, el laudo dado por el rey Guillermo I de Holanda, en la controversia sobre la frontera noroeste entre Inglaterra y los Estados Unidos de América, no fue aceptado por los Estados Unidos, por considerar que el árbitro se había excedido en sus poderes.[107] Estados Unidos de América tampoco aceptó la decisión del árbitro Charles A. Henri Barge, designado por la reina Guillermina de Holanda, en su disputa con Venezuela por daños causados a ciudadanos estadounidenses durante la guerra civil en Venezuela;[108] en esta ocasión, aunque, según los términos del compromiso arbitral, la decisión del árbitro sería "*definitiva y concluyente*", las partes convinieron en someter la validez del laudo a un tribunal arbitral compuesto de tres árbitros, escogidos de entre los miembros de la Corte Permanente de Arbitraje Internacional.[109] Los árbitros tuvieron en cuenta que, en principio, una decisión arbitral debía ser aceptada, respetada y acatada por las partes, sin que hubiera una jurisdicción superior para reconsiderar tales decisiones; sin embargo, habiéndose alegado que dicho laudo era nulo, las partes convinieron en someterse a un nuevo arbitraje para determinar si, teniendo en cuenta las circunstancias del caso y los principios de Derecho Internacional, dicho laudo debía considerarse nulo, o si debía considerarse definitivo, impidiendo el reexamen de los méritos del caso. El Tribunal advierte que, en el compromiso arbitral del 13 de

---

107 El asunto fue finalmente resuelto por un tratado acordado por las partes, suscrito en Washington, el 9 de agosto de 1842.

108 Cfr. Laudo del 22 de febrero de 1904, según los términos del compromiso, del 17 de febrero de 1903.

109 Cfr. Protocolo de Caracas, suscrito el 13 de febrero de 1909, entre Estados Unidos de América y Venezuela. Los árbitros escogidos fueron Heinrich Lammasch (Austria), Auguste Marie François Beernaert (Bélgica), y Gonzalo de Quesada (Cuba). Los dos primeros tuvieron un papel muy activo en arbitrajes internacionales; ambos participaron en la Conferencia de la Paz de La Haya, de 1899, y ambos tuvieron responsabilidades políticas en sus respectivos países. Beernaert había sido Primer Ministro de Bélgica (1884-1894), y Lammasch, ya en los momentos postreros del imperio Austro-húngaro, había sido nombrado Ministro-Presidente de Austria por el Emperador Carlos I. En 1909, Beernaert recibió el premio Nobel de la Paz, por sus esfuerzos en favor del arbitraje obligatorio, premio que compartió con el barón Paul Henri d'Estournelles de Constant, que había representado a Francia en la Conferencia de La Haya de 1899. Por su parte, Gonzalo de Quesada, un diplomático cubano, había sido uno de los líderes del movimiento independentista en Cuba.

febrero de 1909, ambas partes habrían admitido, implícitamente, como vicios de nulidad que afectarían la decisión arbitral en disputa, el exceso de poder y el error esencial en el laudo; el laudo deja constancia que, en este caso, las partes no estaban objetando la integridad del árbitro, y que el exceso de poder podía consistir no solamente en decidir sobre un asunto que no se había sometido a su conocimiento, sino en la interpretación errónea de disposiciones expresas del compromiso arbitral en relación con la forma en que el tribunal debía llegar a su decisión y, en particular, en relación con los principios y reglas de Derecho a ser aplicadas.[110] Incluso en el caso de un compromiso de arbitraje en equidad, como el tratado por el que Bolivia y Perú sometieron al arbitraje del presidente de Argentina una disputa territorial,[111] Bolivia se rehusó a acatar el laudo dictado por Figueroa Alcorta el 9 de julio de 1909, por considerar que se extendía a territorios bolivianos que no estaban en discusión; como consecuencia de estas alegaciones, Bolivia y Perú firmaron un tratado que rectificó la frontera trazada previamente por el árbitro.[112] El principio fundamental es que la jurisdicción de todo tribunal internacional o arbitral está fundada en el consentimiento de las partes, manifestado en el compromiso arbitral, y que un laudo que se exceda de los poderes que le fueron conferidos es nulo, y carece de toda base jurídica.[113]

En el caso de la Compañía de Navegación del Orinoco, la Corte Permanente de Arbitraje Internacional (en una decisión adoptada por los árbitros H. Lammasch, A. M. F. Beernaert, y G. de Quesada) observó que el compromiso arbitral no investía a los árbitros con poderes discrecionales, y que el exceso de poder podía consistir no sólo en decidir una cuestión que no se le había sometido, sino en malinterpretar las disposiciones expresas del compromiso en relación con la forma de

---

110 Cfr. Parte considerativa del Laudo arbitral del 25 de octubre de 1910, *Caso de Orinoco Steamship Co.* (Estados Unidos de América v. Venezuela), Reports of International Arbitral Awards, vol. XI, pp. 227-241, en p. 238.

111 Cfr. El Tratado de arbitraje del 30 de diciembre de 1902, suscrito entre Bolivia y Perú.

112 Cfr. El Tratado Sánchez Bustamante – Polo, suscrito el 17 de septiembre de 1909.

113 Cfr. Lassa Oppenheim, *Tratado de Derecho Internacional Público* (título original: *International Law: A treatise*, séptima edición editada por Hersch Lauterpacht, Longmans, Green and Co., Londres / Nueva York / Toronto, 1952), traducción por Antonio Marín López, Bosch, Casa Editorial, Barcelona, 1966, Tomo II, vol. I, p. 30.

llegar a una decisión, y particularmente con relación a las reglas y a los principios de Derecho que debía aplicar.[114]

Según Oppenheim y Lauterpacht, no existe ninguna disposición de carácter general para la solución de controversias derivadas de la alegación de una parte de que un laudo arbitral ha sido dictado con exceso de poder y que, por lo tanto, es nulo.[115] Pero que no haya un remedio apropiado para resolver ese tipo de controversias no significa que éstas no existan, o que, por ello, los laudos nulos desde el inicio puedan subsistir, y deban ser acatados.

Cabe preguntarse si un laudo dictado con exceso de poder, esto es, un laudo dictado sobre la base de reglas que no han sido aceptadas y consentidas por las partes, atribuyéndose competencias que no tiene, alguna vez ha llegado a tener existencia jurídica. En este sentido, se observa que Venezuela ha considerado el Laudo de París como "*inexistente*",[116] esto es, un acto que es incapaz de producir efectos jurídicos, y que no puede ser convalidado por el transcurso del tiempo. Puede que exista la apariencia de un acto jurídico; pero, si éste está desprovisto de los requisitos indispensables para que sea reconocido como tal, no vale más que un billete falso, o que la pretensión de que un determinado territorio, que forma parte de un Estado reconocido por la comunidad internacional en su conjunto, sea un Estado independiente. En el caso del Laudo de París, éste es un hecho al que, para darle existencia jurídica, le faltan elementos esenciales, como la competencia del tribunal arbitral para decidir como lo hizo, o una mínima sustentación de que lo decidido correspondía al ejercicio de una competencia que le fue conferida por las partes. Sin embargo, en términos prácticos, no parece haber mucha diferencia entre que el laudo sea nulo o inexistente; después de todo, decir que un acto es nulo es declarar que no tiene existencia jurídica; además, en la práctica internacional, ambas situaciones tendrán

---

[114] Cfr. *The Orinoco Steamship Company Case* (United States, Venezuela), Arbitral Award of 25 October 1910. Reports of International Arbitral Awards, vol. XI, pp. 227-241, p. 239.

[115] Cfr. Ibidem.

[116] Cfr., por ejemplo, la Declaración del Ministerio de Relaciones Exteriores de Venezuela, del 2 de mayo de 1981. Cfr., también, el discurso de Ignacio Iribarren Borges, Ministro de Relaciones Exteriores de Venezuela, en la 20° sesión de la Asamblea General de las Naciones Unidas, pronunciado el 6 de octubre de 1965, en la sesión plenaria.

que ser declaradas por un tribunal, o tendrán que ser reconocidas como tales por ambas partes en la controversia. Que el Acuerdo de Ginebra eludiera este asunto, entrando directamente a diseñar mecanismos para resolver la controversia fronteriza entre ambos Estados es, por lo menos, un reconocimiento de que, por alguna razón, el laudo no tuvo el efecto de resolver esa controversia "*de manera completa, perfecta y definitiva*", como preveía el artículo XIII del compromiso arbitral; de lo contrario, el Acuerdo de Ginebra hubiera sido innecesario.

Tan grave es el exceso de poder en la adopción de un laudo que, en sus alegatos orales ante la Corte Internacional de Justicia en el caso del laudo arbitral del Rey de España, objetando una larga lista de causales de nulidad invocadas por Nicaragua, el Profesor Paul Guggenheim, como abogado de Honduras, reconocía solo dos causales de nulidad de un laudo arbitral: a) irregularidades en el compromiso arbitral, y b) el exceso de poder.[117] Pero, en el presente caso, no ha habido exceso de poder por parte del Tribunal; lo que ha habido es un abuso de poder.

4. La falta de motivación del laudo

El tipo de arbitraje en el que convinieron las partes en esta controversia no fue un proceso irracional o arbitrario. Independientemente de que compartamos o no la decisión final, la exposición de las razones que condujeron a adoptar esa solución, y no otra diferente, son las que permiten determinar si el Tribunal se ajustó a los términos de su competencia, y si, en efecto, la controversia fue *decidida*. Es mediante la debida motivación del laudo que las partes sabrán que las pruebas presentadas fueron debidamente evaluadas, y que sus alegatos fueron tenidos en cuenta; después de leídas las razones de los árbitros, cada una de las partes sabrá en qué acertó, o en qué se equivocó. Pero, en un arbitraje sometido a reglas claras y precisas, la falta de motivación del laudo es un vicio inadmisible que, por lo menos, genera suspicacia, y que sirve de fundamento para declarar la nulidad de todo lo obrado.

En el caso del laudo arbitral del rey de España, la Corte Internacional de Justicia sostuvo que el examen del laudo mostraba que éste

---

[117] Cfr. Paul Guggenheim, *Plaidoire, Case Concerning the Arbitral Award Made by the King of Spain on 23 December 1906* (Honduras v. Nicaragua), (General List No. 39-Judgment of 18 December 1960), vol. II, Oral arguments, p. 59.

cubrió, en orden lógico y con algún detalle, todas las consideraciones relevantes, y que contiene un amplio razonamiento y explicaciones en apoyo de sus conclusiones.[118] Nada de lo anterior se podría afirmar del Laudo de París, y no tiene sentido que Guyana invoque, como fundamento de su demanda, lo decidido por la Corte Internacional de Justicia en un caso en que ésta dispone, precisamente, que la validez de un laudo depende de su adecuada motivación.

Hersch Lauterpacht sostenía que la exhaustividad en el razonamiento judicial siempre es una consideración apremiante de la justicia internacional, requerida de todos los tribunales internacionales.[119] Según Lauterpacht, cuando un Estado demandado plantea una serie de objeciones -procesales y de fondo- en contra de la demanda, el Tribunal está obligado a examinar cada una de ellas, en caso de que considere necesario rechazarlas; en tales casos, la decisión sobre cada punto alegado forma parte esencial de la decisión final. El resultado puede ser una sentencia muy larga; pero, cuando lo que está en juego son asuntos importantes (y el hecho de que ese asunto haya llegado a un tribunal internacional prueba que lo es), no es sorprendente que los argumentos jurídicos sean largos y elaborados.[120] Quien esto decía era un prestigioso jurista inglés, antiguo profesor de la Universidad de Cambridge, y juez de la Corte Internacional de Justicia hasta su fallecimiento en 1960. En respaldo de su tesis, Lauterpacht cita un laudo arbitral, en el caso de unas reclamaciones rusas por el pago de los intereses de mora de una indemnización,[121] considerado por él como una de las decisiones más notables, por la forma cómo el Tribunal arbitral desestimó, una por

---

118 Cfr. International Court of Justice, *Case Concerning the Arbitral Award Made by the King of Spain on 23 December 1906* (Honduras v. Nicaragua), Judgment of 18 November 1960, p. 28.

119 Cfr. Hersch Lauterpacht, *The Development of International Law by the International Court*, Grotius Publications Limited /Sevens & Sons Limited, Cambridge / London, 1982, p. 37.

120 Cfr. Ibid., pp. 37 y s.

121 Cfr. Permanent Court of Arbitration, *Russian Claim for Interest on Indemnities* (Damages claimed by Russia for delay in payment of compensation owed to Russians injured during the war of 1877-1878), Russia v. Turkey, adoptado en La Haya, el 11 de noviembre de 1912, por el Tribunal Arbitral integrado por Charles E. Lardy (super árbitro), Michael von Taube, André Mandelstam, Herante Abro Bey y Ahmed Réchid Bey.

una, varias de las objeciones turcas, aunque terminó desestimando la reclamación rusa por una cuestión formal, considerando que, después de que Turquía cayera en mora, Rusia no había hecho reserva de su derecho al pago de intereses. Según Lauterpacht, el Tribunal podía haber recortado drásticamente su laudo, limitándose a indicar ese último elemento, pero -de haberlo hecho así- no habría sido tan celebrado.[122] En opinión de este eximio jurista, la administración de justicia de un Estado puede darse el lujo de decidir sobre la base de argumentos puramente formales o procesales; también puede darse el lujo de menospreciar las susceptibilidades de las partes al ignorar argumentos que no le parecen indispensables para su decisión. Pero esto no lo puede hacer un tribunal internacional, que está tratando con Estados soberanos, y cuya competencia depende de la voluntad de las partes. Una decisión que no encuentra su fundamento en el Derecho, como es el caso de una decisión que no va acompañada de un razonamiento (o de un razonamiento adecuado), se presta para la crítica en casos en que el objeto de la controversia está conectado con intereses de importancia política. Por eso, en estos asuntos, no sólo es de vital importancia que se haga justicia, sino que se vea que se hace justicia.[123]

Aunque, con frecuencia, en el arbitraje soberano -esto es, el arbitraje de reyes y reinas- pueda haberse prescindido de consideraciones jurídicas, otro jurista inglés, J. G. Merrills, sostiene que a fines del siglo XIX el arbitraje pasó a ser reconocido como un procedimiento esencialmente judicial, que requería decisiones razonadas, basadas en el consejo ofrecido por los juristas.[124]

A juicio de Cassese, una de las características sobresalientes del arbitraje es que la decisión del tribunal arbitral hace un exhaustivo análisis tanto de los hechos del caso como del Derecho que los rige.[125] Para Cassese, más importante que la decisión a que el tribunal pueda haber llegado es el fundamento de la misma. Pero el laudo que nos ocupa ni

---

122 Cfr. Hersch Lauterpacht, op. cit., p. 38.

123 Cfr. Ibid., p. 39.

124 Cfr. John Graham Merrills, *International Dispute Settlement*, Third edition, Cambridge University Press, Cambridge, 1998, p. 89.

125 Cfr. Antonio Cassese, International Law, Second Edition, Oxford University Press, Oxford / New York, 2005, p. 281.

hace un análisis de la prueba aportada por las partes, ni establece los hechos que el Tribunal tuvo por probados, ni señala cuál es el Derecho aplicable.

Bajo el subtítulo de "*Obligación de motivar*" ("*Obligation de motiver*"), Dinh, Daillier y Pellet sostienen que, cuando el árbitro era un jefe de Estado, éste no tenía que explicar las razones de su decisión, pues el temor a comprometerse a sí mismo y a la reputación de su propio país en el futuro eran una garantía suficiente; pero, con la "judicialización" del procedimiento arbitral, surgió la obligación de fundamentar el laudo.[126] Pero lo cierto es que incluso algunos arbitrajes de jefes de Estado eran debidamente motivados.

Según el proyecto de Reglamento para el procedimiento arbitral internacional, aprobado en 1875, preparado por el Instituto de Derecho Internacional, el Tribunal tenía derecho a determinar la forma y los plazos dentro de los cuales cada parte debía presentar sus conclusiones, fundadas en los hechos y el Derecho, y proponiendo medios de prueba; el Tribunal podría requerir a las partes el esclarecimiento de los puntos dudosos, y podría decidir, según su libre apreciación, sobre la interpretación de los documentos producidos y, en general, de los medios de prueba aportados por las partes.[127] Nada de lo anterior sería relevante si el tribunal pudiera decidir sin fundamentar su decisión; incluso "*la libre apreciación*" de los documentos y pruebas supone una valoración razonada por parte del Tribunal. El artículo 18 del proyecto de Reglamento es explícito: El Tribunal Arbitral decidirá según los principios de Derecho Internacional, a menos que el compromiso disponga otra cosa, o someta dicha decisión a la libre apreciación de los árbitros; según el artículo 22, si el Tribunal no encuentra fundadas las pretensiones de una de las partes, debe declararlo así; además, el artículo 23 establece que el laudo arbitral debe contener una exposición de motivos, salvo una dispensa estipulada por el compromiso; por si no fuera suficiente, el artículo 24 dispone que el laudo, "*con la exposición de motivos*", será notificada a cada parte. El proyecto de Reglamento antes referido

---

[126] Cfr. Nguyen Quoc Dinh, Patrick Daillier y Alain pellet, *Droit International Public*, 2e édition, Librairie Générale de Droit et de Jurisprudence, París, 1980, p. 823.

[127] Cfr. Institut de Droit International, Session de La Haye, 28 août 1875, *Project de Règlement pour la Procédure Arbitrale Internationale*, artículo 15, párrafos 1°, 3° y 5°.

no tiene un carácter puramente académico, ni es una propuesta *de lege ferenda*, sino que corresponde a una codificación del Derecho en vigor. En los términos del artículo 38, párrafo 1, literal d), del Estatuto de la Corte Internacional de Justicia, dicho proyecto de Reglamento para el procedimiento arbitral internacional es un medio auxiliar para la determinación de las reglas de Derecho; es decir, en este punto, es una prueba del Derecho preexistente.

En la fase escrita, junto con sus alegatos, las partes habían presentado abundante documentación. En marzo de 1898, Gran Bretaña había entregado al Tribunal siete volúmenes de documentación y un atlas, y Venezuela tres volúmenes y un atlas. En julio del mismo año, ambas partes volvieron a presentar nueva documentación, en dos volúmenes por el lado venezolano, y en uno por parte de Gran Bretaña. La fase oral, que comenzó en junio de 1899, se desarrolló en cincuenta y cuatro sesiones de cuatro horas diarias de duración, se extendió hasta el 27 de septiembre de 1899, y de todo ello se dejó constancia en acta.[128] Los abogados de las partes pronunciaron largos discursos; como abogado de Gran Bretaña, Richard Webster abrió la fase oral, con un alegato que duró trece días, a lo que siguió otro discurso de trece días, esta vez de Mallet-Prevost, en representación de Venezuela. Para cerrar el debate, nuevamente, ambas partes pronunciaron largos discursos. Pero nada de eso mereció el menor comentario por parte de los árbitros que, prescindiendo de toda consideración jurídica, prefirieron llegar a un compromiso entre ellos. Teniendo en cuenta la complejidad del caso, en el Artículo X del compromiso arbitral se había dispuesto que, "si era posible", la decisión del Tribunal se anunciaría dentro de los tres meses siguientes a la conclusión de los alegatos de ambas partes. Sin embargo, seis días después de concluidos esos extensos alegatos, sin siquiera tiempo para revisar la documentación aportada y examinar los argumentos de las partes, el Tribunal procedió a anunciar su breve decisión, desprovista de todo fundamento.

En el caso de la Isla de Palmas, el juez Max Huber sostenía que era contrario a los principios propios del arbitraje internacional excluir

[128] Cfr. Otto Schoenrich, *The Venezuela-British Guiana Boundary Dispute*, American Journal of International Law, 1949, p. 525.

in limine los argumentos de las partes, como si estos fueran irrelevantes.[129] Pues eso es, precisamente, lo que ocurrió en este caso, con todos los argumentos de ambas partes, sin que ninguno de ellos fuera examinado por el Tribunal.

Tres meses antes de que se emitiera el laudo, en la Conferencia Internacional de la Paz, celebrada en La Haya, y en la cual Federico de Martens participó como delegado de Rusia, durante los trabajos preparatorios de la que sería la Convención para el Arreglo Pacífico de Controversias Internacionales, en el convencimiento de que esto correspondía a la codificación del Derecho Internacional como existía en ese momento, el Dr. Philipp Karl Ludwig Zorn, delegado de Alemania, propuso que se estableciera que el laudo "debe indicar las razones en que se fundamenta". En respuesta, Martens sostuvo que, "en más de una ocasión", había mencionado las ventajas que resultarían de laudos basados en razones, incluyendo la creación de una valiosa jurisprudencia; pero él había escuchado serias objeciones de parte de árbitros de la mayor autoridad, que habían llamado su atención sobre la circunstancia de que los árbitros no sólo eran tales, sino también "representantes de sus gobiernos"; por lo tanto, requerir de ellos establecer las razones para sus decisiones era imponerles una delicada obligación, que podía ponerlos en una situación seriamente embarazosa si sus "conciencias judiciales" no estaban de acuerdo con los requerimientos de sus gobiernos o con la sensibilidad de la opinión pública en sus respectivos países. En opinión de Martens, requerir de un árbitro imparcial condenar a su gobierno [o a su Estado], y además tener que justificarse a sí mismo, agravando dicha condena, era ir demasiado lejos; si el laudo contenía sólo unas pocas frases, todos los árbitros podrían suscribirlo; pero el resultado no sería el mismo si las razones en que se funda implicaran una severa crítica, o arrojaran la culpa sobre una de las partes.[130] La

---

129 Cfr. Reports of International Arbitral Awards, *Island of Palmas case* (Netherlands, USA), 4 April 1928, vol. II p. 841.

130 Cfr. *Proceedings of The Hague Peace Conferences* – Translation of the Official Texts (The Conferences of 1899 and 1907). The Conference of 1899, Prepared in the Division of International Law of the Carnegie Endowment for International Peace, under the supervision of James Brown Scott, Publications of the Carnegie Endowment for the International Peace, Division of International Law, Washington, Oxford University Press, New York, / London, / Toronto / Melbourne / Bombay, 1920, pp. 740 y s.

respuesta vino del Barón Descamps, para quien los árbitros tenían la facultad de indicar, en pocas palabras, las razones de su decisión; los árbitros conocen muy bien la forma y los límites que deben observar en esta esfera; pero la obligación de indicar sus razones es, al mismo tiempo, una garantía esencial para esos que comparecen ante el Tribunal y uno de los más valiosos elementos en el progreso del Derecho.[131] Según Federico de Martens, si bien esto sería una ventaja desde el punto de vista legal, sería un obstáculo desde el punto de vista práctico pues, en relación con los hechos que dieron origen a la controversia, equivaldría a reconocer el error o la inexactitud de uno de los Estados litigantes. Tobias Michael Carel Asser, delegado de los Países Bajos, preguntó a Martens si podía citar siquiera un laudo arbitral en que no se dieran las razones para llegar a él; en opinión de Asser, imponer a los árbitros la obligación de indicar las razones de su decisión era una firme garantía de imparcialidad y, gracias a dicha garantía, el laudo nunca sería tenido como arbitrario. Martens replicó que nunca había tenido la intención de impedir que el Tribunal indicara las razones de su decisión, sino que deseaba dejarlo en libertad de acción. En respuesta a la pregunta de Asser ("*un solo caso en que no se dieran razones*"), Martens sólo pudo citar los casos del *Alabama* y de las *Pesquerías del Mar de Bering*, en que algunos miembros del Tribunal se habían negado a firmar el laudo, precisamente porque indicaba las razones del mismo. Al Barón Descamps, delegado de Bélgica, le parecía imposible privar a las partes de las garantías fundamentales a que Asser había hecho mención. Ninguno de los participantes en la Conferencia de La Haya manifestó su apoyo a la tesis de Martens. El presidente puso a votación la propuesta de Zorn, la cual fue aprobada por mayoría de votos,[132] reflejándose así, en el artículo 52 de la Convención para el Arreglo Pacífico de Controversias Internacionales, adoptada el 29 de julio de 1899. Para ese momento, la obligación de fundamentar el laudo era asumida como una costumbre internacional, o como un principio general de Derecho Internacional, independiente de toda obligación convencional; las razones esgrimidas en la Conferencia de La Haya sitúan la fundamentación del laudo en el

---

[131] Cfr. ibid., p. 741.

[132] Cfr. ibid., p. 748.

plano de un principio general del Derecho Internacional en vigor; no como una propuesta de *lege ferenda*, sino como *lege lata*.

Como el Comité de Examen de la Conferencia de La Haya no compartiera su posición en cuanto a la fundamentación de los laudos, Federico de Martens insistió en su negativa, esta vez ante la Tercera Comisión de la Conferencia. Según de Martens, como jurista, él podía aceptar este requerimiento; pero, como hombre práctico, debía rechazarlo. Si los árbitros -en un Tribunal plural- admitían los actos ilegales cometidos "*por su Gobierno*", en conciencia, podían concurrir en la decisión de la mayoría; pero si se les forzaba a dar las razones de su decisión, criticando la política y las medidas adoptadas por "su Gobierno", les sería difícil firmar el laudo; en su opinión, podían surgir circunstancias en las que la obligación de dar una decisión razonada fuera un obstáculo en el camino de una decisión absolutamente justa. Sorprendentemente, en esa misma sesión, el 17 de julio de 1899, Martens agregó que "*el Tribunal Anglo-Americano*" que en ese momento estaba sesionando en París no había aceptado esta obligación. Ni había tal Tribunal "*Anglo-Americano*", sino un Tribunal Anglo-Venezolano, ni había ninguna decisión que dicho Tribunal hubiera adoptado contraviniendo las reglas expresas convenidas por las partes, entre las que se indicaba -en el Artículo V del compromiso arbitral- la obligación de examinar y decidir cuidadosamente las cuestiones que se le habían sometido.

Respecto de la distinción que hacía Martens, entre cuestiones de Derecho y de hecho, admitiendo las ventajas de la motivación en cuanto a lo primero, pero no en cuanto a lo segundo, es innecesario destacar que el laudo que -dos meses después de este debate en la Conferencia de La Haya- se adoptó bajo su dirección, no contiene ningún tipo de razonamiento. Ni en cuanto a los hechos, ni en cuanto al Derecho. Si el Derecho hace predecible el resultado de una controversia, el laudo de París constituyó una absoluta sorpresa que, en ausencia de una decisión motivada, era incomprensible. Quien le respondió -en la Tercera Comisión- fue Chevalier Descamps, insistiendo en el criterio del Comité, argumentando que hay asuntos que no pueden resolverse con un sí o un no, y que los fundamentos de la decisión son los que justifican el laudo. El Barón Descamps consideraba que las dificultades apuntadas por Martens no eran insuperables, y que se podían reconciliar con la obligación de dar razones para el laudo; la forma y la medida de su decisión eran dejadas a criterio del Tribunal; además, si los Estados consideraban que había serias objeciones para que se indicara los motivos del laudo (se supone que en el compromiso arbitral), ellos estaban en libertad de dispensar a los árbitros de esta formalidad. Martens insistió en que no se debía imponer esta obligación al Tribunal. Esta vez, el Dr. Philipp Zorn, delegado de Alemania, apoyó entusiastamente la opinión de Descamps, pues consideraba que la fortaleza de un laudo descansa precisamente en su fundamentación. El presidente de la Comisión observó que la obligación de dar las razones del laudo no implicaba una regla en cuanto a la forma de presentar dichos fundamentos; el tribunal arbitral tenía libertad para formular sus razones brevemente, o explayarse en las mismas. Por otra parte, ante la propuesta de Edouard Rolin, delegado de Siam, de que los árbitros que estuvieran en minoría también deberían indicar las razones de su disidencia, Chevalier Descamps observó que no se quería dar la apariencia de que hubiera dos sentencias, y que bastaba con que los árbitros en minoría pudieran expresar su disenso. En definitiva, se dio por aprobado el texto propuesto por el Comité.[133] El laudo, aprobado por una mayoría de votos, debe indicar las razones en que se funda, y debe ser redactado por escrito y firmado por cada miembro del Tribunal.[134] Dos meses antes de que se emitiera el Laudo de París, durante todo este debate, Federico de Martens estuvo absolutamente solo; ni siquiera en forma matizada alguno de los otros delegados a la Conferencia compartió su tesis de que el laudo no debía ser motivado.

En su afán por obtener un pronunciamiento unánime del Tribunal Arbitral, y a partir de los argumentos que, en la Conferencia de Paz de La Haya, ya había defendido sobre la ausencia de obligación de motivar el laudo, el 3 de octubre de 1899 se adoptó una decisión muy breve, desprovista de todo fundamento, que deja a las partes en la incertidumbre en torno a los argumentos y pruebas que fueron acogidas

---

133 Cfr. Ibid., pp. 615 y ss.

134 "The award, given by a majority of votes, *must state the reasons on which it is based.* It is drawn up in writing and signed by each member of the tribunal."

o que fueron desestimadas y porqué, en torno a las reglas del Tratado de Washington que finalmente fueron aplicadas, y cómo lo fueron, o en torno a la aplicación de principios de Derechos Internacional que no eran incompatibles con esas reglas, cómo se determinó su existencia y alcance, y en qué casos y circunstancias fueron aplicados dichos principios. El laudo adjudicó a Inglaterra más del 90% del territorio en disputa, pero no indica cuáles fueron los títulos que tuvo en cuenta para decidir así; si fue la cesión de las Provincias Unidas de los Países Bajos, tendría que haberse demostrado que ese era un territorio que los Países Bajos poseían legítimamente, y que no estaban transfiriendo más que lo que le pertenecía; si fue la prescripción, tendría que haber demostrado la posesión por Gran Bretaña durante un tiempo no menor de cincuenta años, la aquiescencia de España o Venezuela en el perfeccionamiento de un título defectuoso, y la circunstancia de que tal prescripción habría cristalizado antes de la fecha crítica indicada por el compromiso arbitral. En fin, el laudo tendría que haberse extendido en las consideraciones de hecho y de Derecho que conducían, necesaria y lógicamente, a la decisión finalmente adoptada. No era demasiado pedir, ni era ésta una tarea inusual para la época; eso era lo que exigía el Derecho Internacional en vigor y, dos años antes, en el caso del *Costa Rica Packet*, en una controversia entre Gran Bretaña y los Países Bajos, tal vez porque se trataba de dos naciones que no podían ser calificadas de "*semi salvajes o bárbaras*", Federico de Martens, actuando como árbitro único, había demostrado que lo sabía hacer.

En el Laudo, se afirma que los árbitros han "*examinado imparcial y cuidadosamente*" las cuestiones que se le han presentado; pero no hay ninguna evidencia de que así haya sido, y no es eso lo que consta en el Laudo. Muy por el contrario, queda el hecho irrefutable de que no hay ningún examen de la documentación presentada por las partes, de los mapas aportados, de los testimonios o alegatos presentados en las cincuenta y cuatro audiencias que se celebraron, o de las conclusiones presentadas por los abogados de las partes. Para un Laudo tan parco y tan escaso de tinta, no era necesario tanto esfuerzo y tantos recursos, definitivamente dilapidados ante un Tribunal que no les prestó ninguna atención.

Se afirma audazmente que, como requería el compromiso arbitral, el Tribunal investigó y se cercioró de la extensión de los territorios pertenecientes a las Provincias Unidas de los Países Bajos o al Reino de España, o que pudieran haber sido legítimamente reclamados por las unas o por el otro al tiempo de la adquisición de la colonia de la Guyana por parte de Gran Bretaña. No habiendo ningún rastro de que así haya sido, el tribunal arbitral pretende que se tenga por buena esa peregrina afirmación, y pasa de inmediato a fijar una frontera. Al no comprobar qué es lo que los Países Bajos estaban en capacidad de ceder, se atribuyó poca -o ninguna-importancia al viejo principio romano, según el cual *nemo dat quod non habet*.[135] Si el título invocado por Gran Bretaña se remontaba, en su origen, a la cesión que España hizo a las Provincias Unidas de los Países Bajos de los territorios de Berbice, Esequibo y Demerara, todos situados en la costa del océano Atlántico y al este del río Esequibo, el Tribunal tendría que haber explicado cómo la soberanía sobre esos territorios se extendió a territorios no mencionados en el Tratado de Münster, situados al oeste del río Esequibo y en las zonas interiores.

Si antes hicimos una comparación entre los tratados que condujeron al arbitraje del caso del *Alabama* y del Esequibo, ahora sería pertinente hacer una comparación entre ambos laudos; pero, si los tratados de arbitraje eran esencialmente idénticos, los laudos eran diametralmente diferentes. El primero, el de las reclamaciones del *Alabama*, es un texto prolijamente elaborado, y debidamente sustentado en cada una de sus conclusiones, estableciendo un nexo entre los hechos que se tenían por probados y las reglas de Derecho aplicables; por el contrario, el segundo -el Laudo de París- es un documento muy breve, que no indica cuáles son los hechos probados y cuáles son las reglas jurídicas aplicables, sino que, sin ofrecer ningún fundamento, entra directo a fijar la frontera entre Venezuela y la Colonia de Guyana Británica.

---

135 En el caso de la Isla de Palmas, en donde, similarmente, se invocaba una cesión de España a Estados Unidos de América, el árbitro, Max Huber, advirtió que era "evidente que España no podía transferir más derechos que los que ella misma poseía." *Island of Palmas Case* (The Netherlands v. United States of America), 4 April, 1928, United Nations, Reports of International Arbitral Awards, vol. II, p. 842.

Que el Laudo se haya adoptado por unanimidad no eximía al Tribunal de motivar su decisión. Este requisito no tenía -ni tiene- como propósito el que los árbitros proporcionen argumentos para convencerse entre ellos, sino para mostrar que se hizo justicia. Incluso si todos estaban de acuerdo en la decisión final, con mayor razón, había que demostrar que dicha decisión era el fruto de un razonamiento depurado, producto del examen de las pruebas y los argumentos aportados por las partes, y no de una componenda política.

En el asunto del laudo arbitral del Rey de España (invocado expresamente por Guyana en este caso), la parte demandada no alegó que el laudo careciera de fundamentos, sino que contenía "oscuridades y contradicciones", y pedía que se declarara su nulidad, *inter alia*, por "falta de razones adecuadas en apoyo de las conclusiones a que había llegado el árbitro".[136] A juicio de la Corte, el examen del laudo indicaba que éste examinó en orden lógico, y con algo de detalle, todas las consideraciones relevantes hechas por las partes en apoyo de sus conclusiones, y que contenía extensos razonamientos y explicaciones en apoyo de las conclusiones a que llegó el árbitro, por lo que este alegato fue desestimado como infundado.[137] Puede que los fundamentos del laudo fueran inadecuados, limitándose a repetir los argumentos de las partes, como señaló el juez Urrutia Olguín en su opinión disidente. Pero el hecho es que, en esta sentencia, por catorce votos contra uno, la Corte Internacional de Justicia admitió que un laudo puede ser nulo debido a la ausencia o deficiencia de los fundamentos en que se basa. Según esta sentencia, la Corte no estaba llamada a pronunciarse sobre si la decisión del árbitro era correcta o incorrecta;[138] según la sentencia, los casos de "error esencial" que Nicaragua había traído a la atención de la Corte no eran otra cosa que la evaluación de documentos y otras evidencias sometidas al árbitro, cuyo valor probatorio correspondía al poder discrecional del árbitro, el cual no podía ser impugnado.[139] Pero

---

[136] Cfr. International Court of Justice, *Case Concerning the Arbitral Award Made by the King of Spain on 23 December 1906* (Honduras v. Nicaragua), Judgment of 18 November 1960, pp. 9 y 22.

[137] Cfr. Ibid, p. 28.

[138] Cfr. Ibid, p. 26.

[139] Cfr. Ibid, pp. 27 y s.

la Corte no dice que queda a la discreción del árbitro decidir si, en el laudo, dejará constancia del examen y valoración que haya hecho de la evidencia sometida por las partes; aunque corresponde al árbitro decidir el valor probatorio de la evidencia aportada por las partes, lo que no es discrecional es determinar si esas consideraciones deben o no formar parte del laudo, o si deben hacerse conocer a las partes para que éstas sepan que se hizo justicia.

5. *Ultra vires*

En lo que es otra formulación de este mismo principio, Fitzmaurice afirma que la regla *non ultra petita*, que indica que un tribunal internacional no puede decidir más de lo que se le ha pedido que decida, aunque a veces ha sido clasificada como una regla de procedimiento, ella responde a un principio jurisdiccional, según el cual las competencias del tribunal están limitadas a los poderes que le han sido conferidos por las partes.[140] Según Fitzmaurice, ésta regla es un corolario y una parte esencial del principio según el cual la jurisdicción internacional está basada en el consentimiento de las partes pues, de lo contrario, ella sería constantemente evadida.[141]

La competencia del tribunal está confinada al caso que se le ha sometido, y únicamente para decidir los puntos que le han sido sometidos por las partes, o que están cubiertos por la controversia de que conoce; en este sentido, en su interpretación de la sentencia en el caso del asilo de Haya de la Torre, la Corte señaló que era su deber responder a las preguntas que se le habían formulado, pero que debía abstenerse de decidir sobre puntos no incluidos en los alegatos o conclusiones finales de las partes.[142] Asimismo, en el caso de las islas Minquiers y Ecréhos, que fue sometido a la Corte Internacional de Justicia mediante un compromiso en el que se le pedía a ésta que, específicamente, determinara si tales islas pertenecían al Reino Unido o a Francia, en respuesta a lo

---

140 Cfr. Gerald Fitzmaurice, *The Law and Procedure of the International Court of Justice*, Grotius Publications, 1986, Cambridge University Press, 1993, reimpreso en 1995, Cambridge, vol. II, p. 524.

141 Cfr. Ibid., p. 529.

142 Cfr. International Court of Justice, *Request for Interpretation of the Judgment of November 20th, 1950, in the Asylum Case (Colombia / Peru)*, Judgment of November 27th, 1950, p. 11.

alegado por Francia, en el sentido de que las islas podían ser *terra nullius* o ser sometidas a *condominium*, la Corte sostuvo que, sobre la base del compromiso, debía determinar si la soberanía correspondía a una o a otra de las partes en el litigio, y que las propias partes habían excluido la posibilidad de declararlas *res nullius* o *condominium*.[143]

Toda decisión judicial obliga sólo a las partes en la controversia, y no puede decidir asuntos que conciernen a Estados que no son partes en el litigio. Por lo anterior, el autor de estas líneas no estima necesario referirse a la incursión del Laudo arbitral en el territorio de otros Estados, lo cual dio origen a varias protestas por parte de los Países Bajos[144] y Brasil.[145] En una circular del Ministerio de Relaciones Exteriores de Brasil, acompañada en una de sus notas de protesta dirigida a Gran Bretaña, ésta se refiere a las preocupaciones del gobierno de Brasil por la forma en que el laudo incursionó en sus derechos territoriales, y hace referencia a un tratado de límites que Brasil había firmado con Venezuela, el cual había sido presentado ante el Tribunal arbitral. Quien suscribe esa circular no se puede imaginar que el Tribunal arbitral haya trazado la frontera sobre territorio que, incontestablemente, era brasileño. Esta circular recuerda que el laudo de París no tiene efecto en Derecho Internacional, y tampoco en el Derecho civil, respecto de una potencia extraña al litigio. La circular observa que el Tribunal arbitral ha fallado *ultra petita*, sobre cosas no reclamadas ni por Venezuela ni por Gran

143 Cfr. International Court of Justice, *The Minquiers and Ecrehos Case* (France / United Kingdom), Judgment of November 17th, 1953, p. 9.

144 Cfr. la nota de protesta de Holanda, de una fecha indeterminada en 1900, relacionada con los términos del laudo que, aunque reservaba expresamente los derechos territoriales de Brasil, no decía nada respecto de los derechos territoriales de Holanda. A esa nota respondió un funcionario del servicio exterior británico (firma ilegible), en nombre del Primer Ministro Salisbury, el 28 de marzo de 1900. Reproducido en Gillis Wetter, op. cit. Tomo III, p. 168.

145 Cfr. Una nota de protesta dirigida al Marques de Salisbury, firmada, por instrucciones del gobierno de Brasil, por un señor Gericke, quejándose de que el laudo de París se excedió de los límites de su mandato, ocupándose de fijar la frontera entre la Guyana inglesa y Brasil. Reproducido en Gillis Wetter, op. cit. Tomo III, p. 169. Hay una segunda nota de protesta, firmada por A. de Souza Correa, por instrucciones del Ministro de Relaciones Exteriores de Brasil, del 12 de enero de 1900, dirigida al Marques de Salisbury, y en la que le acompaña una circular del Ministerio de Relaciones Exteriores de Brasil, del 7 de diciembre de 1899, firmada por Olyntho de Magalhaes. Reproducido en Gillis Wetter, op. cit. Tomo III, pp. 170 a 173.

Bretaña.[146] Adicionalmente, en el laudo arbitral de Víctor Emmanuel III, rey de Italia, del 6 de junio de 1904, sobre la frontera entre Brasil y la Guyana Británica, en una decisión debidamente motivada, se refiere directamente al laudo arbitral dictado "por el Tribunal *Anglo-Americano*", del 3 de octubre de 1899, se señala que este último carecía de valor, y no podía ser invocado en contra Brasil, que no fue parte en ese litigio. Pero Víctor Emmanuel hace otras observaciones igualmente pertinentes en el caso que nos ocupa; en su decisión, se indica que el descubrimiento de nuevas rutas de comercio en regiones que no pertenecen a ningún Estado no puede, por sí solo, conferir un derecho efectivo a la adquisición de soberanía de esas regiones por Estados cuyos súbditos las han descubierto en su capacidad privada; según Víctor Emmanuel, para adquirir la soberanía de esas regiones es indispensable que la ocupación se efectúe en nombre del Estado; además, la ocupación no puede llevarse a cabo sino mediante la toma de posesión ininterrumpida y permanente en nombre del Estado. Una simple afirmación de derechos de soberanía, o una intención manifiesta de hacer efectiva la ocupación, no es suficiente; además, la posesión efectiva de una parte de una región no puede conferir derecho a la adquisición. Víctor Emmanuel observó que, en su caso, no se desprendía de los documentos que se le presentaron, que habían sido debidamente sopesados y considerados, que existieran derechos históricos sobre los cuales fundamentar derechos de soberanía bien definidos.[147] Concedamos que, después de todo, el propio Laudo deja a salvo "cualquier cuestión que ahora exista o que ocurriese para determinación entre los Estados Unidos de Venezuela y la República del Brasil o entre esta República y el Gobierno de Su Majestad." Pero hay una diferencia sustancial entre un laudo motivado y otro que no lo es; frente al silencio del Laudo de París, sorprende la forma como el Laudo de Roma examina los títulos de adquisición de territorios, y lo

---

146 Cfr. la circular del Ministerio de Relaciones Exteriores de Brasil, del 7 de diciembre de 1899, firmada por Olyntho de Magalhaes. Reproducido en Gillis Wetter, op. cit. Tomo III, pp. 170 a 173.

147 Cfr. *Award of His Majesty the King of Italy with regard to the Boundary between the colony of British Guiana and the United States of Brazil*, given at Rome, June 6, 1904. En Reports of International Arbitral Awards, *The Guiana Boundary Case* (Brazil, Great Britain) 6 June 1904, vol. XI pp. 11-23.

que se requiere para que la simple posesión pueda cristalizar en ocupación efectiva.

No hay, en el Tratado de Washington, ninguna disposición que encomendara al Tribunal arbitral decidir sobre la navegación de ríos fronterizos. En realidad, el 20 de julio de 1886, Gran Bretaña ya había propuesto a Venezuela la libre navegación del Orinoco, propuesta que fue categóricamente rechazada por Venezuela;[148] ese asunto no fue sometido a arbitraje, y el Tribunal carecía de autoridad para pronunciarse sobre ello. Sin embargo, el laudo "decide que, en tiempo de paz, los Ríos Amacuro y Barima quedarán abiertos a la navegación de los buques de comercio *de todas las naciones*".

Tampoco se le encargó al Tribunal arbitral decidir sobre tasas aduaneras entre los Estados partes en el litigio; pero, ahí está:

> "... el pago de derecho de faro u otros análogos, a condición que los derechos exigidos por la República de Venezuela y por el Gobierno de la Colonia de la Guayana Británica con respecto del tránsito de buques por las partes de dichos ríos que respectivamente les pertenecen, se fijen a la misma tasa para los buques de Venezuela y los de la Gran Bretaña, *la cual no excederá a la que se exija de cualquiera otra nación*. Queda también entendido que ningún derecho de aduana podrá ser exigido, ya por la República de Venezuela, ya por la Colonia de la Guayana Británica, con respecto de mercaderías trasportadas en los buques, navíos o botes pasando por dichos ríos; pero los derechos de aduana serán exigibles solamente con respecto de las mercaderías desembarcadas respectivamente en el territorio de Venezuela y en el de la Gran Bretaña."[149]

Dos antiguos profesores de la Universidad de Cambridge, Oppenheim y Lauterpacht, afirman que el Derecho Internacional no contiene regla alguna que otorgue a los Estados extranjeros el derecho de libre navegación por los ríos nacionales, privados o públicos.[150] Respecto

148 Cfr. notas diplomáticas del 28 y 29 de julio de 1886.

149 Cfr. el párrafo segundo (y último) de la parte dispositiva del Laudo.

150 Cfr. Lassa Oppenheim y Hersch Lauterpacht, *Tratado de Derecho Internacional Público* (título original: *International Law – A treatise*, Longmans, Green and Co., London / New York / Toronto, 1905), octava edición inglesa (1955), traducción de J. López Oliván y J. M. Castro Rial, Bosch, Barcelona, 1961, tomo I, vol. II, p. 18.

de los ríos internacionales, ellos observan que, hacia finales del siglo XVIII, en ausencia de tratados, los Estados ribereños podían excluir a los buques extranjeros de la navegación por aquellas partes del río que corrían a través de sus territorios respectivos, o admitirlos en condiciones discrecionales.[151] La tendencia contraria comenzó a desarrollarse con el decreto de la Convención francesa, del 16 de noviembre de 1792, que abrió los ríos Escalda y Mosa "a los buques *de todos los Estados ribereños*"; en 1815, con el Acta Final del Congreso de Viena, se proclamó el principio de la libertad de navegación "*por los ríos internacionales de Europa*", para los buques mercantes, no sólo de los Estados ribereños, sino también de todas las demás naciones.[152] El hecho es que los ríos internacionales no son *res communis*, como la alta mar, o el espacio ultra terrestre.

En el Proyecto de Reglamento Modelo del arbitraje internacional, preparado por la Comisión de Derecho Internacional de la ONU, se expresa que, en ausencia de un acuerdo en contrario implícito en el compromiso arbitral, el Tribunal decidirá sobre cualquiera reclamación dependiente que considere inseparable del objeto de la controversia y que sea necesaria para su resolución definitiva.[153] Pero, ni siquiera estirando mucho la interpretación del Tratado puede sostenerse que, tanto la libre navegación de ríos comunes como la fijación de tasas aduaneras son elementos subordinados a la cuestión principal -la determinación de la frontera-, por lo que la jurisdicción del Tribunal también se extendería a ellos. No es convincente que la competencia para fijar una frontera lleve aparejada la determinación de cómo administrar esa frontera; pero, asumiendo que fuera así, *arguendo*, el Tribunal tendría que haber explicado esa conexión de dependencia y, adicionalmente, tendría que haber motivado su decisión. Las vías acuáticas internacionales, que están abiertas a la libre navegación,[154] tienen ese estatuto

---

151 Cfr. Ibid., p. 19.

152 Cfr. Ibid., p. 20.

153 Cfr. International Law Commission, *Draft Model Rules*, 1958, "Article 19. In the absence of any agreement to the contrary implied by the undertaking to arbitrate or contained in the *compromis*, the tribunal shall decide on any ancillary claims which it considers to be inseparable from the subject-matter of the dispute and necessary for its final settlement."

154 Cfr. Louis Cavaré, *Le Droit International Public Positif*, Editions A. Pedone, París, 1969, tomo II, pp. 856 y ss.; Charles Rousseau, *Droit International Public*, Sirey, París, 1980,

jurídico por voluntad expresa de las partes, manifestada en sendos tratados internacionales,[155] y no por decisión de un tribunal arbitral o de otro tipo; incluso, Liszt recuerda que, según el Acta de Navegación del Rhin, del 31 de marzo de 1831, la navegación estaba reservada a los Estados ribereños; hubo que esperar hasta la revisión de ese tratado, del 17 de octubre de 1868, para que la libre navegación estuviera permitida a naves de todos los Estados.[156] Lo que, en el Congreso de Viena, las partes habían convenido mediante un tratado libremente consentido y aceptado, el Tribunal arbitral se sintió autorizado para decidirlo por sí mismo, y así lo hizo. Pero, incluso si se considerara que éste era un asunto de la competencia del Tribunal, había factores particulares que se podían haber tomado en cuenta; por ejemplo, Charles de Visscher sostiene que, "mientras los ríos europeos, por ser en su mayoría naturalmente navegables y por atravesar países muy poblados y altamente industrializados, tienen por función primordial el ejercicio de la navegación, las diferentes circunstancias que concurren en América y en otros continentes postulan regímenes distintos."[157]

---

tomo IV, pp. 494 y ss; Ian Brownlie, *Principles of Public International Law*, Third Edition, Clarendon Press, Oxford, 1979, pp. 270 y ss.; Ingrid Detter, *The International Legal Order*, Dartmouth Publishing Company, Aldershot / Brookfield USA & Singapore / Sydney, 1994, pp. 354 y ss.; Paul Reuter, *Derecho Internacional Público* (Título original: *Droit International Public*, Presses Universitaires de France, París, 1958), Bosch, Casa Editorial, S. A., Barcelona, 1982, pp. 325 y ss.; y Antonio Remiro Brotóns, Rosa M. Riquelme Cortado, Javier Díez-Hochleitner, Esperanza Orihuela Calatayud, y Luis Pérez-Prat Durbán, *Derecho Internacional*, McGraw-Hill, Madrid, 1997, pp. 571 y ss.

155 Cfr., por ejemplo, el Acta Final del Congreso de Viena, de 1815, que, además de los artículos pertinentes (108 a 116), tiene un "Reglamento de la libre navegación de los ríos", aplicable fundamentalmente a los ríos Rhin, Escalda, Elba, y Weser, de donde deriva la Comisión Central para la Navegación del Rhin. La Comisión Europea del Danubio data de 1856, y el régimen de navegación depende, actualmente, del Convenio de Belgrado, de 1948. El Acta General de Berlín, suscrita el 26 de febrero de 1885, estableció la libre navegación sobre los ríos Níger y Congo. El Tratado para la libre navegación de los ríos Paraná y Uruguay, entre la Confederación Argentina y su Majestad Británica, data del 10 de julio de 1853. El Tratado de la Cuenca del Plata fue suscrito el 23 de abril de 1969.

156 Cfr. Franz von Liszt, *Le Droit International: Exposé systematique*, traducción francesa de la 9e edición alemana, de 1913, A. Pedone, Editeur, París, 1928, p. 225.

157 Charles de Visscher, *Teorías y Realidades en Derecho Internacional Público* (Título original, *Théories et Réalités en Droit International Public*, Éditions A. Pedone, París, 1955), traducción de Pablo Sancho Riera, Bosch, Casa Editorial, Barcelona, 1962, pp. 227 y s.

Veintiún años después de dictado el Laudo de París, en la Conferencia de Barcelona, los Estados convinieron en un tratado en el que se acordó la libre navegación de los buques que enarbolen el pabellón "*de cualquier otro Estado contratante*", por aquellas partes navegables de las vías fluviales bajo su soberanía o autoridad.[158] Claramente, ésta no era una regla de derecho consuetudinario o un principio general de Derecho Internacional, sino que requería el consentimiento de las partes. Según Alain Pellet, el principio de la libertad de navegación de los ríos nunca ha sido impuesto como un principio general de Derecho positivo.[159] Siendo así, y suponiendo que tuviera competencia para ello, cabe preguntarse sobre qué base jurídica el Tribunal arbitral de París decidió que los ríos comunes a las partes en esta controversia debían estar abiertos a la libre navegación.

Hay un límite que el tribunal arbitral no puede traspasar, y éste está marcado por las competencias que le fueron conferidas por las partes en el compromiso arbitral.[160] Que el Tribunal tenga competencia para decidir sobre su propia competencia no significa que el Tribunal pueda decidir caprichosamente sobre los límites de su competencia. No todos los ríos comunes están abiertos a la libre navegación de cualquier Estado, y no hay ningún principio de Derecho Internacional general que obligue a los Estados a garantizar a sus países vecinos tasas arancelarias preferenciales. Aunque el Tribunal era competente para interpretar su propia competencia a la luz del compromiso arbitral, no lo era para legislar sobre materias que no habían sido sometidas a su conocimiento, y que no formaban parte del objeto de la controversia; que un tribunal tenga competencia para decidir sobre su propia competencia no es lo mismo que tener la facultad de asumir caprichosamente una competencia que nunca se le ha conferido. Por ende, era indispensable que el Tribunal hubiera fundamentado tanto su competencia en esta materia como su

---

158 Cfr. El artículo 3 del Convención y Estatuto de Barcelona sobre el régimen de las vías fluviales navegables de interés internacional, suscrita el 20 de abril de 1921, y en vigor desde el 31 de octubre de 1922.

159 Cfr. Alain Pellet, *Droit International Public*, Presses Universitaires de France, París, 1981, p. 95.

160 Cfr. Dominique Carreau, op. cit., p. 550.

decisión sobre un punto que, por lo menos expresamente, las partes no habían sometido a su consideración.

A MODO DE CONCLUSIÓN

Como garantía de seguridad jurídica, las decisiones judiciales debidamente adoptadas producen el efecto de cosa juzgada, e impiden que las decisiones sobre un asunto ya resuelto se vuelvan a reabrir. Pero, lejos de ser una decisión "debidamente adoptada", ajustada a lo que era el arbitraje internacional en ese momento, y que pusiera punto final a esta disputa territorial, el Laudo de París fue un fallo inédito, producto del capricho, la arbitrariedad y las transacciones a espaldas de uno de los Estados en litigio. Este laudo se apartó completamente de las reglas fijadas por Inglaterra (y aceptadas por Venezuela) en el compromiso arbitral; no hay ni una frase que explique por qué el territorio en disputa fue adjudicado a Inglaterra, qué fecha crítica se tuvo en cuenta, qué medio de adquisición de territorios habría dado mejores título a Inglaterra, qué efecto se dio al Acuerdo de 1850, que había congelado las reclamaciones territoriales entre ambos países, qué valor se dio a los mapas presentados por Inglaterra, qué argumentos resultaron decisivos, o por qué se desestimaron los argumentos de Venezuela. Para sentenciar como lo hicieron, los árbitros no ofrecieron ninguna justificación, porque no podía haber nada que justificara una componenda, que despojó a Venezuela de una inmensa porción de su territorio y de sus recursos.

Venezuela nunca aceptó esa decisión que, por sus características y por las circunstancias en que se dictó, carecía de existencia jurídica. En el peor de los escenarios para Venezuela, ese laudo era insubsanablemente nulo. Es en ese entendido que las partes en esta controversia suscribieron el Acuerdo de Ginebra, para buscar "soluciones satisfactorias" para "el arreglo práctico" de la controversia. Y es invocando precisamente este tratado que Guyana ha recurrido a la Corte.

En su conjunto, la decisión del Tribunal arbitral llamado a decidir la controversia fronteriza por el territorio del Esequibo, entre Gran Bretaña y Venezuela, no cumple con las condiciones de forma y fondo previstas por las reglas acordadas por las partes y por el Derecho en vigor en esa época. No se trata de errores u omisiones menores, sino de aspectos que chocan con el sentido de la justicia, que producen rechazo, y que la conciencia de cualquier persona recta se rehúsa a aceptar. No es un laudo que incurra en un error, sino una decisión adoptada con plena conciencia de que se estaba cometiendo un acto irregular, que no tenía justificación; por eso, no ofrecía ninguna.

Un concepto central del Derecho Internacional que, sin duda, mueve a las dos partes en esta controversia, es la justicia que sienten que se les ha negado. Nociones tales como el debido proceso, el principio según el cual nadie puede ser juez en su propia causa, el trato equitativo, la imparcialidad del juzgador, conflictos de intereses, enriquecimiento ilícito, *restitutio in integrum*, *estoppel*, *bonne foi*, y otras, son consustanciales al Derecho Internacional, y son los criterios que nutren de contenido sus principios y normas.[161] Pero la justicia tiene muchas caras, y no solamente aquella que vemos desde nuestro particular punto de vista; además, aunque nuestras reclamaciones sean justas, no significa que, necesaria y automáticamente, se nos vaya a conceder lo que pedimos. Según un viejo proverbio español, tres cosas son necesarias para justicia alcanzar: tener la razón, saberla pedir, y que la quieran dar. Sería lamentable que, por torpeza o ignorancia de quienes tienen la misión de defender los intereses de Venezuela, éstos no supieran reclamar lo que concierne, procesal o sustantivamente, y que la Corte Internacional de Justicia fallara de una manera distinta a la que en justicia corresponde. Parafraseando a Tennyson, podemos esperar que, de precedente en precedente, la justicia se ensanche lentamente;[162] pero también tenemos que bregar para que así sea.

En el Derecho Inglés, un acto que repugna al Derecho Común es nulo y carece de validez. En 1610, casi tres siglos antes de que se dictara el Laudo de París, Sir Edward Coke,[163] en *obiter dictum*, expresó que, cuando un acto del Parlamento es contrario a los derechos comu-

---

[161] Cfr. Thomas M. Frank, *Fairness in International Law and Institutions*, Clarendon Press, Oxford, 1995.

[162] Cfr. Alfred Tennyson, "A land of just and old renown, Where freedom broadens slowly down From precedent to precedent". En *You ask me, why*.

[163] Entre otras cosas, Procurador General y Fiscal General en el reinado de Isabel, Justicia Mayor en el Tribunal de Justicia Ordinaria (Court of Common Pleas), autor de *Institutes of Lawes of England* (1628).

nes y a la razón, o es ofensivo ("*repugnant*" en el original) a ellos, el Derecho Común lo controlará y declarará que tal acto es nulo. Después, para los fines de la revisión judicial, este criterio se extendería a otros documentos, distintos de los actos del Parlamento. Haciéndose eco del *dictum* de Coke, las Cartas Coloniales, otorgadas a las colonias inglesas en América del Norte, requerían que los estatutos adoptados por los colonos no fueran "*repugnantes* a las leyes de Inglaterra".[164] Una medida tan drástica respecto de un acto del Parlamento inglés, con mayor razón, tenía que hacerse extensiva a un acto que, apartándose completamente del Derecho y la razón, pretende dirimir una controversia entre Estados soberanos.

[164] Cfr. Roscoe Pound, *Evolución de la Libertad: El desarrollo de las garantías constitucionales de la Libertad* (Título original: *The Development of Constitutional Guarantees of Liberty*, Yale University Press, New Haven, 1957), Editorial Comares, S. L., Granada, 2004, p. 96.

LIBRO HOMENAJE A CECILIA SOSA GÓMEZ

AUTORES

Alejandro González Valenzuela
Alfredo Parés Salas
Allan R. Brewer-Carías
Ana Sánchez Lamelas
Ángel Manuel Moreno Molina
Carlos Ayala Corao
César Augusto Carballo Mena
Enrique Urdaneta Fontiveros
Fernando M. Fernández
Fortunato González Cruz
Franklin Hoet-Linares
Gabriel Ruan Santos
Gonzalo Pérez Salazar
Héctor Faúndez Ledesma
Henrique Iribarren Monteverde
Humberto Romero-Muci
Jaime Rodríguez-Arana
Jesús Ollarves Irazábal
Jorge Luis Lozada González
José Antonio Muci Borjas
José Araujo-Juárez
José Ignacio Hernández G.
Juan Antonio Hernández Corchete
Juan Carlos Cassagne
Juan Cristóbal Carmona Borjas
Juan Manuel Alegre Ávila
Juan Manuel Raffalli
Julio Rodríguez Berrizbeitia
Luciano Parejo Alfonso
Luis Alberto Petit Guerra
Luis Cova Arria
Luis Miguez Macho
María Amparo Grau
Milagros Betancourt C.
Moisés Troconis Villarreal
Nelly Del Valle Mata
Rafael Badell Madrid
Ramón Escovar León
Ramsis Ghazzaoui
Raúl Arrieta Cortés
Raúl Arrieta Cuevas
Rodrigo Rivera Morales
Román J. Duque Corredor
Salvador R. Yannuzzi Rodríguez
Xabier Arzoz Santisteban

UCAB UNIVERSIDAD CATÓLICA ANDRÉS BELLO

FUNEDA FUNDACION ESTUDIOS DE DERECHO ADMINISTRATIVO

ISBN: 978-980-416-039-4

9 789804 160394

www.ingramcontent.com/pod-product-compliance
Lightning Source LLC
LaVergne TN
LVHW090736081026
849558LV00078B/34
* 9 7 8 9 8 0 4 1 6 0 3 9 4 *